中国海关年鉴

2022

《中国海关年鉴（2022）》编纂委员会——编著

中国海关出版社有限公司
·北京·

图书在版编目（CIP）数据

中国海关年鉴 . 2022/《中国海关年鉴（2022）》编纂委员会编著 . —北京：中国海关出版社有限公司，2022. 9

ISBN 978 - 7 - 5175 - 0593 - 8

Ⅰ. ①中…　Ⅱ. ①中…　Ⅲ. ①海关—中国—2022—年鉴　Ⅳ. ①F752. 55-54

中国版本图书馆 CIP 数据核字（2022）第 129764 号

中国海关年鉴（2022）

ZHONGGUO HAIGUAN NIANJIAN（2022）

作　　者：《中国海关年鉴（2022）》编纂委员会
责任编辑：夏淑婷　熊　芬　吴　婷　邹　蒙
助理编辑：文珍妮　张诗琳
出版发行：中国海关出版社有限公司
社　　址：北京市朝阳区东四环南路甲 1 号　　　　邮政编码：100023
编 辑 部：01065194242-7539（电话）
发 行 部：01065194221/4238/4246/5127（电话）
社办书店：01065195616（电话）
　　　　　https：//weidian. com/？userid＝319526934（网址）
印　　刷：北京新华印刷有限公司　　　　经　　销：新华书店
开　　本：889mm×1194mm　1/16
印　　张：51　　　　字　　数：1240 千字
版　　次：2022 年 9 月第 1 版
印　　次：2022 年 9 月第 1 次印刷
书　　号：ISBN 978 - 7 - 5175 - 0593 - 8
地图审图号：GS（2021）574 号
定　　价：320. 00 元

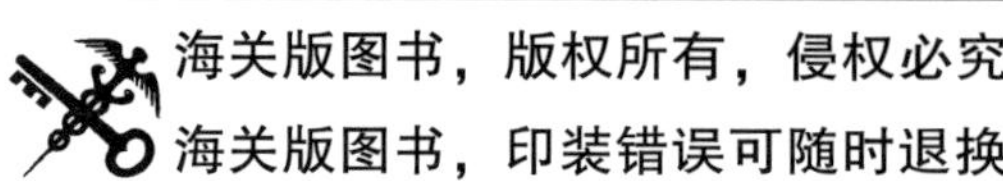

丛书总序

习近平总书记指出："当代中国是历史中国的延续和发展。新时代坚持和发展中国特色社会主义，更加需要系统研究中国历史和文化，更加需要深刻把握人类发展历史规律，在对历史的深入思考中汲取智慧、走向未来。"海关总署党委认真贯彻落实习近平总书记关于重视历史、研究历史、借鉴历史，用历史映照现实、远观未来等一系列重要指示精神，高度重视加强海关史研究工作，把深化海关史研究作为海关系统党史学习教育常态化长效化的重要举措，于2021年8月成立海关史研究工作领导小组，全面启动中国海关史特别是党领导下的红色海关历史和新中国海关发展史的研究，全面总结中国海关发展规律，取得初步成效。

海关是国家主权的象征。我国海关历史源远流长。早在西周时期，就出现了军事功能的"关"，春秋战国时期设立的边境检查机构"关津"具备了监管、缉私、征税等事权；唐至明代的"市舶司（使）"集海关、外贸、外事管理职能于一体；清代前期设置闽、粤、江、浙沿海四海关，负责商贸、征税、外船管理、地方安全等。1840年鸦片战争后，西方列强入侵和封建统治腐败，中国逐步沦为半殖民地半封建社会。西方列强强迫中国签订一系列不平等条约，把持了中国海关的管理主权，并借此将海关业务从税收、统计、缉私、检验检疫等，延伸到外交谈判、军事、邮政、教育、气象、港务、航务、商标注册、国际博览会、内外债赔款等领域。中华人民共和国成立后，在中国共产党领导下，结束了旧中国半殖民地半封建社会的屈辱历史，海关重新回到祖国和人民手中。翻阅海关历史，从古代海关由内陆关向沿海关的漫长演变，到近代海关被西方列强把控，再到新中国海关兴关强国的辉煌发展，中国海关的沧桑巨变，是中华民族发展历史的一个缩影，反映出国家民族的兴衰演变。特别是近百年来，在中国共产党领导下，从"潮汕七日红"到苏维埃红色税关再到解放区海关，从中华人民共和国成立初期刚收回主权的海关到新时代全面履行监管服务职责的现代化海关，一代又一代中国海关人，听从党的召唤，坚守"人民海关为人民"的初心，披荆斩棘、艰苦奋斗，忠诚履职、锐意改革，积极服务于社会主义革命和建设，有力推动了我国改革开放和社会主义现代化建设，亲历并见证了中国从站起来到富起来、强起来的波澜壮阔的伟大历程。

欲知大道，必先为史。广大海关人应通过学习研究海关自己的历史做到知荣辱、明兴替，知之愈深，则会爱之愈切、行之愈笃。系统地搜集整理珍贵的海关史料，梳理海关历史沿革，深入研究海关发展规律，探寻古今海关的“变”与“不变”，是我们海关人的历史使命，更是当代海关人义不容辞的责任担当。为此，海关总署决定组织编辑出版“中国海关史料丛书”和“中国海关史研究丛书”。“中国海关史料丛书”主要包括海关志书、海关年鉴、中国海关历史档案原件及旧海关出版物影印件、各地海关人文历史资源调研报告、海关历史档案目录集及海关史料文献翻译作品、回忆录、传记、工作日记、口述史料等，力求海纳百川、兼容并蓄，为世人提供全面、系统、真实、权威的海关原始史料。“中国海关史研究丛书”主要包括中国海关史研究专著、译著、论文集及专题性研究作品等，对研究成果的选择遵循实事求是、论从史出的原则，鼓励跨学科视野和方法创新，为世人提供海关珍贵的历史资料和精品研究成果。

盛世修史，正逢其时。当前，我们国家进入全面建设社会主义现代化国家、向第二个百年奋斗目标进军的新征程，在这一具有里程碑意义的时间节点，两套丛书的出版将有助于系统审视中国海关事业传承、发展和变革的历史，全面、客观、真实地总结新中国海关的光荣传统和历史经验，有利于展示新中国海关事业的发展成就和海关队伍奋发向上的精神风貌，为当代提供资政辅治之参考，为后世留下堪存堪鉴之记述。海关总署组织出版两套丛书有着得天独厚的优势。海关系统历来重视档案和文献资料管理与利用工作，截至2021年年底，全国海关馆藏档案及文献资料243万卷、666万余件，全部实现文书历史档案数字化，为海关历史研究提供了丰富的历史资源，海关的垂直管理体制也为开发利用这些资源提供了制度保障。我们应充分依托这些独特优势，坚持唯物史观和正确党史观，用大历史观和全球视野，以推进国家社科基金特别委托项目“中国海关史”研究为契机，不断提升中国海关史研究水平，多推出一些高质量精品图书，力求通过海关史研究进一步阐明人民海关从哪里来，用中国海关事业发展和奋斗历史诠释坚持党的领导是事业成功的根本保证，用中国海关改革发展的巨大成就验证“两个确立”对新时代党和国家事业发展、对推进中华民族伟大复兴历史进程具有的决定性意义，进而为中国海关发展进一步明确政治方向，凝聚历史智慧和前进动力。

以史为鉴，开创未来。希望即将陆续付梓的两套海关丛书能成为新时代书写中国海关发展历史、讲好海关故事的重要平台，引导海关人筑牢历史记忆、增强历史认知，进一步丰富海关历史文化，收到资政育人、凝心聚力的良好效果，为建设社会主义现代化海关提供强大的精神力量和史实支撑。

《中国海关年鉴（2022）》编纂委员会

《中国海关年鉴（2022）》编辑部

编辑说明

一、《中国海关年鉴》由海关总署组织编纂，是全面、客观、系统记载中国海关发展历程的编年史料，是集权威性、综合性、实用性为一体的资料性工具书，每年出版一卷，本卷为首卷。

二、《中国海关年鉴（2022）》以习近平新时代中国特色社会主义思想为指导，载录2021年度中国海关工作的基本情况，包括全国海关改革发展的重要举措、重大事件以及成绩和经验，以资政育人，凝心聚力，为建设社会主义现代化海关提供精神动力和史实支撑。

三、《中国海关年鉴（2022）》记述时限为2021年1月1日至12月31日。鉴于本卷是首次编纂，综合反映中国海关发展的前言、概况、专记等内容适当上溯。

四、《中国海关年鉴（2022）》记述范围为海关总署及所属司局、直属海关单位、直属企事业单位和社会团体管辖事务。

五、《中国海关年鉴（2022）》采用分类编辑法，设类目、分目、条目3个层级，有特载，专记，党的建设，业务建设，综合保障，直属海关单位，直属企事业单位、社会团体，人物荣誉，大事记，海关统计资料10个类目，部分设次分目，以条目为基本记述单元。卷首设专题图片，卷末附索引，并附二维码供扫描查询和检索使用。撰稿人按姓氏笔画排序。

六、《中国海关年鉴（2022）》统计数据和单位名称以及标点符号均按国家有关规定执行，计量单位采用国家法定计量单位和国际单位，技术规范、专业名词从规范要求。

目　录

第四篇　业务建设

第五篇　综合保障

全国海关关区及口岸分布地图

第六篇　直属海关单位

第七篇 直属企事业单位、社会团体

第八篇　人物荣誉

第九篇　大事记

第十篇　海关统计资料

缩略语

附　录

索　引

后　记

“中国海关史料丛书”编委会

写在前面的话

我国海关历史源远流长。从古代海关由内陆关向沿海关的漫长演变，到半殖民地半封建社会被西方列强把控的近代海关，从“潮汕七日红”到苏维埃红色税关和解放区海关的实践探索，再到新中国人民海关的诞生，揭示出“国弱则关衰，国盛则关兴”的历史规律。1949 年 10 月 1 日，中华人民共和国成立，10 月 25 日，中央人民政府海关总署成立，“国家大门的钥匙”回到了祖国和人民手中。在中国共产党的领导下，一代又一代海关人，坚守“人民海关为人民”的初心，为维护国家的主权和利益、促进对外经济贸易发展和科技文化交往、保障社会主义现代化建设，做出了重要贡献。新中国海关取得的辉煌成就，见证了中华民族从站起来到富起来、强起来的波澜壮阔的伟大历程。

党的十九大以来，海关总署（以下简称“总署”）坚持以习近平新时代中国特色社会主义思想为指导，深刻领悟“两个确立”的决定性意义，增强“四个意识”、坚定“四个自信”、做到“两个维护”，全面贯彻党的十九大和十九届历次全会精神，坚决贯彻落实党中央、国务院决策部署，坚持稳中求进工作总基调，立足新发展阶段，贯彻新发展理念，构建新发展格局，推动高质量发展，落实“六稳”“六保”部署，坚持系统观念，高效统筹疫情防控和经济社会发展，强化监管优化服务，努力打造“政治坚定、业务精通、令行禁止、担当奉献”的准军事化纪律部队，较好完成了各项工作任务，有力服务了经济社会发展大局。

一、深入学习贯彻习近平新时代中国特色社会主义思想，不折不扣贯彻落实习近平总书记重要指示批示精神

牢牢把握政治机关定位，始终将政治建设摆在首位，坚决做到“两个维护”，不断提高政治判断力、政治领悟力、政治执行力，始终在思想上政治上行动上同以习近平同志为核心的党中央保持高度一致，把“两个维护”体现到知行合一的表达上，体现到充满敬仰的情感上，体现到令行禁止的行动上，体现到真抓实干的成效上。

在学懂弄通做实上下功夫，持续深入学习贯彻习近平新时代中国特色社会主义思想。建立贯彻落实习近平总书记重要讲话、重要指示批示精神跟进机制，及时召开总署党委

会传达学习、研究部署，通过书记领读、自学精读、专家导读、集中研读，不断深化理解领悟、实践运用。全国海关各级党组织通过“三会一课”、专题培训、全员培训等方式全面深入学习习近平新时代中国特色社会主义思想，推动广大党员干部在学深悟透、融会贯通、真信笃行上有新的提高。在全系统组织开展政治机关专项教育活动，推动各级党组织和广大党员干部树牢政治机关意识，把党对海关工作的领导贯彻落实到各方面、全过程。

把贯彻落实习近平总书记重要指示批示精神作为首要政治任务。思想上高度重视、行动上坚定坚决，探索建立落实闭环工作机制，做到对上有响应、相互有呼应、对下有反应，不断提升抓落实的成效。收到习近平总书记重要指示批示后，总署党委第一时间组织传达学习、研究贯彻落实措施，并建立督办机制，列入署级督办，明确责任部门、完成时限，逐项跟踪督办落实。坚持把学习贯彻习近平总书记重要指示批示精神作为党委会、总署形势分析及工作督查例会“第一议题”，逐项听取落实情况汇报，总结评估落实进展，分析查找存在问题，举一反三、标本兼治，确保不折不扣落实到位。在认真推进落实习近平总书记指示批示过程中，对于海关主办的事项，贯彻落实取得重要进展时及时向习近平总书记报告；对于协助其他部门办理的事项，根据海关职责积极配合，狠抓落实，做到事事有结果、件件有回音。在口岸疫情防控方面，总署党委把口岸疫情防控当作重中之重，闻令而动、遵令而行，认真落实“外防输入、内防反弹”总策略和“动态清零”总方针，牢记坚持就是胜利，提高思想认识、加强组织领导、强化统筹协调，密切跟踪分析全球疫情走势，精准实施口岸卫生检疫。全国海关广大干部职工在关键时刻挺身而出、英勇奋斗、扎实工作。新冠肺炎疫情暴发两年来，247 万人次投身口岸疫情防控一线，8.6 万人次进入封闭管理区，最多的已参加了 20 轮次累计 560 天的封闭管理，以绝对忠诚和专业执法践行了伟大抗疫精神，牢牢守住了外防输入国门关口。在强化监管、严厉打击走私方面，加强查验、检验、稽查、打私全链条管控，着力打团伙、挖幕后、破大案，侦办“水客”走私犯罪案件 806 起、案值 234.9 亿元人民币（以下简称“元”），打掉走私团伙 375 个，“水客”走私得到有效遏制。打击海南离岛免税“套代购”走私取得阶段性成果，坚持岛内岛外双向发力、琼粤桂三地联动打击，侦办走私犯罪案件 127 起。推动建立离岛免税商品“一物一码”溯源管理体系，有效防范转卖倒卖。经过持续整治，海南离岛免税“套代购”走私势头得到遏制，“管防打治”一体化工作格局初步构建，为海南自由贸易港封关运作后的风险管控提供了工作样板和经验借鉴。打击治理粤港澳海上跨境走私初见成效，牵头开展联合行动，构建起海上、江上、岸上三道防线，增加巡逻频次和加大拦截力度，会同有关部门出台司法指导意见和相关政策文件。经过持续高压严打，象牙、“洋垃圾”走私大幅减少，走私猖獗势头得到有力遏制。查获走私象牙由 2019 年的 9.2 吨下降到 2021 年的 68 千克；查证走私“洋垃圾”

4.2 万吨，同比下降 97.4%。在应对经贸摩擦方面，按照中央统一部署，从海关职责出发，有力服务大局、维护国家利益。在服务中央决策方面，围绕宏观经济、外贸形势和重点商品等方面深入开展调研，向党中央、国务院报送多篇分析研究报告并得到肯定。在认真落实“智慧海关、智能边境、智享联通”（以下简称“三智”）重大合作倡议方面，实现与共建“一带一路”相衔接、与世界海关组织（WCO）战略相对接，培育试点项目 78 个，成立中国—中东欧国家海关信息中心。积极推动中老铁路磨憨口岸正式开放。在决战决胜脱贫攻坚方面，因地制宜、精准帮扶，定点帮扶对象全部脱贫摘帽，圆满完成海关对口帮扶任务，落实“四个不摘”长效机制，巩固深化定点扶贫工作成果，总署连续五年获评中央定点扶贫考核等次为“好”。

二、全力以赴开展口岸新冠肺炎疫情防控

坚决贯彻习近平总书记关于新冠肺炎疫情防控的重要指示批示精神，认真落实党中央、国务院疫情防控各项部署，把口岸疫情防控作为重大政治任务和各项工作的重中之重，始终绷紧疫情防控这根弦，深入分析研判，坚持“人、物、环境同防”“多病共防”、水陆空同防，统一标准、统一规范、统一实施，科学精准执行好口岸疫情防控各项措施，坚决防止境外疫情输入。

一是加强组织领导。2020 年 1 月 21 日，总署成立新冠肺炎疫情应对工作领导小组和 8 个应对工作组。根据口岸疫情防控形势的发展变化和中央部署，相继将疫情应对工作领导小组调整为疫情防控工作指挥部、统筹口岸疫情防控和促进外贸稳增长指挥部，总署主要负责同志担任总指挥长，下设 10 个工作组、5 个工作专班，定期、密集召开会议，及时分析研究疫情形势发展变化，研究解决口岸疫情防控中遇到的新情况、新问题，做出工作部署。疫情发生以来，总署党委召开 19 次党委会传达学习、研究贯彻习近平总书记关于疫情防控工作重要指示批示精神；召开 6 次全国海关疫情防控专题会议，对口岸疫情防控工作进行全面动员、全面部署、全面加强；召开 136 次指挥部会议，随时研判、随时指挥、随时调度，坚决守牢外防输入关口。

二是从严从紧抓好口岸卫生检疫。迅速启动口岸重大公共卫生事件应急处置机制，重启出入境旅客健康申报制度，构建“三查三排一转运”检疫体系，严格按规定实施流行病学调查和核酸检测等防控措施，对高风险入境人员增加抗体检测。严格做好所有入境客运航空器终末消毒和现场检疫判定为确诊病例、无症状感染者、疑似病例、有症状者的行李消毒监督工作，进一步加强水运和陆路口岸入境卫生检疫，分类施策、精准防控，织密织牢“水陆空”立体防控网。同步严防埃博拉、拉沙热、黄热病等重大传染病传入，防止疫情叠加。

三是加强进口冷链食品（含食用农产品）等高风险货物检疫。强化境外源头管控，

采取“长牙齿”的措施，加大视频抽查力度，推动进口冷链食品的109个来源国家（地区）落实防控主体责任，对发生员工聚集性疫情的163家境外食品生产企业采取暂停进口措施。加大口岸监测检测力度，研究确定重点国家名单，对高风险非冷链货物实施精准布控。牵头制订进口高风险非冷链集装箱货物检测和预防性消毒工作方案，严格监督实施口岸环节抽样检测和预防性消毒监督工作，降低疫情输入风险。截至2021年年底，共抽样检测样本381万份，检出阳性554份，监督消毒处理货物8,122万件，对检出阳性的243家境外食品生产经营单位采取紧急预防性措施。

四是完善口岸卫生防疫体系。牵头起草《中华人民共和国国境卫生检疫法》（以下简称《国境卫生检疫法》）修订草案，深度参与《中华人民共和国生物安全法》（以下简称《生物安全法》）、《中华人民共和国传染病防治法》（以下简称《传染病防治法》）修订工作，会同有关方面出台依法惩治妨害国境卫生检疫违法行为的意见。成立多个专家指导组赴有关海关现场指导，选派精兵强将支援重点口岸，组建近3万人的疫情防控梯队，强化技能培训和实战演练。修订下发8版口岸防控技术方案和5版操作指南，形成一整套科学合理的口岸疫情防控体系，得到世界卫生组织专家的充分肯定。优化疫情监测预警机制，密切跟踪、科学评估全球疫情形势，建立口岸疫情日报告制度。加强经费和物资保障，协调建立采购、审批、支付“绿色通道”，研制配发适用海关作业的新型防护服及配套装备，强化口岸卫生检疫设施建设，口岸公共卫生核心能力显著增强。从严、就高做好工作人员个人安全防护。强化指导、培训和自查督查，建立健全安全防护制度体系。持续推进全国海关新冠病毒疫苗接种，一线人员达到并动态保持疫苗接种全覆盖，持续推进加强免疫。率先实施并调整优化入境人员卫生检疫岗位工作人员封闭管理措施，相关经验做法被国务院联防联控机制推广。

五是积极参与联防联控。认真落实国务院联防联控机制部署，密切与有关部门和地方协作配合，加强口岸安全联合防控、运行状态监测、信息共享，建立健全人员移交、病例追溯等机制，落实“快捷通道”安排，形成防控闭环。准确甄别、快速验放进境防疫物资，出台税收优惠政策，助力打赢武汉保卫战、湖北保卫战。印发《国家口岸管理办公室关于进一步做好境外疫情从口岸输入防控工作的通知》，指导地方加强口岸疫情防控。建立健全边境口岸运行监测常态化机制，落实“客停货通”政策，依法研究提出因重大疫情原因临时关闭口岸的具体程序，报请国务院联防联控机制批准实施。

六是加强抗疫国际合作。与有关国家（地区）海关分享口岸疫情防控方面的经验做法。加强出口防疫物资质量安全检验监管，对主要出口医疗物资实施法定检验，对生产企业实施正面清单管理，积极参加世界海关组织（WCO）“阻止”联合行动。加强新冠疫苗出境监管，打击防疫物资和疫苗非法出口，有力维护我国出口产品信誉和负责任大国形象，为全球抗疫做出积极贡献。

三、严格履行监管职责，坚决维护国门安全

认真贯彻习近平总书记重要指示精神，落实总体国家安全观，筑牢底线思维，以"时时放心不下"的责任感，始终把监管作为海关最基本、最重要的职责，建立健全系统完备、科学规范、运行有效的监管体系，加强横向协同、纵向联动，强化制度刚性约束，以高标准安全保障高质量发展。

一是不断健全风险防控体系。推进风险防控一体化建设，统一实施对全国进出境领域安全风险整体防控，建立职责明晰、配合紧密、协调统一、集约高效的海关安全准入风险防控体系，并覆盖全业务领域、全贸易渠道，贯通事前、事中、事后的海关监管链条。巩固完善口岸安全风险联合防控机制，健全风险情报信息网络，充分发挥情报信息精准指导作用。聚焦国门安全，加强风险防控，加大对重点国家、重点渠道、重点货物的风险分析研判力度，实施精准布控拦截。持续推进海关大数据智慧风险防控，完善应用场景矩阵，开发大数据模型投入实战应用，风险管理智能化水平不断提升。推广应用新一代风险作业系统，着力提升人工分析布控精准度。

二是着力提升税收征管质量。面对近年来严峻复杂的税收形势，全国海关坚定信心、尽责担当，多措并举、综合治税。2018 年、2019 年、2020 年分别征收税款入库 19,727 亿元、18,701 亿元、17,099 亿元，2021 年税收入库 20,126 亿元，同比增长 17.7%，首次突破两万亿元大关，圆满完成税收预算目标。统筹通关便利与依法科学征管，建立健全非贸税收征管工作机制，加强验估、稽核查补税，2018—2021 年稽查追补税款 430.06 亿元。深化税收征管方式改革，关税保证保险、自报自缴、汇总征税、财关库银横向联网

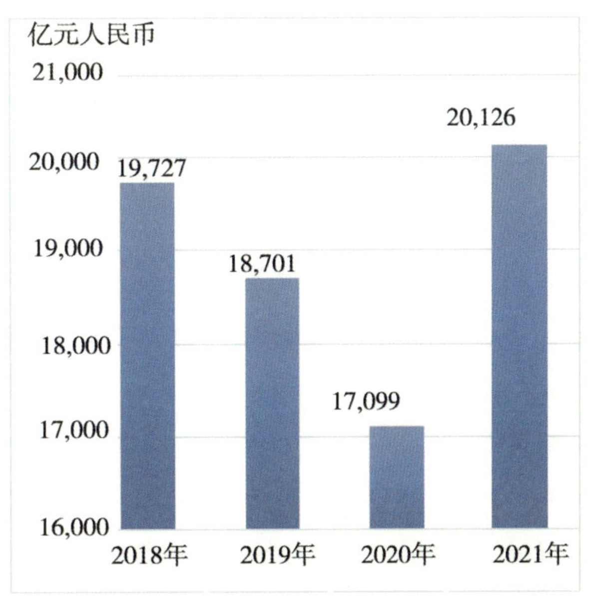

▲2018—2021 年海关税收净入国库统计图

和电子支付改革深入推进。发挥税收政策调节作用，认真落实国家税收减免政策措施。扎实开展税政调研，主动参与国家进出口税收政策研究制定，800项关税调整建议被采纳。贯彻国家自贸区战略部署，圆满完成19个自由贸易协定涉及海关议题的谈判。

三是大力强化监管。健全完善各类监管制度，全面推广应用进出境运输工具、舱单管理、邮递物品管理系统，完善三级监控指挥体系，加快二级监控指挥中心实体化运作，规范监管作业场所（场地）设置，物流监控体系进一步完善。推广应用查验管理系统和移动查验单兵设备，非侵入式查验比例大幅提高，查验监管效能不断提升。压紧压实安全生产责任，深入开展安全风险隐患排查治理，认真组织实施安全生产专项整治三年行动。落实贸易管制措施，重点商品管控更加有效。强化口岸监管环节反恐维稳、违禁品查缉、反恐、“扫黄打非”等工作，为冬奥会、冬残奥会、进博会、世园会等重大活动提供有力保障。加强边民互市贸易管理，强化行邮物品监管，旅检“无感通关”模式进一步推广。深入开展知识产权保护“龙腾行动”，2018—2021年全国海关采取知识产权保护措施25.46万次，查获侵权嫌疑货物23.99万批次，涉及货物数量2亿件。加工贸易集中审核作业全面推进，保税维修监管进一步加强。完善海关企业信用管理制度，深化“多查合一”、“多报合一”、“互联网+稽核查”、分类核查和电子审核试点稳步推进，专项稽核查成效明显，2018—2021年共办结稽核查作业16.44万起。推出稽查改革以来，转变稽查工作理念和方法，以查发问题为导向，建立海关稽查协作区、重大查发挂牌督办等机制。构建属地查检管理制度体系，提高监管效能，防范执法风险。

四是严把国门生物安全关。加强全球动植物疫情疫病风险监测预警，密切关注境外动植物疫情，完善快速反应机制和跨境动植物检疫合作机制，将疫情阻截在国门之外。健全动植物产品检疫准入体系，完善风险评估机制，严格审批程序，严把检疫准入关，坚决维护国门生物安全和国家生态安全。强化进出境动植物及产品检疫监管，2018—2021年口岸截获检疫性有害生物27.07万次，境外预检淘汰不合格动物35.57万余头，退回、销毁进口农产品2,041批。扎实开展非洲猪瘟、高致病性禽流感、松材线虫等重大动植物疫情疫病口岸防控，及时发布疫情国家进口禁令，将重大动植物疫情拒于国门之外。加强外来物种入侵防控，开展“国门绿盾”专项行动，严防外来物种通过携带方式和寄递渠道传入，严厉打击非法引进外来物种行为，有效防范外来物种入侵和重大动植物疫情疫病传入。

五是严格实施进出口商品检验。进一步完善进出口商品质量安全风险预警和快速反应监管体系，严格口岸把关，强化准入管理和后续监管，加强固体废物排查，严防“洋垃圾”入境，聚焦安全、卫生、健康、环保，强化重点敏感商品检验监管，2018—2021年检出不合格进出口工业品26.67万批，开展打击进出口假冒伪劣商品的“清风行动”，查办案件400多件，有力维护消费者合法权益和“中国制造”海外形象。深入推进商品检验模式改革，矿产品“先放后检”、依企业申请实施重量鉴定和品质检验等改革取得积极成效。

六是强化进出口食品、化妆品安全监管。落实“四个最严”要求，深入推进进出口食品安全体系建设，稳步实施进口食品“国门守护”行动，进出口食品准入管理、风险监测、问题产品处置进一步加强，2018—2021年与75个国家（地区）签署139份合作协议，注册输华食品企业1.9万家，退运或销毁来自114个国家（地区）的进口食品8,037批、来自27个国家（地区）的进口化妆品443批，切实维护进出口食品、化妆品安全。

七是始终保持打击走私高压态势。充分发挥全国打击走私综合治理部际联席会议作用，调动各部门打击走私积极性，推动地方政府落实打击走私综合治理主体责任，推进源头治理、系统治理、依法治理、综合治理。坚决贯彻党中央关于海关缉私部门管理体制调整重大决策，制定贯彻落实意见，切实承担起领导负责打击走私工作的职责，各直属海关关长认真履行关区打私“第一责任人”职责，实施全员打私，强化专业打击，建设“智慧缉私”系统，构建防控、监管、打击一体化的海关打私体系。连续5年组织开展“国门利剑”专项行动，打击重点领域、重点地区、重点商品走私，战果丰硕，2018—2021年共立案侦办走私犯罪案件1.61万起、案值3,790.7亿元。切实把禁止“洋垃圾”入境作为生态文明建设标志性举措，组织开展“蓝天”专项打击行动，推动开展“大地女神”国际联合执法行动，查证走私“洋垃圾”398.7万吨，得到国际社会广泛认可。严厉打击象牙等濒危物种及其制品走私，实施全方位、多渠道、立体化监管打击和综合治理，积极参加“雷电”等国际联合执法行动，查获濒危动植物3,113.5吨、象牙10.7吨。中国海关1次获得克拉克·巴文野生物种执法奖，3次获得亚洲环境执法奖，充分展现负责任大国形象。严厉打击涉毒涉枪走私，查获枪支2,036支、毒品10.5吨。

四、落实“六稳”“六保”部署，积极促进外贸稳增长

认真落实中央决策部署，深化“放管服”改革，充分发挥海关职能作用，做好宏观政策配套衔接和细化落实，连续出台支持外贸外资发展政策措施，持续优化口岸营商环境，加强外贸领域重大问题分析研究，助力强大国内市场和贸易强国建设，更好服务构建新发展格局。

一是多措并举促进外贸稳中提质。打好政策“组合拳”，制定实施应对疫情影响促进外贸稳增长10条措施、统筹落实好口岸疫情防控和通关便利化50条措施，出台推进贸易高质量发展20项具体措施，落实中央稳外贸稳外资部署。积极支持扩大进口，加强市场对等准入谈判磋商，扩大粮食、肉类、乳制品、油脂油料产品、种质资源等进口。2018年以来准许43种食品、79种农产品输入，有力支持国内市场保供稳价。促进出口转型升级，加大世界贸易组织技术性贸易壁垒（TBT）、卫生与植物卫生措施（SPS）的预警和

通报评议力度，积极开展对外交涉，促使有关国家和国际组织调整相关法规标准，保障我国广大企业合法权益，跨越技术壁垒，扩大出口。实施特优农产品扩大出口工程，支持企业开拓国际市场。推广内销选择性征收关税试点，支持加工贸易企业出口转内销。扩大市场采购贸易试点，完善跨境电商进出口管理模式，建立统计体系，优化退货流程，支持设立海外仓，培育外贸发展新业态。统计分析研究的速度、广度、深度进一步提高。2018 年、2019 年、2020 年我国进出口同比分别增长 9.7%、3.5%、2.1%，2021 年，我国进出口总值 39.1 万亿元，同比增长 21.3%，一举跨过 5 万亿、6 万亿美元两个台阶，稳居全球货物贸易第一大国地位，外贸成为中国经济一大亮点。按世界贸易组织（WTO）数据，2021 年我国进出口国际市场份额达 13.5%，较 2020 年提升 0.4 个百分点，其中，代表产品国际竞争力的出口份额提高 0.4 个百分点至 15.1%，进口份额提高 0.3 个百分点至 11.9%，在全球前 100 名贸易国家（地区）中，我国是 41 个国家（地区）最大的贸易伙伴。

▲2017—2021 年中国外贸进出口年度统计图

二是持续优化口岸营商环境。大力推进简政放权，2018 年以来共取消 7 项行政许可事项，不断完善海关行政审批网上办理平台，企业办理手续更加方便快捷。大力推进“双随机、一公开”监管，覆盖海关 28 项行政执法检查事项。组织起草并由国务院印发实施《优化口岸营商环境　促进跨境贸易便利化工作方案》，会同有关部门研究出台《关于加快提升通关便利化水平的通知》《关于进一步深化跨境贸易便利化改革优化口岸营商环境的通知》等文件。充分发挥国务院口岸工作部际联席会议机制作用，持续开展促进跨境贸易便利化专项行动，压时间、减单证、降成本，加快打造市场化、法治化、国际化口岸营商环境。2021 年 12 月，全国进口、出口整体通关时间分别为 32.97 小时和 1.23 小时，较 2017 年分别压缩 66.14%和 89.98%。积极协调推动有关部门将进出口环节需要验核的监管证件从 2018 年的 86 种精简至目前的 41 种，除 3 种因特殊原因不能联网外，其他 38 种全部实现通过国际贸易“单一窗口”网上申领。推动降低进出口环节合规成本，全国口岸收费目录清单、标准全部公开。全面推广国际贸易“单一窗口”，大力推进跨部门系统对接和数据共享，已实现与 25 个部委的互联互通；推动国际贸易“单一窗口”与国家政务服务平台“总对总”对接，实现两平台用户身份认证体系对接互认；国际贸易“单一窗口”基本功能扩大到 19 大类 781 项，累计注册用户 502 万家，日申报业务量 1,400 余万票，服务覆盖全国所有口岸和各类特殊区域，基本满足企业“一站式”业务办理需求，核心系统可用率达 99.9%。同时，积极推动国际贸易“单一窗口”由口岸执法向物流、贸易、服务等领域延伸，企业可随时查询跟踪通关、物流实时状态。在世界银行营商环境全球排名中，我国“跨境贸易”指标的排名从 2017 年的第 97 名上升至 2019 年的第 56 名，在进出口运输方式均为海运的经济体中排名第 7 位。

三是全面深化海关国际合作。2018—2021 年共对外签署合作文件 430 份，与 171 个国家和地区建立起友好合作关系，参加 24 个国家间高层对话机制。深化与“一带一路”沿线国家和地区机制化合作，扩大“关铁通”合作范围，出台 10 条措施支持中欧班列发挥国际运输新动脉作用，2018—2021 年中欧班列累计开行 4.2 万列。大力推广“经认证的经营者”（AEO）互认合作，2018 年以来推动与 13 个国家（地区）签署互认安排，目前已累计与 21 个经济体签署互认协议，覆盖 48 个国家（地区），互认协议签署数量、互认国家（地区）数全球双第一，4,000 余家海关高级认证企业在境外享受和国内同样的通关便利。2021 年，我国对共建“一带一路”沿线国家和地区进出口增速为 23.6%，比整体增速高 2.2%，拉动外贸整体增长 9.7%。积极参与《区域全面经济伙伴关系协定》（RCEP）谈判并认真做好实施工作，提前完成 174 项海关牵头的协定义务，有力推进该协定如期正式实施。深度参与世界贸易组织（WTO）、世界海关组织（WCO）有关规则制定，积极参与全球海关协同治理，牵头开展海关程序、原产地规则、技术性贸易壁垒（TBT）、卫生与植物卫生措施（SPS）谈判，大力推介我国海关机构改革、智能审图方面经验，为提升国际海关治理水平贡献中国智慧、中国方案，中国海关国际影响力进一步提升。

五、全面深化改革，助力高水平对外开放

深入学习贯彻习近平总书记关于全面深化改革系列重要讲话精神，充分发挥改革“关键一招”和创新“第一动力”作用，坚持系统观念，统筹推进重点领域和关键环节

改革，不断提升海关制度创新和治理能力建设水平，努力打造先进的、在国际上最具竞争力的监管体制机制。

一是圆满完成机构改革任务。2018 年 3 月，第十三届全国人民代表大会一次会议审议通过《国务院机构改革方案》，明确“将国家质量监督检验检疫总局的出入境检验检疫管理职责和队伍划入海关总署”。为确保机构改革各项工作平稳、顺利实施，总署党委充分认识机构改革的重大意义，提高政治站位，增强大局观念，迅速行动，制订组织实施方案，严格按照中央明确的步骤环节和时间节点有序推进，不折不扣将中央部署的机构改革各项任务落实到位。按照协同优化高效原则，推进关检业务、队伍全面深度融合，大幅精简、优化通关流程和环节，海关监管、检验检疫两大口岸通关作业环节历史性融为一体，口岸管理体制实现革命性变革，口岸管理更加集约高效。组织开展全员培训和准军事化大集训，推进全面深度融合，做到亲如一家、融为一体。积极推进缉私部门管理体制调整，有序开展事业单位机构整合。海关机构改革成效得到中央领导同志充分肯定和社会广泛认可，总署在国务院机构改革推进会上做典型经验介绍。

二是深入推进全国通关一体化改革。以全国通关一体化改革为牵引，全面推进重点领域和关键环节改革取得重大突破，海关监管模式实现根本性变革。“两中心”“三制度”运转更加高效顺畅，基于“中心—现场”式运行架构的风险管理制度体系初步建立。“提前申报”“先放后检”“预裁定”等改革取得明显进展。制订实施“海关改革 2020”总体方案，大力推动各项任务落地见效，各类改革举措进一步关联耦合，改革的系统性、协同性进一步增强。全业务领域一体化扎实推进，风险防控、货物监管、税收征管等一体化改革率先在长三角等区域先行先试，高新技术货物布控查验协同试点稳步推进。保税监管、企业管理、出口转关等跨关区协同管理更加顺畅。实现业务领域信息化和系统互联互通，关检业务深度融合，接合部协调联动不断加强，监管服务进一步提速增效。

三是大力支持自由贸易试验区和自由贸易港建设。积极支持上海自由贸易试验区临港新片区建设，制定洋山特殊综合保税区海关监管、统计办法和支持措施。坚持以制度创新为核心，以可复制可推广为基本要求，出台自由贸易试验区海关监管制度创新工作规范，指导各自由贸易试验区海关大胆试、大胆闯、自主改，积极开展自由贸易试验区海关监管制度创新，国务院在全国范围部署复制推广的 6 批共 138 项改革试点经验中，涉及海关监管的制度创新达 61 项。全力支持海南自由贸易港建设，坚持“管得住、放得开”原则，研究制订海南自由贸易港海关监管框架和口岸布局方案，优化海关机构编制设置，“一线放开、二线管住”实施范围进一步扩大，制定出台加工增值货物内销税收征管暂行办法，积极参与制定和组织实施原辅料等“零关税”商品清单和离岛免税新政，推动建设海关智慧监管平台，加大监管打私力度，有力促进海南自由贸易港健康发展。

四是积极支持对外开放平台建设。有序推进口岸开放，编制实施《国家“十四五”

口岸发展规划》，推动重点边境口岸建设改造纳入国家“十四五”规划重大工程项目，加强口岸开放审理和退出，2018—2021年报请国务院批准新开放口岸19个、扩大开放口岸29个、退出口岸9个，口岸布局不断优化。大力支持口岸建设，以中西部地区口岸为重点，加强基础设施建设，加大全国口岸系统信息化建设力度。完善口岸监管执法互助机制，强化口岸管理相关部门全方位合作，口岸各执法部门风险协同处置和联防联控不断深化。大力推动综合保税区创新发展，牵头起草《关于促进综合保税区高水平开放高质量发展的若干意见》，提出21条改革任务和政策措施，报国务院同意后印发实施，有力推动综合保税区建设加工制造、研发设计、物流分拨、检测维修、销售服务“五大中心”。2018—2021年报请国务院批准新设综合保税区33个，截至2021年年底全国共有海关特殊监管区域168个，总规划面积约450平方千米，以不到十万分之五的国土面积，贡献约全国五分之一的外贸进出口值，在拉动经济增长，吸引外资和技术，更好利用国内国际两个市场、两种资源，促进国内国际双循环等方面发挥了重要作用。主动服务区域协调发展战略，出台支持长三角一体化发展、黄河流域生态保护和高质量发展，以及粤港澳大湾区、雄安新区、横琴合作区建设等系列措施。

六、不断提升综合保障水平

一是不断完善法规制度体系。充分发挥行政复议监督执法和化解争议作用，不断推进海关严格规范公正文明执法。切实加强法治海关建设，立改废释并举，积极参与《中华人民共和国固体废物污染环境防治法》、《中华人民共和国出口管制法》、《中华人民共和国关税法》（以下简称《关税法》）、《中华人民共和国进出口商品检验法》（以下简称《进出口商品检验法》）等重大立法项目并取得积极进展，推动《中华人民共和国海关稽查条例》《中华人民共和国进出口商品检验法实施条例》等10余部行政法规完成修改。2018—2021年制定海关规章4部，修订210部（整体修订9部，集中修订201部），废止12部。加快出台海关改革发展急需的法律规范，将国际贸易“单一窗口”、清理规范口岸收费、食品指定口岸进口等改革成果通过《优化营商环境条例》《中华人民共和国食品安全法实施条例》上升为法律规范，以制度固化改革成果。修订总署相关工作规则、“三重一大”决策制度，完善重大行政决策程序制度，健全决策议事机构的工作规则，强化决策法定程序的刚性约束。编制印发总署权责清单，落实落细“三项制度”，充分发挥行政复议监督执法和化解争议作用，不断推进海关严格规范公正文明执法。加强法治宣传教育，“企业问题清零”入选全国十佳普法案例，创建2家全国法治宣传教育基地。

二是持续深化科技创新应用。深入推进信息化建设和系统整合优化，H2018新一代通关管理系统全面切换、运行平稳，“互联网+海关”一体化网上办事平台上线运行，与国家政务服务平台实现全面对接。加强科技管理制度体系建设，制定实施科技兴关指导意见，发布“十四五”海关科技发展规划，成立海关总署科学技术委员会和院士专家咨询委员会，完善业务科技一体化推进机制。着力推进新技术在海关监管执法领域的创新应用，建设完成全国海关大数据应用中心和通用分析平台（云擎），智能审图实现算法升级、分类部署、应用扩大，走在世界海关前列。强化科技攻关，完成国家重点研发计划项目6项，新立项18项，报请批准设立海关科学技术研究中心并正式揭牌运作。加强实验室动态管理，优化规划布局，规划建设1,269个海关实验室，建成海关系统首个公共卫生安全署级中心实验室，检验检测保障水平不断提高，核酸日检测能力提升至9.45万份。加强科技人才队伍建设，强化信息系统安全管理，网络安全防护能力进一步提高。

三是不断完善内部督察审计。始终将贯彻习近平总书记重要指示批示精神，落实党中央重大决策部署作为海关督察工作重中之重，坚持“督任务、督进度、督成效，察认识、察责任、察作风”的“三督三察”要求，2018—2021年组织开展“清理和规范进出口环节经营服务性收费”等专项督察18项，指导全国海关开展督察项目4,339项。积极认真配合国家审计，强化组织领导，修订印发总署接受国家审计联系配合机制，认真落实审计整改要求，及时报告整改措施及成效。持续做好新冠肺炎疫情防控情况督察，共办结督办事项453件，其中涉及新冠肺炎疫情工作267项。常态化开展领导干部经济责任审计和专项审计，认真落实审计全覆盖要求，推广应用海关审计软件。2018—2021年对131名厅局级（含副厅级）党政主要领导干部和国有企事业单位主要领导人员开展了经济责任审计，指导直属海关对1,411名处级领导干部和企事业单位主要领导人员开展了经济责任审计，领导干部任职期间至少接受一次经济责任审计，组织开展13个专项审计。制定印发总署党委关于建立健全审计查出问题整改长效机制的实施意见，强化绩效考核。着力完善内控机制建设，健全内控组织架构，夯实内控制度基础，打造内控科技主平台（“新海廉”），构筑起执行自控、职能监控、专门监督的“三道防线”，形成具有鲜明特色的海关内控机制。聚焦重点领域和关键环节，优化完善“数据+指标+分析+调研”执法评估工作模式，加强对各项政策措施的分析评估，开展“保证金及担保管理措施落实成效”等署级专题评估19项，全面评估政策措施落实情况，提升业务风险发现能力，发挥服务宏观决策、推进业务改革和风险防控的作用。

七、着力锻造忠诚干净担当的准军事化纪律部队

一是深入推动党建高质量发展。报请党中央批准将海关三级党组改设党委，海关党的领导体制机制更加健全顺畅。健全完善党建工作机制，制定海关党建工作高质量发展意见，出台总署党委落实全面从严治党主体责任清单、海关系统各级党委意识形态工作责任清单、海关系统各级党委中心组学习细则等一系列制度文件。进一步压紧压实各级党组织抓党建的主体责任，调整优化党委职能部门机构设置、理顺职责关系，建立健全党建和业务“两手抓”工作机制，持续开展直属海关单位党委书记党建述职评议考核。

组织庆祝建党100周年系列活动，认真开展“不忘初心、牢记使命”主题教育、党史学习教育，教育引导海关系统广大党员干部牢记初心使命，做到学史明理、学史增信、学史崇德、学史力行；深入推进“我为群众办实事”实践活动，建立推广“问题清零”和“跟班作业”工作机制。大力实施“强基提质工程”，“支部建在科上”在基层业务一线实现全覆盖，全面推进“四强”支部和“让党中央放心、让人民群众满意的模范机关”创建活动，深入挖掘基层党建热源，共培育创建党建品牌226个，推动基层党组织全面进步、全面过硬。积极推进中国海关史研究，深入挖掘利用海关红色资源，不断扩大海关文化影响力。持续加强精神文明创建，66个单位获评第六届全国文明单位，53个单位获评第20届全国青年文明号。强化内务规范和纪律作风养成，开展岗位练兵、技能比武，准军事化纪律部队建设深入推进。出台支持艰苦地区边关22条措施，为长期扎根边关、驻守海岛的8,382名干部颁发荣誉章。加大表彰奖励力度，1名同志被评为全国“最美公务员”，为50个集体、66名个人分别记一、二等功和大功。

二是全面加强干部人事工作。落实新时代党的组织路线，制定实施领导班子建设、人才发展、教育培训规划。建立领导班子常态化分析研判机制，制定年度考核、平时考核、专项考核办法，创新政治素质考察考核方式，加大干部选拔任用力度。实施公务员分类管理和职务与职级并行制度，将海关公务员职位划分为综合管理类、专业技术类和行政执法类，有效提升海关公务员管理水平、拓展职级公务员晋升空间。制定职级公务员评授关衔办法，有效解决职级公务员授衔晋衔政策衔接问题。推进专业技术类公务员分类改革，规范事业单位评聘管理。持续加强正向激励，出台海关工作人员奖励规定，实施关心关爱疫情防控一线人员16条措施，评选百名优秀执法一线科长。推动职级序列规范津贴补贴落地实施，推进选人用人检查“五年全覆盖”、离任检查“应查必查”。在中央20家试点单位中率先完成规范领导干部配偶、子女及其配偶经商办企业行为试点工作，得到中央组织部充分肯定，并作经验交流。原海缉人员回流安置工作平稳有序推进。离退休干部工作信息化、精准化、规范化水平不断提升。加强选人用人监督检查，清理干部违规投资企业及在企业兼职问题。

三是扎实推进清廉海关建设。总署党委制定关于推进清廉海关建设的意见，各级党委认真履行主体责任，纪检监察机构切实履行监督责任，定期开展全面从严治党专题会商，“两个责任”贯通联动、同向发力。加强对直属海关党委落实全面从严治党主体责任检查考核，加大对“一把手”和领导班子监督，组织直属海关单位党委书记述责述廉述党建。着力纠治“四风”，开展形式主义官僚主义突出问题专项整治，为基层减负。制定并严格实施海关系统贯彻落实中央八项规定及其实施细则精神若干措施，出台加强改进调查研究13条措施，严格规范公务接待、公务用车、出国（境）管理，大力压减会议数量，从严执行办公用房标准，严控楼堂馆所建设。深入开展“现场监管与外勤执法权力寻租”专项整治，深化打私反腐“一案双查”，2018—2021年中央纪委国家监委驻海关总署纪检监察组和海关系统纪检机构共立案955件，处分1,056人。运用监督执纪“四种形态”，抓早抓小、防微杜渐，常态化开展警示教育，形成强烈震慑。运用“制度+科技”规范权力运行，针对海关执法权力下沉、现场监管和外勤作业任务重的特点，以制度建设为基础、以科技手段为支撑，推进执法行为进系统、标准化、留痕迹、可追溯，最大限度压缩自由裁量权，从源头防控执法风险和廉政风险，相关经验在国务院第四次廉政工作会议上做交流发言。认真贯彻落实巡视整改“四个融入”要求，对照中央巡视指出的4方面11项26个主要问题，细化89项整改任务，常态化抓好整改落实。充分发挥巡视利剑作用，统筹协调、上下联动，持续深化政治巡视，2018—2021年对47个直属海关单位、6个司局、4个在京直属事业单位开展常规巡视，对4个直属海关开展专项巡视，对3个直属海关和2个在京直属事业单位开展巡视“回头看”。

八、开启社会主义现代化海关建设新征程

习近平总书记指出：“今天，我们回顾历史，不是为了从成功中寻求慰藉，更不是为了躺在功劳簿上、为回避今天面临的困难和问题寻找借口，而是为了总结历史经验、把握历史规律，增强开拓前进的勇气和力量。”以史为鉴，开创未来。回顾党的十九大以来中国海关不平凡的发展历程，我们更加深化了对新时代做好海关工作规律性的认识：一是必须坚决做到“两个维护”，旗帜鲜明讲政治，深刻领悟“两个确立”的决定性意义，始终在思想上政治上行动上同以习近平同志为核心的党中央保持高度一致，不折不扣贯彻落实习近平总书记重要指示批示精神，落实党中央重大决策部署，确保海关工作始终沿着正确方向前进；二是必须胸怀“国之大者”，增强大局意识，既要用好“显微镜”，把职能领域工作做实做细，也要用好“望远镜”，坚持从世界百年未有之大变局和中华民族伟大复兴的战略全局，从世纪疫情、中美博弈、外交外贸大局，来审视、谋划和推动海关工作，做到从全局谋划一域、以一域服务全局；三是坚持防范风险，以“时时放心不下”的责任感，瞪大眼睛，保持战斗状态，一体推进系统性梳理、体制性预防和应急式处置，做到重大风险有预判、有预警、有预案、有预演，宁可向前一步形成重叠，不可后退一步造成缝隙，同时要避免局部合理政策叠加后造成负面效应，严防小问题拖大、大问题拖炸，牢牢守住不发生系统性风险、颠覆性错误底线；四是必须树立总体国家安全观，坚守安全监管底线，牢牢把握监管这个海关最基本、最重要职责，严格依法行政，强化监管优化服务，做到“管得住、放得开”；五是必须坚持改革创新引领未来，善于吸纳和运用创新理念和创新成果，建设智慧海关，全面赋能增效，提升履职能力水平；六是必须锻造高素质专业化海关队伍，坚持严管厚爱，推动队伍政治和业务双提升，强化组织力执行力战斗力，弘扬准军事化纪律部队优良作风，雷厉风行、令行禁止，发挥各级领导干部特别是“一把手”带头示范作用，强化责任担当，提升两级想问题，下沉一级抓落实，干在实处、走在前列，推动形成崇尚求实、扎实、朴实的海关文化氛围；七是必须加强党对海关工作的全面领导，充分发挥各级党委领导作用和各级党组织的政治功能，全面从严治党从严治关，团结带领广大干部职工牢记初心使命，为实现中华民族

伟大复兴的中国梦不懈奋斗。这些经验弥足珍贵，需要倍加珍惜、长期坚持。

2021 年，是中国共产党成立 100 周年，是党和国家历史上具有里程碑意义的一年，是全面建设社会主义现代化国家新征程开启之年。站在“两个一百年”的历史交汇点，总署制定了《“十四五”海关发展规划》，描绘了海关未来发展的美好蓝图，开启社会主义现代化海关建设的新征程。全国海关将更加紧密团结在以习近平同志为核心的党中央周围，立足新发展阶段，贯彻新发展理念，服务构建新发展格局，推动高质量发展，强化为国把关的使命担当，力争早日实现社会主义现代化海关建设目标，以实际行动和优异成绩向党和人民交出一份满意答卷。

海关专题图片

领导活动

▲ 2021 年 1 月 28 日，全国海关工作会议暨全面从严治党工作会议在北京召开

▲ 2021 年 2 月 7 日，总署党委书记、署长倪岳峰（前排左四）通过视频指挥系统慰问呼和浩特、满洲里、长春、哈尔滨、南宁、昆明、拉萨、乌鲁木齐 8 个海关边关干部职工，总署党委委员胡伟（前排右四）、王令浚（前排左三）、邹志武（前排右三）、陶治国（前排左二）、张际文（前排右二）、孙玉宁（前排左一）、黄冠胜（前排右一）参加慰问

◀2021 年 4 月 16 日，总署党委书记、署长倪岳峰（左四）在北油电控燃油喷射系统（天津）有限公司调研

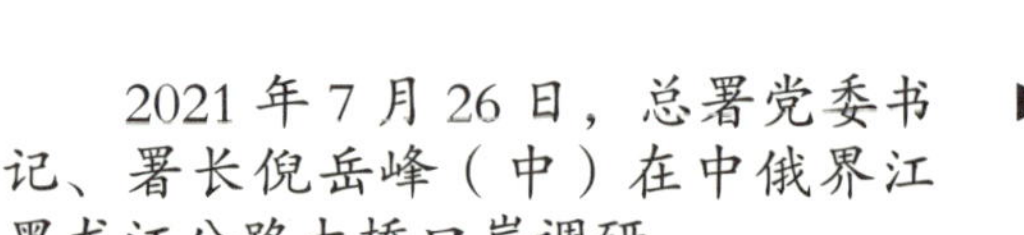

2021 年 7 月 26 日，总署党委书记、署长倪岳峰（中）在中俄界江黑龙江公路大桥口岸调研 ▶

◀2021 年 12 月 24 日，总署党委书记、署长倪岳峰（左三）在北京冬奥会和冬残奥会展示中心调研

2021 年 12 月 20 日，总署党委委员、副署长、政治部主任胡伟（中）在乌鲁木齐海关所属红其拉甫海关水布浪沟海关旧址调研 ▶

◀ 2021 年 4 月 27 日，总署党委委员、副署长王令浚（左二）在宁波海关中国—中东欧国家海关信息中心调研

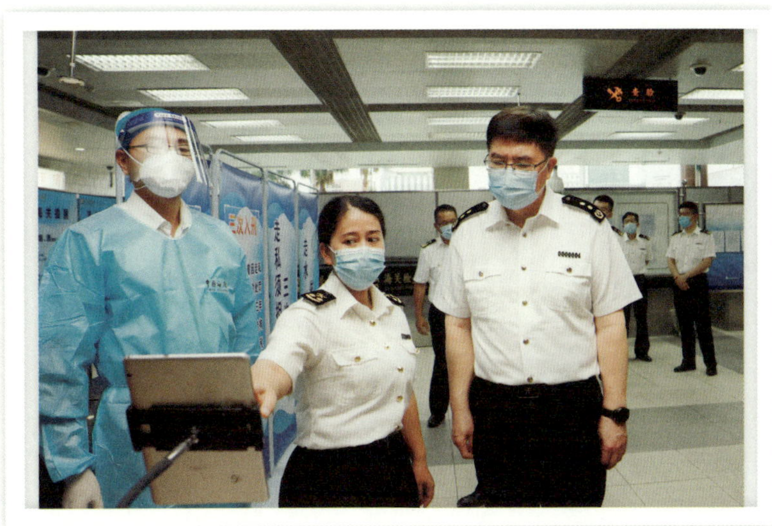

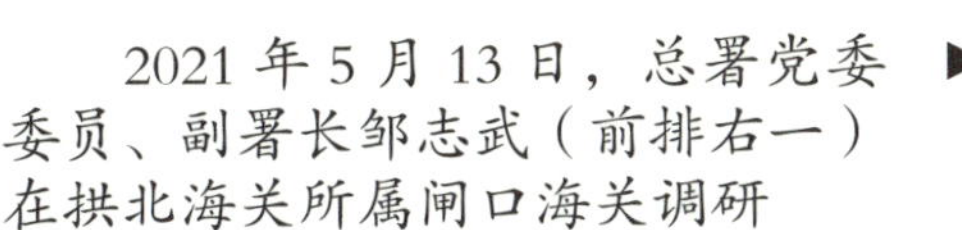
2021 年 5 月 13 日，总署党委委员、副署长邹志武（前排右一）在拱北海关所属闸口海关调研 ▶

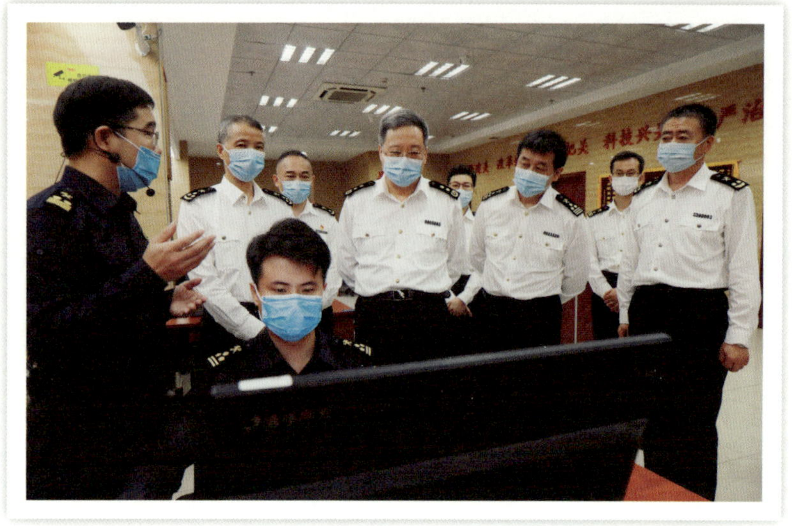

◀2021 年 4 月 14 日，总署党委委员、驻署纪检监察组组长陶治国（中）在黄埔海关所属沙田海关调研

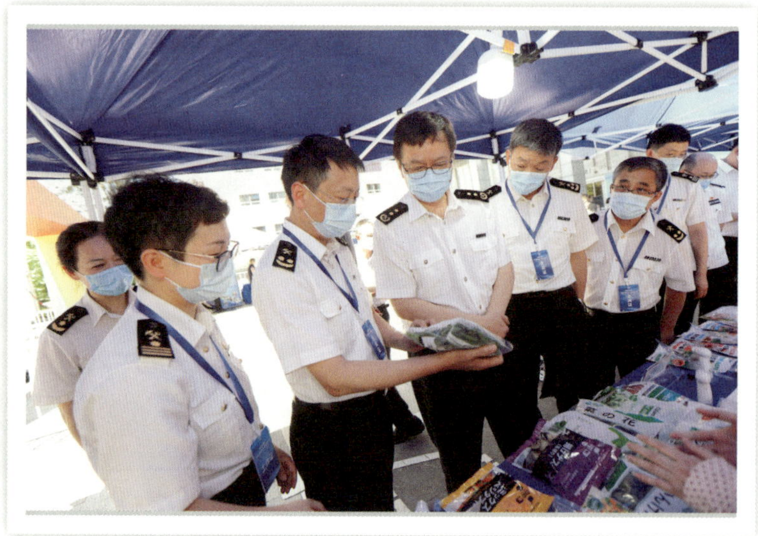

2021 年 7 月 6 日，总署党委委员、副署长张际文（前排左三）参加在杭州举行的 2021 年“全国食品安全宣传周”主题日系列活动 ▶

◀2021 年 7 月 5 日，总署党委委员、副署长孙玉宁（右二）在西宁海关所属曹家堡机场海关调研

2021 年 11 月 24 日，总署党委委员、驻署纪检监察组组长王林（中）在总署主持召开驻署纪检监察组十九届六中全会精神专题学习会 ▶

◀ 2021 年 6 月 2 日，总署党委委员、广东分署主任张广志（右二）在广州海关所属广州白云机场海关调研

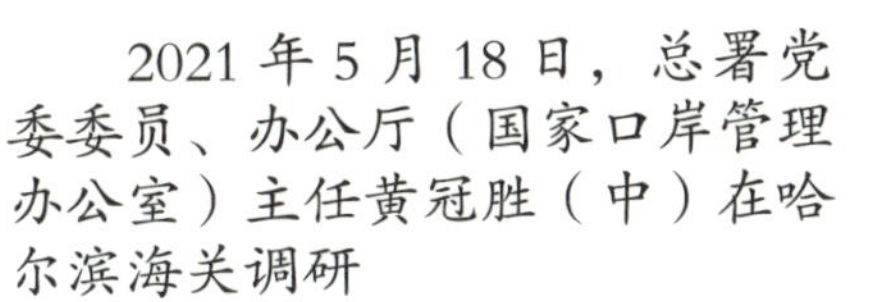

2021 年 5 月 18 日，总署党委委员、办公厅（国家口岸管理办公室）主任黄冠胜（中）在哈尔滨海关调研 ▶

党的建设

2021 年 3 月 10 日，武汉海关办公室党支部开展“同心向党、共绣党旗”活动 ▶

◀ 2021 年 3 月 26 日，西宁海关驻典哲村工作队开展中央“一号文件”马背宣讲活动

2021 年 5 月 18 日，南昌海关关员前往江西瑞金开展“寻访红色足迹”主题党日活动 ▶

2021 年 5 月 19 日，全国海关 4 名基层优秀共产党员代表参加中共中央宣传部举行的“当好让中央放心、让人民满意的国门卫士”中外记者见面会 ▶

◀ 2021 年 6 月 29 日，广州海关新入党党员为“光荣在党 50 年”老党员献花

2021 年 7 月 1 日凌晨 2 点，全国先进基层党组织厦门海关所属厦门机场海关关员在航班间隙与党旗合影，庆祝中国共产党成立 100 周年 ▶

◀ 2021 年 7 月 23 日，总署青年代表队参加“党在我心中”中央和国家机关青年党史知识大赛决赛，荣获季军

◀2021 年 9 月 27 日，杭州海关所属嘉兴海关开展“瞻仰红船忆初心，牢记使命再出发”主题党日活动

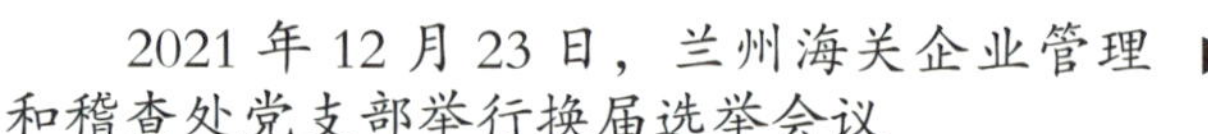

2021 年 12 月 23 日，兰州海关企业管理和稽查处党支部举行换届选举会议 ▶

◀2021 年 2 月，总署离退局干部春节前看望慰问总署机关百岁老同志

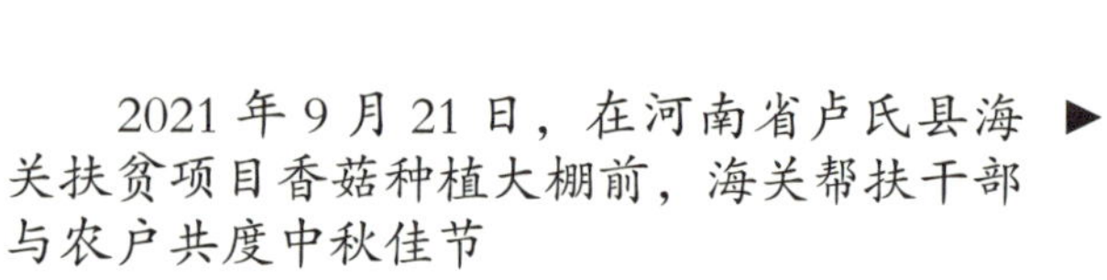

2021 年 9 月 21 日，在河南省卢氏县海关扶贫项目香菇种植大棚前，海关帮扶干部与农户共度中秋佳节 ▶

疫情防控

◀ 2021 年 1 月 1 日，成都海关所属成都双流机场海关关员对入境航班进行登临检疫

2021 年 1 月 4 日，宁波海关所属大榭海关依托口岸检疫方舱实施检疫 ▶

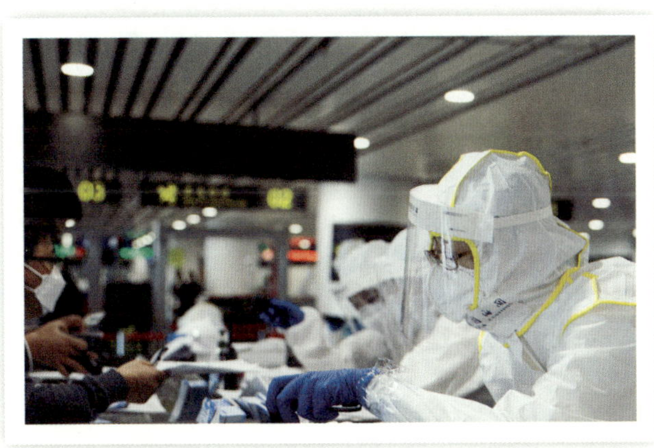

◀ 2021 年 1 月 20 日，西安海关所属西安咸阳机场海关关员指导入境旅客填写健康申明卡

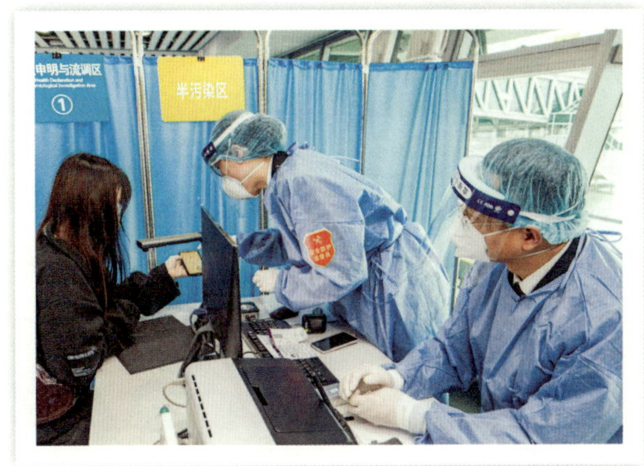

2021 年 2 月 10 日，汕头海关所属潮汕机场海关关员对入境旅客进行流调作业 ▶

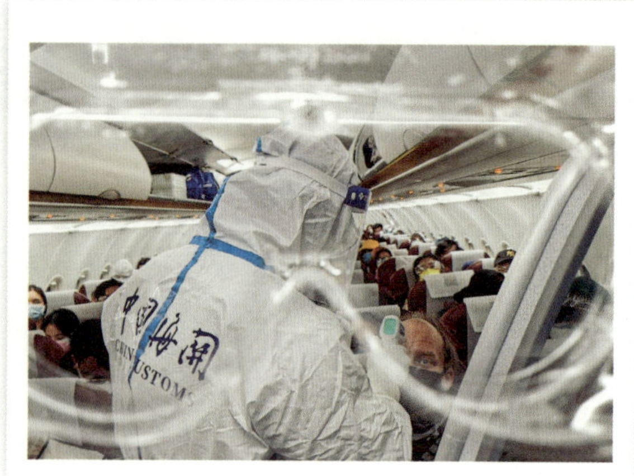

2021 年 3 月 18 日，南宁海关所属南宁吴圩机场海关关员对旅客进行测温 ▶

◀ 2021 年 5 月 6 日，大连海关所属长兴岛海关关员开展船舶登临检疫

2021 年 5 月 16 日，宁波海关所属镇海海关关员开展船舶登临检疫 ▶

◀ 2021 年 5 月 21 日，湛江海关所属霞山海关关员开展船舶登临检疫

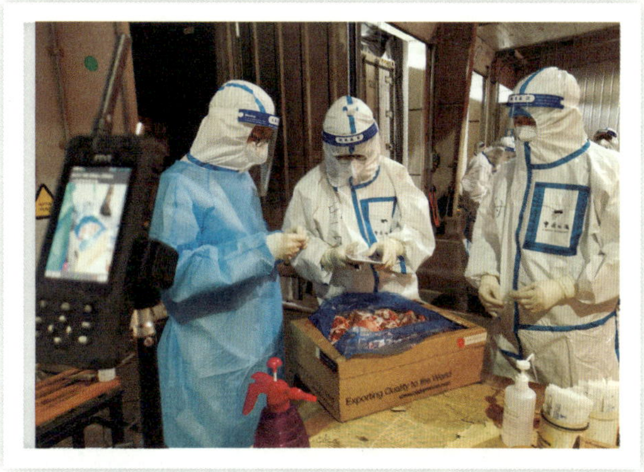

▲ 2021 年 6 月 5 日，天津海关所属天津新港海关关员对一批来自英国的冷冻猪肉制品进行新冠病毒核酸采样

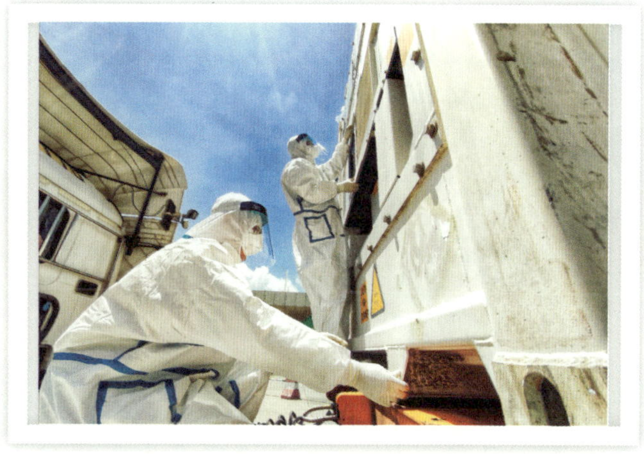

▲ 2021 年 6 月 18 日，深圳海关所属沙头角海关查验关员在烈日下检查进出境车辆车厢体

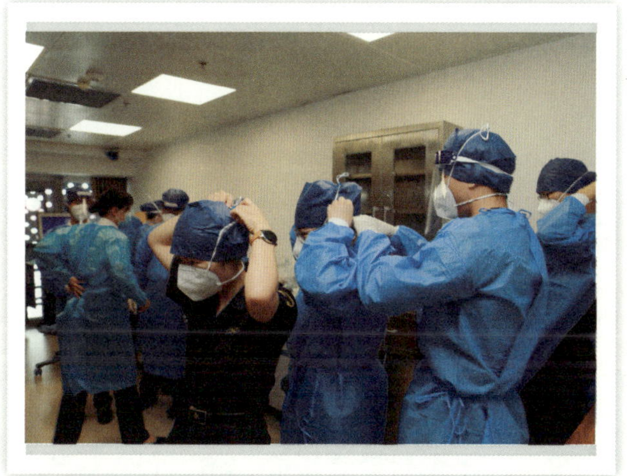

▲ 2021 年 9 月 8 日，拱北海关所属青茂海关关员做好上岗前个人防护

▲ 2021 年 12 月 7 日，满洲里海关缉私局民警寒冬中做好风控区值守工作

业务建设

▲ 2021 年 1 月 3 日，拱北海关所属闸口海关关员指挥口岸一日多次往返旅客经特殊通道接受检查

▲ 2021 年 1 月 8 日，昆明海关所属瑞丽海关关员对入境货车进行登临检查

▲ 2021 年 1 月 15 日，汕头海关所属揭阳海关关员在揭阳神泉港码头开展 LNG 船舶监管工作

▲ 2021 年 1 月 21 日，拱北海关所属斗门海关关员对供澳花卉进行检疫

▲ 2021 年 1 月 25 日，上海海关所属浦东机场海关派员赴东方航空公司浦东机场仓库监管入境维修大飞机

▲ 2021 年 2 月 15 日，福州海关所属莆田海关关员在秀屿港对进口原木实施表层检疫

▲ 2021 年 3 月 12 日，江门海关所属高沙海关查获一起涉嫌侵权摩托车案

▲ 2021 年 3 月 19 日，重庆海关所属渝州海关关员对中欧班列（渝新欧）十周年纪念专列开展监管

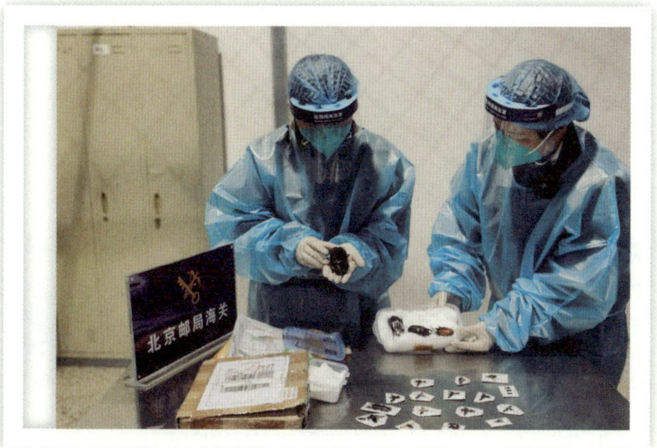

▲ 2021 年 3 月 26 日，北京海关所属北京邮局海关关员在进境邮件中查获泰坦大天牛标本

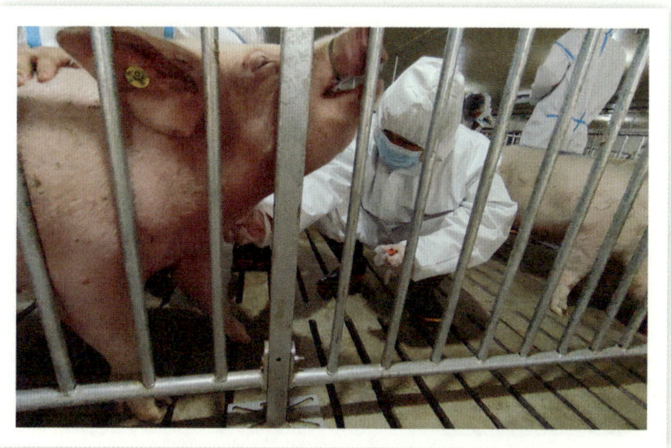

▲ 2021 年 3 月 29 日，福州海关所属三明海关关员对进境种猪开展隔离检疫集中采样工作

▲ 2021 年 4 月 15 日，深圳海关所属深圳宝安机场海关关员在训练监管工作犬

▲ 2021 年 5 月 13 日，广州海关所属南沙海关关员雨后步行前往码头进行船舶登临检疫

▲ 2021 年 5 月 16 日，长春海关所属通化海关关员开展加工贸易保税核查

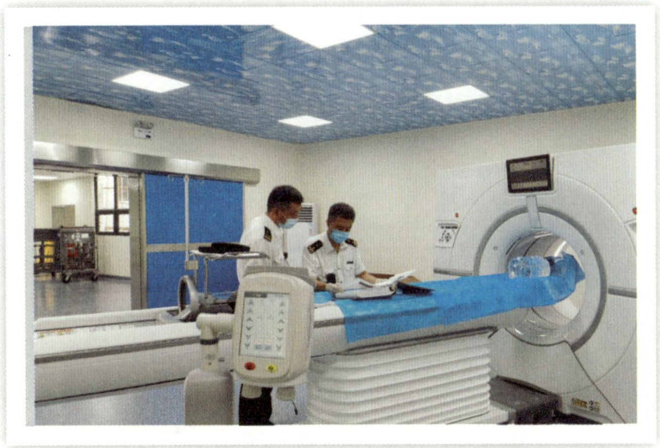

▲ 2021 年 5 月 31 日，黄埔海关所属萝岗海关关员到广州开发区医院对进口大型 CT 设备开展加急外检

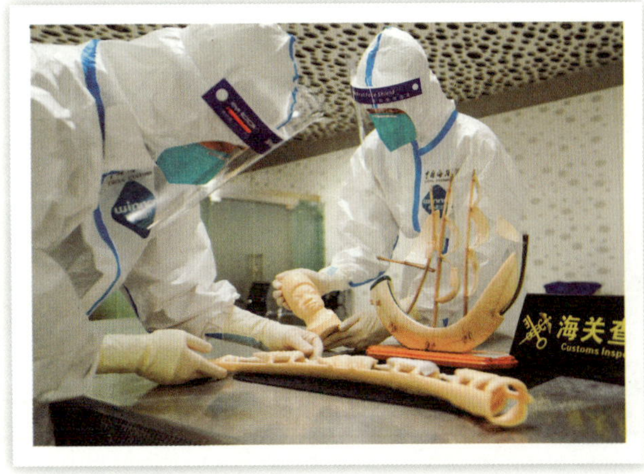

▲ 2021 年 6 月 3 日，深圳海关所属深圳宝安机场海关关员在入境旅检渠道查获走私象牙制品

▲ 2021 年 6 月 24 日，杭州海关法规处开展“法治微讲坛”

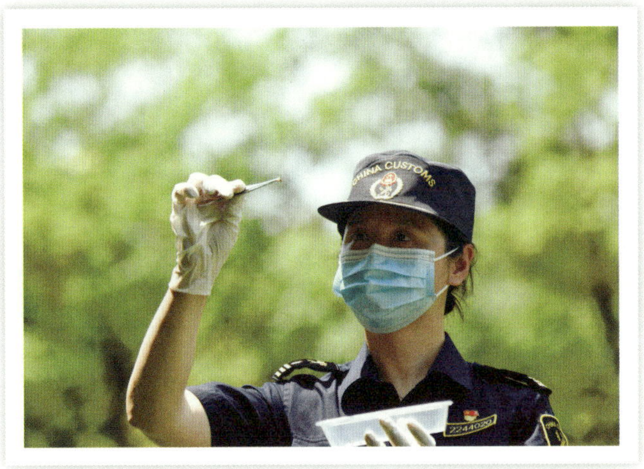

▲2021年7月7日，上海海关所属莘庄海关关员开展外来有害生物监测工作

▲2021年7月12日，银川海关所属兴庆海关关员现场查验出口葡萄酒

▲2021年7月15日，黄埔海关所属新沙海关关员对进口玉米进行取样

▲2021年8月9日，沈阳海关所属锦州海关关员监管集装箱货物

▲2021年8月12日，海口海关所属洋浦经济开发区海关关员对海南自贸港首架“零关税”进口飞机进行监管

▲2021年8月19日，北京海关所属首都机场海关服务保障中国残奥代表团出境

▲ 2021 年 9 月 17 日，合肥海关所属庐州海关关员监管出口水稻

▲ 2021 年 9 月 23 日，天津海关所属天津东疆海关关员在码头现场验核集装箱封号

▲ 2021 年 11 月 11 日，青岛海关所属黄岛海关对空轨集装箱进行查验

▲ 2021 年 11 月 16 日，广州海关缉私局大铲海关缉私分局开展“清湾行动”，打击海上“三无船”

▲ 2021 年 11 月 18 日，太原海关所属运城海关关员深入辖区企业查验出口水果

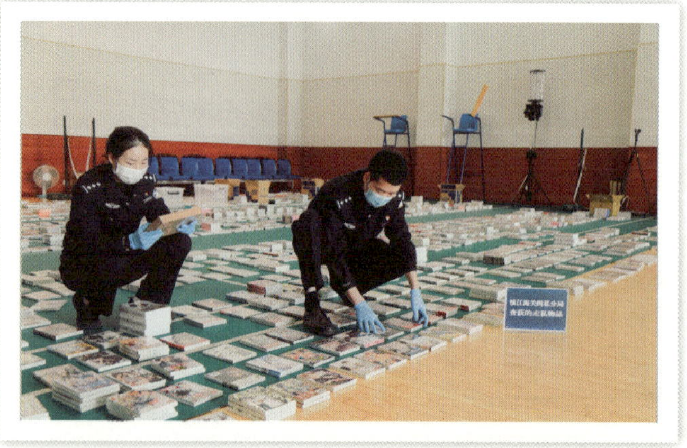

▲ 2021 年 11 月 18 日，南京海关缉私局镇江海关缉私分局开展打击淫秽物品走私行动

▲2021年11月18日，贵阳海关所属筑城海关关员对贵州省首列中欧班列进行监管

▲2021年12月13日，厦门海关隶属漳州海关首次使用无人机对进口粮食开展表层检疫工作

▲2021年12月30日，拉萨海关所属吉隆海关关员监管公铁联运出口货物

▲洋山特殊综合保税区一号卡口

队伍风采

▲ 2021 年 4 月 1 日，乌鲁木齐海关所属霍尔果斯海关关员冒着风雨监管列车

▲ 2021 年 4 月 15 日，呼和浩特海关所属乌拉特海关现场关员在沙尘暴中坚守国门

▲ 2021 年 4 月 21 日，南京海关所属苏州海关关员了解绣品的进出境知识产权保护情况

▲ 2021 年 4 月 26 日，深圳海关举办“活力海关·迈步新征程”庆“五一”机关广播体操比赛

▲ 2021 年 5 月 6 日，长沙海关举行升国旗仪式

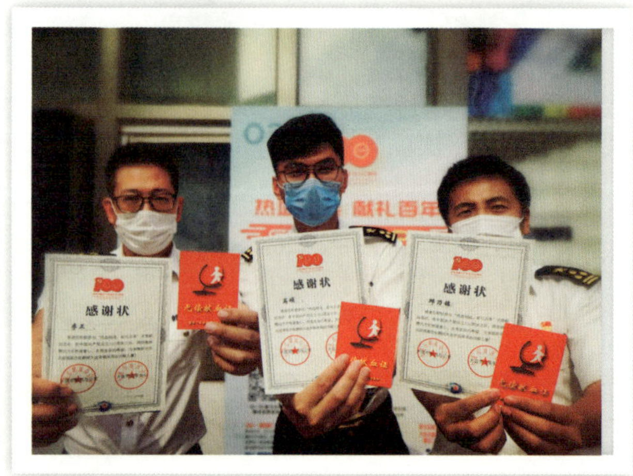

▲ 2021 年 7 月 1 日，大连海关关员踊跃参与“七一”献血活动

▲ 2021 年 7 月，郑州海关志愿者服务队参与郑州市防汛救灾，运送救灾物资

▲ 2021 年 8 月 26 日，石家庄海关缉私局开展“牢记训词精神、锻造缉私铁军”系列主题宣传活动

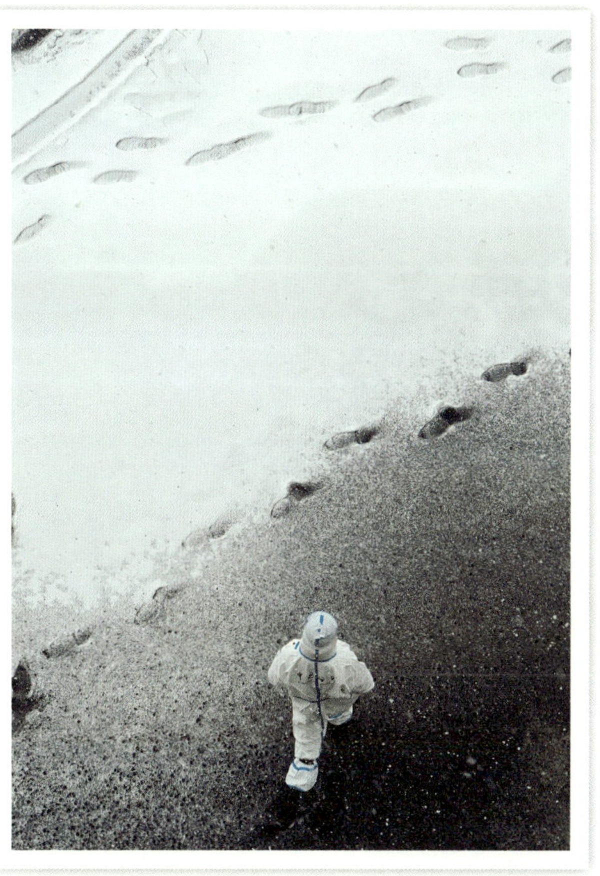

▲ 2021 年 11 月 7 日，济南海关所属济南机场海关关员冒雪登临检疫

▲ 2021 年 12 月 21 日，哈尔滨海关所属漠河海关关员冒着严寒在中俄原油管道漠河首站监管现场进行巡检

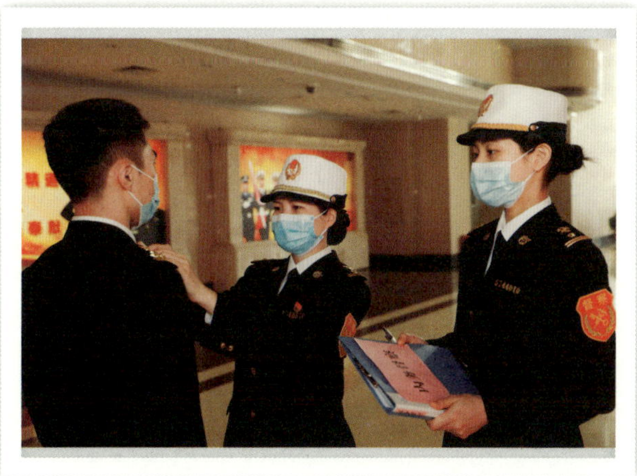

▲ 2021 年 12 月 24 日，拱北海关开展内务规范实地督察

第一篇

特载

中国海关概况、主要职能、组织架构

概况

中华人民共和国海关总署是国务院直属机构，为正部级。负责全国海关工作、组织推动口岸“大通关”建设、海关监管工作、进出口关税及其他税费征收管理、出入境卫生检疫和出入境动植物及其产品检验检疫、进出口商品法定检验、海关风险管理、国家进出口货物贸易等海关统计、全国打击走私综合治理工作、制定并组织实施海关科技发展规划以及实验室建设和技术保障规划、海关领域国际合作与交流、垂直管理全国海关、完成党中央国务院交办的其他任务。中央纪委国家监委在总署派驻纪检监察组。

中国海关以习近平新时代中国特色社会主义思想为指引，强化监管优化服务，锻造“政治坚定、业务精通、令行禁止、担当奉献”的准军事化纪律部队，全面推进政治建关、改革强关、依法把关、科技兴关、从严治关，马上就办、真抓实干，锲而不舍、一以贯之，奋力建设新时代中国特色社会主义新海关。

中国海关加强监管严守国门安全。以风险管理为主线，加快建立风险信息集聚、统一分析研判和集中指挥处置的风险管理防控机制，监管范围从口岸通关环节向出入境全链条、宽领域拓展延伸，监管方式从分别作业向整体集约转变，进一步提高监管的智能化和精准度，切实保障经济安全，坚决将“洋垃圾”、走私象牙等危害生态安全和人民健康的货物物品以及传染病、病虫害等拒于国门之外。有效实施知识产权海关保护。

中国海关致力于简政放权促进贸易便利。整合海关作业内容，推进“查检合一”，拓展“多查合一”，优化通关流程，压缩通关时间。整合各类政务服务资源与数据，加快推进国际贸易“单一窗口”，实现企业“一次登录、全网通办”。加快“互联网+海关”建设，通关证件资料一地备案、全国通用，一次提交、共享复用。加快建设服务进出口企业的信息公共服务平台，收集梳理各国进出口产品准入标准、技术法规、海关监管政策措施等，为进出口企业提供便捷查询咨询等服务，实现信息免费或低成本开放。

中国海关持续深化口岸改革。从国家安全和整体利益大局出发，优化口岸布局。

中国海关实行关衔制度。关衔设五等十三级。分别为一等：海关总监、海关副总监；二等：关务监督（一级、二级、三级）；三等：关务督察（一级、二级、三级）；四等：关务督办（一级、二级、三级）；五等：关务员（一级、二级）。

主要职能

总署贯彻落实党中央关于海关工作的方针政策和决策部署，在履行职责过程中坚持和加强党对海关工作的集中统一领导。其主要职责是：

（一）负责全国海关工作。拟订海关（含

出入境检验检疫，下同）工作政策，起草相关法律法规草案，制定海关规划、部门规章、相关技术规范。

（二）负责组织推动口岸“大通关”建设。会同有关部门制定口岸管理规章制度，组织拟订口岸发展规划并协调实施，牵头拟订口岸安全联合防控工作制度，协调开展口岸相关情报收集、风险分析研判和处置工作。协调口岸通关中各部门的工作关系，指导和协调地方政府口岸工作。

（三）负责海关监管工作。制定进出境运输工具、货物和物品的监管制度并组织实施。按规定承担技术性贸易措施相关工作。依法执行进出口贸易管理政策，负责知识产权海关保护工作，负责海关标志标识管理。组织实施海关管理环节的反恐、维稳、防扩散、出口管制等工作。制定加工贸易等保税业务的海关监管制度并组织实施，牵头审核海关特殊监管区域的设立和调整。

（四）负责进出口关税及其他税费征收管理。拟定征管制度，制定进出口商品分类目录并组织实施和解释。牵头开展多双边原产地规则对外谈判，拟定进出口商品原产地规则并依法负责签证管理等组织实施工作。依法执行反倾销和反补贴措施、保障措施及其他关税措施。

（五）负责出入境卫生检疫、出入境动植物及其产品检验检疫。收集分析境外疫情，组织实施口岸处置措施，承担口岸突发公共卫生等应急事件的相关工作。

（六）负责进出口商品法定检验。监督管理进出口商品鉴定、验证、质量安全等。负责进口食品、化妆品检验检疫和监督管理，依据多双边协议实施出口食品相关工作。

（七）负责海关风险管理。组织海关贸易调查、市场调查和风险监测，建立风险评估指标体系、风险监测预警和跟踪制度、风险管理防控机制。实施海关信用管理，负责海关稽查。

（八）负责国家进出口货物贸易等海关统计。发布海关统计信息和海关统计数据，组织开展动态监测、评估，建立服务进出口企业的信息公共服务平台。

（九）负责全国打击走私综合治理工作。依法查处走私、违规案件，负责所管辖走私犯罪案件的侦查、拘留、执行逮捕、预审工作，组织实施海关缉私工作。

（十）负责制定并组织实施海关科技发展规划、实验室建设和技术保障规划。组织相关科研和技术引进工作。

（十一）负责海关领域国际合作与交流。代表国家参加有关国际组织，签署并执行有关国际合作协定、协议和议定书。

（十二）垂直管理全国海关。

（十三）完成党中央、国务院交办的其他任务。

组织架构

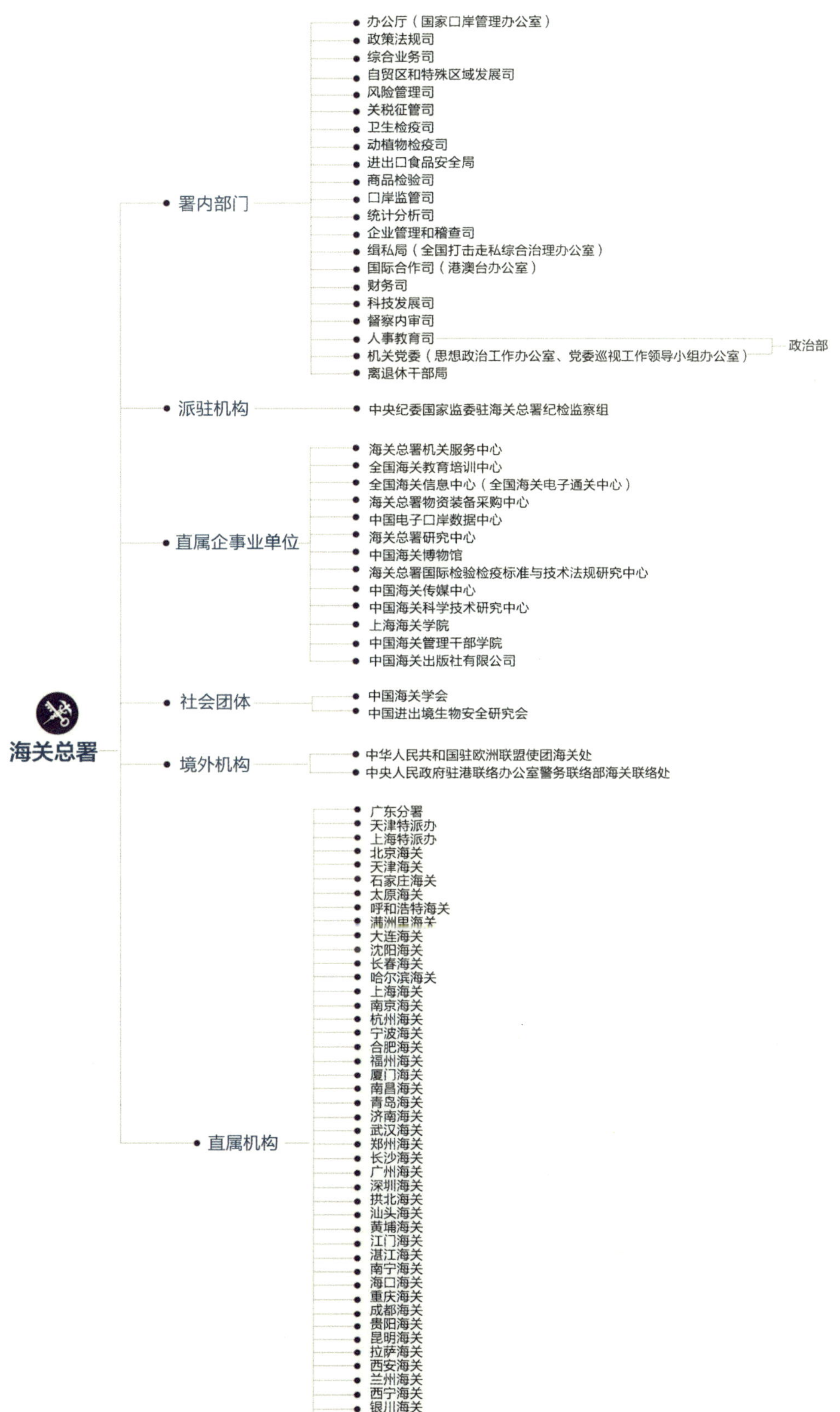

海关总署
署内部门
办公厅（国家口岸管理办公室）
政策法规司
综合业务司
自贸区和特殊区域发展司
风险管理司
关税征管司
卫生检疫司
动植物检疫司
进出口食品安全局
商品检验司
口岸监管司
统计分析司
企业管理和稽查司
缉私局（全国打击走私综合治理办公室）
国际合作司（港澳台办公室）
财务司
科技发展司
督察内审司
人事教育司
机关党委（思想政治工作办公室、党委巡视工作领导小组办公室）
政治部
离退休干部局
派驻机构
中央纪委国家监委驻海关总署纪检监察组
直属企事业单位
海关总署机关服务中心
全国海关教育培训中心
全国海关信息中心（全国海关电子通关中心）
海关总署物资装备采购中心
中国电子口岸数据中心
海关总署研究中心
中国海关博物馆
海关总署国际检验检疫标准与技术法规研究中心
中国海关传媒中心
中国海关科学技术研究中心
上海海关学院
中国海关管理干部学院
中国海关出版社有限公司
社会团体
中国海关学会
中国进出境生物安全研究会
境外机构
中华人民共和国驻欧洲联盟使团海关处
中央人民政府驻香港联络办公室警务联络部海关联络处
直属机构
广东分署
天津特派办
上海特派办
北京海关
天津海关
石家庄海关
太原海关
呼和浩特海关
满洲里海关
大连海关
沈阳海关
长春海关
哈尔滨海关
上海海关
南京海关
杭州海关
宁波海关
合肥海关
福州海关
厦门海关
南昌海关
青岛海关
济南海关
武汉海关
郑州海关
长沙海关
广州海关
深圳海关
拱北海关
汕头海关
黄埔海关
江门海关
湛江海关
南宁海关
海口海关
重庆海关
成都海关
贵阳海关
昆明海关
拉萨海关
西安海关
兰州海关
西宁海关
银川海关
乌鲁木齐海关

“十四五”海关发展规划

根据《中共中央关于制定国民经济和社会发展第十四个五年规划和二〇三五年远景目标的建议》和《中华人民共和国国民经济和社会发展第十四个五年规划和2035年远景目标纲要》，结合海关实际，特制定《“十四五”海关发展规划》。

一、开启社会主义现代化海关建设新征程

（一）“十三五”海关发展取得重大成就。

“十三五”时期，在以习近平同志为核心的党中央坚强领导、关心关怀下，海关事业实现跨越式发展，各项工作取得长足进步。五年来，口岸管理体制实现革命性变革，机构改革任务圆满完成，关检全面深度融合，口岸管理更加集约高效。全面深化改革纵深推进，围绕全国通关一体化改革推出一系列改革举措，重点领域和关键环节改革取得重大突破；监管主要业务指标大幅增长，执法效能稳步提升；通关管理系统实现整合优化、迭代升级，科技创新应用水平大幅提升；坚持全面从严治党，实施“强基提质工程”，清廉海关建设深入推进，“政治坚定、业务精通、令行禁止、担当奉献”的准军事化海关纪律部队建设卓有成效。特别是2020年，面对口岸新冠肺炎疫情防控和外贸下行压力双重考验，全国海关以最坚决的态度、最迅速的行动、最有力的举措，全面履职尽责，海关队伍得到历练，关检深度融合成效经受住实战检验，交出了一份保安全促发展的满意答卷。

（二）海关发展新方位。

“十四五”时期是我国全面建成小康社会、实现第一个百年奋斗目标之后，乘势而上开启全面建设社会主义现代化国家新征程、向第二个百年奋斗目标进军的第一个五年。当今世界正经历百年未有之大变局，新一轮科技革命和产业变革深入发展，国际环境日趋复杂，新冠肺炎疫情影响广泛深远，经济全球化遭遇逆流，贸易和投资持续低迷。我国进入新发展阶段，继续发展具有多方面优势和条件，同时发展不平衡不充分问题仍然突出。面对机遇与挑战，全国海关必须在新发展阶段的大背景下谋划未来发展，完整准确地全面贯彻创新、协调、绿色、开放、共享的新发展理念，主动服务构建以国内大循环为主体、国内国际双循环相互促进的新发展格局，发挥自身职能优势，促进内需和外需、进口和出口协调发展，以国际循环提升国内大循环的效率和水平，推动形成我国参与国际经济合作和竞争新优势，展现海关新的使命担当。

（三）2035年海关发展远景目标。

展望2035年，社会主义现代化海关基本建成。党的政治建设统领作用全面发挥，全国海关“一盘棋”的垂直管理优势充分彰显，服务大局能力显著增强；海关改革的系统性、整体性、协同性全面提升，建成与全面建设社会主义现代化国家相适应的海关监管体制机制，改革创新能力显著增强；法治海关建设全面推进，制度创新和治理能力建设现代化水平显著

提高，开放监管能力显著增强；科技支撑现代化水平全面提升，建成更高水平的智慧海关，研发应用能力显著增强；准军事化海关纪律部队建设全面加强，把关服务水平进入世界海关前列，干部队伍建设能力显著增强。

二、“十四五”海关发展指导方针和主要目标

（四）指导思想。

高举中国特色社会主义伟大旗帜，深入贯彻党的十九大和十九届二中、三中、四中、五中全会精神，坚持以马克思列宁主义、毛泽东思想、邓小平理论、“三个代表”重要思想、科学发展观、习近平新时代中国特色社会主义思想为指导，全面贯彻党的基本理论、基本路线、基本方略，深入贯彻习近平总书记对海关工作的重要指示批示精神，统筹推进经济建设、政治建设、文化建设、社会建设、生态文明建设的总体布局，协调推进全面建设社会主义现代化国家、全面深化改革、全面依法治国、全面从严治党的战略布局，坚持稳中求进工作总基调，以推动高质量发展为主题，以深化供给侧结构性改革为主线，以改革创新为根本动力，以满足人民日益增长的美好生活需要为根本目的，统筹发展和安全，把握新发展阶段，贯彻新发展理念，构建新发展格局，聚焦服务高质量发展、推动高水平开放、保障高标准安全、提升高效能治理，以社会主义现代化海关建设为战略牵引，锲而不舍、一以贯之推进政治建关、改革强关、依法把关、科技兴关、从严治关，强化监管优化服务，全面提升海关制度创新和治理能力建设水平，加快形成与全面建设社会主义现代化国家相适应的海关监管体制机制，为全面建设社会主义现代化国家贡献海关力量。

（五）遵循原则。

——坚持党的全面领导。切实增强“四个意识”，坚定“四个自信”，做到“两个维护”，坚决在思想上政治上行动上同以习近平同志为核心的党中央保持高度一致。以政治建设为统领，把加强党的全面领导贯穿海关工作全领域全过程，在推进海关改革发展中充分体现党的政治优势和制度优势。

——坚持以人民为中心。坚持人民海关为人民，把满足人民对美好生活的向往作为海关一切工作的根本价值追求。密切关注群众需求，公正执法，精准履职，高效服务，积极回应社会期盼，努力让人民群众的获得感成色更足、幸福感更可持续、安全感更有保障，依靠人民创造海关发展新成就。

——坚持新发展理念。把新发展理念作为海关工作的指挥棒，使创新、协调、绿色、开放、共享融入海关改革发展，做到一体把握、全局统筹、协同推进、联动发展，不断开拓海关发展新境界，为构建新发展格局，实现更高质量、更有效率、更加公平、更可持续、更为安全的发展做出海关积极贡献。

——坚持深化改革开放。坚持有利于维护国家安全、有利于增添经济发展动力、有利于促进社会公平正义、有利于增强人民群众获得感、有利于调动广大干部群众积极性的改革取向，坚定不移推进海关改革，积极融入国家对外开放战略，持续增强海关发展动力和活力。

——坚持系统观念。加强前瞻性思考、全局性谋划、战略性布局、整体性推进，统筹处理好当前与长远、顶层设计与基层创新、一般性举措与关键性部署、先行先试与全面复制推广等各方面关系，着力固根基、扬优势、补短板、强弱项，实现海关全面协调可持续发展。

（六）主要目标。

锚定2035年海关发展远景目标，持续深化“五关”（政治建关、改革强关、依法把关、科技兴关、从严治关）建设，不断丰富“五关”建设新内涵，全面发挥海关在安全、贸

易、税收等方面的职能作用，积极探索具有中国特色社会主义制度优势的新时代海关改革与发展之路，全面推进社会主义现代化海关建设，今后五年要努力实现以下主要目标。

——政治建关全面强化，政治建设水平大幅提升。政治信仰更加坚定，政治领导坚强有力，政治判断力、政治领悟力、政治执行力显著提高，政治生态风清气正，维护国家安全和发展利益更加坚决有力，服务国家重大发展战略更加积极有为，永葆政治机关鲜明本色，坚定走好“两个维护”第一方阵，让党中央放心、让人民群众满意的模范机关建设成效显著。

——改革强关纵深推进，制度创新和治理能力大幅提升。改革创新更加系统集成、协同高效，更宽领域、更高水平的机构改革“化学反应”全面实现，全国通关一体化改革更高层次推进，国门安全防线更加牢固，口岸营商环境更加优化，海关监管体制机制更加完善。

——依法把关全面加强，法治建设水平大幅提升。海关法律法规制度体系更加科学完备，法治实施体系更加全面高效，行政权力监督制约机制更加严密有效，法治实施保障更加协同有力，法治海关建设取得重大进展。

——科技兴关动力强劲，创新应用能力大幅提升。创新驱动导向作用更加明显，科技研发和应用工作机制更加健全，业务科技一体化有力推进，大数据、人工智能等新技术应用更加广泛深入，实验室规划布局更加合理、技术体系更加完善，检验检测能力明显提升，口岸监管装备研发与应用成果丰硕，智慧海关全面建成。

——从严治关成效显著，干部队伍素质大幅提升。全面加强党的建设，清廉海关建设成效明显，上下贯通、执行有力的组织体系更加科学，与准军事化海关纪律部队要求相匹配的海关文化体系基本形成，德才兼备的高素质专业化人才不断涌现，各级领导班子不断优化强化，队伍积极性、主动性和创造性充分激发，忠诚干净担当的高素质专业化干部队伍面貌焕然一新。

专栏1　“十四五”海关发展主要指标

指标	2020年	2025年	年均	属性
1. “一带一路”海关国际合作机制（个）	53	>90	—	预期性
2. 与境外“单一窗口”互联互通国家（地区）数量（个）	1	15	—	预期性
3. 进口食品监督抽检合格率（%）	98	>99	—	预期性
4. 国际卫生港口岸创建数量（个）	—	35	7	预期性
5. 口岸海关动植物检疫标准化建设覆盖率（%）	75	100	—	约束性
6. AEO互认国家（地区）数量（个）	42	≥60	—	预期性
7. 海关业务信息化应用覆盖率（%）	—	100	—	约束性

三、坚决维护国家安全

全面落实总体国家安全观，坚持底线思维，构建以风险管理为主线的国门安全防控体系，全面履行监管职责，坚决维护国家安全和人民群众利益。

（七）加强进出境环节实货监管。

完善联防联控机制，优化口岸监管作业机制和流程，加强口岸监管能力建设，提高进出境货物查检作业的规范性和科学性。强化口岸监管和物流监控，加强口岸监管环节的反恐、防扩散和出口管制等工作，构建完善口岸核生化爆监测和枪支弹药的查发反恐体系。认真履行蒙特利尔议定书等国际公约，对进出境禁限管制物项实施有效监管。完善加工贸易海关监管制度体系，创新边境贸易监管方式。推进行李物品、免税品、邮递物品监管智能化、规范化建设，提升通关体验。探索应用区块链、大数据等加强联网监管，应用智能审图等新技术强化实货监管快速监测探测，提升监管的精准性和威慑力。

（八）确保税收安全。

完善海关税收征管流程，优化税收征管模式，提高税收征管质量。打击价格低报瞒报、不实贸易等各类逃税涉税违法活动，维护安全公平有序的贸易环境。深入开展税政调研，积极参与进出口税收政策调整。优化非贸渠道税收征管机制，依托大数据等新技术促进征管智能化、作业信息化、缴税便利化。深入落实各项进口税收优惠政策，加强原产地管理，引导企业用好用足保税、减免税等政策，支持补齐产业链供应链短板，保障和促进产业安全。

专栏2 税收风险防控能力提升工程

（一）完善税收风险协同防控体系。

建立并完善产业、行业、企业和商品“四维”管理模式，聚焦“大税源、高风险”商品和企业以及税收政策执行风险防控，持续优化研判机制，防范化解整体性、全局性重大风险，规范排查处置税收风险，统一税收征管执法，推进税收风险源头治理。构建税收征管局与直属海关互为优势，关税部门与风控、稽查、缉私、监管、企管部门“六方”协同治理的综合治税新机制。

（二）深化属地纳税人管理。

推动构建新型关企征纳关系。坚持源头规范、分类管理、协同治理，建立属地纳税企业底账和“双特”台账管理、纳税遵从度评估、涉税化验争议解决等机制，统筹运用正向激励和逆向管控手段，实施差别化纳税信用管理，引导企业守法自律，源头防控税收风险。

（三）发挥科技引领支撑作用。

强化科技创新应用，持续提升关税大数据研发与应用能力，建立大数据应用安全体系下的、符合税收征管特点的数据驱动式征税大数据应用研发工作机制。持续优化完善税收征管作业平台功能，建设H2018税收征管平台和属地纳税管理平台，提升税收风险智能化防控水平。

（九）维护口岸公共卫生安全。

构建完善口岸公共卫生体系，建立健全多渠道疫情监测和多点触发的预警机制，推动实施智慧口岸精准检疫，筑牢“境外、口岸、境内”三道检疫防线。完善口岸公共卫生治理体系，创新口岸公共卫生制度，优化口岸卫生监督工作模式，加强口岸卫生检疫设施设备建设，推动制定口岸核心能力建设强制性国家标准，开展国际卫生机场（海港、陆港）建设，探索建立重大疫情指定口岸和分级建设模式。强化口岸卫生应急建设，完善应急响应指挥体系、工作机制和应对预案，建立现代化口岸突发公共卫生事件应急处置指挥体系，实施应急队伍“在岗—预备—储备”三级管理模式，完善应急物资储备制度。深化联防联控常态化运作机制，推动实现联合调查、联合预警、联合管理、信息共享。积极参与全球公共卫生治理，加强境外疫情监测，探索建立国际旅行卫生安全保障机制和标准。

专栏3　口岸公共卫生防控体系建设工程

（一）全球传染病疫情监测系统建设。

建立全球传染病疫情3D可视化展示平台，建立指标型、事件型传染病风险评估模型。

（二）口岸检疫查验和应急处置能力建设。

完善新冠肺炎疫情防控制度，形成长效机制。充分利用信息化、智能化、自动化手段，完善口岸查验和检疫保障体系，加快构建现代化口岸突发公共卫生事件实时监控和桌面指挥系统。

（三）强化国境病媒生物监测。

建成病媒生物实时监测、远程智能鉴定系统，建立病媒生物标本库和生物信息库，推进病媒生物监测处置平台建设，建成“一系统、两库、一平台”智慧病媒生物监测体系。

（四）建立特殊物品国家准入评估制度。

建立高风险特殊物品国家准入评估制度，推动建立出入境特殊物品联合风险研判机制。

（五）口岸公共卫生核心能力建设。

推动创建国际卫生港。建设“国际旅行健康服务网”，推动国际旅行医学人才建设。

（十）严格进出境动植物检疫监管和外来入侵物种口岸防控。

健全动植检法规技术标准体系，强化动植物疫情和外来入侵物种监测和预警，创新动植物检疫监管制度，建立健全便利可控集约高效的检疫监管机制、快速有效的重大动植物疫情和外来入侵物种应急处置机制。优化动植物检疫作业监管模式，实施更加安全便捷的动植物检疫措施。完善风险评估、检疫准入、境外预检、现场检疫、实验室检测、检疫处理等管理制度和技术标准，动态调整进境动物检疫疫病名录、进境植物检疫性有害生物名录、动植物产品检疫准入清单，及时收集发布国外检验检疫法律法规标准。建成主要贸易国家和地区动植物检疫要求数据库，构建全球动植物疫情和外来入侵物种信息平台，推动开展国际动植物疫情和外来入侵物种联合监测。

专栏4　动植物检疫和外来入侵物种口岸防控能力提升工程

（一）动植物疫情和外来入侵物种监测与预警能力建设。

构建动植物疫情和外来入侵物种监测体系，加强信息搜集与整理，完善风险监测预警制度。建立监测数据库，构建动植物疫情和外来入侵物种风险级别判定指标体系及风险预警智能化判定模型。动植物疫情和外来入侵物种监测点数量不少于2万个。

（二）动植物检疫监管能力建设。

建成外来物种信息和口岸截获数据库，建立科学的口岸查验比例和项目动态调整机制。完善检疫处理、进境活动物、粮食、种苗等高风险业务监管系统，推进口岸初筛鉴定室建设，实现口岸初筛检查鉴定覆盖率和远程鉴定系统覆盖率达到70%。加强旅客携带物、寄递物等非贸渠道监管，防范外来物种入侵。

续表

（三）支持优势农产品扩大出口。 加强对主要贸易国家和地区以及共建“一带一路”国家和地区动植物检疫法规标准的系统收集和研究，建成主要贸易国家和地区检疫要求数据库和我国优势农产品资源数据库。推动建立出口农产品风险分级指标体系。支持水果蔬菜、种苗花卉、水生动物等优势农产品扩大出口。 （四）跨境动植物疫情疫病防控全球共治。 共建“一带一路”国家和地区动植物疫情疫病防控多双边合作覆盖率达到80%。世界动物卫生组织（OIE）和国际植物保护公约（IPPC）等国际组织活动参与率不低于60%。完成发展中国家动植物检疫人员技术交流培训项目3~5个。

（十一）强化进出口食品安全监管。

落实食品安全“四个最严”要求，优化进出口食品源头治理、口岸监管和后续监管等制度设计，构建进出口食品安全现代化治理制度体系。健全进口食品准入管理体系，优化境外生产企业注册管理，完善进境动植物源性食品检疫审批管理，从源头上保障进口食品安全。优化进出口食品监督抽检和风险监测机制，提升口岸快速反应能力，更加有效处置进出口食品安全风险事件。完善进口食品来源国家或地区食品安全管理体系回顾性审查机制，建立健全不合格食品信息通报制度，强化与国内相关监管部门的合作。推动出口食品安全监管制度与国内监管制度有效衔接，完善风险分级分类管理制度，全面推行出口食品直通放行。

专栏5　进出口食品安全监管能力提升工程

（一）健全进出口食品安全制度规范。 修订《中华人民共和国进出口食品安全管理办法》《中华人民共和国进口食品境外生产企业注册管理规定》。优化和规范进出口食品安全多双边协议，完善签订机制。 （二）优化进出口食品安全监管机制。 全面实施进口食品来源国家和地区食品安全监管体系评估和产品准入管理制度、进口食品境外生产企业注册制度。对大宗、重点输华食品主要来源国家或地区管理体系回顾性检查实现全覆盖。建立与共建“一带一路”国家和地区食品安全合作机制。完善出口食品境外通报问题处置协调机制。 （三）加强进出口食品安全风险监测与预警。 构建进出口食品安全数据库，开展进出口食品安全年度监督抽检和风险监测计划，优化风险预警机制，提升应急指挥和决策处置能力。 （四）构建进出口食品安全国际共治格局。 积极参与联合国粮农组织（FAO）、世界贸易组织（WTO）、国际食品法典委员会（CAC）、世界动物卫生组织（OIE）、亚太经合组织（APEC）等国际组织活动并发挥积极作用，深化进出口食品安全跨境检查执法协作和官方监管结果互认。

（十二）保障进出口商品质量安全。

完善进出口商品质量安全风险预警和快速反应监管体系，充分发挥风险监测点、风险评估中心、风险验证评价实验室作用，科学开展风险评估，精准确定风险类型，及时采取风险预警措施和快速反应措施。建立健全进出口商品质量安全监管制度规范。完善法检目录和检测项目动态调整机制。采取多样化、差异化的合格评定方式，有序推进检验结果采信，建立采信机构目录管理制度。加强进口能源、再生资源等大宗商品以及重点敏感消费品、危险化学品及其包装等安全监管。持续开展“清风行动”，推动建立跨国境打假执法协作和海外维权援助机制。

专栏6　进出口商品质量安全检验监管能力提升工程

（一）完善进出口商品质量安全风险预警和快速反应监管体系。

充分发挥进出口商品质量安全风险监测点和风险评估中心作用，完善风险监测工作机制，提升风险监测精准度和有效性，科学评估商品质量安全风险等级，完善分级分类预警制度和一体化快速反应措施。

（二）优化进口商品检验监管模式。

建立基于进口商品质量安全风险等级、科学运用多种合格评定模式的进口商品检验监管工作机制。动态调整法检目录。深化进口大宗商品、危险化学品、机电产品检验监管模式改革，强化进口再生资源等重点敏感商品检验监管。对已取得质量安全准入资质的进口医疗器械、特种设备、强制性认证产品（CCC）等实施“大验证”监管制度。建立跨境电商等新兴业态进口商品质量安全监管制度。

（三）提升进出口商品检验监管基础能力。

优化商品质量安全风险管理信息化系统功能，全面汇聚商品质量安全检验监管信息，建成覆盖“安全、卫生、健康、环保”要素的国家技术规范强制性要求项目数据库。强化危险货物及其包装检验监管岗位资质管理，提升危险货物及其包装检验监管能力。

（十三）强化风险整体管控。

加强进出境人员、货物、物品、运输工具一体化管控，将检验检疫监管全面纳入海关风险防控体系，推进全领域、全渠道、全过程风险防控。建立适应国家战略的供应链风险防控机制、区域风险防控协作机制和进出境管控机制，构建科学高效的风险监测预警体系、风险分析研判体系和风险处置体系。强化风险情报驱动，构建海关风险情报网络，探索建立海关风险情报国际对接机制。巩固海关内外部风险联合防控机制，深化风险研判、稽核查、打击走私的协同联动，优化重大查发现场快速响应机制。推动建立口岸安全风险布控中心，建立省（自治区、直辖市）级口岸安全风险联合防控机制，构建多元共治格局。落实安全生产责任制，持续深入推进重点领域安全生产专项整治。

专栏7　风险管控能力提升工程

（一）强化一体化风险防控。

整合公共卫生、生物安全、进出口食品安全、进出口商品质量安全等领域的风险防控，形成海关统一的风险防控规则体系，促进全领域风险防控深度融合。推进货物、寄递、旅检、边民互市、特殊监管区域等风险防控全覆盖。加强进口目的地检验、出口前监管等风险防控，促进风险防控在海关监管事前、事中、事后全链条有效贯通。

（二）开展以供应链为单元的风险防控。

延伸风险防控链条，将风险信息情报收集向境内外源头、途中运输、港口码头等全供应链拓展，建立供应链风险分析评价标准，综合运用事前、事中、事后手段，制定科学风险防控策略。

（三）推进风险防控区域协作。

推动建立京津冀、长三角、长江经济带、粤港澳大湾区、西部陆海新通道等区域协作机制，强化与国家区域发展战略对接，对区域重大风险进行整体测量、精准评估和统筹处置。

续表

（四）建立风险情报信息网。 选择条件成熟、人才富集、具备区位优势的海关，探索建设若干跨区域专项情报信息工作站，分领域、分渠道有针对性开展情报收集。 （五）强化系统集成保障。 建立健全风险作业、风险预警、风险管理、风控作战指挥、大数据管理监控等系统，实现与各业务系统的高效对接，提升风险自动甄别与预警能力，搭建跨关区、跨领域风险一体管控信息化平台。

（十四）严厉打击走私违法行为。

坚定维护国家政治安全，坚决防范和打击各种渗透颠覆破坏、暴力恐怖、民族分裂、宗教极端等活动，严防各类违禁品进境。围绕中央关注、社会关切、群众关心的突出走私问题，加强走私态势掌控，持续深化打击“水客”走私等专项工作，坚决打击“洋垃圾”以及象牙等濒危动植物及其制品走私行为，严厉打击重点涉税商品、农产品、毒品等走私。强化打私专业能力建设，探索建立“全域动态感知、智能精准研判、高效监测预警”的情报工作体系和“事前预警、主动查发、精准打击、有效管控”的专业打击方式，优化“智慧缉私”建设，深化执法规范化建设，加强国际执法合作。提升综合保障水平。加强打击走私法制建设，探索建立联合打私机制，深化反走私综合治理，推动地方政府落实主体责任。

四、服务国内国际双循环相互促进

立足国内大循环，服务协同推进强大国内市场和贸易强国建设，充分发挥海关国内国际双循环相互促进重要交汇节点作用，推进更大范围、更宽领域、更深层次对外开放，促进国内国际双循环顺畅联通。

（十五）推动共建“一带一路”高质量发展。

落实共建“一带一路”倡议，促进政策、规则、标准联通，提升沿线贸易安全与便利化水平。加快推广“经认证的经营者”（AEO）国际互认合作，支持亚欧货运大通道建设，加快国际贸易“单一窗口”建设与对接，拓展中欧“安智贸”合作，加大“关铁通”、海关信息交换共享平台等项目推广力度，优化中欧班列和多式联运监管，支持中欧班列国内外集结中心从“点到点”向“枢纽到枢纽”升级。研究编制“一带一路”货物贸易指数，强化共建“一带一路”国家和地区技术性贸易措施影响研究与应用，推进技术法规、标准和合格评定互认，定期开展我国与共建“一带一路”国家和地区货物贸易评估。加强与沿线国家和地区技术交流和能力建设合作，推动边境口岸基础设施建设，扩大食品农产品等重点商品快速通关“绿色通道”范围，促进优进优出。优化中东欧国家食品农产品输华准入评估程序，推动加快准入进程。

（十六）推动产业链供应链优化升级。

探索建立高端制造全产业链保税模式，以信用管理为基础，以信息监管为手段，通过政策叠加、制度创新、机制优化，对高端制造产业链上中下游企业实施整体监管、全程保税、便利流转，提升高端制造全球竞争力。拓宽保税政策范围，支持企业开展保税研发、保税检测，支持扩大保税维修、再制造业务领域。创新保税监管模式，促进产业链内保税料件自由流转，促进区内区外联动。发挥保税政策优势，支持在海南自由贸易港、自由贸易试验区、综合保税区设立全球供应仓与枢纽。支持动植物种质资源引进，服务国家种业发展。在确保风险可控的前提下创新特殊物品进出境监管机制，助力生物医药产业健康发展。完善法律法规，强化信息共享，建立与国际接轨的监管标准和规范制度，加强知识产权海关保护，维护各类企业合法权益。

专栏8　知识产权海关保护能力提升工程

（一）开展知识产权保护专项行动。

加强对国际贸易中侵权违法态势的综合研判，根据不同运输渠道、不同贸易形态下侵权违法特征，组织开展靶向性执法行动。加大行政执法力度，对群众反映强烈、社会舆论关注、侵权假冒多发的重点领域和区域开展集中整治，有效遏制进出口环节侵权高发态势。

（二）加强知识产权保护信息化、智能化建设。

完善知识产权海关保护备案和执法子系统。加强大数据、云计算等新技术运用，增强对侵权线索的发现、收集、甄别能力，开展风险联合研判与风险布控，通过制定不同的数据分析模型，实现对侵权货物的精准打击。

（三）推动构建大保护工作格局。

加强内外协同，强化知识产权全链条保护。加强知识产权海关保护措施宣传引导，积极培育企业维权意识，提升企业维权能力，促进企业便利维权。加强与行业协会合作，促进行业健康发展。利用国际海关合作机制，为企业开展知识产权海外保护提供支持。加大培训宣传力度，加强社会公众的知识产权意识培育。推动知识产权保护线上线下融合发展，充分发挥中国海关博物馆以及青岛、义乌、厦门海关知识产权保护展厅的作用。

（四）知识产权海关保护国际合作机制建设。

全面参与国际规则制定，推动形成知识产权全球治理体系。积极参与世界知识产权组织（WIPO）、亚太经合组织（APEC）等国际组织的知识产权国际事务，扎实推进多双边国际协议落实。加强知识产权边境保护合作交流，不断拓展合作领域，深化共建“一带一路”国家和地区知识产权合作，与主要贸易国家或地区开展数据交换、案件信息共享、立法及执法实践交流等合作，完善打击跨境侵权违法活动的国际网络。

（十七）推动外贸创新发展。

服务贸易强国战略，支持做强做大一般贸易，提升加工贸易，引导企业提升产业附加值，增强谈判、议价能力。加大对加工贸易转型升级示范区、试点城市、梯度转移重点承接地的支持力度，推动企业提升加工贸易技术含量和附加值，促进产业链由加工组装向技术、品牌、营销等环节延伸。落实促进边境贸易创新发展政策措施，完善边民互市贸易监管，支持培育发展边境贸易商品市场和商贸中心。促进新型国际贸易发展，落实外贸新业态领域支持政策。按照包容审慎原则，创新适应跨境电子商务、市场采购贸易方式、外贸综合服务企业、海外仓等新业态发展的通关便利化措施，推动跨境电商零售进口试点开展。推动货物贸易和服务贸易协调发展，支持北京打造国家服务业扩大开放综合示范区。

（十八）促进内外贸一体化。

支持优质产品进口，加强对外农业产业链供应链建设，增加国内紧缺和满足消费升级需求的重点农产品进口，促进供给多元化。支持能源资源性产品进口，对国家战略性重点产业链实施专项扶持，落实相关减免税政策，支持扩大重点产业的原材料、生产设备、关键零部件进口。鼓励优质消费品进口，积极吸引海外中高端消费回流。支持办好中国国际进口博览会（以下简称“进博会”）等展会，推动进口贸易促进创新示范区建设。完善技术性贸易措施工作机制，提升技术性贸易措施研究、应用、服务能力与效能。完善与国际海关间行政互助协查机制。促进内外销产品同线同标同质，更好满足国内市场消费升级需求。对海关特殊监管区域内生产的内销商品，探索实施特殊质量安全检验监管便利化措施。

专栏9 技术性贸易措施研究与服务能力提升工程

（一）技术性贸易措施规则研究与应用。

加强对世界贸易组织（WTO）及自由贸易协定等多双边框架下技术性贸易措施规则的研究应用，以及国际标准化组织（ISO）、国际电工委员会（IEC）、国际电信联盟（ITU）、世界动物卫生组织（OIE）、国际植物保护公约（IPPC）、国际食品法典委员会（CAC）等组织的国际标准研究，深度参与国际规则和国际标准制修订。加强技术性贸易措施影响评估、趋势预判、监测预警、通报评议、交涉应对等相关基础支撑技术研究，提升运用规则维护国家安全和发展利益的能力。

（二）技术性贸易措施服务平台建设。

完善技术性贸易措施工作机制。建设技术性贸易措施研究评议基地集群，强化政企联合应对。建立涵盖世界贸易组织（WTO）成员技术性贸易措施通报，以及主要贸易伙伴、重点敏感产业、关键准入要求的技术性贸易措施数据库，打造国家级技术性贸易措施公共信息平台。

（三）技术性贸易措施精准服务能力建设。

建立面向政府和企业的技术性贸易措施精准服务体系，提高技术性贸易措施影响调查评估精准度。加强对主要贸易伙伴、共建“一带一路”国家和地区重要敏感技术法规标准的跟踪、研究、评议和预警，建立多维度多层级培训和宣传机制。建立国外技术壁垒交涉应对重点企业数据库，增强企业运用规则维护自身合法权益的能力，引导企业吸收国外技术性贸易措施所包含的先进技术，提升合规意识和技术创新能力。深化国际交流合作，推动与贸易伙伴在技术性贸易措施上的协调与互认，合作化解技术壁垒。建立一支涵盖多语言、多业务领域、多层次的技术性贸易措施骨干队伍，重点培养主任骨干50名左右。

（十九）支持区域协调发展。

深化与地方政府的合作，推进通关制度合作与创新，推动口岸集群一体化融合发展，服务京津冀协同发展、长江经济带发展、粤港澳大湾区建设、长三角一体化发展、黄河流域生态保护和高质量发展等区域重大战略，以及西部大开发、东北全面振兴、中部地区崛起、东部率先发展、特殊类型地区加快发展等区域协调发展战略，畅通国内大循环。发挥综合保税区开放型经济平台作用，支持确有发展需要且符合条件的地区设立综合保税区。加强沿海沿边地区口岸与内陆口岸通关制度衔接，支持西部陆海新通道建设，持续推动通道沿线通关便利化。支持建设沿边重点开发开放试验区、边境经济合作区、跨境经济合作区等开发开放平台，加强边境重点战略通道口岸建设。通过优化口岸开放布局、支持优势食品农产品出口等，推动实现巩固拓展脱贫攻坚成果同乡村振兴有效衔接。

（二十）促进跨境贸易便利化。

依法削减进出口环节审批事项，精简进出口环节单证及证明材料，简化企业注册备案流程，取消不必要的监管要求。优化通关流程，推动进出口环节监管证件和通关物流类单据单证电子化无纸化。提高通关效率，稳固整体通关时间压缩成效在合理区间。降低企业税收担保成本，完善多元化税收征管改革措施，增加企业便利缴税渠道。清理规范口岸收费，完善口岸收费目录清单公示制度，放开口岸服务准入，引入竞争机制，降低通关成本。加强与境外口岸查验管理部门合作，推动联合实施对等通关便利化措施。

（二十一）加快口岸现代化建设。

推进平安、效能、智慧、法治、绿色“五型”口岸建设，基本建成具有中国特色的国际一流现代化口岸。建设平安口岸，完善口岸安全联合防控工作机制，提升口岸风险预警、防控和应急处置能力。建设效能口岸，促进人流、物流、资金流、信息流高效便捷流动，持续优化口岸营商环境。建设智慧口岸，围绕国际贸易“单一窗口”建设，推动口岸数字化转型，推进国际间互联互通。建设法治口岸，健全完善口岸管理制度，提升口岸管理法治化水平。建设绿色口岸，推动口岸高效可持续运行，实现口岸资源集约利用、投入产出最优、设施共享共用。

专栏 10　深化国际贸易“单一窗口”建设工程

（一）深化国际贸易“单一窗口”政务服务功能。

推动口岸和国际贸易领域相关业务统一通过国际贸易“单一窗口”办理，除涉密等特殊情况外，进出口环节涉及的监管证件和检验检疫证书原则上都通过国际贸易“单一窗口”一口受理，推动实现企业在线缴费、自主打印证件等，其他国际贸易领域相关业务办理事项实现“应上尽上”。

（二）拓展国际贸易“单一窗口”覆盖面。

依托国际贸易“单一窗口”基础架构，将国际贸易“单一窗口”功能逐步覆盖国际贸易管理全链条，打造“一站式”贸易服务平台和跨境贸易大数据平台，推动形成良好贸易服务生态。

（三）推进国际贸易“单一窗口”国际联通。

拓宽连接共享，推进与主要贸易伙伴国际贸易“单一窗口”的互联互通和数据交换，成为我国与世界贸易联通的数字门户，连接贸易、物流、金融和基础设施等，驱动贸易链和供应链的数字化转型。

（四）夯实国际贸易“单一窗口”信息化基础。

推进数据协调、简化和标准化工作，充分运用区块链等技术，实现国际贸易“单一窗口”性能优越、信息安全可信、流程公开透明。加强电子口岸基础设施建设，完善运维服务体系，提高平台稳定性，全年系统整体可用性达99.9%以上。基于电子口岸、国际贸易“单一窗口”数据交换体系和统一标准规范，持续推进跨部门、跨地区、跨行业数据交换共享。建设全国口岸综合管理平台，提升全国口岸数字化、精细化管理水平。

五、持续深化海关改革

以系统集成、协同高效为着力点，通过“巩固、完善、深化、提高”关联耦合、压茬推进海关各领域改革，建立完善改革评估反馈机制，推进海关监管体制机制现代化。

（二十二）深化“放管服”改革。

持续推进简政放权，建立健全海关权责清单制度，准确界定海关法定职责，厘清权力边界，规范权力运行。精简行政许可事项，拓展“多证合一”“双随机、一公开”等改革，创新监管模式，努力做到监管效能最大化、监管成本最优化、对市场主体干扰最小化。推进海关行政相对人统一管理平台建设，整合行政相对人管理系统，建立统一的行政相对人数据库，推动数据共用共享，实现一个平台统一办理。推进海关行政审批制度改革，落实“谁审批，谁负责”工作机制。推动部门间联合检查，鼓励各地海关加强探索创新，形成更多可复制推广的“放管服”（简政放权、放管结合、优化服务）改革经验做法。

（二十三）深化全国通关一体化改革。

围绕“拓围、提质、增效”目标，更高质量、更大范围、更深层次地推进通关一体化改革。巩固“中心—现场式”管理架构，加强“两中心”核心能力建设，健全作业现场与“两中心”之间的执行反馈机制，全面提升风险防控、税收征管的科学化、精准化、协同化水平。强化业务运行监控，加强报关单运行监控系统建设，推动实现全链条实时监控和有效预警，统筹风险整体防控和业务运行管控。完善与改革相适应的组织管理体系，以条块结合和专业化原则科学调整职能部门管理范围，优化人、物、事、职、权相宜的监管资源配置。深化关检业务全面融合，按照市场化要求，聚焦“合格入市”环节监管效能提升，重点厘清各类管理行为法律属性和不同现场海关功能定位。推进属地查检业务改革，优化属地查检作业流程，科学设定查检抽样检测比例，提升属地查检专业技术水平和业务能力。强化改革系统集成，以“两步申报”改革为引领，以“两轮驱动”为枢纽，以制度、系统、举措的配套衔接为重点，加强各项改革举措关联耦合，拓展通关环节与流程的全国一体化到海关全业务领域一体化。

（二十四）创新事中事后监管。

完善海关信用管理制度体系，将信用管理嵌入海关监管全过程，强化结果应用，优化系统建设，构建以信用管理为基础的新型海关监管机制。创新稽核查工作模式，推行“互联网+稽核查”。统筹开展涉税、涉检领域稽查，加强对检验检疫违法违规问题的贸易调查和风险研判，开展检验检疫领域专项稽查，拓展稽查广度、深度。优化海关核查管理制度，完善第三方协助核查工作机制，建立第三方结果采信制度、守法优质企业自查结果认可制度。探索包容审慎监管，健全支持服务贸易和数字贸易发展管理机制，完善跨境电商监管模式，规范外贸综合服务和市场采购监管，促进新业态健康有序发展。推行和完善主动披露制度，促进企业规范经营、守法自律。

专栏 11　海关稽查核查能力提升工程

（一）创新稽核查工作模式。

加强“互联网+稽核查”系统应用，扩大企业资源计划（ERP）系统或仓储管理系统（WMS）联网应用企业数量，健全智能监控分析模型，强化对企业后续监控分析，积极开展网上稽查。将第三方协助稽查拓展至检验检疫领域，提升稽查整体效能。

（二）深入开展专项稽查行动。

强化对“洋垃圾”、濒危动植物、野生动物等非法入境行为的稽查，加大涉税、涉检领域专项稽查力度。

（三）建立健全海关核查工作体系。

健全海关核查管理制度，推进分类核查改革，完善标准化作业内容，健全联系配合机制，构建权责明晰、统一规范、协同高效的海关核查工作体系。

（四）推行主动披露制度。

优化主动披露制度规范，引导企业主动如实向海关报告发现问题，探索将主动披露适用范围扩大到检验检疫领域，促进企业规范经营、守法自律。

（二十五）推动自由贸易试验区和海关特殊监管区域发展。

更好发挥自由贸易试验区先行先试试验田作用，优先在海关管理机制、管理方式、监管模式和科技手段上改革创新，并做好成熟经验的复制推广。支持海南自由贸易港早期收获项目建设，探索海关监管模式集成创新。科学规划综合保税区布局，完善管理制度，推动综合保税区高水平开放高质量发展。发挥海关特殊监管区域政策功能优势和自由贸易试验区改革创新、扩大开放、先行先试的体制机制优势，推动海关特殊监管区域与自由贸易试验区统筹发展。

专栏 12　推动自由贸易试验区和海关特殊监管区域发展工程

（一）支持海南自由贸易港建设。

推进海南自由贸易港早期收获项目落地，做好全岛封关运作海关相关工作。建设海南自由贸易港海关智慧监管平台。探索实施“一企一账”“一人一码”管理，创新与高水平自由贸易港相适应的安全准入、税收征管风险防控等体制机制。推动二级监控指挥中心实体化运作。建设一流国际旅行保健中心。

（二）促进上海自由贸易试验区临港新片区发展。

支持洋山特殊综合保税区建设最具国际竞争力的自由贸易园区，支持临港新片区重点产业发展，打造更具国际市场影响力和竞争力的特殊经济功能区。

（三）充分发挥自由贸易试验区改革创新“试验田”作用。

将海关改革项目优先在自由贸易试验区先行先试。服务国家战略，支持各自由贸易试验区开展差异化创新。推动跨部门联合创新，积极开展系统集成制度创新，加大复制推广力度。

（四）推动综合保税区高水平开放高质量发展。

支持综合保税区不断完善政策，拓展功能，科学合理布局，强化综合保税区事中事后监督。推动综合保税区发展成为具有全球影响力和竞争力的加工制造中心、研发设计中心、物流分拨中心、检测维修中心、销售服务中心。

（五）推动海关特殊监管区域与自由贸易试验区统筹发展。

新设综合保税区或自由贸易试验区相互依托开展规划选址。发挥政策比较优势，合理安排区内外产业布局。大力开展集成创新，进一步延伸产业链，提升价值链，做强创新链。

（二十六）全面提升服务决策能力。

强化全局视野和系统观念，进一步加强调查分析研究，以高质量的分析研究服务党中央决策。依托真实、客观、准确的数据，开展有立场、有方向、有质量的研究，为国家宏观经济治理提供高质量决策建议。做好前瞻性、战略性、基础性政策研究，形成上下联动、内外协调、整体运行的政策研究合力。加强与外部智库合作、国际交流合作，形成常态化的政策研究合作机制。深入挖掘数据价值，深化贸易数据、业务数据和其他数据的综合分析研究，完善全球贸易监测分析中心工作机制，健全宏观经济分析研究、业务分析研究、统计新闻发布等工作机制。推进统计现代化改革，坚持依法统计、科学统计，加快推进统计作业流程再造，不断完善统计制度方法。探索构建具有中国海关特色、准确反映国际国内经贸发展趋势的指数体系，建设覆盖海关业务全链条的业务统计系统。提升统计调查能力，推动行政记录统计与抽样调查、重点调查的有效衔接，拓宽统计数据源。加强统计数据质量管理，加快推进数据安全分类分级，建立全国海关统计数据质量控制中心，构建业务数据安全与管理体系，规范数据对外交换，确保数据安全可控。

专栏 13　海关特色高端智库建设工程

（一）统筹推进智库建设。

科学界定各类智库功能定位，以战略问题和公共政策为主要研究对象，突出优势和特色，调整优化智库布局，到2025年重点建成2~3个具有较强影响力和知名度的海关特色高端智库实体。对标国家高端智库入选条件，推荐符合条件的海关单位申报国家高端智库建设培育单位。

续表

（二）优化智库运行机制。 加强对海关特色高端智库建设组织领导，推进组织管理体制改革，建立和完善符合智库运行特点的经费保障和管理制度，优化完善重大决策意见征集制度和海关政策评估制度，实施研究课题项目化管理，创新成果评价和应用转化机制。建设专业数据库、案例库和信息系统平台，为决策咨询研究提供信息和技术保障。建立与外部智库交流合作机制。 （三）提升智库研究力量。 加强海关特色高端智库人才培养，培育若干名具有较大影响力和知名度的领军人才。探索构建智库“旋转门”机制，推动行政机关和智库之间、海关内部与外部智库之间人才有序流动，吸纳一批在国内外具有较大影响力的外部专家学者。按照国家规定，深化智库人才岗位聘任、职称评定、薪酬分配等人事管理制度改革，完善以品德、能力和贡献为导向的人才评价机制和激励政策。

（二十七）完善海关技术规范和业务规范体系。

建立全国海关统一的业务指标体系，实施目录管理，统一发布。完善统一的数据规范体系，实现数据规范化、标准化。优化支撑性业务规范，统一各业务现场执法尺度、技术规范。遵循国家和国际有关标准规范，构建适用于全链条监管的统一技术规范，提升信息数据交换水平。加强国内外技术规范跟踪比对研究，不断完善海关技术规范体系。

（二十八）深化财务管理改革。

健全海关预算保障机制，加强中期财政规划管理，深入推进预算和绩效一体化，建立过“紧日子”长效机制，全面提升预算执行效能。加强财务制度标准体系建设，完善海关涉案财物管理制度，健全与国家政府采购法律制度相衔接、适应海关发展要求的现代海关政府采购制度，建立具有海关特色的业务技术用房建设标准。完善符合国家政策导向、适应海关系统特色的海关事业单位财务保障机制，提升海关技术支撑和后勤服务的保障能力。科学管理海关资产，以闲置房地产处置为突破口，提升海关资产使用效益。完善应急物资保障机制，优化应急物资储备结构和空间布局。提升海关财务管理信息化、智能化水平，全面完成智慧财务建设。进一步加大对艰苦地区边关的支持保障力度。

六、全面推进法治海关建设

学习贯彻习近平法治思想，强化法治意识，弘扬法治精神，完善海关法律制度体系，坚持依法行政，全面加强依法把关，营造更加规范有序、公平高效的执法环境，为社会主义现代化海关建设提供有力法治保障。

（二十九）完善海关法律制度体系。

以《中华人民共和国海关法》（以下简称《海关法》）修订为牵引，推动《国境卫生检疫法》、《中华人民共和国进出境动植物检疫法》（以下简称《进出境动植物检疫法》）、《关税法》等法律以及配套行政法规、规章制修订，积极参与《传染病防治法》《中华人民共和国野生动物保护法》等海关执法密切相关领域立法，逐步形成以《海关法》为核心的系统完备、科学规范、运行有效的海关法律制度体系。全面优化现行海关规章结构布局，统筹推进海关法律配套制度的“立改废释”工作。着力加强科学立法、民主立法，科学确立立法项目，提高立法计划执行率，完善立法程序，深入开展立法后评估，提升海关立法质量和效率。

（三十）严格规范公正文明执法。

坚持权责法定、依法行政，落实落细行政

执法公示、执法全过程记录、重大执法决定法制审核等制度，进一步规范行政执法统计年报。健全完善海关行政执法裁量基准制度，规范行政执法自由裁量权，从源头上规范权力行使。主动纠正违法或不当执法行为，提高行政复议能力和行政诉讼应诉水平。完善重大行政诉讼案件挂牌督办制度，强化制度执行力。坚持和发展新时代“枫桥经验”，探索建立多元行政争议化解机制，努力实现执法效果最大化。深入推行行政执法案例指导制度，建设智慧海关法律服务数据库。

（三十一）强化法治保障作用。

健全对重大业务改革方案、配套制度文件的合法性审查机制，重点开展对涉及公民、法人和其他组织权利义务规范性文件的合法性审查，对审查内容实行目录管理，完善跟踪反馈和评估制度。运用法治思维和法治方式推动海关业务改革，做好相关改革方案的法律论证，确保重大改革于法有据，及时将成熟的海关业务改革经验和举措固化为制度规范。深化涉外法律制度研究，做好我国缔结或参加的国际条约项下海关相关配套规章制定和相关文件的合法性审查，提升跨境贸易透明度和便利化。

（三十二）营造良好法治环境。

强化主要负责人履行推进法治建设第一责任人职责，落实党委中心组集体学法制度和领导干部任前考法制度，推动领导干部做尊法学法守法用法的模范。科学布局法治人才梯队建设，加强涉外法治人才培养，开展分层级分岗位多方式的培训轮训，推进法律专家制度，充分发挥公职律师在推进依法行政中的积极作用。进一步加强法律顾问工作，从海关公职律师和其他具有法律职业资格并专门从事法律事务的公职人员中择优选任内部法律顾问，建立以内部法律顾问为主体、外聘法律顾问为补充的法律顾问队伍。全面落实“谁执法谁普法”普法责任制，大力实施“八五”普法规划，利用国家宪法日、全民国家安全教育日、海关法治宣传日等重要节点，扩大海关法治文化的覆盖面和影响力。

七、全面提升科技创新应用水平

强化科技支撑引领，紧扣全面建成智慧海关，夯实海关科技创新基础，构建“大平台、微服务、小终端、富生态”的科技创新生态体系，加快海关数字化转型，统筹运用数字化思维和数字化技术提升海关整体智治水平。

（三十三）强化国门安全科技保障。

面向重点应用需求，突破基础研究瓶颈，加大共性技术与装备研发应用，推动集成示范全链条设计，按照一体化思路组织实施，攻克关键难题，建设国门安全现代化科技创新体系，提升国门安全总体防控科研能力和水平。围绕国门生物安全，加强新发和烈性传染病国境阻断技术研究与储备，完善早期预警、实时监测、远程鉴定、快速检测、应急处置技术研发与应用。针对输入或潜在重大动物疫病、植物疫情、外来入侵物种等，开展综合防控关键技术的研发与应用。开展进口食品安全风险因子关键性检测、预警和监控追踪技术研究。加强商品质量检验检测技术研究，优化现场快速检测技术手段。以“境外、口岸、后监管”环节为场景，开展技术平台构建、境外风险监测、口岸风险监测以及进出口企业管理与稽核查等领域关键技术研究。优化海关查验作业，升级单兵查验系统和设备，实现海关监管更加智能、精准、高效。

专栏 14　单兵查验优化升级工程

（一）更新换代单兵查验设备。

升级单兵查验设备，统筹检验检疫业务对现场查验设备需求，以便捷实用管用为原则升级换代现有单兵设备，拓展单兵查验设备应用领域，为现场查验关员减负。

（二）研发应用新型单兵查验设备。

落实《国务院关于加强和规范事中事后监管的指导意见》“推行以远程监管、移动监管、预警防控为特征的非现场监管”要求，研发应用 AR 智能眼镜等装备，推广非接触式查验。丰富设备功能，加快实现专家远程指导，不断提高查验效能。

（三）优化移动查验作业应用。

将重点检疫人员信息、有害生物和外来入侵物种图谱等实时植入单兵作业应用，实现移动查验作业系统对检验检疫业务现场查验的全覆盖。加强 5G、物联网等新技术应用，探索新智能化手段在监管点的应用。深化“互联网+单兵作业”在查验流程中的应用，服务现场查验去繁就简。探索完善既符合法律法规又与移动查验作业实际相适应的新型查验制度机制。

（三十四）增强海关信息化支撑能力。

着力做好海南自由贸易港、粤港澳大湾区、上海自由贸易试验区临港新片区等海关信息化建设。全面推广应用 H2018 新一代通关管理系统，加快各类信息系统整合优化，加强智能审图、智能化卡口、区块链等技术应用，提升智能监管水平。优化完善电子政务内网基础设施，升级完善政务办公、党建队伍、财务管理、廉政监督等信息化应用，实现统一规范的智慧管理。完善海关安全技术体系，强化安全管理制度规范，以“零风险、零泄漏”为目标，全面落实网络安全等级、海关大数据安全、关键信息基础设施安全等保护要求，建设网络安全态势感知、网络安全保护业务、数据安全保护等平台，提高海关网络安全感知、监测、防护、响应、恢复水平，保障海关业务运行安全。加强信息系统准入准出管理，建立健全海关信息化质量安全保障与评价体系，推动实现海关数字化、智能化运维。加快国产软硬件推广应用，构建国产应用支撑生态，提升自主可控能力。加速基础设施云化进程，建设支撑新一代智慧海关的技术平台。

（三十五）深化海关大数据应用。

完善大数据基础设施，汇聚多形态数据资源，形成海关大数据池，为海关数据治理提供基础支撑。构筑集专家经验与业务知识为一体的知识计算新引擎，建设海关特色知识图谱，打通从数据到知识再到智慧的能力提升通道。探索构建与业务实体运行良性互动的数字镜像，以大数据驱动风险防控、通关监管、税收征管、检验检疫等海关主要业务运行，建设大数据安全体系，形成大数据智能应用生态，提升大数据辅助治理能力。

专栏 15　大数据海关应用提升工程

（一）完善大数据基础设施。

以海关大数据平台为核心，构建新一代海关云计算平台、海关网络体系、边缘计算和移动终端数据接口设备、大数据共性应用基础支撑平台等大数据基础设施，建设物理环境独立云平台生产环境、仿真环境、开发环境，扩大图形处理器（GPU）计算资源。

（二）加强海关大数据管理。

梳理汇聚海关内外部数据，提供多类型的实时智能数据服务。建设企业、人员、货物、物品、行为、运输工具、案件、事件等模型主题库。整合数据开发和治理流程，推进共性数据融合加工。在实施数据分层管理的基础上，实现海关数据全域融合。

（三）完善海关大数据应用。

建立知识库、模型库、智能标签库和知识图谱，建设海关特色知识图谱，提升大数据海关应用智能化水平。构建外贸形势评估、宏观战略决策、全球突发性事件决策等模型，实现全景可视化、智能化、智慧化作业。采用“基础平台+应用场景”模式，建设主题库和大数据应用模型矩阵。建立海关大数据模型管控体系。

（四）建设大数据安全体系。

以海关数据为核心资产，围绕数据生命周期各阶段，按照数据分类分级要求，制定数据唯一标识、数据动态维护、数据责任确权、数据授权审批、数据安全共享、数据安全销毁等管理规范，通过敏感数据识别、数据加密和脱敏、数字水印、数据血缘追踪等技术，实现对数据使用和共享的安全状况可视、可知、可管、可溯和可预警。

（三十六）加强海关实验室整体规划和协同建设。

优化调整海关实验室规划布局。依托国家检测重点实验室，按专业领域遴选推进署级中心实验室建设，引领海关各专业领域实验室发展。加强海关实验室分级建设与管理，结合口岸业务分布情况，加强动态调整，推动区域优化，持续完善海关实验室技术体系。建设推广海关实验室管理系统，提高海关实验室信息化管理水平。积极发挥实验室对海关直属院校人才培养的支持作用。加强海关科学技术研究中心基础设施和能力建设，按专业领域推进海关基准实验室建设，发挥其科研带头作用。

专栏 16　海关实验室技术支撑工程

（一）加强国门生物安全实验室建设。

聚焦国门生物安全执法把关技术保障需要，加强生物安全实验室规划建设。加强生物安全实验室能力建设，满足实验室环境要求。加强传染病防控、动植物检疫、外来入侵物种鉴定、物种资源保护、食品安全等专业领域实验室建设，进一步建设和完善实验室环境设施，加强仪器设备配置，提高实验室技术保障水平。

（二）完善实验室规划布局。

优化海关实验室规划布局，重点推进署级中心实验室建设，引领本专业领域海关实验室发展。推进风险验证评价实验室、生物安全三级实验室等专项实验室建设。充分发挥实验室技术联盟作用，加强协同创新、资源共享。

（三）加强实验室管理制度体系建设。

落实《生物安全法》等国家法律法规关于实验室建设有关要求，制定出台相关管理规定，加强实验室建设与管理。明确海关实验室分级管理要求，提高实验室技术能力。

续表

(四) 加快海关科学技术研究中心建设。 完善海关科学技术研究中心基础设施，整合集中实验室和科学技术研究基础资源，建设境外传染病样本库和生物信息库，初步建立种质、菌（毒）种等资源的收集、保护和利用体系，为技术研究攻坚和基础资源储备利用打下坚实基础。

（三十七）强化口岸监管装备研发与应用。

开展货物监管物联网装备、大宗散货在线监测等口岸监管装备的智慧远程监管技术研究。开展入境固体废物快速鉴别、危化品现场快速筛查、走私物品快速查验、智能查验机器人、新一代口岸集装箱核生化爆监测、检疫生物雷达、车辆底盘查验等具有自主知识产权的现场监管装备研发。拓展人工智能、5G、物联网等新技术在智慧海关建设中的应用途径，强化实用性关键核心技术研究和设备研发，实现科技装备小型化、便携化、智能化。加快先进技术和装备的引进吸收、推广运用，实现口岸监管装备的联网集成、数据共享和综合应用，持续优化机检设备智能审图。

专栏 17　强化前沿技术和关键核心技术研发应用工程

(一) 推广人工智能（AI）等信息技术应用。 加大人工智能（AI）、大数据、云计算、区块链等尖端技术在相关领域的研究应用，推进全链条商品管控，保障源头可溯、去向可循、状态可控，实现无人式、智能化、泛在化、实时化远程管理，探索新智能化手段在监管点的应用。 (二) 加大 5G 等网络技术应用。 利用 5G“超高速、多点同时连接、超低延迟”技术特性，实现超高分辨率影像发送等大量数据同时多方交换，快捷、便利、准确、实时地在多个地点间进行通信。 (三) 扩大射频识别技术（RFID）等感知技术使用。 整合影像识别、辐射检测、智能感知、智慧视频等技术应用，推进监管前置管理。将无人机等技术装备或新技术手段应用于进出口监管查验、打击走私等工作，加大机器人对核物资、危化品、放射性超标等有害物品监管查验，建立覆盖口岸的智能监测系统。 (四) 加强生物识别技术研究应用。 推进生物识别技术创新应用，提高旅客出入境信息匹配的准确性。扩大生物识别技术应用范围，全面提升对出入境人员以及进出海关监管场所人员的识别能力。 (五) 突破关键核心技术。 强化人工智能（AI）、5G、物联网等新技术在智慧海关建设中的应用，加强海关监管智能化技术研发，构建国门生物安全技术体系，推进口岸传染病防控技术、食品安全关键技术、口岸动植物检疫技术研发应用，开展国际贸易保障技术研究。

八、构建海关大外事工作格局

以“三智”建设和国际合作为抓手，以共建“一带一路”国家和地区为重点，全方位推动机制性海关检验检疫合作，逐步构建海关大外事工作格局，积极参与全球经济治理，在推动构建新型国际关系和人类命运共同体中体现中国海关责任担当。

（三十八）推进“三智”合作。

提升科技创新应用水平，推进基础设施、海关管理、海关监管的智能化，以数字化处理、网络化传输、智能化判别为主要手段，深化“智慧海关”建设。丰富国际贸易“单一窗口”功能，优化口岸营商环境，提高边境监管手段、各边境部门协同监管、跨境合作的智能化水平，实现信息互通共享、风险联防联控，推动“智能边境”建设。利用新签或修订合作文件推介“三智”理念，重点推动与共建“一带一路”国家和地区的机制性海关检验检疫合作，提倡海关网络的智能互联、海关治理的智能对接、全球供应链的智能合作，推动“智享联通”建设。加快推动与中东欧国家和地区海关开展“三智”合作试点，积极推动建设中国—中东欧国家和地区海关信息中心、中欧陆海快线沿线国家和地区通关协调咨询点。

专栏 18　全面推进“三智”建设和合作工程

（一）加强“三智”理念的深入研究。

深刻理解习近平总书记提出的“三智”及“海关贸易安全”理念丰富内涵，坚决贯彻习近平总书记重要指示精神，深化海关贸易安全和通关便利化合作，率先探索同中东欧国家和地区海关开展“三智”合作试点。

（二）加强“智慧海关”建设。

依托与170个国家和地区海关检验检疫合作关系，将智能卡口、智慧旅检、智能审图、产品信息溯源平台、人脸识别、智能单兵、无人机、机器人等我国海关先进经验融入合作项目，推进“智慧海关”经验交流与合作。

（三）加强“智能边境”建设。

深化国门安全合作。推动“点对点”“点对网”“网对网”等互联互通，建立风险信息特别是重点商品信息互换机制和合作防控机制。建立电子证书联网核查机制，对进口产品检验检疫证书实现电子数据实时查询和真伪比对。

（四）加强“智享联通”建设。

结合世界海关组织（WCO）执法等有关网络建设以及新技术应用等，推动建立国际供应链预警体系。深化与重点国家和地区海关在保障供应链安全与便利领域的合作，商签合作文件，贡献海关合作成果。依托国际贸易“单一窗口”和海关“一带一路”信息交换共享平台建设，推进中国海关多双边信息交换。

（五）推动“三智”上升为国际海关最佳实践。

围绕货物快速通关、边境监管结果互认、贸易统计数据比对分析等共同需求推进边境“智能化”合作，同时固化双边和区域“三智”合作成果。推进“三智”与世界海关组织（WCO）战略对接，合作设立示范落地项目。在国际海关界积极分享中国经验和中国方案，提升“三智”国际影响力。

（三十九）深化对外合作伙伴关系。

以服务国家重大主场外交为重点，积极参与国家间高层对话机制，形成更多有影响力的海关国际合作成果。全方位加强海关检验检疫国际合作，推进与周边国家和地区的务实合作，深化与共建“一带一路”国家和地区的机制化合作，积极探索检验结果互认。推动与更多国家和地区开展供应链互联互通合作，持续深化中欧陆海快线、国际陆海贸易新通道沿线以及中欧班列沿线海关合作，积极推进“经认证的经营者”（AEO）、“安智贸”、海关信息交换平台、“关铁通”、国际贸易“单一窗口”、风险管理等合作项目。促进贸易安全与便利，持续深化打击走私等国际执法合作，加强政策沟通和技术交流。巩固和发展现有中俄、中哈、中蒙、中越等双边口岸合作机制。

（四十）积极参与国际贸易规则制定。

深入参与世界海关组织（WCO）、世界贸易组织（WTO）、亚太经合组织（APEC）、世界动物卫生组织（OIE）、国际植物保护公约（IPPC）、国际原子能机构（IAEA）等国际组织事务并发挥建设性作用，积极参与世界贸易组织（WTO）改革领域相关工作，深入研究有关国家（地区）自由区法律法规、监管制度等，推动多边框架下涉及海关议题的谈判磋商，积极参与数字领域国际规则和标准制定，提升运用规则维护国家安全和发展利益的能力。深度参与制定贸易便利与安全领域国际规则和标准，推动在华举办全球“经认证的经营者”（AEO）大会等有影响力的国际会议。积极竞选（聘）国际组织重要职务，资助和承办国际海关能力建设项目，培养和扩大海关国际“朋友圈”。深度参与防范核及其他放射性物质非法贩运国际合作。积极参加与货物贸易相关的气候变化国际合作，主动参与碳边境调节机制相关谈判。

（四十一）推动自由贸易协定谈判和落地见效。

服务自由贸易区提升战略，立足中国海关实践和改革发展方向打造中方提案，推进中日韩等自由贸易协定涉及海关议题谈判进程。提升自由贸易协定规则运用能力，牵头做好原产地规则、海关程序、检验检疫等议题谈判，切实维护国家利益。做好新签和升级自由贸易协定的对接，加强与相关部门政策协调，推动关税减让、原产地规则、海关程序、检验检疫、技术标准等规则的落地实施。提高自由贸易协定利用率，提升自由贸易协定项下享惠便利化水平，完善我国原产地规则制度体系。加强与自由贸易协定伙伴的机制化合作，高质量实施《区域全面经济伙伴关系协定》（RCEP）、《亚洲及太平洋跨境无纸贸易便利化框架协定》等涉及海关工作，提升跨境贸易便利化水平。

（四十二）深化与港澳台地区海关检验检疫交流合作。

建设性开展内地与港澳地区海关检验检疫合作，推进卫生检疫、动植物检疫、食品安全、商品检验、经贸协定、知识产权保护、口岸通关、打击走私等领域规则衔接、制度对接和数据共享互通。服务高质量建设粤港澳大湾区，推动河套深港科技创新合作区、横琴粤澳深度合作区建设，积极创新大湾区口岸监管模式，加强执法合作，促进人员、货物等要素高效便捷流动，支持香港、澳门更好融入国家发展大局。稳步推进海峡两岸海关在通关模式、“经认证的经营者”（AEO）互认、知识产权保护、打击走私等方面交流合作，推动两岸食品、农产品、消费品监管合作。支持对台小额贸易持续健康发展，深度参与闽台合作，服务两岸融合发展示范区、平潭综合实验区开放开发，全力推动两岸“应通尽通”。

九、持续推进准军事化海关纪律部队建设

持续加强政治机关建设，坚定走好“两个维护”第一方阵，深化全面从严治党，“政治坚定、业务精通、令行禁止、担当奉献”的准军事化海关纪律部队建设取得更大成效。

（四十三）加强党的建设。

深入学习贯彻习近平新时代中国特色社会主义思想，切实在学懂弄通做实上下功夫，确保习近平总书记重要指示批示精神和党中央重大决策部署落实到位。健全体现三级党委体制更高要求的党建工作机制，完善上下贯通、执行有力的组织体系。推进党建工作高质量发展，巩固拓展“强基提质工程”成果，突出机关带系统，深化“四强”支部建设，挖掘基层热源，打造示范样板，做实做亮党建品牌，推动基层党组织全面进步、全面过硬。深入挖掘和传承海关红色基因，建设红色海关课堂、教育基地，教育广大党员干部坚定理想信念，做对党绝对忠诚的国门卫士。落实信息化精准化规范化要求，用心用情做好离退休干部工作。加强工会、共青团、妇女组织建设。

（四十四）加强领导班子建设。

加强政治思想建设，坚决落实讲政治要求，补足精神之“钙”、筑牢思想之“魂”，全面提高政治能力。选优配强领导班子，形成年龄梯次配备、专业优势互补、来源渠道广泛的合理结构，增强班子整体功能。落实“信念坚定、为民服务、勤政务实、敢于担当、清正

廉洁”好干部标准，健全选育管用环环相扣又统筹推进的全链条机制。强化思想淬炼、政治历练、实践锻炼、专业训练，大力培养选拔优秀年轻干部。注重加强企事业单位和隶属海关领导班子建设，统筹使用行政机关和企事业单位领导干部，畅通公务员与企事业单位人员交流渠道。充分发挥政绩考核指挥棒作用，科学制定政绩考核评价指标体系，实行分级分类考核。综合运用多种方式考准考实领导干部，强化考核评价结果运用。

（四十五）加强人才队伍建设。

大力实施人才强关，以优化人才结构为重点，以培养高端人才为关键，以创新人才发展机制为保障，切实推动人才工作高质量发展，培养造就一支数量充足、结构合理、素质优良、充满活力的人才队伍。着力培养引进高层次人才，改进完善海关专家制度，重点培育海关特色智库人才、创新型科技领军人才。大力开发急需紧缺人才，补充引进国门安全监管领域专业执法人才，扩大国际合作人才队伍储备，科学布局法治人才梯队。统筹培养重点领域人才，大力推进综合管理人才、行政执法人才和专业技术人才队伍建设。健全完善人才培养、使用、评价、流动、激励机制，强化人才在科技创新中的主体地位，持续优化人才发展环境和成长路径。

专栏19　海关人才发展工程

（一）着力培养引进高层次人才。

实施海关专家人才培养工程，分专业领域培养首席专家30名、一级专家150名，建立10,000人以上的专家人才库；实施特色智库人才开发工程，培养储备各类智库人才约200名；实施科技领军人才提升工程，引进工程院院士1名、长江学者1~2名，培养具备冲击两院院士条件的科技领军人才2~3名，建好建强8~10个博士后科研工作站，培养引进50名以上博士后人员。

（二）大力开发急需紧缺人才。

实施专业岗位执法人才补充工程，培养或引进具有专业背景、专业技能的急需紧缺人才3,000人；实施国际合作人才储备工程，完善覆盖各语种、海关各专业的海关外事工作骨干库，入库人才达到1,000名；实施法治人才梯队建设工程，培养150名左右应用型复合型创新型法治人才。

（三）统筹培养重点领域人才。

实施党政人才培养工程，持续加强各级领导班子建设，优化班子结构、增强整体功能；实施青年英才培养选拔工程，既考虑今后5年需要，又着眼今后10年乃至更长远发展，建立数量充足、质量优良、结构合理的青年英才队伍；实施边关人才支持保障工程，选派干部援藏援疆不少于30人，推荐博士服务团成员不少于10人，选派干部参与“西革老”项目、乡村振兴项目不少于200人，组织东西部互派业务骨干交流锻炼不少于300人。

（四十六）加强干部教育培训。

把学习贯彻习近平新时代中国特色社会主义思想作为首课、主课贯穿始终、覆盖全面，充分发挥干部教育培训在海关业务改革和队伍建设中的先导性、基础性、战略性作用，以素质培养为中心，完善全面系统的培训内容体系，建立分级分类的培训对象体系，构建务实高效的培训方式方法体系，健全科学规范的培训制度体系，建设坚强有力的培训保障体系，着力构筑、完善、提升海关干部教育培训体系，提高干部教育培训的针对性、精准性、有效性。

专栏 20　教育培训体系建设工程

（一）全面深入开展习近平新时代中国特色社会主义思想教育培训。

处级以上领导班子成员每 2 至 3 年到党校、干部学院和经干部教育培训主管部门认可的培训机构至少接受 1 次系统理论教育，5 年内累计不少于 2 个月。

（二）完善全面系统的培训内容体系。

大力开展政治训练、专业训练和执法训练，建立完善基于岗位职责的培训内容体系，评选署级“好课程”50 个、“好教材”50 套。

（三）建立分级分类的培训对象体系。

分类分级开展党的理论教育、专业能力培训，每年组织党政主要负责人、各级领导干部、职级公务员、新考录公务员、专业技术岗位人员参加专题培训。

（四）构建务实高效的培训方式方法体系。

根据业务发展和干部队伍需求制订年度培训方案，统筹运用集中调训、网络培训、实操培训等多种方式有针对性开展培训，丰富拓展其他形式培训，创新培训方法。

（五）健全科学规范的培训制度体系。

健全完善需求调研、培训管理、评价评估、理论研究等培训工作制度，推进一批重点课题研究，提升培训工作制度化、规范化水平。

（六）建设坚强有力的培训保障体系。

建设一批署级实训基地和党性教育现场教学点，培养 500 名署级兼职教师，深化师资、教材、需求、评估等信息化管理，加强干部教育培训经费的管理保障。

（四十七）加强海关文化建设。

大力加强海关职业道德教育，发挥文化思想保证、精神激励、道德滋养的独特作用，增强海关干部职工自豪感、荣誉感、使命感，提升队伍凝聚力和战斗力。大力培育和践行社会主义核心价值观，持续抓好精神文明建设，实施海关品牌建设工程，创作海关精品力作，丰富群众性文化体育活动，打造一批具有行业特色的品牌项目，推进建设具有鲜明海关特色的文化体系。实施媒体融合发展工程，构建网上网下一体、内宣外宣联动、全员参与的海关新闻舆论工作大格局，探索建立“新闻+政务服务”的运营模式，提升海关新闻舆论工作的传播力、引导力、影响力、公信力。做好重大活动、重大事件和重大项目的专项档案工作。

（四十八）加强党风廉政建设。

坚持严的主基调，严格落实全面从严治党主体责任、监督责任，健全完善与主体责任清单配套的检查考核机制，突出政治监督、做深日常监督，充分发挥全面从严治党引领保障作用。不断深化落实中央八项规定及其实施细则精神，建立完善“四风”问题常态化收集核查机制，持续纠治形式主义、官僚主义，健全基层减负常态化机制。强化“制度+科技”成果运用，推进廉政风险源头防控，严厉查处“效率寻租”、吃拿卡要等侵害群众利益问题。聚焦重大决策部署、重大改革举措落实情况等开展督察，全面推行督察项目清单管理，依托信息化强化督察数据分析，加强联合督察。落实审计全覆盖要求，有序推进领导干部经济责任审计，有重点地开展专项审计，推广“集中分析、分散核实”联网审计，提升审计监督质效。深化内控机制建设，完善以岗位为单元的内控节点清单管理制度，实现海关风险预警处置和审计监督平台覆盖行政执法全领域及非执法主要领域。完善海关执法评估体系，客观、量化评估海关政策措施落实成效。创新巡视工作方式方法，完善巡视巡察上下联动工作机制，实现巡视工作全覆盖。坚持无禁区、全覆盖、零容忍，坚持重遏制、强高压、长震慑，推动纪律监督、监察监督、派驻监督、巡视监督统筹衔接，一体推进不敢腐、不能腐、不想腐。继续从严规范领导干部配偶、子女及其配偶从业行为，深化以案促改，加强廉政警示教育和廉政文化创建，深入推进清廉海关建设。

十、实施保障

在总署党委的领导下，最大限度地激发各级海关和广大干部职工的积极性、主动性、创造性，盘活资源，有序推进，形成强大合力，保障《“十四五”海关发展规划》有效实施。

（四十九）加强组织部署。

深入贯彻党中央重大决策部署，把加强党的全面领导落到实处。总署党委加强对“十四五”规划实施的统一领导，全国海关各单位、各部门均要建立健全规划实施工作机制，按照各自职责，细化发展目标，落实工作任务。加大发展规划的专题宣贯，营造规划实施的良好氛围。

（五十）全面统筹推进。

加强行政运转综合保障，推动内外协同，以规划统领全面深化改革、有效履行职责等各方面工作。加强规划衔接，专项规划要以本规划为基本依据，互相兼容，形成完整的海关规划体系。加强与国家相关部委、地方政府等沟通协作，发挥社会组织作用，深化政务公开，畅通公众参与渠道，共同推动规划组织实施。

（五十一）强化支持保障。

加强组织人事与规划实施的协调，强化重大规划项目实施管理。强化财务保障与规划实施的衔接，科学编制预算，提高资金使用效益。积极争取国家主管部门的政策和资金支持，做好“十四五”时期海关重点建设项目的落实。

（五十二）狠抓督导落实。

制订规划任务分工方案，把规划落实情况纳入政绩考核体系，加强跟踪问效。开展规划实施情况中期评估和总结评估，推动规划全面落实。紧紧围绕规划贯彻落实情况加强巡视、巡察等，以强有力的政治监督保障“十四五”规划顺利实施。各单位、各部门要加强对规划实施工作的督导，确保各项任务落地见效。

全国海关工作会议、全面从严治党工作会议文件选辑

在 2021 年全国海关工作会议上的讲话

海关总署署长、党委书记　倪岳峰

（2021 年 1 月 28 日）

这次会议的主要任务是：以习近平新时代中国特色社会主义思想为指导，深入贯彻党的十九大和十九届二中、三中、四中、五中全会精神，认真落实中央经济工作会议部署，总结工作、分析形势、明确要求，研究安排 2021 年工作。

一、2020 年和“十三五”时期海关工作回顾

2020 年，是新中国历史上极不平凡的一年，也是海关发展历程中极不平凡的一年。全国海关坚决贯彻习近平总书记重要指示批示精神，认真落实党中央、国务院决策部署，按照胡春华副总理等国务院领导同志工作要求，全面深化政治建关、改革强关、依法把关、科技兴关、从严治关，坚持“两手抓、两手硬”，统筹推进口岸疫情防控和促进外贸稳增长，经过艰苦努力，经受住了严峻考验，各项工作取得了新的成绩，交出了一份合格的答卷。

（一）增强“四个意识”、坚定“四个自信”、做到“两个维护”更加坚定坚决。

学习贯彻习近平新时代中国特色社会主义思想不断深入。各级党委、领导干部加强政治理论学习，在学懂弄通做实上下功夫，以党的创新理论武装头脑、指导实践、推动工作。全年举办总署党委中心组学习 7 次，组织干部轮训 178 期，实现处以上干部全覆盖。各基层党组织通过“三会一课”等多种形式，组织广大党员持续深入学理论、用理论，努力做到学思用贯通、知信行合一。

贯彻落实习近平总书记重要指示批示精神取得新成效。坚持将学习贯彻习近平总书记重要指示批示精神作为每月例会第一议题，完善抓落实机制，反复学习领会，逐项研究落实，持续跟进督办，及时报告进展，举一反三、标本兼治，确保不折不扣落实到位。在统筹口岸疫情防控和促进外贸稳增长方面，总署党委闻令而动、遵令而行，提高思想认识、加强组织领导、强化统筹协调，举全国海关之力，坚决打赢口岸疫情防控阻击战；各级党委和领导干部牢固树立“一盘棋”意识，坚守岗位、靠前指挥、敢打硬仗，守土有责、守土担责、守土尽责；广大干部职工牢记职责使命，弘扬伟大

抗疫精神，不怕牺牲、勇于奉献，用绝对忠诚和专业执法，坚决筑牢国门第一道防线；全国海关全力以赴支持复工复产，努力消除疫情带来的不利影响，多措并举促进外贸稳增长。在打击走私方面，始终保持高压态势，加强查验、检验、稽查、打私全链条管控，“洋垃圾”走私、象牙等濒危动植物及其制品走私得到有效遏制，打击“水客”走私取得初步成效。在决战决胜脱贫攻坚方面，因地制宜、精准帮扶，定点帮扶对象全部脱贫摘帽，圆满完成脱贫攻坚任务。

政治机关建设扎实推进。发挥政治建设统领作用，深入开展“坚持政治建关、强化政治机关意识教育”取得明显成效。严格落实党内各项法规制度，重大事项及时向党中央请示报告。压紧压实意识形态工作责任，制定并严格落实意识形态工作责任清单。前后衔接、一体推进中央巡视整改、“不忘初心、牢记使命”主题教育整改、“灯下黑”问题专项整治，健全长效机制，不断巩固整改成效。

（二）口岸疫情防控取得阶段性胜利。

加强口岸卫生检疫。迅速启动口岸重大公共卫生突发事件应急处置机制，重启健康申报制度，构建“三查三排一转运”检疫体系，严格实施100%流行病学调查和核酸检测等“7个100%”措施，对高风险入境人员增加抗体检测，分类施策、精准防控，全力打造“水陆空”立体防控网，完成入境人员核酸检测266.5万人份。密切跟踪、科学评估全球疫情形势，同步严防埃博拉、拉沙热、黄热病等重大传染病传入，防止疫情叠加。

加强高风险货物检疫。坚持“人、物、环境同防”，加强进口冷链食品境外源头管控，加大视频抽查力度，推动进口冷链食品的109个来源国家（地区）落实防控主体责任，对发生聚集性疫情的124个境外食品生产企业采取暂停进口措施；强化风险监测，严格规范实施抽样核酸检测，共检测121.5万份，对检出阳性的境外食品生产经营单位采取紧急预防性措施。牵头制定进口高风险非冷链集装箱货物检测和预防性消毒工作方案，严格监督实施口岸环节预防性消毒，降低疫情输入风险。

完善口岸卫生体系。牵头起草《国境卫生检疫法》修订草案，深度参与《生物安全法》《传染病防治法》修订工作，会同最高法等出台依法惩治妨害国境卫生检疫违法行为的意见。优化疫情监测预警机制，修订下发7版口岸防控技术方案和4版操作指南。加强经费和物资保障，建立采购、审批、支付“绿色通道”，强化口岸卫生检疫设施建设，实验室日检测能力由7,000份提升至5.6万份，口岸公共卫生核心能力显著增强。

积极参与联防联控。认真落实国务院联防联控机制部署，密切与有关部门和地方的协作配合，加强口岸安全联合防控、运行状态监测、信息共享，建立健全人员移交、病例追溯等机制，落实“快捷通道”安排，形成防控闭环。准确甄别、快速验放进境防疫物资，出台税收优惠政策，助力打赢武汉保卫战、湖北保卫战。

加强抗疫国际合作。与有关国家（地区）海关分享口岸疫情防控方面的经验做法。加强出口防疫物资质量安全监管，对生产企业实施正面清单管理，对主要出口医疗物资实施法定检验，积极参加WCO“阻止”联合行动。加强新冠疫苗出境监管，打击防疫物资和疫苗非法出口，有力维护我国出口产品信誉和负责任大国形象，为全球抗疫做出贡献。

充实口岸疫情防控力量。加强全系统人力资源调配，组建近3万人的疫情防控梯队，强化技能培训和实战演练，成立31个专家指导组赴有关海关进行现场指导，选派精兵强将支援重点口岸，实现了防疫力量的动态平衡、防控水平的整体提升。

强化党建引领。发挥“支部建在科上”优势，全国海关设立 177 个临时党支部，成立 465 个党员突击队，支援疫情防控一线，基层党组织战斗堡垒和党员先锋模范作用充分发挥。1,133 名同志在疫情防控一线递交入党申请书，155 名同志火线入党，党组织的号召力、凝聚力、战斗力进一步增强。

加强激励关爱。出台进一步激励关爱干部担当作为的 11 条措施，开展疫情防控专项考核，一线考察识别干部，提拔 83 名在疫情防控中表现突出的正处级以上干部，为 11 个集体和个人记一、二等功和大功，13 个集体和个人获得国家级表彰，590 个集体和个人获得总署表彰。毫不松懈做好内部防护，建立健全“三位一体”安全防护体系，加强指导监督，研制配发新型防护服及配套装备，坚决实现“打胜仗、零感染”。

（三）国门安全屏障更加牢固。

实际监管不断强化。推广应用新一代风险作业系统、查验管理系统和移动查验单兵设备，提升人工分析布控水平，加强物流监控，提高查验能力，布控精准度和查获率稳步提高。落实贸易管制措施，强化口岸监管环节反恐维稳，对重点商品管控更加有效。牵头修订《边民互市贸易管理办法》，不断强化行邮物品监管，旅检“无感通关”模式推广到 23 个航空口岸。整合优化各类监管作业场所，深入开展安全风险隐患排查治理。知识产权保护“龙腾行动 2020”成效明显。加工贸易集中审核作业全面推进，保税维修监管进一步加强。建立“1+N”认证企业标准制度，深化“多查合一”，“互联网+稽核查”、分类核查和电子审核试点稳步推进。

国门生物安全防控持续加强。充分发挥全球动植物疫情疫病风险监测、预警和快速反应机制作用，进出境动植物检疫能力明显提升，有效阻截非洲猪瘟、高致病性禽流感、沙漠蝗等重大动植物疫情疫病传入传出和外来物种入侵。严格做好供港澳活猪、水果等农产品和蒙古国捐赠活羊检疫工作。

进出口商品食品检验监管更加有效。加强装运前检验，严格口岸把关，强化准入管理和后续监管，全面加强进出口危险货物和重点敏感商品监管，进出口商品质量安全风险预警和快速反应监管体系进一步完善。进口大宗商品“先放后检”和数重量鉴定模式改革取得新成效。深入推进进出口食品安全体系建设，稳步实施进口食品安全放心工程“国门守护”行动，准入管理、风险监测、问题产品处置进一步加强，切实维护进出口食品化妆品安全。

税收征管质量进一步提升。深化综合治税，加强验估、稽核查补税，完成调整后的税收预算目标。坚持依法科学征管，建立非贸税收征管工作制度，关税保证保险、自报自缴、汇总征税和电子支付改革深入推进。发挥税收政策调节作用，执行减税、自由贸易协定关税减让及进口税收优惠等政策。扎实开展税政调研，82 项税则调整建议被采用。

打击走私取得积极战果。出台加强打击走私工作“1+6”项制度，强化缉私业务领导和综合保障，深入推进“智慧缉私”，“国门利剑 2020”“蓝天 2020”等专项行动成效明显，重点领域、重点地区、重点商品走私势头得到有效遏制。加强反走私综合治理，完善部际联席会议制度，地方政府主体责任和各有关部门职能作用有效发挥。

（四）服务扩大开放成效明显。

促进外贸实现正增长。落实中央“六稳”“六保”部署，制定实施应对疫情影响促进外贸稳增长 10 条措施、统筹落实好口岸疫情防控和通关便利化 50 条措施。研究设立关键零部件和设备进出口绿色通道，推动出台受疫情影响退运货物不征税政策，制定延期缴纳税款和减免滞报金、滞纳金等措施。圆满完成第三届进博会通关保障工作。加强市场准入谈判磋商，准许28种食品农产品输入。加大WTO技术性贸易壁垒（TBT）、卫生与植物卫生措施（SPS）的预警和通报评议力度，实施特优农产品扩大出口工程。推广内销选择性征收关税试点，支持加工贸易企业出口转内销。扩大市场采购贸易试点，优化跨境电商退货监管模式，支持设立海外仓。建立常态化分析研究工作机制，发挥全球贸易监测分析中心作用，强化进出口监测预警，统计分析的速度、广度、深度进一步提高，77份研究报告获得中央领导同志批示。2020年，我国进出口总值达32.16万亿元，创历史新高，同比增长1.9%，是全球唯一实现正增长的主要经济体。

口岸营商环境更加优化。深化"放管服"改革，进一步取消两项行政许可项目，完善海关行政审批网上办理平台，全面推行"双随机、一公开"监管，推广"不见面审批、无陪同查验"，企业办理通关手续更加方便快捷。推动压减进出口环节监管证件3个；进口、出口整体通关时间分别为34.91小时、1.78小时，比2017年分别压缩64.2%和85.5%；进出口环节经营服务性收费明显降低。"单一窗口"基本服务功能拓展至18类，覆盖跨境贸易全链条全流程，与港口、机场、铁路等对接稳步推进，跨部门信息共享平台建设取得阶段性成果。

开放合作稳步推进。围绕"一带一路"加强国际合作，建成"一带一路"海关信息交换共享平台，完善跨境动植物检疫合作机制，扩大"关铁通"合作范围，出台支持中欧班列发展10条措施。完成与13个国家的AEO互认磋商、签署工作，互认国家（地区）数量继续保持世界第一。推广"三智"合作理念，深度参与WTO、WCO有关规则制订和RCEP等自由贸易协定磋商，牵头开展海关程序、原产地规则、TBT、SPS谈判，中国海关国际影响力进一步提升。积极推进海关特殊监管区域整合提升，出台支持综合保税区发展6条措施，新设综合保税区13个，推动转型升级26个。落实京津冀协同发展、长江经济带、粤港澳大湾区、长三角一体化等战略，优化口岸和海关机构布局，新开口岸5个。

（五）改革创新不断深化。

自由贸易港和自由贸易试验区海关监管制度创新加快推进。制定海南自由贸易港口岸布局方案和海关监管框架，在洋浦保税港区先行先试"一线"放开、"二线"管住监管制度，研究制定加工增值货物内销税收征管办法，积极参与制定和组织实施原辅料等"零关税"商品清单和离岛免税新政。完善洋山特殊综合保税区海关监管制度，积极支持上海自由贸易试验区临港新片区发展，9项自由贸易试验区海关监管创新制度被国务院作为第六批改革试点经验在全国复制推广。

"改革2020"各项任务落地见效。以"两步申报"改革为牵引、"两轮驱动"为枢纽，各类改革举措进一步关联耦合，"两步申报"全面推广，通关效能大幅提升；"两轮驱动"落地实施，查验布控更加科学精准；"两段准入"更加优化，信息化监管实现全覆盖；"两类通关"全力推进，邮件电子化申报比例进一步提升；"两区优化"稳步推进，特殊监管区域、自由贸易试验区海关监管更加严密高效。

科技创新应用水平大幅提升。金关工程二期顺利通过国家验收。整合H2010、e-CIQ系统，建成H2018通关管理系统3.0版，信息系统运行安全稳定。新技术创新应用成效明显，大数据池和模型建设取得突破，智能审图识别商品种类不断扩大、准确率进一步提高。强化科研攻关，完成国家级科研项目1项，新立项2项。科技管理制度体系建设、科技人才队伍建设全面加强，实验室规划布局、设备配备、安全管理水平全面提升，海关科学技术研究中心获批设立。

（六）全面从严治党纵深推进。

基层党建工作持续加强。深化“强基提质工程”“四强”支部建设和模范机关创建，深入挖掘基层党建热源，新增党建品牌182个。积极开展精神文明建设，66个单位获评全国文明单位。加强内务规范，强化教育培训，开展岗位练兵和技能比武，培育海关特色文化，准军事化纪律部队建设扎实推进。

领导班子和干部队伍建设全面加强。坚持“好干部”标准，突出业绩导向，选优配强各级领导班子，大力培养选拔优秀年轻干部。实施专业技术类公务员制度，明确职级公务员评授关衔政策。扎实做好机构改革“后半篇”文章，优化机构职责设置，科学规范事业单位管理，高级专业技术岗位比重提升3个百分点。严格领导干部日常监督，选人用人监督检查更加精准，干部个人有关事项如实报告率进一步提升，规范领导干部配偶、子女及其配偶经商办企业行为试点工作成效明显。持续加强执法一线科长队伍建设，启动规范海关系统职级序列津补贴工作。离退休干部工作进一步加强。

清廉海关建设扎实推进。完善全面从严治党制度，制定三级党委全面从严治党主体责任清单，强化监督检查和通报，开展直属海关单位党委书记党建述职评议，党建主体责任进一步压紧压实。总署党委大力支持中央纪委国家监委驻海关总署纪检监察组开展工作，定期会商研究海关全面从严治党情况，推动“两个责任”同向发力。严格落实中央八项规定及其实施细则精神，着力整治群众身边腐败和作风问题。深入运用监督执纪“四种形态”，强化“制度+科技”反腐，深化标本兼治、源头治理，加强警示教育，形成强烈震慑。开展重大决策部署专项督察，提高执法评估效能，推动政策落地落实；强化内部审计监督，加大整改督促检查力度，综合整改率达87%；深化内控机制建设，强化新海廉平台应用，“三道防线”作用有效发挥；认真负责配合完成国家审计工作。开展两轮政治巡视，完成对23个海关单位巡视和“回头看”，建立巡视监督与其他各项监督的协作配合机制，巡视巡察监督成效不断扩大。加大惩治腐败力度，深化打私反腐“一案双查”。

（七）综合保障水平稳步提高。

法治建设不断加强。持续完善海关法律制度体系，《海关法》修改有序推进，积极参与《关税法》《固体废物污染环境防治法》《出口管制法》等重大立法项目，制修订海关规章9部。扎实推进权责清单编制，落实落细“三项制度”，执法更加规范统一。实行重大行政诉讼案件挂牌督办，提升复议应诉水平。公职律师团队建设、法治宣传成效明显。

政务运行效能持续提升。信息报送数量和质量同步提高，新闻宣传成效突出，建议提案办理满意度100%，海关工作的影响力进一步扩大。上线政务服务“好差评”系统，12360、信访服务质量持续提升。扎实开展形式主义、官僚主义问题整改“回头看”，统筹整合各类检查考核，清理“文山会海”取得实效，机关办文、办会、办事质效进一步提高。

财务后勤保障更加有力。积极争取国家财政支持，严格落实过“紧日子”要求，全面实施预算绩效管理，狠抓预算执行，加大资产盘活力度，财务保障能力大幅提升。支持艰苦地区边关22条措施进一步落实。政府采购、涉案财物管理更加规范。后勤服务满意度不断提高。

2020年是“十三五”收官之年。“十三五”时期，在以习近平同志为核心的党中央的坚强领导、关心关怀下，海关事业实现跨越式发展，各项工作取得长足进步。5年来，口岸管理体制实现革命性变革，机构改革任务圆满完成，海关职责进一步拓展，队伍更加壮大，关检全面深度融合，口岸管理更加集约高效。全面深化改革纵深推进，围绕全国通关一体化改革推出主要改革举措72项，重点领域和关键环节改革取得重大突破，海关监管模式实现根本性变革。口岸营商环境持续优化，进出口环节监管证件由86个减少到41个，进口、出口整体通关时间大幅压缩，制度性通关成本大幅下降，我国跨境贸易便利化全球排名由2016年的第96位大幅提升到第56位，在海运方式为主的经济体中排名第7位。多措并举促进外贸实现稳定增长，货物贸易第一大国地位持续巩固，我国进出口总值146.37万亿元，同比增长17.2%，进出口国际市场份额由2015年的11.9%提高到2020年前10个月的12.8%，进口提升至11.5%、出口提升至14.2%，均创历史新高。科技创新应用水平大幅提升，通关管理系统实现整合优化、迭代升级，一大批现代化监管装备设备投入使用，智能审图应用走在世界前列，有效识别、拦截商品数量大幅提升，大数据运用成效显现。党对海关工作的领导全面加强，完成三级党组改设党委，党的领导体制机制更加健全顺畅，实施“强基提质工程”，基层党建全面夯实；落实新时代党的组织路线，构建干部工作“五大体系”，领导班子、公务员队伍和企事业人才队伍建设全面加强；坚持全面从严治党，清廉海关建设深入推进，“政治坚定、业务精通、令行禁止、担当奉献”的准军事化纪律部队面貌焕然一新。

回顾过去5年走过的历程，我们成功应对各种风险挑战，海关工作在国家大局中的彰显度和作用大幅提升，海关队伍在政治上经受了历练、能力上实现了提升、作风上得到了淬炼，深化了对在严峻挑战下做好海关工作的规律性认识：一是必须坚决做到“两个维护”，坚定信赖核心、忠诚核心、维护核心，不折不扣贯彻落实习近平总书记重要指示批示精神和党中央重大决策部署，确保海关工作始终沿着正确方向前进；二是必须对“国之大者”心中有数，找准海关工作在国家大局中的方位，坚持系统观念，统筹发展和安全，增强工作前瞻性、主动性，坚决维护国家核心利益；三是必须坚守安全监管底线，牢记监管是海关最基本、最重要的职责，严格依法行政，强化监管优化服务，做到“管得住、放得开”；四是必须坚持改革创新，通过改革持续挖潜，依托科技全面赋能，提升履职能力水平；五是必须强化队伍执行力战斗力，弘扬准军事化纪律部队优良作风，雷厉风行、令行禁止；六是必须加强党对海关工作的全面领导，发挥各级党委领导作用和各级党组织的政治功能，全面从严治党从严治关，团结带领广大干部职工牢记初心使命，为实现中华民族伟大复兴的中国梦不懈奋斗。这些经验弥足珍贵，需要倍加珍惜、长期坚持。

上述成绩的取得，是习近平新时代中国特色社会主义思想引领的结果，是党中央、国务院正确领导的结果，是海关全体干部职工不懈奋斗的结果，是各有关方面大力支持的结果。在此，我代表海关总署党委，向全国海关广大干部职工和离退休老同志，向支持海关工作的各地区、各部门、各单位，表示衷心的感谢！向所有奋战在口岸疫情防控一线的同志们表示亲切慰问和崇高敬意！

二、准确把握新发展阶段海关工作面临的新形势新任务

立足新发展阶段、贯彻新发展理念、构建新发展格局，是党中央着眼于“十四五”乃至更长一个时期党和国家事业发展全局作出的重大战略部署。全国海关要以习近平新时代中国特色社会主义思想为指导，深刻认识新发展阶段的新特征新要求，完整、准确、全面贯彻新发展理念，从全局和战略高度准确把握海关工作面临的新形势新任务，坚持系统观念，强化

监管优化服务，统筹发展和安全，科学谋划“十四五”海关工作，更好促进高质量发展、高水平开放，有力服务构建新发展格局。

（一）必须旗帜鲜明讲政治，增强“四个意识”、坚定“四个自信”、做到“两个维护”。

习近平总书记指出，旗帜鲜明讲政治，既是马克思主义政党的鲜明特征，也是我们党一以贯之的政治优势，要善于从政治上观察和处理问题，使讲政治的要求从外部要求转化为内在主动。

做到“两个维护”是持续努力和不断深化的过程，需要持之以恒、反复检视。要在提高政治判断力上下功夫，增强政治敏锐性和鉴别力，善于从政治上观察和处理问题、谋划工作，敢于同各种错误言行作斗争，站稳政治立场、把牢政治方向、提高政治站位、保持政治定力，做到在重大问题和关键环节上头脑特别清醒、眼睛特别明亮，做政治上的明白人。要在提高政治领悟力上下功夫，持续深入学习习近平新时代中国特色社会主义思想，做到融会贯通、真信笃行，认真领会习近平总书记重要指示批示精神，准确把握中央各项重大决策部署战略意图，坚持用党中央精神分析形势、推动工作，常怀“国之大者”，放眼全局谋一域，围绕大局精准发力，充分发挥海关职能作用。要在提高政治执行力上下功夫，经常同习近平总书记对海关工作的重要指示批示精神、党中央精神对表对标，做到不掉队、不走偏，不折不扣抓好贯彻落实；强化责任担当，知责于心、担责于身、履责于行；强化问题导向，敢于直面问题，不回避矛盾，不掩盖问题，做到见微知著、防患于未然；强化纪律意识，突出准军事化纪律部队特色，坚决做到闻令而动、令行禁止。

（二）必须牢牢守住安全底线，着力增强开放监管能力。

习近平总书记指出，越是开放越要重视安全。着力增强自身竞争能力、开放监管能力、风险防控能力。

海关处在对外开放安全防控“第一线”，承担着为国把关的重要使命，任何时候都要牢记严格监管是本职，放松监管就是失职渎职。要增强忧患意识，坚持底线思维，落实总体国家安全观，制定政策、推出改革以强化监管为首要目标，全面审视、有效应对开放中遇到的各类安全挑战，切实防范和化解系统性风险。要增强开放监管能力，实施监管能力水平提升工程，补短板、堵漏洞、强弱项，深化监管理念、模式、手段改革创新，增强业务协同，强化支撑保障，围绕监管同向发力、形成合力，有效提高监管效能。要建立健全系统完备、科学规范、运行有效的安全监管制度体系，强化制度执行的刚性约束，有规定必须严格执行，不允许打折扣、搞变通，执行中遇到的问题要及时请示报告，不断提高执法规范性统一性。

（三）必须积极促进高水平对外开放，助力构建新发展格局。

习近平总书记指出，加快构建新发展格局是关系我国发展全局的重大战略任务，是把握发展主动权的先手棋，不是被迫之举和权宜之计；是开放的国内国际双循环，不是封闭的国内单循环；是以全国统一大市场基础上的国内大循环为主体，不是各地都搞自我小循环；关键在于经济循环的畅通无阻，要塑造我国参与国际合作和竞争新优势，重视以国际循环提升国内大循环效率和水平。

海关处在国内国际双循环的“交汇枢纽”，必须积极主动作为，协同推进强大国内市场和贸易强国建设，更好服务构建新发展格局。要围绕服务外交外贸大局，积极开展国际合作，深入研究、深度参与制定国际规则、标准，稳妥推动市场双向开放，提升出口质量，支持扩大进口。要围绕区域协调发展战略和高质量共建“一带一路”，深入推进开放平台建设，扩大对内对外开放，更好利用国内国际两个市场、两种资源，支持产业链供应链创新链优化升级。要围绕促进贸易和投资自由化便利化，全面深化改革，加强制度创新和治理能力建设，保持政策的连续性稳定性可持续性，打造市场化、法治化、国际化口岸营商环境，培育外贸发展新优势。

面对新形势新任务，落实党中央关于制定国民经济和社会发展第十四个五年规划和2035年远景目标的战略部署，总署开展了“十四五”发展规划研究，形成了初步框架，提出了到2035年基本建成社会主义现代化海关的远景目标。锚定这一目标，“十四五”时期，我们要不断丰富“五关”建设新内涵，为建设社会主义现代化海关奠定坚实基础。要全面强化政治建关，大幅提升政治建设水平，坚持党的全面领导，增强“四个意识”、坚定“四个自信”、做到“两个维护”；纵深推进改革强关，大幅提升制度创新和治理能力，实施流程再造、制度再构、体系再塑，初步建立与社会主义现代化国家相适应的监管体制机制；全面加强依法把关，大幅提升法治建设水平，强化监管优化服务，依法监管能力显著提升，法治海关基本建成；深入推进科技兴关，大幅提升科技创新应用水平，智慧海关建设取得重大突破；持续推进从严治关，大幅提升干部队伍素质，一体推进不敢腐、不能腐、不想腐，全面建设让党中央放心、让人民满意的模范机关。下一步，要加快研究编制海关“十四五”发展规划，明确具体发展目标任务，为“十四五”海关事业发展提供蓝图。

2021年是实施“十四五”规划、开启全面建设社会主义现代化国家新征程的第一年，所有工作都要围绕开好局、起好步来展开。总署党委研究认为，今年海关工作的总体要求是：以习近平新时代中国特色社会主义思想为指导，深入贯彻党的十九大和十九届二中、三中、四中、五中全会精神，认真落实中央经济工作会议部署，全面加强党的领导，增强“四个意识”、坚定“四个自信”、做到“两个维护”，坚持稳中求进工作总基调，立足新发展阶段，贯彻新发展理念，构建新发展格局，以推动高质量发展为主题，以深化供给侧结构性改革为主线，以改革创新为根本动力，以满足人民日益增长的美好生活需要为根本目的，坚持系统观念，落实“六稳”“六保”部署，更好统筹发展和安全，强化监管优化服务，巩固拓展口岸疫情防控和促进外贸稳增长成效，推进政治建关、改革强关、依法把关、科技兴关、从严治关，提升制度创新和治理能力建设水平，开启社会主义现代化海关建设新征程，以优异成绩庆祝建党100周年。

三、马上就办、真抓实干，锲而不舍、一以贯之，高质量做好2021年工作

（一）坚定不移加强政治建设。

深入学习贯彻习近平新时代中国特色社会主义思想。组织好各级党委中心组学习，开展党的十九届五中全会精神轮训，抓好各级领导干部专题培训，深入推进青年理论学习提升工程，不断学习，不断实践，不断领悟，不断提高理论素养、政治能力，科学把握形势变化、精准识别现象本质、清醒明辨行为是非、有效抵御风险挑战。

坚决落实习近平总书记重要指示批示精神。时刻关注习近平总书记强调什么、要求什么，坚持“第一议题”制度，完善上下贯通、执行有力的抓落实工作机制，以高度的政治责任感、坚定坚决的态度、严谨务实的作风、迅速有力的行动，扭住不放、狠抓落实，走好“两个维护”第一方阵。

大力加强政治机关建设。持续推进政治机关意识教育，落实意识形态工作责任制，深化模范机关创建。抓好党的优良传统和作风教

育，组织开展“党旗在基层一线高高飘扬——以实际行动庆祝中国共产党成立100周年”“我为群众办实事”活动。按照“四个融入”要求，持续推进中央巡视整改，巩固深化整改成果。总结海关定点扶贫工作经验，促进乡村振兴。

（二）毫不放松抓好常态化口岸疫情防控。

持续强化口岸卫生检疫。克服麻痹思想、厌战情绪、侥幸心理、松劲心态，完善常态化口岸疫情防控机制，加强风险监测和重点布控，严格入境人员、进境交通工具检疫，动态调整出境检疫措施。建立智慧化预警多点触发机制和多渠道监测预警机制，拓展境外传染病监测哨点网。巩固提高口岸公共卫生核心能力，提升国际旅行健康服务水平和传染病检测能力。优化特殊物品监管机制，做好新冠病毒疫苗出口监管等工作。

严格做好高风险货物风险监测和预防性消毒工作。健全进口冷链食品疫情防控机制，强化源头管控，督促出口国对输华食品企业实施有效监管，对相关企业稳妥采取暂停进口等措施。加强口岸风险分析布控，科学规范实施采样检测，严格监督落实口岸环节进口冷链食品和高风险非冷链集装箱货物预防性消毒措施，夯实各方责任。

严防疫情叠加。密切关注全球传染病疫情，及时发布疫情公告、警示通报和风险预警，严防埃博拉、拉沙热、鼠疫等重大传染病传入。完善动植物疫情疫病监测和早期预警机制，深入推进农产品检疫分类管理，持续严防疫情疫病传入传出和外来物种入侵。扎实做好供港澳农产品检验检疫。继续做好内部安全防护工作，确保“打胜仗、零感染”。

（三）切实提升监管效能。

推进风险整体防控、精准防控。统筹风险规则指令管理，延伸风险防控链条，推进各领域风险一体化防控，积极开展以供应链为单元的风险防控。加强宏观风险态势把控，绘制科学精准的风险地图，建立风险情报信息网络，丰富大数据应用场景，提升布控针对性和有效性。加强风险防控区域协作，深化口岸安全风险联合研判和协同处置。

切实做好税收工作。加强税收监控分析，强化归类审价，完善税收征管作业制度，推广关税保证保险、汇总征税、自报自缴等措施，优化非贸税收征管机制，建设属地纳税管理平台，提升税收征管效能，全力完成税收预算目标。加强原产地管理，做好2022版《商品名称及编码协调制度》转版实施工作。落实关税调整、减税降费等国家税收政策，加强税政调研，积极参与税收政策制定。

严把进出口检验关。落实“四个最严”要求，健全进出口食品安全体系，加强进口食品化妆品风险监测，持续推进进口食品“国门守护”行动。完善进出口商品质量安全风险预警和快速反应监管体系，加强风险评估，及时采取措施。强化进出口危化品等重点敏感商品的检验监管。深化商品检验模式改革，动态调整法检目录和送检项目，加快推进第三方采信。

加强口岸监管。优化表单化查验指令和现场作业方式，提高指令可实施性和查验规范性、有效性。继续推进行李物品、免税品、邮递物品监管智能化、规范化建设，完善旅检“无感通关”模式，优化边民互市监管。严格进出口贸易禁限管控，加强口岸环节反恐维稳，实施安全生产专项整治。强化知识产权海关保护。规范监管作业场所运行管理，完善口岸三级运行监控指挥体系。积极做好冬奥会、冬残奥会监管通关保障工作。

强化企业管理和稽核查。深化信用管理体系建设，完善失信企业标准，推广全国信用信息共享平台二期，推进属地查检业务改革。加强后续监管，推广“互联网+稽核查”监管，开展涉税、涉检等重点领域专项稽核查。扩大主动披露适用范围到检验检疫领域。优化海关特殊监管区域保税监管，加强保税监管场所管理，细化准入退出条件。

保持打私高压态势。坚决贯彻党中央关于海关缉私管理体制调整重大决策，深入实施加强打击走私工作“1+6”项制度，切实承担起领导负责打击走私工作的职责。各级党委要加强对打私工作的组织领导，各直属海关关长要把关区打私“第一责任人”职责履行到位，推进全员打私，强化专业打击，构建防控、监管、打击一体化的海关打私体系。全力做好缉私保障，打造“智慧缉私”升级版。认真组织开展“国门利剑2021”专项行动，严厉打击象牙等濒危动植物及其制品、“洋垃圾”、涉枪涉毒、重点涉税商品、农产品、冻品等走私，进一步强化“水客”打击治理。深化反走私源头治理、综合治理，积极推动开展“大地女神”“雷电”等国际联合执法行动。

（四）大力支持外贸创新发展。

优化口岸营商环境。深化“放管服”改革，精简行政许可事项，拓展“多证合一”改革、“双随机、一公开”监管。开展新一轮跨境贸易便利化专项行动，探索建立口岸营商环境评估体系，推动跨境贸易便利化措施向各类口岸延伸。深化“单一窗口”建设，推动精简进出口环节监管证件和随附单证，巩固压缩整体通关时间成效，降低进出口环节合规成本。

促进外贸稳中提质。全面推广企业集团加工贸易监管模式，促进保税维修等业务发展，推动探索实施高端制造业全产业链保税模式。规范跨境电商、市场采购、外贸综合服务等新型贸易业态健康发展。做好进博会监管服务保障。扩大国内市场需要的战略性农产品进口，拓展多元化进口市场，服务保供稳价；创新种质资源检疫监管模式，支持国家种子库建设。加强WTO技术性贸易壁垒（TBT）、卫生与植物卫生措施（SPS）的预警和通报评议，推动出口转型升级。加强宏观经济研究和外贸形势分析，统筹推进数据治理体系和数据安全管理体系建设，深度挖掘利用进出口数据信息，完善统计调查研究方法，优化完善全球贸易监测分析中心等工作机制，做好进出口监测预警。

打造高水平对外开放平台。大力支持海南自由贸易港建设，加快“零关税”政策及海关监管办法全面落地实施，建设海关智慧监管平台。支持上海自由贸易试验区临港新片区发展国家战略新兴产业。加强自由贸易试验区海关监管制度集成创新和复制推广。研究制定《中华人民共和国海关综合保税区管理办法》，支持符合条件的地区新设综合保税区，完善政策措施，加强绩效评估。出台实施《国家“十四五”口岸发展规划》，优化完善口岸开放布局，加大退出力度，提升口岸综合运行效能。助推京津冀协同发展、长江经济带、粤港澳大湾区、长三角一体化等战略实施。

深化国际合作。全力配合元首外交和重大主场活动，积极参与国家间高层对话机制。深入推进与“一带一路”沿线重点国家“单一窗口”对接、AEO互认合作、电子证书国际联网和双多边检疫准入谈判。务实推动中哈“关铁通”、中俄海关协同监管等项目落地，加强边境口岸通关协调，支持中欧班列发展和陆海新通道建设。深度参与多双边、区域合作和规则、标准制定，按期完成RCEP实施相关准备工作，加快商签《中欧海关战略合作框架》和《中欧SPS合作协议》，做好加入CPTPP海关谈判准备。积极参与WCO国际执法、能力建设和廉政合作。

（五）深入推进改革创新。

紧扣高质量发展推进海关全业务领域一体化。巩固“中心—现场式”运行模式，强化职能管理，健全作业现场与风控局、税收征管局之间的执行反馈机制，以“五项创新”为指引，优化监管资源配置，提高监管精准性、有效性。积极推动各业务领域跨关区协同管理，推进实施风险防控、纳税人属地管理等业务的区域一体化管理。提高系统集成水平，强化业务接合部协调联动，整合优化出口货物海关监管流程，规范检疫处理。

强化科技创新应用。推进业务科技融合发展，加强科研攻关和新技术转化，持续推进智能审图创新应用，加快大数据治理和应用，开展首次海关科技成果评定。全面推广应用H2018新一代通关管理系统，加快各类信息系统整合优化。深化监管科技装备的配备、运用和联网集成，优化实验室规划布局，加强生物安全领域实验室建设。完善网络安全防护技术体系，高标准打造样板工程。推动科研力量优化配置和资源共享，加强业务科技复合型人才创新团队建设。加快海关科学技术研究中心建设。

加强法治建设。立改废释结合，积极推进《海关法》《进出境动植物检疫法》等修订工作，构建系统完备、科学有效的海关法律法规和制度标准体系。完成总署权责清单报审及公布，编制直属海关权责清单，加强行政复议应诉工作，规范权力运行。加大普法宣传力度，提升全员法治素养。

（六）不断提高综合保障水平。

提升机关运转效能。加强政务保障，严格公文办理和审核把关制度执行，改进文风会风，守住精文简会的硬杠杠，提高督查检查实效，优化值班应急管理，加强新闻宣传和舆论引导，巩固提升信息报送质效，强化机要保密和档案管理，认真做好建议提案办理，提升政务公开和信访工作满意度。

加强财务管理。积极争取国家财政政策支持，优化预算保障机制，严格落实过“紧日子”要求，强化统筹，提升预算执行效能。规范政府采购、涉案财物管理，严格进出口环节涉企收费管理，加强后勤保障工作，推进闲置资产整合优化。

完善督审机制。推进督察项目清单式管理，针对性开展非执法领域专项审计。巩固内控机制建设成效，完善执法评估体系。加大督察审计整改力度，倒逼完善制度、加强管理、规范执法。积极配合国家审计。

（七）全面推进党建高质量发展。

巩固深化“强基提质工程”。建立健全海关党建制度机制，提升党建标准化规范化水平。研究制定党建与业务深度融合的具体措施，着力破解“两张皮”问题，深化“灯下黑”问题整治。加强党建工作的分类指导，组织开展基层党建实训，抓好“四强”支部建设，培树一批党建品牌。

强化准军事化纪律部队建设。加强和改进思想政治工作，定期开展干部队伍思想动态分析。拓展深化“政治坚定、业务精通、令行禁止、担当奉献”的内涵，完善内务规范强化月等特色做法，灵活组织专项业务练兵比武。深入推进海关文化建设，高标准推动文明单位、青年文明号创建工作，发挥群团组织作用，激发队伍活力。落实好支持艰苦地区边关措施。

（八）着力建设高素质专业化干部队伍。

制定实施班子建设、人才发展、教育培训规划，深化干部工作“五大体系”建设。健全领导班子和领导干部动态分析研判机制，加大选配和调整力度，推进干部交流，大力培养选拔优秀年轻干部，加强执法一线科长队伍建设。统筹用好职级职数，深入推进公务员分类管理，优化专业技术岗位设置。完善海关专家制度，全面推行事业单位聘用制度，做好科研拔尖人才的培养和战略引进工作。开展机构改革“回头看”，厘清部门职责边界，优化技术机构布局。推进选人用人巡视检查5年全覆盖和离任检查应查必查，突出对“一把手”的监督，整治选人用人不正之风，防止带病提拔、违规经商办企业、不担当不作为。推动修订关衔条例，完善奖励规定、标准，加强荣誉体系建设，推进事业单位薪酬制度改革，强化待遇保障。

（九）扎实推进党风廉政建设和反腐败斗争。

认真落实十九届中央纪委五次全会精神，把严的主基调长期坚持下去，突出政治监督、做深日常监督，建立各级党委落实全面从严治党主体责任检查考核机制，完善党建述职评议制度和履责提醒机制，推动严格落实主体责任、监督责任。持之以恒落实中央八项规定及其实施细则精神，毫不松懈纠治“四风”，深化整治形式主义官僚主义顽瘴痼疾，健全基层减负机制，深化“好差评”系统应用。加强“制度+科技”反腐成果运用，深化内控机制建设，强化廉政风险防控。加强警示教育，提升以案促改质量。完善海关监督体系，统筹推进政治巡视巡察等各种监督协调贯通，形成常态长效监督合力。系统施治、标本兼治正风肃纪反腐，坚持打私反腐“一案双查”，坚决查处各类腐败案件，持续整治群众身边腐败和作风问题，一体推进不敢腐、不能腐、不想腐，打造清廉海关。

在2021年全国海关全面从严治党工作会议上的讲话

海关总署党委书记、署长　倪岳峰

（2021年1月28日）

这次会议的主要任务是，深入学习贯彻习近平总书记重要讲话精神，认真落实十九届中央纪委五次全会部署，回顾2020年海关全面从严治党、党风廉政建设和反腐败工作，部署2021年任务。

一、2020年工作回顾

过去一年，海关各级党组织以习近平新时代中国特色社会主义思想为指导，坚决扛起管党治党政治责任，一以贯之、坚定不移全面从严治党、从严治关，清廉海关建设向纵深推进，以全面从严治党新成效促进海关制度创新和治理能力建设，为落实党中央重大决策部署提供了坚强保证。

（一）政治机关建设深入推进。

坚持以政治建设为统领，把学习贯彻习近平新时代中国特色社会主义思想作为首要政治任务，增强“四个意识”、坚定“四个自信”、做到“两个维护”，建设模范机关，当好“三个表率”。坚持把学习贯彻习近平总书记重要指示批示精神作为每月例会“第一议题”，第一时间学习研究、贯彻落实、督查问效。坚决贯彻落实习近平总书记关于疫情防控工作的重要讲话和重要指示批示精神，迅速成立疫情应对工作领导小组、设立指挥部，动员组织广大党员干部全力以赴、尽锐出征，以最坚决的态度、最迅速的行动、最有力的举措坚决筑牢口岸检疫防线，毫不放松抓紧抓实抓细常态化疫情防控工作。继续保持打击象牙等濒危动植物及其制品、洋垃圾走私力度，做好“六稳”工作、落实“六保”任务，确保党中央、国务院决策部署落地落实落细。全力推进脱贫攻坚，海关系统定点帮扶对象全部脱贫摘帽。强化理论武装，把《习近平谈治国理政》第三卷与第一卷、第二卷贯通起来学习，巩固深化“不忘初心、牢记使命”主题教育成果，推进党的十九届四中、五中全会精神学习教育，组织开展政治机关意识教育，严格落实意识形态责任制，不断增强“两个维护”的思想自觉和行动自觉。严明政治纪律和政治规矩，严格落实重大事项请示报告制度，从严从实开展“灯下黑”问题专项整治，始终与党中央保持高度一致。

（二）纪律作风建设走深走实。

持续保持落实中央八项规定及其实施细则精神力度，坚守重要节点，严查顶风违纪。深入贯彻落实习近平总书记关于坚决制止餐饮浪费行为的重要指示精神，严格落实过“紧日子”要求，推动机关基层厉行勤俭节约、反对餐饮浪费。坚决破除形式主义、官僚主义，制定持续改进会风文风克服形式主义的16条措施，让基层有更多时间精力抓落实。严格准军事化纪律部队建设各项要求，坚持视频检查通报问题，组织岗位练兵和内务规范强化月活动，雷厉风行、令行禁止的作风进一步强化。用好“四种形态”，主动运用第一种形态抓早抓小。坚持严管厚爱相结合，注重在基层一线、急难险重工作中考察实绩。大力弘扬伟大抗疫精神，制定激励关爱疫情防控一线党员干部职工11条措施，5个先进集体、8名先进个人受到全国抗击新冠肺炎疫情表彰，110个集体、480名个人受到总署专项表彰。深入推进海关精神文明建设，66个海关单位获评第六届全国文明单位。全国海关上线政务服务“好差评”系统，推动为民服务提质增效。

（三）规范权力运行更加有效。

坚持底线思维，增强风险意识，着力提升权力运行的监督制约效能。继续深化“制度+科技”运用，在“两步申报”“两类通关”等重大改革环节嵌入风险防控措施，扎实推进行政执法公示制度、执法全过程记录制度、重大执法决定法制审核制度，完善“双随机、一公开”监管实施细则，用制度管权限权。加快各类信息系统整合优化，完善新一代查验管理系统、稽核查业务管理系统，持续推动执法行为标准化、进系统、留痕迹、可追溯。完善非执法领域风险防控机制，健全涉案财物拍卖、海关基本建设管理等制度，全面规范各类海关事业单位管理，组织对海关扶贫、信息化建设、实验室建设等领域资金使用情况开展专项审计。按照中央部署，在全国海关稳妥推进规范领导干部配偶、子女及其配偶经商办企业行为试点，结合海关实际压茬推进处级领导干部规范工作，抓好领导干部个人有关事项查核和专项整治，促进领导干部廉洁从政、廉洁用权。

（四）反腐败综合效应持续增强。

始终保持惩治腐败高压态势，无禁区、全覆盖、零容忍，重遏制、强高压、长震慑。深化打私反腐“一案双查”，完善制度机制。推动以案促改，开展警示教育月活动，规范党纪处分决定执行工作，做深做实查办案件“后半篇文章”。持续深化中央巡视整改，每季度召开推进会，组织中央巡视整改“回头看”。对10个直属海关、6个总署机关司局、4个在京直属事业单位开展常规巡视，对3个直属海关开展巡视“回头看”。制定直属海关党委开展巡察工作指导意见，完善巡视巡察上下联动工作机制，巡视巡察利剑作用得到有效发挥。

（五）管党治党政治责任不断压实。

认真贯彻落实《党委（党组）落实全面从严治党主体责任规定》，制定总署党委全面从严治党主体责任清单，推动直属海关、隶属海关党委建立责任清单，层层明晰、逐级压紧。召开直属海关单位党委书记党建述职评议暨海关党建工作高质量发展推进会，6名党委书记现场述职接受点评。总署党委与中央纪委国家监委驻海关总署纪检监察组开展半年会商，专题研究全面从严治党工作。积极落实垂直管理单位纪检监察体制改革要求，不断提升海关纪检机构履职能力。深入推进“强基提质工程”，制定“四强”支部建设实施意见，把全面从严治党责任贯通到“最后一公里”。完善问责工作制度规范，推动精准问责、规范问责。

二、2021 年主要任务

2021 年海关全面从严治党工作的总体要求是：以习近平新时代中国特色社会主义思想为指导，深入贯彻党的十九大和十九届二中、三中、四中、五中全会精神，认真落实十九届中央纪委第五次全会部署，增强“四个意识”、坚定“四个自信”、做到“两个维护”，坚持稳中求进，立足新发展阶段，贯彻新发展理念，推动构建新发展格局，深入贯彻全面从严治党方针，充分发挥全面从严治党引领保障作用，把严的主基调长期坚持下去，以高质量发展为主题，坚持系统观念，一体推进不敢腐、不能腐、不想腐，持续深化清廉海关建设，锻造准军事化纪律部队，深入推进政治建关、改革强关、依法把关、科技兴关、从严治关，为建设社会主义现代化海关提供坚强保证，以优异成绩庆祝中国共产党成立 100 周年。

重点做好以下 7 个方面工作。

（一）全面强化政治建关，全力保障“十四五”规划顺利实施。

海关作为政治机关，全面从严治党首先要从政治上看，不断提高政治判断力、政治领悟力、政治执行力。要以庆祝建党 100 周年为契机，把学习习近平新时代中国特色社会主义思想同学习党史、新中国史、改革开放史、社会主义发展史贯通起来，引领党员干部加强党性锻炼、党性修养，坚定理想信念，百折不挠把自己的事办好。认真落实意识形态责任制，抓好学习贯彻党的十九届五中全会精神轮训，巩固深化“不忘初心、牢记使命”主题教育成果，按照中央部署开展“党旗在基层一线高高飘扬”活动，增强“两个维护”的自觉性坚定性，增强履职尽责的责任感使命感。全面落实“第一议题”制度，完善落实效果评估、督查问责机制，形成学习传达督促落实的闭环链条。毫不放松抓好常态化疫情防控、保持打击象牙等濒危动植物及其制品、“洋垃圾”走私力度、打击治理“水客”走私、推动外贸高质量发展等各项重点工作，巩固脱贫攻坚成果，确保贯彻落实习近平总书记重要指示批示精神和党中央决策部署坚决迅速、有效有力。健全海关三级党委体制，织牢织密上下贯通、执行有力的组织体系，推动党建高质量发展，提高把握新发展阶段、贯彻新发展理念、构建新发展格局的政治能力、战略眼光、专业水平，严明政治纪律和政治规矩，凝心聚力做好“十四五”开局海关各项工作。

（二）坚持系统观念，一体推进不敢腐、不能腐、不想腐。

准确把握“惩、治、防”辩证统一关系，加大“惩”的力度，完善“治”的举措，提升“防”的效果，做到系统施治、标本兼治。要继续保持高压态势。持续用力削减存量，以零容忍态度遏制增量，对顶风违纪、不收敛不收手的严肃处理。拓展打私反腐“一案双查”，深化问题线索移交、案件办理反馈等工作机制。坚持惩前毖后、治病救人，完善受处分人员跟踪回访制度。严肃查处诬告陷害行为，对失实检举控告及时澄清正名。要增强以案促改实效。坚持严惩腐败和严密制度、严格要求、严肃教育紧密结合，开展案件审查同步启动以案促改，分析案发原因，查找深层次问题，做到查处一案、警示一片、治理一域。要发挥廉政教育基础性作用。持续抓好思想道德和党纪国法教育，加强海关廉政文化建设，营造尊廉崇廉爱廉的浓厚氛围。继续开展警示教育月活动，以发生在身边的违纪违法案例为反面教材，引导党员干部知敬畏、存戒惧、守底线。

（三）深化整治形式主义官僚主义，驰而不息转作风树新风。

作风建设既是攻坚战也是持久战，必须马不离鞍、缰不松手，全面从严、一严到底。要锲而不舍落实中央八项规定及其实施细则精神，毫不松懈纠治“四风”，严查享乐主义和奢靡之风，点名道姓通报曝光，坚决防反弹回潮、防隐形变异、防疲劳厌战。坚持过“紧日子”，开展节约型机关创建行动，推动形成浪费可耻、节约光荣的氛围。对反复出现、普遍发生的问题，从制度机制上找原因，促进完善制度规范。党员领导干部要自觉反对特权思想和特权行为，严格管好家属子女，严格家教家风。要对形式主义、官僚主义毫不妥协，持续治理不用心不务实、拖沓推诿、不担当慢作为等问题。健全基层减负常态化机制，保持对精文简会的刚性约束，减少基层报文报表，规范海关各项督查检查考核，开展“指尖上的形式主义”排查，合理优化学习培训。立足海关垂直管理特点，注重以下看上发现问题，自上而下整改落实。要继续深化“放管服”改革，加大力度推进“单一窗口”建设，扎实推进跨境贸易便利化专项行动。用好12360海关热线，推进“好差评”系统政务服务事项应上尽上，开展“我为群众办实事”主题实践活动，不断增强企业群众获得感。

（四）坚持高标准严要求，锻造全面过硬的准军事化纪律部队。

深入落实“政治坚定、业务精通、令行禁止、担当奉献”要求，以更高标准推进准军事化纪律部队建设。要练就过硬本领。聚焦实战实训，重点针对基层业务一线开展练兵比武，培养更多的专业技术人才。要严明纪律规矩。增强党组织政治功能和组织功能，从严管思想、管工作、管作风、管纪律，持续深化“强基提质工程”。狠抓日常养成，灵活开展视频检查、内务规范强化月等活动，抓好仪式教育，强化号令意识，做到令行禁止。严格干部管理监督，精准规范运用“四种形态”特别是第一种形态，加强选人用人巡视检查，加大干部个人有关事项申报核实力度，加强“八小时”内外监督。要激励担当作为。深入开展党的优良传统和作风教育，大力弘扬伟大抗疫精神、劳模精神、工匠精神，开展优秀共产党员、优秀党务工作者和先进基层党组织评选活动，积极培育新时代海关职业精神。既用监督加压、又用信任加力，突出实干实绩选人用人，以正确用人导向引领干事创业导向。大力推动海关精神文明建设，加强海关文化建设，做深做细思想政治工作，注重人文关怀和心理疏导，不断增强干部职工的职业荣誉感归属感。

（五）全面贯彻巡视工作方针，切实提高巡视巡察监督质量。

巡视是全面从严治党的重要举措和加强党内监督的战略性制度安排。要全面贯彻巡视工作方针，落实政治巡视要求，聚焦“四个落实”，重点围绕贯彻新发展理念、构建新发展格局、推动高质量发展、实施“十四五”海关发展规划、落实疫情防控、严禁“洋垃圾”入境、优化口岸营商环境等决策部署开展政治监督。要创新方式方法，把常规巡视与专项巡视、机动巡视和巡视“回头看”贯通起来、穿插使用，提高全覆盖质量。推动巡视与纪律、派驻、组织、审计等各类监督贯通融合，形成监督合力，增强监督治理效能。要按照融入日常工作、融入深化改革、融入全面从严治党、融入班子队伍建设要求，深化巡视整改和成果运用。压紧压实巡视整改主体责任，持续深化中央巡视整改落实。强化纪检监察、组织人事部门的巡视整改日常监督责任和“分署两办”的专责监督责任，对重点整改事项开展实地督导。建立整改评估机制，切实推动巡视成果落地见效。要健全完善巡视巡察上下联动工作格局，研究制定海关巡视巡察上下联动制度措施，完善巡察工作领导体制，不断提升巡察工作规范化水平，推动海关巡视巡察工作高质量发展。

（六）增强风险意识和底线思维，提升权力运行制约监督效果。

切实树牢风险意识，提高防控能力，保证依法履职、秉公用权。要着力提高权力运行法治化水平。深入学习贯彻习近平法治思想，贯彻落实中央全面依法治国工作会议精神，加快修订《海关法》，统筹推进海关规章立改废释，用法治给权力定规矩、划界限。持续推进权责清单编制，使权力归属更加清晰、运行流程更加规范。要将防腐措施与改革举措同谋划、同部署、同落实，在高质量推进“全国通关一体化”等改革中加强风险整体防控和精准防控。要加强“制度+科技”应用。深化“双随机、一公开”，开展重点领域风险排查，推进信息系统拓展，从制度机制层面压缩自由裁量权。加强网络安全建设，健全数据安全保护技术体系。高度重视非执法领域风险，持续加强对财务管理、招标采购、信息化建设、基建工程等重点环节的管控，进一步规范企事业单位管理。要提高风险防控协同性、有效性。推进海关大数据智慧风控，建立健全风险情报信息网络，加强跨部门风险联合研判，提高精准识别和处置风险能力。深化海关内控机制建设，建立健全执法评估工作制度，充分发挥“新海廉”平台监督功能，防范执法风险向廉政风险转化。

（七）强化压力有效传导，确保管党治党政治责任落到实处。

推动全面从严治党向纵深发展，必须强化责任担当，拧紧责任链条，精准实施问责。要狠抓责任落实。去年各级党委都制定了全面从严治党主体责任清单，今年重点是对照清单进一步抓好落实。各级党委要坚决扛起主责，深入调查研究、定期听取汇报、专题研究部署、强化跟踪问效，加强对全面从严治党正风反腐各项工作的领导和管理监督。党委书记、关长作为第一责任人要敢抓真管，党委委员要认真履行“一岗双责”。纪检机构要切实承担党内监督专责，聚焦党中央重大决策部署、全面从严治党责任落实等方面，持续强化监督执纪问责，通过重大事项请示报告、提出意见建议、监督推动党委决策落实等方式，协助党委推进全面从严治党、加强党风廉政建设。职能部门要主动承担起职责范围内和所管辖业务领域全面从严治党相关工作。要强化责任传导。建立全面从严治党主体责任检查考核制度，完善指标体系，抓实考核检查，强化结果运用。制定加强对党委“一把手”和领导班子监督的意见，推动上级“一把手”抓好下级“一把手”，用好约谈提醒、述责述廉、民主生活会监督等方式，使监督和被监督成为自觉。要提高问责质量。聚焦政治责任，盯住“关键少数”，突出重点领域，精准规范开展问责。坚持“三个区分开来”，落实容错纠错机制，严格执行党员权利保障条例，鼓励党员干部敢于担当、踏实做事。

百年征程波澜壮阔，百年初心历久弥坚，开启新征程，扬帆再出发。让我们更加紧密地团结在以习近平同志为核心的党中央周围，秉持以人民为中心，永葆初心、牢记使命，锲而不舍、一以贯之，不断开创海关全面从严治党、党风廉政建设和反腐败工作新局面，为建设社会主义现代化海关提供坚强保证，以优异成绩庆祝中国共产党成立100周年。

第二篇

专记

庆祝中国共产党成立100周年系列活动和全国海关党史学习教育

2021年是中国共产党成立100周年。全国海关紧紧围绕爱党爱国爱社会主义主题，组织开展庆祝中国共产党成立100周年系列宣传教育活动，宣传展示中国共产党一百年来为人民谋幸福、为民族谋复兴、为世界谋大同，党和国家各项事业取得丰功伟绩，大力营造“党的庆典、人民的节日”浓厚氛围。同时，全国海关认真落实党中央部署要求，以处级以上领导干部为重点，面向全体党员干部开展党史学习教育，落实学史明理、学史增信、学史崇德、学史力行要求，通过“学、悟、讲、做、比”等多种方式，高标准高质量抓好学习教育，达到了学党史、悟思想、办实事、开新局的目的。

一、庆祝中国共产党成立100周年

2021年4月，总署党委制定印发全国海关庆祝中国共产党成立100周年活动安排。总署成立全国海关庆祝中国共产党成立100周年活动领导小组，党委书记、署长倪岳峰任组长，署领导胡伟、王令浚、邹志武、张际文、孙玉宁、张广志、黄冠胜任副组长，成员单位包括办公厅、科技发展司、人事教育司、思想政治工作办公室、离退休干部局、全国海关信息中心、海关总署机关服务中心、全国海关教育培训中心、中国海关传媒中心、中国海关博物馆、中国海关出版社有限公司、总署党校；领导小组下设办公室，胡伟兼任办公室主任。参照中央庆祝活动领导小组机构设置，设立了综合组、表彰组、党史学习教育组、宣传组。各海关单位成立相应的领导机构和工作机构，加强工作领导。

（一）开展庆祝建党100周年主题宣传活动。

在海关系统政务网、互联网开设“庆祝中国共产党成立100周年”专栏，在“央视频”平台推出海关系列宣传短视频，组织在线系列访谈。利用中国海关数字图书馆平台和数据资源，开设“建党100周年专题馆”，制作建党100周年音频故事。在中国海关博物馆举办庆祝中国共产党百年华诞海关百物特展。以“奋斗百年路、启航新征程”为主题，创作《党旗下的海关人》电视宣传片，展示全国海关党建工作成果和海关党员干部精神风貌。在全国海关组织“党旗在基层一线高高飘扬——以实际行动庆祝中国共产党成立100周年”活动，激励海关广大党员干部职工立足本职岗位努力拼搏多做贡献，加大对海关基层一线执法监管和口岸疫情防控先进典型宣传力度，发挥典型示范带动作用。举办海关扶贫攻坚成果展，宣传扶贫工作先进典型事迹。海关单位广泛开展“光荣在党50年”纪念章颁授活动。大连、福州、南京、杭州、合肥、汕头等多个海关开展庆祝建党100周年主题党日、“两优一先”表彰等活动。广州海关在广东省爱国主义教育基地粤海关博物馆建设“初心堂”，同步策划推出“百年初心　逐梦远航——广州海关庆祝中国共产党成立100周年专题展”。

（二）开展系列红色主题教育，传承红色基因。

总署机关组织全体人员分批赴中国共产党历史展览馆，观看“不忘初心、牢记使命——中国共产党历史展览”，从中国共产党波澜壮阔的百年历程中，感悟红色政权来之不易、新中国来之不易、中国特色社会主义来之不易，深刻认识中国共产党为什么能、马克思主义为什么行、中国特色社会主义为什么好。在全国海关组织开展“学史·铸魂”海关红色讲坛活动。总署机关组织青年开展与基层联学活动，围绕弘扬伟大建党精神，开展中国共产党人的精神谱系学习研讨交流。满洲里海关邀请老党员老干部讲述扎根边疆奋斗史，传承边关优良作风。郑州海关举办“话党史、忆初心，青春志、中国梦”青春故事会。杭州海关举办“百年芳华　青春杭关”主题宣讲活动。各海关单位充分利用当地红色资源，组织党员、干部瞻仰参观革命遗址遗迹、革命博物馆、革命纪念场馆，开展体验式学习教育。上海海关以上海海关大楼为地标开展“百年回首，钟声里凝望党旗飘扬”党史现场教学。南京海关组织干部职工通过“线上”方式走进新四军江抗东进纪念馆、新四军六师师部旧址纪念馆等19个数字展馆。石家庄海关开展“唱响红色旋律、筑牢信仰之基”主题团日活动，在西柏坡北庄村村史展览馆，深刻领会习近平总书记重要回信精神，缅怀革命先烈，接受思想洗礼。

（三）开展“永远跟党走”群众性文化活动。

在全国海关开展丰富多彩的文化活动，庆祝建党百年，表达对党和海关事业的深厚感情。总署部署开展“海关红色记忆”网上展播、“赞歌献给党”红歌创作传唱活动。厦门海关创作舞台剧《税魂》、历史情景剧《征途》等10多个文艺作品。江门海关举办“百年党史路，奋斗新征程”党史情景剧展演活动，自编自导自演10个红色情景剧。上海海关自编自导自演党建话剧《百年回响》，撰写出版《江海关党组织活动纪实》，《江海关里的红色革命》在《百年潮》刊载。长沙海关在全体党员中开展“我讲家乡党史故事”线上展播和线下分享会，开展“同唱一首歌”群众性宣传教育活动，形成合集《浏阳河畔的赞歌》。海口海关组织1,000余名党员干部开展为期2个月的“永远跟党走”千人朗诵活动。广东分署举办广东省内海关“学党史、践初心、党徽耀国门”线上演讲展示活动和“百年华章·同心向党”主题书画展。武汉海关举办《决胜2020——不要忘记、不能忘记、不该忘记》抗疫图片展。西宁海关组织全体党员干部参加学党史特色音乐党课。黄埔海关开展“红色家书叙党史”诵读会。西安海关干部职工在三秦大地的不同角落“唱支山歌给党听”。上海海关学院创作话剧《关魂·怒海雄关》，用最真挚的感情表达对党的热爱展现。

二、党史学习教育

（一）一贯到底动员部署。

2021年3月15日，总署召开全国海关党史学习教育动员会，深入学习贯彻习近平总书记重要讲话精神，认真落实党中央关于党史学习教育的一系列部署要求，结合海关实际，对全国海关党史学习教育进行动员部署。党委书记、署长倪岳峰做动员讲话。动员会以电视电话会议形式举行，覆盖47个直属海关单位、678个隶属海关。

结合海关垂直管理部门和准军事化纪律部队特点，坚持总署、直属海关、隶属海关三级联动、一贯到底，做到全国海关“一盘棋”。总署党委成立党史学习教育领导小组，党委书记、署长倪岳峰任组长，下设办公室，成立综合协调组、教育培训组、实践活动组和巡回指导组，多次召开领导小组会、专题推进会、座谈会，深入学习贯彻党中央精神，部署推进相关工作。总署党委各位同志带头参加专题学习研讨，带头讲授专题党课，带头深入基层调研，结合落实基层联系点制度，加强实地调研和具体指导，抓好分管领域和联系单位的学习教育。对党史学习教育组织阶段性总结评估，根据机关、事业、企业单位不同特点，强化分类指导。各直属海关、隶属海关党委分别成立相应领导机构，健全工作机构，完善工作机制，确保组织到位、责任到位、落实到位。

（二）明确重点学习内容。

全国海关把学习贯彻习近平新时代中国特色社会主义思想作为首要政治任务，聚焦党史学习教育动员大会、庆祝中国共产党成立100周年大会、党的十九届六中全会等重要节点，紧扣主题主线，深化学习教育，提升工作成效。围绕深入学习贯彻习近平总书记在党史学习教育动员大会上的重要讲话精神，分4个专题开展学习研讨，推动各级党组织抓实抓好学习教育，组织党员干部读原著、学原文、悟原理，深入研读指定学习用书，用好重要参考材料，系统学习百年党史。围绕学习贯彻习近平总书记在庆祝中国共产党成立100周年大会上的重要讲话精神，举办专题读书班，开展党课宣讲，现场参观中国共产党历史展览，推动学深悟透伟大建党精神、“九个必须”“江山就是人民、人民就是江山”等重要思想、重要论述。围绕学习贯彻党的十九届六中全会精神，举办专题学习班，推动学习研讨宣传宣讲，引导党员干部深刻领会全会重大意义、“两个确立”的决定性意义、“十个坚持”历史经验和“以史为鉴、开创未来”重要要求等，结合海关实际研究制定具体贯彻措施，用全会精神统一思想、统一意志、统一行动。及时跟进学习习近平总书记参观“不忘初心、牢记使命”中国共产党历史展览、北大红楼，在广西、福建、西藏、陕西等地考察期间的重要讲话和重要指示精神，深刻感悟习近平新时代中国特色社会主义思想伟力。

（三）示范带动学习教育全覆盖。

总署党委发挥表率作用，组织党委理论学习中心组学习会7次，举办专题读书班、学习班3次。邀请中央宣讲团成员李忠杰、曲青山、黄一兵为全国海关作宣讲。统筹运用书记领读、自学精读、专家导读、集中研读、先进模范和老同志讲读等学习方式，提高学习的针对性和实效性。总署党委书记、署长倪岳峰讲授全国海关党史学习教育专题党课第一课，以视频形式向全国海关转播，党员干部近2万人参加。各直属海关单位、隶属海关党委突出领导班子和处级以上领导干部这个重点，以自学为基础，强化集中研讨，共举办理论学习中心组学习会6,872次，读书班、学习班2,758次。组建宣讲队伍，广泛开展大宣讲活动，各级领导干部、党组织书记面向干部群众宣讲，理论学习骨干、青年学习标兵结合自身经历宣讲。各基层党组织抓实抓好“三会一课”、主题党日、研讨会等，创新推出“历史+现实”“情景+案例”“线上+线下”等学习模式。推出基层党组织书记“微党课”视频，围绕“思想伟力”“感悟初心”“抗疫尖兵”“坚强堡垒”4个专题进行集中展播。将党史学习教育纳入海关2021年教育培训计划，举办党史学习教育网上专题培训，对全国海关处级以上领导干部集中轮训一遍。线上线下同步推进，在“海关全员培训网络平台”上线党史学习教育课程。举办全国海关党史知识竞赛，6.6万余名党员参加。组建总署代表队参加中央和国家机关工委“党在我心中”党史知识竞赛并获得季军。发挥青年理论学习小组作用和老干部独特优势，组织读书会、交流会、分享会。

（四）突出海关行业特色。

全国海关将学习党史和学习党领导下的海关史结合起来，深入开展党领导下的红色海关历史和新中国海关史研究，挖掘保护利用海关红色资源。组织“学史·铸魂”海关红色讲坛，与中宣部联合举行中外记者见面会，海关系统4位优秀党员围绕“当好让中央放心、让人民满意的国门卫士”主题做交流。邀请老党员、先进典型、青年干部、普通群众走上讲台，讲述参加革命、参与海关事业发展的奋斗历程，创新学习形式，讲好海关红色故事，推动海关党员干部传承红色基因，发扬优良传统。举办“奋斗百年路、启航新征程”和“传承伟大建党精神，做对党忠诚国门卫士”展览展播，推出100个海关抗疫故事，上好伟大抗疫精神“思政课”。编印海关红色档案故事，收集整理各个历史时期海关先进人物事迹，出版《镌刻在国门上的忠诚——红色海关英模事迹》等书籍，举办“风卷红旗关权归——庆祝中国共产党百年华诞海关百物特展”，展示中国共产党领导人民从争取海关主权到建设人民海关的奋斗历程。《党领导海关事业发展的经验和启示》被“学习强国”平台刊发，阅读量超过460万人次。各海关自编自导自演话剧《百年回响》、舞台剧《人民海关从这里起航》等各类原创文艺剧目47个，累计开展红色讲坛52,787次。

（五）开好专题组织生活会。

全国海关认真贯彻落实党中央关于党史学习教育专题组织生活会的各项部署要求，组织各级党组织和广大党员干部深入学习习近平总书记重要讲话精神，对标对表党中央的部署要求，查问题、找不足、抓整改。总署党委委员以普通党员身份参加所在支部的组织生活会，交流学习体会，分享感悟收获，检视差距不足，确定整改任务。各级领导班子成员严格落实双重组织生活制度，开展学习研讨401次，走进基层调研825次，谈心谈话2,471次，深入查摆在坚定理想信念、弘扬优良传统、加强党性锤炼等方面存在的问题，制定整改措施，纳入“我为群众办实事”清单，项目化推进，确保取得实实在在的效果。深入贯彻党中央关于党史学习教育专题民主生活会、2021年度组织生活会和民主评议党员工作的通知精神，细化工作方案，做好会前准备，强化督促指导，严格按照规定做好各项工作。

（六）扎实开展“我为群众办实事”实践活动。

坚持走进地方政府、走进服务对象、走进基层一线“三个走进”，广泛听取意见，聚焦海关在落实新发展理念、构建新发展格局中需要改进提升的问题，企业群众最急最忧最盼的问题，基层干部职工关心关注的问题等“三大问题”，实施国门安全、便民利企、凝心聚力“三项工程”。全国海关三级党委上下联动、一体推进，建立重点民生项目11,875项，实施台账管理、逐一落实，全年重点项目完成率达99.3%，其他需长期推动的项目纳入长效机制。在全国海关开展“‘我为群众办实事’百佳项目”争创，评选109个为民服务典型案例，激励基层党组织和广大党员比贡献、比作为、比成效。建立“海关业务问题收集反馈”“机关直接服务基层”长效机制，加强总署与基层海关、进出口企业的直联互通，健全问题收集、分析、解决、反馈、评估的闭合回路，跟进企业群众新需求、新期待，不断推动问题清零。认真梳理办实事好经验、好做法，固化出台3,171项制度。《人民日报》、中央电视台《新闻联播》、“学习强国”平台等中央媒体对海关系统“我为群众办实事”做法及成效报道2,000余次。

（七）强化督促指导。

建立总署、直属海关两级巡回指导机制，总署7个指导组和直属海关168个指导组采用线上线下多种方式，督责任、看做法、找问题、评效果、提建议，从严从实开展巡回指导，推动全国海关各级党组织不折不扣贯彻落实党中央部署要求。认真学习《党史学习教育简报》，悉心领会上级要求，充分借鉴兄弟部门经验，把好政策方向、拓宽工作思路、加强具体指导。在总署网站、《中国国门时报》等开设党史学习教育专栏，搭建交流平台，营造浓厚氛围。总结推广典型经验做法，编发信息5,857篇、简报73期，10篇简报被中央党史学习教育领导小组采用。中央指导组6次来署参加动员大会、中心组学习、专题党课等活动，赴北京海关隶属中关村海关参加联学联建，7次组织开展经验总结推广工作，有力推动海关党史学习教育开展。

（八）党史学习教育成效。

一是围绕学史明理，进一步增强忠诚捍卫“两个确立”、坚决走好“两个维护”第一方阵的坚定性。通过党史学习教育，广大党员干部从历史与现实、国内与国际的鲜明对比中深刻感悟党的百年奋斗重大成就，特别是党的十八大以来党和国家事业取得的历史性成就、发生的历史性变革，深刻认识到“两个确立”是关乎党和国家前途命运、党和人民事业成败的根本性问题，对新时代党和国家事业发展、对推进中华民族伟大复兴具有决定性意义。深刻认识到海关作为政治机关，必须进一步增强对习近平新时代中国特色社会主义思想的政治认同、思想认同、理论认同、情感认同，更加坚定自觉地捍卫“两个确立”，做到“两个维护”。全国海关坚持以习近平新时代中国特色社会主义思想为指导，坚决贯彻落实习近平总书记的重要指示批示精神，进一步完善“第一议题”制度，以更坚决的态度、更迅速的行动、更有力的举措，全力以赴做好口岸疫情防控，严厉打击“水客”走私、海南离岛免税“套代购”走私和粤港澳海上跨境走私，全面落实“三智”合作理念。

二是围绕学史增信，进一步增强牢记初心使命、为实现中华民族伟大复兴贡献海关力量的积极性。通过党史学习教育，广大党员干部更加深刻认识到，党之所以历经百年而风华正茂，饱经磨难而生生不息，赢得人民信任，取得重大成就，根本原因在于始终坚持初心使命，在实现中华民族伟大复兴上矢志不渝、坚定如磐。海关与国家、民族的命运息息相关，党领导下的海关奋斗史，也是海关人践行初心使命、为中华民族伟大复兴不懈奋斗的历史。在党史学习教育中，全国海关立足新发展阶段，贯彻新发展理念，构建新发展格局，推动高质量发展，强化监管优化服务，深入贯彻落实总体国家安全观，连续开展“国门利剑2021”“大地女神”国际联合执法、知识产权保护“龙腾行动”“蓝网行动”等专项行动，坚决维护国家安全、社会稳定和人民健康。深化“放管服”改革，持续优化口岸营商环境，我国累计与47个国家（地区）签署AEO互认协议，数量居世界第一位。大力支持海南自由贸易港建设，支持上海自由贸易试验区临港新片区战略性新兴产业发展，积极打造高水平开放平台，促进我国进出口总值持续增长，为我国巩固保持全球第一大货物贸易国地位做出海关贡献。

三是围绕学史崇德，进一步增强弘扬伟大建党精神、做新时代忠诚国门卫士的自觉性。通过党史学习教育，广大党员干部深刻认识到，伟大建党精神是中国共产党的精神之源，必须传承红色基因、发扬红色传统、赓续红色血脉，用党在百年奋斗中形成的伟大精神滋养自己、激励自己，更加自觉地立政德、明大德、守公德、严私德，以昂扬的精神状态守护好、建设好革命先烈流血牺牲打下的红色江山。党史学习教育中，全国海关以“学史·铸魂”海关红色讲坛为平台，开展“奋斗百年路、启航新征程”主题宣传，举办“传承伟大建党精神，做对党忠诚国门卫士”专题展播，开展“清明祭英烈”“永远跟党走”“重走红军路”等沉浸式体验式教育活动，开展支部活动5.2万余次，广大党员干部感党恩、听党话、跟党走的信念更加坚定。进一步深化“强基提质工程”，持续推动“四强”支部建设，大力培树宣传先进典型，海关系统3个基层党组织荣获全国优秀基层党组织称号、1名同志荣获全国优秀共产党员称号。党组织战斗堡垒作用更加突出，党员先锋模范作用更加彰显。在口岸新冠肺炎疫情防控工作中，全国海关每天2万余名干部职工奋战在抗疫一线、3,500多名干部职工身着防护服与新冠病毒直接作战，不畏艰险，勇担使命，恪尽职守，甘于奉献，为全国抗疫大局做出了海关重要贡献；在防汛救灾中，海关各级党员干部在风雨中挺身而出，冲锋在第一线、战斗在最前沿，24小时通关值守，走出去志愿服务，党旗在一线高高飘扬，展现了准军事化纪律部队良好形象。

四是围绕学史力行，进一步增强坚持“人民至上”、践行“人民海关为人民”理念的主动性。通过党史学习教育，广大党员干部深入学习领会习近平总书记“江山就是人民、人民就是江山”重要论述，深刻认识到只有一切为了人民、一切依靠人民，才能赢得人民信任、得到人民支持，我们党才能够战胜任何困难挑战，无往而不胜。深刻认识到海关工作必须站稳人民立场，坚持把关服务为人民，把企业和群众的利益放在第一位，让企业和群众体会到更多的获得感、幸福感、安全感。在党史学习教育中，全国海关牢记党的性质宗旨，把人民摆在最高位置，把民生作为最大的政治，紧盯群众关心的“菜篮子”“米袋子”等民生重点工程，开展进口食品“国门守护”行动，确保人民群众吃得放心、吃得安心；紧盯企业关注的通关便利化问题，改革完善企业信用管理制度、进境农产品境外预检模式，大力推广“船边直提”“抵港直装”监管模式、跨境电商退货模式等一系列改革措施，推动实现进出口环节38种证件全部“一窗办理”，通关成本明显降低。围绕疫情防控、抢险救灾、乡村振兴、志愿服务等，海关系统党员干部为身边群众办实事25,000余件。

2021年12月31日，总署召开全国海关党史学习教育总结会，党委书记、署长倪岳峰，党史学习教育中央第二十一指导组组长王一鸣出席并讲话。会议以视频形式召开，倪岳峰同志对海关党史学习教育工作进行了全面总结。王一鸣同志充分肯定全国海关党史学习教育工作成效，认为总署党史学习教育特色鲜明、亮点纷呈，广大党员干部受到全面深刻的政治教育、思想淬炼、精神洗礼，为推进海关事业高质量发展、开创新局面提供了强大动力。

（撰稿人：李继迅　何慧鹏）

全国海关学习宣传贯彻党的十九届六中全会精神

总署充分认识学习宣传贯彻党的十九届六中全会精神的重大意义，把学习宣传贯彻工作作为一项重大政治任务，坚持以上率下、机关带系统，推动全国海关原原本本学习、及时跟进学、全面系统学，不断提升学习贯彻质量效果。

2021年11月12日，总署党委书记、署长倪岳峰主持召开党委扩大会议，专题传达学习党的十九届六中全会精神，在京总署党委委员胡伟、王令浚、邹志武、陶治国、张际文、孙玉宁、黄冠胜出席会议并作交流发言，会议研究部署全国海关学习宣传贯彻工作，要求全国海关认真组织传达学习党的十九届六中全会精神，增强“四个意识”、坚定“四个自信”、做到“两个维护”，立足新发展阶段、贯彻新发展理念，助力构建新发展格局、推动高质量发展，全面加强党的建设，继承和弘扬党的优良传统，践行初心使命，埋头苦干、勇毅前行，在新时代新征程中创造海关人新的更大业绩。总署总工程师、总检验师，中央纪委国家监委驻海关总署纪检监察组负责同志，总署各部门、各在京直属企事业单位主要负责人参加会议。会议按照党中央学习宣传贯彻要求，研究制订全国海关学习宣传贯彻党的十九届六中全会精神工作方案，对全国海关学习宣传贯彻工作做出具体部署，要求全国海关把学习宣传贯彻党的十九届六中全会精神作为当前和今后一个时期的重大政治任务，精心安排部署，周密组织实施，引导海关广大党员干部切实用党的十九届六中全会精神统一思想、统一意志、统一行动，切实把思想和行动统一到党的十九届六中全会精神上来，更加紧密地团结在以习近平同志为核心的党中央周围，大力弘扬伟大建党精神，以史为鉴、开创未来，埋头苦干、勇毅前行，深化政治建关、改革强关、依法把关、科技兴关、从严治关，奋力建设社会主义现代化海关，为实现第二个百年奋斗目标、实现中华民族伟大复兴的中国梦做出海关新贡献。各直属海关单位党委按照总署党委部署，结合地方党委要求，迅速组织传达学习，研究制定学习宣传贯彻的具体安排。

2021年11月25日至12月2日，总署党委举办理论学习中心组（扩大）学习暨党的十九届六中全会精神专题学习班，以书记领读、专家导读、自学精读、集中研读形式组织学习，总署党委书记、署长倪岳峰作开班动员并向全国海关宣讲全会精神，在京总署党委委员胡伟、王令浚、邹志武、张际文、孙玉宁、王林、黄冠胜交流学习体会。总署总工程师，中央纪委国家监委驻海关总署纪检监察组负责同志，总署机关各部门、各在京直属单位的主要负责同志和党员干部代表在主会场参加会议。直属海关、隶属海关设立分会场，直属海关、隶属海关党委班子成员、党员干部代表参加会议。邀请中央宣讲团成员、中央党史和文献研究院副院长黄一兵做辅导报告，报告会以视频形式向全国海关直播。总署机关各部门单位主要负责同志进行分组研讨，围绕如何深刻认识党的十九届六中全会的重大意义，如何深刻认识“两个确立”的决定性意义，如何深刻把握以史为鉴、开创未来的要求，结合思想实际和工作实际，深入交流学习体会，总署党委委员到各组开展宣讲，示范带动全国海关深入学习。在学习班结业式上，倪岳峰同志做总结讲话，总署政策法规司、风险管理司、商品检验司、中国海关科学技术研究中心主要负责人做交流发言。党史学习教育中央第二十一指导组、中央和国家机关工委领导到会指导。各直属海关、隶属海关党委积极响应，通过召开党委会、举办党委理论学习中心组学习和专题学习班等，围绕主题、列出专题，党委书记带头，班子成员紧密联系思想实际和工作实际，开展集中研讨交流，深化学习理解把握。

全国海关各基层党组织迅速传达党的十九届六中全会精神，利用“三会一课”、主题党日、专题研讨会等形式，组织广大党员干部原原本本、逐字逐句反复研读，全面领会、准确把握党的十九届六中全会精神的基本内容、丰富内涵与核心要义。为党员干部配发《中共中央关于党的百年奋斗重大成就和历史经验的决议》《〈中共中央关于党的百年奋斗重大成就和历史经验的决议〉辅导读本》《党的十九届六中全会〈决议〉学习辅导百问》等辅导材料，引导党员干部运用好《习近平谈治国理政》、习近平《论中国共产党历史》等重要著作，用好“学习强国”学习平台和人民网等媒体平台，深入领会总结党的百年奋斗重大成就和历史经验的重大意义，深入领会习近平总书记在党的十九届六中全会上的重要讲话精神，深入领会党的百年奋斗的初心使命和重大成就，深入领会中国特色社会主义进入新时代的历史性成就和历史性变革，深入领会党的百年奋斗的历史意义和历史经验，深入领会以史为鉴、开创未来的重要要求，在常读常新中不断收获新感悟、获得新提高。总署党委委员带头到所在支部或联系点，结合分管领域工作作宣讲。总署机关各部门、各直属海关主要负责同志面向本部门或本业务条线，各基层党组织书记面向支部党员普遍开展宣讲。总署举办全国青年党员学习宣讲交流会。各直属海关组织老党员、老干部、先进典型等，结合自身经历，运用鲜活事例、生动故事开展宣讲。充分发挥各级青年干部理论学习小组作用，组织专题学习研讨，调动青年干部理论学习的积极性、主动性。工会、妇联在各自联系的群众中开展形式多样的学习教育活动，推动学习宣传贯彻工作持续升温。

深入开展“汲取百年历史经验　推动海关事业发展”课题研究，形成研究报告《党领导新中国海关事业发展的历史经验与启示》，从党的 4 个历史时期，记述了中国共产党领导创建红色税关，逐步收回海关主权；领导创建独立自主的人民海关，保卫和巩固新中国政权；人民海关勇立时代潮头，坚持改革创新，服务改革开放大局；人民海关坚持强化监管优化服务，为建设更高水平开放型经济新体制做出新贡献。通过回望党领导人民建立与发展新中国海关的艰辛历史，总结提炼历史经验，把握历史规律，海关广大党员干部深刻认识到必须始终坚持党对海关工作的全面领导，坚定不移加强政治建设；必须始终坚持人民至上，坚定不移践行“人民海关为人民”；必须始终坚持心怀“国之大者”，坚定不移围绕中心服务大局；必须始终坚持创新驱动，坚定不移纵深推进海关改革；必须始终坚持底线思维，坚定不移守牢国门关口；必须始终坚持全面从严治党，坚定不移加强党的建设。研究报告被“学习强国”刊发，阅读量超过 460 万人次。

总署大力推动党的十九届六中全会精神进课堂、进课程，研究制订署管干部和总署机关处级以上领导干部集中学习培训计划。以处级以上党员领导干部为重点，分级分类开展培训，在符合新冠肺炎疫情防控要求的前提下，采取海关E课堂、网上培训班、集中轮训等方式，集中一段时间对处级以上领导干部进行全员轮训，分期分批对党员进行系统培训。总署党校、海关院校把党的十九届六中全会精神作为领导干部教育培训的必修课，作为学校思想政治教育和课堂教学的重要内容。各直属海关结合当地新冠肺炎疫情防控要求，周密制订学习培训方案，抓实抓好本单位党员干部的学习培训，相关工作从2021年12月持续到2022年6月底，实现海关署管干部、总署机关处级领导干部、直属海关处级以上领导干部集中轮训全覆盖，同时采取多种方式完成科级领导干部培训。

海关党员干部结合海关实际推进学习成果转化，全面贯彻习近平新时代中国特色社会主义思想，坚决贯彻习近平总书记的重要指示批示精神，大力弘扬伟大建党精神，深入推进政治建关、改革强关、依法把关、科技兴关、从严治关，强化监管优化服务，毫不放松抓好常态化疫情防控，持续优化口岸营商环境，全面深化海关改革，持续推进清廉海关建设，推动社会主义现代化海关建设取得新进展。

（撰稿人：王圣伟　李　彬）

编制实施“十四五”海关发展规划开启全面建设社会主义现代化海关新征程

根据《中共中央关于制定国民经济和社会发展第十四个五年规划和二〇三五年远景目标的建议》（以下简称《建议》）和《中华人民共和国国民经济和社会发展第十四个五年规划和2035年远景目标纲要》（以下简称《规划纲要》），总署结合实际，制定《“十四五”海关发展规划》，对2021—2025年海关发展的指导思想、主要目标和各项任务举措做出了明确规划，提出了到2035年海关发展远景目标。规划于2021年3月由总署党委会审议通过，6月印发全国海关，7月正式对外公开发布。总署同步制订《〈“十四五”海关发展规划〉宣传贯彻工作方案》，部署6方面活动安排。2021年年底，各直属海关全部制订完成本关区规划实施方案，全国海关形成规划实施的良好氛围。

一、全面贯彻落实党中央、国务院战略部署

“十四五”时期推动高质量发展，必须立足新发展阶段、贯彻新发展理念、构建新发展格局，为谋划“十四五”海关发展提供了根本遵循。编制《“十四五”海关发展规划》的过程就是将中央对海关工作的要求落地的过程。

坚决维护国家安全。《建议》专门对“加强国家安全体系和能力建设”做出部署，《规划纲要》明确提出“建设国门安全防控体系”。海关作为进出境监督管理机关，处于对外开放安全防控“第一线”，必须深刻理解习近平总书记关于“安全是发展的前提、发展是安全的保障”的重要指示精神，全面落实总体国家安全观，牢牢守住监管底线，准确把握强化监管和优化服务的关系，真正做到管得住、放得开。特别是机构改革后，海关监管领域和时空进一步拓展，为国把关的职责使命更加重大。规划全面落实总体国家安全观，突出海关新的职能定位和责任担当，把传统的“维护国门安全”改为“维护国家安全”且独立成篇，放在任务部署首位，并从8个方面细化任务安排，全面履行监管职责，筑牢国家安全屏障。

全力服务构建新发展格局。《建议》和《规划纲要》均对“形成强大国内市场，构建新发展格局”做出部署，明确提出要坚持扩大内需这个战略基点。海关系统必须从全局高度准确把握和积极推动构建新发展格局，充分发挥海关处于国内国际双循环相互促进重要交汇节点作用，推进更大范围、更宽领域、更深层次的开放。规划立足海关职能，精准对接国家规划纲要，着眼于发挥海关国内国际双循环重要交汇节点的作用，有针对性地设置相应内容，在推动产业链供应链优化升级、推动外贸创新发展、促进跨境贸易便利化、加快口岸现代化建设等7个方面做出具体安排，通过高质量的海关制度创新和政策措施，重点在外向型

经济领域引领和创造新需求，以国际循环提升国内大循环的效率和水平，推动形成我国参与国际经济合作和竞争新优势，展现海关新担当新作为。

推进“三智”国际合作。2021 年 2 月 9 日，国家主席习近平在中国—中东欧国家领导人峰会上提出“深化海关贸易安全和通关便利化合作，开展‘智慧海关、智能边境、智享联通’合作试点”的重大倡议，进一步丰富了习近平外交思想，为新时代各国海关深化务实合作，共同应对风险挑战，促进贸易安全和通关便利指明了前进的方向。全国海关必须深入领会“三智”合作的重大意义和丰富内涵，增强落实“三智”合作的政治自觉、思想自觉和行动自觉，深化海关贸易安全和通关便利化合作，为积极参与全球经济治理探索更多实践经验。规划将“三智”建设和国际合作作为“十四五”时期构建海关大外事工作格局的重要内容，强调以“三智”国际合作为抓手，以“一带一路”沿线国家和地区为重点，全方位推动机制性的海关检验检疫合作，积极参与全球经济治理，在推动构建新型国际关系和人类命运共同体中体现中国海关的责任担当。

二、明确社会主义现代化海关的远景目标和主要目标

规划全面总结“十三五”时期海关发展取得的重大成就，聚焦存在的突出问题，深入分析“十四五”时期海关发展面临的新形势新要求，特别是准确把握机构改革后中央赋予海关的新职责，自觉把海关工作放在党和国家发展大局中来谋划，不断丰富“五关”建设新内涵，推动实现 5 个“大幅提升”，明确到 2035 年基本建成社会主义现代化海关的远景目标，确定“十四五”时期海关发展的主要目标。

结合海关工作实际和时代要求，规划提出今后 5 年现代化海关建设的主要目标就是持续深化“五关”建设，不断丰富“五关”建设新内涵，推动实现 5 个“大幅提升”，即政治建关全面强化，政治建设水平大幅提升；改革强关纵深推进，制度创新和治理能力大幅提升；依法把关全面加强，法治建设水平大幅提升；科技兴关动力强劲，创新应用能力大幅提升；从严治关成效显著，干部队伍素质大幅提升。围绕上述主要目标，按照署领导对指标要突出核心性、关键性、综合性的要求，加强沟通协调，充分征求意见，规划最终设定了推动国内国际双循环相互促进、维护国门安全、促进跨境贸易便利、加强准军事化纪律部队建设 4 大类共计 15 个主要指标。指标属性分为预期性和约束性，其中预期性指标占 60%，约束性指标占 40%，兼顾指标的目标导向和规范约束作用，并按照可量化、可操作的要求合理设定指标量值。

三、坚持系统观念统筹谋划海关发展

机构改革后，海关在国家经济社会发展大局中的作用越来越重要，海关监管职责更多、监管范围更广、监管链条更长。规划运用系统思维和方法，坚持当前与长远、顶层设计与基层创新、一般性部署与关键性举措、先行先试与复制推广相统一，统筹把握好发展与安全、有效市场与有为政府、把关与服务等关系，对今后 5 年海关全面协调可持续发展做出部署。

推进海关深化改革。规划聚焦目标任务，锚定建立与社会主义现代化国家相适应的海关监管体制机制，通过“巩固、完善、深化、提高”关联耦合海关各领域改革，对深化“放管服”改革、深化全国通关一体化改革、创新事中事后监管等 6 个方面做出重点部署。首要任务是深化全国通关一体化改革，扎实推进海关全业务领域一体化。从全国海关通关一体化到海关全业务领域一体化，表明一体化改革的领域不单局限在海关通关环节与流程，而是扩大

到海关全业务领域，特别是在企业管理、风险防控、跨关区检查合作、注册备案等领域大胆创新，结合区域经济发展战略先行先试。以全国通关一体化这一具有标志性、关联性、引领性的改革为牵引，聚焦重点领域和关键环节，以点带面，以局部带动整体，由通关环节与流程的全国一体化拓展到海关全业务领域一体化，持续推进全面深化改革，进一步明确了推进海关制度创新和治理能力现代化的实现路径。

全面推进法治海关建设。近年来海关全面贯彻落实党中央、国务院关于全面依法治国、建设法治政府的决策部署，海关法治工作取得了明显成效。机构改革后，海关还存在部分法规制度标准滞后及制度执行不到位、执法不够规范等问题。为更好发挥法治固根本、稳预期、利长远的保障作用，规划坚决贯彻习近平法治思想，从海关法律制度、执法、法治保障、法治环境等方面进行部署，特别是提出要逐步形成以《海关法》为核心的海关法律制度体系，注重将成熟的海关业务改革经验和举措固化为制度规范，营造良好法治环境，实现规范公正文明执法。同时，总署还专门编制了“十四五”海关法治建设规划，进一步细化明确要构建科学完备的海关法律规范体系、建设全面高效的法治实施体系、强化严密有效的法治监督体系、健全多维精准的普法宣传教育机制、推动协同有力的实施保障机制，全面贯彻了依法把关的各项要求。

强化科技创新应用能力。近年来，以5G、大数据、人工智能、区块链等为代表的新兴技术手段日新月异，新应用、新业态层出不穷，新技术赋能新应用在各行各业发挥了越来越重要的作用。推动海关改革发展，必须倚重科技创新。近年来海关科技发展取得长足进步，2017年出台智慧海关建设方案，明确提出实现海关科技体系的智慧化转型。2019年下发实施《2019—2021年海关科技发展规划》，明确了到2021年科技发展的目标任务。规划从建设社会主义现代化海关的全局高度，把提升科技创新应用水平纳入“十四五”时期海关发展的主要目标、主要指标，全面部署了今后5年科技发展的重大任务举措，并将海关大数据应用、前沿技术和核心技术研发应用作为两大重点工程任务进行了细化安排。

四、构建“十四五”海关规划体系

为贯彻落实《建议》关于“形成定位准确、边界清晰、功能互补、统一衔接的国家规划体系”重要部署，经总署党委审定，在“十四五”时期打造形成“1+1+4”海关规划体系。其中，第一个“1”是指总体规划，即《“十四五”海关发展规划》；第二个“1”是指国家口岸发展规划；“4”是指“十四五”海关专项规划，作为总体规划在重点领域的延伸细化，包括海关法治建设、大数据海关应用、海关科技发展、海关队伍建设规划。

一是《国家“十四五”口岸发展规划》。作为国家级专项规划之一，2021年2月《国家“十四五”口岸发展规划》经国务院口岸工作部际联席会议第六次全体会议审议并原则同意，总署在会签中央编办、外交部、国家发展改革委等27个部门后向国务院报送了印发实施该项规划的请示，国务院总理李克强圈批同意。该专项规划提出，“十四五”时期要以口岸综合绩效评估为抓手，统筹推进平安、效能、智慧、法治、绿色“五型口岸”建设，部署优化口岸布局、实施口岸分级分类动态管理等11项主要任务和重点枢纽口岸示范工程、口岸智慧创新工程等4项重点工程，提出建立口岸综合绩效评估管理制度、口岸标准化体系建设等5项重点举措。

二是“十四五”海关法治建设规划。该专项规划提出，“十四五”时期要构建科学完备的海关法律规范体系、建设全面高效的法治实施体系、强化严密有效的法治监督体系。对于总体规划确定的海关规章立法后评估比例到2025年要达到100%的指标，专项规划提出，“十四五”时期，要对海关规章体系进行全面梳理，检查评估现行规章的执行效果，对与上位法抵触、不适应机构改革要求、内容过时、与其他规章存在交叉等的规章，及时提出“立改废释”的意见和建议。2025年前，实现海关规章立法后评估全覆盖。

三是“十四五”大数据海关应用规划。该专项规划提出，“十四五”时期，以标准和安全为保障，广泛深入应用大数据，积极拓展大数据在国门安全风险防控、通关便利、智慧税管、政务管理等领域应用场景，实现海关业务系统与数字系统的精准映射与深度融合；同时部署10项重点任务和14个重点项目，明确未来5年按3个阶段推进的实施路径。

四是“十四五”海关科技发展规划。该专项规划部署开展海关信息化应用支撑生态培育工程等7项工程，提出“十四五”时期，持续完善H2018新一代海关通关管理系统等核心系统，加强业务运行监控指挥平台建设，以科技赋能海关监管创新，全面提升国门安全感知能力、风险源头防控能力。

五是“十四五”海关队伍建设规划。该专项规划具体包括“领导班子建设”“人才队伍建设”“干部教育培训”3个子规划。“领导班子建设”子规划提出，要以党的政治建设为统领，着眼坚定信仰，深化理论武装，适应海关发展需要配强领导班子，到2023年建立起重要岗位领导干部政治素质档案。“人才队伍建设”子规划提出，“十四五”时期要培养造就一支数量充足、结构合理、素质优良、充满活力的人才队伍，到2025年，建立海关专家管理制度体系，分级分类建设海关专家库，入库专家包括：首席专家30名，一级专家150名，二级专家1,500名，三级专家8,000名。“干部教育培训”子规划提出，“十四五”时期，要进一步加强政治训练、业务训练、执法训练，着力构筑完善提升海关干部教育培训体系，为建设社会主义现代化海关提供有力保证。

（撰稿人：张　雪）

全国海关统筹
口岸新冠肺炎疫情防控

新冠肺炎是近百年来人类遭遇的影响范围最广的传染病疫情全球性大流行，对全世界是一次严重危机和严峻考验。面对前所未知、突如其来、来势汹汹的疫情天灾，党中央高度重视、迅速行动，始终把人民群众生命安全和身体健康放在第一位，习近平总书记亲自指挥、亲自部署，在每一个关键时刻，领航掌舵、举旗定向，带领全党全军全国各族人民打响了抗击疫情的人民战争、总体战、阻击战，经过艰苦卓绝的努力，疫情防控取得了重大战略成果，形成了具有世界性科学价值的中国方案、中国经验。

新冠肺炎疫情发生以来，全国海关坚决贯彻习近平总书记重要讲话和重要指示批示精神，认真落实党中央、国务院决策部署，毫不动摇坚持“外防输入、内防反弹”总策略和“动态清零”总方针，采取有史以来最全面、最严格、最彻底的防控措施，实施一系列系统化、超常规、创造性的防控举措，筑牢了外防输入坚固防线，取得了许多具有划时代、里程碑意义的成效经验。

一、党的领导是筑牢口岸检疫防线的坚强保证

（一）迅速建立统一高效的指挥体系。

湖北武汉发现不明原因肺炎病例之后，2020年1月20日，习近平总书记对疫情防控做出重要批示。1月21日，总署党委成立新冠肺炎疫情应对工作领导小组，之后改设为统筹口岸疫情防控和促进外贸稳增长工作指挥部，由党委书记、署长担任总指挥，加强对全国海关的领导和指挥，下设10个工作组，统一指挥、统一协调、统一调度全国海关严防境外疫情输入和促进外贸稳增长各项工作。各级海关相应成立由主要负责人挂帅的指挥机制，迅速建立形成横向到边、纵向到底的全国海关三级指挥体系并持续保持24小时不间断运行状态，严格高效落实总署部署的各项任务，为口岸疫情防控提供有力保证。

（二）持续加强疫情防控的组织领导。

总署党委高度重视新冠肺炎疫情防控工作，始终把疫情防控作为首要政治任务和各项工作的重中之重，及时召开总署党委会议，传达学习、研究贯彻习近平总书记重要指示批示精神，第一时间、第一议题、不折不扣迅速落实到位；多次召开全国海关疫情防控视频会议，对口岸疫情防控进行全面动员、全面部署、全面加强；定期召开指挥部会议，随时研判、随时指挥、随时调度，研究解决重大事项和重要工作，确保党中央、国务院部署件件落地。总署党委做出“打胜仗、零感染”“打好疫情防控‘阻击战’和安全防护‘攻坚战’”“规定动作必须100%做到位，做到99%就是不及格”等一系列部署要求，在各个阶段的口岸疫情防控工作中起到重要的指导作用。

（三）动态优化口岸疫情防控的政策措施。

2020 年 1 月 3 日，总署部署全国海关启动口岸新冠肺炎疫情防控工作，要求全系统特别是武汉、深圳、拱北海关密切关注疫情进展，实施“日报告”“零报告”制度，严格出入境人员卫生检疫，为疫情防控赢得先机。在疫情防控各个阶段，充分发挥全球传染病疫情监测网作用，实施“日监测”“周评估”，密切跟踪研判疫情最新态势，因应形势精准施策。参照世界卫生组织（WHO）技术指南及建议，紧跟国家最新防控方案和诊疗方案，结合口岸防控实际，动态修订发布了 9 版《口岸新冠肺炎防控技术方案》和 5 版《口岸新冠肺炎卫生检疫操作指南》等一系列指导性文件，建立起科学完善的口岸疫情防控制度体系。

（四）建立完善督查考核工作体系。

充分发挥全国海关“一盘棋”的垂直管理优势，将督查和考核作为督促抓好疫情防控的“利器”，做到步调一致、令行禁止。持之以恒开展监控检查，全国海关三级监控指挥中心每天通过视频监控排查口岸现场存在的风险隐患，对共性问题和严重问题及时通报全国海关，推动整改落实，帮助一线人员提升作业的规范性。多管齐下做好自查督查，各海关成立“挑毛病专家组”，坚持每季度组织全系统对安全防护进行自查，总署各司局动员包括纪检、巡视在内的各个条线采取“四不两直”方式开展专项督查，督促各海关补短板、堵漏洞、强弱项。统筹开展外防输入专项考核，发挥考核“指挥棒”作用，将入境人员、进口冷链食品和非冷链集装箱货物新冠病毒核酸阳性检出纳入考核进行加分，对各海关出现的差错区分严重程度进行扣分，考核得分每日通报全国海关，考核结果在年度考核中加以运用，并作为干部表彰奖励、提拔使用、职级晋升、调整问责的重要依据，激励广大党员干部挺身而出、担当作为，把抗疫战场变成“考场”。

（五）充分发挥党支部的战斗堡垒作用。

新冠肺炎疫情之初，习近平总书记就各级党组织和广大党员、干部要在打赢疫情防控阻击战中发挥积极作用做出重要批示，向全党发出总动员令。总署党委闻令而动、遵令而行，先后出台进一步激励关爱疫情防控一线党员干部职工担当作为的十一条措施，建立保护关心爱护疫情防控一线人员长效机制的工作措施，开展为疫情防控一线党员干部职工办实事活动等，关心关爱一线关员，切实发挥好各级党组织和广大党员干部在打赢疫情防控阻击战中的积极作用。直属海关、隶属海关层层压紧压实责任，不断深化党史学习教育，全国海关广大基层党组织发挥“支部建在科上”优势，按照准军事化纪律部队要求，组建“一线、预备、应急”近 3 万人的疫情防控梯队，动员广大党员发扬先锋模范作用，立足国门第一线，尽锐出战、决战决胜，用绝对忠诚和专业精神筑起疫情防控的钢铁长城，为打赢疫情防控阻击战提供坚强的政治保证。

二、从严从紧的防控措施是取得阶段性成果的关键所在

（一）果断恢复健康申报制度。

2020 年 1 月 20 日，国家卫健委发布公告，将新冠肺炎纳入《传染病防治法》规定的乙类传染病并采取甲类传染病的预防、控制措施，纳入《国境卫生检疫法》规定的检疫传染病管理，为实施严格的出入境卫生检疫政策提供了法律依据。1 月 25 日起，海关在全国口岸恢复暂停了 10 年的健康申报制度，要求所有出入境人员必须进行健康申报，严格排查有无肺炎类似症状、有无 14 天之内相关旅行史或接触史，同步上线多语种旅客指尖服务小程序，首次实现健康申报全电子化。3 月 16 日，最高人民法院、最高人民检察院、公安部、司法部、海关总署联合出台《关于进一步加强国境卫生

检疫工作依法惩治妨害国境卫生检疫违法犯罪的意见》，海关依法对不如实申报健康状况的人员给予严厉处罚，起到“查处一个、震慑一批、教育一片”的效果，健康申报成为疫情初期输入性病例第一发现方式，发挥了重要作用。

（二）实施全面核酸检测。

随着境外疫情加速扩散蔓延，2020 年 2 月 25 日，海关将工作重心由“防输出”全面转向“防输入”，抗疫出现了国内国外两个“战场”。自 2020 年 3 月 4 日起，海关开始对所有来自高风险国家或地区入境人员 100%实施流行病学调查，做到了逢疑必查、逢警必处，每项必核、有疑必问。针对新冠肺炎无症状感染者多、传统手段难以在口岸充分发现的特点，在没有任何先例可循的情况下，总署党委以非常之举应对非常之事，报经党中央批准后，自 2020 年 4 月 1 日起，对所有航空、陆路、水运口岸入境人员 100%采样实施核酸检测，对来自高风险国家或地区的人员实施核酸加抗体“双检测”，做到不漏一人、应检尽检，成为口岸疫情防控最关键的一招。全国海关不断提升实验室检测能力，日核酸检测能力由最初 7,000 人份跨越式增长至 2021 年年底的 9.45 万人份，做到检得出、检得准、检得快，为早发现、早报告、早隔离和早治疗的“四早”要求做出重要贡献。

（三）推动实现“境外—国门—家门”的全链条闭环管理。

在国务院联防联控机制框架下，2020 年 3 月，海关联合外交、工信、公安、卫生健康、移民、民航等 7 部门共同建立出入境疫情防控工作机制，完善了数据共享、人员处置、防控合作机制。3 月中旬，沈阳桃仙机场入境的 1 例病例经海关采样移交地方后出现失管，海关及时向国务院联防联控机制提出“海关已采样人员在检测结果未报告前由口岸所在地做好管控”的建议，直接推动国务院联防联控机制出台进一步落实入境人员闭环管理工作的政策要求。将防控链条前伸后移，在境外，海关联合外交、民航等部门共同实施来华旅客提供核酸检测阴性证明、“国际健康码”核对、登机前体温监测筛查、航班“熔断”等远端防控措施；在口岸，海关联合边检采取双布控、双拦截、双保险协同防控机制；在境内，海关联合卫生健康部门共同做好确诊病例、疑似病例、有症状人员和密切接触者“四类人员”（确诊病例、疑似病例、密切接触者、有发热等症状的人员）的移交处置，形成了一直沿用至今的“全面核酸检测、全部集中隔离、全程追踪管理”防控模式，实现了从“境外”到“国门”再到“家门”的全链条无缝衔接、闭环管理。

（四）形成“三查三排一转运”“7 个 100%”检疫模式。

在新冠肺炎疫情防控中，海关边实践、边研究、边探索、边总结、边完善，系统性将卫生检疫措施串联起来，提炼形成“三查三排一转运”检疫模式，即：检疫筛查环节，严格 100%健康申报核查、体温监测筛查、医学巡查，强化重点人员识别；检疫排查环节，做实做细流行病学排查、医学排查、实验室检测排查，科学做好人员分类；检疫处置环节，对判定的“四类人员”一律“手递手”转地方联防联控机制处置。随着境外疫情不断发展，海关将“三查三排一转运”进一步升级为“7 个 100%”，即：对入境人员 100%健康申明卡核验，100%两道测温，100%流行病学调查，100%采样检测，100%信息通报和移交处置，对高风险入境交通工具 100%风险布控和 100%登临检疫。“三查三排一转运”和“7 个 100%”作为海关在疫情防控中实施的最严措施，实现了人员全检疫、交通工具全检查、可疑情况全处置、疫情信息全通报，2020 年世界卫生组织来华考察期间，充分肯定中国海关防疫成效，给予中国海关为全球公共卫生安全做出突出贡献高度评价。

（五）织密织牢“水陆空”立体防控网。

在航空口岸，海关按照“一航线一策、一航班一策”原则，严格做好首都分流航班、临时航班、商业航班和外交包机、留学务工经商人员包机、“快捷通道”包机等的卫生检疫工作。在水运口岸，严格船舶登临检疫和船员采样检测，精准做好国际航行船舶疫情防控工作，在严防疫情经水路输入前提下打通海运物流“大动脉”。2020 年 6 月，宁波海关在“地中海弗莱维亚”轮上检出 11 例来自我国香港换班的新冠病毒核酸阳性船员，立即致信香港卫生署，推动港方重新检视外地来港换班船员豁免条件并收紧了检疫措施，有力降低了疫情经我国香港输入风险。在陆路口岸，组建陆路口岸疫情防控工作组，建立陆上邻国研判机制，指导 11 个陆路海关按照“一口岸一方案”原则，细化完善防控方案应急预案 172 个，坚持“客停货通”防疫政策，采取甩挂、接驳、吊装等非接触式运输方式，严防疫情自周边国家和地区输入，积极助力澳门与内地恢复正常往来，织密织牢“水陆空”立体防控网。

三、统筹做好“人、物、环境同防”是阻断疫情输入的雷霆手段

（一）迅速成立严防新冠病毒污染商品输入工作专班。

2020 年 6 月 11 日，北京新发地市场在切割过进口三文鱼的案板上检出新冠病毒核酸阳性，引起社会广泛关注。总署党委高度重视，立即专题研究，当天即部署成立严防新冠病毒污染商品输入工作专班，并先后两次召开全系统会议动员、部署。

（二）全面强化境外源头管控。

一是加强与出口国（地区）磋商，形成源头管控共识。督促有冷链食品输华贸易的 110 个国家或地区官方主管部门落实管理责任和世界卫生组织发布的《新冠肺炎与食品安全：对食品企业指南》《新冠肺炎与食品安全：对负责国家食品安全管理体系主管部门的指南》《防止新冠肺炎在食品企业传播的指南》等监管指南，监督本国（地区）输华食品企业认真落实指南中有关要求，严防输华食品及包装在生产、加工、储存、运输等各环节受到新冠病毒污染，确保输华食品安全。总署还将国家卫健委制定的《冷链食品生产经营新冠病毒防控技术指南》《冷链食品生产经营过程新冠病毒防控消毒技术指南》通报出口国家（地区）主管部门，以便要求输华食品企业按照技术指南要求，落实各项防控措施，督促出口国家（地区）主管部门和企业从监督责任、主体责任以及食品安全管理体系的有效性等角度认识员工防护、防止产品污染等问题。二是加强督促检查，确保源头管控措施落实。针对国外新冠肺炎疫情蔓延、无法实现现场检查的新情况，总署创造性组织专家组开展远程视频检查，专家们克服与国外企业生产时间时差大、视频信号不稳定、语言种类多、工作时间长等多种困难，不分昼夜，运用远程视频方式对重点国家或地区主管部门工作和企业生产管理情况进行抽查，重点检查世界卫生组织和联合国粮农组织有关指南要求的落实情况、食品安全管理体系运行情况，对发现的问题督促出口方及时整改，问题严重的采取暂停进口措施。三是暂停出现员工聚集性感染企业产品输华。依托食品风险信息预警系统，建立风险信息搜集小组，设立新冠肺炎疫情防控专班，搜集整理发布境外国家“带疫复工”“带疫解封”及部分输华冷链食品生产企业发生聚集性感染事件等情况，密切跟踪境外冷链食品企业疫情情况，分析潜在安全风险，统筹考虑国内需求和外交大局，及时与国外官方主管机构沟通，要求其采取自主暂停等风险防范措施。同时，建立动态

管理机制，对于完成整改并消除风险的企业，恢复其进口。

为确保上述源头管控措施的落实落细，总署各部门反复、细致地与出口方主管部门沟通，得到了出口方主管部门的理解和支持。截至2021年年底，海关累计与109个国家（地区）境外主管部门举行576次视频或电话会议，抽查了61个国家（地区）的466家企业，对检查中发现的问题，被抽查企业均承诺将积极整改，出口国家（地区）主管部门也表示将督促所有输华食品企业对照抽查发现的问题进行自查，确保完全符合安全防护有关规定。对抽查发现存在产品污染风险的158家企业采取了暂停进口措施，其中已有13家企业完成整改后恢复进口；对发生员工聚集性感染的163家企业采取暂停进口措施，143家企业是自主暂停，其中50家完成整改，恢复进口。此外，有12个国家（地区）通过对在华注册水产品企业的全面自查，主动申请注销889家企业注册资格。

（三）开展进口冷链食品新冠病毒核酸监测检测。

开展进口商品新冠病毒核酸抽样检测是一项全新的工作，国际尚无先例、国内也无标准。相关工作既要考虑我国食品生产和人民群众日常生活对大量进口冷链食品的现实需求，也要考虑国内疫情防护、维护消费者信心等客观要求。总署迅速组织相关司局落实国务院联防联控机制部署，商国家卫健委、商务部、国家市场监督管理总局等部门研究制定检测采样和实验室检测方法、程序及要求。2020年6月14日总署印发有关采样送样的作业规范和结果报送程序，6月16日印发实验室检测操作流程。

结合国内外疫情形势，总署动态调整进口冷链食品新冠病毒核酸检测抽样比率。对进口水产品实施所有批次100%抽样检测，加大对风险较高国家水产品抽检力度，提高检测样本总数；对除水产品外的冷链食品实施3%抽样检测，对风险较高国家冷链食品提高检测比率。截至2021年年底，全国海关共抽样检测样本381万个，其中产品样本118万个、内外包装样本239万个、环境样本24万个。在上述样本中，检出新冠病毒核酸阳性554个，阳性检出率万分之1.45；其他样本检测全部为阴性。

2021年4月，国务院联防联控机制印发《关于印发新冠肺炎疫情防控冷链食品分级分类处置技术指南的通知》，要求对冷链食品传播新冠病毒的风险进行综合分析研判，对核酸检测阳性样品进行分类处置。2021年4月，总署向全国海关下发通知，要求各海关对于检出新冠病毒核酸阳性的进口冷链食品，判定为“高风险情形”的阳性货物，或食品本身检测呈阳性判定为“中风险情形”且不能实施高温加工的货物，应进行无害化处置，或通过原集装箱/原运输工具做退运处理；判定为其他中风险或低风险情形的，应将货物信息和检出情况及时通报当地联防联控机制，配合做好后续处置和通关保障工作。文件印发后，各关均按照文件严格执行。

（四）对检出阳性企业实施紧急预防性措施。

对于被污染的进口冷链食品是否有传染性，国内外虽然尚未有明确定论，但普遍认为，企业需要采取措施防止从业人员污染食品和食品包装。总署会同国家卫健委、外交部、商务部等部门进行专题研究，听取国内有关专家意见，决定对检出新冠病毒核酸阳性的境外冷链食品生产企业采取紧急预防性措施。这一决定，从依据上看，属于国家主权行为，有法可依，且符合世界贸易组织（WTO）关于采取预防性风险防范措施的有关准则；从结果上看，能够督促境外企业落实主体责任，防范疫情输入风险。2020 年 9 月 1 日，总署向国务院联防联控机制提出对检出新冠病毒核酸阳性的境外企业实施紧急预防性措施的建议，得到批准后立即布置实施，于 9 月 11 日发布《关于对检出新冠病毒核酸阳性的进口冷链食品境外生产企业实施紧急预防性措施的公告》，规定“同一境外生产企业输华冷链食品或其包装第 1 次和第 2 次被检出新冠病毒核酸阳性的，海关分别暂停接受该企业产品进口申报 1 周，期满后自动恢复；同一境外生产企业先后被检出新冠病毒核酸阳性 3 次及以上的，海关暂停接受该企业产品进口申报 4 周，期满后自动恢复”。同时，致函外交部、商务部、国家卫健委，请其按照职责分工做好对外通报有关工作，得到 3 部门的大力支持。结合工作实际，总署向国务院联防联控机制提出“规范进口冷链食品新冠病毒核酸检测结果确认和通报程序”的建议，得到采纳，9 月 29 日，国务院联防联控机制印发《关于规范进口冷链食品新冠病毒核酸检测结果确认和通报程序的通知》，要求各省级联防联控机制组织专家对各地方报送的检测新冠病毒核酸阳性结果及相关信息进行论证，认为结果真实可靠且可确定为境外污染的，及时将有关检测情况报送国家卫健委，同时正式函告海关总署并抄送外交部。

截至 2021 年年底，总署根据各地海关和地方人民政府检出的新冠病毒核酸阳性的结果，共对 28 个国家（地区）的 250 家食品生产经营单位（包括境外企业、冷库和渔船等）采取了 355 次暂停受理进口申报的紧急预防性措施。为更直接地警示境外企业及出口方主管部门，总署在采取紧急预防性措施后即书面通报出口方主管部门，要求其对企业加强监管，并在官方网站发布消息。

（五）推动开展预防性全面消毒工作。

我国进口食品数量大、来源国家（地区）多、包装运输形式和用途多种多样，而且由于货物被新冠病毒污染具偶然性、不确定性，污染部位无任何指征，通过口岸监测检测显然无法发现所有可能被新冠病毒污染的货物，抽样检测阴性结果不能排除样本之外其他货物存在污染的风险。总署组织相关部门多方寻求解决办法，最大限度地降低疫情输入风险。一方面，联合中国科学院、工程院组织专家研究论证。经充分论证后认为，在加强源头管控和口岸监测的基础上，发挥消毒对新冠病毒的杀灭作用，结合进口冷链食品仓储、运输、销售分级进行的特点，对进口冷链食品顺势分级预防性消毒，即：对外包装的消毒可以在口岸检疫放行后、抵运冷库卸货时顺势开展；对内包装和产品的消毒可在加工、批发、零售等流通消费环节完成，在确保进口冷链食品安全的同时，提升口岸通关效率，避免货物积压滞港，保障产业链供应链稳定。专家论证后，总署立即会同交通运输部、国家卫健委和国家市场监督管理总局等部门起草《进口冷链食品分级预防性消毒工作方案》，报国务院联防联控机制审议。2020 年 11 月 8 日，国务院联防联控机制正式印发《进口冷链食品预防性全面消毒工作方案》。11 月 9 日，总署制定进口冷链食品口岸环节预防性消毒实施方案，部署全国海关遵循“逢掏必消”“应消尽消”“顺势作业”等原则，结合进口冷链食品在口岸环节的海关查验放行流程，指导督促进口企业、海关查验场所经营单位落实口岸环节预防性消毒措施。

截至 2021 年年底，全国海关在口岸环节预防性消毒进口冷链食品外包装 8,122 万件，重量 127 万吨。各地方政府组织建设集中监管仓等专用设施，对进入本地区的进口冷链食品严格按规定实施预防性全面消毒。

（六）通过回顾性评估不断完善制度及要求。

为验证海关系统为“严防新冠肺炎疫情通过冷链食品输入风险”采取的各项措施是否有

效，制定的制度是否规范、采取的措施是否必要和有效，也为进一步做好相关工作奠定基础，2021年8月21日，总署邀请中国工程院院士陈君石、中国疾控中心流行病学前首席科学家曾光、国家食品安全风险评估中心主任李宁、科信食品营养信息交流中心理事长包大跃、军事科学院中国军事医学研究院研究员宋亚军5名知名院士、专家对工作开展回顾性评估。专家组听取海关系统在严防疫情随进口冷链食品输入风险方面采取的源头管控、监测检测、预防性消毒监督等工作情况、取得的成效后，结合疫情发展形势，经过讨论，一致认为“海关所采取的措施是科学、精准、必要和有效的”，并对海关系统进一步做好疫情防控有关工作提出意见和建议。实践证明，海关系统疫情防控工作是有效的，且没有对贸易链供应链产生任何阻碍。2020年，我国进口冷链食品1,917.35万吨，2021年进口1,935.81万吨，同比增加0.91%。

总署紧跟国务院联防联控机制要求，对应完善海关对进口冷链食品相关监管要求，进口商品及包装新冠病毒检测采样作业指导书，进口商品新冠病毒实验室检测工作流程，进口商品预防性消毒作业指导书，至2021年年底，上述指导书已分别更新至第五版、第六版和第二版。针对“先进区、后报关”等特殊监管区进口冷链食品的通关模式下可能存在的风险，强调疫情防控的科学精准，组织分析研判，自2021年9月7日起暂停以集中申报方式申报进口冷链商品。

（七）配合做好进口冷链食品追溯信息跨部门共享。

根据国务院联防联控机制印发的《关于进一步做好冷链食品追溯管理工作的通知》要求，建立完善冷链食品追溯管理系统，实现从海关进口查验到储存分销、生产加工、批发零售、餐饮服务全链条信息化追溯。按照国务院部署，总署持续配合国家市场监督管理总局完善进口冷链食品溯源系统，于2021年1月15日，完成海关数据与国家进口冷链食品追溯管理平台对接。同时，各地海关加强与市场监管部门对接重点冷链食品进口相关信息，实现信息共享和校验。

（八）开展进口高风险非冷链集装箱货物口岸环节新冠病毒检测和预防性消毒监督工作。

继进口冷链食品之后，根据国务院联防联控机制部署，由总署牵头，会同卫生健康、外交、交通运输、商务、市场监管、民航等部门，共同制订了进口高风险非冷链集装箱货物检测和预防性消毒相关工作方案，由国务院联防联控机制正式印发。自2021年1月1日始，海关在口岸环节对来自高风险国家或地区的进口非冷链集装箱货物及进境空集装器开展新冠病毒检测和预防性消毒工作，切实防范疫情通过货物渠道输入。

截至2021年12月31日，全国海关累计检出新冠病毒核酸阳性38个。其中，从航空口岸入境24个，从水路口岸入境7个，从陆路口岸入境7个；从外包装检出32个（食品3个、零部件21个、家具木材4个、棉纱2个、服装1个、化妆品1个），从环境检出6个（托盘4个、空集装器2个）。

（九）科学精准开展入境客运航空器消毒监督工作。

2021年7月，南京禄口机场发生因保洁人员防护不到位造成新冠肺炎疫情扩散，根据国务院联防联控机制部署，将实施终末消毒入境客运航空器的范围由检疫发现“四类人员”等异常情况扩大到所有入境客运航空器，完善了“终末消毒”的触发机制，理顺了地方政府、航空公司、消毒机构、民航、海关、卫生健康等各方责任。

四、严而又严的人员安全防护是抗疫斗争的重要保障

（一）构建“三位一体”的安全防护工作体系。

在新冠肺炎疫情防控中，海关始终高度重视内部安全防护工作，提出了“一把手负总责、业务条线各负其责、一线部门具体负责”的安全防护管理主体责任，以及各条线、各领域在开展任何工作时必须与安全防护工作“同研究、同部署、同督促”的要求，并逐步构建形成了“培训考核、监督管理、自查督查”“三位一体”的安全防护体系。“培训考核”即各直属海关应当制订安全防护培训计划，开展安全防护相关培训考核，提高工作人员安全防护意识和能力，工作人员必须经过培训并考核合格方可上岗。“监督管理”即各直属海关应当健全本关区“岗前检查、工作巡查、全程督查”和“双人作业、互相监督”的“3+2”安全防护监督制度，建设直属海关、隶属海关、作业班组三级专兼职安全防护监督员队伍，确保安全防护监督全方位、全流程、全覆盖。“自查督查”即各直属海关必须做到每天视频检查、每月一自查、每季度一督查，建立发现问题、整改措施、完成情况的“三个清单”，边查边改、立行立改，并定期组织“回头看”，有效预防和控制了职业暴露感染，保障了工作人员的健康安全。

（二）率先对一线疫情防控人员实施封闭管理。

一线高风险岗位从业人员安全防护是新冠肺炎疫情防控关键所在。2021 年，海关系统率先对口岸一线从事入境人员卫生检疫岗位工作人员实施“14+7+7”封闭管理，对进口冷链食品安全监管人员（包括抽、采样人员，预防性消毒监督人员，现场人工查验人员，提供保障服务的工作人员）实施“N+7+7”封闭管理，即 14 天或 N 天在岗集中封闭管理、7 天离岗集中封闭管理、7 天居家健康监测，要求在岗离岗集中封闭管理期间，要做到新冠病毒核酸检测“1 天 1 检”“双采双检”，凭核酸检测阴性报告方可解除封闭再次返岗。在此基础上进一步提出“四必须”“五件套”“六个不”要求。“四必须”即各直属海关必须成立工作专班、必须制订工作方案、必须建立管理制度、必须严格监督管理。“五件套”即对被封闭管理人员要登记造册、封闭管理、两点一线、一天一检、全员全程接种疫苗。“六个不”即海关封闭管理场所要做到标准不降低、区域不交叉、通道不共用、空调气流不交换、人员不接触、管理不缺位。海关封闭管理模式得到国务院高度肯定，被国务院联防联控机制推广到全国高风险作业人员和从业人员等重点人群。

（三）全覆盖推动新冠病毒疫苗接种工作。

海关积极响应党中央号召，疫情初期就动员全系统一线疫情防控人员参加新冠病毒疫苗紧急使用，率先在口岸一线建立起一道免疫屏障。2021 年以来，海关大力推动新冠病毒疫苗接种和加强免疫接种工作，持续做好疫苗接种和加强免疫接种后抗体监测工作，并要求已接种人员不得放松防护措施，最大限度保护工作人员健康安全。

五、严密高效的疫苗监管是服务抗疫大局的实际行动

（一）强化组织领导，规范新冠病毒疫苗出境。

海关将保障新冠病毒疫苗出境作为一项重要的政治任务，按照党中央部署，第一时间建立疫苗出境保障联络会商、应急协调、督导检查等工作机制，先后制定了海关新冠病毒疫苗出境监管工作指引等一系列工作方案、操作规程、作业指引，进一步规范全国口岸疫苗出境

监管。联合14部委印发新冠病毒疫苗出境环节工作方案，构建了部门间协作高效、衔接严密、保障有力的工作机制，提升了新冠疫苗出境安全管理水平。

（二）强化全程监管，严格新冠病毒疫苗检疫查验。

聚焦企业管理体系，督促疫苗出口企业落实主体责任，加强出口疫苗货证的符合性查验。要求各直属海关严格按照国务院联防联控机制审批核准的出境信息，加强疫苗出境类型、规格、数量、批号、国别及批准有效期等内容的审核把关，坚持受理、审核、决定“三级岗位审批”和检疫审批、属地查验、口岸验放“3个不超24小时”要求，严格按规定办理出境卫生检疫审批。开发上线出境新冠病毒疫苗海关监管环节全流程追溯程序，打通了疫苗进出境监管手段信息化、数据化技术堵点。

（三）加大打私力度，严防新冠病毒疫苗非法出境。

总署专门成立打击新冠病毒疫苗非法出境工作专班，要求全国海关盯紧重点物品、重点航班，严防新冠病毒疫苗通过藏匿、夹带等方式走私非法出境，在全国口岸部署生物制剂智能审图CT算法，并在重点旅检口岸投入使用低温探测设备，利用新技术提升口岸现场对非法出境新冠病毒疫苗查发能力。积极开展打击走私“国门利剑2021”行动，参加世界海关组织（WCO）“阻止”国际联合执法行动，协同做好打击疫苗非法出境工作。

（四）提升服务效能，保障新冠病毒疫苗安全通关。

海关针对疫苗生产企业研发需求，主动对接引进单位，快速办理新冠病毒毒株入境卫生检疫审批；为疫苗生产企业提供政策解读、出境流程、实务操作指导，实行“5+2”工作制，对符合条件的申请企业即到即办。建立疫苗出口保障服务机制，全程跟踪出口疫苗安检、入库、运抵、申报、查验、配载和运输出境等各环节，保障疫苗出口“零开拆”“零等待”“零延时”，将出境疫苗检疫审批时长由20个工作日缩短至4小时内，通关时间压缩至3小时，最大限度提高通关效率，增强企业获得感。

（撰稿人：王玉珏　王德伟　许　凤　杨　光　周　雯　翁平宽　梁利波　曾晓雯）

全国海关多措并举促进外贸保稳提质

2021 年，全国海关深入学习贯彻习近平新时代中国特色社会主义思想，不折不扣落实习近平总书记的重要指示批示精神，忠诚捍卫“两个确立”，坚决做到“两个维护”，科学精准、严格规范实施口岸疫情防控，认真落实“六稳”“六保”部署，多措并举，促进外贸进出口实现较快增长，规模再创新高、质量稳步提升。

一、2021 年外贸成绩亮眼，规模首超 6 万亿美元

2021 年，我国货物贸易进出口总值 39.1 万亿元，同比增长 21.4%。其中，出口 21.73 万亿元，同比增长 21.2%；进口 17.37 万亿元，同比增长 21.5%。与 2019 年相比，我国外贸进出口、出口、进口分别增长 23.9%、26.1%、21.2%。2021 年中国对外贸易一举跨过 5 万亿、6 万亿美元两个台阶，稳居全球货物贸易第一大国地位，外贸成为中国经济一大亮点。

2021 年我国外贸进出口呈现 5 方面特点。一是年度进出口规模再上新台阶，首次突破 6 万亿美元关口。二是与主要贸易伙伴进出口均实现稳定增长，对“一带一路”沿线国家和地区进出口增速更快。三是贸易方式进一步优化，一般贸易进出口占比超过六成。四是外贸经营主体活力有效激发，民营企业进出口更加活跃。五是机电产品出口、进口均保持良好增势。

二、周密部署，全面服务促进外贸稳增长大局

2021 年，全国海关坚决落实习近平总书记对海关工作的重要指示批示精神，协调推进疫情防控和促进外贸稳增长等工作。推进全领域、全渠道、全链条一体化风险防控，风险管理两级运作机制更加健全，业务运行中枢作用有效发挥。优化进出口商品检验模式，加强风险预警和快速反应，动态调整法检目录。深化税收征管方式改革，试点属地纳税人“双特”台账制度，推行以企业为单元的税收担保，优化关税保证保险、汇总征税、自报自缴，引导企业合规自律申报，税收征管质效稳步提升。加强进出境动植物检疫，开展“国门绿盾 2021”行动，严防外来物种入侵。强化口岸正面监管，健全监管制度，完善三级监控指挥体系，加强业务运行监控，严格监管作业场所管理，现场监管检查更加规范有效。制订海南自由贸易港海关监管框架方案、口岸布局方案、海关智慧监管平台可行性研究报告。全面推进科技创新应用，支撑引领业务发展，推进业务系统互联互通，不断加强业务运行监控。组织开展“国门利剑 2021”联合行动，对中央关注、社会关切、群众关心的“洋垃圾”、濒危物种及其制品、冻品、成品油、毒品等走私问题，始终保持高压严打态势。

（一）海关系统高度重视，系统谋划狠抓落实。

2021年，总署党委共召开39次疫情防控指挥部会议，统筹推进新冠肺炎疫情防控和促进外贸稳增长工作，并印发总署推进贸易高质量发展行动举措的工作方案，重点围绕持续推进改革创新、强化口岸监管、进一步优化服务、深化国际合作等，提出总署推进贸易高质量发展的20项具体落实措施。全国海关充分发挥新海关职能优势，利用好各项政策措施工具，全力以赴促进外贸稳增长，充分释放外贸发展的巨大潜力和强大动能。

（二）接续做好各项支持措施。

按照总署关于应对新冠肺炎疫情影响促进外贸稳增长10条措施的精神，实施加快验放进口生产设备和原材料，促进农产品、食品扩大进口，支持企业扩大出口，简化进口特殊医疗物品检疫审批，简化加工贸易延期办理手续等支持措施。继续推动落实总署关于海关支持中欧班列发展措施的通知精神，允许企业开展舱单归并业务、推动“关铁通”合作倡议实施、促进中欧班列多式联运业务发展等措施。总署制定海关支持综合保税区发展措施，提出“新设综合保税区向中西部倾斜”“推进全球维修和再制造业务在区内全面落地实施”等措施。按照总署关于统筹做好口岸疫情防控和通关便利化工作措施清单的要求，从“强化监管，严防境外疫情输入”“简化手续，促进通关便利化”“优化服务，降低进出口环节成本”“保障外贸产业链、供应链畅通运转”等方面细化工作措施。总署出台关于进一步落实稳外贸稳外资措施，制定“简化手续，促进通关便利化”“优化服务，降低进出口环节成本”“保障产业链供应链畅通运转”“支持新业态，培育新的贸易增长点”“推进高水平开放，打造对外开放新高地”等措施。

（三）成立工作专班，进一步促进外贸稳定增长。

总署设立统筹口岸疫情防控和促进外贸稳增长工作指挥部，增设促进外贸稳增长工作组，协调落实复工复产推进工作机制、外贸外资协调机制有关部署，研究制定、推进落实促进贸易安全便利各项措施，支持外贸企业复工复产达产，扩大进出口，提升产业链供应链稳定性和竞争力，促进外贸稳增长，下设全产业链保税政策等5个工作专班。

（四）加强政策评估，持续跟踪问效。

通过“中国技术性贸易措施网”公众号及网络平台，开展海关应对新冠肺炎疫情促进外贸稳增长系列措施实施效果网络问卷调查。调查主要内容包括：促进外贸稳增长、支持中欧班列发展、支持综合保税区发展等措施的实施情况及企业满意度。近九成企业对海关出台的系列措施表示满意，其中55.47%的企业对海关出台的系列措施表示非常满意，有32.50%的企业表示满意。七成以上企业认为海关措施比较契合企业核心需求，其中40.02%的企业表示海关措施与企业核心需求非常契合，能有效帮助企业渡过难关；30.21%的企业认为海关措施部分满足企业的核心需求。

（五）夯实“问题清零”机制，扎实推动“助企纾困”。

扎实开展“我为群众办实事”实践活动，研究制定“问题清零”工作机制，建立基层、企业直报点制度，认真研究解决进出口企业最关心、最直接、最现实的问题，切实做到把实事办好，把好事办实。坚持以“书记项目”“百佳项目”为着力点，充分发挥业务统筹协调职能，搭建贯通总署司局、直属海关、隶属海关三级联动的“问题清零”机制，按照培育典型案例、树立推广样本、辐射业务线条的思路，努力形成“横向协同、上下联动、一体推进”整体合力，推动问题靶向治理，打通政策落地"最后一公里"，全力推进"问题清零"工作制度化、规范化、科学化建设。"问题清零"开展以来，通过流程再造、系统优化、改革设计的闭合回路，已先后梳理研究200余个涉及多环节的流程与制度性问题，推进解决企业与基层反映的"急难愁盼"问题，得到中央党史学习教育第二十一指导组的充分肯定。

三、综合施策，全力以赴支持外贸促稳提质

（一）统筹做好疫情防控和助企纾困。

2021年，全国海关坚持"人、物、环境同防"，强化进口冷链食品和农产品源头管控，严格做好进口冷链食品和高风险非冷链集装箱货物口岸环节风险监测和核酸检测。针对进出口企业面临的困难，积极支持保供稳价，扩大关键零部件、能源、矿产等重要生产原材料进口，准许30种农食产品输入。加强技术性贸易措施交涉应对，支持企业和产品"走出去"。推广跨境电商零售进口退货中心仓、B2B出口监管模式，出台支持企业设立出口海外仓措施。2021年，跨境电商进出口1.98万亿元，同比增长15%。积极开展税政调研，177项助企建议被采纳，坚决执行减税、税收优惠政策和自由贸易协定关税减让等措施，共减（退）税2,241.4亿元。持续优化口岸营商环境，会同国家发展改革委、财政部、交通运输部、商务部等9个部门深化"放管服"改革，联合印发关于进一步深化跨境贸易便利化改革、优化口岸营商环境的通知，提出5方面27项具体举措，推动实现进出口环节监管证件全部可通过"单一窗口"进行申领。扩大金融服务试点，惠及外贸企业23万余家。

（二）进一步降低企业通关成本。

全国海关全面推进"绿色通道""预约查验、优先查验"、疫情期间"免到场查验"等便利化措施。优化进口粮食通关流程，全国18个直属海关实施进口粮食直接靠泊检疫，平均减少1~2天锚地等待时间。推广实施"网上核查"，实现疫情防控、稳企惠企"两不误"，作业时间平均压缩一半左右，单次作业行政成本降低近三成。在有条件的口岸复制推广"一站式阳光价格"收费模式，降低进出口合规成本。

（三）持续推动外贸优进优出。

全国海关积极拓展粮食、乳品等进口来源，加大检疫准入力度，构建多元进口格局。新增美国、俄罗斯、新西兰等国家（地区）境外食品企业注册，服务国内市场需求。发布进口中东欧国家冷冻水果检验检疫要求的公告，一次性解决中东欧国家冷冻水果输华准入问题。推进再生原料装运前检验，规范再生金属原料进口，保障国内金属材料供应。

（四）积极支持贸易新业态发展。

2021年3月，总署与商务部等部门联合出台扩大跨境电商零售进口试点、严格落实监管要求的措施。2021年3月，配合商务部完成对新设市场采购贸易试点验收工作。2021年，跨境电商网购保税业务进出口值688.2亿元，同比增长9.9%。

（五）协同打造对外开放新高地。

总署报请国务院批准新设综合保税区8个，启动新设审核报批4个，完成验收10个。2021年，全国特殊区域进出口值7.8万亿元，同比增长22.9%，比同期全国外贸进出口增幅高1.5个百分点，占同期全国外贸进出口值的19.9%，对全国进出口值增长的贡献度超过20%。全国综合保税区保税维修业务进出口值1,856.7亿元，同比增长3.8%；保税租赁贸易业务进出口值1,121.2亿元，同比增长40.6%；保税研发业务进出口值28.1亿元，同比增长876.3%。充分发挥自由贸易试验区"试验田"作用，2021年备案同意25项创新举措先行先试。118个综合保税区开展一般纳税

人资格试点。

（六）大力推动海南自由贸易港建设。

总署落实稳外贸稳外资部署，聚焦重要功能平台，助力产业聚集发展，优化入境检疫监管流程，全力推动海南自由贸易港建设。积极推动出台海南自由贸易港“零关税”等政策和配套海关监管制度，根据洋浦保税港区先行先试总结评估情况，将洋浦保税港区“一线放开、二线管住”进出口管理政策扩大到海口综合保税区、海口空港综合保税区试点。支持在海南自由贸易港新设海口空港综合保税区、三亚市保税物流中心（B型）。支持博鳌乐城国际医疗旅游先行区畅通特许药械供应链，进口特许药械品种首例突破200例，成为国际先进药械进入我国“主渠道”。支持海南急需种质资源引进，下放5类497个商品编码产品审批权，保障1,500株椰枣苗顺利引进海南，助力全球动植物种质资源引进中转基地建设。

优化海南口岸营商环境，出台综合保税区管理办法，推动综合保税区高质量发展措施落地见效。2021年，洋浦保税港区外贸进出口364.6亿元，同比增长15.6倍；海口综合保税区外贸进出口280.1亿元，同比增长18.9%。助推海南外贸单个自然年内首次突破千亿大关，进出口总值达到1,476.8亿元，同比增长57.7%，增速高居全国第3位，外贸总量创历史新高。稳步推进“两步申报”“提前申报”等改革，“船边直提、抵港直装”试点覆盖到具备条件的海南全部口岸，2021年，海南口岸进、出口整体通关时间分别为44.52小时、1.47小时，与2017年相比分别压缩64.93%、98.64%。

（七）主动服务外贸市场主体。

2021年，总署持续深化“放管服”改革，扎实推进“许可改备案”“多证合一”等改革，有效落实“全程网办、全国通办”等便民利企措施，全力保外贸市场主体。2021年，新增进出口企业21.80万家，同比增长2.49%；截至2021年12月底，进出口企业总量为165.68万家，同比增长10.31%。2021年，有实绩进出口的企业共57.42万家，同比增长9.35%，占进出口企业总量的34.66%。

（八）立体推进知识产权海关保护工作。

一是强化知识产权海关保护。按照《知识产权强国建设纲要（2021—2035年）》和《“十四五”国家知识产权保护和运用规划》要求，深入推进知识产权海关保护工作，完善体制机制，提升执法水平，持续保持打击进出口侵权高压态势。2021年，全国海关共查扣侵权嫌疑货物7.9万批次，新增知识产权保护备案注册用户3,600余家，审核通过知识产权备案17,000余件。二是加大知识产权保护执法力度。在全国海关范围内组织开展“龙腾行动2021”、寄递渠道知识产权保护“蓝网行动2021”和进出口防疫物资知识产权保护等专项执法行动，组织广东分署和北京海关等21个海关开展出口转运货物知识产权保护“净网行动2021”，与国家市场监督管理总局等部门联合开展2021网络市场监管“网剑行动”等，在强化知识产权全链条保护中主动发挥海关职能作用。三是提升知识产权保护工作法治化水平。研究修订《中华人民共和国知识产权海关保护条例》（以下简称《知识产权海关保护条例》）及相关法律文书，提升全国海关知识产权保护执法的规范性、统一性；推动RCEP知识产权章节有关规定落地实施。

（九）积极推进全业务领域一体化。

以全业务领域一体化为切入点，在长三角、粤港澳大湾区等区域协调推进海关风险布控、货物查验、纳税企业管理等业务领域的跨关区协同管理，成效明显。实现报关单位备案“任一地申请，一次办理”的无纸化全国通办；推广企业集团加工贸易监管改革，应用海关特殊监管区域账册管理系统，实现区间货物流转数据自动比对，简化了企业申报手续。

（十）推动海关业务领域信息化和互联互通。

全面推广应用新一代通关管理系统，持续提升报关单覆盖率；深化跨部门跨系统互联互通、数据共享、业务协同，发挥系统合力。积极推进执法业务信息化，推动检查异常处置系统与新一代查管、新一代风控、知识产权、缉私办案系统互联互通。实现特殊物品卫生检疫审批系统、进境动植物检疫审批系统与H2018通关系统互联互通、自动比对核销，大幅减少基层关员重复作业，有效提升关员获得感。推进信息系统互联互通，有力推动海关执法业务进系统、标准化、留痕迹、可追溯，进一步提升监管有效性。结合出口货物物流特点，整合优化出口货物海关作业流程，实现各作业环节信息共享，各职能部门一体化联动，企业减少重复录入，货物出口通关更加顺畅；优化关检融合后的检查异常处置管理，推动货运检查异常处置全程进系统、可追溯，提高检查异常作业信息化、标准化、智能化、法制化水平，提升监管效能，合理规制现场执法自由裁量权。

（十一）积极有序对外开展规范标准工作。

强化“一盘棋”工作理念，指导各直属海关探索完善直达隶属海关“神经末梢”的技术性贸易措施工作机制，强化海关系统与外部互动合作，建立全国640家企业在内的技术壁垒交涉应对重点企业库，开展相关产业技术性贸易措施工作合作服务，做好规则对接，有效支持企业对接国际规则、破除不利影响、开拓海外市场。做好调查分析研判和企业咨询服务工作。对超过5,000家出口企业完成2021年度国外技术性贸易措施影响调查任务，形成常规调查报告和重点专项调查报告，为总署和各级地方政府科学决策提供有效参考。支持海关总署国际检验检疫标准与技术法规研究中心在12360海关热线“技贸破冰与筑篱专栏”撰写发布45篇预警解读信息，指导直属海关在微信公众号、门户网站采取设立专栏等方式推送技术性贸易措施预警解读信息，引导企业提升合规意识。

（十二）服务国家区域发展战略。

积极助推长三角一体化、京津冀协同发展、粤港澳大湾区建设、黄河流域生态保护和高质量发展等战略实施，推动区域经济高质量发展。一是支持长三角地区一体化发展。全面落实《长江三角洲区域一体化发展规划纲要》，大力实施新一轮重点支持举措，推进货物监管一体化、保税监管一体化、执法服务一体化、风险防控一体化、打击走私一体化、打造改革开放高地。出台总署关于支持浦东新区高水平改革开放打造社会主义现代化建设引领区的实施意见，提出5方面15条措施。二是助力长江经济带协调发展。深入学习贯彻习近平总书记在全面推动长江经济带发展座谈会上的重要讲话精神，进一步优化完善各项支持服务措施，着力推进特殊监管区域高质量发展，全方位支持中上游口岸建设，努力推动长江中下游地区协调发展和沿江地区高质量发展。三是推动京津冀协同发展。指导北京、天津、石家庄3关建立协同工作机制，提出的4方面24项工作任务已全部完成，“船边直提”“抵港直装”等改革措施已被国务院办公厅和国家口岸管理办公室在全国复制推广。四是服务粤港澳大湾区建设。支持横琴粤澳深度合作区、前海深港现代服务业合作区建设，研究提出的13项支持举措已被全部吸纳；优化粤港澳海关跨区域通关作业方式，助力要素跨境便捷流动，推动医疗服务跨境衔接，助力急需医疗器械、药物快速通关，保障港澳农产品快速通关。五是服务黄河流域生态保护和高质量发展。出台海关服务黄河流域生态保护和高质量发展12条重点举措，落实大保护理念，筑牢生态保护国门防线；秉承绿色发展理念，助力生态特色产业发展；畅通东西物流通道，提升互联互通水平，加快构建内外兼顾、陆海联动、东西互济、多向并进的黄河流域开放新格局。六是支持西部陆海新通道建设。指导“13+2”区域海关按照“项目制”管理模式持续稳步推进区域海关合作，不断提升通道沿线通关便利化水平。七是支持成渝双城经济圈建设。出台海关支持成渝双城经济圈建设重点措施，提出提升通道效能、推动开放平台建设、促进外贸新业态发展、提升监管执法水平、加强海关国际合作等方面共12条支持措施，助力打造全国高质量发展重要增长极和新的动力源。

（十三）立足海关职能，服务外交外贸大局。

全力服务元首外交和重大主场活动，参与国家间高层对话机制。围绕共建“一带一路”扩大海关国际合作，签署对外合作文件，推进中哈“关铁通”项目成功落地，支持中欧班列开行1.5万列，同比增长22%。深度参与世界海关组织（WCO）国际执法合作和国际规则、标准制定，推进我国自由区等7个提案进入《经修订的京都公约》审议议程。如期完成世界海关组织（WCO）2022版《商品名称及编码协调制度》转版。认真做好RCEP实施准备，提前完成174项海关牵头的协定义务。

（撰稿人：张玉堂）

优化口岸营商环境促进贸易便利化

2021年，国家口岸管理办公室认真贯彻党中央、国务院决策部署，按照总署党委要求，强化“四个意识”，坚定“四个自信”，做到“两个维护”，认真落实全国海关工作会议和全国海关全面从严治党工作会议精神，加强政治机关建设，认真开展党史学习教育，深入推进“我为群众办实事”实践活动，积极采取措施持续推动优化口岸营商环境，加强顶层设计，加强指导协调，采取措施巩固压缩整体通关时间成效；聚集重点领域，推动规范和降低进出口环节合规费用。重点做了以下工作。

一、组织开展2021年促进跨境贸易便利化专项行动

2021年1月，署长倪岳峰主持召开2021年促进跨境贸易便利化专项行动部署会，总结分析一年来优化口岸营商环境、促进跨境贸易便利化工作情况，部署在北京、天津、上海、重庆、广州、深圳、杭州、宁波8个城市开展为期4个月的专项行动，会同相关部门紧紧围绕优流程、降成本、压时间、提效率等方面，联合推出18项改革创新措施。

专项行动期间，各地高度重视，积极推动落实国家层面部署的“规定动作”，并结合实际研究出台“自选动作”，各项措施落实到位，进一步优流程、降成本、压时间、提效率，大力推进通关全流程电子化，深入推进“智慧口岸”建设，在智慧科技赋能助力下，通关效率整体提升，整体通关时间压缩成效明显，自2021年1月1日起取消港口建设费，进出口环节费用进一步降低，企业获得感、满意度提升，达到了预期目标。专项行动结束后，及时总结工作情况，将专项行动18项改革措施向全国口岸复制推广。

二、统筹出台进一步优化口岸营商环境政策措施

2021年以来，着眼于进一步促进外贸高质量发展，聚焦市场主体关切，对标国际先进水平，会同相关部门研究起草《关于进一步深化跨境贸易便利化改革优化口岸营商环境的通知》，提出进一步优化通关全链条全流程、降低进出口环节费用、提升口岸综合服务能力、改善跨境贸易整体服务环境、加强跨境通关合作5个方面27项具体举措。经国务院同意，8月20日，会同国家发展改革委、财政部等9个部门向各省（区、市）人民政府联合印发该通知。

三、进一步巩固压缩货物整体通关时间成效

在全国推进货物“两步申报”和“两轮驱动”风险防控方式、“两段准入”监管作业方式相衔接，缩减申报准备、转关办理和海关通关时间。在具备条件的港口深入推进进口货物“船边直提”和出口货物“抵港直装”试点。

大力推广机检集中审像作业模式，扩大智能审图作业范围。对免予办理强制性产品认证（CCC 认证）证明进口的汽车零部件，在申报时实行“先声明、后验证”。推动重点港口公布作业时限，进一步细化靠泊、装卸、场内转运、吊箱移位、掏箱、提箱等作业时限。2021 年 12 月，全国进口、出口整体通关时间分别为 32.97 小时和 1.23 小时，分别较 2017 年压缩 66.14%和 89.98%。完成国务院确定的“到 2021 年年底整体通关时间比 2017 年压缩一半”的目标任务。

四、深化国际贸易“单一窗口”建设

为做好疫情防控常态化下助企纾困工作，会同各有关部门深入推动“单一窗口”建设，实现与 25 个部委系统对接和数据共享，建成 19 大类基本服务功能，提供服务事项 700 余项，基本满足企业“一站式”业务办理需求。目前已推动实现 33 种进出口环节监管证件通过“单一窗口”进行申领。会同中国民用航空局试点建设航空物流公共信息平台，促进航空物流领域降本增效。扩大“单一窗口”金融服务试点，持续升级服务功能，促进普惠金融政策在外贸领域落地。在全国水运口岸推广海关查验信息推送功能，上线推广出口退税（金税三期版）、危险品申报、市场采购贸易数据校验，海南零关税设备申报、交通工具及游艇管理系统等一批利企便民服务功能。积极支持地方特色功能建设，助力海南自由贸易港、粤港澳大湾区、长江经济带、西部陆海新通道等发展。

五、进一步协同推动降低进出口环节费用

聚焦进出口环节重点领域，认真落实国务院领导同志批示精神，对网民等社会公众通过信访等渠道反映的进出口环节有关问题进行实地核查，提出针对性解决措施。配合国家主管部门对市场主体反映的国际海运集装箱收费等问题进行调研，协同做好清理规范进出口环节收费等工作。根据工作职责持续推进落实《清理规范海运口岸收费行动方案》涉及海关任务事项。加大对地方口岸工作指导协调力度，督促各地落实口岸收费目录清单公示制度并动态更新，增强口岸收费透明度。积极支持具备条件的港口探索施行口岸收费“一站式阳光价格”。进一步优化财关库银横向联网功能，扩大联网银行范围，积极推动行邮税征收电子支付功能上线，持续优化企业纳税服务。

六、深化海关各业务领域改革创新

持续深化海关行政审批制度改革，优化进境动植物检疫审批系统，实现进境动植物检疫审批自动核销。推进进出口商品检验鉴定领域采信制度的制定与发布，建立全国统一的采信目录管理信息化系统。修订完善《海关行政执法检查事项“双随机、一公开”监管实施细则（试行）》。着力推进核查领域与市场监管部门“双随机、一公开”联合抽查。稳步推进“互联网+稽核查”改革，利用“互联网+稽核查”系统开展网上非侵入式稽核查，提高稽核查工作效率。顺应企业集团化运作需求，在试点基础上，推广“企业集团加工贸易监管模式”，实现集团内企业间保税料件及设备的自由流转，简化业务办理手续，减少企业资金占用，提高企业运营效率。落实报关企业“许可”改“备案”改革，对报关单位全面实施备案管理，出台“全程网办、全国通办”等便民利企措施，实现企业“零跑腿、零成本”“任一地申请、一次办理”。把深化企业信用管理制度改革作为“我为群众办实事”实践活动的重点工作，优化企业信用等级管理，建立企业信用修复制度，扩大企业享惠范围，让更多企业享受海关深化改革红利，提升企业获得感。优化跨境电商零售进口退货流程，全面复制推广“跨

境电商零售进口退货中心仓模式”，允许企业将区外退货商品的接收、分拣等作业转至原海关特殊监管区域内开展，将整个退货流程纳入海关监管，同步降低企业运营成本。

七、进一步加强贸易便利化国际合作

加强海关、口岸等领域对外合作交流，积极推进中国海关与共建“一带一路”国家（地区）、RCEP成员方、中东欧国家（地区）和重要贸易伙伴间“经认证的经营者”（AEO）互认合作。截至2021年年底，中国海关已与21个经济体47个国家（地区）签署了AEO互认安排协议，互认国家（地区）数量居世界首位。其中，2021年先后与塞尔维亚、智利、伊朗、乌干达4国签署AEO互认协议。支持中国企业参与国际经贸治理，助推9家中资企业成功入选世界海关组织（WCO）新成立的亚太地区企业咨询组首届成员（约占咨询组成员1/3），推动其中1家企业代表成功当选咨询组首届副主席。建设中国—中东欧国家（地区）海关信息中心，不断提升服务功效，及时发布法律法规、清关指南、监测预警、技贸资讯等信息，受理互动交流咨询，助力中国企业“走出去”。举办第六次中欧陆海快线通关便利化工作组会议，建立“中欧陆海快线沿线国家通关协调咨询点”，推动中欧陆海快线通关便利化合作持续发展。推动落实世界海关组织（WCO）《全球贸易安全与便利标准框架》“安智贸”国际合作项目，通过实现数据互换，构建高效、安全的贸易航线。与多个共建“一带一路”国家（地区）开展“单一窗口”线上合作交流，推动“单一窗口”提案纳入世界海关组织（WCO）《经修订的京都公约》全面审核工作框架；推进中国—新加坡“单一窗口”互联互通合作项目扩大试点，构建中新“单一窗口”联盟链，不断提升“单一窗口”对外互联互通水平。立足海关职能定位，对世界贸易组织（WTO）《贸易便利化协定》（TFA）涉及海关领域业务实施情况进行全面梳理，目前中国海关已100%实施TFA条款规定。同时，问需于企、助企纾困，持续做好贸易政策合规工作，组织对出口企业境外通关情况问卷调研，及时了解并解决我国企业在境外通关过程中遇到的困难问题，护航守法贸易，促进跨境通关便利。

（撰稿人：朱　振　陈　剑）

全国海关积极践行“三智”理念 深化海关国际合作 促进高水平对外开放

2021年2月，国家主席习近平在中国—中东欧国家领导人峰会的主旨发言中提出深化海关贸易安全和通关便利化合作，探索开展“三智”合作试点的重大倡议。该倡议秉持人类命运共同体理念，将协同治理理论与现代科技运用相结合，为提升海关制度创新和治理能力，深化国际海关间合作，凝聚各国海关共识，维护多边主义，共同应对各种全球性挑战，促进贸易安全和通关便利化提出了解决方案。“三智”理念是凝聚各国海关共识，共同应对全球性挑战的重要指引，是促进国内国际双循环，加快构建新发展格局的重要举措，是推动共建“一带一路”高质量发展的重要抓手，是提升海关制度创新和治理能力，建设社会主义现代化海关的重要路径。总署将以习近平新时代中国特色社会主义思想为指导，按照党中央、国务院决策部署，着眼服务国家高水平对外开放和外交外贸大局，在改革实践中不断探索深化对“三智”理念的认识，丰富完善其科学内涵，持续扩大合作成果，推动“一带一路”建设高质量发展，为推进国家治理体系和治理能力现代化贡献海关智慧和力量。全国海关认真学习贯彻习近平总书记重要指示，落实总署党委工作部署，深入领会“三智”理念重大意义和丰富内涵，全力推进“三智”实践转化，交出了一份出色的阶段性工作成绩单。

一、“三智”理念概况

（一）“三智”理念提出的背景。

当前，世纪疫情和百年变局交织，世界经济深度衰退，全球产业链、供应链遭受冲击；单边主义、保护主义上升，经济全球化遭遇逆流。全球严峻的新冠肺炎疫情形势对海关监管与服务带来挑战。传统与非传统安全威胁相互交织，对海关创新工作思路，深化国际合作，运用智能化手段提升监管效能，保障全球供应链安全稳定畅通提出了更高的要求。然而，监管资源不足、信息不对称、监管手段相对滞后等问题仍然制约着海关等边境管理部门监管效能的提升。

当前全球化进程迫切需要保持发展的包容性与可持续性，因此更加强调全球互联互通。社会各界对于贸易安全与便利的期待持续增加，国际海关界尤需运用智能化手段提升服务经贸发展的质量和水平，实现管理格局从“条块分割”向“纵横一体”转变，管理模式从“单打独斗”向“多元治理”转变，管理手段从“人工经验”向“数据驱动”转变，促进国际海关间及与全球供应链相关各方之间的互联互通，最终实现全球贸易的安全畅通。

伴随着新一轮科技革命的到来，数字经济已开始进入社会各个领域，移动互联网、大数据、云计算、区块链等新一代信息技术同机器人和智能制造技术相互融合的步伐进一步加快，使社会生产和消费从工业化向自动化、智能化转变，进而推动各领域构建全新的全球经济治理体系，也为全球海关提高效率（efficiency）和效能（effectiveness），推进互联互通带来了难得的契机。

为推动建立公平、公正、平等的全球经济治理体系，世界海关组织（WCO）近年来倡导“为无缝链接的贸易、旅行和运输打造智能边境”，推动“供应链恢复、革新、韧性及可持续发展”，鼓励各成员海关加强智能化合作、创新工作思路、推进互联互通，维护全球贸易安全与便利。

为适应国际贸易形势新发展，应对新冠肺炎疫情，促进贸易便利，保障供应链安全，维护全球自由贸易体系和开放型世界经济，习近平总书记提出“三智”合作理念可谓恰逢其时、恰如其分。

（二）“三智”理念的核心概念。

“智能化”是“三智”的基础和依托，主要有两层含义，第一层含义是“智能化技术和设备的应用”，第二层含义是“人的创新思维、科学方法和现代制度的引入”。“三智”以“智能化”为依托，以高新技术驱动制度创新，推动海关一体治理、边境协同治理、全球合作治理，共促全球贸易安全与便利。

1. 智慧海关。

智慧海关倡导重视科技创新，优化管理手段，实现本国海关治理体系和治理能力的现代化。“智慧海关”要实现海关基础设施智能化、海关监管智能化、海关行政管理智能化。

——海关基础设施智能化。基于5G、电子支付、物联网、云计算、地理信息、智能识别、溯源信息、机器人、无人机等颠覆性技术，研发配备相关软硬件基础设施，推动业务监管和内部管理的现代化。

——海关监管智能化。优化通关作业流程，利用大数据技术，建设海关智能作业平台，实现通关数据自动采集，推动安全风险智能研判和智能预警、企业信用智能分析，产品信息智能溯源，提高海关监管的透明度、精准度、公平性、高效性。

——海关行政管理智能化。将智能化管理贯穿到整个海关行政管理之中，高效配置人财物等资源，优化内部风险控制，降低行政运作成本，提升海关政务运转成效，推进海关智慧财务、智慧廉政、智慧后勤等行政管理智能化建设。

2. 智能边境。

智能边境倡导推动信息共享，强化联防联控，打造边境管理部门跨界跨境协同共治。“智能边境”要实现边境部门监管手段智能化、边境跨部门协作智能化、跨境合作智能化。

——边境部门监管手段智能化。加大本国（地区）边境各相关部门对信息化设备等基础设施的建设投入，推进数据系统、作业流程和监管设施的智能化，改进完善数据自动采集功能，力求实现数据的实时传输。

——边境跨部门协助智能化。推进本国（地区）边境各部门的信息共享、流程优化，在各部门共享信息平台上进行信息智能推送、风险智能评估、违规智能处置、结果智能共享，实现进出口企业一次性递交所需信息和单证，减少重复提交材料和查验。

——跨境合作智能化。与其他国家（地区）海关及边境部门开展跨境合作，统一数据传输标准或以加密运算等方式安全共享数据，通过联合监管、远程监控、安全认证、案件协查等方式推进跨境智能互助，满足跨境监管资源共享、监管和检测结果互认、货物快速通关等共同需求，联合应对各国（地区）边境保护所面临的挑战。

3. 智享联通。

智享联通倡导推进互联互通，加快制度标准对接，联合全球供应链各方共促贸易安全与便利。“智享联通”致力于实现全球海关信息网络智能互联、全球海关治理模式智能对接、全球供应链各方智能合作。

——全球海关信息网络智能互联。积极呼应世界海关组织（WCO）关于建设全球海关网络（GNC）的倡议，建立以新科技为支撑的全球“电子海关”网络，通过数字认证、加密计算等技术，消除各方关于海关联网监管中数据交换共享可能产生的信息安全、信任等顾虑，逐步实现全球海关的互联互通。

——全球海关治理模式智能对接。推动在世界海关组织（WCO）框架下开展全球海关协同治理研究，各国（地区）海关积极分享最佳实践，借鉴各国（地区）海关先进制度、政策、标准，探索建立以智能化为核心的高效海关监管体制机制，共同推动全球海关治理的现代化、标准化。

——全球供应链各方智能合作。积极落实世界贸易组织（WTO）《贸易便利化协定》、《实施卫生与植物卫生措施协定》（SPS 协定）、《技术性贸易壁垒协定》（TBT 协定）等相关多边协定，充分应用世界海关组织（WCO）《经修订的京都公约》《全球贸易安全与便利标准框架》等国际海关制度，推进全球供应链各方信息无缝对接，加强全球供应链网络建设，深入开展供应链相关各方在贸易安全与便利方面的智能合作。

（三）“三智”核心概念的内在逻辑。

“智慧海关”旨在打通海关作业各环节；“智能边境”旨在打通国内外边境各管理部门；“智享联通”旨在打通全球供应链各方。三者既是点、线、面的关系，又是逐步完善、循环递进的关系。“智慧海关”作为“三智”体系的基本点，是“智能边境”与“智享联通”的基础；“智能边境”作为“三智”体系的连接线，是基于“智慧海关”对跨界、跨境海关合作的延伸；“智享联通”作为“三智”体系的拓展面，是“智慧海关”与“智能边境”的进一步提升，是海关国际合作推动实现全球供应链智能治理的最终目标。横向上，三者作为相对独立的概念存在交集，协同互动；纵向上，三者又作为发展的三个阶段层层递进，螺旋上升；三者之间相互提供源源不断的动力，推进国际海关事业可持续发展。

（四）“三智”理念的目标愿景。

“三智”合作顺应历史发展潮流，回应各界对贸易安全与便利的期待，符合全球供应链各方利益。“三智”合作致力于建立一个完整和系统的“智能”合作体系，可以为全球海关的智能化建设与合作提供源源不断的内生动力，为各国（地区）海关的持续稳定发展描绘出绚丽的蓝图。

一是提升智能管理水平。不同地域、不同发展阶段的海关以智能化建设为基础开展合作，全面提升各国（地区）海关在高新技术应用、信息共享及智能化管理等方面的能力，进一步加大科技创新应用力度，整合优化系统架构，提高风险识别、预警、处置效能，提升海关管理的信息化、智能化水平，提高监管精准性、有效性，有助于缓解人力资源短缺，完善决策机制，共享创新红利，防控廉政风险。

二是优化边境管理格局。海关和其他边境管理部门通过开展智能合作，创新边境监管制度和理念，实现网络互联、系统对接、数据共享，形成高效协同的边境管理格局，使管理和合规成本逐步降低，工作效能显著提升，营商环境更加优化。

三是推动实现互联互通。全球供应链相关各方共同参与“三智”合作，增进合作互信，实现全方位、多层次、高水平的互联互通，不断增强应对新兴贸易业态发展和传统非传统安全威胁的能力，有效解决监管、打私、安全、反恐等方面挑战。

四是服务本国发展战略。各国（地区）海关依托“三智”合作打造国际一流的、先进的监管体制机制，不断推进海关制度创新和提高治理能力，推动海关与国际产业链供应链相关各方提升智能型高新技术和智能化现代制度的应用水平，并嵌入本国（地区）最新发展战略，统筹安全与发展，强化协同与配合，打造市场化、法治化、国际化的口岸营商环境，为本国（地区）经贸可持续发展做出应有贡献。

五是促进各国（地区）海关共同发展。“三智”合作为各国（地区）海关搭建一个开放、包容、共赢的平台，便于不同地域、不同发展程度的各国（地区）海关交流经验、共享资源，推动缩小各国（地区）海关间智能化发展水平的差距，构建合力推进智能化合作，提升智能化水平。

二、中国海关积极践行“三智”理念

（一）理论研究有序开展。

2021年，总署成立“三智”理论研究推进工作机制，积极开展“三智”理念基础研究，完成《共同推进“智慧海关、智能边境、智享联通”建设与合作的倡议》，并结合新冠肺炎疫情期间实践进行了两轮修订。2021年全年，全国海关共发表“三智”理论研究和实践探讨类文章84篇。上海、深圳、杭州、乌鲁木齐海关分别牵头署级“三智”课题，丰富“三智”理念内涵。北京、哈尔滨、南宁海关分别承办“三智”片区研讨会，总结提炼中国海关“三智”最佳实践。

（二）政策设计有机融合。

总署积极推动“三智”与服务国家重大战略对接，将“三智”理念融入业务改革发展，在《“十四五”海关发展规划》中设立“三智”工作专题专栏，在各专项规划中体现“三智”要求，强化“三智”工作顶层设计。将智能卡口、智慧旅检、智能审图等我国海关最新实践融入“三智”合作项目，推进“智慧海关”经验交流与合作；深化国门安全合作，建立风险信息特别是重点商品信息互换机制和合作防控机制，建立电子证书联网核查机制，对进口产品检验检疫证书实现电子数据实时查询和真伪比对，加强“智能边境”建设；推动建立国际供应链预警体系，依托国际贸易“单一窗口”和海关“一带一路”信息交换共享平台建设，推进信息交换，加强“智享联通”建设。2021年12月，总署制定关于加快“三智”建设、服务“一带一路”高质量发展的意见，确定加强理论研究、加强政策谋划、提升“三智”国际认同等7方面16项具体措施。

（三）体制机制逐渐完善。

总署逐步完善体制机制，各地海关积极探索，形成了以《以“智慧海关、智能边境、智享联通”引领海关贸易安全和通关便利化合作》《共同推进“智慧海关、智能边境、智享联通”建设与合作的倡议》为理论基础，以“三智”专项联络工作组为机制保障，以“三智”试点项目为推进抓手的“三智”工作体系。2021年12月22日—23日，全国海关“三智”国际合作工作会议在南宁召开，副署长王令浚出席会议并讲话。

（四）宣传推介梯次推进。

全国海关合力推广，采用丰富多彩的方式全面宣传推介“三智”理念。2021年，总署在《中国国门时报》、新媒体上开辟专栏，全国海关在各类媒体上共发表“三智”相关宣传报道272篇。广东分署利用主题演讲宣传“三智”理念；天津海关进行“三智”在线访谈，关领导直接回答网民提问；汕头海关组织“三智”征文比赛；杭州、拱北、黄埔海关通过署内快报、海关学会等平台加强内部宣传；呼和浩特、大连、昆明海关借助学习强国、《中国日报》积极对外推介；满洲里、济南海关通过专题调研、课题讨论等深化关区对“三智”理念的认识；石家庄、长春、成都、贵阳海关利用刊物等宣传工作进展；上海海关学院和中国海关干部管理学院积极参与“三智”国际宣介。“三智”宣传推广的效果日益显现。

三、“三智”试点项目蓬勃发展

（一）“三智”项目总体情况。

总署大力推进高新科技应用，推动智能化监管基础设施建设，有效优化整合海关各类资源，实现了通关监管高度信息化、集约化和智能化。2021年，“三智”先行先试取得阶段性成果，全国海关培育了78个“三智”国际合作试点项目。其中先行先试项目59个、早期收获项目11个、国际合作示范项目8个，形成了“三位一体”的项目选育、推进和落地机制。

（二）“三智”项目特点。

各类“三智”国际合作试点项目突出体现了五方面元素：一是创新元素，运用新思维、新方法推动监管、治理、合作的现代化；二是智能元素，强调以新一代智能化信息技术为支撑，提升效率；三是互联元素，倡导全方位集成供应链相关各方实现网络互联、信息共享；四是国际元素，推动海关国际合作在维护全球贸易安全与便利方面发挥更大作用；五是务实元素，基于最新形势及本地区特点筛选打造项目，既因地制宜，又因时制宜。

（三）中国海关第一批“三智”国际合作示范项目简介。

1. “5G智能单兵应用”项目。深圳海关利用5G技术高带宽、低时延、高可靠等特点，开发了5G智能单兵应用项目。5G智能单兵以5G平板+智能眼镜为载体，将智能眼镜所采集音视频信息传输给后端监控部门。同时应用“车牌识别”“人脸识别”等技术挖掘图像信息，打通数据壁垒，构建监管对象全景画像等进行多维度交叉分析研判，辅助风险决策，有效提高了现场的监管效能和通关效率。监管过程中，监控指挥中心可与现场关员进行实时音视频联动，第一时间、第一视角了解实时查验情况，提升海关现场监管能力和前后端协同作战能力。

▲“5G智能单兵应用”项目

2. “中国—东盟SPS合作信息网”项目。中国—东盟SPS合作信息网是由总署、东盟秘书处共建，南宁海关具体承建的国际化SPS领域专业网站，提供法规查询、通报、比较评议、贸易关注、风险信息等一站式服务；创建了中国—东盟在SPS法规信息、技术性贸易措施、农食产品贸易信息领域的首个多语种智能化交流平台；依托中国—东盟SPS部长会议，与东盟各国农林渔业等相关部门建立多边交流合作机制。网站汇集各方信息，有效连接和服务中国—东盟各方相关监管部门、专家、从业者、消费者，实现全方位资源与信息的互联互通。

▲“中国—东盟 SPS 合作信息网”项目

3. “穗港、穗澳进境邮件智慧监管”项目。广州海关与香港、澳门特别行政区的海关、邮政部门开展合作，推动进境邮件预申报、预审单，实现邮件全链条智能化监管。港澳进境邮件预先通过电子数据交换（EDI）将申报信息发送海关；香港邮政处理中心监控影像可实时传至广州互换局海关端；广州海关运用进境邮件全自动分拣线，全方位嵌入智能审图、核辐射探测等设备，实现邮件线上监管自动化和“一次流转、全面检测”；用户应用“互联网+关邮 e 通”一站式智慧通关服务系统，实现申报、缴税、查询、退运等 28 项通关业务的互联和同步。

▲“穗港、穗澳进境邮件智慧监管”项目

4. “冬奥会口岸快速通关智能监管技术及装备应用”项目。北京海关结合冬奥会通关保障任务要求，借助全景式便携辐射监测设备、痕量气味嗅探仪等设备，实现快速成像、智能追踪、快速甄别，提升现场核辐射监测和危化品查验能力。通过行李物品消杀机、通用消毒柜、生物安全隔离单元等设备，进行预防性消杀，提供健康保护，降低感染风险。同时，开发冬奥会口岸传染病风险预警信息平台、研发 CarryOnP1000Q 全自动封闭式核酸扩增分析系统，助力保障冬奥会期间国门安全。

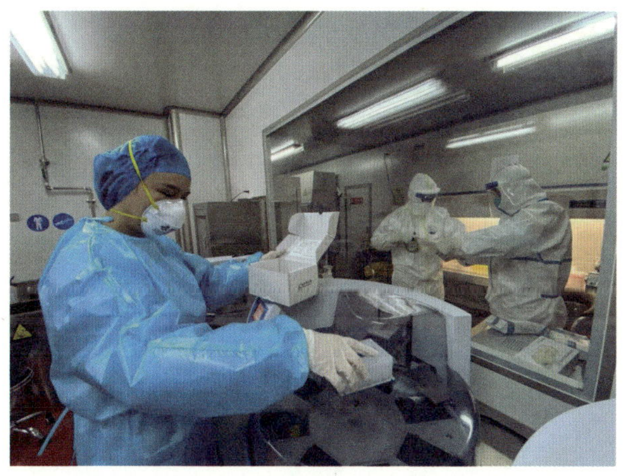

▲“冬奥会口岸快速通关智能监管技术及装备应用”项目

5. “中新（重庆）关际合作——数字边境信息互联”项目。重庆海关积极支持重庆市口岸办与新加坡港务集团开展合作，搭建重庆—新加坡贸易数据交换池，实现了重庆口岸与新加坡港口间的集装箱物流动态信息实时交互。各相关方可对两地间货物物流流程状态进行实时追踪和智能查询，使企业通关、生产、运输等可预期、可掌控，为重庆广大进出口企业尤其是中小企业降低了全球贸易链的接入门槛。与新加坡关税局开展信息交换，共享口岸传染病疫情风险监测报告、进出口商品质量安全风险监测情况、边境知识产权侵权案件等信息。

▲“中新（重庆）关际合作——数字边境信息互联”项目

6.“中哈贸易和安全智能监管合作”项目。乌鲁木齐海关积极推动建立中亚生物安全通道，与哈萨克斯坦对口部门建立定期会晤联系机制，完成哈萨克斯坦输华种用马属动物、屠宰驴及牛肉等兽医卫生证书、动物及动物产品卫生证书的确认工作，与哈萨克斯坦农业部国立兽医实验室签订合作备忘录，实现中哈两国在马属动物疫病检测标准的统一。积极开通与哈萨克斯坦、吉尔吉斯斯坦、塔吉克斯坦三国的农产品“绿色通道”，保障农产品快速通关，同时推动建立中哈霍尔果斯国际边境合作中心联网监管平台，实现对相关信息的智能化采集提取、对碰印证和分类验核。

▲“中哈贸易和安全智能监管合作”项目

7.“公路口岸监管作业模式改革”项目。呼和浩特海关对关区公路口岸原有通关监管作业模式进行改革，依托前置风险分析研判，将报关单申报方式由“货到报关”变为“提前审结”，依托地方政府全面推进辖区公路口岸信息化建设，建立统一的卡口智能核放作业模式，对车牌号、地磅重量、抓拍照片等信息进行统一归集管理和跨部门共享共用。原有的通关申报、货物查验、单证放行等海关监管作业环节和作业顺序得到显著优化，海关监管由人工作业管理向设备智能管控转变，实现卡口全天候全时域无须人员现场值守。

▲“公路口岸监管作业模式改革”项目

8.“自动化码头条件下海关智慧机检”项目。上海海关依托全球最大的单体全自动化码头——洋山四期智能自动化码头，集成海关H986系统和自动化码头无人自动引导车（AGV）等智能化设备，将海关机检查验和智能审图嵌入智能码头物流环节，用较小监管成本实现安全准入风险防控链条的延伸。同时，通过上海海关跨境贸易大数据平台获取港口、运输企业、进出口企业等外部数据，通过内外部数据的整合，打破信息孤岛，在海关内部建设数据分析平台和大数据池，同步建立以诚信为基础、企业自律为主的新型管理体系。

▲“自动化码头条件下海关智慧机检”项目

四、以“三智”开创海关国际合作新格局

中国海关积极在世界海关组织（WCO）、世界贸易组织（WTO）、亚太经合组织（APEC）、上海合作组织、金砖国家、中国—东盟、中国—中东欧、跨国企业领导人会议、中亚区域经济合作、欧亚经济联盟以及中欧、中俄等机制会议上宣传推介“三智”理念，受到各方赞赏和欢迎。

（一）与世界海关组织（WCO）的合作。

2021年2月，署长倪岳峰就贯彻落实习近平主席“三智”合作倡议致信世界海关组织（WCO）秘书长御厨邦雄，提出加强战略对接、开展共同研究、丰富合作内涵3点合作建议。御厨邦雄回信给予积极回应，高度评价“三智”合作倡议提出的重大现实意义，表示世界海关组织（WCO）愿与中国海关携手推动高新技术应用，打造智能边境，推进互联互通。2021年6月，世界海关组织（WCO）第138届理事会年会审议通过世界海关组织（WCO）《战略环境分析报告》，将“三智”理念纳入其中，得到国际海关界的广泛认可。2021年10月，中国海关在世界海关组织（WCO）常设技术委员会（PTC）第233次、第234次会议上首次以单元主题的形式详细介绍了“三智”理念，受到各成员的广泛赞赏。

（二）与其他国际组织及机制的合作。

除世界海关组织（WCO）外，“三智”理念先后被纳入APEC《海关战略框架》《互联互通蓝图审议框架》《数字时代互联互通研究报告》，二十国集团工商峰会（B20）《贸易与投资工作组政策建议文件》等文件，以及亚欧会议（ASEM）优先工作领域、金砖国家海关合作机制等。

3. Approaches to Digital Connectivity in APEC......34

3.1 Case study submissions 34

3.1.1 Consumer Data Right (CDR) [Australia]......34

3.1.2 Digital Identity System [Australia]......34

3.1.3 Developing Competencies in Artificial Intelligence (AI) [China]......35

3.1.4 Large-Scale Deployment of Internet Protocol Version 6 (IPv6) [China]......35

3.1.5 Smart Customs, Smart Borders and Smart Connectivity [China]......35

3.1.6 APMEN (Asia-Pacific Model E-Port Network) Visualization of Sea Freight Logistics and Digitalization of Air Freight Logistics [China]......36

3.1.7 2020 APEC e-Learning Training (AeLT) Program [Korea]......36

3.1.8 APEC School Leadership Program (ASLP) [Korea]......36

3.1.9 Strengthening Digital Connectivity in the Eurasian Economic Union (EAEU) [Russia]......36

▲亚太经合组织（APEC）《数字时代互联互通研究报告》等战略文件纳入“三智”理念

（三）与有关国家的“三智”合作。

2021年4月，中欧陆海快线通关协调咨询点成功设立、中国—中东欧国家海关信息中心建成落地，信息中心网站同步上线。

2021年4月29日，第21次中国—东盟海关协调委员会磋商会听取中方代表关于“三智”合作的专题介绍并进行交流讨论。

2021年6月，以“通过‘智慧海关、智能边境、智享联通’合作促进贸易安全和通关便利”为主题的第五届中国—中东欧国家海关检验检疫合作对话会，采用“线上+线下”方式在宁波成功举办。

2021年6月8日，第19次中国—东盟海关署长磋商会期间，中方代表倡议继续深化“三智”国际合作。倡议得到新加坡、越南、印度尼西亚等国海关代表的积极回应。

2021年6月28日，中白（俄罗斯）海关检验检疫合作分委会第一次会议期间，签署了《中华人民共和国海关总署和白俄罗斯国家海关委员会关于实施铁路集装箱运输安全保障和快速通关（“关铁通”）项目的议定书》。

2021年7月，《中比（利时）海关关于加强供应链互联互通合作的谅解备忘录》顺利签署，“三智”合作项目成功落地欧洲国家。

2021年8月6日，副署长王令浚在中国—土耳其建交50周年经贸文化发展论坛开幕式上发表视频致辞，提出深化“三智”国际合作、着力推进边境协同治理等3项合作倡议。

2021年9月，《中希（腊）政府关于共建“一带一路”实施方案》《中波（兰）政府关于深化中欧班列合作的谅解备忘录》纳入“三智”合作内容。

2021年9月27日，在中俄海关合作分委会第十三次会议上，双方就加快推进“经认证的经营者”（AEO）互认、信息交换、“绿色通道”、监管结果互认和中欧班列通关便利化项目，在中方“三智”倡议框架下的可能合作方向达成广泛共识。

2021年10月，重庆海关与新加坡关税局召开“加强‘三智’合作 促进‘陆海新通道’发展”视频会议，商讨进一步推进关际合作、实施“三智”项目等内容。

2021年11月9日，欧洲议会审议通过《中欧海关合作战略框架（2021—2024年）》，其中完整纳入“三智”合作的核心内容，为中国海关与欧盟海关以及欧盟27个成员方海关未来3年以“三智”为引领全面深化各领域的合作开启“绿灯”。

2021年11月12日，在中哈（萨克斯坦）合作委员会口岸和海关合作分委会第十一次会议上，双方就深化信息交换、通关便利、“经认证的经营者”（AEO）互认、知识产权保护、统计数据交换、案件协查、执法互助等领域的合作，在中方“三智”倡议框架下的可能合作方向达成广泛共识。

2021年12月，中国—波兰政府间合作委员会第三次全体会议共同文件纳入“三智”合作内容。

（四）与香港、澳门特别行政区的“三智”合作。

内地海关以“三智”合作为抓手，持续深化与香港、澳门特别行政区海关等对口部门的务实合作，推动一批合作项目落地见效。通过“跨境一锁”项目，实现了香港、澳门海关与粤港澳大湾区内地海关的全对接；通过“单一窗口”综合服务平台，推动粤澳货物“一单两报”，建设“澳车北上”信息管理服务系统；通过建立供澳花卉苗木“检疫前推、合作监管”新模式，助力相关产业和贸易健康发展；通过推动海关健康申报码与粤康码“两码合一”，实现新冠肺炎疫情下的便利通关；通过推行深港“寄药易”项目，支持符合规定的药品从香港揽收派送至内地，全程从5至7日缩减到2至3日；通过在港珠澳大桥推行“一站式”车辆监管信息系统、在莲塘口岸对进出境车辆施行“一次停靠、一次验放”项目，降低跨境旅行和物流成本。“三智”合作有力促进了粤港澳大湾区人员、货物等各类要素高效便捷流动，进一步提升了大湾区市场一体化水平。

（撰稿人：王晓红　齐琳磊　杨　柳
张　梅　邵伟坚　徐　君
高春晓　郭程熹　镇明辉）

《区域全面经济伙伴关系协定》(RCEP) 谈判实施

一、RCEP 基本情况

(一) 整体背景。

2011 年 11 月，东盟提出了《东盟区域全面经济伙伴关系》框架，旨在形成一个以东盟为核心、其自贸伙伴国共同参与的区域自由贸易协定，成员包括东盟 10 国、中国、日本、韩国、澳大利亚、新西兰和印度。2012 年 8 月，在柬埔寨举行的第一届 RCEP 经贸部长会议通过了《RCEP 谈判指导原则与目标》，以达成一个现代、全面、高质量、互惠的区域自由贸易协定为目标。2012 年 11 月，东盟 10 国与中国、日本、韩国、澳大利亚、新西兰、印度领导人在东亚领导人系列会议期间共同发布《启动 RCEP 谈判的联合声明》，正式启动全球最大自贸区建设进程。

(二) 谈判历程。

从 2013 年 5 月的首轮谈判至 2020 年 11 月的正式签署，RCEP 历经长达 8 年、多至 31 轮的艰苦谈判，其间还举行了 4 次领导人会议，超过 20 次部长级会议，其历程可分为 3 个阶段。

缓慢推进阶段（2013—2015 年）。2013 年 5 月 9 日，RCEP 第一轮谈判在文莱正式开启。中国、日本、韩国、澳大利亚、新西兰、印度以及东盟 10 国均派代表团与会。该轮谈判成立货物贸易、服务贸易和投资 3 个工作组，并就货物、服务和投资等议题开展磋商。按照最初设想，RCEP 谈判本应在 2015 年年底结束。但由于各国经济发展水平差异很大、谈判议题分歧较大等因素，前期谈判进展异常缓慢。截至 2015 年年底，RCEP 虽然举行了 10 轮谈判和 3 次部长级会议，但直至第 10 轮谈判才就货物贸易、服务贸易、投资等核心领域展开实质性磋商。

加速推进阶段（2016—2018 年）。这期间，RCEP 举行了 2 次领导人会议和 14 轮谈判。2016 年 2 月 4 日，TPP（跨太平洋战略经济伙伴协定）正式签署。这一事件促使 RCEP 成员方加速推进其谈判进程，10 天之后便在文莱开启了第 11 轮谈判，2016 年全年举行了 6 轮谈判。2017 年 11 月 14 日，RCEP 首次领导人会议在菲律宾马尼拉举行。此后一年，RCEP 成员方相继在货物、服务、投资和部分规则领域谈判中取得积极进展，谈判任务完成度迅速提升至 2018 年的 80%。

凝心聚力阶段（2019—2020 年）。这期间，RCEP 再次举行了 2 次领导人会议和 7 轮谈判。2019 年 8 月 2 日至 3 日，RCEP 部长级会议首次在北京举行，此次会议在市场准入和规则谈判方面均取得重要进展；超过 2/3 的双边市场准入谈判顺利结束；新完成金融服务、电信服务、专业服务 3 项内容。同年 11 月 4 日，第三次 RCEP 领导人会议在泰国曼谷举行。会后发布的联合声明表明，历经 27 轮谈判，RCEP 除印度外的 15 个成员方已经结束全部 20 个章节的文本谈判。针对印度退出 RCEP 的问题，东盟建议可在领导人会议联合声明中表达 RCEP 未来对印度开放的意愿，各方赞同东盟建议。2020 年以来，RCEP 各成员方克服新冠肺炎疫情带来的困难，全面完成市场准入谈判。11 月 15 日，第四次 RCEP 领导人会议以视频形式举行，15 国领导人共同出席并见证 RCEP 签字仪式，RCEP 最终顺利达成。

（三）重大意义。

RCEP 协定签署是东亚区域经济一体化新的里程碑。RCEP 现有 15 个成员，总人口、经济体量、贸易总额均占全球总量约 30%，意味着全球约三分之一的经济体正式形成一体化大市场。这将有力提振区域贸易投资信心、加强产业链供应链，提升各方合作抗疫的能力，助推各国经济复苏，并促进本地区长期繁荣发展。同时，RCEP 也将为亚太自贸区（FTAAP）进程提供实现路径和动力。

RCEP 以实际行动支持贸易投资自由化、便利化，将提振全球经济的信心。RCEP 的签署表明各成员均承诺降低关税、开放市场、减少标准壁垒，发出了反对单边主义和保护主义的强烈信号，有力支持了自由贸易和多边贸易体制，有助于对全球经济形成正向预期，推动全球经济疫后复苏。

RCEP 将助力我国加快形成新发展格局。RCEP 成员均是我国重要的经贸伙伴。2020 年，我国对其他 14 个 RCEP 成员进出口总值 10.2 万亿元，占我国同期进出口总值的 31.7%。RCEP 实施后，我国与自由贸易伙伴的贸易占全部贸易的覆盖率将由 2020 年的 27%提升到 35%。RCEP 的达成将有助于中国扩大出口市场空间，满足国内进口消费需要，加强区域产业链供应链，有利于稳外贸、稳外资，对加快形成以国内大循环为主体、国内国际双循环相互促进的新发展格局具有重要意义。

二、RCEP 协定主要内容

RCEP 协定由序言、20 个章（包括：初始条款和一般定义、货物贸易、原产地规则、海关程序和贸易便利化、卫生和植物卫生措施、标准、技术法规和合格评定程序、贸易救济、服务贸易、自然人临时流动、投资、知识产权、电子商务、竞争、中小企业、经济技术合作、政府采购、一般条款和例外、机构条款、争端解决、最终条款等章）、17 个附件和 54 份市场准入承诺表（包括：关税承诺表、服务具体承诺表、投资保留及不符措施承诺表、自然人临时流动具体承诺表）组成。

RCEP 将实现区域内贸易投资较高水平开放：

货物贸易方面，15 方之间采用双边两两出价的方式，没有采用统一的减让模式，原则上，各方总体实现 90%以上税目零关税的自由化水平。就中方而言，中国对东盟 10 国采取统一减让，最终零关税税目比为 90.5%，东盟 10 国除老挝、柬埔寨、缅甸外，整体上对我国最终零关税税目比约为 91.5%；中国对澳大利亚最终零关税税目比为 90%，澳大利亚对我国最终零关税税目比为 98.3%；中国对新西兰最终零关税税目比为 90%，新西兰对我国最终零关税税目比为 91.8%；中国对日本最终零关税税目比为 86%，日本对我国最终零关税税目比为 88%；中国对韩国最终零关税税目比为 86%，韩国对我国最终零关税税目比为 86%。

服务贸易方面，15 方总体开放水平显著高于各自“东盟+1”自由贸易协定水平。日本、韩国、澳大利亚、新加坡、文莱、马来西亚、印度尼西亚 7 个成员采用负面清单方式承诺，中国等其余 8 个成员采用正面清单方式承诺（规定在协定生效后 6 年内转化为负面清单）。中方服务贸易开放承诺达到了目前已有自由贸易协定最高水平，承诺服务部门数量在我国加入世界贸易组织承诺约 100 个部门的基础上，新增了研发、管理咨询、制造业相关服务、空运等 22 个部门，并提高了金融、法律、建筑、海运等 37 个部门的承诺水平。其他成员在中方重点关注的建筑、医疗、房地产、金融、运输等服务部门都做出了高水平的开放承诺。

投资方面，15 方均采用负面清单方式对制造业、农业、林业、渔业、采矿业 5 个非服务业领域投资做出较高水平开放承诺，大大提高了各方政策透明度。中方投资负面清单反映了国内改革最新进展，这也是我国首次在自由贸易协定项下以负面清单形式对投资领域进行承诺，对完善国内准入前国民待遇加负面清单外商投资管理制度，锁定国内压缩外商投资负面清单改革成果，实现扩大外商投资市场准入具有重要意义。

自然人移动方面。各方承诺对于区域内各国的投资者、公司内部流动人员、合同服务提供者、随行配偶及家属等各类商业人员，在符合条件的情况下，可获得一定居留期限，享受签证便利，开展各种贸易投资活动。与以往协定相比，RCEP 将承诺适用范围扩展至服务提供者以外的投资者、随行配偶及家属等协定下所有可能跨境流动的自然人类别，总体水平均基本超过各成员在现有自由贸易协定缔约实践中的承诺水平。

此外，RCEP 在对标国际高标准自贸规则上也有新的突破，既对标国际高水平自贸规则，纳入了知识产权、电子商务、竞争、政府采购等议题，又在中小企业、经济技术合作等领域做出加强合作等规定。知识产权领域，涵盖著作权、商标、地理标志、专利、外观设计、遗传资源、传统知识和民间文艺等广泛内容，在兼顾各国不同发展水平的同时，显著提高了区域知识产权保护水平。电子商务领域，规定了电子认证和签名、在线消费者保护、在线个人信息保护、网络安全、跨境电子方式信息传输等条款。贸易救济领域，在世界贸易组织规则基础上对反倾销、反补贴、保障措施做出详细规定，纳入“禁止归零”条款；同时以“最佳实践”清单方式显著提高反倾销和反补贴调查的技术水平和透明度。竞争领域，在促进反垄断、消费者保护等领域达到较高水平。政府采购领域，各方就积极开展政府采购信息交流和合作、提供技术援助、加强能力建设达成共识。合作领域，突出了各方借助自由贸易协定平台，加强对中小企业和经济技术合作的支持和投入，使 RCEP 协定更好惠及中小企业和发展中经济体。

三、RCEP 涉及海关章节主要内容

第二章：货物贸易。本章旨在推动实现区域内高水平的贸易自由化，并对与货物贸易相关的承诺做出规定。规定包括：承诺根据《关税与贸易总协定》第三条给予其他缔约方的货物国民待遇；通过逐步实施关税自由化给予优惠的市场准入；特定货物的临时免税入境；取消农业出口补贴；全面取消数量限制、进口许可程序管理，以及与进出口相关的费用和手续等非关税措施方面的约束。

第三章：原产地规则。本章确定了 RCEP 项下有资格享受优惠关税待遇的原产货物的认定规则。在确保适用实质性改变原则的同时，突出了技术可行性、贸易便利性和商业友好性，以使企业尤其是中小企业易于理解和使用 RCEP 协定。在本章第一节中，第二条（原产货物）和第三条（完全获得或者完全生产的货物）以及附件一《产品特定原产地规则》（PSR）列明了授予货物“原产地位”的标准。协定还允许在确定货物是否适用 RCEP 关税优惠时，将来自 RCEP 任何缔约方的价值成分都考虑在内，实行原产成分累积规则。在第二节中，规定了相关操作认证程序，包括申请 RCEP 原产地证明、申请优惠关税待遇以及核

实货物“原产地位”的详细程序。本章有两个附件：（1）产品特定原产地规则，涵盖约5,205条6位税目产品；（2）最低信息要求，列明了原产地证书或原产地声明所要求的信息。

第四章：海关程序与贸易便利化。本章通过确保海关法律和法规具有可预测性、一致性和透明性的条款，以及促进海关程序的有效管理和货物快速通关的条款，目标是创造一个促进区域供应链的环境。本章包含高于世界贸易组织（WTO）《贸易便利化协定》水平的增强条款，包括：对税则归类、原产地以及海关估价的预裁定；为符合特定条件的经营者（授权经营者）提供与进出口、过境手续和程序有关的便利措施；用于海关监管和通关后审核的风险管理方法等。

第五章：卫生与植物卫生措施。本章制定了为保护人类、动物或植物的生命或健康而制定、采取和实施卫生与植物卫生措施的基本框架，同时确保上述措施尽可能不对贸易造成限制，以及在相似条件下缔约方实施的卫生与植物卫生措施不存在不合理的歧视。虽然缔约方已在世界贸易组织（WTO）《实施卫生与植物卫生措施协定》中声明了其权利和义务，但是协定加强了在病虫害非疫区和低度流行区、风险分析、审核、认证、进口检查，以及紧急措施等执行的条款。

第六章：标准、技术法规和合格评定程序。本章加强了缔约方对世界贸易组织（WTO）《技术性贸易壁垒协定》的履行，并认可缔约方就标准、技术法规和合格评定程序达成的谅解。同时，推动缔约方在承认标准、技术法规和合格评定程序中减少不必要的技术性贸易壁垒，确保标准、技术法规以及合格评定程序符合世界贸易组织（WTO）《技术性贸易壁垒协定》规定等方面的信息交流与合作。

第十一章：知识产权。本章为本区域知识产权的保护和促进提供了平衡、包容的方案。内容涵盖著作权、商标、地理标志、专利、外观设计、遗传资源、传统知识和民间文艺、反不正当竞争、知识产权执法、合作、透明度、技术援助等广泛领域，其整体保护水平较《与贸易有关的知识产权协定》有所加强。

第十二章：电子商务。本章旨在促进缔约方之间电子商务的使用与合作，列出了鼓励缔约方通过电子方式改善贸易管理与程序的条款；要求缔约方为电子商务创造有利环境，保护电子商务用户的个人信息，为在线消费者提供保护，并针对非应邀商业电子信息加强监管和合作；对计算机设施位置、通过电子方式跨境传输信息提出相关措施方向，并设立了监管政策空间。缔约方还同意根据世界贸易组织（WTO）部长级会议的决定，维持当前不对电子商务征收关税的做法。

第十四章：中小企业。缔约方同意在协定上提供中小企业会谈平台，以开展旨在提高中小企业利用协定并在该协定所创造的机会中受益的经济合作项目和活动，将中小企业纳入区域供应链的主流之中。协定强调充分共享RCEP中涉及中小企业的信息包括协定内容、与中小企业相关的贸易和投资领域的法律法规，以及其他与中小企业参与协定并从中受益的其他商务相关信息。

四、RCEP总署牵头章节主要亮点

总署是我国自贸区战略的重要参与和实施部门，牵头RCEP原产地规则、海关程序与贸易便利化、卫生与植物卫生措施议题以及海关业务的标准、技术法规和合格评定程序谈判，并深入参与货物贸易市场准入和关税减让、服务贸易海运报关及货检服务、知识产权以及电子商务等多项议题的磋商工作。谈判过程中，总署立足海关职能和工作实践，发挥专业技术优势，加强与兄弟部委之间协调沟通，积极贡献中国海关方案。主要亮点如下：

在原产地规则方面。RCEP 规定了有资格享受优惠关税待遇的原产货物的认定规则。一是累积原产地规则鼓励 RCEP 成员使用区域内的原产材料和在区域内进行生产和加工，促进了区域经济融合，有利于形成区域价值链，提升在全球价值链中的地位；二是区域内适用统一的原产地规则，有效减轻区域内多个双边协定形成的交叉重叠，有助于降低进出口企业的经营成本，提升跨境交易的透明度和可预见性；三是平衡的产品特定原产地规则有利于区域内产业的健康发展，对工业品大范围运用“选择性标准”，即对同一产品同时制定增值标准和税号改变标准，不同经济环境的企业可以选择其更加适应的标准享受优惠关税待遇。

在海关程序与贸易便利化方面。RCEP 通过确保海关法律和法规具有可预测性、一致性和透明性的条款，以及促进海关高效管理和货物快速通关的条款，以创造一个促进区域供应链的环境。较已签署自由贸易协定相关规则相比，RCEP 规则更加全面、便利化水平更高，各方承诺将依据本章条款之规定加强海关沟通合作，为保障货物的顺畅流动、共同提升贸易便利化水平提供制度保障和政策支持。RCEP 规定了在满足各成员海关监管要求条件下给予区域内货物快速通关的优惠待遇，中方首次在自由贸易协定中作出给予快件尽可能 6 小时通关的承诺，体现了中国海关恪守推进海关现代化建设和改革的承诺。此外，RCEP 还就涉及估价方法和标准的预裁定事项做出义务性承诺等。上述规则均超越了世界贸易组织（WTO）《贸易便利化协定》相关规则承诺水平，有助于进一步促进区域内贸易互惠互利，保证守法贸易的便利，营造良好营商环境。

在卫生与植物卫生措施方面。为保护人类、动物或植物的生命或健康而制定、采取和实施卫生与植物卫生措施的基本框架，同时确保上述措施尽可能不对贸易造成限制，不对其他 RCEP 成员构成不合理歧视。在世界贸易组织（WTO）《实施卫生与植物卫生措施协定》的基础上，RCEP 还加强了在病虫害非疫区、风险分析、审核、认证、进口检查，以及紧急措施执行等方面的合作。

在标准、技术法规和合格评定程序方面。RCEP 加强了缔约方对世界贸易组织（WTO）《技术性贸易壁垒协定》的履行，并认可缔约方就标准、技术法规和合格评定程序达成的谅解。同时，推动缔约方在承认标准、技术法规和合格评定程序中减少不必要的技术性贸易壁垒，确保标准、技术法规及合格评定程序符合世界贸易组织（WTO）《技术性贸易壁垒协定》。

基于上述内容的规定，RCEP 将显著提升区域贸易便利化水平。如协定将采取区域累积的原产地规则，强调区域内享惠贸易便利化和产业链合作，同时防止区域外产品“搭便车”；简化海关通关手续，采取预裁定、抵达前处理、信息技术运用等促进海关程序的高效便利；对快件货物、易腐货物等在可能情况下争取实现货物抵达后 6 小时内放行，促进快递等新型跨境货物发展，推动果蔬和肉、蛋、奶制品等生鲜产品的快速通关和贸易增长；进一步加强产品标准统一和互认，提高合格评定合格水平。

五、总署推动 RCEP 生效实施

2020 年 11 月 15 日 RCEP 签署后，总署坚决贯彻落实党中央、国务院关于做好 RCEP 实施准备工作的部署要求，认真做好 RCEP 生效实施涉及海关领域各项准备工作。在商务部会同总署等有关部门梳理的 RCEP 协定 701 项约束性义务中，总署单独负责或共同作为负责部门的共计 174 项，占比 24.8%，全面如期做好了实施准备。

在原产地规则和关税减让方面，总署聚焦RCEP原产地规则和关税减让在实施中可能出现的难点、痛点问题，按照“能快则快”原则，完成38项具体任务。一是按照强化监管、优化服务、对标国际最高标准的原则，广泛征求社会公众意见，出台《中华人民共和国海关〈区域全面经济伙伴关系协定〉项下进出口货物原产地管理办法》《中华人民共和国经核准出口商管理办法》2部规章以及配套的4项规范性文件，充分体现了新时代建设新海关的要求和“进出口并重”的原则，将有力提升全国海关执法规范性和一致性。二是针对RCEP关税减让模式和原产地规则全新、复杂的实施需求，全面升级海关原产地管理信息化系统，重新构建763个业务节点，优化享惠货物的申报模式和报关单结构，确保全面实施原产地规则和协定税率，实现签证数据与通关数据共享应用，构建原产地管理、企业管理和商品管理相结合的立体化海关监管与服务网络。三是及时完成产品特定原产地规则转版、原产地实施指引磋商，为协定落地生效扫清障碍。

在海关程序与贸易便利化方面，总署聚焦RCEP贸易便利化各项规则，以加快打造市场化、法治化、国际化口岸营商环境为目标，抓好各项政策措施落实，持续优化通关流程、提升通关效率、降低通关成本。一是将RCEP有关贸易便利化措施的落地实施和深化“放管服”改革结合起来，持续推动精简进出口环节监管证件。截至2021年年底，进出口环节需要核验的监管证件已从2018年的86种精简至41种，减少了52.3%，其中38种监管证件可全部通过国际贸易“单一窗口”实现网上申请、联网核查和无纸通关，通关物流环节单证无纸化、电子化和监管智能化、规范化水平大幅提升。二是进一步清理规范口岸收费，督促指导各地方口岸监管部门落实口岸收费目录清单制度，并强化动态更新，做到清单之外无收费，提升了口岸收费透明度和可比性，推动降低进出口环节合规成本。三是针对RCEP关于简化海关程序、高效放行货物以便利贸易的要求，结合深入推进通关作业无纸化改革，推广“两步申报”和“提前申报”，不断优化作业流程，规范和简化海关监管手续。以“为区域内合法贸易制造良好通关环境”为导向，加强国际合作交流，积极推动RCEP成员优化各自海关作业流程，规范和简化海关监管手续。四是制订推进我国与RCEP成员间“经认证的经营者”（AEO）互认与实施方案，明确具体实施计划与措施。在RCEP建立有AEO制度的10个成员中，目前我国已与其中的新加坡、韩国、新西兰、日本、澳大利亚5国签署了AEO互认安排，与泰国海关签署了互认安排的行动计划，正在与越南、印度尼西亚和菲律宾3个国家海关积极推进互认合作。五是针对RCEP关于鼓励公布放行时间的规定，每季度向各省（区、市）公布全国及各省域进出口货物整体通关时间。2021年12月，我国进口、出口货物整体通关时间分别压缩至32.97小时、1.23小时，比2017年分别压缩66.14%、89.98%。六是在上海、广东、天津、福建等地的综合保税区先行先试RCEP相关政策措施。

在动植物检疫、食品安全和进出口商品检验方面，一是充分发挥我国与RCEP成员在动植物检疫和食品安全领域的机制作用，服务扩大特色农产品进口，促进我国优质农产品出口。二是加强与RCEP成员的动植物疫情信息共享，推动国际疫情监测合作，探索成员间动植物检疫措施等效性的确定和认可，推动中国—东盟动植物检疫和食品安全（SPS）合作信息网升级上线。三是修订进出口商品检验有关规定，明确海关可采信国内外检验机构检测结果并对采信机构实施目录管理，为RCEP框架下开展成员合格评定程序合作提供新的尝试和探索。四是加大对RCEP成员相关技术性贸易措施的关注和研究，督促其透明度义务的履行，向我国企业提供预警服务，并通过多双边渠道提出中方贸易关注、积极对外交涉磋商，维护我国出口企业的合法权益。

与此同时，总署切实做好 RCEP 涉及海关业务的政策宣传和解读工作。特别是在原产地规则领域，多形式、多载体帮助企业熟悉原产地规则和协定税率，熟练掌握进出口货物享惠通关、原产地证书申领、自主声明开具等要求，开展海关内外部培训近 1,000 次，发布宣传 1,100 次，其中在中央媒体登载信息 55 篇。此外，总署还通过国务院政策例行吹风会、总署例行记者通报会、编发新闻通稿等形式介绍海关实施 RCEP 准备工作进展情况，并通过海关发布、12360 海关热线微信公众号等对 RCEP 涉海关章节内容进行细致解读，主动引导企业用足用好 RCEP 各项规则和制度红利，为协定实施营造了良好的外部氛围。

六、RCEP 正式生效实施

2021 年 11 月 2 日，RCEP 保管机构东盟秘书处发布通知，宣布文莱、柬埔寨、老挝、新加坡、泰国、越南 6 个东盟成员和中国、日本、新西兰、澳大利亚 4 个非东盟成员已向东盟秘书长正式提交核准书，达到协定生效门槛。根据协定规定，从 2022 年 1 月 1 日起，RCEP 对上述 10 国开始生效；从 2022 年 2 月 1 日起，RCEP 对韩国开始生效；从 2022 年 3 月 18 日起，RCEP 对马来西亚开始生效；从 2022 年 5 月 1 日起，RCEP 对缅甸开始生效。

（撰稿人：丁　楠　王　璞　史剑阁
刘　泽　邵伟坚）

全国海关打击走私重点专项工作

2021 年，总署认真贯彻落实党中央、国务院决策部署，聚焦“中央关注、社会关切、群众关心”的突出走私问题，全面落实总体国家安全观，持续保持打击走私高压态势，全力开展“国门利剑 2021”联合行动，在打击“水客”走私、海南离岛免税“套代购”走私、粤港澳海上跨境走私、武器弹药及毒品走私等重点领域闻令而动、重拳出击，坚决防范化解区域性、系统性走私风险，取得明显成效。

一、严厉打击“水客”走私

受新冠肺炎疫情影响，珠澳口岸是仅存的大量旅客进出境的陆路口岸，每日进出境人数在 30 万左右，占全国总量比率超过 85%。一些受走私团伙雇佣，以赚取代工费为目的，通过旅检渠道采取“蚂蚁搬家”方式频繁往来于口岸之间，携带涉税货物或禁限类物品进出境的“水客”“漂移”至珠澳口岸走私，将货物从香港通过水路发往澳门，在澳门进行集中派货，经珠海拱北口岸走私进境，珠澳口岸“水客”走私活动一度呈现高发多发态势。

2020 年 12 月，总署、公安部有关领导带队赴珠海实地调研，围绕健全打击“水客”走私打防管控全链条、推动综合治理进行调研督导，与各有关方面研究强化监管打击治理“水客”走私工作措施。深入拱北口岸海关旅检现场和边防检查站，调研口岸查验、执法部门监管协作等情况；听取广东省有关方面和海关、公安关于打击“水客”走私的汇报，研究加强口岸监管查验，严厉打击“水客”走私的工作举措。

2021 年 1 月 12 日至 6 月 30 日，总署、公安部部署在珠澳口岸及广东、海南地区集中开展为期半年的打击治理“水客”走私专项行动。以珠澳口岸为重点，组织开展对“水客”走私的全链条打击治理，迅速遏制“水客”走私多发高发势头。同时，总署组织开展广东、海南地区各海关联动打击，坚决防止“水客”跨关区、跨渠道漂移。通过深入分析珠澳口岸“水客”化整为零和化零为整进行“蚂蚁搬家”式走私的特点，加强“水客”风险特征总结提炼，加强海关与公安、移民、劳务派遣、通信运营等单位的协作配合，推动信息共享，对进出境旅客进行精准分析处置。发挥旅客行李物品智能化监管创新改革成果，严格实施布控拦截，优化调整高风险旅客通关流程，重点对当天进出境次数 3 次及以上的旅客进行开箱查验，实施精准拦截。同步开展多渠道打击，严防“水客”走私出现从旅检向其他渠道漂移的现象。充分发挥海关缉私部门专业打击职能，根据“水客”走私特点、规律，坚持“露头就打”与“破大案、打团伙、摧网络”相结合，以“打头、挖根、断链”为重点，彻底铲除一批盘踞在重点口岸的“水客”走私犯罪团伙。强化区域执法联动和战法创新，依托环北部湾琼州海峡反走私联合作战体系建设，在珠海、深圳、广州、海口等重点口岸逐步创建打击“水客”走私专项工作模式，打造区域网格化协同作战体系，有效管控“水客”走私活动在不同口岸、地区的漂移。

专项行动后，总署、公安部着力建立健全打击治理“水客”走私长效机制，实现常态化打击治理。2021 年，全国海关缉私部门共立案侦办各类“水客”走私犯罪案件 806 起，案值 234.9 亿元，打掉“水客”走私团伙 375 个，抓获犯罪嫌疑人 1,858 人；立案查办各类“水客”走私行为案件 13,138 起，案值 3.8 亿元。

二、严厉打击海南离岛免税“套代购”走私

在海南建设自由贸易港，是党中央着眼于国内国际两个大局，为推动中国特色社会主义创新发展做出的一个重大战略决策，离岛免税政策是中央支持海南自由贸易港建设的一项特殊优惠政策。对离岛（不包括离境）旅客实行免进口税购物的税收优惠，2020 年 7 月 1 日起，免税购物额度提高至 10 万元，取消单件商品 8,000 元免税限额规定，免税商品增至 45 种。受新冠肺炎疫情影响，出境游中断，海南离岛免税政策吸引了我国居民境外免税商品消费需求。同时离岛免税政策也滋生了专业代购行为，走私团伙从传统代购渠道转移到海南，利用他人免税额度倒卖免税品牟取利益，走私活动出现规模化特征，冲击离岛免税政策，影响市场秩序。

为严厉打击海南离岛免税“套代购”走私活动，切实保障海南自由贸易港高质量发展高水平开放，总署和全国打私办领导赴海口、湛江实地调研，通过广泛座谈和专题研究等多种方式，分析形势，查找问题，研究打击治理措施。总署、海南省人民政府和全国打私办于 6 月 23 日召开打击治理海南离岛免税“套代购”走私专项行动部署会，决定自 2021 年 6 月起联合开展为期一年的打击治理海南离岛免税“套代购”走私专项行动。全面落实地方政府的主体责任、海关及其他执法部门的监管责任、企业的管理责任以及消费者的法律责任，坚持治标与治本结合，专项打击与长期治理结合，切实强化监管、完善制度、堵塞漏洞，推进综合治理。强化源头管理，建立海南离岛免税溯源管理体系，实施离岛免税商品最小包装单元加贴使用码和特定标识，明确禁止倒卖，实现“一物一码”，加强对国内线下和线上销售离岛免税商品活动的监管。提升风险管控水平，通过信息数据共享，总结提炼风险特征，探索建立大数据模型，精准识别从事“套代购”的重点人群。持续加强正面监管，完善提升海港、空港、火车站等离岛区域技防建设，优化免税商品正面监管措施，通过信息化系统提升海关正面监管实效。加大专业打击力度，对“套代购”走私犯罪行为保持高压严打态势，坚持露头就打，打团伙、摧网络，重点打幕后，断资金，摧毁走私活动根基。海关建立以海南入出岛打私作战为第一道防线、以环北部湾琼州海峡“1+9”（海口海关加广东省、广西壮族自治区 9 个海关单位）反走私联合作战为第二道防线、以全国海关跨地域协同作战为第三道防线的打私作战体系，同时建立琼粤桂三地联防联控机制，开展全领域协同、全方位联动、全系统控制、全链条打击，形成自由贸易港反走私联防联控体系。

通过持续打击整治，有力遏制了海南离岛免税“套代购”走私势头，打击海南离岛免税“套代购”走私取得阶段性成效，有效服务海南自由贸易港建设重大国家战略。2021 年，全国海关缉私部门共立案侦办“套代购”走私犯罪案件 127 起，案值 4.9 亿元；立案查办行政案件 733 起，案值 3,619 万元。

三、严厉打击治理粤港澳海上跨境走私

新冠肺炎疫情暴发以来，广西、云南陆路边境管控严格，深港口岸大多关闭，随着打击

珠澳口岸“水客”走私和海南离岛免税“套代购”走私取得明显成效，走私活动得到有效遏制。同时，内地对肉类、酒类、高档消费品等需求强劲，境内外价差大，走私团伙原先通过“水客”、陆路非设关地等渠道走私入境商品，转由海上渠道偷运走私，特别是粤港澳海上利用高速快艇走私问题愈发突出。总署一直密切关注粤港澳海上跨境走私态势。2021 年 9 月，海关总署、中国海警局和全国打私办组成调研组，就打击治理珠江口水域走私赴广东省开展调研。在充分调研的基础上，10 月 11 日，全国打私办、海关总署、中国海警局、广东省人民政府在广州联合召开打击治理珠江口水域走私工作会议，部署开展联合行动。此后，按照中央要求，总署进一步完善工作方案，联合公安部、中国海警局、广东省人民政府、全国打私办制订打击治理珠江口水域走私联合行动方案，自 10 月起，组织开展为期 3 个月的打击治理珠江口水域走私联合行动。11 月 26 日，海关总署、公安部、国家移民管理局、中国海警局、广东省人民政府、全国打私办召开打击治理粤港澳海上跨境走私工作推进会，进行再部署。为严厉打击粤港澳海上跨境走私，针对比较突出的法律适用问题，最高人民法院、最高人民检察院、海关总署、公安部、中国海警局制定下发关于打击治理粤港澳海上跨境走私犯罪适用法律若干问题的指导意见。总署进一步加强与中国海警局的执法协作，联合开展海上巡查，共同守好珠江口反走私防线。

全力推动粤港澳打击走私执法合作。2021 年 9 月 25 日，在香港水警一次巡查中，香港水警巡查船只受到高速快艇撞击，香港水警高级督察林婉仪落入水中不幸因公殉职，粤港各界反响强烈。为了打击珠江口水域猖獗走私态势，维护国家安全和社会稳定，保护人民群众生命和健康安全，总署与香港海关从 10 月起合作开展为期 3 个月的打击治理珠江口水域走私“斩蛟”联合行动，严厉打击珠江水域冻品、香烟、红酒、电子产品、高档食材等高价值商品走私。随后，为了进一步加强对粤港澳水域走私的围堵，海关总署缉私局会同公安部港澳台办、中国海警局执法部、香港和澳门执法部门等单位召开打击治理粤港澳三地走私工作会，研究联合打击方案，开启打击治理粤港澳三地走私“三叉戟”联合行动并建立三地执法协作机制。

经过 3 个月的打击治理粤港澳海上跨境走私联合行动，珠江口水域涉嫌走私的高速快艇从行动前的日均 300 多艘次减少至 40 艘次左右，港珠澳大桥交界等海域再未发现走私船舶规模驻扎。全国海关缉私部门共查办走私及关联案件 1,694 起、案值 45.8 亿元，查扣冻肉 1.85 万吨，抓获犯罪嫌疑人 1,853 人，打掉犯罪团伙 142 个，港澳共查获走私案件 72 起、案值 38 亿港币，走私猖獗势头得到有效遏制。

四、严厉打击枪支爆炸物、毒品走私

枪爆毒走私问题事关国家安全、社会安定、人民安宁。总署坚持贯彻落实总体国家安全观，全力做好建党 100 周年安保维稳工作，严厉打击涉枪涉爆涉毒走私犯罪，扎实推进海关禁毒人民战争，坚持“破大案、打团伙、摧网络”，不断加强联合作战和滚动打击，多次组织全国性集中收网行动，坚决清除影响社会安全稳定的涉枪爆涉毒走私风险隐患。

2021 年，全国海关缉私部门组织开展“国门勇士 2021”缉枪治爆专项行动，联合公安部刑侦局开展 4 轮缉枪治爆专项打击行动，缴获各类枪支 681 支及弹药、枪支散件一批。组织开展“使命 2021”缉毒专项行动，参与公安部“净边 2021”专项行动、“寄递渠道禁毒百日攻坚行动”，开展“2021 年中越边境地区联合扫毒行动”。深化海关全员打私，加强与海关风险部门联合研判、监管部门联合查发，在海关监管现场全力封堵枪爆物品、毒品非法走私出入境。坚持合成作战，建立健全海关缉私部门与公安有关部门合作机制，不断深化与各警种、地方公安合成作战，开展全链条打击。组织海关缉私代表队参加全国公安机关“红蓝对抗2021”缉毒实战大比武，被国家禁毒办评为查缉先进集体。

2021年，全国海关缉私部门立案侦办武器弹药走私案件44起、缴获枪支712支。全年立案侦办毒品走私犯罪案件512起、缴获各类毒品2,204千克，查证走私出境易制毒化学品近10万吨。深圳、青岛、上海、大连、昆明海关缉私局破获一批重特大毒品走私案件。

（撰稿人：王浩波　刘　燕　孙文文　张　凌　曾　蕾）

全国海关开展国门生物安全行动

——严防外来物种入侵

2021 年，全国海关坚持以习近平新时代中国特色社会主义思想为指导，坚决贯彻落实习近平生态文明思想和习近平总书记重要指示批示精神，坚持总体国家安全观，按照总署党委的统一部署，采取积极措施，在做好进境动植物及其产品检疫的同时，组织开展“国门绿盾2021”专项行动，严厉打击非贸渠道非法引进外来物种和种子种苗等行为，许多我国未有分布的外来物种在口岸被频频截获并得到妥善处置，有效防范了外来物种从口岸传入，有力地保障了国门生物安全和生态安全。

一、坚持以习近平生态文明思想指引外来物种入侵口岸防控工作

（一）迅速加强口岸防控组织领导。

召开党委会认真学习领会习近平总书记重要指示批示精神，充分认识做好外来入侵物种防控是维护国家生物安全、推进生态文明建设的必然要求。迅速成立三级外来物种入侵口岸防控工作领导小组，总署由副署长张际文任组长，专题研究、谋划、推进口岸防控工作。制定加强外来物种入侵防控工作方案，加强红火蚁等外来入侵物种口岸防控，发布《关于进口松材线虫发生国家松木植物检疫要求的公告》，指导全国海关进一步强化对进境货物、运输工具、旅客行李、寄递物、跨境电商和边民互市等动植检全业务领域的外来物种口岸防控管理。

（二）建立健全务实高效的工作机制。

明确重点工作，建立不定期工作会议、专家咨询、风险管理、应急管理、宣传管理等多项工作制度，分期分批逐项抓好贯彻落实，协调推进外来物种入侵口岸防控工作。

（三）强化口岸防控规章制度建设。

推动将外来入侵物种口岸防控纳入国民经济和社会发展“十四五”规划、海关“十四五”发展规划，制定加强“十四五”期间海关动植物检疫工作的指导意见，实施进一步加强国门生物安全建设的系统性工作方案，强化动植物疫情、外来入侵物种口岸监测评估预警和应急处置体系，全面加强海关生物安全风险防控和治理能力建设。积极落实《生物安全法》，结合海关实际，完善配套规章，修订发布《中华人民共和国禁止携带、寄递进境的动植物及其产品和其他检疫物名录》，涵盖进（过）境旅客、进境交通工具司乘人员、自境外进入边民互市或海关特殊监管区域内的人员、享有外交特权和豁免权的人员随身携带或分离托运，以及邮递、快件和跨境电商直购进口等寄递方式进境的动植物及其产品和其他检疫物。

二、强化风险防范意识，提高风险防范能力

（一）全面加强信息搜集和分析评估。

组织专班全面梳理生态环境部《2019 中国

生态环境状况公报》中提到的660多种外来物种的传入时间、途径及危害情况，结合历史截获数据开展安全准入风险研判。指定专人加强境外动植物疫情和外来入侵物种信息搜集，组织开展专项风险评估，2021年发布动物感染新冠动态、动植物疫情信息和检疫政策动态共计2,100余条。

（二）充分借鉴国际标准和经验做法。

研究和梳理生物多样性公约（CBD）、世界动物卫生组织（WOAH）和国际植物保护公约（IPPC）等国际组织以及部分国家和地区在防控外来入侵物种方面的经验做法，为完善我国生物安全相关法律法规以及规章制度提供参考。

（三）全链条防控外来物种入侵风险。

加强物流快递数据分析，结合现场查获、疫情监测、缉私情报等信息开展综合风险研判，不断完善布控关键词库，研究布控规则，实现对旅客行李、寄递物、跨境电商等非贸渠道的精准布控。重点关注分拆票闯关、伪报瞒报、异宠养殖等目标，及时优化布控比例，加强检疫拦截，全年在进境邮件、快件中拦截非法进境异形宠物昆虫190种384次。

三、坚持系统观念，织密织牢口岸防控网

（一）强化检疫审批，从源头遏制风险。

强化动植物种质资源引进和科研用途动植物检疫特许审批的风险评估，在严格开展动植物疫病疫情风险分析的基础上，强化从生态学、生物学和遗传学等方面评价对我国生物多样性和生态环境的潜在影响，完善和规范种质资源引进程序。严格按审批申请落实定点生产加工制度，落实企业主体责任，做好全过程疫情防控。严格落实特许审批申请单位外来物种引入防范和无害化处理措施，防止引入物种逃逸、扩散。

（二）严格口岸检查，切断外来物种入侵途径。

采用机检、工作用犬、智能审图、远程鉴定等技术手段，加强对进境快件、邮件以及旅客、运输工具服务人员、进境边民携带行李物品的查验，严防其携带外来物种和禁止进境动植物及其产品入境。2021年，全国海关从货物渠道截获有害生物59.08万种次、检疫性有害生物6.51万种次，包括昆虫、杂草籽和病原微生物等，其中还首次检出禽白血病、猪戊型肝炎、猪圆环病毒Ⅱ型、玉米矮花叶病毒、致死粒线虫等有害生物；从非贸渠道共截获非法引进外来物种和种子种苗8,473次，同比增长98.43%，其中包括我国未有分布的外来动物、昆虫、植物种子种苗等共计1,178种2,439种次。这些外来物种中，有的如王朗塔姆蛛、马来西亚雨林蝎、野蛮收获蚁等具有较强的毒性或攻击性，对人体健康造成威胁；有的如钟角蛙等易繁殖成优势种群，破坏当地的生物多样性和生态平衡；有的如大麻、罂粟是我国禁止种植的毒品植物。

（三）加严后续处置，坚决守牢国门关口。

对查获的外来物种和禁止进境的动植物及其产品，依法采取退回、销毁、无害化处理等措施。其中，远程预检淘汰不合格动物12.24万头，淘汰率24.29%；全年退回、销毁不合格农产品584批，涉及44个国家（地区）。通过加强口岸检查和监测，多次截获沙漠蝗，有效防止了相关外来入侵物种通过口岸传入，有关工作得到中央领导批示3次。

四、发扬斗争精神，严厉打击违规违法行为

（一）扎实开展“国门绿盾2021”专项行动。

总署动植检疫司牵头、其他相关部门紧密配合，2021年3月31日，全国海关启动打击非法引进外来物种和种子苗木“国门绿盾2021”行动。

各直属海关按照总署要求，部署强化监管打击措施；建立动植部门牵头、各相关部门协同配合的工作机制，结合关区实际，制订具体行动方案并组织实施，同时开展外来入侵物种口岸防控工作业务考核，传导压力、压实责任。

（二）多部门密切联动提升监管成效。

口岸监管部门严格落实对进境邮件、快件过机检查制度，发现疑似涉生物安全风险的一律开箱查验，并第一时间向风险和缉私部门报送相关查发信息，配合开展对已放行包裹的追缴工作。发现违法违规线索的立即移交稽查、缉私部门处置。进一步完善金关二期进出境邮递物品管理子系统，推动邮递监管作业场所升级改造，规范邮递物品数据申报，实现自动化分拣、信息化监管，提升寄递渠道生物安全监管针对性和打击精准度。改进邮快件、旅客携带物等相关信息化系统，增加外来物种截获上报和统计模块，规范填报。

（三）以雷霆手段加大震慑力度。

充分发挥反走私综合治理作用，依法依规运用行政处罚和刑事处罚，严厉打击在进口货物、运输工具、邮件、快件、跨境电商、旅客携带物品中故意夹带、藏匿、走私外来入侵物种和禁止进境动植物及其产品行为，涉嫌走私、妨害动植物检疫、非法引进外来入侵物种犯罪的，及时移交缉私部门处理。全年立案侦办濒危野生动植物及其制品走私犯罪案件 264 起，查获各类濒危动植物 635.5 吨，成功打掉“滴米粒”“日购网”等一批网络销售濒危物种制品平台，有效堵截外来物种非法入境渠道，有力震慑了外来物种走私行为。

五、增强早期监测预警能力，不断完善口岸防控体系

（一）对外来物种入侵途径实施全方位监测。

进一步健全完善海关监测预警体系，将外来入侵物种列为国门生物安全监测重点对象，并试点开展压舱水生物安全风险因子监测。其中，动物疫病监测对象覆盖了所有进出境动物及重点动物产品，采集进境动物样本 49.1 万个，对 137 种动物疫病实施监测，检出阳性动物 2,862 头、只；植物疫情监测包括境外植物疫情信息监测、口岸截获植物疫情监测、非贸渠道植物疫情及外来物种监测、外来有害生物监测“四大模块”，在全国布点 1.34 万个诱捕器，监测到近 700 种植物有害生物。

（二）围绕重要外来入侵物种实施重点监测。

认真实施五部门联合印发的《进一步加强外来物种入侵防控工作方案》和九部门联合制订的红火蚁阻截防控工作方案，部署全国海关加强监测预警，进一步加大对来自红火蚁疫区的货物及集装箱的风险布控和查检力度，对进境种苗、原木等高风险货物进境查验场站，隔离苗圃，进境原木加工厂，以及集装箱、高风险货物堆场等重点区域监测全覆盖。全国 297 个口岸开展红火蚁监测，其中 33 个口岸监测到红火蚁，已联合有关部门进行了妥善处置。

（三）落实普查工作要求摸清本底情况。

落实九部委联合印发的《关于印发外来入侵物种普查总体方案的通知》，制定总署办公厅关于印发主要入境口岸外来入侵物种普查方案、各口岸普查外来入侵物种参考名单和主要入境口岸外来物种普查重点名单，在全国主要入境口岸组织开展普查工作，摸清口岸外来入侵物种种类、数量、发生分布等情况，为进一步加强口岸科学防控外来物种入侵提供基础数据支持。

六、提高防控能力，着力防范外来物种入侵风险

（一）加快打造一支高素质专业化队伍。

构造以技术骨干为主的专家库和一线执法

人员为主的后备人才库。强化岗位资质管理，全国海关2,000多人次获得动植检岗位专业资质。通过线上线下多种方式，组织开展专业技能培训考核、技能比武、技术交流，打造一专多能检疫人才队伍，新增实操培训微视频课程46门，举办3期动植物检疫技术培训班，1.8万人次参加培训。扎实开展动植物检疫专业技术类公务员分类管理，新增正高级任职资格12人、副高级任职资格24人，有效提升口岸检疫把关水平。

（二）大力推进智能化查验设施应用。

充分发挥动植检能力提升工程作用，加大对智能查验、便携式电子成像仪、智能审图和远程鉴定等先进设施设备投入，有力提升活体动物、种子苗木等动植物产品智能自动识别率。持续推进CRISPR和数字PCR等实验室检测鉴定技术的研究应用，提升实验室检测鉴定能力，提高口岸一线查发鉴定准确率，确保“检得出、检得快、检得准”，全方位提升口岸检疫防控能力和防控力度。

（三）不断强化对口岸查验人员的业务指导。

将2020年度进境携带、寄递渠道截获的外来物种典型案例汇编印发，编制口岸常见外来物种识别图谱300余种，供口岸一线开展外来物种防控工作参考，指导各海关加强检查鉴定工作。

七、践行人类命运共同体理念，共筑生物安全屏障

（一）强化部门合作，畅通协同防控机制。

积极参与外来入侵物种部际协调机制工作，推荐3名海关系统专家入选国家外来入侵物种防控专家委员会。加强总署与农业农村部、国家林业和草原局等有关部门的合作，推动番茄褐色皱果病毒、玉米矮花叶病毒等5种有害生物列入《进境植物检疫性有害生物名录》；认真落实跨部门外来物种入侵防控工作方案，联合开展红火蚁、福寿螺等外来物种专题调研，共同研究工作计划和普查方案。积极应对危险性外来生物入侵，坚决打好口岸非洲猪瘟、草地贪夜蛾、沙漠蝗、红火蚁等防控攻坚战。加强与各级农业农村、自然资源、生态环境、林草等部门协作联动，建立健全非法引进外来物种、种子苗木和国内外动植物疫情交流通报机制，加强防控信息共享。

（二）强化国际合作，增强跨境防控合力。

参与筹备《生物多样性公约》缔约方第十五次会议（COP15），副署长张际文陪同国务院领导出席开幕式并应邀致辞，发出4点海关倡议，得到与会方积极响应。深度参与国际合作，积极参与第88届OIE大会、IPPC第15届缔约方大会、IPPC海运集装箱特别工作组会议等国际活动，制修订国际标准15项，组织评议17项国际标准草案。建立截获外来物种对外通报制度，对26个国家和地区的动植物产品发布禁令公告29份，对外发出违规通报1,493份，涉及57个国家和地区，敦促相关国家或地区从源头加强出境监管，降低动植物疫病疫情和外来物种跨境传播风险。

（三）强化宣传教育，营造社会共治良好氛围。

积极搭建国门安全教育社会推广渠道，推动海关国门安全教育知识点列入《大中小学国家安全教育指导纲要》。围绕“4·15全民国家安全教育日”、国际生物多样性日、联合国《生物多样性公约》缔约方大会第十五次会议（COP15）在昆明召开等重要时间节点，充分利用报纸、广播、电视等传统媒体和互联网、移动终端等新媒体加强宣传。仅在“4·15全民国家安全教育日”期间，通过“海关发布”政务新媒体、“云场景直播”、“微课堂”、国门生物安全展、示范基地等载体，开展科普宣传活动156场，网络直播总点击量达240余万

次。总署在中国海关博物馆举行了国门生物安全展，布置了100余件重要外来物种实物标本、100余张图文介绍和3个视频，让社会公众了解生物安全法规和外来入侵物种的危害，取得较好社会效果。结合典型案件，加强政策宣传，督促企业落实主体责任。在进出境飞机、轮船以及入境旅客通道广泛开展政策法规解读和科普宣传教育，针对公众特别是“海淘族”、进出境人员宣传外来物种入侵对我国生态安全的危害性，普及生物安全法律法规及红火蚁、松材线虫等外来物种基础知识，提高公众防范外来物种入侵的自觉性，形成社会共治良好氛围。

（撰稿人：张　宁　周明华　郑　伟　骆　军）

海关总署定点帮扶工作

根据国务院扶贫办统一安排，总署自 1995 年、1997 年开始分别定点帮扶河南省鲁山县和卢氏县至今；2013 年增加内蒙古自治区正镶白旗，2015 年调整至国家统计局；2018 年增加河南省民权县至今。党的十八大以前，总署在定点帮扶县重点开展“管长久利长远”的基础性工作。党的十八大以后，以习近平同志为核心的党中央引领亿万人民开展了打赢脱贫攻坚战的宏图伟业，习近平总书记亲自擘画亲自指挥，做出了一系列重要指示批示。总署党委坚决落实习近平总书记的指示批示精神，按照党中央、国务院有关部署，举全国海关之力坚决打赢脱贫攻坚战。党委书记、署长每年带头前往定点帮扶县调研指导工作，党委委员、政治部主任分管定点帮扶工作，定期组织研究推动定点帮扶工作。总署帮扶办在组织领导、选派干部、资金投入、引进项目和帮扶创新等方面不断加大工作落实力度。2019 年 6 月民权县，2020 年 2 月鲁山县、卢氏县，分别通过河南省脱贫攻坚考核验收，全部高质量实现脱贫摘帽，率先完成了既定工作目标。

总署定点帮扶工作得到国务院扶贫办、中央和国家机关工委的充分肯定，多次在相关定点帮扶工作会议上做经验介绍。2016 年 10 月，国务院副总理、国务院扶贫开发领导小组组长汪洋同志对总署定点帮扶工作批示：“海关总署的做法值得总结推广，请扶贫办研酌。”总署定点帮扶成效先后被中央、各省市广播电视，以及《人民日报》《中国青年报》《紫光阁》等重要报纸期刊和人民网、今日头条、抖音、快手等主流新媒体报道。多名总署派驻帮扶干部受到党中央、国务院、中央和国家机关工委、河南省表彰奖励：房季被党中央、国务院授予“全国脱贫攻坚先进个人”，王凯被国务院扶贫开发领导小组授予“全国脱贫攻坚奖·贡献奖”，王晓骞被评为“河南省脱贫攻坚先进个人”，王镝被授予“河南省先进工作者”，孔维韬被评为“河南省优秀驻村第一书记”。

经国务院扶贫开发领导小组审定，总署自 2017 年参加中央单位定点帮扶工作考核以来，已经连续 5 年考核等次被评为“好”。

一是全面加强组织领导，领导干部带头扛起脱贫攻坚主体责任。总署成立定点帮扶工作领导小组，总署党委委员、政治部主任担任组长，机关党委、办公厅、财务司、人事教育司等有关司局为成员，办公室设在机关党委（以下简称“总署帮扶办”）。总署帮扶办根据国务院扶贫办、中央和国家机关工委工作部署，研究制订总署年度定点帮扶工作计划，结合当年帮扶资金预算和定点帮扶县脱贫攻坚工作规划，批复当年拟实施帮扶项目、资金额度、完成时限和检查验收等。驻县帮扶工作组根据帮扶项目批复要求，负责组织招商引资、项目监督、经费报销和档案整理等工作，定点帮扶县所在地直属海关负责总署帮扶资金审核报销等。在帮扶工作计划实施过程中，总署帮扶办经常组织有关人员到现场检查指导帮扶项目落实情况，适时召开专题会议传达贯彻总署定点帮扶工作领导小组最新工作部署，听取定点帮扶县有关领导对海关帮扶工作诉求。针对帮扶干部提出的困难和问题，组织署内有关部门和全国海关相关单位召开专题会议，明确责任分工和完成时限等，拿出切实可行解决办法。

2015 年，总署进一步明确定点帮扶工作组织管理，成立驻县帮扶工作组，组长由挂职副县长担任，成员包括驻村第一书记和郑州海关选派帮扶干部；2018 年后增加总署机关下派锻炼选调生。在人员日常学习、工作秩序和请假外出等方面，按照干部管理权限由当地有关部门负责；同时，负责协助县教体局和有关学校对海关选派支教老师进行教育管理和服务保障等。

2017 年，根据国务院对中央单位参与定点帮扶工作进行考核要求，总署党委书记、署长组织召开定点帮扶工作督查例会，专题研究解决定点帮扶工作问题，明确提出全国海关都要支持总署定点帮扶工作，总署机关各部门单位责无旁贷做好定点帮扶工作，特别是 2018 年随着检验检疫队伍和职能划入，要专门指派有关人员深入定点帮扶县，了解掌握农林牧副渔等相关产业发展情况，利用海关熟悉外贸进出口标准及畅通渠道优势，帮助提升产品管理要求和质量标准，扩大国内国际市场竞争力，帮助农民实实在在增加收入。2020 年，总署 8 位党委委员带头到定点帮扶县调研指导工作，帮助定点帮扶县梳理脱贫攻坚工作思路，现场协调解决挂职干部工作生活困难，极大鼓舞和调动了帮扶干部和定点帮扶县干部群众打赢脱贫攻坚战的信心和勇气。

二是选准配强帮扶干部，各级党组织主动解决好干部后顾之忧。总署按照中组部、国务院扶贫办选派挂职干部要求，通过个人报名和组织推荐相结合方式，从总署机关挑选政治素质好、热爱农村工作、勇于担当奉献、身体健康的优秀年轻干部、后备干部参加定点帮扶工作。为了便于开展定点帮扶工作，提高海关帮扶质量，弥补总署机关人力不足等，1995 年至 2018 年，郑州海关专门安排人员驻县工作，挂职定点帮扶县政府办副主任，协助总署挂职干部做好与当地县委政府有关部门沟通，联系郑州海关有关业务部门，推动落实帮扶项目管理和经费报销等工作。结合定点帮扶县产业发展和直属海关锻炼干部成长需要，采取柔性选派帮扶干部方式，从上海、青岛、济南等直属海关选派懂经济管理和外贸出口的优秀干部参与定点帮扶工作。根据中组部关于选调生要到定点帮扶县，第一年到驻村第一书记所在村、第二年到县委政府机关部门接受培养锻炼的要求，自 2018 年起，总署机关分别下派选调生到定点帮扶县接受锻炼，参与贫困村脱贫攻坚和县域乡村振兴等工作。

自 1995 年开始，总署机关向鲁山县派出挂职副县长 16 名、驻村第一书记 3 名、总署机关选调生 10 名，郑州海关派出协助帮扶人员 11 名；自 1997 年开始，总署机关向卢氏县选派挂职副县长 13 名、驻村第一书记 3 名、总署机关选调生 10 名，郑州海关派出协助帮扶人员 10 名；2013 年至 2015 年，总署机关向内蒙古自治区正镶白旗选派挂职副县长 1 名、驻村第一书记 1 名；自 2018 年开始，总署机关向民权县选派挂职副县长 1 名、驻村第一书记 1 名、总署机关选调生 7 名。截至 2020 年，总署机关和呼和浩特、青岛、济南海关等选派挂职副县长 31 名、驻村第一书记 8 名、总署机关选调生 27 名，郑州海关协助帮扶人员 21 名。

为加强对帮扶干部关心关爱工作，鼓励帮扶干部更好干事创业，总署帮扶办积极配合帮扶干部派出单位，对帮扶干部工作生活进行跟踪了解和沟通反馈，及时妥善解决有关生活问题。总署人事部门在帮扶干部挂职期间至少到定点帮扶县走访一次，实地考察了解帮扶干部工作生活情况，考察情况及相关建议形成考核报告报总署主要领导，对表现好的及时给予表扬鼓励，对挂职期间表现特别优秀的，在工作岗位安排和职务晋升等方面给予优先考虑。2015年以来，参加总署定点帮扶工作的19名干部，有13名在完成帮扶工作返回工作岗位后得到提拔或者重用，营造了干好帮扶工作得到优先重用的浓厚氛围。

三是多方筹措帮扶钱物，组织动员社会各界力量助力脱贫攻坚。自1995年开始，总署机关每年在本级财政资金中为每个定点帮扶县安排200万元（2015年提高到260万元，2019年提高到350万元），作为专项资金投入定点帮扶工作。从2016年起，全国海关教育培训中心、上海海关学院和中国海关管理干部学院在全国海关教育培训经费和本级行政办公经费中合计挤出468万元，为定点帮扶县基层干部进行党的建设、脱贫攻坚、环境整治和乡村振兴等业务培训。总署直属机关党委还从机关历年节余党费中划拨168万元，帮助支持定点帮扶县进行抗洪救灾、修建基层党建活动室、慰问困难党员群众等。总署有关部门组织黄埔、宁波、上海、广州和厦门海关等，支持中国红十字会向定点帮扶县捐赠海关罚没侵权物资。海关单位淘汰下来的二手电脑，经过脱密升级处理后，捐赠给定点帮扶县开展基层党建培训、电商教学和跨境电商直播卖货等。海关干部职工把家庭闲置衣物、学习用具、书籍等，进行清洗整理、分类打包和附录使用说明后进行捐赠。有的帮扶干部本人或者联系海关同事，通过不同渠道接续认领定点帮扶县贫困家庭子女，帮助捐赠钱物供养他们完成学业，帮助联系指导解决就业等。2019年，协调阿里巴巴公益基金入住民权县，实施教育、女性、健康和生态帮扶项目，助力县域职业教育、女性就业、环境整治、数字经济发展和中小学校园和村卫生室硬件设施改造等方面，先后直接投入资金或者捐赠物资合计2,000余万元。据不完全统计，截至2020年，各级海关为总署定点帮扶县累计投入帮扶资金1.37亿元，援建帮扶项目600余个，引入帮扶资金近4亿元，捐赠物资等折合人民币近1亿元。

四是发挥海关自身优势，进一步加大帮扶项目引进和招商力度。总署帮扶办始终按照“发挥职能作用参与定点帮扶工作”要求，积极调动总署机关有关部门和直属海关单位参与定点帮扶工作的主动性和创造性。

发挥海关专业优势。组织海关专业人员到定点帮扶县外贸企业进行进出口政策宣讲，先后对AEO企业进行管理认证培训、RCEP和原产地政策解读等，为外贸企业提供切实可行的发展措施，提高出口产品国际竞争力。深入挖掘海关检验检疫职能资源，推行“对号入座”式认领帮扶任务。2018年，协调河南郑州、西峡和湖北随州香菇生产经营和出口加工等龙头企业，到鲁山县和卢氏县洽谈香菇购销合作业务，促成两地多家企业成功达成合作意向，当场签订收购香菇合同150万千克，约合人民币1亿元。通过综合分析外贸数据，精准对接下游销售资源，让卢氏县核桃仁选入南方航空食品，民权县油菜进入上海光明菜市场，鲁山县和卢氏县香菇成功闯入日韩和东南亚市场。助力鲁山县畅通丝绸外销渠道，支持卢氏县将羊肚菌在海关税则单列税号，指导民权县企业办理出口基地备案等，降低企业出口综合成本，提高企业产品经济效益。推动村集体经济合作社运营，联合郑州大学、汉源农业规范樱桃管理技术，创建卢氏县樱桃改良示范园等。

发挥海关垂直管理优势。协调上海、深圳和青岛海关等，在当地产业聚集区召开新闻发布会，宣传推广定点帮扶县土地、人力和税收等方面政策优势，帮助当地政府开展招商引资活动。2017年，鲁山县在青岛举行招商选资洽谈会，达成合作签约意向金额10亿余元。通过北京海关联系亚马逊中国和环球易购等头部电商企业，支持民权县返乡创业青年开展跨境电商，连续3次组织培训500余人，月人均收入3,000余元，把“买全球卖全球”变成现实。郑州海关协调关区富士康总部和三门峡黄金工业学校等，针对特殊岗位进行岗前培训，帮助定点帮扶县解决农民工就业问题。上海海关原鲁山县驻村第一书记王镝，牵线复旦大学附属中山医院徐汇医院，与瓦屋镇上竹园寺村卫生室实施“互联网远程医疗服务站”健康扶贫项目，通过开展紧急医疗救护、网上视频就诊、预防保健和公共健康讲座等，将上海市优质医疗资源引入偏远乡村，解决贫困山区群众看病难、看病贵等问题。

利用海关行业优势。协调国家电网和农业农村部等主管部门支持，组织定点帮扶县企业代表到所属苏州项目基地参加“聚智结对”恳谈会，与鲁山县达成投资建设光伏发电基地和发展蓝莓种植产业合作等；与卢氏县达成计划开展3个百亿元基地，即有色金属、农副产品深加工和医药保健基地建设等多项合作协议。应鲁山县外贸企业需求，郑州海关支持建设鲁山县联海公用型保税仓库和鲁山县联海出口配送型监管仓库，提高企业仓库设施使用和通关效率。协调财政部、国家税务总局等部委，帮助民权县申请设立和组织验收保税物流中心（B型）。2021年，帮助争取商务部、国家市场监督管理总局等部委支持，把商丘市列入第四批国务院跨境电商零售试点城市。引进阿里菜鸟中心仓和淘宝全球购、快手等知名跨境电商企业入驻民权保税区，吸引国铁集团、普洛斯和阿里客服、京东电商等国内外知名企业到民权县投资兴业，为民权县早日实现乡村振兴插上腾飞的翅膀。

2016年至2020年，总署帮助鲁山县、卢氏县和民权县引进入驻企业38家，投资金额近6亿元，带动脱贫人口5,325人。

五是着眼长远发展需要，开启“培训+支教”智力帮扶新模式。把定点帮扶县基层干部培训列入总署年度培训工作计划，充分利用海关培训资源，在上海海关学院、中国海关管理干部学院和广州、厦门海关教育培训基地等，为定点帮扶县乡基层干部、村党支部书记和致富带头人等开展专题培训。组织培训学员赴“绿水青山就是金山银山”发源地浙江省安吉县学习美丽乡村建设经验，赴全国文明城市上海市崇明岛考察生态建设，赴全国先进基层党支部北戴河新村学习新乡镇建设。邀请河南省林州市副市长红旗渠传人李蕾同志讲解红旗渠奋斗故事、开封市兰考县政协主席吴长胜同志讲解人民的好公仆焦裕禄先进事迹，激发定点帮扶县干部群众干事创业信心。邀请国务院帮扶办副司长王春燕和全国优秀驻村第一书记时圣宇等，参加海关新任挂职帮扶干部、驻村第一书记培训班，了解当前脱贫攻坚形势任务，围绕因地制宜发展帮扶产业、激发贫困群众脱贫致富内生动力和加强基层党组织建设等进行现场授课。

针对定点帮扶县山区乡村中小学缺少音体美教师情况，总署帮扶办和全国海关教育培训中心向全国海关发出倡议，招募具有音体美专长的关员作为志愿者，按照出差模式前往定点帮扶县担任支教老师。北京海关支教老师王石通过微信朋友圈募集资金，组织卢氏县小学生到北京天安门看升国旗、到中国海关博物馆学习了解海关发展历史等；拱北海关支教老师梁冰河用不到半年时间组建了“梁洼足球队”，参加全县“县长杯”足球比赛，荣获第三名；武汉海关支教老师黄倩敏先后3次赴卢氏县五里川小学支教，创建“金钥匙网络课堂”“金钥匙图书角”“金钥匙电台”等海关系列支教品牌，助力海关“金钥匙沙画课堂”成为卢氏县教育系统美术教学示范点、中国沙画师协会“沙画艺术教学示范基地”等，指导学生参加全国沙画比赛，荣获特等奖 1 个、金奖银奖各 2 个、铜奖 1 个。郑州海关发挥属地海关优势，定期为山区孩子举办夏令营活动，常年在鲁山县董周乡九小开展“金秋支教”活动。支教老师用靓丽的身影、甜美的歌声、神奇的画笔和精湛的球技等，丰富了山区孩子业余生活，为他们树立了人生前行方向，开启了他们通往大山外面精彩世界的新征程。

2016 年至 2020 年，总署为鲁山县、卢氏县和民权县培训基层县乡干部、支部书记和致富带头人等 2,645 人，培训各类技术骨干 6,250 人；选派到鲁山县和卢氏县山区支教老师 9 批 66 人次，受益学校 20 余所，学生 13,000 余人次。

另外，根据中组部统一安排，总署从 2014 年起连续派出四批干部到江西省龙南市挂职，实施对口援助工作。7 年来，龙南市经济社会发展大步向前，财政收入从 11.84 亿元上升到 23.19 亿元。截至 2020 年年底，龙南市建档立卡贫困户 7,683 户 26,546 人全部实现脱贫。

2021 年下半年，根据国家乡村振兴局工作部署，总署承担西藏自治区日喀则市仲巴县定点帮扶任务。总署高度重视，迅速安排有关同志联合拉萨海关专门前往仲巴县调研了解情况。结合仲巴县贫困现状和诉求，组织总署有关部门进行专题研究，针对仲巴县提出的边境口岸开放、发展电子商务、推进边民互市和解决边民就业增收等方面，提出具体解决办法，落实责任人和完成时限。

（撰稿人：房　季）

第三篇

党的建设

党建工作

概况

2021年，全国海关以庆祝中国共产党成立100周年和党史学习教育为主线，深入学习宣传贯彻党的十九届六中全会精神，大力推进政治建关、强化理论武装，推动党员干部学懂弄通做实习近平新时代中国特色社会主义思想，深刻领会“两个确立”的决定性意义。坚决贯彻落实习近平总书记重要指示批示精神，严格执行“第一议题”制度，把全面加强党的领导贯穿海关工作全过程、各领域，以实际行动践行“两个维护”。按照“学史明理、学史增信、学史崇德、学史力行”的要求，开展“学、悟、讲、做、比”（学党史、悟思想、讲体会、做实事、比贡献）系列特色活动，推动全国海关党史学习教育取得明显成效，得到中央第二十一指导组充分肯定。认真落实庆祝中国共产党成立100周年活动各项部署要求，结合海关职业特点和行业特色，广泛开展系列宣传教育活动，深入推动中国海关史特别是党领导下的红色海关史和新中国海关发展史研究，有效激发广大党员干部爱党爱国爱关热情。持续深化拓展“强基提质工程”，健全党建品牌评选机制，深入挖掘基层热源，推广应用“智慧党建”系统，助力提升党务干部能力素质，推动基层党建高质量发展。加强海关系统精神文明建设，把文明单位创建与海关业务改革、基层党建、队伍建设统筹结合，开展丰富多彩的文明创建活动，组织全国青年文明号评选和复核，队伍凝聚力战斗力明显提升。深化党风廉政建设，推动“制度+科技”运用向其他执法和非执法领域拓展，建立健全全面从严治党各项制度，开展警示教育月活动，抓好以案促改，海关基层党建工作呈现新面貌新气象。

党的十九大以来，全国海关认真践行新时代党的建设总要求，全面加强海关系统党的建设，坚定不移推动全面从严治党向纵深发展。建立健全总署、直属海关、隶属海关三级党委领导体制，优化基层党组织设置，大力夯实制度建设，推动基层党组织全面进步、全面过硬，为建设让党中央放心、让人民群众满意的社会主义现代化海关提供坚强政治保障。截至2021年年底，全国海关共有在职党员69,370人，共设机关党委403个、党总支550个、党支部8,576个。

宣传思想文化

【理论武装工作】2021年，全国海关把学习宣传贯彻习近平新时代中国特色社会主义思想作为首要政治任务，坚持不懈用党的创新理论武装党员干部头脑。坚持全面系统学、及时跟进学、深入思考学、联系实际学，引导广大党员干部深入学习《中共中央关于党的百年奋斗重大成就和历史经验的决议》和辅导读本、《党的十九届六中全会〈决议〉学习辅导百问》等学习材料，学习《习近平谈治国理政》第一卷、第二卷、第三卷，用好中央明确的习近平《论中国共产党历史》《毛泽东、邓小平、江泽民、胡锦涛关于中国共产党历史论述摘编》《习近平新时代中国特色社会主义思想学习问答》《中国共产党简史》等指定学习材料，以及《中国共产党的 100 年》《中华人民共和国简史》《改革开放简史》《社会主义发展简史》等重要参考材料，扎实开展党史学习教育。总署党委举办理论学习中心组专题学习 7 次，邀请中央财经委员会办公室副主任韩文秀、中央党史和文献研究院院长曲青山等专家作辅导，各级海关单位党委举办理论学习中心组学习 6,800 余次；组织处级以上党员干部开展集中轮训，举办读书班、学习班 2,700 余次。开展党史学习教育网上专题培训，全国海关 90 余万人次在线学习。全国海关广泛开展“党课开讲啦”活动，6 月 15 日，总署党委举办总署党委理论学习中心组（扩大）学习暨党史学习教育读书班，党委书记、署长倪岳峰围绕“从党的百年历史中汲取智慧和力量　奋力谱写社会主义现代化海关建设新篇章”讲专题党课。全国海关各级党组织书记和班子成员在所在单位或支部讲授专题党课 19,432 次。开展大宣讲活动，全国海关组织宣讲报告会 3,246 次。各基层党组织利用“三会一课”、主题党日、专题研讨会等形式，充分利用“学习强国”平台网络资源，组织广大党员干部深入开展理论学习，不断强化思想武装。

【学习宣传贯彻党的十九届六中全会精神】2021 年 11 月 12 日，总署党委书记、署长倪岳峰主持召开党委扩大会议，专题传达学习党的十九届六中全会精神，研究部署全国海关学习宣传贯彻工作。11 月 15 日，总署党委集体原文传达学习习近平总书记在全会上的重要讲话和《中共中央关于党的百年奋斗重大成就和历史经验的决议》，党委委员交流学习体会。11 月 25 日至 12 月 2 日，总署党委举办理论学习中心组（扩大）学习暨党的十九届六中全会精神专题学习班，以书记领读、专家导读、自学精读、集中研读形式组织学习，署长倪岳峰作开班动员并向全国海关宣讲全会精神，邀请中央宣讲团成员黄一兵做辅导报告，总署机关各部门单位主要负责同志进行分组交流，党委委员到各组宣讲，示范带动全国海关深入学习。全国海关各级党委通过召开党委会、举办党委理论学习中心组和专题学习班，开展集中研讨交流。各基层党组织通过开展“三会一课”、举办读书班、研讨交流会、青年理论学习会、竞赛答题等系列活动，利用“学习强国”、微信公众号、“海关全员培训网络学习课堂”（以下简称“钉钉”）等平台开展网上学习等，推动学习掀起热潮。发挥海关党史学习教育网站、“海关发布”和“金钥匙”微信公众号等各级各类宣传阵地作用，形成学习宣传贯彻党的十九届六中全会精神浓厚氛围。

【思想政治工作】2021 年，全国海关围绕庆祝建党百年和党史学习教育，组织开展“党旗在基层一线高高飘扬——以实际行动庆祝中国共产党成立 100 周年”主题活动、“奋斗百年路、启航新征程”主题宣传展示活动。以“永远跟党走”为主题，组织开展书画摄影、文艺演出、知识竞赛、视频展播、成就展览等形式多样、内容丰富的群众性宣传活动，开展党史、新中国史、改革开放史、社会主义发展史教育，开展以伟大建党精神为源头的精神谱系宣传教育。组织海关系统获得全国“两优一先”荣誉的代表分享参加庆祝中国共产党成立 100 周年系列活动心得体会。通过举办“党在我心中”党史知识竞赛、“赞歌献给党”红歌传唱、“我想对党说”微视频征集展播等系列活动开展红色教育，引导广大干部职工增强“四个意识”、坚定“四个自信”、做到“两个维护”，为推进社会主义现代化海关建设提供坚强思想保证和政治保证。海关各级党委着力加强政治判断力、政治领悟力、政治执行力建设，认真落实意识形态工作责任制，加强正面宣传引导，管好宣传文化阵地，营造清朗的网络空间。加强干部队伍教育管理，坚持严管与厚爱并重，组织开展经常性谈心谈话活动，进行海关党员干部队伍思想动态分析，做深做细思想政治工作。针对新冠肺炎疫情发生后，海关系统每天2万多人奋战在国门一线、3,500多人穿着防护服与病毒直接作战、外防输入任务繁重艰巨、工作人员心理压力大的情况，组建了400余人的心理服务队伍，开展“心灵驿站”心理健康服务，开通心理咨询热线，搭建心理咨询室，推出一对一跟踪、面对面辅导、阳光心理小课等特色内容，为海关工作人员提供“贴心、暖心、舒心”服务。

【精神文明建设】2021年，总署制发海关精神文明建设工作要点，将文明单位创建与海关业务改革、基层党建、队伍建设统筹结合，按照全面创建、重点培育、持续提升工作思路，完善落细落实、重在创建、抓在日常的工作机制，推动海关系统开展丰富多彩的文明创建活动。持续深化社会主义核心价值观宣传教育，坚持重大节日升国旗、宪法宣誓、授予关衔、新关员入关宣誓等制度，强化仪式教育。在全国海关推行政务服务“好差评”系统，开展“亮标准、亮身份、亮承诺”行动，推进文明服务窗口创建。加强志愿服务队伍建设，围绕慈善捐助、支教助学、志愿助残、义务献血、植树护绿等主题，开展志愿服务活动，取得良好社会效应。全国海关3,200余名同志积极参加无偿献血活动，15名志愿者到河南省定点帮扶县开展义务支教。广泛开展弘扬时代新风行动，开展向道德模范和时代楷模学习活动，大力推进海关工作人员社会公德、职业道德、家庭美德、个人品德建设。认真组织实施纳入中央文明委2021年重点工作项目台账的“党史·铸魂”海关红色讲坛、“心灵驿站”海关志愿服务两个项目。全国海关共有243个全国文明单位，其中江门、重庆、贵阳、兰州、西宁、银川6个直属海关整体获评，另有28个直属海关机关获评，203个隶属海关获评，6个企事业单位获评。

▲2021年6月30日，上海海关原创话剧《百年回响》正式上演

【海关史研究工作总体方案】2021年8月17日，总署党委审议通过加强海关史研究工作总体方案，决定把推进中国海关史研究工作作为全国海关党史学习教育常态化长效化的重要举措，明确“加强海关史研究工作、完善组织机构、抓好组织落实”等重点任务。9月7日，方案通知印发全国海关。总署成立海关史研究工作领导小组（以下简称“领导小组”），组

长由总署分管领导担任，副组长由办公厅、政工办主要负责同志担任，成员由统计分析司、财务司、人事教育司、离退休干部局、总署研究中心、中国海关博物馆、上海海关学院、中国海关出版社有限公司、中国海关传媒中心、中国海关学会等单位负责同志担任。领导小组下设办公室（以下简称“关史办”），主要负责牵头制订研究规划，协调推进各研究单位工作运行；出版海关史研究专刊；组织承办中国海关史研讨会；研究提出海关史研究署级课题，组织申报国家级课题；组织编辑出版《中国海关年鉴》等，并承担日常工作。全国各直属海关单位均成立海关史研究工作领导小组及其办事机构。

【中国海关史研究工作实施】 2021 年 12 月 17 日，总署出台加强中国海关史研究工作的实施意见，从夯实海关史研究基础、搭建研究平台、营造研究生态、推出研究成果等方面明确 15 项工作任务，总署关史办组织推进实施。

首部海关年鉴编纂启动。编纂中国海关年鉴在新中国海关历史上尚属首次。作为加强海关史研究的一项重要基础性工作，总署成立海关年鉴编纂委员会，由署长任主任委员，其他署领导任副主任委员，总署各司局主要负责同志为编纂委员会委员。11 月 11 日，副署长胡伟在京主持召开全国海关年鉴编纂部署工作会议并讲话。11 月 12 日，《中国海关年鉴》编纂出版工作方案印发，指导全国海关各单位开展海关年鉴编纂工作。

海关史研究专刊。2021 年 12 月 27 日，首期海关史研究专刊《海关研究》编印完成，在海关系统内正式发行。此专刊作为海关系统内海关史研究成果的学术交流平台，由总署关史办和中国海关学会联合编辑，每年出刊 2 期。首刊主要围绕海关系统庆祝中国共产党成立 100 周年，甄选刊登了中国共产党领导开展近代海关管理主权斗争以及红色海关建设等专题文章，以“红色海关历史”为主题，最终形成 6 个篇目、21 篇优秀论文、32 张珍贵史实照片合集的精品海关史研究专刊。专刊约 20 万字，发行 9,000 册，为中国海关史研究工作创造良好学术氛围。

口述史料抢救征集。2021 年 10 月，全国海关口述史料摸底工作开展。为推进采集规划、采集流程、史料管理的规范化、标准化、科学化，11 月 1 日，总署海关史研究工作领导小组下发关于开展中国海关口述史料抢救征集工作的通知，面向全国海关开展征集活动，规范征集标准。此次史料抢救征集活动重点面向离退休干部和老干部职工，抢救征集的中国海关史料主要包括口述史料、文献史料和实物史料等。

【国家社科基金特别委托项目“中国海关史”】 2021 年 12 月 17 日，经全国哲学社会科学工作领导小组批准，“中国海关史”被确定为 2021 年度国家社会科学基金特别委托项目，总署办公厅为该项目的责任单位，项目资助经费 80 万元，研究周期为 5 年。这在中国海关历史上尚属首次。项目的主要任务是：“依托全国海关馆藏档案和文书资料，整合海关系统内外从事海关历史研究的研究力量，运用唯物史观和正确党史观，统筹中国海关史特别是新中国海关史研究工作，总结新中国建立以来党领导下的海关发展历史经验，更好为社会主义现代化海关建设提供历史借鉴。”

总署党委将承办此项目，开展中国海关史特别是党领导下的红色海关史和新中国海关史研究，作为巩固拓展党史学习教育成果、推进党史学习教育常态化长效化的重要举措。

【“学史·铸魂”红色讲坛】 2021 年，全国海关深入开展“学史·铸魂”红色讲坛，组织各级海关领导班子成员、基层党组织书记讲专题党课，邀请老革命、老党员、老关员，讲述参加革命、参加海关事业建设发展的奋斗历程。各海关单位利用地方和海关红色资源，组织“红色地标巡礼”“重走红军路”“红色走读”等体验式教育活动，开展讲红色故事、唱红色歌曲、学英模事迹系列活动。组织党员干部到上海一大会址、嘉兴南湖、井冈山、延安、西柏坡等地取景拍摄，深入挖掘红色资源背后的故事，通过情景式教学、沉浸式体验讲活红色故事，引导党员干部感悟伟大建党精神的深刻内涵和时代价值。各海关单位自编自导自演舞台剧《百年回响》和《怒海雄关》、情景党课《永不消逝的电波》、音乐 MV《中国进入新时代》、短视频《向党说句心里话》等节目 47 个，举办“传承伟大建党精神，做对党忠诚国门卫士”网上专题展播。基层海关单位结合实际创新推出“乌兰牧骑”行走的党课、“马克思主义学社”“班车课堂”“书记沙龙”等学习品牌。

【青年文明号创建】2021 年，全国海关深入开展“全国青年文明号”创建工作，在服务海关中心工作、促进青年发展方面取得明显成效。突出技能提升，组织青年开展岗位练兵和工作技能比武活动。突出创新创效，组织青年开展岗位建功、项目攻关活动。突出优质服务，加强文明窗口、文明团队建设。在新冠肺炎疫情防控工作中，组建以青年为骨干的“青年突击队”“抗疫先锋队”“志愿服务队”，涌现出一大批先进青年、先进团队，在全国海关组织开展“青年心向党——我在抗疫第一线”100 个抗疫故事接力活动。组织各直属海关单位开展第 20 届“全国青年文明号”推荐工作，对往届“全国青年文明号”进行全面梳理，向团中央申报复核认定。全国海关 53 个单位被评为第 20 届“全国青年文明号”。168 个往届“全国青年文明号”单位待团中央复核认定。

基层组织建设

【模范机关创建】2021 年，全国海关对标“讲政治、守纪律、负责任、有效率”要求，深入开展模范机关创建工作，推动各级机关将模范机关创建融入党建工作和业务工作中，在筑牢口岸检疫防线、严格履行监管职责、积极服务高水平开放、推动改革攻坚、落实国家重大战略等重要工作中当先锋、做表率，走好践行“两个维护”第一方阵。卫生检疫司被评为中央和国家机关创建模范机关先进单位。按照“政治功能强、支部班子强、党员队伍强、作用发挥强”的要求，组织开展“四强”支部争创工作，有效激发各基层党组织奋勇争先、积极作为的内生动力。强化责任落实，建立总署机关党委委员联系基层党组织制度，每位机关党委委员在总署机关企事业单位建立联系点，指导推动基层党建工作。坚持机关带系统，总署机关各司局建立执法一线科室基层联系点制度，20 个部门分别在隶属海关建立执法一线科室联系点，打造机关基层联学联建品牌，示范带动各业务条线党建工作。积极探索信息化条件下开展党建工作的路径方法，全面改造“智慧党建”系统，在全国海关推广应用，推动党建工作标准化、进系统、可考核，2021 年党建考核首次通过“智慧党建”系统开展，党建的智能化、信息化水平进一步提升。

【强基提质工程】2021 年，围绕推进党建工作高质量发展，总署党委聚焦“1231”（突出业务一线基层科室党支部这一重点，坚持夯实基础和巩固提升“两手抓”，推进建立健全基层党组织、建设合格党支部、争创党建品牌三项工作，努力解决基层党建“下冷”问题，实现支部强在科上这一目标）目标任务，持续深化党建“强基提质工程”。此前从 2019 年开始，全国海关全面推行“支部建在科上”，把建设合格支部作为推动基层党组织建设标准化、规范化有力抓手，加强海关基层党支部建设，开展海关基层党建品牌创建工作。2020 年，召开海关党建工作高质量发展推进会，制定关于“四强”支部建设的实施意见。

年内，总署党委委员、副署长、政治部主任胡伟主持召开全国海关党的建设培训会，围绕干部工作、党的建设、纪检工作进行授课。会后，对照党内基本制度落实情况，全国海关各单位开展自查自纠，查摆党建工作问题482个，制定整改措施990条，确定重点研究课题62个。

年内，海关系统实施22个“书记项目”，开展党建难题攻坚，推出15个基层党建创新案例。深度挖掘基层热源，开展支部书记“百问百答”征集活动，聚焦政治理论学习、党员教育管理监督、党内基本制度落实、支部作用发挥、党建业务融合5个方面，从269篇投稿中审核入册100篇，为基层党组织书记和党务工作者提供工作指南。全国海关各基层党组织广泛开展讲党课和优秀党课展播活动，总署分期分批遴选展播40个基层党组织书记“微党课”视频，交流基层党组织提升学习效能的实践成果。

年内，全国海关深化先进典型示范作用，开展向海关系统“两优一先”等身边典型学习活动，营造比学赶帮超浓厚氛围。完成中组部基层党建调研课题“从海关党的组织覆盖看十八大以来党的全面领导不断加强”，全面梳理总结十八大以来海关系统党建工作经验成果，研究立足新时代新要求、推进海关党建高质量发展的工作思路。

▲2021年7月6日，拱北海关青年理论学研小组在党建教育实训中心思政堂开展学习研讨

【党建品牌创建】2021年，全国海关持续深化党建品牌创建工作，按照“逐级争创、层层推优”的原则，从130个全国海关培育品牌中评选晋升26个全国海关党建示范品牌，复核认定99个全国海关党建示范品牌、101个全国海关党建培育品牌。截至年底，共226个基层党组织被总署党委授予全国海关基层党建示范（培育）品牌，144个基层党组织被地方党工委授予党建品牌、党建示范点、示范阵地。围绕“一支部一品牌、一品牌一特色”，推动品牌实体化运作，总结提炼不同条线、不同类型支部工作法。结合党史学习教育“我为群众办实事”实践活动，充分发挥党建品牌示范引领作用，组织党员干部围绕新冠肺炎疫情防控、抢险救灾、乡村振兴、扶危助困等，参加志愿服务、开展结对共建，为身边群众办实事解难题。加强党建品牌动态管理，研究完善党建品牌管理办法，建立党建品牌日常工作台账，举办海关系统品牌支部书记网上培训示范班，着力提升品牌支部书记能力水平。

【“书记项目”试点】2021年，全国海关围绕破解党建业务“两张皮”、机关党建“灯下黑”等党建工作难题，在直属海关机关党委书记、党支部书记两个层面，开展“书记项目”试点工作。按照自愿参与、先行先试原则，各海关单位积极申报项目75个，从选题突出问题导向、工作方案务实科学、措施符合基层实际、预期成果具有推广价值等方面综合评估，筛选出11个直属机关党委书记项目和11个党支部书记项目作为署级试点。总署建立跟踪指导、交流通报工作机制，先后3次召开专题会议进行部署推动，在全国海关党史学习教育简报开设“书记项目”专刊，在《国门时报》开设专栏，分批刊发各试点单位工作进展和取得的成效。各海关单位结合实际，积极开展课题研究和实战攻关，创新推出了一批行之有效的工作机制，探索形成了一批紧贴实际的党建工作法，打造了一批党建实训点和支部样板间，固化完善了一批基层党建制度。总署综合业务司建立“问题清零”工作机制，一体推动综合业务线条“党建+业务”深度融合，解决基层海关与进出口企业“急难愁盼”问题，有关做法被党史学习教育中央第二十一指导组专报刊发。上海海关“三线五讲”、天津海关“机关引领基层、支部联系企业、党员服务群众”等党建业务融合模式获评中央和国家机关工委第三届全国党建创新成果“十佳百优”案例。拱北、黄埔、深圳海关围绕政治能力提升、党建业务融合、事业单位党建等打造独具特色的党建实训点，建立“学研练考用”全链条实训体系。郑州、南京海关聚焦提高思想政治工作针对性有效性，推出“判、听、导、耐、常”工作法，设立思政专委完善经常性谈心谈话。

【机关群团工作】2021年，总署扎实推进机关工会、共青团和妇女组织各项工作。依托重大活动、重要节日等开展主题宣传教育活动。开展“巾帼心向党·奋斗新征程”主题活动，举办“巾帼大宣讲”和“永远跟党走”女职工党史知识竞赛。实施青年理论学习提升工程，带动团员青年通过“青年大学习”“青年社区”等平台学习交流，举办总署机关青年理论学习成果交流暨青年学习标兵评审会。参加中央和国家机关青年学习习近平新时代中国特色社会主义思想经验交流会并派青年代表在会上发言。参加“党在我心中”中央和国家机关青年党史知识大赛，代表队荣获季军，总署获评优秀组织奖。加强先进典型培树，关税征管司原产办、卫生检疫司、财务司机关财务处、中国电子口岸数据中心单一窗口应用团支部4个集体和卫生检疫司庞连萍等9名个人荣获省部级以上荣誉。开展多种形式的文化体育活动，征选书画作品参加中央和国家机关庆祝建党100周年书画摄影展、“冰雪情·冬奥梦”全国职工冰雪主题绘画作品展，组织“永远跟党走·奋进新征程”健步走活动，举办“青春向党·奋斗强国”青年足球比赛，参加北京市东城区第六届“外联杯”乒乓球邀请赛。在“健康中国我行动”全国广播体操工间操云比赛中，总署获得“最佳组织奖”。为干部职工做实事、解难题。先后3次组织60余名大龄青年参加交友联谊活动。持续组织署内女职工开展“恒爱行动”——为新疆地区贫困儿童和河南灾区儿童编织爱心毛线制品的公益活动。

党风廉政建设

【落实全面从严治党主体责任】2021年1月，总署召开2021年全国海关全面从严治党工作会议，传达学习贯彻十九届中央纪委五次全会精神，总结2021年海关全面从严治党、党风廉政建设和反腐败工作，对2021年工作任务做出全面部署，明确61项重点任务并跟进督促落实。各直属海关单位党委及其成员对落实党风廉政建设责任制情况开展自查，总署对部分直属海关单位进行抽查，有关情况向全国海关通报。7月，总署党委与中央纪委国家监委驻海关总署纪检监察组专题会议研究海关全面从严治党工作，细化分解35项会商任务并督办落实。

【加强对“一把手”和领导班子监督】2021年6月，总署党委专题学习《中共中央关于加强对“一把手”和领导班子监督的意见》，推动直属海关单位通过理论中心组学习、领导干部读书班等形式开展学习研讨，增强监督意识，压实监督责任。制定关于加强对“一把手”和领导班子监督的实施意见，明确加强对“一把手”监督、同级领导班子监督、对下级领导班子监督等3方面21条具体措施，推动海关各级党委细化措施，强化监督约束。

年内，总署党委在组织各直属海关单位党委书记普遍开展书面述责述廉述党建的基础上，随机选取 10 名党委书记在总署党委扩大会上现场述职并进行评议。各直属海关党委组织下一级“一把手”开展述责述廉述党建，压实“第一责任人”职责。

【“制度+科技”防控风险】2021 年，总署坚决贯彻落实中央关于加强权力运行制约监督的部署要求，将风险防控要求嵌入改革制度顶层设计，针对海关执法权力下沉、现场监管和外勤作业任务重的特点，围绕防范区域性、系统性风险制订优化提升“制度+科技”效能专项工作方案，研究确定重点推进项目，拍摄海关运用“制度+科技”规范权力运行宣传片。巩固拓展“制度+科技”应用效能，升级完善查验异常结果处置、稽查业务管理、缉私案件管理等系统，推动“制度+科技”规范权力运行向境外预检、实验室管理、固定资产管理、政府采购等 7 个领域延伸，推进权力行为进系统、标准化、留痕迹、可追溯，最大限度压缩自由裁量权，从源头防控执法和廉政风险。

【纠治“四风”】2021 年，全国海关坚持严的主基调不动摇，坚持不懈、持之以恒纠“四风”树新风。年内，总署持续加大落实中央八项规定及其实施细则精神力度，针对作风建设新情况新问题，研究制定深入治理违反中央八项规定精神突出问题、进一步推进清廉海关建设的 17 条措施，组织开展集中宣讲，推动各单位层层抓好落实，综合施策、精准施治。持续纠治形式主义、官僚主义，部署为基层减负 6 方面具体任务，规范精简基层报送数据材料，排查“指尖上的形式主义”，设立基层减负监测点，持续用力精文简会。深化窗口作风建设，优化海关政务服务“好差评”系统，加大推广应用力度，有效提升海关政务服务质效。

【警示教育】2021 年，全国海关着力深化清廉海关建设，一体推进不敢腐、不能腐、不想腐。8 月至 9 月，组织全国海关开展警示教育月活动，部署强化学习教育、通报警示案例、开展基层宣讲、组织视频访谈、评估制度执行 5 项任务，集中通报各直属海关单位活动开展情况。加大典型案例通报曝光力度，多次点名道姓通报海关系统违纪违法和问责典型案例，用身边案件教育身边人，引导干部职工以案为鉴，自觉做到知敬畏、存戒惧、守底线。

年内，总署制作《国门卫士岂容违纪破法》警示教育片，组织全国海关观看、全员受教育，强化警示震慑，筑牢拒腐防变的思想防线。

年内，全国海关开展“基层书记组长谈责任”视频访谈活动，组织基层海关党委书记和派驻纪检组组长围绕“两个责任”谈认识、谈体会、谈思路，优秀访谈视频在海关媒体平台进行交流展播。

【机关纪委监督执纪】2021 年，总署党委制定加强直属机关纪委建设的实施意见，编制任务清单，细化 28 项具体任务。建立机关纪委委员、在京直属企事业单位纪委、基层党组织纪检委员监督报告办法和基层党组织纪检委员职责清单，将各基层党组织支持配合机关纪检工作情况纳入党建考核体系。

年内，加强对党史学习教育、新冠肺炎疫情防控等重点工作监督指导，通过实地督导、座谈走访、邮件电话等方式，督促压实基层党组织和纪检组织、纪检干部责任，总署机关新冠肺炎疫情防控监督工作得到纪检监察工委通报表扬。

年内，加强巡视整改日常监督，督促各基层党组织对照巡视指出的机关党建 4 方面 11 项共性问题开展自查自纠。健全处级及以下党员干部廉政档案，全年办理廉政审核 850 人次。盯住重大节假日，开展廉政信息推送、案例通报，开展新提任处级领导干部集体廉政谈话暨警示教育。

年内，加大执纪审查力度。对违反中央八

项规定精神、“四风”问题露头就打，对反映重点岗位人员、敏感度高的问题线索优先处置，对总署机关 4 名处级干部给予党纪处分。加强以案促治促教，向 2 个基层党组织制发纪律检查建议书，对 1 名受处分干部开展回访教育。总署机关纪委一体推进“三不”经验做法被中央和国家机关工委交流推广。

（撰稿人：王圣伟　朱耿友　刘　培　刘诺轩　李　志　李　彬　李继迅　何慧鹏　范嘉蕾　岳利平　郑　丽　战　凯　战天宇　钟　萱　郭　渊　解　飞）

巡视巡察

概况

2021年，总署党委深入学习贯彻习近平总书记关于巡视工作重要论述和党中央关于巡视工作的新精神新部署，坚定不移深化政治巡视，全面贯彻“发现问题、形成震慑，推动改革、促进发展”的巡视工作方针，以“两个维护”为根本任务，不断推进海关巡视巡察工作高质量发展。

巡视工作

【巡视全覆盖】2021年是实现党的十九大以来海关巡视全覆盖的关键一年，总署党委坚持政治巡视定位，突出“四个落实”监督重点，聚焦被巡视党组织贯彻落实习近平总书记重要指示批示精神和党中央重大决策部署情况，紧盯落实口岸疫情防控、禁止“洋垃圾”入境、打击象牙等濒危动植物及其制品走私、优化口岸营商环境、维护国门生物安全、强化监管优化服务等重点工作情况开展监督检查，着力发现和纠治贯彻不坚决、措施不细致、落实不到位、成效不显著等方面的突出问题，督促被巡视党组织和党员干部自觉在思想上政治上行动上同以习近平同志为核心的党中央保持高度一致，增强“四个意识”、坚定“四个自信”、做到“两个维护”。坚持聚焦海关职能责任，准确把握党中央对海关工作的要求和新时代海关工作职能定位，紧盯权力集中、资金密集、资源富集领域，紧盯“一把手”和领导班子，制定巡视监督重点308个，有的放矢开展监督。坚持创新方式方法，提高发现问题的能力，广泛发动党员群众，畅通信访渠道，打消思想顾虑，用好用足个别谈话、调阅资料、一线调研等巡视监督方式，深入了解掌握被巡视单位实际情况。制定完善关于巡视受理反映和发现有关问题线索的处理办法，规范巡视巡察期间立行立改工作等7项工作制度，提高巡视工作制度化、规范化水平。全年共组织开展两轮对北京海关等20个直属海关单位党组织的常规巡视，对海关总署物资装备采购中心、中国电子口岸数据中心2个在京直属事业单位党组织巡视整改情况开展“回头看”，发现突出问题681个，移交问题线索82件。至此，总署党委共完成对51个单位党组织的巡视，巡视覆盖率88%。

▲2021年10月28日，总署党委第六巡视组听取深圳海关党委工作汇报

【巡视整改】2021年，总署党委强化巡视整改落实和成果运用，坚持以巡促改、以巡促建、以巡促治，扎实做好巡视“后半篇文章”。压实整改主体责任和监督责任，总署党委巡视工作领导小组召开巡视情况汇报会，党委主要负责同志点人点事点问题，对整改提出明确要求，对一些问题要求立即整改不过夜，领导小组副组长分别带队参加了每轮巡视反馈，约谈被巡视单位主要负责同志，提出针对性整改要求，明确党委整改主体责任，强化组织人事、纪检监察部门日常监督责任，有力推动巡视整改。其他总署党委委员按照分工，督促联系的直属海关和分管部门切实抓好整改，推动巡视成果落实。广东分署和天津、上海特派办认真履行巡视整改专责监督职责，对被巡视海关单位整改方案、整改报告进行审核把关，集中整改期开展不少于 3 次的实地检查督导，采取点对点方式通报检查情况，督促整改到位。推进巡视整改制度化、机制化，建立巡视整改评估机制，进一步明确整改责任、联审机制、分类处置、整改督促、整改评估等方面内容，并在部分直属海关进行实地评估测试，提升整改实效。开展巡视整改重点督导，总署巡视办对部分重点单位巡视整改情况组织开展实地督导，通过召开座谈会、查阅整改台账、开展群众满意度测评等方式加大督导力度，推动重点整改事项落实。综合用好巡视成果，推动相关职能部门结合职责督促巡视整改落实，直属机关党委专门召开会议，通报巡视发现的机关党建方面存在共性问题，提出明确整改要求，强调以上率下、真改实改。针对巡视发现的部分直属海关存在党建方面的突出问题，总署政治部组织开展为期 4 个月的全国海关党建工作专题培训，推动即知即改、未巡先改，巡视标本兼治作用更加彰显。

【巡视干部队伍建设】2021 年，总署党委不断加强巡视队伍建设，把巡视岗位作为发现培养锻炼干部的重要平台。结合两轮巡视动员部署会，对巡视干部进行集中教育培训，引导巡视干部提高政治站位，熟练掌握巡视专业知识，提升查发问题能力。举办全国海关巡视干部专题学习活动，通过视频授课的形式，让巡视干部再次熟悉掌握巡视工作相关制度、流程和监督重点，全面提升巡视干部能力水平。制定出台巡视干部推荐、选派以及巡视期间管理考核相关制度，为巡视干部队伍建设提供制度保障。建立巡视组组长、副组长选配机制，从全国海关选拔各岗位优秀干部，特别是年轻干部参加巡视工作；组织人事部门推荐优秀隶属海关关长、副关长参加巡视，既发挥业务骨干作用，又接受巡视工作严格锻炼。建立组办会商机制，总署巡视办派员在巡前准备、巡视中期、驻地巡视结束前等重要阶段全流程跟踪指导巡视组工作，会商巡视发现的突出问题，着力提高巡视报告质量，把好报告的政治关、事实关、定性关、文字关，指导巡视组做好巡视汇报、巡视反馈等工作，通过面对面沟通交流了解掌握巡视干部情况，为发现、培养优秀巡视干部，加强巡视队伍建设打牢基础。

巡察工作

【全国海关巡察工作推进会】2021 年 4 月，总署党委以视频会议形式组织召开全国海关巡察工作推进会，总署党委委员、副署长、政治部主任胡伟主持会议并做讲话，对进一步做好海关巡察工作进行总结部署，提出具体要求。总署巡视办通报 2020 年全国海关巡察工作存在的主要问题，大连海关等 4 个直属海关做交流发言。各直属海关政治部主任，巡察工作部门全体同志在分会场参会。会后，各直属海关党委按照总署党委要求总结巡察工作经验，查找不足，积极整改，推动海关巡察工作高质量发展。

【巡察全覆盖】2021 年，总署党委研究制定加强巡视巡察上下联动实施意见，明确巡视巡察上下联动的总体要求、组织领导、工作任务和保障措施，为完善海关巡视巡察监督体系提供制度保障。总署党委将巡视巡察一体谋划、一体部署、一体推进，创新巡视巡察上下联动的方式方法，不断提升上下联动工作质效。组织开展“联动巡”，在总署党委两轮常规巡视期间，由巡视组与被巡视海关联动组建巡察组，对被巡视海关下属海关单位或机关内设部门开展专项巡察或机动巡察；探索“交叉巡”，总署巡视办指导广东分署从广东省内的海关抽调巡察干部混编组建巡察组，对部分隶属海关开展交叉巡察，破解熟人监督难题；推动“接力巡”，将总署党委巡视反馈的问题和整改落实情况纳入各直属海关党委巡察监督重点。各直属海关党委把巡察工作作为履行全面从严治党主体责任的重要抓手，推进巡察全覆盖工作任务落实，全年共巡察党组织 781 个，累计达 1,388 个，巡察覆盖率 85%。

【巡察干部专题学习活动】2021 年 2 月至 4 月，总署巡视办组织开展全国海关巡视巡察干部专题学习活动，专门制作巡视巡察网络课程，采取“线上+线下”的形式，对 5,500 余名海关系统专兼职巡视巡察干部进行培训，实现培训全覆盖。结合专题学习活动，组织开展“提高巡察发现问题能力”课题研究，42 个直属海关共报送课题研究报告 52 篇。经评审委员会进行集中评审，共评出一等奖 5 篇、二等奖 10 篇、三等奖 15 篇、优秀奖 22 篇。各撰稿单位及个人结合本单位巡察工作实际，提出理论性、创新性观点、思路和对策，为高质量推进海关巡视巡察工作提供重要的参考和借鉴。

（撰稿人：周　秦　班保平）

纪检监察

概况

中央纪委国家监委驻海关总署纪检监察组（以下简称“驻署纪检监察组”）是中央纪委国家监委设在总署的派驻机构，由中央纪委国家监委直接领导、统一管理，依据党章、宪法和监察法等法律，履行党的纪律检查和国家监察职责。2021 年，驻署纪检监察组以习近平新时代中国特色社会主义思想为指导，深入学习贯彻党的十九大和十九届历次全会精神，认真落实十九届中央纪委五次全会部署，增强“四个意识”，坚定“四个自信”，做到“两个维护”，聚焦高质量发展，突出政治监督，坚定不移正风肃纪反腐，发挥监督保障执行、促进完善发展作用，推动海关系统全面从严治党、党风廉政建设和反腐败斗争向纵深发展。

监督检查

【习近平总书记重要指示批示精神和党中央重大决策部署督促落实】2021 年，驻署纪检监察组推动总署党委深入学习贯彻习近平总书记重要讲话精神，认真贯彻落实习近平总书记关于海关工作的重要指示批示和党中央重大决策部署。围绕禁止“洋垃圾”入境、打击象牙等濒危物种及其制品走私、治理“水客”走私、脱贫攻坚、“六稳”“六保”、减税降费等加强监督检查，发现问题、提醒纠正。立足“十四五”开局起步关键阶段，推动总署党委完整、准确、全面贯彻新发展理念，聚焦统筹新冠肺炎疫情防控和经济社会发展、促进国内国际双循环、落实总体国家安全观等重大任务，紧盯学习、部署、落实、成效四个环节开展专项监督，保障落地见效。

【新冠肺炎疫情防控监督】2021 年，驻署纪检监察组毫不松懈抓好常态化疫情防控监督，紧扣海关“外防输入”职责，与总署新冠肺炎疫情防控各司局建立沟通协调机制，健全每日视频巡查的常态化监督机制。部署开展口岸疫情防控、出口防疫物资监管、北京冬奥会冬残奥会服务保障等监督工作，推动海关系统纪检机构实地检查 1.3 万批次，发现并纠正问题 4,759 个。组织召开全国海关纪检机构“毫不松懈抓好疫情防控监督工作”视频会议，制定“海关疫情防控监督工作清单”，建立周报告制度，压实基层监督责任，实时掌握海关一线防疫情况，向中央纪委国家监委报送《海关疫情防控和促进外贸稳增长监督工作专报》52 期、专题报告 3 件。

【全面从严治党主体责任推动落实】2021 年，驻署纪检监察组认真贯彻落实《中共中央关于加强对“一把手”和领导班子监督的意见》，深入分析党的十八大以来海关系统“一把手”违纪违法情况和规律特点，会同总署党委制定实施意见。与总署党委联合开展专题会商，提出意见建议 5 条，向总署党委、有关司局和直属海关单位制发纪检监察建议书、意见书 6 份，有效推动主体责任落实。全面完成对总署全部 21 个司局、10 个直属企事业单位、

47个直属海关单位的实地调研，“面对面”传导压力，促进各级“一把手”和领导干部严格自律、各负其责。召开海关纪检机构“精准规范问责、强化政治责任”视频会，提高问责工作的政治性精准性规范性，对履责不力的29个党组织、169名党员领导干部开展问责。

【“现场监管与外勤执法权力寻租”专项整治】 2021年，驻署纪检监察组聚焦基层执法腐败，统筹全国海关纪检力量，在全国42个直属海关开展“现场监管与外勤执法权力寻租”专项整治，组织相关领域7万余名工作人员参与，研判确定重点关注对象1,429人、重点岗位4,762个，排查廉政风险3,866条，有力防范和化解执法腐败风险。集中力量查办一批权力寻租典型案件，处置问题线索820件，立案179件，党纪政纪处分120人。推动修订完善规章制度1,041项、操作指引696个、作业流程1,481个，有力促进标本兼治。

【“数字化”监督】 2021年，驻署纪检监察组完善海关监督执纪问责信息管理系统，全面建成领导干部电子廉政档案，实现949名在职厅局级干部、1,805名纪检干部“一人一档”，总署31个部门和47个直属海关单位“一关一档”，以信息化建设助力提升监督效能。制定《电子廉政档案管理办法》，发挥廉政档案在严把党风廉政意见回复关、开展日常监督执纪、研判海关单位政治生态等工作中的基础性作用，全年出具党风廉政意见51批、290人次。

执纪办案

【违纪违法案件查办】 2021年，驻署纪检监察组加强对监督对象问题线索的集中管理、集体研判和全程督办，定期召开问题线索处置和案件办理专题汇报会，深挖彻查海关系统严重违纪违法案件，保持惩治腐败高压态势。全年联合地方纪委监委对海关5名厅局级干部、1名处级干部采取留置措施，驻署纪检监察组和海关系统纪检机构共处置问题线索1,704件，立案301件，处分312人。

【“四种形态”运用】 坚持惩前毖后、治病救人方针。2021年，驻署纪检监察组和海关系统纪检机构共运用监督执纪“四种形态”批评教育帮助和处理1,920人次。其中，第一种形态1,593人次，第二种形态217人次，第三种形态73人次，第四种形态37人次。

【作风建设】 2021年，驻署纪检监察组坚持不懈治“四风”树新风，与总署政治部联合制定《关于深入治理违反中央八项规定精神突出问题　进一步推进清廉海关建设的若干措施》，推动海关系统建立基层减负监测点，推进清廉海关建设措施落地见效。严防“四风”反弹回潮。2021年，驻署纪检监察组和海关系统纪检机构共查处违反中央八项规定精神问题67个，批评教育帮助和处理127人，其中处分81人，在总署内部管理网“曝光台”通报曝光63起典型案例。

【警示教育】 2021年，驻署纪检监察组在全国海关通报44起违纪违法和问责典型案例，会同总署党委拍摄制作《国门卫士岂容违纪破法》警示教育片，曝光十九大以来海关系统6起严重违纪违法案件，组织全国海关系统开展警示教育，督促广大党员干部引以为戒，强化惩治震慑、惩戒挽救、教育警醒综合功效。在高压震慑和政策感召下，全国海关共有55人主动投案、118人主动交代问题，监督执纪政治效果、纪法效果、社会效果不断彰显。

深化纪检监察体制改革

【协作办案机制】 2021年，驻署纪检监察组持续深化改革，推动纪法贯通，指导全国直属海关和所在地方纪委监委建立协作配合机制，共与全国29个省级纪委监委（除北京、广东外）、14个市级纪委监委签订了协作配合工作办法。制定进一步规范“组地关”协作配合工作的意见，规范职务违法犯罪案件管辖、问题线索移送程序等关键事项，基本实现海关监察监督全覆盖。全年，海关向地方纪委监委移送涉嫌职务违法犯罪线索29件。

【海关系统纪检机构业务统筹】 2021年，驻署纪检监察组持续深化垂直管理单位纪检监察体制改革，做实“办案以上为主”要求，全年审核海关系统纪检机构问题线索处置意见151件、立案审查55件，纠正问题12件；审核海关纪检机构报送的征求意见、备案案件24起，有针对性提出意见35条。切实履行向下交办典型检举控告的职责，对反映涉疫等5件典型信访举报进行交办，发现并纠正问题7个。

【纪检监察队伍建设】 2021年，驻署纪检监察组举办直属海关单位纪检组组长（纪委书记）监督执纪执法业务培训班1次，统筹调配145人次参与审查调查工作，强化以案代训、以干代训，提升海关系统纪检干部履职能力。修订完善海关系统纪检机构工作考核实施办法，注重结果运用，对11名海关纪检机构负责人提出年度考核优秀建议，对30余名海关纪检机构负责人提出交流调整意见。

【交流宣传】 2021年，驻署纪检监察组承办“国家监委特约监察员走进驻海关总署纪检监察组”活动，向22位国家监委特约监察员全面介绍派驻监督工作特点和成效。派员参加世界海关组织（WCO）2021年第20届廉政分委会线上会议，向世界展示中国海关廉政建设成果。全年共有24篇新闻、信息或理论文章被《中国纪检监察报》《党风廉政建设》等重点报刊采用。

（撰稿人：孙瑞峰）

干部队伍建设

概况

2021年，全国海关深入践行新时代党的组织路线，深入学习贯彻习近平总书记对干部人事工作和人才工作的重要指示批示精神，科学精准选贤任能，选优配强领导班子，创新考察考核方式，培养选拔优秀年轻干部，深化公务员队伍管理，规范事业单位评聘工作，从严从实管理监督，优化调整机构编制和人力资源配置，全方位培养引进用好人才，分级分类开展培训，加强全国海关干部人事部门自身建设，着力建设高素质专业化的准军事化纪律部队，为“十四五”海关事业开新局提供坚强组织保证，圆满完成各项工作任务。服务党和国家工作大局，坚决筑牢口岸检疫防线，组织关员投身一线防疫，优化调整专项考核指标，及时发布考核结果，研究制订应急支援接管预案。服务高水平开放，指导相关直属海关为云南磨憨铁路口岸等17个口岸开放做好人力资源统筹保障，选派优秀干部到中老磨憨—磨丁经济合作区、乌鲁木齐经济技术开发区、霍尔果斯特殊经济开发区挂职。坚持“瘦上强下”，推动人力资源向监管现场倾斜。深入开展机构编制核查和《中国共产党机构编制工作条例》实施情况专项督查，扎实做好机构编制条条干预问题自查自纠工作，严格机构编制管理，完善机构设置、优化职能配置、提高效率效能，海关机构编制管理更加集中统一规范。巩固深化定点扶贫成果，从全国海关选派6名干部参加对口帮扶，助力乡村振兴。2021年，人事教育司党支部被评为中央和国家机关先进基层党组织。

▲2021年7月23日，总署人事教育司党支部到北大红楼参观“光辉伟业，红色序章”展览，开展主题党日活动

机构编制管理和人力资源调配

【中国—中东欧国家海关信息中心成立】2021年，落实习近平主席在中国—中东欧国家领导人峰会上的主旨讲话精神，推动在宁波海关增设“中东欧信息合作处”，对外挂牌“中国—中东欧国家海关信息中心”，受总署委托承担中国—中东欧国家海关信息中心建设相关的综合管理、协调和国际交流合作等工作，为深化中国—中东欧国家海关贸易安全和通关便利化合作提供重要平台。

【海口海关机构编制框架方案获批】根据《海南自由贸易港建设总体方案》，研究制订海南自由贸易港建设配套的海关机构编制框架方案，于2021年8月向中央编办报送关于现阶段海南自由贸易港建设海关机构编制需求的请示。2021年12月，中央编办批复同意将洋浦经济开发区海关、洋浦港海关整合设立洋浦海关（副厅局级），新设立三亚机场海关，增加海关系统行政编制，为海南自由贸易港建设提供有力支持。

【行政机构编制人员配置优化】坚持优化协同高效，配合政策法规司编制总署权责清单，进一步厘清总署机关相关业务部门的职责边界。按照“撤一建一”原则，优化调整哈尔滨、满洲里、青岛、济南、宁波、福州、厦门、湛江、南宁等9个海关的机构编制，强化监管优化服务的整体效能不断增强。指导相关直属海关为云南磨憨铁路口岸、金水河公路口岸、广州港口岸等17个口岸开放做好人力资源统筹保障，推动人力资源向监管现场倾斜。

【事业单位机构编制管理】调研掌握海关系统事业单位情况，对行业类别、分类类别、历史沿革等12项内容进行采集分类和汇总分析，做到底数清、情况明。规范总署直属事业单位领导职数，部署海关系统开展相应调整工作，进一步推动全国海关事业单位领导职数规范化、制度化管理。优化调整海关总署物资装备采购中心内设机构及职责，规范采购流程、加强内部监督制约。在上海海关学院成立海关史研究院，加强海关史特别是新中国海关史研究。在中国海关传媒中心设立《海关总署文告》编辑部。指导石家庄等16个直属海关调整关区内事业编制，优化事业单位人力资源配置。

【口岸防疫人力资源调配】组织全国海关1.4万名关员投身一线防疫，结合防疫重点16次优化调整专项考核指标、发布考核结果365期，调研掌握53个陆路通道人员配备情况，对防疫形势严峻的3个直属海关研究制定应急支援接管预案，口岸疫情防控能力得到整体提升。

干部育选管用

【干部选拔任用】坚持新时代好干部标准和“忠诚干净担当”要求，将做到“两个维护”作为评价使用干部的首要标准，建立常态化分析研判机制，选优配强领导班子成员，牢固树立重品德、重才干、重担当、重实绩、重公认的正确用人导向。在年初中央组织部开展的“一报告两评议”工作中，总署党委选人用人“好评率”、直属海关单位党委“好评率”和新提拔处级以上领导干部的“认同率”均有较大提升。

【考察考核方式创新】2021年，研究加强干部政治素质考察工作措施，通过看核查结果、看推荐测评结果、看重要资料记录、看实地考察情况、看负面问题清单，完善考察流程；通过与党委书记、政治部主任、党委纪检组组长、工作分管领导以及监察、人事、机关党委及巡察工作、财务审计、考察对象所在部门（单位）同志、考察对象本人等有针对性地开展调研谈话；通过对领导班子开展功能性研判、结构性研判、运行性研判、配备性研判，强化交换比较反复；通过建立数字化政治素质表现档案等方式，考准考实干部政治素质。坚持政治标准，优化领导班子年度考核客观指标评分细则，突出对推动高质量发展业绩、领导现代化建设能力、作风建设和党建工作的考核。聚焦重点工作推进情况开展专项考核，开展新冠肺炎疫情防控和“国门利剑2021”专项考核，注重从完成急难险重任务中考察识别干部。全面应用队伍建设综合管理平台平时考核功能，13万人次关联考核岗位，自动抓取各类考核数据超过100万条，通过“制度+科技”初步实现队伍、业务贯通，平时考核的科学性、精准性和便捷性不断提高。

【培养选拔优秀年轻干部】强化年轻干部政治素质培养，选派8名中青年署管干部参加2021年度中央组织部调训，72名优秀干部参加第18、19期海关中青年处级领导干部进修班。坚持递进培养、墩苗成长，推荐优秀处级干部参加总署党委巡视工作，担任总署党委巡视组副组长，选派23名干部到地方挂职、援藏援疆。持续加强执法一线科长队伍建设，78名执法一线科长担任隶属海关党委委员，组织16个东西部海关50名执法一线科长开展互派锻炼，从艰苦边关选拔优秀年轻干部到相对发达地区海关交流任职，推动对艰苦地区边关支持保障力度若干措施中的22条激励关爱措施落地落实。

【公务员队伍管理】严格考录公务员资格审查，稳步推进结构化小组面试改革，总署机关择优从基层单位遴选干部14人、选调高校应届毕业生15人通过线上线下相结合方式，举办新录用公务员初任培训班4期，强化政治理论培训、海关业务培训和准军事化集训，切实为新关员上好“第一课”、扣紧“第一粒扣子”。深入推进专业技术类公务员分类管理改革，组织专业技术类公务员任职资格评定，3, 890人获评高级任职资格。巩固深化公务员分类管理改革成果，推进将职务与职级并行制度同海关干部管理、关衔评授等制度衔接起来，为17, 319名职级公务员评授或晋升关衔。按照中央组织部统一部署，开展公务员法律法规实施情况自查，从坚持和加强党的领导、加强学习培训、完善制度体系、落实法律法规等方面，认真总结成效经验、查摆存在问题、提出整改措施，进一步提升公务员管理效能。扎实做好年度统筹奖励和及时奖励工作，总署企业管理和稽查司荣获先进集体记二等功，向国务院联防联控机制推荐总署卫生检疫司检疫管理处为“全国科技系统抗击新冠肺炎疫情先进集体”。

【事业单位人员评聘】开展年度副高级职称评审，183人获副高级职称。指导中国海关科学技术研究中心成立中级职称评审委员会，核准29个直属海关调整中评会备案，受理委托评审28人次，海关系统技术支撑能力进一步增强。研究规范岗位聘任和公开招聘等工作，审核批复中国海关管理干部学院等4个单位的专业技术岗位聘任管理办法，指导各单位选拔优秀干部进入各级事业单位领导班子。科学制订中国海关科学技术研究中心岗位设置方案，推动高级专技岗位比例大幅提高。专题开展事业单位人事工作书面调研，汇总梳理各单位对加强事业单位考核、激励等方面意见建议249条，落实优秀人才待遇保障政策，为169名按月享受政府特殊津贴人员发放津贴。加强社团组织管理，会同有关司局开展脱钩“回头看”，深入推进违规评选评奖清理整治，部署行业协会收费自查，指导各直属海关单位制定所属企业工资总额管理办法，及时批复各单位实施办法。

【干部管理监督】2021年6月，总署制订关于加强对“一把手”和领导班子监督的实施意见，推动海关各级党委切实履行全面从严治党主体责任和监督责任。加强用人权监督，对临近任职年限直属海关党委书记进行14次提示提醒，严防“突击提拔”等问题。加强群众性监督，受理查核信访举报同比大幅减少，严格领导干部八小时内外管理。加强“四种形态”运用，组织对3个直属海关党委或主要负责人进行提醒。海关干部监督工作得到中央组织部充分肯定，总署主要负责人在中央单位规范领导干部配偶、子女及其配偶经商办企业行为推进会上做大会发言。紧盯育选管用全链条，从严从实查找问题，对22家单位开展选人用人监督检查，严格抓好问题反馈，“点对点”对被检查单位负责同志进行约谈，面向全国海关通报选人用人检查情况，以点带面、举一反三抓好自查。将整改落实情况纳入领导班子年度考核，指导被检查单位党委召开专题民主生活会，确保同类问题不再犯、问题整改不贰过。在年初“一报告两评议”中，总署党委从严管理监督干部“好评率”居中央和国家机关前列，分管署领导在中央组织部加强干部选拔任用监督暨选人用人巡视检查问题整改推进会上介绍典型经验。开展违规投资企业及在企业兼职问题专项整治，在全国海关实现同类问题清零。持续做好“现场监管与外勤执法权力寻租”常态化整治工作，全面落实严格干部交流任职、强化管理监督合力、严格法纪教育和警示教育等10条有力措施，进一步强化不敢腐的震慑、扎牢不能腐的笼子、增强不想腐的自觉。巩固深化干部个人有关事项报告专项整治成果，在中央组织部专项检查中被评为“零差错”反馈单位，全国海关“如实报告率”显著提升，各级领导干部如实报告的政治自觉持续增强。

【干部人事制度体系建设】深入总结党的十八大以来的海关干部人事工作成效和经验启示，统筹规划今后5年海关队伍建设发展，制订实施“十四五”领导班子建设、人才发展、干部教育培训3个规划，统筹推进领导班子建设23项重点任务，大力实施10项重点人才工程（见表3-1），分级分类做好领导班子成员和领导干部、公务员、事业单位工作人员、专业技术人才、中青年干部、艰苦边关和基层干部6类人员素质培养。抓好分解落实，分年度制定69项任务和258条措施，督促相关部门单位按照“时间表”和“路线图”落实到位。抓好宣传贯彻，分别录制专题课程，线上线下相结合进行宣讲，推动入脑入心。

表3-1　“十四五”海关人才发展重点工程

· 党政领导人才培养工程
· 海关专家人才培养工程
· 科技领军人才提升工程
· 专业执法人才建设工程
· 国际合作人才储备工程
· 特色智库人才开发工程
· 法治人才梯队建设工程
· 青年人才培养选拔工程
· 边关人才支持保障工程
· 青苗人才源头培育工程

2021年9月，总署出台海关厅局级领导班子和领导干部年度考核实施办法、海关公务员平时考核实施办法、海关专项考核实施办法，系统构建具有海关特色的“三位一体”考核体系，优化厅局级领导班子和署管干部年度考核，组织对参与重要专项工作、承担急难险重任务、应对和处置重大突发事件的集体和个人开展专项考核，加强公务员和参公事业单位人员平时考核，积极推行分类考核，差异化设置考核指标和权重，注重运用信息平台提升考核效率等探索实践和经验做法，配套编制《海关干部考核三个办法及队伍建设综合管理平台应用60问》，有效提升考核的针对性、有效性、可操作性。

【干部人事工作调查研究】加强与相关部委沟通交流，积极争取中央组织部、人力资源和社会保障部等业务主管部门的指导支持，主动走访有关部委，面对面交流干部人事工作经验，促进专业能力水平持续提升。坚持从百年党史中汲取智慧力量，深入分析不同时期干部工作特点，准确把握蕴含其中的科学规律，高质量开展“机构改革以来海关干部教育培训情况分析研究”“海关考试录用公务员面试工作改革探索”“海关激励干部担当作为有关情况分析”3项课题研究。深入推进“我为群众办实事”，到总署风险防控局、总署税收征管局调研，对10个方面、37项问题研提方案，逐一通报解决措施，就加强总署风险防控局、总署税收征管局党的领导和纪检监督、完善干部选任和交流、优化考核评价和表彰奖励、加强教育培训等建立长效机制，持续推动工作落实。组织深入21个直属海关调研，聚焦“十四五”时期海关队伍建设需要，从班子建设、人才发展和教育培训3个方面进行深入研讨，广泛听取直属海关意见建议，同时深入基层一线了解执法一线科长队伍建设等重要措施的落实情况，与红其拉甫海关、执法一线科室联系点开展联学共建活动，掌握干部群众关心关注的突出问题。

【关心关爱干部职工】2021年11月，总署出台建立新冠肺炎疫情防控保护关心爱护长效机制的工作措施，明确完善各项防护设施建设和防护设备配置、优化口岸监管检疫作业流程、加大科技装备和信息化投入、充实人员力量、合理排班轮换、注重心理疏导、落实激励待遇等16条具体措施，建立对海关系统新冠肺炎疫情防控一线人员特别是实施封闭管理人员的保护关心爱护长效机制，切实解决新冠肺炎疫情防控封闭管理人员的后顾之忧。将驻守大长山岛、六横岛、岱山岛、鼠浪湖岛、嵊泗岛、大铲岛、三门岛、桂山岛、永兴岛9个艰苦海岛的10个海关机构纳入艰苦边关支持保障范围，持续加大对艰苦边远地区海关的关心关爱力度。

【干部人事工作培训】抓好人事部门党风廉政建设，组织直属单位主要领导、分管领导及人事政工干部参加党建工作专题培训，针对选人用人检查发现的突出问题宣讲干部任用条例，加强对人事队伍的全方位管理。举办2021年度人事处长培训班，学习贯彻中央关于干部人事工作的新政策新要求，全面通报选人用人监督检查情况。把干部选拔任用、队伍监督管理中存在的问题作为改进工作的源头，开展学习研讨，查摆存在风险，找准解决问题的思路办法。推进“支部每周学、党小组每天学、党员干部随时学”的学习制度，党员领导干部带头上讲台、讲党课，总署党委委员、副署长、政治部主任胡伟作“对民主集中制的认识和思考”专题授课。举办4期人事教育司党支部青年理论小组“传承和发扬中国共产党人精神谱系”宣讲活动，与基层联系点结对联动开展党史知识竞赛。

▲2021年6月11日，总署人事教育司党支部青年理论学习小组开展“学史爱党，青春建功”党史学习活动

人才队伍建设

【加强各级党委对人才工作的领导】认真学习习近平总书记关于新时代人才工作的新思想新战略新举措，深入贯彻中央人才工作会议精神，2021年12月，总署制订加强海关人才队伍建设的意见，提出从全面加强各级党委对人才工作的领导，培养高层次领军人才、高素质法治人才、高水平国际合作人才、优秀青年人才，引进急需紧缺人才等15个方面全方位加强人才队伍建设。总署党委成立人才工作领导小组，在人事教育司设立领导小组办公室，指导各海关单位党委成立相应领导机构，建立健全党委委员直接联系人才的工作机制，统筹推进人才工作和人才队伍建设。

【专业人才引进培养】引进高层次科技人才，为中国海关科学技术研究中心首批引进专家16人，具有博士学历人员占39%、高级职称人员占50%。用好系统内博士后工作站，协调有关部门提供资金保障，新进站博士2人。补充引进急需紧缺专业人才，招录医学背景专业人才全部充实到口岸疫情防控第一线。分级分类建立专业人才库，培养入库海关稽查专家型人才94名、行政复议人才67名、公职律师1,250名、外事业务骨干1,200名，推荐50名干部获得公派留学资格，选派 15 名留学人员到国外访学或攻读学位。

【统筹用好各方面优秀人才】坚决落实国家重大战略部署，推荐 5 名干部参与海南自由贸易港、雄安新区建设，积极参加国家重大战略项目建设。统筹机关企事业单位人才资源，择优选派 3 名具有博士学位的高素质优秀干部参加第 22 批博士服务团，为地方发展献智献力。

干部教育培训

【习近平新时代中国特色社会主义思想学习教育】始终把学习贯彻习近平新时代中国特色社会主义思想作为干部教育培训的重中之重，深入实施习近平新时代中国特色社会主义思想学习学时学分考核，在制订年度干部教育培训方案和培训计划时明确学习内容、考核要求，将单位学习开展情况纳入领导班子年度考核，干部参训情况纳入个人考核。组织开展党的十九届五中全会精神学习培训，全国海关共举办 256 期处级以上干部集中轮训班，培训厅局级干部 625 人、处级干部 12,399 人，确保应训尽训、不留死角。总署举办 3 期网上专题培训班，分别面向厅局级、处级、科级以下干部，培训 8.8 万人；全国海关举办 79 期学习贯彻党的十九届五中全会精神“海关 e 课堂”专题培训，在“钉钉”App 开设“十九届五中全会精神”学习专栏，组织各级党支部开展集中学习研讨。坚持把学习习近平新时代中国特色社会主义思想作为各级党委形势分析督查例会的“第一议题”，将习近平新时代中国特色社会主义思想课程作为总署党校主体班次主课，在总署举办的重点业务班次安排专题学习。引进更新习近平新时代中国特色社会主义思想学习网络课程 13 门，大力开展深入学习习近平新时代中国特色社会主义思想海关特色课程建设，2021 年评选推介 4 门海关特色课程。

【专业化能力提升培训】围绕《“十四五”海关发展规划》部署的目标任务，加强干部专业训练，提升干部能力素质。2021 年，总署共举办集中调训 45 期，海关 e 课堂 17 期，网上培训班 90 期。聚焦把握新发展阶段、贯彻新发展理念、构建新发展格局，举办 1 期司局级干部专业化能力网上培训班，培训 591 人；在总署党校举办“中青年处级领导干部党校理论进修班”2 期，培训 90 人；举办新任职司局级、正处级领导干部网上培训班各 1 期，培训 910 人，全面提高领导干部政治能力、战略眼光、专业水平。围绕干部成长阶段需要，组织新录用公务员初任培训、晋衔培训，举办初任培训线下班 2 期，线上班 2 期，共培育 2,861 人，晋衔培训线下班 1 期、线上班 6 期，共培训 792 人。落实《行政执法类公务员培训办法（试行）》，加强海关行政执法类公务员业务知识和执法技能培训；举办边关骨干培训 2 期，执法一线科长示范线上班 3 期、培训 5,687 人。聚焦岗位需要开展专业能力培训，2021 年，共举办专门业务培训班 15 期，培训 771 人次，业务类 e 课堂 4 期，专门业务网上培训班 61 期，14 万余人次参训，组织卫生检疫医师、动植物检疫、危化商品包装检验等岗位资质专题学习培训，有效促进海关干部队伍专业素质、专业能力和专业技能提升。落实国务院联防联控机制关于进一步加强新冠肺炎疫情常态化防控培训工作要求，指导各直属海关分级组织新冠肺炎疫情防控相关管理人员、专业技术人员等开展防控政策、防控技术等培训，围绕指挥体系激活运行、疫情应对处置、重点场所应急处置等工作内容开展应急演练，强化实战应用。42 个直属海关针对重点岗位人员累计开展 5,166 期实操培训，培训在岗工作人员 52,738 人次；累计举办岗前培训 3,441 期，培训新上岗工作人员 5,853 人次，有力保障口岸疫情防控岗位能力建设。

【培训期间新冠肺炎疫情防控常态化要求】全面考虑新冠肺炎疫情防控形势，及时编制并适时调整培训计划，尽可能降低疫情对计划执行和预算管理的影响。强化培训主办司局新冠肺炎疫情防控主体责任，明确提出培训实行全封闭管理、执行“日报告、零报告”制度以及学员签署健康承诺书等刚性要求，确保全国海关实现培训“零感染”。及时将初任培训方式调整为线上培训，周密安排培训方案，减少人员流动。指导出现疫情地区第一时间了解属地新冠肺炎疫情防控要求、排查学员风险状况、做好个别学员隔离等。落实《应对突发培训涉疫情况处置方案》，从疫情始发、期间及结束三个阶段较为系统梳理归纳有关培训的新冠肺炎疫情防控经验做法，不断提升应急处突能力。统筹运用线上学习、线下自学、分组研讨等多种方式开展线上线下融合式培训，强化网上培训教学管理，提高网上培训教学质量，有效引导各部门各单位加大网络培训力度，降低培训安全风险。

（撰稿人：丁　莹　马　钰　王文宁　成维斌　仲明阳　李　军　沈　阳　姚　杰　索　森　靳鹏飞　谭影旋　翟金龙）

第四篇

业务建设

口岸开放与运行管理

概况

2021年，中国海关在统筹口岸疫情防控、强化口岸开放管理、持续优化口岸营商环境、推动国际贸易“单一窗口”建设、巩固口岸国际合作等方面取得积极成效。

严格落实边境口岸“客停货通”政策，在确保口岸疫情防控安全前提下，推动解决口岸货物积压问题，有效缓解口岸拥堵。截至年底，报请国务院批准对外开放口岸2个、扩大开放口岸7个，完成验收口岸8个，关闭口岸2个。持续优化口岸营商环境，顺利完成国务院确定的到2021年年底整体通关时间比2017年压缩一半的目标任务；组织开展2021年度跨境贸易便利化专项行动，总署会同国家发展改革委、财政部、交通运输部、商务部、国家市场监督管理总局等部门围绕优流程、压时间、提效率、降成本等方面联合推出18项改革举措；聚焦市场主体关切，对标国际先进水平，牵头拟定《关于进一步深化跨境贸易便利化改革优化口岸营商环境的通知》，提出5个方面27项措施。持续深化国际贸易“单一窗口”建设。除特殊情况外，38种监管证件全部通过“单一窗口”一口受理，“单一窗口”实现与国家电子政务平台“总对总”对接，完成出口退税功能开发并在全国推广，累计服务企业1万余家，退税额439亿元。持续深化口岸国际合作，组织召开中俄、中蒙口岸合作机制会议，协调口岸疫情防控和提升过货能力等；签署《中华人民共和国海关总署和新加坡共和国关税局关于“单一窗口”互联互通联盟链的合作备忘录》。

口岸开放与发展

【国务院口岸工作部际联席会议第六次全体会议】2021年2月5日，国务院口岸工作部际联席会议第六次全体会议在北京召开。联席会议由海关总署、外交部、国家发展改革委、科技部、工业和信息化部、公安部、司法部、财政部、生态环境部、交通运输部、农业农村部、商务部、国家卫健委、中国人民银行、国家税务总局、国家市场监督管理总局、国务院港澳事务办公室、国家移民管理局、国家林业和草原局、国家铁路局、中国民用航空局、国家中医药管理局、国家外汇管理局等25个部门和单位组成。会议聚焦党的十九届五中全会和中央经济工作会议精神，对新形势下口岸疫情防控、保障国际物流畅通、促进外贸稳定增长等重点工作做出部署。同时，会议研究审议通过《国家“十四五”口岸发展规划（报审稿）》，明确未来5年全国口岸建设发展目标及统筹协调做好口岸安全联合防控等相关工作。

【《国家“十四五”口岸发展规划》发布】2021年8月31日，国务院批准《国家“十四五”口岸发展规划》。9月16日，总署印发实施《国家“十四五”口岸发展规划》（以下简称《规划》）。《规划》全面总结了“十三五”

时期口岸发展主要成绩，分析了“十四五”口岸发展面临的形势，确定了“十四五”时期口岸发展的指导思想、基本原则、发展目标，部署了11项主要任务、4项重点工程和5项重大举措，同时对《规划》组织实施提出明确要求。其中，在主要任务方面，《规划》提出围绕枢纽口岸优化口岸布局。一是巩固沿海地区口岸在构建新发展格局中的主力军地位。二是全面加快边境地区口岸发展。三是支持内陆地区口岸创新发展。四是统筹推进航空口岸高质量发展。《规划》同时提出探索实施口岸分级分类动态管理。坚持全国“一盘棋”，根据口岸所处区域、类型、功能定位等方面的差异性探索实施分级分类管理。将战略地位重要、口岸经济社会效益强和辐射带动作用大的口岸作为国际枢纽口岸，战略地位比较重要、口岸经济社会效益较强和辐射带动作用较大的口岸作为国家重要口岸，其他口岸作为地区普通口岸。针对不同等级不同类型口岸，在口岸准入、退出、建设、运行等方面制定不同的条件和标准，给予差别化政策。落实《口岸准入退出管理办法（暂行）》，稳妥有序推进口岸退出实施。加快清理整顿原二类口岸，“十四五”时期完成清理整顿工作。在口岸开放准入标准方面，《规划》提出水运口岸将加快推进向以地级市为单元“一城一口岸”方向整合。在重点工程建设方面，《规划》明确了四类重点枢纽口岸示范工程：水运口岸项目、航空口岸项目、公路口岸项目、铁路口岸项目。《规划》提出，全面落实新时代口岸高质量发展要求，以口岸综合绩效评估为抓手，统筹推进平安、效能、智慧、法治、绿色“五型”口岸建设。到2025年，基本建成口岸布局合理、设施设备先进、建设集约高效、运行安全便利、服务完备优质、管理规范协调、危机应对快速有效、口岸经济协调发展的中国特色国际一流现代化口岸。到2035年，建成与基本实现社会主义现代化相适应的现代化口岸，高质量完成“五型”口岸建设。

【口岸新冠肺炎常态化疫情防控】 2021年，中国海关贯彻落实国务院应对新冠肺炎疫情联防联控机制要求，扎实推进依法依规科学精准防控。国家口岸管理办公室坚持边境口岸运行动态监测，对全国在运行的75个边境口岸进行日常监测，坚持日报口岸运行数据、周报口岸运行动态，重点关注中俄、中蒙、中缅、中哈、中吉、中老等重点口岸数据动态，密切监测周边国家新冠肺炎疫情防控和口岸运行状态，成为制定“外防输入”有关政策措施的重要依据，2021年全年共报送日报365期。坚持“客停货通”原则，严格按程序办理口岸临时关闭或恢复货运功能，要求地方政府在完善口岸闭环管理、疫情防控方案及应急处置预案前提下，按程序先后恢复中哈吉木乃公路口岸、中巴红其拉甫公路口岸、中越平孟公路口岸、中朝丹东铁路口岸，以及中俄黑河（散装码头）、同江（西港）、抚远、萝北、嘉荫、逊克、饶河7个水运口岸明水期货运功能，批准中尼陈塘、日屋、普兰口岸，中越那西通道，中巴红其拉甫口岸，江西上饶三清山机场、山东临沂机场，以及中老磨憨铁路口岸8个口岸（通道）临时开放。及时协调地方政府与对应国家动态管理，保障对外援助重大工程物资、能源产品通关。会同中央编办、国家发展改革委、外交部等部委赴新疆、内蒙古等边境口岸一线开展实地调研，推动地方在做好疫情防控前提下进一步提升口岸过货量。

【服务国家重大发展战略】 2021年，中国海关主动服务国家重大发展战略，支持各地根据当地开放型经济发展特点及经济发展需要进一步加快口岸开放、建设和制度创新，持续提升口岸安全便利化水平和口岸综合治理能力。支持海南自由贸易港建设，指导海南省编制《海南自由贸易港口岸布局方案》，10月7日获国务院批准。配合国家发展改革委做好中老磨憨铁路口岸开放、验收相关工作，确保口岸与铁路同步开通，同时配合外交部做好磨憨铁路口岸“一地两检”设置相关工作，12 月 3 日磨憨铁路口岸顺利开通。配合国家发展改革委做好黑瞎子岛联合保护开发口岸设置工作，指导黑龙江省口岸办根据黑瞎子岛联合保护开发规划研究制订相应口岸设置方案。5 月 13 日在武汉召开中部内陆地区口岸发展专题座谈会，推动内陆地区口岸高质量发展，听取内陆地区口岸管理部门对口岸综合绩效评估管理办法的意见建议。

【口岸开放审理和验收】2021 年，中国海关研究制订年度口岸开放审理计划，按程序报国务院备案后有序组织实施，年内先后报请国务院批准云南磨憨铁路口岸、内蒙古二连浩特航空口岸对外开放，以及四川成都、江苏连云港航空口岸，广东湛江港、江苏南通港、海南三亚港、福建宁德港水运口岸，广西龙邦公路口岸计 7 个口岸扩大开放；组织完成广东揭阳港和汕尾港、福建宁德港水运口岸，云南勐康、广东青茂、黑龙江黑河公路口岸，云南磨憨铁路口岸以及重庆港水运口岸 8 个口岸验收；报请国务院批准关闭广东佛山、肇庆 2 个铁路口岸；积极会商和协调外交部、国家移民管理局和广西、西藏、云南、吉林有关部门以及总署相关司局，推动研究制定边民通道分类处置清单。截至 2021 年年底，全国共有经国务院批准开放口岸 313 个（见表 4-1）。其中水运口岸 129 个，航空口岸 81 个，铁路口岸 21 个，公路口岸 82 个。

【完善口岸管理制度】为进一步规范口岸管理，2017 年以来，中国海关先后组织编制《口岸准入退出管理办法（暂行）》《口岸验收管理办法（暂行）》《非口岸区域和限制性口岸临时开放管理办法（暂行）》，经国务院批准后以海关总署、公安部、交通运输部、原国家质检总局四部委联合发文形式印发实施；2017 年，中国海关牵头组织编制《国家口岸查验基础设施建设标准》，当年 9 月 29 日，由住房和城乡建设部、国家发展改革委联合批准发布。2021 年，中国海关加快组织修订和完善《口岸准入退出管理办法（暂行）》《口岸验收管理办法（暂行）》《非口岸区域和限制性口岸临时开放管理办法（暂行）》，进一步规范口岸管理，推动修订《国家口岸查验基础设施建设标准》，完成项目立项。

【建立口岸综合绩效评估制度】2021 年，为推进平安、效能、智慧、法治、绿色“五型”口岸建设目标，促进口岸高质量发展和治理体系、治理能力现代化，中国海关组织中国口岸协会牵头研究制定口岸综合绩效评估管理办法，明确开展综合绩效评估的对象、指标体系、实施主体、评估程序、结果发布及应用，组织开发配套“口岸综合绩效评估系统”，对涵盖水陆空铁等不同类型、内陆沿海沿边等不同区域的 94 个典型口岸进行模拟测评，验证评估指标体系的可行性、可操作性。口岸综合绩效评估指标体系设立涵盖硬件设施、通行能力、投入产出、运行安全、口岸通关便利化、智慧智能、管理服务、带动能力、绿色环保和社会效益 10 个一级指标，各一级指标名下设若干二级指标，通过采集权威数据、口岸上报材料、口岸检查单、调查问卷 4 类基础数据，按照科学的指标算法和合理的指标权重设置，计算获得全国各个口岸的指标得分及综合得分。

表 4-1　全国对外开放口岸分地区一览表

（截至 2021 年 12 月 31 日）

序号	省别	数量	水运口岸	航空口岸		铁路口岸	公路口岸	
				对中外飞机全开放	限制性		（国际）	（双边）
1	北京	2		北京		北京		
2	天津	3	天津　渤中	天津				
3	河北	4	秦皇岛　唐山　黄骅	石家庄				
4	山西	3		太原　大同 运城				
5	内蒙古	20		呼和浩特 海拉尔 满洲里 鄂尔多斯 包头 二连浩特		二连浩特 满洲里	珠恩嘎达布其 满洲里 二连浩特 阿尔山	阿日哈沙特 额布都格 甘其毛都 满都拉　策克 黑山头　室韦 乌力吉
6	辽宁	13	大连　营口　丹东　庄河 葫芦岛　旅顺新港　锦州 长兴岛　盘锦	沈阳 大连		丹东	丹东	
7	吉林	16		长春　延吉		集安 图们 珲春	珲春　集安 圈河	临江　开山屯 三合　南坪 长白　古城里 沙坨子　双目峰
8	黑龙江	27	哈尔滨　富锦　佳木斯　同江 黑河　漠河　呼玛　逊克 抚远　孙吴　萝北　嘉荫 饶河	哈尔滨 佳木斯 齐齐哈尔 牡丹江		绥芬河 哈尔滨 同江	绥芬河 黑瞎子岛 黑河（索道） 黑河	东宁　密山 虎林
9	上海	3	上海	上海		上海		
10	江苏	26	连云港　张家港　南通　南京 镇江　江阴　扬州　泰州 常熟　太仓　常州　如皋 靖江　大丰　如东　启东 盐城	南京　盐城 徐州　常州 淮安　无锡 扬泰　南通 连云港				
11	浙江	10	温州　宁波 舟山　台州 嘉兴	杭州　宁波 温州　义乌 舟山				
12	安徽	7	芜湖　铜陵　安庆　池州 马鞍山	合肥　黄山				

续表1

序号	省别	数量	水运口岸	航空口岸		铁路口岸	公路口岸	
				对中外飞机全开放	限制性		（国际）	（双边）
13	福建	11	福州　厦门　泉州　漳州　宁德　莆田　平潭	厦门　福州　泉州	武夷山			
14	江西	2	九江	南昌				
15	山东	18	青岛　烟台　威海　龙口　石岛　日照　东营　蓬莱　莱州　龙眼　潍坊　董家口　滨州	青岛　济南　烟台　威海　临沂				
16	河南	3		郑州	洛阳	郑州		
17	湖北	4	武汉　黄石	武汉　宜昌				
18	湖南	3	城陵矶	长沙　张家界				
19	广东	56	广州　湛江　汕头　汕尾　九洲　广海　蛇口　莲花山　赤湾　惠州　妈湾　盐田　茂名　阳江　大亚湾　珠海　潮州　万山　南沙　潮阳　虎门　新会　深圳大铲　揭阳　湾仔　三埠　江门　肇庆　南海　斗门　鹤山　中山　容奇　高明　新塘	广州　深圳　揭阳　湛江	梅州	深圳　广州　东莞　广深港	文锦渡　拱北　沙头角　皇岗　罗湖　横琴　深圳湾　珠澳工业区　福田　港珠澳　莲塘	青茂
20	海南	8	海口　三亚　八所　洋浦　清澜	三亚　海口　博鳌				
21	广西	18	防城港　北海　钦州　梧州　柳州　贵港	南宁　桂林	北海	凭祥	友谊关　东兴　水口	龙邦　平孟　爱店　峒中　硕龙
22	四川	1		成都				
23	重庆	2	重庆	重庆				
24	贵州	2		贵阳	遵义			
25	云南	21	思茅　景洪　关累	昆明　西双版纳　丽江　芒市		河口　磨憨	瑞丽　磨憨　打洛　河口　天保　都龙　勐康	金水河　畹町　腾冲　孟定　田蓬
26	西藏	5		拉萨			吉隆	普兰　樟木　里孜
27	陕西	1		西安				

续表2

序号	省别	数量	水运口岸	航空口岸		铁路口岸	公路口岸	
				对中外飞机全开放	限制性		（国际）	（双边）
28	甘肃	3		兰州　敦煌				马鬃山
29	新疆	19		乌鲁木齐 喀什　伊宁		阿拉山口 霍尔果斯	红其拉甫 霍尔果斯 巴克图 伊尔克什坦 吉木乃 卡拉苏 都拉塔 吐尔尕特 塔克什肯 老爷庙	红山嘴 乌拉斯台 木扎尔特 阿黑土别克
30	宁夏	1		银川				
31	青海	1		西宁				
合计		313	129	76	5	21	44	38

优化口岸营商环境

【促进跨境贸易便利化专项行动】 2021 年 1 月，总署召开 2021 年促进跨境贸易便利化专项行动部署会，总结分析 2020 年优化口岸营商环境、促进跨境贸易便利化工作情况，部署在北京、天津、上海、重庆、广州、深圳、杭州、宁波 8 个城市集中开展为期 4 个月的促进跨境贸易便利化专项行动，相关地方负责同志和国务院办公厅政府职能转变办公室、财政部、交通运输部、商务部、国家市场监督管理总局有关负责同志参会。总署会同相关部门紧紧围绕优流程、降成本、压时间、提效率等方面，联合推出 18 项改革创新措施，主要包括：推进集装箱设备单证电子化；推动进出口环节涉及的监管证件通过国际贸易“单一窗口”一口受理、自主打印；电子版“入境货物检验检疫证明”跨部门合作和电子证明信息共享；优化海关查验作业模式，提高非侵入式检查比例，扩大“智能审图”等覆盖范围；深化“提前申报”“两步申报”“两段准入”改革；落实口岸单位公布作业时限制度；提升口岸通关信息化智能化水平，加快“智慧港口”建设；引导国际集装箱班轮公司增加船舶运力投放，缓解出口集装箱船舶运力紧张状况，降低企业跨境运输成本；引导船公司（班轮公司）规范调整收费结构，取消不合理附加费，严格执行运价备案制度；完善港口收费政策，落实口岸收费目录清单制度，并强化动态调整更新等内容。专项行动期间，各地高度重视，推动落实国家层面部署的“规定动作”，并结合实际研究出台“自选动作”，各项措施落实到位，达到了预期目标。同年 5 月，专项行动结束后总署及时总结工作情况，将专项行动 18 项改革措施向全国口岸复制推广。

▲2021 年 7 月 29 日，国家口岸管理办公室有关同志出席国务院政策例行吹风会，介绍进一步深化跨境贸易便利化改革优化口岸营商环境有关情况，并回答记者提问

【优化口岸营商环境政策措施】2021 年，总署着眼于进一步促进外贸高质量发展，聚焦市场主体关切，对标国际先进水平，会同相关部门研究起草《关于进一步深化跨境贸易便利化改革优化口岸营商环境的通知》，提出进一步优化通关全链条全流程、降低进出口环节费用、提升口岸综合服务能力、改善跨境贸易整体服务环境、加强跨境通关合作 5 个方面 27 项具体举措，主要包括：推进海关全业务领域一体化、优化进出口货物通关模式、推进“主动披露”制度和容错机制实施、深化税收征管改革、提升出口退税便利度、合理调整和精简进出口环节监管证件、推进检验检疫监管模式改革、进一步规范口岸收费、优化收费公示制度和收费服务模式、加大进出口环节收费监督检查力度、深化国际贸易“单一窗口”功能等举措。经国务院常务会议审议并报国务院批准，8 月 20 日，海关总署会同国家发展改革委、财政部等 9 个部门向各省（区、市）人民政府联合印发该通知。

【巩固压缩进出口货物整体通关时间成效】2021 年，中国海关积极支持在具备条件的港口推进进口货物“船边直提”和出口货物“抵港直装”试点。推动重点港口公布作业时限，进一步细化靠泊、装卸、场内转运、吊箱移位、掏箱、提箱等作业时限。在全国推进货物“两步申报”和“两轮驱动”风险防控方式、“两段准入”监管作业方式相衔接，缩减申报准备、转关办理和海关通关时间。大力推广机检集中审像作业模式，扩大智能审图作业范围。对免予办理强制性产品认证（CCC 认证）证明进口的汽车零部件，在申报时实行“先声明、后验证”。据统计，2021 年 12 月，全国进口、出口整体通关时间分别为 32.97 小时和 1.23 小时，分别较 2017 年压缩 66.14% 和 89.98%，圆满完成国务院确定的“到 2021 年底整体通关时间比 2017 年压缩一半”的目标任务。

【降低进出口环节费用】2021 年，总署会同相关部委聚焦进出口环节重点领域，研究提出针对性解决措施。持续推进落实《清理规范海运口岸收费行动方案》涉及海关任务事项。加大对地方口岸工作指导协调力度，督促各地落实口岸收费目录清单公示制度并动态更新，增强口岸收费透明度。支持具备条件的港口探索施行口岸收费“一站式阳光价格”。配合国家主管部门对市场主体反映的国际海运集装箱收费等问题进行调研，协同做好清理规范进出口环节收费等工作。进一步优化财关库银横向联网功能，扩大联网银行范围，推动行邮税征收电子支付功能上线，持续优化企业纳税服务。

【贸易便利化国际合作交流】2021 年，中国海关立足海关职能定位，维护国家利益，服务外交外贸大局，对世界贸易组织（WTO）《贸易便利化协定》（TFA）涉及海关领域业务实施情况进行全面梳理，目前中国海关已 100%实施 TFA 条款规定。加强海关、口岸等领域对外合作交流，推进中国海关与共建“一带一路”沿线国家和地区、RCEP成员方、中东欧国家和重要贸易伙伴间“经认证的经营者”（AEO）互认合作；中国海关已与21个经济体47个国家（地区）签署AEO互认安排协议，互认国家（地区）数量居世界首位。支持中国企业参与国际经贸治理，助推中资企业成功入选世界海关组织（WCO）新成立的亚太地区企业咨询组首届成员。建设中国—中东欧国家海关信息中心，不断提升服务功效，及时发布法律法规、清关指南、监测预警、技贸资讯等信息，受理互动交流咨询，助力中国企业“走出去”。举办第六次中欧陆海快线通关便利化工作组会议，建立“中欧陆海快线沿线国家通关协调咨询点”，推动中欧陆海快线通关便利化合作持续发展。推动落实世界海关组织（WCO）《全球贸易安全与便利标准框架》“安智贸”国际合作项目，通过实现数据互换，构建高效、安全的贸易航线。同时，问需于企、助企纾困，持续做好贸易政策合规工作，组织对出口企业境外通关情况问卷调研，及时了解并解决我国企业在境外通关过程中遇到的困难问题，护航守法贸易，促进跨境通关便利。

国际贸易“单一窗口”建设

【进出口环节监管证件一口受理】2021年前，中宣部（国家新闻出版署）、工业和信息化部、自然资源部、生态环境部、农业农村部、商务部、中国人民银行、国家广播电视总局、国家林业和草原局（国家濒管办）、国家药监局、国家电影局等部门签发的音像制品（成品）进口批准单、民用爆炸物品进口审批单、民用爆炸物品出口审批单、古生物化石出境批件、有毒化学品进出口环境管理放行通知单、农药进出口放行通知单、合法捕捞产品通关证明、中华人民共和国出口许可证、中华人民共和国自动进口许可证、援外项目任务通知单、银行调运人民币现钞进出境证明、黄金及黄金制品进出口准许证、进口广播电影电视节目带（片）提取单、中华人民共和国野生动植物允许进出口证明书、非《进出口野生动植物种商品目录》物种证明、《濒危野生动植物国际贸易公约》允许进出口证明书、药品进口准许证、药品出口准许证、进口药品通关单19种进出口环节监管证件通过“单一窗口”一口受理。2021年，海关总署会同科技部、商务部、中宣部（国家新闻出版署）、农业农村部、国家市场监督管理总局、国家林业和草原局等部门，实现人类遗传资源材料出口/出境证明、进口许可证、麻醉药品和精神药物进出口准许证、进口医疗器械备案/注册证、进口普通化妆品备案凭证、进口特殊化妆品注册证书、两用物项和技术进口许可证、两用物项和技术出口许可证、技术出口许可证、技术出口合同登记证、赴境外加工光盘进口备案证明、国（境）外引进农业种苗检疫审批单/引进林木种子苗木检疫审批单、农业转基因生物安全证书（进口）、强制性产品认证证书或证明文件、进口兽药通关单、特种设备制造许可证及型式试验证书、婴幼儿配方乳粉产品配方注册证书、保健食品注册证书或保健食品备案凭证、特殊医学用途配方食品注册证书19种进出口环节监管证件通过“单一窗口”一口受理。至此，进出口环节应纳入“单一窗口”受理的38种监管证件全部通过“单一窗口”受理，相关市场主体可以通过“单一窗口”一个平台，向各监管部门网上申领所需的各类进出口环节监管证件，进一步提升贸易便利化水平，社会反响良好。

【“单一窗口”功能建设】2021年，“单一窗口”基本功能由18大类729项扩大到19大类781项，累计注册用户由396万家增加到502万家，日申报业务量由1,200万票增加到1,400余万票，服务覆盖全国所有口岸和特殊监管区域、自由贸易试验区、跨境电商综试区等各类区域，基本满足企业“一站式”业务办理需求，核心系统可用性达99.9%。实现中国国际贸易“单一窗口”平台与国家政务服务平台用户身份认证体系对接互认，在国家平台门户开通“单一窗口”专区，完成与国家平台电子证照系统对接准备，配合国务院电子政务办、国家林业和草原局完成非《进出口野生动植物种商品目录》物种证明申请核发跨省通办功能开发和上线推广。6月30日，危险货物申报功能在山东青岛海运口岸开展试点，试点企业通过“单一窗口”顺利完成船舶载运包装货物、固体散装、液体散装进出港口申报及安全适运报告等功能，通过边试点边优化，持续提升系统使用便利性。完成原产地证电子管理系统、进口食品化妆品进出口商备案系统、出口食品生产企业备案管理系统、进境动植物检疫审批管理系统、进口机动车VIN管理系统、出口退货信息管理系统、进口肉类卫生证书电子核查系统、进口食品境外生产企业注册管理系统、进境粮食检验检疫管理系统、进境种苗检疫管理系统10个系统的改造工作，实现统一服务入口、统一身份认证、统一部署、统一运维管理。

【口岸跨部门信息共享和业务协同】2021年，“单一窗口”平台累计交换共享信息3.4亿条，口岸各部门在进出口环节38种监管证件全部实现联网核查、无纸通关，会同国家税务总局完成“单一窗口”出口退税（金三版）功能开发并在全国推广应用，提高了企业通过“单一窗口”申报出口退税的便利性。天津、上海、浙江、山东、广东、海南、重庆、福建、安徽、江苏、广西11个地区已实现海关查验信息推送功能，累计向地方推送海关查验信息601万条，接收港口、码头调箱信息131万条。

【“单一窗口”功能向跨境贸易全链条延伸覆盖】2021年，中国海关开展与银行、保险机构合作对接，稳步推进金融保险服务扩大试点。完成与招商银行、中信银行、华夏银行、浦发银行、北京银行、南京银行、宁波银行、广发银行第三批共8家金融保险机构的合作协议签署并实施系统对接，对接试点金融机构增至20家，上线信用证国际结算、进出口信用证押汇、出口商业发票融资、“跨境贷”优化、出口信用保险（二期）功能、出口信保快捷贷等一批创新服务功能，惠及外贸企业23万余家。推动完成航空物流公共信息平台验证工作目标，实现验证主体、系统标准和业务流程三个“全覆盖”。在福建（厦门）、广东（广州、深圳）、海南、陕西等地区组织开展首批试点建设工作，取得积极成效。据厦门市口岸办测算，进口方面，物流作业时间最快可压缩90%；出口方面，作业效率提升70%。开发上线企业跨境贸易档案系统（一期），以企业为单元汇聚本企业跨境贸易数据，为企业提供查询、分析和展示服务，辅助企业经营分析和品牌推广。上线“掌上单一窗口”移动应用，首批功能包括货物通关状态、出口退税联网核查、监管证件联网状态、个人物品通关状态、跨境电商额度、进出口商品税率等查询及订阅推送等，最大限度满足企业“一站式”查询服务需求。创新推出大企业直连服务，满足全国多地从事进出口业务、设有多个独立法人单位的大型企业集团的个性化系统对接直连需求，降低企业的业务管理和系统运维成本。在全国海运口岸推广应用“单一窗口”口岸收费及服务信息发布系统，促进口岸收费更加公开透明，进一步优化口岸营商环境。

【地方及区域性“单一窗口”建设】2021年，中国海关积极支持地方及区域性“单一窗口”建设，促进贸易便利、行业融合和业态创新，服务国家区域发展战略和地方经济贸易发展，总体上呈现多点齐发、竞相创新的特点。对海南“单一窗口”建设提出指导意见，加快推动海南自由贸易港公共信息服务平台整合，上线海南“零关税”设备、交通工具及游艇管理系统申报功能，提升海南岛内企业设备转移、转让、抵押贷款等业务办理效率。支持指导重庆地方推进合作机制、平台建设、统一认证、应用开发、“智能制单”项目推广等相关工作，加强区域内信息共享与业务协同，促进区域跨境贸易、跨境物流和相关产业深度融合。研究区域性平台建设发展规划，支持西部陆海新通道、长三角、大湾区等国家区域发展战略，促进地方经济发展。指导广东上线粤港澳大湾区跨界车辆信息管理综合服务平台，试运行粤澳货物“一单两报”功能，建设“澳车北上”系统。

【“单一窗口”对外交流与合作】2021年，在持续深化并巩固与新加坡“单一窗口”合作的基础上，积极开展对“一带一路”部分国家和地区的“单一窗口”交流与合作，同时利用各种国际平台宣传推介我国“单一窗口”实施成效，提出有关合作倡议。6月18日，会同新加坡成功举行中新（加坡）海关“单一窗口”联合工作组第五次会议，推动货物申报数据交换和海运集装箱通关物流信息交换合作项目扩大试点，并于中新双边合作联委会第十七次会议上与新方签署《中华人民共和国海关总署和新加坡共和国关税局关于“单一窗口”互联互通联盟链的合作备忘录》。参加世界海关组织（WCO）、世界贸易组织（WTO）、亚洲开发银行（ADB）等有关国际组织活动，推动中国“单一窗口”提案纳入世界海关组织（WCO）《经修订的京都公约》及其指南。开展与马来西亚等东盟成员、澜湄国家、中亚国家、以色列等“一带一路”有关国家和地区的“单一窗口”合作磋商与交流。

【“单一窗口”客户服务质量】2021年，中国海关持续加强国际贸易“单一窗口”运行安全管理，强化运维服务保障，通过组织绩效考核、问卷调查、情况通报和操作培训等，多手段、全方位提升客户服务质量。依托全国一体化运维服务管理平台，组织开展每月客服绩效考核和服务月报发布，指导加强对地方95198热线抽查。制定对直属海关“单一窗口”绩效考核指标，综合运用项目推广、数据安全、系统运行和客户服务等指标，多手段促客服质量提升。常态化开展企业问卷调查，了解企业痛点，切实为企业解难题。年内定期开展运行周报、服务月报、季度通报发布工作，通过微信公众号、新浪微博等发布196篇“单一窗口”宣传文章；举办17场系统功能操作线上培训。全年用户满意度在96.9%以上，“单一窗口”核心系统可用性达99.9%以上。

口岸国际合作和港澳台地区合作

【加强口岸国际合作和港澳台地区合作机制】2021年，总署充分利用中俄、中蒙、中越等常态化口岸国际合作机制，加强日常信函往来和工作交流沟通，多次就口岸疫情防控、提升口岸过货能力等方面进行互动。组织召开中俄总理定期会晤委员会运输合作分委会口岸工作组第二十四次会议、中蒙边境口岸管理合作委员会第四次会议，就口岸疫情防控、提升口岸过货能力、保障口岸通畅及加强双边合作方面进行了沟通和磋商。推动建立内地与澳门特别行政区口岸合作机制，制订实施内地与澳门口岸合作计划。

【中俄总理定期会晤委员会运输合作分委会口岸工作组第二十四次会议】2021年8月26日，中俄总理定期会晤委员会运输合作分委会口岸工作组第二十四次会议通过视频方式举行。会议重点围绕修订《中俄边境口岸协定》、加强口岸疫情防控措施、提升口岸通行效率、创新口岸运输模式、推动口岸建设发展、调整口岸功能分类、优化口岸工作时间以及国际贸易“单一窗口”建设交流等议题进行深入交流，会议相关成果被写入委员会第二十五次会议纪要。委员会积极评价两国口岸管理相关部门和口岸所在地方政府在防范新冠肺炎疫情传播和促进提高口岸运输工具通关效率方面所开展的工作。

【中蒙边境口岸管理合作委员会第四次会议】2021 年 11 月 4 日，中蒙边境口岸管理合作委员会第四次会议以视频会议形式召开。双方围绕共同加强中蒙边境口岸疫情防控措施、推进中蒙边境口岸建设和发展、边境口岸检疫合作、进一步完善委员会合作机制、拓展中蒙口岸合作新领域等议题交换意见，达成广泛共识，并共同签署《中蒙边境口岸管理合作委员会第四次会议纪要》。

▲2021 年 11 月 4 日，国家口岸管理办公室与蒙古国口岸特别全权办公室通过视频方式召开中蒙边境口岸管理合作委员会第四次会议

（撰稿人：于　洋　朱　振　华正红　刘　倩　刘武锋　里　新　陈　剑　陈　涛　罗晨霞　周金萍　黄好成　谢　艳）

法治建设

概况

2021年，全国海关系统以习近平新时代中国特色社会主义思想为指导，深入贯彻党的十九大和十九届历次全会精神，深入学习宣传贯彻习近平法治思想，贯彻落实中央全面依法治国工作会议精神，准确把握新发展阶段，深入贯彻新发展理念，助推构建新发展格局，坚持系统观念，以加快推进法治海关建设为主线，不断提升立法质量，规范权力运行，强化法治监督，增强普法实效，在法治轨道上积极推进海关制度创新和治理能力建设。

总署制发《“十四五”海关法治建设规划》，制定修订规章8部，对26部规章提出立法后评估意见，审核122件总署规范性文件，备案审查39件直属海关规范性文件。全国海关共审理行政复议案件272起，较2020年上升47%，纠正率为6.7%，较2020年下降12.1%；共办理行政诉讼案件103件，一审、二审均无败诉情形发生。全国海关公职律师人数增加至1,389人，在海关立法、执法、普法等方面发挥重要作用。全国12个海关单位获“七五”普法全国先进单位，9人获“七五”普法全国先进个人，1个海关单位获依法治理创建活动先进单位。

法规管理

【《海关法》修订工作】 总署全面启动《海关法》修订工作，成立以总署主要负责人为组长、其他署领导为副组长的修法领导小组，统筹推进修法工作。组建修法工作专班和专家团队，政策法规司牵头负责，署内各部门分工协作，20个海关单位积极参与，有效确保顶层设计先行、系统智慧汇聚。《海关法》修订已列入国务院2022年立法计划。

【重点领域立法】 总署持续推进《国境卫生检疫法》《关税法》《国务院关于反走私综合治理若干规定》等法律、行政法规制定、修订工作并取得实质性进展。与农业农村部共同组建《进出境动植物检疫法》修法工作小组，严格按照“三定”职责推进法律修订工作。主动参与《中华人民共和国海南自由贸易港法》《中华人民共和国对外贸易法》等与海关执法密切相关的法律的修订。

【海关规章立法】 总署全年共制定修订《中华人民共和国进口食品境外生产企业注册管理规定》（以下简称《进口食品境外生产企业注册管理规定》）、《中华人民共和国进出口食品安全管理办法》（以下简称《进出口食品安全管理办法》）、《中华人民共和国海关办理行政处罚案件程序规定》、《中华人民共和国海关注册登记和备案企业信用管理办法》（以下简称《海关注册登记和备案企业信用管理办法》）、《中华人民共和国海关进出口货物商品归类管理规定》、《中华人民共和国海关报关单位备案管理规定》、《中华人民共和国海关经核准出口商管理办法》、《中华人民共和国海关〈区域全面经济伙伴关系协定〉项下进出口货物原产地管理办法》8部规章。

《进口食品境外生产企业注册管理规定》。总署于2021年4月12日公布了《进口食品境外生产企业注册管理规定》，自2022年1月1日起施行。2012年3月22日公布、2018年11月23日修改的《进口食品境外生产企业注册管理规定》同时废止。该规定落实《中华人民共和国食品安全法》（以下简称《食品安全法》）关于向我国境内出口食品的境外食品生产企业注册规定，将注册范围由原《进口食品境外生产企业注册实施目录》列明食品的生产企业扩展至全类别食品的生产企业，充分发挥注册制度在食品安全治理中的源头预防作用。引入《食品安全法》风险管理原则，进一步提升注册管理效能。根据对食品的原料来源、生产加工工艺、食品安全历史数据、消费人群、食用方式等因素的分析，并结合国际惯例，确定对18类食品的境外生产企业采用“官方推荐注册”模式，对18类以外其他食品的境外生产企业采用程序较简化的“企业自主申请”模式。此外，规定海关可以根据某类食品风险变化情况对相关企业注册方式和申请材料进行调整。进一步压紧压实企业主体责任。明确企业应建立有效的食品安全卫生管理和防护体系，保证向中国境内出口的食品符合要求；规定已注册企业自行发现不符合注册要求时，应主动暂停向中国出口，立即采取整改措施。进一步强化事中事后监管。总结注册管理经验，补充细化注册变更、延续、注销及撤销的适用情形，增强相关条款可操作性。同时，强化境外官方主管机构责任，明确境外官方主管机构督促已注册企业持续符合注册要求的责任。

《进出口食品安全管理办法》。总署于2021年4月12日公布了《进出口食品安全管理办法》，自2022年1月1日起施行。2011年9月13日公布、2016年10月18日和2018年11月23日修改的《进出口食品安全管理办法》，2000年2月22日公布、2018年4月28日修改的《出口蜂蜜检验检疫管理办法》，2011年1月4日公布、2018年11月23日修改的《进出口水产品检验检疫监督管理办法》，2011年1月4日公布、2018年11月23日修改的《进出口肉类产品检验检疫监督管理办法》，2013年1月24日公布、2018年11月23日修改的《进出口乳品检验检疫监督管理办法》，以及2017年11月14日公布、2018年11月23日修改的《出口食品生产企业备案管理规定》同时废止。该办法明确将“安全第一、预防为主、风险管理、全程控制、国际共治”作为海关食品安全监管基本原则；同时通过增设一系列制度，建立更为科学、严格的进出口食品安全监管制度。总结重大食品安全事件及疫情疫病应对经验，特别是新冠肺炎疫情防控经验，完善风险预警及控制措施。新增《国境卫生检疫法》及其实施细则作为立法依据；明确中国缔结或参加的国际条约协定作为进出口食品监管依据；细化《中华人民共和国食品安全法实施条例》有条件限制进口、暂停或者禁止进口等控制措施的具体方式及适用情形。固化海关全面深化改革、关检业务深度融合成果及执法经验，明确进出口食品监督管理、进口食品现场查验的具体内容，固化《海关全面深化改革2020框架方案》实施成果，新增出口申报前监管规定，进一步提升通关时效，明确海关运用信息化手段提升进出口食品安全监管水平。优化整合海关食品安全监管领域规章结构布局，整合吸纳了进出口肉类产品、水产品、乳品以及出口蜂蜜检验检疫监督管理办法等5部单项食品规章中的共性内容，同时，考虑到“出口食品生产企业备案”已由许可审批项目调整为备案管理，《出口食品生产企业备案管理规定》一并予以废止。

《中华人民共和国海关办理行政处罚案件程序规定》。总署于2021年6月16日公布了

《中华人民共和国海关办理行政处罚案件程序规定》，自2021年7月15日起实施。2006年1月26日公布、2014年3月13日修改的《中华人民共和国海关行政处罚听证办法》，2007年3月2日公布、2014年3月13日修改的《中华人民共和国海关办理行政处罚案件程序规定》，以及2010年3月1日公布的《中华人民共和国海关办理行政处罚简单案件程序规定》同时废止。该规定全面落实《中华人民共和国行政处罚法》（以下简称《行政处罚法》）最新精神及要求，进一步推进严格规范公正文明执法。将“教育与处罚相结合”作为办案原则，增加对“初次违法”“无主观过错”等情形不予行政处罚的规定，增加“当事人积极配合海关调查且认错认罚的或者违法行为危害后果较轻的”作为酌定从轻或者减轻处罚情节，增加“从旧兼从轻”法律适用条款，明确处罚裁量基准应当公布，增加重大传染病等突发事件快速从重处罚条款。将《行政处罚法》修订重点条款纳入并予以强调。新增行政处罚信息公示、执法全过程记录、行政执法人员资格、非法证据排除、及时立案、处罚时限、处罚决定公开、听证笔录效力、简易程序等条款，进一步规范案件办理程序。结合《中华人民共和国民事诉讼法》及其司法解释，对法律文书电子送达及地址确认制度予以细化，提升送达效率；完善当事人陈述、申辩权利保障相关规定；调整扩大海关行政处罚案件听证范围。该规定坚持问题导向，固化海关行政执法经验成果，解决执法实践问题。完善案件地域管辖规定，进一步明确级别及指定管辖；新增案件办理期限条款，明确海关行政处罚案件办理期限为“六个月”，经海关负责人批准可以延长不超过六个月，确有特殊情况可以经直属海关负责人集体讨论确定再次延长的期限，兼顾执法效率及案件办理实际需求。根据国务院关于“创新行政执法机制，开展行政处罚案件快速办理”的精神要求，将现行海关“简单案件程序”修改为“快速办理”，明确在事实清楚、当事人自愿认错认罚的前提下，海关可以简化取证、审核、审批程序。明确除简易程序及快速办理案件外，未经法制审核或者审核未通过的不得做出处罚决定，同时进一步细化法制审核的内容和要求。针对执法实践中反映较多的问题，《中华人民共和国海关办理行政处罚案件程序规定》在法律赋权范围内对相关制度予以完善。增加委托授权总体性规定，解决实践中委托事项、代理权限不清等问题；强化电子数据取证规范性；明确刑事转行政案件的证据适用规则；结合送达执法实践，对邮寄送达、公告送达条款予以完善。同时，该规定进一步完善规章体例结构，新增“听证程序”一章，将“简单案件”修改为“快速办理”，并与简易程序整合为一章，进一步优化海关规章体例结构。该规定定位为海关行政处罚领域的通用性程序规定，明确“海关办理行政处罚案件的程序适用本规定”，同时设置“海关规章对办理行政处罚案件的程序有特别规定的，从其规定”的例外条款，兼顾知识产权行政处罚案件办理程序的特殊性。

《海关注册登记和备案企业信用管理办法》。总署于2021年9月13日公布了《海关注册登记和备案企业信用管理办法》，自2021年11月1日起施行。2018年3月3日公布的《中华人民共和国海关企业信用管理办法》同时废止。该办法按照“简单管用”原则，将企业信用等级由四级优化为三级，保留“高级认证企业”和“失信企业”，分别实施便利或者严格的海关管理措施。对其他注册登记和备案企业，统一实施常规的海关管理措施。在保留原有高级认证企业便利措施基础上，进一步增加了降低出口货物原产地调查抽查比例、优先办理出口货物通关手续、优先向其他国家推荐食品等出口企业注册等便利措施；将高级认证企业复核期间由三年调整为五年，进一步降低企业负担。考虑到一般认证企业认证标准高、程序复杂，但企业实际享受便利措施少等突出问题，取消一般认证企业这一分类。同时明确信用培育机制，帮助支持符合条件的企业成为高级认证企业。落实国务院要求，依法依规实施失信惩戒，建立信用修复制度。在违反进出口食品安全监管、进出口化妆品监管以及非法进口固体废物领域设列严重失信主体名单，设定列入严重失信主体名单标准、程序、移出条件和救济措施等。建立企业信用修复机制，根据失信行为社会危害性程度，明确失信企业修复标准及程序，鼓励失信企业通过合法渠道提升信用水平。

《中华人民共和国海关进出口货物商品归类管理规定》。总署于2021年9月18日公布了《中华人民共和国海关进出口货物商品归类管理规定》，自2021年11月1日起施行。2007年3月2日公布、2014年3月13日修改的《中华人民共和国海关进出口货物商品归类管理规定》，以及2008年10月13日公布的《中华人民共和国海关化验管理办法》同时废止。该规定适应促进贸易安全与便利，优化营商环境，降低企业合规成本，增强企业对进出口贸易活动的可预期性，本次修订删除了预归类相应条款，相应增加了归类预裁定指引条款；固化机构改革成果，将《中华人民共和国海关化验管理办法》中与海关商品归类直接相关的化验、检验相关规定予以吸收并进行明确。立足工作实际，补充执法依据，回应管理相对人的关切，将国家标准、行业标准列入商品归类参考范围，并明确其适用原则。明确责任边界，压实管理难点，确保工作有序高效，明确规范《中华人民共和国进出口税则》商品分类目录中的编码（前8位商品编号），同时对同一商品编码项下其他商品编号的管理增加指引性条款，与相关监管文件进行衔接。

《中华人民共和国海关报关单位备案管理规定》。总署于2021年11月19日公布了《中华人民共和国海关报关单位备案管理规定》，自2022年1月1日起施行。2014年3月13日公布、2017年12月20日和2018年5月29日修改的《中华人民共和国海关报关单位注册登记管理规定》，以及2015年2月15日公布，2016年10月18日、2018年4月28日、2018年5月29日修改的《出入境检验检疫报检企业管理办法》同时废止。该规定修改了标题，大幅度压减了条文，取消章节设置，并将不同主体的备案、变更、注销流程进行了简化与整合。聚焦海关报关单位备案管理，删除了报关业务管理、企业信用管理等内容。固化海关“放管服”改革成果，明确报关单位可以在中华人民共和国境内办理报关业务，删除对报关人员的备案要求。简化优化报关单位备案程序，大幅精简申请材料，明确企业申请备案只需提交“报关单位备案信息表”，不再需要企业现场提交纸面材料。大幅压缩办结时限，明确报关企业备案法定办结时限由取消行政许可前的20个工作日减少至3个工作日，进出口货物收发货人备案从没有法定办结时限要求缩减至3个工作日以内；备案结果可以通过“中国海关企业进出口信用信息公示平台”实时查询。取消报关企业、进出口货物收发货人双重身份备案限制，删除了关于双重身份备案的限制性条款。延长报关单位备案有效期，删除了报关企业有效期2年的规定，明确了除临时备案单位有效期1年外，报关单位长期有效。

《中华人民共和国海关经核准出口商管理办法》。总署于2021年11月23日公布了《中华人民共和国海关经核准出口商管理办法》，自2022年1月1日起施行。该办法将我国与瑞士、冰岛、毛里求斯的双边贸易协定以及RCEP等作为立法依据，适用于上述优惠贸易协定项下的经核准出口商管理。同时，为今后签署的其他优惠贸易协定预留制度接口，规定海关对中华人民共和国缔结或者参加的其他优惠贸易协定项下经核准出口商的管理适用本办法。该办法首次明确了经核准出口商的定义，要求经核准出口商应当掌握相关优惠贸易协定项下原产地规则并且建立完备的原产资格文件管理制度。同时，结合海关监管实践，以信用管理为基础，将经核准出口商限定为海关高级认证企业。规定海关建立经核准出口商管理信息化系统，提升经核准出口商管理便利化水平；提升申请环节便利化水平，规定由申请人提供主要出口原产货物情况及企业承诺，以评估其掌握原产规则及建立文件管理制度的情况。参照欧盟经核准出口商审核时限，规定海关应当在30日内完成认定程序。强化对经核准出口商原产地声明开具的管理。明确经核准出口商开具原产地声明的前提是：海关已完成与其他缔约方的信息交换，且企业已提交相关货物的信息；为确保经核准出口商持续符合要求，将经核准出口商认定有效期限明确为3年；规定经核准出口商的文件保存要求、信息变更义务及海关的后续核查、检查权；明确经核准出口商注销、撤销的情形及法律责任。

《中华人民共和国海关〈区域全面经济伙伴关系协定〉项下进出口货物原产地管理办法》。总署于2021年11月23日公布了《中华人民共和国海关〈区域全面经济伙伴关系协定〉项下进出口货物原产地管理办法》，自2022年1月1日起施行。该办法完成了RCEP项下原产地规则有关内容的国内法转换，推动协定项下原产地规则落地实施。共包含6章共44条：第一章“总则”明确立法目的、法律依据及适用范围；第二章“原产地规则”规定RCEP项下货物原产资格及原产国（地区）的认定规则；第三章“原产地证明”明确了RCEP项下原产地证明的实体性要求；第四章“进口货物通关享惠程序”主要规范我国进口货物申请适用RCEP项下税率的申报要求和程序；第五章“出口货物签证程序”主要明确我国签证机构及经核准出口商签发或开具原产地证明的具体要求；第六章“附则”主要对文件保存、信用管理、名词定义等做出规定。

【规章立法后评估】 总署统筹优化现有海关规章，将全面开展海关规章立法后评估作为《“十四五”海关发展规划》约束性指标，制订海关规章立法后评估工作实施方案，明确在“十四五”时期，根据规章制定时间倒序，对现行有效海关规章开展立法后评估。2021年，从规章是否符合上位法规定、是否符合社会发展实际和“放管服”改革要求、是否符合海关业务改革和监管实际、是否实现立法目的等方面，对26部规章开展立法后评估。提出废止8部、修改17部、保留1部的评估意见，并按照评估结果开展“立改废释”。

【法治审核】 总署对新冠肺炎疫情以来出台的30余项临时性措施开展“回头看”，提出修改废止的法律意见，为“外防输入、内防反弹”提供法律支撑。审核122件总署规范性文件，备案审查39件直属海关规范性文件，加大海关行政规范性文件合法性审查和备案审查力度，做好重大改革事项法制审核工作，对入境客运航空器消毒工作等提出100余项法律论证意见。

复议应诉

【行政复议案件审理】 全国海关各级复议机构采取定期通报复议案件、制发复议意见书及风险提示函等一系列举措，推动各级领导干部和行政执法人员培树法治思维、规范执法行为。

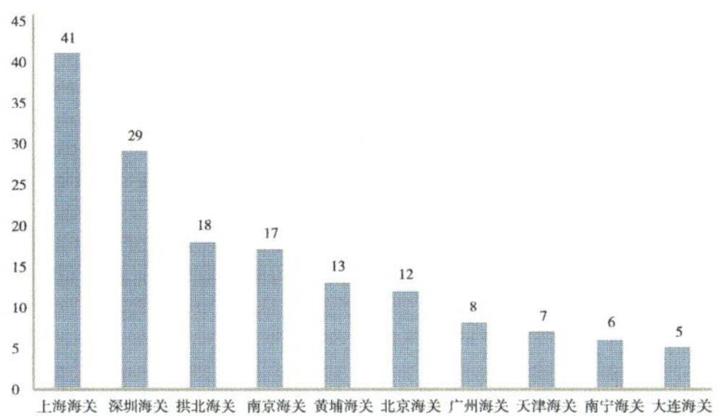

▲2021 年海关行政复议案件量排名前十关区统计图

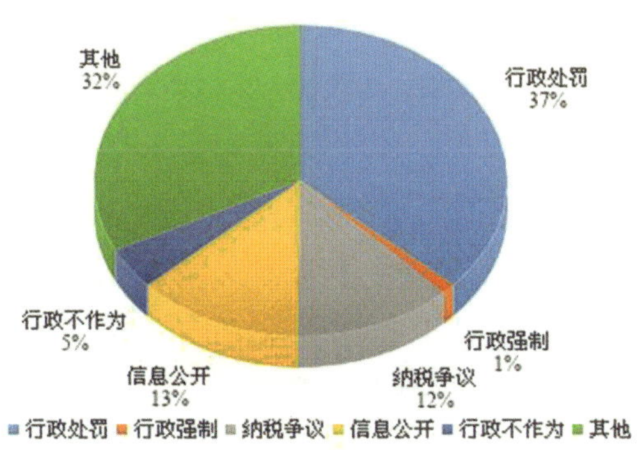

▲2021 年海关行政复议案件类型统计图

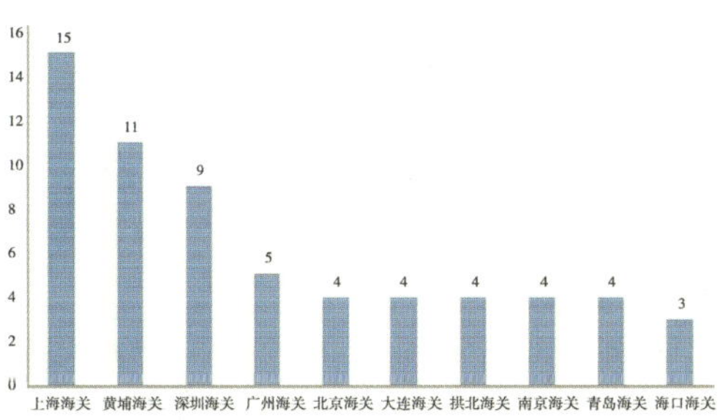

▲2021 年海关行政诉讼案件量排名前十关区统计图

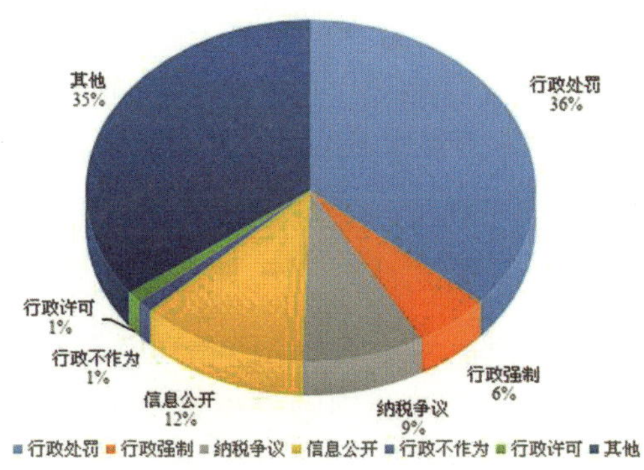

▲2021 年海关行政诉讼案件类型统计图

【行政诉讼案件办理】全面加强对全国海关行政诉讼案件办理的督促指导，高效开展重大行政诉讼案件挂牌督办，3 起诉讼案列为海关重大行政诉讼案件二级督办案件。组织应诉经验丰富的海关对力量相对薄弱的海关进行一对一指导，探索公职律师跨关区发挥作用的工作模式。7 个海关行政应诉协作区应诉交流合作工作有序开展，研讨有关复议应诉工作中遇到的法律问题。

【复议应诉人才建设】全国海关系统选聘 5 名同志作为政策法规司内部法律顾问第一批成员，参与海关重大法律事项研究论证，提供辅助决策意见。充分挖掘公职律师潜力，全国海关共有公职律师 1,389 人，较 2020 年增加 164 人，在海关立法、执法、普法等方面发挥重要作用。指导各直属海关开展公职律师人才培养，组织完成全国海关公职律师考核，评选全国海关优秀公职律师并予以表彰，推荐 15 名公职律师参加司法部组织的涉外公职律师培训班。

法制协调和法治宣传

【深化“放管服”改革】总署深入贯彻落实全国深化“放管服”改革优化营商环境电视电话会议精神，加大统筹协调，组织起草并印发总署贯彻落实实施意见，从简政放权、强化监管、优化服务 3 个方面提出 13 条具体措施，确保“放管服”改革目标明、任务实、责任清。推动实施更大力度的行政许可精简，取消“进出口商品检验鉴定业务的检验许可”和“报关企业注册登记”两项行政审批事项，海关行政审批事项精简为 10 项（见表 4–2）。自 2021 年 7 月 1 日起，在全国范围内实施涉企经营许可事项全覆盖清单管理。制发《海关深化“证照分离”改革进一步激发市场主体发展活力的实施方案》，从明确总体要求、分类推进审批制度改革、创新和加强事中事后监管、组织保障和配套措施4方面提出15项具体要求做好实施工作。不断加大行政审批信息化建设，组织完成网上办理平台相对人端满意度调查、修改法律文书、新增功能、调整操作流程等海批平台升级任务。

表4-2　海关系统行政许可事项清单

1	保税仓库设立审批
2	出口监管仓库设立审批
3	免税商店经营许可
4	保税物流中心设立审批
5	海关监管货物仓储企业注册
6	过境动物、进境特定动植物及其产品检疫审批
7	出境特定动植物及其产品和其他检疫物的生产、加工、存放单位注册登记
8	进出境动植物检疫除害处理单位核准
9	特殊物品出入境卫生检疫审批
10	国境口岸卫生许可

【总署权责清单编制】2021年12月17日，《海关总署权责清单》正式印发。14个直属海关开展海关系统权责清单编制试点，以“先试点、再推广”模式推进直属海关权责清单编制工作。

【法治宣传教育工作】为深入学习宣传习近平法治思想，做好第八个五年（2021—2025年）时期海关法治宣传教育工作，会同全国海关教育培训中心举办海关系统学习宣传贯彻习近平法治思想网上专题培训班，全国海关共计8.5万余人参加培训并通过考试。结合“8·8”海关法治宣传，以“深入学习宣传贯彻习近平法治思想，奋力谱写海关法治建设新篇章”为主题，组织全国海关开展集中普法宣传。全面落实“谁执法谁普法”普法责任制，以“普法责任清单”为抓手，推动普法责任落实、落细。落实普法讲师团管理机制，深入广泛开展普法工作。多种形式开展“美好生活·民法典相伴”“12·4”国家宪法日等主题法治宣传教育活动。

【“七五”普法成效】经中央宣传部、司法部、全国普法办评选，天津海关法规处、上海海关法规处、宁波海关法规处、福州海关法规处、青岛海关法规处、武汉海关法规处、广州海关隶属天河海关、深圳海关法规处、江门海关法规处、南宁海关法规处、海口海关法规和综合业务处、乌鲁木齐海关隶属霍尔果斯海关12家单位获评全国普法工作先进单位；总署王宏宇、北京海关王凯漾、长春海关张健、杭州海关李薇、广州海关刘筱、黄埔海关蔡红宇、拉萨海关毛从辉和索朗次仁、乌鲁木齐海关魏萍9人获评全国普法工作先进个人；南京海关法规处获评全国依法治理创建活动先进单位。在第十七届全国法治动漫微视频展示活动中，青岛、广州、江门海关的4个作品获奖，政策法规司获组织奖。

【“晨读一刻”】2021年，政策法规司党支部“晨读一刻”继续被总署党委授予全国海关基层党建示范品牌。聚焦“四强”支部建设目标，进一步丰富支部品牌的内涵和外化形式。聚焦政治引领。坚持第一时间学习贯彻习近平总书记重要批示指示和讲话精神。坚持“一天一学”“一周一课”学习形式，将“三会一课”与“晨读一刻”常态化学习相结合，制订党建工作年度计划，每月通过党员大会或支委会对近期重点工作进行总结和部署，每周由各党小组轮流对一周的学习做出安排，做到年有计划、月有部署、周有安排。坚持人人上讲堂，邀请分管署领导到支部专题授课，支部书记带头讲党课，每名党员全年至少负责一周支部学习的领学。聚焦层层联动。邀请分管署领导以普通党员身份参与支部活动，为支部全体党员讲授专题党课。支部书记结合海关立法工作就深入学习贯彻习近平法治思想、进一步提升海关立法质量开展交流讨论。司领导班子带头，组织各党小组结合本职工作对百年党史中的重大历史事件进行梳理，组织直属海关法制部门对百年来我国法治建设史和海关法治发展史进行总结研究，整理出5万余字的文字材料。聚焦协同互动。坚持“走出去”与“请进来”相结合，邀请专家学者开展“专家讲堂”，与联建党支部共同开展联学联建专题活动。支部书记在中央和国家机关党支部书记示范培训班（第20期）上介绍了“晨读一刻”支部工作法，进一步扩展了支部党建品牌的影响力。聚焦系统带动。充分利用海关垂直管理体制的优势，组织全国海关法治条线开展党史学习教育线上专题学习，全国海关2,000余人参加。建立“畅通与执法一线科室基层联系点直通车”，直接了解掌握基层执法的实际情况和一线关员的工作诉求，指导基层海关全面提升依法行政、科学执法的能力水平。建立“法治论坛”，设置“热点问题反馈专区”“专家解惑”“百家争鸣”等栏目，收集和倾听基层海关和一线关员反映的问题，及时释疑解惑。截至2021年年底，“法治论坛”已拥有注册用户超过2.1万名，全国海关每5名关警员中就有1名“法治论坛”用户。

▲2021年5月28日，“晨读一刻”组织全国海关法治条线开展民法典线上集体学习

【制发《“十四五”海关法治建设规划》】 总署深入学习宣传贯彻习近平法治思想，切实落实中央全面依法治国工作会议精神和全面推进依法治国决策部署，制发《“十四五”海关法治建设规划》，从总体要求、构建科学完备的海关法律规范体系、建设全面高效的法治实施体系、强化严密有效的法治监督机制、健全多维精准的普法宣传教育机制、推进协同有力的实施保障机制6个方面科学谋划、有序推动“十四五”时期海关法治工作，着力提升海关依法行政的能力和水平。

（撰稿人：王丽婷　王宏宇　王晓川　孔　玥　刘　侃　吴　涛）

业务改革与发展

概况

2021年，全国海关综合业务部门切实发挥综合业务的职能作用，坚决贯彻落实常态化疫情防控工作，聚焦业务堵点统筹开展协调工作，全力促进外贸稳增长，加强改革的系统集成和协调联动，推进全业务领域一体化改革在长三角等区域高质量有序实施，认真贯彻国家区域经济发展战略，牵头推进系统互联互通，不断加强业务运行监控，扎实做好禁限管控和技术性贸易措施工作，持续加大知识产权海关保护力度，持续保持打击侵权高压态势，不断拓展强化监管、优化服务的手段，服务国家外交外贸大局，维护国家安全和利益。深入分析进入新发展阶段海关综合业务工作面临的形势要求，对2021年综合业务系统重点任务进行部署，围绕年度重点工作任务目标，切实发挥海关职能作用，高水平完成好各项工作，以实际行动切实维护国家安全和利益。

全国海关综合业务部门围绕对外贸易和服务国家政治大局的要求，聚焦市场主体关切，紧扣服务“双循环”新发展格局和有关疫情防控要求，全力做好稳外贸工作，提高检测监管效率，降低企业通关成本，优化口岸营商环境，完善技术性贸易措施工作机制，助力进出口贸易稳中向好。

全国海关综合业务部门紧扣高质量发展推进业务改革，由通关环节与流程的全国一体化拓展到海关全业务领域一体化，积极推动全业务领域跨关区协同治理与发展，强化业务结合部协调联动，推动海关业务领域信息化和互联互通，深化跨部门跨系统互联互通、数据共享、业务协同，有效发挥系统合力。

全国海关综合业务部门多措并举服务国家区域经济发展战略，充分发挥海关在服务高水平对外开放中的职能作用，对标对表国家区域经济发展战略任务安排，立足强化监管、优化服务，助推长三角一体化、粤港澳大湾区建设、黄河流域生态保护和高质量发展、成渝地区双城经济圈建设、浦东高水平改革开放打造社会主义现代化建设引领区等战略实施，推动区域经济高质量发展。

全国海关综合业务部门深入推进知识产权海关保护，不断加大知识产权保护执法力度，强化在知识产权全链条保护中的主动作为，创新执法监督手段，持续保持打击进出口侵权高压态势，为企业提供优质高效服务，完善机制体制、提升执法水平，拓展国际交流和执法协作，筑起国门知识产权保护立体防线。

业务改革协调

【全业务领域一体化】2021年，总署紧扣高质量发展推进海关业务改革，由通关环节与流程的全国一体化拓展到海关全业务领域一体化，推动全业务领域跨关区协同治理与发展。以服务区域经济发展战略为切入点，在长三角、粤港澳大湾区等区域协调推进风险布控、货物查验、纳税企业管理等业务领域的跨关区协同管理。在企业管理与稽查领域实现报关单位备案“任一地申请，一次办理”的无纸化全国通办，在加工贸易监管领域推广企业集团加工贸易监管改革，全面推广应用海关特殊监管区域账册管理系统，实现区间货物流转数据自动比对，企业申报手续实现简化。

【优化检查异常处置管理】2021 年，总署优化关检业务融合后的进出口货物检查异常处置管理，建立“事件驱动+智能甄别+分层处置+协同办理+结果反馈”的工作机制，推动货运检查异常处置全程进系统、可追溯，提高检查异常作业信息化、标准化、智能化、法制化水平，提升监管效能，合理规制现场执法自由裁量权。

【出口货物作业流程整合】2021 年，总署结合出口货物的物流特点，统筹货物申报、风险布控、货物监管和企业核查等作业环节和作业流程，推动整合优化出口货物海关作业流程，实现各作业环节信息共享，各职能部门一体化联动，企业减少重复录入，货物出口通关更加顺畅。

【业务领域信息化和互联互通】2021 年，总署全面推广应用新一代通关管理系统，持续提升报关单覆盖率。积极推进业务领域信息化和互联互通，推动检查异常处置系统与新一代查验管理、新一代风险防控、知识产权、缉私办案系统互联互通；推动特殊物品卫生检疫审批系统、进境动植物检疫审批系统与 H2018 通关系统互联互通并实现自动核销；推动新一代风控、邮递、快件、跨境电商、旅检等通关系统与缉私案件线索移交系统互联互通，深化跨部门跨系统互联互通、数据共享、业务协同，发挥系统合力。

【推动京津冀协同发展】2021 年，总署积极服务国家区域经济发展战略，充分发挥海关在服务高水平对外开放中的职能作用，对标对表国家区域经济发展战略任务安排，立足强化监管、优化服务，推动区域经济高质量发展。指导北京、天津、石家庄 3 个直属海关建立协同工作机制，制订北京海关、天津海关、石家庄海关推动京津冀协同发展工作实施方案，在自贸创新、风险监控、商品安全监测预警等业务领域建立协作机制，明确任务分工，建立工作台账，推动 24 项工作任务全部完成。共建冬奥会物资通关联合专班，全力做好冬奥会物资通关保障。“船边直提”“抵港直装”改革措施已被国务院办公厅和国家口岸管理办公室在全国复制推广。

【服务粤港澳大湾区建设】2021 年，总署坚决贯彻落实习近平总书记谋划、部署、推动粤港澳大湾区建设的系列重要指示精神，紧紧围绕《粤港澳大湾区发展规划纲要》，充分发挥海关职能作用，多措并举服务大湾区建设工作。积极支持区域发展平台建设关键领域，持续优化粤港澳大湾区货物跨境便捷流动，国家口岸管理办公室依托“单一窗口”探索实现粤澳货物出口的“一单两报”，动植物检疫司服务保障大湾区农产品快速通关，商品检验司积极支持内地城市指定医疗机构进口和使用临床急需、在港上市的药物和医疗器械，口岸监管司推动实施“智慧旅检”，缉私部门开展粤港澳海关联合（同步）打击走私专项行动，先后联合开展“2021 春悦”“鳄鱼行动”“雷电行动”等双多边打击走私联合行动，有力打击“水客”，打击毒品、两地牌车、香烟、濒危动植物等走私活动。

【支持长三角地区一体化发展】2021 年，总署全面落实《长江三角洲区域一体化发展规划纲要》，推动实施两轮《海关支持长三角区域一体化发展重点举措》，紧扣“一体化”和“高质量”两个关键词，在长三角海关推进全业务领域一体化改革，推进货物监管一体化、保税监管一体化、执法服务一体化、风险防控一体化、打击走私一体化、打造改革开放高地，在长三角海关建立关税征管、风险防控、统计监测、打击走私、实验室管理等各业务领域的跨关区常态化协作机制，在长三角海关间初步形成全业务领域、多维度的跨关区协作格局。出台支持宁波舟山港打造世界一流强港22条措施，构建杭甬两关一体化协作格局，同步聚焦洋山特殊综合保税区、虹桥国际开放枢纽等重大对外开放平台建设，发挥高水平制度开放的引领带动作用，有力服务长三角外贸高质量发展。

▲2021年11月，洋山—太仓港“联动接卸”运行一周内突破8万箱

【服务黄河流域生态保护和高质量发展】 2021年，总署全力支持黄河流域生态保护和高质量发展。7月14日，总署出台12项重点举措服务黄河流域生态保护和高质量发展，建立由青岛海关牵头的黄河流域12个直属海关一体协同机制，一体落实大保护理念，筑牢生态保护国门防线；秉承绿色发展理念，助力生态特色产业发展；畅通东西物流通道，提升互联互通水平，加快构建内外兼顾、陆海联动、东西互济、多向并进的黄河流域开放新格局。

【支持成渝双城经济圈建设】 2021年11月3日，总署支持成渝地区双城经济圈建设，围绕成渝地区双城经济圈建设目标要求，出台12项支持举措，包括提升通道效能、推动开放平台建设、促进外贸新业态发展、提升监管执法水平、加强海关国际合作等方面，助力成渝地区打造带动全国高质量发展的重要增长极和新的动力源。

【支持西部陆海新通道建设】 2021年，总署指导“13+2”区域直属海关认真落实《西部陆海新通道总体规划》《“十四五”推进西部陆海新通道高质量建设实施方案》部署，按照“项目制”管理模式持续稳步推进区域海关合作，不断提升通道沿线通关便利化水平。深化国际贸易“单一窗口”建设、持续推进与相关东盟成员在农食产品准入和卫生检疫领域的机制化合作、扩大“经认证的经营者”（AEO）互认范围、完善口岸布局和设施建设、完善内外贸同船运输保税油加注相关规范性文件、落实综合保税区政策措施积极开展制度创新等工作任务取得明显成效。

【支持浦东新区高水平对外开放】 2021年，总署支持浦东新区高水平改革开放、打造社会主义现代化建设引领区，从聚焦创新引擎，全力支持浦东建设国际科技创新中心核心区；聚焦改革集成，打造国际一流跨境贸易营商环境；聚焦制度型开放，着力增强外贸竞争新优势；聚焦龙头辐射，强化国际开放门户枢纽功能；聚焦国门安全，牢牢守住对外开放的安全底线5大方面出台15项具体举措，助力浦东成为更高水平改革开放的开路先锋。

通关运行管理

【报关单运行监控系统功能完善】 2021年，总署完善报关单运行监控系统功能，加强对整体通关时间的研究分析，提高业务运行日常监控管理水平。聚焦重点领域和关键环节，通过大数据分析等手段实现业务运行事前、事中、事后系统的实时监控和有效预警，加强对全国通关运行整体状态、重大进出口管理政策落实情况、进出口通关时效、重点商品进出口等情况开展监控，开展对进出口通关效率、综合岗人工单证审核业务量等的研究分析。围绕规范现场通关作业要求，不断优化完善系统功能，积极完善 H2018 3.0 系统中的单证审核作业子系统、拟证签证作业子系统、报关单修撤子系统，做好通关运行保障，发挥报关单运行监控系统作用。不断强化监管和优化服务，根据业务改革和实际监管需要不断拓展系统功能，为全国海关动植物检疫、食品检验、商品检验等业务职能管理提供数据化分析工具，推动优化海关检查资源配置，提高监管精准性、有效性，有效形成监管合力，持续拓展系统功能。

【“两步申报”通关改革】2021 年，总署落实国务院“放管服”改革要求，优化营商环境，在保留原有申报模式的基础上，实施以概要申报、完整申报为主要内容的进口货物“两步申报”模式，着力构建高效便捷、灵活开放的申报制度。在概要申报阶段，针对存在安全准入风险情况，全国海关风险防控部门统一下达布控指令；针对存在重大税收风险且提离后难以稽（核）查或追补税情况，由税收征管部门实施货物提离前的风险排查处置；口岸海关在货物提离海关监管作业场所（场地）前按照指令要求完成准许入境风险排查处置，目的地海关在货物提离后按照指令要求完成合格入市风险排查处置。在完整申报阶段，税收征管局对税收风险进行甄别，下达验估、稽（核）查等指令；全国海关风险防控部门对税收风险进行甄别，下达稽（核）查指令。

“两步申报”通关改革通过加强海关内部流程管理，强化与各相关部门的协调联动，加大政策宣传力度，完善容错机制，在充分尊重企业意愿的前提下提供多元化的通关服务，提升企业“两步申报”应用率和改革获得感，不断优化完善营商环境。2021 年 1—12 月，全国“两步申报”货物整体通关时间为 18.78 小时，相比非“两步申报”货物整体通关时间压缩 54.5%。

【进出口重点物资通关保障】2021 年，海关在毫不放松抓好常态化疫情防控基础上，持续做好进出口防疫物资的通关保障工作。严格落实好防疫物资通关保障 24 小时值守和应急通关联系人保障制度，按照联防联控机制向相关部委统筹报送防疫物资进出口数据，监测防疫物资进出口通关情况，对进出口重点医疗物资进行实时监控、实时甄别和快验快放。采取有效措施优化进口粮食通关模式，提高粮食在港口的周转效率，缓解粮食进口滞港压力；全国海关按照风险防控指令严格做好进口冷链商品单证审核工作，及时做好进口冷链商品通关时间监控分析工作。

【优化口岸检查资源配置】2021 年，总署成立优化海关检查资源工作配置专班，通过“问题清零”工作机制搜集全国海关反映的检查资源配置问题、意见和建议，组建业务、技术、现场于一体问题清零专家队伍，建立跨部门、跨层级、跨条线工作组，及时解决通关现场业务堵点，形成问题发现、处置、反馈、评估的闭环，通过解决一个问题、研究一类问题、规范一个领域，更加合理地配置检查资源，提高海关监管精准性、配置有效性、操作规范性。

【通关作业规范性提升】2021 年，总署积极适应新兴贸易业态监管和服务需要，围绕关检业务深度融合改革情况，组织对申报管理规定、报关单修改和撤销、签证作业等通关作业规范进行修订，提升进出口货物申报管理规范化水平。全国海关对信息系统中长期未处置数据开展分类清理工作，清理未结关报关单，建立不合理指令清理长效工作机制，加强指令运行情况的监控，确保发现的问题得到及时解决，不断夯实通关业务基础，促进关检作业深度融合，进一步规范通关现场作业水平。

禁限管控和技术规范制修订

【禁限管理目录调整】2021 年，总署坚决贯彻落实国务院“放管服”改革精神和稳外贸稳外资相关决策部署，及时调整发布禁限管理要求。联合商务部发布《进口许可证管理货物目录（2022年）》《出口许可证管理货物目录（2022年）》《自动进口许可管理货物目录（2022年）》《两用物项和技术进出口许可证管理目录》；联合农业农村部发布《进口兽药管理目录》《中华人民共和国进出口农药管理名录》；联合国家体育总局、商务部、国家卫健委、国家药品监督管理局发布《2022年兴奋剂目录》；会同生态环境部、商务部共同修订了《中国进出口受控消耗臭氧层物质名录》，积极履行《保护臭氧层维也纳公约》和《关于消耗臭氧层物质的蒙特利尔议定书》及其修正案规定的义务；根据《消耗臭氧层物质管理条例》和《消耗臭氧层物质进出口管理办法》有关规定，会同公安部等部门发布关于将3-氧-2-苯基丁酸甲酯、3-氧-2-苯基丁酰胺、2-甲基-3-［3,4-（亚甲二氧基）苯基］缩水甘油酸、2-甲基-3-［3,4-（亚甲二氧基）苯基］缩水甘油酸甲酯、苯乙腈和γ-丁内酯6种物质列入易制毒化学品管理的公告。

【两用物项和技术进出口管制】2021年，总署进一步深化“放管服”改革，加强两用物项和技术进出口管制工作，促进两用物项和技术合规贸易。会同商务部发布公告，自2021年1月1日起，对两用物项和技术进出口许可证申领和通关实行无纸化。进出口相关物项和技术的对外贸易经营者可以选择向商务发证部门申领电子“中华人民共和国两用物项和技术出口许可证”或“中华人民共和国两用物项和技术进口许可证”，并以通关作业无纸化方式向海关办理进出口通关验放手续。

【出口管制培训】2021年，总署配合做好年度出口管制工作，组织两次出口管制业务培训作为加强出口管制人才培养的措施。10月，按照总署与世界海关组织（WCO）年度合作计划，由世界海关组织（WCO）为全国海关举办“战略贸易管制执法”线上培训，全国海关相关贸易管制业务条线工作人员在线参加培训。12月，组织全国海关出口管制培训班，邀请商务部、公安部等部委派员就海关出口管制面临的形势、法律法规及相关执法要求对全国海关400余名参训人员开展线上培训。

【通用参数和准入规则维护】2021年，总署认真做好通用参数、准入规则维护保障工作。全年日常维护H2010系统参数40余次，涉及10张参数表5万余条数据项，涉及税收政策调整及禁限管理措施变化。协调维护中国电子检验检疫（e-CIQ）系统参数20次，有效保障海关通关系统数据统一性。严格按照H2018系统准入规则系统的体系架构、运维流程、规则布控和有关操作要求，按照业务部门运维需求，维护规则共计4,107条，完成年度准入规则运维工作。加强准入规则研究和跟踪工作，为进出口报关业务提供咨询工作，保证口岸报关业务工作正常开展，2021年累计提供45次咨询业务，确保了产品准入规则有效运行。

【技术规范制修订】2021年，总署结合专业领域业务需求，对各专业技术规范体系进行详细梳理，对业务边界提出调整意见，组织开展海关技术规范制修订工作，不断提升海关业务的规范化水平。完成海关技术规范体系表构建规范，共组织发布海关技术规范两批共159项，下达制修订计划334项，涉及管理、卫生检疫、动植物检疫、食品化妆品检验、消费品检验、化工矿产品检验、口岸能力建设等专业领域。完成《海关技术规范方法验证工作指南》，积极推进体系梳理、应用解读等工作，对各专业委员会开展技术规范方法验证工作提供理论指引和技术支撑；设立《国境口岸新型冠状病毒肺炎卫生检疫规程》系列标准等疫情/应急规范制定项目，组织制定粤港澳大湾区贸易便利化评价指南；配合固体废物污染防治法和再生原料进口监管要求，及时发布进口再生钢铁、再生铜、再生铝等再生原料检验规程，为海关提供统一执法尺度；安排专家跟踪技术规范引用的国际标准、国家标准更新情况，提出技术规范制修订意见，持续健全完善海关技术规范体系。

【技术规范专业委员会建设】 2021 年，总署做好技术规范各专业委员会建设，创新专家队伍管理，做好成员信息、岗位变化的日常管理，及时统计各委员、秘书参与工作情况，对因工作岗位调整等原因不再适合担任委员、秘书的成员，及时提出调整意见。风险委员会制定在研项目督促检查工作方案，对重点项目安排“一项目、一专家”跟踪指导，建立重点项目持续跟踪常态化机制。鉴定专业委员会建立专家工作室，以委员会内部专家牵头，带动周边口岸关鉴定业务的发展，逐步形成片区集聚效应，提升相关业务标准在日常工作中的使用率及覆盖率；机电专业委员会选派专家参加世界贸易组织（WTO）海关估价委员会 2021 年第二次正式会议，口岸能力专业委员会在发挥专业委员会委员作用的基础上，积极邀请在口岸监管领域具备较深学术造诣，熟悉国内外相关法律法规的技术专家及项目牵头人参与专业委员会活动，为专业委员会工作建言献策。

【技术规范宣传指导】 2021 年，海关发挥各专业委员会技术优势，不断拓展宣传平台，积极推进标准解读和宣传，加强技术规范指导应用指导。管理委员会牵头编发海关技术规范专业委员会技术规范及标准解读 8 期，对各专业委员会提供的《海关技术规范工作指南　出入境检验检疫行业标准》《进口再生钢铁原料检验规程》等 10 篇重点技术规范进行分析解读，指导一线现场规范作业和执法。积极运用 12360 海关热线等新媒体平台，及时发布海关技术规范管理动态、制修订信息和技术内容解读 40 余篇，进一步发挥海关技术规范对海关监管工作的技术支撑作用。化矿金专业委员会发挥技术优势，开展煤炭标准比对实验，组织海关系统实验室对《固体矿物燃料　煤、焦炭和飞灰中氟总含量的测定》（ISO 11724—2019）与《煤中氟的测定方法》（GB/T 4633—2014）进行比对实验工作，进一步提高海关实验室检测技术能力。危包专业委员会录制包括相关危化标准技术讲解的全套培训视频，供全国海关危化检验资格参试人员在线培训学习，对行业标准的宣贯起到了良好效果。

▲2021 年，新媒体平台及时发布海关技术规范解读

知识产权海关保护

【知识产权法律规范制修订】 2021 年，总署认真落实《知识产权强国建设纲要（2021—2035 年）》和《“十四五”国家知识产权保护和运用规划》要求，贯彻新修订的《行政处罚法》，严格规范公正文明执法。研究修订《知识产权海关保护条例》，完善知识产权保护措施，便利权利人维权。组织修订知识产权海关保护相关法律文书，提升全国海关知识产权保护执法的规范性、统一性。全国海关积极围绕服务外贸大局、推动经济高质量发展、解决执法疑难、开展知识产权保护专题研究，印发《知识产权工作指引》《常见执法问题和典型案例汇编》等，规范基层执法。加强“一带一路”沿线国家和地区知识产权海关保护工作法律制度研究，有序推进落实中美第一阶段经贸协议，推动RCEP知识产权章节有关规定落地实施。

【知识产权保护专项执法行动】2021年，总署先后印发全国海关知识产权保护“龙腾行动2021”、寄递渠道知识产权保护“蓝网行动2021”、出口转运货物知识产权保护“净网行动2021”等专项执法行动方案，会同国家市场监督管理总局等14个部门联合印发2021网络市场监管专项行动（网剑行动）方案。“龙腾行动”已连续5年部署，持续聚焦群众反映强烈、社会舆论关注、侵权假冒多发的重点商品，尤其对进出口关乎生命健康、威胁公众安全的侵权商品的行为实施重拳打击；“蓝网行动2021”针对侵权商品寄递口岸向全国分散趋势部署开展，聚焦邮寄、快件等渠道，加大进出境寄递渠道侵犯知识产权违法行为打击力度，丰富执法手段，强化监管措施，提升知识产权保护效能；“净网行动2021”由总署组织广东分署和21个直属海关开展，强化出口转运知识产权保护，构筑区域联动保护网络，防范侵权货物口岸漂移，打击出口转运侵权货物违法行为。

▲2021年6月28日，宁波海关所属北仑海关关员对侵犯自主知识产权砂轮片进行查验

2021年，全国海关共采取知识产权保护措施8.4万次，实际扣留进出口侵权嫌疑货物7.92万批、7,180.28万件。全年共受理知识产权海关保护备案申请20,133件，审核通过备案申请17,667件，其中国内权利人备案数量为11,738件。

【奥林匹克标志专有权海关保护】2021年，总署印发通知指导各地海关加强奥林匹克标志专有权海关保护，并通过召开动员部署会、组织集中工作和督导研讨，积极服务保障北京冬奥会、冬残奥会。发布2021年第62号公告，向社会公布《奥林匹克标志专有权海关保护备案目录》。2021年，全国海关共扣留奥林匹克相关知识产权侵权货物13批次、11.8万件。北京海关落实举办地海关职责，与冬奥组委开展专题研讨，完善涉奥货物知识产权补充申报机制，提升冬奥组委与海关协作效率；天津海关扣留带有“奥林匹克五环标志”侵权腰带1,958条；福州海关扣留带有“BEIJING2022”“奥林匹克五环标志”侵权T恤、胸针等38件；深圳海关扣留印有“OLYMPIC”专有名称侵权牛津布10.94万米。

【知识产权保护执法协作】2021年，总署依托“双打机制”平台，进一步深化与地方政府、市场监督管理、版权、烟草专卖等行政执法机关以及人民法院的合作，完善协同配合机制，积极推进案件会商、业务交流和信息共享，形成知识产权保护合力。2021年，全国海关与地方行政执法部门开展执法协作400余次，配合各级人民法院实施大量证据调取、证据保全、财产保全工作200余次。高效推进“两法衔接”工作，从线索通报、信息共享、案件会商、专业互助等方面，系统性优化完善协作机制，构建海关与公安机关有机衔接、优势互补的合作模式。积极推进与行业协会、进出口商会、权利人维权联盟等组织的协作，健全知识产权关企联系机制。推动长三角、京津冀、粤港澳等区域海关开展执法协作，强化对侵权假冒的追踪溯源和链条式治理，在粤港澳大湾区内组织开展知识产权海关保护联合执法行动，加强执法互认、联合惩戒，提升三地打击跨境侵权成效。

【知识产权保护业务能力建设】2021 年，总署全面部署知识产权海关保护能力提升工程。依托“大数据+人工智能+专家智慧”，持续创新多层次、全领域知识产权风险防控运作机制，筑牢侵权风险防线。研究谋划知识产权海关保护重点任务，制定知识产权海关保护年度工作要点，印发全国海关知识产权保护工作量化考核指标，强化业务能力建设。深化“智慧海关”建设，创新执法和监管手段，围绕现场执法与打击侵权需要，将创新科技应用嵌入知识产权执法全过程，积极探索“非侵入式查验”等科技手段在查发侵权案件中的深化应用。持续完善知识产权保护执法系统，优化数据分析模块，实现执法环节全覆盖，侵权案件全流程线上办理更加顺畅，优化工作流程、提高保护效能。组织开发并试点应用新一代查验管理系统移动端知识产权商标智能识别技术，提高执法效率。组织专家编制知识产权海关保护知识图谱，实现知识产权保护备案系统与海关知识库平台对接。全国海关从一线实际执法需求出发，创新培训模式，建立起兼具专业性及实践性的多维度培训体系，通过线上培训、以干代练、实战锻炼等多种形式，2021 年累计开展执法培训 592 场次，培训执法相关人员近 3 万人次，知识产权保护执法队伍综合能力不断提升。

【知识产权保护国际交流与合作】2021 年，总署积极开展 RCEP 知识产权海关保护相关条文的落地准备工作，推动知识产权海关保护工作与国际高标准对接。全国海关积极参加世界海关组织（WCO）开展的打击非法、假冒和不符合标准药品、医疗物资进出口的国际联合执法行动（“阻止”行动），对进出口侵权高风险防疫物资及药品等商品加大打击力度。参加世界海关组织执法咨询委员会、反假冒盗版工作组会议，深度参与相关知识产权保护规则的制定。为发展中国家海关管理研修班授课，介绍中国海关知识产权保护理念、制度和经验。与欧盟、俄罗斯、日本、韩国等国家和地区海关在知识产权保护合作框架下持续开展数据交换、案件信息共享、立法及执法实践交流等合作。南京海关、重庆海关分别与新加坡海关在关际合作框架下就纳入知识产权相关内容进行合作，进一步加强知识产权侵权案件信息共享合作。

【知识产权普法宣传】2021 年，海关组织开展宣传教育活动，丰富内容、创新形式，将日常和集中宣传相结合、线上和线下媒体相结合、知识普及和企业服务相结合，开展覆盖广泛且贴近时代、贴近企业、贴近生活的知识产权普法活动，推动形成打击侵权假冒的社会共治格局。举办记者通报会，介绍中国海关知识产权保护状况并答记者问，持续打造知识产权宣传周、海关法治宣传日等品牌宣传活动，通过多个媒体平台全面宣传海关打击侵权的典型案例和举措。杭州、青岛、厦门等海关举办的知识产权海关保护成果专题展累计接待各类参观群体 150 批次 4,600 人次，“云参观”平台点击率超 2 万人次。合肥、广州、湛江、海口等海关开展知识产权海关保护进校园、进企业、进社区活动，获得社会广泛认可。

（撰稿人：于　莉　马小龙　冯增健
孙晓璐　李　丹　陈国胜
林　莹　赵　硕）

自贸区和特殊区域管理

概况

2021年，中国海关统筹推进综合保税区高水平开放高质量发展，进一步发挥自由贸易试验区改革创新和先行先试作用，深入推进海南自由贸易港建设，积极支持横琴粤澳深度合作区、平潭综合实验区创新发展，努力打造高水平对外开放平台。

支持海关特殊监管区域高水平开放、高质量发展。2021年，总署作为牵头部门，协调国家发展改革委、财政部、自然资源部、商务部、国家税务总局、国家市场监督管理总局、国家外汇管理局等部门，开展海关特殊监管区域管理各项工作，推动海关特殊监管区域与自由贸易试验区统筹发展，报请国务院批准新设陕西杨凌等8个综合保税区，启动对青岛空港等5个拟新设综合保税区的审核报批工作，实地或通过远程视频方式完成北京大兴国际机场综合保税区等11个综合保税区的验收工作，组织起草《中华人民共和国海关综合保税区管理办法》，研究修订综合保税区设立申请、验收等工作制度，组织开展2020年度全国综合保税区发展绩效评估等事中事后监督工作，修订印发《综合保税区适合入区项目指引（2021年版）》，配合商务部研究新一批维修产品目录清单，推广增值税一般纳税人资格试点，参与自由区国际规则制定，推动建立综合保税区对口帮扶机制。截至年底，全国共有海关特殊监管区域168个，其中综合保税区155个、保税区9个、出口加工区1个、保税港区2个、珠澳跨境工业区（珠海园区）1个，分布在31个省、自治区、直辖市。2021年，全国海关特殊监管区域进出口值7.8万亿元，同比增长22.9%，高出全国外贸进出口值增幅1.5个百分点，占同期全国外贸进出口值比重19.95%。

支持自由贸易试验区改革创新和先行先试。2021年，中国海关坚决贯彻习近平总书记关于自由贸易试验区建设的重要讲话和重要指示批示精神，坚持以制度创新为核心，以可复制、可推广为基本要求，积极支持自由贸易试验区建设发展，年内共备案海关创新举措25项，海关3个案例入选全国第四批自由贸易试验区“最佳实践案例”。截至年底，国务院分六批在全国范围复制推广的138项自由贸易试验区试点经验，涉及海关61项，约占44%。2021年，全国21个自由贸易试验区进出口值6.8万亿元，同比增长29.7%，占全国外贸进出口值的17.4%。

深入推进海南自由贸易港建设。2021年，中国海关坚决贯彻落实习近平总书记关于海南自由贸易港建设的重要讲话和重要指示批示精神，支持海南全面深化改革开放，建设中国特色自由贸易港。总署稳步推进支持海南全面深化改革开放工作领导小组工作，建立署省会商机制，制发海南自由贸易港全岛封关运作重点工作清单，制发海南自由贸易港口岸布局方案，推动加强海南自由贸易港口岸基础和监管设施建设，推动海南自由贸易港“零关税”早期政策落地实施，优化海南离岛免税购物海关监管模式，推动洋浦保税港区“一线放开、二线管住”进出口管理政策制度扩大试点，加强海南离岛免税风险综合治理，完善反走私联防联控工作机制。2021 年，海南自由贸易港进出口值 1,476.8 亿元，同比增长 57.7%。其中，进口 1,144.2 亿元，同比增长 73.6%；出口 332.6 亿元，同比增长 20.1%。

支持横琴粤澳深度合作区发展和平潭综合实验区开放开发。总署成立工作专班，统筹推进横琴粤澳深度合作区建设。2021 年，横琴粤澳深度合作区进出口值 307.1 亿元，同比增长 58.5%。其中，进口 175.7 亿元，同比增长 49.7%；出口 131.4 亿元，同比增长 73%。支持平潭综合实验区开放开发，支持平潭海峡二桥“二线”通道项目通过海关验收，完成平潭综合实验区首本金关二期海关特殊区域账册备案，支持平潭新业态发展，指导建设跨境直购、保税备货和快件“三合一”监管中心，推出了跨境电商企业“零跑腿”便捷缴税模式等多项创新举措，支持两岸交流通道建设，2021 年平潭综合实验区进出口值 196.1 亿元，同比增长 46.7%。

海关特殊监管区域管理

【综合保税区设立】2021 年，总署作为牵头部门，会同有关部委高标准开展综合保税区设立审核工作，支持符合条件且确有需求的地区新设综合保税区。按照服务国家战略规划、服务地方开放型经济建设、提升海关特殊监管区域总体发展水平等原则，总署研究制定 2021 年度综合保税区设立审核计划，启动对青岛空港等 5 个拟新设综合保税区的审核报批工作，报请国务院批准新设襄阳、重庆万州、陕西杨凌、海口空港、重庆永川、黄石棋盘洲、梧州、台州 8 个综合保税区（见表 4-3）。截至 2021 年年底，全国共有海关特殊监管区域 168 个，其中综合保税区 155 个。累计推动 65 个海关特殊监管区域整合优化为综合保税区，实现应转尽转工作目标。海关特殊监管区域分布在全国 31 个省、自治区、直辖市，布局更加优化，对外开放平台作用进一步发挥。

表 4-3 2021 年国务院批复新设综合保税区情况一览表

序号	国务院批复日期	综合保税区
1	1 月 15 日	襄阳综合保税区
2	1 月 15 日	重庆万州综合保税区
3	1 月 27 日	陕西杨凌综合保税区
4	5 月 4 日	海口空港综合保税区
5	7 月 6 日	重庆永川综合保税区
6	8 月 7 日	黄石棋盘洲综合保税区
7	8 月 7 日	梧州综合保税区
8	12 月 9 日	台州综合保税区

【综合保税区验收】2021 年，总署联合相关部委，深化“放管服”改革，简化综合保税区验收程序，降低验收成本，通过“云验收”（远程视频验收）和实地验收等方式，完成青岛即墨、淄博、温州、义乌、绍兴、安庆、洛阳、梅州、海口空港、北京大兴国际机场、西宁等综合保税区的验收工作，支持综合保税区尽早封关运行。截至年底，全国海关特殊监管区域总规划面积 449.292 平方千米，已验收 352.42 平方千米，已验收面积占比 78.44%。2021 年，中西部地区、东北三省 74 个综合保税区承接产业转移效果显著，共实现加工贸易进出口值 1.73 万亿元，占同期全国综合保税区加工贸易进出口值的 64.8%，四川、重庆、河南、陕西等地的综合保税区进出口值占当地外贸进出口值的比重均超过 60%，成为所在省市发展外向型经济的重要平台。

▲2021 年 12 月，洛阳综合保税区通过正式验收

【综合保税区发展绩效评估】2021 年，总署组织开展 2020 年度全国综合保税区发展绩效评估工作，推动各省、自治区、直辖市人民政府落实综合保税区申请设立、规划建设和运行管理主体责任，强化安全监管，加强管理，优化服务，促进综合保税区高水平开放高质量发展。评估共覆盖全国 134 个海关特殊监管区域（含 121 个综合保税区、9 个保税区、1 个出口加工区、1 个跨境工业区和 2 个保税港区），其中东部地区 79 个，中西部地区、东北三省 55 个。经评估，按全国排名分类，排名 A 类的海关特殊监管区域 26 个、B 类的 95 个、C 类的 13 个，排名前三的是上海外高桥保税区、成都高新综合保税区和郑州新郑综合保税区；按东部地区排名分类，排名 A 类的海关特殊监管区域 15 个、B 类的 57 个、C 类的 7 个，排名前三的是上海外高桥保税区、松江综合保税区和昆山综合保税区；按中西部地区、东北三省排名分类，排名 A 类的海关特殊监管区域 11 个、B 类的 39 个、C 类的 5 个，排名前三的是成都高新综合保税区、郑州新郑综合保税区和重庆西永综合保税区。对全国和分地区评估结果均为 C 类的 9 个综合保税区，总署致函所在省级人民政府，压紧压实主体责任，推动加快发展。

【推动两类区域统筹发展若干措施出台】2021 年，总署会同商务部开展实地调研、召开座谈会，听取各地政府和企业意见建议，印发《商务部　海关总署等 8 部门关于推动海关特殊监管区域与自由贸易试验区统筹发展若干措施的通知》，从统筹完善两类区域布局、统筹优化两类区域管理、统筹用好两类区域政策、统筹推动两类区域产业发展、统筹推进两类区域改革创新、加强组织实施等方面明确 20 条具体措施，为海关特殊监管区域与自由贸易试验区的统筹发展、融合发展、创新发展提供政策支持。

【《综合保税区适合入区项目指引（2021 年版）》印送】2021 年，总署向各省、自治区、直辖市人民政府印送《综合保税区适合入区项目指引（2021 年版）》，指导各地政府更好开展综合保税区申建、产业规划、招商选资、政策宣传等工作，对标高质量发展要求引进适合入区的项目，促进综合保税区打造具有全球影响力和竞争力的加工制造中心、研发设计中心、物流分拨中心、检测维修中心、销售服务中心。指引介绍税收政策、贸易管制政策、保税监管政策等综合保税区基本政策，提出综合保税区特殊贸易便利化 12 条措施，规定加工制造类、研发设计类、物流分拨类、检测维修类和销售服务类等适合入区的 5 种企业类型，筛选 16 个入区项目典型案例。

【综合保税区维修产品增列目录发布】2021 年，总署配合商务部研究制定第二批综合保税区维修产品目录清单，发布《关于发布综合保税区维修产品增列目录的公告》，目录新增 B 型超声波诊断仪等 6 大类 15 个税号的产品。截至年底，综合保税区内企业可开展 70 种产品的维修业务。综合保税区全年保税维修进出口值 1,856.7 亿元，同比增长 3.8%。

【新增增值税一般纳税人资格试点 36 个】2021 年，总署配合国家税务总局在综合保税区推广增值税一般纳税人资格试点，全年新增 36

个综合保税区开展试点。试点企业可开具增值税专用发票，参与国内环节税收抵扣。综合保税区增值税一般纳税人资格试点实行备案管理，截至年底，共有 118 个综合保税区开展试点。

【参与自由区国际规则制定】2021 年，中国海关深入研究国际相关自由区法律法规、监管制度等，参加世界海关组织（WCO）自由区相关工作，提出修改自由区定义等工作提案。4 月 26—28 日，总署应世界海关组织（WCO）邀请，组织青岛、武汉和深圳海关业务专家参加世界海关组织（WCO）亚太地区自由区线上研讨会，介绍中国海关在海关特殊监管区域监管方面的工作经验，围绕自由区的海关参与、海关监管要求、知识产权保护、信息化技术使用、原产地规则、AEO 认证和交流合作等议题开展交流与讨论，借鉴国际经验，促进我国海关特殊监管区域发展。

【综合保税区对口帮扶机制建立】2021 年，总署推动成都和拉萨、苏州和霍尔果斯地区综合保税区建立对口帮扶机制，签订合作协议，加强综合保税区规划建设、招商引资、运营管理、业务创新、人员培训等方面的交流合作，促进优化产业布局，推动区域联动发展。

自由贸易试验区

【自由贸易试验区海关监管制度创新】2021 年，中国海关支持鼓励各自由贸易试验区海关按照构建新发展格局要求开展探索实践，围绕国家发展战略实施开展监管制度集成创新和复制推广。构建形成以自由贸易试验区海关监管制度创新工作规范、自由贸易试验区海关监管创新举措备案工作规程、自由贸易试验区海关监管创新制度评审工作规程和自由贸易试验区海关监管创新制度复制推广工作规程为主体的“1+3”海关监管制度创新体系，指导自由贸易试验区海关以制度创新为核心，以可复制、可推广为基本要求，有序开展监管制度创新。年内，中国海关结合自由贸易试验区发展定位和产业特色，开展自由贸易试验区海关监管创新举措评审工作，共备案海关创新举措 25 项，涵盖 5G 物联网技术应用、边民互市贸易监管、动植物产品进境检验检疫等多个领域。

截至 2021 年年底，我国已有 21 个自由贸易试验区。

▲中国（上海）自由贸易试验区海鸥门

【3 个案例入选全国第四批自由贸易试验区“最佳实践案例”】2021 年，在全国第四批自由贸易试验区“最佳实践案例”评选活动中，海关系统 3 个案例入选。

天津海关在中国（天津）自由贸易试验区首创“保税租赁海关监管新模式”，针对保税租赁产业发展中遇到的难题和需求，利用海关特殊监管区域的政策优势，推出关区内联动监管、差异化担保、跨关区异地委托监管、租赁资产交易、海洋工程装备资产处置等一系列海关监管措施，及时解决了租赁飞机实际入区难、租赁标的物通关物流成本高、海洋工程制造业资产处置困境等难题。

杭州海关“优化国际航行船舶进出境监管改革创新”在中国（浙江）自由贸易试验区率先试点并全面应用国际贸易“单一窗口”运输

工具（船舶）“一单多报”，成为全国首个船舶进出境通关无纸化口岸，在此基础上进一步提出优化国际航行船舶境内续驶进出港口岸监管流程，为探索优化国际航行船舶进出境监管改革创新打造“舟山样板”。

成都海关“中欧班列运费分段结算估价管理改革”推进重构运费机制、优化物流组织、完善单证格式、规范贸易术语等集成改革措施，实现班列国内段运费从货物完税价格中扣除，有效为企业降本增效。该项改革试点自开展以来，商品范围已从汽车整车扩大到进口肉类、红酒、矿石产品，从单箱试点扩大到整列应用，为中欧班列发展注入更多创新动能。

海南自由贸易港

【支持海南全面深化改革开放工作】2021年，总署部署海南自由贸易港建设重点工作安排和其他重点任务，制发海南自由贸易港全岛封关运作重点工作清单，明确口岸建设、制度建设、信息化建设、风险防控、人力资源、协调配合、重点项目建设和封关评估等海南自由贸易港全岛封关运作海关工作目标和具体要求。

【署省会商机制建立】2021年7月，总署与海南省建立署省会商机制，推进解决重点、难点问题，全年就离岛免税商品溯源管理体系建设、“一线放开、二线管住”进出口管理政策制度试点扩点扩区、加强全岛封关运作相关监管设施建设等议题开展4次面对面会商。

【海南自由贸易港海关监管制度发布实施】2021年，总署配合财政部、国家税务总局等部门研究交通工具及游艇、自用生产设备“零关税”政策，同步研究制定海关监管措施，发布海关配套监管办法（见表4-4）。围绕制度完善、系统建设、风险分析、打击走私、执法合作等方面，持续优化离岛免税购物政策海关监管模式，确保政策平稳实施，全年共监管海南离岛免税购物金额495亿元，购物人数672万人次，购物件数7,045万件，人均购物金额7,368元，同比分别增长80%、49.8%、107%、20.2%。在洋浦保税港区先行先试加工增值税收政策、简化一线申报以及改革统计方法等“一线放开、二线管住”进出口管理政策制度，并在总结评估基础上，于12月扩大到海口综合保税区、海口空港综合保税区试点。年内，共监管海关特殊监管区域内加工增值30%（含）以上享受免征关税政策的内销货物6.19亿元。

▲2021年12月，洋浦保税港区“一线放开、二线管住”进出口管理政策制度扩大到海口综合保税区、海口空港综合保税区试点

表 4-4　2021 年海南自由贸易港海关有关政策措施出台情况一览表

序号	政策类型	政策名称
1	“零关税”交通工具及游艇、自用生产设备等海关监管制度	海关总署制发《关于发布〈海南自由贸易港交通工具及游艇“零关税”政策海关实施办法（试行）〉的公告》
2		财政部、海关总署、国家税务总局制发《关于海南自由贸易港试行启运港退税政策的通知》
3		财政部、交通运输部、海关总署、国家税务总局制发《关于海南自由贸易港内外贸同船运输境内船舶加注保税油和本地生产燃料油政策的通知》
4		财政部、海关总署、国家税务总局制发《关于海南自由贸易港自用生产设备“零关税”政策的通知》
5		财政部、海关总署制发《关于明确海南自由贸易港“零关税”自用生产设备相关产品范围的通知》
6		海关总署制发《关于发布〈海南自由贸易港自用生产设备“零关税”政策海关实施办法（试行）〉的公告》
7		财政部、海关总署、国家税务总局制发《关于中国国际消费品博览会展期内销售的进口展品税收优惠政策的通知》
8		财政部、海关总署、国家税务总局、中国民用航空局制发《关于海南自由贸易港进出岛航班加注保税航油政策的通知》
9	洋浦保税港区“一线放开、二线管住”进出口管理政策制度扩大试点	海关总署制发《海关对洋浦保税港区加工增值货物内销税收征管暂行办法》
10		海关总署制发《关于扩大洋浦保税港区政策制度适用范围的公告》
11	海南离岛免税购物海关监管模式	财政部、海关总署、国家税务总局联合制发《关于增加海南离岛旅客免税购物提货方式的公告》
12		海关总署制发《关于发布海南离岛旅客免税购物邮寄送达和返岛提取提货方式监管要求的公告》

【海南离岛免税风险综合治理】2021 年，中国海关严厉打击海南离岛免税“套代购”走私违规行为，推进海南离岛免税风险综合治理，严守海南自由贸易港不发生系统性风险底线。总署制发关于依法严厉打击海南离岛免税“套代购”走私违规行为的指导意见，严格依法实施行政处罚，依法实施限制购买离岛免税商品的海关管理措施，落实失信联合惩戒措施。会同海南省制发打击治理海南离岛免税“套代购”走私专项行动方案，强化源头管理，提升风险管控水平，持续加强正面监管，加大专业打击力度，压实市场主体责任，创新完善制度规范，推进综合治理，细化分解 41 项具体任务。总署配合海南省制发《海南自由贸易港免税商品溯源管理暂行办法》，规范免税商品物码溯源系统、溯源码规划和推广应用等免税商品溯源管理体系建设，建立离岛免税商品“一物一码”溯源管理体系，防范转卖倒卖。

【海南自由贸易港反走私联防联控工作机制建立】2021 年，总署会同国家有关部门建立海南自由贸易港反走私联防联控工作机制、缉私司法协作机制，保持打击走私的高压态势。推动建立海南自由贸易港与广东省、广西壮族自治区反走私联防联控机制，督导海南省社会管理信息化平台加强实战化建设，指导建设环北部湾琼州海峡“1+9”反走私联合作战体系

（“1”指海口海关，“9”指广东和广西的海关单位）。年内，中国海关统筹全国海关缉私力量，坚持岛内岛外双向发力、琼粤桂三地联合打击海南离岛免税“套代购”走私，侦办走私犯罪案件127件，打掉走私团伙114个，为海南自由贸易港建设营造安全稳定的社会环境。

横琴粤澳深度合作区、平潭综合实验区

【支持横琴粤澳深度合作区发展】2021年，总署推动落实横琴粤澳深度合作区建设重点工作安排，指导广东分署、拱北海关开展横琴粤澳深度合作区监管模式、监管方案、监管办法研究，参与横琴粤澳深度合作区条例立法起草研究工作，配合地方政府开展横琴粤澳深度合作区“一线”口岸、“二线”通道基础设施及配套信息化系统规划建设。加大海关监管制度创新力度，重点围绕“便利澳门居民生活就业的新家园”“与澳门一体化高水平开放的新体系”要求，推出进境暂存中转澳门食品检验检疫监管创新、卫生检疫“合作查验、一次放行”通关模式、支持澳门动植物产品样品送内地海关检测、开发应用“行邮物品资料库”系统等多项创新举措。

【三方工作会议】2021年5月12—14日，广东省、澳门特别行政区、总署三方工作会议和广东省政府与海关工作对接会议在珠海召开，澳门特别行政区行政长官贺一诚、广东省副省长张新、总署副署长邹志武、总署广东分署主任张广志参加。会议对落实《横琴粤澳深度合作区建设总体方案》有关政策、推进合作区基础设施建设等事项交换意见，就共同采取措施加快推进横琴粤澳深度合作区建设、优化通关管理进行全面深入研究。

【支持平潭综合实验区开放开发】2021年2月5日，平潭海峡二桥“二线”通道项目通过海关验收。6月8日，平潭综合实验区首本金关二期海关特殊区域账册完成备案，实现区内企业申报便捷、物流顺畅。中国海关支持平潭新业态发展，指导建设跨境直购、保税备货和快件“三合一”监管中心，实现集约化运作和监管，推出跨境电商企业“零跑腿”便捷缴税模式、跨境电商直购出口“预先申报、数据对碰、快速验放”模式等多项创新举措，全年验放跨境电商清单2,930.31万票、货值88.88亿元，同比分别增长149.43%、257.1%；支持两岸交流通道建设，保障全国首艘以平潭为母港直航台湾本岛的集装箱货轮“鲁丰”开航运营，实现与台湾主要港口客货运直航全覆盖；服务台湾华冈集团“华航3”集装箱船舶顺利靠泊平潭金井码头，增强平潭港对台集装箱船舶运力，缓解新冠肺炎疫情以来外贸企业“一箱难求”等问题，为平潭打造对台物流集散中心奠定基础。

（撰稿人：王　磊　杨　壮　李　莎
吴松立　赵　妍　赵　亮
游前慧）

风险管理

概况

2021年，中国海关以推进风险防控精准化、一体化、智能化为目标，统筹加强全国海关业务风险管理，持续提升风险防控整体效能，协调处置重大业务风险和安全风险，坚决筑牢国门安全防线。夯实全国海关风险管理制度基础，制定推进海关风险管理高质量发展的指导意见，规划“十四五”风险管理总体目标、工作思路和实现路径，加强对全国海关风险管理工作的科学指导；优化两级风险防控运作机制，推动完善风险管理司统管、两级风险防控局错位分工、各部门单位优势互补的风险防控体系，不断凝聚风险防控合力；集成“大数据模型+专家经验+智能计算”，强化高质量查获考核，推动风险精准防控；持续推进全领域、全渠道、全链条一体化风险防控，加强风险整体管控；进一步拓展大数据应用场景，深化大数据应用，优化提升智能化风险防控水平。

风险信息监测预警

【风险信息监测】2021年，中国海关坚持信息先导，持续加强风险信息监测工作，不断完善信息收集、分类、汇总、报送、转化、发布等海关风险信息工作机制，健全以查获信息、稽核查信息、缉私信息、外部信息为主体的海关风险信息体系，编发全国海关风险信息周报，年内共编发52期，报道信息1,222条。健全完善海关业务风险监测指标体系，针对特定业务领域，规范数据来源、业务逻辑和评估口径。全年，建立并完善覆盖通关检查、后续稽核查全链条，在使用货物、快件、跨境电商、邮件全渠道的风险监测数据中台表共9个，在运行多维度监测模型59个，显著提升海关风险监测效率和质量。

【风险预警】2021年，中国海关落实“提前介入、精准防控”工作目标要求，切实将风险预警作为有效的海关风险处置手段，完善态势分析向预警转化、布控转化，优化移交处置机制，有效预防和化解风险，依托风险防控协同机制，有效统筹内部业务部门风险预警需求，持续完善需求建议收集、汇总、分析、发布等海关风险预警工作机制，统一对内风险预警。同时，实时预警阶段性、行业性、区域性风险，提出中短期内查缉重点、管理策略技术性防控措施建议，有针对性处置相应风险。

▲2021年7月4日，总署风险防控局（青岛）风险分析人员利用互联网风险信息收集系统开展风险研判

重点领域风险防控

【打击治理海南离岛免税“套代购”走私专项行动】2021年，总署联合海南省人民政府共同部署开展为期一年的打击治理海南离岛免税“套代购”走私专项行动。加强署省联动，指导地方完善溯源管理体系，对离岛免税商品实施“一物一码”，实现来源可查、责任可追和真伪可辨，强化源头管控；加强风险态势掌控，构建“套代购”风险甄别大数据模型，聚焦重点渠道、重点人群、重点商品、重点环节，实施精准打击，强化信用惩戒；加强综合治理，联合市场监管、邮政管理等部门开展寄递行业和流通市场巡查整治，全面构筑形成“管防打治”一体化工作格局。

【固体废物专项风险防控】2021年，中国海关深入贯彻习近平生态文明思想，始终将禁止“洋垃圾”入境作为生态文明建设标志性举措，持续开展固体废物专项风险防控。针对2021年固体废物全面清零后伪瞒报走私新趋势，以供应链为单元，围绕异动组织风险防控。创新应用“事件、情报、数据”三轮驱动模式，构建大数据工具应用集合，提升案件经营能力。依托口岸安全风险联合防控机制，与生态环保部、行业协会、实验室专家开展联合研判，研究提出优化固体废物送检鉴定程序建议，建立信息情报交换机制，分析伪瞒报走私特征手法，协同缉私部门开展固体废物回流专项打击行动。全年，全国海关布控查获固体废物652起、3.38万吨。

▲2021年5月10日，总署风险防控局（上海）运用非贸渠道一体化风险分析模式及方法开展非贸渠道风险同步分析

【濒危及野生动物专项风险防控】2021年，中国海关坚决落实习近平总书记关于全面禁止象牙贸易的重要指示精神，进一步加大濒危及野生动物专项风险防控力度，推进全国海关濒危专项一体化防控，开展全国性风险态势分析，紧盯象牙等重点物种伪瞒报夹藏风险，聚焦市场需求，加大象牙、珍稀木材等野生动植物防控力度。整合“风控+缉私”协同作业优势资源，深化跨部门联合处置，强化风险防控合力。创新大数据人工智能应用，建设象牙等濒危夹藏伪瞒报防控大数据模型，完成濒危专项风险地图开发建设，实现濒危目录信息一站式查询、进出口数据实时甄别、查发动态可视化展示，有效提升智能化风险防控水平。年内，全国海关布控查获贸易渠道涉濒危安全情事1,200余起，快件、邮递、跨境电商、旅客等渠道涉濒危安全情事6,800余起，合计1,700余吨。

【毒品风险防控】2021年，中国海关针对毒品走私风险形势，对内进一步加强部门协作，建立快速响应机制，加强多渠道一体化风险防控；外联禁毒等部门和国际海关组织，强化多源信息获取，共享情报线索，开展国际执法合作，不断深耕快件、邮递、跨境电商、旅客等渠道毒品安全准入（出）风险防控基础。

【打击货运渠道集装箱伪瞒报专项行动】2021年，为遏制货运集装箱渠道热点消费品等高税率商品走私高发势头，防范该类型走私风险跨口岸、跨渠道漂移，严厉打击货运集装箱渠道夹藏伪瞒报走私热点消费品等高税率商品行为，中国海关组织开展打击贸易渠道热点消费品夹藏伪瞒报走私百日专项行动。坚持区域协作，发挥总署风险防控局（青岛、黄埔）牵头作用，组建泛渤海地区、粤港澳大湾区风险防控工作专班，强化区域风险监控分析，统筹开展跨关区联动打击；坚持供应链风险防控，准确把握走私态势变化，综合运用信息情报、数据分析、智能审图、执法联动等多种手段，加强"揽、存、销"全链条打击，实现专项打击提质增效；坚持战法创新推广，总结提炼典型案例35个，在全国海关推广分享，不断提升精准打击水平。专项行动以来，查发多起有影响情事或案件，有力震慑走私违法行为。

【跨境电商虚假交易风险防控】2021年，总署组建跨境电商零售进口风险分析研判处置工作专班，精准打击跨境电商渠道伪造"三单"实施走私违法犯罪行为，深挖背后走私团伙，全力压缩不法电商企业、平台企业、支付企业、物流企业等走私违法空间。年内，立案14起，案值逾47亿元。总署风险防控局（上海）、上海海关风险防控分局和缉私部门查获王某某跨境电商渠道走私普通货物案，9月上海市第三中级人民法院做出终审判决，认定走私货值7.9亿元，偷逃应缴税款6,744.16万元。该案是2021年全国量刑、判决最重的跨境电商渠道走私案件，对违法犯罪分子起到有力震慑作用。

【"清邮"行动】2021年，为深入贯彻落实总体国家安全观，进一步夯实邮递渠道风险防控工作，中国海关组织开展为期2个月的"清邮"专项行动，重点加强邮递渠道枪支弹药、反宣品、毒品、外来物种、濒危物种等安全准入（出）风险的管控和治理，并注重与"国门利剑2021"等专项整治行动的统筹推进，有效防范风险跨渠道漂移，切实提升全国海关邮递渠道整体风险防控水平，有力保障国门安全。

强化风险部门与相关业务部门、缉私部门、邮局海关现场，以及与公安、邮政等外单位的联合研判和信息交流，准确把握进出境邮递物品风险特征，落实重点"安准查发"快速响应机制，加强跨关区协同风险防控。"清邮"行动期间，全国海关共查发安全准入（出）风险情事1,700余起，查发异常商品4.8万多件，移交缉私部门线索刑事立案25起，行政立案37起。

风险业务改革

【"两轮驱动"改革】2021年，总署会同中国标准化研究院，研究制定适合海关业务场景的科学随机抽查体系，按照新修订的《海关注册登记和备案企业信用管理办法》相关要求，11月1日在全国42个直属海关950多个口岸下达与之配套的科学随机布控规则。建立对全国各口岸高级认证企业查验率定期监控机制。

【真空包装等高新技术货物布控查验模式试点】2021年，中国海关创新开展长三角区域一体化真空包装等高新技术货物布控查验协同试点，在稳步推进的基础上，扩大到主要航空口岸，支持集成电路、生物医药等高新技术企业创新发展，畅通高新技术货物跨境贸易供应链。在坚持底线思维、确保安全的前提下，减少事中干预，借鉴"两段准入"模式做法，在全国范围内推广事前风险评估备案、事中布控流程控制、事后风险验证管理的海关风险防控工作机制，通过优化跨关区风险布控查验模式，解决高新技术企业进口环节的实际困难，进一步释放改革创新红利，提高企业获得感。有效解决企业供应链、生产链中的痛点、堵点，将原有至少3~4天口岸监管作业时间压缩至24小时内，极大提高通关效率。

大数据海关应用

【"十四五"大数据海关应用规划】2021年，中国海关根据《"十四五"海关发展规划》，按照“规划好数据、管理好数据、保护好数据、应用好数据”的基本需求，制定“十四五”大数据海关应用规划。围绕国门安全风险防控、通关便利化一体化、智慧税管、政务管理与服务4大业务主脉，规划完善10方面主要任务和14个重点项目。“十四五”大数据海关应用规划的发布，标志着海关大数据应用管理制度框架初步形成，海关的大数据思维意识和应用能力得到整体提升，为下一步深化大数据海关应用打下基础。

【应用大数据支撑新冠肺炎疫情防控】 2021年8—12月，总署开展高风险航班终末消毒监督布控和反馈工作，完善高风险进境航班布控各环节操作，建立“航班计划—下达布控—现场监督—消毒结果反馈—改进评估”的全流程闭环管理机制。发挥大数据方法优势，应用多源数据生成每日进境高风险航班布控计划，并建设“终末消毒航班数据比对”大数据模型，跟踪布控计划实施情况，确保布控工作准确、及时落实到位。累计布控并执行终末消毒监督指令5,000余架次，确保对高风险进境航班全面实施终末消毒，有力支撑新冠肺炎疫情防控工作。

【大数据海关应用】 2021年，中国海关坚持“边实战边完善”的原则，持续优化已建成的大数据模型，完善风险测量模型，科学测量关区、口岸、商品等维度风险基准，为风险布控提供参考依据，优化查验资源。加快建设知识图谱，在数据集聚的基础上实现知识集聚，加强数据关联应用，辅助识别分析重点对象关联关系，提升系统防控风险能力。年内，完成检验检疫、关税征管、加工贸易、自贸和特殊区域、企业管理和稽查等图谱框架，以及进境旅客新冠肺炎疫情防控、危化品检验、知识产权侵权等专项图谱。

▲2021年11月5日，总署风险防控局（黄埔）运用大数据加强“洋垃圾”、濒危等专项风险防控

【大数据海关应用生态培育】 2021年，中国海关围绕国门安全风险防控、通关便利一体化、智慧税管、政务管理与服务4大业务主脉，初步建成大数据海关智慧应用生态体系，大数据应用成为提升海关治理能力的新途径。以大数据通用分析平台“云擎”为抓手，促进海关大数据应用与业务融合发展。在辅助新冠肺炎疫情防控、危化品监控、数据统计分析等领域发挥了重要作用。

（撰稿人：王　宏　吕硕学　刘　晓　周　翀　高凤荣　郭　强　傅　庆　温　斐　解学农）

税收征管

概况

2021 年，中国海关深化综合治税，持续推进税收征管改革，着力提升征管制度创新和治理能力，税收征管质量不断提高。落实中央关于做好 RCEP 实施准备工作要求，按期完成 RCEP 义务清单原产地规则全部履约要求，全面做好原产地规则和关税减让落地生效准备。应对中美经贸摩擦，助力落实中美第一阶段经贸协议。支持海南自由贸易港建设，研究构建海关监管制度体系，落实进口原辅料、交通工具和自用生产设备“零关税”政策，牵头制定并落实海南洋浦保税港区加工增值内销免征关税政策。服务国家开放大局，落实支持科技创新、重大技术装备、集成电路和新型显示器件等国家进口税收优惠政策、跨境电商零售进口减税政策，以及天然气、石脑油和燃料油等政策性退税政策，激发市场活力，助力高质量发展。践行自贸区提升战略，落实对自由贸易协定和最不发达国家特惠待遇项下进口关税减让政策，完成中国—挪威、中国—秘鲁自由贸易协定原产地议题谈判，推进与以色列等自由贸易协定原产地议题磋商。对接国际贸易规则，按期完成世界海关组织（WCO）《商品名称及编码协调制度》转版翻译。2021 年，全国海关征税入库 20,126.3 亿元，同比增长 17.7%。其中，关税 2,806.2 亿元，同比增长 9.4%；进口环节税 17,320.1 亿元，同比增长 19.2%。全国海关征税首次突破两万亿元大关。

税则税政

【税收政策】2021 年，中国海关落实 1 月 1 日起对 883 项商品实施进口暂定税率，5 月 1 日起调整部分钢铁资源产品关税，7 月 1 日起实施世界贸易组织（WTO）《信息技术协定》（ITA）第六步降税，通过参与政策制定、维护参数、加强对外宣传、评估实施效果等，执行落实好各项减税政策。配合政策主管部门发布《关于对部分成品油征收进口环节消费税的公告》，6 月 12 日起对部分成品油视同石脑油或燃料油征收进口环节消费税，进一步规范市场秩序，促进市场公平竞争。配合政策主管部门研究出台对美加征关税商品第三批、第四批、第五批、第六批排除延期政策，助力落实中美第一阶段经贸协议，做好市场化采购排除工作。

【关税调整】2021 年，组织全国海关收集整理进出口企业关于关税调整的意见建议，开展税政调研，报送政策调整建议 138 项，提出的人体医疗植入物、风力发电、居民消费品、高端制造业关键零部件等行业的 79 项政策调整建议被国务院关税税则委员会纳入《2022 年关税调整方案》。

【海南“零关税”】海南自由贸易港原辅料“零关税”政策 2020 年 12 月 1 日起实施，进口商品主要为木片和燃料煤；2021 年海关配合主管部门调整原辅料“零关税”政策，清单增加 187 项商品，2021 年 12 月 21 日起实施。

海南自由贸易港自用生产设备“零关税”政策2021年2月24日起实施，进口商品主要为起重机、压缩机等；2021年海关配合主管部门调整自用生产设备“零关税”政策，清单增加8项文体旅游商品，主体增加事业单位，2022年2月11日起实施。海南自由贸易港交通工具及游艇“零关税”政策2020年12月25日起实施，进口商品主要为散货船（旧）、成品油船（旧）、游艇等；2021年海关配合主管部门主体审核，推动联合监管。同期，对于两批次原辅料清单、两批次自用生产设备清单、交通工具及游艇清单提出转换实施意见，完成对应税号转换。

2021年，总署商品归类技术委员会国际业务组集中全国50余位海关归类专家，完成2022年版《商品名称及编码协调制度》翻译及转换工作，完成20余万字《商品名称及编码协调制度》目录及注释的翻译与调整、近30万字的税则转换建议，确保商品归类法定依据的准确和及时发布；编写百万字培训教材，培训全国海关及进出口企业近3万人次，通过内、外媒体多种渠道开展宣传，为新版《商品名称及编码协调制度》的实施奠定坚实基础。

【归类职能管理】2021年，中国海关修订发布《中华人民共和国海关进出口货物商品归类管理规定》，固化改革成果、完善执法依据、确保工作有序高效。年内，全国海关签发归类预裁定1,290份，同比增长16.5%，服务企业1,561家。

估价管理

【海关估价制度建设】2021年6月，总署发布《海关总署关于公式定价进口货物完税价格确定有关问题的公告》，于9月1日起施行。公告主要内容包括：进一步扩大备案货物范围，明确将因受成分含量、进口数量影响，进口时不能确定结算价格的情况纳入备案管理范畴；增加报关单申报填制规范要求，强化企业在备案环节和结算价格确定后的申报责任。2021年是中国加入世界贸易组织（WTO）、中国海关全面履行《WTO估价协定》20周年。总署刊发题为《“入世”后中国海关估价发展20年——建立中国特色估价体系》的文章，回顾了中国海关20年来努力学习新规则、适应新规则、掌握新规则，以摒弃“正常价格”、接受“成交价格”为起点，逐步建成具有中国特色海关估价管理体系的历程。

【国际领域合作】2021年，中国海关不断探索，深入参与国际海关估价合作取得成绩。2021年5月，世界海关组织（WCO）估价技术委员会召开第52次会议，中国海关应邀专题介绍“《WTO估价协定》第7条的实施经验”，中国海关提交的“特许权使用费涉及的预提所得税”估价案例历经3年半的7次全体会议讨论质询、数十次文本修改，获全体表决通过，作为世界海关组织（WCO）指导性文件“咨询性意见4.18”，成为世界海关组织（WCO）的94个估价指导性文件之一。在2021年10月召开的世界海关组织（WCO）估价技术委员会第53次会议上，中国海关代表林倩余（深圳海关）获选连任估价技术委员会第一副主席（2021—2022）。在同月召开的世界贸易组织（WTO）海关估价委员会2021年第二次正式会议上，中国海关首次就世界贸易组织（WTO）成员的估价立法审议事项向欧盟、英国、俄罗斯、印度等国（地区）提出11个问题，这是中国自履行《WTO估价协定》以来第一次从“接受审议”转变为“主动审议”。

税收征管

【税收征管方式改革】2021年，中国海关稳步实施税收征管方式改革，纳税便利化水平持续提升。落实国务院推进“放管服”改革与减税降费形成合力的工作部署，试点“ERP 联网申报+计算机自动审核”办理减免税，精简流程，取消备案，降低制度性成本。2021 年 12 月 1 日起创新实施以企业为单元的税款担保改革，企业一份担保可适用多项税款担保业务，税款担保全流程线上办理。持续深化关税保证保险、汇总征税和“自报自缴”（自主申报、自行缴税）等改革，应企业申请签发归类、价格、原产地预裁定 1,382 份，企业“自报自缴”占税收的 48.5%，通关效率进一步提升。开发上线“行邮税征管应用”，对接“财关库银横向联网系统”，实现行邮税电子支付实时入库。创新跨境电商商品条码应用在重庆海关试点，便利电商企业合规申报，促进跨境电商零售进口健康发展。

【税收风险防控能力建设】 2021 年，总署税收征管局坚持围绕大局，突出重点，持续完善税收风险防控体系，着力提升防控效能，规范统一全国税收征管。完善参数设置、启用、评估和优化闭合环路，提高参数覆盖面。深化“行业+企业”管理，完成“税收风险三年滚动排查”第三年计划，强化与企业行业协作，主动对接行业协会、龙头企业，加强商品信息和技术交流基础，解读税收征管政策，合力推动行业守法自律。2021 年，税收征管局与半导体行业协会等 23 个行业协会签署合作备忘录，累计已与 95 个行业协会签署合作备忘录或建立战略合作关系。发挥科技引领支撑作用，加快数据模型开发，持续优化模型应用场景，截至 2021 年年底，税收风险防控模型应用已达 294 个。探索建立对国际局势、经贸环境、商品物流行情等外部信息收集机制，建设基础数据库，强化对风险异动的快速反应能力。

【税收风险协同防控体系建设】 2021 年，中国海关坚持税收风险协同治理，强化税收征管局与各部门协同防控税收风险，构建跨部门、多层次的税收征管新格局。优化“中心—现场”作业，增强验估指令的针对性和有效性，提高防控精准度。针对商品的风险要素特点制定验估指引 29 个，规范统一全国海关验估作业执法。完善税收征管局与稽（核）查、缉私等部门信息交流、风险联合研判等机制，强化跨部门联动处置，提升税收风险协同处置成效。深化风险“源头治理”，推动税收风险排查成果反哺企业源头合规管理，落实以属地为单元的企业涉税申报错误通报机制。2021 年税收征管局协同属地海关对 1,980 家税源企业开展合规引导，源头促进企业以“自报”质量提升“自缴”质量。

原产地管理

【RCEP 原产地规则和关税减让实施准备】 2021 年，中国海关落实党中央、国务院对 RCEP 实施准备的部署要求，提前分析研判 RCEP 原产地规则和关税减让实施中可能出现的热点、难点问题，按照“能快则快”原则，按期完成确定的 38 项任务。出台《中华人民共和国海关经核准出口商管理办法》《中华人民共和国海关〈区域全面经济伙伴关系协定〉项下进出口货物原产地管理办法》及配套的规范性文件。全面升级海关原产地管理信息化系统，重构业务节点，优化优惠贸易协定项下享惠货物申报模式和报关单结构，实现出口企业、出口商品、原产地证书签证、经核准出口商自主声明与通关系统的联通，保障与执行优惠贸易协定相关的通关、签证等业务的运行。牵头 RCEP 原产地工作组多轮磋商，完成产品特定原产地规则转版、原产地实施指引磋商，推动中国方案成为各方共识，为 RCEP 落地生效扫清障碍，帮助我国出口企业在其他缔约方享惠顺畅。多形式、多载体帮助企业熟练掌握进出口货物享惠通关、原产地证书申领、自主声明开具等技能，开展海关内外部培训近千次，覆盖关员 1.6 万人和企业代表 8.8 万人，刊发宣传报道 1,100 余篇，其中全国媒体刊载 55 篇。

▲2021 年 12 月 22 日，宁波海关所属杭州湾新区海关关员向企业介绍 RCEP 原产地证书的申领流程

【原产地规则谈判和国际合作】 2021 年，中国海关持续强化原产地规则研究，学习借鉴国际先进原产地管理理念，注重加强原产地规则产业调研与部门协调，着力构建具有中国特色的原产地规则体系和对外谈判工作机制。完成中国—挪威自由贸易协定、中国—秘鲁自由贸易协定原产地规则议题谈判，继续推进中国—以色列自由贸易协定等原产地规则议题磋商。深度参与金伯利进程相关工作，履行金伯利进程规则与程序委员会副主席职责，推进拟定有关规章文件，继续推进上海参选常设秘书处工作，督促金伯利进程保障竞选工作在公平公开环境下开展。总署关税征管司丁楠履行世界海关组织（WCO）原产地规则技术委员会主席职责，主持第 39 届技术委员会会议，并获选连任下一届主席（2022—2023）。中国海关代表在世界贸易组织（WTO）原产地规则委员会、世界海关组织（WCO）第二届全球原产地大会、亚太地区海关署长会议上，介绍我国最不发达国家特惠措施实施情况、原产地电子数据交换开展情况等。继续参与世界海关组织（WCO）《经修订的京都公约》审议工作，作为联合提案方推动原产地规则提案进入第三阶段审议。

【原产地和贸易救济实施】 2021 年，优惠贸易协定项下享惠进口 11,754 亿元，税款减让 961 亿元。特别优惠关税待遇项下享惠进口 283 亿元，税款减让 27 亿元。全国海关签发原产地证书 705 万份，货值 3,519.8 亿美元，其中优惠原产地证书 486 万份，货值 2,229.2 亿美元。对 2,910 份进口原产地证书发起对外核查，受理外方向我方发起的原产地证书核查请求 2,747 份，通过核查确保优惠贸易协定合规实施，提升原产地风险防控管理水平，为我国出口货物国外享惠提供有力保障。对澳大利亚葡萄酒、巴西白羽肉鸡等 47 项商品实施贸易救济措施，监管贸易救济措施进口货物 46.7 万票，货值 1,197.8 亿元，征收反倾销税 28.9 亿元、反补贴税 0.4 亿元。

【原产地管理优化和完善】 总署出台《关于优惠贸易协定项下进出口货物报关单有关原产地栏目填制规范和申报事宜的公告》等工作制度和操作规程，进一步规范和优化原产地申报。完善出口签证管理，全面梳理普惠制证书，对输往欧亚经济联盟、欧盟等已不再给予我国普惠制关税优惠待遇国家（地区）的货物不再签发普惠制原产地证书，并及时通过新闻媒体进行政策解读，引导社会各界准确理解普惠制政策和海关管理规定。完成港澳 CEPA 项下无纺织布、可可制品等 5 项产品原产地标准修订并组织实施，推动内地与港澳经贸发展。优化中转证书管理系统，便利优惠贸易协定项下经港澳中转货物顺利通关。制定并公布中国—柬埔寨自由贸易协定项下进出口货物原产地管理办法及配套的规范性文件。促成泰国、毛里求斯自 7 月 1 日起接受我国自助打印的原产地证书，可自助打印证书扩展至 17 种，自助打印率达到 73%。

▲2021 年 8 月 9 日，青岛海关所属青岛大港海关关员指导企业自助打印原产地证书

减免税管理

【减免税政策】2021 年是我国国民经济和社会发展第十四个五年规划开局之年，海关会同财政部、国家税务总局等部门研究制定《财政部　海关总署　税务总局关于“十四五”期间支持科技创新进口税收政策的通知》《财政部　海关总署　税务总局关于“十四五”期间能源资源勘探开发利用进口税收政策的通知》等“十四五”期间进口税收政策及管理办法，对科技创新、科普事业发展、种子种源及种用野生动植物、能源资源勘探开发相关行业和领域予以税收政策支持。组织全国海关准确执行政策，确保政策落地见效。

【减免税管理制度修订】2021 年修订《中华人民共和国海关进出口货物减免税管理办法》，2021 年 3 月 1 日起施行。新修订的办法贯彻落实国家“放管服”改革要求，将减免税审批调整为减免税审核确认，在有效监管前提下简化业务流程，将减免税货物“未经海关许可，不得擅自处置”的限制性表述，调整为“经海关审核同意并办理有关手续，可以处置”的附条件授权性表述，促进减免税货物“物尽其用”，取消减免税备案环节，进一步降低制度性成本。总署发布《关于〈中华人民共和国海关进出口货物减免税管理办法〉实施有关事项的公告》，明确办法配套相关法律文书、表格格式文本和执行要求，并通过 12360 海关热线新媒体、《中国国门时报》和《中国海关》杂志等多种形式对新修订的办法开展宣传解读。

【减免税管理系统】2021 年组织开发 H2018 减免税管理系统，对减免税审核确认、担保等流程进行优化，2021 年 12 月 1 日该系统在全国推广应用。开发减免税抽样考核系统，在新冠肺炎疫情防控常态化形势下，为减免税质量评估提供系统支持。推进减免税快速审核模式改革试点，回应企业生产物料进口批次多、时效要求高等诉求，运用“ERP 联网申报+快速审核”方式，进一步提升企业申报便捷性、准确性和海关审核时效。

非贸税收管理

【行邮税征管效能】2021 年，全国海关行邮渠道（含旅检、邮递、快件个人物品、公自用物品和海南离岛免税）征税 22.6 亿元，同比增长 10.9%。顺应邮递物品监管改革，优化邮局海关与邮政部门征税联系配合机制，推动实现税款信息共享，提高征税效率。全面推广“行邮税征管应用”，实现行邮计税、征收、核注、数据存储的统一管理；落实“放管服”和改善营商环境改革要求，实现行邮税电子支付实时入库，提升纳税便捷性和税款入库效率。

【非贸征管工作机制】2021 年，中国海关持续完善非贸征管常态化税收风险监控处置机制，建立由税收征管局牵头、关税大数据工作室辅助、主要进口地海关参与的税收风险防控机制，取得良好成效。出台跨境电商税收征管工作指引，细化税收征管要点，协同监管链条，推动构建资源整合、渠道互济的统一征管机制。税收征管局定期分析通报各行邮渠道、跨境电商零售进口征税动态、指标水平和风险动向，定期发布异动监测报告和预警信息。各地海关落实进境物品税收征管工作制度要求，结合关区业务实际制定具体措施，构建上下协调、统一规范的非贸税收征管体系。

【跨境电商“商品条码”应用改革试点】 2021年12月15日，跨境电商“商品条码”应用改革在重庆海关试点，引导企业如实申报、守法便利。首日重庆41家电商企业参与应用，进口771万元，通过合规性校验比率达91.4%。

（撰稿人：王小康　宋威仪　苑小棋
高　鹏　赏剑慧　赖晓莺）

卫生检疫

概况

2021 年，全国口岸出入境检疫人员 12,808.1 万人次，同比下降 2.7%，检出传染病 38 种 15,690 例，同比上升 2.4%。其中，入境检疫人员 6,402.3 万人次，同比下降 3.1%，检出传染病 15,646 例，同比上升 5.3%，涉及传染病 36 种，主要为新冠肺炎、乙肝和流行性感冒；来自 166 个国家或地区，主要为缅甸、菲律宾、美国、俄罗斯和越南；从 35 个关区入境，主要为广州、上海、成都、昆明和南宁海关。检出病例数同比上升的主要原因是新冠肺炎病例数上升。共检疫各类出入境交通工具 1,860.1 万架（艘、辆、节）次，发现各类卫生学问题 1,140 例。

年内，全国海关入境检出新冠病毒阳性或移交确诊 14,841 例，日均 40.7 例。一是空、陆、水口岸检出新冠病毒阳性同比均增加。分别检出 12,218 例、1,314 例、1,309 例，同比分别增加 6.3%、45.4%、107.7%。二是自亚洲检出新冠病毒阳性占比超五成。自亚洲检出新冠病毒阳性 8,319 例，占全年检出新冠病毒阳性的 56.1%。其中，自东南亚检出 4,099 例，占全年亚洲检出的 49.3%。三是交通工具员工检出新冠病毒阳性增加。检出交通工具员工 1,729 例，同比增加 46.2%。船员、机组分别检出 1,309 例、321 例，同比分别增加 107.7%、30.2%；陆路司乘检出 99 例，同比减少 67.7%。四是入境无症状者占比仍处高位。检出新冠病毒阳性中无症状者 14,473 例，占全年的 97.5%，高出总体平均水平（94.1%）3.4 个百分点。

年内，全国海关开展出入境人员传染病监测体检 611,889 人次，同比上升 15.4%，检出传染病 4,254 例，同比下降 27.5%；开展艾滋病监测 540,125 人次，同比上升 19.1%，检出艾滋病阳性病例 336 例，同比下降 47.2%；开展预防接种 496,448 人次，同比上升 25.0%。检出传染病较多的海关有昆明海关（1,686 例）、拱北海关（590 例）、成都海关（520 例）、南宁海关（504 例）。全年检出艾滋病阳性病例数下降明显，与劳务人员入出境受到影响有关。检出传染病中肝炎 2,580 例，占 60.7%；梅毒 1,206 例，占 28.4%。接种黄热病疫苗 83,757 人次，同比上升 19.8%；接种霍乱疫苗 216,655 人次，接种数量最多。

年内，全国口岸截获输入性病媒生物 93.3 万只，同比下降 46.3%，其中蝇 91.7 万只、蜚蠊 14,263 只、蚊 1,309 只、鼠 118 只、其他病媒生物 53 只；检出病原体阳性 161 例，同比上升 13.3%。从蝇中检出 61 例，主要为蜡样芽孢杆菌、大肠杆菌、粘质沙雷菌；从蜚蠊中检出 98 例，主要为蜡样芽孢杆菌、大肠杆菌、粘质沙雷菌；从鼠中检出 2 例，均为汉坦病毒。开展口岸区域本底监测 15,570 次，同比上升 34.9%；捕获病媒生物 15.3 万只，同比下降 56.9%，其中蝇 37,251 只、蜚蠊 16,772 只、蚊 89,747 只、鼠 3,010 只、其他病媒生物

6,006只；检出病原体阳性118例，同比下降67.5%。从蝇中检出65例，主要为大肠杆菌、蜡样芽孢杆菌、粘质沙雷菌；从蜚蠊中检出30例，主要为肺炎克雷伯菌、蜡样芽孢杆菌；从蚊中检出3例，均为黄病毒属病毒；从鼠中检出20例，主要为汉坦病毒、博卡病毒。

年内，全国海关对口岸1.1万家食品生产经营、饮用水供应、公共场所、储存场地经营单位实施卫生监督3.2万次，同比上升39.1%，发现不合格5,068次，同比上升286.6%；开展快速检测9,169次，同比下降52.0%，发现不合格49次，同比下降69.4%；开展实验室采样检测6,064次，同比上升1.6%，发现不合格182次，同比下降35.0%。针对不合格情况，要求相应单位现场整改，无法现场整改的责令限期整改。全年，全国海关卫生检疫情况统计见表4-5。

表4-5　2021年全国海关卫生检疫情况统计表

项目	单位	数量	比上年（%）
确诊传染病合计	人次	15,690	2.4
其中：入境确诊传染病数	人次	15,646	5.3
出境确诊传染病数	人次	44	-90.7
传染病监测体检数	人次	611,889	15.4
监测体检检出传染病数	人次	4,254	-27.5
艾滋病检出数	例	336	-47.2
预防接种数	人次	496,448	25.0
入境截获病媒生物数	万只	93.3	-46.3
发布传染病疫情公告	次	0	—
发布传染病疫情警示通报	次	8	—
发布传染病疫情风险预警	次	19	—
出入境特殊物品审批	批次	106,185	38.5
出入境特殊物品不合格情况	批次	592	17.0

检疫管理

【全球传染病疫情监测】2021年，总署坚决贯彻落实习近平总书记关于“建立智慧化预警多点触发机制”等重要指示批示精神，建立“日监测，周评估”制度，密切跟踪新冠肺炎等各类传染病疫情形势发展变化，依托全球疫情监测小组，持续收集全球传染病疫情信息。2021年，共收集全球84种传染病、228个国家或地区疫情信息8,315条，通过“筑牢口岸检疫防线”等相关公众号每日对外发布全球传染病疫情信息日报365期，充分发挥全球疫情监测网作用。

【全球传染病疫情形势分析】2021年，总署开展全球传染病疫情形势分析。当年，全球波及范围较广的传染病为新冠肺炎、登革热、麻疹、脊髓灰质炎和疟疾；病死率较高的为埃博拉病毒病（57.4%）、中东呼吸综合征（34.4%）、拉沙热（20.5%）和鼠疫（12.8%）。除新冠肺炎外，亚洲主要流行中东呼吸综合征和登革热；非洲主要流行埃博拉病毒病、鼠疫、霍乱、黄热病、拉沙热、脊髓灰质炎、疟疾和麻疹；美洲主要流行登革热、基孔肯雅热和寨卡病毒病；欧洲主要流行西尼罗热。全球传染病疫情形势主要体现以下特征。全球新冠肺炎疫情呈上升趋势，境内多地出现新冠肺炎本土疫情。2021年，全球累计报告确诊病例20,279.7万例，同比上升145.4%，奥密克戎变异株已扩散至110个国家或地区，北美洲、欧洲疫情最为严重；英法等多国单日新增确诊数不断攀升，创下自疫情暴发以来新高；中南美洲、非洲和西太平洋等均出现不同程度的疫情反弹。2021年，全国（含港澳台地区）累计报告确诊病例35,309例，同比下降63.5%，呈多点散发、局部聚集态势。非洲多种重大烈性传染病流行。2021年，非洲刚果（金）、几内亚、科特迪瓦暴发埃博拉病毒病疫情，累计报告确诊病例47例。霍乱在非洲13个国家暴发或流行，累计报告确诊病例13.2万例，主要为尼日利亚（10.8万例，占

81.8%）。黄热病在西非、中非9个国家流行，累计报告确诊病例88例。刚果（金）、马达加斯加鼠疫流行严重，分别累计报告鼠疫病例130例、42例。拉沙热在尼日利亚流行，全年累计报告病例487例。裂谷热疫情在非洲多国暴发，马达加斯加、肯尼亚、乌干达和塞内加尔分别报告109例、32例、4例和3例。几内亚报告马尔堡病毒病死亡病例1例。多种蚊媒传染病广泛流行。2021年，登革热在亚洲、美洲多个国家持续流行。在亚洲地区，越南、菲律宾、马来西亚、斯里兰卡和新加坡分别报告登革热病例6.8万、6.7万、2.6万、1.9万和5,182例；孟加拉国登革热病例显著增加，累计报告病例2.8万例，为2020年的23.8倍。美洲累计报告登革热病例117.9万例。美洲、欧洲多个国家受西尼罗热影响，美国累计报告西尼罗热病例2,445例，同比上升339.0%；欧洲8个国家累计报告西尼罗热病例157例。美洲基孔肯雅热和寨卡病毒病持续流行，分别报告确诊病例13.2万例和1.9万例。非洲疟疾广泛流行，南苏丹、尼日尔、马达加斯加和乍得分别累计报告疟疾病例370.7万、229.7万、154.7万和90.8万例。

【公共卫生风险评估研判】2021年，总署进一步完善公共卫生风险评估工作机制，持续推进风险评估模型研究建设，不断完善全球传染病疫情信息监测网络，对疫情经口岸跨境传播风险开展分析研判，因地制宜、因时制宜动态调整和优化完善疫情防控举措，分级分类、精准有效做好口岸疫情防控工作。定期开展公共卫生风险评估，分别于1月、4月、7月、10月对全球疫情形势进行季度分析研判，把握全球疫情整体态势；于7月、11月、12月开展3次冬奥会专题风险评估，为北京冬奥会筹备工作提供数据支撑，以便有针对性地调整口岸疫情防控策略；动态分析重点传染病全球发展态势［1月，巴西甲型H1N2流感病毒变异株、多哥霍乱；2月，美国甲型H3N2流感、刚果（金）和几内亚埃博拉病毒病、肯尼亚裂谷热；3月，俄罗斯H5N8亚型禽流感、阿联酋中东呼吸综合征；4月，沙特阿拉伯中东呼吸综合征、全球Ⅱ型循环型疫苗衍生脊髓灰质炎；5月，刚果（金）埃博拉病毒病；6月，英国猴痘、几内亚埃博拉病毒病、中国台湾地区猪流感病毒H1N2v变异株；7月，英国、美国猴痘；8月，几内亚马尔堡病毒病、沙特阿拉伯中东呼吸综合征、印度H5N1亚型禽流感；9月，马达加斯加肺鼠疫、几内亚马尔堡病毒病、刚果（金）流行性脑脊髓膜炎、印度尼帕病毒病；10月，马达加斯加鼠疫、尼日利亚黄热病、刚果（金）埃博拉病毒病、印度寨卡病毒病、委内瑞拉黄热病、乌克兰Ⅱ型循环型疫苗衍生脊髓灰质炎；11月，缅甸白喉、新型冠状病毒奥密克戎变异株2次、美国猴痘；12月，加纳黄热病、也门Ⅱ型循环型疫苗衍生脊髓灰质炎、阿联酋中东呼吸综合征、巴基斯坦登革热、刚果（金）埃博拉病毒病、西非和中非黄热病、南苏丹戊型肝炎］，严防疫情输入。2021年，累计编制各类风险评估材料324期，委托中国海关科学技术研究中心、相关直属海关共开展风险评估45次，印发12期口岸传染病疫情风险监测月报。

【北京冬奥会卫生检疫】2021年，总署全力保障北京冬奥会、冬残奥会赛前准备工作，部署相关海关做好口岸卫生检疫工作。建立冬奥会口岸公共卫生风险应对专家工作组，负责在冬奥会赛事筹办和举办期间定期开展境外疫情输入风险评估，提出口岸防控措施意见建议，指导相关海关妥善处置口岸突发公共卫生事件，2021年共计开展评估3期；部署北京海关提前制订2022冬奥会和冬残奥会口岸新冠肺炎疫情防控相关工作方案、2022冬奥会和冬残奥会口岸突发公共卫生事件应急处置预案等4个方案预案，确保各项工作落到实处、取得实效；积极参与北京冬奥会医疗卫生工作协调小组相关工作，加强与冬奥组委等相关部门沟通协调，全程参与防疫手册制定，明确采样、密接判定、重要外宾入境等不同检疫政策，并组织召开2次视频会议，就涉冬奥人员口岸卫生检疫政策开展培训；部署石家庄等21个备降机场海关完善冬奥备降航班卫生检疫保障方案和应急预案，要求各相关海关针对不同场景开展应急演练，北京冬奥会和冬残奥会期间，21个备降机场海关累计开展应急演练91场次，确保口岸卫生检疫工作万无一失；牵头制订新冠肺炎疫情期间缩短入境政要人员通关时间工作方案，在把好“外防输入”关口的前提下，按照“即达即采即送即检”原则，进一步提升快速通关保障能力，切实缩短入境政要人员通关时间。2021年，涉冬奥会入境航班87架次，总旅客数2, 726人，累计检出18例新冠病毒阳性（其中，测试赛入境人员累计2, 065人，累计报告检出新冠病毒阳性16例）；出境航班共计66架次，总旅客数2, 184人，无新冠病毒阳性检出。

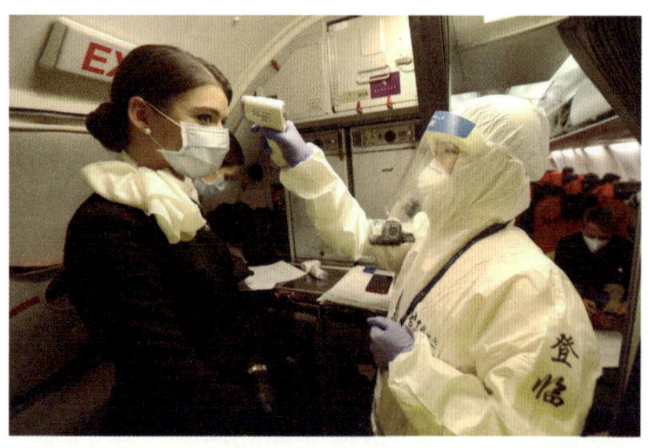

▲2021年10月23日，大连海关所属大连周水子机场海关关员开展入境重点航班登临检疫

【多病共防】2021年，总署发布传染病疫情风险预警信息和警示通报共27条，防止埃博拉病毒病等重大传染病传入造成疫情叠加。根据全球疫情风险评估情况，发布传染病疫情风险预警信息19条［阿富汗、巴基斯坦、塔吉克斯坦脊髓灰质炎，日本恙虫病，印度毛霉菌病，克里米亚出血热，尼日利亚猴痘，科特迪瓦、几内亚埃博拉病毒病，几内亚马尔堡病毒病，印度H5N1亚型禽流感，沙特阿拉伯中东呼吸综合征，印度尼帕病毒病，刚果（金）脑膜炎，几内亚拉沙热，刚果（金）埃博拉病毒病，缅甸白喉，乌克兰Ⅱ型循环型疫苗衍生脊灰病毒病，美国西尼罗热、新冠病毒新型变异毒株，也门Ⅱ型循环型疫苗衍生脊灰病毒病，阿联酋中东呼吸综合征］，强化对来自相关国家或地区的入境人员、交通工具等的检疫工作，加强健康申报、体温检测、医学巡查等措施，及时排查并采取有效医学措施，及时反馈处置信息；下发传染病疫情警示通报8条［几内亚、尼日利亚、塞内加尔黄热病，刚果（金）、几内亚埃博拉病毒病，蒙古国、印度、中国台湾地区新冠肺炎，尼日利亚拉沙热，马达加斯加鼠疫，尼日利亚、委内瑞拉黄热病］，指导各海关进一步加强出入境人员、交通工具、货物的卫生检疫，严防疫情输入造成叠加。

【重要节点卫生检疫保障】2021年，总署坚决做好“两节”“两会”“五一”“七一”“十一”等重要节点的卫生检疫保障工作。印发全面加强新冠肺炎疫情防控工作的通知等文件，从深刻认识做好疫情防控工作的重要意义、持续加强疫情监测和研判预警、大力强化口岸检疫监管、严格做好进口冷链食品和高风险非冷链集装箱货物监管、持续加大打击冻品走私力度、着力强化口岸疫情防控工作、建立健全应急处置工作机制、持之以恒做好疫情防控安全防护工作、加快提升实验室技术支撑能力、全力做好疫情防控工作保障、持续深化联防联控和国际合作等方面，全面部署全国海关从严从紧做好重要节点疫情防控工作，压实责任、细化措施，强化口岸卫生检疫工作，严格健康申明卡核验、体温监测、医学巡查、流行病学调查、医学排查、采样检测、信息通报和移交处置等工作，确保无缝衔接、闭环管理，并以“四不两直”方式开展自查督查，结合工作实际及属地疫情防控形势，将立行立改和长效机制建立相结合，及时补短板、强弱项、堵漏洞，确保各项风险隐患整改到位，筑牢口岸检疫防线。重大活动期间，积极与外交部等部门沟通，做好重要来华外宾核酸采样检测通关便利保障。

生物安全管理

【生物安全协调】2021 年，总署全面落实本年度生物安全重点工作，开展 2022 年度生物安全风险评估，将贯彻落实习近平总书记重要指示批示精神同研究 2022 年生物安全工作要点结合，加强我国生物安全建设，明确细化落实方案，梳理出涉及海关的 4 个方面 9 条任务，细化分工，定期推进落实。起草海关生物安全体系建设方案，明确海关生物安全指导思想、基本原则和建设目标，从工作机制、法律法规和技术标准体系、风险智能监测预警体系、防控打击体系、战略性支撑体系、多元共治体系、服务产业创新发展等方面提出了 36 项内容，进一步完善海关生物安全体系建设。

【生物安全宣传】2021 年，全国海关开展以“筑牢口岸检疫防线、守护国门生物安全”为主题的宣传教育活动，组织海关专家参加国家《生物安全法》宣讲团，主宣讲高风险生物因子国家准入制度、境外重大生物安全事件应对制度、国家生物安全风险监测预警体系，辅宣讲国境口岸传染病和动植物疫情联合防控能力建设、外来物种入侵的防范和应对。各海关紧密结合职责，发扬抗疫精神，以时刻防范生物安全风险为首要任务，多形式开展宣教活动，更好地发挥海关保障国门生物安全作用，取得了良好成效。

【特殊物品卫生检疫监管】2021 年，总署推进出入境特殊物品卫生检疫分级分类监管工作，加强对高致病性病原微生物的入境管控，严格按照要求办理卫生检疫审批和通关验放手续，针对变异新冠病毒、腺病毒载体新冠疫苗毒种及工作细胞、高致病性病原微生物等生物安全高风险的特殊物品加强风险评估，在确保生物安全的前提下给予审批及通关便利，助力国内临床研究、疫苗及检测试剂开发等工作。开发新版特殊物品卫生检疫审批与分析系统，实现自动审单、核销、风险布控、查验结果回输等功能，12 月 25 日在全国范围上线，显著提升特殊物品管理智能化和信息化水平。积极开展建立特殊物品风险评估知识图谱数据库及生物安全评价检测方法的相关研究。举办出入境特殊物品卫生检疫审批网上培训班和网上座谈会，全国海关共有 1, 165 人报名参训，42 个直属关 120 余人参加面对面座谈，达到了预期效果。2021 年，完成出入境特殊物品检疫审批 10. 6 万批次，同比增长 38. 5%。

【尸体骸骨卫生检疫】2021 年，总署发布关于明确尸体骸骨入境前申报相关事宜的相关公告，明确尸体、骸骨在境外启运前，托运人或者其代理人应当向入境口岸海关申报，防范尸体骸骨入境风险。妥善做好第八批在韩中国人民志愿军烈士遗骸、境外遇难人员、外籍遇难船长遗体入境卫生检疫手续，在确保生物安全的前提下予以通关便利。2021 年，海关卫生检疫监管出入境尸体骸骨 2, 299 具，其中入境 2, 230 具、出境 69 具。

疾病监测

【全国消除疟疾工作】2021 年，总署完成世界卫生组织独立评估专家组对我国消除疟疾认证评估海关各项工作。我国于 2020 年实现消除疟疾目标，2021 年通过世界卫生组织消除疟疾认证。2021 年 5 月 10 日至 28 日，总署圆满完成世界卫生组织独立评估专家组对我国消除疟疾进行认证评估工作任务，获得世界卫生组织专家组高度评价，为我国疟疾消除工作做出重要贡献。为做好认证评估工作，总署先后召开3次专题会议，制订并印发迎接世界卫生组织对我国消除疟疾认证评估工作方案，组织编制应询答复口径，先后4次派员赴口岸现场指导开展认证评估预演，对认证评估全程进行技术支持。2021年5月10日、12日，沈阳海关、大连海关和成都海关分别参加世界卫生组织专家组对辽宁省和四川省的线上评估，应询答复世界卫生组织专家组提问。5月17日至26日，合肥海关、昆明海关、武汉海关、海口海关分别参加世界卫生组织专家组对安徽省、云南省、湖北省、海南省的线下评估，参加座谈会并进行工作汇报，应询答复世界卫生组织专家组提问；世界卫生组织专家组分别对昆明海关所辖盈江口岸及所属云南国际旅行卫生保健中心、合肥海关所属安徽国际旅行卫生保健中心进行了现场评估。5月27日、28日，总署派员参加多部门座谈会并作交流发言，参加反馈会听取世界卫生组织专家组意见反馈，海关疟疾防控和口岸卫生检疫工作获得世界卫生组织专家组高度评价，认为海关疟疾防控工作组织有序、体系完备、运转有效，在中国消除疟疾行动中发挥重要作用，提出要在全球推广海关“多病共防”“健康贴士”“跨境合作”等典型做法，积极向全球分享中国海关疟疾防控工作经验。12月30日，国家卫健委、海关总署、国家中医药局联合印发《关于开展全国消除疟疾工作先进集体和先进个人评选表彰工作的通知》，全国海关系统9个集体、28名个人被评为全国消除疟疾工作先进集体和先进个人。

▲2021年5月28日，总署派员参加世界卫生组织中国消除疟疾现场评估认证反馈会

【国际旅行健康宣教】2021年，总署组织开展“世界艾滋病日”和“全国疟疾日”主题活动。结合“我为群众办实事”活动，开展宣传作品征集、典型案例推选等活动，采取“日常宣传与主题宣传相结合”的模式，进一步推动疟疾、艾滋病防治以及新冠肺炎防控宣传教育常态化。29个直属海关参与艾滋病主题宣传作品征集投稿，共征集文字稿18篇、图片94张、视频47个。11月26日、29日、30日和12月1日，《中国国门时报》四版专版刊发艾滋病防治特别报道；12月1日，《中国国门时报》《中国海关》《中国口岸科学技术》《海关总署文告》和“筑牢口岸检疫防线”等媒体和微信公众号发布艾滋病防治主题宣传图文，中国海关传媒抖音号、头条号发布艾滋病防治短视频。录制6门国际旅行健康宣教专题系列培训课程，举办“口岸艾滋病防治与国际旅行健康宣传教育”和“新冠肺炎疫情防控知识”网上培训班，专题讲解艾滋病流行及防控策略措施、艾滋病检测技术进展和实验室质控以及艾滋病防治宣传教育与国际旅行健康，累计近14万人次参加培训。

【国际旅行卫生保健中心能力建设】2021年，总署持续推进国际旅行卫生保健中心能力建设。7月23日印发做好国际旅行卫生保健中心新冠肺炎疫情防控工作的通知，要求各直属海关进一步加强国际旅行卫生保健中心新型冠状病毒感染的预防与控制工作，严格执行属地卫生健康行政部门对医疗和体检机构的各项管理规定，依法依规开展各项业务，加强内部防控，切实排查风险隐患，防范和化解职业暴露和感染风险。启动“出入境预防接种疫苗追溯平台联网项目（一期）”系统建设。配合海南自由贸易港建设，支持海口海关不断提升口岸检疫技术支撑能力，加强设施设备配备，强化职业技术人才培养和队伍建设，快速提升新型冠状病毒核酸检测能力；加快推进海南国际旅行健康服务网第二批功能上线运行。

【境外传染病监测】2021 年，总署设立第 4 个境外传染病监测站点。继安哥拉、赞比亚、尼日利亚 3 个站点之后，2021 年 12 月，总署在中国石油乍得项目设立第 4 个境外传染病监测站点，分别在乍得上游项目首都基地诊所和 RONIER 基地诊所开展工作。暂命名为“海关总署传染病监测站点（乍得）”，简称“乍得监测站点”，编号 004。由监测站点所属境内外机构（项目）负责日常管理，总署负责技术支持和工作指导。12 月 31 日，总署会同中国石油国际部召开“境外传染病监测站点视频研讨会暨乍得监测站点线上启动会”，安哥拉、赞比亚、尼日利亚、乍得 4 个监测站点的境内、境外所属机构（项目）相关负责人，以及中国海关科学技术研究中心、16 个直属海关的代表共计 60 余人参加会议。与会人员共同交流监测站点规划建设和工作开展情况，总结典型经验做法，宣布乍得监测站点启动。

卫生监督

【口岸公共卫生核心能力建设】2021 年，总署推动《口岸公共卫生核心能力建设技术规范》（计划编号 20211261-Q-415）通过国家标准委审核，申请国家标准立项成功；修订《国际卫生条例》（2005）口岸核心能力动态监督管理规定；结合疫情防控要求统筹开展全国口岸核心能力动态管理工作，对全国 19 个口岸开展远程复核督查，6 个国家新开放口岸和 10 个改（扩）建口岸开展核心能力达标考核。截至 2021 年年底，全国已有 272 个口岸通过公共卫生核心能力达标验收，其中 24 个口岸获“国际卫生港”称号。

【口岸病媒生物监测】2021 年，总署与越南、老挝、蒙古国等国家相关机构开展病媒生物联合监测，在 19 个直属海关开展“一带一路”病媒生物专项监测。组织专家组分别在哈尔滨海关抚远口岸、乌鲁木齐海关塔克什肯口岸、拉萨海关吉隆口岸、南宁海关水口口岸 4 个口岸开展病媒生物监测，捕获鼠类 200 余只、蜱螨等体表寄生虫 30 余只、蚊类 6,000 余只、蝇类及蜚蠊类 40 余只。同时，为一线工作人员开展病媒生物监测、病原体采样、病媒生物标本制作与种类鉴定等现场培训，有效提升一线工作人员病媒生物监测能力和病原体检测水平。完善“全国口岸截获输入性病媒生物清单”，新增补口岸截获输入性病媒生物 3 种，其中口岸首次截获输入性病媒生物 2 种，分别为多恩拉丁蠊（Latindia dohrniana）和小异甲蠊（Diplopterina parva），均为国内未分布物种。完成病媒生物智能监测信息系统测试以及上线部署工作，在呼和浩特海关、福州海关、黄埔海关开展病媒生物智能监测试点应用的基础上，增加满洲里海关、哈尔滨海关、上海海关、南宁海关、昆明海关、乌鲁木齐海关 6 个试点单位，进一步扩大智能监测系统应用试运

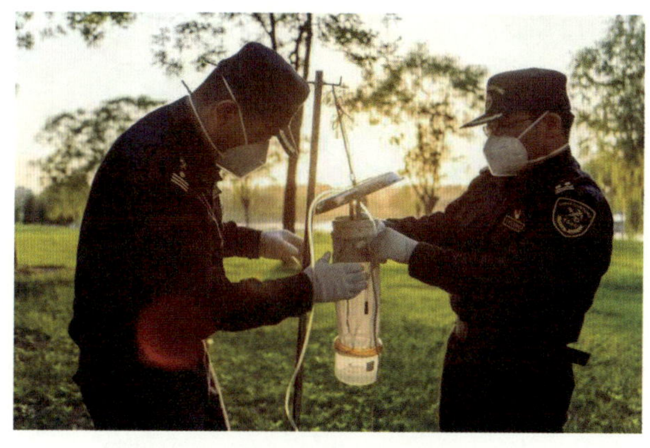

▲2021 年 7 月 2 日，北京海关所属首都机场海关关员开展口岸本底病媒生物监测

行关区范围。同时，结合试点工作情况，持续改进、优化智能监测系统。

【国境口岸卫生监督】 2021 年，总署部署全国口岸食品安全监督和卫生监督工作，印发总署 2021 年国境口岸卫生监督工作计划和 2021 年总署国境口岸食品安全抽检计划。结合国境口岸卫生监督工作实际，重新制定国境口岸卫生监督“双随机、一公开”抽查工作实施细则及“国境口岸卫生监督随机抽查事项清单”，切实维护口岸区域公共卫生安全。做好节日和重大活动期间口岸卫生监督工作，在春节、“五一”、“七一”、“中秋”、“十一”等重要时间节点，加强口岸食品安全监管及卫生监督工作，落实企业主体责任，对监管的各个环节提出具体要求，维护全国口岸公共卫生安全。进一步强化口岸卫生监督员管理工作，印发国境口岸卫生监督员管理办法，公布海关系统卫生监督员考试合格名单，制定国境口岸卫生监督员证件式样，截至 2021 年年底，全国海关卫生监督员达 8,000 余人。

【国境口岸卫生许可证“证照分离”改革】 2021 年，全国海关落实《海关总署关于印发〈海关深化“证照分离”改革　进一步激发市场主体发展活力的实施方案〉的通知》要求，推进口岸卫生许可证审批制度改革，做好国境口岸卫生许可改革相关工作，在全国范围内的口岸区域对“口岸卫生许可证（涉及公共场所）核发”实行告知承诺改革；在自由贸易试验区的口岸区域对音乐厅、展览馆、博物馆、美术馆、图书馆、书店、录像厅（室）的“口岸卫生许可证核发”实施备案管理。

【食品安全宣传】 2021 年，总署围绕“尚俭崇信　守护阳光下的盘中餐”主题，组织开展食品安全宣传周系列宣传活动，宣传重点内容包括“食品安全口岸行”活动等，并于 2021 年 7 月 6 日在浙江省杭州市举办“2021 年全国食品安全宣传周海关总署主题日”主场活动。在“食品安全口岸行”活动中，全国海关组织现场活动 366 场次，参加人数达 22,426 人次，线上、线下举办讲座 122 场，咨询人次达 11,843 人次，印刷各类宣传材料 3.2 万册，印制宣传展板 300 余块。

【国际组织合作工作】 2021 年，总署严格落实《国际卫生条例》要求，以“国际卫生条例（口岸）合作中心”为平台，积极配合世界卫生组织开展相关工作。积极为建立全球口岸病媒生物监测鉴定平台提供技术支持，并与世界卫生组织在口岸核心能力建设和创建“国际卫生港”等方面开展深层次交流与合作，向世界卫生组织分享中国经验。

（撰稿人：冯　刚　刘伟彬　安文彬
范劼睿　浦　昀　陶应宏
黄　佳　滕文赫）

动植物检疫

概况

2021年，总署贯彻落实习近平生态文明思想和习近平总书记关于加强生物安全建设的重要讲话精神，坚持总体国家安全观，严防重大动植物疫情传入传出和外来物种入侵，切实筑牢口岸检疫防线，坚决维护国门生物安全，服务高水平对外开放，深化动植物检疫制度改革，持续推动海关动植检工作高质量发展。持续加强境外非洲猪瘟、高致病性禽流感、松材线虫等重大动植物疫情防控，强化源头管控、加强口岸查验、严格后续处置，将重大动植物疫情拒于国门之外。成立外来入侵物种口岸防控工作领导小组，启动外来入侵物种普查工作，组织开展“国门绿盾2021”行动，打击非法引进外来物种和种子苗木，严防外来入侵物种通过口岸传入。加强新冠肺炎疫情源头管控，严防新冠病毒随农产品传入。发挥动植检职能作用，主动服务高质量发展高水平开放。落实元首外交成果，推进中法非洲猪瘟区域化管理合作，推动老挝口蹄疫免疫无疫区建设和老挝屠宰牛项目实施。促进粮食等资源性农产品安全进口，全年共签署20份国际农产品检疫合作文件，完成15种农产品检疫准入。安全引进种质资源，支持国家种业振兴行动。促进特优农产品出口，加强技术磋商，积极应对境外动植物检疫新措施，成功恢复柑橘类水果出口俄罗斯，实现海南金鲳鱼苗首次出口马来西亚、陕西樱桃首次出口阿联酋。参加世界动物卫生组织（WOAH）、《国际植物保护公约》（IPPC）等国际组织活动，在国际规则、标准制修订工作中发出中国声音。张际文副署长参加《生物多样性公约》缔约方大会第15次会议（COP15），发出4点海关倡议，得到与会各方响应。进一步完善深化海关动植检治理体系，贯彻落实《生物安全法》，配合制定应急处置、检疫准入等7项海关检疫配套制度，推进进境农产品风险分级分类管理，授权28个直属海关对7大类847种动植物及其产品实施检疫审批终审。开展动物境外预检改革，创建“实地预检+远程预检+体系评估+信用管理+效能评价”新模式。联合农业农村部修订发布《中华人民共和国禁止携带、寄递进境的动植物及其产品和其他检疫物名录》《中华人民共和国进境动物检疫疫病名录》，将5种有害生物增补列入《中华人民共和国进境植物检疫性有害生物名录》。推进智慧动植检建设，3个应用系统上线运行。“4·15全民国家安全教育日”，在中国海关博物馆举办国门生物安全展。举办3期动植物检疫技术培训班，1.8万人次参加培训，新增46门实操培训课程，将356道学习考试试题纳入动植物检疫岗位资质管理考试题库。

动植物疫情疫病防控

【国门生物安全监测和安全风险监控】2021年，总署贯彻落实习近平总书记关于加强生物安全建设的重要讲话精神，落实《生物安全法》，持续开展国门生物安全监测和安全风险监控。

印发国门生物安全监测方案（动物检疫部分），建立“1+N”体系，即制定1个监测指南和进境种猪、进境非食用动物产品、供港澳活猪、出境水生动物等17类产品年度监测计划，对137种疫病673项监测项目实施监测，制定并提交104个实验室送检布控规则表单，采样491,477头份，监测1,717,583项次，检出阳性动物2,832头/只，涉及43种动物疫病，首次检出猪戊型肝炎、禽白血病、猪圆环病毒2型等疫病。

印发国门生物安全监测方案（植物检疫部分），包括境外植物疫情信息监测、口岸截获植物疫情监测、非贸渠道植物疫情及外来物种监测、外来有害生物监测“四大模块”。举办国门生物安全监测网上培训班，重点解读监测方案、介绍监测工作注意事项及实操要点，6,074名人员参加培训。全国布点1.34万个诱捕器，开展15万次监测调查，监测到近700种植物有害生物。

2021年，总署持续开展进出口食用农产品和饲料安全风险监控，全年获得监测结果254,874个，进口项目和样品总体合格率分别为99.81%和98.46%，出口项目和样品总体合格率分别为99.76%和98.13%。

【动植物及其产品口岸检疫】 2021年，总署持续加强境外非洲猪瘟、高致病性禽流感、松材线虫等重大动植物疫情防控，严格口岸检疫查验。密切关注境外51个国家或地区2,345起家禽高致病性禽流感疫情，发布防止法国、塞内加尔、立陶宛、阿尔及利亚、芬兰、爱沙尼亚、马里、莱索托、贝宁、博茨瓦纳、挪威11个国家高致病性禽流感疫情传入的疫情禁令11份，防止蒙古国、泰国等14个国家非洲猪瘟、绵羊痘和山羊痘等疫情传入的疫情禁令17份。根据风险评估结果，解除纳米比亚牛传染性胸膜肺炎疫情禁令，5次向英国、澳大利亚等4个国家通报戊型肝炎等疫病检出情况。从新西兰进口种禽中监测到禽白血病，扑杀同群种禽648只，通报新西兰官方，磋商修订议定书和卫生证书要求。妥善应对美国猪新型蓝耳病毒株1-4-4、巴西疯牛病、纳米比亚牛传染性胸膜肺炎、加拿大疯牛病疫情。编制发布WOAH动物检疫政策动态9期，动植物检疫政策和疫情信息动态50期。

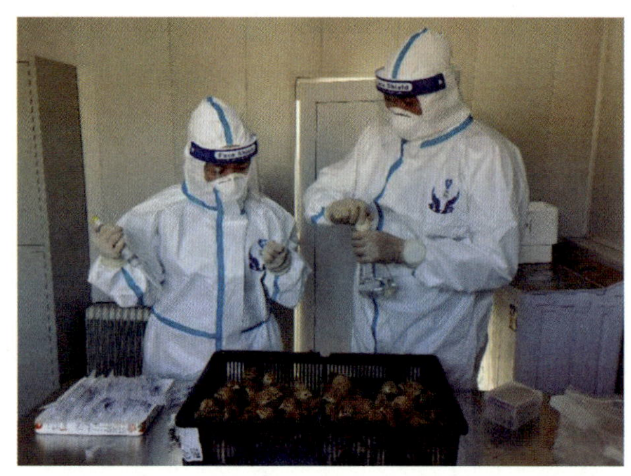

▲2021年12月1日，沈阳海关所属沈抚新区海关关员对进境种禽实施检疫查验

总署与国家林业和草原局等11个部门联合印发《关于进一步加强松材线虫病疫情防控工作的通知》，切实做好进境木材松材线虫口岸检疫工作。总署发布《关于进口松材线虫发生国家松木植物检疫要求的公告》，自2022年2月1日起，要求来自松材线虫发生国家的松木在出口前须进行松材线虫实验室检测，不带松材线虫的原木还需实施熏蒸或热处理；进口松木须从指定口岸进境并实施检疫和松材线虫实验室检测，如检出松材线虫或天牛等有害生物，该批松木做退运或销毁处理。进一步加强长林小蠹检疫工作，要求各海关加大对来自长林小蠹发生国家和地区松属原木的单证审核、口岸检疫、林木害虫监测以及技术培训，提升长林小蠹等有害生物检疫鉴定能力。发布《关于防止番茄褐色皱果病毒随番茄和辣椒属种子传入的公告》，制定进口番茄和辣椒属种子的源头管控检疫要求，自2022年1月1日起，各海关对进口番茄和辣椒属种子随附的植物检疫证书进行审核，并对货物实施检疫，发现证书不符合要求或检出番茄褐色皱果病毒的，依法做退回或销毁处理。在进境黑麦草种子中首次检出致死粒线虫，及时调整风险布控，开展实验室检测技术培训，此后多次检出该病害，向农业农村部、国家林业和草原局通报相关情况，并提出加强检疫审批管理、进一步强化风险防控的建议。

2021年，全国海关共截获有害生物59.08万种次、检疫性有害生物6.51万种次，同比分别减少2.05%、6.33%，发布警示通报14份，对外发出违规通报1,463份。

▲2021年2月10日，上海海关所属浦东海关关员对进境玉米实施检疫查验

【进口农产品新冠病毒防控】2021年，总署严密防范新冠病毒随农产品传入，加强新冠肺炎疫情源头管控，制定境外生产企业视频检查工作规范，对24个国家（地区）352家水果生产企业、12个国家（地区）71家食用水生动物生产企业和3个国家（地区）23家粮食饲料生产企业开展视频检查，经视频检查和输出国（地区）官方对照议定书和新冠病毒防控要求自查，撤销、暂停3,016家生产企业输华资质。建立冷链农产品新冠病毒监测周报制度，全年共监测冷链运输动植物产品2,094批4.79万个样本，对相关生产企业采取紧急预防性措施。密切跟踪动物新冠肺炎疫情进展，编发《动物感染新冠疫情信息每日汇总》330期、《动物感染新冠疫情一周动态》36期，组织完成入境伴侣动物传带新冠病毒和入境运输工具及包装材料传带新冠病毒风险评估报告2份，向国务院相关部门提出关于做好新冠肺炎疫情防控期间入境伴侣动物（犬、猫）管控工作有关建议。总署加强口岸监督检查，指导现场检测、消毒工作，对2,122.69万件农产品外包装实施预防性消毒。加强新冠肺炎疫情监管人员防护，印发《进境活动物检疫监管人员新冠肺炎疫情防护和作业指南（试行）》，为一线活动物检疫人员防护提供指导。2021年，进口冷链农产品新冠检测2,094批47,871个样本，其中产品样本15,217个，内外包装样本29,848个，环境样本2,746个，检出新冠病毒阳性样本3个。

外来入侵物种防控

【外来入侵物种口岸防控工作领导小组会议】2021年，总署召开领导小组第一次全体会议，副署长张际文出席会议，办公厅等19个成员单位参加。会议学习贯彻习近平总书记重要指示批示精神，传达国务院外来物种入侵防控会议要求，研究制订工作计划。为严密防范外来物种入侵，2020年总署成立外来入侵物种口岸防控工作领导小组，副署长张际文任组长，专题研究、谋划、推进口岸防控工作。

【外来入侵物种普查】2021年，总署会同农业农村部、财政部、自然资源部、生态环境部、住房和城乡建设部、国家林业和草原局等9部委联合印发外来入侵物种普查总体方案，确定普查目标、普查对象和任务、普查组织与实施计划以及普查工作分工，启动外来入侵物种普查工作。制订各口岸普查外来入侵物种参考名单和主要入境口岸外来物种普查重点名单，印发《主要入境口岸外来入侵物种普查方案》，在全国主要入境口岸组织开展普查工作，摸清口岸外来入侵物种种类、数量、发生分布等情况，为进一步加强口岸科学防控外来物种入侵提供基础数据支持。

【“国门绿盾 2021”行动】2021 年，总署组织开展“国门绿盾 2021”行动，打击非法引进外来物种和种子苗木，严防外来物种入侵和动植物疫情通过寄递、旅客携带、跨境电商直购等非贸渠道传入。总署会同农业农村部、自然资源部、生态环境部、国家林业和草原局联合印发实施《进一步加强外来入侵物种防控工作方案》，明确职责分工，加强外来入侵物种普查和监测预警、口岸防控等工作。总署制订落实方案，成立外来入侵物种防控技术专家组，印发《海关 2020 年度进境携带、寄递渠道截获外来物种案例汇编》，编制口岸常见外来物种识别图谱 300 余种，供口岸一线开展外来物种防控工作参考。2021 年，全国海关在寄递、旅客携带物渠道截获外来物种等活体动植物 8,473 批次，同比增长 98.43%。总署与各级农业农村、自然资源、生态环境、林草等部门协作联动，建立健全非法引进外来物种、种子苗木和国内外动植物疫情交流通报机制。建立截获外来物种对外通报制度，及时填报和对外通报相关违规信息，2021 年共对外通报重要外来物种截获信息 100 批，敦促相关国家或地区从源头加强旅客行李物品、寄递物品的出境监管，降低外来物种跨境传播风险。

服务促进农产品进出口

【农产品进口检疫准入】2021 年，总署发挥动植物检疫职能作用，开展输华农产品贸易潜力分析和检疫风险评估，加强与境外动植物检疫部门的技术磋商，全年共签署合作协议文件 20 份，完成 15 个国家（地区）15 种农产品检疫准入，其中服务元首外交签署塞尔维亚甜菜粕和玉米、老挝和津巴布韦柑橘、智利冷冻水果、乌兹别克斯坦柠檬、南非鲜梨、波兰饲用乳制品、捷克配合饲料等 9 份议定书。2021 年，总署累计新增境外注册企业 24,261 家，其中境外动物源饲料和饲料添加剂注册企业 141 家、境外水生动物注册企业 30 家、境外非食用动物产品注册企业 105 家、境外水果企业 20,658 家、境外粮食植物源饲料注册企业 3,327 家。

【落实种业振兴行动】2021 年，总署联合农业农村部印发《支持农作物种质资源引进检疫监管试点方案》，推进落实《种业振兴行动方案》。推进海南全球动植物种质资源中转基地建设，指导海口海关与地方相关部门建立境外动植物疫情疫病联防联控机制。新增进境动物遗传物质生产企业 22 家。对 87 批进境种畜检疫开展远程督导，组织验收大中种用动物指定隔离场 21 个。2021 年，进口种猪 33,877 头，同比增长 89.67%；进口种牛 329,252 头，同比增长 27.12%；进口种鸡 163.87 万只，同比增长 9.41%；进口种子 11.45 万吨，同比增长 21.94%。

【促进农产品供港澳】2021 年，总署强化检疫监管，扎实开展供港澳活动物养殖场疫病和安全风险监测，持续做好非洲猪瘟等重大动物疫情防控，压实企业主体责任，不断提升注册场生物安全水平，严守生物安全底线，及时妥善应对香港地区农场发生非洲猪瘟疫情、深圳清水河供港活动物中转仓检出非洲猪瘟核酸阳性等突发事件。全年保障 880,428 头活猪、14,886 头活牛、1,740 只活羊、340 万只种禽、7.8 万吨水生动物安全供港澳。

【应对境外动植物检疫措施】2021 年，针对阿根廷实行的亚洲型舞毒蛾植物检疫新措施，为避免因船舶携带舞毒蛾而影响我国出口阿根廷贸易，总署要求各海关及时提醒出口企业、告知阿根廷相关检疫规定，避免因阿根廷检疫新政策影响出口贸易，造成不必要的损失。针对澳大利亚实行的谷斑皮蠹植物检疫紧急措施，总署要求各海关及时指导企业加强管理，严格出口检疫，按要求出具植物检疫证书，保障输澳植物及植物产品贸易顺畅。印发《关于做好输欧盟饲料添加剂检疫监管有关工作的通知》，妥善应对欧盟饲料添加剂管理政策法规调整。做好英国脱欧后输英国动物及动物产品准入。组织研究巴西饲料产品注册登记新要求，指导帮助出口企业及时了解新规，保障我国输巴西饲料产品贸易顺利开展。2021年，总署多次与俄罗斯举行视频技术磋商，成功推动恢复柑橘类水果出口俄罗斯。2021年，总署成功实现海南金鲳鱼苗首次出口马来西亚、陕西樱桃首次出口阿联酋，大力支持河豚、观赏鱼出口日本，鲜枣、猕猴桃出口智利，鲜梨出口巴西，柑橘、鲜枣出口美国。

▲2021年9月20日，上海海关动植物检疫处对输华猕猴桃境外生产企业开展视频检查

【促进稻草出口日本】2021年，总署帮扶稻草出口日本，服务东北地区乡村振兴。与日本农林水产省沟通协调，制订日本检疫官来华定期轮换计划，共邀请13名日本检疫官对输日稻草实施预检。动态调整检疫监管方案，优化现场作业流程，提升出口通关效率。2021年，共计26.07万吨稻草顺利出口日本，同比增长19.59%。

动植物检疫国际合作

【参与WOAH组织活动】2021年，总署参加世界动物卫生组织（WOAH）第88届国际代表大会筹备及正式大会，深圳海关刘莛再次当选WOAH水生动物卫生标准委员会委员，任期三年。参加第32届WOAH亚太区域代表大会，对WOAH推出的标准评议系统等数字化工具提出改进建议。参加“牛瘟根除十周年”纪念会，参加2次WOAH法典最新修订内容在线评议会议。

【参与IPPC组织活动】2021年，总署参加《国际植物保护公约》（IPPC）植物检疫措施委员会第十五届会议，会议以网络视频形式召开，审议11项国际植物检疫标准草案，研究《国际植物保护公约》管理相关事宜，研究电子植检证书系统运维费用问题，讨论国际海运集装箱植物检疫措施标准制定进展情况。根据IPPC秘书处安排，总署参加海运集装箱特别工作组视频会议，讨论在IPPC网站发布有关集装箱检疫信息事宜。

【参与《生物多样性公约》组织活动】2021年，总署参与《生物多样性公约》缔约方大会第15次会议（COP15），副署长张际文应邀在生态文明论坛开幕式上发表致辞，向与会代表介绍在习近平生态文明思想指引下，中国海关认真履行国际公约相关义务，在生物多样性保护和防控外来物种入侵方面的工作举措及成效，并为共同保护地球家园向世界各国海关、检验检疫部门发出四点倡议：一是以更加严密的网络防范动植物疫情疫病跨境传播；二是以更加严格的措施阻截外来物种入侵；三是以更加严厉的手段打击危害生物多样性的走私违法活动；四是以更加务实的举措强化全球生物多样性保护合作。倡议得到与会各方积极响应。参与《国家生态安全知识百问》编制，向国际社会全面展示中国海关在生态文明建设和生物多样性保护方面取得的成果。参与《生物多样性保护重大工程十年规划（2021—2030年）》《中国生物多样性保护战略与行动计划（2011—2030年）》及生物多样性和生态系统服务政府间科学政策平台的《野生物种可持续利用评估报告》的编制，将海关积极履行国际公约，严格防范动植物疫情和外来物种入侵、维护生态安全、保护生物物种资源安全等生物多样性保护方面的先进做法、工作成效和工作计划写入国家规划和国际报告。

【动物疫情区域化合作】2021年，总署与法国就中法非洲猪瘟区域化管理的合作协议达成一致，贯彻落实中法两国元首就非洲猪瘟区域化达成的共识，完成中法非洲猪瘟防控体系互评互认，在第八次中法高级别经济财经对话时正式签署该合作协议。2021年，总署指导老挝完成口蹄疫免疫无疫区建设，联合农业农村部发布疫情解禁公告，解除老挝南塔省勐新县部分区域口蹄疫疫情禁令，与老挝就屠宰用肉牛检疫卫生要求达成一致并确认输华屠宰牛卫生证书，实现2,016头老挝屠宰牛首次进口。总署制订中德非洲猪瘟区域化管理原则和措施技术交流工作方案，与德国开展非洲猪瘟区域化管理合作。与俄罗斯推进落实高致病性禽流感生物安全隔离区划管理。与德国加强高致病性禽流感技术交流。

动植物检疫制度建设

【进境农产品风险分级分类管理】2021年，总署推进进境农产品风险分级分类管理，综合产品特性、加工工艺、风险因子等因素，全面评估梳理16大类进口动植物及其产品检疫风险分级分类情况。针对基层反映新冠肺炎疫情形势下动物疫区进境运输工具登临检疫存在的问题，经风险评估，对来自动物疫区运输工具登临检疫实施风险分级、分类管理，根据不同疫病的流行病学特点，分为高风险、中风险和低风险三种情形采取针对性措施。

【授权动植物检疫审批】2021年，总署持续推进进境动植物检疫审批改革，制定进境动植物检疫审批授权工作规程和授权审批实施细则，授权海口海关办理4类进境水产种苗动植物检疫审批，授权长沙海关办理第二届参展进境动植物产品检疫审批，发布《海关总署关于授权直属海关开展部分进境动植物及其产品检疫审批事宜的公告》（公告2021年第101号），授权28个海关对7大类847种动植物及其产品实施检疫审批终审，每半年对已取消检疫审批的75种动植物及其产品开展回顾性评估。

【进境动物预检制度改革】2021年，总署开展动物境外预检改革，创建“实地预检+远程预检+体系评估+信用管理+效能评价”新模式，建立信用管理、检疫体系评估、预检效果评价等19项工作制度，形成110份作业指导书类文件。修订出台进境动物预检人员管理办法等6项工作制度、进境动物预检人员遴选政审制度等13项廉政风险防控制度，开发完善“进境动植物境外预检系统”，实现业务风险和

▲2021年10月19日，总署动植物检疫司远程预检工作专班成员开展输华活动境外远程预检

廉政风险防控“同部署、同推进、同检查、同评价”。2021年，对进境活动物实施远程预检85批、51.41万头，远程预检淘汰不合格动物12.24万头，为企业避免直接经济损失约25亿元。预检模式改革被评为全国海关“‘我为群众办实事’百佳项目”。

【落实《生物安全法》】 2021年，总署落实习近平总书记重要指示批示精神和“9·29”重要讲话精神，认真落实《生物安全法》，配合制订海关生物安全体系建设方案，制定完善风险监测、应急处置、检疫准入等7项海关检疫配套制度。与农业农村部共同组建《进出境动植物检疫法》修订工作专班，召开6次专家会议，形成修订意见建议稿6份。参与《海关法》修订工作，提出《海关法》修订涉动植物检疫工作需求和建议。组织编制海关动植物检疫权责清单。修订并发布实施进境种猪指定隔离检疫场建设规范、进境牛羊指定隔离检疫场建设规范和进境水生动物指定隔离检疫场建设规范，及时开展宣贯培训，强化出境犬猫（非携带）检疫监管，进一步规范出境犬猫检疫监管工作。

【动植物检疫名录修订】 2021年，总署联合农业农村部修订印发《中华人民共和国禁止携带、寄递进境的动植物及其产品和其他检疫物名录》，并开展解读和培训；联合农业农村部修订《中华人民共和国进境动物检疫疫病名录》，将牛结节性皮肤病从一类进境动物疫病调整为二类进境动物检疫疫病。总署启动《中华人民共和国进境植物检疫性有害生物名录》修订工作，成立杂草、林业昆虫、农业昆虫、真菌、细菌、病毒、线虫、软体动物、蜱螨9个技术组，共279名专家参与，对现有名录中的有害生物及近年来境外重要植物疫情开展风险评估。2021年，总署联合农业农村部发布《将番茄褐色皱果病毒、玉米矮花叶病毒等5种有害生物列入〈中华人民共和国进境植物检疫性有害生物名录〉的公告》，将番茄褐色皱果病毒、玉米矮花叶病毒、马铃薯斑纹片病菌、乳状耳形螺、玫瑰蜗牛5种有害生物增补列入《中华人民共和国进境植物检疫性有害生物名录》。

【国门生物安全宣传】 2021年，总署持续开展国门生物安全活动，在“4·15全民国家安全教育日”，举办国门生物安全展，集中展示近年来海关截获外来有害生物的实物标本、图片和法制宣传资料。开幕式当天，通过网络直播，向公众科普有关生物安全方面的知识，总点击量达240余万次。全国34个直属海关以“国门生物安全进校园”“国门生物安全公益讲座”“云场景直播”“微课堂”等多种形式举办国门生物安全宣传活动156场。

（撰稿人：于书敏　万本屹　王若聪　刘金龙　吴　昊　周　晓　郑　伟　骆　军）

进出口食品安全监管

概况

2021 年，海关系统坚持以习近平总书记对食品安全工作提出的“四个最严”（最严谨的标准、最严格的监管、最严厉的处罚、最严肃的问责）要求为根本遵循，用最严谨的标准作为依据，用最严格的监管作为手段，用最严厉的处罚作为警示和教育，用最严肃的问责作为监督和保障，落实进出口食品安全各项任务，由总署进出口食品安全局组织开展包括拟定工作制度、承担检验检疫监督管理、进行风险分析、采取紧急预防措施、开展国际合作与交流等进出口食品安全相关工作。年内，总署完善进出口食品安全监管制度体系，修订发布并推动实施《进出口食品安全管理办法》和《进口食品境外生产企业注册管理规定》；对境外食品生产企业全面实施注册管理，完成线上注册企业数超 5.6 万家；通过视频方式对 84 个国家（地区）主管部门、驻华使馆（团）、行业协会开展宣讲，确保两部规章顺利实施。强化进出口食品全链条监管，开展进口食品“国门守护”行动，全年批准 30 种食品、农产品准入，退运销毁 3,484 批次不合格食品、农产品，暂停 211 家企业产品输华，查发问题 5,491 起。落实习近平总书记关于疫情防控的重要指示批示精神，做好严防新冠肺炎疫情通过进口冷链食品输入风险常态化防控工作，年内与 41 个国家（地区）举行 337 次视频会议；视频抽查 45 个国家（地区）299 家输华冷链食品生产企业，暂停 158 家；检测样本 259.7 万个，检出新冠病毒阳性样本 512 个，对 223 家输华食品生产经营单位采取紧急预防性措施；监督消毒外包装 6,989.8 万件。服务国家战略和外交外贸大局，为中国—中东欧国家领导人峰会贡献 6 项成果并推动成果落地；全面落实中美第一阶段贸易协议；推进与东盟、中亚五国、非洲国家的食品、农产品检验检疫合作，解决重点国家外交关切。服务国内市场稳价保供，保障急需、资源性产品供应，年内进口粮食油料 1.7 万亿吨、乳清粉 72.3 万吨；发挥技术性措施作用，把控肉类进口节奏，严控猪肉进口，暂停、取消 8 国 18 家企业注册。截至 2021 年年底，全国检验检疫进出境食品 245.2 万批、1,936.1 亿美元，同比批次增长 3.0%、货值增长 15.1%。其中，进境 105.7 万批、1,163.3 亿美元，同比批次增长 1.9%、货值增长 16.7%；出境 139.5 万批、772.8 亿美元，同比批次增长 3.8%、货值增长 12.8%。检验检疫进出境化妆品 28.2 万批、319.0 亿美元，同比批次增长 19.4%、货值增长 25.0%。其中，进境 16.5 万批、276.6 亿美元，同比批次增长 24.1%、货值增长 26.1%；出境 11.7 万批、42.4 亿美元，同比批次增长 13.2%、货值增长 18.2%。

基础建设

【调整进出口食品安全工作领导小组组成】 2021 年，总署全面强化进出口食品安全监管全链条各环节协同配合，按照进出口食品安全工作领导小组全体会议精神和进出口食品安全工作领导小组工作规则要求，对进出口食品安全工作领导小组组成做出调整，增加5个领导小组成员单位，成员单位总数由22个增加至27个，为进出口食品安全工作提供坚强组织保障。

【进出口食品安全咨询委员会成立】2021年，总署按照集中各方智慧、凝聚广泛力量的原则，组建进出口食品安全咨询委员会，制定进出口食品安全咨询委员会工作章程，为进出口食品安全监管工作提供决策咨询和技术支持。进出口食品安全咨询委员会由23位知名院士专家组成，包括具有丰富政府管理经验的领导和院士、有关领域知名专家、高校知名教授、技术机构负责人等；委员研究领域涵盖食品科学、动物医学、微生物学、检验检测、公共卫生、流行病学、统计学、农业经济学、营养学、医学、法学、化学、新闻传播学等与进出口食品安全直接或间接相关的各个专业领域。

【进出口食品安全发展规划】2021年，总署根据《2020—2025年海关进出口食品安全发展规划》，持续完善进出口食品安全法规体系，推进进出口食品安全法规体系完善工程；健全进出口食品安全监管制度体系，推进进出口食品安全制度体系完善工程；构建进出口食品安全智慧监管体系，推进进出口食品安全智慧监管系统建设工程；强化进出口食品安全科技支撑体系，加快进出口食品安全科技支撑体系建设工程；构建进出口食品安全国际共治格局，推进进出口食品安全国际共治格局构建工程；加强进出口食品安全专业队伍建设，推进进出口食品安全专业队伍建设工程。

【两部规章修订出台】2021年，总署全面落实《食品安全法》及其实施条例有关规定，健全规章制度，不断完善进出口食品安全监管体系，推进监管体系现代化。遵循世界贸易组织（WTO）等国际组织规则，借鉴国际通行做法，立足海关进出口食品安全监管最新实际，优化整合7部进出口食品安全监管相关规章。于4月12日发布修订后的《进出口食品安全管理办法》和《进口食品境外生产企业注册管理规定》，2022年1月1日起实施。做好两部规章实施前的各项准备工作，保障新旧规章平稳过渡。组织海关总署国际检验检疫标准与技术法规研究中心和上海等海关编制释义，逐条阐释条文主旨和有关要求，翻译英文版本，通过总署官方网站对外发布；与欧盟、东盟、非洲联盟等地区性组织，联合国贸易中心等国际组织，分别组织15场远程视频研讨会、宣介会，与美欧等83个国家（地区）主管部门、驻华使馆（团）和我国驻外使馆、地方商务部门、相关行业及企业代表共980人进行交流，增信释疑；应邀参加商务部外资办及有关行业协会等组织的5次公益性讲座，为商务部援外项目“发展中国家食品及农产品标准化研究班”授课，介绍两部规章情况，解答有关问题；21次致函欧盟驻华使团、非洲联盟驻华代表处及47个国家（地区）有关部门，就其关注的问题予以答复；开展对外宣传，通过媒体采访、在线访谈、线上宣讲、专题培训、送教上门、实地走访、精准连线等线上线下相结合方式，联动地方相关部门，累计面向7,438家企业开展两部规章系列宣贯活动409场次，受众25,574人次，通过12360海关热线、海关门户网站、各类新闻媒体、微信公众号等平台，扩大宣传辐射范围，累计原创、转发相关文章104篇，浏览量超13万人次。

【进出口食品安全监管信息化建设】2021年，总署持续推进进出口食品安全监管信息化建设，推动信息系统优化整合。进出口食品安全监管信息化工程（一期）建设有序推进，完成对全球食品风险收集与监测、境外食品安全体系评估及审查2个模块需求细化和确认。进口食品境外生产企业注册管理系统成功上线运行，实现海关通关系统在企业进口申报环节对进口食品境外生产企业信息的精准校验。研究食品、化妆品安全监督抽检和风险监测管理系统与实验室管理系统（e-Lab 2.0 版）对接相关工作需求和技术方案，强化进出口食品安全监管信息化手段。

【进出口食品安全风险信息收集】2021 年，总署持续跟踪境内外食品安全信息，强化信息成果转化与应用。组织专班持续收集有关国际组织及各主要输华食品国家相关食品安全信息，全年编发《食品安全信息日报》250 期 4,399 条信息，编发新冠肺炎疫情相关专题信息 271 期 2,200 条信息。及时调整进口食品风险监测计划，联合多部门对重点敏感食品开展风险研判、实施精准布控，截至年底，进口监督抽检合格率达 98.82%，较 2020 年提升 0.25%。

【进出口食品质量安全风险分析】2021 年，总署强化对各类进出口食品的质量分析，发现潜在风险，分析产生原因，研究应对之策，提高风险管理的针对性、有效性和科学性。组织编写 2020 年进出口油脂油料、粮谷及制品、干坚果类产品、植物性调料、茶叶、蔬菜、乳品、酒、糖、饮料、糕点饼干、调味品、水产品、化妆品等产品质量安全风险分析报告，为进一步优化进出口食品安全监管工作，防范和降低产品质量安全风险提供参考。

【服务港澳台发展】2021 年，总署立足进出口食品安全监管职能，改革创新、优化服务，助力港澳台等区域经济高质量发展。支持粤港澳大湾区建设，落实关于输内地澳门制造食品安全监管合作安排，该合作项下的澳门制造食品经港珠澳大桥珠澳口岸实现“秒速”通关。全年共对外公布 251 批台湾地区输大陆食品不合格信息，保障输大陆食品质量安全，促进两地进出口食品贸易。

【全国食品安全宣传周】2021 年 6 月 15 日至 7 月 15 日，总署围绕“尚俭崇信　守护阳光下的盘中餐”主题，组织全国海关开展食品安全宣传周系列宣传活动，加强进出口食品相关法律法规、监管制度、工作成效宣传，引导社会各方参与食品安全共治。7 月 6 日，2021 年“全国食品安全宣传周”总署主题日系列活动在浙江省杭州市举办，现场播放进出口食品安全主题宣传片，展现全国海关维护进出口食品安全的举措和成效；开展现场访谈，由专家和行业代表共同探讨新形势下如何加强进出口食品安全治理体系建设；举办茶叶专题讲座，向消费者普及茶文化和茶健康知识；组织进出口食品企业代表发出行业倡议，敦促企业守法经营；开展“食品安全口岸行”，实地走访厦门航空有限公司杭州分公司配餐部，强化口岸食品生产经营者主体责任意识。活动期间，全国海关通过“线上+线下”模式，举办进出口食品法规宣传活动、进口食品安全社区行、实验室开放日，以及进口食品科普宣传进学校、进商超、进企业等各类宣传活动累计 2,380 场次，15 万人次参加；举办讲座 580 场，解答咨询超 4 万人次；邀请中央及地方媒体 102 家。

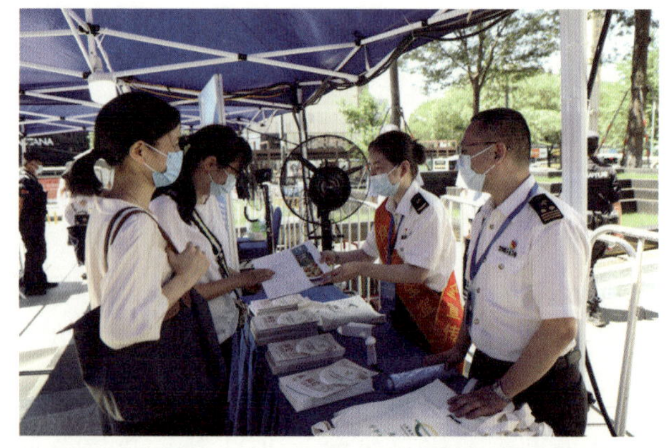

▲2021 年 7 月，杭州海关所属钱江海关关员在“全国食品安全宣传周”总署主题日活动现场向消费者宣传食品安全知识

进口食品安全监管

【进口食品“国门守护”行动】2021年，总署继续开展进口食品“国门守护”行动，会同公安部、商务部、中国海警局共同推进《进口食品“国门守护”行动方案（2020—2025年）》各项任务落实落细。严格口岸检验检疫，开展进口食品监督抽检和风险监测，强化境外企业信息口岸验核，提升口岸监管效能。截至年底，共对86个国家（地区）的19类2,900批进口食品实施退运或销毁，先后暂停23个国家（地区）82家企业产品输华，向21个国家（地区）主管部门通报口岸检查环节发现的不合格情况41次，敦促出口方严格企业监管，确保输华食品安全。

【进口食品安全源头管控】2021年，总署强化进口食品安全源头管控，压实境外国家（地区）食品安全监管部门及输华食品生产加工企业主体责任，筑牢进口食品安全第一道防线。严格开展食品准入工作，与12个国家签署14份食品安全监管领域合作协议，完成12个国家14种产品准入。加大对境外输华食品企业的回顾性检查力度，结合进口冷链食品境外源头管控工作安排，对45个国家305家企业实施远程视频检查，暂停其中17个国家129家企业产品输华，压实境外食品生产加工企业主体责任。因巴西发生2例非典型疯牛病病例，接受巴西方自9月4日起暂停对华出口牛肉产品；根据疫情相关禁令要求，更新准入名单，禁止英国牛肉和纳米比亚牛肉入境；从9个国家60家企业144批输华水产品中检出白斑综合征等水生动物疫病，对问题严重的18家企业采取暂停产品输华措施，防范疫情叠加。

【进口食品境外生产企业注册】2021年，总署做好境外食品生产企业注册工作，发挥注册制度在进口食品安全治理中的源头预防作用。开发上线进口食品境外生产企业注册应用系统中英文版，为注册工作提供信息化保障。梳理境外企业注册涉及产品类别及HS编码参数，将31类产品、1,362条HS编码、5,553条检验检疫编码导入注册系统，便利申请方查询和按产品类别申请注册。发布新版进口食品境外生产企业注册办事指南及59份配套表单，对外详细介绍境外企业注册工作流程，明确注册需提交的材料，便利企业申请。修订形成《进口食品境外生产企业注册管理工作指南》及相关124份配套表单，编制9类产品的境外企业现场检查工作手册及19类产品境外企业注册条件及对照检查要点，对内指导和规范工作开展。截至年底，通过进口食品境外生产企业注册应用系统批准11,226家企业注册，接受82个国家和地区主管部门推荐的25,659家企业注册，为《进口食品境外生产企业注册管理规定》的实施提供先决条件和技术支撑。

【进口食品监督抽检和风险监测】2021年，总署加强进口食品、化妆品风险监测，提高进口食品、化妆品安全监管工作的“靶向性”。制订2021年进口食品、化妆品监督抽检和风险监测计划，组织全国海关按计划开展工作。

【进口食品安全事件和舆情信息处置】2021年，总署及时应对、妥善处置各类进口食品安全事件和舆论事件，有效控制、消除事件带来的负面影响，保障公众生命健康安全。截至年底，总署累计处置进口食品安全事件14起，包括进口植村秀哑光蜜粉中检出重金属铅超标、媒体报道嘉宝婴幼儿米粉重金属超标、欧盟快速预警系统通报瑞典产赭曲霉毒素A超标饼干可能出口中国、美国发生3例疑似人食用污染的禽肉产品而感染单增李斯特菌疾病、韩国海鲜汤面和意大利芝士蛋糕等产品中检出一级致癌物环氧乙烷、阿根廷发生近250例疑似食用猪肉产品感染旋毛虫病例、法国输华白兰地铅超标、意大利白葡萄酒铅超标等。

【境外食品安全管理体系研究】2021 年，总署统筹做好境外食品安全管理体系研究，加强国际交流互鉴。截至年底，总署累计组织 31 个直属海关（单位）分工协作开展境外食品安全法律法规及标准的跟踪收集和管理体系分析研究工作，形成 174 个国家（地区）的 194 份研究报告，为政策研究提供充足数据基础和丰富素材储备。

【服务国内市场稳价保供】2021 年，总署发挥技术性措施作用，服务国内市场稳价保供。根据国内市场需求稳妥扩大乳品、水产品、油脂等重点产品进口，截至年底，累计进口玉米、大豆等粮食油料 1.7 亿吨，乳清粉 71.8 万吨，同比分别增长 19.2%、15.3%。与 6 个国家签署 7 份议定书，批准牛肉、羊肉各 2 家企业注册。发布《海关总署关于明确进口乳品检验检疫有关要求的公告》，对进口乳品监测报告证明事项实行告知承诺制，降低制度性交易成本，配套发布办事指南，指导企业办理业务。对符合条件的化妆品样品免于提供许可证件、免于检验，有效精简单证，该举措纳入总署与国家发展改革委等 10 部门联合印发的关于进一步深化跨境贸易便利化改革优化口岸营商环境的通知。

【北京冬奥会、冬残奥会进口食品供应安全保障】2021 年，总署按照习近平总书记关于办好北京冬奥会的重要指示批示精神，强化监管保障安全，优化服务高效通关，为冬奥会成功举办提供有力支持。作为北京 2022 年冬奥会和冬残奥会运行指挥部、北京冬奥会食品供应安全工作协调小组等成员单位之一，总署发布《北京 2022 年冬奥会和冬残奥会海关通关须知》，明确包括食品在内的奥运会物资进出口通关的总体要求；制订北京 2022 年冬奥会和冬残奥会海关工作方案及风险布控操作指引等配套制度，确保各项措施落实、落地、落细；针对进口供奥运食品特点，制订北京 2022 年冬奥会和冬残奥会进口供奥运会食品安全监管工作方案及安全突发事件应急处置预案，研究形成运动员随身携带自用食品监管方案，以“安全、高效、便利、有序”为原则，做好进口供奥运会食品监管；参与“冬奥会食品供应链有害因子智能化快筛技术和预测预警技术研究”“冬奥会口岸快速通关智能监管技术及装备”等多个奥运专题项目，提高进口供奥运食品安全监管智能化、信息化水平；开设奥运会物资进口申报专用窗口和通关绿色通道，实现“7×24 小时”值班值守，保障进口供冬奥会食品等物资高效、有序通关。

出口食品安全监管

【出口食品监督抽检和风险监测】2021 年，总署严格做好出口食品、化妆品风险监测，保障出口食品、化妆品安全。制订 2021 年出口食品、化妆品监督抽检和风险监测计划，组织全国海关按计划开展工作。

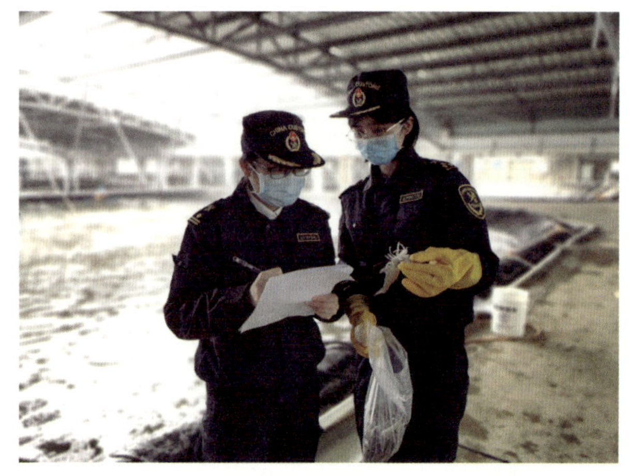

▲2021 年 3 月，湛江海关所属霞海海关关员对出口水产品进行监管

【稳外贸促出口】2021 年，总署多措并举，助力出口食品企业复工复产，促进食品外贸保稳提质。加强与美国、巴拿马、越南、新加坡的沟通联系，按要求提供食品出口相关评估材料，推动我国食品农产品对上述四国的出口准入。向欧盟反馈《中国 2020 年残留监控

计划及2019年残留监控报告》的评议意见，根据欧盟要求研究调整出口食品、化妆品安全风险监测计划，按既定进度完成全年计划。针对企业反映的输俄罗斯食用明胶卫生证书无法在俄罗斯通关，水产品出口乌克兰、禽肉出口韩国、蜂蜜出口欧盟、肠衣出口日本、冻虾产品出口墨西哥受阻等问题，第一时间与外方交涉，帮助打通出口渠道，解决企业产品出口受阻问题。服务来进料加工复出口鳕鱼鱼胃产业发展，助力企业复工复产。推进市场采购贸易方式出口预包装食品改革，同意长沙海关支持长沙市政府开展市场采购贸易方式预包装食品出口工作，将试点城市扩大至3个（义乌、石狮、长沙），持续释放该方式为出口贸易带来的改革红利。指导杭州海关研究制定扶持出口茶叶产业做大做强相关措施，助力提高出口茶叶产品在国际市场中的竞争力。对“走出去”食品企业开展书面调研，研究提出具体帮扶措施，协助企业更好应对复杂多变的国际形势及新冠肺炎疫情全球大流行背景下的外贸风险。

进出口食品安全国际合作与交流

【促进国际多双边合作】2021年，总署加强国际多双边合作，助力构建进出口食品安全国际共治格局。与摩尔多瓦签署中摩进出口食品安全合作谅解备忘录。举办亚太经合组织（APEC）第八届食品安全论坛（FSCF）大会及系列会议，我国进出口食品安全监管体系被确认为食品安全共治最佳实践案例。参加国际食品法典委员会（CAC）第44届会议及脂肪和油类、营养和特膳、食品卫生3个专业委员会线上会议，食品进出口检验与认证委员会（CCFICS）第25届会议和相关电子工作组会议，WTO/SPS委员会第81次会议，中哈（萨克斯坦）农产品贸易和合作工作组第五次会议，中亚区域经济合作（CAREC）SPS工作周会议，第六届中国与乌拉圭SPS技术咨询委员会会议等，有针对性发表中方意见。参加第五届海外农业研究大会“海外农业投资战略”圆桌论坛、跨国公司领导人青岛峰会海关闭门会议、肉类产业发展大会、国际食品安全与健康大会，介绍海关进出口食品安全监管工作。落实中美第一阶段经贸协议，按协议要求完成美方新推荐的105家肉类企业、29家水产品企业、27家乳品企业在华注册；以“零不符合项”的成绩通过美国对我国禽肉和鲶鱼管理体系的远程检查；与美方召开2021年度中美食品和饲料安全双边工作组会，就新修订发布的两部规章进行沟通，推动美方落实中美第一阶段协议关于中国水产品和乳品输美的相关承诺。

【服务外贸外交大局】2021年，总署服务进出口食品企业及高质量对外开放大局，按时间进度积极推进中国—中东欧国家领导人峰会6项进出口食品安全成果落地。做好第五届中国—中东欧国家海关检验检疫合作对话会相关工作，推动会议期间与斯洛文尼亚签署禽肉输华议定书，派员参加对话会并作主题发言。做好马来西亚、印度尼西亚、智利、俄罗斯、白俄罗斯、柬埔寨等重点国家产品准入，新批准印度尼西亚、马来西亚各6家燕窝企业注册，恢复印度尼西亚2家燕窝企业产品输华，签署智利牛肉、智利羊肉、爱尔兰羊肉、俄罗斯牛肉输华议定书，推进白俄罗斯牛肉罐头和冰鲜牛肉准入，与白俄罗斯就牛肉输华议定书达成一致。加快柬埔寨巴沙鱼准入，同步开展对柬埔寨水产品质量安全管理体系审查、企业在华注册及检验检疫条件磋商等工作。配合做好中非合作论坛有关工作。

（撰稿人：周　雯）

商品检验

概况

进出口商品质量安全事关人民群众切身利益、国门安全和对外贸易可持续发展，是实现质量强国的重要组成部分。依据《进出口商品检验法》，总署主管全国进出口商品检验工作，总署设在各地的直属海关管理所辖关区的进出口商品检验工作。海关进出口商品检验工作的目的是保护人类健康和安全、保护动物或者植物的生命和健康、保护环境、防止欺诈行为、维护国家安全。总署内设商品检验司，负责拟定进出口商品法定检验和监督管理的工作制度，承担进口商品安全风险评估、风险预警和快速反应工作；承担国家实行许可制度的进口商品验证工作，监督管理法定检验商品的数量、重量鉴定等。2021 年 3 月 3 日，全国海关进出口商品检验工作会议在北京召开，总署副署长张际文出席会议，商品检验司主要负责人对 2020 年全国海关进出口商品检验工作进行总结，对 2021 年重点工作做出安排。2021 年全国海关商品检验工作的总体思路是：按照国务院“放管服”改革部署，认真落实总署“管得住、放得开、效率高、成本低”要求，充分发挥进出口商品质量安全风险预警和快速反应监管体系作用，聚焦安全、卫生、健康、环保要求，加强进出口商品检验监管，进一步完善进出口危化品检验监管，加强大宗商品固体废物属性排查和再生金属原料检验监管，严防“洋垃圾”入境；深入推进商品检验模式改革，动态调整法检目录，推进第三方采信。2021 年总署商品检验司按照有关合作机制安排，分别与欧盟消费者公平总司、我国香港机电工程署、我国澳门经济及科技发展局开展交流。

危险品检验监管

【危险品检验监管措施】2021 年，全国海关按照防患于未然、确保对危险品（包含危险化学品和危险货物）检验监管职责履行到位、确保海关对危险品检验监管“零风险”的要求，严格实施危险品检验监管。总署设立进出口危险品质量安全风险一级监测点，对进出口危险品申报、布控、查验过程进行监控，发现异常情况及时核实处理；开展专题调研，进一步优化光刻胶等特殊危险化学品检验监管模式；开展危险化学品检验监管视频督查，制定通知压紧压实直属海关进出口危险品检验监管责任；对进出口危险化学品相关商品编码及其检验检疫名称进行梳理和优化，使危险化学品检验检疫名称与商品编码的对应关系更加清晰，企业申报更加直观明了；对可能涉危的进出口商品设置逻辑校验规则，加大对逃避商品法定检验违法行为的打击力度；定期汇编海关检验监管工作中发现的危险品检验不合格和伪瞒报典型案例，供各直属海关执法参考；组织专家参加联合国危险货物运输专家分委会第 58、59 次会议以及联合国全球化学品统一分类和标签制度分委会第 40、41 次会议，密切关注世界危险品监管动态。2021 年，全国海关检验监管进出口危险化学品 43.1 万批、6.2 亿吨，检出不合格 2.0 万批。其中，检验监管进口危险化学品 17.9 万批、5.7 亿吨，检验监管出口危险化学品 25.2 万批、0.5 亿吨。完成出口烟花爆竹检验产地检验 3.5 万批，货值 9.5 亿美元。

【危险货物及其包装检验岗位资质培训】2021 年，总署组织修订进出口危险货物及其包装检验监管岗位培训教材；采取网络直播培训、集中在线考核、专家互动答疑等形式，开展进出口危险货物及其包装检验岗位资质培训。年内共组织开展 5 期培训，面向全国 42 个直属海关，通过远程巡考、现场监考、全过程录像等方式强化考核。开展进出口危险品及其包装业务岗位练兵和技能比武。截至 2021 年年底，全国海关具有进出口危险货物及其包装检验岗位资质的关员超过 1 万人。

【危险化学品检验监管典型案例】南京海关对一批进口海运集装箱货物实施现场检验时发现，内装货物为列入“危险化学品目录”(2015 版) 的“含易燃溶剂的合成树脂、油漆、辅助材料、涂料等制品（闭杯闪点≤60℃）”（目录序号 2828）。现场关员审核货物随附的化学品安全技术说明书等危险公示信息，认定该批货物应至少使用符合联合国《关于危险货物运输的建议书　规章范本》要求的Ⅲ类危险货物包装，但查验该货物包装上没有表明已通过性能检验的包装标记，不符合安全运输要求。根据《危险化学品安全管理条例》关于“危险化学品包装物、容器的材质以及危险化学品包装的型式、规格、方法和单件质量（重量），应当与所包装的危险化学品的性质和用途相适应”规定以及有关国家技术规范的强制性要求，南京海关判定该批货物包装不合格。对该批不合格货物，企业采取使用救助包装的方式实施技术整改，经现场海关再次检验合格后，予以通关放行。

▲2021 年 1 月 27 日，南京海关所属新生圩海关查获危险货物未使用危险货物包装情况

▲2021 年 2 月 1 日，南京海关所属新生圩海关查验危险化学品使用救助包装技术整改后情况

【固体废物排查和属性鉴别】总署配合生态环境部、商务部等部门发布联合公告，自 2021 年 1 月 1 日起，禁止以任何方式进口固体废物。总署要求各直属海关在日常监管中，严格审核、严格把关，对任何形式的进口固体废物一律不得放行，确保固体废物进口如期“清零”。海关推进固体废物排查工作前移，对进口矿产品实施卸货前固体废物排查，研制固体废物便携式快速排查仪，运用科技手段提升矿产品固体废物属性现场排查能力。2021 年，全国海关实施进口固体废物属性鉴别 6,602 批，最终鉴定确认为固体废物的 894 批，均退运出境。

【进口再生金属原料检验监管】2021 年，

总署会同生态环境部发布公告，允许符合国家标准的再生黄铜、再生铜、再生铸造铝合金、再生钢铁原料进口。为防止固体废物冒充再生金属原料进口，总署将进口再生黄铜、再生铜、再生铸造铝合金、再生钢铁等再生金属原料纳入法检目录，制定进口再生金属原料检验规程，对其实施进口法定检验。全国海关严格按照标准，在第一入境口岸对进口再生金属原料实施检验监管。2021 年，全国海关检出不合格 0.1 万批、6.5 万吨。其中，经属性鉴别确定为固体废物的 215 批、1.1 万吨。全国海关通过政策宣传、标准解读、严格检验，将包括固体废物在内的不合格产品挡在国门之外，同时保障企业对合规再生金属原料的进口需求。

▲2021 年 6 月 20 日，宁波海关所属北仑海关关员在对进口再生金属原料实施现场检验

【进口再生金属原料检验典型案例】2021 年 6 月 22 日，宁波海关对一批 48.5 吨的进口再生黄铜进行现场检验时发现货物中混有子弹壳等物体，现场关员依据经验判断，货物夹藏底火未激发子弹的风险较高。经对该批货物拆包并逐一分拣，查获底火未激发子弹 5 枚，属爆炸性物品，不符合《再生黄铜原料》（GB/T 38470—2019）标准中第 5.5.1 条“原料中禁止混有废弃炸弹、炮弹等爆炸性物品”的规定。针对企业的违规行为，该关已移交相关部门进行后续处置。

【出口防疫物资检验】2021 年，全国海关对医用口罩、医用防护服、呼吸机等出口防疫物资实施商品检验，严防掺杂掺假、以假充真、以次充好或者以不合格冒充合格的商品出口。针对境外反映我国出口呼吸机不合格情况开展调查，维护“中国制造”声誉。

【进口工业品外包装新冠肺炎病毒监测】2021 年，全国海关认真做好进口高风险非冷链集装箱工业品口岸环节新冠病毒检测和预防性消毒工作，严格落实检测、预防性消毒和检出新冠病毒阳性处置工作要求。

大宗资源商品检验监管

【进口煤炭检验监管】为更好满足生产生活需要，保障我国能源供应，全国海关基于进口煤炭质量安全状况，对相关煤炭实施快检快放，进一步提高进口煤炭通关效率。

【进口矿产品检验监管】2021 年，全国海关对部分进口矿产品继续实施“先放后检”检验模式。“先放后检”有利于加快生产企业原料周转，缩短堆存时间，减少货物在港口装卸作业、堆存等环节中的损耗和相关费用，企业“以销定产”更加灵活。

【进口原油检验监管】2021 年，海关继续对进口原油实施“先放后检”。进口原油平均通关时长大幅压缩，企业船舶靠泊费用以及口岸租罐费用压缩，港口储运能力提升。

【进口棉花检验监管】2021 年，总署对进口棉花依企业申请实施抽样检测模式进行跟踪评估。评估显示，自 2020 年 4 月起进口棉花检验模式从逐批实施抽样检测调整为依企业申请实施，必要时实施监督检验以来，进口棉花验放速度加快、企业成本降低。用棉企业可根据需要，自主选择是否需要海关抽样检测并出具品质证书，运营模式更加灵活。部分企业基于海关免收检验费、官方证书权威性高、贸易方普遍认可等因素，仍然申请海关出具品质证书。对于未申请出证的进口棉花，经海关监测，其质量安全风险无明显增加。

重点机电产品检验监管

【进口机动车检验监管】2021 年，全国海关按照国家技术规范的强制性要求，对进口机动车实施检验监管。检验内容主要包括规格型号、安全标志等一般项目现场检验，以及安全性能、排放项目等上线检测。2021 年，全国海关检出进口机动车不合格项目主要包括：整车标志（含能耗标识）不合格、车身项目（含芯片缺失）不合格、制动系统不合格、转向系统不合格、电气及照明信号设备不合格、环保项目不合格、发动机或驱动电机不合格、一致性核查不合格 8 个类别。

【进口医疗器械检验监管】2021 年，全国海关加强进口医疗器械检验监管。检出进口医疗器械未获我国医疗器械注册备案、以旧充新、失效过期、品质不合格等问题。与卫生健康部门联合开展打击非法医疗美容服务专项整治行动，检出多批角膜接触镜、美容仪等未获我国医疗器械注册，标签不合格，甚至以旧充新等问题。

【进口旧机电检验监管】2021 年，总署针对进口旧机电产品质量安全风险较高的特点，优化完善审单规则和作业项目，进一步明确作业要求，加强检验监管。检出违法进口旧医疗器械、旧机动车配件，旧机电设备附带禁止进口的旧显示器、旧承压及压力容器等问题。

【进口特种设备检验监管】2021 年，全国海关加强进口特种设备许可证件的联网核查与人工审核，严防未获许可的特种设备进口。检出进口承压类特种设备未获生产许可证、冒用生产许可证及机电设备附带特种设备部件不如实申报等问题。

重点消费类产品检验监管

【进口婴童用品检验监管】2021 年，全国海关抽批检验进口童装、童鞋与其他儿童纺织品、奶嘴奶瓶、玩具、婴童车、儿童用汽车安全座椅、婴幼儿纸尿裤等婴童用品 1,301 批，检出色牢度、pH 值、卫生项目、重金属迁移量超标、挥发性物质超标、着色剂脱色指标、包装用塑料薄膜厚度不合格等不合格项目 80 批，不合格率 6.2%。

【进口服装检验监管】2021 年，全国海关抽批检验进口服装（成人服装）3,173 批，检出不合格 210 批，不合格率 6.6%。检出不合格主要集中在色牢度、pH 值等项目。

【进口一次性卫生用品检验监管】2021 年，全国海关抽批检验进口一次性卫生用品 247 批，检出不合格 29 批，不合格率 11.7%。检出不合格主要为包装破损、超过使用有效期、微生物及菌落超标、环氧乙烷消毒剂残留等。

【与食品接触产品检验监管】2021 年，全国海关抽批检验进口与食品接触产品（成人用）902 批，检出不合格 140 批，不合格率 15.5%。检出进口家用净水机配用塑料水管中含有禁用增塑剂、进口印铁砂锅涂层总迁移量超过国家强制性标准限值 180 倍等问题。

检验监管模式改革

【调整法检目录】2021 年，总署组织相关进出口商品质量安全风险评估中心，对进出口商品质量安全风险状况进行评估，根据评估结果，先后两次动态调整法检目录：2021 年 6 月，发布公告将机电产品、金属材料、化工品、仿真饰品等 234 个 10 位海关商品编号的商品调出法检目录，不再对其实施进口法定检验；对涉及进口再生原料的 8 个 10 位海关商品编号的商品实施进口商品检验；对涉及出口钢坯、生铁的24个10位海关商品编号的商品实施出口商品检验。2021年10月，发布公告对涉及出口化肥的29个10位海关商品编号的商品实施出口商品检验。调整后，有关进口工业设备、金属材料、仿真饰品等不再实施进口法定检验的商品通关时长进一步压缩，企业运营成本降低。调整后的法检目录内商品主要是与国家安全和人民群众生命健康安全息息相关的商品。

【“先放后检”改革评估】2021年，总署组织对“先放后检”实施以来的成效和风险进行跟踪评估。评估显示相关矿产品、原油进口通关时长大幅缩短，企业因商品滞港、装卸、堆存等产生的费用明显降低，海关检验效能进一步提升，没有出现涉及安全、卫生、环保、贸易欺诈等重大问题。“先放”是指进口矿产品经现场检验检疫［包括放射性检测、外来夹杂物检疫、数（重）量鉴定、外观检验以及取制样等］符合要求后，即可提离海关监管作业场所；“后检”指进口矿产品提离后实施实验室检测并签发证书。总署于2018年10月发布《关于调整部分进口矿产品监管方式的公告》，对进口锰矿、铬矿、铅矿及其精矿、锌矿及其精矿等矿产品实施“先放后检”。2020年10月，进一步将进口原油检验监管方式调整为“先放后检”。

【大宗商品重量鉴定模式改革】2019年，总署发布《关于调整进口大宗商品重量鉴定监管方式的公告》后，全国海关持续跟踪进口大宗商品重量鉴定实施情况，并进一步优化企业申请重量鉴定程序。2021年，全国海关对15.3万批进口大宗散装货物不再实施重量鉴定，根据企业申请对3.7万批进口大宗散货实施重量鉴定。

【取消进出口商品检验鉴定业务许可】2021年，总署积极推进“放管服”改革，取消进出口商品检验鉴定业务的检验许可。2021年，海关对463家进出口商品检验鉴定机构进行监督检查，共发现108家机构存在各类问题163项，海关已督促企业整改。

【参与修改《进出口商品检验法》】2021年，总署配合司法部等有关方面，对《进出口商品检验法》进行修改。2021年4月29日，第十三届全国人民代表大会常务委员会第二十八次会议审议通过修改《进出口商品检验法》的决定。修改后的《进出口商品检验法》明确商检机构可以采信检验机构的检验结果，并对检验机构实行目录管理。据此，海关组织制定进出口商品检验采信管理办法，并向社会公开征求意见、向世界贸易组织（WTO）通报。

完善进出口商品质量安全风险预警监管体系

【进出口商品质量安全风险监测和评估】2021年，总署进一步完善进出口商品质量安全风险预警和快速反应监管体系，重点优化风险监测点、风险评估中心布局，规范风险监测和风险评估工作。在合肥海关增设进出口商品质量安全风险一级监测点，负责危化品质量安全风险监测和检验情况监控；在海关总署国际检验检疫标准与技术法规研究中心增设进出口商品质量安全风险一级监测点，负责境外通报召回信息监测工作；在中国海关科学技术研究中心设置1个进出口商品质量安全风险评估中心，承担质量安全风险分析基础理论和技术研究，开展全面风险分析。上线进出口商品质量安全风险管理信息化系统，采集、分析多个渠道获取的进出口商品质量安全风险信息。截至2021年年底，全国海关系统已设立北京、天津、上海、杭州、广州、重庆6个进出口商品质量安全风险评估中心和48个进出口商品质量安全风险一级监测点。

【跨境电商进口消费品质量安全风险监测】2021年，总署组织全国19个直属海关，对服装、婴童用品、家用电器等 13 个类别的跨境电商进口消费品实施质量安全风险监测。监测涉及商品 562 批，发现 55 批产品的安全、卫生、项目不符合我国强制性标准要求，总体风险发现率为 9.8%。经风险评估，牙刷的磨毛、规格尺寸，婴儿服装的绳带、附件抗拉强力，推车的锐利边缘和尖端，玩具的小零件、塑料包装袋厚度、使用说明，儿童口罩的颗粒物过滤效率、断裂强力、外观质量，电吹风的防触电保护、插头、电源软线、标志等为主要风险项目。海关已督促企业采取退运、销毁、技术整改等风险消减措施。

【法定检验商品以外进出口商品抽查检验】2021 年，总署依法组织全国直属海关开展法定检验商品以外进出口商品抽查检验工作。抽查的进口商品主要是与人民群众日常生活相关的进口消费类商品，包括洗碗机、空气净化器、食物垃圾处理器、电磁炉、汽车内饰件、服装、头盔、儿童安全座椅等。抽查的出口商品主要是曾被境外通报存在质量安全问题的商品，包括节日灯串、LED 照明光源、儿童自行车、儿童滑板车、儿童玩具、塑料食品接触产品等。2021 年，全国海关共抽查检验 1,152 批，检出安全、卫生、环保项目不合格 123 批，海关已督促企业采取退运、销毁、技术整改等措施消除风险。

（撰稿人：王立功　刘慧娟　杜　芊
李　啸　员维波　孟文文
战　爽　程若愚）

口岸监管

概况

2021年，全国海关认真学习领会习近平新时代中国特色社会主义思想，深刻领悟党的百年奋斗历史经验，强化监管优化服务，统筹推进口岸新冠肺炎疫情防控和促进外贸稳增长。扎实开展党史学习教育，深入推进“我为群众办实事”实践活动，抓好口岸疫情防控，推进全国海关安全生产工作，保障北京2022年冬奥会、冬残奥会圆满举办，深入开展打击“水客”、濒危动植物及其制品、“洋垃圾”、海南离岛免税“套代购”等违法违规走私行为，以实际行动忠诚捍卫“两个确立”，坚决做到“两个维护”。强化口岸正面监管，开展打击跨境电商进口走私“断链刨根”专项整治行动，强化违禁印音制品、核生化有害因子、枪支弹药口岸查缉，持续加强对进境矿产品、再生原料、冻品、农产品、高档消费品等重点商品的口岸监管，监管效能进一步增强；健全完善智能审图研发应用工作机制，强化组织领导，深入开展制图、研发、分类部署试点及应用工作，监管智能化水平进一步提高；建立跨业务条线会商研判机制，各部门共同依托监控指挥体系开展疫情防控等领域监控检查和指导的协同监管格局进一步深化。服务经济社会发展大局，深入贯彻落实“六稳”“六保”部署，持续优化完善海关口岸监管模式，支持国家和区域战略发展；复制推广跨境电商企业对企业（B2B）出口监管试点，规范完善市场采购贸易监管工作，促进贸易新业态健康有序发展；稳妥、有序推进直提、直装试点，深化“安智贸”“关铁通”等国际合作，保障国际物流链畅通稳定。筑牢口岸监管基础，监管作业场所（场地）装备资源配置不断优化，现场主动查发和处突能力持续加强，“耳聪目明”的全方位可视化三级监控指挥体系逐步成型，口岸监管领域人才队伍建设统筹推进，口岸监管能力和水平不断提升。

口岸物流监管

【进出境运输工具监管】 2021年，全国海关不断强化进出境运输工具监管，防控运输工具夹藏违禁品等违规行为，严格按照布控指令开展进出境船舶、航空器登临检查，做好新冠肺炎疫情防控相关工作。同时，强化对登革热、埃博拉、中东呼吸综合征等疫情，非洲猪瘟、禽流感等动物疫病，沙漠蝗、红火蚁等有害生物的运输工具登临检查工作，严防疫情叠加。

【出口转关企业范围调整】 2021年11月1日起，《海关注册登记和备案企业信用管理办法》正式施行。根据该办法第四条规定，海关注册登记和备案企业的分类，由原来的高级认证企业、一般认证企业、一般信用企业和失信企业四级，调整为高级认证企业、失信企业以及其他海关注册登记和备案企业三级。总署切实做好该办法施行配套工作，围绕企业信用管理分类调整情况，制发进一步明确转关业务领域相关管理要求的通知，将出口转关适用企业范围调整为“自2021年11月1日起，除失信企业外，在企业自愿的情况下，允许其出口的非重点敏感商品，继续办理出口转关手续”，在健全制度体系的基础上，便利出口企业。

【铁路进出境快速通关新模式】 2021年，总署继续支持中欧班列健康快速发展，助力“一带一路”倡议实施。发布《关于实施铁路进出境快速通关业务模式的公告》，推广实施铁路快速通关业务模式，提高境内段铁路进出口货物转关运输通行效率和便利化水平，进一步畅通向西开放的国际物流大通道，促进中欧班列发展。在该模式下，除因安全准入/准出须在口岸通关的货物外，进出口货物可以在属地海关完成报关、查验、放行等通关手续，口岸海关只需验核运抵及理货等物流信息，实现了“一单到底”的监管方式，相比传统转关手续更加便捷。该业务模式通过海关和铁路部门之间的信息交互，依托电子信息“多跑路”，实现进出口企业“少跑路”，有效提升铁路口岸运行效率。

【过境运输申报无纸化】 2021年，总署不断提高过境货物监管信息化水平，优化完善过境货物监管相关系统功能，推动改变过境货物申报管理纸本操作的现状。发布《关于推行过境运输申报无纸化的公告》，明确过境运输申报相关数据项及填制规范，进一步规范和简化过境货物海关监管手续，全面推行过境运输申报无纸化。过境系统的上线应用，实现了过境货物数据的电子申报，以及海关审核、监管、放行等环节的无纸化作业，打通了进、出境地海关数据通道，过境货物的监管效能得到有效提升。

【“关铁通”项目】 2021年，中国海关打造“海关—铁路运营商推动中欧班列安全和快速通关伙伴合作计划”项目（简称“关铁通”项目），通过数据交换平台，开展货物信息共享，加快中欧班列沿线国家海关的信息互换和监管互认步伐，增强中欧班列沿线国家间的互惠互利和边境监管合作，提高中欧班列的全程通关效率和便利化水平。年内，总署持续加强与哈萨克斯坦财政部、俄罗斯联邦海关署、白俄罗斯国家海关委员会的协商工作，扎实推动“关铁通”项目取得新进展。2月，总署与哈萨克斯坦财政部签署议定书，经多轮协商，双方商定分别于2022年1月1日、2月1日，在阿拉山口—多斯特克、霍尔果斯—阿腾科里启动试运行。6月，总署与白俄罗斯国家海关委员会签署议定书，为下一步做好中白“关铁通”项目落地实施创造条件。这期间，总署与俄罗斯联邦海关署就推进中俄“关铁通”项目、通关便利化操作规程、“一带一路”海关信息交换共享平台等内容进行研究讨论。

货物监管

【货物口岸检查】 2021年，全国海关口岸监管系统不断加强货物口岸检查作业规范性建设。开展货运渠道部分重点商品查缉工作技巧研究，制定、发布查缉工作法，编发典型案例，有针对性地开展货运渠道查缉工作。推进对海关监管查验现场监督监控工作，完善监督监控场景和内容。加强货物查验领域信息化建设，持续完善“新一代查验管理系统”功能。1月5日，启动长三角海关特殊货物检查作业一体化改革试点工作，在上海海关和合肥海关之间开展联动试点。制发稳步推进进口货物“船边直提”和出口货物“抵港直装”试点工作的通知，推进在符合条件的港口扩大进口货物“船边直提”、出口货物“抵港直装”试点工作，截至年底，全国共28个直属海关开展试点。全年，全国海关共监管进出境货物49.8亿吨，可实施检查报关单8,047.79万票。

【口岸货物新冠病毒防控】 2021年，总署坚决贯彻党中央关于做好口岸新冠肺炎疫情防控工作的部署，切实把握进口冷链食品及包装这一重点，认真做好口岸新冠肺炎疫情防控工作。11 月 22 日，总署制发进口冷链食品及包装新型冠状病毒检测采样作业操作指引（第二版），进一步强化现场关员及作业的防护录证要求，规范开展进口冷链食品、高风险非冷链货物新冠病毒检测和预防性消毒监督工作。采用无感视频巡查、实时连线检查以及事后作业单证核查等多种方式，重点加大对人员防护、采样、预防性消毒监督作业的规范性、医用废弃物的现场处理、样本采集后转运箱的存放等方面的检查力度，坚决筑牢国门检疫防线。

【“安智贸”项目】2021 年，中国海关持续加强中国、欧盟海关以及海关与企业间合作，推进“中欧安全智能贸易航线试点计划”（简称“安智贸”项目）第三阶段的实施，继续推动实现对海运集装箱及箱内货物的全程监控，建立安全、便利、智能化的国际贸易运输链。4 月 21 日，参与“第八次中欧联合海关合作委员会指导小组（JCCC）会议”，并推动“安智贸”报关单切换至 H2018 新一代通关管理系统（3.0）。

【“绿色通道”合作项目】2021 年，中国海关积极推进中俄总理定期会晤机制下中俄海关合作分委会规范通关监管秩序工作组框架下的中俄海关“绿色通道”合作项目。在“绿色通道”合作项目框架内，中俄海关选取双方信得过的、符合标准的结对外贸企业，在企业自愿的基础上开展海关间信息交换，并为试点企业提供通关便利。7 月 28 日，中俄海关召开通关监管工作组第十三次会议，双方就包括开展“绿色通道”合作项目在内的多项议题磋商，持续推进中俄通关监管合作，打造更加高效、便捷的海关通关环境。

快件邮件监管

【进出境快件监管】2021 年，全国海关根据全面深化业务改革关于“两类通关”的有关要求，做好“低值货物类进出境快件纳入货物一体化通关”相关工作，统筹推进 H2018 低值快速货物系统（不涉税部分）推广运行。全国海关已开展低值货物类快件业务的现场，全面启动“低值货物类快件纳入货物一体化通关”新模式作业，其间，总署根据反馈的问题对系统进行优化，并组织北京、上海、厦门、青岛、广州、深圳等重点海关做好系统压力测试相关工作。H2018 低值快速货物系统的开发与推广统筹考虑全链条监管的具体要求，依托信息化技术手段，落实选、审、查、处、控分离管控要求，推动低值货物类进出境快件监管作业标准化、流程化、规范化。同时，总署按照国家自主创新战略要求，积极推进国产操作系统、应用系统有关计划和实施路线，对快件通关管理系统（2021 年，适用文件类、个人物品类快件）集中开展系统研发和业务测试相关工作。系统仅涉及海关端的修改，不涉及企业端的调整，系统切换企业全程“无感”参与。

【进出境邮件监管】2021 年，全国海关持续推进进出境邮递物品监管改革，会同邮政企业继续完善进出境邮检作业场地改造，不断提高进出境邮递物品监管信息化、规范化水平。支持邮政企业妥善应对新冠肺炎疫情影响，通过开通临时邮路，以陆、海、空、铁等多种方式疏运进出境邮件，有力保障公众用邮需求，助力“稳外贸、促增长”取得实效。年内，总署根据国家邮政部门申请，就在郑州建设全国重要国际邮件枢纽口岸事项，指导郑州海关在监管作业场地建设和过渡期间，按照有关要求，在严密监管的基础上，支持郑州国际邮件枢纽口岸建设。年内，全国海关紧紧围绕建党 100 周年这条主线，强化“扫黄打非”口岸查缉，切实保障国家安全。共有 14 个集体、14 名个人获评全国“扫黄打非”先进；北京、上海、深圳、成都海关 4 个基层科室荣获第五批全国“扫黄打非”先进基层示范点称号，这是全国“扫黄打非”工作小组办公室首次将海关单位纳入评选范围。全年，全国海关共监管进出境邮件2.89亿件，同比下降51%。其中，进口0.33亿件，同比下降21.3%；出口2.56亿件，同比下降53.3%。

跨境电商

【跨境电商监管】2021年，全国海关积极促进贸易新业态健康发展，持续加强对跨境电商新业态发展的支持力度。2021年3月18日，总署会同商务部、国家发展改革委、财政部、国家税务总局、国家市场监督管理总局联合印发《关于扩大跨境电商零售进口试点、严格落实监管要求的通知》（商财发〔2021〕39号），将跨境电商零售进口试点扩大至所有自由贸易试验区、跨境电商综合试验区、综合保税区、进口贸易促进创新示范区、保税物流中心（B型）所在城市（及区域），为跨境电商进口行业发展提供了新的机遇，有利于带动扩大优质商品进口，更好地服务构建以国内大循环为主体、国内国际双循环相互促进的新发展格局。“双11”期间，总署加强关企合作、制订应急预案、畅通咨询服务通道，指导全国海关加强业务和技术保障，保障跨境电商业务高峰的正常通关秩序，助力跨境电商进出口业务再创新高。

【跨境电商进口走私“断链刨根”专项整治行动】2021年，总署以跨境电商网购保税进口、直购进口为重点，开展为期6个月的打击跨境电商进口走私“断链刨根”专项整治行动。推动建立监管、风险、关税、缉私等多部门参与的跨境电商监管定期会商研判工作机制。专项整治行动期间，共查发刑事案件66起、行政案件1,655起，将12家企业降为失信企业，对不法分子形成强大震慑，坚决遏制跨境电商进口走私多发、频发势头。

【跨境电商企业对企业出口试点复制推广】2021年，总署认真落实全国深化“放管服”改革着力培养和激发市场主体活力电视电话会议精神，在上一年度部分海关开展试点的基础上，于6月发布《关于在全国海关复制推广跨境电子商务企业对企业出口监管试点的公告》，自7月1日起在全国海关复制推广跨境电商企业对企业（B2B）出口监管试点，进一步促进跨境电商健康有序发展，助力企业更好开拓国际市场。

特殊监管方式

【市场采购贸易监管】2021年，全国海关持续加快培育贸易新业态、新模式，促进外贸创新发展。2021年3月22日，总署配合商务部完成对内蒙古满洲里满购中心、河南许昌国际发制品交易中心、湖北宜昌三峡物流园、广东汕头宝奥国际玩具城、广东深圳华南国际工业原料城、广西凭祥出口商品采购中心6个新设市场采购贸易试点综合管理系统的验收工作。截至年底，全国共有市场采购贸易试点市场31个，分布在15个省区，涉及19个直属海关。总署开发“单一窗口”市场采购贸易数据校验功能并上线，各地市场采购贸易综合管理系统分三批与“单一窗口”实施对接。通过该项功能的完善，进一步规范市场采购贸易出口货物的申报，促进市场采购贸易健康发展。全年，全国海关共监管市场采购贸易出口达9,303.9亿元，同比增长32.1%。

【边民互市贸易监管】2021年，全国海关加快促进边境贸易创新发展有关政策落地。1月，总署会同商务部、国家卫健委对《边民互市贸易管理办法》进行联合评估。6月，根据新冠肺炎疫情发展形势，再次联合商务部、国家卫健委对《边民互市贸易管理办法》进行评估。同时，总署积极适应国家对边民互市贸易政策调整情况，于4月启动对原边民互市贸易管理应用（1.0 版）升级改造项目，计划于 2022 年 4 月完成第一阶段部署上线，2022 年 7 月完成第二阶段部署上线。边民互市贸易管理系统上线后，将新增互助组、合作社、落地加工企业等申报主体，商品检验检疫监管逻辑控制和来源地商品管理等功能，实现与舱单管理系统、运输工具管理系统、智能卡口管理系统、非贸风控子系统等的对接，进一步规范边民互市贸易进出境运输工具、商品、申报主体等的全流程管理，统一全国边民互市贸易信息化管理要求。全年，全国海关共监管边民互市贸易进出口 668.4 亿元，同比增长 12.8%。其中，进口 528.4 亿元，同比增长 22.1%；出口 140 亿元，同比下降 12.5%。

【对台小额贸易监管】 2021 年，全国海关进一步规范对台小额贸易海关监管业务，促进两岸经济贸易交流与发展。3 月，商务部会同总署发布《关于公布第五批试行更开放管理措施对台小额贸易点的通知》，综合考虑对台小额贸易业绩、海关监管设施等因素，对广东汕头南澳前江、潮州饶平柘林对台小额贸易点试行更开放管理措施，对试点口岸进出的对台小额贸易台湾船舶放开船舶吨位和交易金额限制，积极支持、推进对台小额贸易健康发展。截至年底，共有试行更开放管理措施对台小额贸易点 21 个，分布在浙江、福建、广东等省区，涉及宁波、杭州、福州、厦门、汕头等海关关区。受新冠肺炎疫情、场所经营等因素影响，全年仅厦门大嶝、福州平潭等 8 个对台小额贸易点开展对台小额贸易业务。全年，全国海关共监管对台小额贸易进出口货物 3.2 亿元，同比下降 49.7%。其中，进口 3.16 亿元，同比下降 48%；出口 637.5 万元，同比下降 80.4%。

行李物品监管

【“水客”走私治理专项行动】 自 2021 年 1 月起，总署组织在珠澳口岸及广东海南地区开展为期半年的打击治理“水客”走私专项行动。专项行动期间，海关在珠澳口岸“主战场”共查验进境旅客 47.7 万人次，环比增长 194.1%。查扣违规物品 2.7 万票，环比增长 261.5%。对旅客携带的超量物品征税 2.4 万票，征得税款 4,495.1 万元，环比分别增长 104.6%、132.9%。同时，海关采取相应措施进一步增加旅客违规时间和机会成本，现场退运 1,704 票，环比降低 95.8%，采取待处理处置 2,868 票，环比增长 118 倍。经过持续专项治理，珠澳口岸现场实现对“水客”走私的有效遏制，“水客”群体活跃度明显降低，多种重点关注商品的查获数量大幅下降，口岸通关秩序保持正常状态，行动取得切实成效。

8 月 19 日，总署、公安部召开专题视频会议，对进一步打击治理“水客”走私、健全长效机制进行部署。同步印发建立健全打击治理“水客”走私组织领导、法律保障、风险防控、正面监管、全域监管、专业打私、综合治理、跨境协作、宣传教育、考核评价 10 项长效机制，部署巩固打击治理“水客”走私专项行动成果，切实做好从专项行动转为常态化管控的各项工作，坚决防止“水客”走私反弹漂移。

【进出境旅客口岸现场检疫】 新冠肺炎疫情发生以来，总署持续强化进出境旅客口岸现场检疫工作。2021 年 7 月，正式启用第八版“中华人民共和国出/入境健康申明卡”，所涉及的微信版、网页版、掌上海关、自助申报接口等 8 个系统同步调整，顺利完成上线。该版健康申明卡将快速流调与旅客健康申明合并，进一步减少旅客口岸卫生检疫环节，减少旅客在口岸停留时间，降低关员口岸作业风险。同时印发供各关参考使用的 15 个语种健康申明卡，极大便利旅客通关。旅客通关管理子系统在升级过程中增加逻辑校验功能，进一步提高旅客填报数据的准确性。同时，总署结合全年口岸疫情防控形势变化，多措并举压实现场操作执行责任。制定新冠肺炎疫情口岸防控措施，规范口岸疫情防控现场操作，对疫情防控政策的现场执行进行再部署，要求各关进一步提高思想认识，严格落实入境人员卫生检疫要求，持续做好入境客运航空器终末消毒与监督，切实做好口岸货物新冠病毒检测采样和预防性消毒监督，做好边民互市疫情防控，加强口岸现场高风险人员管理，强化口岸现场资源调配，继续做好视频监控检查。

【海南离岛旅客免税购物监管】2021 年，总署认真贯彻落实《海南自由贸易港建设总体方案》，会同相关主管部门共同做好海南离岛旅客免税购物监管工作。2 月，会同财政部、国家税务总局共同明确增加海南离岛旅客免税购物提货方式，离岛旅客购买免税品可选择邮寄送达方式提货；岛内居民离岛前购买免税品，可选择返岛提取。根据相关政策要求变化，同月发布公告明确海南离岛旅客免税购物邮寄送达和返岛提取提货方式海关监管要求及相关法律责任。6 月，总署、海南省人民政府共同组织开展打击治理海南离岛免税“套代购”走私专项行动。切实提升免税品“一进一出”两个重点环节的监管效能，着力加强对辖区内免税企业的科学管理；推动海南省政府进一步加大对海港、空港、火车站等离岛区域基础设施建设力度，提升完善相关硬件设施，增强各个离岛区域的电子围栏、人脸识别等技防建设，严防免税品脱离监管回流；优化免税商品销售、提货、防回流、核销、日常监督检查、后续核查等环节的正面监管措施，提升信息化系统管理水平，加大高科技设备实际应用，进一步提升海关正面监管实效。经过持续努力，海南离岛免税实现平稳、健康发展。全年，海关共监管离岛免税销售 495 亿元、672 万人次、7,045 万件，同比分别增长 80%、50%、107%。

【对定居证明等证明事项实施告知承诺制】2021 年，总署深入贯彻落实《国务院办公厅关于全面推行证明事项和涉企经营许可事项告知承诺制的指导意见》，以行政机关清楚告知、企业和群众诚信守诺为重点，于 7 月 13 日起对“定居证明”“法人或其他组织注册登记证明”“常驻人员身份证件”等证明事项实施告知承诺制，并向社会公众明确实施告知承诺制的法律依据、适用范围、告知承诺方式、承诺的法律责任、海关事中事后核查措施及相应诚信管理要求。在实施告知承诺制后，行政相对人可自行选择以原有提交证明的方式办理，或以告知承诺制的方式办理。选择以告知承诺制方式办理的，行政相对人免于提交指定的证明，并须填写及签署告知承诺书，办理相关业务时将告知承诺书与该业务规定要求的其他书面材料一并提交海关即可，通过完善海关行李物品监管工作领域标准公开、规则公平、预期明确、各负其责、信用监管的治理模式，实现“减证便民”的改革预期。

场所场地监管

【行政许可事项实施】2021 年，总署发布《关于修订明确海关监管作业场所行政许可事项的公告》，对《关于明确海关监管作业场所行政许可事项的公告》进行修订。该公告自 10 月 1 日起实施，取消经营“海关监管货物仓储”企业注册登记有效期，改为长期有效；建立主管海关每年开展 1 次年度审核的机制，强化事后监管；进一步明确申请经营海关监管作业场所的企业应当具备的条件，以及向主管海关提出注册申请应当提交的具体材料。

【场所场地日常管理】2021 年，总署发布《关于修订〈海关监管作业场所（场地）设置规范〉〈海关监管作业场所（场地）监控摄像头设置规范〉和〈海关指定监管场地管理规范〉的公告》，对《海关监管作业场所（场地）设置规范》《海关监管作业场所（场地）监控摄像头设置规范》《海关指定监管场地管理规范》进行修订。根据政策调整，公告删除对进口废物原料查验区、进境动物隔离检疫场等的设置规范要求，并对场所场地功能区进行调整优化。同步印发《海关总署关于执行〈海关指定监管场地管理规范〉有关问题的通知》，对有关申请材料审核和日常管理工作提出更明确的要求，并对海关指定监管场地名单实施动态管理并实时公布，不断提升海关指定监管场地的审核验收和管理工作的规范性和科学性。全年，共组织专家组验收通过并公布指定监管场地 32 家。截至年底，全国共有指定监管场地 674 家，其中进境肉类指定监管场地 129 家、进境冰鲜水产品指定监管场地 61 家、进境粮食指定监管场地 154 家、进境水果指定监管场地 107 家、进境食用水生动物指定监管场地 65 家、进境植物种苗指定监管场地 52 家、进境原木指定监管场地 106 家。

口岸运行监控指挥

【重大任务专项监控】 2021 年，总署依托口岸运行监控指挥中心视频监控、音视频连线和各类作业系统，开展口岸疫情防控、打击治理“水客”走私等多个重大任务专项监控，并持续对口岸一线执法作业现场实际运行情况进行监控检查。全年，连续工作运转 365 天，视频监控作业现场 8,998 次，连线作业现场 2,029 次，撰写监控日志 365 份，报送专项报告 217 份。

【三级业务运行指挥体系建设】 2021 年，总署依托口岸运行监控指挥中心不断完善制度管理和发挥考核“指挥棒”作用，推广应用海关业务运行监控指挥平台，规范各级监控指挥中心形象标识，加快二级监控指挥中心实体化运作，并建立了由二级指挥中心每日报送监控日志的“日报告”制度，由总署指挥中心每周通报查发问题和提示风险隐患的“周会商”制度，以及包含音视频监控检查设备应用管理考核、专项监控检查、应急演练成效等的“月考核”制度，推动三级业务运行指挥体系建设进一步深化。截至年底，全国 42 个直属海关均设立二级监控指挥中心，210 个开展口岸监管业务的隶属海关设立三级监控指挥中心；全国海关辖区内 2,400 余个海关监管作业场所（场地）共计 6.7 万余个摄像头实现“应联尽联”，并利用指挥平台系统建立摄像头动态管理机制。全年，共开展应急演练 29 次，全国海关二级监控指挥中心已具备在非工作时间 30 分钟内部署完毕能力，实现总署—直属海关—隶属海关双向互通、实时反馈。

智能审图

【智能审图整体应用】 2021 年，总署联合清华大学、同方威视技术股份有限公司（以下简称“同方威视”）持续推进海关机检设备智能审图实用化项目，不断提高非侵入式检查工作效率和机检设备智能化水平，坚决筑牢国家安全防线。全国海关通过应用机检设备智能审图，切实将人工智能技术融入海关一线监管，实现对多种违禁品、濒危动植物及其制品、高税值商品的自动识别，有效提升现场关员口岸监管能力，在创新监管技术手段的同时，全面提升海关监管效能，保障贸易安全和通关便利化。全年，全国海关具备部署条件的 H986 和 CT 设备均实现智能审图应用，包括 30 个直属海关 34 个集中审像中心的 196 套 H986 设备和 39 个直属海关 299 个业务现场的 567 台 CT 设备，全面覆盖货运、快件、邮件、旅检和跨境电商等各业务领域，涉及海运、公路、铁路和航空各类型口岸。全年，通过智能审图报警提示查发各类涉税和禁限类问题共计 2,248 起，大幅提升 35%。

▲2021 年 7 月 20 日，青岛海关联网集中审像中心海关关员开展集中审像作业

【智能审图研发】2021 年，全国海关聚焦提升现场应用实效，组织有效拦截商品和有效识别申报商品研发攻关。全年，共完成署级集中制图 11 批次 1.2 万幅，各关自主制图标图 1.43 万幅，优化升级识别算法 185 次，智能审图的识别范围更广、精度更高。同时，研发并上线运行海关智能审图信息化平台，实现从图像采集、算法研发需求、算法包入库、下发、应用到效果评估等全数据链条闭环管理。开展算法分类部署试点，按照“大统一、小自主”的原则，选择宁波、青岛等 8 个业务有代表性的海关，分别在货运、快件、邮件和旅检渠道开展智能审图算法分类部署试点工作，有效降低整体误报率，提升智能审图现场应用效能。

【智能审图口岸应用】2021 年，全国海关围绕口岸监管不同业务领域和场景，推动智能审图功能开发和拓展。针对边民互市贸易渠道运输车辆（主要为三轮车、小型货斗车等特种车）以及特有的商品摆放方式，研发边民互市智能审图专门的识别算法模型，建立边民互市特有商品的典型特征库，经过 4 次算法版本迭代、6 次优化，实现对关区互市进口总量 78% 的 12 种商品的有效识别，有效增强边境贸易监管。研发顶照式 H986 智能审图功能，将设备部署范围从侧照式 H986（主要用于集装箱货物机检）扩大至顶照式 H986（主要用于小型客车机检），实现智能审图向小型客车监管领域的延伸。探索“先期机检+智能审图”作业模式，在货物港口运输途中实施顺势过机检查，同步依托智能审图开展“随过随审”即时审像，建立“智审+人工”双通道审像作业机制，最大限度减少海关查验对企业物流作业的影响，压缩货物查验时间。

口岸监管环节反恐

【枪支爆炸物品违法犯罪整治】2021 年，全国海关认真贯彻落实习近平总书记重要指示批示精神，深入推进打击整治枪支爆炸物品违法犯罪专项行动涉及海关的有关工作，切实履行口岸执法把关职责，防范枪支爆炸物品走私入境。充分发挥 H986、CT 机、X 光机作用，深化智能审图应用，针对不同渠道特点，对进境货物、寄递物品、行李物品加强口岸查验，发现异常的开箱开包细查，筑牢国门口岸防线。全年，总署先后汇总整理 4 个海关的 15 个典型案例，提炼海关枪支监管查缉经验，编发海关口岸监管环节枪支查缉经验及典型案例，供各地海关参考借鉴，不断提升口岸一线监管查缉能力和水平。为维护社会安全和人民生命财产安全做出了积极贡献。

【核生化有害因子监测】2021 年，全国海关认真贯彻落实总体国家安全观，深入开展口岸核与放射性物质监测工作，防范涉恐核材料、放射性污染物输入，维护国家核安全和生态环境安全。充分利用固定式核辐射监测设备和便携式核辐射监测设备，对入境货物、寄递物品、行李物品、人员进行核辐射监测，及时处置核辐射监测设备报警情事，将放射性超标物质拦截在口岸一线。全年，全国海关共在口岸监测排查核与辐射有害因子 3,961 起，均进行妥善处置，其中退运 259 起、移交 31 起。总署优化完善物流监控子系统核辐射探测应用各项功能，全面推广应用物流监控子系统核辐射探测应用，实现对全国海关口岸固定式核辐射监测设备的集成管理，实现核辐射监测数据的统一管理和核辐射监测设备报警情事处置流程的规范管理，进一步提升核辐射监测工作的信息化管理水平。依托中国海关辐射探测培训中心，举办口岸核辐射监测业务培训，全国海关共3,388人参加培训，进一步提升海关关员核辐射监测业务能力和水平。

【防范核材料及放射性物质非法贩运国际合作】2021年，总署积极落实中俄总理定期会晤机制工作部署，持续推进中俄防范核材料和放射性物质非法贩运国际合作。7月，与俄罗斯联邦海关署通过视频方式召开中俄防范核材料和放射性物质非法贩运工作组第七次会议，交流开展口岸核辐射监测工作的经验，沟通使用口岸核辐射监测设备的性能特点，共享推进核辐射监测信息化管理的进展情况，研究讨论遇到的问题及解决办法，互换实施放射性危险品退运通知书信息互换的毗邻口岸海关名单，取得积极成效。双方签署《中华人民共和国海关总署与俄罗斯联邦海关署关于防范核材料及放射性物质非法贩运岗位关员培训合作备忘录》，联合制定《中国海关和俄罗斯联邦海关关于在毗邻口岸开展放射性危险品退运通知书交换的规程》《中华人民共和国海关总署与俄罗斯联邦海关署防范核材料及放射性物质非法贩运联合演练标准方案》，为开展核辐射监测联合培训、组织联合演练和及时交换放射性危险品退运通知书信息奠定了制度基础。

【国际原子能机构协作】2021年，根据国家原子能机构的工作安排，总署组织部分海关及中国海关辐射探测培训中心派员参加国际原子能机构会议，组织中国海关辐射探测培训中心参与国际原子能机构合作项目。通过相关会议和合作项目，既跟踪了解国际原子能机构及其成员在口岸核辐射监测方面的最新技术，为提升中国海关口岸核辐射监测水平提供借鉴，也介绍宣传中国海关在口岸核辐射监测方面的实践经验。同时，总署积极与国际原子能机构、国家原子能机构进行沟通协调，推动中国海关辐射探测培训中心加入国际原子能机构核安保协作中心。经过多方努力，中国海关辐射探测培训中心与国际原子能机构签署协议，成功成为国际原子能机构核安保协作中心，该协作中心是国际原子能机构在各成员海关中设立的第一个协作中心，标志着中国海关与国际原子能机构的协作迈上了新台阶。

北京冬奥会通关保障

【北京冬奥会海关通关便利】2021年，全国海关坚决贯彻习近平总书记关于冬奥会筹办工作做出的一系列重要指示批示精神，始终把服务保障北京冬奥会作为重要政治任务，扎实有序推进。1月，发布《北京2022年冬奥会和冬残奥会海关通关须知》，对北京冬奥会进出境物资和人员从信息注册备案、暂时进境物资税款担保、进境前备案审批、暂时进境物资税款担保、进境前备案审批、进境物资通关、人员及个人物品监管、记者采访器材通关8个方面提供详细指引。总署设计印发统一标识，有关口岸海关开设专用通道、专用窗口，落实“5+2”预约通关制度，为北京冬奥会人员、物资进境提供便利。10月10日，北京海关启用全国首个机场隔离区内P2实验室，实现涉奥人员样本即采即送即检，进一步缩短核酸检测结果等待时间，确保“检得快、检得准”。全国海关积极与相关部门建立新冠肺炎疫情信息互通机制，确保各类突发事件及时处置。北京、石家庄、天津海关等预设多种场景，细化形成涵盖航空器监管、旅客监管、货物监管和口岸卫生监督4类79个场景的处置预案，有针对性地组织开展应急演练和培训，保障北京冬奥会海关各项筹办工作万无一失。12月，印发海关工作方案，组建冬奥专班，对北京冬奥会海关筹备工作进行统筹指挥调度。指导天津、石家庄等21个备降机场海关同步做好准备工作，明确备降航班保障要求及涉奥人员入境通关手续。海关主动加强与北京冬奥组委相关部门联系，加强信息沟通，及时掌握工作动态；积极配合冬奥组委各协调小组、部门做好反兴奋剂《合作备忘录》签署、无线电设备通关监管、外国政要通关礼遇、冬奥政策文件修订等涉奥相关工作。

【北京冬奥会海关安保反恐】2021年，总署认真贯彻落实习近平总书记关于北京2022年冬奥会"简约、安全、精彩"的重要指示批示精神，切实组织做好北京冬奥会海关口岸监管环节安保反恐工作。制订北京2022年冬奥会海关口岸监管环节安保工作方案，明确海关口岸监管环节安保工作的指导思想、基本原则、工作目标、主要措施、阶段安排等内容，为相关海关做好北京2022年冬奥会海关口岸监管环节的安保反恐工作提供了制度保障。与北京、石家庄等重点海关口岸监管部门建立沟通机制，做到信息沟通顺畅，及时上传下达。结合口岸监管环节核生化爆等监测防范重点，开展针对性培训，取得了良好的效果。

（撰稿人：王卫国　王柳寒　历志坚
孔维韬　白乾民　朱　菁
刘佳琪　刘笃彦　李　刚
肖　宇　吴佩健　张　琪
郑子达　赵晓玉　钟　伟
黄一凡　董晓林　缪　利）

政策研究与统计

概况

总署政策研究与统计工作职责主要包括：制定海关统计制度并组织实施，承担国家进出口货物贸易统计工作，开展进出口监测预警分析，发布海关统计信息和海关统计数据，编制和发布国家对外贸易指数；负责报关单数据和单证档案管理工作；编制海关业务统计数据，开展海关业务运行分析；研究分析国家宏观经济和对外贸易政策、形势，制定海关事业发展规划；承担相关动态监测、评估工作。

2021 年，全国海关坚决贯彻习近平总书记关于调查研究和统计工作的重要讲话和重要指示批示精神，全面贯彻落实全国海关工作会议、海关全面从严治党工作会议，按照总署领导“快速、广泛、深入”做好统计研究工作的要求，聚焦国际国内宏观经济和外贸形势变化，夯实统计工作基础，创新分析研究机制，提升服务中央宏观决策能力，推动海关改革发展，海关对外贸的分析研判获得了中央和国务院领导的充分肯定。服务国家“十四五”规划编制，高标准、高质量编制完成《“十四五”海关发展规划》。落实国家统计督察要求，研究部署强化海关统计基础工作措施。完善跨境电子商务全业态统计，首次对外公布跨境电子商务全业态初步统计数据。加强统计数据质量管控，确保海关统计数据真实、准确、全面、及时。开展业务数据安全专项行动，印发《海关业务数据应用系统（项目）数据安全规范指引 V1. 0》。圆满完成 2021 年各项工作任务，实现“十四五”海关政策研究和统计工作良好开局。

工作会议和专题会议

【全国海关政策研究及统计工作会议】2021 年 2 月 25 日，总署以视频形式召开 2021 年全国海关政策研究及统计工作会议。会议的主题是以习近平新时代中国特色社会主义思想为指导，深入贯彻党的十九大、十九届历次全会和中央经济工作会议精神，认真落实全国海关工作会议和全国海关全面从严治党工作会议部署，坚持系统观念，统筹安排 2021 年海关政策研究与统计工作，全力服务党中央决策，服务改革开放大局，服务海关事业发展。副署长邹志武出席会议并讲话，8 个直属海关做业务交流发言。会议充分肯定 2019 年以来海关政策研究与统计工作取得的成绩，分析了新发展阶段面临的任务要求，对做好 2021 年工作进行了部署，指出重点要在强化政策研究、提升数据分析水平、改革创新海关统计、完善业务数据管理方面下功夫，以更加主动的担当、更加有力的举措、更加扎实的行动推动政策研究与统计工作取得新的更大成效。会后，总署根据会议精神印发《2021 年海关政策研究及统计工作要点》，指导全国海关开展政策研究与统计工作。

【加强海关统计工作专题会议】2021 年 10 月 21 日，总署以线上、线下相结合方式召开加强海关统计工作专题会议，厦门海关设线下主会场，广东分署、各直属海关设线上分会场。副署长邹志武出席会议并讲话。会议充分肯定近年来海关统计工作成绩，强调要深入学习贯彻习近平总书记关于统计工作的重要讲话和重要指示批示精神，认真落实总署党委部署，增强对新形势下海关统计基础工作重要性的认识，准确把握经济社会发展给海关统计工作带来的机遇和挑战，增强加快改革创新的紧迫性。会议要求全国海关加快推进海关统计现代化改革，坚持依法统计、依法治统，守住数据安全底线，不断夯实统计基础，确保数据质量，创新发展推进统计业务改革，更加有效发挥统计监督职能作用，优化统计服务发挥数据价值，加强统计部门自身建设，推动海关统计工作再上新台阶。会后，全国海关贯彻落实会议精神，提高对海关统计基础工作重要性的认识，一些海关出台加强海关统计基础工作的具体措施，推动了海关统计基础的工作开展。

▲2021 年 10 月 21 日，加强海关统计工作专题会议在厦门海关培训中心召开

政策研究

【服务宏观决策】2021 年，总署加强宏观经济和外贸形势研究，高质量完成 3 篇深度研究报告，报送相关刊物 180 篇，提出的相关建议得到采纳。

围绕税收激励、“两高”产品出口、跨境贸易人民币结算、中美贸易差异变动、数字贸易、要素贸易、贸易对 GDP 贡献率、增加天然气第二数量可行性、防疫物资出口变动、邮快递物品、货运量等问题开展研究并形成报告。

【《“十四五”海关发展规划》编制】2021 年，总署积极参与《规划纲要》的编制。《规划纲要》明确海关负责的工作任务 44 项，为历史以来最多。制订总署贯彻落实中央《建议》和《规划纲要》重点工作分工方案，对中央《建议》分工列明海关参加的 18 项重要任务、《规划纲要》分工列明海关牵头和参加的 44 项重要任务和重大工程项目，研究制定 115 项具体落实举措，并明确责任部门，确保中央《建议》和《规划纲要》在海关得到贯彻落实。中央《建议》和《规划纲要》中涉及海关重大任务全部纳入《“十四五”海关发展规划》任务部署。坚持开门编规划，规划文本先后 3 次在总署、2 次在各直属海关单位征求意见建议，同时还征求了国家发展改革委、商务部等 8 个部门意见，共收集到总署内部意见 282 条，各直属海关意见 167 条，各部门意见 34 条。着重加强对“十四五”时期海关发展目标、指标、重要任务和重大工程项目的研究，研究确定了 15 项“十四五”海关发展主要指标，合理确定指标量值，确保海关发展目标可量化、可考核。同年 3 月，《“十四五”海关发展规划》经总署党委会审议原则通过，7 月正式公开发布。加强海关规划体系建设，统筹海关专项规划编制工作，逐步完善“1+1+N”的“十四五”海关规划体系，有力加强了总体规划的统领作用。做好规划宣传和任务分工，制订印发《〈“十四五”海关发展规划〉宣传贯彻工作方案》，部署 6 方面活动安排，指导各直属海关研究制定贯彻落实意见，营造规划实施的良好氛围。7 月，总署召开新闻发布会，对社会正式发布《“十四五”海关发展规划》，中央广播电视总台、新华社、人民网等多家媒体对《“十四五”海关发展规划》予以报道；录制《“十四五”海关发展规划》专题课程并上线司局级领导干部能力提升网上培训班，为退休老干部录制视频解读规划主要内容，为上海海关学院、中国海关管理干部学院培训学员开展规划专题授课，不断提升海关各级领导干部对规划的认识。

【课题研究】2021 年，海关系统围绕重点难点问题在对外贸易、产业经济、疫情防控和海关管理等多个领域立项署级课题 74 项，“课题管理平台”收录关级课题 1,400 篇，全年多项研究成果获总署领导肯定，其中广州海关牵头的“新冠变异毒株的检测研究”获总署署领导“该研究很有价值”的批示，部分研究成果在内部刊物刊发。

统计制度方法

【疫情防控物资和新冠病毒疫苗统计工作】2021 年，海关系统继续每天开展疫情防控物资进出口统计和新冠病毒疫苗出口统计工作，根据防疫物资进出口结构的变化，制发《海关总署关于新冠病毒检测试剂盒等疫情防控物资申报相关事项的公告》，新增新冠病毒检测试剂盒、新冠病毒疫苗、防护手套、口罩、呼吸机等商品的 10 位编码，明确申报要求，加强数据审核，保障了主要防疫物资和新冠病毒疫苗统计准确。外交部、商务部、工业和信息化部等部门工作中多次使用相关数据。开展新冠病毒疫苗生产专项调研，为便利企业申报和海关高效监管，在报关单备注栏增加填报按照“剂”折算的数量，完成新冠病毒疫苗历史数据按“剂”折算工作，确保一支多剂封装报验状态下的疫苗统计准确，服务国家疫情防控大局。

【统计制度方法完善】2021 年，总署持续完善统计制度方法，年内开展国内地区代码赋码工作 60 余批次；会同商务部等部门完成文化产品进出口目录修订工作，开展呼吸机等商品编码税则调研工作。制定《海关统计商品目录及进出口主要商品目录编制规则》行业标准。探索边民互市统计原始资料的自动采集工作。参与制订《建立生猪全产业链信息权威发布制度工作方案》。进一步完善统计数据服务制度，开展海关统计数据在线查询平台软硬件升级和功能优化工作。编写出版《中国海关统计制度方法——庆祝中国共产党成立 100 周年暨恢复公布海关统计 40 周年》等图书。

【保税物流中心统计办法改革】2020 年 12 月，总署组织广东分署、南京海关、武汉海关、深圳海关等成立工作组，聚焦海关对保税物流中心的管理要求和业务发展动态情况，从统计范围的准确性、统计方法的便利性和统计原始资料的可靠性角度出发，对保税物流中心的统计办法进行变革。变革后的保税物流中心统计办法增加了监管方式作为统计范围的筛选条件，以消费使用单位或者生产销售单位为统计分组，改变了 1993 年全面实施 10 位数海关编码以来逐步形成的以收发货人为口径的区域统计办法。2021 年 1 月 7 日，《海关总署关于保税物流中心统计办法的公告》发布，规定保税物流中心与境外之间往来的保税物流货物（监管方式代码“6033”）和网购保税货物（监管方式代码“1210”和“1239”）列入海关统计，按照消费使用单位或者生产销售单位前 5 位对保税物流中心进出境货物进行分组统计，境内进出保税物流中心的货物继续按照运输方式代码“W”实施海关单项统计。变革后的统计办法自 2021 年 2 月起实施。为便于数据使用者更好地分析使用保税物流中心进出口数据，海关在公布新的保税物流中心统计办法的同时，还公布了按照新办法编制的前溯 3 年的全国及各保税物流中心进出口统计数据。

【海关统计商品目录转换】2021 年 5 月，

为确保《中华人民共和国海关统计商品目录》（以下简称《商品目录》）及主要进出口商品等参数与2022年1月1日起实施的《商品名称及编码协调制度》第7版顺利衔接，根据《2022年关税调整方案》和海关统计工作需要，总署组建商品目录转版工作专班，其后开展了7次较大规模集中工作，修订形成2022年版《商品目录》，并更新维护了相关统计商品参数。《商品目录》删除“81.07”“88.03”2个品目及“0305.1000”等322个本国子目；增列“03.09”等8个品目及“0306.1630”等672个本国子目；修改类、章、品目及本国子目名称共计236处；修改“0511.1000”等10个商品编码的法定计量单位；对2022年新增商品编码设置法定计量单位，共计672处；修改类注、章注等285处；修改商品编码“0802.1200”等对应的名称共计24处。相应同步修改统计商品参数。

【海关统计国际合作】2021年，总署积极开展中国与俄罗斯、中国与哈萨克斯坦、中国与蒙古国等双边贸易统计差异分析工作；完成《中华人民共和国海关总署和俄罗斯联邦海关署关于中俄对外贸易海关统计方法和信息合作的备忘录》修订签署工作。

统计调查

【中国外贸出口先导指数】2021年，开展中国外贸出口先导指数样本企业调查12次，撰写分析报告、运行监测报告24篇，为外贸形势研判和服务中央宏观决策提供了第一手资料；修订出台2021年先导指数相关调查作业规范。

【2020年跨境电商统计调查】2021年，总署组织开展2020年和2021年上半年跨境电商统计调查，分别调查了774家和1,340家境内主要跨境电商平台、卖家等跨境电商参与方，结合亚马逊等境外平台财报数据，编制跨境电商全业态统计数据，及时向国务院办公厅报送跨境电商进出口情况，并在2021年1月和7月的国务院新闻发布会上发布2020年和2021年上半年我国跨境电商进出口总值。在浙江、江苏和广东探索跨部门合作开展跨境电商分地区统计方法试点，推动完善跨境电商统计。与国家统计局在广州、深圳和杭州开展跨境电商联合调研，对跨境电商海关统计方法及数据公布等事项征求企业及相关部门的意见与建议。

【2020年进口货物使用去向统计调查】根据全国投入产出调查工作总体部署，总署组织完成2020年进口货物使用去向统计调查，这是继2010年、2012年、2017年调查后，总署配合国家统计局开展的第4次进口货物使用去向调查。2021年5月25日，总署制发《关于开展2020年进口货物使用去向统计调查的公告》，公布调查表式、填报要求与样本企业名单；6月10日，总署与国家统计局联合印发《2020年进口货物使用去向统计调查制度》，确保依法开展调查工作。组建工作专班，形成重点调查抽样方案与海关统计专项调查调研系统改造方案，编写全国统一使用的样本企业填报指引及海关内外部培训课件，按计划有序推进数据准备、系统建设、业务培训等各项工作。调查工作采用“重点调查”与“行政记录”相结合的方法，对国家统计局提供的662个8位商品编码，根据分类确定了3,143家主要进口企业进行重点调查；对来料加工与进料加工进口料件，充分利用海关保税监管行政记录予以核算，减轻调查工作量与企业申报负担。“重点调查”企业中除30家企业已经注销或无法联系外，3,113家企业反馈了有效问卷，填报率达到99.1%。11月，将经隶属海关初审、直属海关复审、统计分析司复核后的调查结果提交国家统计局，用于编制我国2020年投入产出表，为贸易增加值核算提供基础性统计资料。

贸易统计

【统计数据审核】 2021 年，海关共审核报关单 8,198 万份、2.8 亿条记录，下发核查 275.9 万份，其中审核大金额大数量数据 1,000 万条、禁止类等重点数据约 36 万条。开展疫情防控物资数据审核，多次纠正出口口罩、防护服、病员监护仪等申报错误，为世界海关组织（WCO）“阻止”国际联合执法行动贡献力量，为防疫物资“污名化”情事的应对工作提供有效支撑；编制出口疫情防控物资数据报表 365 期；多次承担紧急任务，为国务院领导，外交部、商务部等部门提供疫情防控物资统计数据。

【海关统计数据编制】 2021 年，总署第一时间向党中央、国务院领导报送海关统计数据，向社会各界提供海关统计服务。编制海关统计旬报 34 期。在总署官网公布 2021 年海关统计快报 12 期、中英文月报各 12 期，出版 2021 年《海关统计》月报 12 期，编制出版 2020 年《中国海关统计摘要》，完成 2020 年《海关统计年鉴》编审。

【统计工作机制创新】 2021 年，总署印发《海关总署关于建立全国海关统计数据质量控制中心工作机制（试行）的通知》，形成“中心（总署）管规模、分中心做检控、隶属海关纠错误、直属海关抓监督”的全国一体运行模式，实现海关统计数据整体功能建设和集约化管理，将统计数据质量控制的工作重心从单条报关单记录审核转向“宏观、中观、微观”三级管控、有机互补，防范化解统计数据管理风险，有效实现数据治理的规范化、统一化和标准化。

【统计数据质量监督】 2021 年，总署共编发相关质量监督信息 24 期，撰写相关专项审核情况报告，收集整理 12 个经典案例，指导全国海关加强统计数据审核。对黄金简单加工进出、集成电路成对进出、关联企业跨关区进出、掮客牵头多企业进出，以及过境货物纳入统计等不实贸易问题，及时采取措施，实施暂缓统计；持续跟踪监测苹果手机、白银手镯出口异常增长情况，积极与国家税务总局、国家外汇管理局等部门共享信息，实施联合管控，最终查获走私苹果手机再入境骗取出口退税、出口白银手镯逃避许可证管理等数宗案件，有效维护了海关统计的准确性和权威性。在四部委打击虚开骗税违法犯罪两年专项行动中获得“成绩突出集体”通报表扬。

【统计作业现代化改革】 2021 年，海关积极开展统计作业系统整合研究，在统一数据源、统一参数、统一质量标准的基础上，整合优化报关单数据质量检控分析系统、信息海关报关单日报系统、贸易统计数据质量检控系统、贸易统计综合管理系统，形成报关单数据全面质量控制系统和贸易统计数据质量控制系统业务需求。根据贸易统计业务发展需要，修订相关统计工作规范。开发建设报关单证理单系统和报关单证档案管理系统，开展企业自助打印报关单证档案试点。根据报关单运费测算出口集装箱运价。

【报关单申报项目整合优化研究】 2021 年，总署按照海关业务深度融合一体化改革要求，研究构建更为高效便捷的申报体系，提出报关单申报项目整合优化方案，从职能机构、商品要素、企业信息、单据证件、功能结构等方面进行“删减、合并、增设”，在现有 105 项申报项目的基础上，进一步优化整合为 95 项。其中，为配合 RCEP 战略实施，优先在报关单中增设优惠贸易协定代码、原产地、原产地证明类型等申报项目，已于 2022 年 1 月 1 日实施。研究将商品条码纳入报关单申报项目；组织对报关单填制规范和版式文件格式进行修订。按照相关实施方案安排，组织开展需求分析、编写技术开发任务书 63 份、编制和修订通关参数表12张、建立新旧申报项目映射关系5张、设计新报关单4个版式、梳理通关回执1,365条，对H2018单证审核作业等系统进行了优化完善，组织开展业务测试、试点验证和培训工作。在方案设计过程中充分征求吸收各方意见，先后6次征求总署各部门、各直属海关意见，并通过召开座谈会、开展问卷调查等方式征求报关企业和进出口企业的意见。

业务统计

【工作管理制度修订】2021年，总署在全面总结海关业务统计工作实践经验的基础上，统筹考虑关检全面融合后海关工作实际，围绕任务目标，制定管理工作制度框架。2021年11月，印发海关业务统计工作相关管理办法，为保障海关业务统计数据的准确性、及时性和完整性，科学有效开展海关业务统计工作提供制度保障。

【统计指标完善】2021年，总署根据海关业务改革发展要求，不断更新现有业务统计指标，先后增设海运冷链集装箱、海运空集装箱、空港进境人员和陆路口岸出入境汽车等业务统计指标，及时满足各级领导和部门抗击新冠肺炎疫情和外贸稳增长决策需要。为了有效解决海关新信息化系统上线后检验检疫业务数据缺失问题，组织专题调研和集中工作，逐个梳理H2018、新风控、新查管、新签证等系统的数据项目，研讨确定相关业务统计指标的统计口径和采集算法，保证了关检融合后检验检疫统计指标的真实准确。

【指标范本设计】2021年，总署以构建覆盖海关业务全链条的业务导向型统计指标体系、加强海关业务统计和贸易统计融合分析研究为目标，对比世界贸易组织（WTO）、世界银行、联合国贸易和发展会议等国际组织的货物贸易核心指标体系，启动海关业务指标新体系建设，积极构建国门安全、改革进程等6大业务板块指标体系，创新设计完成“海关货运量评估体系”和“自由贸易试验区评价体系”范本指标。

【核心指标研究】2021年，总署紧密围绕海关中心工作，每月跟踪业务数据变化情况，分析货运量、集装箱和运输工具等业务统计核心指标动向，积极发挥海关业务统计工作为国家宏观决策、为海关管理服务的作用。充分发挥统计数据分析的优势，聚焦领导关注的海运集装箱价格，加强对国内、国际海运价格指数计算方法，以及世界主要航运公司规模、运力、航线分布等数据的研究，弄懂数据、用准数据、说好数据。

【数据质量管控】2021年，总署深化业务统计数据“日监控、周分析、月审核、季通报、年评估”工作机制，不断探索新的统计方法、模型和统计技术，提升业务统计数据审核方式的科学化、信息化、智能化水平。同时，加强与业务部门的沟通协调，做好业务统计指标设计和解释，明确各方责任，确保职责落实到位，形成统计和业务部门齐抓共管、不断提高业务统计数据质量的良好局面。全年共审核业务统计指标207万条，修正各类数据差错7,000余条。

【业务分析深化】2021年，总署结合宏观经济运行情况和海关业务发展状况，多角度观察、多层次挖掘、多维度分析业务统计指标，把数据分析结果提炼成观点，最终形成完整的数据加研究分析报告，提升业务统计数据价值，为服务中央领导宏观决策、服务海关业务改革和制度创新发挥了重要作用。创立海关业务统计工作交流载体，提供业务研讨平台，2021年编发的查检业务、多式联运等专题在直属海关取得一定反响。

统计数据运用和管理

【数据安全管理制度体系完善】2021年，

总署启动修订海关业务相关数据的管理办法，建立完善业务数据应用事项审核机制。对新立项的署级信息化系统（项目）进行安全前置审核。全面梳理海关业务数据资产，完成报关单数据核心业务指标目录编制工作，共编发业务指标197项、基本数据项155项、参数78项、逻辑规则16项，完成报关单、贸易统计数据的安全分类分级工作。

【数据安全管理意识强化】2021年，总署统一部署、精心组织，推动全国海关认真学习贯彻落实习近平总书记关于切实保障国家数据安全、加强关键信息基础设施安全保护等重要指示精神，以《中华人民共和国数据安全法》实施为契机，制订《全国海关学习宣传贯彻〈中华人民共和国数据安全法〉实施方案》，开展学习宣传活动和业务培训。

【数据分析应用场景拓展】2021年，总署加强业务数据分析工作，委托黄埔、南京、南宁、天津等海关牵头组建模型组、数据挖掘组、信息挖掘组等专家工作队伍，探索依托“云擎”数据开展有关业务运行异动情况监测预警，多项工作成果转化为总署形势分析和工作督查例会议定事项。出版《“十三五”期间中国对外贸易发展报告》，发布“2020年中国外贸竞争力百强城市”“2020年中国城市外贸竞争力报告”，得到社会和媒体广泛关注。

【协同分析研究机制优化】2021年，总署持续发挥常态化分析研究大专班机制作用，在疫情特殊背景下，全年从相关直属海关抽调24人次，为各项急难繁重的工作任务源源不断输送骨干力量。健全完善全球贸易监测分析中心工作机制、宏观经济分析研究机制、业务分析研究机制，克服疫情影响和困难，采取线上线下相结合的工作模式，取得良好成效。分析研究载体含金量稳步提升，每工作日不间断编报全球贸易监测日报。

统计数据新闻发布

【新闻发布工作机制优化】2021年，总署夯实统计数据新闻发布基础，充实优化新闻发布专家人才库，建立工作小组，明确任务分工，及时收集整理有关新闻发布相关素材，定期更新学习。加强新闻发布工作协作，及时协调沟通，坚持新闻发布口径会签和请示报告制度。严格把关，对新闻发布工作涉及的数据提取、数据录入、口径确认、对外联络、数据复核、唱校等环节，进行逐级把关、多人复核，严格遵守数据安全相关规定，做到稳妥严密。发布后及时开展舆情监测工作，完成舆情监测分析报告。不断提升新闻发布的专业水平，推进统计新闻发布工作高质量发展。

【月度权威媒体采访】2021年，总署新闻发言人每月月初接受中央广播电视总台等权威媒体采访，发布月度进出口数据，及时满足社会各界对海关统计数据的需求。

【进出口情况新闻发布】2021年，总署按季度在国务院新闻办举办的进出口情况新闻发布会上现场直播发布进出口数据，进行数据解读，回答中外记者关于当前对外经贸热点重点问题提问，为外贸量稳质升提供有力舆论支持。2021年分别于1月14日、4月13日、7月13日、10月13日在国务院新闻办开展4场进出口情况新闻发布，境内外媒体高度关注，积极报道，取得了良好的宣传效果。

监测分析

【常态化监测分析】2021年，总署每季度向国务院上报外贸进出口形势分析报告。每月开展全国外贸进度分析，监测与东盟、欧盟、美国、日本等主要贸易伙伴，能源产品、金属矿砂、粮食、机电和劳动密集型产品等主要商品的进出口情况。每旬编报《海关统计旬报》。持续跟踪全球主要经济体进出口份额和我国大类商品全球份额变化。积极做好中美第一阶段经贸协议执行进度分析。针对“十三五”以来出口、进口、中间产品、初级产品等重要专题，围绕进口价格传导机制、高档消费品、乳品进口、“两高”产品出口等热点问题，形成专题报告50多篇。积极发挥全球贸易监测分析中心“1+3”工作机制，上报我国与全球经济体进出口动态监测报告76篇，有力服务领导重要外事活动。聚焦中欧班列发展，测算班列进出口趋势。深入开展海运集装箱运力运价研究。

【指数编制与发布】2021年，总署优化中国对外贸易指数运算程序，借助Python语言构建更加科学、稳定、友好的指数运算架构和运维模式；完善数据算法、计算精度和商品条件设置功能；完善指数运维工作机制，每月高质量完成中国对外贸易指数运算工作。积极开展区域贸易指数编制发布工作，充分发挥海关专家主导和引领作用，加强与高校院所、研究机构等智库合作，合力编制发布中国对上合成员贸易指数、中国—中东欧国家贸易指数和中国—东盟贸易指数等区域外贸指数体系，定期对外发布指数运算结果，力争成为反映我国对上述区域（国家组织）贸易发展状况的“晴雨表”和“风向标”，为政府制定贸易政策提供科学依据，为企业开拓市场提供信息支撑。其中，编制发布上合指数被列入上合组织成员政府首脑（总理）理事会第十九次会议成果清单，中国—东盟贸易指数获评总署“‘我为群众办实事’百佳项目”。建设贸易指数发布平台，将上合指数网站纳入总署门户二级网站管理，在总署门户网站增设贸易指数栏目，定期更新中国对外贸易指数、区域贸易指数，以及相关贸易指数分析报告，进一步便利社会公众获取相关贸易指数信息。

【完善系统工具应用】2021年，总署完成海关进出口监测预警系统（查询分析子系统）每日数据核查及系统优化升级、硬件迁移等工作，坚持“7×24小时”响应，确保系统运行稳定。开展国际贸易标准分类（SITC）、国民经济核算体系（SNA）、大类经济类别分类（BEC）等重要国际参数转换调整工作，常态化更新维护查询系统参数，为海关重要分析研究报告顺利上报提供有力支撑。印发海关进出口监测预警系统（查询分析子系统）相关的使用管理办法，明确相关部门职责，规范系统管理、使用和监督，分级做好系统管理和监控，确保数据使用安全、系统规范运行。

（撰稿人：王金刚 冯朗照 刘寿吉
齐卫国 杨 斌 李 芊
何 凡 张 胜 张 雪
张 辉 林超越 周 斌
郭 勇 曹灶平 翟小元）

企业管理和稽查

概况

2021年，全国海关企业管理和稽查部门坚决贯彻中央决策及总署党委部署，强化监管、优化服务，坚持运用系统观念，紧紧扭住“制度+科技”这一主线，加快构建以信用为基础的海关监管体系，以服务国内国际双循环发展为重点，深化“放管服”改革，提升制度创新和治理能力建设水平，积极发挥监管效能，提高为群众办实事能力，优化营商环境，完善风险防控机制，各项工作取得较好成效。

落实习近平总书记重要指示批示，组织3轮固体废物专项稽查行动，持续保持打击“洋垃圾”进口高压态势。着力推进AEO国际互认合作进程，首次实现互认经济体数量和国家（地区）数量全球“双第一”目标。

服务国家发展大局，持续深化“放管服”改革，海关报关单位全面实现备案管理，出台“零关税”商品稽核查管理办法，全面推广跨境电商零售进口退货中心仓模式，扎实开展跨境电商“断链刨根”专项整治行动，优化加工贸易禁止类商品管理，开展跨部门联合抽查、采信第三方等改革试点。

推进重要业务改革，积极推进海关稽查业务改革，牢固树立以查发为导向的稽查理念，改革成效初步显现。全面深化海关信用管理改革，信用管理的基础性作用进一步发挥。全面推广企业集团加工贸易监管改革，不断引导加工贸易转型升级和高质量发展。

截至2021年12月底，全国海关备案报关单位165.68万家，其中进出口货物收发货人163.36万家和报关企业2.32万家。全国海关高级认证企业4,399家，同比增加37.34%；失信企业4,635家，同比减少33.18%。2021年，全国海关共办结稽查作业10,910起，查发问题作业6,197起，稽查作业有效率为56.8%；全国海关共办结核查作业44,367起，同比上升13.55%；查发问题作业24,360起，核查作业有效率为54.91%。2021年，全国加工贸易进出口值为8.5万亿元，同比增长11.1%；全国海关特殊监管区域进出口值为7.8万亿元，同比增长23.9%。

资质管理

【报关企业“许可”改“备案”】 2021年5月，总署根据《全国人民代表大会常务委员会关于修改〈中华人民共和国道路交通安全法〉等八部法律的决定》，印发取消报关企业注册登记许可有关事项的通知，对报关单位全面实施备案管理，申请材料进一步精简，海关在备案环节不再进行实质性审查，办理时长较以往缩短90%以上。

【报关单位全面纳入“多证合一”】 2021年12月20日，海关总署、国家市场监督管理总局联合发布《关于报关单位备案全面纳入“多证合一”改革的公告》，报关单位备案（包括进出口货物收发货人备案、报关企业备案）全面纳入“多证合一”改革。申请人办理市场监管部门市场主体登记时，需要同步办理报关单位备案的，应按照要求勾选报关单位备案，并补充填写相关备案信息。市场监管部门按照“多证合一”流程完成登记，并在国家市场监督管理总局层面完成与总署的数据共享，企业无须再向海关提交备案申请。截至 2021 年 12 月底，已有 5 万家企业通过“多证合一”方式完成进出口货物收发货人备案。

【取消部分进口收货人备案】 2021 年 12 月 17 日，总署出台《关于取消进口肉类收货人、进口化妆品境内收货人备案的公告》，自 2022 年 1 月 1 日起，取消进口肉类收货人备案事项和进口化妆品境内收货人备案事项。

【海关报关单位备案管理】 2021 年 11 月 19 日，海关总署第 253 号令公布《中华人民共和国海关报关单位备案管理规定》，该规定自 2022 年 1 月 1 日起施行。2014 年 3 月 13 日海关总署令第 221 号公布的《中华人民共和国海关报关单位注册登记管理规定》及 2015 年 2 月 15 日原国家质量监督检验检疫总局令第 161 号公布的《出入境检验检疫报检企业管理办法》同时废止。新公布的《中华人民共和国海关报关单位备案管理规定》进一步精简报关单位备案申请材料，压缩办理时限；取消报关企业、进出口货物收发货人双重身份备案限制；延长报关单位备案有效期。

【海关报关单位注销】 2021 年 2 月 1 日，我国海关正式施行《海关报关单位注销操作规程（试行）》，对海关系统办理注销的程序、注销前需核实的前置条件予以明确，注销办理时间从没有时限要求缩减至 11 个工作日以内，既规范和畅顺了市场退出机制，又防范和化解了企业通过注销逃避海关监管的风险，有效缓解了注销环节多、耗时长等“注销难”问题，提高了报关单位注销工作的统一性、规范性，提升了报关单位注销便利度。2021 年，全国海关共注销报关单位 74,211 家。

【出口食品生产企业申请境外注册管理】 2021 年 10 月 29 日，总署修订并发布《出口食品生产企业申请境外注册管理办法》，规范出口食品生产企业申请境外注册管理工作，维护我国出口食品生产企业合法权益。办法明确了企业申请境外注册的相关要求和程序，公布了“出口食品生产企业境外注册申请书”和“出口食品生产企业申请境外注册自我评估表”，进一步压实了企业主体责任。截至 2021 年 12 月底，我国共有 8,318 家次出口食品生产企业获准国外（境外）注册。

【报关单位备案全程网办、全国通办】 2021 年 5 月，海关对报关单位全面实施备案管理，报关单位备案实行无纸化全国通办。此前，企业申请报关单位备案至少需要到海关业务现场 1 次；改革后，企业可通过登录“中国国际贸易单一窗口”或“互联网+海关”提交报关单位备案申请，无须再前往海关业务现场提交纸质资料，办结后可自行在线打印备案回执，实现了报关单位备案全流程“网上办”“马上办”“不见面办”。企业足不出户即可申办报关单位备案，整个办理过程没有任何费用。对企业选择所在地海关错误的，由收到申请的海关首问负责，在全国范围内实现跨关区全国通办。企业可在全国任一地点向海关提交申请，均可一次性办理报关单位备案，全程“零跑腿、零费用”，全面实现“全程网办、全国通办”。

信用管理

【“经认证的经营者”（AEO）国际互认】 2021 年，总署按照习近平总书记关于“加快推广‘经认证的经营者’国际互认合作”的重要指示精神，加快与共建“一带一路”国家和地区、RCEP 成员方、中东欧国家和中亚五国等的互认磋商进程，充分落实互认便利措施，便利 AEO 企业享受通关便利，提升企业国际竞争力，全力推进 AEO 国际互认合作进程。同年，中国海关与塞尔维亚、智利、伊朗、乌干达、南非 5 个国家海关签署 AEO 互认安排，完成《“十四五”海关发展规划》互认国家（地区）数量达到 60 个指标（5 年需完成 18 个）的 27.8%，完成年度指标（平均每年 3.6 个）的 139%，同时实现与非洲地区 AEO 国际互认合作零的突破。截至 2021 年年底，已与 21 个经济体的 47 个国家（地区）实现互认，互认国家（地区）数量继续居全球之首。

2021 年 5 月 25 日至 27 日，中国海关以视频连线方式参加在阿联酋迪拜举办的世界海关组织（WCO）第五届全球 AEO 大会。这期间，中国海关与乌干达海关以视频连线形式签署了中乌 AEO 国际互认安排，被世界海关组织（WCO）秘书处作为首个在线签署示范样板；宣介了中国海关“三链三新” AEO 2.0 愿景，即“部署创新链，壮大新动能；优化智能链，拓展新路径；提升服务链，激发新活力”；世界海关组织（WCO）秘书处正式宣布中国海关承办 2023 年第六届全球 AEO 大会。

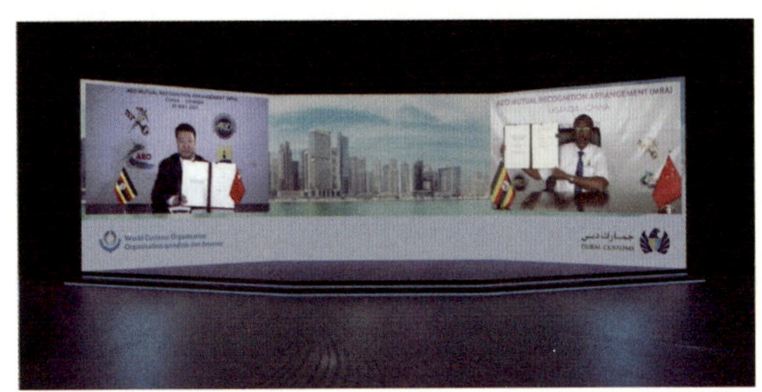

▲2021 年 5 月 25 日，中国海关与乌干达海关签署 AEO 互认安排，这是中国海关与非洲地区国家签署的首个 AEO 互认安排

【海关企业信用管理制度改革】 2021 年，为贯彻落实国家社会信用体系建设最新要求，进一步提升海关企业信用管理法治化、规范化水平，回应企业合理诉求，我国海关对海关企业信用管理制度进行改革。2021 年 11 月 1 日，《海关注册登记和备案企业信用管理办法》及配套的《海关高级认证企业标准》等相关制度正式实施，标志着海关全面深化信用管理改革的全面完成。《海关注册登记和备案企业信用管理办法》聚焦优化信用管理层级，保留“高级认证企业”和“失信企业”，分别实施更加便利或严格的措施，对其他企业统一实施普遍优惠管理措施，形成“简单管用”的信用制度安排；增加了“信用培育”条款，明确“信用修复”程序，新增纳入“严重失信主题名单”管理制度；鼓励诚信经营，增加了“优先办理进出口货物通关手续及相关业务手续”“优先向其他国家（地区）推荐农产品、食品等出口企业的注册”“出口货物原产地调查平均抽检比率在企业平均抽查比率的 20% 以下”3 项高级认证企业优惠措施，同时将高级认证企业复核周期由 3 年延长调整为 5 年，有效提升高级认证企业获得感。新的海关信用管理制度呈现出监管更优化、程序更健全、内容更全面、标准更完善、手段更丰富等特点。施行以来，《海关注册登记和备案企业信用管理办法》在帮助企业强化守法意识、坚持诚信经营、享受政策利好等方面发挥了积极作用。

保税监管

【企业集团加工贸易监管改革】 2021 年，为落实国务院关于激发市场主体活力有关要求，顺应加工贸易企业的集团化发展趋势，在前期试点的基础上，总署发布《关于全面推广企业集团加工贸易监管模式的公告》，自 2021 年 10 月 15 日起在全国推广企业集团加工贸易监管模式。企业集团加工贸易监管改革打破了加工贸易保税料件仅限于企业自用的限制，允许保税料件在集团内跨企业流转、跨企业存放，有效解决集团内企业供应链紧张的痛点。改革允许不作价设备通过结转方式在成员企业间调配使用，有力提升了不作价设备的利用效率，拓展了企业经营方式。改革允许集团内成员企业间开展外发加工业务不再向海关办理备案手续，充分发挥企业自律管理的作用，降低企业制度性成本，同时全工序外发免收担保金，直接减少了企业的资金占用。改革放宽了对来料加工料件串换限制，缓解了疫情期间部分企业保税料件短缺等难题。改革解决了集团内企业协同加工的迫切诉求，实现了降本增效的改革目标，构建起了更为科学、精准、安全的加工贸易监管模式。截至 2021 年年底，全国共有 96 家企业集团的 292 家企业适用企业集团加工贸易监管模式，相比改革前共为企业减免保证金（保函）约 22 亿元。

【轮胎加工贸易单耗管理新模式改革】 2021 年，为深化落实国务院“放管服”改革要求，增强轮胎加工贸易企业核心竞争力，总署在杭州海关、青岛海关开展轮胎加工贸易单耗管理试点，探索耗料定额参数核销新模式。试点改革综合考虑企业为应对传统单耗核销模式管理成本增加的实际情况，对中国橡胶工业协会的会员单位中策橡胶集团有限公司、赛轮集团股份有限公司，适用行业定额参数核销作为轮胎加工贸易耗料。改革试点引入容错机制，允许试点企业在定额参数核销后补充申报。定额参数由试点企业在向中国橡胶工业协会定期备案后向主管海关如实申报，试点海关据此完成核算核销操作。试点期间，企业在日常管理过程中发现存在不符合海关监管规定的情形，向主管海关主动报告涉嫌违规情况并能够及时纠正的，且经海关审查符合《〈中华人民共和国海关稽查条例〉实施办法》第二十五条、第二十七条规定情形的，违法行为轻微并及时纠正，没有造成危害后果的，海关不予行政处罚。企业有《海关注册登记和备案企业信用管理办法》第二十二条列明情形、被海关认定为失信企业的，主管海关予以终止试点。

【优化加工贸易禁止类商品管理】 2021 年，我国海关加强完善加工贸易禁止类商品目录调整后的监管工作，不断优化加工贸易禁止类商品管理。针对生水貂皮等商品因剔除出目录带来的走私风险，明确禁止类商品加工贸易执行政策；针对国内造纸行业受疫情影响面临的困难，加强加工贸易禁止类政策调整调研分析，加大对加工贸易的支持力度，鼓励企业利用好两个市场、两种资源，稳定产业链供应链，并联合商务部发布《关于调整加工贸易禁止类商品目录的公告》，对纸制品进出口做出政策调整。自 2021 年 6 月 15 日起，加工贸易企业进口纸制品（税目 48.01 ~48.16）、加工出口纸制品不再列入加工贸易禁止类商品目录，有效解决纸制品企业面临的困难。2021 年，加工贸易企业进口纸制品货值为 46.6 亿元，同比增长 19.6%。

【优化海关特殊监管区域保税监管】 2021 年，我国海关进一步加强和优化海关特殊监管区域保税监管，在规范实施保税监管、加强业务监控、支持新业态发展等方面不断完善具体监管措施。严格按照不同类型特殊区域的政策功能，适用相应的保税监管制度，不得任意扩大保税监管制度的适用范围；加强对区内电子账册的监控和分析，对保税监管中发现的风险隐患，及时向风控部门提出稽核查需求，发挥部门联动优势，提升监管效能；进一步支持综合保税区内企业开展高技术、高附加值、符合环保要求的维修业务，联合发布《商务部　生态环境部　海关总署关于发布综合保税区维修产品增列目录的公告》，同时明确自由贸易试验区内的综合保税区企业可开展本集团国内自产产品的维修，不受维修产品目录限制。2021 年，海关特殊监管区域进出口总额 7.8 万亿元，同比增长 23.9%，占全国进出口总额的 19.9%，增幅高于全国进出口增幅（21.4%）2.5 个百分点。

【跨境电商零售进口退货中心仓模式】 2021 年 9 月，总署落实《国务院关于做好自由贸易试验区第六批改革试点经验复制推广工作的通知》要求，发布2021年第70号公告，全面推广“跨境电子商务零售进口退货中心仓模式”。退货中心仓模式是指在跨境电商零售进口模式下，跨境电商企业境内代理人或其委托的海关特殊监管区域内仓储企业可在海关特殊监管区域内设置跨境电商零售进口商品退货专用存储地点，将退货商品的接收、分拣等流程在原海关特殊监管区域内开展的海关监管制度。退货中心仓模式前期先由郑州、杭州、宁波等海关根据企业诉求先行先试开展创新试点，后被《国务院关于做好自由贸易试验区第六批改革试点经验复制推广工作的通知》采用。退货中心仓模式为企业节约了经济成本和时间成本，减少退货环节，改善了国内消费者跨境电商网购退货体验，同时提升了海关监管效能。截至2021年年底，共有12个海关的49家企业开展业务，累计受理退货中心仓模式进口退货申请单164.85万票。

稽查业务

【稽查业务改革】2021年11月，我国海关为提升稽查查发效能，进一步提升维护国门安全能力，优化口岸营商环境，全面开展稽查业务改革，制发《海关稽核查引入社会中介机构提供服务实施办法》等4个文件，完善稽查改革配套制度；分片区、多层级召开3次稽查工作改革线上座谈会，研究推进改革落实措施，督促全国海关稽查系统彻底转变观念，树立以查发为导向的稽查理念，进而提高稽查查发打击能力；突出贸易调查先导作用，成立6个贸易调查专班，开展行业调研，深入行业协会、龙头企业了解进出口贸易情况，摸清行业存在的主要风险，为稽查查发精确制导。截至2021年年底，稽查查发率提高至63.9%，比改革前提高14.5个百分点。

【打击“洋垃圾”入境专项稽查】2021年，为落实国家全面禁止进口固体废物的政策，保持打击“洋垃圾”入境的高压态势，我国海关组织开展了3轮固体废物专项稽查行动，对2018年以来进口固体废物的加工利用企业和新政实施以来进口再生金属企业开展稽查专项行动，共稽查企业1,330家，查发问题286家，移交缉私部门处理76家。

【稽查“制度+科技”建设】2021年，全国海关加快海关稽查领域“制度+科技”建设，以“实用、好用、管用”为目标，完成海关稽查业务管理系统3.0版优化升级，将原先6个稽查环节细分为12个，实现稽查全部执法全流程进系统，形成了全链条闭环式管理。同时，建立标准化作业模块，规范执法行为，实现作业表单化、过程逻辑化、处置程序化，推动稽查执法全过程“进系统、标准化、留痕迹、可追溯”，最大限度压缩自由裁量权，从源头防控执法、廉政和管理风险，着力打造“清廉海关稽查”。该系统于2021年7月22日在10个直属海关上线试点，9月1日在全国海关推广应用。

【专项稽查行动】2021年，全国海关大力组织开展涉税、涉检稽查行动，成立组织贸易调查专班，在巩固原有税源的基础上，多渠道开展分析研判，拓展涉税稽查方向和重点；积极拓展涉检领域稽查，加大稽查力度，并直接组织开展对重点领域的稽查专项行动。

【“互联网+稽核查”系统】2021年，总署吸纳深圳、合肥等海关具有复制推广价值的业务需求，将“互联网+稽核查”系统纳入署级项目进行建设开发。“互联网+稽核查”系统通过对接企业ERP系统，直接、实时抓取企业生产经营原始数据，并与海关监管数据、政府及公共管理数据，第三方数据相互印证，让企业“零跑动”配合稽核查作业，实现“少手续、高效能”精准监管。同时，将联网监管功能嵌入作业环节，实现“互联网+稽核查”系统与

“海关稽核查业务管理系统”对接；建立企业与海关对接 ERP 系统数据标准，优化对接方式；巩固已对接抓取的 ERP 数据基础，加强数据管理，推进数据分析应用模型完善应用，进一步发挥网上远程作业功效，发挥疫情下“无接触”作用。2021 年 7 月该系统部署上线，在深圳、合肥海关开展试点应用，2021 年 12 月 20 日在全国推广应用。2021 年，全国已实现对接企业 ERP 系统企业 168 家，通过系统开展网上作业 33 宗。

核查业务

【核查标准化建设】2021 年，为进一步提升核查执法规范性和统一性，全国海关全面推进核查标准化建设。2021 年 12 月 20 日，总署修订并印发相关核查操作规范。新操作规范通过制度的形式确定了核查属地管辖、分类核查、标准化作业等基本工作准则，固化核查分类管理、“双随机”要求、稽核查互补衔接等改革措施，简化核查作业流程，优化指令执行和处置反馈机制。对原核查事项及对应的 69 张核查标准化作业表进行全面评估和修订完善，通过调整优化，最终确定为 64 个核查事项，对应 64 张标准化作业表。通过事项、流程、内容、处置、反馈的标准化，新版标准化作业表已于 2021 年 11 月 30 日印发，自 2022 年 1 月 1 日启用。

【核查分类改革】2021 年，总署下发核查工作的相关指导意见和管理类核查的相关工作方案，推进核查分类改革。对“管理类”和“风险类”核查分别设定不同的需求提出、指令研判机制，进一步明确作业要求，建立差异化的流转方式和作业处置反馈流程，并通过系统优化予以落实。2021 年，全国海关共办结核查作业 44, 367 起，其中管理类核查 31, 869 起、风险类核查 12, 498 起。

【“采信第三方出具报告制度”改革】2021 年，全国海关开展核查领域“采信第三方出具报告制度”研究，组织上海、大连、南京等 10 个海关，对 6 个核查事项开展试点，根据企业提供的符合性声明和由符合资质条件的专业机构出具的检验、检测、鉴定或认证报告（证书），对进出口企业或商品实施合格评定，确定其是否符合相关法律法规及技术规范强制性要求。创新核查模式，优化执法资源配置，海关对企业提供的第三方报告进行符合性评估后予以采信，缓解了执法资源短缺的压力，降低了合规成本，切实为企业减负。采信模式下，作业流程大幅精简，企业减少了备查材料准备环节，降低了时间和经济成本；对标先进标准，增强企业自身竞争力，通过采信企业提供的第三方报告，提高企业参与第三方认证的积极性，不断完善企业自身管理体系，加快与国际国内先进标准接轨，提升应对国外技术性贸易措施的能力，增强出口竞争力。试点期间共开展采信核查作业 189 起。

【“自查结果认可模式”改革】2021 年，全国海关按照“企业自愿、风险可控、审慎认可”的原则，推行“自查结果认可模式”改革。将企业反映较多、耗时较长的事项作为改革事项，通过“企业自愿、海关认可”作业方式，由企业对特定核查事项自主开展验核查证，海关对企业自查结果予以认可。改革促进诚信守法便利，提升企业自律意识，显著降低海关执法成本和对企业生产经营的影响。截至 2021 年年底，对 183 家高级认证企业通过“自查结果认可模式”开展核查，压缩下厂频次 116 次，平均作业时间缩短 80%。

【进境大豆核查行动】2021 年，为加强进境大豆后续监管，打击不法企业违法违规行为，规范进境粮食行业秩序，总署组织对全国 30 个直属海关的高风险进境大豆指定加工企业开展核查行动，制定了相关行动工作指南，将核查重点聚焦到进境大豆未经加工直接转卖进入市场流通领域、未严格按照要求进行加工等风险中。筛选出100家高风险进境大豆加工企业作为行动目标，组织开展2次督导检查，督促进度、解决问题、巩固成果。各直属海关主动作为，自主分析55家总署名单外企业并开展行动，协同作业，共对78起核查作业实施专业技术支持，占核查总数的50.32%。2021年，全国海关共核查进境大豆指定加工企业155家，查发各类问题涉及企业91家。

【与市场监管部门联合抽查】 2021年，总署与国家市场监督管理总局推动跨部门联合抽查顺利实施，有效减少下厂频次。明确了“出口饲料和饲料添加剂注册生产、加工、存放企业核查”“出境竹木草制品生产加工企业监督管理核查” “出口商品质量安全抽查检验”“出口化妆品生产企业核查”“出口备案食品生产企业核查”5项核查事项开展联合抽查，并细化相关工作要求，进一步加强事中事后监管，统一规范海关核查领域开展部门间联合抽查执法开展。通过联合作业，起到了节约行政资源，降低行政成本，避免多头重复执法，减少对企业生产经营活动的干预，降低企业配合成本，减轻企业负担，优化了营商环境的作用。2021年，全国海关开展联合抽查作业1,742起，查发问题983起。

审核监督

【稽核查作业“网上电子审核”】 2021年，为有效防范执法不统一，程序、文书不规范等风险，先后在南昌、石家庄、青岛、厦门、合肥、南宁、福州、沈阳、济南9个海关试点开展稽核查作业“网上电子审核”改革。改革后，审核人员运用稽核查业务管理系统，根据稽查、核查人员在系统中上传的稽查、核查及主动披露执法过程中收集的主要证据材料、制作的法律文书、录入的执法程序等电子数据信息，对执法的合法性、规范性进行审核，提出审核意见，直接在作业系统中完成审核流程的电子化审核。改革期间，审核稽核查作业548起，发现证据材料不足、处置不当等问题作业164起。

【可视化监控平台管理办法印发】 2021年11月，总署下发可视化监控平台应用的相关管理办法，明确职责分工、授权管理、业务处置和数据管理，进一步规范监控平台应用和管理工作。企业管理和稽查司业务运行可视化监控平台通过设定模型和指标，实现企业管理、保税监管和稽核查工作由“标准化、进系统”向“可监控、能追溯”的转变，有效防控企业管理和稽查执法风险。

【执法监督操作规范印发】 2021年12月，总署下发相关的执法监督操作规范，涵盖了企管四大业务执法监督工作的职责、内容、实施方式、实施步骤及结果处理和应用等，明确了执法监督内容、监督实施方式以及结果应用，并要求各直属海关应当开展相关业务领域的专项检查，每年不少于1次。进一步推动全国海关企业管理、保税监管、稽核查、属地查检执法监督工作，加强对业务运行执法过程的监督，提升执法规范性和统一性，防范执法、管理、廉政风险。

【稽查部门直接办理“简易程序和快速办理案件”】 2021年12月1日，总署下发海关稽查部门在办理自主查发的简易程序案件、快速办理案件中的操作办法，明确自2021年12月1日起，由稽查部门办理简易程序和快速办理案件，同时明确适用情形、办理方式、文书格式和处罚幅度，并规范海关稽查部门办理自主查发的简易程序案件、快速办理案件，推动稽查工作高质量发展，提升后续监管效能。截至2021年年底，全国海关稽查部门共办理简易程序和快速办理案件160宗。

属地查检

【属地查检工作指导意见印发】 2021年11

月12日，总署关于推进进出口货物属地查检工作相关的指导意见正式印发，在海关全业务领域一体化框架内，推进属地查检业务改革，统筹解决属地查检管理制度性问题。指导意见厘清了各部门在属地查检领域的职责分工，在制度层面明确了属地查检领域重点工作任务，对直属海关推进属地查检工作提出了工作要求，包括提升直属海关查检部门履职能力、规范隶属海关查检人员现场作业、建立部门间协同监管工作机制、着力加强业务培训、探索创新查检作业模式等。

【属地查检作业操作规范印发】2021年12月7日，海关属地查检作业相关操作规范正式印发，完善了属地查检管理制度，推进了海关属地查检执法作业规范化，防范执法风险，提高监管效能。操作规范规定了查检作业人员的要求和作业前应做的准备工作，对查检作业实施过程中各项环节、工作记录、终止作业等做出了详细规定和要求，列明了查检结果评定后相关情况的处置程序和要求，为海关一线执法人员开展查检作业提供了统一规范的制度依据，也为各级属地查检管理部门实施监督管理明确了相关标准。

（撰稿人：刘　鹏　江琳琳　纪　力
张晓龙　庞　平　须　捷
高　杰　曹昱芳　雷晓娟）

查缉走私

概况

2021年，全国海关缉私部门以习近平新时代中国特色社会主义思想为指导，全面贯彻习近平总书记关于打击走私重要指示批示精神和党中央、国务院关于打私工作各项决策部署，紧紧围绕“中央关注、社会关切、群众关心”的突出走私问题，组织开展“国门利剑2021”联合行动，重拳打击“水客”、海南离岛免税“套代购”、粤港澳海上跨境走私以及“洋垃圾”、象牙等濒危物种、武器弹药、毒品、成品油等重点涉税商品走私，扎实推进反走私综合治理，积极强化缉私专业化建设，始终保持打击走私高压态势，有效遏制大规模走私势头。

全年，全国海关缉私部门共立案侦办走私犯罪案件4,259起，同比增长5.1%。其中，涉税走私犯罪案件2,799起，案值749.4亿元，同比分别增长21%、下降18.9%；非涉税走私犯罪案件1,460起，同比下降16%。全国海关立案调查走私行为案件23,294起，案值共计42.6亿元，同比分别增长25.6%、下降27.3%；立案调查违规及其他违法案件52,542起，案值共计899.3亿元，同比分别增长0.2%、下降0.9%。受新冠肺炎疫情影响，非涉税案件明显减少，但全年刑事立案数创历史新高，侦办涉税走私犯罪案件数等重要指标大幅增长。全国海关充分履行打击走私职责，强化全流程监管查缉，移交缉私立案走私犯罪案件线索占比达56.9%，增加13个百分点，国门打私阵地更加坚实稳固。

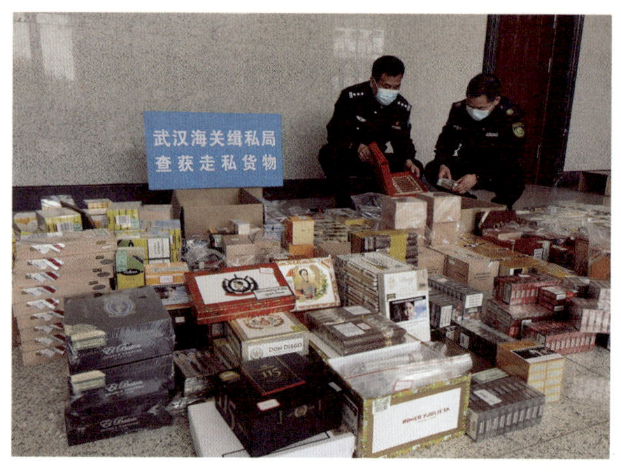

▲2021年1月29日，武汉海关缉私局侦办“1·29”走私雪茄专案查获涉案雪茄

打击涉税走私违法犯罪

【打击长江航道走私】2021年，全国海关缉私部门坚决贯彻落实中央领导关于全面推动长江经济带发展的重要讲话精神，切实服务保障长江经济带高质量发展，推动沿江重庆等12个直属海关缉私部门密切与地方公安、长航公安的联动配合，签订相关执法合作协议，加强信息资源共建共享，探索警务合作新模式。组织上海、杭州、宁波等12个直属海关缉私局共同签署相关工作协作备忘录，搭建上下游联动、左右岸同频的长江大保护协作平台。高压严打长江流域各类走私违法犯罪活动，全年共立案侦办涉江走私犯罪案件137起，案值123.7亿元，查证走私成品油176.1万吨、香烟177.5

万条、白糖3.1万吨、冻品1.9万吨。

【打击农产品走私】2021年，为切实发挥海关缉私部门在维护国家农业安全、保障“乡村振兴”战略顺利实施、守护人民群众餐桌安全方面的重要作用，全国海关缉私部门在“国门利剑2021”行动框架下于6月至12月持续高压严打农产品走私。围绕货运、行邮、边民互市、沿海沿边非设关地等重点渠道，聚焦东南沿海、长江航道、珠江口、环渤海湾、北部湾等重点区域，严打冻品（冻牛肉、鸡肉、猪肉和冻水产品等）、谷物粮食（大米、小麦、玉米、花生、大豆等）、生产生活用品（食糖、烟草、酒类、水果、辣椒干、皮革、木材、棉花等）等农产品走私。坚持精准战法打击走私团伙，坚持“打财断血”，强化追逃缉捕和破案攻坚。全年，全国海关缉私部门累计立案侦办农产品走私犯罪案件997起，案值209.6亿元。

▲2021年4月16日，南宁海关缉私局查获一批涉嫌走私红木原木

【打击跨境电商渠道走私】2021年，全国海关缉私部门部署开展打击跨境电商进口走私“断链刨根”专项整治行动，以开展跨境电商网购保税进口、直邮进口的海关为重点，组织开展对跨境电商进口走私的专项打击，断掉走私链条、刨除违法祸根，全力压缩电商企业、平台企业、支付企业、物流企业等走私违法空间。同时组织开展各海关、各渠道综合治理、联动打击，有效防止跨境电商进口走私跨关区、跨渠道漂移，促进跨境电商新兴业态健康发展。全年，全国海关缉私部门共侦办走私犯罪案件114起，案值84.8亿元。

【打击虚开骗税两年专项行动】2021年，全国海关缉私部门按照国家税务总局、公安部、海关总署和中国人民银行（以下简称“四部委”）联合组织开展打击虚开骗税违法犯罪两年专项行动工作部署，在全国范围内部署继续组织开展打击虚开骗税专项整治，先后组织开展打击农产品出口骗税及走私回流专项行动、打击黄金出口走私及骗取出口退税专项行动，维护国家税收和经济秩序。6月，专项行动结束后，国家税务总局、公安部、最高人民检察院、海关总署、中国人民银行、国家外汇管理局经研究决定，继续推进常态化打击虚开骗税，持续保持高压严打态势，推动实现长治长效。10月，四部委对两年专项行动中工作成绩突出的海关系统35个集体和80名个人予以通报表扬。全年，全国海关缉私部门共立案调查申报不实影响出口退税案件2,261起，案值179.2亿元。

【打击成品油等重点涉税商品走私】2021年，全国海关缉私部门始终保持对成品油等重点涉税商品高压严打态势，组织开展打击非标油整治专项工作，聚焦重点地区和重点渠道，运用大数据、智能化手段，坚持主动出击、合成作战，推进综合治理，标本兼治，取得阶段性显著战果，国家能源安全和市场经济秩序得到维护。全年，全国海关缉私部门共立案侦办成品油等非标油走私犯罪案件261起，案值152.5亿元。

打击非涉税走私违法犯罪

【打击“洋垃圾”走私】2021年，总署组织全国海关开展打击走私废物“蓝天2021”专项行动，聚焦货运渠道伪瞒报和夹藏，重点打击废矿渣、废电器等禁止进口固体废物，严防非设关地走私。探索2021年起全面禁止进口固体废物后海关打击废物走私的新策略，发挥正面监管、后续稽查、缉私办案三方互补优势，建立合成作战机制。组建固体废物退运复进口打击工作专班，严密监控退运固体废物运行轨迹，有效打击多起退运复进境案件，指导天津海关缉私部门分7批次将49.8万吨涉案固体废物全部退运出境。全年，海关缉私部门立案侦办走私废物犯罪案件110起，查证涉案废物4.22万吨，同比分别下降49.3%、97.4%。

【打击象牙等濒危物种及其制品走私】 2021年，为打击破坏野生动物资源违法犯罪行为，遏制野生动物非法贸易活动，巩固禁食野生动物和长江“十年禁渔”等成果，总署联合国家林业和草原局等部署开展代号“清风行动”的打击野生动物非法贸易联合行动。同时，结合公安部“昆仑2021”专项行动，部署全国海关缉私部门开展“护卫2021”专项行动，联合公安部开展“打击整治中越边境濒危物种走私违法犯罪活动”。针对基层缉私部门在罚没野生动植物及其制品鉴定、价值评估、移交、处置等方面存在的问题，与国家林业和草原局联合制定《罚没野生动植物及其制品移交管理办法》《罚没野生动植物及其制品保管处置管理办法》。全年，海关缉私部门立案侦办濒危野生动植物及其制品走私犯罪案件264起，查获各类濒危野生动植物及其制品645.78吨，同比分别下降1.1%、增长3.1倍。其中，侦办走私象牙及其制品走私犯罪案件55起，查获象牙及其制品68千克，同比分别上升3.8%、下降88.5%。部分海关缉私局开展“2·23”打击走私木材集中收网行动，打掉团伙13个，涉案团伙采取伪报等形式走私价值约1.1亿元的珍稀木材。

【打击淫秽物品、文物走私】 2021年，全国31个直属海关缉私局在25个省市同步开展的“5·06”打击重特大走私贩卖淫秽物品、非法出版物专项行动，抓获犯罪嫌疑人97名，现场查扣涉嫌淫秽书籍约25万册、非法出版物约28万册，被全国“扫黄打非”办评为当年十大典型案件。全年，全国海关缉私部门共组织开展4轮次大规模打击淫秽物品走私集中收网行动，立案侦办走私淫秽物品犯罪案件44起。深圳、广州、西安海关缉私局联合地方公安开展“使命2021-13”打击文物走私专项行动，打掉1个横跨陕粤港澳地区的文物走私网络，查获涉案文物23件，其中国家一级文物1件、二级文物2件、三级文物1件、一般文物19件。

【打击妨害国境卫生检疫】 2020年9月，公安部将逃避商检、妨害动植物检疫、妨害国境卫生检疫3个罪名案件划归海关缉私部门管辖。2021年，总署缉私局指导全国缉私部门建立证据体系指引，依法及时、从严惩治妨害国境卫生检疫犯罪。主动加强与海关监管现场联系配合，部署广州、上海、南京等海关缉私局核查相关涉疫线索，指导广州、南京等局成功侦办5起妨害国境卫生检疫犯罪案件。

打击水上走私及刑事科学技术

【水上缉私】 2021年，全国海关水上缉私部门共查获各类水上渠道走私案件1,779起，案值75.8亿元。4月中下旬，拱北、广州、黄埔海关缉私局水上缉私部门接连遭遇暴力抗法，导致车船被撞损毁、人员落水受伤，总署缉私局自5月至10月组织开展为期6个月的打击珠江口“大飞”走私“猎鲨”专项行动，出动缉私艇856航次，航程2.9万海里，直接查获各类水上走私案件326起，查获“大飞”188艘、冻品5,691吨，以及其他货物物品一批。10月开始，按照打击治理粤港澳海上跨境走私专项行动部署，采取相关行动，遏制珠江口“大飞”走私猖獗、暴力抗法依旧频发的严峻形势。9 月，根据公安部关于开展全警实战大练兵的统一要求，组织 11 个直属海关缉私局在广东中山举办“全国公安机关海关缉私部门水上缉私实战大练兵比武考核”活动，取得圆满成功。10 月，“水上缉私指挥管理系统”应用平台上线运行，全面实现海关缉私艇的实时动态管理和集群式指挥调动。12 月，两艘新一代缉私艇正式入列海关缉私装备。

【刑事科学技术】2021 年，缉私部门针对缉私案件侦办特点，打造缉私特色刑事技术工作体系，为案件高质量侦办提供必要的技术支撑。推行刑事技术手段应用前置，加强与办案部门协同联动，提高现场保护水平和快速取证能力；加强物证数据积累和技术手段创新，注重证据链条的完整搭建和深度挖掘，发挥解决复杂问题的关键作用；按照实验室认证认可体系要求，强化实验室质量管理和能力建设，保证司法鉴定结论的公信力；制定实验室建设规范和运维标准，初步建立实验室保障体系，进一步完善实验室保障规范。新设立长春、银川海关缉私局司法鉴定中心，至此全国海关缉私部门司法鉴定机构达 28 家，开展电子数据检验等 6 项专业业务，基本形成在缉私刑事执法业务框架下较为完善的司法鉴定体系。全年，全国海关缉私部门司法鉴定机构共出具司法检验鉴定报告 3, 261 份。

【缉私犬查缉】缉私犬是口岸现场查缉毒品、枪支、濒危物种走私以及维持监管秩序的重要执法力量。2021 年，海关缉私部门在严格落实口岸现场疫情防控要求的情况下，积极开展缉私犬查缉工作，突出实战效能和窗口作用，全国海关缉私犬累计出勤 1, 300 余次，参与查获走私案件 21 起，协助查获毒品 60 千克；常态化使用防暴护卫犬参加北仑河边境地区及新疆重点口岸值守巡查，发挥防暴护卫犬在嫌疑人抓捕、涉案物品扣押、嫌疑人住所搜查工作中的威慑作用，维护走私重点地区的执法秩序。加强与公安机关警犬业务合作，搭建资源共享、技术互助平台；推动缉私犬人工繁育科研项目实施，初步建立缉私犬种质资源库；开展缉私犬主题宣传活动，营造普遍认知、理解支持的工作氛围，进一步对走私犯罪形成有效威慑。

智慧缉私

【智慧缉私建设规划】智慧缉私是依托新一代科技信息技术集成，涵盖缉私全业务领域的立体框架，是实现智能分析、智能设计、智能预警、智能处置的现代海关缉私工作新模式。2021 年，总署缉私局制定全国海关缉私部门智慧缉私建设规划，并完成相关专项规划，提出相关建设框架、整体布局、技术架构、实现路径、重点项目，在全国公安信息系统布局中明确海关缉私部门应用系统建设内容，涵盖信息网络、视频会议、移动警务、数字集群等基础建设及开展大数据、智能化应用等各方面，相关内容写入《“十四五”海关发展规划》、《“十四五”海关科技发展规划》、公安信息化建设“十四五”规划。

【缉私系统建设】2021 年，完成新版缉私刑事执法办案系统开发部署，以“程序+实体+智能辅助”的设计理念，实现缉私部门全流程“网上办案”，是缉私部门在公安网络上建设应用的首个核心作业系统。推进缉私部门业务领域信息化和互联互通建设，完成缉私案件线索移交反馈系统与旅客通关等 8 个海关业务系统对接，实现缉私业务与海关其他业务的电子化流转。建设完成缉私智能笔录电子签名捺印应用，实现缉私笔录全程电子化生成，替代传统笔录文书纸质打印、签名、捺印、上传的烦琐工作，增强笔录的规范性和防篡改安全性。完善缉私移动警务平台，明确全国缉私部门移动警务统一网络节点，完成缉私部门统一身份认证和移动警务服务总线建设，并与全国移动警务平台对接，实现缉私部门与公安部门的移动警务联动应用。上线运行海关缉私大数据资源池，按照公安标准开展缉私数据汇聚、治理工作，为全国海关缉私部门提供数据服务，同时为缉私部门对接应用公安大数据资源奠定基础。结合海南自由贸易港建设工作实际需要，集合全国缉私部门精干力量和智慧，参与海南自由贸易港海关智慧监管平台及海南省社会综合管理平台谋划、建设工作。全年，共通过热线电话、邮件以及其他方式接报、处置缉私各应用系统问题 1,443 件。

【“智慧缉私我先行”活动】2021 年，总署缉私局以“贴近实战、创新形式、聚焦科技、体现智慧”的原则，组织开展“智慧缉私我先行”创新应用活动，鼓励智慧共享、促进应用创新，挖掘全国海关缉私部门智慧潜能，催化一批运用新理念、新技术、新方式，解决实际问题的实用项目，引导全国缉私民警研究探索新技术、新手段，强化改革创新与科技运用。全国海关缉私部门提炼申报综合管理类、警务督察类、侦查类等 9 大类共计 110 个创新应用项目，组织 15 个项目参加全国公安基层技术革新奖评比，4 个项目获奖。

打击走私国际（地区）执法合作

【“湄龙”第三期国际联合行动】2021 年 4 月 15 日至 9 月 15 日，由中国海关、越南海关发起的打击毒品和濒危野生动植物及其制品走私“湄龙”第三期国际联合行动开展，亚太地区共计 20 个成员海关参加。此次联合行动报送案件 868 起，同比增长 2 倍，查获各类毒品 21 吨、易制毒化学前体 21 千克，以及各类野生动植物及其制品 425 吨、200 立方米和 28,311 件。中国海关共报送案件 70 起。该行动被纳入国家层面“澜沧江—湄公河”合作机制成果，成为澜湄合作和中国—东盟海关执法合作的旗舰项目，对亚太地区海关执法合作的示范作用日益增强。

【“大地女神”第七期国际联合行动】2021 年 10 月 1 日至 31 日，由中国海关在世界海关组织（WCO）框架下发起的“大地女神”第七期打击固体废物及消耗臭氧层物质走私国际联合行动开展，全球共计 87 个成员海关参加，参与成员海关数量创历期之最，共报送案件 120 起，同比下降 8%，查获固体废物 4,023 吨和 6,441 件以及消耗臭氧层物质 114 千克和 493 件。中国海关共报送案件 30 起，同比下降 25%。经过全球海关持续不断打击，固体废物走私继续呈现下降趋势，2018 年在上海召开的“大地女神”第四期国际联合行动总结会提出的建立和完善全球打击固体废物走私长效机制稳步推进，取得显著成效。

【荣获亚洲环境执法奖】2021 年 11 月 30 日，总署缉私局和黄埔海关缉私局荣获 2021 年联合国环境规划署亚洲环境执法奖。该奖项由联合国环境规划署设立，联合国开发计划署（UNDP）、联合国毒品与犯罪问题办公室（UNODC）、国际刑警组织（INTERPOL）、濒危野生动植物种国际贸易公约（CITES）秘书处和世界海关组织（WCO）等联合评审。此次获奖是中国海关继 2017 年、2018 年、2019 年后第 4 次获得该奖，表明中国海关通过国际联合行动、跨境控制下交付等国际执法合作，团结引领亚太地区海关克服疫情不利影响全链条打击跨境环境犯罪获得国际社会的广泛认可和高度肯定，中国海关倡导“三智”国际合作理念和走私来源地、中转地、目的地“责任共担、共同治理”的合作模式取得丰硕成果。

缉私法制建设

【印发《关于打击粤港澳海上跨境走私犯罪适用法律若干问题的指导意见》】由于粤港澳海上跨境走私冻品等犯罪频发，严重破坏海关监管秩序和正常贸易秩序，走私冻品存在疫情传播风险，危害公众卫生安全和食品安全，走私犯罪分子为实施犯罪或逃避追缉，采取暴力抗拒执法如驾驶改装船舶高速行驶冲撞等方式，严重威胁海上正常航行安全等。2021 年 12 月 14 日，海关总署与最高人民法院、最高人民检察院、公安部、中国海警局联合印发《关于打击粤港澳海上跨境走私犯罪适用法律若干问题的指导意见》，明确未取得国家检验检疫准入证书的冻品一律认定为禁止进口的货物，实施危险行为逃避追缉的认定为以危险方法危害公共安全罪，明确用于走私的租用借用船舶的罚没标准、身份不明人员的处置、查获的走私冻品法院判决前先行无害化处置，为准确适用法律，严厉打击粤港澳海上跨境走私提供依据。

【海关办理行政处罚案件程序规定】2021 年，总署对《中华人民共和国海关办理行政处罚案件程序规定》《中华人民共和国海关办理行政处罚简单案件程序规定》《中华人民共和国海关行政处罚听证办法》3 部规章进行整合，制发《中华人民共和国海关办理行政处罚案件程序规定》(海关总署令第 250 号)。规章落实"完整、全面规范某一类海关行政管理关系"的要求，新增"听证程序"章节；增加体现"教育与处罚相结合""过罚相当"精神的相关规定；结合相关法律、司法解释及海关业务实践，细化立案、送达、听证等规定；明确管辖、办案期限等；增加委托授权总体性规定、强化电子数据取证规范性等。规章的出台，进一步推进严格规范公正文明执法，确保相关制度落地，固化海关行政执法经验成果，提高办案效率，回应基层执法呼声，解决基层执法实践问题。

【保障当事人知情权和监督权】2021 年，总署制定缉私部门办理刑事、行政案件告知工作的相关规定，明确海关缉私部门在办理刑事、行政案件时应当告知当事人及相关人员防止干预司法"三个规定"、控诉举报渠道、查询案件处理法律规定途径等有关事项，并利用"中国反走私"新媒体公众号进行法律法规的普及宣传。通过此项规定，将当事人及相关人员引入缉私执法办案监督，提升执法办案透明度，挤压办案人员利用信息不对称借机违法违纪的权力寻租空间，确保队伍清廉稳定。通过走访、调研、发布调查问卷等方式，了解掌握人民群众对于缉私执法"急难愁盼"堵点和痛点，组织缉私办案、法制、督察、纪检部门共同开展告知工作，通过线下纸面扫码和线上法规程序告知相结合的形式，打通群众监督的"最后一公里"，有效提升执法公信力；与"中国反走私"新媒体公众号合作开设"法律法规"专栏，创新智能化服务体系，人民群众通过扫描二维码直接链接进入页面，便捷查询相关法律法规。面向全社会公开全国海关缉私部门执法相对人权益保护控诉、举报电话。

综合治理

【"三无"船舶联合认定】不法分子为逃避侦查，租赁甚至专门定造"三无"(无船名号、无船舶证书、无船籍港等)船舶，赴境外海域接驳成品油、食糖等商品，并使用小型"三无"船舶完成二次过驳，分散靠岸实施绕关偷运走私，还有不法分子利用"三无"船舶从事非法捕捞、非法运输等违法犯罪行为，严重危害水上交通安全、渔业生产安全、生态环境安全等。长期以来，船舶管理主体多、层级多，加之法律法规不够完善，执法中认识不统一，"三无"船舶缺乏权威认定机构，后续处置困难极大，对执法办案造成严重制约。为切实维护我国水域正常管理秩序，准确认定船舶性质，严厉查处、打击利用"三无"船舶实施走私、非法运输、非法捕捞、非法采砂、偷渡等各类水上违法犯罪活动，总署会同有关部门共同研究起草《"三无"船舶联合认定办法》

（以下简称《办法》）。经国务院同意，2021年8月21日，海关总署、公安部、交通运输部、农业农村部、中国海警局联合印发《办法》，明确由县级以上地方人民政府负责组织、协调本辖区内“三无”船舶联合认定工作，明确“三无”船舶联合认定小组成员单位及具体职责，规定“三无”船舶的认定标准、认定程序和认定效力，统一执法尺度，为后续处置提供依据，长期以来“三无”船舶认定难的问题得以解决，为各地开展“三无”船舶联合认定和整治工作起到规范与指引作用，取得良好成效。《办法》实施后，江苏、山东、广东、海南等地分别成立工作专班或领导小组，天津、辽宁、浙江、广西等地分别组建“三无”船舶联合认定工作组，天津、辽宁、江苏、浙江、山东、广东、广西、海南等地分别出台各项配套实施办法，全面摸排“三无”船舶底数，为开展源头治理、实施精准打击奠定基础。广东省共查扣销毁“三无”船舶5,000余艘。

【打击冻肉走私意见】我国对进口肉类产品采用严格的检验检疫制度，对来自境外疫区或难以追溯来源地和生产时间、难以鉴别是否存在动物疫病或不符合相关检验检疫条件的肉类，一律按照走私冻肉进行处置。由于肉类产品的境内外价差不断增大，在高额利润的驱使下，冻肉走私活动日渐猖獗，走私规模日益扩大。但由于各部门职责不清、配合不够密切，部分地方政府主体责任落实不到位，查获走私冻肉难以得到妥善处置等原因，冻肉走私违法犯罪活动未得到有效根治。2021年9月22日，经国务院批准，海关总署、工业和信息化部、公安部、交通运输部、农业农村部、商务部、国家市场监督管理总局、中国海警局联合印发《关于加强新形势下打击冻肉走私工作的意见》（以下简称《意见》）。《意见》强调始终保持高压严打态势是打击冻肉走私的主要手段，明确与市场流通环节相衔接开展打击冻肉走私工作是社会治理的重要环节，突出打击冻肉走私工作是地方各级人民政府落实反走私综合治理主体责任的重要内容，强调由地方政府统一归口处置走私冻肉，并探索以市场化方式开展处置工作来解决冻肉处置难题，明确加强督查巡查、深化基层治理、加大基础投入、加大舆论宣传、强化国际合作是确保《意见》充分落实到位的机制保障。全国打私办部署浙江、福建、山东、云南等10省（区、市）打私办严厉打击非设关地冻品走私活动，开展走私冻品运输环节治理和冻品市场、冻库整治，防控公共卫生安全风险，防止未经检验检疫冻品通过走私输入境内。2021年10月至12月底，全国海关依法查处走私冻肉刑事案件121起，国家正常进出口贸易秩序得以维护，广大人民群众切身利益得到切实有效保障。

（撰稿人：王　力　王浩波　王家轮
韦昊余　刘　燕　孙文文
杨　光　张　凌　胡瑞春
贾晓千　徐　浩　韩广运
曾　蕾　谭　炜）

国际及港澳台地区合作

概况

2021年，中国海关应对新冠肺炎疫情给对外交流合作带来的新挑战，采用“线上”“线下”相结合的方式开展海关“云外交”。总署领导与世界海关组织（WCO）秘书长以及多国对口部门负责人和驻华大使等以电话、视频等多种形式举办机制性会议、交流会谈17次，线下接待署（部）级来访2次，向外方和中国港澳地区对口部门负责人致信函26封，重点推动中国海关关注的“三智”、“经认证的经营者”（AEO）互认、“关铁通”等合作项目取得进展，回应外方在冷链食品、口岸通关等方面的关切，推动新冠肺炎疫情下的海关国际及中国港澳台地区合作走深、走实。总署组织召开中国—东盟动植物检疫和食品安全合作部长级会议、中国—中东欧国家海关检验检疫合作对话会、中白（俄罗斯）海关检验检疫分委会会议、中俄海关合作分委会会议、中新（西兰）海关年度署级对话、中蒙口岸合作委员会会议、第二届跨国公司领导人青岛峰会海关闭门会议等重要会议，深化多双边合作，加强关企协同和互动。与有关国家（地区）对口部门、驻华使馆等举行双边会谈142次，参加国际会议97次，对外签署合作文件50份，参与的重要合作机制由46项增加到56项。持续深化双边务实合作，进一步便利境外优质农食产品输华准入，推进“安全智能贸易航线试点计划”（安智贸）、AEO互认等重点合作，与乌干达、智利等4国签署AEO互认安排。加强“一带一路”建设，制订并实施工作方案3份，签署机制性合作文件7份。参加国家自贸区战略，如期完成总署牵头的174项RCEP义务的履约准备；开展加入《全面与进步跨太平洋伙伴关系协定》（CPTPP）等研究，参与自由贸易协定谈判17次。落实中央决策部署，支持港澳经济发展改善民生，开展风险分析、“单一窗口”、卫生检疫、动植物检疫、商品检验、进出口食品安全及打击走私和执法合作。参与世界海关组织（WCO）“阻止”（第2期）行动。加强世界贸易组织（WTO）领域技术性贸易措施交涉应对，评议国外技贸措施786项；就国外技术性壁垒提出关注79项，其中17项取得进展，涉及出口产品货值逾300亿元。会同总署各部门答复世界贸易组织（WTO）秘书处相关问题140多个，对秘书处报告涉及海关的105项内容逐项更新。参与国务院新冠肺炎联防联控机制有关工作。中国海关在有关驻外使团（使馆）派驻海关机构、人员，开展与驻在国（地区）对口部门的双多边合作，推动有关双多边合作协议落实落地。

服务国家大局

【服务重大外交活动】2021年，中国海关服务国家主席习近平与外国领导人通话、出席国际会议等元首外交并落实中法、中德、中俄、中国—东盟等元首共识和有关成果23项。参与世界海关组织（WCO）倡议发起打击固体废物走私的“大地女神”（第7期）、打击毒品和濒危野生动植物及其制品走私的“湄龙”（第3期）联合执法行动，参与世界海关组织（WCO）和国际刑警组织联合发起的打击濒危物种及其制品走私“雷电2021”国际联合行动，完善打击固体废物、濒危物种走私国际合作长效机制。中国海关在《控制危险废物越境转移及其处置巴塞尔公约》《濒危野生动植物种国际贸易公约》等国际环境公约履约过程中，推动各方力量对跨境环境犯罪实施全链条打击并取得显著成效，11月，第4次获得联合国环境规划署亚洲环境执法奖。中国海关落实中法元首共识，推动与法方签署《中华人民共和国海关总署、中华人民共和国农业农村部、中华人民共和国国家林业和草原局与法兰西共和国农业和食品部关于非洲猪瘟区域化管理的合作协议》；与德方多次开展非洲猪瘟区域化防控技术交流，实现双方技术专家名单互换。总署领导出席中国—中东欧国家领导人峰会、中国—老挝元首视频会晤和中老铁路通车仪式、中俄总理第二十六次定期会晤、中国—乌兹别克斯坦总理会晤、中国—蒙古国总理会晤等国家领导人外事活动14次（其中国家间高层对话机制9次），海关检验检疫合作18次被纳入国家间对外合作文件。中国海关为第四届进博会贡献海关检验检疫合作成果5项，为中非合作论坛第八届部长级会议贡献海关检验检疫合作成果7项，在中新（加坡）双边合作机制会议期间签署中新海关“单一窗口”互联互通联盟链合作备忘录。

【加强中国—中东欧合作】 2021年2月9日，国家主席习近平主持召开中国—中东欧国家领导人峰会，并在主旨讲话中多次提及海关工作，对探索开展“三智”合作试点、深化海关贸易安全和通关便利化合作、加快农食产品输华准入进程等做出明确指示。峰会期间，在科学研判的基础上，中国海关推动与中东欧国家签署10份合作文件，12项合作成果列入峰会成果文件清单。会后，峰会涉及的海关任务已全部落实并取得阶段性成效：与匈牙利、塞尔维亚、北马其顿、希腊等中欧陆海快线沿线国家海关合作设立通关协调咨询点，举办中欧陆海快线风险管理研讨会；完成中国—中东欧国家海关信息中心建设，发布信息5,000余篇，访问达15万余次，受理互动交流咨询百余件，及时答复率100%；举办中国—中东欧国家海关检验检疫合作对话会，发布贸易指数；建立中国—中东欧国家卫生和植物卫生工作组机制，设立检验检疫联络咨询点；举办面向中东欧国家海关的AEO线上研讨班，推动中国—中东欧AEO互认合作；合并相近产品风险等级评估，正式对外发布进口中东欧国家冷冻水果检验检疫要求的公告，一揽子解决中东欧国家冷冻水果输华问题，优化中东欧国家农食产品输华准入评估程序，加快准入进程。全年签署中国—中东欧合作文件共计11份，具体签署合作文件详见表4-6。

▲2021年6月7日，总署国际合作司在宁波主持召开第五届中国—中东欧国家海关检验检疫合作对话会

表 4-6　2021 年签署中国—中东欧合作文件清单一览表

序号	签署时间	国家（地区）	文件名称
1	2 月 4 日	阿尔巴尼亚	《中华人民共和国海关总署和阿尔巴尼亚共和国农业和农村发展部关于输华蜂蜜的检验检疫和卫生要求议定书》
2	2 月 4 日	阿尔巴尼亚	《中华人民共和国海关总署与阿尔巴尼亚共和国农业和农村发展部关于阿尔巴尼亚共和国输华乳品检验检疫要求议定书》
3	2 月 4 日	保加利亚	《中华人民共和国海关总署与保加利亚共和国农业、食品和林业部关于保加利亚烟叶输华植物检疫要求的议定书》
4	2 月 4 日	捷克	《中华人民共和国海关总署和捷克共和国农业部关于捷克输华配合饲料检疫和卫生要求的议定书》
5	2 月 4 日	塞尔维亚	《中华人民共和国海关总署和塞尔维亚共和国农业、林业和水管理部关于塞尔维亚玉米输华植物检疫要求议定书》
6	2 月 4 日	塞尔维亚	《中华人民共和国海关总署与塞尔维亚共和国农业、林业和水管理部关于塞尔维亚甜菜粕输华卫生与植物卫生要求议定书》
7	2 月 4 日	塞尔维亚	《中华人民共和国政府和塞尔维亚共和国政府关于中华人民共和国海关总署企业信用管理制度与塞尔维亚共和国财政部海关署“经认证的经营者”制度互认的协定》
8	2 月 5 日	波兰	《中华人民共和国海关总署与波兰共和国农业和农村发展部关于波兰面粉输华检验检疫要求的议定书》
9	2 月 8 日	斯洛伐克	《中华人民共和国海关总署和斯洛伐克共和国兽医食品总局关于中国从斯洛伐克输入羊肉的检验检疫和兽医卫生要求议定书》
10	6 月 7 日	斯洛文尼亚	《中华人民共和国海关总署和斯洛文尼亚共和国食品安全、兽医和植物保护局关于中国从斯洛文尼亚输入禽肉的检验检疫和兽医卫生要求议定书》
11	6 月 7 日	匈牙利	《中华人民共和国海关总署和匈牙利农业部关于匈牙利输华宠物食品的检疫和卫生要求议定书》

【落实“三智”合作倡议】2021 年 2 月，中国—中东欧国家领导人峰会后，中国海关迅速全面贯彻落实习近平主席“三智”重大合作倡议。理论研究有序开展，完成《共同推进“智慧海关、智能边境、智享联通”建设与合作的倡议》，发表“三智”理论研究和实践探讨类文章 88 篇。政策设计有机融合，推动“三智”与服务“一带一路”高质量发展、构建人类命运共同体、维护总体国家安全观、构建新发展格局等重大任务对接，制定《海关总署关于加快“三智”建设　服务“一带一路”高质量发展的意见》；将“三智”理念融入业务改革发展，在《“十四五”海关发展规划》中设立“三智”工作专题专栏，强化“三智”工作顶层设计；将“举办‘智慧海关、智能边境、智享联通’交流合作活动，促进地区贸易便利与互联互通”作为李克强总理出席第十三届亚欧首脑会议的中方与会三大成果之一对外宣传；“积极探讨开展‘三智’合作，全面促进双边贸易便利”纳入中俄总理第二十六次定期会晤联合公报；推动将“三智”理念纳入世界海关组织（WCO）《战略环境分析报告》和亚太经济合作组织（APEC）《海关战略框架》《互联互通蓝图审议框架》等战略文件以及亚

欧会议（ASEM）、金砖国家海关合作议程等。试点项目蓬勃发展，在全国海关培育78个“三智”试点项目，其中先行先试项目59个、早期收获项目11个、国际合作示范项目8个。宣传推广梯次推进，在《中国国门时报》、新媒体上开辟专栏，发布272篇“三智”宣传报道；在世界海关组织（WCO）、世界贸易组织（WTO）、亚太经济合作组织、上合组织、金砖国家、中国—东盟、中国—中东欧、跨国企业领导人会议、中亚区域经济合作、欧亚经济联盟以及中欧、中俄等机制会议上宣传推介“三智”理念，推动形成国际共识。交流合作走深走实，推动中国海关“三智”工作与世界海关组织（WCO）实现战略对接，在《中欧海关合作战略框架（2021—2024）》和中国—波兰、中国—埃及等政府间合作文件纳入“三智”相关内容；与比利时海关签署《中华人民共和国海关总署与比利时王国海关与消费税署关于加强供应链互联互通合作的谅解备忘录》，指定杭州海关和列日海关开展以跨境电商海关监管合作为内容，打造“三智”理念落地欧洲的首个示范项目；与瑞士海关就《中华人民共和国海关总署与瑞士联邦海关和边境安全局关于海关事务的合作谅解备忘录》达成一致，“三智”理念完整纳入；与俄罗斯、哈萨克斯坦、东盟国家等海关“三智”交流与合作有序开展；粤港、粤澳“三智”合作加快推进，“跨境一锁”项目持续扩大，“一点清关”“寄药易”等新项目落地。

【服务“一带一路”建设】 2021年，中国海关贯彻落实党中央、国务院关于推进“一带一路”建设的决策部署，立足发挥自身职能作用，致力于保障我国与沿线国家和地区贸易安全与便利，加强监管，优化服务，推动贸易便利化水平稳步提升，持续推动优质农产品食品进口，在共建“一带一路”高质量发展方面不断取得新成效。在《“十四五”海关发展规划》中专门编列“推动共建‘一带一路’高质量发展”内容，要求全国海关系统全力推进服务共建“一带一路”建设，推动相关工作的落地实施。研究制定《海关总署关于加快“三智”建设　服务“一带一路”高质量发展的意见》，通过“三智”工作促进“一带一路”高质量发展，指导海关系统服务“一带一路”建设高质量发展走深走实。深化与沿线重点国家（地区）的机制化合作，多次与俄罗斯、印度尼西亚、蒙古国、东盟、中东欧等召开视频会议。推动“单一窗口”、AEO、“关铁通”、电子证书联网核查等重点项目合作，支持中欧班列发展。与“一带一路”沿线国家和地区签署国际合作文件27份，其中机制化合作文件7份；与共建“一带一路”国家和地区签署国际合作文件41份，其中机制化合作文件11份。

多边合作

【参与世界贸易组织（WTO）工作】 2021年，中国海关参加世界贸易组织（WTO）相关工作，维护国家利益，参与并做好世界贸易组织（WTO）第八次对华贸易政策审议工作。前期参与世界贸易组织（WTO）第八次对华贸易政策审议秘书处报告、中国政府政策声明起草工作，宣传近年来中国海关全面深化改革、推动关检业务融合、促进贸易便利化、优化口岸营商环境等措施成果。在审议会议前答复27个世界贸易组织（WTO）成员在海关检验检疫领域提出的154个问题，答复问题数量比2018年第七次审议增加6.9%。在正式审议会议上，有65位世界贸易组织（WTO）成员大使或代表在审议会议上发言对中国过去3年的贸易政策做出评价，其中对中国海关监管措施和工作成果的评价总体较为积极，特别是对于在简化协调海关程序、促进贸易便利化、保障防疫物资通关等方面的进展予以高度评价。参与世界贸易组织（WTO）电子商务、贸易与环境等国际规则、文件制修订，参加世界贸易组织（WTO）电子商务议题谈判，世界贸易组织（WTO）第十二届部长级会议成果文件研究和贸易与环境、贸易与健康等议题磋商，世界贸易组织（WTO）相关协定机制化审议等，为“促谈、促和、促成”贡献中国海关智慧。

【与世界海关组织（WCO）合作】2021年，中国海关与世界海关组织（WCO）进一步加强高层交往和战略对接，参与世界海关组织（WCO）规则制定、能力建设、联合执法、关企合作等各项工作。加强高层交往与战略对接，中国海关与世界海关组织（WCO）就加强“三智”倡议与世界海关组织（WCO）《战略规划》对接，开展合作研究和试点项目等事宜达成重要共识。中国海关代表在世界海关组织（WCO）理事会年会、政策委员会会议、常设技术委员会会议、亚太地区署长会等重要场合推广“三智”理念，推动深化国际海关智能化发展与合作共识。参与全球海关治理，参与世界海关组织（WCO）《战略环境分析报告》《战略规划》《经修订的京都公约》《绩效评估工具》《跨境电商案例汇编》等规则与文件的制修订工作。中国海关丁楠、林倩余、李妍分别担任世界海关组织（WCO）原产地规则技术委员会主席、估价技术委员会副主席和能力建设委员会副主席。参加世界海关组织（WCO）高级别海关女性国际研讨会，就海关智能化建设对于促进海关与商界女性发展建言献策。参加世界海关组织（WCO）全球AEO大会，宣布承办2023年全球AEO大会。参与世界海关组织（WCO）“阻止”第二期国际联合执法行动，并协调国药集团参与世界海关组织（WCO）新冠病毒疫苗宣讲。夯实能力建设合作，与世界海关组织（WCO）签署《中华人民共和国海关总署与世界海关组织关于在中国设立世界海关组织地区海关实验室的谅解备忘录》，确认由南京海关实验室承办世界海关组织（WCO）亚太地区海关实验室，成为世界海关组织（WCO）历史上继日本、俄罗斯之后第3个承办包括世界海关组织（WCO）地区培训中心、训犬中心和海关实验室在内全部3类地区培训机构的成员。全年利用世界海关组织（WCO）中国海关能力建设合作基金实施能力建设项目13个，涵盖跨境电商、颠覆性技术、自由区、估价、环保等领域，受益人数约500人次。推荐中国海关专家参评世界海关组织（WCO）专家，孙向阳成为世界海关组织（WCO）首批、中国海关首个跨境电商领域认证专家，闵雪莲成为世界海关组织（WCO）首批、中国海关首个自由区领域预认证专家。推动深化与商界的交流合作，助推9家中国企业成功入选世界海关组织（WCO）亚太地区企业咨询组首届成员，并推动其中1家企业代表当选咨询组首届副主席，服务中国企业“走出去”参与国际经贸治理。

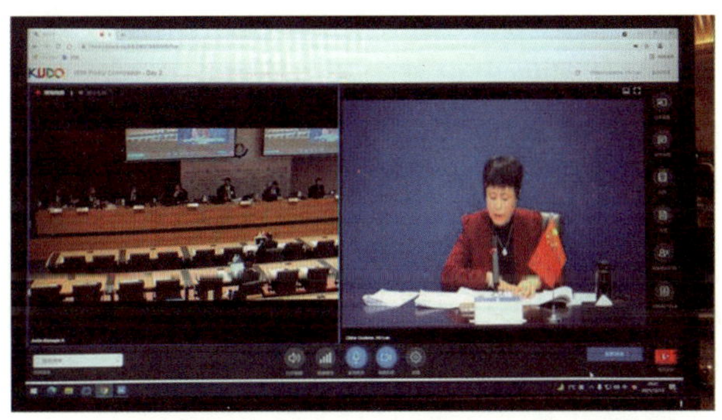

▲2021年12月13日至15日，总署国际合作司参加世界海关组织（WCO）第85届政策委员会会议

【与金砖国家（BRICS）合作】2021年，中国海关参与金砖国家海关和经贸领域合作并取得务实成果。金砖国家领导人第十三次会晤联合宣言中强调，鼓励金砖国家海关在联合执法网络、能力建设和行政互助等领域进一步合作。加强政策指导，参加金砖国家海关署长会议，确定金砖国家执法合作、能力建设、行政互助、海关数据交换等领域合作方向。加强能力建设，参加金砖国家海关能力建设战略研讨会，以智能应用提升数字经济背景下海关税收征管、远程监管、风险管理、AEO合作、打击走私、疫情防控等领域成效为主题，重点推进远程查验、智能审图、数据传输等智能化应用，并将金砖国家“智能化”合作确定为优先合作领域。加强执法合作，深化金砖国家海关执法网络，开展联合执法行动、信息交换、交流执法等方面合作，开展打击毒品和易制化学品走私的“剑鞘”联合执法行动。加强经贸领域合作，开展非关税措施机制、动植物检疫和食品安全工作机制合作文件的磋商工作，支持金砖国家工商理事会关于食品农产品准入、植物检疫证书电子化等合作建议。

【与亚太经济合作组织（APEC）合作】 2021年，中国海关参与APEC规则文件制修订，以及在海关手续分委会（SCCP）、标准一致化分委会（SCSC）、食品安全合作论坛（FSCF）等框架下工作，为优化AEPC海关事务治理体系做出贡献。参与APEC《海关战略框架》，以及SCCP、SCSC、FSCF等议事范畴制修订。参加SCCP和SCSC会议，专题介绍中方“三智”理念并参与贸易便利、执法等议题讨论。5月18日至29日，中国海关作为FSCF联合主席以视频形式牵头组织召开第八届FSCF大会及系列大会，17个APEC成员经济体、2个国际组织、2个行业组织共计102名代表参会，形成成果文件《食品安全合作论坛宣言》。牵头开展“APEC区域进出口食品安全‘国际共治’研讨与实践项目”，通过问卷调研、召开专题研讨会等形式，增进APEC各经济体对进出口食品安全治理体系的了解，加深各方对食品安全“责任共担、合作共治”的共识。

【驻华海关专员联络机制年度总结交流会】 2008年1月，驻华海关专员联络机制在北京成立。2021年1月26日，驻华海关专员联络机制年度总结交流会在北京召开。会议围绕2021年国际海关日主题“海关促进可持续供应链的恢复、更新和韧性”，就深化新冠肺炎疫情防控国际合作、参与国际联合执法、加强“三智”国际合作提出合作倡议，并向获世界海关组织（WCO）2021年国际海关日荣誉证书的优秀关员代表颁发证书。来自28个国家（地区）的驻华海关专员、农业参赞以及部分海关系统代表等共计80余人在现场或以视频连线方式参加会议。

【国家自贸区战略落实】 2021年，中国海关加强对RCEP实施工作的整体统筹，通过提升贸易便利化水平、加强动植物检疫和食品安全国际合作、开展对内培训和对外宣传等，加快做好RCEP在海关领域的实施准备工作。完成国务院“RCEP协定义务清单”中由总署牵头的174项约束性义务的履约准备。继续推进中日韩自由贸易协定、中国—海合会自由贸易协定、中国—以色列自由贸易协定、中国—挪威自由贸易协定等多个自由贸易协定海关程序与贸易便利化、卫生与植物卫生措施、技术性贸易壁垒等议题谈判，取得多项进展。截至2021年年底，中国已与26个国家（地区）签署19个自由贸易协定，自由贸易伙伴覆盖亚洲、大洋洲、拉丁美洲、欧洲和非洲，中国与自由贸易伙伴贸易额占对外贸易总额的比重达到35%左右。

双边合作

【中欧合作】 2021年，中国海关加强与欧盟合作。中国海关与欧洲委员会卫生与食品安全总司签署《中华人民共和国海关总署和欧洲委员会卫生与食品安全总司的谅解备忘录》，明确中欧之间关于食品农产品在动植物疫病管理、市场准入等方面的合作方式，为维护中欧食品农产品贸易安全稳定发展发挥作用。加强中欧陆海快线通关便利化合作，建立中欧陆海快线通关协调咨询点，推动中国—中东欧国家海关信息中心建设，深化 AEO 互认、海关行政互助协查、“三智”试点等领域的务实合作。完善中欧联合海关合作委员会（JCCC）工作，总结评估安智贸、知识产权保护和反瞒骗三个工作组的合作成效，通报《中华人民共和国政府与欧洲共同体关于海关事务的合作与行政互助协定》修订工作进展，讨论中欧海关行政互助协查办理情况，并就中华人民共和国政府与欧洲联盟关于提升中欧《贸易安全与便利的海关合作战略框架（2021—2024 年）》的签署方案及各领域下一步的合作计划达成共识。全年签署合作文件共计 18 份，具体签署合作文件见表 4-7（与中东欧国家签署协议见“加强中国—中东欧合作”）。

表 4-7　2021 年签署中欧合作文件清单一览表

序号	签署时间	国家（地区）	文件名称
1	1 月 29 日	德国	《中华人民共和国海关总署与德意志联邦共和国中央海关局关于海关合作意向的联合声明》
2	7 月 12 日	欧盟	《中华人民共和国海关总署和欧洲委员会卫生与食品安全总司的谅解备忘录》
3	7 月 30 日	比利时	《中华人民共和国海关总署与比利时王国海关与消费税署关于加强供应链互联互通合作的谅解备忘录》
4	8 月 16 日	芬兰	《中华人民共和国海关总署和芬兰共和国农林部关于芬兰输华鱼饲料检疫和卫生要求议定书》
5	9 月 15 日	爱尔兰	《中华人民共和国海关总署与爱尔兰共和国农业、食品和海事部关于中国从爱尔兰输入种猪的检疫和卫生条件议定书》
6	9 月 15 日	爱尔兰	《中华人民共和国海关总署与爱尔兰共和国农业、食品和海事部关于中国从爱尔兰输入绵羊肉的检验检疫和兽医卫生要求议定书》
7	12 月 13 日	法国	《中华人民共和国海关总署、中华人民共和国农业农村部、中华人民共和国国家林业和草原局与法兰西共和国农业和食品部关于非洲猪瘟区域化管理的合作协议》

【中国—东盟合作】2021 年，中国海关围绕“单一窗口”、技术援助、“三智”合作以及新冠肺炎疫情防控和促进经济复苏等议题，加强与东盟交流，巩固中国—东盟合作。中国海关重点加强中国—东盟动植物检疫和食品安全（SPS）合作，先后召开第七届中国—东盟 SPS 合作联络机制会议、第七届中国—东盟 SPS 合作部长级会议，通过《第七届中国—东盟动植物检疫和食品安全合作部长级会议联合新闻声明》《中国—东盟动植物检疫和食品安全合作 2022—2023 年度行动计划》，宣布升级的中国—东盟 SPS 合作信息网正式上线运行。11 月，“在中国—东盟海关署长磋商会、中国—东盟动植物检疫和食品安全合作部长级会议框架下继续加强合作，落实《中国—东盟动植物检疫和食品安全合作谅解备忘录》”被纳入外交部发布的《中国—东盟建立对话关系 30 周年纪念峰会联合声明》；12 月，关于推进中国—东盟海关和 SPS 领域机制化合作、开展能力建设项目合作等内容被纳入外交部发布的《中国—东盟合作事实与数据：1991—2021》。

【澜湄国家海关检验检疫能力建设】2021 年，中国海关加强澜湄国家海关检验检疫能力建设。6 月至 11 月，总署利用亚洲合作资金通过线上方式开展“澜湄国家海关与检验检疫技术能力建设合作项目”。项目创新性地采用

“专家讲座+交流研讨+云参观”线上线下互动教学模式，聚焦湄公河5国重点需求，设置主题为动物疫病管理、传染病跨境传播防控能力建设、海关通关便利化的3期培训班以及1期海关政策联通研讨班，来自澜湄6国共计342名海关、农业、卫生等领域官员参加培训和研讨活动。

【扩大从非洲国家进口农食产品】2021年，总署落实国家主席习近平在中非合作论坛第八届部长级会议主旨演讲中关于“非洲农产品输华建立‘绿色通道’……力争未来3年从非洲进口总额达到3,000亿美元”的重要精神，推动扩大自非洲进口农食产品，与卢旺达、南非、津巴布韦等签署农食产品输华协议，着力提升非洲国家海关的检验检疫能力，探索建立更多对非机制化合作，积极响应非方关切，推动更多非洲优质特色农食产品实现输华检疫准入，不断扩大自非洲进口。全年签署合作文件共计5份，具体签署合作文件见表4–8。

表4–8　2021年签署自非洲进口农食产品合作文件清单一览表

序号	签署时间	国家（地区）	文件名称
1	3月18日	卢旺达	《中华人民共和国海关总署与卢旺达共和国农业和动物资源部关于卢旺达干辣椒输华检验检疫要求议定书》
2	8月16日	南非	《中华人民共和国海关总署与南非共和国农业、土地改革和农村发展部关于南非柑橘输华植物检疫要求的议定书》
3	11月30日	南非	《中华人民共和国海关总署与南非共和国农业、土地改革和农村发展部关于南非鲜梨输华植物检疫要求的议定书》
4	11月30日	卢旺达	《中华人民共和国海关总署与卢旺达共和国农业与动物资源部关于卢旺达甜叶菊输华植物检疫要求议定书》
5	12月20日	津巴布韦	《中华人民共和国海关总署与津巴布韦共和国土地、农业、渔业、水资源和农村发展部关于津巴布韦鲜食柑橘输华植物检疫要求的议定书》

【扩大从周边国家进口农食产品】2021年，总署落实国家主席习近平在第四届进博会主旨演讲中“增加自周边国家进口”以及在中国—东盟建立对话关系30周年纪念峰会的重要讲话中“愿进口更多东盟国家优质产品，包括在未来5年力争从东盟进口1,500亿美元农产品”的重要精神，加强对外合作，推动扩大自包括东盟国家在内的周边国家进口更多优质产品，与哈萨克斯坦、乌兹别克斯坦、老挝、柬埔寨、印度尼西亚等签署农产品食品输华检疫准入协议，周边国家对华出口农产品的种类和数量不断增加，更好满足国内多样化消费需求，持续增进我国与周边国家双边经贸关系。全年签署合作文件共计11份，具体签署合作文件见表4–9。

表 4-9　2021 年签署自周边国家进口农食产品合作文件清单一览表

序号	签署时间	国家（地区）	文件名称
1	4 月 12 日	老挝	《中华人民共和国海关总署与老挝人民民主共和国农林部关于老挝新鲜豆类输华检验检疫要求议定书》
2	7 月 19 日	文莱	《中华人民共和国海关总署与文莱达鲁萨兰国初级资源和旅游部关于文莱输华养殖水产品的检验检疫和兽医卫生要求议定书》
3	7 月 27 日	哈萨克斯坦	《中华人民共和国海关总署与哈萨克斯坦共和国农业部关于哈萨克斯坦饲用大麦粉输华植物检疫要求议定书》
4	7 月 27 日	乌兹别克斯坦	《中华人民共和国海关总署与乌兹别克斯坦共和国部长内阁下属国家植物检验检疫局关于乌兹别克斯坦柠檬输华植物检疫要求的议定书》
5	9 月 13 日	泰国	《中华人民共和国海关总署和泰王国农业与合作社部关于中国和泰国进出口水果过境第三国检验检疫要求的议定书》
6	9 月 13 日	老挝	《中华人民共和国海关总署与老挝人民民主共和国农林部关于老挝鲜食百香果输华植物检疫要求的议定书》
7	9 月 21 日	俄罗斯	《中华人民共和国海关总署和俄罗斯联邦兽医和植物卫生监督局关于中国从俄罗斯输入牛肉的检验检疫和兽医卫生要求议定书》
8	11 月 5 日	老挝	《中华人民共和国海关总署与老挝人民民主共和国农业与林业部关于老挝柑橘类水果输华植物检疫要求的议定书》
9	11 月 23 日	巴基斯坦	《中华人民共和国海关总署与巴基斯坦伊斯兰共和国国家食品安全和研究部关于巴基斯坦洋葱输华检验检疫要求议定书》
10	11 月 28 日	印度尼西亚	《中华人民共和国海关总署与印度尼西亚共和国农业部关于印度尼西亚魔芋干片输华检验检疫要求议定书》
11	12 月 4 日	柬埔寨	《中华人民共和国海关总署与柬埔寨王国农林渔业部关于动植物检验检疫和食品安全2021—2022 年度合作安排》

港澳台地区工作

【署级合作】2021 年，总署贯彻落实中央关于港澳台工作大政方针和决策部署，扎实推进实施中央惠港惠澳政策措施，全力支持港澳特区政府新冠肺炎疫情防控工作，保障内地输港澳民生物资便利通关，发挥署级交往引领作用，持续推进重点工作；与澳门海关共商深化粤澳海关合作，积极推进横琴粤澳深度合作区建设，与澳门特别行政区行政长官贺一诚交换意见，听取澳门政协委员相关建议；探索两岸融合发展新路，落实《海峡两岸经济合作框架协议》（ECFA）和台湾农产品零关税政策等惠台利民措施，支持对台小额贸易发展，服务两岸贸易应通尽通。

【港澳机制合作】2021 年，内地海关与香港海关、香港机电工程署、澳门海关、澳门市政署等港澳特别行政区政府部门推进机制合作，开展港澳地区工作。总署与澳门特别行政区政府经济及科技发展局就深化“三智”合作、推动“单一窗口”建设、扩大输内地澳门制造食品安全监管合作、支持澳门建设葡语国家食品集散中心、便利跨境电商贸易等议题进行交流；与澳门特别行政区政府市政署管理委员会就进一步落实输内地澳门制造食品安全监管合作安排、暂存仓储食品监管合作安排以及内地供澳食品退税等议题取得共识。与澳门海关行动管理厅就“水客”走私、开展风险信息交流等议题交换意见；与澳门海关开展2021年度联络官会晤，就2022年推动开展“三智”合作、风险分析、AEO互认、“单一窗口”、打击走私和执法合作、信息交流等议题达成共识。与香港机电工程署召开年度工作会议，通报内地与香港机电产品政策法规及安全监管情况，为更好发挥合作机制优势助力大湾区高质量发展出谋划策；与香港海关就进一步加强涉海关业务重要敏感问题沟通、协同应对突发事件等形成工作合力。

▲2021年12月10日，总署国际合作司（港澳台办公室）与澳门海关召开总署与澳门海关联络官会晤

【签署粤港澳合作文件】2021年5月11日，广东分署与香港食物及卫生局、澳门市政署、澳门卫生局召开视频会议并签署《粤港澳卫生检疫、动植物检疫和食品安全控制合作备忘录》。签署方在“一国两制”框架内，在相互尊重三地法律制度的基础上，在各自的法律、权限、能力及资源的范围内，深化卫生检疫、动植物检疫、食品安全控制交流，共享监管数据和信息，推动实现监管合作，共同开展打击违反检验检疫法律法规的行为，以保障三地卫生检疫、动植物检疫和食品安全控制的法律法规的正确实施。

外事管理

【外事活动审批】2021年，全国海关系统持续提升外事管理水平。利用新冠肺炎疫情期间实体出来访减少的“窗口期”，及时修订完善外事管理规章制度，提高工作规范化、制度化水平；规范开展“线上”外事活动审批管理，严格请示报告制度，严格安全保密制度；加强证照管理，完善工作流程，梳理建册因公护照及赴港澳通行证1,220本；优化服务，整理护照签证办理流程并上传网站，供团组参考下载。年内，总署国际合作司共审核审批参加线上国际会议团组97批368人次。

【外事人才队伍建设】2021年，全国海关系统按照中央人才工作会议精神，大力推进外事人才队伍建设，对海关外事人才库进行动态管理，实现管理类、业务类、翻译类3个类别入库共计1,247人，涵盖英语、俄语、日语、韩语、蒙古语、法语、越南语、朝鲜语、缅甸语、德语、西班牙语、老挝语、泰语、意大利语、葡萄牙语、阿拉伯语、马来语（印尼语）、土耳其语、哈萨克语、乌尔都语、印地语、尼泊尔语、波斯语23个语种。强化外事人才能力培养，共举办“‘一带一路’海关高级英语强化班”“全国海关高级英语翻译培训班”“全国海关俄语翻译培训班”3个班次，全系统120余名业务骨干参加培训。培训班设置政治理论、海关专业英（俄）语、翻译技巧与实务等具有专业性和实践性的课程，深化对“党管外事”工作原则的理解掌握，提升参与海关国际合作的能力水平，增强海关外事人才队伍的综合素质。

【全国海关“三智”国际合作工作会议】2021年12月22日，全国海关“三智”国际合作工作会议在南宁召开，总署副署长王令浚出席会议，强调要准确把握海关“三智”和国际合作工作所面临的新形势、新任务、新要求，要求以习近平外交思想为指引，坚持“三智”合作理念，牢牢把握海关国际合作的根本方向，全力服务中国特色大国外交，主动融入国家发展战略，不断完善海关全方位国际合作布局和大外事工作格局，在推动构建新型国际关系和人类命运共同体中体现中国海关的责任担当。

技术性贸易措施交涉应对

【国外技术性贸易措施交涉应对】2021年，全国海关发挥渠道优势，依托国际贸易规则，推动国外技术性贸易措施交涉应对工作取得成效，护航我国企业“走出去”。持续拓展交涉应对关企联动渠道，通过微信公众号、培训、关企交流等各种渠道面向广大企业宣传技术性贸易措施相关国际规则、解读国外技术性贸易措施新规，部署各直属海关研究建立本关区参与国外技术性贸易壁垒交涉应对企业数据库，并在此基础上建立全国海关国外技术性贸易壁垒交涉应对重点企业数据库，共纳入各类企业640家。参与国际规则谈判磋商，参与世界贸易组织技术性贸易壁垒（WTO/TBT）委员会合格评定程序指南、卫生与植物卫生措施（WTO/SPS）委员会关于召开农残限量“一律标准”研讨会建议等中国提案起草，在世界贸易组织（WTO）相关委员会分享中国海关在相关领域的经验做法，为技术性贸易措施多边规则实施贡献中国海关智慧；参与并完成多项自由贸易协定技术性贸易壁垒（TBT）、卫生与植物卫生措施（SPS）等议题谈判，做好RCEP有关TBT、SPS规则实施准备，加强与自贸伙伴在技术性贸易措施领域的国际交流合作。加强海关系统贸易规则领域能力建设，组织召开“贸易便利化与技术合规海关大讲堂”培训会，来自全国海关系统以及华为、小米、康佳、联想等全国企业代表共计700人参加培训活动；开展WTO、RCEP和CPTPP等框架下的技术性贸易措施国际规则专题研究，为我国制定和实施相关措施、开展对外交涉提供参考。

【贸易关注交涉应对】2021年，中国海关共牵头在世界贸易组织技术性贸易壁垒（WTO/TBT）委员会和卫生与植物卫生措施（WTO/SPS）委员会例会上提出各类贸易关注79项次（特别贸易关注30项次，双边磋商议题49项次），其中超过12项贸易关注交涉应对取得显著成果。其中，针对国外锂电池技术性壁垒，推动世界贸易组织（WTO）部分成员延长电池标签新规半年过渡期、缩减电池认证检测范围、明确新旧标识切换时间，使我国出口上述国家（地区）约140亿元同类产品获益；推动世界贸易组织（WTO）某成员对其《有害物质限制技术法规》分类延期实施，涉及电子设备等年出口货值131亿元；针对世界贸易组织（WTO）某成员陶瓷砖强制性产品认证新规，促成该国延迟实施日期并放宽检测实验室准入要求，广州海关所属实验室纳入该国认可检测实验室范围，利好约24亿元陶瓷产品出口；促成世界贸易组织（WTO）某成员一揽子解决包括硫酸软骨素、透明质酸、氨基葡萄糖、壳聚糖、凝乳酶、鱼胶、氨基酸在内的高精炼动物源性食品的出口问题，助力全国年约7亿元的产品出口；推动世界贸易组织（WTO）某成员修订电子电器设备可维修指数法规，保障我国年约131亿元货值的产品出口等。上述交涉应对成果保障我国相应产品外贸出口累计超过430亿元/年，为助力国内国际双循环，服务高质量发展和外贸稳增长发挥关键作用。总署国际合作司“破解国外技术壁垒护航企业出海”项目在全国海关第一批14个“‘我为群众办实事’百佳项目”中居首位。

（撰稿人：王　洋　王　犁　王晓红
卢　超　刘晓晨　齐琳磊
杨　柳　李　霞　何　佳
何莹钰　张　梅　陈　玥
邵伟坚　季　巍　周荣新
徐　君　高春晓　勤　达）

科技发展

概况

2021年，全国海关科技部门认真贯彻习近平总书记关于科技创新的重要论述，认真落实全国海关工作会议、全国海关全面从严治党工作会议精神，深入推进科技兴关战略实施，持续强化重引领、快支撑、严规范、强服务、提质效工作理念，全力落实口岸疫情防控工作部署，努力推进智慧海关建设，有力支撑了“十四五”海关良好开局。召开全国海关科技工作会议，总结上年海关科技工作，分析海关科技工作面临的形势及要求，部署2021年海关科技工作。口岸新冠肺炎疫情防控科技保障进一步加强，支持新建改建生物安全二级实验室30个，全国海关实验室核酸日检测能力显著提升，海关旅客指尖服务健康申报小程序累计用户数近1,100万，累计申报量已达2.6亿票；海关信息化建设和系统整合优化进一步推进，H2018新一代通关管理系统全面切换，智能审图实现算法升级、分类部署、应用扩大，H986（自走式集装箱/车辆检查系统）、CT有效识别商品数量稳步提升，海南自由贸易港及RCEP原产地管理信息化系统建设取得积极进展，建成上线中国—中东欧国家海关信息中心网站；加大重点科研项目攻关力度，立项“揭榜挂帅”科研项目，开展首次海关科技成果评定，评定出93项科技成果，有力激发海关技术机构和人员的科技创新积极性；加强实验室动态管理，优化规划布局，建成海关系统首个公共卫生安全署级中心实验室，推荐上海海关动植物与食品检验检疫技术中心成为欧盟认可的狂犬病血清抗体检测实验室，实验室检验检测保障水平不断提高；强化信息系统安全管理，修订网络安全相关管理制度，网络安全防护能力进一步巩固，重点应用系统运行平稳。

信息化建设

【新冠肺炎疫情防控信息化支撑】2021年，海关科技部门强化海关新冠肺炎疫情防控相关信息化系统建设和保障，积极开展科研攻关，为口岸新冠肺炎疫情防控提供信息化支撑，支持国家疫情防控管理平台建设，助力疫情精准防控。2021年1月14日完成进口冷链食品追溯信息跨部门信息共享工作，逐项梳理数据项和需求，两天内完成系统对接，年内冷链食品追溯数据查询服务累计提供67.8万次。开发推广全国统一版旅通子系统卫生处置应用。2021年7月，根据海关第八版“中华人民共和国出/入境健康申明卡”，完成海关旅客指尖服务健康申报小程序、“掌上海关”App、“互联网+海关”网页版更新，确保新版健康申明卡按时全面启用。紧急完成旅客通关子系统卫生处置应用“航空器终末消毒布控模块”开发上线。制订远程电子流调方案并在全国海关推广。为各海关单位健康申报海关智能验核一体机开通全国统一版旅通子系统标准接口，实现健康申报自动审核。完善全国海关新冠肺炎疫情防控数据上报系统，统计全国各海关单位新冠肺炎疫情数据，为领导决策提供数据支撑。截至 2021 年 12 月底健康申报小程序累计用户数近 1,100 万，累计申报量已达 2.6 亿票。

【北京冬奥会海关科技保障】2021 年，海关科技部门优化健康申报小程序及相关系统功能，缓解一线海关工作人员压力，防范新冠肺炎疫情输入风险，实现入境人员快速便利通关。在北京海关通关现场配备自助健康申报机，支持多语种，具有护照信息读取功能，为事先未进行健康申报的相关冬奥会人员提供现场填报服务，便利不同国家人员快速申报。完成健康申报小程序网页版系统改版，解决境外参赛人员入境健康申报接收手机验证码困难问题。旅客通道设置自动核验机，根据旅客健康申报状况、风险甄别、体温采集等综合研判后，实现旅客分类，在旅检现场实现自动验核与分流，有效防控风险、保障旅客快速通关。实现北京海关现场装备和本地化应用与总署旅客通关等应用互联互通，北京海关现场入境人员申报的健康申报数据通过数据接口直达总署，为统筹做好风险研判提供有力支撑。建设“暂时进出境货物管理”系统，实现保证金计征与保金保函联动，为冬奥会相关暂时进出境货物通关提供技术保障。建立数据共享通道，海关关员在线对冬奥组委签发的物资清单和物资证明函电子版本进行审核，企业通关时无须再次上传物资清单和物资证明函纸质扫描件，让数据“多跑腿”，提高冬奥会暂进物资的通关效率。做好北京冬奥会海关网络安全保障准备，召开专题部署会议，组织全国海关开展全面自查和整改，确保问题隐患清零。落实“科技冬奥”工作部署，针对冬奥会期间传染病流行风险完成 60 余种冬季高发传染病快速检测方法储备，开发了核辐射三维全息定位系统和手持式核辐射成像设备，设计 10 余种卫生检疫风险消除、风险隔离、应急处置、人员防护等处置新装备，部分成果已在国家体育馆、国家速滑馆、首钢大跳台、冰立方、延庆高山滑雪中心等奥运场馆示范应用。

▲2021 年，总署研制的移动检测实验室驰援北京冬奥会

【海南自由贸易港信息化建设】2021 年，总署及海口海关制订推进海南自由贸易港信息化建设工作方案，建立工作机制，大力推动海南自由贸易港海关智慧监管平台建设，编制海南自由贸易港海关智慧监管平台相关可行性研究报告。按照海南自由贸易港零关税等先行政策实施需要，开发上线了急用先上业务应用，推动建立离岛免税商品“一物一码”溯源管理体系，组织大数据模型研发，打击海南离岛免税“套代购”走私。

【RCEP 原产地管理信息化系统建设】2021 年，海关科技部门落实关于完成 RCEP 实施准备工作的有关要求，加强系统总体设计，按照实现对企业和国外机构统一服务，对 RCEP 等多双边原产地管理业务进行重构，基于规则引擎技术为智慧原产地管理打下基础。推动小步快跑，根据总体规划，分别于 2021 年 5 月、7 月、10 月完成 1.0 版、2.0 版、3.0 版迭代更新，既完成了海关原产地签证管理系统更新迭代，又确保了 RCEP 协议于 2022 年 1 月 1 日生效实施。

【中国—中东欧国家海关信息中心网站建设】2021 年，海关科技部门贯彻落实国家主席习近平在中国—中东欧国家领导人峰会上重要讲话精神，建设中国—中东欧国家海关信息中心网站，实现信息动态、技贸资讯、法律法规、监测预警信息的汇集，直观展示中国和中东欧国家地理位置、进出口贸易情况，实现了信息的实时共享。2021 年 4 月 27 日，网站正式上线运行。

【国际联网合作】 2021 年，全国海关注重国际联网合作，通过"一带一路"海关信息交换共享平台支持南宁海关与东盟开展水果等检验检疫证书交换。完成中俄价格信息交换技术规程签署，10 月完成技术开发。基于"一带一路"海关信息交换共享平台同哈方完成"关铁通"项目技术联调，同步推动同白俄罗斯之间"关铁通"技术规程磋商。

【智能审图】 2021 年，海关科技部门建设智能审图信息化平台并在全国海关推广应用，实现图像管理安全可控，算法训练快速迭代，现场应用及时更新，在数据采集、图像及算法管理等方面实现全面信息化支撑。中国海关在世界海关中率先推动人工智能技术与海关一线监管深度融合，研发应用进出口集装箱及行李物品扫描图像智能审图系统，发挥机器辅助人甚至代替人的作用，解决海关面临的"管得住"与"通得快"的主要矛盾，在打击"洋垃圾"及濒危物种走私，维护国门安全，优化营商环境，提升海关智慧监管能力发挥了重大作用。智能审图系统现已在全国海关推广应用，覆盖了海运、陆运、快件、跨境电商、邮件及旅检等各监管领域。

【海关大数据应用】 2021 年，海关科技部门推进大数据中台建设，提高大数据海关应用保障能力。推动数据的全面融合，将数据清洗处理等海量基础性工作整合到中台数据中，避免重复计算，节约时间和平台算力资源，在业务项目、攻关模型等大数据应用中，测算节约算力约 40%。开展大数据应用向数据中台迁移，在硬件总体资源不变情况下，实现了用户数量大规模扩展，大幅拓宽了支撑业务领域。运用数据中台的数据整合机制，强化数据安全管理，加强访问策略控制，保障数据专人专用。2018 年 12 月，海关启动了第一期大数据海关应用"百日攻关"，实现了大数据模型的从无到有，实现了大数据模型与海关作业系统的连接。2019 年 8 月，海关启动了第二期"百日攻关"，继续开展模型新建工作。2021 年 4 月，海关开展常态化大数据模型优化迭代工作，继续优化迭代已开发攻关模型，扩大试点至全面实战化应用。海关开展大数据应用攻关及常态化模型优化迭代以来取得丰硕成果：海关大数据资源池进一步丰富，大数据资源池共有数据三百余类、数据表万余张、数据记录千亿余条，基本覆盖涉检核心业务数据；规划建设海关大数据中台，推动数据全面融合，避免大数据应用过程中重复研发、重复消耗算力和资源；大数据平台计算资源进一步统筹，提高大数据计算资源利用率；完成模型与作业系统对接，建立模型研发、上线、运行、监控、反馈与优化的整套技术保障体系，实现业务类型全覆盖；建立大数据应用生态体系，为用户提供了一站式搜索、数据可视化、应用商店等功能；大数据抗疫取得实效，围绕高风险旅客筛查、复工复产分析、境外疫情输入分析等开发推广 52 个模型；建立模型研发管理规范，制订模型上线、变更等 8 个运行维护标准预案；建设知识库平台应用，开展知识构建、知识管理、知识应用和智能服务等知识工程相关工作，构筑高效便捷的智慧化海关知识库平台。

【重点项目建设和推广】 2021 年，海关科技部门开展 H2018 通关管理系统优化完善，实现 H2018 系统 3.0 版全国业务现场全面应用。采取移动查验与海关知识库平台对接的方式，实现现场关员通过拍照识别商标，大幅提升涉嫌商标侵权案件办理效率，该项目被列入全国海关"'我为群众办实事'百佳项目"案例。完善海关知识体系，完成知识产权商标智能识别应用集成到知识库平台及查管平台四期对接，为辅助一线查验提供支撑。推动统一门户升级和适配改造。做好“互联网+”政务服务平台迭代优化，推进“好差评”系统政务服务事项应上尽上。开展“掌上海关”App和微信小程序适老化开发，开展门户无障碍改造，有效解决老年人面临的“数字鸿沟”问题，确保政务服务质量持续提升。完成政务服务事项数据共享试点工作，为企业群众带来更便利的服务。

信息系统管理

【信息系统整合】2021年，海关科技部门推进海关执法业务进系统、标准化、留痕迹、可追溯，开展海关执法业务信息化及互联互通建设，全面完成20项信息系统互联互通工作，实现了业务数据对碰、作业流程衔接，实现监管形成合力、管理协同高效的目标。推进对外服务深度整合，依托“互联网+海关”和中国国际贸易单一窗口打造涉企服务一站式服务平台，2021年完成10个检验检疫项目对外服务整合改造，涉及进口食品境外生产企业备案管理、进口汽车、粮食种苗等业务领域，实现了企业一口登录、一次认证，提升了企业获得感，为营商环境优化提供科技支撑。完成统一门户（2021）上线部署，以岗位为核心打造“个性化桌面+微应用集成”的平台，强化系统应用整合能力。

【信息系统安全管理】2021年，总署修订部分网络安全管理制度，建设完善海关网络安全制度体系。常态化开展信息系统账号清理，做好涉数人员账号技术管理，推动完成自授权管理和无日志应用系统的技术整改工作。开展4次全国海关网络渗透测试，发现的问题已全部完成整改。

【信息系统运行管理】2021年，海关信息系统全年运行总体平稳。完成H2018通关管理系统等核心通关业务信息系统的异地容灾配套建设，验证切换步骤及容灾环境有效性。持续做好应用系统运行管理，研究制订应用系统特征码方案并启动赋码试点。

【信息化应用项目管理】2021年，海关科技部门加强项目管理办法及配套制度建设，编制印发了海关信息化应用项目实施管理文档模板，建立项目管理微观系统及项目进展督办及问题协调机制，印发关于加强署级信息化应用系统用户体验建设工作有关文件，聚焦用户体验提出项目管理要求。推进署级项目建设，强化需求管控，严格经费评估，重点把握项目实施过程中的关键时间节点，推动项目高质量建设。抓好技术平台支撑，组织全国海关推广应用开发测试云平台。

【信息化基础资源管理】2021年，海关科技部门完成双活机房下线设备再利用工作，共为23个海关单位分配再利用设备344台。加强机房资源整合，落实机房核心数据维护更新要求，形成全国海关机房数据底账。合理盘活闲置机房资源，有效缓解核心节点机房资源不足问题。

▲2021年，宁波海关新信息机房建成并纳入总署机房统一使用管理

实验室技术能力建设与管理

【实验室新冠病毒检测】2021年，海关科技部门加强实验室核酸检测能力建设，提升核酸检测能力，支持新建改建生物安全二级实验室30个，全国海关实验室核酸日检测能力显著提升。加强实验室新冠病毒检测工作指导，针对新冠病毒变异株传染性增强、病毒载量高

的特性，印发进口商品新冠病毒实验室检测相关工作流程。结合新冠肺炎疫情防控形势变化和实际工作中遇到的新情况，集中研究采样检测、混采检测、样本管理、安全防护、专家组远程审核等有关事项，进一步明确检测要求，规范检测程序，细化操作流程，确保检测过程科学严谨，检测结果准确可靠。加强北京冬奥会海关实验室新冠病毒检测保障工作，建立涉冬奥会核酸检测情况报告机制、实验室检测能力应急保障机制、实验室每日安全巡查机制。

【实验室建设】 2021 年，总署与世界海关组织（WCO）签署谅解备忘录，正式确认由南京海关承办世界海关组织（WCO）亚太地区海关实验室（RCL）。推荐上海海关动植物与食品检验检疫技术中心成为欧盟认可的狂犬病血清抗体检测实验室。10 月 22 日，广州海关建立“海关总署公共卫生安全中心实验室”，系海关系统首个署级中心实验室。加强实验室动态管理，根据产业转移或调整、进出口业务变化、法检业务调整等多种因素，对原有的实验室规划进行调整。同意组建进出境商品涉税化验、进出境濒危物种鉴定、进出境船舶压载水检测等实验室联盟，进一步提升实验室技术保障水平。

【实验室管理】 2021 年，海关科技部门加强实验室生物安全管理，确保实验室安全管理措施落细、落实、落地，守住实验室生物安全底线。组织各海关单位开展新冠病毒检测实验室每日安全巡查，组织专家采用视频方式对新冠病毒检测实验室生物安全开展监督检查，实现全国海关新冠病毒检测实验室安全检查全覆盖。组织开展危化品检测实验室安全检查，对于检查发现的问题及时进行整改，消除安全隐患。加强实验室信息化管理，对实验室管理系统进行升级改造，完成在海关系统的推广应用，提升实验室管理信息化水平。开展实验室仪器设备绩效考核，加强对设备使用的监督管理，科学合理制订配置计划，盘活检测技术资源，充分发挥仪器设备效能。

科研管理

【署级科研计划项目】 2021 年，海关科技部门组织开展总署科研项目立项工作，49 个海关单位推荐申报科研项目 533 项，组织 200 名专家，形成 20 个专业评审组开展专家技术评审，涉及综合管理、风险管理、海关关税、出入境卫生检疫、出入境动植物检疫、进出口食品安全、进出口商品检验、口岸监管、海关统计等 13 个专业领域，共评审出 188 个项目为 2021 年度总署科研立项项目。开展科研项目验收和应用，成立 11 名科技管理人员组成的验收工作组，组织 80 位验收专家，形成 10 个专业组，对 36 个海关单位承担的 134 项总署科研项目完成验收。在验收工作中首次开展了科研项目纳入“知识库”工作和科研项目质量评价机制，其中成果质量优秀 36 项，入选知识库的重点项目 21 项。

【“揭榜挂帅”机制建立】 2021 年，总署建立“揭榜挂帅”工作机制，按照“一项一策”方式，一体化推动重大科技成果产出和落地转化并推广应用。建立科研项目“揭榜挂帅”机制，通过“自上而下”方式，由业务出题、科技解题，广泛收集海关各业务领域急需解决的核心技术难点问题，并组织需求部门、科技专家团队开展多轮论证，按照“确属急需、确实可行、确定应用”的原则，组织形成了“揭榜挂帅”科研项目榜单，并在海关内部公开发榜，经专家评审明确承担单位，聚集资源、受命攻关。

海关科技顶层设计与队伍建设

【编制“十四五”海关科技发展规划】 2021 年，海关科技部门成立课题组和工作组，总结 2019—2021 年海关科技发展规划任务的落实情况，确保《“十四五”海关科技发展规划》与国家规划、海关规划以及海关科技 3 年规划之间的衔接，编制期间共组织开展2次线下研讨、26次线上集中研究，3月形成“十四五”海关科技发展规划征求意见稿，共收到206条意见建议，组织开展《“十四五”海关科技发展规划》专家论证。9月2日，《“十四五”海关科技发展规划》正式印发，全面总结了“十三五”时期海关科技的主要成绩，客观分析“十四五”时期海关科技发展面临的形势，明确“十四五”时期科技发展的指导思想、基本原则、发展目标，部署“十四五”时期信息化建设、实验室建设、科研创新、科技人才发展和科技创新体制机制等方面海关科技发展主要任务，并对组织实施提出要求。

【科技人员跟班作业活动】2021年4月起，海关科技部门组织开展科技人员跟班作业活动，通过瞄准疫情防控、口岸通关、物流监控、实物监管、政务办公、实验室日常安全运行、科技装备应用等重点环节，聚焦海关基层科技应用的堵点、痛点、空白点，深入了解一线工作人员科技应用难题及需求，践行以人民为中心发展思想，坚持办实事，着力为基层解难题，同时以此为抓手提升科技队伍能力，锤炼科技人员工作作风，收到业务现场、进出口企业感谢信及锦旗十余次。编制海关科技人员跟班作业相关活动方案、海关科技人员跟班作业活动工作计划表，详细梳理5个阶段共26项工作任务，制定海关科技人员跟班作业活动关注重点，涵盖科技管理各领域及风险防控、党风廉政建设等20个重点，提升跟班作业活动针对性。审核各海关单位跟班作业实施方案，共提出完善意见73条，杜绝活动开展走形、变样、流于形式等现象。4月9日，组织召开全国海关科技部门跟班作业动员会，对跟班作业活动做动员部署。2021年，全国海关参加跟班作业活动共1,253人，共选派912名专家骨干，推动跟班作业发现问题的评估解决。发布跟班作业相关工作信息6期，编发科技人员跟班作业经验交流84期，宣传推广各海关单位好的经验做法。上海海关开发上线远程智慧审卡功能，浦东机场航班平均通关时间缩短至1小时内，现场风控岗和追溯岗所需人数大幅减少。深圳海关研发“陆路通”应用，货运司机办理海关业务由跑7趟减至2趟，司机与关员由见6面减至2面。昆明海关协助完善健康申报微信小程序，旅客通关秩序大为改善。南京海关开展核销业务模块优化，核销效率提升5倍，助力企业极大降低核销成本、提升生产效率。黄埔海关运用5G+8K、360度、VR眼镜方案，破解企业稽查核查难点，有效减少企业防疫、交通和人力等成本。青岛海关研发“数e通-关员便捷助手”小程序，实现系统间的数据共享，单票录入时间缩短至3分钟内。拱北海关探索应用RPA技术消除数据断点，上线“商品资料信息录入助手”等应用，旅检处置录入环节时间大幅减少。

▲2021年9月30日，昆明海关所属勐腊海关关员开展入境运输工具底盘机器人查验

【科技人才和专家队伍建设】2021年，总署持续推进总署科学技术委员会建设，整理各专业委2021年度工作计划及完成情况，充分发挥各专业委专家作用，组织编写科研项目申报指南，参与立项评审工作。加强工作宣传，建立工作月报告制度，量化工作信息报送指标，发布6期专业委双月报。加强海关科技专家库的建设，研究专家分类标准，打造智能化、标准化、精细化的专家库。加强青年科技人才建设，推动科研政策重心向青年科技人才倾斜，提高青年科技人才主持总署项目比例，加强项目支持及资金支持，支持青年科技人才牵头申报项目65项。开展专业技术类公务员评审，50名海关关员通过海关科技系列正高级任职资格评审，550名海关关员通过副高级任职资格评审。

【海关科技成果评定】2021年，总署科技委秘书处经过成果申报、形式审查、专家初评、院士专家对一级成果评定、科技委委员投票确认等环节，对47个海关单位申报的科技成果完成评审，2021年度评定共计93项科技成果，其中一级成果9项、二级成果21项、三级成果63项，极大激励和鼓励了科研单位和个人的科技创新积极性。2021年度一级成果中“COVID-19等重大跨境传播传染病口岸防控及快速反应体系建立和示范应用”建立了CRISPR、微纳超快PCR、全自动一体化检测等新冠病毒检测方法，创新虫媒、消化道、烈性等传染病检测技术，构建了口岸传染病检测体系。研发了传染病风险预警、境外哨点监测、采样和检测方舱、低温消毒设备，构建了口岸传染病预警及快速反应体系。项目产出55项专利/软件著作权、15项行标、47篇论文。“动物疫病快检试剂及质控技术研究和应用”自主研发非洲猪瘟、裂谷热、牛结节疹、小反刍兽疫、H7N9亚型禽流感等115项动物疫病质控品及快检试剂，并建立检测试剂和方法的质量控制评价体系，从质控标准品、酶等核心原料、检测技术到评价体系，实现全链条技术创新，有效突破产业瓶颈，将动物疫病病原检测技术和产品研发提高到一个新水平，在口岸动物疫病检疫防控中发挥了重要作用。“口岸生化风险监测与固体废物监管技术装备研发和应用”聚焦口岸输入性风险因子监测关键技术难点和实际需求，突破现有理论与方法创新，研制开发出集装箱化学因子高灵敏探测、固体废物属性现场快速筛查与冷链隧道式全方位消杀装备，开创了以生物传感和化学分析为核心技术的集装箱风险监测应用先河，成果应用有效阻断了集装箱化学与生物风险因子入侵与固体废物的走私入境，为集装箱进口货物快速通关、风险致灾因子的精准探测与防控提供重要科技支撑与引领作用。

【科普与宣传】2021年，海关科技部门以科技活动周、科普讲解比赛为抓手，全力做好科普及宣传工作。9月24日，在杭州海关举办全国海关科普讲解比赛，初赛选手突破100人，首次采用视频连线方式举办决赛，评选出2021年全国海关十佳科普讲解员。海关推荐的《拦截“隐形杀手”》（南京海关作品）、《细菌碰“瓷”的又一次失败》（广州海关作品）入选2020年全国优秀科普微视频作品。成都海关技术中心被中国科学技术协会授予“全民科学素养工作先进集体”称号。在学习强国、“海关发布”微信公众号、《中国国门时报》等媒体积极宣传科技部门跟班作业等工作，营造良好氛围。举办全国海关科技活动周，围绕“百年回望：中国共产党领导科技发展”主题，回顾党领导下的科技发展历程，全面展示科技兴关工作成果，隆重纪念建党100周年，并对优秀集体及个人发放2021年科技活动周荣誉证书。

（撰稿人：于　涛　王　玮　王　萌
王小会　田　珂　安　然
孙建明　杜琳美　李　勇
吴立国　邱奕新　郝大兵
郝亚洲　施国飞　栾尚祯
高德卫　曹　泉　梁新苗
廖东南）

第五篇

综合保障

政务管理

概况

2021年，总署落实全国海关工作会议和全面从严治党工作会议精神，加强对全国海关的政务管理，召开机构改革后第一次全海关系统的办公室工作会议，部署全国海关办公室工作要点，对全国海关精文简会、政务公开、政务信息、新闻宣传、机要保密、档案管理等政务工作开展绩效考核，规范全国海关政务运行。加强督查督办，确保习近平总书记重要指示批示精神在全国海关系统得到落实。加强机关作风建设，推进全国海关系统整治形式主义为基层减负工作，建立基层减负监督点和信息直报机制，设立“四风”问题反映及整治建议网上专栏，建立政务服务事项直接服务基层工作机制，“办好12360服务热线”和“提高人民群众国门安全意识”两项总署党委“我为群众办事”重点民生项目均按时完成。加强机关效能建设，保障总署机关和全国海关系统政务运行规范有序，做好制度“立改废”工作，编印政务管理工作制度汇编。落实各项专项工作，完成2021年全国“两会”256件涉海关建议提案办理工作，按时办结率100%，代表委员满意率100%；牵头做好国家安全、综合治理和安全生产工作，总署连续4年获中央国家机关平安建设目标管理考核优秀单位；完成中央和国家机关培训疗养机构改革第一批试点，推进第二批改革工作；牵头做好兴边富民行动涉海关工作和语言文字工作。

督查督办

【“第一议题”督查督办】2021年，总署把落实习近平总书记重要指示批示精神作为首要政治任务，列入每月形势分析及工作督查例会“第一议题”，建立专项督查机制，指定专人负责，设立专门台账，每月跟踪督办落实情况，建立形成了全流程闭环工作机制。指导和规范直属海关单位建立健全并落实例会“第一议题”制度，组织47个直属海关单位开展“第一议题”制度落实情况自查“回头看”；组织调研组，赴深圳、福州海关开展实地调研，总结推广优秀做法，查找在规范性、实效性、针对性方面存在的问题。

【督查制度贯彻落实】2021年，全国海关学习贯彻《政府督查工作条例》和《国务院办公厅印发关于贯彻实施〈政府督查工作条例〉进一步加强和规范政府督查工作的通知》，开展集中学习研讨，制定海关系统贯彻落实措施。总署根据《政府督查工作条例》要求，结合海关工作实际，修订海关督促检查工作相关管理办法。组织调研组赴上海、杭州海关开展相关系统使用情况调研，查找基层使用中的堵点、痛点，组织集中工作，形成改进完善系统需求报告，组织系统开发。针对新冠肺炎疫情防控形势，制定并组织实施海关系统以“四不两直”方式加强常态化疫情防控监督检查的相关意见，建立健全常态化疫情防控监督检查机制，推动总署各相关业务部门以“不发通知、不打招呼、不听汇报、不用陪同和接待、直奔基层、直插现场”的方式进一步强化实地监督检查，着力发现问题漏洞和薄弱环节，及时督促整改，补充短板弱项，确保完整、准确、全面将总署新冠肺炎疫情防控工作各项部署要求落实到位。

【作风整治】2021 年，总署成立相关作风建设工作专班，面向全国海关直接收集“四风”问题和意见建议 174 条，针对持续困扰基层的突出问题，向全国海关做出改进工作的 6 个方面部署，包括进一步提高思想认识、持续加强理论武装，大力统筹规范要求基层报送数据材料，深入开展指尖上的形式主义专项整治，把精文简会引向深入，进一步统筹优化督办检查考核调研，建立健全长效机制等内容。在总署网站首页开设常态化“四风”问题反映及整治建议专栏，面向全国海关干部职工征集总署机关和海关系统在落实中央八项规定及其实施细则精神、整治形式主义为基层减负方面的问题线索。选定 9 个基层单位作为总署基层减负监测点，从 5 月开始，建立基层接受上级任务监测情况直报机制，畅通基层直接向总署反映问题渠道。针对基层反映较多的“要求基层报数据表格材料过多问题”开展专题调研，向署领导呈报专题报告，推动建立要求各直属海关周期性报送数据表格材料正面清单，促进基层减负取得实效。

公文处理

【办文制度修订】2021 年，总署制定公文处理相关的工作办法，在充分吸收原办法实施以来的海关办文工作经验做法的基础上，进一步优化办文流程、健全办文机制，压实公文质量、办文效率和精简文件的责任，这是 2012 年以来第一次修订公文处理工作办法。制发相关通知，进一步明确了总署机关收文分办转办规则、文件主办司局和协办司局职责、议事协调机制牵头部门办理文件责任等，提高了总署机关文件办理工作效率。

【收文办理】2021 年，总署优化收文流程，建立重要文件和重要时间节点专管 24 小时值守机制，保障重要文件按时呈报。完善收文分办规则，规范和简化转办程序，减少文件运转的非必要环节，提高文件分办准确性，提升收文办理效率。严格执行各项保密规定，未发生失泄密情事。

【公文质量提升】2021 年，总署规范发文办理工作，严把公文质量关，在总署机关推广“双人唱校”“退文查错”工作法，每季度通报发文错情，加强对直属海关单位办文工作的指导培训，提高全国海关系统发文办理水平，提升海关公文质量。全年署级发文公文“硬差错”大幅减少，对直属海关单位公文质量抽查中未发现明显差错。

【精简文件】2021 年，总署严格核定年度总署机关发文数量，制定发文负面清单，定期通报发文数量，完善精简文件考核指标，指导全国直属海关单位完善精简文件机制。全年全国海关发文均有所下降，发文数量大幅压缩。

会议管理

【年度会议计划】2021 年，总署根据《中央和国家机关会议费管理办法》要求，对使用财政经费召开的会议严格纳入计划管理，制订年度会议计划。

【年度会议计划执行】2021 年，由于受到新冠肺炎疫情影响，总署原定召开的计划内会议，有一半以上改为以电视电话会议形式召开或取消。全年召开的计划内会议及使用经费均符合《中央和国家机关会议费管理办法》要求。

【精简会议】2021 年，总署加强对会议计划执行的监督检查，从严审批，压缩会议规模，改进会风，完成中央下达的会议压减任务。

▲2021 年 2 月 26 日，全国海关办公室工作会议

信息工作

【政务信息编报】2021 年，总署共编报各类政务信息 5 种 1,587 期。同时，开设“党史学习教育”专栏，编发各海关单位学习贯彻习近平总书记重要讲话和指示批示精神、开展党史学习教育相关信息 100 余篇。这些信息刊物围绕口岸疫情防控、促进外贸稳增长、维护国门生物安全、打击固体废物等走私、优化口岸营商环境等方面重点工作，及时反映海关领域工作情况，为相关部门提供决策参考。

【互联网信息编报】2021 年，总署根据信息报送新形势，动态汇总梳理 15 种互联网信息载体的选题方向、编报要求、计分规则等工作细则，进一步规范管理。编报互联网信息 1 万余篇，完成综合约稿近 500 篇次。优化内部互联网信息刊物选题方向，加大出刊频次。

【完善信息工作机制】2021 年，总署执行信息选题储备机制，每周召开会商研判会，按季度筛选重点选题报审，全年共梳理重点选题 187 个，落实选题台账销号和动态调整要求，确保按时组稿上报。建立信息复盘机制，及时总结总署领导指示要求，有针对性优化改进弱项短板。严格信息审核机制，加强信息编审和会签的多层把关，提高信息报送的准确性。优化信息考核机制，采取正向激励方式，提高分析研究类信息考核分值，提升分析研究类信息报送水平。

【信息工作能力提升】2021 年，总署在信息工作中深化党建与业务融合发展，提高信息工作人员政治判断力、政治领悟力、政治执行力。在“我为群众办实事”实践活动中，聚焦办实事、解难题，组织信息能力提升线上线下会议、培训会，传达上级对信息工作的最新要求，总结海关信息工作取得的成绩，分析查摆存在的不足和问题，研究进一步加强海关信息工作的具体举措；通过集中授课、座谈交流、实地调研等方式，不断提升全国海关信息服务能力和水平，全国海关有 1,600 余人参加培训。

新闻宣传

【主流媒体宣传报道】2021 年，总署注重新闻宣传的选题策划，加强与宣传部门和主流媒体沟通协调，定期组织海关新闻报道会商。组织主流媒体记者赴青海、西藏、海南、宁波等地采访报道，全年编发新闻通稿 165 篇。联合中央广播电视总台横跨 7 个省、市，专访 36 名嘉宾，制作 5 集纪录片《中国海关》，以写实的方式记录新中国海关的发展历程。联合《人民日报》出品《中国海关 2021 形象宣传片——国门英雄》，累计点击量超过 1,800 万次。推动各直属海关积极融入大宣传格局，主动向主流媒体提供宣传素材，有 14 个海关在中央广播电视总台《新闻联播》独立报道。全年中央电视台《新闻联播》《人民日报》和新华社分别报道全国海关系统 144 次、145 次和 370 次。

【专题宣传】2021 年，总署门户网站开设“学党史　悟思想　办实事　开新局”专题，“海关发布”政务新媒体、“中国海关”强国号推出“革命经典歌曲传唱”“红色海关传承红色基因”“党委书记讲党课”“红色档案故事”等专题宣传，生动反映海关系统党史学习教育进展成效。“海关发布”携手“新浪厦门”“长江云”“新民网”“触电新闻”发起4场党史学习教育主题直播，浏览量250.1万次；原创《我想对党说》系列视频类网评作品4期，播放量101万次。围绕庆祝中国共产党成立100周年、党史学习教育等，通过传唱经典红歌、编写原创歌曲、讲述党史故事、人物微访谈等形式，推出20个专题系列141部视频作品。推进国门安全教育纳入国民教育体系相关工作，启动“国门安全进校园”未来公民教育活动，制作5部涉及卫生检疫、动植物检疫、打击濒危物品走私等内容的国门安全教育系列微视频，全国海关系统通过自有平台、公益推广、社会科普等渠道播出，播放量117.35万次，覆盖人群268万人次。

【新闻发布】2021年，总署利用中央宣传部、国务院新闻办、国务院联防联控机制等新闻发布平台，发布外贸进出口情况、优化口岸营商环境工作成果、口岸疫情防控等权威信息。完善记者通报会机制，每月确定一个主题，总署各部门主要负责人带队与媒体记者面对面交流（见表5-1）。全年参加和举办新闻发布活动26次（见表5-2），其中国务院新闻办发布会、吹风会9场，中央宣传部发布会1场，国务院联防联控机制新闻发布会7场，总署记者通报会8场，国家发展改革委专题发布会1场。

表5-1 2021年总署记者通报会

序号	日期	主题	发布者
1	1月21日	“国门利剑2020”打击走私工作情况	缉私局
2	2月25日	海关落实中央减税降费政策等有关情况	关税征管司
3	3月15日	海关进出口商品检验监督成效以及下一步工作安排	商品检验司
4	4月26日	中国海关知识产权保护状况	综合业务司
5	6月21日	全国海关口岸监管部门毒品查缉情况、全国海关缉毒执法成效	缉私局 口岸监管司
6	7月27日	《“十四五”海关发展规划》编制情况和主要内容	统计分析司
7	9月16日	“十四五”期间口岸发展方向、重点工作、配套措施等相关情况	国家口岸管理办公室
8	9月24日	海关规范市场秩序、推出系列便民惠企措施及改革等有关情况	企业管理和稽查司

表5-2 2021年总署参加和举办的新闻发布活动

序号	日期	内容
1	1月14日	国务院新闻办举行2020年全年进出口情况新闻发布会
2	1月21日	总署例行记者通报会
3	2月25日	总署例行记者通报会
4	3月15日	总署例行记者通报会
5	3月25日	《区域全面经济伙伴关系协定》生效实施国内相关工作情况国务院政策例行吹风会

续表

序号	日期	内容
6	4 月 12 日	国务院新闻办举行海南自由贸易港政策制度建立进展情况发布会
7	4 月 13 日	国务院新闻办举行一季度进出口情况新闻发布会
8	4 月 26 日	总署例行记者通报会
9	5 月 14 日	国务院联防联控机制新闻发布会
10	5 月 19 日	中共中央宣传部就“当好让中央放心、让人民满意的国门卫士”举行中外记者见面会
11	6 月 21 日	总署例行记者通报会
12	7 月 13 日	国务院新闻办举行上半年进出口情况新闻发布会
13	7 月 20 日	国务院新闻办举行支持浦东新区高水平改革开放、打造社会主义现代化建设引领区新闻发布会
14	7 月 27 日	总署例行记者通报会
15	7 月 29 日	进一步深化跨境贸易便利化改革优化口岸营商环境国务院政策例行吹风会
16	8 月 5 日	国务院联防联控机制新闻发布会
17	9 月 2 日	国家发展改革委举行推进西部陆海新通道高质量建设发布会
18	9 月 9 日	国务院新闻办举行横琴、前海开发建设情况新闻发布会
19	9 月 16 日	总署例行记者通报会
20	9 月 24 日	总署例行记者通报会
21	10 月 13 日	国务院新闻办举行前三季度进出口情况新闻发布会
22	10 月 24 日	国务院联防联控机制新闻发布会
23	10 月 30 日	国务院联防联控机制新闻发布会
24	11 月 13 日	国务院联防联控机制新闻发布会
25	12 月 20 日	国务院联防联控机制新闻发布会
26	12 月 29 日	国务院联防联控机制新闻发布会

【传播矩阵建设】2021 年，总署综合利用网站和政务新媒体，形成覆盖面广、影响力大的传播矩阵。总署门户网站“今日海关”“媒体报道”和“海关发布”政务新媒体主动转载习近平总书记重要时政要闻、党中央重大决策部署，宣传海关落实党中央、国务院重大决策部署的举措和进展成效。针对党的十九届六中全会、党史学习教育等主题，策划海关网站、政务新媒体以及中央媒体等一体设计、同步宣传，形成分众化传播。总署门户网站全年编发、转发报道 4,000 余篇。“海关发布”政务新媒体推送 5,000 余篇（条），阅读量合计逾 10 亿次，粉丝量突破 320 万。“海关发布”微博获评“走好网上群众路线百个成绩突出账号”和“2021 年度·创新应用与传播优秀微博”，抖音“播放量突破 1 亿”，入选国务院部门“政务新媒体优质账号及经验做法”；头条号“阅读量突破 1,000 万”；“海关发布”知乎号获评“知乎年度优秀政务号”。

【新闻宣传骨干培训】2021 年，总署举办全国海关新闻舆论培训班 1 期，邀请专家学者就新时代新闻发布工作的新形势新要求、新媒体传播规律、舆情应对等知识进行授课，全国海关系统 42 名新闻宣传骨干参加培训。1 名同志参加中央宣传部新闻发布工作业务骨干培训。

应急值守

【值班工作规范化和信息化建设】2021年，总署开发海关应急管理与值班工作系统，形成预警监测、信息报告、辅助决策、调度指挥“四位一体”的信息化平台，提高值班工作的规范化和信息化水平。总署机关和全国各直属海关单位严格落实值班工作要求，执行节假日三级值带班制度，做好值班安排，开展应急值班培训，稳妥完成全国“两会”等重要时期值班工作。“五一”期间值班工作得到国务院办公厅检查组肯定，在全国政府系统值班视频工作会上获得通报表扬，总署总值班室作为部委值班室代表做经验交流。

【值班检查】2021年，总署保持值班工作上下联络畅通常态化，每周准时参加全国政府系统值班视频点名。组织全国43个直属海关单位开展值班视频点名，总结经验、通报情况、提出要求。增加值班检查强度和频次，实行直属海关单位“全覆盖”检查，首次将值班工作检查下沉到隶属海关值班室。

【值班信息报送】2021年，总署部署进一步提高值班信息报送时效的相关工作，统一值班信息报送规范，明确重大突发事件电话报告、书面报告、核实反馈、值班信息编报时限要求。

保密管理

【保密制度建设】2021年，总署修订海关工作国家秘密范围的相关规定，与国家保密局联合印发施行。完成涉密网办文系统中定密依据目录清单的更新。修改总署涉密网办文系统有关办文表单和模板，制定工作的相关管理办法、范围及事项清单。

【保密检查】2021年，总署采取各部门（单位）自查、后台检查和现场抽查相结合的方式组织总署机关保密大检查；召开检查情况通报会，督促相关单位立行立改。组织全国海关开展2021年度保密自查自评工作，制定自查自评内容和海关人员自查标准目录。组织全国海关开展使用社交媒体安全保密检查。组织全国海关系统开展普通密码设备全面核查工作，开展全国海关涉密网络第三次安全保密风险评估，完成第一批广东分署等9个直属海关单位现场检测工作。

【涉密岗位和人员管理】2021年，总署规范全国海关涉密岗位和涉密人员管理，开展全国海关涉密岗位和人员摸底核查工作，指导各直属海关建立涉密岗位和人员台账。做好总署涉密网人员准入保密审核、离署人员保密谈话和脱密期管理等工作。组织开展全国海关系统机要保密工作评先推优活动，评选出10个先进集体、10名先进工作者、44个劳动模范。

【保密教育】2021年，总署举办全国海关保密密码业务培训班，各直属海关、署内相关司局保密密码干部73人参加培训。编写保密培训教材发各直属海关，用于各单位开展保密培训教育。组织全国海关宣传党的保密密码工作优良传统，开展保密密码知识常识和安全保密意识宣传教育。征集保密宣传教育优秀作品，举办“党旗飘扬，保密护航——庆祝中国共产党成立100周年海关保密宣传教育作品展”，展出作品136件，总署领导及各部门（单位）700余人参观展览。参加国家保密局组织的保密宣传教育优秀作品评选活动，总署选送的作品中有7件获奖，其中一等奖1个、三等奖3个、优秀奖3个。组织全国海关参加“庆祝中国共产党成立100周年保密知识竞赛”活动，全国海关8.3万人参加竞赛，其中满分6.7万人。总署保密办在国家保密局组织的“保密伴我行，护航新时代”保密宣传教育作品征集评选活动、“五法”普法知识竞赛中，分获“‘庆祝中国共产党成立100周年保密知识竞赛’优秀组织奖”和“‘庆祝中国共产党成立100周年全国保密宣传教育作品征集评选活动’优秀组织奖”。

档案管理

【归档工作】2021年，全国海关完成2020年度28.7万件文书档案归档工作。按照国家档案局新冠肺炎疫情防控档案归集的工作要求，收集汇总总署承担新冠肺炎疫情联防联控机制工作职责形成的专项档案；组织全国海关收集整理新冠肺炎疫情防控专项档案资料，上海海关等的22件新冠肺炎疫情防控见证物被国家博物馆收藏。

【档案移交】2021年，总署完成每20年一次的“两级移交进馆”工作，其中总署机关整理、数字化并向中央档案馆移交1980—1999年永久文书档案4,246卷8.3万件，录音12盘、录像2盘、资料5册、实物2件，档案电子数据硬盘1份、光盘13张，档案目录1套、全宗介绍和组织机构沿革3套，完成1.1万件解密档案二次整理和移交档案开放鉴定等工作，被中央档案馆评为优秀；总署档案馆检查接收广东分署和北京等27个直属海关单位2.8万卷1999年以前永久文书档案。

【档案利用】2021年，总署落实习近平总书记关于“把蕴含党的初心使命的红色档案保管好、利用好，把新时代党领导人民推进实现中华民族伟大复兴的奋斗历史记录好、留存好”的四个“好”和“更好地服务党和国家工作大局、服务人民群众”的两个“服务”的重要批示，围绕建党百年主题，回溯海关红色历史，挖掘海关档案资源，开展“海关档案故事”征文活动，向海关系统征集480篇文章，精选优质征文编印海关档案故事100篇。从总署档案馆馆藏近代海关出版时间最长、影响最大、发行量最多的内部刊物《关声》中选辑编印《关声（精编本）》，作为海关系统党史学习教育参考资料，印发全国海关7,700余个党支部学习，在学习强国、“海关发布”等媒体宣传，阅读量近60万次。推进近代海关史料抢救性修复和数字化专项工作第三期项目，修复民国时期各类图纸993件、数字化和著录1,427件、翻译1,047件。完成2004—2005年总署机关文书档案数字化3,293卷。

【国际档案日活动】2021年，总署组织全国海关开展第十四个国际档案日“档案话百年”主题宣传活动，举办近代海关历史档案资料修复展示活动，总署机关500余人到场参观；组织全国海关档案部门设计制作张贴主题宣传海报，举办档案展览40余次，拍摄“我在海关修史料”“我们的歌”等视频宣传片近50个，出版相关书籍12种。参加国家档案局组织的主题征文活动，组织全国海关人员踊跃撰写文章，从中精选148篇报送，被国家档案局授予优秀组织奖。本次活动让更多人了解海关历史，认识海关档案，增强档案意识，形成主动关心支持档案工作的良好氛围。

【先进典型】2021年，全国海关档案工作扎实推进，力争上游，涌现出一批先进典型，部分海关单位和档案工作人员荣获省部级档案先进工作者和先进集体荣誉称号。其中，郑州海关刘敏同志获评河南省档案系统先进工作者，成都海关办公室获评四川省档案工作先进集体，兰州海关办公室获评甘肃省档案先进集体。

政务公开

【政务公开管理】2021年，总署制定《2021年海关政务公开工作要点》，围绕基层政务公开标准化、规范性文件集中统一发布、政策文件宣贯解读等方面提出40项年度重点任务。开展直属海关2020年政务公开第三方考核，首次实施全国海关系统考核结果排名通报。首次组织开展基层海关政务公开工作调研，对6,000余家企业群众和4,000余名关员进行问卷调查，摸清基层海关政务公开的情况问题，在对调研结果论证的基础上制定《海关领域基层政务公开标准指引》，明确提出2023年年底前所有隶属海关均应完成指引达标任务。继续按季度开展总署机关政务公开工作通报。指导全国海关系统做好出台政策措施的内部宣贯辅导和外部解读宣传工作，通过“海关e课堂”同步辅导、12360海关热线知识库共享等方式，帮助一线人员提高政策理解、执行能力，确保海关政策措施在基层落实中不遗漏、不走样。

【政府信息公开】2021年，总署发布2020年总署及全国直属海关单位政府信息公开年报，制定2021年度海关政府信息公开工作要点，对外发布《海关总署主动公开基本目录（2021年版）》，将联合发布的规范性文件纳入总署主动公开范围。清理总署网站法律、法规、规章文本。总署门户网站政府信息公开目录发布信息218项，其中发布署令8项、总署公告122项；受理政府信息依申请公开198件，各直属海关受理政府信息公开申请1,439件。

【12360海关热线】2021年，总署按照国务院办公厅部署，完成12360海关热线与地方12345热线归并工作。全国海关12360服务热线坚持实行“7×24小时”人工服务，全年人工接听咨询电话138.9万次，日均接听量3,805次，平均响应时长2秒，答复满意率达99%。推动政务热线与网站互动交流系统互联互通，自2021年7月起12360海关热线全面承接各级海关网站业务咨询答复工作，全年办理网站业务咨询1.3万条。发挥12360海关热线新媒体作用，及时发布海关政策解读，发布稿件2,640件，日均发布量7条，累计阅读量2,367万次。积极推进全国海关12360海关热线智慧辅助平台建设工作，加大知识库建设、质检监督考核和通报力度，年内新梳理入库知识点3,003条，截至年底热线知识库已累计知识点8,060条。

【门户网站管理】2021年，总署对总署门户网站及电子口岸部门网站、42个直属海关子网站进行检查评估、通报，对检查评估发现问题逐一整改。完成总署门户网站适老化和无障碍改造工作。调整优化总署门户网站栏目及功能模块，增加公众关注度高的“贸易指数”栏目，以图表、图解等可视化方式展现贸易指数和分析报告；增加“网民留言”“归类预裁定查询”等便民模块；制作“党史学习教育”“深入学习贯彻党的十九届六中全会精神”“‘一带一路’海关合作”等专题栏目。在总署门户网站举办在线访谈栏目，在线解读海关政策。加强网站安全保障工作，开展重大敏感时期网站自查、漏洞扫描和应急演练，完成建党100周年网站安保工作，通过本年度安全等级保护测评。在“2021年数字政府服务能力暨第二十届中国政府网站绩效评估”中，总署门户网站位列国务院其他部门网站绩效评估第二位。42个直属海关子网站绩效评估检查平均得分为98.53分。

信访工作

【信访制度建设】2021年，总署组织全国海关系统学习贯彻《信访条例》（2022年5月1日废止），结合海关信访工作实际，修订《海关信访工作制度》，规范了信访事项的受理、办理、督办等工作程序。建立依法分类处理信访诉求工作制度，各直属海关均梳理编制完成本关区依法分类处理信访诉求清单。优化总署走私举报电话接听办理流程，消除数据安全风险隐患。与人民网建立“领导留言板”栏目合作机制，接受网民监督、加强网民互动，总署信访办被评为“人民网网上群众工作汇智为民单位”。

【信访办理】2021年，总署组织全国海关系统开展“治理重复信访、化解信访积案”专项工作，重点梳理排查2020年以来的重复信访事项，建立台账，采取措施，化解矛盾纠纷。指导直属海关应对个别职业打假人反复多次的投诉举报，防范后续复议、诉讼法律风险。总署全年信访总量为2,143件次；进入信访系统登记办理824件，其中来访11件、来信345件、留言468条。及时办理中国政府网网民留言。

【信访保障】2021年，总署做好重大活动期间海关信访保障工作，细化工作措施，加强工作指导，圆满完成全国“两会”、建党百年、十九届六中全会，以及国庆中秋等重大活动节日期间海关信访保障工作。与国务院办公厅、相关部委间信访投诉办理的部门协作，履行外商投资企业投诉工作部际联席会议职责，集中反馈外商投资企业反映集中的问题，形成工作合力，更好保护外商投资合法权益。

（撰稿人：王丽莎　王振北　乔　斌　刘　畅　刘小昊　李　论　李正远　吴　倩　张　研　张　博　陈　刚　梅鑫涛　崔艳武　董占广　雷　娟　解　男）

财务管理

概况

2021年，总署进一步健全财务保障和管理机制，推进海关财务重点工作。贯彻落实习近平总书记关于食品安全“四个最严”和严禁“洋垃圾”入境等重要指示批示精神，推动海关查获走私冻品及固体废物由地方归口处置机制双双实现全覆盖。坚决落实国务院减税降费决策部署，建立健全海关涉企收费管理长效机制。全面保障常态化新冠肺炎疫情防控物资平稳充足，为海关统筹新冠肺炎疫情防控和促进外贸稳增长、筑牢国门安全提供必要的财力保障。严格落实中央过“紧日子”要求，紧密围绕“五关”建设和海关中心工作，集中财力优先保民生、重点保运转、精准保发展，支持保障边关“22条措施”持续落实落地。国有企业改革稳步有序推进，完成海关事业单位所属企业脱钩工作。智慧财务建设取得阶段性成果，国库集中支付系统监控、资金支付动态监控成效明显，预算一体化、固定资产全生命周期管理等重点项目加快推进，财关库银横向联网持续优化，稳妥推进部门预决算公开。

年内，海关预算绩效管理工作获评中央部门第一名。海关节能管理工作在国管局考核中名列第五，厦门海关获国管局2021—2023年公共机构“水效领跑者”荣誉称号。国有企业经济效益月报工作在财政部考核中排名第二，国有企业财务会计决算工作排名第四。政府采购信息统计工作在财政部评审中排名中央单位第五名。海关国有资产报告编报工作连续第三年获得财政部通报表扬。总署机关本级持续擦亮便民服务窗口，被中央国家机关团工委评为2019—2020年度“中央和国家机关青年文明号”。

▲2021年4月8日至9日，2021年全国海关财务工作会议在厦门召开

税费财务管理

【关税和进口环节税】2021年，全国海关征收关税和进口环节税净入库20,126.30亿元，比上年多收3,027.16亿元，同比增长17.70%，完成税收计划18,810亿元的107%。

【财关库银横向联网】2021年8月5日，中国人民银行办公厅、总署办公厅发布关于将行邮税纳入财关库银横向联网收缴入库的相关通知，海关行邮税缴库正式纳入财关库银横向联网系统，实现电子支付。总署加强与财政部非税收入主管部门的联系配合，加快推进海关非税收入统一收缴模式改革以及非税收入收缴电子化改革。在中国人民银行和总署的指导下，深圳海关联合深圳国库在全国率先实现退税电子化改革。

【海关罚没收入收缴电子化】2021 年，总署主动沟通财政部、中国人民银行，对接支付技术过硬的商业银行，通过深入调研，充分了解海关罚没收入收缴工作现状和存在问题，开展罚没收入收缴对账系统建设试点工作。选定天津、厦门海关作为首批试点单位，全面推进海关罚没收入收缴电子化改革。

预算管理

【部门预算编制】在中央部门连续三年压减预算、海关系统维持正常运转的保障压力极大的背景下，总署按照党中央、国务院关于过“紧日子”要求，组织全国海关完成部门预算编制工作。采取多项措施，压缩一般性支出，统筹整合资源、调整优化结构，重点保障维持国门正常运转所需资金，精准保障海关国门安全、科技支撑、打击走私等重点工作任务需要，切实做到了有保有压，维持了海关过“紧日子”必要的保障水平。

【部门预算批复及公开】2021 年，总署严格执行《中华人民共和国预算法》及其实施条例，进一步落实主体责任，完善管理机制，改进工作方法，规范工作流程，规范、有序地完成了 2021 年度部门预算批复及公开工作。按照深化预算管理制度改革要求，加大部门预算公开工作力度，确保公开的预算找得到、看得懂、能监督，提高部门预算透明度，促进透明政府、廉洁政府建设。

【预算绩效管理】2021 年，全国海关一般公共预算拨款项目全面实施绩效目标管理，涉及 64 个二级预算单位的一般公共预算财政拨款，包含一级项目 36 个、二级项目 5,690 个。绩效结果与预算安排挂钩，绩效工作质量不断提升。海关“监管查验技术设备购建及能力提升专项”项目重点绩效评价获得财政部当年所有评价项目最高分，是总署参加财政部绩效评价以来取得的最好成绩。

【建立过“紧日子”长效机制】2021 年，全国海关系统牢固树立艰苦奋斗、厉行节约思想，大力压减非刚性、非重点项目支出。通过提高线上培训比例、压缩会议规模、压减非必要出差、推进节能改造倡导绿色办公等实际措施，从严控制“三公”经费及会议费、培训费、办公费等一般性支出。加大闲置资产盘活力度，严格报损报废审批，优先配置标准统一的资产，便于资产在关区间统筹调配。建立健全制度机制，年内多次印发相关文件要求各海关单位严格落实过“紧日子”要求，每季度对各海关单位进行评估，及时督促整改评估过程中发现的问题，建立过“紧日子”长效机制。全年 4 个季度均获财政部综合评价“A”级。组织海关系统各单位参与国管局等 4 部委组织的节约型机关创建工作。全国海关已有 532 家单位预验收合格，占垂直派出机构比重为 95.68%，超额完成“80%左右的处级及以上机关建成节约型机关”的目标要求。

【部门预算执行】2021 年，总署依托“制度+科技”手段，持续推动预算执行质效提升。全国海关不断完善资金审批机制，严格落实内部控制要求，守好资金支付风险。狠抓预算执行，通过实时跟踪监控、定期通报、重点提醒等管理措施，进一步提升预算执行质量。加强制度建设，完善内部控制，推进“智慧财务”建设落地见效。

【缉私部门财务保障】2021 年，总署全力做好海关缉私部门管理体制调整后的财务保障，认真贯彻落实中共中央办公厅、国务院办公厅发布的海关缉私部门管理体制调整工作实施方案。在中央财政形势异常严峻、绝大部分中央部门预算继续负增长的情况下，争取到财政部增加安排海关缉私部门预算。安排专项经费用于“国门利剑 2021”专项行动、“洋垃圾”走私等署级挂牌大要案的侦办。持续优化完善缉私警察财务管理，制定海关缉私警察相关财务管理办法，强化预算约束，严格支出管理，加强预算执行，定期开展评估。

部门决算管理

【部门决算编报】2021 年，在海关所属单位层级多、单位性质复杂、新冠肺炎疫情期间不能组织现场汇编等形势下，总署组织海关系统财务骨干、专家，运用信息化手段，采取直属海关归口初审、编制工作小组集中复审相结合的方式，开展 2020 年度海关部门决算编报工作，按时保质向财政部报送了 2020 年海关部门决算编报说明和分析报告，顺利通过财政部会审。

【部门决算批复及公开】2021 年，总署根据《中华人民共和国预算法实施条例》要求，及时平稳有序做好 2020 年部门决算批复及公开工作，公开质量稳步提升。组织海关系统内财务专家，深入整理分析决算数据，完成 2020 年海关系统行政事业单位财务基本情况汇编。

国库集中支付管理

【银行账户管理】2021 年，全国海关单位做好全年银行账户管理，共计向财政部报送 47 家海关单位零余额账户申请材料，均已获财政部批准，其中包含 20 家海关单位新增零余额账户、17 家海关单位变更零余额账户资料、10 家海关单位撤销零余额账户。配合财政部圆满完成 2020 年度银行账户年检和实地抽查工作。

【资金支付动态监管】2021 年，总署及时掌握财政部门资金监管要求，组织海关系统对财政部通过动态监控系统发现的财政资金支付疑点信息进行逐条核实、做好政策解释和问题整改。全年组织总署本级及部分海关单位开展实有资金动态监控试点工作，对海关系统实有资金使用情况进行摸底调研，编报季度存量资金报表，督促各海关单位及时开展往来款清理。优化海关国库集中支付系统监控管理功能，严格财政资金支付动态监控，指导一些直属海关制定国库集中支付业务指引，创新管理手段、优化工作流程，逐步形成有效管用的风险防范体系。

涉案财物管理

【建立走私冻品移交处置工作机制】2021 年，总署认真贯彻落实习近平总书记关于食品安全“四个最严”重要指示精神，推动全国 42 个直属海关按照《海关总署　财政部关于查获走私冻品由地方归口处置的通知》要求，与 31 个省（区、市）政府主管部门建立了走私冻品移交处置工作机制，有力化解走私冻品处置中的食品安全和廉政风险。

【建立非法入境固体废物移交处理工作机制】2021 年，总署认真贯彻落实习近平总书记关于严禁“洋垃圾”入境的重要指示批示精神，根据《固体废物污染环境防治法》相关规定，指导推动全国 42 个直属海关与 31 个省（区、市）政府主管部门建立了“双无”（无法确定责任人、无法退运）固体废物由地方组织处理工作机制，并做好过渡时期由海关财务部门负责固体废物的无害化处置工作，全年共处置 3, 047 吨。

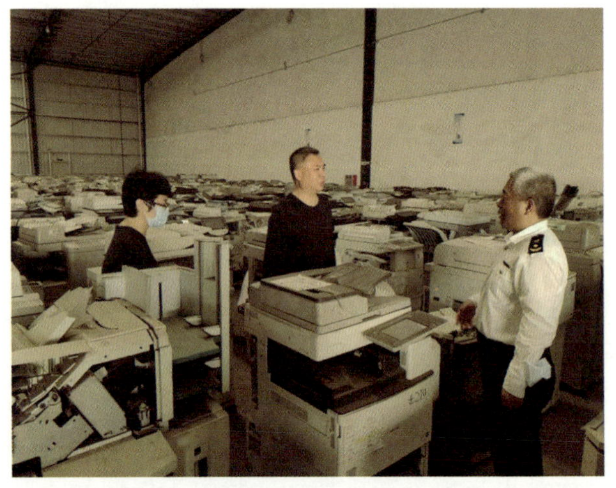

▲2021 年 3 月 18 日，黄埔海关财务处联合多部门研究处置涉案固体废物

【规范涉案财物管理】2021年，总署制定海关涉案财物的相关管理办法，进一步规范管理、防范风险夯实制度基础。加强涉案财物安全生产管理，纳入海关安全生产工作大局同布置、同推进、同检查。组织开展海关涉案财物仓库安全风险隐患排查整治工作，特别针对危险化学品等易燃易爆危险品，要求必须到存储现场实地进行详细排查，发现问题立即整改，确保绝对安全。组织全国海关开展长期未处置涉案财物专项清理工作。组织涉案财物管理系统升级后在广州等3个海关试运行及推广应用，形成一套覆盖内外网、贯穿涉案财物全业务流程的智能管理体系。

企事业财务管理

【海关系统全民所有制企业改制】2021年，总署按照国务院国有企业领导小组关于公司制改革的有关要求，组织开展海关全民所有制企业改制工作。部署相关改制工作方案，从加强组织领导、依法依规、加强企业党建工作3个方面提出工作要求。

【海关系统国有企业经济效益月报和财务会计决算编报】2021年，总署部署全国海关各级行政事业单位编报2021年度国有企业财务会计决算，组织专人进行汇总审核，顺利通过财政部集中验审，并将海关所属企业国有资产情况报告报送国资委。组织各直属海关单位逐级落实责任，保质保量做好国有企业经济效益月报编报工作。上述两项工作均在财政部年度总结考评中获得通报表扬，其中国有企业经济效益月报工作在中央部门和单位中排名第二，国有企业财务会计决算工作排名第四。

基建管理

【海关业务技术用房建设标准编制】2021年，总署海关业务技术用房建设标准编制组克服新冠肺炎疫情影响等不利因素，通过实地调研、专题研究、专家研讨、标准编制、数据验算、系统内征求意见等一系列工作，完成全部内容编制，按照编制程序规定正式报住房和城乡建设部征求意见。该项目被列入住房和城乡建设部、国家发展改革委联合下达的国家建设标准编制项目计划，位列公共管理设施建设标准第一项，将海关基本建设管理工作向着科学化目标推进了重要一步。

【口岸应对重大疫情卫生检疫基础设施建设】新冠肺炎疫情发生后，总署获批中央预算专项用于口岸一线旅检现场改建、新冠肺炎疫情防控检测设备购置、新冠肺炎疫情防控数据系统建设。按照“优先保障重点口岸、优先保障重点设备、优先保障疫情需要”原则，投资安排用于海关系统345个入境口岸、300个出境口岸，大幅提升了口岸公共卫生核心能力，为切实筑牢国门生物安全屏障发挥了重要作用，兑现了中国政府对世界卫生组织的庄严承诺。

【艰苦地区边关生活设施保障】2021年，总署进一步加大边关“22条措施”支持保障力度，在编制印发《艰苦地区边关生活保障设施建设指引》基础上，按照“分类打捆审批”模式，统筹资金，支持14个关区62个“边关生活设施保障能力提升工程”项目，及时回应边关生活设施条件差等“急难愁盼”问题，对边关干部职工切实做到“政治上关爱、精神上激励、工作上支持、生活上关心”。

【脱贫地区农副产品采购】总署贯彻落实党中央、国务院关于实现巩固拓展脱贫攻坚成果同乡村振兴有效衔接总体部署和“四个不摘”（不摘责任、不摘政策、不摘帮扶、不摘监管）工作要求，加大脱贫地区农副产品的采购力度。海关系统按照不低于10%的比率预留年度食堂食材采购份额，采购全国832个脱贫县范围内的农副产品。

政府采购

【海关系统政府采购】2021 年，总署创新政府采购管理手段，完善细化海关系统政府采购改革措施，建立健全政府采购内控机制，制定相关采购需求管理办法。通过对政府采购备选库、名录库、资格库专项清理，优化政府采购营商环境。组织开展全国海关 2020 年政府采购信息统计年报远程会审，加强对政府采购计划、执行情况和信息统计的审核把关，按时完成信息统计报表报送，被财政部评为中央单位 2020 年政府采购信息统计工作第 5 名并通报表扬。

【应急装备配置】2021 年，总署按照“集中统筹、突出重点、解决急需”原则，综合考虑全国海关应急装备需求缓急、预算执行进度和装备设备配备周期、配套环境、覆盖范围等因素，全年重点为 10 个艰苦边远地区海关配置制氧设备、光伏发电设备和净水设备等。其中，光伏发电设备 3 台、制氧设备 64 台、净水设备 116 台、柴油发电机组设备 1 台。

资产管理

【海关固定资产信息化建设】总署以“制度+科技”为抓手，推进固定资产信息化建设，在修订完善管理制度的同时，将资产管理过程中的各项管理要求融入信息化应用系统，对现有的固定资产管理信息系统进行优化升级，完善系统的标准化流程设置和管理指标设置，通过角色授权实现不相容岗位分离、落实内控管理要求，以系统程序控制引导和规范各海关单位固定资产管理工作，使之能够全面、准确、及时地提供账务、实物管理，并进行统计分析、预警和辅助决策等，实现固定资产管理全生命周期进系统、留痕迹、可追溯。

【国有资产报告编报】2021 年，根据财政部要求，总署组织全国海关单位高质量完成了 2020 年度行政事业性国有资产报告编报工作，组织海关系统资产管理骨干、专家，进行多次远程审核和数据修改，严格把关、精益求精，确保数据编报质量。海关国有资产报告编报工作连续第三年获得财政部通报表扬。

【资产处置管理基础工作】2021 年，按照《中央垂直管理系统行政单位国有资产管理暂行实施办法》要求，向财政部报备 2020 年海关系统国有资产出租等审批情况。组织在京事业单位按照首都规划建设委员会要求统计填报在京党政机关和事业单位办公用房情况。

（撰稿人：王淑敏　牛　凯　卢　玮
吕晓宁　乔鹏源　任　震
李　欧　吴　杰　陈威振
罗　证　曹予思　商　亮
韩永刚　廉慧慧）

督察内审

概况

2021 年，全国海关督审部门结合海关工作实际，持续开展重大决策部署督察，对全国海关疫情防控、业务执法、内部管理等领域实施专项督察监督，推动党中央、国务院重大决策部署、总署党委工作部署在海关系统有效落实，切实履行督察监督职责。重点聚焦习近平总书记重要指示批示落实情况，党中央、国务院重大决策部署落实情况，中央八项规定及其实施细则精神落实情况，服务高水平开放和高质量发展举措落实情况，统筹疫情防控和经济社会发展措施落实情况，海关依法全面履职情况，海关改革措施推进落地见效情况，以及海关业务数据安全管理情况，加大督审工作力度，发挥督审监督职能作用，推动各项政策措施落地见效。不断深化海关内部审计，以领导干部经济责任审计和专项审计为抓手，以问题为导向，揭示典型性、普遍性、苗头性问题或风险，提升审计效率，促进审计监督与其他监督贯通融合，提升权力运行的监督制约效能，促进海关治理能力提升，充分发挥内部审计监督保障作用。打造海关内控科技主平台，构筑执行控制、职能监控、专门监督的三道防线。健全执法评估工作机制，完善项目清单管理，完善“署级+关区”相结合的专题评估项目清单管理模式，聚焦海关重点业务领域和关键环节改革开展执法评估取得成效。提升督审专业化水平，加强督审兼职队伍建设，建立新的总署兼职督审人员库，收纳全国海关各条线业务骨干。落实“以干代训”要求，组织各直属海关单位人员参加署级经济责任审计项目。加大培训力度，对总署审计组开展远程视频培训。加强制度建设，制发督察、审计、内控相关业务规范及指南，推广应用审计软件，推动督审业务规范化、标准化。

配合国家审计

【完善工作机制】2021 年，总署发挥海关系统督审部门牵头职能作用，加强内外部统筹协调，强化部门间联系配合、业务条线职能管理与指导，提高审计沟通质量。关注国家审计动向，加强分析研判，发挥好参谋助手作用。积极推进国家审计成果转化，深入分析查找审计发现问题背后的制度漏洞、机制缺陷，提出工作建议。注重提高整改工作质量，加大整改督促检查力度，重点关注屡审屡犯问题和整改不到位问题，对整改落实情况认真核实、跟踪到底、整改到位。

【配合年度审计】2021 年，全国海关完成配合 2020 年度预算执行等情况审计、署领导经济责任审计、关税及进出口环节税征管等情况审计、2021 年度预算执行等情况审计项目共 4 个。完善协调机制，重新组建各部门单位配合国家审计联络员队伍。建立健全配合国家审计考核机制。会同相关部门与审计组进行专题沟通，提高反馈意见的合理性和针对性。把好资料反馈关，专人跟踪督办，定期与审计组对碰反馈情况，确保配合审计工作效率和工作质量。配合审计署开展审计数据国际标准化（TC295）制定相关工作。按时向审计署报送2021年度内部审计统计数据。梳理经济责任审计、税收征管审计报告及随附清单所列问题，建立问题台账，确定责任部门。汇总审核把关各部门具体问题整改措施，拟定审计整改任务清单，落实审计整改责任和整改时限，按项、逐条形成整改方案。向国务院报告2020年度中央预算执行等审计查出问题整改情况。

督察监督

【重大决策部署督察监督】2021年，全国海关以督察“四个清单”（重点项目清单、重点内容清单、督察问题清单、整改落实清单）为核心，推进督察项目清单式管理，提升督察实效。组织开展了严格进境高风险货物风险监测和预防性消毒措施落实情况督察和进出口危险化学品监管措施落实情况督察，在每个督察项目中均建立了督察重点内容清单、督察问题清单和整改落实清单，发现直属海关在相关政策措施落实不到位方面的问题推动立行立改，对于需要总署研究解决的问题，推送相关职能部门予以研究。

【督察整改】2021年，强化整改责任落实，实行“对账销号”，坚持纠错与预防并重，建立整改落实清单，通过开展督察完善各项规章制度54项。持续跟进打击“洋垃圾”进境，落实固体废物进境监管督察问题整改。截至2021年年底，全国海关共退运2019年12月31日前非法进境固体废物419批（票）、230,896.27吨，无害化处置128批（票）、6,767.82吨，涉及2019年前非法进境的固体废物已全部处置完毕。

【督察项目清单】2021年，全国海关落实督察项目清单式管理要求，根据中央重大决策部署、总署党委工作部署以及国家审计关注重点，制定重大政策落实情况，跟踪督察重点项目清单、编写相关督察重点和指南，以表格形式明确督察重点、督察方法和文件依据制发全国海关。结合清单重点内容，协助总署党委巡视组做好巡视工作，提供被巡视单位督察情况。参与驻署纪检监察组“现场监管与外勤执法权力寻租”专项整治工作。

审计监督

【经济责任审计】2021年，全国海关系统内部审计工作聚焦主责，克服新冠肺炎疫情影响，以领导干部履职尽责为主线，落实审计全覆盖要求。按照总署党委工作部署和年度审计计划，组织对全国海关部分署管党政主要领导干部开展经济责任审计。对直属海关系统本级重大决策责任落实情况，系统性、区域性问题或风险的防控情况，内控机制建设情况，推动全面从严治党主题责任落实情况开展检查。结合署级经济责任审计项目，指导署级审计项目中海关企事业单位审计业务，关注海关企事业单位落实涉企收费政策、执行中央八项规定及其实施细则精神、反对形式主义和官僚主义，以及事业单位预算执行、国有资产管理使用等重点内容。

【专项审计】2021年，全国海关开展检查被审计领导干部任职期间打击“洋垃圾”走私、象牙等濒危物种走私，口岸疫情防控、中央“六稳”“六保”部署促进外贸稳增长、深化“放管服”改革优化口岸营商环境，全面推行“双随机、一公开”监管等重大政策措施落实情况；检查被审计领导干部任职期间，海关税收监管、实际监督、检验检疫、打私走私、科技应用等领域改革措施或重点任务落地情况。对贯彻执行中央八项规定精神及其实施细则情况和强化监管优化服务情况开展重点领域专项审计；组织42个直属海关开展“百日自查”。依托经济责任审计项目或组成专项检查组，对9个海关进行实地检查。开展实验室建设专项审计调研。会同科技发展司，自查与实地调研相结合，以布局规划、能力建设、效率效益、收费管理、内部管理等为重点，组织各直属海关单位开展实验室建设专项审计调研。对7个直属海关开展实地调研，核查调研任务落实情况。

【审计整改】2021年，全国海关系统加强督审成果运用，推进审计监督与其他监督贯通融合。通过加大审计整改力度，倒逼完善制度、加强管理、规范执法。通过多种方式综合运用整改台账、定期通报、推送相关部门、强化绩效考核、“回头看”检查等推动审计整改。定期公开署级审计项目各直属海关未完成整改问题清单，督促相关单位加快整改进度。组织对全国海关信息中心等7个总署直属企事业单位开展落实审计整改情况“回头看”，推动审计查出问题切实整改到位。通过整改，各直属海关优化重大决策管理事项，完善制度，优化机制，改进流程。

【审计监督成效】2021年，全国海关通过制订并落实领导干部经济责任审计年度计划，结合干部管理要求，持续开展领导干部经济责任审计，坚持任中审计与离任审计相结合，落实审计全覆盖要求。审计重点是以领导干部履职尽责为主线，聚焦贯彻习近平总书记重要指示批示精神，落实党中央国务院重大决策部署情况；聚焦推动落实全国海关工作会议、全面从严治党工作会议等工作部署情况；聚焦执法领域、非执法领域重点事项和关键环节，着力揭示典型性、普遍性、苗头性问题或风险，纠治“四风”方面突出问题，着力提升权力运行的监督制约效能。推动审计监督与其他监督贯通融合，审前向总署巡视办、驻署纪检监察组征求需要关注的事项，审后通过文件抄送等方式与人事教育司、机关党委、巡视办、驻署纪检监察组等部门共享审计决定等审计成果。

内控建设

【内控机制建设】2021年，总署对2020年署级内部审计发现的重点业务领域的问题进行分析，将其中涉及对制度规范进行修订的意见建议反馈职能部门，推动职能部门完善内控制度，优化业务流程，加强内控节点的系统内嵌。推动建立问题整改长效机制，防止“屡审屡犯”。

落实内控前置审核复核工作制度。全年对信息化系统项目、改革措施和制度规范开展内控前置审核复核，提出完善意见160条，加强风险源头防控。突出风险导向，强化内控节点岗位落实清单应用。编制发布海关内控节点梳理指南，梳理更新卫生检疫业务、动植物检疫业务、口岸监管业务、财务管理等领域的海关内控节点岗位落实清单并发送全国海关。强化内控主体责任，明确岗位内控职责。

【HLS内控平台建设】2021年，强化HLS内控平台监督机制。以科技控权理念为指导，持续推进海关内部控制与监督子系统建设，发挥科技监督的保障执行、规范执法、提升治理效能等作用。结合业务改革进程，拓展平台监督范围、优化预警监控功能、完善风险处置流程、促进平台应用绩效转化。创新平台推广应用手段，统筹内部风险的大数据预警、监控、监督和处置渠道，推动各级内控主体主动落实风险防控责任，通过运用平台查找风险隐患，防范化解海关系统廉政重大风险。

【内控培训指导】2021年，组织开展内控机制建设宣传“四个一”（一本出版物、一部宣传片、一套节点库、一个宣讲团）专项工作。制作海关内部控制机制建设专题宣传片，编印中国海关内控机制建设相关图书，梳理和总结十余年来海关内控工作经验，展示海关内控机制建设的历史、典型性做法和具体要求，为基层海关营造内控氛围；建立线上内控节点库，满足一线关员随时学、随时查、随时用的需求；抽调内控业务骨干力量组成宣讲团，开展海关内控线上线下培训、交流 59 场次，提升基层自控能力。

执法评估

【年度执法评估成效】 2021 年度，海关执法评估完成制发专题执法评估项目清单，聚焦海关重点业务领域和关键环节改革，完成 6 项署级专题评估项目，指导各直属海关结合业务实际完成自选专题评估项目 59 项。

【“云擎”平台应用】 2021 年，全国海关规范和加强海关大数据通用分析平台（“云擎”平台）的应用，保障平台高效、安全、稳定运行，对海关执法评估“云擎”站点加强运行管理，通过“云擎”平台建立使用 59 个评估数据模型，分析 2021 年度署级专题评估相关领域的海关各项政策措施落实成效。固化完成进出口规模、两步申报、两段准入、价格水平、汇总征税 5 类 22 项评估指标模型，指导各地海关加强日常性应用。

2021 年，总署指导各直属海关通过“云擎”建立指标模型，对相关领域的进出口贸易情况、海关监管情况等进行分析阐述，查找在政策制定、现场执行、系统智能化等方面存在的问题和风险，强化执法评估的决策参考和内部监督作用；采用线上教学的方式，组织执法评估数据分析专家为全国海关督审部门工作人员进行培训，提升海关系统督审人员“云擎”使用能力。

（撰稿人：方　斌　刘　俊　刘　莎　孙国杰　张金琦　谈　鑫　盛章松）

离退休干部工作

概况

2018 年 9 月总署离退休干部局设立，负责总署机关本级离退休干部（含原国家质检总局 233 名离退休干部）工作及指导全国海关离退休干部工作。

截至 2021 年年底，全国海关系统离退休人员共 30, 994 人，比上年增加 4. 7%，其中离休干部 213 人，比上年减少 14. 5%；党员 21, 260 人，离退休干部党支部 577 个。总署机关离退休人员 690 人，其中离休干部 13 人、中管干部 25 人、党员 605 人。

2021 年，海关离退休干部工作部门以习近平总书记关于老干部工作的重要指示精神为根本遵循，深入学习贯彻全国离退休干部工作“双先”表彰大会精神，以政治建设为统领，以党史学习教育为主线，围绕中国共产党成立 100 周年重大活动，统筹抓好离退休干部党的建设、服务管理、作用发挥等各项工作，坚持以信息化带动精准化、规范化，持续加强离退休干部工作部门自身建设，圆满完成各项工作任务。

离退休干部党建工作

【政治建设】2021 年，总署围绕离退休干部思想政治建设主线，坚持与在职干部思想政治工作同部署、同推动、同落实，激励引导离退休干部始终坚定理想信念，永葆政治本色。

总署机关依托离退休干部党支部、老年大学、老同志活动站等主阵地，组织各离退休干部党支部开展集中学习 110 余次，指导各海关单位开展各类专题学习 2, 172 次。组织全国海关老同志参加“从中国共产党百年历史中汲取继续前进的智慧和力量”“红军长征与长征精神”等 6 场中组部专题网上报告会。汇编涉及离退休干部的有关政策规定 28 个，摘编离退休干部遵守规章制度相关内容，制定总署离退休干部党支部微信群相关文明公约。

【党组织建设】总署机关积极发挥离退休干部党委牵头抓总作用，每季度召开一次党委扩大会议，及时传达学习习近平总书记重要讲话精神，研究部署离退休干部党建工作。推动全国海关全面落实为离退休干部党支部书记、委员发放工作补贴制度。

结合日常服务工作，在总署机关实行以离退休干部党委统筹为“网”、工作人员及支部委员分层落实责任为“格”的“网格化”服务管理机制，推动离退休干部党建工作与老同志服务工作的互促互融。2021 年，制定有关总署机关离退休干部党委工作相关制度、请示报告相关制度、离退休干部党支部建设相关工作规范等党组织建设系列配套制度。

指导各海关单位做好离退休干部“两优一先”等评优评先活动及支部品牌创建工作。2021 年，海关离退休干部党支部及个人获得各类表彰奖励 35 个。近年来，先后有 119 个离退休干部党支部创建了支部品牌。

【主题活动】2021 年，总署围绕建党百年主题，积极组织老同志开展内容丰富、形式多样的系列活动。

6月21日至6月28日，总署机关以集中颁发和上门走访的形式组织“光荣在党50年”纪念章颁发活动，为123名老党员颁发纪念章，组织走访慰问38名老党员老干部。指导各海关单位离退休干部工作部门通过各种形式为2,966名老党员颁发纪念章。

▲2021年6月22日，总署离退局举办“光荣在党50年”纪念章颁发仪式

举办“翰墨光影颂百年——建党百年百幅书画摄影展”，面向全国海关征集离退休干部书法、绘画、摄影、手工等作品近600幅（组），优选出200幅（组）作品汇编成集，精选121幅（组）作品以3D效果虚拟实景线上展出。

在全国海关范围开展“我看建党百年伟大成就”主题调研活动，组织召开座谈会361场，组织5,026名老同志开展座谈，组织访谈1,500余个次，收集老同志感言建议6,140余条。

组织开展“学悟百年风雨史　颂赞海关新篇章”主题系列活动，全国海关共收到征文422篇，择优选用100篇海关红色故事汇编成册。围绕学习党史、新中国史、改革开放史、社会主义发展史，组织老同志代表进行“面对面”访谈，共收集全国海关68名老同志访谈视频。

积极组织老同志参加中央和国家机关工委老干部活动中心举办的系列活动，其中在“百年初心——老党员故事”征集活动中，总署离退休干部局被评为优秀组织单位，原副署长刘文杰撰写的《百年华诞话深圳》、湛江海关张惠玉撰写的《从历次撤侨中见证大国崛起》被评为优秀征文作品。在“高举旗帜，放歌夕阳”中央和国家机关离退休干部优秀文艺节目云展演活动中，总署选送的合唱曲目《致祖国》获得歌舞类节目三等奖并在旗帜网展播。

组织开展“百年风华　同心同唱”活动，全国26个海关单位参与《百年风华　同心同唱——全国海关离退休干部齐唱赞歌献给党》微视频作品录制，作品在“学习强国”“海关发布”“金钥匙”“中国国门时报”“鑫海桑榆”5个新媒体平台同步发布。

总署机关组织开展“云游革命圣地+线上知识问答”活动，通过在“鑫海桑榆”微信公众号推送“云游革命圣地”系列作品，组织全国海关老同志在云端游览南湖、井冈山、遵义、延安和西柏坡五大革命圣地，同时开展线上知识问答活动，共有270名老同志参与答题。

【党史学习教育】2021年，全国海关离退休干部工作部门积极组织老同志参加党史学习教育。总署机关通过“鑫海桑榆”微信公众号、“智慧银海”平台（二期）以及微信支部工作群，每日推送“党史百年天天读”。推荐82岁的吴家煌作为总署机关老同志代表，参加总署学习“七一”重要讲话读书班，与全国海关交流学习体会，反响热烈。各海关单位离退休干部工作部门组织老同志参与党史、海关史宣讲1,300人次。以“弘扬革命传统　赓续红色血脉”为主题，开展5期“走进革命纪念馆”线上学习活动，160余名老同志通过网络平台分享自己的感悟体会。组织老同志以支部为单位分批参观建党100周年“不忘初心、牢记使命”大型主题展览。编发相关党史学习教育专刊，“鑫海桑榆”公众号推送建党百年宣传稿件 830 余篇。

服务与管理

【政治、生活待遇落实】 2021 年，全国海关离退休干部工作部门坚持落实情况通报会制度，其中总署机关于 2 月以视频方式传达全国海关工作会议和全面从严治党工作会议精神，对老同志普遍关切的新冠肺炎疫情防控和外贸进出口等工作进行重点通报；于 10 月以视频方式向老同志介绍海关“十四五”规划内容、起草过程及海关发展远景目标。总署机关积极做好中管干部参加建党 100 周年庆祝活动及“不忘初心、牢记使命”中国共产党历史展览参观等重要政治活动的服务保障工作，全年为离休、退休中管老同志送阅文件共计 92 次。

根据《中共中央组织部关于在建党 100 周年之际提高抗战时期参加革命工作的部分离休干部医疗待遇的通知》精神，为符合条件的老同志落实副省（部）长级医疗待遇，按副省（部）长级标准报销医疗费。全年为总署机关 90 岁以上老同志开展生日慰问 11 次，上门走访慰问离退休老同志 253 次。各海关单位离退休干部工作部门开展送温暖活动 21,241 人次，帮扶困难、患病、独居等老同志 12,921 人次。

【精准服务】 在新冠肺炎疫情防控常态化的形势下，总署机关高度重视老同志新冠肺炎疫情防控工作，第一时间向老同志传达党中央及总署关于新冠肺炎疫情防控的部署要求。做好老同志活动场所消杀工作，为离退休老同志购买医用口罩 5.5 万余只，全年发布各类温馨提示 20 余次。做好离退休老同志的接种动员及信息统计分析工作。

实施离休干部“一人一策”，对离休老同志反映集中的就诊、取药、药费报销等急难问题，确定专人负责、跟踪办理。送药上门服务 70 次，报销药费等 40 次，协调车队为老同志安排车辆保障共 584 台次。11 月 20 日，组织走访慰问总署机关首位百岁离休干部蒋玉中。

在离退休干部中探索开展居家养老服务模式，为高龄、失能、孤寡、重疾、残疾等特殊困难群体提供助洁、助医、助浴、助急等服务，2021 年共为 19 名老同志安装一键式智能终端。

【信息化平台建设】 2021 年，总署按照“迭代开发、分步实施、重在实用、灵活拓展”的建设思路，联合北京中科信普公司开发覆盖全国海关的离退休干部服务管理平台——“智慧银海”（二期）。

平台开发设计了老同志手机端、工作人员手机端和工作人员电脑端 3 个子平台、16 个模块共 103 项二级功能，其中老同志手机端开发了支部园地、活动管理、精准服务、医养导航、老年大学、云课堂、电子书屋、时政要闻、动态信息、先进风采 10 个功能模块，工作人员端开发了老同志信息管理、在职人员信息管理、通讯录、新闻管理、工作推进、平台考核 6 个功能模块。平台综合了数据、管理、服务 3 大基础功能，数据平台实现全国海关离退休人员数据联通共享、综合统计、实时分析、动态展示，服务平台实行总署、直属海关、隶属海关分级管理，管理平台掌握情况全面准确、上传下达精准便捷、指导工作手段丰富。

经过哈尔滨、上海、南京、济南、广州、深圳、重庆 7 个直属海关为期 4 个月试点运行，285 名离退休干部工作人员及 3,914 名老同志试点应用，平台于 2021 年 9 月 27 日正式向全国海关离退休干部工作部门及老同志推广使用。截至年底，平台共有 796 名工作人员和 13,089 名老同志使用，使用率达 42%。

【调研交流】 总署作为国家机关事务管理局离退休干部经费协作区第二协作组成员单位，不断加强与协作组兄弟部委交流学习，

2021年4月28日，组织人员赴国家发展改革委离退休干部局开展调研座谈，参观国家发展改革委离退休干部活动中心，围绕离退休干部党建、服务、宣传、老年教育及经费使用等双方共同关心的问题进行交流。7月20日，离退休干部局与北京市委老干部局开展座谈，组织考察北京市老干部局活动中心和老年大学，就离退休干部党建工作、信息化平台建设、老年优待政策落实及老年大学建设进行交流，探索“央地结合”模式。

【业务培训】2021年，总署积极克服新冠肺炎疫情对培训工作的影响，首次通过e课堂方式组织全国海关离退休干部工作部门开展业务培训，组织哈尔滨、上海、南京、济南、广州、深圳、重庆海关7名离退休干部工作人员组成授课团队，共同录制“智慧银海平台应用”培训专题7节课程，组织南京海关离退休干部工作人员录制“新闻稿撰写和新媒体编发”专题课程，面向全国海关离退休干部工作部门发布，1,027人参加培训学习。

【表彰奖励】2021年12月21日，全国离退休干部“双先”表彰大会召开，南京海关离退休干部办公室副主任毕爱民获“全国优秀老干部工作者”称号，并作为中央和国家机关先进代表发言；黄埔海关离退休干部办公室主任曾萍获“全国先进老干部工作者”称号。年内，上海海关离退休干部办公室获“上海市老干部工作先进集体”称号，杭州海关离退休干部办公室获“浙江省老干部工作先进集体”称号。

年内，总署离退休干部局组织参加“健康中国我行动”全国广播体操工间操云比赛并获三等奖，离退休干部局邢月被授予“中央和国家机关五四青年奖章”，但其鸿被授予“中央和国家机关优秀工会工作者”称号。

教育与宣传

【老年大学】2014年1月，总署党委批准成立总署老年大学，学校建筑面积500平方米，共开设5个专业5个班级，共计学员50人。

经改扩建，截至2021年年底，共有场地面积844.75平方米，在校学员总数373人。

▲2021年6月4日，总署机关老年大学合唱班开展授课

年内，总署整合各方面教学资源，推进老年大学硬件建设和网上教学。通过向国家机关事务管理局申请及自购等途径改善硬件设施，为老年大学添置智慧黑板、多媒体设备、学习桌椅等设施313件以及多种教学配套器材160件、教学用品387件。完成直播教室建设，为综合教室、舞蹈教室完善教学录制设备，提高线上教学录播清晰度。

指导各海关单位利用当地老年大学教学资源和社会资源开展老年教育，2021年全国海关共有11个直属海关与所在省（市）老年大学联合开办了12所海关分校（见表5-3）。

表 5-3 2021 年全国海关单位老年大学设置情况

序号	单位	大学名称	在校人数	开设课程
1	大连海关	辽宁省大连市老干部大学海关分校	160	太极拳、剪纸艺术、口琴演奏、绘画
2	上海海关	上海市老龄大学上海海关分校	195	政经、书法、绘画、旅游文化、空灵鼓、电子相册制作、剪纸艺术、国画
3	南京海关	江苏省老年大学海关分校	120	形体、书法、摄影、声乐、太极拳
4	福州海关	福建省老年大学福州海关分校	150	太极拳、舞蹈、唱歌、书画
5	长沙海关	湖南省老干部大学长沙海关分校	136	声乐、电钢琴、书法、国画、模特
6	广州海关	广东省老干部大学广州海关分校	549	书法、素描、舞蹈、科技、声乐
7	深圳海关	深圳市长青老龄大学海关分校	794	国画、声乐、书法、图像处理、英语、朗诵、电脑、合唱、形体模特、民族舞蹈、瑜伽、太极拳、中阮、乒乓球、民乐、门球、柔力球
8	拱北海关	广东省珠海市老年大学拱北海关分校	361	太极拳、二胡、民族舞、书法、国画、书画
9	汕头海关	广东省汕头市老干部（老年）大学汕头海关分校	62	声乐、舞蹈
10	黄埔海关	广东省老干部大学黄埔海关分校	145	声乐、书法、国画、舞蹈、摄影基础、中医养生、太极拳、短视频制作
11		广东省东莞市老干部大学黄埔海关分校		
12	江门海关	广东省江门市老干部大学海关分校	74	声乐、手机摄影、民族舞、书法艺术、山水绘画

【信息宣传】2021 年，总署恢复编发工作简报，作为离退休干部工作交流载体，设置政研类、经验类、动态类 3 个交流栏目，全年刊发 5 期 38 篇文章，多篇信息稿件被中组部采用。

“鑫海桑榆”微信公众号围绕海关离退休干部重点工作，增加设置“党史学习”“党建工作”“初心使命人物专访”“发挥作用”“红歌传唱”等专栏。截至 2021 年年底，“鑫海桑榆”公众号共设置栏目 23 个，推送文章 269 期，转编信息 1,513 篇，关注人数为 7,959 人，比 2020 年年底增加了 1,186 人，关注率提升 18%。

总署的相关杂志设有“党史学习”“党建工作”“学习贯彻党的十九届六中全会”“光荣在党 50 年”“为群众办实事”等栏目，全年编发 6 期 260 余篇文章，其中刊登老同志个人文章 130 余篇，刊登老同志个人书画、摄影作品共 120 余幅。

（撰稿人：王德江 邢 月）

广东分署

【概况】海关总署广东分署（通常简称“广东分署”）于1980年经国务院批准成立，是总署直接领导的正厅局级派出机构。受总署委托，承担综合协调广东省内海关的工作职责：督查督办广东省内海关贯彻落实党中央、国务院关于海关工作的方针政策和决策部署，总署的工作安排；组织广东省内海关贯彻落实广东省委、省政府对省内海关的工作要求，对接联系广东省委、省政府及有关部门；协调、组织实施广东省内海关之间的工作关系和业务运作，推动广东省内海关实施跨关区业务改革；以总署名义办理以广东省内直属海关为被申请人的行政复议案件，并代表总署应诉；实施行政执法监督检查；统筹省内海关与港澳地区相关政府部门的工作联系和信息交流。对长沙、广州、深圳、拱北、汕头、黄埔、江门、湛江、南宁、海口、重庆、成都、贵阳、昆明14个直属海关履行监督检查、审计巡视等工作职责。2021年，广东分署设有15个正处级内设部门和1个正处级事业单位，并受总署委托管理全国海关信息中心广东分中心。海关总署广东分署缉私局为全国海关第三缉私战区中心局。

2021年，广东分署坚持以习近平新时代中国特色社会主义思想为指导，深入贯彻党的十九大和十九届历次全会精神，增强“四个意识”、坚定“四个自信”、做到“两个维护”，坚决落实党中央、国务院决策部署，认真落实总署工作要求和广东省委省政府“1+1+9”工作部署，全面深化政治建关、改革强关、依法把关、科技兴关、从严治关，统筹推进口岸疫情防控和促进外贸稳增长，全力支持“双区”建设和横琴、前海两个合作区建设，全力服务做强做实新发展格局战略支点，全力配合高质量构建“一核一带一区”区域发展格局，各项工作取得新成效。2021年，广东外贸进出口8.27万亿元，同比增长16.7%，占全国21.1%。全年省内海关监管进出口货运量14.7亿吨，同比增长2.2%；监管运输工具1,067.9万辆（艘）次，同比增长5.9%。

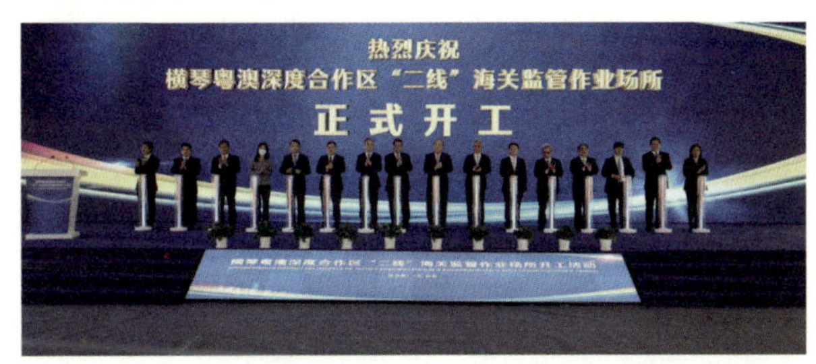

▲2021年12月6日，横琴粤澳深度合作区“二线”海关监管作业场所开工

【党的建设】2021年，广东分署学习贯彻习近平新时代中国特色社会主义思想，持续在学懂弄通做实上下功夫，不断提高政治判断力、政治领悟力、政治执行力，始终在思想上政治上行动上同以习近平同志为核心的党中央保持高度一致，把做到“两个维护”体现在贯彻落实中央决策部署的实际行动上。落实“第一议题”制度，通过广东分署党委会、形势分析及工作督查例会学习习近平总书记重要讲话、重要指示批示精神38次。学习党的十九届六中全会精神，深刻领悟“两个确立”的决定性意义，组织党委中心组学习5次、专题学习班2次，专家教授宣讲辅导8次，党委委员带头领学10次，推动理论学习往深里走、往实里走、往心里走。

系统学习党的百年历史，深入学习习近平总书记“七一”重要讲话精神。坚持“晨读晨会”制度，开设“红色记忆·党史讲堂”。制定广东分署党委重点民生项目26项，其中2项入选全国海关“‘我为群众办实事’百佳项目”。牵头组建党史学习教育总署第五巡回指导组，对8个联系海关进行巡回指导。组织广东省内海关庆祝建党100周年“学党史　践初心　党徽耀国门”演讲展示活动和“百年华章　同心向党”主题书画展，拍摄“改革开放中的广东分署四十年”微党课。举办广东分署党史学习教育知识竞赛，组织参加全国海关“党在我心中”党史知识竞赛。组织“两优一先”评选，向14名离退休党员发放“光荣在党50年”纪念章。

巩固拓展基层党组织“强基提质工程”，推进模范机关创建，广东分署统计分析工作处获评“广东省直机关模范机关创建先进单位”，典型材料入选《广东省直机关模范机关创建先进典型选编》。创建“四强”支部和党建品牌，新增广东分署党建示范品牌1个、培育品牌2个，2个党支部获评全国海关基层党建示范品牌，1个党支部获评广东省直机关先进党支部。广东外贸质量监测工作组获评“全国工人先锋号”。广东分署驻村第一书记获评“广东省脱贫攻坚先进个人”。

落实全面从严治党“两个责任”，持续推进清廉海关建设。2021年10月13日至11月26日接受总署党委第一巡视组常规巡视。严格落实中央八项规定精神，坚决防止“四风”反弹回潮，为基层减负。开展“现场监管与外勤执法权力寻租”专项整治，严肃监督执纪问责，用好“四种形态”。以案促改加强教育警示，形成持续震慑，筑牢思想防线。定期开展广东省内海关违纪案件特点分析，研判队伍廉政风险情况。

【巡视巡察】参与完成总署巡视工作任务，加强对广东省内海关新冠肺炎疫情防控工作的督查，参与对省内海关内部新冠肺炎疫情防控的专项检查，对省内海关业务现场开展常态化视频督查。加大调查研究工作力度，发挥广东分署平台作用，梳理汇总联系海关巡视整改经验做法，全年编发24期巡视整改监督工作简报，强化联系海关信息共享和经验交流。跟踪督办联系单位巡视整改落实。以视频会议形式指导长沙海关巡视整改专题民主生活会；先后对湛江海关、汕头海关、成都海关开展实地专项监督检查；通过多种方式跟进深圳、南宁海关落实“整治形式主义、官僚主义”专项巡视整改落实情况，督促健全完善长效机制，有效防止“四风”问题反弹。对深圳海关隶属龙岗海关和湛江海关隶属海东新区海关组织开展交叉巡察试点工作。

【法治建设】2021年，广东分署参与《海关法》等法律法规修订、权责清单编制等工作，办理行政复议案件10起，代表总署参加行政应诉案件2起。广东分署获评广东省法治文化节系列活动“优秀组织奖”以及广东省普法新媒体精品“铜奖”。组织广东省内海关参加地方普法创新创先项目征集评选活动，3个海关获评广东省优秀普法项目。

【综合业务】2021年，协调推进业务改革，协调广东省内海关开展跨境贸易便利化专项行动，参与制定广东省优化口岸营商环境、促进跨境贸易便利细化措施。建立广东省内海关综合业务协调机制，协调解决68个业务事项。协调落实“两步申报”“提前申报”改革，应用比例均超过全国平均水平。推广“船边直提、抵港直装”改革试点，推动落实总署支持中欧班列发展10条措施，实施“铁路快速通关”改革，全年广东全省开行中欧、中亚、东南亚等方向国际货运班列431列。推动广东省实现跨境电商B2B出口监管改革试点全覆盖，市场采购出口业务试点顺利启动。发挥科技支撑保障作用，协调推动“单一窗口”标准版推广应用，全年广东省“单一窗口”累计申报单量48亿票，占全国的51%。

开展知识产权海关保护，协调推进“龙腾行动2021”，有效遏制进出口侵犯知识产权违法态势。广东省内海关累计实际扣留进出口侵权货物18,111批次，数量3,100万件。牵头形成区域知识产权保护合力，广东省内海关与香港、澳门海关开展知识产权海关保护联合执法行动3次，省内海关累计查获侵权货物、物品4,036批次，数量284万件。加大宣传力度，营造知识产权保护氛围。

【检验检疫】2021年，广东分署持续强化口岸检疫，坚持“外防输入、内防反弹”总策略，分析研判口岸新冠肺炎疫情防控形势。督促广东省内海关在“三查三排一转运”基础上，加强对高风险国家（地区）入境人员、高风险布控交通工具的卫生检疫。坚持“人、物、环境同防”，严格实施口岸环节风险监测和预防性消毒监督。配合建设广东省进口冷链食品从口岸到流通领域追溯体系，推动实现“港口码头+集中监管仓”联动响应。同时，严防埃博拉、中东呼吸综合征等重大传染病疫情经口岸叠加输入。做好与地方联防联控机制协调配合，履行广东省新冠肺炎疫情防控指挥部成员单位职责。建立广东省内海关落实属地防控指挥办工作例会议定事项机制，制定海关与地方具体对接措施。协调广东省内海关配合做好机场防控境外疫情输入等专项整治工作和落实国务院督导组的相关工作要求。持续推动优化“一码通”系统和粤康码“通关凭证”系统。推动广东省完善香港跨境司机和往来港澳小型船舶船员防控措施，堵塞防控漏洞。及时向广东省联防联控机制反映问题、提出建议，协调深圳、拱北海关做好粤港口岸旅检通道有序开放准备工作。支持保障珠澳口岸通关安全顺畅，协调拱北海关妥善应对澳门新冠肺炎疫情。

严防国门生物安全风险，协助总署编撰海关生物安全体系建设方案，牵头编制国门生物安全监测指南。受总署委托，牵头全国外来入侵物种防控联合调研组督导广东省防控情况。做好供港澳活猪业务监控，保障安全供应，2021年全年内地供港澳活猪累计88.04万头，同比增长22.59%。严守进出口食品安全防线，协助进出口食品安全局拟制香港输内地食品检验检疫要求。协助进出口食品安全局举办第八届APEC食品安全合作论坛大会及系列会议。代表省内海关，连续2年在广东省直机关年度食品安全工作评议考核中获得“优秀”等次。强化进出口商品质量安全把关，积极推动实施广东质量强省战略，构建完善质量监管体系，完成政府质量工作考核。

【监管业务】开展安全生产专项整治3年行动，督促广东省内海关开展安全生产风险隐患排查，对危险化学品监管作业场所开展视频监控检查。加强与广东省有关部门和省内海关联系，推动联防联控，提升口岸反恐维稳合力。

开展自由贸易试验区和特殊监管区域管理，支持粤港澳大湾区建设，协助总署国际合作司推动与港澳海关“三智”合作。牵头举行首届粤港澳卫生检疫、动植物检疫和食品安全控制会议，签订备忘录。推动实施启运港退税、内地临床急需药品和医疗器械监管创新政策。推进“澳车北上”，提出明晰“四方责任”的具体措施。支持深圳先行示范区建设。推动落实保税油供应、游艇自由行免担保等综合改革试点首批授权事项。支持横琴粤澳深度合作区建设。会同拱北海关向总署报送海关对横琴合作区监管办法建议稿，参与起草横琴合作区条例，全面反映海关意见诉求。支持前海深港现代服务业合作区建设。会同深圳海关参与广东省港澳服务与国际合作、服务业与科技促进2个专项小组，落实涉及海关8项工作。支持广东自由贸易试验区建设。指导广东省内海关开展制度创新和复制推广工作，备案创新措施累计15项，占全国海关的16.7%。支持综合保税区建设。协助总署自贸区和特殊区域发展司开展综合保税区建设绩效评估。协调推动《国务院关于促进综合保税区高水平开放高质量发展的若干意见》落地实施。

▲2021年5月11日，首届粤港澳卫生检疫、动植物检疫和食品安全控制会议暨合作备忘录签署仪式在广东分署举办

【海关统计】2021年，广东分署履行全球贸易监测中心（广东）主任单位职责，完成"一带一路"贸易指数编制。坚持"开门"搞研究，推动与高等院校、科研单位、智库机构等研究力量开展合作，完成多项署省级课题研究。做好重点商品进出口异动监测预警。持续跟踪研究新能源汽车产业发展，提出产业发展建议和海关帮扶措施。

【企业管理和稽查】2021年，广东分署受总署企业管理和稽查司委托，牵头开展内地与香港AEO互认效益评估，建立可复制推广的量化AEO互认效益评估体系，选取323家广东省内AEO企业开展调研，了解AEO互认便利措施落实情况和企业的获得感。制订内地与香港、澳门AEO区域互认工作方案，探索研究开展内地与香港、澳门的区域AEO互认合作。

【查缉走私】2021年，广东分署落实总署党委关于进一步加强打私工作的部署。积极推进打击"水客"走私。组织开展粤澳海关反走私联合行动和海南自由贸易港离岛免税"套代购"走私的滚动打击，珠澳口岸"水客"聚集、集中通关等情况得到有效遏制。广东省内海关缉私部门累计立案侦办"水客"走私犯罪案件776起，案值237.07亿元，涉税25.48亿元，打掉走私团伙396个，抓获犯罪嫌疑人1,524人。推动建立海关缉私与海警、地方公安的执法合作及突发事件应急处置机制。落实全国打私办工作部署，督导检查打击治理粤港澳海上跨境走私。广东省内海关缉私部门自开展打击治理粤港澳海上跨境走私行动（10月至12月），累计出动缉私艇802艘次、警力4,953人次，查获刑事案件27起，打掉走私团伙7个，抓获犯罪嫌疑人132人。统筹推进"国门利剑2021"专项行动。强化战区合成作战，累计协调战区查办案件36起，打掉走私团伙147个，抓获犯罪嫌疑人680人，案值222亿元，涉嫌偷逃税48.6亿元。继续严厉打击"洋垃圾"、象牙等濒危动植物及其制品、涉枪涉毒、成品油等重点涉税商品走私。

年内，广东省内海关缉私部门立案查办各类走私违法案件50,007起，案值近661.72亿元。其中，立案侦办走私犯罪案件1,867起，案值362.51亿元，共对1,875名涉案嫌疑人采取刑事强制措施；立案调查走私行政案件48,140起，案值299.21亿元。

成立广东缉私"云战"中心，推动广东省内海关缉私部门成立大数据分析及建模"云战"工作室，服务打击走私总目标实战阶段性成效显著，"云战"计划累计推动广东海关缉私部门立案侦办"水客"走私犯罪案件776

起，案值237.07亿元。

组织广东省内海关参与各地清港清湾、流通领域市场清查整治等工作，查缴“三无”船舶，对私货市场进行联合执法；配合开展广东省非法成品油联防联控和行业整治，连续侦破海上接驳走私柴油、走私“红油”及粤港两地牌货车走私成品油团伙大案。配合省打私办和地方政府推进落实“冻品”归口处置工作，广东省内海关累计处置涉案冻品19,896吨。及时向省打私办报送海关缉私人员遭遇暴力抗法调研报告，配合省打击走私领导小组出台关于依法严厉惩治暴力抗拒缉私执法行为的相关指导意见。积极参与省打私办组织的“飓风”“国门利剑”等专题新闻宣传和《广东省反走私综合治理条例》修订工作。

【政务管理】2021年，广东分署牵头完成广东省内海关12360热线与地方12345热线归并。编发综合类信息等，被总署办公厅采用55篇次；被省委办公厅采用54篇次，被省政府办公厅采用41篇次。主流媒体刊发分署稿件2,830余篇次。办理广东省第十三届人民代表大会四次会议、政协广东省委员会十二届四次会议交由分署办理的建议提案共25件；协助办理广东省政府办公厅交由分署协办的十三届全国人民代表大会三次会议代表建议和全国政协十三届三次会议提案共21件，满意度100%。机要保密和档案管理工作进一步加强。分署机关后勤服务水平不断提升。

【科技发展】2021年，广东分署优化跨境电商通关管理系统，“双11”期间系统处理高效、运行平稳。分批开展海关核心通关业务系统异地容灾切换测试，推进新一代核心系统容灾建设。实施全国海关业务网邮件系统国产化改造，首个国产化海关信息系统办公应用顺利上线。加大服务器监控纳管力度，运行系统资源绩效管理加强。核心节点技术热线全年处理各海关技术服务请求2,460项。更新完善旅客通关管理系统功能，支持疫情“外防输入”工作。

推动广东省内海关实验室布局优化和能力提升，总署科技发展司结合分署建议，对省内海关实验室进行局部优化。推动湛江海关做好精细化工、海洋生物2个重点实验室申报建设工作。参加国家卫健委对广州海关P3实验室的实验活动现场评估论证，协调广州海关P3实验室配合做好省新冠肺炎疫情防控科研攻关工作。

统筹利用地方资源，支持广东省内海关科技项目建设。成功组织全国海关信息中心广东分中心申报建设“广东省智慧海关科技协同创新中心”，为广东省科技厅纳入2021年立项的2个协创中心之一。推荐选送广东省内海关优秀科研成果参与地方评比。推进省重点领域研发计划广东省内海关5G项目建设。探索促进科技成果转化，2个项目获总署批准立项。

【督察内审】2021年，广东分署完成实验室建设专项审计调研，组织完成对拉萨、拱北、西宁海关3名署管干部的经济责任履行情况现场审计。根据总署督察内审司执法评估工作计划，完成“进口粮食监管政策落实情况”署级执法评估项目。围绕2020年9月至2021年10月期间分署财务处、分署后勤管理中心、广东分中心有关经济活动管理和内部控制情况开展内部审计检查。组成检查组对分署2020年7月至2021年2月扶贫专项资金管理和使用情况开展内部检查。通过参加监事会、会签、函复等方式，对分署非执法领域政府采购、合同签订等事项进行监督。

【队伍建设】2021年，广东分署严格履行干部选拔任用各环节程序规定，落实“凡提四必”要求，坚持落实请示报告制度，做好选拔任用纪实工作，开展干部人事政策宣讲6次；开展选人用人“一报告两评议”工作。

完善请休假、考勤等管理措施，做好干部

日常管理监督；联系协调广东省公安厅为分署开通使用国家工作人员出入境登记备案管理系统。用好提醒函询诫勉工作机制，抓早抓小，落实管理责任。持续做好干部“不担当不作为”“裸官”管理、退休干部社团兼职管理等相关工作，形成日常约束机制。按要求组织开展干部人事档案有关专项审核工作，并启动干部人事档案库房升级改造工作。

将习近平总书记重要指示批示精神作为分署各类干部教育培训的“第一课程”。按照总署、分署党委的工作安排，举办2期分署处级干部学习贯彻党的十九届五中全会精神暨党史学习教育专题培训班。组织分署185名参训学员完成学习贯彻党的十九届五中全会精神网上培训班学习任务。组织和督促分署厅局级及以下全体干部完成“钉钉”App党史学习教育网上专题班学习任务。

做好离退休干部党建工作，落实“三会一课”，打造“网上支部”阵地，做好离退休干部党费收缴、管理工作。做好离退休干部服务平台“智慧银海”推广应用工作。做好离退休人员的体检工作，跟进安排后续的复查和治疗。在离退休干部中开展“我看建党百年新成就”专题调研、“我看建党百年新成就”主题征文、建党百年诗词书画摄影作品展等活动。向全体离退休人员发起红色档案材料征集活动，激活红色记忆。

（撰稿人：卜海龙　王　峻　叶　坤
付泽华　刘学行　苏兆勇
吴李霖　张　洁　张　超
陈健人　范　舟　林兆槐
赵恩亮　崔智宇　第五纪红
温开湖　谢　越　潘敦湟）

天津特派办

【概况】海关总署驻天津特派员办事处（通常简称“天津特派办”）成立于2002年7月10日，是总署直接领导的正局级派出机构，受总署委托承担稽查、督查、审计、执法监督、干部监督、巡视等工作职责，不办理具体海关业务，联系单位为北京、天津、石家庄、太原、呼和浩特、满洲里、大连、沈阳、长春、哈尔滨、济南、郑州、兰州、银川、乌鲁木齐15个直属海关和中国海关管理干部学院，内设办公室（党委组织宣传部）、稽查工作处、督查审计工作处、巡视工作处4个正处级部门。

2021年，天津特派办在总署党委领导下，以习近平新时代中国特色社会主义思想为指导，以“高站位把握派驻定位、高质量发挥派驻作用”为目标，拓展稽查工作职能、发挥督查审计作用、强化巡视整改督查力度、围绕中心开展调查研究。截至2021年，天津特派办2次获得天津市绩效考核优秀等次，连续12年获评天津市“文明单位”称号。

【党的建设】2021年，天津特派办深入学习贯彻习近平新时代中国特色社会主义思想，持续巩固“党委班子及时学、党委中心组深入学、基层支部经常学”的“三学”机制。开展中国共产党建党100周年系列宣传教育活动，完成党的十九届五中全会精神全员轮训，组织十九届六中全会精神专题学习班，深刻认识“两个确立”的决定性意义；开展党史学习教育，践行“我为群众办实事”要求，制定11类40项办实事清单，与监督职能紧密结合，面向联系单位，在稽查、审计、巡视整改监督等工作中送教上门、提示要点；配合总署党委第二巡视组对天津特派办常规巡视工作。推动机关党建高质量发展，完成机关党委、机关纪委换届。抓好“四强”支部和党建品牌创建，巡视工作处党支部党建示范品牌顺利通过总署复核。践行社会主义核心价值观，持续打造“金钥匙奖学金”助学帮困特色品牌，常态化组织学雷锋志愿服务活动。

【稽查】2021年，天津特派办对联系单位开展跨境电商专项稽查行动进行督导检查，发现问题2个，提出意见建议3条。对11个联系单位开展的进口固体废物加工企业2019年以后专项稽查进行督导检查（涉及74家企业），发现问题4个，提出意见建议4条。对联系单位开展的进口再生金属行业专项稽查行动进行两轮督导检查（涉及88家企业），对总署企业管理和稽查司下发名单企业涉及的3家重点联系单位进行一对一情况了解，共发现问题2个，提出建议2条。

【督察审计】2021年，天津特派办完成对2个直属海关单位经济责任审计，提出审计建议7条；开展对2个直属海关单位专项审计自查情况进行实地检查；牵头9个直属海关单位，完成全国海关进出口食品安全监管专题评估工作，对2个直属海关书面调研，对1,826家进出口企业问卷调查，提出意见建议10条；克服疫情影响，组织开展联系单位审计软件交流使用集中培训，推广财务审计新技术手段。

【巡视及巡视整改监督】2021 年，天津特派办组织对 6 个接受总署巡视的联系单位进行整改情况监督检查，先后 9 次组织开展对 6 个单位及 13 个隶属海关的实地督查，9 次通过视频会议列席专题民主生活会、听取巡视整改情况汇报，与被巡视单位领导班子成员进行个别谈话沟通 46 人次，对整改方案提出审核意见 89 条，反馈实地督查建议 41 条，审核巡视整改专题民主生活会材料，制发整改工作“提示要点”和督查工作模板，组织群众满意度网上测评。组织对 8 个直属海关单位中长期整改情况进行督查，对尚未完成整改任务的单位进行重点检查。选派 6 人次分别参加总署党委对 3 个直属海关的常规巡视和 2 个总署直属事业单位的巡视“回头看”，做好 7 个巡视组的后勤保障工作。

【调查研究】2021 年，天津特派办发挥监督优势、地域优势和信息资源优势，聚焦中央重大决策部署，围绕总署重点工作和地方经济发展需求，完成 7 项调研。其中，《关于加强自贸区海关监管制度集成创新推动两区统筹发展研究情况报告》《关于区域海关加快推动京津冀协同发展专题调研报告》报送总署和天津市政府；《区域海关加快推动京津冀协同发展助力构建新发展格局研究》在海关系统刊发，推动研究成果实现转化。

▲2021 年 9 月 23 日，天津特派办与雄安新区管委会有关部门和负责同志就雄安自贸片区发展进行座谈

【疫情防控】2021 年，天津特派办组织召开统筹口岸疫情防控和促进外贸稳增长工作指挥部会议 10 次，及时贯彻中央部署，落实总署、天津市防控要求。制发天津特派办工作人员感染新冠肺炎应急处置工作预案指引、疫情防控工作指南，规范防疫要求和应急处置程序，提升快速反应及处置能力。年内，内部排查干部职工健康情况 29 次 1,918 人次，对干部职工进行核酸检测 289 人次。

（撰稿人：杨　雪）

上海特派办

【概况】2002年7月12日，海关总署驻上海特派员办事处（通常简称“上海特派办”）成立。2005年7月起，上海特派办受总署委托开展巡视、审计等工作。

上海特派办主要职责是：协助总署对联系单位领导班子、署管干部贯彻党的路线方针政策、执行总署决策决议决定情况、廉政执纪情况以及联系的直属海关执法情况进行监督检查；协助总署对联系单位领导班子、署管干部和干部队伍情况进行考察了解，协助总署对联系单位干部选拔任用进行监督检查；承担总署交办的稽查、督查、审计、巡视、专题执法评估等任务，对联系单位巡视整改情况开展监督检查；承担总署交办的其他事项，不办理具体海关业务。联系单位为上海、南京、杭州、宁波、合肥、福州、厦门、南昌、青岛、武汉、拉萨、西安和西宁海关13个直属海关，以及上海海关学院。

2021年，上海特派办扎实践行总署党委提出的“五关”建设总体要求，坚持围绕中心、把准定位，坚持主动作为、履职担当，坚持系统思维、改革创新，坚持严管厚爱、守好底线。弘扬伟大建党精神，党史学习教育取得扎实成效，强基提质促进党建高质量发展；推进巡视整改监督闯出新路，对联系海关单位巡视集中整改阶段开展现场检查和“云监督”；深化督审职能取得新成效，承办署级经济责任审计、专项审计和专项评估调研；探索稽查履职实现新方式，制定稽查工作规范，督导专项稽查行动，探索开展贸易调查；完成总署交办的直属海关单位党委民主生活会督导、专项整治实地检查和署管干部考察等任务；毫不松懈抓好新冠肺炎疫情防控，内部管理保障水平稳步提升，较好完成年度任务。2021年，上海特派办获评第十九届、第二十届上海市文明单位，第十届、第十一届上海市文明行业。

2021年，上海特派办受总署思想政治工作办公室委托，完成14家联系海关单位党委民主生活会督导和8个直属海关单位党史学习教育巡回指导工作，对福州、西宁海关等4个直属海关单位党委民主生活会开展专项督查。协助总署人事教育司做好署管干部考察，赴汕头、湛江、合肥、厦门、福州海关5个直属海关开展拟提任一级巡视员考察，赴上海、杭州、宁波海关3个直属海关开展拟提任副厅级领导干部考察。按照驻署纪检监察组部署，组织9人次对北京、太原、武汉、郑州、深圳和湛江海关6个直属海关共3批“现场监管与外勤执法权力寻租”专项整治实地检查，实地检查经验材料入选海关执纪审查协作区交流材料汇编，并在驻署纪检监察组专题会议上做交流发言。受总署国际合作司委托，为澜湄国家海关人员做“中国自贸区建设实践与经验”线上授课。

【党的建设】2021年，上海特派办深入推进政治机关建设，落实“第一议题”制度，每月召开形势分析及工作督查例会，抓好跟踪督查，形成“传达学习+工作部署+反馈情况+实际成效”工作机制。强化理论武装。举办习近平总书记“七一”重要讲话精神读书班暨宣讲交流，深入学习《习近平谈治国理政》，组织开展党的十九届五中、六中全会精神轮训，组织党委理论学习中心组学习19次。深入开展党史学习教育，开设党史学习教育专栏、“党史·铸魂”红色讲坛、“让党旗在支部高高飘扬”栏目，开展“永远跟党走”主题宣传，举行庆祝建党100周年“我们集结在党旗下”系列主题活动；推进“强基提质工程”，完成“我为群众办实事”实践活动8项重点民生项目，其中“助学边关十一载　学史力行再出发”边关爱心助学帮扶项目入选总署“‘我为群众办实事’百佳项目”。促进党建高质量发展。编发《党支部工作规范实务手册》《党支部工作规范化流程图》，确定每月党费交纳日、每月主题党日，坚持一月一提示、一月一总结。统筹推进党支部书记抓党建工作述职评议考核暨合格支部达标复核、“四强”支部评选和党建品牌认定工作，明确“42+7”项细化考核指标，强化先进典型示范引领，促进党支部规范化建设。推动党建与业务深度融合。办公室党支部以“六讲”团队建设为抓手，发挥参谋助手、组织协调、服务保障等职能作用。稽查工作处党支部针对稽查工作新定位、新任务和新要求培育“国门稽先锋”党建品牌，提升稽查队伍精气神。督查审计工作处党支部把党组织建在审计组、强在审计组，培育“五上督审尖兵”党建品牌。巡视工作处党支部聚力“砺剑大讲堂”“亮剑练兵场”“熔剑训练营”“清风+学习营”建设，党史学习教育日常学习党建案例入选总署《支部书记“百问百答”》。优化队伍管理，加强处以上干部个人事项申报及选人用人“一报告两评议”。组织内务规范强化月活动，深入开展内涵学军。开展全员培训，提升干部队伍素质。

2021年，上海特派办坚持全面从严治党，严明政治纪律政治规矩，严格执行请示报告制度，令行禁止，政令畅通。严格执行民主集中制，坚持集体领导和分工负责相结合，健全落实议事规则和决策程序，全年召开党委会23次。严格执行新形势下党内政治生活的若干准则，开好民主生活会，落实党员领导干部参加双重组织生活会制度。落实主体责任，制定上海特派办党委关于落实监督执纪“四种形态”的通知、上海特派办党委关于开展谈话提醒的实施办法等，运用“第一种形态”开展批评教育3次。细化“四责协同”机制，定期开展队伍思想动态、廉政形势分析。加强监督执纪，党委纪检组发挥专职监督作用，巩固和强化“严”的主基调，制定加强对一把手和领导班子监督的实施意见责任清单，推进清廉海关建设，明确“5个一律不准”负面清单。组织领导干部配偶、子女及其配偶从业情况抽查，强化稽查、督审、巡视等外出工作廉政监督机制，党委纪检组开展行前集体提醒、主动约谈和听取项目廉政报告等。狠抓纪律作风，认真贯彻中央八项规定及其实施细则，落实持续改进文风会风、克服形式主义16条具体措施，持之以恒纠治“四风”。党委纪检组组织开展全面从严治党责任制度执行情况和中央八项规定精神落实情况等综合自查，开展新冠肺炎疫情防控专项检查2次。加强督促整改，抓好中央巡视反馈意见整改，建立内部巡视自查工作机制。党委纪检组牵头排查内部管理廉政风险点39个，指导制定防范措施18条。配合总署党委第三巡视组完成对上海特派办为期一个半月的常规巡视。

【稽查工作】2021年，上海特派办探索稽查职责实现方式，做好总署交办的专项稽查督导检查，通过表格化督导、清单式检查、现场督导检查、召开视频会等形式，对近三年进口固体废物加工企业、进口再生金属行业、跨境电商等4个专项稽查行动进行督导检查，制发

9 份督导检查风险提示单。由分管办领导带队，至上海、杭州、宁波、南昌海关，通过听取情况介绍、查看作业系统、调阅稽查资料等方式，开展“近三年进口固体废物加工企业”专项稽查行动实地督导检查。服务大局自主开展专项风险分析，开展龙虾走私进口风险分析，与总署风险防控局（上海）联合开展风险分析、数据挖掘、行业研究，形成风险分析报告。围绕国门生物安全，开展生物制品（特殊物品）入境风险分析，发现可能存在的税收风险和生物安全风险，形成专题分析报告。牵头开展企业协调员制度改革创新研究，会同天津、广州、汕头、哈尔滨、重庆等海关，成立以办领导为组长的工作组，制订企业协调员制度改革创新研究工作方案，实地调研走访上海海关企管处、青浦海关，组织企业协调员座谈会和高级认证企业座谈会，召开视频会论证讨论，形成研究报告、协调员办法修订稿等。完善稽查工作制度，制定一系列制度规范，为规范高效开展稽查工作提供制度性保障。

▲2021 年 2 月 28 日，上海特派办深入企业开展调研

【贸易调查】2021 年，上海特派办开展贸易调查，拓展外部沟通联系渠道，由分管办领导带队，至东航物流开展贸易调查，了解航空货运行业企业在跨境电商、进口生鲜等需求建议；至上海市报关协会，围绕推进各项改革措施落地和优化海关管理等听取企业意见，与上海市报关协会建立合作交流机制，搭建信息沟通平台，收集反映企业诉求建议；至虹桥商务区管委会，了解虹桥商务区、进口贸易促进示范区建设、推动长三角一体化建设情况及对海关工作的建议。与前滩新兴产业研究院开展交流，达成加强合作的共识；与上海市长宁区商委进行交流，就促进对外贸易便利化开展合作进行研讨；与国家税务总局驻上海特派办稽查一大队围绕进出口业务涉税风险，通过数据分析进行稽查项目协作进行可行性研究。

【督察审计】2021 年，上海特派办依法履行督察审计监督职责，坚决贯彻落实习近平总书记重要指示批示精神和党中央国务院重大决策部署，受总署委托，由办领导担任审计组组长，组织审计骨干 70 余人次，先后对武汉、南京、重庆、福州海关等署管干部开展经济责任审计，落实审计监督全覆盖要求，对重点工作、重大事项严格审，对国家审计关注问题重点查，提出审计建议 12 条。开展专项审计监督，受总署委托，上海特派办牵头组织对南京海关、宁波海关开展署级实验室建设专项审计调研，通过实地检查，发现海关实验室亟待统筹推进集约化发展等 15 个问题。组织上海、南京、青岛海关等 13 家联系海关单位 40 余名审计骨干在宁波开展海关审计软件演练集中培训，提高非执法领域审计数据分析能力。坚持一审多果、一果多用，在承办福州海关经济责任审计的同时，同步开展 2021 年海关专项审计实地检查，通过一次审计形成多个成果；梳理 2020 年远程联网审计对 13 个联系海关执法类审计成果，转化为审计决定中相关问题，通过一果多用减轻被审计单位负担。改进审计方式方法，加强数据分析和现场核查，压缩现场审计时间，制定审计组十个一廉洁审计制度、审计组防疫十项举措等；探索监督协同，在项目启动前结束后，加强办内信息沟通，形成监督合力。督审工作经验入选2021年全国海关督审工作会议经验交流材料汇编。

▲2021年7月20日，上海特派办督查审计工作处开展督审数据分析

【执法评估】2021年，上海特派办受总署委托，承办全国综合保税区优化监管署级专题评估调研。由分管办领导担任评估组组长，牵头南京、重庆、太原海关等8个海关，围绕《国务院关于促进综合保税区高水平开放高质量发展的若干意见》要求，对促进综合保税区发展的21项任务的配套制度措施出台、主要任务落地、实际业务开展情况和存在问题等进行重点评估。采取"座谈调研+问卷调查+书面调研+大数据分析"等方式，对39个直属海关、154个综合保税区管委会和1,489家综合保税区内企业开展调研。评估发现综合保税区规划面积验收率和开发率双低等5类问题，提出创新海关监管举措等5条建议，调研成果报总署。受总署委托承办全国稀土产业海关监管署级专题评估调研，牵头南昌、厦门、呼和浩特等海关，赴江西、云南实地调研，与中国南方稀土集团、中国科学院稀土研究院等座谈，分析全国稀土产业和监管情况，提出强化稀土管控建议。

【巡视工作】2021年，上海特派办参与总署党委巡视工作，先后选配6人次参加了总署党委2021年第一轮对厦门、南昌、武汉、长沙海关党委的巡视以及第二轮对天津特派办、南宁海关党委的巡视工作。抓好"构建海关巡视整改评估体系的探索与研究"课题研究，结合对上海、南京、西宁海关巡视集中整改情况检查，对"海关巡视整改评估指标体系"进行实际测试，形成一系列实践成果。由上海特派办牵头，上海海关相关人员共同参与，开展"构建海关巡视整改评估体系"专题研究，形成3个维度、9个一级评估指标、18个二级指标。强化巡视整改云监督。结合专题民主生活会的召开，对厦门、杭州、武汉、南昌海关和上海海关学院巡视整改情况开展"云监督"，共发现46个问题，提出20条整改建议。完成巡视集中整改阶段各项工作，认真履行巡视整改监督职责，巡视集中整改阶段对厦门、杭州、武汉、南昌、拉萨海关和上海海关学院共开展19次线上和实地检查。研究制订上海特派办关于对厦门、杭州、武汉、南昌、拉萨海关和上海海关学院6家海关单位巡视整改情况的监督方案，审核6个海关单位党委巡视整改方案和专题民主生活会材料，各发现10个方面和8个方面存在的共性问题，分别提出4条修改意见。针对疫情变化，集中时间完成对杭州海关巡视集中整改阶段专项检查的同时，以视频方式完成对厦门、杭州、武汉、南昌海关和上海海关学院巡视集中整改阶段的专项检查，共发现24个问题，提出12条整改建议。边探索边总结，对巡视整改监督方式方法和路径形成系统化方案，有关做法被总署采用。夯实巡视基础工作，强化巡视整改监督档案管理，调整巡视整改监督联系人，完善"一关一档一台账"机制，逐步建立15个海关单位巡视整改监督工作台账，使台账成为全面反映情况的有效载体。

【新冠肺炎疫情防控】2021年，上海特派办落实总署和地方防疫工作要求，加强新冠肺炎疫情内部防控组织领导，坚持"四早"不放松，制定上海特派办新冠肺炎疫情防控手册，严格办公区来访人员管理，开展日常疫情监测，掌握出差人员情况，及时报告居住地、出差地疫情监测情况。坚持“零报告、日报告”制度，建立工作台账，每日做好健康检测。对照国家卫健委《新冠病毒疫苗接种技术指南（第一版）》，对符合接种疫苗条件的干部职工组织接种，并开展了第三针加强免疫接种。

【政务管理】2021年，上海特派办发挥参谋助手作用，分解细化年度任务，形成2021年度工作要点。改进督查方式，优化督查流程，加强对审计、巡视等外出工作组的通知督查。做好精简公文工作，加强机要档案工作，完成当年电子文档归档。通过总署办公厅、上海市委办公厅对上海特派办机要档案室的突击检查。开展“档案话百年”“国际档案日”宣传活动。法治工作稳步推进，在办网开设“法治专栏”，开展“深入学习宣传贯彻习近平法治思想，奋力谱写海关法”主题宣传活动。开展“美好生活·民法典相伴”、《生物安全法》等宣传活动。加强数据安全管理，对“云擎”系统、海关风险预警处置和审计监督平台明确授权原则、授权流程、销权流程。开展清理和规范使用政务App、微信工作群专项治理。

【财务及后勤保障】2021年，上海特派办不断提升财务管理能力，贯彻落实中央过“紧日子”要求，强化预算刚性约束，严控各类支出，规范后勤保障，加强财务监督检查，制定并落实过“紧日子”12条具体措施。配合总署审计，及时提供材料，开展财务自查。加强资产配置及处置，完善办公场所基础设施保障。关心关爱退休干部，组织“冬送温暖、夏送清凉”系列活动，开展老干部慰问，引导老干部加强科学防疫，组织参加“百年风化　同心同唱”主题红歌活动，参与“翰墨光影颂百年”书画摄影展共投稿2篇。

（撰稿人：丁威勇　曲　艳　沈新华　谢钢纯）

北京海关

【概况】北京海关前身是津海关区北平分关，1949 年改组为津海关北平办事处，1951 年 1 月正式设立中华人民共和国北京关，1980 年 2 月升格为中华人民共和国北京海关。管辖范围为北京市各项海关管理工作。隶属海关包括首都机场海关、北京大兴国际机场海关、北京车站海关、北京邮局海关、中关村海关、北京东城海关、北京西城海关、丰台海关、海淀海关、通州海关、顺义海关、亦庄海关、天竺海关、北京朝阳海关、平谷海关、北京会展中心海关 16 个单位。

2021 年，北京海关以习近平新时代中国特色社会主义思想为指导，贯彻落实总署党委部署要求，立足国家对外开放及首都经济社会发展大局，深化政治建关、改革强关、依法把关、科技兴关、从严治关建设要求，圆满完成了各项工作任务，取得了“十四五”时期的良好开局。北京海关坚持筑牢首都国门安全防线，新冠肺炎口岸疫情防控工作有序有效开展，继续保持了“打胜仗、零感染”；完成建党 100 周年庆祝活动等重大活动的口岸安保任务；做好 2022 年北京冬奥会和冬残奥会的前期服务保障工作，为年内冬奥会测试赛和国际训练周提供通关服务；始终践行“三智”理念，“冬奥会口岸传染病监测预警及快速检测技术研究”获评全国海关首批“三智”示范项目；严厉打击走私违法行为，维护北京地区良好进出口秩序；推动“两区”［国家服务业扩大开放综合示范区和中国（北京）自由贸易试验区］建设各项牵头任务落实落地，持续优化口岸营商环境，“免税、保税、跨境电商政策相衔接”、跨境电商销售医药产品试点等多项首创性政策扩围增效，助推北京大兴国际机场综合保税区（一期）作为全国唯一的跨省级行政区划的综合保税区通过国家验收；坚持全面从严治党、从严治关，巩固风清气正的政治生态。全年北京海关多个集体获得上级单位及有关部门的表彰奖励，北京海关（机关）、首都机场海关等 5 个单位获评全国文明单位，北京会展中心海关报关厅获评第 20 届全国青年文明号，北京西城海关、丰台海关等 11 个单位获评首都文明单位标兵，总署税收征管局（京津）、后勤管理中心等 11 个单位获评首都文明单位，缉私局获评北京市扫黑除恶专项斗争先进集体。

【党的建设】2021 年，北京海关党委坚决贯彻落实习近平总书记在中央和国家机关党的建设工作会议上的重要讲话精神，按照总署党委部署安排，紧密围绕庆祝建党 100 周年，以党的政治建设为统领，以深化“强基提质工程”为抓手，创品牌、比工作、学先进，不断提高基层党建质量。常态化坚持“第一议题”制度，抓好基层党建工作，开展“党旗耀京关”党建品牌展示；顺义、亦庄等海关的 6 个党支部品牌被总署党委授予海关基层党建示范品牌和培育品牌；中关村海关“点滴寸草心 报得三春晖”案例入选首批 15 个全国海关基层党建创新案例。推动“三个一”（关有一个“内务建设示范点”，处有一面“内务规范流动红旗”，科有一名“内务标兵”）准军事化纪律部队内务品牌建设，“三点法”（找准切入点、把握着力点、着眼长远点）经验和“四个小”（常带小队伍、勤练小队列、多树小典型、常抓小体系）做法获总署推广。

【党史学习教育】2021 年，北京海关开展党史学习教育，举办各类学习活动 140 余场次。在“我为群众办实事”实践活动中，就冬奥会、冬残奥会等重大活动通关保障和政治保卫工作，扩大高级认证企业免除担保试点业务规模，加强口岸疫情防控等工作制定包含 35 项、108 条措施的关级“实事清单”并推动落实，“创新模式　主动作为　以首善标准全力做好北京冬奥会服务保障工作”等 3 个案例入选全国海关“‘我为群众办实事’百佳项目”。

【监督管理】2021 年，北京海关党委配合做好总署党委第一巡视组对北京海关的常规巡视，制定挂账销号审核、定期会议、专题研究、巡视整改联动、跟踪督办 5 项机制推动整改落实。在接受巡视期间，对 8 个隶属海关单位党委开展“基层海关党委工作规范化建设”专项巡察，全年共对 14 个隶属海关、内设处室和所属事业单位开展巡察。全年就疫情防控、党史学习教育以及关区违纪违法情况开展政治监督。加强外部监督，发挥社会特约监督员作用，推进政务服务“好差评”系统应用。

【队伍建设】2021 年，北京海关以干部人事工作“五大体系”（“建立健全源头培养、跟踪培养、全程培养的素质培养体系”“建立健全日常考核、分类考核、近距离考核的知事识人体系”“建立健全以德为先、任人唯贤、人事相宜的选拔任用体系”“建立健全管思想、管工作、管作风、管纪律的从严管理体系”“建立健全崇尚实干、带动担当、加油鼓劲的正向激励体系”）建设为主线，完善关区队伍建设。调整优化首都机场海关、总署税收征管局（京津）等 9 个隶属海关单位的一线执法岗位设置、职能配置和人员编制，共涉及 81 个科级机构；推动完成专业技术类公务员分类管理改革；完成事业单位管理岗位六级职员选拔任用工作；建立疫情防控“一线、预备、应急”共 1,001 人的三级梯队，支援首都机场海关封闭管理工作 132 人。

2021 年，北京海关持续做好离退休干部工作。组织离退休干部参加党史学习教育，先后开展 15 次线上讨论、1 次现场座谈会、3 次个人访谈和 1 次特色征文活动，共收集老干部感言 81 条；全年通过各种方式慰问离退休干部 1,147 人次。对光华路办公区原有老干部活动中心进行优化改造，在甜水园办公区职工之家、中关村海关在职职工活动室新增电教设备等适老设备，建成集学习教育、休闲娱乐、体育健身等为一体的活动站点。

【疫情防控】2021 年，北京海关落实“三查三排一转运”“人、物、环境同防”，做好入境人员检疫、客运航班的终末消毒监督及高风险非冷链集装箱货物的抽样检测和预防性消毒监督工作。落实“首都标准”加严防控，在全国海关首个开展入境客运航班环境及物品、手提行李样本采集检测工作；做好埃博拉、中东呼吸综合征、拉沙热等重大传染病多病共防，严防疫情叠加，实现“卫生检疫零遗漏”。严格做好新冠病毒疫苗出境保障工作，建立审批专用通道，实行“7×24 小时”工作制，对符合条件的新冠病毒疫苗出境审批申请、通关手续即到即办、即到即核、即查即放，实现审批通关“零延时”。在全国海关率先落实一线人员封闭管理要求，以顶格加严措施强化一线人员安全防护，推进全员新冠病毒疫苗接种工作，及时规范做好应急处置，实现干部职工“零感染”。

▲2021 年 4 月 29 日，首都机场海关关员引导入境旅客接受体温监测

【冬奥保障】2021 年，北京海关做好冬奥会召开前的各项准备工作。2021 年 7 月，北京海关将 2020 年 8 月组建的北京冬奥会工作领导小组改设为冬奥会工作指挥部，组建“一办十一组”工作架构。与天津、石家庄海关就冬奥工作建立联络沟通机制、工作联席会机制，并签署三关冬奥工作合作备忘录。建立“横向+纵向”的人力资源梯队工作机制，组建一线和预备人员纵向保障梯队及横向应急支援队伍，最大限度地满足冬奥会保障需要。发布北京 2022 年冬奥会和冬残奥会海关通关须知，为北京冬奥会人员、物资通关提供指引。配合总署向国际奥委会官员介绍海关通关政策，发布《冬奥防疫手册》《冬奥通关货运指南》。制订 13 个北京海关冬奥会专项工作方案与 10 个应急预案。牵头天津、石家庄海关风险防控部门研究重大赛事及国际活动海关监管风险防控工作模式，形成北京冬奥会和冬残奥会风险布控操作指引、在我国举办的重大赛事及国际活动风险防控操作指引。《新闻联播》全年 5 次报道北京海关保障涉冬奥会人员物资通关的工作情况，《东方时空》《朝闻天下》《中国新闻》等 8 档栏目播发报道 14 次，新华社、《科技日报》、《法治日报》、《经济参考报》等中央媒体以及《北京日报》、北京广播电视台等地方媒体共报道北京海关支持服务冬奥会工作 127 篇次。

【冬奥通关】2021 年，北京海关在首都机场海关通关现场添置自助申报校验一体机、移动平板等设备并将值机柜台前移至冬奥村，开展柜台前移海关申报及验核工作，全年共验放涉奥航班 148 架次、涉奥人员 4,906 人次。建立冬奥会公共卫生风险研判机制，评估冬奥会口岸公共卫生风险，优化检疫通关、实验室检测等流程，启用海关系统首家机场口岸隔离区内生物安全二级实验室，并根据检测工作量启用移动生物安全二级实验室+方舱实验室，完成冬奥会测试赛入境检疫检测工作。设立奥运会物资专用通道，实行“5+2”预约通关制度，优先办理通关、查验手续，对命中采消指令的物资采取即来即采、顺势消毒、快速验放；拓宽 ATA 单证册适用范围，对用于冬奥会比赛及训练等必需的体育用品，可使用 ATA 单证册办理暂时进境海关手续；对不便运输的大型设备、急于投入使用的冬奥会转播设备等，制订“即查即放”查验工作预案；为冬奥会火炬物资涉及的危险化学品出口提供便利化措施，完成冬奥会火炬出口任务。

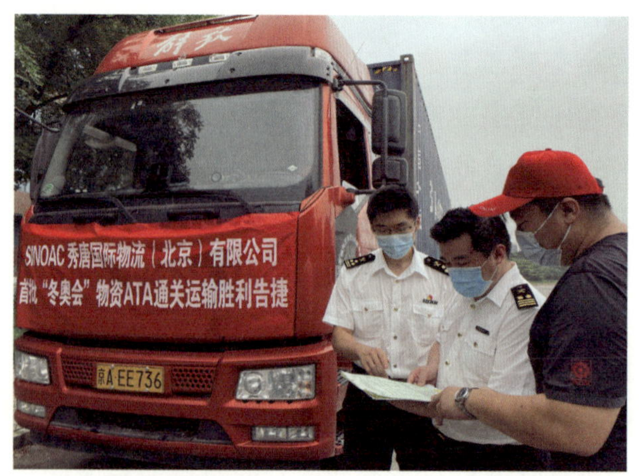

▲2021 年 8 月 16 日，北京朝阳海关关员办理冬奥会首票 ATA 单证册物资通关

【“科技冬奥”成果运用】2021 年，北京海关在首都机场海关等单位将核辐射全息定位

系统、通用消毒柜、痕量气味嗅探仪、智能巡检机器人等 10 种“科技冬奥”设备投入使用。与北京冬奥组委、国家体育总局、首都机场公安局等部门建立工作联系配合机制，推进“冬奥会口岸快速通关智能监管技术及装备”项目建设，在货检、快件和旅检现场应用智能审图技术及装备、口岸传染病快速筛查技术及装备、核因子全息定位系统、多模式痕量气味嗅探仪等智能装备，提高口岸监管能力；研发“旅检信息化应用集成平台卫生检疫模块 2.0 版本”，配套 80 台自助健康申报验核一体机和 10 套智能验核通道，将涉奥日检测能力提升到 3,000 人份以上。

【优化营商环境】2021 年，北京海关推进北京市优化营商环境 4.0 版、5.0 版改革。全年，共有 200 余家企业参与“两步申报”业务改革，报关单超过 10 万票。围绕“两步申报”和“精简报关随附单证”等海关改革措施，完成 2021 中国北京—世界银行营商环境评价政策磋商。2021 年 12 月北京关区进、出口整体通关时间分别为 28.65 小时、0.79 小时，较 2017 年分别压缩了 73.41%、89.28%，均优于同期全国平均水平。会同北京市商务局开展优化北京空港口岸跨境贸易营商环境“百日攻坚”专项行动，空港口岸进口提货入出区时间节约了 50%以上。会同天津海关推进“船边直提”“抵港直装”业务模式，扩大“关港集疏港智慧平台”在北京企业中的应用范围。优化出口原产地证“集中审核、就近签证”业务模式，实现北京海关关区出口原产地证由一个隶属海关进行集中审核，企业可以就近选择关区 13 个业务现场打印证书功能。应用 RCEP 原产地管理信息化应用项目。编制《出口原产地海关业务问答》手册，解答企业关心关切的 18 个问题。

【首创保税物流供应链监管模式】2021 年，北京海关首创“航材保税物流供应链新模式”，以“中心化管理+去中心化存储”的方式，实施对企业共享保税航材一次备案、一次申报、一次核准，实现供应链下保税航材可在全国范围内的指定口岸物流分拨站间的自由流转、自行运输。在试点期间，平均送修周期由传统模式的 60 天以上缩短至 35 天左右，航材利用率提高 40%以上，单次航班航材保障成本降低 20%以上。该模式成为第六批自由贸易试验区中首个通过总署备案的创新模式。

【“两区”建设】2021 年，北京海关持续服务“两区”建设，北京大兴国际机场综合保税区（一期）通过国家验收，成为全国唯一的跨省级行政区划的综合保税区。推进京津冀海关特殊监管区域多式联运模式，进出口企业可以根据自身需求自主选择申报、纳税口岸，天津、河北货物可以直接在北京申报，无须转关。在自由贸易试验区开展海关税款保证保险试点，全年共为 312 家企业备案担保税款金额 169 亿元。为飞机维修企业航空器材包修转包修理业务提供口岸便利化措施，支持航空维修企业借助综合保税区通关实行增值税免抵退税，全年共验放包修转包修理业务飞机发动机 53 台，货值 3.20 亿美元。首创的“免税、保税、跨境电商政策相衔接”政策帮助免税品经营企业实现“线下免税品销售+线上跨境电商销售”经营模式；在天竺综合保税区试点“库门管理”和“按库位分类监管”通关模式，减少企业往返卡口的人力消耗并提高库容利用率。协助地方政府在北京大兴国际机场口岸设立进境肉类、冰鲜水产品、食用水生动物、水果、植物种苗五类指定监管场地，其中进境食用水生动物、植物种苗指定监管场地已获批。在北京市整车进口、二手车出口方面，筹备在自由贸易试验区开展汽车平行进口保税仓储试点工作。

【搭建“云确”远程确权平台】2021 年，北京海关首创“云确”平台，加强知识产权海关保护工作，实行远程确权机制，知识产权权利人、海关查验现场、办案部门、货物收发货人多方连线、现场确权，降低知识产权权利人看货确权维权成本。平台启用以来，已服务20余个国内外知识产权权利人，看货流程缩短50%以上。

【法治建设】 2021年，北京海关参与《海关法》修订工作并承担其中2项课题研究任务，对总署拟出台的15部规章、7部北京市地方法规进行论证，并配合总署开展对24部现行规章的立法后评估工作。全年共修订14部北京海关规章制度，对北京海关4个规范性文件、20部规章制度以及支持“两区”建设的3项业务创新模式开展合法性论证。全年共办理行政复议案件14起，处理被复议至总署案件3起，均已审结案件并获维持。审结行政诉讼案件4起，均胜诉。提升政务服务事项标准化水平，推动行政许可事项基本目录、实施清单、办事指南和工作流程图等公开信息的标准化规范化，并纳入地方政务服务系统，实现与地方信息共享。强化法治宣传教育，依托“12·4”国家宪法日、“8·8”海关法治宣传日等时间节点，围绕新冠肺炎疫情防控、国门安全、冬奥会保障、食品安全、知识产权保护以及新修订的《行政处罚法》实施等重点内容组织开展普法宣传活动，全年共计组织国门安全普法进校园、进口岸等普法活动30余场，被中央电视台、新华社等媒体报道50余次。

【关税征收】 2021年，北京海关全年税收入库641.28亿元，同比增收44.86亿元，同比增长7.52%。其中，关税入库99.72亿元，同比增长6.59%；进口环节税入库541.56亿元，同比增长7.69%。为企业办理各类退税9,167.82万元，通过汇总征税、关税保证保险、多元化担保等方式为北京关区企业减少占压资金536.52亿元。

【卫生检疫】 2021年，北京海关落实各项口岸疫情防控工作要求，做好庆祝中国共产党建党100周年活动、冬奥会测试赛等重大活动口岸疫情防控和检疫保障，做好冬奥会检疫保障准备工作。组建重大传染病疫情监测小组，加强全球传染病监测制度建设和人才队伍建设，对新冠肺炎等全球重大传染病疫情信息进行持续关注和风险研判，为制定针对性的口岸防控措施提供科学参考。做好新冠病毒疫苗出境保障工作，强化特殊物品卫生检疫监管，2021年审批特殊物品31,088批次，同比增长25.4%，压缩审批时间，由法定的20个工作日缩减为3至5个工作日。推进“两区”建设有关特殊物品支持措施落实，办理全国范围内首例细胞治疗原材料出境和CAR-T细胞入境审批，对临床试验用途的干细胞等人源化细胞入境检疫采用一关审批、多地临床试验的监管新模式。开展口岸鼠类、蚊类等病媒生物监测工作，做好年度“一带一路”建设病媒生物专项监测工作和京津冀口岸病媒生物联合监测工作。

【动植物检疫】 2021年，北京海关持续加强动植物检疫，防止非洲猪瘟、高致病性禽流感、松材线虫等动植物疫情传入传出，开展打击非法引进外来物种和种子苗木“国门绿盾2021”专项行动，全年共截获外来物种133种205种次，同比分别增长216.7%和279.6%，其中迅捷箭蚁、华拉斯托尼鬼艳锹甲等29种外来物种为非贸渠道全国首次截获。参与《外来入侵物种管理办法（草案）》征求意见工作和《中华人民共和国禁止携带、寄递进境的动植物及其产品和其他检疫物名录》制修订工作，并参与制定国家外来物种入侵防控政策。创建SPF豚鼠检疫监管新模式，为解决企业在新冠病毒疫苗研发过程中面临的“鼠荒”问题，北京海关开展缩短SPF豚鼠隔离检疫期试点工作，加快进境SPF豚鼠审批速度，平均审批时长1.16个工作日，隔离期由30天降至14

天并允许边隔离边实验，获得生物医药企业特别是疫苗研发企业的好评。

【食品、化妆品检验检疫】2021 年，北京海关持续加强进出口食品安全监管，在北京市有关部门食品药品安全评议考核中获评 A 级。全年共检验进口食品化妆品 9,376 批次，货值 47.57 亿元，包括酒类、乳制品、饮料、粮食制品、化妆品等各类食品化妆品，检出不合格样品 6 份。加强进口冷链食品新冠肺炎疫情防控，落实进口冷链食品查检、核酸检测和消杀处理措施，北京海关进口冷链食品新冠肺炎疫情防控工作专班被总署授予全国海关系统抗击新冠肺炎疫情先进集体。全年共检验出口食品化妆品 5,403 批次，货值 13.69 亿元，对北京地区出口食品化妆品备案生产企业实现抽检监测全覆盖，检出出口不合格 4 批。助力蜂蜜和板栗等北京特色农产品出口，收集主要出口国家（地区）的技术标准和贸易措施，向企业提供信息通报和食品安全指南。收集汇总各国（地区）新冠肺炎疫情方面的贸易措施，发布工作提示 51 次，涵盖 207 个国家和地区，引导企业根据国际市场需求拓宽出口渠道。

【商品检验】2021 年，北京海关持续做好对进出口商品的检验工作，全年共检验进出口工业品 15.71 万批，涉及危险化学品、儿童用品、服装、旧机电、医疗器械等，其中检出不合格 2,601 批。北京市在 2020 年全国省级政府质量工作考核中获评 A 级，北京海关在该项工作上发挥了重要作用。全年共完成 22 批次涉冬奥会进口商品检验，完成 1 批出口希腊的冬奥会火炬接力物资检验。对进口消费品、医疗器械、跨境电商产品、汽车零部件等商品质量安全项目实施重点监测。对进口儿童服装等法检商品进行专项布控。开展电商渠道进口儿童用品抽检。开展法定检验商品目录以外商品抽查检验和跨境电商进口消费品风险监测工作。

【口岸监管】2021 年，北京海关共监管进出口货物 6,316.4 万吨，监管进出境飞机 3.3 万架次。组织对口岸进出境运输工具、货物，包括动植物、食品、化妆品实施海关检查、查验、检验、检疫工作；实现出口转关单审核、放行、核销全流程无纸化，提升通关效率，降低企业转关手续办理时间和人力成本，全年进出口转关单数 3.1 万票。开展进口货物“船边直提”和出口货物“抵港直装”（两直）试点，全年直提率为 19.79%，直装率为 11.42%。

【行邮监管】2021 年，北京海关监管进出境邮递物品及快件 2,552.16 万件（票），监管进出境印刷品和音像制品 207.89 万件。北京海关作为全国首批参与试点的海关，将 C 类快件纳入货物通关一体化试点改革。在全国首创“免税、保税、跨境电商政策相衔接”及医药电商试点，推行 B2B 出口、零售进出口退货，打造“以增量带动存量式”的监管模式。扩大 B2B 出口海外仓企业覆盖面，年内审核新增海外仓备案企业 7 家、海外仓 14 个。截至 2021 年年底，在册海外仓备案企业 12 家、备案海外仓 22 个，海外仓已分布于美国、加拿大、西班牙、南非、中国香港等 12 个国家和地区。上线“进出境邮递物品通关服务平台”，向用户提供邮件通关状态实时查询服务，指导收件人办理邮递物品补充申报、缴纳税款等通关手续。落实旅检“无感通关”改革要求，建立以旅客通关数据为基础，以旅客风险数据分析为主，以视频监控、人脸识别、智能拦截等技术为辅的新型旅客通关监管体系，并向全国海关复制推广经验成果。

【服务会展】2021 年，北京海关参加总署暂时进出境管理系统开发，并在该系统中开展进境展览会备案、进境展览品通关、保证金登记等功能试点，参与北京市会展活动“一窗受理”工作，建立与北京市商务局联系配合机制。通过“云监管”“互联网+服务”“远程视频巡展”等技术手段保障2021年中国国际服务贸易交易会、中国国际机床展览会等展会的举办。通过设置节假日申报专用窗口、实施24小时及“5+2”全天候服务、精简展览品检验审批流程并对符合条件的展览会实施免担保驻场监管等方式，为“安第斯文明特展——探寻印加帝国的起源”“成为安迪·沃霍尔”等展览提供便利化服务。全年，监管进出境展览品货量790吨，同比增长248.63%。

【海关统计】 2021年，北京地区（含中央在京单位，下同）进出口总值3.04万亿元，同比增长30.6%（较2019年增长6.1%）。其中，进口2.43万亿元，同比增长30.4%；出口6,118.5亿元，同比增长31.2%。继2005年北京地区进出口总值首次超过万亿元、2010年跨过2万亿元门槛后，2021年跨越3万亿元大关。北京地区前5大贸易伙伴为欧盟、美国、东盟、澳大利亚、沙特阿拉伯。完成北京大兴国际机场综合保税区统计代码增设及“两区”建设相关经济指标的统计口径协调工作，首创北京、河北两套代码共存新模式。

【企业管理和稽查】 2021年，北京海关共有关区注册企业总数60,742家，其中进出口货物收发货人及分支机构59,634家、报关企业695家、其余类型413家。全年共开展稽查作业519起，办结363起，稽核查专项行动19个，牵头或参与完成署级重点课题研究4个。全年共对85家新申请“经认证的经营者”（AEO）认证企业开展培育。推进京津两地互认，在京津两地海关增设AEO认证企业专用通关窗口。

【查缉走私】 2021年，北京海关开展“国门利剑”“蓝天”“护卫”“国门勇士”“净边”等专项行动，共立案侦办走私犯罪案件54起，案值1.8亿元。侦办2起案值超千万元以上的重特大走私案件，打击走私医疗器械、冻品、雪茄及虚开骗税违法犯罪行为，全年共办理“洋垃圾”走私案件21起、濒危动植物及其制品走私案件8起，查获象牙及其制品31.8千克，查获走私奢侈品案值4,300万元。侦办打击走私、贩卖淫秽物品“5·6”专案，查获淫秽书刊6,733册。全年共办理涉枪线索15条，查发涉嫌走私毒品线索12起。立案侦办毒品走私犯罪案件10起，缴获各类新型毒品和涉毒减肥药涉毒成分共456克。

【风险管理】 2021年，北京海关参与总署风险管理相关课题研究，通过强化风险联合防控工作机制和开发大数据模型，保障冬奥会通关安全，重点打击濒危动植物走私、打击“洋垃圾”走私以及“水客”走私，提升中东欧合作、新冠肺炎疫情防控、危化品监管和国门生物安全防控等重点工作水平，实施联合行动5次，查获各类风险情事524起。

【信息新闻宣传】 2021年，北京海关重点围绕口岸疫情防控、政策实施效果、深化“放管服”改革、冬奥会保障和维护国门安全等方面工作，向总署、北京市报送政务信息，全年共报送快报类信息478条，采用187条；报送综合类信息129篇，采用62篇。年内，中央及北京市、总署主要媒体共报道北京海关工作886次，其中《新闻联播》报道20次，《人民日报》报道4次，北京广播电视台《北京新闻》报道15次，《北京日报》报道43次。

【12360海关热线】 2021年，北京海关在全国率先实现12360海关热线与12345北京市政服务热线对接，全年12360海关热线通过电话渠道受理进出口企业及社会各界提出的各类问题70,496条。

【涉案财物管理】 2021年，北京海关向国家珍稀濒危野生动植物制品北方储藏库移交象牙及其制品7,335件、445千克，为全国首次海关执法查没象牙及其制品实物移交国家级储藏库；向北京市农业农村局移交水生濒危动物及其制品1,666件；向北京市文物局移交涉案文物1,981件；向北京市烟草专卖局移交烟草制品6,819条（件）。北京海关2021年涉案财物管理工作获总署财务条线绩效考核涉案财物管理优秀及缉私条线“国门利剑2021”优秀评级。

【科技发展】 2021年，北京海关坚持以科技支撑建设“智慧京关”，升级“智慧旅检”系统，以旅客健康申报二维码作为全流程索引实现“一码通关”；改造业务统计数据管理子系统，实现各职能部门对基层数据的共享使用；升级通关时效监控应用系统，监控整体通关时间；对动物隔离场进行智能化改造，开发动物隔离场信息管理系统，实现进境动物隔离等全流程信息化管理；升级改造首都机场海关等5个隶属海关的视频监控系统；完成首都机场T3航站楼T3D海关疫情防控专区扩容改造，按旅客风险等级、国内外机组等设置5类通道；启用海关系统首家机场口岸隔离区内生物安全二级实验室，压缩采样检测用时40%。

【督察内审】 2021年，北京海关开展8个专项督察，落实总署强化监管优化服务政策落实专项审计3个，配合审计署开展延伸审计2个。加强领导干部监督管理，对9个隶属海关单位主要负责人开展经济责任审计。持续推进内控机制建设，参与总署3项课题研究，开展信息化项目内控前置审核31项，协助完善制度16个；推动HLS2017平台应用，形成专项成果228个，同比上年度内控成效大幅提升。完善“署级+关区”评估项目清单管理模式，参与完成技术性贸易措施应对、稀土等署级专题评估项目6项。协助总署督察内审司固化22项署级评估指标模型；开展对北京关区出口疫苗、跨境电商和快件监管工作专题评估，为海关决策提供参考。

（撰稿人：王　竞　王娉珊　朱英华　刘　慧　刘士尧　杨　帆　杨大威　杨迪莉　李　凯　李绘宇　李静婷　张京通　张慧媛　林　新　赵　刚　赵　凯　赵睿捷　高桂玲　凌　岚　傅子强　鲁文坤　童树波　温　韬　富　红　魏　京）

天津海关

【概况】天津海关前身为1861年清政府设立的津海关，1950年2月，经中央人民政府批准，津海关更名为中华人民共和国天津海关，是总署直接领导的正厅级直属海关。天津海关负责指定口岸及相关区域范围内海关工作运行管理、监督监控，主要职责是依法履行税收征管、通关监管、保税监管、进出口统计、海关稽查、知识产权海关保护、打击走私，以及辖区检验检疫和监督管理等。下设1个副厅级和19个正处级隶属海关单位，包括天津新港海关、天津滨海机场海关、天津大港海关、天津临港海关、天津邮局海关、天津南疆海关、塘沽海关、蓟州海关、武清海关、静海海关、北辰海关、宁河海关、西青海关、东丽海关、南开海关、天津河西海关、天津保税区海关、天津东疆海关、北塘海关、天津海关风险防控分局。天津海关作为业务全面的沿海大关，包括海、陆、空、邮和检验检疫等各项业务。监管范围1.19万平方千米，海岸线153千米。管辖范围内共有69个海关监管作业场所（场地），注册企业4.2万余家，2021年有实际进出口记录的企业1.1万家。

2021年，天津海关以习近平新时代中国特色社会主义思想为指导，强化监管优化服务，巩固拓展疫情防控和服务外贸发展成果，马上就办、真抓实干，持续推进政治建关、改革强关、依法把关、科技兴关、从严治关建设，提升制度创新和治理能力建设水平，开启建设社会主义现代化海关和高质量“一流海关”新征程，以优异成绩迎接建党100周年。依托党史学习教育，开展“我为群众办实事”实践活动，提升党的建设质量。坚持常态化疫情防控不动摇，明确“静、快、严、细、实、足”工作思路，口岸和内部疫情防控工作经受住考验。强化监管，守护国门安全。推进全领域、全渠道、全链条一体化风险防控，正面监管得到加强，检验检疫更加严密，打击走私继续保持高压态势。优化服务，聚焦“一带一路”建设，推动京津冀区域海关全业务领域一体化，开展跨境贸易便利化专项行动，“船边直提、抵港直装”改革被确定为国家优化口岸营商环境措施。推进“规范化、标准化、信息化”管理，提升智慧海关、法治海关建设水平。落实中央八项规定及其实施细则精神，纠治“四风”，开展“推诿扯皮”“有令不行、有禁不止”“工作方法简单粗暴”三类突出问题整治，关区工作作风有效改进。

2021年，天津海关审核进出口货物报关单236.1万份，同比增长7.3%；监管进出口货物2.53亿吨、货值1.67万亿元，同比分别增长11.9%和25.6%；监管进出境邮件90.9万件，同比减少47.0%；监管进出境快件917.3万件，同比增长34.9%；监管进出境运输工具12,417艘（架）次，同比减少5.1%；实现税收入库1,362.5亿元，同比增长6%。

2021年，在精神文明建设和评先推优方面，天津海关2人获得国家级荣誉称号；6个集体、2名个人获得省部级荣誉称号；3个集体、4名个人获得市级机关系统荣誉称号；8个集体、6名个人获得天津市青年荣誉。100名党员、20个党支部获评关区“两优一先”，20名基层科室党支部书记获评关区“双优”（党建能力优、业务能力优）书记。6名执法一线科长获评2021年度全国海关百名优秀执法一线科长。5个集体获评天津市青年文明号，6人获评“天津好人”。

【党的建设】2021年，天津海关党委以党委理论学习中心组学习为龙头，在学懂弄通做实上下功夫，引领党员干部做到学史明理、学史增信、学史崇德、学史力行。创新开展“百年党史红歌记忆”“百年党史百日读”以及参观红色教育基地情景式、沉浸式教学等系列特色活动。在“我为群众办实事”实践活动中，天津海关党委委员带头调研，解决各类问题1,760个，收到感谢信169封。“机关引领基层、支部联系企业、党员服务群众”活动入选全国第三届党建创新成果“百优案例”，4项案例入选总署“百佳项目”。在“基层组织建设年”活动中，基层党组织书记抓党建工作述职实现全覆盖。实施执法一线科级党支部书记党建能力和业务能力“双能力”评估，入选全国海关“书记项目”试点。通过“双能力”评估和对一线党员干部开展政治素质和业务素质“双素质”评估，关区1,932人拓展了第二专业技能，1,028人次新通过总署各类资质考试。深化党建品牌建设，1个总署党建培育品牌升级为示范品牌。截至2021年年底，共有4个总署示范品牌、2个总署培育品牌、1个天津市机关党建与业务深度融合机制试点。

2021年，天津海关党委加强对“一把手”、领导班子常态监督，完善天津关区两级党委主体责任、纪检组监督责任、党委书记第一责任人、班子成员“一岗双责”责任的“四责协同”机制，建设“电子廉政活页夹”和“电子廉政档案”。建立巡察与巡视整改联动机制，通过巡察发现问题501个，覆盖率达到82%。健全“直属机关纪委、隶属单位机关纪委、纪检委员”三级监督网络。“违规投资企业及在企业兼职自查”“干部配偶、子女及其配偶从业行为规范自查”实现全覆盖，并对违规投资企业及在企业兼职进行自查整改。持续整治形式主义、官僚主义，不断健全“为基层减负”常态化机制。坚持周二周四“无会日”、日报周报月报“负面清单”和“机关引领基层”等举措。强化政风服务监督，严肃整治“推诿扯皮”“有令不行、有禁不止”“工作方法简单粗暴”三类突出问题。加强“八小时”之外管理，针对重点人员制定“一对一”帮扶和监督措施。针对相关问题，建立覆盖实验室全货类商品的“盲样检测”“盲样再测”工作机制，实现闭环监督管理；开展“现场监管与外勤执法权力寻租”专项整治工作，建立“四必报告制度”，开展三轮风险清单制定工作，初步构筑起关区执法领域廉政风险防控屏障。

【疫情防控】2021年，天津海关修订4版空港、5版海港口岸防控作业指引，先后召开指挥部会议17次，研究议定事项331个，明确“静、快、严、细、实、足”工作思路，全面推进疫情防控“规范化、标准化、信息化”管理。检疫出入境人员31.9万人次、交通工具1.2万架（艘）次，自入境人员中检出新冠病毒核酸阳性594例；进口冷链货物检出新冠病毒核酸阳性46批次。先后更新4版分级分类安全防护方案，建立三级安全防护监督员队伍，压实防控主体责任。实行一线人员“14+7+7”集中管理模式，先后被总署、国务院联防联控机制向全国推广。常态化开展“四不两直”检查，压紧工作责任。推进关区新冠病毒疫苗接种工作，建立“一线、预备、应急”三级梯队，开展以防护装备规范穿脱为基础、以入境人员和物流货物核酸采样技术为重点的实操培训62期。引进移动P2+实验室，完成保健中心实验室改造扩能，核酸日检测能力从 2,000 例提升至 6,200 例。在总署和天津市政府支持下，疫情防控经费、物资保障充足，为天津口岸防疫大局提供坚强保障。2021 年 10 月，在天津口岸首次检出自德国进口高非冷货品新冠病毒核酸阳性，同月检出自波兰入境人员新冠病毒核酸阳性，经天津市疾控测序分型为境内首例奥密克戎变异株（B.1.1.529 进化分支）。

▲2021 年 4 月 14 日，天津滨海机场海关关员准备登临检疫入境飞机

【监管业务】2021 年，天津海关履行安全监管职责，“邮递渠道首次查获‘扫黄打非’刑事案件”入选全国重大案件；高质量完成“扫黄打非”警示教育展。开展安全生产专项整治行动，制定“两个清单”，开展 20 次督导，聚焦 8 个重点领域深入排查整治风险隐患。注销退出监管作业场所（场地）18 家。推进风险精准防控，贸易渠道固体废物、濒危物种及其制品、知识产权布控查获大幅增长；开展“以企业为单元统筹稽核查指令”改革，减少下企业 195 次。查验危化品不合格 439 票，10 起案例被总署采纳并向全国通报预警。知识产权保护执法查扣侵权嫌疑商品 327 批次 152.6 万件，同比分别增长 38.6% 和 82.9%。开展“断链刨根”行动。实施机检审像流程改革，机检审像平均用时压缩 40%。

2021 年，天津海关牢固树立总体国家安全观，加强口岸卫生检疫，检出乙肝、甲流、疟疾等传染病 143 例，同比增长 28%。加强国门生物安全监管，截获检疫性有害生物 50 种、3,097 种次，隔离进境大中动物 7.8 万余头，检出新冠病毒核酸阳性 299 头；“国门绿盾 2021”行动在非贸渠道截获禁止进境动植物及其产品 386 批、225 千克。加强进口商品检验，牵头制定全国首个进口再生金属原料检验标准；打击出口短装行为，查获严重短装情事 50 起，案值 4,192 万元。加强进出口食品安全监管，检出不合格进口食品 342 批次、重量 5,794.1 吨。

【业务改革】2021 年，天津海关落实“三智”要求，服务天津港智慧港口、绿色港口建设。“关港集疏港智慧平台”升级版在京津冀地区推广应用，平台共注册企业 1,985 家，认证车辆 1.6 万辆、司机 1.7 万人，累计撮合 81 万余箱，辐射 29 个省市；“船边直提”“抵港直装”比率分别达到 33.9%和 23%；推广实施“监管产装、抵港直装”，并在京冀地区应用。

2021 年，天津海关推动“两步申报”“两轮驱动”“两段准入”“两类通关”“两区优化”5 项创新改革，促进通关流程理清走顺。“两步申报”比率达到 18.5%，进、出口“提前申报”比率分别达到 62%和 92.2%，位列全国主要海运口岸前列。稳步推进全国首个海、空运口岸现场新一代海关通关系统 H2018 切换工作。深化一线问题常态化、滚动收集和清零机制，共清理问题 56 项。

科技改革项目“新型轻纺阻燃材料的开发及其标准化评价技术的构建”获得天津市科学技术进步二等奖。9 项发明专利获国家知识产权局授权。探索研究动植物基因测序平台建设方案，上线运行实验室管理系统 2.0 版。实验室新增认可检测项目 300 项，总量达 8,816 项。科技大楼完成搬迁入驻，提升了实验室工作合力。

【自贸区和特殊区域管理创新】2021 年，天津海关推进自贸区和特殊区域管理创新，自由贸易试验区政策创新总署备案 1 项、关区备案 27 项，15 项在关区复制推广；“保税租赁海关监管新模式”作为天津市唯一入选项目，纳入国务院自由贸易试验区第四批“最佳实践案例”；“AOG 航材应急维修新模式”等 8 项经验向京津冀复制推广。推进外贸新业态、新模式发展，优化保税展示交易业务流程，开展保税展示交易业务 96 票、货值 2.08 亿元；实施航空产业全链条集群监管，创新飞机“维修改装+租赁”模式，完成国内首单“客改货”保税租赁业务。2021 年，保税维修业务货值 159 亿元，同比增长 73.8%；监管飞机、船舶、海工平台等融资租赁标的物 179 个、货值 648.13 亿元，同比分别增长 38.76%、80.64%；创新支持东疆港区内外贸货物同船运输、同步作业，试点内贸货物作业 11 万标箱。

▲2021 年 2 月 7 日，塘沽海关关员在天津泰达综合保税区进行监管

【服务地方经济发展】2021 年，天津海关推动京津冀区域海关全业务领域一体化。完成 RCEP 关税实施准备全国宣传培训阶段性任务。服务“一带一路”建设，共监管中欧班列 497 列、5.31 万标箱，同比分别增长 25.5% 和 24.4%。持续做好防疫物资通关保障工作，累计监管防疫物资出口 15.3 亿件、货值 50.8 亿元。

2021 年，天津海关加强信用管理，高级认证企业数量达到 270 家，同比提升 68.8%。举办“海关—企业家沙龙”活动 3 期，将海关政策推向企业管理层人员。报送分析研究文章 633 篇，获省部级及以上领导批示 65 篇次；加强海关统计，发布贸易统计监督信息 122 期，实施统计处罚 678 起；完成总署“智慧统计云服务系统”测试工作。打造跨境电商 B2B 出口服务平台，协调解决企业退税难问题，出口额突破 190 亿元。仓储货物按状态分类监管备案企业增加至 24 家。企业集团加工贸易监管改革试点企业 4 家。急事急办，保障出口钢材集中入区。年内，天津海关特殊监管区域一线进出口总值 2,538.7 亿元，同比增长 27.2%，增幅高于天津市外贸进出口增速 10.9 个百分点。

2021 年，天津海关开展跨境贸易便利化专项行动，细化天津关区举措 72 条，协同京津两地政府出台举措 25 条。建立全口径货物通关时长分析、监控、通报机制，实施重点通关环节专项考核，巩固压缩通关时间成效。天津口岸进口、出口整体通关时间分别为 34.93 小时、0.74 小时，同比分别压缩 17.3% 和 48.6%，均位居全国主要海运口岸前列。

【北京冬奥会通关服务】2021 年，天津海关成立冬奥会物资通关保障工作专班，制定天津海关“北京 2022 年冬奥会”口岸监管安保工作实施方案，并做好方案组织执行工作。在北京冬奥会进境物资检测消毒工作交流座谈会上，介绍天津海关入境物资检疫布控消毒检测工作情况。在天津海关各通关现场设置北京冬奥会专用窗口、专用通道，指定专人、优先办理涉冬奥会物资通关手续。截至 2021 年年底，天津海关共保障冬奥会物资 11 批次。其中，东疆海关1批次，10.2吨；新港海关10批次，包括快速验放3批次、ATA单证放行6批次，以及转关物资1批次。冬奥会传媒中心建设涉及物资31个集装箱，这是2021年运抵天津口岸的最大一批涉冬奥会物资，《新闻联播》等媒体对此进行了报道。

【综合治税】2021年，天津海关实征税收1,362.5亿元，同比增加6.1%。强化非贸征税管理，邮递渠道征税质量进一步提升。落实关税调整、减税降费等税收政策，共特定减免税款1.56亿元。落实海关税款担保改革，整合原汇总征税、纳税期限、征税要素等多门类担保，在使用范围上，实现了一张保函全国通用；税收担保企业覆盖率、汇总征税比率分别达到19.7%和36%。完成总署减免税政策调研工作，形成产业结构指导目录、海陆石油政策等各类减免税政策建议32条，其中海陆石油清单变更等多条建议被国家部委采用。

【查缉走私】2021年，天津海关贯彻落实党中央国务院打击走私重大决策部署。开展“国门利剑2021”、天津海关“使命”系列行动，刑事立案151起、行政立案3,078起，总署挂牌督办案件11起，案值千万元（涉税百万元）以上案件19起。严打“洋垃圾”走私。“蓝天2021”专项行动查扣涉案固体废物3,859吨，退运36万余吨。严打象牙等濒危物种及其制品走私，查获象牙制品492克、石珊瑚2,392件、黄檀木16.3吨。开展非设关地反走私联合巡查，打私综合治理进一步加强。推进“智慧缉私”建设，情报中心、案管中心、指挥中心、办案中心“四个中心”实战化应用水平得到提升。

【法治建设】2021年，天津海关学习贯彻落实习近平法治思想，参与相关法律法规规章的制定修改，提出意见建议60余条，完成权责清单试点单位编制任务；持续深化行政审批改革，进一步精简行政许可事项，实现关区涉企经营许可“证照分离”改革全覆盖。践行“枫桥经验”化解行政争议，年内未发生行政诉讼案件；强化法治人才使用及培养，公职律师队伍达55人；开展普法宣传，获得全国和天津市“七五”普法工作先进单位各1个、天津市普法工作先进个人1人，获得天津市普法办“天津市法治宣传教育基地（品牌）”荣誉称号2处。落实加快构建执法严明、人民满意的法治海关要求，自觉接受民主监督、推进依法决策。行政复议秉承“开门办案”理念，举办复议听证会2次，并向天津关区一线关员开放旁听。邀请人大、政协各界代表委员40余人进海关实地调研，办复全国及天津市“两会”建议提案13件。深化政务信息公开，受理依申请公开110件，通过天津海关门户网站发布信息1,532篇，收到公众留言1,519条。

【队伍建设】2021年，天津海关党委坚持民主集中制，健全党委领导班子权力运行制约机制。遵守党内政治生活若干准则和党内各项规章制度，发挥班子成员示范表率作用。在选任处科级领导干部、晋升职级、加强公务员管理、一线科长任职交流等方面，落实“建设高素质专业化干部队伍”要求。选派3名执法一线科长参加中西部海关互派锻炼，84名执法一线科长被评定为优秀等次。在精神文明建设和评先推优方面，2人获得国家级荣誉称号（周明陶获“全国脱贫攻坚先进个人”，王娜宁获“全国五一劳动奖章”）；6个集体（塘沽海关获“全国五四红旗团组织”，新港海关、东疆海关、保税区海关获“全国青年文明号”，东疆海关获“天津市五一劳动奖状”，邮局海关获“天津市工人先锋号”）、2名个人（张炜获“中国青年志愿者优秀个人”，谢圣礼获“天津市优秀党务工作者”）获得省部级荣誉称号。

【政务管理】2021 年，天津海关制定“一流海关”工作质量评价指标体系，开展“对标达标”，通过指标引领，带动工作质量提升。同时，在“一流海关”建设基础上，按照总署“十四五”规划要求，结合天津海关发展实际，历时 14 个月，研究制定天津海关细化落实措施和服务智慧港口、绿色港口建设工程等 10 项重点工程，引领“十四五”时期关区高质量发展。发挥办公督查抓落实、保落实作用，完善“重点+常规”督查工作机制，制发常规督查任务 580 项。开展“奋斗百年路，起航新征程——讲好海关红色档案故事”征文，7 篇稿件入选海关档案故事 100 篇。上报总署、天津市各类信息获得采用 1,856 篇，获省部级及以上领导批示 46 次。天津海关新闻素材被国家级主要媒体报道或采用 202 篇次。完成 12360 海关热线与天津市 12345 热线归并工作，12360 海关热线接通率 99.68%，继续保持全国第一。打造电话、网络、公众号“三位一体”咨询受理通道。12360 海关热线微信公众号刊发原创文章 506 篇，同比增长 22%；报送稿件被总署采用 62 篇，同比增长 138%。微信自助菜单使用量 6.1 万人次。

2021 年，天津海关落实过“紧日子”要求，压实主体责任，分类督导，预算执行率达 98.9%。优化采购流程，提升政府采购绩效。做好采购意向公开，缩短采购周期。编制政采信息统计年报。开展政府采购专项清理整改以及政府采购检查评估。参与海关罚没收入收缴电子化试点，研究方案，推进落实，提出优化建议，被总署采纳。

【督察内审】2021 年，天津海关组织开展严格进境高风险货物风险监测和预防性消毒、打击“洋垃圾”和象牙等濒危物种进境、进出口危险化学品监管等重大政策措施落实情况督察。加大审计监督力度，组织开展党政主要领导干部经济责任审计和重大决策部署贯彻落实情况、强化监管优化服务情况、贯彻执行中央八项规定情况以及海关实验室建设等专项审计和审计调研工作。推动直属和隶属海关两级内控节点建设，开展内控评价，完善内控节点岗位清单。推广海关内部控制与监督子系统应用，在补证、补税、移交稽查缉私线索等多方面取得成果。开展执法重点领域专题评估。推进“巡审合一”，将经济责任告知纳入任前廉政谈话、法律法规考试等领导干部任前履职“规定动作”。完成审计署京津冀特派办对天津海关开展关税及进口环节税等情况审计的迎审工作，推动问题整改。

【外事工作】2021 年，天津海关贯彻落实中国—中东欧国家领导人峰会精神，制订工作方案，出台细化落实措施。推进“三智”建设与合作，在关区贯彻《“十四五”海关发展规划》细化落实措施中设立“三智”合作专题，强化“三智”顶层设计。制订天津海关关于加快“三智”建设、推进贸易安全和通关便利化合作工作方案，把“三智”建设与服务“一带一路”建设高质量发展、推进关际合作上水平有机结合，初步形成以“三智”合作白皮书为理论基础、以工作专班为机制保障、以试点项目为推进抓手的“三智”工作体系。“关港集疏港智慧平台”被总署确定为“三智”早期收获项目，3 个项目被总署确定为“三智”先行先试项目。举办“打造‘集疏港智慧平台’推动口岸‘三智’建设”主题在线访谈。落实《中华人民共和国海关总署与新加坡关税局关于中新（天津）关际合作谅解备忘录》，于 2021 年 6 月与新加坡关税局完成首次信息交换。组织天津关区 WTO/SPS 通报评议专家综合运用通报评议、提出贸易关注等机制，准确反映中国企业诉求，维护企业利益。年内共征集 WTO/TBT、SPS 特别贸易关注议题 26 个，对 SPS 通报征集评议意见 7 个，其中 3 个贸易关注分别被确定为世界贸易组织（WTO）第 80 次 SPS 委员会及第 86 次 TBT 委员会双磋议题。

（撰稿人：王晓茁　胡东明　崔效国）

石家庄海关

【概况】石家庄海关于1987年2月24日经国务院批准设立，1989年8月28日经总署批准正式成立，为副厅（局）级直属海关，1989年9月1日正式开关办理业务。2000年12月7日，升格为正厅（局）级海关。管辖范围为河北省全境。下辖正处级隶属海关单位19个，分别为石家庄机场海关、鹿泉海关、正定海关、秦皇岛海关、北戴河海关、唐山海关、曹妃甸海关、京唐港海关、廊坊海关、保定海关、雄安海关、沧州海关、黄骅港海关、衡水海关、邢台海关、邯郸海关、张家口海关、承德海关、石家庄海关风险防控分局。

2021年，石家庄海关坚持以习近平新时代中国特色社会主义思想为指导，以政治建设为统领，全面提升政治机关意识；以深化改革为抓手，全面提升改革引领作用；以强化监管优化服务为主责，全面提升监管能力和服务水平；以科技发展为支撑，全面提升科技应用能力；以从严治党为己任，全面提升关区政治生态内涵。全年监管进出口货运量3.123,3亿吨，监管运输工具总数1.724,7万辆（艘）次。年内获得省部级以上荣誉4次：衡水海关团支部被共青团中央授予“全国五四红旗团支部”称号；2名同志被河北省委、省政府表彰为“河北省脱贫攻坚先进个人”；石家庄机场海关旅检通道、河北国际旅行卫生保健中心病原检测部被共青团中央等23部委命名为第20届“全国青年文明号”；河北国际旅行卫生保健中心被全国妇联授予“全国巾帼文明岗”称号。

【党的建设】2021年，石家庄海关党建工作向上向好态势持续巩固，整体建设水平不断提升。全年传达学习习近平总书记重要讲话精神和重要指示批示精神18次，围绕习近平总书记重要讲话和重要指示批示精神、党的十九届六中全会精神等组织集中学习21次，带动隶属海关党委及时跟进学习，形成基层党组织政治理论学习收集反馈机制。围绕全面从严治党、党风廉政建设和反腐败工作，党委会议专题研究19次，制定制度办法6项，推动完成全面从严治党重点工作任务52项。建立“季度报告、随机述职、全面考核”的履责监督考评机制，全年共听取21个部门单位“一把手”现场汇报履责情况，促进主体责任由节点监督向全程监督转变、由年终考核向过程考核转变。完成直属机关党委和机关纪委换届选举工作，关区共有直属机关党委1个、隶属海关机关党委9个、事业单位党委1个、党总支9个、党支部248个、党员干部2,044人，评出“四强”支部51个，党建示范和培育品牌33个，拥有全国海关党建示范品牌3个、培育品牌2个。

【法治建设】2021年，石家庄海关发挥法治在海关工作中的引领、规范和服务保障作用，做好制度供给、规范行政执法、深化法治理念、锻炼法治队伍，推动关区提高治理能力。加强法律规范体系建设，撰写《海关法》修订议案文稿，经河北省人大代表团在第十三届全国人大第四次会议上提出议案，协调部分驻冀全国人大代表与总署政策法规司《海关法》议案组开展座谈，为《海关法》修订提供参考建议。完善关区业务制度体系，制定石家庄海关内部业务制度管理办法。加强法治实施体系、监督体系、保障体系建设，开展行政备案事项梳理，推动建立事项合法、程序规范的行政备案管理制度，向总署报审备案事项18项。强化公职律师复议应诉能力，加强法治宣传教育，抓好“关键少数”，举办“习近平法治思想”党委中心组（扩大）集体学法活动。以“8·8”海关法治宣传日“12·4”国家宪法日等节点为契机集中开展主题宣传，着力营造尊法学法守法用法氛围。

【支持雄安新区建设】2021年，石家庄海关全力支持雄安新区建设，当好支持京津冀协同发展“排头兵”。密切跟进雄安综合保税区申报事宜，开展调查研究，有针对性地做好政策宣讲和业务指导。加强与天津海关通关业务协作，开展雄安新区物流一体化监管模式研究，共同研究推广天津海关“集疏港智慧平台”以及“抵港直装”等便利化通关模式，3月20日新区首票应用“集疏港智慧平台”“船边直提”报关单顺利通关，4月26日新区首票“抵港直装”报关单顺利放行。助力雄安新区跨境电商综合试验区建设，指导河北雄安跨境电商监管中心顺利通过验收。10月28日，雄安新区首票跨境电商B2B出口（监管代码“9710”）货物顺利通过监管放行，跨境电商B2B出口业务在雄安新区正式落地。精准服务北京非首都功能疏解工作，主动对接新区改革发展局、公共服务局等部门，从3,128家在新区注册的北京投资来源企业中筛选出在雄安海关备案企业16家，逐一联系进行政策宣讲。聚焦重点事项靠前服务，完成雄安新区公安局、医院及大型设备企业进口申报6批次、货值7,880万元，征收税款1,865万元。

【冬奥会张家口赛区】2021年，石家庄海关认真筹划、主动推进，保障好冬奥会、冬残奥会张家口赛区的各项海关工作。成立石家庄海关冬奥会工作领导小组及3个专项工作组，组建临时工作专班、服务保障冬奥会工作梯队。制订工作方案和18项预案，针对性开展人员培训，提升相关人员业务操作水平，组织开展涉奥航班备降卫生检疫和应急处置演练、反恐安保应急处置演练等9项应急演练，为北京冬奥会量身打造便利化监管服务措施，确保规定动作100%做到位。同北京海关、天津海关建立北京2022年冬奥会、冬残奥会跨关区协作机制，建立协作配合、会商分析、监管协作、信息共享4项工作机制，合力做好人员物资进境、值机柜台前移等重点工作。在张家口海关和5个口岸海关设置奥运会海关专用通道、专用窗口标识，便利北京冬奥会进出境物资、人员通关。

【税收征管】2021年，石家庄海关强化税收征管、深化税收征管改革、加强征管队伍建设，进一步提高税收征管质量和效率。组织开展税收摸底调研，了解重点税源企业、商品进口变动情况。推进税收征管方式改革，开展属地纳税人管理，建立重点企业底账，进行纳税遵从度评估，制订“一企一策”差别化合规管理服务方案。加强价格管理，规范现场海关估价操作，有效防范超期未结算风险，以价格指数为抓手，做好公式定价备案、大宗散货二次结算两步防控。落实多元化担保方式，推进关税保证保险，加大“自报自缴”“汇总征税”推广力度，助力降低企业纳税通关成本。全年税收入库493亿元，同比增长36.47%。

【首都卫生检疫“护城河”】2021年，石家庄海关认真落实各项疫情防控工作部署和要求，坚守“外防输入”主战场，筑牢石家庄海关卫生检疫防线，当好首都防疫“护城河”。针对性开展防范境外疫情输入专项风险评估，组建疫情防控数据专班，全年完成近6万项数据的收集、统计、报送。持续完善口岸新冠肺炎疫情防控方案体系，落实“三查三排一转运”等要求。提升卫生检疫领域安全防护水平，建立健全“培训考核、监督管理、自查督查”“三位一体”安全防护制度体系，组织开展安全防护突发事件应急处置演练，不断提升口岸一线应急处置能力。对入境卫生检疫岗位人员实施“14+7+7”集中封闭管理。强化联防联控工作机制，实现口岸疫情防控无缝衔接、闭环管理。扎实推进新冠病毒疫苗接种工作，口岸一线人员、冬奥会保障人员实现100%全程接种。从严从紧抓好疫情内部防控，加强疫情期间出差出行管理，实行健康监测“日报告、零报告”制度，开展内部工作人员感染新冠肺炎应急处置演练1次，进一步完善规范应急处置程序。坚持“四不两直”，统筹开展疫情防控综合性督导检查。多方筹措疫情防控资金，采购21个品目31.52万件/套物资，调拨物资63批次、16.01万件/套，为关区疫情防控工作提供坚实保障。全年关区各口岸共检疫查验出入境人员116,642人次、航空器26架次、船舶5,537艘次。

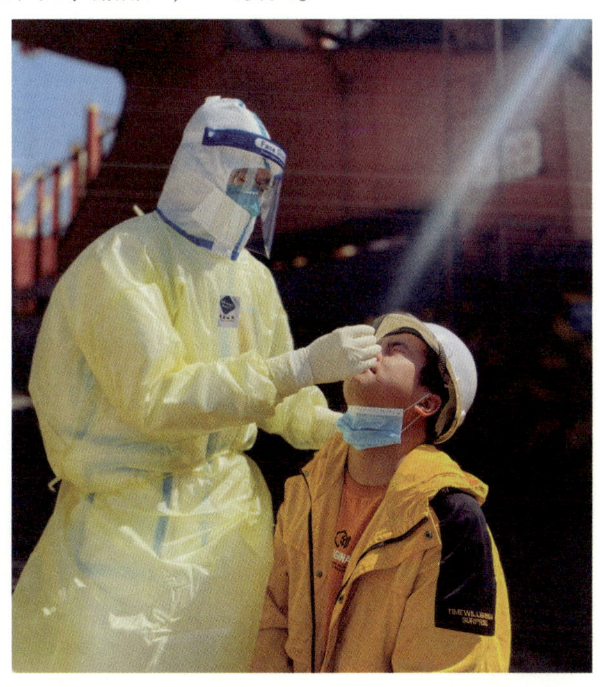

▲2021年5月27日，京唐港海关关员对入境船员进行核酸采样

【动植物检疫】2021年，石家庄海关加强重大动植物疫情疫病预警和安全风险应急处置工作，支持种牛、种子苗木等优质动植物种质资源和粮食、木材等资源型农产品进口，有效满足国内消费和产业升级需求。严格落实非洲猪瘟、高致病性禽流感和口蹄疫等重大动物传染病疫情防控要求，严防疫情在口岸环节跨境传播。细化隔离场防控措施，加强进境活动物隔离场检疫监管，开展进境种牛检疫执法检查工作，有效防控境外动物疫病的传入，在进境种牛中检出二类疫病阳性牛171头，全部进行扑杀并做无害化处理。助推优势农产品出口，推动鲜梨、饲料及饲料添加剂、竹木草制品、非食用动物产品等优势农产品出口，统筹做好强化监管与优化服务，不断加快进境农产品检疫审批，对符合要求的申请随报随批。加快出口农产品企业注册登记，持续做好出口农产品生产、加工、存放企业注册登记网上审批工作，最大限度地缩短审批时间；进一步规范进境动植物检疫审批工作，全年办理进境动植物检疫许可证1,270份，完成131家出口动植物及其产品生产、加工、存放企业的新增、延续、注销。开展打击非法引进外来物种和种子苗木“国门绿盾2021”行动，查获检疫性有害生物839种次、40种类，非检疫性有害生物

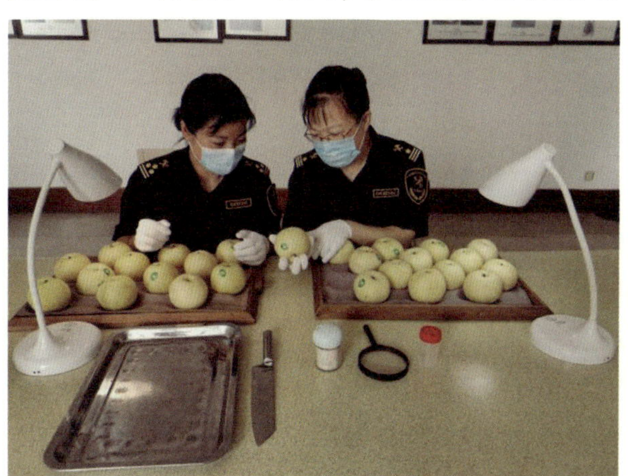

▲2021年7月15日，沧州海关关员检疫出口鲜梨

6,421 种次、287 种类。

【食品检验检疫】2021 年，石家庄海关认真做好进出口食品安全监管工作，做到“源头可追溯、过程可控制、去向可跟踪、信息可查询、风险可管理、安全有保障”，坚决守好国门食品安全防线。完善南亚七国（尼泊尔、不丹、印度、巴基斯坦、孟加拉国、斯里兰卡、马尔代夫）食品安全管理体系及准入研究工作方案，组织开展中国与南亚各国食品安全标准比较分析工作，形成了系统研究报告；根据京津冀协同发展工作实施方案“跨关区境外食品安全法律法规共建共享”工作安排，整理印发欧亚非部分国家食品安全监管体系研究报告、欧亚非部分国家食品安全相关法律法规等参考资料。编写进口食品通用要求以及进口肉类、水产品、乳品、酒类、食用植物油特定要求、口岸环节监管相关业务操作手册，制定进口肉类产品、水产品安全准入审核指南，完成进出口食品安全风险监测和监督抽检样品 595 个，检出 1 个养殖虾样品传染性皮下和造血器官坏死病毒阳性、1 批出口芝麻中铬含量超标、1 批出口花生中黄曲霉毒素含量超标。全年检验进口食品 253 批、货值 1.2 亿美元；检验出口食品 36,492 批、货值 11.5 亿美元。

【商品检验】2021 年，石家庄海关加强进出口商品检验安全风险评估、预警和安全风险应急处置，强化全链条监管，做好商品检验工作。对符合条件的商品实行“先放后检”模式，有效减少了企业进口商品在通关、放行、提货、使用等环节的周转时间，大大提高了进口矿产品的通关效率，提升了企业货物、资金周转率，降低了企业进口环节成本。更新修订出口危险化学品检验操作规范等制度，强化完善全链条监管机制，制订本关进出口危险化学品和危险货物及其包装检验监管联控方案，建立进出口危化品事前、事中、事后监管体系，切实保障口岸和公共安全，全年检验出口危化品 10,854 批、5,303 万吨、11.28 亿美元。持续保持禁止“洋垃圾”入境高压态势，强化矿产品固体废物属性排查，落实进口铁矿 100% 固体废物属性筛查要求，修订石家庄海关进口矿产品疑似固体废物初步筛查操作规范，确保筛查工作更加科学。强化煤炭检验监管，落实宏观调控要求，对氟超标的 8 批、30.1 万吨进口煤炭实施退运。

【监管业务】2021 年，石家庄海关坚持加强正面监管，持续深化改革攻坚，夯实监管基础，提升监管制度创新和治理能力建设水平。持续加强对海关监管作业场所（场地）日常监督管理，提升监管作业场所规范化管理水平。组织开展对监管作业场所和现场海关监督检查，加大对监管作业场所实地巡查力度，持续对监管作业场所开展全面安全隐患排查工作。落实口岸货物检查作业制度。对进口危化品、再生金属等重点敏感货物口岸查验，全年关区实施口岸事中查验 6,006 票，其中机检查验（含机检转人工）341 票，查验发现异常移交综合处置部门 145 票。落实口岸事中查验“双随机、一公开”和“选、查、处”分离制度，规范查验移动单兵、音视频执法记录仪等查验装备佩戴使用，做好实时音视频检查和事后单证抽查。全力抓好安全生产工作，梳理并印发涉及 7 大类共 44 项的石家庄海关安全生产专项整治三年行动突出问题隐患清单和 33 项的石家庄海关安全生产专项整治三年行动制度措施清单，6 月 18 日至“七一”前开展安全风险隐患排查整治工作，系统全面地对关区 8 个重点领域进行排查整治。

【海关统计】2021 年，石家庄海关坚持“统计+研究”的工作理念，不断创新统计工作制度和方法，加强业务数据安全管理，完成各项海关统计工作。强化海关业务数据安全管理，确保数据使用安全可控，持续推动业务数据安全管理工作贯彻落实。在严格按照海关业务数据安全管理要求的前提下，定期在石家庄海关互联网门户网站发布河北省外贸统计数据月报，开发河北省外贸企业进出口数据提取程序并投入使用，满足关区及河北省政府部门对河北省企业级外贸数据需求。密切关注国内外经贸重点、热点问题，根据总署要情选题，结合河北省和关区特点，以及进出口月度数据变化，有针对性地对重点商品、重点国别、重点区域开展监测分析，编制海关统计监测分析并向总署上报监测分析文章77篇。

【企业管理和稽查】2021年，石家庄海关坚持以“智慧企管”建设为抓手，以服务“双循环”发展为重点，深化“放管服”改革，发挥后续监管效能，推动企管工作高质量发展。开展打击跨境电商进口走私“断链刨根”专项整治行动，对535家跨境电商备案企业开展验核工作，完成信息变更248家、注销25家，移入“异常企业名录”20家。强化网购保税货物实货监管，建立每月不少于3次的抽核制度并设立检查台账。办结稽查作业225起，查发问题作业132起，持续开展打击“洋垃圾”走私专项稽查行动，对关区固体废物加工企业和进口再生金属行业开展全覆盖专项稽查，累计开展稽查作业33起。办结核查作业1,715起，查发问题作业1,099起。关区报关单位新备案5,669家，注销2,096家，累计备案报关单位48,796家。对104家企业开展AEO认证培育，开展政策宣讲11次，8家企业通过高级认证，关区共71家高级认证企业。发挥审核监督作用，加强对稽核查业务的审核和对条线业务的执法监督。

【查缉走私】2021年，石家庄海关以推动打私工作高质量发展为主题，强化专业打私，落实海关全员打私，深化反走私综合治理，履行好打击走私职责。在打击濒危物种及其制品走私方面，查获涉嫌走私进境羚羊角8支，约1.9千克。在打击“水客”走私方面，集中核查手表、化妆品、奢侈品包等走私线索，刑事立案1起，查证走私手表29块，案值110万元，涉税50万元；行政立案3起，案值65万元。在打击重点涉税商品走私方面，查获涉嫌走私进境雪茄6万余支，案值1,151.36万元，涉税616.02万元；会同海警部门联合侦办涉嫌走私进口香烟案，查扣涉案走私香烟近18万条，涉税4,800万元。组织开展打击药品走私专项行动，查扣用于治疗心脏病、糖尿病、痛风等涉嫌走私进境的药品9,800余盒，案值3,000万元。在打击淫秽制品走私方面，查办关区首起走私淫秽物品案件，全年共侦办1起走私淫秽物品案件，均被总署缉私局列为二级挂牌管理案件，共计查获涉嫌走私进境的淫秽出版物8,273本。在打击涉枪涉毒走私方面，推进“国门勇士2021”专项缉枪行动，联合地方公安机关严厉打击涉枪涉爆犯罪，查获水弹枪54支、可击发铅弹气动力仿真枪8支；连续破获6起走私毒品进境案件，查获海洛因400.85克、大麻371.23克、三唑仑药片114粒以及含麻黄碱、咖啡因成分药片若干，其中海洛因走私案件同时成功抓获受雇代收人和幕后主使人。

【促进外贸稳增长】2021年，石家庄海关持续优化口岸环境，服务构建新发展格局，为河北省外贸高质量发展贡献力量。做好北京大兴国际机场综合保税区（一期）基础和监管设施建设，推动全国首个跨省级行政区划的综合保税区按期通过国家正式验收，封关运行。支持服务京津冀协同发展，逐条落实北京海关、石家庄海关、天津海关推动京津冀协同发展工作实施方案确定的4方面24项工作任务，对牵头负责的6项工作任务均明确了具体负责人、制订了工作方案，确保6项工作整体推进。与河北省农业农村厅签署关于服务乡村全面振兴、推动农业对外开放高质量发展的合作备忘录，就共同推进河北农业高水平开放、服务河北农业农村经济发展加强合作。加强“一带一路”建设，成立中欧班列工作专班，为企业提供“一站式”服务，实行预约通关、预约查验制度，保证监管链条顺畅高效，全年共监管及接受申报中欧班列 228 列、21,835 标箱、6.57 亿美元，同比分别增长 121%、121%、161%。支持“一带一路”枢纽站点建设，完成泰通国际运输有限公司铁路运输类海关监管作业场所验收。

【督审及综合保障】2021 年，石家庄海关统筹督察审计、内控、评估工作，提升监督质效，加强政务、财务、科技、后勤等综合保障工作，提升各项综合保障能力。修订石家庄海关内控机制建设及新海廉应用绩效考核办法，全年海关内部控制与监督子系统“处置异常数据有效数”“补税次数”2 个关键指标同比分别增长 57.41% 和 100.69%；“补证件数”16 件，实现“零突破”。落实过“紧日子”要求，集中财力优先保民生、重点保运转、精准保发展。巩固精文简会措施成效，压紧压实各级各条线督查责任，持续完善狠抓落实的闭环督查机制，推进基层政务公开标准化规范化建设。围绕重点工作、重大改革，拓展新闻宣传深度广度，妥善做好舆情应对。

【队伍建设】2021 年，石家庄海关继续树立正确的选人用人导向，落实党管干部原则，干部队伍建设持续向好。优化处级领导班子年龄结构、经历结构、专业结构，并加强执法一线科长培养使用。进一步明确石家庄海关党委和隶属海关党委干部管理事权，发挥隶属海关党委在科级干部选人用人工作中的主体作用，将隶属海关科级领导干部、一级主办及以下职级干部，所属独立法人事业单位七级及以下管理岗位（不含保留五级、六级职员待遇人员）、八级及以下专业技术岗位、工勤技能岗位人员的管理权限调整至各隶属海关党委。持续加强干部监督管理，完成个人有关事项查核 9 批次、69 人次。开展海关工作人员违规投资企业及在企业兼职情况自查和清理整改工作，围绕对“一把手”和领导班子监督制定落实措施 57 项。对 5 个隶属海关开展选人用人检查，开展干部配偶、子女及其配偶从业情况检查。

（撰稿人：刘亚楠　陈亚宏　段　炼）

太原海关

【概况】太原海关于 1987 年 1 月 15 日建关，初期是隶属于北京海关的正处级海关，1989 年 7 月升格为副厅级，1992 年 8 月调整为副厅级直属海关，2004 年 6 月升格为正厅级直属海关。业务管辖范围为山西全省。太原海关负责本关区征税、监管、缉私、出入境检验检疫、统计等工作，下设 11 个正处级隶属海关，分别为太原机场海关、晋阳海关、武宿海关、大同海关、临汾海关、运城海关、晋城海关、长治海关、阳泉海关、朔州海关和忻州海关。

2021 年，太原海关强化监管优化服务，统筹推进新冠肺炎疫情防控和促进外贸稳增长。全年“两税”实际入库 23.79 亿元，同比减少 13.03%；检验检疫出境货物 1.46 万批，货值 62.9 亿元，同比分别增长 9.2%和 29.6%；检疫监管进出境航空器 241 架次。

2021 年，太原海关机关被评为第六届全国文明单位，机关和 11 个隶属海关、3 个事业单位均获“山西省直文明单位标兵”荣誉称号。山西国际旅行卫生保健中心（太原海关口岸门诊部）荣获中华全国总工会“全国五一巾帼标兵岗”称号，太原海关驻兴县驻村工作队荣获“山西省脱贫攻坚先进集体”称号。

【党的建设】2021 年，太原海关党委坚持以习近平新时代中国特色社会主义思想为指导，深刻领会“两个确立”的决定性意义，团结带领全关干部职工与党中央同心同德、同向同行，不断提高政治判断力、政治领悟力、政治执行力。坚持“第一议题”制度，坚持理论指导实践，把学习贯彻习近平总书记重要讲话和重要指示批示精神的思想自觉转化为紧抓重点工作的行动自觉。持续推动党史学习教育走实走深，扎实开展“我为群众办实事”实践活动，两级党委完成 156 项重点民生项目、352 条具体措施，其中“脱贫不松劲，攻坚再发力”和“连续 7 年组织万余人次走进剧场一起分享幸福”2 项重点民生项目入选总署“百佳项目”。

2021 年，太原海关组织开展基层党组织规范化建设专项整治，通过内部自查、交叉互查、实地检查，查发并整改 4 方面 19 类问题，修订完善太原海关机关党委关于加强基层党组织规范化建设的相关实施意见，编制配发太原海关党支部工作相关手册，使各党支部抓党建工作“规范有遵循、标准有依据”。创新拓展党建工作形式，开展学党章遵党规党纪专题学习研讨、“擦亮党建品牌”等系列活动，92.36%的干部职工认为党建工作方式方法和质效较以前取得了较大进步。持续深化“强基提质工程”，调整优化基层党组织设置，新设立科级党支部 32 个，“支部建在科上”实现基层一线全覆盖。持续挖掘和扩散基层“热源”，以“3 个海关总署示范+2 个海关总署培育+63 个太原海关品牌”党建品牌格局为引领，组织开展基层科室党支部书记党建述职交流会、党建品牌示范观摩活动，抓住典型、带动一片。丰富党建考核方式和载体，扎实开展党组织书记抓党建工作述职评议考核工作，改进完善党建考核评价办法，将政治效果、工作业绩和促进发展等10方面工作纳入考核内容。认真组织开展庆祝中国共产党成立100周年系列活动，将学习贯彻习近平总书记“七一”重要讲话精神、党史学习教育作为庆祝中国共产党成立100周年系列活动的重要内容贯穿全年，举办习近平总书记“七一”重要讲话精神专题学习班，党委班子成员分别在所在支部讲授主题党课，各基层党组织利用“三会一课”广泛交流研讨，形成了关党委、机关党委、各隶属海关党委、各党支部相互联动的学习宣传机制。高标准高质量组织开展“党旗在基层一线高高飘扬”、“光荣在党50年”纪念章颁发、“两优一先”评选表彰等庆祝中国共产党成立100周年系列活动，激励广大党员牢记初心使命、赓续红色血脉。

2021年，太原海关持续加强党风廉政建设和清廉海关建设，压紧压实全面从严治党主体责任。组织召开2021年太原海关工作会议暨全面从严治党工作会议，从6个方面着手对加强党的建设、扎实推进全面从严治党进行全面部署。结合清廉海关建设要求，制定太原海关建设清廉海关暨全面从严治党工作会议重点任务分解表，分解细化6方面46条具体措施，明确责任部门、任务要求和完成时限，推动全面从严治党要求落地落实。持之以恒正风肃纪。严格落实中央八项规定及其实施细则精神，出台落实中央八项规定精神持续为基层减负、进一步推进清廉海关建设的细化措施21条。落实每月“廉政教育日”制度，深入开展警示教育月活动，在节假日等关键时间节点和重点领域多渠道加强廉政提醒，纵深推进廉政风险防范处置。加强干部廉政监督。紧盯“关键少数”，从严规范领导干部配偶、子女及其配偶从业行为，组织全体干部开展配偶、子女及其配偶从业情况自查，覆盖率100%。

【新冠肺炎疫情防控】2021年，太原海关慎终如始做好新冠肺炎疫情防控。加强指挥调度，研究强化防控措施，加强监督检查，做到“打胜仗、零感染”。持续加强进口冷链食品的风险监测和检疫工作，做好进口高风险非冷链集装箱货物口岸环节新冠病毒检测和预防性消毒工作。持续健全“三位一体”安全防护制度体系，落实安全防护监督制度，执行个人防护操作要求，开展每月一自查、每季一督查，利用现场随机抽查、视频监控检查等方式查找问题，指导立行立改，建立完善长效机制，杜绝问题反复，切实防范和化解安全防护风险。切实落实入境人员卫生检疫岗位工作人员封闭管理要求。第一时间成立工作专班，按照“三区两通道”要求确定集中封闭管理场所，细化修订封闭管理工作方案、指南以及应急处置预案，严格落实登记造册、封闭管理、两点一线、一天一检、全员全程接种疫苗的要求，持续加强人员管理，严格开展监督检查，加强对长期封闭管理人员的心理疏导和人文关怀，保证一线人员战斗力。常态化开展健康监测“日报告”，按照总署、山西省委省政府要求，结合国内疫情发展情况，动态调整内部防控措施，从严从紧、慎之又慎做好新冠肺炎疫情防控。

▲2021年11月13日，太原机场海关关员对出境货运包机开展登临检查

【巡视巡察】2021年，太原海关落实总署“确保巡视发现的问题整改到位，同类问题得到解决，此类问题不再成为问题”的要求，组建工作专班，针对反馈指出的4方面16类36

个具体问题，细化 103 项整改措施，开展“1+5”专题讨论和专项整治，严格落实销账制度，着力推动彻底整改。建立实行整改周报、台账纪实、销账审核、监督通报等整改工作制度。注重以制度建设促进“长久立”，制（修）订 42 项制度、73 项具体工作方案和指引。根据 458 名干部职工填写的“巡视整改满意度测评”结果，巡视整改进展和成效得到了干部职工的认可肯定。

2021 年，太原海关坚守政治巡察职能定位，对巡察工作作出具体安排。扎实推进巡察队伍建设，调整充实巡察组长库 8 人、巡察干部人才库 40 人。加快推进巡察“全覆盖”进程，扎实推进对运城海关、晋阳海关 2 个隶属海关党委班子的常规巡察，发现并推动解决突出问题 52 个。巡视集中整改结束后，对 6 个部门单位开展“巡视反馈问题整改落实情况”专项巡察，查发问题 14 个，以点带面推动全关上下保持巡视整改定力和韧劲，确保整改落地见效。对 2020 年 11 月以来 21 个部门单位的巡察整改情况开展“回头看”，督促 114 个问题全面整改到位。

【法治建设】2021 年，太原海关组织开展制度评估与清理工作，共废止规范性文件 1 件；制定制度 24 项、修订 17 项、废止 26 项。发挥“合法性+合规性”双审作用，同步对 40 余项制度开展内控前置审核和合法性审核，为“三重一大”（重大事项决策、重要干部任免、重大项目投资决策、大额资金使用）事项提供辅助参谋意见。印发相关法治建设实施意见，针对《生物安全法》《行政处罚法》《进出口食品安全管理办法》等新法新规，开展“新法释义”和“以案说法”案例解析活动，建立完善以“法规干部+公职律师+业务专家”为主体的法治宣传队伍。

【风险管理】2021 年，太原海关落实口岸安全风险联合防控机制，加强与国安等部门的协作配合，组织开展联合研判。持续织牢织密非贸风险防控网，针对重点敏感领域开展精准布控。持续完善业务运行监控体系建设，优化表单化查验指令和现场作业方式，修订完善操作指引、工作规范 9 项，加强业务运行监控，梳理 172 条监控重点。

【税收征管】2021 年，太原海关坚持依法科学征管，完成全年税收预测数。落实税收征管方式改革任务，推进属地纳税人管理，全面推行“一保多用”政策，建立关区纳税遵从度评估指标体系。优化验估作业，提高估价工作能力，依规稳妥处置晋钢智造价格风险。

【卫生检疫】2021 年，太原海关巩固完善“境外、口岸、境内”三道防线，加强口岸检疫查验、卫生监督和卫生处理工作。严格落实“三查三排一转运”相关要求，坚持“人、物、环境同防”，做到全面综合防控，强化联防联控，实现信息共享、结果互认，确保人员移交转运无缝衔接，闭环管理，坚持“多病共防”，严防疫情叠加输入，强化实验室技术储备，确保检得全、检得出、检得准。规范开展出入境特殊物品风险评估、检疫审批及后续监管，保障出入境特殊物品安全。

【动植物检疫】2021 年，太原海关强化风险意识，有序开展国门生物安全监测和安全风险监控。开展进出境动植物疫情疫病风险监测和安全风险监控工作。开展“国门绿盾 2021”行动，制订太原海关关于开展打击非法引进外来物种和种子苗木“国门绿盾 2021”行动相关实施方案，全面打击非法携带、寄递、夹带外来物种和种子苗木进境行为，严防外来物种入侵和动植物疫情传入，维护国门生物安全。加强非洲猪瘟、高致病性禽流感等重大动物疫情防控。

【食品、化妆品检验检疫】2021 年，太原海关强化进出口食品安全体系建设，开展进口食品“国门守护”行动，实施进口食品准入管理，加强进境动植物源性食品检疫审批。组织开展进出口食品、化妆品抽样检验及风险监测工作，制定下发关于开展2021年度太原海关关区进出口食品、化妆品抽样检验及风险监测工作的相关通知，组织各隶属海关开展并圆满完成2021年度抽样检验和风险监测工作。开展出口动物源性食品风险监测、供港澳蔬菜专项监测和跨境电商零售进口食品、化妆品风险监测。加大培育特色食品、农产品出口企业，全年新增备案出口食品生产企业28家，服务企业扩大出口。

【商品检验】2021年，太原海关加强进出口商品检验，健全完善进出口商品安全风险预警和快速反应监管体系，严格危化品等重点敏感商品监管。压紧压实危化品检验监管责任，梳理监管风险清单，建立长效工作机制。针对关区进出口危化品企业特点，对申报数据和包装使用鉴定拟装货物进行“两查”（正向排查、反向排查），建立关区危化品品种、危化品生产经营企业“两库”（进出口危化品库、进出口危化品生产经营企业库），防范企业伪瞒报风险。开展技术性贸易措施应对工作，全年共调查出口企业108家，组织专家开展通报评议4项，入企宣传20余次，11家企业列入总署重点企业清单。开展进出口商品质量安全风险监测，全年共开展风险监测18批次，检出不合格2批次，不合格率11.11%。

【监管业务】2021年，太原海关持续推动海关监管作业场所（场地）规范化建设。加强对海关监管作业场所（场地）日常视频在线巡查，对视频故障问题做到及时发现、规范处置。2021年3月22日，太原武宿综合保税区完成二期整改并验收运行，进境水果、冰鲜水产品指定监管场地通过验收。支持申建太原阳曲综合保税区。大同国际陆港保税物流中心（B型）通过验收并封关运行。服务山西方略保税物流中心（B型）拓展业务。山西兰花保税物流中心（B型）变更面积项目通过总署验收。保障太原至旧金山、布鲁塞尔、马德里国际货运航班开通运行。大同航空口岸对外开放通过省级预验收。支持太原国际邮件互换局（交换站）扩容升级。保障中欧（亚）班列常态化运行。服务“南果中粮北肉东药材西干果”五大平台建设，新增注册果园48家、4.78万亩，冬枣、羊毛脂、发酵饼干等多种特色产品实现出口“零突破”；供港活猪3,640头，同比增长20倍。

2021年，太原海关多措并举优化口岸营商环境。落实总署优化口岸营商环境部署安排，结合太原海关实际，细化分解为69项任务，统筹推进优化营商环境和业务整合工作。制定太原海关服务RCEP、促进山西外向型经济发展10项措施。巩固压缩货物整体通关时间成效，2021年进、出口货物整体通关时间分别为25.8小时、0.98小时，同比分别减少11.66小时、1.32小时。大力推行“提前申报”，优化进口“两步申报”通关模式，全年“两步申报”应用率46.59%，提前申报报关单比例48.32%。持续落实精简监管证件、简化随附单据、入境货物检验检疫证明电子化等通关便利化措施，降低企业通关成本。优化行政审批服务，网上办理率达99.72%。落实减税降费政策，减免税款5,453.49万元。企业享受进口原产地税率优惠4,742万元，同比增长5.66倍。

▲2021年12月29日，晋阳海关关员深入企业查验出口水果

促进跨境电商新业态发展，倡议发起并建立跨境电商联席会议工作机制。

【海关统计】2021年，太原海关开展宏观经济研究和外贸形势分析，围绕应对中美经贸摩擦、新冠肺炎疫情防控、促进外贸稳增长等重点任务，深入开展研究分析，持续关注重点行业、重点企业、重点商品的供需、价格和进出口形势，提供高质量统计分析及专项分析报告，全年编撰统计分析及专项分析报告90期、预警分析文章79篇。加强业务统计监督，筑牢数据安全防线。定期对海关业务数据、系统安全、人员授权等情况开展细密检查，梳理分析具体使用情况，切实将业务数据使用安全置于严格控制、严密监管之下。加强异常数据监控，完善健全管控制度，对9家企业联合开展核查作业。

【企业管理和稽查】2021年，太原海关强化企业管理和稽核查，全面推广稽查联合工作机制。规范企业备案登记，加大高级认证企业培育力度，年内共有海关备案企业6,927家，其中高级认证企业14家。推进加工贸易及保税监管集中审核作业，探索加工贸易高级认证企业实行自主核销模式。开展海关稽查改革，稽核查联合工作机制实现全覆盖，推广“互联网+稽核查”工作模式。

【查缉走私】2021年，太原海关持续落实禁限类物品管控和反恐工作要求，开展“国门利剑2021”专项行动，重点打击“洋垃圾”、珍贵动物、濒危物种、武器弹药、毒品、重点涉税商品走私。参与打击“水客”、新型毒品“邮票”、淫秽物品走私全国收网行动。重点开展打击寄递渠道雪茄烟走私集中行动，参与寄递渠道禁毒百日攻坚战行动，开展打击涉枪走私“国门勇士”专项行动。深化全员打私，持续提升打击走私整体效能。加强反走私综合治理，构建“打、防、管、控”一体化防线。立案侦办走私犯罪案件9起，立案调查行政违规案件110起。

【政务管理】2021年，太原海关确定并督办重点工作187项。持续巩固精简文件成果，严格控制各类会议召开次数。信息宣传工作稳步推进，宣传稿件被省部级以上媒体采用292篇。加强应急值守、政务值班等工作力度，落实值班保障工作，做好全国“两会”期间、节假日期间、敏感时期的应急值班和安全检查工作。进一步牢固树立“精品意识”，强化责任担当，严格把好公文审核“三道关口”。切实发挥办公室沟通协调、督办等职责，做到应督尽督、督好督到位。开展“指尖上的形式主义”整治工作，压减各类微信工作群116个。按时办理人大、政协建议提案，年内答复省政协十二届四次会议提案2件、省人大十三届四次会议建议1件。完善保密档案工作制度，开展涉密人员调整和保密自查自评工作。完成2020年度文书类档案和部分资料的归档工作，开展文书档案的归档和安全管理情况检查。

【财务管理】2021年，太原海关狠抓预算执行。进一步落细落实过“紧日子”要求，开源节流、增收节支，压减一般性支出，事业单位创收能力大幅提高。积极争取省市政府财政支持。规范政府采购和涉案财物管理。积极开展涉案财物处置管理工作。建立科学的物品归类体系，及时处置涉案财物，避免涉案财物长期滞库，着力防控管理和廉政风险。完成酒类、侵犯知识产权类涉案财物处置工作，对走私普通货物案件的涉案财物进行封存入库，组织涉案财物安全检查，建立完善涉案财物应急机制。严格进出口环节涉企收费管理。全面开展进出口环节收费清理工作，严格执行各项政策规定，切实落实减税降费任务。

【科技发展】2021年，太原海关持续加强科技投入，有效发挥科技工作的引领及对业务的支撑作用。统筹资源做好疫情防控科技保障，部署完成远程电子流调系统，最大限度减少一线工作人员职业暴露风险；多措并举大力提升核酸检测能力，检测能力大幅提升至每日400人份。优化实验室管理运行模式，以国家重点实验室为依托，推进地方公共检测服务平台建设，太原海关技术中心申建的“国家杂粮检疫检测重点实验室（大同）”和“国家温带果蔬检疫重点实验室（运城）”成功通过总署的核查验收。山西国际旅行卫生保健中心常态化参加国家级和省级临检中心组织的室间质评，在国家卫健委临检中心组织的2021年全国新冠病毒德尔塔变异株核酸检测室间质评和省卫健委组织的新冠病毒核酸检测室间质评中，均取得较好成绩。做好科研项目管理和成果转化，8项署级科研项目和1项省级科研项目通过验收。强化以风险管理为核心的网络安全保障体系，高效完成网络安全事件应急演练。

【督察内审】2021年，太原海关持续深化督察审计，推进内控机制建设，不断深化科技控权，完善执法评估体系，切实发挥监督效能，督审工作取得了新的进展和成效，督察审计质效有力凸显。深化内控机制建设，运用内部控制与监督子系统，取得专项成果29次，风险防控水平持续提升。

【队伍建设】2021年，太原海关充分发挥考核“指挥棒”作用，组织实施年度考核、平时考核和专项考核；发挥考核激励导向作用，对疫情防控一线人员等进行专项奖励。从严规范领导干部配偶、子女及其配偶从业行为。开展干部监督管理和纪律作风专项整治，领导干部报告个人有关事项不如实报告率连续3年下降。严格准军事化纪律部队建设各项要求，定期开展视频检查和内务督察，严防发生酒驾醉驾。加强业务整合和人力资源优化，设立5个业务执法协作区，共开展执法协作17次。探索多元化培训方式，提升全员履职能力，组织培训1,800余人次。加强离退休干部管理。坚持思想教育和解决实际问题并重，以工匠精神把服务工作往老干部心里做、急处帮，规范落实政治待遇，充分利用现代媒介加强教育引导。组织离退休干部坚持文件学习、参加重要会议和重大活动、通报情况、参观学习等制度。加强意识形态领域领导，及时做好理论辅导和解疑释惑工作。及时帮助解决老干部遇到的特殊困难和问题，把离退休干部服务管理工作做深、做细、做实，增强思想政治工作的针对性、有效性。

【脱贫攻坚】2021年，太原海关巩固脱贫攻坚成果，助力乡村振兴。严格落实常态化帮扶机制，指导协助太原海关驻兴县恶虎滩村工作队进行人员调整充实、办公地址搬迁，加强工作队力量，改善办公条件。落实防止返贫动态监测和帮扶机制，年内通过农户自主申报、网格员定期反馈、队员下户排查等方式，严格执行“四个不摘”政策，健全村级、户级全部脱贫户资料档案，完善113户脱贫户的家庭成员、收入测算、饮水安全等信息；整理脱贫户建档立卡手册115户，整理归档户口本、残疾证、慢性病证和各类培训证书等共计900余份。扎实开展农村人居环境“六乱”（乱搭乱建、乱堆乱放、乱设摊点、乱拉乱挂、乱写乱画、乱扔乱吐）整治，与村“两委”制定环境问题整改清单、分工负责，加强公益岗位保洁员管理，使用机械设备对全村环境进行全面整治，人居环境得到持续改善。实施抗旱工程项目，提升村民饮用水质量标准，购买6台水泵、检修一口深井、增挖一口水井，铺设两趟灌溉和一趟生活用水管线，捐赠饮水机和净水设备，解决农田基本灌溉、居民生活用水和学生饮用水问题。拓宽扶贫产品销售渠道，太原海关通过工会、机关食堂、社会力量采购等方式消费帮扶累计金额为25.45万元。

（撰稿人：王颖恺　延大海　孙　扬　孙　杰　杜义新　宋　阳　郑　炜　郑　罡　廉慧锋）

呼和浩特海关

【概况】呼和浩特海关前身为 1955 年 12 月成立的集宁关及其所属二连分关。1965 年 9 月，对外贸易部批准成立二连关，撤销集宁关和二连分关。1991 年 7 月 6 日正式设立呼和浩特海关（副厅局级），2000 年 12 月升格为正厅局级。管辖范围为内蒙古自治区（以下简称“内蒙古”）呼和浩特市、包头市、鄂尔多斯市、乌海市、巴彦淖尔市、乌兰察布市、锡林郭勒盟、阿拉善盟 8 个盟市的各项海关管理工作。隶属海关单位包括呼和浩特白塔机场海关、赛罕海关、二连海关（下设副处级驻铁路口岸办事处、驻公路口岸办事处）、包头海关、额济纳海关、东乌海关、乌拉特海关、鄂尔多斯海关、集宁海关、乌海海关、阿拉善海关、呼和浩特海关风险防控分局。

2021 年，呼和浩特海关以习近平新时代中国特色社会主义思想为指导，认真践行总署党委“政治建关、改革强关、依法把关、科技兴关、从严治关”总体要求，切实履行国家进出境监督管理职能，筑牢国门安全防线，促进对外经济贸易发展，各项事业稳步推进。扎实开展党史学习教育，政治机关建设再创佳绩，所属额济纳海关党总支被中共中央授予“全国先进基层党组织”称号。坚持“外防输入、内防反弹”总策略，严格常态化口岸疫情防控工作，全年检疫查验入境分流国际航班 32 架次，检疫监管入境车辆 36.32 万辆次。持续深化改革，首创进口主要矿产品“集报清单提前申报”模式。强化业务建设，实际检验检疫和监管效能显著提升，进出口货运值 774 亿元，同比增长 25.8%；税款入库 71.99 亿元，同比增长 14.87%；检验进出口商品 23,119 批次，检出不合格商品 434 批次、不合格危化品及其包装 12 批次。全国口岸首次截获非检疫性有害生物 4 种，内蒙古口岸首次截获检疫性有害生物 1 种；食品安全工作连续 3 年获得内蒙古人民政府表彰。优化跨境贸易营商环境，全力融入“一带一路”建设，进、出口整体通关时间分别为 16.61 小时、0.11 小时，与 2017 年相比分别压缩 88.82%、95.17%；监管进出境中欧班列 2,666 列，同比增长 11.83%。获得抗击新冠肺炎疫情等省部级以上先进集体 4 个，三八红旗手、扫黄打非等先进个人 7 人，其中全国先进集体 1 个、先进个人 1 人。

【党的建设】2021 年，呼和浩特海关修订党建相关指引，实施责任制、清单化管理，通过“强基提质工程”，隶属额济纳海关监管一科入围全国海关首批 22 个基层党建“书记项目”，白塔机场海关党总支获评“全国海关党建示范品牌”。开展以讲政治、守纪律、负责任、有效率为主要内容的“让党中央放心、让人民群众满意”北疆模范机关创建工作，呼和浩特海关机关以总分第一的成绩获评内蒙古首届创建北疆模范机关先进单位。运用“三千孤儿入内蒙”“齐心协力建包钢”等红色资源，开展“党旗在基层一线高高飘扬——我为群众办实事”“百名书记百堂党课”“边关银发宣讲团”“‘永远跟党走’职工大合唱”“百名青年读党史”等“学史·铸魂”系列党史学习教育活动，“乌兰牧骑理论宣讲轻骑兵——行走的党课”被中央党史学习教育简报刊发。聚焦企业群众“急难愁盼”问题，开展“我为群众办实事”实践活动，“筑实北疆‘桥头堡’　拱卫首都‘护城河’”“纾困解难　再续‘齐心协力建包钢’佳话”2个项目入选全国海关“‘我为群众办实事’百佳项目”。推进党建与业务深度融合，组建党员突击队、党员创新专班或党员研究小组68个，在新冠肺炎疫情防控封闭管理区成立临时党支部。隶属海关文明单位实现全覆盖，额济纳海关获评第六届全国文明单位，白塔机场海关、赛罕海关文明单位同城同创模式得到批复，阿拉善海关获评盟市文明单位标兵。贯彻第五次中央民族工作会议精神，开展民族团结进步教育，落实意识形态工作责任制，组织铸牢中华民族共同体意识专题培训，印发呼和浩特海关基层意识形态网格长、网格员相关任务清单，明确网格长承担组织领导和推动责任、开展舆论宣传引导及思想动态研判分析等任务清单11项，网格员履行好抓落实职责等任务清单9项，助力完成内蒙古推行国家统编教材任务。择优选派驻包联嘎查村第一书记，对口帮扶乌兰察布市卓资县退出国家级贫困县序列，所有帮扶贫困户达到脱贫标准。制定对“一把手”和领导班子监督“1+3+1”（“落实措施”“责任清单、负面清单、问责清单”“任务分工”）制度体系，完善制度机制16项。细化巡察监督“三个聚焦”（聚焦基层贯彻落实党的路线方针政策和党中央决策部署情况，聚焦群众身边腐败问题和不正之风，聚焦基层党组织涣散、组织力欠缺问题）52项要点，巡察13个所属单位部门，巡察覆盖率达到82.4%，较2020年提升35个百分点。开展“现场监管与外勤执法权力寻租”专项整治，设置纪检组组长专用举报邮箱，组建大数据分析专班、问题线索核查攻坚战专班，用好“云擎”、HLS 2017内控平台等监控系统实现“智慧整治”，对2012年以来问题线索逐件起底，开展为期3个月的“以案释法明纪　严明纪律作风”警示教育，举办隶属海关党委书记和派驻纪检组组长“责任讲堂”，组织廉政专题党课96次、“面对面”纪法宣讲55场。

【队伍建设】 2021年，呼和浩特海关制定贯彻“十四五”海关队伍建设实施意见，提出“信心培树争先、思想解放争先、能力提升争先”队伍建设理念，突出重实干重实绩导向，制订呼和浩特海关进一步加强新冠肺炎疫情常态化防控培训相关工作方案，开展新冠肺炎疫情防控实操演练57次829人次，举办培训197次6,067人次；修订疫情防控人力资源保障相关工作方案，开展梯队建设，关区614人纳入三级梯队管理；统筹人员保障重点口岸，抽调3批次、16人次支援白塔机场一线；隶属乌拉特海关和4名同志荣获内蒙古抗击新冠肺炎疫情先进集体和先进个人。围绕“卫植动食商”等条线一线岗位资质人才培养需求，构建人事教育部门和业务处室专业人才培养协同机制，111人获进出口危险货物及其包装检验监管、加工食品签证官等检验检疫专业能力岗位资质，1人进入总署商检条线“万人争先”线上练兵百强。选派4名执法一线科长赴深圳海关开展互派锻炼工作。克服疫情影响，利用直播平台、腾讯会议、“钉钉”App线上课、网上专题班等形式，组织开展学习贯彻党的十九届五中全会精神暨党史学习教育处级干部轮训班、兼职教师能力提升班等自办班次7个。开展边关关警员荣誉激励工作，授予32名同志“边关工作荣誉章”。

【法治建设】 2021年，呼和浩特海关出台相关法治建设实施意见，确定“十四五”时期法治建设总体安排。推进“证照分离”改革，制定实施方案和改革清单，对14项海关涉企经营许可事项按照直接取消审批、审批改为备案、实行告知承诺、优化审批服务等4种方式进行改革。启动“八五”普法工作，开展送法进机关、进口岸、进企业、进校园、进社区、进乡村等普法宣传活动，其中“开展‘百人联千企　力行促外贸’专项活动营造法治化营商环境”，走进重点企业1,114家，推送海关法规政策539次，入选2021年度内蒙古“十大法治事件”。开展规范性文件和业务制度合法性审查，开展《中华人民共和国数据安全法》宣传，梳理1项关级业务系统数据资产，对1,773个字段进行分类分级，建立业务指标目录，推动业务数据分类分级实践在呼和浩特海关落地。培养高素质法治工作人才，1人获得全国海关优秀公职律师表彰，新申请注册海关公职律师5人。

【卫生检疫】2021年，呼和浩特海关坚持“外防输入、内防反弹”总策略，坚持“人、物、环境同防”。建立党委委员每日视频督导、督导组包干督导、“挑毛病”专家组随机督导的监督机制，常态化开展“四不两直”随机检查、视频实时监控，开展视频检查200余次。落实“一口岸一方案”，对分流国际航班入境人员和二连公路口岸“绿色通道”出入境人员落实“7个100%”“三查三排一转运”检疫措施；对于入境货运司机，在健康申报核验、体温监测和医学巡查基础上，对接属地联防联控机制，实施闭环管理措施；根据二连铁路口岸国际货运列车司机不下车的情况，通过信息化手段开展远程非接触式检疫；落实进口冷链食品、高风险非冷链集装箱货物口岸环节新冠病毒核酸监测检测和预防性消毒监督工作措施。按照“人货分离、分段运输”原则，配合属地新冠肺炎疫情联防联控机制，在陆路边境口岸推广应用“吊装”“甩挂”“接驳”等非接触式货物运输交接模式。建立“一人一册”纪实台账、“理论培训+实操考核”精准培训、常态化模拟演练的一体化岗位练兵机制。实时掌握境外疫情动态，编发蒙古国新冠肺炎疫情数据信息365期、研判报告22期。为降低工作人员暴露风险，研发“疫情防控全程信息化系统”“智能闸机通关系统”“生物安全型可移动式洁净屏障”，在关区航空、公路口岸投入使用。

【税收征管】2021年，呼和浩特海关继续推进属地纳税人管理，制定乳品、原油、铜精矿重点进口企业管理和服务措施，为重点纳税企业配备关税协调员，推行“非接触式”办税。针对沙棘汁出口规模不断扩大、没有单列税号的实际情况，积极对接国家沙棘协会开展企业调研，提出新增沙棘汁本国子目税号建议。为确保国家粮食安全，加快风能等清洁能源产业发展，扩大无害化原料进口，提出降低氯化钾和风电高速轴联轴器进口暂定税率、取消骨炭进口贸易管制要求等3条建议。上述4条税政调研建议均被国务院关税税则委员会采纳，并在2022年进出口关税子目及贸易管制中予以体现，这是呼和浩特海关税政调研建议首次被该委员会采纳。开展税收担保改革，开立企业集团财务公司保函6份，担保额度3.78亿元，为企业节约通关成本近300万元；汇总征税方式报关11,687票，占比16.87%。设专人对4家企业进行对美加征关税商品排除申请指导，开展政策解答18次，为企业节省资金158万元。引导企业申请税款滞纳金减免，办理减免手续10份，减免1.50万元。

【监管业务】2021年，呼和浩特海关坚持“规定动作”与创新发展协同推进，以进口矿产品为切入点，“两段准入”改革落地，“两轮驱动”实现各业务现场全覆盖，“四自一简”等“两区优化”监管创新落地。

▲2021 月 12 月 29 日，赛罕海关关员监管“青城号”中欧班列

依托公路口岸货运通道智能卡口系统、视频监控和新一代查验管理系统，100%落实监管规定。增配 102 台/套设备落实信息智能与安全，视频监控在线率从 95.7%提升到 98.51%。赴策克口岸开展“呼和浩特海关监管作业模式改革辅助系统（二期）”优化工作，客运通道智能卡口建设完成，配备 38 套智能闸机通道，健康申明卡无纸化申报、信息核验、体温检测、自动放行等手续实现无缝衔接、一体办理。助力鄂尔多斯市航空口岸进境水果、食用水生动物和冰鲜水产品指定监管场地建设。对核辐射巡检仪、核素识别仪、化学毒剂监测仪等 19 种安全检测及反恐设备开展 5 场次现场培训，以及 5 次反恐演练。落实国务院促进综合保税区高水平开放高质量发展 21 项任务措施，海关特殊监管区内企业一般纳税人、分状态监管等优惠政策落地，呼和浩特综合保税区、鄂尔多斯综合保税区进出口值分别为 34.96 亿元、25.35 亿元，同比分别增长 2.8 倍、5.1 倍。制定跨境电商企业出口监管相关实施办法，办理跨境电商“简化申报”企业 16 家，4 月实现跨境电商商品经七苏木保税物流中心（B 型）搭载中欧班列出境，监管跨境电商清单 250 万票。办理《国际公路运输公约》（TIR）运输业务 8,115.7 吨，货值 1.27 亿元。开展对美加征关税商品排除申请及进口申报工作，对 4 家企业解答政策 18 次，为企业节省资金 158 万元。印发 2021 年安全生产相关工作要点，动态更新安全生产专项整治三年行动问题隐患和制度措施“两个清单”，建立安全生产月调度工作机制，组织 5 次风险隐患“拉网式”排查，对危化品等 8 个重点领域、燃气、防火等进行检查，苗头性风险问题持续跟踪，实现安全生产“零事故”。

【商品检验】2021 年，呼和浩特海关围绕进出口危险化学品、危险货物及进口铜精粉、煤炭等大宗矿能产品开展检测工作。对关区 94 家危化企业建立重点监管企业名录档案，按照企业资质、危险货物生产灌装、运输路径、安全数据单等风险点建立危化品安全风险分布档案，覆盖面 100%。全年受理危险货物包装性能检验 444 批，同比增长 31.4%；受理包装使用鉴定 3,560 批，同比增长 23.4%，检验包装使用鉴定不合格 7 批。发布进口不合格煤炭警示通报 2 期，全年检出进口煤炭不合格 431 批、123.87 万吨、1.39 亿美元，其中环保不合格 40 批、3.55 万吨、73.77 万美元。制订呼和浩特海关出口医疗物资法定检验工作分工方案，建立进出口防疫物资质量安全不合格反馈机制。全年进出口防疫物资 234 批，无检验不合格情况。对可能存在安全风险的进口铜精矿和铁矿石开展固体废物属性鉴别，全年鉴别 5 批次。开展重点进出口商品质量安全分析及风险信息收集评估，向风险管理部门提交风险信息，在隶属包头海关和额济纳海关试行进口煤炭质量安全风险管理操作指引，开展进口煤炭质量安全风险管理试点工作，引导企业落实进口煤炭质量安全管控主体责任，平均压缩通关时间 1.5 天。发挥实验室商品检测作用，完成 1,050 批、2,986 个样品、21,644 个项目的检测任务，同比分别增长 29.5%、54.1% 和 59.0%；检出不合格食品 15 个、标签异常产品 5 个、不合格餐具 5 个、动物疫病阳性结果

18 个。

【动植物检疫】2021 年，呼和浩特海关印发进境动物相关作业指引 4 项，按照“动植物保护能力提升工程”及“十四五”期间能力建设规划要求，举办重大动植物疫情防控及岗位资质、检疫处理监管培训班 3 期，3 家进境种猪隔离场通过验收，关区首家供港澳活牛育肥场获准注册，7 家绒毛等企业通过 TRACES 系统获准欧盟注册备案，1 家细胞转移因子生产企业获得欧盟准入资质，全年检疫监管进口种羊 1,209 头、种鸡 14 万羽、种马 30 匹、冷冻牛精液 77.24 万支，安全引进甜菜、燕麦、番茄、玉米、向日葵等优良品种 16 个 414 吨，注册 1 家出口种苗企业并在关区首次对蒙古国出口云杉。建立“2 个方案+14 项指引”国门生物安全监测机制，监测动物疫病 25 种，检测样品 1,809 个、13,565 项次，在出口蒙古国赛马中检出马流感、马鼻腔肺炎阳性 17 例，在进口澳大利亚种羊中检出副结核病、关节炎脑炎病、边界病等二类传染病及衣原体病 16 例；监测到检疫性有害生物 10 种、外来物种 21 种，在进境植物产品中截获有害生物 198 种 11,673 次，其中检疫性有害生物 15 种 197 种次。印发 2021 年进出口食用农产品和饲料安全风险监控计划实施方案，对 3 大类 17 种产品实施监控，抽取样品 311 个，完成检测项目 1,265 个，检出含违规转基因成分油菜籽 12 批次。退运 2020 年查获的俄罗斯转基因油菜籽 102 批次 2,039.2 吨、不合格动物油脂 3 批次 75 吨，货值分别为 500.59 万元和 16 万元。制订打击非法引进外来物种和种子苗木“国门绿盾 2021”行动实施方案，开展快件集中查验 8 次、“清邮”行动 12 次，截获外来物种 69 批次。

【食品检验检疫】2021 年，呼和浩特海关印发进口冷链食品新冠肺炎疫情防控工作手册、进口冷链食品口岸环节预防性消毒实施方案等，从具体操作程序、应急能力提升、排查风险隐患、提高实战能力等方面作出安排，建立“桌面推演+重点环节演示+模拟实操”常态化培训演练机制。6 月，在进口蒙古国冷冻马肉托盘中检出新冠病毒核酸阳性货物 1 批，为全国陆路口岸进口畜肉中首次检出。历时 3 年完成蒙古国《食品安全法》等 4 部食品法律法规和《食品中兽药残留最大限量》等 41 项标准翻译工作，撰写《中蒙进出口食品安全管理体系比较研究报告》，重点分析中蒙双边标准中 9 种重金属、267 种兽药、1,472 个限量指标差异，印发全国海关推广。开展技术性贸易措施研究，完成对巴西、美国、中国台湾地区的 4 个 SPS 措施评议工作。宣传贯彻 2021 年修订的《进出口食品安全管理办法》《进口食品境外生产企业注册管理规定》，开展进出口食品安全监管能力提升培训和食品安全风险信息专题培训，组织加工食品签证官资质考核认定，推送境外技术性贸易措施，发布风险警示信息，蜂产品、葵花子、螺旋藻出口货值同比分别增长 62.01%、11.55% 和 49.44%，螺旋藻、籽仁类、乳制品等特色农产品远销 90 多个国家和地区，烤奶皮、鲜乳饼干、葡萄叶罐头分别首次出口加拿大、韩国、沙特阿拉伯，烤馍锅巴、蒙牛公司乳饮料首次出口美国。

【查缉走私】2021 年，呼和浩特海关推进“国门利剑 2021”“蓝天 2021”“护卫 2021”及春冬两季打击冻品走私（猎鼠）等专项行动。打击“洋垃圾”走私，破获走私固体废物案 1 起，查获来自蒙古国的进境废旧车辆车体 8.5 吨；打击“水客”走私，参加总署缉私局统一联合收网行动，破获走私奢侈品案；打击毒品走私，侦办寄递渠道走私毒品案 11 起；打击动物疫病流行国家畜产品及冻品走私，破获走私畜产品进境案 1 起。借助内蒙古公安优势警力侦办走私毒品案件 3 起，完成“4·08”走私汽车案 2 名主犯异地换押解回再审和异地投监服刑等工作，向内蒙古公安部门移交关联走私情报线索 6 条。联合二连浩特市烟草部门成功破获货运渠道“8・05”走私香烟案，查获各类香烟 984 条，案值 23.25 万元，偷逃税款 16.05 万元。

【海关统计】2021 年，呼和浩特海关发挥“统计+研究”优势，参与完成署级课题“海关推动边境贸易创新发展”相关研究等 7 篇。聚焦内蒙古与“一带一路”沿线国家和地区贸易的战略性、全局性、时代性、根本性问题，从产业互补、市场衔接、商品对接等角度开展“向北开放重要桥头堡”系列课题研究，完成 9 个国家、17 万字政研报告。聚焦内蒙古重点行业、重点商品，如医药、单晶硅、稀土、乳业、煤炭、农产品及钢铁、重型机械等，开展分析研究，完成进出口监测预警分析报告 133 篇，总署采用 8 篇。制定《呼和浩特海关贯彻〈“十四五”海关发展规划〉实施意见》48 项。建立呼和浩特海关与隶属海关初审、复审两级数据质量管控机制，针对外汇收支异常、单证不实等企业开展贸易核查，办理影响统计数据准确性行政案件 8 起，涉及货值 1,300 万元。针对运输工具监管与进出口货运量等 10 对指标逻辑关系，开展数据审核。

【风险管理】2021 年，呼和浩特海关建立业务风险预警机制，关注国家和内蒙古政策调整及进出口行业动态带来的风险转移，借助“互联网开源信息+大数据模型”进行关联对比分析，提出并发布全国性预警建议 2 条；实时监控业务运行动态，排查可能存在的趋势性或突增风险，发布预警信息 14 条。印发风险布控相关管理办法等 4 项制度文件，推广新一代风险作业子系统非贸模块邮递应用，开展跨境电商企业穿透式体检，合理调控预定式布控和即决式布控作业量配比，统筹推进非贸领域一体化防控。利用大数据平台（“云擎”）数据资源建模 271 个，开展日常业务运行监控、关联数据分析比对，开展重点、难点模型应用攻关，“科学随机规则绩效评估”等 11 个模型经总署认证为“云擎”平台级应用，全年查获安全准入情事 978 起。建立内蒙古口岸安全风险联合防控机制，联合满洲里海关、内蒙古人民政府外事办公室等 27 个单位印发内蒙古口岸安全风险联合防控工作相关方案，在会议制度、信息交换、联合研判、风险处置等方面作出规定，年内与内蒙古农牧业厅、工业和信息化厅、安全厅、外汇管理局开展联合研判 5 次，就内蒙古商品产业政策、重点企业产能及供应链等情况进行交流，研提线索 2 条。

【企业管理和稽查】2021 年，呼和浩特海关印发关于进一步优化营商环境、改善和加强企业管理工作的相关通知，落实取消“报关企业注册登记”海关行政审批要求、实施报关单位备案全程网办、推进进出口货物收发货人“多证合一”备案等工作，按照“明确目标、责任到人”原则，对 7 项时效性服务工作实施挂牌督战，优化企业备案流程。全年新增报关单位 1,386 家，同比增长 17.8%，企业总量 9,176 家；新增特定资质企业 199 家；关区首家供港澳蔬菜种植基地、出口禽畜原料养殖基地获准备案。注销连续 3 年无进出口业务企业 432 家，对 154 家企业进行注册信息核对，查发有效率近 70%。制定落实 AEO 企业差别化管理措施相关目录，重点选取 8 家企业实施“一对一”信用培育，新增 2 家高级认证企业，AEO 企业贸易额、纳税额占比在沿边地区领先。依托“云擎”大数据分析系统数据精准分析高风险企业，建立“现场—风控—稽查”联动机制，深挖线索，转化稽查指令。

【优化营商环境】2021 年，呼和浩特海关制定 104 条措施，推动跨境贸易便利化。印发优化口岸营商环境、促进跨境贸易便利化相关分工方案，从“优流程，进一步压缩进出口环节单证合规时间”“压时间，进一步巩固压缩进出口环节边境合规时间成效”“降成本，进一步降低进出口环节合规成本”“提效率，进一步提升行政管理效能”4 个方面制订促进跨境贸易便利化具体措施分工方案 39 项，落实行政审批制度改革，推进各项业务改革实施。4 月 26 日，开展“我为群众办实事——百人联千企　力行促外贸”服务外贸企业、优化口岸营商环境专项活动，立足为外贸企业解决最急、最忧、最盼问题。印发进一步深化跨境贸易便利化改革、优化口岸营商环境任务分解和细化落实措施表，从“深化改革创新，进一步优化通关全链条全流程”“清理规范收费，进一步降低进出口环节费用”“强化科技赋能，进一步提升口岸综合服务能力”“高效利企便民，进一步改善跨境贸易整体服务环境”“推进智享联通，进一步加强跨境通关合作交流”5 个方面提出 52 条细化落实措施。通过分类梳理掌握企业实际需求，落实“企业问题清零”制度。首创进口主要矿产品“集报清单提前申报”模式，企业平均申报时间由 10 分钟缩短为 1 分钟。采取提前申报、远程审核等措施，全程对接企业物流信息，进口铁矿石口岸整体通关时长缩短 60%。石油原油采用“提前申报+两步申报”模式，压缩通道整体验放时间 30 分钟。

【“百人联千企　力行促外贸”专项行动】2021 年，为推动促进外贸稳增长系列措施落地落实，打通惠企政策落实“最后一公里”，呼和浩特海关印发“我为群众办实事——百人联千企　力行促外贸”服务外贸企业、优化口岸营商环境专项活动方案，从组织领导、工作机制和任务分工、实施步骤、工作要求 4 个方面作出安排，选取隶属赛罕海关、包头海关作为第一批试点单位。全年梳理有实际进出口业务企业 5, 994 家，选择重点企业 1, 114 家；确定服务外贸企业及联络人员名单，287 名海关联络员结对帮扶；解答各类咨询 760 余次，推送海关政策 539 次，解决具体问题 378 个，挖掘典型案例 50 个，为企业缓解资金压力约 4 亿元。“筑实北疆‘桥头堡’　拱卫首都‘护城河’”“纾困解难　再续‘齐心协力建包钢’佳话”2 个案例入选全国海关“‘我为群众办实事’百佳项目”。收到包头钢铁集团有限责任公司等企业赠送锦旗 30 面、感谢信 10 封。

【《亚太贸易协定》项下货物享惠】2021 年 2 月 5 日，呼和浩特海关办理首票蒙古国进口货物通关享惠。根据国务院关税税则委员会关于《2021 年关税调整方案》的通知，自 2021 年 1 月 1 日起，对原产于蒙古国的部分进口商品适用《亚太贸易协定》税率，遵循《亚太贸易协定》原产地规则，但呼和浩特海关通过数据监控发现，1 月关区进口蒙古国商品中可享惠货物约 22 种，但无企业按优惠原产地规则进行申报并享受此项优惠。呼和浩特海关通过选取重点企业“一对一”指导，办理《亚太贸易协定》项下货物享惠货物首票通关。为进一步推进享惠相关工作，制发关于积极服务辖区企业享受蒙古国加入《亚太贸易协定》税收优惠政策的相关文件，分析应享惠企业未按优惠税率申报原因，“一对一”精准进行政策宣导。自蒙古国享惠进口《亚太贸易协定》项下货物 179 票，税款减让 259 万元。

【政务管理】2021 年，呼和浩特海关先后印发政务公开、公文、保密、信访、新闻宣传、档案管理等制度或通知，推动落实各项政务综合管理工作。拟订工作调研计划，政研报告被总署、内蒙古党委政府核心载体采编 30 余篇。建立文件压减目标清单，开展“公文处理百日无差错”活动。建立文件登记、交办、反馈、审核、办结等全流程闭环清单式管理及新冠肺炎疫情防控期间“7×24 小时”公文应急处理机制，重要文件主办部门全流程跟踪催办。推动档案资料挖掘利用，反映关警员不畏艰难、勇于担当感人事迹的“隶属白塔机场海关关员‘请战书’”“隶属二连海关检出全国首例出境新冠肺炎阳性资料”等新冠肺炎疫情防控见证物档案资料获选中国海关博物馆收藏。实现12360海关热线与内蒙古12345热线优化归并，常态化举办新闻发布会，拓展宣传渠道，开展针对性选题约稿，在省部级以上各类新闻媒体发稿548篇。

【国际合作】2021年，呼和浩特海关推动中欧班列“智慧”运行，中欧班列转关货物实现自动“审核、核销”，上线运行、应用铁路舱单和运输工具系统，整体压缩海关转关业务人工作业时间70%，缩减业务单证20%。发挥毗邻蒙古国在双边贸易、外事合作方面的优势，将推动中蒙海关合作纳入关区外事工作规划，成立互认实施推进工作小组。与蒙古国海关总署建立“点对点”定期沟通机制，开展协调10次。9月17日，“中蒙海关AEO互认实施推进会”线上视频会晤在呼和浩特市举行。应用智能监测信息系统开展口岸病媒生物监测，中蒙口岸病媒生物联合监测实现鼠疫监测数据自动采集、监测点精确定位和监测器械位置实时跟踪，监测2次，捕获鼠类133只，其中44只检出巴尔通体阳性。统计数据交换扩大至5个中蒙边境地隶属海关，交换2020年贸易统计数据9,371条。中蒙边境地海关联络官视频会晤1次，边境地隶属海关与对应口岸蒙古国毗邻海关开展视频会晤6次。中蒙海关联合监管继续推进，全年接收蒙方载货清单电子数据13.61万条，向蒙古国海关发送4.13万条。与蒙古国海关和检疫部门建立24小时信息交流与沟通联络机制，通报疫情信息50余次。

▲2021年5月12日，包头海关关员在满都拉口岸开展鼠疫监测

【财务及后勤保障】2021年，呼和浩特海关全面实施预算绩效管理，印发相关实施细则等4项绩效管理制度文件，开展事前绩效评估、绩效目标管理、绩效运行监控、绩效评价管理、绩效结果运用等工作，落实总署支持艰苦地区边关22条措施，“三公”经费较2020年压减23.17%，预算分配向边关、一线倾斜，集中财力解决急、重、难等突出问题，落实过“紧日子”要求。推进口岸应对重大疫情设施等重点项目建设，建立月报、周报制度，8个隶属海关单位11个项目设施改造如期完成。全额保障疫情防控经费需求，建立疫情物资采购、仓储、分配制度，采购、调拨防疫物资14批次。推进国企改革，清理注销处于停业状态“僵尸企业”2家，将全民所有制企业改制为有限责任公司1家。各隶属海关单位全部建立走私冻品、“双无”固体废物移交当地政府部门处置工作机制。

【科技发展】2021年，呼和浩特海关印发“智慧海关”建设相关方案，以“三区域联动、三平台驱动、两中心互动、一窗口服务”为基本框架，构建符合关区业务实际的口岸业务运行监控和指挥调度“立体化”智能监管体系，6个中蒙边境公路口岸37条货运通道实现无人值守自动验放，其中4个口岸与海关监管作业场所卡口实现智能联动；“公路口岸监管作业模式改革”项目入选全国海关“三智”示范展示项目；完成e-Lab 2.0首批上线，在全国率先使用入境旅客“远程流调”模式，并上报总署科技发展司经验交流。成立“CT/H986智能审图”专项工作组，解决智能审图系统问题，将关区重点查缉的货物、物品查获案例图像纳入智能审图基础数据库，更新5类智能审图算法，新增10项报警功能，有效拦截商品增加到32种。建设“布局合理、功能完善、统筹管理、高效运行”的实验室网络体系，5个生物安全二级实验室取得属地卫生健康部门备案，完成P3实验室CNAS认可申请提交和试运行及移动P2+实验室配置验收；保健中心P2+实验室投入运营，新冠病毒核酸检测能力由100人次/天提升至1,500人次/天，增长14倍。开展科研攻关，“中蒙国际合作中应对两国边境地区病媒生物携带病原体的关键技术研究”获评总署科技成果三等奖，“中蒙边境口岸地区病媒生物跨境联合监测及检测技术研究”获评内蒙古科技成果三等奖，“几种重要野生动物DNA快速鉴定关键技术研究”获评总署优秀项目。获批总署“揭榜挂帅”合作科研项目2个。主导的《中蒙跨境口岸地区生物媒介鼠疫监测、检测和防护技术规程》《动物垫料中大肠埃希氏菌O157：H7/NM检测》等13项内蒙古自治区地方标准公布实施。

【督察内审】 2021年，呼和浩特海关坚持应审尽审，实现对隶属海关单位审计监督全覆盖。全年完成12个经济责任审计项目。开展执法评估课题研究，完成2个自选特色课题，综合运用执法评估“云擎”站点、新海廉平台系统等开展大数据分析，搭建数据模型9个，建立评估指标85个。开展工程项目结算审计，完成20个项目。开展进境高风险货物风险监测和预防性消毒措施督察，将总署规定的6项督察重点细化为22项内容，提出按照事中监控和事后督导的要求固化证据链条、召开监督检查工作“回头看”研讨会、优化流程严密监管链条3项督察建议，被总署督察内审司采纳。开展进出口危化品监管措施落实情况专项督察，制发督察方案，明确重点内容要求。从总署下达的2020年度重大政策措施落实情况跟踪督察重点项目清单督察重点中，选取“持续强化口岸卫生检疫措施落实情况”“严防重大动植物疫情疫病传入传出和外来物种入侵措施落实情况”“促进外贸稳中提质措施落实情况”等项目作为督察重点；提出对接内蒙古联防联控机制、强化口岸疫情防控闭环管理，在乌兰察布市开展出口TIR运输与中欧班列联运试点，持续关注进出口危化品监管措施落实情况，多病共防、开展重大动植物疫病及有害生物监测，简化通关手续、提高通关时效措施落实落细等督察建议。

（撰稿人：才志民　马晓功　王　梁　王东胜　王伟杰　王昭岩　王福林　云映红　云晓锁　冯永胜　邬海涛　孙　毅　杜　培　杨延松　李春晖　张　然　苗春雨　宗照临　赵凇兰　哈斯图雅　段永翔　秦　岭　徐　斌　郭胜利　常世英　董素霞　赛希雅拉图　薛君彦）

满洲里海关

【概况】满洲里海关前身是1908年2月5日设立的满洲里分关，归哈尔滨总关领导。1949年1月3日，人民政权辖属的满洲里关税局正式成立，1950年改称满洲里海关，不久又改称满洲里关，受政务院海关总署领导。“文化大革命”期间，满洲里关被下放给满洲里市革委会领导。1980年1月1日，国家海关管理体制改革后改称满洲里海关（正处级），由总署直接领导和管理。1995年升格为为副厅级直属海关。2004年升格为正厅级直属海关。管辖范围为内蒙古呼伦贝尔市、兴安盟、通辽市、赤峰市的各项海关管理工作，下设10个正处级隶属海关：满洲里机场海关、满洲里车站海关、满洲里十八里海关、海拉尔海关、额尔古纳海关、额布都格海关、阿日哈沙特海关、阿尔山海关、赤峰海关、通辽海关。

2021年，满洲里海关坚持以习近平新时代中国特色社会主义思想为指导，贯彻落实总署党委“政治建关、改革强关、依法把关、科技兴关、从严治关”要求，大力弘扬“扎根边疆、建设边关、把关服务、无私奉献”边关精神，扎实推进党史学习教育和庆祝建党100周年系列活动，不断强化监管优化服务，落实总体国家安全观，切实维护国门安全，统筹推进新冠肺炎疫情科学精准防控和促进外贸稳增长工作，保障各项改革措施落实落地，优化口岸营商环境，充分发挥“一带一路”节点海关作用。

2021年，满洲里海关监管进出口货物1,391.2万吨，同比减少7.8%；报关进出口贸易值424.8亿元，同比增长19.1%；征收税款31.75亿元，同比增长15.4%，其中关税3.09亿元、同比增长36.91%，进口环节税28.66亿元、同比增长13.48%。

2021年，满洲里海关1人荣获全国食品安全工作先进个人，1人荣获内蒙古抗击新冠肺炎疫情优秀共产党员，3人荣获内蒙古抗击新冠肺炎疫情先进个人，1人荣获内蒙古优秀党务工作者，1人荣获内蒙古直属机关优秀共产党员，1人荣获内蒙古直属机关优秀党务工作者，2个党支部荣获内蒙古直属机关先进基层党组织。

【党的建设】2021年，满洲里海关扎实推进党史学习教育，制定59项党史学习教育工作安排，成立3个党史学习教育巡回指导组，开展督导140余次；组织庆祝建党100周年系列活动、“坚决响应习近平总书记和党中央的号召，争做新时代合格党员”活动，开展“我为群众办实事”实践活动，关党委带头深入基层一线调查研究、跟班作业、实地检查126次，推动76项实事项目顺利完成，其中助推市场采购贸易发展项目获评总署“百佳项目”。落实满洲里关区全面从严治党“二三五”（主体责任、监督责任同向发力，不敢腐、不能腐、不想腐一体推进，学习、教育、制度、监督、惩处多措并举）总体工作思路，修订满洲里海关党委“三重一大”事项集体决策制度，制定对“一把手”和领导班子的具体监督措施21项。重点关注违纪违法案件中隐藏的责任问题和作风问题，处置问题线索33件。开展“现场监管与外勤执法权力寻租”专项整治工作，完成749名干部职工配偶、子女及其配偶从业情况自查。推广政务服务“好差评”系统，好评率保持100%。

2021年，满洲里海关完善党委委员基层支部联系点制度，突出对执法一线科室党支部的联系指导。评选第二批“四强”支部11个。支部共建“结对子”活动获评全国海关机关党委“书记项目”试点。参加内蒙古直属机关“创建北疆模范机关先进单位”评审会并取得优异成绩。满洲里海关继续保持全国文明单位称号。选派1名关员赴内蒙古鄂伦春民族自治旗大杨树镇振兴村担任第一书记和驻村工作队队长，开展驻村扶贫工作。对13个单位、部门开展常规巡察、专项巡察和巡察整改“回头看”。推进总署党委专项巡视整改40项措施成果转化，支持配合总署党委第四巡视组对满洲里海关开展常规巡视。

2021年，1个党支部（满洲里车站海关查验科党支部）获评全国海关党建示范品牌，2个党支部（额布都格海关第一联合党支部、满洲里十八里海关旅检一科党支部）党建品牌通过全国海关党建示范品牌复核认定，2个党支部（额尔古纳海关党总支、监察室党支部）党建品牌通过全国海关党建培育品牌复核认定。

【法治建设】2021年，满洲里海关推进高质量制度供给，推进法治人才梯队建设，创新普法形式。修订满洲里海关制度规范管理相关办法，完善业务制度规范合法性审查机制，审查业务制度60项。全年，满洲里海关制定制度42项，修订制度61项，废止制度70项。截至2021年年底，满洲里海关本级制定的现行有效制度规范407项，其中管理制度194项、业务制度162项、党内制度51项。对12项重点制度执行情况开展专项检查，全面落实行政执法“三项制度”（行政执法公示制度、行政执法过程全记录制度、重大执法决定法制审核制度）。制定并实施“涉企行政行为法律风险提示制度”，发布第一批涉企行政行为法律风险清单，涵盖法律风险213条。制发满洲里海关“十四五”期间法治建设相关工作意见，建立满洲里海关2021年度普法责任清单，涉及法律、行政法规34件，海关部门规章17件。办理行政许可173件，保持零超期、零差评。2021年办理1起行政诉讼案件，入选总署政策法规司2021年度行政执法典型案例。

【风险管理】2021年，满洲里海关以提升监管效能为目标，坚持风险整体防控与精准防控有机结合、情报驱动与大数据支撑同向发力的工作方针，推动风险管理工作高质量发展。聚焦新冠肺炎疫情防控，建立联合分析研判机制，发挥风险信息预警辅助领导决策、服务现场监管、支撑精准布控的实战作用。

【税收征管】2021年，满洲里海关强化综合治税，防控税收风险，推进税收征管改革，坚持税收征管工作“量质效”并举，自报自缴报关单比例67.82%。健全完善分层次多角度税收风险协同防控体系，开展涉税要素监控和税收形势分析，加强前瞻性税政研究。

【卫生检疫和新冠肺炎疫情防控】2021年，满洲里海关坚持“外防输入、内防反弹”总策略，建立每周党委集体研究新冠肺炎疫情防控工作制度，持续完善防控工作方案和应急预案。实时监测国外新冠肺炎疫情形势，重点加强俄罗斯、蒙古国疫情信息收集、输入风险及国内疫情形势的研判，编发国内外疫情快报364期。落实“一口岸一方案”要求和“客停货通”政策，推动满洲里公路口岸、额布都格口岸实施“甩挂”运输货物交接模式（在公路口岸指定的监管区域，中俄、中蒙双方货车卸下载货车厢各自返回，全程无人员接触）。实施“三查三排一转运”人员检疫措施，安全高效完成特殊人员入境通关保障任务。

推动口岸应对重大疫情卫生检疫设施改造和设备购置项目实施及口岸核心能力建设，改造7个口岸卫生检疫设施，为9个口岸配备卫生检疫专用设备，增配调整重点监控区域摄像头117路。坚持“人、物、环境同防”，做好口岸环节被布控的进口冷链食品和高风险非冷链集装箱货物新冠病毒监测检测和预防性消毒监督工作。2021年，抽样检测192批次，检测结果均为阴性，监督预防性消毒82批次。

做好人员安全防护，落实安全防护自查督查、封闭管理、核酸检测等工作要求。完善新冠肺炎疫情常态化防控培训机制，加强一线人员实操演练，开展应急演练3次。

落实新冠肺炎疫情防控属地化管理要求，发挥联防联控成员单位作用，加强信息共享、情况通报、工作协商。建立新冠肺炎疫情多点触发监测预警工作机制，科学开展口岸国际货运司机等重点人群新冠肺炎疫情防控工作，与地方联防联控机制无缝衔接，落实落细闭环管理要求。

做好人员关心激励，注重心理疏导和人文关怀，科学调配人力，合理安排倒班，落实总署保护关心爱护疫情防控一线人员长效机制16条措施和满洲里海关35项具体措施；落实关心关爱措施，为272名一线人员办理人身意外伤害保险，及时发放临时性工作补助。

【动植物检疫】2021年，满洲里海关加强国门生物安全监测，在2021年度国门生物安全监测过程中发现重要检疫性有害生物，并及时移交地方处置。强化进境非食用动物产品、供港活牛疫病监测，检测结果均为阴性。落实境外动物疫情防控措施，处理防止境外动物疫情传入的警示通报41份，开展联合监控42次，开展“国门绿盾2021”行动，建立外来入侵物种联防联控机制。完成进口粮食、出口水果、出口饲料、进口转基因、供港澳活牛安全风险监控工作，监控抽样312个，检测项2,112个。建立和完善进口粮食调运管理、安全风险防控和监测、全流程溯源管理等粮食安全防控制度体系。

【食品检验检疫】2021年，满洲里海关组织进出口食品安全事件应急处置演练2次、加工食品签证官资质考试1次，对俄罗斯、蒙古国等11个国家18家肉类企业开展远程视频检查，保障输华肉类安全，做好进口冷链食品追溯管理工作。开展“国门守护”行动，完成纳米比亚向中国出口水产品准入前评估，对纳米比亚2家牛肉生产企业、赞比亚2家蜂蜜企业开展注册申请审查和评估。落实进出口食品监督抽检工作，完成年度进口食品监督抽检工作，检出1批次不合格进口荞麦，按规定监督销毁；完成年度出口食品监督抽检工作，检测结果均为合格。落实进口预包装食品标签检验制度改革，完成进口预包装食品标签抽批抽中送检工作，督促进口企业完成不合格批次整改。落实出口动物源性食品安全风险监测计划，100%完成年计划抽样数。

【商品检验】2021年，满洲里海关完善进出口商品质量安全风险预警和快速反应监管体系，聚焦“安全卫生健康环保”要求，强化进口煤炭、进口危化品、防疫物资等重点商品检验监管。针对重点敏感进出口商品检验监管政策调整，举办线上宣讲2次。落实国家宏观调控政策和进口危化品检验模式改革措施，检出不合格石棉365批，全部完成监督整改；检验进口煤炭1,815批242.9万吨，检出不合格进口煤炭32批1.96万吨，退运出境13批1.07

万吨，限制运距处置 19 批 0.89 万吨；检验出口危险货物包装 178 批 59,137 件，检出不合格包装 2 批。

【口岸监管】 2021 年，满洲里海关强化口岸实际监管，利用业务运行监控指挥中心功能，开展专项监控检查。监控运输工具舱单 17.51 万批次，实现舱单超期未核注状态清零。对出口车辆进行查验，加大寄递、跨境电商渠道违禁品查缉力度，开展打击治理“水客”专项行动、打击跨境电商进口走私“断链刨根”专项整治行动。推进安全生产专项整治三年行动，建立风险隐患排查整治长效机制，常态化排查和清理海关监管作业场所滞留危险品。落实口岸监管环节反恐怖工作任务，开展核生化爆各类反恐演练 14 次。开展“龙腾行动”等专项行动，在寄递渠道开展知识产权保护专项执法行动，查发知识产权违法案件 14 起，其中货运渠道 7 起、寄递渠道 7 起，案值共计 41.79 万元。开展 2021 年度技术性贸易措施影响调查工作，对 31 家出口样本企业开展影响调查，了解企业遭遇国外技术性贸易措施的具体影响情况、存在的困难和需求等，形成 3 份调查报告。加强海关技术规范制（修）订工作管理，报送立项申请 4 项。

▲2021 年 3 月 10 日，十八里海关关员监管出口汽车

【海关特殊监管区域管理】 2021 年，满洲里海关支持开放平台建设，鼓励和引导企业依托满洲里综合保税区“四自一简”政策优势，缩短企业通关时间，扩大进口、发展落地加工项目。满洲里综合保税区宽轨准轨专用线建设纳入内蒙古“十四五”发展规划。2021 年，赤峰保税物流中心重点推进“跨境电商 B2B 9710”“快件业务获批”“入区退税+全通一体化通关”三大业务创新探索实践，支持内外贸新业态发展。满洲里海关推动边境贸易创新发展，支持阿尔山口岸互贸区建设；参与阿日哈沙特口岸中蒙互市贸易区验收；积极推动赤峰综合保税区申建；支持进境粮食、肉类等指定监管场地建设，进一步完善口岸功能，丰富进口商品品类；助力赤峰、满洲里跨境电商综合试验区建设发展，完成首家电商企业海外仓业务模式备案；完成赤峰快件监管场地整改和快件运营人代理报关登记备案工作；推动内蒙古首个市场采购贸易试点正式启动，出口贸易值 1.8 亿元。

【业务改革】 2021 年，满洲里海关参与总署“两段准入”改革顶层设计，牵头编写“两段准入”任务书。推进“两轮驱动”风险防控方式，公路口岸“两步申报”比例达 97.04%。推进税收征管方式改革、属地纳税人管理改革、关税保证保险改革，惠及企业 32 家。推进稽查改革、核查分类改革、企业信用管理改革、“多证合一”“注销便利化”改革，简化优化企业备案流程，促进跨境电商综合试验区网购保税进口业务开展。邮递物品监管改革取得实效，出境邮件转关线路拓展到 5 条，完成满洲里国际邮件互换局场地规范化建设，监管出境邮件 389.8 万件。落实进口矿产品和原油“先放后检”“依企业申请实施进口铁矿品质检验”、进口危化品口岸“批批验核+抽批检测”检验监管新模式等改革措施，提升进口矿产品通关效率，检验进口铁矿502批196万吨、铅精矿343批15.4万吨、锌精矿381批20.2万吨、原油612批41万吨，4种商品平均验放时间0.7天。落实满洲里综合保税区进区食品“抽样即放行”和进口乳品检测报告证明事项告知承诺制改革。

▲2021年2月16日，额布都格海关关员保障春节期间进口原油快速通关

【优化口岸营商环境】2021年，满洲里海关推动落实促外贸稳增长“59+41”项措施。中国国际贸易“单一窗口”主要业务应用率保持100%，满洲里关区涉及的8种监管证件，除1种涉密监管证件外，均已实现联网核查。推广设立“关银一KEY通”电子口岸业务代办点，实现电子口岸业务“就近办、多点办、一站办”，通过“关银一KEY通”为365家企业制发共享盾946个。推进“减证便民”“证照分离”、企业注销便利化等改革措施落地落实，落实“双随机、一公开”，推进行政审批工作规范化、便利化。巩固压缩整体通关时间成效，2021年12月满洲里关区进、出口整体通关时间分别为36.37小时、0.37小时，较2017年分别压缩53.12%、83.1%。

【促进辖区特色产业发展】2021年，满洲里海关复制推广自由贸易试验区进境粮食检疫监管经验，促进粮食快速通关。推行“不见面审批”，对符合条件的进境粮食检疫审批申请随到随审，压缩检疫审批受理时限。受理55批进境粮食许可证申请，完成4家进境粮食加工企业考核、1家进境粮食加工企业扩项。优化供港澳活牛服务，推行远程监装、动态监控等工作模式，检疫供港澳活牛2,560头。发挥税政调研等政策优势，通过落实减免税政策、签发原产地证书等措施帮助辖区企业降低成本约1.65亿元。助力打造玉米深加工产业链，辖区出口谷氨酸钠、苏氨酸等54.8亿元，同比增长28.4%。实施出口食用农产品“促进行动”，服务指导出口食品企业制定产品出口推进方案，辖区内混合荞麦粉、野生牛肝菌实现首次出口。助力打造出口果菜“绿色通道”，优化出口申报前监管，与18个产地直属海关签订合作备忘录，2021年监管出口果菜11.4万吨，货值6.8亿元。支持优良品种引进，审批减免税种牛、种羊1.4万头。

【服务“一带一路”建设】2021年，满洲里海关深化国际海关合作，举行中俄海关、铁路区域性双边“四方会谈”，提升中欧班列通关便利化，支持中欧班列开行3,502列，同比增长13.7%。助力首单“铁路进出境快速通关业务模式”测试成功，提升跨境通关便利化，通过协调开通班列优先查验通道、利用舱单归并功能对班列货物整合通关等方式，确保班列随到、随审、随放。深化“三智”合作理念，与蒙古国东方省海关成立“三智”联合工作组，牵头完成中俄海关“绿色通道”、监管结果互认调研工作，组织编写中俄海关信息交换项目任务书。推进中蒙联合监管项目，交换载货清单电子数据3,502条。开展RCEP关税让减政策宣介，惠及企业160家。加大AEO认证企业培育力度，开展“送教上门”和“量体式”信用培育，落实落细5类22项AEO便利措施，动态调整企业信用等级，重点培育认证企业39家、高级认证企业10家。

【海关统计】2021年，满洲里海关提升“统计+研究”水平，强化政策研究职能和研究成果应用，参与总署课题 7 个，完成满洲里关区研究课题 49 个，提升数据分析水平，撰写监测预警分析报告 134 期、宏观经济分析及国际贸易文章 28 篇、满洲里关区贸易走势和业务动态分析报告 11 期。抓好数据安全管理，开展海关业务数据安全专项行动，完善海关业务数据安全与管理办法等相关制度，落实数据安全分类分级管理。

【企业管理和稽查】2021 年，满洲里海关办结稽查作业 45 起，完成率 100%；办结核查作业 114 起，及时办结率 100%；办结主动披露作业 51 起。推动部门间“双随机、一公开”联合抽查工作，完成计划作业 20 起。完成满洲里关区备案从事跨境电商业务企业信息核实 40 家。有序承接属地查检职能管理工作，开展属地查检执法规范管理。加强报关单位营业执照注销、吊销状态管理，注销企业 174 家。2021 年满洲里关区通用资质注册企业 3,714 家，有实际经营行为企业 739 家，特定资质备案 459 家。

【查缉走私】2021 年，满洲里海关缉私局开展“国门利剑 2021”联合行动、“蓝天 2021”专项行动、打击冻品走私专项行动和依法打击私自夹带捎带物品出入境行动，严厉打击“洋垃圾”、濒危物种及其制品、枪毒、冻品、重点涉税商品等走私活动。完善涉案物品归口处置机制，与地方各相关部门建立涉案陆生野生动物及其制品、非法入境固体废物、走私冻品等移交机制。实现濒危物种统一由林草主管部门处置，首次向内蒙古林业和草原局移交涉案象牙、熊掌、麝香等野生动物制品 660 件。办理国际执法协作 7 个，开展数据信息交换 3 次。协助兄弟海关缉私局、其他公安部门处理案件协查协作 28 个。

【政务管理】2021 年，满洲里海关抓好“第一议题”落实，对新冠肺炎疫情防控等 7 方面重大决策部署落实情况开展实地督查，整改问题 24 个。发挥参谋助手作用，完成各类材料的起草审核，制定满洲里海关贯彻落实习近平主席在中国—中东欧国家领导人峰会上重要讲话精神的 19 项措施。完善公文审核机制，达到总署关于精简文件年度考核指标要求。办理内蒙古政协提案 1 件。1 人荣获全国海关机要保密工作劳动模范。上线运行档案查询系统，获评“内蒙古自治区机关档案工作测评自治区一级档案室”荣誉称号。完善修订政务公开制度 2 项。被中央电视台《新闻联播》等中央媒体采用各类新闻稿件 45 篇/条次。

【财务及后勤保障】2021 年，满洲里海关落实过“紧日子”要求，强化预算执行和管理。加强预算执行事前规划和动态监控，严控零余额账户向实有资金账户划转资金，对 68 个项目经费预算实施绩效自评全覆盖。推进行邮税财关库银横向联网工作，健全投资决策机制，规范物资装备管理，完成固定资产全面清查。建成内蒙古首个专门存储涉案陆生野生动物及其制品库房，存储未结案涉案陆生野生动物及其制品 483 件。落实国家国企改革三年行动工作要求，做好事业单位所属企业撤股、注销、脱钩工作，11 月完成融合公司注销工作。

【科技发展】2021 年，满洲里海关搭建“一体化云卡口数据平台”，完成海关风险管理子系统 HF2020、新一代通关管理系统 H2018 3.0 版和 e-CIQ 主干系统等 20 个总署级项目上线推广、运行和更新工作，H2018 3.0 版使用覆盖率达 100%。在满洲里公路口岸部署上线智能健康申报验核设备，实现 100%电子化健康申报。2021 年 11 月，铁路板材材积在线智能检测系统（对时速小于 43 千米的列车车载板材材积准确、不间断快速识别计算，每节车厢测量速度不超过 1 秒）通过验收，板材材积检测准确率达到 97%以上。完成铁路 H986 客户端整合升级工作，提升铁路物流信息化监管水平。建设升级跨境数据交换二级节点，启用海关网络准入系统，完成12360海关热线与内蒙古本级12345热线及呼伦贝尔市12345热线归并工作。强化数据和网络安全保障，落实数据安全技术管控措施，顺利完成网络攻防演习，2021年网络安全“零事故”。规范595台仪器设备管理，研发运行出口果蔬随附单据无纸化报检管理系统，实现满洲里口岸出口果蔬随附单据无纸化管理。扩充实验室检测能力168项，进口原油、液化石油气实现属地自检。提高科技攻关和科研能力，2个项目被总署科研立项，2个项目完成验收及登记，满洲里关区首个国家标准样品项目获批。

【督察内审】2021年，满洲里海关推进督察项目清单化管理，完成国家审计署2020年第四季度国家重大政策措施审计发现问题跟踪整改。统筹开展审计自查与专项审计，开展非执法领域检查发现问题整改情况“回头看”，推动健全完善规章制度2项。利用审巡结合方式开展经济责任任中审计和巡察“回头看”。配合总署经济责任审计开展，推动审计发现问题整改工作，扩大审计结果运用，对总署经济责任审计发现的11项问题立行立改，建立长效机制。推进内控节点岗位落实清单管理，整合优化内控节点。参与总署专题评估项目和问卷调查，完成满洲里海关2021年专题评估项目。

【队伍建设】2021年，满洲里海关坚持新时代好干部标准，突出重实干重实绩的选人用人导向，加强执法一线科长队伍建设，制定加强能力建设的相关措施，选派3名执法一线科长赴天津海关挂职锻炼；充实专业人才力量，招录专业人才25人。开展机构编制核查工作，调整优化所属事业单位编制，完成满洲里海关数据分中心岗位聘用认定。组织召开满洲里海关农业系列中级职称评审委员会会议，1名同志取得2020年度农业系列副高级职称，1名同志转为农业技术系列初级职称。截至2021年，满洲里海关共有223人荣获扎根艰苦地区边关工作“金质荣誉章”。

关心关爱离退休干部，成立“关爱”专班，实时关注离退休干部的思想动态，发放征求意见建议调查问卷217份，邀请专业医生为离退休干部开展义诊和健康咨询服务。设置活动区、阅览区等多个活动区域。建立离退休干部“一人一表”信息档案，发挥离退休干部优势开展宣讲、讲座，组织“红色回忆”图片展览等各种文化教育活动，举行“光荣在党50年”纪念章颁发仪式。

（撰稿人：许晓杰　杨　娇　张志忠）

大连海关

【概况】大连海关始建于1907年，1951年2月，称为中华人民共和国大连海关。1980年2月，升格为厅局级海关。管辖范围包括辽宁省大连市、鞍山市、本溪市、营口市、丹东市、盘锦市，共6个行政区。大连海关下设1个副厅级隶属海关，即大窑湾海关；18个正处级隶属海关单位，即大连周水子机场海关、北良港海关、大连邮局海关、七贤岭海关、金普海关、金石滩海关、大连港湾海关、旅顺海关、庄河海关、大连长兴岛海关、营口海关、鲅鱼圈海关、盘锦海关、鞍山海关、大东港海关、丹东海关、本溪海关、大连海关风险防控分局。

2021年，大连海关坚持以习近平新时代中国特色社会主义思想为指导，全面推进“政治建关、改革强关、依法把关、科技兴关、从严治关”建设，统筹抓好口岸疫情防控和促进外贸稳增长，各项工作取得新成绩，建设“一流强关”迈上新台阶。全年征收税款654.07亿元，同比增长11.9%；监管进出口货运量2.4亿吨、进出境运输工具1.3万辆（架/次）、邮快递物品总数576万件。鲅鱼圈海关综合保障科获“全国三八红旗集体”荣誉称号，大连海关卫生检疫处、大连周水子机场海关、大连国际旅行卫生保健中心荣获“全国海关系统抗击新冠肺炎疫情先进集体”，大连周水子机场海关旅检四科获2020年全国“扫黄打非”先进集体，大连周水子机场海关机关党委获“辽宁省先进基层党组织”荣誉称号，大连海关机关团委获2021年度“辽宁省五四红旗团委”荣誉称号，大连海关机关和大东港海关获“节约型公共机构示范单位”荣誉称号。

【党的建设】2021年，大连海关坚持学史明理、学史增信、学史崇德、学史力行，高质量推进党史学习教育，两级党委开展中心组学习162次，各级党组织开展集中学习4,200余次；开展“我为群众办实事”实践活动，围绕“国门安全”“便民利企”“暖心聚力”三大工程，各级党委制定完成项目清单186项；建立“问题清零”工作机制，为企业和基层解决“助力造船企业加速发展”“精细化服务石化产业”“单身宿舍”等“急难愁盼”问题937个。年内，大连海关大力推进基层党组织建设，新评选“四强”支部36个，党建示范（培育）品牌20个。优化基层党组织设置，实现“支部建在科上”全覆盖。开展联学联建，发挥基层党组织战斗堡垒作用和党员先锋模范作用，33个党组织、157名党员获得各级“两优一先”表彰。开展“永远跟党走”“身边典型、榜样力量”“七个一”（开展一次入党宣誓、过一次政治生日、进行一次主题征文、讲一场专题党课、开展一次志愿服务活动、组织一次专题组织生活会、组织一次红色地标巡礼）等主题活动庆祝中国共产党成立100周年，为221名党员颁发“光荣在党50年”纪念章。19个单位全部通过全国文明单位和省级文明单位复核，1个集体、19名个人获得总署及省市抗疫表彰。修订党委工作规则和议事清单，完善“三重一大”决策制度实施办法。召开隶属海关党委书记述责述廉述党建现场会，组织开展7期“基层书记组长谈责任”视频访谈，不断提升管党治党意识。贯彻落实加强对“一把手”和领导班子监督的意见，细化分解64项监督措施。定期召开巡视整改工作推进会，开展“回头看”和效果评估，切实推动中央和总署巡视整改落地见效。发挥纪检监督、派驻监督、审计监督、巡察监督合力，开展3轮常规巡察及“回头看”，开展“现场监管与外勤执法权力寻租”专项整治，关领导开展3轮实地督查，健全制度机制106项，总结提炼“361工作法”（综合运用ISO 9000过程管理、ISO 31000风险管理和HACCP危害关键点控制“3项管理理念”，通过梳理工作事项、设定工作岗位、编制职能流程、排查流程风险、评估风险等级、确定防控措施“6个步骤”，构建一线执法业务全流程廉政风险研判处置体系），被总署采用推广。

【法治建设】2021年，大连海关参与总署《海关法》《进出境动植物检疫法》等法律修订研究，开展业务制度文件立法后评估，完善制度规范体系。推进行政执法“三项制度”，建立“网格化”制度模型，覆盖9个业务条线，行政执法更加规范透明。压实“谁执法谁普法”责任制，普法讲师团送法上门覆盖1,100余人。加强风险管控，实现关区复议诉讼案件清零。承办海关行政应诉第二协作区2021年度第一次联席会议，推动执法经验交流、信息互通。

【风险管理】2021年，大连海关健全完善关区风险防控体系。建立健全风险防控责任机制，细化风险防控责任分工；建立健全风险定期研判机制，加强风险情报信息、风险处置成果、风险防控重点定期沟通交流、联合研判；建立健全风险防控协同机制，实现重大风险的联合防控和快速处置；建立健全风险评估决策机制，就关区存在的风险隐患及时进行预警和部署解决。探索加强大数据等技术应用，着力提升人工精准分析布控水平。

【税收征管】2021年，大连海关入库税收654.1亿元，同比增长11.9%，加强税收风险防控，自主搭建减免税风险参数模型17个。查发近3亿元香蕉低报价格走私案。加强RCEP政策研究，配合辽宁省、市政府做好落实。牵头修订2022版《中华人民共和国进出口商品规范申报目录及释义》，编写涉检要素数据库参数版。研发应用“规范申报智能提示功能”为全国企业提供申报引导，开发专用模型参与总署打击跨境电商专项工作、上海税收征管局机电类商品税收差异实战测试。

【卫生检疫】2021年，大连海关制定水陆空三类口岸疫情防控岗位作业指引43个，强化“一线、预备、应急”三级梯队建设，发挥联动补充作用。强化监督检查，排查化解风险隐患221项。落实登临检疫、“三查三排一转运”等措施，做好入境客运航空器终末消毒和“四类人员”行李消毒的监督工作。口岸检出汉坦病毒、博卡病毒、黄病毒等多种病毒，首次截获蛆症异蚤蝇，严防疫情叠加。强化病媒生物监测，口岸区域病媒生物监测共捕获病媒生物2,992只。输入性病媒生物监测共截获48批次1,437只。开展进口冷链食品、高风险非冷链集装箱货物风险监测和口岸环节预防性消毒监督工作，协助地方开展风险研判和通关保障工作，形成有效防控合力。加强入境人员卫生检疫岗位工作人员和进口冷链食品安全监管工作人员封闭管理。在全国率先启用移动式防护装备穿脱方舱，确保一线关员防护安全。

【动植物检疫】2021年，大连海关加强口岸动植物疫情防控，严防非洲猪瘟、沙漠蝗、松材线虫等疫情传入，检出进境植物检疫性有害生物4,719种次，检出进境动物检疫疫病41项次。其中，绵毛豚草、李属坏死环斑病毒、结核病、布氏杆菌病为大连海关首次检出。开展“国门绿盾2021”行动，强化外来入侵物种口岸防控，截获外来物种94种次。其中，马场黄金鬼锹甲、琉球带马陆、两种鼠妇等9种外来物种为全国非贸渠道首次截获。严格检疫除害处理监督，加强检疫处理单位资质管理，对外推荐新增注册企业25家。组织开展“清风行动”，联合辽宁省林草局开展专项督查，规范进境野生动物检疫监管。

▲2021年4月19日，北良港海关关员对进口大麦货物表层进行检验检疫

【食品检验检疫】2021年，大连海关加强进出口食品安全预警和风险监测，强化国外通报调查，推进进口食品国门守护行动，完成进出口食品安全监督抽检样品数2,187个，检出不合格进口食品40批次；开展38批次境外不合格食品通报调查工作。与哈尔滨、沈阳等目的地海关建立联系机制，简化通关流程，强化过程监管。实施“整批检测、过程监管、分批出证”监管模式，促进大连口岸杂粮“破壁”出口，年内出口杂粮14.1万吨，货值15.9亿元。

【商品检验】2021年，大连海关强化危险品及其包装检验监管，检出不合格危险化学品1,325批；对重点敏感商品开展风险监测，检出不合格119批；严禁“洋垃圾”进境，开展属性鉴别140批13.01万吨，17批被鉴定为固体废物；联合辽宁省教育厅和辽宁省市场监督管理局开展“儿童和学生用品安全守护行动”，完成进口儿童卫生用品质量安全风险监测115批。开展“清风行动”，打击进出口假冒伪劣商品，查获假冒伪劣案件10起，货值1.13亿元。与辽宁省市场督管理局签订战略合作备忘录，加强风险信息共享互换，强化技术交流与优势互补。开展东北、内蒙古六关联合风险监测，强化风险信息搜集和成果输出。

【监管业务】2021年，大连海关深化“查检合一”改革，提高口岸监管水平。完善口岸三级运行监控指挥体系，推动关区79家监管作业场所全部整改达标，提升视频摄像头在线率，开展安全生产专项整治三年行动，排查整改安全隐患41项。与辽宁省市场监督管理局开展联合抽查88起，实现“进一次门、查多项事”。对木材、电子等重点行业开展专项稽查、核查行动，查发问题19起，规范企业进出口行为。落实国家禁止、限制类进出口货物管控要求，关区业务运行平稳有序。推进“蓝天2021”“护卫2021”专项行动，查发固体废物非法进境案件9起，退运1,525吨，查发濒危物种及其制品非法出入境情事91起。推进知识产权综合治理，组织开展代号为“龙腾行动2021”“蓝网行动2021”“净网行动2021”的知识产权保护专项行动，查获侵权嫌疑货物141批次。

【海关统计】2021年，大连海关开展各类统计调查调研60余次，形成报署调研报告19篇、国别监测报告32篇；落实中央重大决策部署，突出对标对表，对《“十四五”海关发展规划》进行任务分解，制定细化措施270条；提高服务宏观决策能力，9篇分析研究报告获中央领导批示，8篇获辽宁省、市领导批示。提升课题研究质量，承办署级课题6个，立项关级重点课题17个。课题研究成果“进出口商品智慧申报导航服务”被国务院采用推广。

【查缉走私】2021 年，大连海关开展“国门利剑 2021”联合行动。查办各类走私违法案件 1,972 起，案值 89.7 亿元，涉税 1.8 亿元。侦办总署挂牌案件 6 起，查办总署批复行政大要案 1 起。查获一起特大毒品走私案，缴获可卡因约 200 千克。侦破绕关走私冻品大案，查扣疫区冻品 328 吨。在全国率先开展打击货运渠道集装箱伪瞒报走私专项行动，查扣走私洋酒 2 万余瓶，查证 7 万余瓶。打击逃避法检出口木制品，侦办案件 8 起，案值约 44 亿元。密切与各执法部门协同配合，破获案值 1.1 亿元的冻泥鳅出口骗退税案。

【政务管理】2021 年，各级媒体刊发大连海关新闻稿件约 1,100 篇次，主动公开海关政府信息 2,537 条，群众满意率 100%，政务公开渠道畅通率 100%。12360 海关热线问题解决率 100%。人大建议和政协提案办结率 100%。向总署“三智”合作专项联络工作组报送云签发、商品智慧申报导航、釜山关际合作 3 个“三智”先试先行项目。组织开展应急处置演练 30 余次，提高应急处置能力，优化应急指挥体系。

【财务及后勤保障】2021 年，大连海关落实过“紧日子”要求，制定落实过“紧日子”要求细化措施。“一企一策”推进落实国企改革三年规划，加快推进企业脱钩工作，全面停止从事进出境检疫处理等与海关行政权力相关业务。加强涉案财物管理，推动建立走私冻品和“双无”固体废物由地方归口处置工作机制。大连海关党委“我为群众办实事”暖心聚力工程重点项目之一——金普新区集体宿舍正式启用。扎实开展安全生产工作，细化 126 条安全管理风险点，定期开展燃气、车辆和相关特种设备的安全排查。

【督察内审】2021 年，大连海关配合完成国家审计项目 2 个、总署专项审计 2 个，开展关级经济责任审计项目 5 个；开展署级重大决策部署督察项目 2 个，关级督察项目 3 个。开展大连海关关区快件监管和税收征管执法评估，撰写关级执法评估报告 2 篇，参与署级执法评估项目 1 项，组织报送署级评估报告调研 5 项。

【队伍建设】2021 年，大连海关制定加强执法一线科长队伍建设措施，激励执法一线科长勇于担当、积极作为，开展纪律作风整顿和内务规范强化月活动，组织视频、实地检查，及时通报整改。加大“放管服”改革落实力度，开展口岸营商环境质量提升行动，邀请特约监督员开展行风评议，应用“好差评”系统办件好评率 100%。加强关区师资能力建设，聘任新一期关区兼职教师 139 名。聚焦人才队伍建设，组织干部培训 115 期，培训 4.1 万人次。建立健全一线岗位资质管理长效机制，组织开展各类资质考试 20 场，参考 2,518 人次。丰富文化活动，组织开展“同心杯”系列文体比赛，大连海关工会被国家体育总局授予“2017—2020 年度全国群众体育先进单位”荣誉称号。加强离退休干部队伍建设，组建关区老同志“党史、关史红色讲坛”宣传团，组织 360 余名老同志开展“红色地标巡礼”活动；利用“两块阵地”（老年大学和活动中心）统一老同志思想，使老同志真正做到“老有所学、老有所乐、老有所为”。

【业务改革】2021 年，大连海关推动各项改革措施提质增效，“两步申报”惠及企业近 1,000 家；持续推进粮食、铁矿等大宗重点商品“两段准入”监管模式改革，实行附条件提离等便利措施，口岸放行速度大幅提升。在危化品监管领域实施“船边直提”“抵港直装”作业模式。推进以“查发”为导向的稽查改革落地，参与总署挂牌督办的首个专项稽查行动成效显著。推进海关认证企业差异化监管改革试点。实施“采信第三方”“企业自查结果认可”等核查新模式，核查监管时长平均压缩60%。

【推进特色改革】2021年，大连海关推进优化保税船用油直供监管作业流程、规范申报智能评估智慧监管新模式等特色改革项目24项，企业对改革措施满意度为96.3%。推进海关特殊监管区域优化升级，完成大连湾里综合保税区、大窑湾综合保税区联合验收工作，大连正式进入“双综合保税区时代”。全年湾里综合保税区和大窑湾综合保税区进出口总值726.03亿元，同比增长10.6%，占大连市进出口总值的17.1%。“云眼查”创新举措获总署备案，“进境矿石全流程智能监管”“物联网+汽车衡监管”等6项自贸创新案例入选辽宁省第五批自贸创新经验。“云签发”覆盖关区出口货物签证业务近90%，惠及企业1,000余家。持续推动“保税领域八张牌”扩项增量，推广实施集团企业保税监管，新开展“保税筛矿”业务。

【科技创新】2021年，大连海关推进新一代通关管理系统H2018全面应用、无感通关系统优化升级，关区视频监控系统在线率得到提升。做好“建党百年”等网络安全防护工作，关区信息化系统运行安全稳定。加强食品、农产品、防疫物资等新项目研发，323项通过国家认可。荣获省部级科研成果奖励9项，获总署科研立项9项，首次采用“揭榜挂帅”科研攻关机制，实现科研立项22项，首次荣获“全国海关科普讲解十佳选手”称号。

【优化营商环境】2021年，大连海关出台促进跨境贸易便利化18条措施，开展口岸营商环境质量提升行动，在中国营商环境评价中，大连“跨境贸易”指标连续2年成为全国标杆。实施“提速保畅助产”压缩通关时间2021行动，通关时效得到提升。加大简政放权改革力度，取消报关企业注册登记和出口食品生产企业备案行政许可，全面实施备案管理。13项涉企经营许可事项实现“证照分离”改革全覆盖。深化“百人千企”对口帮扶机制，解决各类困难和问题601项。

▲2021年1月6日，大连港湾海关关员对即将交付使用的成品油船开展现场监管

【精准服务】2021年，大连海关执行自由贸易协定关税减让20亿元，执行进口税收优惠等政策减免税款2.2亿元。运用集团财务公司担保模式为本钢集团减少资金占用11.8亿元。推动进口矿产品先放后检1,405批次，平均通关时长缩短至3天。实行进出口活鱼“海上过鲜”快速查验模式，有效保障产品新鲜度。推行出口杂粮“整批检测、过程监管、分批出证”监管模式，大幅节省企业成本。落实二手车出口申报无纸化，促进二手车出口业务实现“零突破”。助力关区大樱桃、草莓、蕨菜干、精炼稻米油等20余种食品农产品首次出口新加坡、卡塔尔等国家或地区。

【助力对外开放】2021年，大连海关支持东北亚国际航运中心建设，深化与辽港集团合作，滚动推进关港合作29个重点项目，提升口岸竞争力。高质量完成海关系统首例世界银行技术援助项目“推进自由贸易港建设的海关检验检疫政策和监管模式研究”。支持中欧班列和东北海陆大通道建设，助推大连港试点中欧班列出口定制化业务，累计监管88列。支持地方高水平开放，庄河港新建泊位完成开放验收。

【支持新业态发展】2021年，大连海关推广跨境电商 B2B 出口监管试点和跨境电子商务零售进口退货中心仓模式。在大窑湾综合保税区推出“保税+生鲜”模式，首次以跨境电商保税备货模式进口美洲螯龙虾。在大连湾里综合保税区推出“前店后仓”模式，京东（大连）外贸综合体暨区域跨境电商总部项目正在建设。支持辽宁西柳服装城市场采购贸易试点，出口货值超过 14.3 亿元。支持大东沟边民互市贸易区通过验收。

（撰稿人：王　永　王　权　王　翊　王　琳　孔祥鑫　石　阅　白　铭　邢　彦　刘　欢　刘　琼　孙　亮　孙中岩　孙泽宇　陈　宇　陈成贵　陈鸿华　周　玲　周大鹏　赵　刚　姜　雪　高　硕　梁译文　靳晓妍）

沈阳海关

【概况】沈阳海关前身是奉天关、奉天税关、沈阳关。1907年（清光绪三十三年）2月，设置奉天关。1980年2月，正式更名为沈阳海关，隶属总署直属领导。1985年3月，升格为副厅级机构，隶属大连海关领导。1990年5月，恢复为总署直属领导。2002年10月，升格为总署直属正厅级机构。管辖范围为辽宁省内沈阳、抚顺、辽阳、锦州、阜新、葫芦岛、铁岭和朝阳8个市的进出境业务。隶属海关包括沈阳桃仙机场海关、沈阳邮局海关、铁西海关、浑南海关、辽中海关、抚顺海关、锦州海关、阜新海关、辽阳海关、铁岭海关、辽宁朝阳海关、葫芦岛海关、沈抚新区海关。

2021年，沈阳海关坚持以习近平新时代中国特色社会主义思想为指导，贯彻落实全国海关工作会议、全面从严治党工作会议部署，强化监管优化服务，巩固拓展口岸疫情防控和促进外贸稳增长成效，抓党建、防风险、强基础、促改革，以更高标准推进“五关”建设。强化实际监管效能，监管进出口总值1,417.34亿元，同比增长26.57%；进出口货运量2,057.83万吨，同比下降7.21%；进出口集装箱23.70万箱次，同比增长50.58%；进出境运输工具29,731辆艘，同比增长52.43%。稳步提升税收征管质量，入库税款201.62亿元，同比增长24.69%。把牢国门生物安全关，截获有害生物582种次。高质量服务对外开放，全链条保障徐大堡核电站成套设备顺利通关；支持中欧班列（沈阳）实现“三通道五口岸”全覆盖；持续巩固压缩关区整体通关时间成效。

2021年，沈阳桃仙机场海关党总支、锦州海关党总支获评辽宁省直机关先进基层党组织；沈阳海关驻桓仁满族自治县雅河乡联合村工作队获评辽宁省脱贫攻坚先进集体。牟海琳、姜明获评辽宁省直机关优秀共产党员；李晓松、卜爽获评辽宁省直机关优秀党务工作者；刘东生获评辽宁省抗击新冠肺炎疫情先进个人。刘晶玮家庭获评2021年度辽宁省最美家庭。

【党的建设】2021年，沈阳海关深入开展党史学习教育，推动“我为群众办实事”实践活动落地见效，关党委分赴基层一线调研42次，召开专题政企座谈会3场，解决19方面102项“急难愁盼”问题，“建党百年，惠企行动”项目、“开通进境邮件‘三个便民通道’ 切实为群众办实事解难题”项目获评总署“‘我为群众办实事’百佳项目”。巩固拓展“强基提质工程”成果，动植食处党支部“621”工作模式获评总署“书记项目”试点。

修订完善加强党风廉政建设15方面50条措施。开展警示教育月活动，建立关区典型案例通报制度，开展以案促改“回头看”活动。全面自查贯彻落实中央八项规定精神情况，加大公务用车、办公用房等重点领域监督力度，深入纠治“四风”。

围绕抓好疫情防控、全面禁止“洋垃圾”入境等开展政治监督8次，组织开展政治生态调研。做实专项监督和日常监督，开展“现场监管与外勤执法权力寻租”专项整治工作。加强学习培训、“以干代训”和执纪审查实践。

配合总署党委第三巡视组巡视工作，完成巡视整改，把巡视反馈问题作为提升工作质量和管理水平的突破口，制定96项整改措施，建立6项工作机制。72项立行立改事项全部完成，中长期整改事项稳步推进，修订完善37项制度机制，2个历史遗留问题得到妥善解决。推动巡视巡察上下联动、机关基层上下联巡，发现解决问题59个。

【监管业务】2021年，沈阳海关加强监管作业场所运行管理，建立视频监控、UC连线、系统核查、执法记录仪检查“四位一体”督导检查机制，推动智能审图应用，严密实货监管和物流监控。完善指挥中心监控运行机制，构建“1+4+2”的运行监控模式。

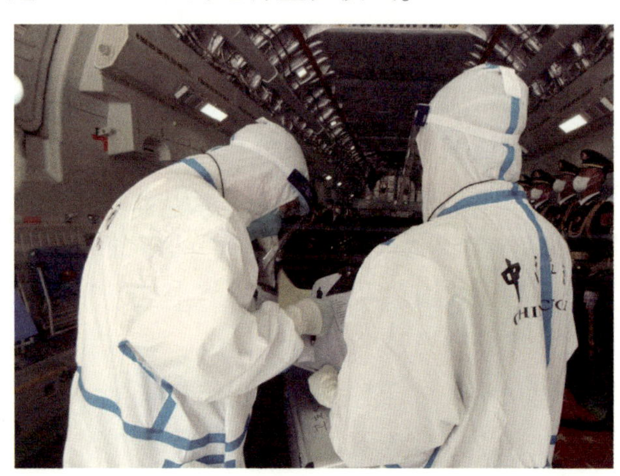

▲2021年9月2日，沈阳桃仙机场海关关员保障第八批在韩志愿军烈士遗骸顺利通关进境

深化“扫黄打非”工作，查获精神类管制药品59起8,112粒，同比分别下降6.35%、45.12%；查获仿真枪支部件7起31件。开展“断链刨根”专项整治行动，打击跨境电商进口走私，在跨境电商出境渠道查获侵权商品1,570批次6,827件，查获批次同比增长2.09倍。持续加大知识产权海关保护力度，查获侵犯知识产权商品1,652批15,372件。

强化反恐维稳，落实总体国家安全观，开展安全生产专项整治工作。保障建党100周年等重要时间节点口岸安全稳定，提前启动北京冬奥会、冬残奥会海关口岸监管环节各项安保工作。9月2日，完成第八批109位在韩志愿军烈士遗骸及1,226件遗物归国保障任务。

支持区域经济发展，9月，疫情防控追溯（非冷链）系统、跨境电商出口商品清单布控定位分拣信息化系统先后上线使用。综合运用“船边直提”“先放后检”作业模式助力进口矿产品快速通关，货物放行时间缩至最短2小时。对进口大豆实施“两段准入”监管，加快疏港速度；助力新造集装箱出口，实现“生产—运抵通关—放行—出口”无缝衔接。帮助南航北方分公司实现运输工具自动申报，并在南航系统推广使用。开展国外技术性贸易措施影响调研，发挥原产地管理技术优势，支持辖区企业出口新能源汽车2万台。

着力打造便捷的国际物流通道，中欧班列（沈阳）实现“三通道五口岸”全覆盖，5月28日，保障监管“锦州—满洲里—莫斯科”首发班列运行；5月31日，保障监管“沈阳—霍尔果斯—杜伊斯堡”首发班列运行。2021年沈阳关区申报监管中欧班列405列、55,205箱次，同比分别增加20.5%、56.8%。护航空中通道，保障439架次货运包机快速通关，为“客改货”航班开辟绿色通道，确保出境货物查验、出库、装载等通关零延迟，为5条“客改货”航线提供通关保障。服务中蒙俄经济走廊等陆海新通道建设，为企业量身定制通关指南，实施全流程服务。1月29日，锦州港保税物流中心（B型）通过验收。8月9日，“锦州

—俄罗斯东方港”外贸直航航线实现首航。

▲2021 年 5 月 31 日，辽中海关关员监管“沈阳—霍尔果斯—杜伊斯堡”首发中欧班列

推进海关特殊监管区域和自由贸易试验区统筹发展，2021 年沈阳综合保税区进出口总值 104.9 亿元，同比增长 4.4 倍。支持自由贸易试验区发展，推广跨境电商 B2B 出口模式，推动零售进口退货中心仓建设。为企业量身定制“银关保”担保模式，促成东北地区首笔“艺术品保税展示”业务落地，为企业节省担保成本 95%以上。打造“中欧班列‘区港直通’管理新模式”等创新举措。截至 2021 年年底，辽宁自由贸易试验区沈阳片区海关注册企业 1,532 家，21 项创新举措在辽宁省范围内复制推广，2 项创新措施被纳入国务院自由贸易试验区第六批改革试点经验并在全国范围内复制推广，41 项创新措施在辽宁自由贸易试验区沈阳片区的协同区中德产业园落地实施。

【税收征管】2021 年，沈阳海关入库税款 201.62 亿元，同比增长 24.69%。关区纳税企业数量达到 1,140 家，同比增长 0.80%。审核减免税货值 1.66 亿美元，减免税款 1.17 亿元；签发出境原产地证书 1.83 万份，出境原产地签证金额 13.86 亿美元。征收行邮税 1,300.01 万元，同比增长 82.75%。征收跨境电商税款 516.71 万元，同比增长 4.13 倍。

推进税收征管信息化建设，“RCEP 原产地管理信息化应用项目”上线运行，沈阳海关邮递物品管理系统税费管理功能在沈阳邮局海关正式启用。

做好 RCEP 实施准备，为机关、企事业单位等开展 RCEP 专项业务培训授课 7 次，累计培训企业约 1,000 家、1,200 人次。印发“十四五”期间进口税收优惠政策落地执行工作方案，以“广泛宣讲+专项辅导”的模式，鼓励辽宁省更多企事业单位享受优惠。对徐大堡核电项目及重点航材企业开展调研，开展总署 TCCV 估价技术议题征集、报送工作。建立关区首批 30 家属地企业底账，完成纳税遵从度评估。

【海关统计】2021 年，沈阳海关加强政策研究，组织开展 4 个署级课题的调研、撰写、审核、上报工作。参与对建设社会主义现代化新海关和 2035 年现代化新海关建设远景目标、“十四五”海关发展目标的研究论证及具体规划编制工作。对关区 114 家专精特新“小巨人”企业开展专题调研。

提升数据分析水平，加强统计科技信息化建设，移植贸易统计数据分析系统。3 篇监测预警专题文章被国家有关部门采用。完成 6 期共 12 篇《全球贸易监测日报》的审核和编撰工作，与大连海关共同完成《“十三五”期间东北地区对外贸易分析》。

建立关区统计数据一体化审核机制，通过各类统计业务系统下发核查数据并纠正统计数据差错。开展关区中国外贸出口先导指数调查、进口货物使用去向调查等专项调研。参与统计制度方法、统计指标等统计调查工作及业务指标新体系研究。沟通协调增设沈抚改革创新示范区国内地区代码和海关统计经济区划代码。

【查缉走私】2021 年，沈阳海关查缉走私工作主要围绕打击“洋垃圾”、象牙等濒危物种及其制品、“水客”、重点涉税商品、粮食等农产品、涉枪涉毒走私等，开展“国门利剑2021”行动，做好疫情防控和缉私工作，协查一级挂牌督办案件2起，刑事立案22起、案值4,700万元，行政立案121起、案值2.5亿元。

落实习近平总书记关于打击“洋垃圾”、象牙等濒危物种及其制品、“水客”等走私重要指示批示精神，开展“蓝天2021”专项行动、“护卫2021”专项行动、打击治理“水客”走私专项行动等。查获固体废物16批次、2,169件。立案侦办象牙等濒危物种及其制品走私刑事案件4起，案值156万元；行政案件44起，案值63.14万元。立案侦办“水客”走私案件4起，案值164万元。3月23日、9月28日，与20余个兄弟单位共同开展全国打击“水客”走私统一集中行动，刑事立案3起，案值134万元，涉税32万元，抓获犯罪嫌疑人4人。

严厉打击重点涉税商品、粮食等农产品、涉枪涉毒走私。打击重点涉税商品走私刑事立案10起，案值4,670.21万元；行政立案11起，案值203.07万元。在打击粮食等农产品走私方面，立案侦办某公司走私普通货物案，立案案值2,800万元，涉税400万元。在打击涉枪涉毒走私方面，立案侦办走私毒品案1起，查获咪达唑仑10支。开展为期3年的打击整治枪爆违法犯罪专项行动，2020年10月至2021年9月底在关区范围内开展为期1年的禁毒大会战，2021年9月开展寄递渠道禁毒百日攻坚行动。

统筹做好疫情防控和缉私工作，建立重点人员数据库，对疫情防控期间频繁进出境人员进行筛查、布控。7月28日，根据情报在隔离酒店将进境的嫌疑人抓获，查获犀牛角、穿山甲、象牙、海马制品等，案值99.21万元。

【卫生检疫】2021年，沈阳海关抓好口岸疫情防控工作，在开展新冠肺炎疫情防控的同时，坚持“多病共防”，共在入境人员中检出新冠肺炎以外的其他传染病30例。加强同地方卫健委等部门协作配合，强化口岸联防联控。持续推进口岸公共卫生核心能力建设，完成特殊物品审批及监管164批次，出口新冠肺炎疫苗审批3批次，与中国检验检疫科学研究院签订风险评估协议并完成风险评估工作1次。截获输入性病媒生物25只，在2只小家鼠中检出汉坦病毒阳性。加强对口岸食品安全抽检和卫生监督抽检工作的检查和督导。开展口岸传染病监测，共开展监测体检9,652人次，检出各类传染病97例，预防接种8,191人次。

【动植物和食品检疫】2021年，沈阳海关紧盯进出境重大动植物疫情疫病防控，开展“国门绿盾2021”行动，截获有害生物582种次，截获外来入侵物种94种次；开展动物疫病监测41批次、2,493项次，检出不合格1项次，监测检疫性昆虫、杂草等检疫性有害生物6种。完善动植物检疫监管体系，配合总署将番茄褐色皱果病毒正式增补到中国进境植物检疫性有害生物名录中，全国首次在进境种禽中检出二类动物疫病禽白血病，开展溯源调查，对相关种禽进行妥善处理，总署据此暂停新西兰相关种禽进口，并启动双边议定书修改。强化进出口食品安全监管，完成监督抽检220批次、风险监测258个样品，检出不合格进出口食品12批次。收集上报食品安全信息200余篇，发布预警信息24篇。开展进口食品“国门守护”专项行动和“食品安全宣传周”系列活动。

【商品检验】2021年，沈阳海关坚持严防“洋垃圾”入境，开展“蓝天”专项行动，强化进口大宗资源性商品固体废物排查，查获禁止进口固体废物17批次2,110件。防范化解危险化学品检验监管风险，进出口危险化学品不合格检出率3.72%，同比增加2.29个百分点。持续强化进出口防疫物资质量安全监管，在进境贸易渠道检出1批次不合格儿童口罩，并移交公安部门处理。持续打击贸易欺诈行为，有效保障贸易公平，检出大宗商品短重货物128批10,270.48吨，涉及货值9,549.32万元。加强质量安全风险监测，与辽宁省市场监管局签署进出口商品质量安全风险监测体系建设合作备忘录，与大连海关、满洲里海关等东北及内蒙古地区6个直属海关联合开展进出口商品质量安全风险监测，有效提升检验监管效能。

【企业管理和稽查】2021年，沈阳海关有序推进企业管理与稽查各领域业务工作。开展“建党百年　惠企行动”主题活动，通过“关企零距离”平台定期开展互动交流，出台并推进落实认证企业（AEO）管理6大类28项47条措施，实施“千百十”信用培育计划，邀请重点企业加入“中国海关信用管理”微信平台，使用范围覆盖关区进出口业务量的90.49%以上。提高后续监管效能，探索建立“一个中心、两个工作站”管理模式，探索开展低风险进出口货物远程可视化属地查检作业模式试点，实现现场查检“零接触”。

【风险管理】2021年，沈阳海关在重点领域加强风险防控，共命中查获象牙等濒危物种及其制品14批次；分析沈阳海关“水客”风险态势，筛选出高风险人员26名；开展固体废物风险态势画像，完善“影子商品库”5条，查获侵犯知识产权货物8批次。完成沈阳关区大数据应用平台推广工作，建立应用模型32个，发布全国平台级应用10个，更新应用模型版本40余次。

【督察内审】2021年，沈阳海关聚焦中央重大决策部署，推进督察项目清单式管理，先后组织开展“进出口危险化学品监管措施落实情况”等专项督察。坚持“全面体检”，做到审计监督全覆盖，采取“基层自查+职能检查+实地核查”方式，组织开展关区经济责任审计，完成总署专项审计和事业单位审计摸底，推动审计查发疑难问题整改。以“一个机制、两种模式”为抓手，创新建立“基层科室内控清单化管理”模式，实现“一科一清单”；同步构建隶属海关党委、职能部门、监督部门综合监控体系，织密基层一线防控网；强化综合治理，打造职能部门“监控清单”，进一步夯实内控“三道防线”。

【法治建设】2021年，沈阳海关建立有关区特色的以诉讼为中心的争议预防机制，实施“事前行政指导”和“说理式普法”，对5个隶属海关的9起案件涉案线索业务风险进行联合研判。组建普法讲师团，选拔24名普法讲师，借助12360海关热线、海关信用管理平台，搜集人民群众关心的海关政策热点、难点，采取“直播间+微视频”的形式，打造“普法直播间”“奉法V视”品牌，对内对外开展普法直播17期，发布普法微视频2部，累计693家企业、13,000余人次参加。

【科技发展】2021年，沈阳海关在做好关区网络安全、生物安全及疫情防控科技保障工作的基础上，不断推进智慧海关建设，自主研发疫情防控作业（冷链食品）信息化系统，并推广至非冷链领域。新冠病毒核酸日检测能力增加至3,000份/天。在信息系统安全管理方面，完成庆祝建党100周年网络安全保障、“2021年度网络攻防实战演习”等重点工作任务。2021年沈阳海关获省部级科技进步奖2项，完成省部级项目验收8项。

【政务管理】2021年，沈阳海关持续巩固为基层减负成效，14篇新闻宣传稿件被《新闻联播》《人民日报》等中央级媒体采用。持续提升12360海关热线服务质量，推进与12345热线整合归并，12360海关热线全年解答企业、群众咨询18,297条，新媒体平台发布信息1,102条。围绕安全生产、疫情防控等要点开展多轮次应急演练，持续提升分级响应、协调指挥、紧急处置等能力。

【财务及后勤保障】2021年，按照党政机关过“紧日子”要求，沈阳海关集中财力优先保民生、重点保运转、精准保发展，“三公”经费支出压减10.20%。完成国有企业公司制改革、关区事业单位所属企业脱钩工作。落实制止餐饮浪费行为，将制止餐饮浪费行为纳入食品采购、加工制作、供餐服务全过程。配合做好重点领域打击走私等重点工作，移交红珊瑚、玳瑁等水生野生动物及其制品54批次，计1,520件、95.85千克；移交象牙、鹿角等陆生野生动物及其制品77批次，计806件、42.11千克。

【队伍管理】2021年，沈阳海关有序推进选人用人工作，实施专业技术类公务员分类管理，完成任职资格评定76人。优化科级机构设置，拓宽年轻干部成长成才渠道；组织开展学习贯彻党的十九届五中全会精神集中轮训2期，实现处级以上干部调训率100%；举办执法一线科长网上培训班，实现执法一线科长培训两年全覆盖。依托实训中心开展疫情防控常态化培训，统筹规划培训方式和内容，切实推动疫情防控实战能力提升；顺利完成沈阳海关所属事业单位岗位设置和聘用工作，推进事业单位改革。

依托“智慧银海”平台，做好离退休干部信息化建设工作；以建党百年为契机，开展“关心下一代”“助力乡村振兴”等主题活动，引导老同志持续发光发热，发挥作用；落实老干部各项政策待遇，建立“一人一策”服务清单，开展重点帮扶。

在中国海关学会主题征文活动中，2篇论文获优秀奖；在建党百年理论文章征文活动中，1篇论文获优秀奖并入选庆祝中国共产党成立100周年征文集。

【徐大堡核电设备通关保障】2021年，沈阳海关主动服务国家战略，保障徐大堡核电设备高效通关。11月24日—27日，为首批价值457.65万美元的徐大堡核电设备办理进口通关手续，定制“船船直取”监管措施，改变传统作业模式，保障货物直接从进境船舶过驳到境内船舶转运至企业生产现场，采取顺势监管，解决进口成套特种设备因体积大、重量大、作业环境要求高等特点无法卸载至监管作业场所难题，提高作业效率，降低企业物流成本。单次“船船直取”作业模式减少货物装卸、堆存、等待等环节时间约96小时，节省费用100余万元。

表6-1　沈阳海关2021年主要业务数据

指标	单位	本年	同比（±%）
监管进出口总值（人民币）	亿元	1,417.34	26.57
进口	亿元	1,163.74	27.33
出口	亿元	253.60	23.18
监管进出口总值（美元）	亿美元	219.21	35.43
进口	亿美元	180.02	36.19
出口	亿美元	39.20	32.06
进出口货运量	万吨	2,057.83	-7.21
进口	万吨	1,706.48	-3.89
出口	万吨	351.35	-20.52

续表

指标	单位	本年	同比（±%）
税收入库	亿元	201.62	24.69
关税入库	亿元	41.98	12.97
进口环节税入库	亿元	159.64	28.18
集装箱总数	万箱次	23.70	50.58
集装箱箱载货物	万吨	96.85	22.15
监管运输工具总数	辆艘	29,731.00	52.43
监管进出境总数	辆艘	1,753.00	-34.32
其中：进出境船舶	艘	738.00	2.93
进出境飞机	架	1,015.00	-48.00
邮、快递总数	万件	136.58	-49.76
其中：行邮物品	万件	47.05	-3.50
快件	万件	89.52	-59.87
进出口报关单总数	万张	8.03	26.85

（撰稿人：王　冰　王　婧　王艺澄　王钧书　王秋阳　成之岳　刘雪嫣　孙　韬　杨戊辰　李颖娟　张　丹　张学东　陈乃斌　林春铭　郑有成　赵晶晶　姜文佳　徐红烨　葛芯岚　翟文涛）

长春海关

【概况】长春海关于 1978 年 3 月经国务院批准设立，为正处级机构，1984 年 6 月升格为厅局级海关。长春海关管辖范围为吉林省全境。辖区内边境线长 1,384.6 千米，其中对朝 1,138.6 千米、对俄 246 千米。最远的隶属海关距长春海关机关 550 千米，监管资源比较分散。辖区铁路、公路、航空、邮递等业务门类齐全。长春海关下设 17 个隶属海关单位：长春龙嘉机场海关、长春邮局海关、长春绿园海关、长春兴隆海关、吉林海关、四平海关、辽源海关、通化海关、白山海关、长白海关、松原海关、白城海关、延吉海关、图们海关、珲春海关、长白山海关、长春海关风险防控分局。

2021 年，长春海关坚持以习近平新时代中国特色社会主义思想为指引，强化监管优化服务，统筹抓好疫情防控和促进外贸稳增长。始终坚持“人、物、环境同防”“多病共防”，持续织密织牢口岸检疫防线，持之以恒抓好内部安全防护；全力促进外贸稳增长，助力吉林加快全面振兴、全方位振兴。全年监管进出口货运量 779.6 万吨，进出境运输工具 10.1 万辆（架/次），进出境邮件 96.11 万件。

【党的建设】2021 年，长春海关坚持政治建关，坚定不移走好“两个维护”第一方阵。组织开展党的十九届五中全会精神暨党史学习教育学习研讨、专家辅导、集中宣讲，举办处科级干部专题培训班 4 期，539 人参加培训。第一时间传达学习党的十九届六中全会精神，迅速掀起学习贯彻全会精神热潮。扎实开展党史学习教育。建立“领导干部带头学、中心组系统学、对标对表跟进学、网络平台辅导学、感悟心得交流学”五学联动机制；开展“我为群众办实事”实践活动，关党委带头深入政府、企业、基层调研，制定长春海关党委重点民生项目清单，实施“定目标、定措施、定责任、定时限、定清单”五定工作法，解决企业群众“急难愁盼”问题，2 个项目被评为全国海关“百佳项目”；充分利用驻地红色资源，精心组织建党百年庆祝活动。巩固拓展“强基提质工程”。党委书记牵头开展党建课题研究，研究报告获评吉林省直机关党建优秀调研成果一等奖。开展新时代吉林党支部标准体系（BTX）试点工作，工作经验被省直机关工委推广。统筹推进合格支部和“四强”支部建设以及星级达标和党建品牌创建工作，关区 1 个党支部获评省先进基层党组织，2 名个人获评省直机关优秀党务工作者和优秀共产党员。强化监督职责。聚焦落实总体国家安全观等重要任务开展清单式监督。出台 18 条落实措施加强对“一把手”和领导班子监督。扎实开展“现场监管与外勤执法权力寻租”专项整治，推动关区两级同频共振、业务条线上下联动。从严执纪问责。建立打私反腐“一案双查”联席会议工作机制。增强监督合力，自主查发案件实现“零突破”。密切防范“四风”隐形变异的新问题，紧盯重要节点，抓好廉政提醒和纪法教育。稳步推进巡视整改，建立常态化整改落实机制，把整改工作融在日常、抓在平常。持续推进中央、总署党委巡视整改任务落实。对隶属海关单位、事业单位和职能部门开展巡察。完善巡察制度16个，为保障巡察工作扎实开展奠定坚实基础。

【法治建设】2021年，长春海关深入学习宣传贯彻落实习近平法治思想，邀请政法领域专家作专题辅导，编发学习专刊26期，组织开展关区全体关警员参加并完成“海关系统学习宣传贯彻习近平法治思想网上专题班”。加强关区制度体系和治理能力建设。持续推进规范性文件及内部管理制度电子查询平台建设，制定管理办法，长春海关管用适用的制度体系逐步形成。积极参与立法活动，累计提出51条立改废建议。对滞纳金征收的认定标准、邮局办理的走私违规案件等提出相关法律建议，规范执法行为。持续推动“三项制度”落实。开展行政处罚、行政强制、行政许可、行政检查“四张流程图”编制工作，共编制流程图68张在门户网站公示。启动实施第八个五年时期法治宣传教育工作（“八五”普法），制定相关实施方案，开展“4·15”全民国家安全教育日、“4·26”世界知识产权日、“8·8”海关法治宣传日、“12·4”全国法制宣传日及系列主题宣传活动。开展《中华人民共和国宪法》（以下简称《宪法》）、《中华人民共和国民法典》（以下简称《民法典》）、《行政处罚法》内外部法治讲座9期。1名同志获得2016—2020年全国普法工作先进个人称号。稳步推进知识产权海关保护工作。

【综合业务】2021年，长春海关支持口岸开放与运行管理。支持长春新区、中韩（长春）国际合作示范区、珲春海洋经济发展示范区等重点开发开放平台结合自身优势特点，高质量发展对外贸易。推进长春海关支持中欧班列发展15条措施落实落细，支持“长春—满洲里—欧洲”（“长满欧”）、“长春—珲春—欧洲”（“长珲欧”）等班列常态化运行，畅通跨境贸易通道，打造吉林省中欧班列品牌。优化监管模式，推动“长珲欧”国际班列双向测试成功。加强国际合作，扎实推动“滨海2号”国际运输走廊、内贸货物跨境运输等对外通道通关顺畅。支持长春龙嘉机场口岸开通“长春—莫斯科—法兰克福”全货运包机，填补吉林省无洲际航线的空白。深化全国海关通关一体化改革，大力推广“两步申报”“提前申报”应用。集中开展跨境贸易指标培训工作，与吉林省各地级市现场填报部门召开工作交流会，传达国务院最新工作部署要求、解读指标体系构成要素、明确职责分工、研究梳理亮点示范案例等，为下一步各单位参评做好准备工作。聚焦解决政策落地“最后一公里”问题，进一步简化通关手续、优化通关流程，加大国际贸易“单一窗口”推广，实现主要业务应用全覆盖，无纸化申报率达到100%，服务覆盖所有口岸和特殊区域，基本满足企业“一站式”业务办理需求。

【风险管理】2021年，长春海关切实加强风险信息与预警建设，规范信息收集、分析，积极推动与相关部门合作，强化数据交换和信息共享，推动跨部门风险联合研判。从濒危物种及其制品、固体废物等威胁生态安全、政治安全、社会安全等风险扩展到口岸公共卫生、生物、进出口商品和食品安全准入全领域，认真梳理分析查找风险点，形成预警提示信息或预警建议。加强大数据应用，提升风险分析处置能力。推进有关业务系统在关区应用，强化应用培训，加强模型应用和建设，丰富大数据应用场景，发挥大数据应用效能。强化口岸风险联防联控，开展联合研判，加强与业务现场联系沟通，不断提升布控查获效能。密切与有关业务部门联系配合，加强后续分析处置。加大打击走私重点专项工作力度，与长春海关缉私局、吉林省税务局、吉林省公安厅配合，在货运渠道查获利用红参液、人参液低质高报、虚假贸易骗取出口退税和补贴案件。长春海关风险防控分局与总署风险防控局（上海）合作，在邮寄递等重点渠道全面加强联合信息收集和分析能力。

【税收征管】2021年，长春海关调研关区重点税源企业，推动税收征管方式改革落地。召开RCEP政策解读新闻发布会，采取“线上+线下”方式开展培训，为企业提供权威专业的政策解读和操作指引，推动释放协定红利。支持汽车产业发展，牵头7个直属海关（石家庄海关、青岛海关、长沙海关、黄埔海关、南宁海关、福州海关、南京海关）开展汽车制造行业税政调研。

【自贸区和特殊区域管理】2021年，长春海关支持综合保税区高质量发展。吉林省联合验收组评审同意长春兴隆综合保税区（二期）通过预验收；推动国务院关于综合保税区高质量发展21条政策落地生效，其中海关牵头的12条在关区全部落地；成立中国（吉林）自由贸易试验区政策研究专班，为开展自由贸易区申建工作做好政策储备；复制推广自由贸易试验区改革试点经验，涉及海关的58项中，33项在关区已全部完成复制。

长春兴隆综合保税区实现吉林省首批2台平行车进入综合保税区保税存储，完成整车口岸检车线的场所标准符合性整改；顺利开展吉林省首批跨境电商保税展示业务。

珲春综合保税区跨境电商B2B落地，京东、菜鸟供应链及阿里巴巴速卖通平台入驻，电商平台增至十余家，成为珲春外贸增长新动能。

【卫生检疫】2021年，长春海关坚持“外防输入、内防反弹”总策略，将口岸疫情防控工作融入地方联防联控机制整体链条中，与地方疫情防控政策和应急机制充分对接。优化口岸检疫流程，实现远程流调，减少现场工作人员与入境人员接触。严格执行“客停货通”“人货分离”，推动地方推广“甩挂”“接驳”“吊装”等非接触式货物交接模式，防范疫情外溢风险。压实航空公司、口岸运营者、医疗废弃物集中处置单位等有关方面主体责任，做好入境客运航空器终末消毒和固液体废弃物处理监督工作。

【动植物检疫】2021年，长春海关开展“国门绿盾2021”专项行动，强化国门生物安全防控，严防非洲猪瘟、高致病性禽流感、沙漠蝗、草地贪夜蛾等重大动植物疫情传入。支持吉林省“秸秆变肉”暨千万头肉牛工程，在隔离场选址、建设以及进境种牛检疫监管流程、要求等方面提供技术支持，积极配合总署动植物检疫司完成阿根廷输华牛胚胎准入程序。支持企业引进国外优良种质资源，完成3.3万只新西兰进境种鸡、1,500头丹麦进境种猪的疫病监测。大力支持吉林稻草出口日本，协调日本检疫官派遣，满足企业生产出口需求，出口稻草及制品重量和货值同比大幅增长。

【食品检验检疫】2021年，长春海关严把食品准入关，从源头保障进口食品安全。严格做好进口冷链食品和进口高风险非冷链集装箱货物抽样检测和预防性消毒监督工作，以及口岸业务现场采样作业、安全防护、消毒监督和作业区域消毒处理等工作；通过开展“口岸职业暴露突发事件应急处置演练”“进口冷链食品核酸阳性结果应急处置桌面推演”等工作，提高现场关员应急处置能力和自我防护能力。

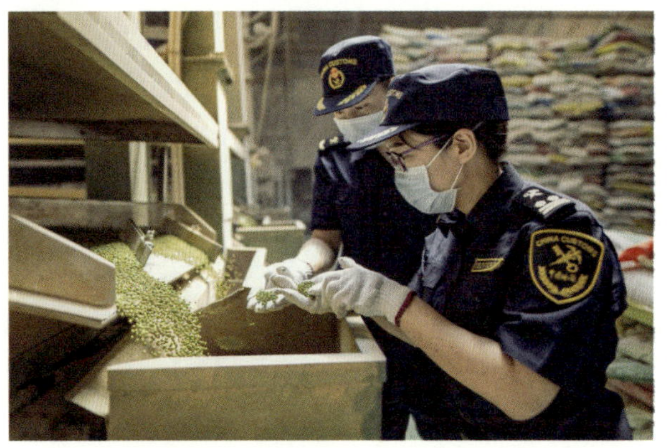

▲2021年6月18日，白城海关关员开展出口绿豆现场检疫监管

【商品检验】2021 年，长春海关落实通关便利化措施，对进口汽车零部件实施采信“中国强制性产品认证”（CCC）证书、“先声明后验证”，进口铁矿“先放后检”，进口大宗商品重量鉴定依企业申请实施，加快通关速度。强化重点敏感商品检验监管，严防“洋垃圾”入境。开展进出口商品质量安全风险监测、出口工业产品退运追溯调查。

【监管业务】2021 年，长春海关加强货物及运输工具监管。支持“长满欧”班列稳定运行，推广“顺势监管”方式，发挥联网集中审像中心作用，提升通关效率。4 月 30 日，首列“长珲欧”顺利出境。加强快件邮件监管。从强化监督制约和日常管理机制、改革优化监管模式、聚焦治理关键风险点、切实提高风险防控力度和提升监管链条严密性 5 个方面加强管理，2 次典型案例被总署采用。加强行李物品监管。加强旅检口岸打击“水客”工作，遏制“水客”走私漂移。初步构建关区旅客通关诚信评估体系，引导旅客主动申报纳税，建立特殊旅客黑名单制度。加强跨境电商监管。长春海关通过召开专题新闻发布会、通报和解读进出口监管试点政策，指导隶属海关开展跨境电子商务出口海外仓、B2B 直接出口业务，制订跨境电子商务监管方案。加强智能审图。结合关区陆路口岸进出口货物特点，长春海关探索建立关区标准图像库，推进智能审图信息化平台推广应用。举办 2021 年出口危险化学品检验监管等实操演练，提升口岸突发事件应急处置监管合力。

▲2021 年 5 月 1 日，长春兴隆海关关员在汽车零部件生产企业查验进口车用控制单元

【海关统计】2021 年，长春海关完成关区首个立项开展的署级课题“对周边国家政策储备研究”，参与完成“RCEP 专题研究”和“中国城市外贸竞争力评价指标优化研究”等 2 个署级课题。统筹开展关级课题研究 21 个，为高质量发展提供统计数据分析支持。加强数据审核，严格落实数据质量责任制，采取措施切实提高统计数据真实性。完善统计监督核查机制，开展统计数据核查工作。加强数据管理，开展关区数据安全隐患排查。规范统计数据对外发布工作，提升统计数据对外服务水平。

【企业管理、保税监管和稽核查工作】2021 年，长春海关持续落实“放管服”改革要求，成功培育高级认证企业 2 家。开展企管业务培训 12,360 人次，更好地解答进出口企业普遍关心关注的问题。成立长春海关认证专家人才库。有序开展对外注册推荐工作，指导企业核对对外注册信息，助力企业顺利出口；组织召开专家论证会，形成论证报告，推动长春绿园海关、吉林海关共同完成吉林省首家林蛙养殖场备案。2021 年，稳步推进企业管理和稽查司加工贸易残次品改革试点工作，建立“一对一”的关企联络员机制，定期跟踪试点企业生产进度，核批 2 家试点企业自行销毁处置残次品申请 2 次，帮助企业进一步降低经营成本。结合国家和吉林省公布的涉企保证金目录清单，积极开展关区加工贸易及保税监管业务领域涉企保证金自查自纠工作，各隶属关通过自查未发现超期、超范围办理情况。坚决贯彻落实国家全面禁止进口固体废物政策，保持打击“洋垃圾”入境高压态势，开展两轮再生金属稽查专项行动。积极推进核查分类改革，加大重点企业、敏感商品的核查力度，有效提升核查作业的查发率。制订并下发推进进出口货物属地查检工作方案，推动属地查检改革落地落实。研发“随机选人小程序”，开展出口查检作业随机选人工作。

【查缉走私】2021 年，长春海关聚焦“中央关注、社会关切、群众关心”的突出走私问题，扎实推动“国门利剑”“蓝天”等系列联合专项行动。强化全员打私，稳步推进“智慧缉私”建设，加强反走私综合治理。持续加大对重点涉税商品走私等违法活动的打击力度。

【财务及后勤保障】2021 年，长春海关全面贯彻落实过“紧日子”要求，建立健全厉行节约长效机制；积极落实总署支持艰苦地区边关建设 22 条措施，中心海关及艰苦边关建设不断推进，关区业务办公及生活条件有力改善。

【科技发展】2021 年，长春海关紧紧围绕“三智”海关建设，开展健康申报远程验核应用和智能审图算法等信息化建设工作，对重点信息化系统进行优化升级，强化网络安全和信息安全管理。加强关区新冠病毒核酸检测能力，提升实验室技术保障能力。推进留存科研项目通过总署集中验收。

【督察内审】2021 年，长春海关持续深化关区审计工作，推进“以审查纠、以审代训、以审促建”“三位一体”工作模式，提升防控风险能力；深入推动内控机制建设，有效发挥基层自控、职能监控、专门监督“三道防线”作用。

【队伍建设】2021 年，长春海关坚持政治导向、坚持倾斜基层，开展选拔任用工作。积极推进分类改革，将 71 名公务员纳入专业技术类公务员队伍，67 人次取得高级任职资格。有序做好公务员职务与职级并行工作。完成事业单位岗位设置、首次聘用及竞聘上岗工作。健全优秀年轻干部选育管用全链条机制。完善优秀专业人才储备机制，建立专业人才信息库并及时动态调整。制订分级分类培训方案及计划，参训 6,713 人次。用足用好各类激励政策，持续增强干部荣誉感、责任感。

（撰稿人：丁　凯　于　雷　于海东
万　璐　王　琪　孔德鑫
付　颖　乔建广　刘　楠
闫敬伟　李　莹　张　宪
张　靖　张丽娜　赵冬雪
赵津瑶　秦冬青　索兴华
徐　磊　高　薇　黄建峰
韩永革　虞海涛）

哈尔滨海关

【概况】哈尔滨海关前身为滨江关，设立于1907年（清光绪三十三年）。中华人民共和国成立后，东北海关管理局于1950年12月设立哈尔滨支关。1953年3月，哈尔滨支关改为哈尔滨分关。1958年1月，哈尔滨分关改为中华人民共和国哈尔滨关。1980年8月1日，正式命名为中华人民共和国哈尔滨海关，为正处级单位。1984年6月9日，国务院批准哈尔滨海关升格为正厅级直属海关。哈尔滨海关管辖范围为黑龙江省全境，与俄罗斯联邦边境线长2,981千米。下设21个隶属海关单位，其中副厅级隶属海关1个（冰城海关），正处级隶属海关单位20个（哈尔滨太平机场海关、齐齐哈尔海关、牡丹江海关、绥芬河海关、东宁海关、佳木斯海关、抚远海关、同江海关、大庆海关、密山海关、虎林海关、饶河海关、嘉荫海关、鹤岗海关、萝北海关、黑河海关、逊克海关、绥化海关、漠河海关、哈尔滨海关风险防控分局）。关区业务涵盖水运、陆路（公路/铁路）、航空、管道运输（石油/天然气）、电网输送（电力）、邮件快件、跨境索道（步行口岸，建设中）监管等。

2021年，哈尔滨海关坚决以习近平新时代中国特色社会主义思想为指导，强化监管优化服务，统筹口岸疫情防控和促进外贸稳增长工作，各方面工作取得了长足的发展和进步。年内，黑龙江省进出口总值1,995亿元，同比增长29.6%。其中，出口447.7亿元，同比增长24.4%；进口1,547.3亿元，同比增长31.2%。

年内，哈尔滨海关1个集体获评全国食品安全工作先进集体，1个集体获评2021年全国“扫黄打非”先进集体，3个集体获评第20届全国青年文明号，1个集体获评省级普法工作先进单位，1个集体获评省级扫黑除恶专项斗争先进集体，1个集体获评省级扫黑除恶专项斗争先进成员单位，1个基层党组织获评全国海关党建示范品牌，5个基层党组织获评省级先进基层党组织，1人获评省级脱贫攻坚先进个人，2人获评省级扫黑除恶专项斗争先进工作者，1人获评省级优秀共产党员，2人获评省级优秀党务工作者。

【党的建设】2021年，哈尔滨海关始终把学习贯彻习近平新时代中国特色社会主义思想放在首位，持续深入学习党的十九大和十九届历次全会精神，抓好十九届六中全会精神的学习宣传贯彻，坚持党委会带头学、理论中心组集中学。严格执行每月形势分析及工作督查例会和“第一议题”制度。坚持全面从严治党。召开全面从严治党工作会议，明确51项重点任务措施。全年组织理论中心组学习10次，邀请专家授课3次，交流研讨9次，扩大学习8次。加强对“一把手”和领导班子的监督，明确3方面21项具体措施。组织召开述责述廉述党建会议，10位党组织书记报告工作情况并接受关党委书记点评，推动全面从严治党第一责任人职责落实。开展“书记组长谈责任”系列视频访谈活动，围绕第一责任人职责和监督专责定位，谈做法、成效和问题。扎实推进“现场监管与外勤执法权力寻租”专项整治，全面排查廉政风险，确定39项整改措施和124项风险防控措施。制定落实中央八项规定精神持续解决形式主义问题为基层减负6方面20项具体措施，认真执行精文简会要求，开展办公用房使用排查和清理整顿，严格公务用车使用审批。扎实开展党史学习教育，成立党史学习教育领导小组，设立6个巡回指导组全覆盖督导。充分利用龙江红色资源，组织参观红色教育基地，开展党史知识竞赛、主题征文等系列活动，推动党史学习教育走深走实。抓实“我为群众办实事”实践活动，研究制定实施对外服务企业群众、对内解决重点民生问题2个项目清单26项重点任务，召开3次专题会议督办落实情况。破解种源“卡脖子”等2项优化服务措施成功入选全国海关“‘我为群众办实事’百佳项目”。开展庆祝建党100周年活动，组织开展先优表彰，为21名老党员颁发“光荣在党50年”纪念章，评选20个优秀基层党组织、100名优秀党员和50名优秀党务工作者。举办“党在我心中”党史知识竞赛和“学史·铸魂”红色故事分享会，深入挖掘龙江红色故事，赓续红色血脉。组织“建党百年书画摄影展”“同唱一首歌”、拍摄《不忘初心》MV等活动，展示关区党员干部对党、对祖国、对海关事业的忠诚热爱。开展走访慰问活动，“七一”前走访慰问老党员、困难党员66人。推进巡视巡察整改，认真落实总署党委部署要求，自觉接受、积极支持总署党委第五巡视组开展常规巡视。坚决服从巡视安排，配合巡视组全面、真实、深入了解掌握关区工作情况。全面认领和认真分析巡视指出问题，积极做好巡视整改“后半篇文章”。组织实施2轮常规巡察和1轮巡察“回头看”，全年完成对20个部门单位常规巡察。落实重点培训项目，组织3期处级领导干部轮训，共206人参加培训，参训率100%。开展执法一线科长培训，组织144名执法一线科长及基层党支部书记参加网上专题培训，实现100%参训目标。实行“一体化”实训模式，抓好经常性岗位练兵，累计培训近1.8万人次。推进青年理论学习提升工程，青年理论学习小组集体学习72次。

【队伍建设】2021年，哈尔滨海关认真落实“争当龙江作风建设排头兵”工作要求，持续改进作风优化服务，巩固作风建设成效。扎实开展内务规范强化月活动，加强对哈尔滨海关机关各部门内务督察，对发现的问题点名通报。从严从实开展准军队列训练，坚持党委带头、层级示范、覆盖全员。在元旦、“五一”、“十一”举行升旗仪式，国旗班进行队列展示，不断强化关区党员干部内务规范意识。开展节假日“四风”问题专项监督检查，加强对干部职工“八小时以外”监督，增强干部自律意识。大力弘扬“战严寒、抗风险、耐寂寞、做奉献”漠河海关精神，举办先进支部品牌建设成果展。坚持把党建品牌建设纳入基层组织建设整体工作进行谋划，把书记抓品牌建设纳入党建述职评议考核。巩固扩大“强基提质工程”成果，漠河海关支部工作法入选全国海关基层党建创新典型案例。参加“省级青年文明号开放周示范活动”，充分展现海关青年队伍良好精神风貌。持续推进总署纠治酒驾醉驾问题八条措施，巩固酒驾醉驾治理成效。严肃查处违法违纪案件，严格落实“一案双查”制度，紧盯“关键少数”和违反中央八项规定精神及其实施细则等问题。配齐配强工会委员会委员，落实在职干部职工年度体检、慰问困难职工和患病职工等工作。开展书法绘画摄影作品展览、征文、党史读书角等活动。量化共青团工作行为规范考核指标，制定共青团工作规则。开展黑龙江大学生“扬帆计划”政务实习活动，得到黑龙江省直机关工委、团省委肯定。

【疫情防控】2021 年，哈尔滨海关坚持“外防输入、内防反弹”总策略，全年组织召开疫情防控指挥部会议 11 次，分析研判形势，调整工作安排，实施“一口岸一方案”，严防境外疫情从口岸输入。持续强化口岸疫情防控应对能力，成立“哈尔滨海关全球疫情监测组”，编写风险研判监测日报，多种方式组织开展疫情防控专业能力系列培训、职业暴露应急处置演练，实现疫情防控人员培训全覆盖。严格入境人员疫情防控，在航空口岸，对所有入境人员实行“7 个 100%”“闭环管控”措施。在边境陆路口岸，对进境俄籍货车司机、列车司乘人员实行“人不见面”查验模式，最大限度降低接触感染风险；在边境水运口岸，严禁俄籍船员离船上岸，中方船员航行季节结束前不下船，加强入境船舶消毒指导。严格入境货物物品防控，切实执行进口冷链食品、高风险非冷链集装箱货物防控规定，认真做好采样检测和预防性消毒监督工作。严格抓好内部安全防护，发挥安全防护保障监督专班、各派驻纪检组、“挑毛病”专家组、物防专家组工作合力，开展疫情防控安全防护专项督查；印发新冠肺炎口岸防控技术方案、操作指南、安全防护工作手册；印制防护服穿脱程序、安全防护“六严禁”“十必须”、鹅颈结封扎挂图，在口岸现场统一张贴，指导一线人员规范操作。激励关爱疫情防控一线干部，表彰奖励 5 个集体和 17 名个人。严格做好内部人员疫情防控管理，年内黑龙江省 4 轮本土疫情中，海关干部职工及家属无一人感染。

【征税统计】2021 年，哈尔滨海关税收入库 139.99 亿元，同比增长 23.86%。上报税政意见 20 条，税则调整建议 16 条。属地纳税人管理等税收征管改革见效，签发原产地证书 3.3 万份，金额 82.4 亿元，外贸出口企业享受进口国关税优惠 4.1 亿元。参与 6 项署级课题研究，开展关级和自选课题研究 58 项。加强外贸形势分析，为地方党委政府提供决策参考。

【检验检疫】2021 年，哈尔滨海关落实习近平总书记关于食品安全“四个最严”重要指示，强化进出口食品安全监管，开展进出口食用农产品和饲料安全风险监控。参与总署“一带一路”沿线重点口岸病媒生物专项监测，健全口岸病媒生物监控机制。组织国门生物安全监测，密切关注境外重大动植物疫情发展态势，严防口岸非洲猪瘟、马铃薯甲虫等重大动植物疫情，强化动植物疫情口岸防控。全面开展打击非法引进外来物种和种子苗木“国门绿盾 2021”行动，加强风险研判，强化口岸查验，在进境旅客携带、邮件渠道截获外来物种和种子苗木。优化进境皮张和粮食目的地检疫，开展进境粮食指定加工企业集中清理整顿专项行动。加强进出口商品质量安全风险监测，强化危化品监管。

【实际监管】2021 年，哈尔滨海关查验货物报关单 7.41 万票；下放境内承运海关监管货物运输企业和车辆备案权限。布控精准度有效性稳步提升；组织口岸监管环节核生化爆反恐技能培训，进行关区口岸反恐演练；开展“断链刨根”整治行动，推动企业资质核对 150 家，查发违规案件并行政处罚 1 起，缉私立案调查行政案件 2 起，持续规范跨境电商业态。完善关区安全生产工作机制，组织开展安全生产全面自查 2 次、专项督导检查 4 次、安全演练 68 次、安全生产培训和讲座 176 次，全年安全生产无事故。落实“以查发为导向”的稽查改革目标，属地查检有序推进。加强知识产权海关保护，查扣侵权商品 110 批次 1.8 万件。

▲2021 年 12 月 6 日，黑河海关关员对进口俄罗斯天然气进行监管

【查缉走私】2021 年，哈尔滨海关坚决落实习近平总书记关于打击走私工作的重要指示批示精神，聚焦“中央关注、社会关切、群众关心”的突出走私问题，全面推进反走私综合治理，深入开展“国门利剑 2021”行动，着力提升缉私专业能力水平。全年立案侦办刑事案件 29 起，案值 3.77 亿元，涉税 2,149.4 万元，对 77 人次采取刑事强制措施；办理行政案件 223 起，案值 4,521.7 万元，涉税 199.3 万元。查办案值 2.2 亿元的走私贵重金属案件。严厉打击濒危物种走私，查获熊掌 93 只，鹿茸、麝香等动物制品共计 213 千克，羚羊角 130 根，熊胆 24 个，麝香 10 个。积极参加总署打击“水客”走私集中收网行动，成功侦破案值 1.83 亿元的“水客”走私手表案件。扎实开展“蓝天 2021”行动，查获进口固体废物 8,134.5

▲2021 年 2 月，哈尔滨海关缉私局成功侦办案值 1.83 亿元走私手表案

千克。开展打击边境绕关走私专项行动，办理 2 起绕关走私刑事案件，斩断走私渠道疫情传播链条。

【优化口岸营商环境】2021 年，哈尔滨海关落实总署优化口岸营商环境工作要求，持续打造“办理海关事项不求人”服务品牌，办理企业行政审批事项参评率、好评率为 100%。落实减免税政策，为省内企业、科研机构减免税款 7,904.45 万元。持续压缩通关时间，2021 年 12 月关区进、出口整体通关时间较 2017 年同期压缩 66%、86.71%。“两段准入”信息化监管在水运、空运口岸全面推广。在严密疫情防控的基础上，挖掘对俄边境口岸过货能力，保障中欧班列、内贸货物跨境运输畅通运行。优化查验流程，采用智能化监管方式，做好进口俄油、俄气、俄电、煤炭以及铁矿砂、木材、农产品等初级产品通关保障，全年监管进口原油 3,009 万吨、煤炭 169 万吨。

【助力扩大开放】2021 年，哈尔滨海关探索提出的“跨境运输高风险司乘人员精准检疫拦截”“边民互市贸易进出口商品落地加工多部门全链条监管”2 项首创监管创新举措通过总署审核备案（截至 2021 年年底，累计备案 6 项），在黑龙江自由贸易试验区落地实施。全年黑龙江自由贸易试验区实现进出口值 269.3 亿元，同比增长 48.7%。联合南宁海关、昆明海关开展沿边自由贸易试验区监管制度协同创新，向总署申请备案“出境低风险竹木草制品检疫监管新模式”创新举措。在总署的支持下，黑河公路大桥口岸于 9 月顺利通过国家验收，同江铁路大桥口岸正加快配套建设、完善相关功能。推进哈尔滨综合保税区二期建设，助力全省综合保税区高质量发展，全年黑龙江省综合保税区进出口总值 55.82 亿元，同比增长 1.34 倍。其中，哈尔滨综合保税区进出口总值 23.98 亿元，同比增长 229.4%；绥芬河综合保税区进出口总值 31.84 亿元，同比增长

83.3%。保税物流中心（B 型）进出口总值 6.4 亿，同比增长 73 倍。

【政务管理】2021 年，哈尔滨海关接听 12360 海关热线咨询电话 12,265 个，来电平均等待时间低至 2 秒。发布政务公开信息 1,215 条，回复网络留言 141 条，业务咨询类留言平均办结时间为 1 个工作日。各级人大、政协建议提案办理按时办结率、代表委员满意率均为 100%。

【财务管理】2021 年，哈尔滨海关全面贯彻落实过“紧日子”要求，进一步优化和调整支出结构，增强保障能力，提升管理效能。保健中心改造完成，数据分中心独立办公，事业单位保障海关执法的技术支撑作用有效发挥，检验检测等业务克服疫情影响逆势增长。

【科技保障】2021 年，哈尔滨海关完成关区核心业务系统版本升级、新邮件系统切换、域控制器升级等基础平台改造工作。优化实验室布局。开展对关区 21 个隶属海关单位、51 个监管办公场地的网络巡检，处理各类设备故障 500 余次。持续推广科技创新应用，不断提升检测能力，全年检测超过 42 万项次。坚持科研面向监管需求，获得 1 个署级立项，组织实施 5 个关级项目。哈尔滨海关机关业务监控指挥中心作用有效发挥，监控预警功能进一步拓展，处置效能进一步提升。加大对查验、防疫设备和信息化建设的投入，科技支撑作用持续增强。

【督察审计】2021 年，哈尔滨海关组织完成对 8 个所属单位经济责任审计，并开展工程项目决算、购置项目等审计。

【深化对俄合作】2021 年，哈尔滨海关探索中俄“三智”项目建设，积极推进管输能源智慧监管、中俄海关运输工具协同监管、跨境运输高风险司乘人员精准检疫防控等项目落地实施。落实好与俄罗斯远东海关局机制化合作，全年共举行 1 次关局长工作会谈、2 次工作组会议、5 次隶属边境海关会晤，通过视频会议和信函往来等形式互通政策改革信息，研究解决口岸通关环节中存在的问题。组织开展通关事务救助，年内多次与俄罗斯远东海关局、俄罗斯滨海边疆区公益监督局及俄罗斯驻哈尔滨总领事馆沟通协调，第一时间解决企业反映的出口果蔬在俄罗斯通关受阻等问题。与俄罗斯毗邻州区公益监督局通报入境司乘人员新冠病毒核酸检测阳性信息，提请关注新冠肺炎疫情变化情况，共筑口岸疫情防线。与俄罗斯乌拉尔海关局密切协作，按季度交换邮递渠道查扣商品信息，有效规范跨境电商商品出口。

（撰稿人：马　婷　王　轶　平　波
卢海峰　白连军　曲丽华
曲振谅　朱庆晟　任庆波
刘　晖　许海彬　杨雨通
杨德鑫　吴宇晗　佟国忠
佟金辉　赵　锴　赵明超
赵嘉麟　胡　玮　侯立新
姚　辉　姚力楠　高　飞
高伟娜　黄依舒　智　鑫
程　帅　魏东彪　魏　宁）

上海海关

【概况】上海地区设关最早可追溯至北宋政和三年（公元 1113 年）。清康熙二十四年（1685 年），江海关在上海设立，成为中国第一批正式以“海关”命名的进出口管理机构。清咸丰四年（1854 年），江海关管辖权被外籍税务司攫取，沦为中国近代史上第一个“洋关”，近百年的洋关记录了中国近代半殖民地半封建的屈辱历史。

中华人民共和国成立后，江海关于 1950 年 2 月 16 日正式更名为中华人民共和国上海海关。管辖范围覆盖整个上海市区以及浙江省舟山嵊泗县大小洋山岛屿。下设 4 个副厅级隶属海关单位，上海浦东国际机场海关、上海浦东海关、总署风险防控局（上海）、总署税收征管局（上海）；25 个正处级隶属海关单位，上海虹桥机场海关、上海浦江海关、上海外高桥港区海关、宝山海关、洋山海关、上海车站海关、上海邮局海关、黄埔海关、徐汇海关、虹口海关、杨浦海关、莘庄海关、嘉定海关、金山海关、松江海关、青浦海关、奉贤海关、崇明海关、上海会展中心海关、上海吴淞海关、龙吴海关、上海外高桥保税区海关、上海科创中心海关、上海钻石交易所海关、上海海关风险防控分局。

2021 年，上海海关以习近平新时代中国特色社会主义思想为指导，强化监管优化服务，统筹推进口岸疫情防控和促进外贸稳增长，在筑牢“外防输入”口岸防线和守住内部安全底线的前提下，以支持浦东新区高水平改革开放、打造社会主义现代化建设引领区为牵引，全力推动国家战略在上海落地落实，推进长三角高质量一体化发展。在保持打击走私高压态势的同时，采取一系列措施持续优化跨境贸易营商环境。2021 年上海口岸进、出口整体通关时间较 2017 年分别压缩 51.9%和 56.4%，创历史最好水平，上海已连续两年在中国营商环境跨境贸易板块测评中排名第一。2021 年，上海海关共监管进出口货物总值 7.57 万亿元，约占全国海关的 19.4%。征收税款入库 4,297.12 亿元，同比增长 15.5%，约占全国海关的 21.4%。

为支持进博会“越办越好”，上海海关针对 4 届进博会累计出台 63 项海关支持措施，不断提升数字化、集约化、便利化、智能化的海关监管服务水平，推动保税展示展销规模化发展，共监管展品 2,724 批，货值 4.9 亿美元。支持上海科创中心建设，落实“十四五”科创税收优惠政策，在相关政策落地 2 个月后即减免税款超 1 亿元。推进中国（上海）自由贸易试验区临港新片区（以下简称“临港新片区”）建设，完成洋山特殊综合保税区（二期）验收并启动三期扩区工作，加快推动海关特殊监管区域转型升级。据统计，上海地区的 10 个海关特殊监管区域的外贸量已占上海市全市外贸总值的近 4 成。

【党的建设】2021 年，上海海关成立党史学习教育领导小组，年内组织两级中心组学习及研讨活动 380 余次。开展庆祝建党百年优秀理论文章等征文活动，上海海关处级以上党员领导干部的参与率达95%以上。举办7期处级以上干部“贯彻党的十九届五中全会精神和党史学习教育”脱产集中轮训班，共计参训488人次，参训率100%。组织全关5,215名干部分级参加学习贯彻习近平新时代中国特色社会主义思想、党的十九届五中全会精神和海关系统党史学习教育网上专题班，2021年度上海海关党员“学习强国”平台日参与率超过92%。2021年7月，上海海关自编自演90分钟党建话剧《百年回响》，用9组故事以艺术化手法情景再现百年党史中上海海关在党的领导下走过的艰辛历程以及创造的海关奇迹，共有1,500多名关员及家属现场观摩，同时“关声”微信公众号全程直播，有4万余人在线观看。牵头华东片海关组织“党在我心中”线上党史知识竞赛并获得一等奖，开展“百年回首，钟声里凝望党旗飘扬”庆祝建党100周年现场教学活动，共有38家单位800余名党员干部参加。创建“合格”“四强”“品牌”党支部考评体系，全年举办3期党支部书记培训班，实现全关461名在职党支部书记培训全覆盖。截至2021年年底，1个党支部建成上海市市级机关党支部建设示范点，1个党支部由全国海关党建培育品牌晋级为示范品牌，共计培树7个全国海关党建示范、培育品牌，数量名列全国海关前茅。2021年，上海海关有8个基层党组织被评为上海市市级机关先进基层党组织。加强精神文明创建，上海海关连续8届被评为上海市文明行业，测评成绩位居全市行政服务类行业首位，文明单位实现关区全覆盖。

【“三线五讲”】“三线五讲”是上海海关党委在深入贯彻新时代党的建设总要求、深入推进党史学习教育的过程中和在上海海关改革创新实践中总结形成的党建工作方法，立足讲政治的高线、守规矩的底线、强职能的主业主线，在新时代海关火热的具体实践中讲学习、讲奋斗、讲担当、讲创新、讲奉献，有效破解党建和业务“两张皮”问题。2020年6月，上海海关召开党的建设工作会议，关长高融昆代表关党委对“三线五讲”进行提炼和阐述。2021年年初，“三线五讲”被总署列入基层党建“书记项目”试点。2021年10月，上海海关党委组织制定坚持“三线五讲”推进党建工作与业务工作深度融合的意见，号召全关各级党组织和广大党员干部努力成为“三线五讲”倡导者、实践者、推动者。“三线五讲”成为海关系统和上海市唯一入选的全国机关党建创新“十佳案例”，并被全国党史学习教育领导小组办公室收入全国党史学习教育案例。《解放日报》《中国国门时报》等媒体多次对上海海关坚持“三线五讲”推进党建和业务深度融合的典型事例进行专题报道。

【队伍建设】2021年，上海海关落实新时代好干部标准，树立“重品德、重才干、重担当、重实绩、重公认”选人用人导向，坚持在口岸疫情防控和促进外贸稳增长第一线考察识别干部。推进专业技术类公务员分类管理，全关有426人取得专业技术类公务员任职资格。根据需求统筹配置口岸疫情防控一线人力资源，加强“一线、预备、应急”三级梯队建设，将1,088人纳入梯队管理。关区有2个集体、5人次获省部级以上奖励，15个集体、40人次获市级机关奖励。走访慰问离退休干部1,800多人次，创历史新高，为229名离退休老党员颁发“光荣在党50年”纪念章。

2021年，上海海关组织集中脱产培训班14期，参训1,052人次。组织参加总署网上专题培训班7期、关区网上专题培训班15期，参训人员逾1.8万人次，考核通过率100%。开展关区各类专题培训156期，累计参训人员超

10万人次，培训计划执行率100%。年内组织6个业务条线、11个岗位共19场次的岗位资质考试，参考人员达914人次。上海关区全员培训学时学分双达标率100%。

【纪检监察（巡察）】2021年，上海海关扎实开展“现场监管与外勤执法权力寻租”专项整治，形成“受贿行贿一起查”等标志性成果。年内，查处违纪违法案件17起，给予党政纪处分19人次，其中重处分12人次，督促相关违纪人员主动交代问题2人。运用党内监督执纪“四种形态”共处理82人次。年内组建7个巡察组分2轮对30家隶属海关、职能部门、事业单位党组织开展巡察，发现问题237个，被巡察单位根据巡察反馈的意见制定本单位整改举措共497项。

【抗击新冠肺炎】2021年，上海海关担任上海市疫情防控工作领导小组口岸与交通组组长单位，坚持“人、物、环境同防”，加强提前研判、科学分析，建立健全一整套制度规范体系，坚决筑牢“外防输入”口岸防线。上海海关先后完成8版口岸防控技术方案和5版卫生检疫操作指南，并会同上海市卫健委、疾控中心等专家对疫情风险进行评估，共形成新冠肺炎疫情风险评估报告117期。依托科技赋能，优化口岸检疫流程，在确保精准防控的前提下大幅缩短旅客通关时间。强化终末消毒监督工作，率先公告明确口岸消杀消毒主体和责任边界。同步加强货运渠道疫情防控，坚决斩断冷链货物疫情传播风险。疫情开始以来，上海口岸进境航班、旅客、冷链食品占全国三分之一以上。同时，上海海关坚决守牢内部安全底线，建立网格化预警机制，构建全流程、全领域安全防护管控体系，严密口岸闭环管控，对794人次一线人员实施“14+7+7”闭环管理，严格规范防疫作业，确保防控措施落实到位。2021年，全关近万名干部职工保持“零感染”。

▲2021年10月21日，上海浦东国际机场海关关员对入境旅客进行查验，严防疫情输入

【浦东新区高水平改革开放】2021年，根据中共中央、国务院有关支持浦东新区高水平改革开放文件精神，上海海关积极参与前期调研、措施拟定、意见出台等工作，协助总署制定海关支持浦东新区高水平改革开放15项措施，深入推进高水平制度型开放。第一时间组建6个工作专班，全速推进25项重点任务落地生效。大飞机“一司两地”监管方案已获总署批复，支持集成电路产业发展监管创新试点方案已向总署报批。全面提升总部经济能级，通过调研走访了解总部企业发展动态，依托浦东新区总部经济共享服务平台集中收集浦东总部企业各类诉求，组织专题研讨破解企业痛点、难点问题，并与地方政府相关部门联合开展研究攻关。

【临港新片区和洋山特殊综合保税区建设】2021年，上海海关加快推进临港新片区和洋山特殊综合保税区建设，对标国际最高标准、最好水平，构建全新的进出境制度环境和监管模式。与上海自由贸易试验区其他片区相比，临港新片区将“建设具有国际市场竞争力的开放型产业体系”放在更加突出和重要的位置。针对临港新片区内集成电路、人工智能、生物医药、民用航空等具有国际市场竞争力的重点产业，上海海关积极配合总署研究制定支持临港新片区重点产业创新发展的若干措施，并根据总署部署要求制订推进工作方案，细化目标任务、明确责任部门，推动海关支持措施落地实施。临港新片区内已初步形成集成电路、生物医药、人工智能、航空航天、新能源汽车、高端设备、氢能源和绿色再制造的“4+2+2”产业格局。2021 年，上海海关牵头完成洋山特殊综合保税区（二期）验收，启动三期扩区工作。围绕洋山特殊综合保税区“一线径予放行、二线单侧申报、区内不设海关账册”等全新制度体系，上海海关在总署支持下开发建设洋山特殊综合保税区海关监管服务系统，并实现与总署系统对接。

【长三角高质量一体化发展】2021 年是长三角一体化发展上升为国家战略的第三年，近三年来，海关已累计推出 104 项支持措施。2021 年，长三角地区实现进出口总值 14.11 万亿元，同比增长 19%，占全国外贸进出口总值的 36%。上海海关积极发挥龙头海关作用，健全一体协同机制，深入推进长三角高质量一体化发展。已组织建立各业务领域的跨关区常态化协作机制，长三角海关间初步形成全领域、多维度的关区协作格局，在货物监管、保税监管、执法服务、风险防控、打击走私等各方面持续推动一体化操作。支持长三角世界级港口群建设，推动“联动接卸”监管模式覆盖三省一市。制定支持虹桥国际开放枢纽建设一揽子措施，推动打造长三角一体化的枢纽和引擎。

【上海科创中心建设】2021 年，上海海关完善跨境科创监管服务体系，推动构建科创一体化信息平台，提供科创业务“一网通办”和“一网统管”监管服务体系。对接国家实验室等重大项目，打造科创人才及物品进出境绿色通道，兑现海关对科创人才办理海关业务“最多跑一次”承诺。支持生物医药等重点产业发展，建立研发企业进口“白名单”制度，试点特殊物品联合监管机制，探索智能化安全监管方法。落实“十四五”科创税收优惠政策，政策落地 2 个月已减免税款 1 亿元。

【进博会监管服务】进博会是党中央着眼于推动新一轮对外开放的重大决策，也是我国向世界主动开放市场的重大举措。根据总署的统一部署，上海海关在常态化新冠肺炎疫情防控情况下，围绕“两完善、两促进”工作目标，不断完善政策措施、完善监管精准度，促进通关便利化、促进溢出效应覆盖面，全力做好第四届进博会监管服务保障工作。2021 年，上海海关共监管第四届进博会展品 345 批次，货值 2.19 亿美元。完成动植物展品检疫审批 6 批，食品展品检疫审批 8 批。累计完成食品及化妆品安全风险监测 10 批、检测样品 47 个 67 项次，动植物产品安全风险监测 1 批、检测样品 5 项次。同时，上海海关持续推动保税展示展销常态化规模化发展，不断放大进博会溢出带动效应。

▲2021 年 11 月 7 日，上海会展中心海关关员对进博会展馆进行现场监管

【跨境贸易营商环境优化】2021 年，上海海关开展新一轮贸易便利化专项行动，上海口岸 60%的货物实现无陪同查验。推动中欧班列“上海号”开通运营，畅通国际物流大通道。落实中央减税降费部署，推动 RCEP 顺利实施，指导企业充分享受优惠政策。支持外贸新业态发展，推动上海跨境电商进、出口规模突破 100 亿元，“数字清关”业务增长 53%。2021 年上海口岸进出口整体通关时间创历史最好水平，上海在中国营商环境跨境贸易板块测评中连续两年排名第一。全年上海市实现进出口总值 4.06 万亿元，同比增长 16.5%，首次突破 4 万亿大关。

【跨境贸易大数据平台建设】2021 年，历经 4 年的建设，上海海关跨境贸易大数据平台初步建成“数据基础层—数据整合层（中台）—应用运行层—融合展示层”整体架构，并为各业务领域持续细化及拓展应用留下接口。平台汇聚数据资源 94 亿余条，其中接入外部数据 12 亿条。初步构建形成“2+N”应用格局，实现关区所有大数据应用归集运行。另外，为实现平台的“可看”性，采用大屏技术汇聚并综合呈现关区大数据建设应用的创新成果。

【风险管理】2021 年，上海海关依托跨境贸易大数据平台统筹推进风控模型集群建设，构建关区风险防控体系。牵头长三角区域海关风险联合防控，强化区域海关对风险防控的联合研判；研发应用智能化布控辅助系统，助力高质量人工分析布控。

【监管业务】2021 年，上海海关监管进出境船舶 38,901 艘次，登临检查 12,898 艘次。监管进出境航空器 91,619 架次，登临检查 42,313 架次。监管进出口货物 21,919 万吨，货值 1.193 万亿美元，同比增长 9.7%和 26%。监管进出口快件 10,128 万件。查获枪支管制刀具 4 件，查获濒危动植物及其制品 186 件。为加强口岸管理，上海海关自 2021 年起实施二级指挥中心实体化运作，建立三级监控制度体系，开展覆盖 298 个重点作业区域摄像头点位的视频监控检查。2021 年 6—12 月，二级指挥中心组织开展监控检查 3,158 次，涉及 558 架次入境航班、397 艘次进出境船舶以及 2,203 票报关单货物的巡查监控，共发现问题 267 次，向所在口岸单位发送工作联系单 118 份。年内，上海海关继续推进安全生产专项整治三年行动，开展打击危化品伪瞒报专项行动。“两步申报”通关模式在上海关区实现全覆盖。

2021 年，上海关区加工贸易进出口总值为 7,234.79 亿元，同比增长 2.89%。海关保税监管场所进出口总值为 1,040.68 亿元，同比增长 6%。全年，上海海关共受理出口监管仓库、保税仓库行政许可审批事项 95 件，其中采用网上办理的有 37 件，约占审批总量的 39%。

【自贸区和特殊区域管理】2021 年 8 月，上海海关对已获总署备案的“进口服装检验监管模式创新”“保税展示区块链监管新模式”等自由贸易试验区创新制度进行运行评估，提出复制推广的意见建议。2021 年 11 月，作为首批开展 RCEP 试点的海关，上海海关在上海自由贸易试验区范围内的上海外高桥港综合保税区、上海浦东机场综合保税区、洋山特殊综合保税区先行先试“经核准出口商政策实施准备”和“明确可接受的进口优惠原产地证书微小差错范围”两项政策。全面落实综合保税区 21 条，推动综合保税区高水平开放高质量发展。

【税收征管】2021 年，上海关区关税及进口环节代征税征收入库 4,297.12 亿元，同比增长 15.5%。落实国家暂定税率、税收优惠政策减免税以及优惠贸易协定项下税收优惠等合计减税 613.65 亿元，同比增长 41.95%。办理减免税审批货物总值 58.4 亿美元，减免税款 30 亿元。办理退税 19.39 亿元，同比减少 58.55%。

【卫生检疫】2021 年，上海海关累计开展口岸卫生处理 5.5 万批次，受理国境口岸卫生许可 471 件次，开展国境口岸卫生监督 2,438 次，截获输入性病媒生物 1,632 头，同比增长 28.4%。累计开展出入境特殊物品检疫审批 21,076 项，同比增长 22.4%，查获 247 起人体细胞走私、人血制剂偷逃许可证等案件。除新冠肺炎外，上海海关还在上海口岸检出疟疾等其他传染病18例。

【动植物检疫】2021年，上海海关截获植物有害生物1,210种、4.8万余种次，同比分别增长30.39%和2.73%，其中检疫性有害生物99种、4,102种次，同比分别增长8.79%和30.93%。所截获的致死粒线虫、斜纹瘤象天牛、灰脊腿天牛、黑带鼓角天牛、沟胫天牛科一种、杉天牛属一种等均为全国首次截获。对动物及动物产品共抽样15,512批，检测项目52,850个，进境快件邮件中检出非洲猪瘟病毒核酸阳性4批次。对进出境食用农产品和饲料共取样监测3,724批，检出不合格46批。在非贸渠道截获外来物种550批次，其中邮件渠道截获374批次，同比增长116.8%。全年共完成7,058只宠物进境检疫，隔离检疫72只，出具出境宠物动物卫生证书2,386份。上海海关所属动植物与食品检验检疫技术中心成功获得欧盟委员会狂犬病血清抗体检测实验室认证。

【食品、化妆品检验检疫】2021年，上海海关共对进口食品抽检样品18,569个，完成检测667,648项次。对进口化妆品抽检样品4,744个，完成检测71,488项次。对出口食品及化妆品抽检样品375个，完成检测4,238项次。完成进口食品及化妆品风险检测516个样品、2,081项次检测，出口动物源性食品风险检测31个样品、544项次检测。全年共截获未准入境食品、化妆品369批次，其中进口食品346批次、进口化妆品23批次，均依法作退运或销毁处理。

【商品检验】2021年，上海海关受理检验各类进口机动车44.6万辆，货值207.9亿美元，检出不合格进口汽车342批、2,977辆，货值2.94亿美元。检出不合格进口旧机电产品1,858批次，检出以旧充新进口设备78批次。检验进口铁矿石127批、1,368.67万吨，货值19.74亿美元，检出不合格10批、79.62万吨，货值1.11亿美元。检验进口危险化学品9.4万批，检出不合格8,532批；检验出口危险化学品1.5万批，检出不合格22批。组织实施进口货物固体废物属性鉴别947批，鉴别为固体废物92批。

【查缉走私】2021年，根据总署缉私局的统一部署，上海海关组织开展“国门利剑2021”联合专项行动，全年共立案侦办刑事案件319起，案值94.68亿元，同比分别增长8.5%和24.2%。其中，涉税案件204起，案值60.42亿元，涉税11.3亿元，有6起重特大案件被总署缉私局挂牌督办（一级挂牌督办案件2起）；非涉税案件115起，案值34.26亿元，有4起重特大案件被总署缉私局挂牌督办（一级挂牌督办案件2起）。立案调查行政案件4,616起，案值62.15亿元，涉税1.69亿元，同比分别增长19.4%、11.1%和6.3%，其中4起行政案件为报署行政大要案。全年共罚没入库1.64亿元，同比增长5.9%。

【海关统计和分析研究】2021年1月，上海海关制发统计数据质量管理工作规范、统计检控参数管理规范、贸易统计数据审核复核规程，明确“日审核—周复核—月通报”工作机制。依托上海海关跨境贸易大数据平台对超大数据报关单进行监控。

2021年，上海海关研究设定“十四五”发展6个方面39项工作任务。牵头总署全球贸易监测分析中心（上海）建设，对主要贸易伙伴、重要进口商品、国内重点区域等开展贸易监测分析。

【企业管理和稽核查】2021年，上海关区新备案报关单位1.35万家，同比增长6.62%。新备案进出口食品企业913家，同比增长11.32%。有高级认证企业446家，同比增长10.94%。累计800余人次参与认证，完成认证作业419家。全年共协调解决企业各类问题

5,000余个。

2021年，上海海关共办结稽查作业760起，同比增长8.11%。办结核查作业2,430起。

【督察审计】2021年，上海海关聚焦重大决策部署开展专项督察，涉及危化品监管、进境高风险货物风险监测、跨境电商监管、稽核查及企业管理等方面。发现并整改问题，向相关职能部门制发监督建议书。组织26个隶属海关自主开展督察。提出4个业务风险及15个需统筹解决的问题。全年共审计上海海关政府采购项目176项，涉及金额24,756.73万元。2021年6—8月，配合完成国家审计署对上海海关税收征管专项审计，按时反馈审计资料，对审计中提出的问题进行整改。

【法治建设】2021年，上海海关完成179件行政规范性文件的清理，对上海关区已有的17种执法文书格式进行梳理，更新海关行政许可执法文书样式7份。年内，上海关区发生行政复议案件44起，其中上海海关作为复议机关办理41起、办结30起，经复议后进入诉讼程序的2起。2021年起，上海海关参与司法部网上复议试点工作，全年通过网上渠道受理复议申请占申请复议总数的3成以上。

【知识产权海关保护】2021年，上海海关组织开展"龙腾行动2021""蓝网行动""网剑"等知识产权保护专项行动，累计查获涉嫌侵权货物1.71万余批，涉及商品647.9万余件，价值2,257.79万余元。2021年4月，上海海关联合上海科创办成立全国首个以"科创"为主题的科创企业知识产权海关保护中心。年内，上海关区新增权利人137个，同比增长41.23%；新增知识产权海关备案769件，同比增长58.23%；新增5家国内自主知识产权重点培育企业，总数增至28家。2021年，上海海关查办的"钛白粉"案件分获总署"2020年度中国知识产权保护典型案例"和"2020年上海知识产权保护十大典型案例"。

【科技发展】2021年，上海海关以建设高质量智慧海关为目标，依托跨境贸易大数据平台，开发智慧旅检、危化品防控、跨境电商、数字清关等业务信息化应用专题；助推临港新片区和洋山特殊综合保税区建设，全年完成海关监管服务系统功能模块160余项的开发；助力打造"一网通办"政务服务模式，推动职能管理数字化转型，新建关区统一数据平台；提升科研创新能力，在研各级科研项目92项，其中9项科技成果获总署科技成果评定、3项科技成果获上海市奖励。同时，上海海关积极推进"三智"建设，"自动化码头条件下智慧机检"项目获评全国海关"三智"国际合作示范项目。

【政务管理】2021年，上海海关修订完善政务值班工作制度，构建关区政务值班网络，每周组织开展值班工作培训，开展疫情防控相关应急演练2次。建立跟踪督办工作机制，形成重点任务督办闭环管理。加大信息报送和新闻宣传力度，中央及地方主流新闻媒体，以及总署相关平台共刊发上海海关新闻稿件2,864件，其中中央电视台《新闻联播》、《人民日报》、新华社报道143篇次。优化12360海关热线服务，推进政务公开，年内受理12360海关热线电话13.5万个，工单办结率100%。做好政府信息公开工作，通过门户网站主动发布信息967条，处理政府信息依申请公开333份，均依法依规按时办结。

（撰稿人：王子娅　田　禾　张　磊
唐湛翔　崇　洁）

南京海关

【概况】 南京海关成立于1979年1月，隶属于江苏省外贸局，为处级机构。1980年2月，转由总署垂直领导。1984年6月，南京海关升格为正厅级机构。南京海关管辖范围为江苏省全境。南京海关下设4个副厅级隶属海关，金陵海关、苏州海关、苏州工业园区海关、无锡海关；25个正处级隶属海关单位，南京禄口机场海关、新生圩海关、江阴海关、连云港海关、南通海关、张家港海关、金港海关、镇江海关、常州海关、徐州海关、盐城海关、淮安海关、扬州海关、泰州海关、如皋海关、宿迁海关、靖江海关、如东海关、启东海关、太仓海关、常熟海关、昆山海关、吴江海关、宜兴海关、南京海关风险防控分局；12个正处级办事处和12个副处级办事处。代管上海海关学院苏州分校。辖区共有海关特殊监管区域21个，保税监管场所128个，进出口注册企业18万家。辖区江、海岸线交汇，长江岸线1,110千米，海岸线954千米；海关监管作业场所299个。陆、海、空、邮、铁等监管业务齐全，加工贸易及保税监管业务量较大，跨境电商、市场采购贸易等监管新业务兼具。

2021年，南京海关以习近平新时代中国特色社会主义思想为指导，认真落实全国海关工作会议、全面从严治党工作会议部署，围绕政治建关、改革强关、依法把关、科技兴关、从严治关建设要求，聚力“再立新标杆、再创新辉煌”发展愿景，突出“四个盯牢”（盯牢习近平总书记重要指示批示精神和党中央国务院重大决策部署，盯牢总署考核要求，盯牢企业、工作、干部职工“三个问题清零”机制，盯牢重大风险守住底线），全面落实“六稳”“六保”部署，围绕“补链”“强链”，拓展企业集团加工贸易模式改革范围，规模及成效均居全国海关前列。帮扶大闸蟹、蔬菜种子等江苏省特色产品开拓“一带一路”沿线市场。将“沪太通”拓展为“联动接卸”监管新模式，首批试点高风险特殊物品风险评估结果互认，深化高新技术货物布控查验协同试点，助力长三角一体化发展。开通绿色通道，强化关地协同，率先实现滞港运输粮食船舶数量清零。聚焦能源保供，发挥“提前申报”“两段准入”效能，保障进口煤炭、石油、天然气。打造“全链条、全要素”监管体制机制，“优化查检模式”“推进分类管理”“后续监管联动”等改革举措为全国海关积累经验。科研科普成果喜人，完成2项国家重点研发项目，10个项目入围总署首次科技成果奖，获评全国优秀科普作品和总署十佳科普使者。出台南京海关新的法治建设指标体系，被中共中央宣传部、司法部、全国普及法律常识办公室表彰为2016—2020年全国依法治理创建活动先进单位。

2021年，江苏省进出口总值52,130.60亿元，同比增长17.10%。全年南京海关监管进出境货物4.60亿吨，同比增长1.70%。

2021年，南京海关离退休干部办公室毕爱民被中共中央组织部、人力资源和社会保障部表彰为“全国优秀老干部工作者”；南京海关进出口食品安全处陈忘名被国务院食品安全委员会表彰为“全国食品安全先进个人”；淮安海关报关厅、扬州海关报关厅被共青团中央评选为第20届“全国青年文明号”集体；金陵海关驻江宁办事处综合业务科被中华全国妇女联合会授予“全国巾帼文明岗”称号；南通海关蒋政获评“江苏省岗位学雷锋标兵”和“江苏最美退役军人”；南京海关后勤管理中心王洪义被评为江苏省“脱贫攻坚暨对口帮扶支援合作先进个人”；南京海关企业管理和稽查处汪婷家庭、常州海关鲁亚萍家庭被评为“江苏省最美家庭”；南京海关办公室刘礼前、苏州海关王璐分获“江苏省五一创新能手”“江苏省五一巾帼标兵”称号；南京海关统计分析处党支部被评为江苏省机关党建工作先进集体；南京海关企业管理和稽查处党支部被评为江苏省省级机关“服务高质量发展”标兵党支部；连云港海关驻港区办事处第五党支部、南京海关缉私局金陵海关缉私分局党支部获评江苏省省级机关先进基层党组织；南京海关企业管理和稽查处汪婷获评江苏省省级机关优秀共产党员。

【党的建设】2021年，南京海关开展党史学习教育，组建5个巡回指导组加强检查指导，推动学习教育深入开展及成果转化，各级党组织书记讲授专题党课2,600余次。组织开展“百年辉煌　雄关向党”庆祝建党100周年系列活动，举办“初心向党　雄关永铸”红色档案展。紧扣“强基提质工程”抓党建，关区352个执法一线科室实现“支部建在科上”全覆盖。关党委委员、直属机关党委委员建立27个基层联系点，指导一线党建工作强化政治功能、提升组织力。在关区组织工作干部和党支部书记中开展“大学习、深调研、提能力”专题活动，对670名政治工作干部开展能力测试。出台巡视整改“不贰过”措施120条，对9个隶属海关、15个机关部门开展2轮常规巡察。组建37名思政专员、555名思政专委队伍，开展谈心谈话3.6万人次。推行“我为群众办实事”56项措施，实施432个重点项目。“畅通与执法一线科室基层联系点直通车”“南京海关建立‘三项机制’，探索新时代海关‘枫桥经验’”“南京海关聚焦企业通关‘时间、成本、效能’，构建‘两段准入’新模式，帮助企业减少仓储成本、提升物流效率”“对标‘高优快准’办实事，助建研发中心促发展”等4个项目入选全国海关“百佳项目”。推动优质党建品牌成为“四强”支部的内在“硬核”，打造党建品牌432个，镇江海关物流管理科党支部、无锡海关驻机场办事处党总支、南京禄口机场海关旅检一科党支部通过全国海关党建示范品牌复核认定，南通海关保税监管科党支部晋级全国海关基层党建示范品牌，昆山海关稽查一科党支部党建案例“用好‘四小’，破解思政难题”入选全国海关“党建创新案例”，苏州海关、苏州工业园区海关、南京禄口机场海关、连云港海关、镇江海关的5项典型做法入选全国海关支部书记“百问百答”。4个教学成果在“党的十九大以来海关优秀教学成果评选”中分获特等奖和一等奖。运用微视频、新媒体等形式开展模范机关创建成果展示，征集、制作微视频16个，发布微信推送19期，《眼中的你》被“学习强国”学习平台转载，《党旗飘扬，引领“科技兴关”阔步向前》荣获第一届“新时代全国机关基层党建新成就”百优作品奖。开展“多彩关韵2021”群众性文化建设成果“云展演”5次，推出文艺作品62部，组织制作《唱支山歌给党听》《没有共产党就没有新中国》等唱红歌视频15部，制作专题片参加华东片海关文化协作区“行走的党课”展播，参加关地党史知识竞赛并获得华东片海关文化建设协作区特等奖、江苏省优秀组织奖。推荐文艺骨干参加江苏省市文联各类比赛。2021年，新增江苏省书协、省曲艺家协会会员各1名，共拥有江苏省市以上各类协会会员19人。对接江苏省工会，申报参加江苏省劳动和技能竞赛，海关一线执法业务进出口危险品及包装检验岗位列为2021年江苏省省级职工职业技能二级竞赛项目。开展精神文明创建，关区共有18个全国文明单位、66个省级文明单位，南京海关首次获评江苏省文明行业。

【疫情防控】2021年，南京海关完善“1+3+N”疫情防控体系（1是南京海关统筹口岸疫情防控和促进外贸稳增长工作指挥部，3是指挥部下辖口岸防控前指、口岸通关保障前指和内保管理保障前指，N是3个前指下设疫情评估组等N个工作组）。对1,145名一线监管人员实施严格的“N+7+7”专班管理模式，组建335人的应急预备队。增加3个核酸检测实验室和1个移动P2+实验室，新冠病毒核酸检测能力提升3倍。关区旅检现场共计进出境电子化健康申报17.84万人次。关区水运口岸共计进境（港）船舶17,982艘次、船员34.33万人次，登临检疫11,482艘次。累计检疫出入境航班4,249架次，船舶2.56万艘次，出入境人员67.66万人次。全力应对区域性突发疫情，开展全流程回溯，前瞻性梳理落实30项优化改进措施，获总署专项指导组认可。

【优化口岸营商环境】2021年，南京海关制定优化口岸营商环境100项措施清单，协同江苏省口岸办公室出台跨境贸易便利化40项举措；“基础资质+特定资质”企业备案创新被国务院纳入《优化营商环境条例》实施情况第三方评估15项创新举措，在全国公布推广；关区进、出口整体通关时间为45.39小时、3.07小时，同比压缩11.09%、4.95%。落实国家“十四五”高端装备、关键零部件等减免税政策，减免税货值33.50亿美元、税款14.30亿元。助力“一带一路”，创新二次转关公铁水联运、“保税+出口”集装箱混拼等举措，监管江苏中欧班列1,601列、10.20万标箱，同比分别增长32.80%、49.90%，支持“南京—昆明—老挝万象”“韩国仁川—连云港—波兰马拉舍维奇”等班列顺利开行。聚力能源保供，保障进口煤炭、石油、天然气5,744万吨、同比增长21.30%。运用企业问题清零系统答复疑难问题311个。苏州地区海关的“关助融”项目助力外贸企业融资，为100家企业获得银行授信金额39.25亿元，获中央电视台等30余家媒体报道。

▲2021年10月22日，苏州海关关员监管中欧班列（苏州）长三角一体化示范区首发专列

【业务改革】2021年，南京海关推进全业务领域一体化改革，出台重点业务领域71类241项全链条管理职责清单，打破部门、隶属海关边界，汇聚214名业务专家组建28个小组，形成“前台+后台”的专业支撑和应急响应模式。融入长三角一体化发展战略，“联动接卸、视同一港”监管新模式在江苏太仓、上海洋山港扩面增量，进、出口验放0.59万标箱、7.64万标箱。率先落地高新技术货物布控查验协同，试点查验集成电路、精密设备等货物73票、3,200余万元。推动建立长三角高风险特殊物品风险评估结果互认机制，在苏州工业园区首次试点，涉及5票货物，节省通关审批时间70%。企业集团加工贸易模式改革快速推进，为12个集团33家企业减免保证金（保

函）7,584.40万元，节省企业物流、报关等费用726.14万元，规模及成效均居全国海关第一。归类检控模型、图谱可视化技术等39个基层“微创新”项目落地一线、服务基层。

【自贸区和特殊区域管理】2021年，南京海关推出10条海关监管制度创新举措，其中“优化粮食进口品质检验模式”“加工贸易货物‘司法公证销毁+区块链存证’”2项获总署备案。在推动国务院以文件形式印发的自由贸易试验区第六批改革试点经验中，“跨境电商零售进口退货中心仓模式”和“货物贸易‘一保多用’管理模式”2项改革在关区复制推广；推动江苏自由贸易试验区第二批改革试点经验中“船载危险货物‘1+4’联合查验”在关区长江沿线口岸复制推广。江苏自由贸易试验区进出口5,914.91亿元，同比增长13.50%。深入落实国务院关于促进综合保税区高水平开放高质量发展的意见，区内企业增至1,271家，全年综合保税区内企业外贸进出口10,598.32亿元，同比增长9.90%。协助江苏省政府审核无锡高新综合保税区等11家综合保税区调整规划面积的方案，并督促地方政府进一步落实综合保税区建设和运行管理主体责任，加快完成各综合保税区建设和验收工作。

【关税征管】2021年，南京海关共征收税款入库1,770.28亿元，其中关税230.04亿元，进口环节税1,540.24亿元，同比分别增长6.61%和15.47%。全年监管进境国际邮件75.10万件，其中征税26.70万件，征收税款5,171.70万元。旅检进境征收税款86万元。全年共核批减免1,290票滞纳金税单，核批减免滞纳金合计8,699.56万元。核批进口天然气政策性退税10.36亿元，核批进口石脑油政策性退税1.28亿元。征收的1,540.24亿元进口环节税中，增值税入库1,516.74亿元，占进口环节税税收98.47%；消费税入库23.50亿元，占进口环节税税收1.53%。另征收船舶吨税4.17亿元。从进口货物原产地来看，东盟10国仍是南京海关第一大税收来源，征税262.36亿元；对澳大利亚征税173.66亿元，排名第二；对日本征税161.06亿元，排名第三。

【动植物检疫】2021年，南京海关完成来自乌拉圭、智利、澳大利亚和新西兰的4批进境种牛检疫，检疫合格放行2.12万头，扑杀销毁检疫不合格种牛153头。查验来自非洲猪瘟、高致病性禽流感疫区运输工具的猪肉产品419批、26.50吨，禽肉产品166批、13.40吨，全部封存。对3.10万平方米检疫不合格进口原木实施退运处理。张家港海关捕获活体眼镜王蛇、南通海关截获剧毒寡妇蛛引起社会关注。从进境植物、植物产品、包装物和铺垫材料以及运输工具中截获植物有害生物1,873种、16.57万种次，其中检疫性有害生物152种、1.96万种次，植物疫情检出率继续位居全国直属海关首位。完成进出口食用水生动物、粮谷、水果和饲料的安全风险监控工作，全年共抽取760批次货物，监测7,680个项目，检出35次不合格。非贸渠道截获外来物种1,135批次，外来物种防控工作居全国直属海关首位。全年监管出口大闸蟹347批次、230吨、858万美元，同比分别增长85%、109%和123%。粮食安全进口3,668万吨，创历史新高。

【食品、化妆品检验检疫】2021年，南京海关开展进出口食品安全监督抽检和风险监测，全年共计完成进口食品、化妆品监督抽检样品8,748个，出口食品、化妆品监督抽检样品2,402个，进出口食品风险监测809个，检出不合格食品54批、494.40吨，检出不合格批次同比增长26.20%。开展进口冷链食品新冠病毒核酸监测检测采样489批，检测样品10,306个。开展口岸环节预防性消毒监管243个集装箱，共计5,164.27吨。免费开展企业检验员“一对一”跟班带教培训，指导企业建立以 HACCP 为核心的食品安全控制体系，提升自检自控和溯源管理能力。通过中亚班列和中欧班列在哈萨克斯坦顺利通关奶香碧根果29.20万美元、45.66吨，实现南京关区坚果首次出口“一带一路”国家。

【商品检验】2021年，南京海关查获不合格出口防疫物资7批，其中口罩6批、648万只，防护服1批、7,572件；检验进出口危险化学品46,791批，检出不合格379批，同比增长67%。退运或销毁质量安全项目检测不合格进口锂电池、汽车刹车片、牙刷、食品搅拌机等消费品12批、56.90万件。退运或销毁无证、以旧充新、冒用证书医疗器械12批、2.88万件，监督技术整改77批、135.80万件。推动关区铜精矿“保税混矿”业务试点，中国五矿铜精矿“保税混矿”项目在连云港经济技术开发区顺利通过商务部、海关总署、生态环境部联合验收，成为全国仅有的5个试点项目之一。检出进口大宗资源类商品安卫环项目不合格20批、45.82万吨、5,255.57万美元，涉及煤炭、花岗岩、大理石、钛铁矿等产品。查获出口假冒伪劣貂皮毛领（实际为兔毛）1批、16,280条、73.26万美元。累计完成固体废物属性鉴别516批，检出固体废物36批。检出“以废冒充再生原料”3批、97.42吨、25.54万美元。

【口岸监管】2021年，南京海关监管进出口总值5,092.80亿美元，同比增长28.60%；监管运输工具9.30万辆艘，同比下降3.80%；监管邮、快件927.20万件，同比下降74.70%；审核结关报关单599.80万份，同比增长9.20%。对进出境人员实施健康检查53,265人次，同比增长14%。全年现场查发固体废物5,373.50吨，缉私查证3,806.69吨，退运1.30万余吨；查获濒危物种及其制品走私360起、852件，在“护卫2021”行动中查获走私象牙制品19.90千克；在“国门绿盾2021”等专项行动中截获外来物种1,051批次，同比增长22.20%；在“龙腾行动2021”中查扣侵权货物61.8万件。

【企业管理与稽核查】2021年，南京海关高级认证企业406家（含分支机构），约占全国高级认证企业数量的8.90%。全年办理企业海关备案手续20,880家，通过“多证合一”方式备案企业1,392家。特许权使用费专项行动继续取得突破，查发问题350起。在进口固体废物加工企业专项稽查行动以及2次进口再生金属行业专项稽查行动中，稽查查发违法违规情事12起，涉及问题货物1,439.65吨。办结稽查作业1,195起，稽查有效作业数580起。

【查缉走私】2021年，南京海关侦办走私刑事案件180起，案值27.72亿元。立案调查行政违法案件2,007起，案值43.60亿元；查证农产品走私案值39.94亿元，查证冰毒14.56千克、大麻制品796.23克、摇头丸25粒、各类麻精药片2,036粒、注射剂40支；全年侦办总署缉私局一级挂牌管理案件11起、二级挂牌管理案件5起，公安部目标案件4起，总署缉私局和国家烟草专卖局联合挂牌案件1起，涉税千万元以上刑事大要案18起。开展反走私综合治理，查办非设关地走私犯罪案件24起，查证案值18.30亿元。向地方移交1起骗取出口退税6亿元大案线索。

【科技创新】2021年，南京海关构建“南京海关云擎”系统，建设智慧海关5个示范工程［“一带一路”智慧监管、水运口岸智慧监管、智慧旅检、智慧邮（快）检、智慧后续监管］。完成2项在研国家重点研发专项项目验收，组织申报国家自然科学基金项目2项，推荐署级“揭榜挂帅”项目2项。建成覆盖32个核心系统、4,250个监控项的智能化运维体系，部署“掌上运维”、拨测机器人，实现实时智能监控、常见故障自动处置。开展云数据中心建设，为智慧海关建设提供可靠的系统支撑平台。应用新技术组网，优化广域网架构，规范隶属海关局域网建设。南京海关工业产品检测中心获批海关系统首个国家防疫物资检测重点实验室。研发木材 AI 初筛识别远程支持系统，解决木材树种现场快速鉴定难题，为全国海关检出 CITES 管制树种 85 批次。完善科技创新激励机制，发布直属海关科技成果评定办法。《赫赫有名的生物入侵者》《小豆子寻邮记》（上、下册）获评全国优秀科普作品，《拦截“隐形杀手”》获全国优秀科普微视频。

▲2021 年 5 月 19 日，连云港海关关员通过使用“智能水尺观测船”远程观测水尺标识，实现“智慧计重”，使自贸区大宗商品通关“零待时”

【国际合作】2021 年，南京海关受总署委托，代表中国海关参与世界海关组织（WCO）绩效评估工作组，首次参加世界海关组织（WCO）技术工作会议，完成工作组第 3 次、第 4 次会议，研究并报送核心绩效指标提案 21 项，7 项提案被世界海关组织（WCO）纳入拟定指标清单，3 项提案被列入评估试点范围。成功申报并获批中国首个世界海关组织（WCO）亚太地区海关实验室（RCL）。推动建立南京海关—大邱海关—中韩产业园交流机制，促成大邱海关连续 3 年参加中韩贸易投资博览会，现场或视频为企业答疑解难。聚焦“一带一路”建设、“三智”建设等主题，与新加坡关税局修订谅解备忘录，与以色列驻华使馆海关专员办公室就综合保税区智能远程监管开展交流。推动“自贸港（区）海关监管专题培训”首次纳入苏州工业园区借鉴新加坡经验自贸区主题培训计划。协助江苏检验检疫质量研究中心通过线上方式，举办中东欧国家海关 AEO 等援外培训班 24 期，参训人数同比增长 77%。南京海关办公室李卫红获 2021 年国际海关荣誉证书。

【队伍管理】2021 年，南京海关健全完善干部“育选管用”全链条机制，开展队伍情况调查研究。推广“智慧银海”系统，打造“银海生辉”工程，统筹推进离退休干部工作信息化、精准化、规范化建设。安排 1 名干部援疆、3 名干部援藏、1 名干部到艰苦地区扶贫，新选派 5 名干部参加江苏省“科技镇长团”、1 名干部担任地方乡村振兴第一书记、2 名干部参加总署扶贫支教、1 名干部参加外交部驻外工作。

【政务保障】2021 年，南京海关承办 1 件全国人大建议、20 件江苏省“两会”建议提案，全部按期办复。连续 3 年在总署举办的人大代表建议、政协提案办理工作培训班上做经验介绍，获系统广泛好评。南京海关办公室首次被国务院办公厅评为全国信息工作先进单位。落实过“紧日子”要求，非重点项目支出压减，强化绩效评估。

【“三个问题清零”机制】为落实“不忘初心、牢记使命”主题教育“干事创业敢担当、为民服务解难题”等系列要求，深入践行“人民海关为人民”，2019 年 8 月，南京海关党组发布关于“三个问题清零”机制实施意见的通知，率先开展企业问题清零、工作问题清零和干部职工问题清零的“三个问题清零”机制建设。搭建“两系统一平台”（南京海关自主开发企业问题清零工作管理系统、干部职工问题清零管理系统，依托 HB2012 办公平台督办）系统推进“三个问题清零”，通过多渠道征集问题、全链条受理督办、闭环式反馈评价，对问题台账式管理、项目化推进，逐条逐项清零。以每月形势分析例会为重要抓手和切入点，对问题解决情况进行点评，对难题开展“集中会诊”；将“三个问题清零”机制运行情况纳入量化考核指标，推进各层级聚焦问题导向，强化监管、优化服务、深化改革，在问题不断清零中提高工作质量。《中国海关》2021年第4期，以《问题清零进行时——来自南京海关的探索》为题，对南京海关“三个问题清零”机制的建设及成效进行了专题报道。

2021年，南京海关继续落实“三个问题清零”机制，以解决困扰企业发展的难题为重点，拓展“零距离、零障碍”关企沟通渠道，依托企业随时随地通过手机、网站向海关提交问题的“南京海关企业问题清零工作管理系统”，实现企业诉求办理“全链条”“闭环式”管理。截至2021年12月底，“南京海关企业问题清零工作管理系统”内注册企业16,228家，进出口总值占全省进出口总值超80%。2021年全年，南京海关通过系统受理解决企业提交的问题311个，企业反馈满意率为99.50%。

【加工贸易集中作业模式改革】南京海关于2015年11月率先启动加工贸易监管一体化改革试点。该项改革围绕“集约、智能、高效”原则，探索体制创新，精简审核机构，通过“1+1+N”（1个加工贸易集中作业中心+1个加工贸易保税监管参数管理中心+N个加工贸易现场）集中作业模式，重新构建关区加工贸易海关监管新格局，南京海关加工贸易手账册业务从提交纸质单证、各海关业务现场办理转变为“无纸化、智能化、集约化、一体化”作业。2018年1月，南京海关正式实施加工贸易集中作业模式改革。2021年，南京海关加工贸易集中作业模式覆盖关区30个加工贸易现场、6,346家加工贸易经营企业。截至2021年年底，南京关区加工贸易集中作业模式下共计办理加工贸易手账册设立8.15万本、变更36.86万票次、核销8.38万本，监管加工贸易进出口总额约6.00万亿元，为企业节约成本约2.00亿元。

2021年，南京海关加工贸易作业中心以保税成品商品编码为基础，将江苏省加工贸易企业划分为食品原料、化学工业、纺织服装、金属及机械、电子及设备、杂项6大类行业，组建6个专业化审核小组，开展行业研究、风险分析和重点审核。全面梳理完善配套制度规范，统一关区加工贸易监管标准和作业尺度。编写业务统计规则、集中作业指引、验证指令规范等4大类32项作业中心制度，重点对风险担保金征收、单耗申报、首办企业界定等十多个事项进行统一，形成一整套规范管理、优化运行、提升效率的工作指引。专题研究加工贸易禁限类商品监管、电阻行业单耗标准、化工行业副产品处置等风险点，向辖区加工贸易现场制发验证指令。立足风险防控，总结形成“集中核销八法”，推动关区加工贸易全行业、全过程、全要素监管。2021年，办理加工贸易手账册设立1.73万本、变更11.54万票次、核销1.89万本。

2021年，南京海关加工贸易保税监管参数管理中心加强参数管理，提升“科技解放人力”效能。逐条优化金关二期加工贸易及保税监管子系统在用参数，减轻系统负载，进一步提升参数精准性和有效性；强化参数日常监控，充分发挥参数防风险、减负担、提效能作用。

【承办世界海关组织（WCO）亚太地区实验室】2021年6月24日，世界海关组织（WCO）秘书长御厨邦雄和总署署长倪岳峰签署《关于在中国设立WCO地区海关实验室的谅解备忘录》，明确由南京海关实验室承办，首次实现中国海关承办地区培训中心、地区训犬中心、地区海关实验室等由成员独立运作的世界海关组织（WCO）全部3类地区性机构。

世界海关组织（WCO）亚太地区实验室通过向亚太地区成员海关提供中国海关实验室的专业知识和设施设备支持，促进海关实验室在提升税收成效、促进贸易便利与安全、保护生态环境等方面加强国际交流与合作。

2021年，南京海关拥有多个实验室作为海关系统检测重点实验室，涵盖商品归类化验、固体废物属性鉴定、濒危物种鉴定、食品卫生检测、化学品分析鉴别等领域，拥有多个国际知名机构的认可授权，是国际分析组织、国际航空运输协会等国际组织指定、认可或授权的实验室，也是国际木材解剖学家协会、美国材料与试验协会、国际羊毛实验室协会、国际羽绒羽毛局成员，总计获得中国合格评定国家认可委员会认可检测项目4万余项。世界海关组织（WCO）亚太地区实验室涉及南京海关的实验室主要有：工业产品领域——南京海关工业产品检测中心，食品、化妆品领域——南京海关动植物与食品检测中心，危险化学品领域——南京海关危险货物与包装检测中心，材种鉴别领域——国家材种鉴定与木材检疫重点实验室（张家港），国际培训与交流领域——江苏检验检疫质量研究中心。

2021年，南京海关实验室利用世界海关组织（WCO）亚太地区实验室平台，为约旦国家海关研修班、澜湄国家海关研讨会授课，介绍中国海关实验室及仪器设备管理经验；受邀参加世界海关组织（WCO）欧洲地区海关实验室宝石学在线研讨会，以及第17次世界海关组织（WCO）地区组织全球会议，积极推进实验室领域的国际合作。

【助力江苏特色农产品扩大出口】2021年，南京海关贯彻中央全面推进乡村振兴、“深化中东欧合作”等重大决策部署，助力江苏省水生动物、水果、种苗花卉等特色农产品扩大出口。建立86万字的“一带一路”沿线国家和地区农产品法律法规数据库，帮助企业及时获取有效信息，采取应对措施，打开国际市场。全年，蔬菜种子、“六月黄”大闸蟹、活泥鳅分别开拓非洲、东南亚和阿拉伯联合酋长国市场。如皋水培小微盆景、苏州东山白玉枇杷、镇江丁庄葡萄等具有地理标志的特色农产品实现首次出口。研究英国脱欧对中英动植物检疫合作影响，指导企业合理布局种植品种，有针对性地开展有害生物防治，确保符合英国最新植物检疫准入制度。全年，共监管出口生鲜农产品9,573.68万美元，同比增长16.08%。

2021年，南京海关提高行政审批效率，将新冠肺炎疫情防控期间远程评审等应急措施长效化，种养殖场注册登记审批时长由20个工作日压缩至最短8个工作日。优化检测流程，实验室开辟出口农产品“绿色通道”，对送检样品优先安排检测，5天完成出口葡萄70个检测项目；开展球根花卉细菌病毒快速检测技术研究，实验室检测时间由2～3天压缩至0.5天。针对生鲜农产品易死亡、易腐烂的特点，在风险可控的情况下，采取“提前出证、即时检疫”模式，提供“7×24小时”预约加班服务，现场查验第一时间完成后随即向企业发放检疫证书，将打包暂存时间由1～2天压缩至0.5天，保障货物存活率和新鲜度。关区介质兰花实现首次对美国出口，兰花死亡率下降40%，利润提升35%。

（撰稿人：王　海　王文君　王晓丰
王巍峰　包黎黎　刘　洋
李卫红　余娟娟　狄进进
宋　磊　张　睿　张　聪
张佳佳　张学军　陈　希
郑惠丹　赵苑辉　施建平
殷　霞　高　珊　梁思思
熊晓洁　潘　凯　魏　炜）

杭州海关

【概况】杭州海关前身是989年（端拱二年）宋廷于杭州设置的两浙路市舶司，1896年10月，清政府在杭州设立杭州关税务司署和杭州关监督公署。1979年1月，经国务院批准成立杭州海关，对内为浙江省对外贸易管理局海关管理处，对外称“杭州海关”。1984年6月，升格为正厅级海关机构，负责管理宁波海关和温州海关。1994年11月起，业务管辖范围调整为除宁波地区以外的浙江省全境及其所辖开放海域。2018年4月，根据中央机构改革部署，原浙江出入境检验检疫管理职责和队伍划入杭州海关。

截至2021年年底，杭州海关内设20个正处级机构，12个党委派驻纪检组，下辖1个副厅级隶属海关（钱江海关）、13个正处级隶属海关单位（杭州萧山机场海关、温州海关、舟山海关、台州海关、嘉兴海关、绍兴海关、湖州海关、金华海关、衢州海关、丽水海关、义乌海关、嵊泗海关、杭州海关风险防控分局）、14个直属事业单位。现有全国文明单位12家，全国工人先锋号2家，全国青年文明号16家，全国巾帼文明岗6家。

2021年，杭州海关以习近平新时代中国特色社会主义思想为指导，立足新发展阶段、贯彻新发展理念、构建新发展格局、推动高质量发展，坚定不移“从更高起点、更高层次、更高水平去思考和做好海关工作”，深入推进“五关”建设，坚定走好“两个维护”第一方阵，全面建设“多彩杭关”，奋力打造社会主义现代化海关“重要窗口”，实现“十四五”发展的良好开局。制定实施杭州海关《“十四五”海关发展规划》实施方案，明确“十四五”时期杭州海关发展主要指标。统筹口岸疫情防控和促进外贸经济稳增长，强化监管优化服务，全年进出口货运量2.27亿吨，同比增长5.6%；两税入库676.44亿元，列全国海关第8位，同比增长44.0%；监管运输工具2.78万艘（架）次，同比下降3.2%；监管邮递物品4,294.20万件，同比下降10.1%；监管快件物品1,542.59万件，同比下降46.4%。2021年，杭州海关办公室被国务院办公厅评为2021年度全国信息工作先进单位，进出口食品安全处被国务院食品安全委员会表彰为“全国食品安全工作先进集体”。

【党的建设】2021年，杭州海关学习贯彻习近平新时代中国特色社会主义思想，严格执行“第一议题”制度，坚决落实习近平总书记重要指示批示精神，捍卫“两个确立”，做到“两个维护”。以庆祝建党100周年系列活动为契机，推动党史学习教育常态化长效化，开展党委理论学习中心组学习12次、专题读书班2次，开展各类宣讲6次，开展对隶属海关党委理论学习中心组巡听旁听工作2次。运用浙江省红色资源，发挥浙江省中国革命红船起航地、习近平新时代中国特色社会主义思想重要萌发地的优势，开展杭甬两关党委理论中心组联合学习调研，在宁波海关召开两关党委理论中心组联合学习会，深入学习习近平总书记

2020年3月视察宁波舟山港时的重要讲话精神，重温习近平同志2007年2月在杭甬两关工作汇报会上的重要讲话，学思践悟、深学笃行。深入开展“我为群众办实事”实践活动，党委委员全年深入基层联系点14次，调研新冠肺炎疫情防控一线现场41个、自由贸易试验区企业37家，形成为民服务、促进社会经济发展等长效机制10项，完成重点民生项目368个，3个便企利民项目入选总署“百佳项目”。组织庆祝建党100周年系列活动，承办拍摄总署庆祝中国共产党成立100周年电视专题片。认真开展巡视、审计整改工作，完成党委巡视阶段性整改任务和国家审计立行立改整改任务。制定全面从严治党主体责任清单，细化具体工作。深化“强基提质工程”，开展党建基本问题“清零”行动，推进“四强”支部建设，舟山海关六横党支部——党建冲锋舟、杭州萧山机场海关第四党支部——智慧党建“融”、卫生检疫处党支部和国际旅行卫生保健中心党支部——国门卫检之星、义乌海关知识产权科党支部——義知囡等4个基层党建品牌获评全国海关基层党建示范品牌，嘉兴海关党委荣获“浙江省先进基层党组织”称号；隶属嘉兴海关荣获浙江省“建设清廉机关、创建模范机关”工作先进集体。深化文明创建，隶属杭州萧山机场海关报关大厅获评“全国巾帼文明岗”称号，隶属湖州海关驻安吉办事处获评“全国青年文明号”称号。

【风险管理】2021年，杭州海关发挥综合监管效能，加强风险防控智能化建设，推进全领域、全渠道、全链条一体化风险防控，“云擎”平台级模型新增通过数排名全国第一。推广高新技术货物布控查验协同试点，推动长三角一体化风险防控，风险地图贸易版顺利落地。制订浙江省口岸安全风险联合防控工作方案，推动建立全省口岸风险联合防控机制，涵盖浙江省内主要口岸单位30家。开展智享通关、数字监管仓等项目风险评估，参与数据中台建设项目数排名全国第二。

【税收征管】2021年，杭州海关综合治税工作实现历史性突破，全年实现税收入库676.44亿元，同比增长44.0%，位列全国海关第8位。顺利通过审计、巡视、巡察，完善“现场海关自查自纠+关税处职能监控”征管工作机制；深入开展“断链刨根”专项整治行动，探索形成“四联五防”工作模式，移交稽查等线索20起，涉案货值3,626.40万元；扎实推进“邮政代征税系统”上线应用。

全面落实国家各项税收优惠政策，打好减税增效“组合拳”，助力企业降本增效，促进浙江外贸健康发展，累计为外贸企业减负降本204.89亿元。其中，落实国家减免税政策，减免税款20.68亿元；打造“FTA金钥匙”原产地品牌，为出口货物在进口国（地区）享受关税减免102.66亿元，优惠贸易协定项下享惠进口税款减免31.75亿元；落实对美加征关税市场化采购排除政策，免除税款44.89亿元；落实天然气、燃料油先征后返政策，退还税款4.59亿元；聚焦企业、行业发展诉求，精准开展税政调研，减税0.23亿元，3项税政调研建议被国务院关税税则委员会采纳。

深化税收征管方式改革，创新实施以企业为单元的担保、关税保证保险、集团财务公司担保等多元化税收担保方式，持续推广电子支付、汇总征税、自报自缴等纳税便利化举措。成为全国首批5家属地纳税人管理试点海关，属地纳税人管理试点经验在全国推广，试点企业税收覆盖度达57.9%，申报合规率由年初的90.5%提升至97.2%，移交稽查事项10项。

【卫生检疫】2021年，杭州海关贯彻落实习近平总书记重要指示批示精神，把口岸疫情防控作为重中之重，将总署规定动作100%落实到位，同时根据疫情形势演变，持续补齐短板弱项，坚持不懈、科学精准把好“外防输入”关口，4月24日，杭州海关在舟山“华洋朝阳”轮检出11名船员新冠病毒核酸阳性，测序显示为德尔塔变异毒株，为全国口岸首次检出。在疫情防控中坚持“人、物、环境同防”，做好入境客运航空器终末消毒和“四类人员”行李消毒监督，从严从紧从细做好进口冷链食品和高风险非冷链集装箱货物新冠病毒核酸采样和预防性消毒监督工作。坚持“多病共防”原则，全年审批出入境特殊物品6,399批次；检疫入境航空器5,186架次、入境船舶5,152艘次、空海港入境人员26.30万人次，排查处置有传染病症状人员704人次；监测体检出入境人员44,900人次，检出传染病98例，截获口岸输入性疟疾1例。全面抓好内防，从严落实总署和地方联防联控机制各项规定，健全应急机制，开展重点风险排查，做好人员安全防护，实施一线卫生检疫人员“14+7+7”封闭管理，确保“打胜仗、零感染”。

【动植物检疫】2021年，杭州海关严密构筑国门生物安全防线，持续优化农产品外贸环境，积极推进动植检治理体系和治理能力建设。全年共检验检疫进出境动植物及其产品40.04万批，同比增长27.8%；截获进境植物检疫性有害生物2,065种次，同比增长7.8%，其中1月在舟山口岸首次截获检疫性有害生物向日葵黑茎病菌、具节山羊草。从4月起，组织开展为期9个月的“国门绿盾2021”行动，截获非法入境外来物种338种次，立案处罚4起非法引进外来物种案件。优化检疫审批，保障进口粮食供应链稳定，累计检疫监管进口粮食811.80万吨，同比增加52.1%。强化高风险农产品检疫监管，做好进口农产品新冠肺炎疫情防控工作。制订屠宰肉牛检疫工作方案，圆满完成首批1,975头屠宰肉牛检疫工作。指导舟山口岸进境种牛隔离检疫场建设并获总署批准。强化联防联控，与农业农村厅建立红火蚁协作联动工作机制，联合开展全省重大植物疫情防控应急演练，4月在杭州市萧山区新街第四小学创建首个“国门生物安全青苗教育基地”，5—9月携手浙江自然博物院在位于金华磐安的大盘山博物馆举办国门生物安全公益展，参展人数达5万余人。加强技术指导，帮助企业破解南非羽毛处理技术壁垒。成立杭州海关第19届亚运会马术项目检疫工作领导小组和工作专班，做好亚运会参赛马检疫技术准备。

【食品检验检疫】2021年，杭州海关启动“进口冷链食品智慧管理系统”建设，与“浙冷链”实时共享数据；创新市场采购贸易方式出口预包装食品“三单一码六制度”监管新模式，以“一物一码”方式加施“溯源码”，首次以数字化方式实现出口食品追溯管理，实现“风险可控制、源头可追溯、责任可落实、贸易可发展”预期目标，成为获得总署备案的自由贸易试验区创新举措。7月，杭州海关会商海关总署国际检验检疫标准与技术法规研究中心、中国海关出版社有限公司、总署主办司局和地方政府，首次以“线上线下同步、场内场外协同、直属海关直播联动”形式，牵头承办国务院食品安全委员会办公室部署的“海关总署食品安全宣传周”主题日系列活动。总署领导及12个司局、省市政府领导、社区企业群众代表等参加现场活动，全国42个直属海关同步开展相关活动，中央媒体跟踪报道。

【商品检验】2021年，杭州海关关注进出口危化品、大宗矿产品、“两高”产品、防疫物资等重点敏感商品，优化检验监管模式；提升固体废物属性鉴别准度，18批8,784.67吨进口货物鉴定为固体废物；实施“先放后检”，惠及进口铁矿和原油1,738批11,952万吨；上报重大检出案例，其中3个涉及婴童服装、牙刷的案例在“央视新闻”微信公众号通报。完善风险管理，保护消费者权益，约谈电商平台，发布风险信息，督促平台对3,672件相关商品实施整改，对 144 批商品采取风险消减措施。完成 69 批不合格进口消费品的风险评估，对其中的牙刷、与食品接触产品、皮肤及毛发护理器具 3 类产品进行专项评估。对 49 个批次的进口棉花组织开展年度关区质量安全风险专项监测，农药残留检出率为 75.5%，各主要产棉国棉花农药残留风险均超过 50.0%。

【监管业务】2021 年，杭州海关推进跨境贸易便利化，"两段准入"信息化监管实现海空口岸全覆盖，"两步申报"应用率达到 36.8%，强化口岸正面监管，紧盯货运渠道"洋垃圾"走私新特点，聚焦伪瞒报、夹藏等方式，重点关注进口再生纸浆和再生金属，成功查获 4 票再生纸浆固体废物，移交缉私部门处理并指导做好退运工作。完善监管作业场所管理，做好口岸环节违禁品查缉、反恐和"扫黄打非"等工作，先后开展"清邮"和"断链刨根"专项整治行动。推行"证照分离"改革，通过"审批改备案"方式办理报关企业备案 102 家，同比增长 19.6%。提升企业注销便利化工作效能，畅通市场主体退出渠道，累计办结注销企业 3,574 家，平均注销办理时间 8.30 天，推行报关单位备案"全程网办"，实现一地申请、一次办理，截至 2021 年年底，关区共有备案企业 16.26 万家，数量排名全国第二，新增报关单位 1.98 万家。以查发问题为导向，严密后续监管，加强专项稽查，深入推进安全生产专项整治，召开多次关区安全生产工作会议，制定 28 项年度具体工作任务措施，常态化开展安全风险隐患排查整治，杜绝安全生产事故。抓好口岸监管环节反恐工作，重新组建口岸核生化监测"最小作战单元"。中国海关知识产权保护展示中心（义乌）被评为浙江省法治宣传教育基地。

【海关统计】2021 年，杭州海关发挥统计研究职能优势，聚焦国内国际双循环重点难点堵点，参与总署 6 项重点商品调研分析等重大专题调研工作，为宏观决策提供支持；立足海关改革，承担署级课题 12 项，完成关级课题 36 项，统计分析研究成果获省部级以上领导批示 35 篇次，课题研究成果"跨境电子商务统计体系建设与量化评估技术及应用"获浙江省政府科学技术进步奖。开展统计监督核查 12 批次，维护海关统计数据真实准确。牵头完成全国跨境电商统计调查和年度数据测算工作，成为国家正式对外发布口径。12 月，出版《波澜壮阔　浙货行天下——浙江省"十三五"对外贸易发展解析》，被浙江省档案馆作为经济类工具书收藏。

【查缉走私】2021 年，杭州海关开展"国门利剑 2021"联合专项行动，严厉打击各类走私违法犯罪活动。全年立案走私违法违规案件 1,383 起，案值 32.72 亿元，涉税 6.10 亿元。其中，刑事立案 133 起，案值 20.08 亿元，涉税 5.80 亿元，立案数创建局以来新高，立案侦办的"5·27"涉嫌走私普通货物案被评为总署 2021 年民生领域打击走私典型案例；行政立案 1,250 起，案值 12.64 亿元，涉税 2,994.80 万元。先后开展三轮打击"水客"走私集中收网行动，刑事立案 42 起。开展两轮"护卫 2021"专项行动集中核查和"雷电 2021"国际联合行动，刑事立案 7 起，查证珍稀木材刺猬紫檀 453 余吨。开展两轮打击跨境电商进口走私"断链刨根"专项整治行动，立案 38 起。开展禁止"洋垃圾"入境"蓝天行动 2021"专项行动，刑事立案 2 起，查获固体废物 114.45 吨，查证固体废物 15.00 吨。加强对邮递渠道毒品、枪支走私管控，查获冰毒、大麻类毒品 3.46 千克，查获涉案枪支配件等 97 件（包、个）。深化对成品油、香烟、食品等重点涉税商品走私的专项打击，刑事立案成品油、香烟、食品进口走私案件 43 起，案值 14.75 亿元，涉税 5.25 亿元。

【政务管理】2021 年，杭州海关编报相关内刊107期，向总署报送综合信息79篇次，杭州海关特色做法和突出成效在署内信息快报刊发123条次，互联网信息工作连续8年蝉联全国海关系统第1名，报送信息被省部级以上采用2,845篇次，杭州海关办公室被国务院办公厅评为2021年度全国信息工作先进单位。按照中宣部和浙江省委省政府关于中华版本资源征集工作部署，分别于2020年12月底前和2021年6月底前移交2批中华版本资源，并通过相应保密审查，完成版本资源征集任务。10月，12360海关热线与12345热线实现并轨运行。全年政务服务“好差评”系统好评率保持100%。11月15日，杭州海关保密办荣获“全国海关机要保密工作先进集体”称号。

【财务及后勤保障】2021年2月，经浙江省政府同意，浙江省反走私办出台关于组织处理相关非法入境固体废物的指导意见，杭州海关有效落实固体废物处理改革事项，在全国海关系统率先推动地方政府落实非法入境固体废物处理工作。首次对破损涉案财物开展适当修复后公开拍卖。在陆生濒危野生动植物及制品常态化移交机制基础上，进一步加强与农业部门在水生濒危野生动植物及制品移交方面的沟通协调，实现杭州海关建关以来移交工作新的突破，2021年共移交濒危野生动植物及制品2,000余千克。节能工作有效推进，获评浙江省节水型单位。

【科技发展】2021年3月，杭州海关技术中心首次获得CNAS检验机构认可评审。8月，杭州海关参与的国家社科基金项目“跨境电子商务统计体系建设与量化评估技术及应用”获浙江省科学技术进步三等奖。10月，全国首家国家出入境濒危物种检疫鉴定重点实验室获批由杭州海关筹建，同月，总署进口废电子电器属性鉴定区域中心实验室（杭州）通过验收初评。11月，“基于大数据的海关‘智慧大脑’关键技术及示范应用项目”“政企数据融合的跨链智能政务平台”获浙江省“尖兵”“领雁”研发攻关计划项目立项。12月，“口岸重要畜禽病原监测的前沿核酸检测装备及技术平台研发”项目获科技部批准立项，为杭州海关首次主持国家重点研发计划项目。全年共7项科研项目通过总署验收。

【督察内审】2021年6月4日—7月30日，杭州海关接受审计署上海特派办开展的2017年以来关税及进出口环节税征管审计，以及对总署主要负责人经济责任审计的延伸审计，完成整改事项的立行立改。杭州海关对隶属海关领导干部开展经济责任审计，发现并整改问题。推进审计督察全覆盖，聚焦内部管理薄弱环节和风险隐患，进行关区实验室建设、跨境电商消费税等专项审计（调研）；落实本级监督要求，开展招标采购、涉案财物处置等程序监督；指导隶属海关开展督察项目，并提出建议。深化内控机制建设，落实年度内控工作任务，对多项制度开展前置审核，提出修改或废止建议；落实内控节点岗位清单式管理，将内控责任落实到岗、定责到人。

【队伍建设】2021年，杭州海关加强党委班子自身建设，从严从实抓好干部监督管理。形成“用成绩单说话”的用人导向，选人用人聚焦重点工作推进落实突出单位，加大年轻干部培养力度，持续优化各级领导班子结构，推进“雏鹰孵化”“英才培育”“头雁培养”“人才储备”等四大计划，实行“3+2”考核机制。关心爱护一线抗疫人员，细化落实长效措施，参加封闭管理的抗疫人员获通报表扬，舟山海关应对“欧米克朗天空号”货轮新冠肺炎疫情应急处置工作组等4个集体荣立三等功，62人次获个人嘉奖。搭平台、递“话筒”，创设“杭关工作讲坛”，11月1日、12月30日，分别以“我心中的杭州海关”“我心中的党建”为主题，举办“杭关工作讲坛”2期。11月19日，杭州海关举办“传承荣光　奋斗新征程”主题活动，围绕“使命、坚守、担当、荣光、希望”5个主题，首次授予扎根艰苦地区边关20年以上人员银质奖章、10年以上人员铜质奖章。杭州海关离退休干部办公室荣获“浙江省老干部工作先进集体”称号。

▲2021年11月19日，杭州海关举办“传承荣光　奋斗新征程”主题活动

【支持宁波舟山港打造世界一流强港】2021年，为贯彻落实习近平总书记2020年3月29日在浙江调研时作出的宁波舟山港努力打造世界一流强港的重要指示精神，围绕落实2021年4月25日署省会商对接事项，支持世界一流强港建设，杭州海关与宁波海关签订合作备忘录，推出支持全省出口市场采购贸易发展、助力义乌国际陆港“第六港区”建设等22项具体举措；与宁波海关联合制定支持宁波舟山港打造世界一流强港、深化业务一体化工作措施，明确统筹使用宁波舟山港各海关指定监管场地、开展特殊货物检查作业一体化试点等举措，进口原木、肉类、粮食等8大类商品在宁波舟山港内实现自由接卸，一般贸易以及“市场采购+一般贸易”拼箱转关业务落地实施，“水水中转”货物“全程转关、一次办理”成功实现，保税油跨关区直供全流程无纸化作业顺利开展，杭甬两关船舶申报手续得到简化，义乌“第六港区”实现海关监管系统与港口作业系统互联互通，“视同运抵”监管模式获得推广。

【助力外贸新业态持续健康发展】根据总署2021年6月22日发布的2021年第47号公告《关于在全国海关复制推广跨境电子商务企业对企业出口监管试点的公告》，将海外仓备案由原来只在直属海关范围内生效，推广为一地备案、全国通用，2021年，杭州海关开展跨境电商B2B出口试点，增设监管方式代码“9710”（跨境电子商务企业对企业直接出口）、“9810”（跨境电子商务出口海外仓），全年“9710”“9810”模式出口货值146.60亿元，同比增长近9.95倍，其中“9810”模式海外仓备案企业数排名全国第一。支持温州、嘉兴等地新开跨境电商零售进出口业务，率先建立跨境电商全口径统计机制，推动全国首个跨境电商超期退货仓落户中国（杭州）跨境电子商务综合试验区。助力市场采购贸易快速发展，推动一般贸易以及“市场采购+一般贸易”拼箱转关业务落地，规范市场采购申报管理，升级市场综合管理系统小额小批量模块功能，指导绍兴、台州、湖州等3个新试点市场规范开展业务，全面实施提前申报、转关运抵、电子放行，保障市场采购货物快速通关，全年关区市场采购出口3,611.60亿元，同比增长21.2%，排名全国第二。

【支持高能级对外开放平台建设】2021年，杭州海关助力“一带一路”重要枢纽建设，优化通关模式，全面实施通关无纸化和自动化，推广中欧（“义新欧”）班列提前申报模式；梳理中欧班列二次转关操作流程，支持“义新欧+”和中欧班列多式联运业务发展；支持中欧班列枢纽站点建设，指导义乌铁路口岸海关监管作业场所和金华市浙中公铁联运港海关监管作业场所扩建改造，全年监管“义新欧”中欧班列2,735列、22.60万标箱。助力长三角区域一体化发展，建立长三角海关风险防控站点，推动“陆路航班”举措落地。深化中国（浙江）自由贸易试验区海关监管制度创新，大力支持浙江绿色石化基地建设，推进液化天然气（LNG）纳入保税船用燃料范畴，推动保税燃料油跨关区直供无纸化，促成全国首票保税油品仓单质押融资业务，实施支持杭州、金义片区建设34项措施。助力舟山口岸保税供油由2016年的106.50万吨跃增至2021年的632.70万吨，舟山港跻身全球第六大加油港。7月6日，在浙江自由贸易试验区实施的“优化国际航行船舶进出境监管改革创新”，被国务院自由贸易试验区工作部际联席会议办公室列入第四批全国自由贸易试验区“最佳实践案例”。推动综合保税区健康发展，助力台州综合保税区获批，指导温州、义乌、绍兴综合保税区一期、金义综合保税区二期和湖州德清保税物流中心通过验收并封关运作，全年关区综合保税区实现进出口1,001.90亿元，同比增长48.7%。

▲2021年11月23日，舟山海关关员在中化兴中岙山基地巡查

【数字赋能推进智慧海关建设】2021年，杭州海关落实“三智”理念，确立“数字—数智—数治”整体智治工作思路，形成杭州海关整体智治框架方案。坚持“监管过程上链、服务对象赋码”“疫情防控在线”“跨境电商进口退换货数字化监管”“未来工厂数字化驾驶舱”“浙江省反走私智慧综治平台”等应用场景加快建设。机关内部“最多跑一次”改革落地生效，创建“杭关易服务”平台并上线运行，集成各类内部政务服务事项76项并实现100%网上办，基本实现机关内部政务服务事项“一个入口、集成办事”。运用数字化思维推进业务领域改革创新，监控指挥中心应用能力提升，联网审像、“互联网+稽核查”全面推广，AEO企业培育系统、查管系统移动端商标智能识别应用、跨境电商商品质量安全风险评估应用系统上线运行，高新技术货物布控查验协同试点、报关单位备案“全程网办”、转关审放自动化等顺利实施。

【与比利时列日海关开展新型国际合作】2021年7月30日，署长倪岳峰与比利时王国海关与消费税署署长万德瓦伦签署《中华人民共和国海关总署与比利时王国海关与消费税署关于加强供应链互联互通合作的谅解备忘录》，明确杭州海关和比利时列日海关开展“点对点”关际合作。2021年，杭州海关落实备忘录要求，召开国际合作专题研讨会，实时连线中国驻欧盟使团海关处，对杭州海关—列日海关“三智”国际合作发展前景、可行性项目推进以及地方政府和企业的需求等开展调研，提出开展杭州—列日空中快速走廊、AEO企业互认、最佳实践交流等方面的合作项目，形成杭州海关与比利时列日海关新型关际合作实施方案，并于11月4日上报总署。

（撰稿人：毛梦婧　仇　俊　杨　庄　何升亮　项　春　徐　挺　徐寅之　殷者正　黄　涛　章　玥　谢先平　楼　成　管　庆）

宁波海关

【概况】1685年（清康熙二十四年），清政府在宁波设置浙海关。1978年9月，经国务院批准，宁波海关恢复建关，监管区域为宁波市行政区域。1994年12月，总署批复调整宁波海关为总署直属机构（副厅级）。2002年4月，国务院办公厅批复调整为正厅（局）级机构。宁波海关下设正处级隶属海关17个，分别是宁波机场海关、宁波邮局海关、镇海海关、北仑海关（下设副处级驻甬城办事处、驻临港办事处、驻穿山办事处）、大榭海关、梅山海关、象山海关、甬江海关、鄞州海关、奉化海关、宁海海关、慈溪海关、余姚海关、海曙海关、宁波保税区海关、栎社海关、杭州湾新区海关，另设正处级隶属单位宁波海关风险防控分局。2021年，宁波海关增设中东欧信息合作处（正处级内设机构）。

2021年，宁波海关以习近平新时代中国特色社会主义思想为指导，统筹推进口岸疫情防控和促进外贸稳增长工作，法治保障、科技赋能、改革创新、政务高效、能力提升，维护国门安全，促进外贸发展。全年监管进出口货物1.86亿吨、货值20,531.2亿元，同比分别增长5.7%和23.7%；实现税收入库743.91亿元，同比增长31.1%；监管运输工具2.63万辆艘，同比下降2.5%。

宁波海关助推宁波舟山港一流强港建设，2021年，宁波口岸进、出口整体通关时间均居长三角区域沿海海关第一，助力宁波舟山港集装箱年吞吐量实现3,000万标箱的新突破。承办第五届中国—中东欧国家海关检验检疫合作对话会，承建中国—中东欧国家海关信息中心并上线信息中心网站。多措并举服务保障市场主体发展，助力自贸区建设和新业态发展，11月11日，宁波跨境电商零售进口累计交易额突破1,000亿元，宁波成为全国首个跨境电商零售进口千亿级城市，网购保税进口“双11”业务连续5年全国第一，网购保税进口业务量连续4年全国第一。2021年，宁波海关获评浙江省“建设清廉机关、创建模范机关”工作先进集体，宁波海关法规处获评2016—2020年全国普法工作先进单位，宁波机场海关旅检现场、北仑海关驻穿山办事处查验三科获评第20届全国青年文明号，宁波机场海关机关党委获评浙江省先进基层党组织。

【党的建设】2021年，宁波海关坚持以党的政治建设为统领，推动关区党建工作高质量发展，引领关区各项工作全面提升。

推进政治机关建设，坚决做到“两个维护”。关党委带头落实“第一议题”制度，开展隶属海关“第一议题”制度落实情况专项督导，推动关区党员干部第一时间贯彻落实习近平总书记重要指示批示精神和党中央重大决策部署。深入推进巡视整改，主动公开推进情况，相关做法得到上海特派办高度肯定。统筹推进中央巡视浙江省委和浙江省委巡视宁波市委整改任务，助力一流强港建设。运用巡视巡察联动，分3轮对10家单位、12个部门开展常规巡察，对2家单位开展巡察“回头看”，对4家单位开展巡察整改专项检查，覆盖率达79%，整改问题197个。持续做好与台州市天台县坦头镇五百村的结对帮扶工作，成立新一轮驻村帮扶工作组，助力乡村振兴。在关区各项重点工作，特别是新冠肺炎疫情防控工作中，发挥基层党组织战斗堡垒和党员先锋模范作用，成立临时党支部57个，为宁波口岸疫情防控做出贡献。

推进党史学习教育，加强思想建设。关党委委员参加总署专题培训学习，开展党委理论学习中心组专题学习研讨10次，举办学习宣传贯彻习近平总书记“七一”重要讲话、党的十九届六中全会精神读书班2期，举办处级干部党史学习教育专题读书班5期。两级党委委员讲授党史学习教育专题党课90余次，结合庆祝建党100周年，举办微型党课大赛、书画摄影、红色歌曲演唱大赛等活动。关区各级基层党组织开展“学习宣传贯彻党的十九届六中全会精神”主题党日活动，通过红色基地实地学、班车课堂流动学、支部共建互动学等形式，引导党员干部深入领会全会精神。推进“我为群众办实事”实践活动，制定宁波海关“我为群众办实事”实践活动项目清单并实行动态管理，围绕“三大工程”形成10项行动44项措施。评选宁波关区优秀案例20个，“聚焦‘用箱难、周转慢、手续繁’打造物流直通车　助推世界一流强港建设”等3个项目入选总署“百佳项目”，“打造物流直通车　助推世界一流强港建设”获评宁波市党史学习教育“三为”专题实践活动最佳实践案例。

夯实“强基提质工程”，巩固党建品牌创建成效。2021年，宁波海关设有直属机关党委1个，下属二级机关党委12个、党总支11个、党支部249个。严格落实总署党委关于基层党建工作的相关规定。开展基本制度落实情况全面自查，实现“党组织设置不到位、改选换届不及时、基本组织生活不落实、党费收缴管理不规范”等基本问题清零。着力破解党建业务“两张皮”，1家基层党支部相关课题入选全国海关“书记项目”。复核宁波关区基层党建示范品牌和培育品牌，新评选9家宁波海关基层党建培育品牌，建立4个基层党建实训点，复制推广先进经验，在宁波市党建工作现场会议上做经验交流。推动建立“党建与业务”“定量与定性”“平时与年终”相结合的党建目标量化管理考核体系，制定5方面33项考核项目，实现党建业务一体推进、联动考核。

▲2021年4月29日，宁波海关举行“庆祝建党100周年”微型党课比赛

推动全面从严治党，深化准军事化纪律部队建设。制定并落实宁波关区2021年全面从严治党重点任务。梳理排查现场监管与外勤执法领域廉政风险点、重点关注单位，推动完善制度机制。全年立案13起，处理处分12人，对2名领导干部进行问责。开展“四风”问题专项监督检查。各派驻纪检组监督发现问题，并督促完成整改。开展警示教育月活动，组织“纪法教育基层行”集中宣讲23次，开展经常性党风党纪廉政教育，持续加强监督执纪“四种形态”运用。推广海关政务服务“好差评”系统，持续优化口岸营商环境，年内办理“好差评”海关政务服务事项229条，评价率和好评率均为100%、开展民主评议机关意见建议整改工作，实现整改完成率100%、评价满意率100%。开展内务规范强化月活动，常态化开展内务督察，开展视频检查36次、实地督察8次、考勤纪律专项检查2次、重大会议纪律检查11次，根据要求开展集体提醒谈话11人次，通报表扬内务规范较好的单位（部门）16家次。

【法治建设】2021年，宁波海关参与总署《海关法》《国境卫生检疫法》《进出境动植物检疫法》修订工作，完成4部海关规章立法后评估。开展宁波关区业务制度和规范性文件合法性审查，制修订制度性文件5件、废止1件、评估4件，提出法治审查意见100余条。全年化解行政争议37起，2021年增加复议案件3起、增加诉讼案件2起，合计5起，增加案件数量同比下降80.77%。制定公布宁波海关行政许可事项目录，开展《生物安全法》等专题普法宣传，组织“法治微讲堂”征集展播课程42个，开展“法治巡讲下基层”培训35次。5个普法案例被总署《“防控疫情　法治同行”优秀案例汇编》收录。宁波海关法规处被中央宣传部、司法部、全国普法办表彰为2016—2020年全国普法工作先进单位。

【风险管理】2021年，宁波海关深化“两轮驱动”改革，推进高新技术货物布控查验协同试点工作，推动宁波关区稽核查指令改革；参与总署各类专项行动，开展重大风险联合研判和专项分析，提升大要案查发水平；推动建立宁波关区业务运行环节重大风险研判机制；牵头开展海关大数据攻关风险测量模型优化迭代工作，推广“云擎”等大数据平台应用，推进风险监测指标建设，风险防控效能持续提升。

【税收征管】2021年，宁波海关税收入库743.91亿元，同比增长31.06%，入库金额在全国海关排名第七。推进税收担保优惠政策，拓展汇总征税覆盖面，审批各类新型税收担保598份、金额103.09亿元。执行减税、税收优惠政策和自由贸易协定关税减让等措施，共减（退）税67.04亿元。签发各类原产地证书48.31万份，签证金额198.3亿美元，出口货物享受境外关税优惠约4.49亿美元。

【卫生检疫】2021年，宁波海关开展口岸疫情防控工作，召开新冠肺炎疫情防控工作会议、口岸防疫情输入专班会议，加强统筹部署，应对梅山港区码头作业人员感染事件。对一线高风险岗位工作人员进行“14+7+7”封闭管理768人次，组织开展宁波关区疫情内部防控应急演练和职业暴露应急演练，组织开展各类疫情防控专业能力培训27期、参训906人次。完成5轮次疫情防控专项督导检查，加强日常视频监控检查，及时发现并消除各类问题隐患。启动口岸核心能力建设国家标准制定工作，完成署级课题“口岸疾病防控体系现代化建设研究”。全面推行口岸卫生许可告知承诺制和审批改备案改革，在机场口岸推行“码上查”便民服务措施，覆盖餐饮单位5家。加强卫生监督员资质认定、备案管理工作，在宁波关区认定卫生监督员资质95人。检疫查验出入境运输工具12,824艘（架）次、出入境人员27.3万人次、集装箱1,692.1万标箱，完成出入境特殊物品检疫审批及查验359批次，开展传染病监测体检7,290人次，检出传染病143例，预防接种3,988人次。现场卫生监督国境口岸卫生许可单位、储存场地、交通工具6,921次，监管从业人员7,685人次，发现各类问题226个；快速检测口岸食品293次，无不合格检出；抽检口岸食品197件，检出不合格4件，合格率98.0%。监测发现口岸病媒生物3,757只，梅山口岸监测发现拟新月陪丽蝇，为浙江口岸首次发现；大榭、梅山口岸监测发现铜腹重毫蝇，为宁波口岸首次发现。

▲2021 年 10 月 1 日，大榭海关关员对入境船舶进行登临检疫

【动植物检疫】2021 年，宁波海关加强动植物疫情疫病及外来物种入侵口岸防控，截获检疫性有害生物 71 种、1,586 种次，同比分别增长 4.41%、6.01%；非贸渠道截获外来入侵物种 97 种、170 批次，在宁波市首次监测发现红火蚁疫情并予处置。落实非洲猪瘟全链条防控工作，封存猪肉及其制品 413 批次 26.8 吨。检疫监管 2 批次 12,576 头进境种牛，首次在宁波口岸检出二类动物疫病赤羽病 15 头并予处置。全年引进种苗货值 3.04 亿元。

【食品、化妆品检验检疫】2021 年，宁波海关落实进口冷链食品口岸环节新冠病毒风险监测和预防性消毒监督工作。实施进出口食品、化妆品安全监督抽检和风险监测工作，全年共监督抽检 8,274 个样品、58,882 项次，完成 6 大类、10 种产品、29 个样品、68 项次进口食品、化妆品和 7 大类、15 种产品、90 个样品、2,185 项次跨境电商零售进口食品、化妆品风险监测任务。开展进口食品“国门守护”行动，完善食品风险信息收集、分析、研判机制，退运销毁不合格进口食品、化妆品 362 批，同比增长 147.92%，处置澳大利亚输华牛肉检出禁用药物氯霉素、进口化妆品含大麻籽油等安全事件。加强对水产品、茶叶、蜂蜜等高风险敏感出口食品原辅料添加剂使用情况、基地管理和生产过程日常监管力度，全年未出现出口不合格情况。

【商品检验】2021 年，宁波海关完善进出口商品质量安全风险预警和快速反应监管体系，扩大第三方检验结果采信商品和机构范围，推进“先放后检”等检验监管模式创新。检验进口矿产品 1,147 票、5,215.0 万吨、88.29 亿美元，检验进口原油 388 票、4,300 万吨、205.30 亿美元，平均验放时长缩至 4 个小时。加强重点敏感商品检验监管，检出 918 票不合格进出口危险化学品和进口再生金属、消费品、旧机电、医疗器械等。由宁波海关牵头开发的进出口商品检验作业子系统——大宗商品重量鉴定系统投入试运行，试运行期间每票业务可节省 2 小时，时间缩短 50%。开展跨境电商重点进口消费品风险监测 38 批，检出不合格 9 批。

【监管业务】2021 年，宁波海关建立健全业务运行监控指挥长效机制，开展口岸监管业务常态化运行监控主题监控 255 次。研究制定“133”（1 个清单+3 个规范+3 个标准）检查监管规范化体系，提升场所（场地）管理规范，与总署联网视频监控 2,959 路，平均在线率 99%以上。推进总署智能审图算法分类部署试点，推进机检智能审图创新应用，提升机检查验效能。强化正面监管，实施严格查验，加大再生金属原料等高风险货物取样送检力度，持续保持严禁“洋垃圾”入境高压态势，全年共查获禁止入境“洋垃圾”88 起，重量 4,987.4 吨。开展核生化有害因子监测，处置放射性超标情事 108 起。强化出口管制，鉴定属军品出口许可证范围货物 3 批。启动出口先期机检业务试点，开展出口先期机检 1,323 自然箱。全面推行空箱申报审放无纸化、电子化，实现船代企业全天候自助通关；加强空箱检测仪等智能设备应用，依托智能卡口，对进境空箱实现100%称重验核，推动有效监管和快速通关并行，年内共监管进出口空箱385.9万自然箱，同比增长20.2%。开展知识产权保护系列专项行动，查扣涉嫌知识产权侵权货物（物品）1,664.9万件，案值4,850.3万元，均居全国海关第二，“宁波海关积极服务企业维权查获出口侵权膏药贴案”入选中国海关知识产权保护典型案例，“宁波海关开展‘龙腾行动2020’知识产权保护专项行动”入选宁波市知识产权十件大事。

【统计分析】2021年，宁波海关建立“日监控、周分析、月审核、季通报、年评估”的业务统计数据质量监控机制，全年审核业务统计数据5.6万条，修正差错100余条。贯彻落实《中华人民共和国数据安全法》，开展业务数据分类分级实践，规范数据内部使用和对外提供。参与总署重点产品专项调研，形成2篇调研报告。参与撰写的统计分析研究报告获各级领导批示21篇次。联合宁波航运交易所开展中国—中东欧国家贸易指数编制工作，组织开展出口先导指数调查、跨境电商出口海外仓企业调研等海关统计专项调查调研20余次，涉及宁波市企业1,800余家。向各级地方政府部门及社会组织提供数据服务52次。

【企业管理和稽查】2021年，宁波海关推进“审批改备案”“多证合一”改革措施，宁波关区净增报关单位2,989家，增加备案食品企业14家。推进企业信用制度改革，评定宁波关区高级认证企业101家。开展“便民利企工程”，发挥文具、童车评议基地作用，指导企业应对欧盟技贸新规等。建立业务问题收集与反馈机制，设立“企业问题和建议直报点”34家，为175家重点企业配备海关协调员，解决企业困难问题300余个。推进企业集团加工贸易监管改革试点，试点企业加工进出口值51亿元。深化宁波关区稽查业务改革，推进“多查合一”核查模式。全年办结稽查作业512起；开展核查971起，办结968起，查发518起。

【查缉走私】2021年，宁波海关开展打击走私“国门利剑2021”联合行动，其间开展禁止“洋垃圾”入境“蓝天2021”、打击濒危物种走私“护卫2021”等专项行动，全年办理各类走私犯罪及违法案件1,112起，案值135.76亿元，涉税48.95亿元。快邮件渠道监管查获“水客”走私案件15起、奢侈品5,000余件。侦办“洋垃圾”走私及违规案件96起，查证废旧轮胎、废木托盘、废硫化橡胶丝等禁止进口的固体废物0.44万吨。办理濒危物种及其制品走私及违规案件16起，查获象牙及其制品409.6克、穿山甲鳞片1千克。开展打击跨境电商进口走私“断链刨根”专项整治行动，稽查发现问题企业25家，缉私刑事立案4起，案值1,750万元，涉税265万元；行政立案4起，案值980万元，涉税110万元。“东海利剑”打击成品油走私专案、“4·27”打击香烟走私专案等走私大要案查扣走私母船3艘，查证走私成品油约195万吨、走私香烟约52万条，均创宁波关区历史新高。

【政务服务】2021年，宁波海关分三个阶段清理、规范198项周期性报送工作任务，总体减负率34.8%。研究落实重点工作事项90件。编制《宁波海关主动公开基本目录（2021年版）》，举办门户网站“在线访谈”3次，其中承办总署“在线访谈”1次。办理政府信息公开申请63件，其中关本级23件、各隶属海关40件，未发生行政复议或行政诉讼。优化门户网站管理工作，更新相应栏目动态，重点核查办事指南67项。办理各类人大代表建议和政协代表提案17个，其中主办2个。政务信息获各级领导批示103次，国家级媒体报道宁波海关工作280余次。承办署级课题3个，署级规划课题4个，地方重点课题2个。处置各类信访件344件，同比增加13.5%；12360海关热线接听电话3.1万个，问题解决率

100%。海关政务服务“好差评”系统评价率和好评率均为100%，宁波市民主评议机关整改完成率和评价满意率均为100%。

【财务及后勤保障】2021年，宁波海关加强宁波关区节能管理，6家隶属海关完成节能型机关创建，全年关本级电消费量同比下降3.7%、人均用水量同比下降4.91%、汽油消耗量同比下降20.4%。规范公务用车、办公用房，配合开展无烟党政机关创建工作。

【科技创新】2021年，宁波海关完善智慧物流监管模式助力一流强港建设，推进智慧查验监控指挥中心建设。开发新冠肺炎疫情内部防控（核酸检测）管理系统，“五合一”混采模式将检测时长缩短60%。参与浙江省、宁波市数字化改革，助推“甬e通”宁波国际贸易一站式服务场景应用改革。年内，实验室完成法定商品检测2.7万批，同比增长32%；完成新冠病毒核酸样本检测14.1万份，同比增长166.8%。申报省部级及以上科研项目33项，获得立项13项，其中“隐蔽型伏马毒素在斑马鱼体内的代谢转化及毒性效应研究”获国家自然科学基金立项。保障网络及信息系统安全运行，清理退出各类信息系统授权1.96万个，总署国产化云平台首个直属海关节点落户宁波。

【督察内审】2021年，宁波海关开展专项督察项目5个，开展经济责任审计项目9个、专项审计项目2个、专项审计调研1个。全年查发督察审计问题107项，提出建议40项。

【队伍建设】2021年，宁波海关调整干部管理权限，将隶属海关科级领导干部、一级主办以下职级公务员任免、退休、辞职、辞退下放至各隶属海关党委，将事业单位七、八级管理岗位以及专业技术岗位和工勤技能岗位的聘用管理权限下放给直属事业单位和部分隶属海关党委，实行干部分级管理，落实各隶属单位领导班子带队伍、抓管理的主体责任。执法一线科长配置率达到100%，3个隶属海关由执法一线科长担任党委委员。完成事业单位岗位首次聘用，54人获聘上一层级岗位，80人在同层级内晋升岗位等级。对3个集体和59名个人记三等功（记功），对19个集体和469名个人给予嘉奖。

举办正处级、副处级领导干部学习贯彻党的十九届五中全会精神暨党史学习教育专题培训班。参加总署及地方各类培训4.17万人次。线上线下相结合，抓好党的理论教育和党性教育。内外联动，打造“甬关课堂”平台，推进现场教学示范点建设，加大师资培养力度，推进教培资源优化。理论实践相结合，开展海关各类业务专业化培训，不断提升业务能力。在进出口危险品及其包装检验监管岗位练兵比武活动中跻身全国八强。

结合党史学习教育、内务规范强化月，开展军队史及《海关内务规范》学习宣传，组织宁波关区队列“小教员”示范培训班，推动宁波关区以处、科为单位开展队列动作“精准度”训练。进行“宁波海关强化压力传导、促进纪律作风养成的若干措施”等课题研究，制发宁波海关政治部关于实施坚决纠治酒驾醉驾问题十条措施的通知，与日常管理工作相结合，推进落实纪律部队建设，组织各类准军纪律检查督察50余次，并与合格支部考评、年度考核等挂钩，强化结果运用。从加强人力资源调配、合理排班轮换、强化正向激励、开展专项考核、注重识别干部等方面，切实落实总署保护关心爱护疫情防控一线人员的工作措施，持续关心爱护疫情防控一线人员。获评全国青年文明号2个，宁波市五一劳动奖状1个、五一劳动奖章1名、工人先锋号1个、巾帼文明岗1个、最美公务员1名。

做好离退休干部工作，向22名老党员颁发“光荣在党50年”纪念章。加强政治理论学习和党的建设，5个党支部全部完成党建品牌创建并通过验收。组建“甬关银龄”老干部宣讲团，全年为700余名党员群众进行红色宣讲3次。探索研究异地居住离退休干部服务管理模式。

【第五届中国—中东欧国家海关检验检疫合作对话会举行】2021年6月7日，第五届中国—中东欧国家海关检验检疫合作对话会在宁波举行，由总署和浙江省人民政府共同主办，宁波海关和宁波市政府具体承办。本届对话会主题是“以‘三智’合作促进贸易安全和通关便利”，首次采用“线上+线下”的方式。浙江省副省长高兴夫、斯洛文尼亚农林食品部部长波特戈士克、波兰财政部副部长扎齐科沃斯卡、捷克驻华大使佟福德出席开幕式并致辞，总署副署长王令浚发表主旨演讲。对话会分别以“深化海关贸易安全和通关便利化合作”和“推动加快中东欧农食产品输华准入进程”为主题进行研讨。其间，王令浚分别与匈牙利农业部、斯洛文尼亚农林食品部签署双边议定书，并会见线下参会的15名外国驻华使节。会上，中国海关首次发布“中国—中东欧国家贸易指数”。对话会建立“中国—中东欧国家卫生和植物卫生工作组机制”和“中国—中东欧国家检验检疫联络咨询点”，并套开首次动植物卫生和食品安全工作组会议。来自中东欧和白俄罗斯等13个国家的海关检验检疫部门和驻华使馆，农业农村部等部委，浙江省、宁波市政府，海关总署相关部门、部分直属海关，以及学术界、企业界和媒体的127名代表出席会议。

【中国—中东欧国家海关信息中心揭牌】2021年4月27日，中国—中东欧国家海关信息中心揭牌暨网站上线仪式在宁波举行。总署副署长王令浚，宁波市委副书记、市长裘东耀，外交部中国—中东欧国家合作事务特别代表霍玉珍，匈牙利驻华大使白思谛等出席仪式。中国—中东欧国家海关信息中心网站同步上线，网站聚焦中国和中东欧国家官方及企业关注的海关检验检疫法律法规、政策措施、技术标准等信息，设有中文版和英文版。网站设置信息动态、法律法规、清关指南、SPS信息、监测预警、技贸资讯、专题栏目、合作对话会和互动交流9个栏目，提供文章搜索和数据动态可视化2个内嵌功能。“中国—中东欧国家贸易指数”是该网站特色亮点，直观展示中国与中东欧国家之间进出口贸易发展水平。截至2021年年底，网站访问量达10.9万人次。

【跨境贸易便利化专项行动】2021年3月22日—24日，宁波海关联合杭州海关走访调研中国（杭州）跨境电子商务综合试验区办公室（以下简称“杭州市综试办”），搭建由杭甬两关与杭州市综试办、宁波市口岸办两机构为中心的“2+2”沟通平台，提高杭甬两关及两市地方政府协同交流效率，优化两市营商环境。4月2日，杭州海关、宁波海关联合发布关于支持杭甬“双城记”、开展2021年贸易便利化专项行动的公告，推出合力优化口岸营商环境、推进查验及后续处置一体化等提升贸易便利化水平改革创新措施12条。专项行动期间，深化“提前申报”“两步申报”“两段准入”等通关模式改革，宁波口岸进出口“提前申报”率分别为40.96%和78.75%，实施“两步申报”试点报关单27,458票，应用率31.03%，整体通关时间20.69小时，较同期传统模式压缩30%以上；开展进口货物“船边直提”和出口货物“抵港直装”作业，开展“抵港直装”业务35,508标箱，开展“船边直提”业务3,497标箱，单箱减少港区堆存时间1~2天；优化转关自动审放数字化作业，打造“中欧班列+海铁联运”运输新模式，推行税收征管便利措施，优化通关全链条全流程服务，审核通过汇总征税担保47份、担保总金额6.61亿元，审核通过关税保证保险单158份、担保总金额21.2亿元，5家企业享受高级认证企业免担保优惠措施，累计使用额度38.2

亿元。

【支持宁波舟山港一流强港建设】2021年，宁波海关明确12方面22条措施支持宁波舟山港建设世界一流强港，与杭州海关签署关于支持宁波舟山港打造世界一流强港的合作备忘录，保障国际物流链高效畅通，助力宁波舟山港完成货物吞吐量12.24亿吨，连续13年位居全球第一；集装箱吞吐量3,108万标箱，稳居全球第三。推动保税燃料油跨关区直供作业全程无纸化，助力中国（浙江）自由贸易试验区打造东北亚保税燃料油供应中心，保税燃料油跨关区供船138.53万吨，同比增长22.19%。简化“水水中转”业务流程，推进义乌“第六港区”建设，实现“一次申报、一次查验、一次放行”。优化“中欧班列+海铁联运”运输新模式，实施转关作业无纸化，推广安全智能锁在海铁联运转场货物中的应用，促成义甬舟开放大通道与“义新欧”中欧班列有机衔接。支持扩大口岸开放，助力穿山1号泊位、石浦新港码头等正式对外开放。

【助力自贸区建设和新业态发展】2021年，宁波海关推动促进宁波综合保税区高水平开放高质量发展若干举措逐项落地，实际落地14项，10项具备实施条件。制定支持浙江自由贸易试验区建设工作任务清单，“转关申报数字化监管新模式”和“以企业为单元优化长三角自由贸易试验区税收担保创新”被评选为第二批浙江自由贸易试验区宁波片区最佳制度创新案例，“优化转关监管模式”被评选为第二批浙江自由贸易试验区最佳制度创新案例。“化工行业加工贸易物料信息化管理新模式”通过总署自贸区和特殊区域发展司备案。支持设立浙江省首家LNG保税仓库，办结14.59万吨进口LNG入出仓手续，助力浙江省LNG登陆中心建设。优化跨境电商监管模式，强化海关政策及措施有效供给，率先开发运行海外仓备案辅助系统，配合地方推进跨境电商独立站、前置仓、集货仓建设，推广退货中心仓模式，宁波企业全球布局海外仓203个，约占全国总量的1/9，出口海外仓货值增长近3倍。11月11日，宁波跨境电商零售进口累计交易额突破1,000亿元，宁波成为全国首个跨境电商零售进口千亿级城市，网购保税进口“双11”业务连续5年全国第一，网购保税进口业务量连续4年全国第一。

【安全生产】2021年，宁波海关结合安全生产专项整治三年行动，制定2021年安全生产工作要点。开展两次口岸监管业务执法检查，将安全生产监管工作列为重点检查内容，督促指导隶属海关落实安全生产工作要求。组织开展“进出口危险化学品监管措施”“口岸卫生检疫和疫情防控安全防护措施”“严格进境高风险货物风险监测和预防性消毒措施”“严防重大动植物疫情疫病传入传出和外来物种入侵措施”落实情况专项督察，督促19家单位进行全面自查，重点抽取9家单位开展实地督察18次，派出各条线业务专家116人次，提出问题项27个、建议项27个，督促相关部门予以解决，推动措施落实落细。开展宁波关区安全风险隐患排查整治，针对重点难点问题，加大专项整治攻坚力度，落实和完善治理措施，建立健全安全隐患排查和安全预防控制体系，2次更新宁波海关问题隐患和制度措施“两个清单”，对安全生产风险隐患逐项对账销号，确保整改到位。

（撰稿人：叶东辉　吕建海　周燕华）

合肥海关

【概况】1987年7月，国务院批准在合肥市设立合肥海关，副厅（局）级，直属总署。1989年5月，合肥海关开关。2000年12月，经总署批准，合肥海关调整为正厅（局）级单位。合肥海关管辖范围为安徽省全境，下设正处级隶属海关17个，分别是合肥新桥机场海关、庐州海关（下设副处级驻邮局办事处）、芜湖海关、安庆海关、马鞍山海关、黄山海关、蚌埠海关、铜陵海关、阜阳海关、池州海关、滁州海关、宣城海关、宿州海关、淮北海关、淮南海关、六安海关、亳州海关，另设正处级隶属海关单位合肥海关风险防控分局。党的基层组织包括直属机关党委1个、党总支10个、党支部106个，现有中共党员1,057名。

2021年，合肥海关以习近平新时代中国特色社会主义思想为指导，扎实开展党史学习教育和庆祝建党100周年系列活动，统筹疫情防控和促进外贸稳增长。全面落实“第一议题”制度，关党委集体学习习近平总书记重要指示批示精神62篇次，组织理论学习中心组学习21次，举办专题培训班、读书班6期。打造“行走的课堂”，赓续红色血脉。认真落实党建第一责任，建立健全党支部述学评学机制，推进“强基提质工程”，“全随机”法入选全国海关基层党建首批创新案例。深入贯彻习近平总书记关于疫情防控的重要指示精神，坚定落实常态化疫情防控总策略总方针，保持“打胜仗、零感染”。深化长三角海关一体协同，实施“两优化三一体”等改革举措。持续打击“洋垃圾”、象牙等濒危物种及其制品、“水客”、涉枪涉毒等走私。年内，安徽省进出口总额6,920.2亿元，同比增长26.9%。海关特殊监管区域进出口1,115亿元，同比增长25%。安徽自由贸易试验区进出口1,540.7亿元，同比增长1.4倍。对RCEP进出口1,814亿元，同比增长14.3%。新一代通关管理系统H2018 3.0版、智能审图、邮递物品管理辅助系统等上线运行，关区H986集中审像中心建成运行。参加总署24部规章立法后评估，参与权责清单编制首批试点。“船边直提”“抵港直装”全面推广，参与安徽自由贸易试验区推进行动计划。助推海关总署与安徽省政府签订合作备忘录。开展“我为群众办实事”实践活动、“推绕拖、懒散浮”专项整治和“现场监管与外勤执法权力寻租”专项整治。关区有13个集体、10名个人获得全国及省部级荣誉表彰。

【党的建设】2021年，合肥海关健全党委委员党支部联系点制度，持续推进“支部建在科上，强在科上”，评选年度第三批“四强”支部6个，发展中共党员8名。召开关区基层党支部高质量发展推进会，组织关区基层党务干部专题培训，聚焦“围绕中心、建设队伍、服务群众”征集党建创新案例22个。开展警示教育月活动，编制《警钟长鸣　警示教育百部典型案例集》，制作“基层书记组长谈责任”视频访谈15个。开展“严纪律强作风树形象”内务规范督察和纪律作风效能检查17次。开展政治巡察巡回宣讲和“未巡先改、强基提质”自查整改专项活动。对4个隶属海关党委开展常规巡察，对合肥海关机关内设机构全覆盖开展“政治机关建设”专项巡察。开展新冠肺炎疫情防控监督检查，发现并督促整改问题，办理违纪案件5件，问责2人，给予1人党纪重处分、2人党纪轻处分。运用“第一种形态”处理54人。

【新冠肺炎疫情防控】 2021年，合肥海关认真贯彻落实习近平总书记关于新冠肺炎疫情防控工作的重要指示批示精神，狠抓各项常态化防控措施的落实。制订有关新冠肺炎疫情防控安全防护自查及督导检查工作方案、职业暴露应急处置预案、分场景安全防护现场工作手册等一系列技术方案9份，严格执行口岸“三查三排一转运”“7个100%”等各项防控要求，按照“一机一策”“一船一策”形成检疫闭环。运用“四不两直”方式加大对高风险人员、重点区域的检查力度，严格落实一线高风险岗位人员“四必须”“五件套”“六个不”的要求。对内部工作人员实施全时段全覆盖管控，对办公区实施封闭管理。严格落实干部职工健康监测“日报告、零报告”制度。严格履行出行审批、登记程序，严格落实出行返岗前核酸检测要求。

▲2021年7月26日，芜湖海关关员对来自韩国的直航船开展登临检疫

【法治建设】 2021年，合肥海关党委认真学习贯彻习近平法治思想，开展专题集中学习4次。制定合肥海关73项取消的证明事项清单和便民服务办事事项清单，动态调整关区10项行政许可办事指南。26项法治建设举措纳入合肥海关有关《“十四五”海关发展规划》的实施方案。开展“制度建设年”活动，对关区2018年4月以前的162个管理制度全面体检。作为首批试点直属海关，参与全国海关权责清单编制工作。答复办理安徽省人大、政协代表建议提案21件。关区现有公职律师20名。

【风险管理】 2021年，合肥海关采集发布涉及归类异常、毒品和管制类精神药物风险、濒危野生动植物及其制品风险等各类风险信息291条，被总署内刊采用19篇，接收和发布风险预警155篇。持续加大“洋垃圾”、象牙等濒危物种及其制品等重点领域防控力度，加大涉恐涉暴、非法出版物、毒品等重大安全风险防控。全年查发固体废物情事2起，涉及货重208.6吨；查获象牙及其制品16起，其他濒危物种（珊瑚、仙人球、沉香）5起共26株/根；查获枪支及配件3起，合计11件；查获毒品和精神管制药品39起，合计5,716粒/剂；查获非法出版物45起，合计557本/册；查发问题地图、违反一个中国原则、侵权等各类安全准入风险情事227起。首次联合上海海关成功拦截查发出境文物情事1起。

【税收征管】 2021年，合肥海关发挥关区综合治税领导小组的协调指导作用，强化综合治税，密切部门间协作配合，注重日常税收风险监控核查，联合研判税收风险，确保税款依率计征、依法减免、严肃退补、及时入库。税收入库228.61亿元，同比增长8.65%。其中，关税13.12亿元，同比下降41.82%；进口环节税215.49亿元，同比增长14.7%。减免税3.91亿元。审价补税5.75亿元。签发出口原产地证书11.43万份，签证金额83.78亿美元，可实现减免进口国（地区）关税3.28亿美元。

【卫生检疫】2021年，合肥海关排查有新冠肺炎症状者2人次，未检出输入性新冠肺炎病例。开展口岸卫生监督574次，处置各类卫生学问题425个。审批特殊物品623批次，查获不合格3批次。验放出口新冠病毒检测试剂1.36亿剂。口岸病媒生物监测点85处，捕获病媒生物6.7万只，发现伊蚊密度超标10次。开展实操演练118次，其中“职业暴露感染”入选总署优秀演练视频。通过世界卫生组织消除疟疾现场认证。铜陵港通过总署2021年度口岸核心能力建设复核。

【动植物检疫】2021年，合肥海关进出境动植物及其产品货值103.2亿元，同比增长20.7%。截获外来有害生物共112批次、541种次，其中检疫性有害生物35批次、46种次。非贸渠道截获外来入侵物种30种，截获来自非洲猪瘟疫区猪肉制品10批次，首次监测到检疫性实蝇新种。检出二类疫病的种猪11头，检出进境不合格水洗羽绒羽毛117批，对310万吨进境粮食实行后续监管。出口稻种8,233.88吨，出境大闸蟹220.8吨，出口羽绒羽毛12.16亿元，出境竹藤柳草11.11亿元，供港活牛1,715头。

【食品、化妆品检验检疫】2021年，合肥海关共检出进口食品不合格7批，出口食品不合格8批，不合格化妆品1批。进出口食品安全情况通报25次，完成美国对中国输美鲶鱼、熟制禽肉官方监管体系视频检查迎检。参与完成对老挝输华中药材（鸡血藤、土茯苓）检疫监管体系评估及注册企业视频检查。推动《进出口食品安全管理办法》《进口食品境外生产企业注册管理规定》实施。获评安徽省食品安全优秀单位。

【商品检验】2021年，合肥海关共检出旧机电、医疗器械、轻工产品等进口工业制成品不合格378批次。检出进出口危险化学品、出口危险货物包装不合格1,800批次。检出矿产品、棉花等进口资源型商品不合格250批次。办理假冒伪劣行政处罚案件6起。初步建成“云庐”系统，累计入库信息7万余条。经总署批准，实施进口光刻胶和进口自有境外矿山铜精矿两类商品的检验监管模式优化试点工作。

【监管业务】2021年，合肥海关检疫查验出入境交通工具498架（艘）次，检疫出入境人员3,250人次。查获退运固体废物鲍鱼壳1票、18.1吨，货值1.18万澳元。查获退运木炭1票、190.4吨，货值22.5万元。在寄递渠道首次查获出境文物1起，查获违禁印刷品和音像制品756件、电话卡660张、涉赌筹码400枚，查获仿真枪3支、非成套枪支11件，查获象牙制品27起，查获疑似毒品及管制精神药品40起。开展打击跨境电商进口走私“断链刨根”专项整治行动。开展长三角特殊货物检查作业一体化改革，试点企业10家、备案商品437项，试点报关单货值3.27亿元。试点沪皖港口“江海一港通”监管新模式。市场采购通关一体化年交易额11.04亿元。中欧班列全年开行668列、货值138亿元，同比分别增长17.6%、19.5%。芜湖、安庆跨境电商综合试验区实现跨境电商进口网购保税（“1210”）业务通关，合肥跨境电商综合试验区、马鞍山市综合保税区开展跨境电商一般出口（“9610”）业务通关。跨境电商海关监管模式累计进出口货值15.2亿元，同比增长2.7倍。截至2021年年底，合肥关区有备案跨境电商企业399家，其中跨境电商企业379家、平台企业47家，另有物流快递企业7家、支付企业1家、监管场所运营人7家。

【通关运行】2021年，合肥海关进出口报关单量39.69万份。进口“两步申报”应用率

52.72%，同比提升 44.12%；出口“提前申报”应用率 91.46%，同比提升 35.61%。安徽省进、出口整体通关时间分别为 48.33 小时和 1.66 小时。开展长三角特殊货物检查作业一体化改革，试点企业 10 家、备案商品 437 项，试点报关单货值 3.27 亿元。试点沪皖港口“江海一港通”监管新模式。市场采购通关一体化年交易额 11.04 亿元。助推跨境电商海关监管模式全覆盖，累计进出口货值 15.2 亿元，同比增长 2.7 倍。开展“龙腾行动”“蓝网行动”专项行动，查获涉嫌侵权货物 1,247 批、4,252 件。2 项创新成果（见表 6-2）和 8 个实践案例（见表 6-3）入选安徽省首批复制推广改革试点经验，2 个案例（见表 6-4）入选中国海关与中国法院知识产权保护典型案例，10 个案例入选安徽省自贸创新政策及案例。对 209 家企业开展技术性贸易措施影响调查，对越南要求中药材出口企业提供 GMP 认证贸易措施提出特别贸易关注。

表 6-2 入选安徽省首批复制推广改革试点经验创新成果

序号	创新成果名称
1	长三角海关特殊货物检查作业一体化改革
2	“联动接卸”江海联运新模式

表 6-3 入选安徽省首批复制推广改革试点经验实践案例

序号	案例名称
1	跨境电商零售进口退货中心仓模式
2	综合保税区内企业全流程“外发加工”模式
3	进出海关特殊监管区域“无感通关”新模式
4	企业集团加工贸易监管模式
5	“省内组货+全国通关”市场采购贸易模式
6	跨境电商特殊区域出口海外仓（1210）模式

续表

序号	案例名称
7	“船边直提”“抵港直装”作业监管模式
8	内陆区港联动监管一体化新模式

表 6-4 入选中国海关与中国法院知识产权保护典型案例

序号	案例名称	入选类别
1	合肥海关寄递渠道查获侵权货物系列案	2020 年中国海关知识产权保护典型案例
2	ABB 阿西亚·布朗·勃法瑞有限公司与张业锋、芜湖市迪顿电气贸易有限公司销售假冒注册商标的商品罪案	2020 年中国法院 50 件典型知识产权案例

▲2021 年 3 月 10 日，洋山港—芜湖港“联动接卸”海关监管新模式启动

【海关统计】2021 年，合肥海关开展民营企业、跨境电商、RCEP 等 10 项课题研究。制订合肥海关贯彻落实《“十四五”海关发展规划》的实施方案。开展月度先导指数调查，进口货物使用去向统计调查，跨境电商地区统计试点调查，中欧班列、海运集装箱运力运价调研等统计调查 12 次。

【企业管理和稽查】2021 年，合肥海关共办理报关单位首次备案 3,935 起，组织开展新申请高级认证企业现场认证7家，关区注册登记和备案企业3.19万家，高级认证企业66家。对7家进口过固体废物企业和14家进口再生金属企业开展专项稽查，查发问题5起。办结稽查作业148家，查发问题94起；办结核查作业496家次，查发问题242起。推进稽查集约化改革和出境竹木草制品远程可视化属地查检改革试点。协作开展跨关区企业集团加工贸易监管改革试点工作。

【查缉走私】2021年，合肥海关坚决贯彻落实习近平总书记重要指示批示精神，严厉打击“洋垃圾”入境、象牙等濒危动植物及其制品走私、“水客”走私，组织开展长江大保护、“蓝天行动”“护卫行动”“国门利剑”等联合专项行动。全年刑事立案18起、案值5.21亿元，行政立案185起、案值5.69亿元。落地核查涉枪线索47条，立案查处毒品案件6起，查获涉嫌走私淫秽物品案件2起。查扣并责令退运非法进口固体废物2批，共计208吨。查办走私珍贵动物制品案件9起，推动建立查获走私冻品、非法入境固体废物归口处置机制。对走私案件易发地区开展反走私专项工作。

【政务管理】2021年，合肥海关党委班子成员下基层调研47次，开展关长接待日12次，关领导参加省政府新闻发布会5场，参加总署“中国海关在线访谈”1期。新闻被总署计分媒体采用628篇。连续6年在安徽省机要和保密年度考核中获得“双优”称号。荣获“安徽省档案工作先进集体”荣誉称号。办理信访件18件，受理关长信箱留言49条，12360海关热线受理问题18,336条。主动公开政府信息1,301条。

【科技发展】2021年，合肥海关完成ERP联网监管项目对接“互联网+稽核查”系统和H2018 3.0版、智能审图、邮递物品管理辅助系统等上线运行，H986集中审像中心建成运行，合肥经济技术开发区综合保税区卡口实现“无感通关”，合肥新桥机场、黄山屯溪机场口岸智能旅检通道完成改造，“云庐”系统主体功能投入使用，总关机关“终端国产化替代”工作部署完成，信息化、智能化监管水平明显提升。建设完成庐州等5个海关视频监控专网，关区视频监控专网建设完成率达88%。主持承担省科技厅、总署科研项目2个，合作参与总署科研项目、省部级科研项目3个。与合肥市政府共建电子化学品实验室。撤销国家汽车检测重点实验室（合肥）、国家电器安全检测重点实验室（安徽）、国家印染布检测重点实验室（合肥）、芜湖海关农产品检测实验室、蚌埠海关农产品检测实验室、滁州海关玩具检测常规实验室、阜阳海关综合实验室。

【督审内控】2021年，合肥海关对9个隶属海关开展离任审计，完成2个署级专项审计自查工作。完成2个署级和4个关级督察项目。组织完成关区自选执法评估专题3项，参与协办署级执法评估专题2项，组织完成署级执法评估专题的数据填报和问卷调研4项。

【队伍建设】2021年，合肥海关优化领导班子结构，有针对性地安排跨领域、跨部门、跨岗位交流任职。严格选拔任用。选拔任用及年度考核向执法一线科长倾斜。推进客观指标考核工作，进一步压实责任、规范流程。处级干部完成党的十九届五中全会精神暨党史学习教育培训，全年集中调训19期，督导完成网上专题培训45期，参训3,682人次，关区干部学时学分当年达标率100%。围绕建党100周年，开展“学悟百年风雨史、颂赞海关新篇章”主题征文和“翰墨光影颂百年”书画摄影展活动。离退休干部第一党支部被评为“安徽省离退休干部职工示范党支部”，1名退休干部被安徽省委组织部、省委老干部局表彰为“全省离退休干部正能量活动之星”，1名退休干部被安徽省委、省政府表彰为“安徽省脱贫攻坚先进个人”。

（撰稿人：王　伟　王克杰　汪海青　汪德葆　张　勉　张　勇　张　静　张百存　罗春明　季亚东　周　勇　查成林　姚　剑　倪小玲　曹　勇　程　培　程银高　曾　虎　戴　雷）

福州海关

【概况】福州海关前身为闽海关，1950年2月，闽海关更名为中华人民共和国福州海关。1984年6月，福州海关升格为正厅局级机构。管辖范围覆盖福州、莆田、三明、南平、宁德5个地市和平潭综合实验区，总面积达6.5万平方千米，海岸线总长2,278千米。福州海关下设副厅级隶属海关单位1个、正处级隶属海关单位9个，分别是榕城海关、福州长乐机场海关、马尾海关、宁德海关、三明海关、莆田海关、南平海关、平潭海关、武夷山海关和福州海关风险防控分局。

2021年，福州海关以习近平新时代中国特色社会主义思想为指导，统筹口岸疫情防控和促进外贸稳增长，围绕“跨越发展年”主题，推动各项事业发展。监管进出口货物11,718.8万吨、运输工具1.5万辆（艘、架、节）次，进出境行邮物品154.7万件、邮政快件888.7万件、非邮政快件58.6万票。截获进境植物有害生物601批、525种、11,933次。全国首次查获涉嫌电信网络诈骗通信器材，首次查获侵犯北京冬奥会标志专有权商品案件3起，福州海关查办案件连续4年入选中国海关保护知识产权典型案例。税收入库238.03亿元，首次突破200亿大关。进、出口整体通关时间分别为15.66小时、0.76小时，较2017年分别压缩85.99%、93.38%。支持中国—印度尼西亚“两国双园”项目加速推进。宁德三都澳港区扩大开放通过国家级验收，平潭海峡二桥通道顺利通过总署验收。口岸监管处被授予2021年全国“扫黄打非”工作先进集体称号。

【党的建设】2021年，福州海关扎实开展党史学习教育，为群众办实事538件，3个项目入选全国海关“百佳项目”，相关工作获“学习强国”等主流媒体报道800余篇次。组织参加全省、海关系统华东片区党史知识竞赛并获二等奖，参加驻闽中直单位庆祝建党百年大合唱并获金奖。直属机关党委“书记项目”被选为署级试点项目。获评福建省先进基层党组织1个，3个基层党组织、4名党员获省直机关“两优一先”表彰，省直机关“达标创星”示范党支部3个，2个案例荣获全省机关体制机制创新优秀案例二等奖。闽海关税务司官邸旧址被确定为省直机关主题党日活动基地。巡视整改工作情况在全国海关政治部主任会议上作书面经验交流，在总署内刊上刊登推介。关区干部职工对巡视巡察整改好评率达99.61%。政务服务“好差评”工作经验、提升对“一把手”和领导班子监督质效经验做法获总署内刊两次刊登推介。关区获评全国、省级青年文明号、五一劳动奖章、劳模工作室、最美家庭等各类荣誉17项36个（次）。

【纪检监察】2021年，福州海关聚焦监督首责，组织开展禁止“洋垃圾”入境、政府采购（零星修缮）、公车加油等“6+X”专项监督。通过监督检查发现问题467个，提出监督建议772条，制发监督意见书7份、监督建议书27份，推动制修订制度73项。规范受理处置信访举报和问题线索，依规依纪依法开展执纪审查，立案6件，给予党政纪处分4人。运用监督执纪“四种形态”处理18人次。就违纪案件及监督中发现的突出问题，进行问责并开展集体约谈和提醒谈话。

【队伍建设】2021年，福州海关科学调配关区人力资源，梯队输送20批109人次支援一线。运用“三位一体”干部考核评价体系开展考核，2名科长入选全国百佳。优化调整事业单位编制，副高级职称评审通过率66.7%。审批、授予集体三等功2个，集体嘉奖18个，个人三等功42人。分级分类开展培训601期1.88万人次，其中疫情防控培训49期2,254人次，开展应急演练9次。关党委委员带头授课11次。探索形成“1+1+1”实训点共创共建模式。培训计划完成率、全员参训率、学时学分考核达标率均达到100%。获评2021年海关初任培训优秀组织单位，1项精品课程荣获总署优秀教学成果二等奖。66人获颁“光荣在党50年”纪念章。福州海关关工委被评为福建省第一批“五好”基层关工委示范点。

【法治建设】2021年，福州海关集中清理规章制度，废止291份，一揽子修订12份，单独修订35份。编写完成关检融合后福州关区首版岗位操作手册。编制依申请公开办理工作指引。作为唯一中直单位，受邀参加福建省“宪法宣传周”省级主场活动。全年普法文稿获“学习强国”刊发13篇、《中国国门时报》等刊发23篇。福州海关法规处获评2016—2020年全国普法工作先进单位。

【风险管理】2021年，福州海关旅客“四维”分析排查法、船舶“三步分析法”受到总署肯定。开展“洋垃圾”、濒危野生物种及其制品走私风险防控工作，查获涉濒危野生情事21起；查获禁止进口固体货物4票。获评全国海关风险管理专题征文优秀组织奖。福州海关风险管理绩效考核指标初评居二类海关第2位。

【税收征管】2021年，福州海关征管考核指标蝉联优秀，税收风险防控经验做法获得副署长邹志武批示肯定，并被关税征管司转发全国海关交流学习。税收入库238.03亿元，首次突破200亿大关。执行各类税收优惠政策减免退税48.11亿元，持续推进多元化税收担保，助企减轻资金压力13.36亿元。成立税政调研工作室，报送的98条税则调整建议中的7条获国务院采纳，预计年节约企业成本1.5亿元，“汽车车窗”子目建议自2022年起全球实行。成立RCEP研究室，与拱北海关联合牵头开展RCEP信息化系统建设，参与2部RCEP规章制定，参加7轮次RCEP原产地对外磋商。

【卫生检疫】2021年，福州海关在口岸检出发热及其他相关症状人员124人次，检出包括新冠肺炎在内的各类传染病185例。累计完成特殊物品审批15单，在入境邮件、携带物中查获不合格特殊物品3批次。开展监测体检9,457人次，预防接种9,389人（针）次。全年对口岸食品生产经营单位、餐饮单位、饮用水供应单位、口岸公共场所、储存场地实施卫生监督602家次；开展鼠、蚊、蜚蠊等病媒及其体表寄生虫监测，全年共投放有效器械18,046次，检出鼠类汉坦病毒等鼠携病原体核酸阳性2次。

【动植物检疫】2021年，福州海关截获进境植物有害生物525种、11,933次，同比分别增长9.60%、1.23%。全国首次截获弗吉尼亚虎蛾等14种有害生物和外来物种；检出进境动物检疫二类疫病及其他疫病7种、156次，动物疫病检出次数位居全国前5名；检出进出境食用农产品和饲料安全风险项目不合格9批次；“国门绿盾2021”行动中截获非贸渠道违规入境活体动植物114种、387批次。提出并牵头完成风险评估的2种软体动物，增补进入《中华人民共和国进境植物检疫性有害生物名录》。“服务国家种业振兴，支持中央苏区种畜产业升级”项目入选总署第一批 14 个“百佳项目”。

【食品、化妆品检验检疫】2021 年，福州海关做好进口冷链食品核酸检测，抽检来自 52 个国家和地区的 105,236 份样品，检出 40 个阳性样品，监督 27 批阳性货物退运出境，监督 1,277,848 件、15,224.49 吨货物完成口岸环节预防性消毒。开展进出口食品、化妆品安全抽样检验 1,950 个样、26,130 项次，不合格品 42 项次；开展风险监测 597 个样，检出不合格 1,484 项次。完善境外通报后续处置工作机制，跟踪督查后续处置 8 家，对 1 家水产品企业通报约谈。退运销毁 113 批进口不合格食品。

【商品检验】2021 年，福州海关查发进出口危险品及其包装安全不合格 113 批，查获不合格批次同比上升 29.88%；查获进出口危化品伪瞒报违法案件 10 起，同比增长 4 倍。首批推动建立 11 个二级风险监测点。完成进口铁矿固体废物排查 180 批、1,511.17 万吨。成功退运 2 批、16 万吨氟超标煤炭，处置 1 批、5.5 万吨不符合远距离运输环保指标煤炭。部署落实跨境电商进口商品质量安全风险监测，全年 20 批抽检全部合格。开展法检目录外商品的抽检工作，检出出口不合格 1 批次。法检检出进口不合格工业品 149 批，其中退运 7 批、销毁 4 批。

▲2021 年 7 月 20 日，莆田海关关员现场检查装载煤炭的“珍珠”轮

【监管业务】2021 年，福州海关查获进口固体废物 4 起，濒危野生动物及其制品情事合计 33 起，非成套枪支散件 39 件，各类违禁印刷品及音像制品 20,941 件，赌博筹码 60 枚。建立福州海关反恐怖人才库，建立完善突发事件应急处置机制，连续两年被评为福建省反恐怖工作先进单位。成立口岸智慧监管创新工作室，建立分布式集中审像中心，推动在关区货运渠道开展“先期机检+智能审图+集中审像”的机检模式。推进福州海关旅检口岸 VR 物联网系统建设，推进 C 类快件货物通关一体化改革新模式。探索开展内外贸同船运输、“水水中转”、进口货物“船边直提”和出口货物“船边直装”业务快速发展。出口“水水中转”货运量同比增长 22%。试点关区进口直提 442 艘次，出口直装 341 艘次。支持综合试验区内 50 家电商企业应用“简化申报、汇总统计”便利化举措，推动 3 个跨境电商出口监管作业场所新开展业务，助力关区监管进出口跨境电商业务同比增长近 3 倍。监管关区中欧班列发运 33 趟次，货值 6.95 亿元。

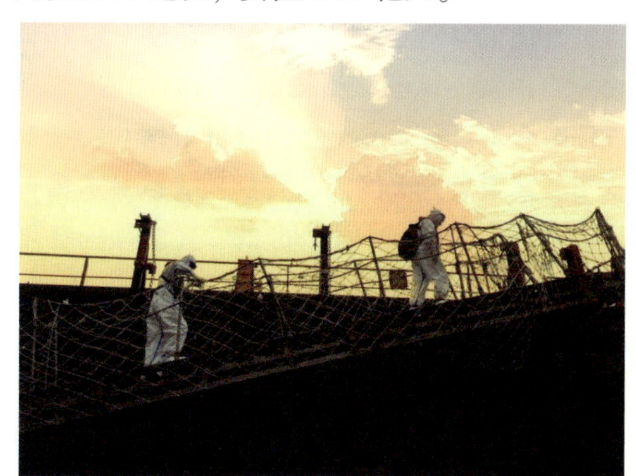

▲2021 年 8 月 14 日，宁德海关关员对“格瑞斯旺”轮进行登临检疫

【业务改革与发展】2021 年，福州海关 2 次入选总署业务改革“五项创新”试点单位，关区业务改革“五项创新”全面落地实施。全年报送业务改革问题建议 36 条，被采纳 28 条。

与厦门海关联合推进跨关区全业务领域一体化改革，推出30个具体工作事项。推出进一步优化营商环境、促进跨境贸易便利化18条措施，1个优化营商环境典型案例获福建省发展改革委向全省推广。落实“问题清零”机制，全年共解决各类问题20个。落实署省合作备忘录工作机制，做好“六稳”“六保”工作，支持福建外贸增长高于全国平均水平。H2018 3.0版全面顺利切换。2021年12月关区进、出口整体通关时间分别为15.66小时、0.76小时，较2017年分别压缩85.99%、93.38%。参与制修订1个国际标准、2个国家标准、2个地方标准，完成12个海关技术规范制修订。对198家企业开展技术性贸易措施影响调查，承担澳大利亚、巴西、新西兰、中国台湾地区等国家和地区制订的TBT措施年度分析汇总工作。扎实开展“龙腾行动”等专项行动，扣留进出境侵权商品3,506批次、19.21万件，同比分别增长41.77%、131.75%。查处案件连续4年入选中国海关知识产权保护典型案例。

【自贸区和特殊区域管理】2021年，福州海关推出的4项自贸创新举措通过中国（福建）自由贸易试验区委托的第三方评估，3项被评为全国首创，1项获总署自贸区和特殊监管司备案发布。关区海关特殊监管区域进出口157.52亿元，同比增长86.20%（全国同比增长22.88%）。推动福州保税港区于6月18日通过验收。协调平潭海峡“二桥二线”通道于2月24日通过总署验收，并获批准封关运作。推出支持福州实施强省会战略12条措施，助力福州创建国家中心城市。协助推动福州江阴港综合保税区顺利通过省级联合验收，江阴港区进境肉类指定监管场地完成署级验收。

【海关统计】2021年，福州海关创新提出“四同四提升”工作法（同谋划，提升党建引领力；同部署，提升基层组织力；同落实，提升自身战斗力；同检查，提升制度威慑力）成效显著，经验做法在相关简报中进行推广。全年共审核统计数据记录150余万条，发现差错数据2,000余条，涉及金额达2.5亿元。完成全国性进出口监测预警信息28篇次，监测预警信息获上级部门采用10篇次。理论研究文章被各类载体刊发19篇次，《海关政研》刊登3篇。

【企业管理和稽查】2021年，福州海关新增对外推荐注册企业114家次；监管加工贸易进出口总值1,081.19亿元，同比增长19.42%。严格落实失信企业新认定标准，重新认定企业信用等级200家。细化分解5大类22项认证企业管理措施目录。强化信用培育和认证辅导，覆盖200多家重点企业，引导6家企业新申请并通过高级认证企业，较2020年翻一番。开展主动披露作业56起，同比增长5.2倍。落实企业集团保税监管模式改革试点，为企业减免保证金（保函）约0.15亿元，节省企业物流、报关等费用476万元。“智慧企管”工作室顺利揭牌，“智慧企管”信息化建设通过总署自贸创新举措备案审核，5个应用子系统完成测试运行。

【查缉走私】2021年，福州海关开展“国门利剑”“蓝天行动”等专项行动，坚持“打团伙、破大案、摧网络”，破获超亿元大案、要案13起，打掉“水客”走私团伙3个，查办“洋垃圾”案件13起、濒危物种案件60起。全年刑事立案案值66.3亿元，涉税金额26.1亿元，均位居全国前列，10起案件被总署挂牌督办。全员打私合力不断增强，出台加强打击走私工作措施，业务现场移交成案线索440条，其中刑事案件线索同比增长超5倍。综合治理不断深化，联合海警等部门破获“12·27”香烟走私案，查获走私香烟61.8万条；查获走私毒品案件12起、走私制毒物品案件5起，查证走私易制毒化学品4.3万吨。

【政务管理】2021年，福州海关提前完成热线归并要求，12345政务服务便民热线海关分中心正式挂牌。12360海关热线工作入选全国海关为民服务典型案例。高分通过福建省电子政务网络接入点分级保护评审。修订信访事项依法分类处理清单，完善诉求依法办理机制。制定保密自查自评标准，组织开展覆盖全关区自查自评2次，高分通过福建省保密局的现场检查。开展1969—1999年文书档案永久卷移交总署的整理工作。办理2起外事活动，配合海关总署国际检验检疫标准与技术法规研究中心完成4起协查请求案件。做好外事业务骨干推荐工作，支持业务骨干参与RCEP关税实施准备工作专班等工作。积极参与海关“三智”工作先行先试，立项关级课题1项、部门级课题2项。建立技术性贸易措施交涉应对工作机制，积极提出通报评议意见、贸易关注10条。

【财务及后勤保障】2021年，福州海关做好防护物资储备，筹措疫情防控物资。强化预算执行，年度预算执行率达99.7%，全国排名第9位。率先推动非法入境固体废物移交地方处理政策落地。加强机关大院及外来人员管理，建立福州海关应急物资装备储备库，集中全力做好集中封闭管理工作保障任务。牢固树立“大安全意识”，实现安全生产“零事故”。

【科技发展】2021年，福州海关成立“E芯网安”工作室，完成庆祝建党100周年网络安全保障工作，网络安全攻防演习工作受到总署点名表扬。江阴港智慧监管项目等5个智慧项目建设取得阶段性成效，自由贸易试验区监控指挥中心、信息化改造工程等重点项目建设基本完成，“3000”科技服务热线等服务举措获得基层好评。主持承担13项省部级科研项目，1项科技成果获福建省科技进步奖三等奖。新建移动P2实验室，新增实验室仪器设备10台套，调剂实验室仪器设备69台。科技工作层级管理体系初步建立，福州海关科技委和专业委进一步优化，建立实验室检测人才梯度队伍。

【督察内审】2021年，福州海关聚焦口岸卫生检疫、促进外贸稳中提质等措施落实情况，部署开展署关级督察项目6个，发现问题45个，提出督察建议20条，全部督促整改到位。组织开展3项离任审计和1项任中审计，围绕重大决策部署落实等3个方面开展专项审计，强化整改监督。建立基层、职能两级监控清单。优化执法评估，围绕“两步申报”改革成效等开展3项专题评估，发现问题12个，提出意见建议15条；参与的署级评估项目报告获3位署领导批示。

【信息中心工作】2021年，福州海关强化监控指挥中心技术保障，严格值班值守，实时监控网络线路和视频监控平台运行状况。做好旅客通关子系统卫生处置系统在关区推广应用的技术支持。完成对接福州市新冠病毒检测结果收集上报接口，发送电子数据11,165条，提高检测结果数据共享效率。组织实施江阴港海关智慧监管项目和福州海关智慧签证辅助系统、企管信息化管理平台、VR物联网系统、指挥中心业务运行监控辅助系统的技术架构设计与管控，严格项目实施管理及上线合规性检查。配合做好国际贸易“单一窗口”海关建设，完成全球质量溯源系统的迁移部署。

【技术中心工作】2021年，福州海关完成固体废物鉴定业务38批次，鉴定出8批固体废物。完成3,128头丹麦进境种猪和3,830头智利进境种牛疫病监测的实验室检测任务。从进境植物及其产品中检出检疫性有害生物262种次，在进境仓鼠饲料中首次检出“植物吸血鬼”——菟丝子种子，获《人民日报》专题报道。鉴定上报的有害生物乳状耳形螺和玫瑰蜗牛，被增补列入《中华人民共和国进境植物检疫性有害生物名录》。完成铜精矿、铁矿、煤炭等法检业务512批次、2,496万吨，平均检测周期比规定周期压缩逾60%。共开验256个标准、698 个检测项目，接受 2 次 CMA/CNAS（检验检测资质认定/实验室认可）“二合一”扩项+变更现场评审，164 个检测产品类别、1,463 个检测参数得到扩项，并新增 1 个检测地点；接受 CNAS 17,020 复评审+变更现场评审，共扩项 3 个领域、5 类货物。主持或参与制定海关技术规范 7 项，6 项科研项目获署级、省级立项，1 项科研成果荣获福建省科技进步奖三等奖。获得总署科研成果评定三级 2 项，参与 1 项。梁鸣劳模工作室的科研成果被评为 2021 年福建省劳模工作室优秀创新成果。

【保健中心工作】2021 年，福州海关保健中心办理体检、预防接种等业务 65,805 人次，开展口岸新冠病毒核酸检测 42,450 例，检出新冠病毒核酸阳性 97 例。开展入境物品新冠病毒核酸检测 109,795 份，经总署确认新冠病毒核酸阳性的结果 40 个。检出汉坦病毒核酸阳性 2 例，HIV 确诊 5 例，乙型流感 2 例，鼻病毒感染 2 例，水痘—带状疱疹病毒感染 1 例。改建国家生物安全检测重点实验室（福建），提升实验室检测能力。取得移动 P2 实验室新冠病毒核酸检测资质备案。推进国家毒品检测重点实验室建设，制定完善司法鉴定质量控制等制度 31 项。参与申报 1 项国家“十四五”重大专项，主持和参与的 2 项总署科研课题顺利结题，参与的 NQI 项目顺利通过专家验收，1 项总署科研课题获得立项。授权实用新型专利 3 项，申报软件著作权 1 项，以第一作者或通讯作者正式发表论文 3 篇。

【数据分中心工作】2021 年，福州海关支持“单一窗口”建设，做优电子口岸服务，全年制作发放电子口岸卡 6,001 张，网上办理业务占比 39.26%。推广“网上办”“移动办”“容缺办”“特事办”“预约办”“延时办”，全面提升窗口服务质量。深入推进“关银一 KEY 通”项目，完成 2 批 8 家合作代理点授权评估，为企业提供了实实在在的便利，被人民网、“学习强国”等多家媒体报道。

【海关学会工作】2021 年，福州海关组织开展建党百年专题征文活动并取得显著成效。共征集论文 110 余篇，3 篇论文入选总署编印的建党 100 周年征文集。参加全国海关主题类征文活动并取得历史最好成绩，2 篇征文入选总会年度最佳 30 篇优秀论文，在广州分会片区 13 个直属海关中并列第一。志书编纂工作收尾，《福建省志・福州海关志（1990—2005）》交付出版；《福建省志・出入境检验检疫志（福建局辖区篇）》通过省委党史方志办验收。海关学会换届工作完成，产生第七届福州海关学会理事会及学会领导班子。

（撰稿人：吉百灵　吕凌夷　刘　婕
刘炜涛　李　树　李　烽
李　琳　李永东　李庆云
吴振兰　何　炜　余　雪
张　乐　陈　希　林　恺
林　凌　林一群　林海燕
林雯娟　郑　晟　耿　文
翁　斌　郭舒乐　黄传恭
黄　靓　梁　宁　翟必华）

厦门海关

【概况】厦门海关历史悠久，厦门关区的泉州早在北宋元祐二年（1087 年）就设有市舶司，这是类似于近现代海关的机构。厦门海关前身是设立于清康熙二十三年（1684 年）的闽海关厦门口。1950 年 6 月，正式设立中华人民共和国厦门海关。1984 年 7 月，升格为厅局级海关。1986 年至今，管辖范围为福建省厦门市、泉州市、漳州市、龙岩市。隶属海关（1 个副厅级、12 个正处级）包括泉州海关（副厅级）、厦门机场海关、厦门邮轮港海关、厦门邮局海关、高崎海关、集同海关、翔安海关、东渡海关、海沧海关、漳州海关、东山海关、古雷海关、龙岩海关，另设隶属海关单位厦门海关风险防控分局。

2021 年，厦门海关坚持以习近平新时代中国特色社会主义思想为指导，落实总署党委提出的“五关”建设要求，推进建设“更有效率海关”，各项工作稳中有进、稳中提质，实现“十四五”良好开局。全年监管进出口货物总值 11,343.4 亿元、货运量 1.21 亿吨，同比分别增长 27.7%、9.6%；海关特殊监管区域一线进出境贸易统计值 1,511.4 亿元，同比增长 53.2%；税收入库 391.44 亿元，同比增长 18.64%；签发原产地证书 25.1 万份、金额 154.37 亿美元，进口享惠货值 339.11 亿元。厦门关区全年监管进出口总值、集装箱量约占福建全省口岸八成，监管进出境人员约占福建全省口岸七成。年内，厦门海关所属厦门机场海关机关党委获评“全国先进基层党组织”荣誉称号；关区新增 2 个国家级、2 个省级文明单位培育对象；10 人获省部级表彰，其中 1 人获评厦门经济特区建设 40 周年先进模范人物。

【党的建设】2021 年，厦门海关加强政治机关建设，坚持“第一议题”制度。持续强化基层党建。巩固深化“强基提质工程”，建成厦门海关基层党建实训基地，开展党支部书记全员培训，评选关区“四强”支部 61 个，5 个基层党建品牌获评 2021 年度全国海关党建示范（培育）品牌，1 个党支部入围总署“书记项目”。

推进党史学习教育。开展“理论轻骑兵”“支部人人讲”等党史学习与宣传活动。贯彻落实习近平总书记来闽考察重要讲话精神，关党委委员带头深入基层支部讲党课、实地开展督导调研，各基层党组织通过集中学习、交流研讨、知识竞赛、实地参观、支部共建、上门走访等形式开展党史学习教育。组织庆祝中国共产党成立 100 周年系列活动，组队参加华东片海关文化协作区党史知识竞赛并获得一等奖。关区两级党委 263 个重点民生项目全部完成，其中 2 个项目入选全国海关“‘我为群众办实事’百佳项目”。开展“学史·铸魂”研究，整理文稿 5 万余字、资源档案 10 份、文物 10 余件，2 篇档案故事被中国海关学会编入《海关档案故事 100 篇》。建设并用好中央苏区税关史料馆，龙岩上杭官庄关税处旧址被总署列为红色资源保持与利用项目。

纵深推进全面从严治党。针对关区发生非

职务违纪违法案件，先后召开7次全面从严治党专题会议，部署“严格遵纪、自觉守法，做合格海关人”专项教育整顿，深入剖析关区违纪违法典型案件，组织对党的十八大以来特别是党的十九大以来全面从严治党决策部署落实情况等5个方面进行全面排查和全员纪法教育考试，开展“熟人经济”专题调研，实施预防性交流回避制度，开展外出执法廉政监督抽查回访440次，推动党委班子“一体严”、各级领导干部“贯通严”和全体干部职工“自觉严”。年内接受总署党委第五巡视组巡视，坚持把接受巡视、抓实整改作为重要政治任务，先后召开11次党委会、6次专题会研究部署巡视整改工作，关党委书记定期听取整改专报，党委委员深入各部门单位督导检查，推进各项整改措施落地落实。

监督制约有效协同。修订党委议事清单、“三重一大”实施细则等制度，召开党委会58次、研究决策事项357项。关党委带头落实总署党委关于加强对“一把手”和领导班子监督的实施意见，通过完善制度、听取汇报、现场检查、集体约谈等，强化对隶属海关“一把手”和领导班子的监督。组织开展2轮巡察、1轮巡察“回头看”。加强重点领域督察审计。开展个人有关事项不如实报告、违规兼职等专项治理。开展“现场监管与外勤执法权力寻租”专项整治，提升执纪问责精准性、规范性。

【法治建设】2021年，厦门海关加强关区法治队伍建设，各隶属海关均设立科级法制机构，形成以总关法规处、隶属海关法律事务科为主体，海关法规专家、公职律师为补充的法治队伍体系。年内新发展公职律师9人，关区公职律师累计46人，获评署级优秀公职律师1人。清理废止规范性文件、业务制度和内部管理制度191件，建立关区业务制度库，涵盖23个业务类别，更新维护法律法规和制度1,959份。制订落实总署“放管服”改革42项细化措施，11个事项列入厦门市政务服务“掌上办”清单，“证照分离”改革实现全覆盖。健全案例指导制度，通过典型个案加强对行政执法的指引和规范，编发相关执法提示及案例参考共10期。办理行政复议案件、行政应诉案件8起，继续保持“零败诉”。建立综合普法、专业普法、分级普法等多层次普法体系，在“3·15”消费者权益保护日、“8·8”海关法治宣传日等重要时间节点开展普法宣传，打造“蜡笔小红”等一批普法品牌，获评2016—2020年福建省普法工作先进单位。报送的“海关创新知识产权普法机制打造知识产权保护中心”案例入围司法部、全国普法办第二批“全国普法依法治理创新案例”，是该批全国15个创新案例中唯一涉及海关元素的案例。

【监管措施进一步加强】2021年，厦门海关组织安全生产隐患全覆盖排查4次，出台打击违禁品走私正面监管措施11项，组织口岸反恐演练13场次，妥善处置核辐射超标情事283起。开展“国门勇士2021”专项行动，立案侦办走私武器弹药案件10起，查获枪支散件34件。立案侦办走私毒品犯罪案件15起、行政案件13起，查获各类毒品约62千克。改造厦门海关创办的全国海关首个政治保卫成果展厅，展示、教育效果进一步发挥；全年累计查获违禁印刷品和音像制品2,641件。开展“龙腾行动”“蓝网行动”等知识产权保护专项行动，在邮件、快件、跨境电商等领域查获涉嫌侵权案件1,025批，同比增长28%，查办的“出口侵权卫生用品系列案”入选“2020年中国海关知识产权保护典型案例”。持续推进安全生产专项整治三年行动，查获不合格危化品997批次。年内，关区累计检出传染病病例472例，截获输入性病媒生物591批次74.91万余只。强化对非洲猪瘟、沙漠蝗等重大动植物疫情和外来入侵物种防控，检出二类动物疫病3种、21种次，检出植物有害生物527种、8,702种次，在大宗进口货物中截获玉米矮花叶病毒，系全国海关首次。开展“国门绿盾2021”专项行动，从非贸渠道截获外来物种403批；监督退运及销毁进口不合格动植物及其产品42批。开展进口食品“国门守护”行动，严格执行监督抽检和风险监测计划，落实总署关于重点敏感产品的专项工作部署，检出未准入境不合格食品168批次，约谈相关进出口企业36家，严守食品安全底线。开展进口美容药品和医疗器械专项整治，查获不合格进口医疗器械13批、进口特种设备4批；全年累计检验监管进出口法检商品17.12万批次，检出不合格商品1,189批次，同比增长84.9%。组织进口固体废物和再生金属专项稽查，从货运渠道累计查获固体废物案件27起、924.7吨。加强进出口防疫物资质量安全把关，查获出口防疫物资“三无”、伪瞒报等情事69起。

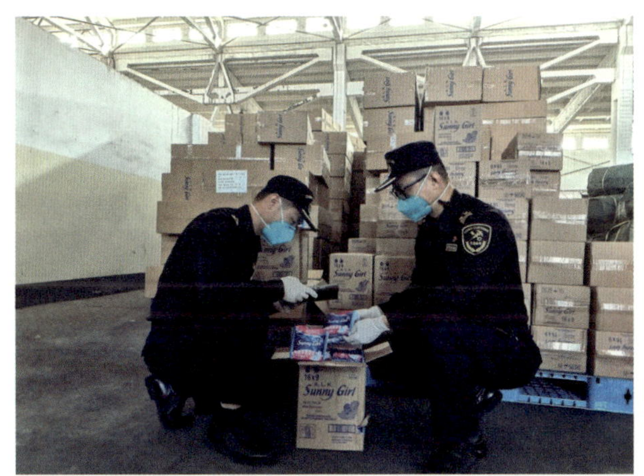

▲2021年11月10日，东渡海关关员在出口货物监管环节查发国内自主品牌卫生用品侵权案

【税收征管】2021年，厦门海关深化属地纳税人管理，涵养税源、扩大税基，及时研判外贸和税收形势，确保应收尽收。全年税收入库391.44亿元，同比增长18.64%。贯彻国家税收优惠政策，开展12场税收政策宣讲专题培训，推动“十四五”减免税政策落地实施；落实好各项优惠贸易协定安排，共有16项优惠贸易协定项下货物享惠进口，累计货值超330亿元，惠及2,600余家企业；用好用足各项减免税政策措施，全年累计办理减免、减让税款34.52亿元。定期开展规范申报抽样考核，属地企业规范申报率99%以上。在海关系统率先开展减免税快速审核试点，解决新型显示器件、集成电路生产企业“货急票多”难题，提升减免税审核质效。原产地证申领一体化平台被列入福建省政务服务“就近办、自助办”样板在全省推广，年内关区4,600余家企业通过该平台申领原产地证书25.1万份。推进汇总征税、新一代税费电子支付等纳税便利措施，开展以企业为单元的税款担保改革。实施归类、价格和原产地预裁定，制发54份预裁定决定书。面向重点企业和行业开展税政调研并上报税政建议89项，其中7项被国家相关政策主管部门采纳；研提的航空器材免税建议作为“十四五”支持民用航空维修用航空器材进口税收政策落地实施。做好RCEP实施前准备，面向1,200余家企业开展23场次RCEP政策专题宣讲，提升规范操作水平，保障RCEP相关信息化系统上线稳定运行。

【统计分析】2021年，厦门海关组织学习宣传和贯彻落实《中华人民共和国数据安全法》，开展关区数据安全检查。不断加强统计数据质量控制，维护数据准确。全年开展计算机参数审核以及人工审核报关单记录超800万条；审核关区业务统计指标数据7万余条，实现总署复审零差错。统计分析研究成果获总署、福建省、厦门市相关载体采用45篇次，获省部级以上领导批示25篇次；拓展统计调查领域，开展统计调查、调研29次，覆盖关区企业超2,000家次，参与海关统计专项调查完成率100%；统计数据服务安全有序，组织召开厦门海关新闻发布会3次，向新闻媒体提供厦门市外贸进出口海关统计数据，提供各类数据查询服务近500批次，涉及数据条目超200万条。

【打击走私犯罪行为】2021年，厦门海关保持打击走私高压态势，贯彻落实总署党委关于进一步加强打击走私工作的文件精神，组织实施“国门利剑2021”行动，持续开展“忠诚”系列专项行动和打击跨境电商进口走私“断链刨根”专项整治。全年立案查办各类走私违法案件1,991起，案值261.47亿元，涉税29.97亿元；所查办案件中，被列入总署挂牌管理案件15起，入选全国海关打击走私以及“国门利剑2021”典型案例各2个。侦办“洋垃圾”、象牙等濒危物种及其制品走私刑事案件6起；打击“水客”走私刑事立案44起，案值16.4亿元，涉税4.11亿元，打掉走私团伙9个。打击重点涉税商品走私，组织3轮打击成品油走私专项行动，案值16.03亿元，涉税5.68亿元。联合海警、烟草等部门开展打击卷烟走私专项行动，查获走私卷烟236万条、烟丝45.13吨、茅台酒800箱，全案案值20.19亿元，涉税17.21亿元，系全国近10年来单次查获数量和货值最大的走私香烟案件，入选全国海关2021年打击走私十大典型案例。

▲2021年4月，厦门、宁波两地海关与海警、公安、烟草等部门联合查获走私香烟案

深入开展走私关联犯罪全链条打击，侦办全国缉私部门首起洗钱犯罪系列案件，涉案金额1.39亿元。联合税务部门打击骗退税，推进反走私综合治理。深化全员打私，关区各海关业务部门累计向缉私部门移交走私犯罪案件102起。

【口岸疫情防控】2021年，厦门海关坚持“外防输入、内防反弹”和“动态清零”，坚持“人、物、环境同防”，全面持续夯实新冠肺炎疫情防控责任。健全指挥部“大办公”机制和现场“网格化”管理模式，坚持“7×24小时”应急值守，关党委委员下沉一线、靠前指挥，应急指挥体系24小时运转，从严从紧抓好入境卫生检疫，筑牢口岸检疫防线。完善疫情防控常态化能力培训、应急演练、人力支援3项机制，动态调配37批次、373人次支援抗疫一线。

强化入境人员卫生检疫，严格做好进口冷链食品、高风险非冷链集装箱货物的新冠病毒监测检测和预防性消毒监督工作。检出全国首例新冠肺炎合并登革热感染病例，妥善处置4起入境船舶聚集性新冠肺炎疫情和1起国际邮轮船员消化道疾病聚集性事件。履行高风险入境客运航空器终末消毒监督责任，推动开通高崎国际机场全封闭式入境专用通道，强化与地方卫健委、外事、码头、航空公司等单位的密切合作，联防联控机制无缝对接。

快速科学应对关区两轮本土疫情，确保干部职工“零感染”。严格实施高风险岗位人员“14+7+7”封闭管理模式，严格执行“四必须”“五件套”“六个不”工作要求。组建安全防护专家组和专兼职监督员队伍，每天视频检查、每月现场自查、每季度全关督查，队伍执行力有效提升。

【优化营商环境】2021年，厦门海关贯彻落实国务院《优化营商环境条例》，实施跨境贸易便利化专项行动，把压缩通关时间作为优化口岸营商环境的重要抓手，制定关区压缩通关时间 9 条措施。关区进、出口整体通关时间分别为 28.97 小时、1.61 小时，同比分别压缩 15.01%、24.4%。助推厦门市连续两年获评“全国营商环境标杆城市”，厦门口岸连续 3 年在“十大海运集装箱口岸营商环境测评”中被中国报关协会等单位评为最高等级，相关做法入选厦门经济特区建设 40 周年全面深化改革优秀案例。自主开发数字监管平台，破解重点企业、商品通关瓶颈问题，进口货物“船边直提”、出口货物“抵港直装”适用范围持续拓展。实施进口原油、矿产品“先放后检”便利化措施，惠及超千亿元进口大宗商品。持续优化进境动植物源性食品检疫审批，实现进口粮食整体通关时间压缩 90%，肉类、水产品进口同比分别增长 2.07%、11.99%。落实金砖创新基地建设重点任务，深化海关系统首个中非关际合作（厦门海关—德班海关关际合作），打造金砖国家关际合作示范项目。支持开放平台建设，推动海关特殊监管区域整合升级，海沧港综合保税区一期顺利通过验收，象屿综合保税区正式封关运作，“四自一简”等 13 项政策落地实施，关区 4 个特殊区域一线进出口总值创历史新高。

【业务改革与制度创新】2021 年，厦门海关拓展“两步申报”“两段准入”改革成效，“两步申报”比例达 23.9%，较一般模式压缩海关通关时间 79.09%；“两段准入”模式有效降低货物滞港产生的仓储等成本。协同制定福州、厦门两关全业务领域一体化改革 30 项措施，实现全国第三个跨关区出口货物转关自动核销，单票货物压缩通关时间超 8 小时，每个集装箱节约成本 300 元，驻闽海关监管服务质效进一步提升。制定稽查改革措施，推动以查发为导向的稽查作业模式构建成型。加大自由贸易试验区海关监管制度创新，参与自由贸易试验区扩区和自由港型经济特区建设方案研究，全面完成国务院 58 项复制推广任务，年内推出 19 项试验任务，3 项自贸创新成果获评全国首创，全国首创累计达 50 项。参与“三智”建设，全国海关首批试点智能审图算法分类部署。深化全国唯一集成电路研发保税监管改革，覆盖面拓展至厦门市 80 多家中小微集成电路设计企业，监管货值同比增长 2.43 倍，助力 4 家试点企业营收突破 1,000 万元。探索适应大规模物流进出的新型监管模式，优化转关监管，支持建设航空电子货运平台，厦门空运货站作业效率提升 90%以上。企业集团加工贸易监管模式在全国范围复制推广，累计为 4 家企业集团的 16 家企业减免保证金上亿元。

【促进外贸企业发展】2021 年，厦门海关贯彻中央“六稳”“六保”部署，落实落细总署与福建省政府签订的合作备忘录，开展助推民营企业发展、RCEP 对省市外贸影响等专项调研，健全“问题清零”工作机制，解决企业“急难愁盼”问题 89 个，为天马微第 6 代柔性 AM-OLED、宁德时代锂电池出口等重点项目量身制订快速通关方案。出台促进跨境电商高质量发展 12 条措施。全面落实国家减税降费等税收优惠政策，围绕集成电路、生物医药、新能源等关区重点产业加强税政调研，厦门海关提出的 7 项税率调整建议被国家相关政策主管部门采纳。支持国际中转集拼、多式联运发展，支持中欧班列（厦门）、“丝路海运”平台做大做强，探索“中欧班列+出口货物”新模式，实现跨境电商 B2B 出口与中欧班列优势叠加，累计监管中欧班列货值 10.4 亿美元，同比增长 8.1%，助力厦门港集装箱吞吐量首次突破 1,200 万标箱。帮扶外贸企业保订单、保履约、保市场，推荐出口食品生产企业对外注册 52 家次。新增高级认证企业 18 家，同比增长 26.1%，助力关区高级认证企业获评全国

“诚信兴商十大案例”。支持厦门建设国际航材保障中心，航材保障保税物流初步建成，全年监管各类保税航材 191 亿元，同比增长 28.4%。促进厦门市显示面板产业转型升级，支持生物医药产业发展，推动建成福建省首家生物材料特殊物品出入境公共服务平台，助力厦门新冠病毒检测试剂出口货值超 30 亿美元，同比增长 3.1 倍。

【政务管理】 2021 年，厦门海关贯彻落实全国海关办公室工作会议精神，年内组织召开形势分析及工作督查例会 12 次，推进年度重点任务 116 项。完善“整治形式主义、官僚主义”专项考核制度，出台为基层减负 8 项措施，基层报送任务报表压减 66%，发往隶属单位公文压减 20%、便函压减 45%，机关作风持续好转。规范文件管理制度，加强政策研究，牵头完成署级课题 2 项，参与署级课题 21 项；编发政研文章 133 篇次，办理人大代表建议、政协提案 19 件。蝉联厦门市绩效考核和综治考核“双优秀”。持续提升信息宣传水平，新闻稿件被《人民日报》等纸质媒体采用 418 篇次，被中央电视台等电视媒体采用 94 篇次，编报互联网信息被采用量排名直属海关第三。强化档案综合管理，做好口述历史档案挖掘抢救工作，协助总署在“6・9”国际档案日开展“苏区税关历史”直播。做好 12360 海关热线与地方 12345 热线整合工作，开展 12360 海关热线专家座席活动，全年接听热线咨询 2.42 万人次，微信公众号推送 101 期、420 篇。深化外事工作，加强“三智”理论宣传与实践，参加金砖国家海关线上研讨 8 场，组织召开厦门海关—南非德班海关等关际合作项下会议 4 场。

【财务及后勤保障】 2021 年，厦门海关落实党政机关过“紧日子”要求，压减一般性支出 19.93%。理顺涉案财物检疫鉴定处置流程，创新无底价拍卖模式，首次向地方公益事业单位捐赠海关罚没的国内不予收兑外币 1.9 万枚，向福建省林业局移交海关罚没的象牙等濒危野生动植物及其制品 4,000 余件。出台关爱疫情防控一线人员工作措施 47 条，维护抗疫人员身心健康。推进节能管理，获评“2021—2023 年全国公共机构水效领跑者”荣誉称号。

【科技应用】 2021 年，厦门海关推进科技创新应用，提升“智慧海关”建设水平。优化“海关检疫 E 码通”功能，将入境旅客每人 5~7 分钟的检疫流程缩短到 90 秒。监管智能化机器设备投入试运行，不断优化改进新冠病毒采检机器人性能，冷链货物通关效率进一步提升，查验辅助机器人节约关员户外作业时长 30%以上。开发干部职工核酸检测管理、疫苗接种管理和紧急情况排查等移动应用模块，实现疫情防控数据移动报送、自动统计。启动关区数字监管平台和旅客行李物品智能化监管建设。升级非贸业务一体化运行智能管理平台，精准查发涉毒、涉濒危等违规情事 422 起、公安部目标督办案件 1 起。创新旅客行李物品智能化监管，开展关区邮件、快件、跨境电商监管技术改造，创新电子计算机断层扫描（CT）分拣线对接模式，分拣通关速度提升 3 倍以上。推进非执法领域管理联动平台优化升级，完成平台 7 大模块共计 75 个流程的开发上线，基本实现关区政务审批事项集中办理，部分功能实现移动审批。推进“智慧缉私”建设，承办的署级项目“缉私执法办案动态监控应用（二期）”在全国海关上线；自主研发合成作战平台，打击成品油走私智能化平台与省部级大数据平台实现对接。年内，厦门关区实验室新获 CNAS 检测能力 123 项，累计 1.71 万项；厦门国际旅行保健中心生物安全二级实验室改扩建工程完成，新冠病毒检测能力从 300 份/天提升至 2,500 份/天。全年获总署科研项目立项 3 项、福建省科技项目立项 1 项，获厦门市科学技术奖三等奖 2 项。

【督察内审】 2021 年，厦门海关对 4 个隶属单位开展经济责任审计，组织总署专项审计“百日自查”和实验室建设专项审计调研等，有效揭示突出问题和风险隐患。构建审计整改长效机制，修订制度26个、优化机制51个、改进流程28项。聚焦预防性消毒、国门生物安全等重大决策部署，开展落实情况跟踪督察6个、署级督察自查2个，共发现问题31个、提出建议23条。强化关区两级督察联动，指导隶属海关开展督察项目56个。开展新冠肺炎疫情防控安全防护督导6次，及时提出整改建议。制定内控前置审核相关操作规程，开展关级规章制度、科技项目内控前置审核。深化海关内部控制与监督子系统应用，制发监控核查联系单，有效处置异常数据。优化执法评估“数据+指标+分析+调研”模式，组织关级专题评估，揭示问题风险、提出整改建议。承担署级专题执法评估1项，落实署级专题评估调研6个。参加总署执法评估系统建设，负责发布指标模型14个。协助编修相关内部审计及监察指南。督察监督工作经验在2021年全国海关督察内审会议上做交流。

【干部队伍管理】2021年，厦门海关党委精细管理锻造队伍，选优配强处科级领导班子。优化“三位一体”考核体系。推进事业单位岗位设置及聘用，强化执法一线科长跟踪培养，选派2名干部担任驻村第一书记。对76个集体、844人次记功授奖。建设3个业务实训点，开展专业能力提升行动，覆盖12个业务条线，评选关区业务标兵21名，实现政治和业务能力同步提升。为83名老党员颁发“光荣在党50年”纪念章，离退休干部第四党支部获评“福建省省级示范党支部”称号。做好巩固脱贫攻坚成果、帮扶乡村振兴工作，开展“闽宁消费帮扶”活动。年内，被福建省总工会命名“五一先锋号”1个、被厦门市总工会命名“五一先锋号”9个，获全国青年文明号3个、福建省青年文明号6个，获全国妇联巾帼文明岗1个，获福建青年五四奖章集体标兵1个。

【对台监管】2021年，厦门海关贯彻习近平总书记关于对台工作系列重要讲话精神，持续跟踪落实中央及地方政府制定的惠台政策。全年监管对台进出口货值747.2亿元，同比增长13.2%；监管对台进出境航班1,582架次，同比增长9.4%。

依托信息化、智能化监管手段，提升对台海运快件通关效率，全年监管对台海运快件出口集装箱2,634个、9,565.09吨、9.66亿元，同比分别增长25.55%、23.2%、70.27%。联合相关部门制定多式联运“一单制”提单标准和服务规范，推动闽台海铁多式联运，台湾地区集装箱货物的过境运输业务常态化开展，全年监管过境集装箱货物11票、22标箱、108吨、220万美元。监管大陆向金门供水，采取“远程视频监控+人工实地巡查”的方式，每月接受定期集中申报，企业通关成本进一步降低。

受疫情影响，厦门—金门、泉州—金门海上客运航线全年停航；关区16个对台小额贸易点中，年内仅2个开展业务。关区累计监管进口对台小额贸易货物报关单2,046票，货值3.11亿元，同比分别下降40.42%、43.88%。严格厦门大嶝对台小额商品交易市场交易凭证、通道、物流管理，累计监管大嶝市场商品1.34万吨，货值1.85亿元，同比分别下降61.91%、62.76%。

（撰稿人：马凌云　王志福　刘毅敏　许炯锋　李学能　吴　超　吴建华　林志建　林锦斌　赵静娴　洪燕鹭　喻　波　薛舒捷）

南昌海关

【概况】南昌海关前身是1980年成立的九江海关（直属总署的正处级机构）。1988年12月1日，正式设立南昌海关（副厅级）。2004年1月18日，升格为正厅级。管辖范围为江西省整个行政区划，面积16.69万平方千米。下辖14个处级隶属海关，包括昌北机场海关、赣江新区海关、青山湖海关、九江海关、赣州海关、吉安海关、景德镇海关、新余海关、鹰潭海关、上饶海关、宜春海关、萍乡海关、抚州海关、龙南海关。

2021年，南昌海关坚持以习近平新时代中国特色社会主义思想为指导，全面践行总署党委“五关”建设总体要求，坚持“绝对忠诚讲政治、把好国门强基础、改革创新抓落实、严管厚爱带队伍”工作思路，弘扬伟大建党精神，统筹口岸疫情防控和促进外贸稳增长，贯彻《国务院关于新时代支持革命老区振兴发展的指导意见》，推进落实总署与江西省政府签订的合作备忘录。实现税收入库102.1亿元，同比增长12.31%，首次突破百亿元。年内，江西省进出口总值4,980.40亿元，同比增长23.70%；推动“双区联动”项目列入中国与中东欧国家领导人峰会成果，打造中欧内陆“南线”物流新通道，赣欧班列年内开行399列。关区获评全国文明单位数量达10个，占比67%。所属昌北机场海关旅检科获“全国巾帼文明岗”称号。在江西省绩效考核中连续3年获评优秀，获记集体三等功。获江西省全面深化改革工作先进单位。

【党的建设】2021年，南昌海关强化政治机关建设，坚持“第一议题”制度，坚持“每日必学、每周研讨”，通过党委会、党委理论中心组学习习近平总书记重要讲话、重要指示批示精神49次、192篇次。开展“大学习、大研讨、大落实”活动，学习贯彻党的十九届六中全会精神78次。12月14日，中央电视台《新闻联播》报道南昌海关“贯彻六中全会精神、强化责任办实事典型成果”。

开展党史学习教育，组织重温一次入党誓词、组织一次清明祭英烈、开展一次“红色走读”、重上一次井冈山、组织一次知识竞赛、进行一次演讲比赛、开展一批调查研究、重启一批结对共建等“八个一”活动，开展百名关员谈体会、百名党员进企业、百名志愿者献爱心、百首红歌大家唱、百封家书大家读、百部红影大家看、百幅作品颂党恩等“八个百”活动。开展苏区红色海关史研究，拍摄《红色税关——筠门岭》专题片，获江西省“职工网民讲党史”第1名。开展“我为群众办实事”实践活动，解决企业群众“急难愁盼”问题1,056个，3件民生实事入选总署“百佳项目”。3月31日，中央电视台《焦点访谈》报道南昌海关党史学习教育开展情况。

推进“强基提质工程”，开展“创‘四强’支部、创模范机关、创第一等工作”活动。获评江西省省直机关党建考评特优单位，在中央驻赣单位中排名第一，“六位一体”党建述职评议考核模式获江西省机关党建创新案例一等奖；1个党支部入选全国海关“书记项目”试点，2个集体获评全国青年文明号；培树署级党建品牌4个、特色党建品牌106个。离退休干部党建做法在系统内进行推广。

贯彻落实党风廉政建设各项规定，推动建立驻署纪检监察组、地方纪委监委、海关三方协同监督机制。制定深入治理违反中央八项规定精神突出问题58项措施；开展“现场监管与外勤执法权力寻租”专项整治，完善制度机制24项。

2021年4月12日—6月10日，总署党委第六巡视组对南昌海关党委开展常规巡视，指出4个方面33个问题，提出4个方面意见建议。南昌海关党委对照巡视指出问题，制定整改措施，建立健全制度机制，同步开展基层党建、精简文件等6个专项整治，对所有问题对账销号。制发南昌海关党委贯彻落实总署委员会关于加强巡视巡察上下联动的实施意见任务分解表，对15个所属单位（部门）开展政治巡察。

【法治建设】2021年，南昌海关组织对10部海关规章及地方法规提出立法建议，参与24部规章及行政解释的立法后评估，11条意见建议被采纳。推进业务制度“立改废”59件，优化制度体系布局，办理行政复议案件1起，未发生行政诉讼案件。成立关区普法讲师团，建立南昌海关执法典型案例库，新增公职律师6人，集中开展“8·8”海关法治宣传日、“12·4”国家宪法日等专题普法活动221场。1人获评全国海关优秀公职律师，1位公职律师参加政策法规司公职律师“以干代训”工作。所属昌北机场海关获评2016—2020年江西省依法治理创建活动先进单位。

【风险防控】2021年，南昌海关货物渠道人工分析布控、邮递渠道高质量人工分析布控、跨境电商保税网购清单人工分析布控成效显著。全年人工分析布控和自主分析查发移交缉私刑事案件14起，实现固体废物、濒危物种及其制品、毒品、危化品、反宣品、侵权物品等重点领域查发。上报刊载总署内刊6篇、风险防控专报1篇、研究类文章1篇，获署领导批示3次。

【税收征管】2021年，南昌海关实现税收入库102.1亿元，同比增长12.31%，首次突破百亿。汇总征税率54.20%，居全国第三。属地纳税人管理框架基本建成。上线行邮税征管应用系统，对接财关库银横向联网系统，实现行邮税电子支付。推广原产地证书智能审核和自助打印，签发各类原产地证4.81万份，签证金额36.90亿美元，同比分别增长9.11%、13.41%，累计帮助江西省企业享受国外关税减免18.91亿元。在RCEP落地实施工作中，建立汽车整车及零部件、纺织品、农产品等江西优势产业RCEP关税减让对比清单，牵头开展“RCEP协定实施对江西外贸的机遇挑战及应对”关级课题研究，提出产业链供应链优化升级10项建议。

▲2021年8月12日，上饶海关关员开展新能源汽车整车通关规范申报现场指导

【卫生检疫】2021年，南昌海关按照职责开展出入境人员及交通工具检疫监管，入境人员全部闭环转交地方，完成四国外长包机入境等重大卫生检疫任务，登临检疫作业短片被选为海关系统货机检疫示范片。动态梳理、制发

疫情防控相关文件，完善更新疫情防控、突发事件应急预案，组织各类业务培训及演练，提升业务能力，实现新冠肺炎疫情“零输入、零漏检、零感染”。参与总署新冠肺炎疫情防控操作指南编制专项工作，“2021HK005 口岸输入性病媒生物图谱及数据库研究”项目获批“揭榜挂帅”项目立项。开展口岸及输入性鼠类、蚊类、蜚蠊等病媒生物监测、控制；开展高风险特殊物品后续监管，做好特殊物品出入境卫生检疫审批和通关验放，严防特殊物品非法出入境。

【动植物检疫】2021 年，南昌海关开展“国门绿盾”专项行动，持续开展国门生物安全监测工作，严防重大动植物疫情传入传出和外来物种入侵，截获外来物种和种子种苗 87 种次，同比增长 50%。在强化进境粮食等产品口岸检疫查验工作中，截获有害生物 493 种类、3,577 种次。服务粤港澳大湾区战略，保障生猪安全供港澳 8.70 万头。落实国家储备粮战略，主动与江西省粮食和物资储备局、中储粮江西分公司建立联络机制，执行《进口储备粮检验检疫监督管理规定》，“一对一”帮扶拟申请进口储备粮储备库资质的企业，指导完善申请材料、及时解决实际困难，首次完成江西省 61 个储备粮储备库考核，完成 30 万吨储备粮目的地检疫监管。服务国家种业振兴战略，引导扩大优良种质资源进口，检疫监管进口 2 批次、4.60 万羽种鸡。

【食品检验检疫】2021 年，南昌海关开展进出口食品、化妆品监督抽检和风险监测，监督抽检 183 个 2,386 项次、风险监测 126 个 5,780 项次，实施进口食品“国门守护”行动，检出不合格进口食品 7.5 吨。首次以专家组身份参与总署进口食品境外生产企业注册视频检查工作，参与 3 个国家的 5 家水产品企业检查工作，敦促境外输华食品生产企业落实疫情防控责任。开展出口食品生产企业、进口商及原料种植养殖基地核查 216 家，注销、依法撤销出口食品生产企业资质 17 家、进口商资质 12 家、原料种植养殖基地资质 17 家。截获从疫情高风险地区入境、未经检疫审批的非法冻品 1 批，从快邮件渠道截获禁止进境食品 81 批，全年未发生系统性、区域性进出口食品安全事件，1 人获“全国食品安全先进个人”荣誉称号，1 人获“海关系统先进工作者”表彰。

【商品检验】2021 年，南昌海关加强对危险化学品、烟花爆竹等重点敏感商品的监管，烟花爆竹出口监管量居全国第二，检出各类进出口商品不合格 343 批，查发进口“涉危不报”案件 3 起，查发出口超安全生产许可范围等案件 10 起，其中 3 起被总署作为典型案例通报发布。强化岗位能力提升，组织 23 个所属单位参加总署危险品岗位练兵和技能比武，获评优秀组织奖。发挥进出口烟花爆竹一级质量安全风险监测点作用，完成抽查检测 353 批次，检出各类不合格 56 批次，为采取风险预警和快速反应措施提供技术支撑。

【监管业务】2021 年，南昌海关参与江西省口岸发展“十四五”规划编制，推动赣州黄金机场纳入全国口岸“十四五”规划，支持九江口岸扩大开放，4 月 10 日设立九江进境水果指定监管场地获总署批复同意，11 月 29 日彭泽港区红光码头监管场所完成建设验收，全年完成 17 个监管现场脱卸洗消区建设和升级改造，覆盖率 100%。落实《中华人民共和国海关综合保税区管理办法》，支持 4 个综合保税区健康发展、做大做强，赣州综合保税区调整至赣州国际陆港获批，井冈山综合保税区正式封关运作，全年综合保税区进出口 457.7 亿元。畅通国际航空物流通道，8 月 19 日新增“南昌—纽约”全货机航线开航。全年南昌空港国际货邮吞吐量 11.21 万吨，同比增长 46.20%。支持开通南昌至郑州出境邮件线路，

7月6日首批赴欧美邮件从南昌转至郑州机场出境。服务跨境电商发展，7月1日新开通“9710”“9810”业务。年内跨境电商进口442.41万票、出口301.51万票，同比分别增长10.61倍和2.31倍，进出口规模居全国第五。开展打击跨境电商进口走私“断链刨根”专项整治行动，监管进出境邮件166.48万件，货值1.09亿元。开展“龙腾行动”“蓝网行动”“净网行动”专项行动，查扣侵权货物1,629批、25,277件；4月26日，寄递渠道查获侵权货物案入选“2020年中国海关知识产权保护典型案例”；权利人企业有效备案153家。开展安全生产专项整治三年行动，全年未发生重大事故，1人获评“2021年度江西省安全生产先进个人”。

【跨境贸易便利化】2021年，南昌海关深化“放管服”改革，强化“双随机、一公开”监管，推进“海关改革2020”，制定促进跨境贸易便利化措施51条。“两步申报”应用率72.47%，居全国第一。“证照分离”14项改革全部落地，“船边直提”“抵港直装”扩大试点范围。创新“跨省域、跨关区、跨海陆港”的“赣深组合港”通关模式，4月9日，中央电视台《新闻联播》报道所属赣州海关保障“赣深组合港”通关新模式启动工作。连续三年实施“通关与沿海同样效率”专项行动，12月进、出口整体通关时间为11.11小时（扣除国内运输段）、0.28小时，较2017年分别压缩72.73%、98.87%，通关效率保持全国前列。组织编写国外相关技术性贸易措施研究报告3篇，发布措施解读1篇，向总署报送涉及烟花、柑橘等特色出口产品特别贸易关注3个，填补大洋洲国家技术性贸易措施研究空白14个；对148家企业开展国外技术性贸易措施对企业出口影响的调查，帮扶江西烤鳗、茶叶等特色农产品突破国外技术壁垒，出口同比分别增长28.9%和29.8%；指导江西省鹰潭市申建有色金属技术性贸易措施研究评议基地。

▲2021年9月18日，赣州海关关员保障中欧班列（赣州）第1000列开行

【“双区联动”项目】2021年，南昌海关针对性拟订海关监管方案，指导赣州港做好基础设施、提升信息化水平等项目承接准备，支持中国（赣州）跨境电子商务综合试验区、赣州港运营方与“双区联动”项目承办方进行对接，推动匈牙利中欧商贸物流合作园区与中国（赣州）跨境电子商务综合试验区“双区联动”合作协议落地。1月26日，匈牙利中欧商贸物流合作园区与中国（赣州）跨境电子商务综合试验区“双区联动”合作协议在赣州正式签约，2月9日作为53项成果之一纳入中国—中东欧国家领导人峰会成果清单。年内累计开行“双区联动”班列31列、中欧班列（赣州）399列，助力江西打造中欧内陆“南线”物流新通道。

【“十百千万”服务计划】2021年，南昌海关组织对江西十大重点产业发展进行重点支持，对江西百强外贸企业提供“一对一”服务，对江西千家中小型企业进行调研指导，对江西万家注册企业开展全覆盖政策帮扶，促进江西外贸稳定增长，简称“十百千万”服务计划。通过建立江西重点外贸企业常态化监测预警机制、直通重点外贸企业调查机制和外贸企业调研库，助力保障产业链供应链稳定，促进有色金属等江西十大产业拉动全省外贸增长11.92个百分点，新增AEO高级认证企业10家；江西外贸百强企业进出口增长15.30%；推进千家中小型企业“问题清零”，累计解决问题1,326个；对1.91万家企业开展政策宣讲，江西有进出口实绩的企业数量同比增长15.90%，服务案例被各类新闻媒体刊载195次。

【海关统计】2021年，南昌海关制订分析研究“一关一品”工程建设指导方案，细化南昌海关《“十四五”海关发展规划》任务措施，统筹融合推进分析研究工作。2021年，参与总署全国外贸分析、产业链和供应链“卡脖子”等重大分析研究，参与撰写的1篇分析研究报告获习近平总书记重要批示，6篇政策研究与统计分析报告获其他中央领导同志批示；开展统计监测预警，撰写进出口监测预警信息148篇；牵头完成署级课题1个，参与署级课题4个，发挥“数据+研究”作用，优化统计服务，报送相关分析专报18篇。评定首批分析研究“一关一品”示范品牌1个、培育品牌4个。参与总署数据质量发布中心工作，白银手镯出口异常统计监督获总署发文肯定。

【企业管理和稽查】2021年，南昌海关报关单位备案共计20,648家，新增报关单位备案2,931家，同比增长16.54%；高级认证企业共计43家，新增10家，同比增长30.30%。办结稽查作业113项。固体废物专项稽查行动成效高出全国平均水平，实质性查发某企业进口国家禁止进口固体废物，为全国3个稽查实质性查发海关之一。办结核查作业610起。

【查缉走私】2021年，南昌海关开展打击走私“国门利剑2021”专项行动，刑事立案30起，涉税案值4.9亿元，偷逃税额9,124.11万元；行政立案117起，案值2.1亿元。侦办“3·01”走私雪茄网络系列案，现场查扣雪茄烟4万余支，被国家烟草专卖局、总署缉私局列为联合挂牌督办案件；侦办走私坚果案1起，案值1.9亿元，涉税1,593万元；立案侦办跨境电商走私洋酒案2起，现场查扣洋酒12万余瓶，涉税2,279万元；立案侦办寄递渠道走私耳机案1起，查获高档耳机1,000余副。开展“国门勇士2021”专项行动5轮次，查获枪支及配件24支、铅弹135发；侦办毒品走私案2起，查获精神药品9,414克、传统毒品142克；侦办淫秽物品走私案1起，查获疑似淫秽书刊及非法出版物38万余册，被全国“扫黄打非”办公室、总署评为年度十大典型案件。完成情报、指挥、办案、案管“四中心”智慧缉私基础化建设。制定相关打击走私综合治理考核评价实施办法及考核评价标准，完善反走私综合治理考核评价体系。6月4日，组织召开江西省打击走私综合治理工作电视电话会议。与烟草部门开展联合执法，打击雪茄走私，销毁无合法来源烟草制品；与长江航运公安局联合协作，参与“长江大保护”行动。

【政务管理】2021年，南昌海关政务信息被3个总署内刊分别采用23篇、12篇、88条，同比分别增长90%、50%和8%，其中1篇信息作为优秀信息点评交流。新闻宣传在中央电视台、《经济日报》等央级媒体刊发12篇，其中3篇稿件登上中央电视台《新闻联播》，数量创历史新高；在《江西日报》等省级媒体、《中国国门时报》等海关媒体刊发394篇，其中头版20篇。制发正式文件168件、非正式文件713件，同比分别减少23.3%和30%。办理人大建议、政协提案15件，同比增加50%，按时办结率、代表委员满意率均为100%。新增12360海关热线2条线路，与地方12345热线实现归并。《苏区税关——人民海关事业在共和国摇篮的预演》获江西省档案局征文优秀奖，编入《档案里的党史故事》。编纂完成《江西省志·海关志（1980—2010）》《江西省志·出入境检验检疫志（1952—2010）》。

连续 8 年获评江西省平安建设工作先进单位。

【财务及后勤保障】2021 年，南昌海关在全国海关率先建立海关查获走私固体废物移交地方处置工作机制。在推进节能减排工作方面，开展机关综合楼节能改造、光伏发电系统建设、雨水回收灌溉系统建设、新能源汽车充电桩扩建、能源远程监控管理系统升级等节能项目建设，获评江西省公共机构节能考核优秀单位和江西省公共机构节能节水型单位。加强“智慧后勤”建设，初步实现采购与仓管的数字化、网络化、信息化管理。

【科技发展】2021 年，南昌海关率先在内陆海关开展智能审图制图试点，H968 现场机检比例达 91%。参与公安部网络攻防演习，处置阻断互联网攻击事件 1.1 万次，封禁互联网攻击 IP 地址 2,374 个，网络安全指标居全国海关前列。首批建成直属海关音视频实时监控体系。HB2012 办公系统迁移上“云”，7 月 27 日，作为首批试点海关，完成业务网邮件（WebMail）系统正式切换。1 人获评全国海关十佳科普讲解员。加强实验室建设，1 月 21 日，所属保健中心新冠病毒实验室满分通过国家卫健委评价；所属技术中心申报 2021 年总署科技成果评定项目 2 项、海关技术规范制订项目 1 项，申报发明专利 20 项，获批农业农村部标准制修订立项 1 项。完成实验室优化整合，构建综合技术、卫生保健 2 个中心，陶瓷检测院士工作站 1 个特色以及 4 个分中心的“2+1+4”管理格局。

【督察内审】2021 年，南昌海关完成“推动重大决策部署贯彻落实情况”“强化监管优化服务情况”“贯彻执行中央八项规定及其实施细则精神情况”以及“海关实验室建设”的“3+1”署级专项审计工作。首次开展“巡审合一”及全过程远程联网审计，审计所属部门（单位）13 个，实现对本级财务、隶属海关、事业单位全覆盖审计监督。运用 HLS 2017 内控平台监控、排查历史数据，取得专项成果。配合完成署级评估课题“海关‘稳外贸’‘稳外资’措施专题评估”相关工作。

【队伍管理】2021 年，南昌海关选人用人满意度测评和从严管理干部情况好评率居全国前列，“年轻干部培养工作”在全国海关人事处长培训班上进行交流发言。在人员队伍培训方面，按期完成十九届五中全会精神暨党史学习教育专题班培训，应训人员参训率 100%，2021 年度培训计划学时学分达标率 100%。印发“十四五”海关队伍建设“三个规划”重要举措任务的分工方案，制定 14 个方面、158 项具体细化措施。开展分类考核评比，对 16 个专项给予嘉奖。加强离退休干部管理，做好离退休干部统计工作，被江西省委老干部局评为“全优报表单位”，受到通报表扬。

（撰稿人：王　琦　卢　泉　庄立文
刘　军　刘　娜　任忠虎
全德昌　江志浩　李　飞
李　阳　李　驰　张　璐
张思静　陈　斌　陈小青
陈佳瑜　金　衍　宗　华
高天放　涂　径　陶　林
黄　亮　曾绍华　董旖婧
傅　成　熊文兵）

青岛海关

【概况】青岛海关的历史可以追溯到1899年的胶海关，中华人民共和国成立后，胶海关于1950年2月11日正式更名为中华人民共和国青岛海关，1980年升格成为直属总署领导的厅局级海关。青岛海关管辖范围为山东省青岛、枣庄、烟台、济宁、威海、日照、临沂、菏泽等8市，下辖19个隶属海关，包括黄岛海关、烟台海关、青岛胶东机场海关、青岛大港海关、董家口港海关、青岛邮局海关、即墨海关、胶州海关、日照海关、威海海关、龙口海关、荣成海关、济宁海关、临沂海关、菏泽海关、枣庄海关、莱州海关、蓬莱海关、海阳海关。

2021年，青岛海关以习近平新时代中国特色社会主义思想为指导，全面落实全国海关工作会议和全面从严治党工作会议部署，聚焦“五关”建设要求，全年共监管进出口货物总值5,040.83亿美元，进出口货运量8.32亿吨，同比分别增长37.91%、4.34%；税收入库1,478.74亿元，同比增长30.24%。全年有11个单位部门、12名个人荣获省部级以上表彰：青岛海关办公室获国务院办公厅政务（含互联网）信息报送工作先进单位，黄岛海关缉私分局侦查科获全国公安机关成绩突出集体，青岛海关直属工会获中华全国总工会模范职工之家，烟台海关驻机场办事处旅检一科和青岛流亭机场海关旅检业务现场获第20届全国青年文明号，青岛大港海关旅检科获全国工人先锋号，荣成海关获第十七届全国法治动漫微视频征集展示活动优秀奖，青岛海关进出口食品安全处获2021年全省食品产业高质量发展表现突出集体，青岛海关缉私局查私处和黄岛海关缉私分局获全国打击虚开骗税违法犯罪两年专项行动成绩突出集体，青岛海关技术中心获山东省科学技术进步奖；李文莉获山东省优秀党务工作者，王鑫获山东海洋强省建设突出贡献奖先进个人，徐程、韩晓刚、李飞、王栋、郑艺、朱晓黎、任斌7人获全国打击虚开骗税违法犯罪两年专项行动成绩突出个人，董俊哲、王铭、郑丽莎3人获山东省科学技术进步奖。

【党的建设】2021年，青岛海关将学习贯彻习近平新时代中国特色社会主义思想作为首要政治任务，发挥党委理论学习中心组示范作用，修订学习规则，组织党委专题学习、理论学习中心组学习习近平总书记重要指示批示精神35次，党委委员深入基层和企业开展专题调研50余次。青岛海关党委第一时间组织传达学习党的十九届六中全会精神，通过支部党员大会、支部委员会、党小组会、党课、主题党日活动、青年理论学习小组活动等形式，掀起学习宣传贯彻十九届六中全会精神热潮。推动党史学习教育走深走实，专题学习习近平总书记在庆祝中国共产党成立100周年大会上的重要讲话精神，组建青岛海关宣讲团。挖掘“人民海关第一关”红色资源，用好青岛海关博物馆等特色资源，利用沂蒙红色资源举办党史学习教育领导干部专题培训班，依托微信公众号开设“红色印记云参观”“学史进行时”

“红色档案故事”等专栏。扎实开展“我为群众办实事”实践活动，制定72项措施，确定重点民生项目235项，其中“破除欧盟技术性贸易壁垒　助力出口花生产业发展”等4项入选全国海关“百佳项目”。帮扶20个村的省定贫困户全部如期脱贫，保持帮扶政策稳定，做好巩固拓展脱贫攻坚成果与乡村振兴有效衔接。

【队伍管理】2021年，青岛海关加强班子自身建设，修订并执行好中共青岛海关委员会工作规则及青岛海关贯彻落实“三重一大”决策制度的实施办法，党委委员牵头推进“积极服务新发展格局，打造对外开放新高地2.0版”等8件大事实事，以大事实事引领全面发展。统筹推进“四强”支部和三级支部（过硬支部、先进支部、标准支部）建设，青岛海关获评省直模范机关建设工作表现突出单位，黄岛海关、日照海关2个隶属海关获评省直模范机关建设工作表现突出集体。“青关税政通”等7个全国海关党建示范品牌和培育品牌通过总署评审或复核。强化教育培训，完善“青关好师傅”“青关好课程”模式，全员提前实现学时、学分达标。准军事化纪律部队建设纳入年度绩效考核，开展内务规范强化月活动，组织督察51次。建设清廉海关，深刻吸取相关案件教训，召开党委会议、纪律作风推进会、警示教育大会，旗帜鲜明、正风肃纪。聚焦“关键少数”，研究制定青岛海关落实总署党委加强对“一把手”和领导班子监督实施意见的分工方案。坚持一体推进“三不”，深化打私反腐“一案双查”，建立“以案促改”长效机制，年内立案8起，处分10人。开展“现场监管与外勤执法权力寻租”专项整治，累计查处案件7起，处分6人，制定完善制度66项。推进巡察全覆盖，组织4轮对34个单位部门的常规、专项巡察和“回头看”，移交问题线索2件，提出意见建议151项。成立青岛海关机关离退休干部党委，向青岛海关212名老干部颁发“光荣在党50年”纪念章。

【法治建设】2021年，青岛海关坚决贯彻落实习近平法治思想，创建“规范执法示范岗”，推动“法治青关”建设提档升级。参与《海关法》修订工作，完成6.79万字业务改革调研报告，提出立法建议35条。全面落实行政执法“三项制度”，编制直属海关权责清单11类。修订行政诉讼案件挂牌督办实施细则，全年共办理行政复议应诉案件11起，青岛海关法规处被评为“七五”普法全国先进集体。

【税收征管】2021年，青岛海关以“双特”（特许权使用费和特殊关系）为突破口，在全国海关率先建立“双特”价格台账管理机制和系统，实现“双特”管理的智能化、信息化。推动担保模式改革，推出“一保通”创新担保模式，实现“汇总征税+分送集报”的“一保通用”，大幅降低企业通关成本；促进中国—上海合作组织地方经贸合作示范区和中国（山东）自由贸易试验区发展，结合各自的区域优势，与上合示范区管委、自由贸易试验区烟台片区共同研究，为区域内企业推出“上合·银关通”和“自贸·关保通”担保改革，实现上述两个特殊区域的进口涉税担保企业零手续费、零担保费、零保证金，降低企业融资成本，加速资金回笼周转。落实国家进口税收优惠政策，办理天然气、石脑油先征后返退税38.29亿元，集成电路、航空维修等新兴产业成为青岛海关免税新亮点；为青岛海洋国家实验室量身打造减免税设备共享监管方案，共为20批次、30台设备共享简化手续，推动科研设备使用效益最大化。围绕山东省新旧动能转换和创新驱动发展战略开展税政研究，青岛海关提出的27条减免税政策建议被总署采纳实施。

【卫生检疫】2021年，青岛海关围绕新冠肺炎疫情防控加强口岸卫生检疫，密切关注周边国家疫情态势和德尔塔、奥密克戎等变异株全球流行情况，强化疫情监测和风险评估，提升精准防控能力。构建科学、高效的常态化防控体系，落实“三查三排一转运”“四个必严”等措施，织牢织密防控网络。深化“密切合作、分段采样、结果共享”内外联动联防联控机制，合力做好入境人员转运隔离、流调溯源、重大活动保障等工作，共同保障国境口岸公共卫生安全。加强重点商品监管，严格落实进口冷链食品、高风险非冷链集装箱货物口岸环节风险监测检测和预防性消毒监督各项规定，制订防控规范和应急处置预案，成立督导组对隶属海关疫情防控情况进行视频检查和督导检查，加大风险监测、源头管控和远程视频巡检力度，科学规范采样检测，做好新冠病毒核酸阳性货物后续处置。做好一线安全防护，形成“党委督导、专家排查、各关自查”和“现场巡查、远程督查、重点检查”的安全防护督导制度，建立“发现、反馈、整改、固化”的安全防护管理闭环。全面推广移动式负压检疫方舱，海港口岸方舱配备覆盖率100%。探索无接触式远程检疫模式，研发入境交通工具无接触式卫生检疫监管平台，空港口岸实现入境人员100%远程流调。落实总署封闭管理要求，实施全覆盖健康监测，严格个人安全防护和实验室日常管理，完善职业暴露等突发事件应急预案，成立应急梯队，组织应急演练，开展青岛海关内部突发疫情应急处置桌面推演。

▲2021年10月12日，青岛大港海关关员将移动式无接触核酸采样舱移至入境船舶处

【动植物检验检疫】2021年，青岛海关筑牢口岸动植物疫情防线，严防重大动植物疫情传入传出和外来物种入侵。截获有害生物55,169种次，其中检疫性有害生物种类数为66，检疫性有害生物种次数为8,169。截至2021年年底，青岛海关辖区出境动植物及其产品注册登记企业3,408家，其中对外推荐注册企业1,481家。帮助企业开拓国际市场，新增推荐出口韩国水生动物养殖企业4家，新增推荐出口俄罗斯、欧盟等宠物食品企业6家，7家水果企业恢复对俄罗斯出口。优化进境动植物检疫审批许可证办理程序，缩短办理时限。全年共办理1,798份动植物检疫许可证申请，为企业引进优良动植物资源提供保障。

【食品检验检疫】2021年，青岛海关推动进口食品“国门守护”行动，全力提升进出口食品安全现代化治理水平。检出不合格并未获准入境进口食品230批。抓好口岸重大动物疫情防控，强化进口肉类监管措施，严防非洲猪瘟、禽流感等重大疫情传入传出，辖区内重大疫病疫情口岸传入传出率、重大食品安全事故均为零。全国首次查发进口碎肉产品官方兽医卫生证书签发错误和产品标签错误问题19批，相关工作获总署通报表扬。青岛海关辖区口岸水产品、花生、蔬菜、熟制禽肉出口量位列全国海关第一，水产品、芝麻、花生进口量位列全国海关第一。推进进出口食品农产品示范口岸建设，共获批进口肉类指定监管场地18个。助推东北亚水产品贸易中心建设，申请试点开展来进料加工美国、俄罗斯、丹麦格陵兰岛的鳕鱼肚业务获得总署批准。

【商品检验】2021年，青岛海关深入落实总体国家安全观，严格实施进出口商品检验，全年共检验进出口商品64,325批，检出不合格2,566批，进口危险货物及其包装、进出口棉花、进口铜精矿等3个风险监测点为全国海关一级风险监测点。推进进出口商品检验模式优化创新，在全国率先实施保税铁矿混矿“随卸随混”，获中国（山东）自由贸易试验区“最佳实践案例”，得到商务部领导批示；进口矿产品“先放后检”模式改革入选山东省改革试点成果；进口原油先后推出“保税分拨”“混兑调和”“先放后检”等综合验放模式改革，取得良好经济效益和社会效益；铜精矿混矿扩大试点范围，江铜国兴（烟台）铜业有限公司为首家获批企业。有序推进出口化肥检验监管工作，率先具备实验室全项目检测能力。

【监管业务】2021年，青岛海关优化布控动态调控机制，提升风险防控精准打击有效性。开展打击跨境电商进口走私“断链刨根”及快件全链条监管专项整治，刑事立案3起，案值2.36亿元；行政立案16起，案值1,000万元。支持青岛胶东国际机场高标准转场，创新旅检监管模式，实现出境“海关+安检一次过检”、进境“先期机检+智能拦截”。深入推进安全生产专项整治三年行动，开展监管区内长期存储进出口危险品排查清理，组织4轮安全隐患排查，建立突出问题隐患和制度措施“两个清单”，排查发现和推动整改35项安全隐患，保持“零涉危存储类”监管作业场所。助力地方进一步完善口岸功能，支持莱州港口岸获批立项建设进境粮食指定监管场地，指导青岛胶东国际机场、即墨东方鼎信肉类指定监管场所、烟台综合保税区、日照中盛跨境电子商务监管中心等10家指定监管场地高标准完成建设并通过总署验收，支持青岛大港、烟台龙口港完成进境粮食指定监管场地扩建。深化稽查改革，突出查发导向，对重大、复杂稽查情事实施不经事先通知的稽查39起，立案27起，案值6.10亿元，涉税8,171.29万元。持续深化分类核查工作，2021年首次开展与市场监管部门、农业农村部门的联合抽查工作，全年联合执法537起，数量位居全国海关首位。

【风险管理】2021年，青岛海关推进口岸安全风险联合防控机制建设，与青岛市大数据发展管理局等4个海关外部单位建立合作机制，推动开展联合执法作业。着力提升风险防控精准打击有效性，开展风险预警，建立青岛海关风险态势分析和预警防控工作办法，制定预警工作实施细则。在山东省和青岛市打击“三假”虚开骗税违法犯罪专项行动中成绩突出，获得集体通报表扬。牵头总署风险管理司大数据攻关风险测量项目，开展风险测量模型迭代优化，完成署级课题“风险测量在海关风险布控评估中的应用研究报告”。建立“风控+查检”的快速响应机制，高效处置布控指令异常问题，优化营商环境，提高通关效率。

【查缉走私】2021年，青岛海关开展“国门利剑2021”联合专项行动，全年刑事立案195起，案值46.32亿元，同比分别增长4.28%、6.29%，其中总署缉私局挂牌督办案件11起；行政立案2,527起，案值111亿元，同比分别增长34.27%、97.24%。严禁“洋垃圾”入境，打击“洋垃圾”走私刑事立案5起、行政立案56起，查获固体废物合计8,500余吨，退运非法进境固体废物45批、7,118吨。立案侦办走私象牙等濒危动物制品案件33起，破获特大走私6.98吨穿山甲鳞片案。立案侦办毒品、易制毒化学品走私案件25起，查获山东省历年来最大可卡因走私案，缴获可卡因215.37千克。打击重点涉税商品走私活动，立案111起，案值33.16亿元，涉税金额6.88亿元。其中，刑事立案卷烟走私案件13起，案值3.64亿元。

▲2021年4月11日，青岛海关缉私局在进口大豆货舱内查获走私毒品215.37千克

【服务扩大开放】2021年，青岛海关明确35条优化口岸营商环境具体措施，全力促进贸易便利化。大力推行“提前申报”“两步申报”，推广进口货物“船边直提”、出口货物“抵港直装”等模式，巩固压缩整体通关时间成效，2021年12月青岛海关进、出口整体通关时间较2017年分别压缩61%和91%。组织“龙腾行动”等知识产权保护专项执法行动，查办的知识产权案件连续15年入选中国海关知识产权保护典型案例。用好技术性贸易措施，助力约33亿元动物源性食品、泡菜、花生等出口产品获益。制定深化“放管服”改革36项具体措施，推进行政审批标准化、规范化建设，审批事项100%“网上办、码上办”，保持“零超时、零差评”。持续优化业务改革“问题清零”长效机制，畅通业务现场问题直报渠道，按月收集研判、解决业务改革问题。推进中国（山东）自由贸易试验区监管制度创新，截至2021年年底，累计出台创新举措42项，5项在总署备案，12项入选中国（山东）自由贸易试验区首批最佳实践案例。服务中国—上海合作组织地方经贸合作示范区，全国首创并正式发布“中国对上海合作组织成员国贸易指数”，支持青岛空港综合保税区申建，批准设立15家保税仓库，打造保税集群。推进综合保税区高质量发展，青岛即墨综合保税区顺利通过验收并封关运作，青岛海关特殊区域全部转型升级为综合保税区。加大首创性改革创新力度，企业集团保税监管模式在全国海关推广，被列为全国深化“放管服”改革重点任务。联合有关部门建设全国大宗商品仓单登记平台，支持期货保税交割业务做大做强，2021年青岛海关辖区6家20号天然橡胶期货指定交割库交割仓单量占全国实际参与交割量的90%以上。发挥海关服务黄河流域生态保护和高质量发展协调办公室作用，牵头建立“11+1”关际一体协同机制，统筹推进畅通物流通道、外贸运行态势监测等28个重点项目取得实效。

【科技发展】2021年，青岛海关全面推进“科研+实战”攻关，完成“进出口贸易突发性事件检测及应对技术研究”等国家级科技项目（课题）4项，完成总署科研项目11项；获得各类科技奖励13项，其中青岛海关主导的“纺织服装及原材料品质提升关键技术与系列装备的研发和应用”项目获得山东省科技进步奖二等奖，“新型冠状病毒标准物质及精准检测试剂盒的研制”等2个项目获得青岛市科技进步奖二等奖，参与的3个项目分获河南省科技进步奖、陕西省科技进步奖、四川省科技进步奖。2021年3月25日，在总署科技发展司、青岛市政府见证下，首次开展“组阁揭榜”，组织海关与高校、企业联合科研攻关。“口岸外来有害生物及媒介的联合监测与预警防控研究应用”项目获2021年度山东省重点研发计划（重大科技创新工程）立项。研发知识产权备案商标智能识别模型，运用基于深度学习技术的智能算法对超过50万张商标进行自学习，可实现对商标的拍照识别功能，测试准确率达到90%，年内运用该系统共查发29起商标专用权侵权案件；研发应用车辆轨迹智能分析系统，辅助查发多起保税货物、进口转基因大豆倒卖等情事；创新实施ERP联网辅助监管模式，缩短核查盘库时间70%以上；创新研发

“数 e 通——关员便捷助手”小程序，相关系统的单票数据录入时间由原来的 20 ~30 分钟缩短到 1 ~2 分钟。强化技术机构执法保障作用，启用红岛检测基地，新增检测能力 5,388 项；完成法检业务 9.25 万批、130.75 万项，同比分别增长 70.27%和 88.42%；山东省出入境口岸首个获得二级病原微生物实验室资质备案的车载可移动核酸检测基因扩增（PCR）实验室正式运行，实现“国境门口”就近检测。在全国海关科普讲解比赛决赛中，孟珺、吴尧鹏同志进入前五名，获得“全国海关十佳科普讲解员”称号，科技宣传工作获得科技发展部表彰。

【政务管理与后勤保障】2021 年，青岛海关把整治形式主义、切实为基层减负作为重要政治任务，发往基层正式文件精简 25.14%、非正式文件精简 41.69%；严格会议管理，会议计划连续两年只减不增。围绕重点加强信息宣传，上报信息被总署领导批示 21 篇次；发布各类新闻稿件 2,189 篇次。坚持问题导向、实效导向、一线导向，不断优化督查工作机制，开展疫情防控“四不两直”实地督查，确保真查真改真效。加强政务公开，依法处理各类信访诉求 158 件，办结率 100%，12360 海关热线答复率保持 100%。牢固树立过“紧日子”思想，严格执行“三公”经费预算，大力压减水电气暖及非必要办公开支，切实降低行政运行成本。统筹开展重大政策措施落实督察，统筹开展“推动重大决策部署贯彻落实情况”“强化监管优化服务情况”“贯彻执行中央八项规定及其实施细则精神情况”“海关实验室建设专项审计调研”等“3+1”专项审计自查，开展安全生产等 6 项自主督察。提前组织数据分析，筛选审计重点和风险点，组织开展日照海关等 8 个隶属海关及青岛海关技术中心等 3 个直属事业单位的经济责任审计。

【国际合作】2021 年，青岛海关贯彻落实习近平总书记在中国—中东欧国家领导人峰会上的重要讲话精神，持续推进“三智”合作，“基于区块链构建新一代综合保税区综合服务平台”“与各国检测机构资质认定和检测结果互认”分别入选总署“三智”合作早期收获项目、先行先试项目。承办跨国公司领导人青岛峰会海关总署闭门会议，宣讲海关政策，促进关企互动，副署长王令浚到会并致辞，并就加强中国海关与包括跨国公司在内的广大企业合作提出 3 点倡议：一是共同参与“智慧海关、智能边境、智享联通”合作，积极应对风险挑战；二是加强关企协同，切实保障贸易安全；三是加强关企互动，不断深化贸易便利。荷兰驻华使馆海关专员以及 30 多家跨国公司的 50 余名代表参加了闭门会，中央电视台、山东卫视、中国新闻网、《经济参考报》《大众日报》等主流媒体对闭门会进行了报道。继续巩固与韩国仁川、釜山海关的关际合作，加强信息互换工作，全年累计互换信息 15 次。白俄罗斯驻华大使、韩国驻青岛总领事馆总领事到青岛海关访问，双方进行了友好交流。派员参加世界贸易组织食品供应链虚拟研讨会、《经修订的京都公约》全面审议系列工作、世界贸易组织卫生与植物卫生措施委员会第 81 次会议、世界海关组织（WCO）第 8 次税收合规和瞒骗工作组会议等国际会议。

（撰稿人：于晓旭　王　浩　王　雷　王礼祥　王志鹏　生成选　吕　青　任瑞东　刘逸忱　孙延明　孙寿利　苏茂文　李　志　李涛涛　肖艳丰　迟　群　张　明　张坤明　陈　晨　陈起振　胡宗尧　姜雪丽　贺　娟　袁　鹏　高　杰　黄怀森　韩星忠　蔡　霞）

济南海关

【概况】济南海关前身为1985年设立的正处级隶属海关，2012年5月调整为正厅级直属海关。管辖范围为山东省济南、淄博、潍坊、泰安、东营、德州、滨州、聊城等8市。下设11个正处级隶属海关：济南机场海关、济南邮局海关、泉城海关、淄博海关、潍坊海关、泰安海关、东营海关、德州海关、滨州海关、聊城海关、莱芜海关。

2021年，济南海关以习近平新时代中国特色社会主义思想为指导，坚持高标准、高质量推进“五关”建设，全力服务黄河流域生态保护和高质量发展，深入推进“国门安全”“便民利企”“暖心聚力”三项工程，“我为群众办实事”实践活动3个项目入选全国海关“百佳项目”。获2021年度驻鲁中央单位绩效考核优秀等次、山东省模范机关建设表现突出单位。济南海关机关和11个隶属海关全部获评省级文明单位。

济南海关深入贯彻落实总体国家安全观，全面强化监管，筑牢安全屏障。坚持“外防输入、内防反弹”总策略，在全国海关中率先开展100%旅客健康电子申报和电子流调，全年检疫出入境交通工具3,457架（艘）次。口岸监管细致、严密，全年监管进出口货值5,139.9亿元，监管货运量15,035.8万吨，进出境运输工具3,510架艘次。税收征管质量稳步提升，完成税收382.02亿元。全力支持高质量共建“一带一路”，监管中欧班列944列、货物8万标箱。持续推进跨境贸易便利化，进、出口整体通关时间较2017年分别压缩87.77%、93.76%。支持自由贸易试验区和综合保税区统筹发展，自由贸易试验区海关监管创新举措备案数量在全国领先。自主开发全国首个企业认证智慧培育系统，在全国海关中最先完成12360海关热线与地方热线归并工作。

【党的建设】2021年，济南海关突出隆重庆祝中国共产党成立100周年和开展党史学习教育这一主线，坚持以“项目化运作”方式抓党建、促党建，推动关区党建工作高质量发展。开展中国共产党人精神谱系“书记讲党课”系列活动，举办“党在我心中”主题演说、“百年党史青年说”演讲比赛系列活动，庆祝中国共产党成立100周年，推进党史学习教育。落实主体责任，细化落实52项全面从严治党重点任务，深入实施“创建模范机关”“强化执法一线廉政风险防控”2个党建重点项目，潍坊海关、滨州海关2个隶属海关获评山东省省直机关创建模范机关表现突出集体。开展基层党建“质量跃升年”系列活动，半年一轮开展党建专项督查考评，4个全国海关党建示范（培育）品牌通过总署党委复核认定，济南机场海关第三党支部、泉城海关人事政工科党支部2个支部获评山东省省直机关党支部建设示范点。开展准军建设“双月”主题建设，评选“双月”先进集体27个。

▲2021 年 7 月 15 日，济南海关在全国海关党史学习教育推进会上做交流发言

落实监督责任。开展“现场监管与外勤执法权力寻租”专项整治，制定落实 394 项防控措施，完善制度机制 34 项。加强对“一把手”和领导班子的监督。以巡视整改推动、巡视巡察上下联动，实现关区巡察全覆盖。针对持之以恒正风肃纪、紧盯疫情防控落实开展全方位监督，提出意见建议 74 条。不断提高执纪审查质量，全年处置问题线索 32 件，查办案件 10 起，党纪处分 2 人、政纪处分 1 人，开除党籍、行政开除 1 人。

【队伍建设】2021 年，济南海关进行领导班子建设。以政治建设为统领，以加强关党委自身建设带动各级领导班子建设，持续推进干部工作“五大体系”建设。做好领导干部提任工作。优化职级职数使用，开展调研员及以上职级晋升。

领导干部年轻化。持续加强执法一线科长队伍建设，提拔多名执法一线科长担任副处级领导干部，处科级领导干部平均年龄持续下降。优化机构职能配置，调整泉城、淄博、滨州海关 4 个科室设置，优化整合 3 个处级机构。

公务员分类管理改革。完成专业技术类公务员职级套转、任职资格评定。做好事业单位改革“后半篇文章”，完成 138 名事业人员改革后首次聘任。强化培训体系建设，分级分类精准施训，年度培训计划学时、学分考核 100%双达标。

做好离退休干部工作。组织“光荣在党 50 年”纪念章颁发仪式及庆祝建党百年系列活动，20 余人次荣获署省表彰。大力推进“智慧银海”平台试点应用。

【“三大群体”专项赋能提升】2021 年，济南海关针对处级领导干部、科长队伍、年轻干部“三大群体”的不同特点，实施领雁工程、强基工程、英才工程。领雁工程：完成处级领导班子和干部“能力画像”，“一对一”谈话 87 人、问卷测评 511 人，形成 33 个班子画像、93 张个人画像；举办处级领导干部各类专题培训班 7 期。强基工程：修订出台 2021 版执法一线科长业绩能力综合评定指标，1 人获评全国海关“百名优秀执法一线科长”，选派 1 人参加省派第五轮“第一书记”；强化职能部门科长专业能力提升，科长上讲台 31 人次。英才工程：加强急需紧用人才引进，通过考试录用、接收军转干部、跨关区调入等形式引进人才。公务员考录向口岸监管、公共卫生、生物安全等领域倾斜；加强事业单位人才队伍建设，完成事业单位改革后首次聘任。

【法治建设】2021 年，济南海关进一步完善制度体系，发布关于简化报关单随附单证有关事项的公告等规范性文件 2 项，制定和修改内部制度 18 项，关区作出行政许可决定 2,724 件，实现行政许可事项目录清单 100%网上公开、100%网上办理，行政相对人评价满意率 100%。11 月，联合山东省法学会举办第二届齐鲁海关法论坛。落实“谁执法、谁普法”普法责任制，明确 28 项普法任务；4 月，举办国门生物安全展暨第一届济南海关法治开放日活动；组织“普法讲师团走进事业单位”系列宣讲；举办第一期关区模拟法庭；实施“法进百企”50 余次，服务进出口企业 110 余家。

【监管业务】2021 年，济南海关持续优化口岸营商环境，进、出口整体通关时间大幅压缩，较 2017 年分别压缩 87.8%、93.8%。稳妥推进“直装直提”改革，试点企业进口提货用时由 3 天压缩至 2 小时。国际贸易“单一窗口”和“关港贸税金”实现全链条运作，主要业务应用率 100%，满足企业“一站式”业务办理需求。

支持共建“一带一路”高质量发展，监管中欧班列 944 列、货物 8 万标箱，同比分别增长 26% 和 29.7%。拓展“班列+”监管模式，推动新业态发展，4 月 17 日，完成山东省首单中欧班列搭载跨境电商“9710”出口模式全流程运行；9 月，成功开行中欧班列冷链专列，首发 1,089 吨冻鱼等出口食品，为生鲜产品进出口打通高效、快捷的物流通道。济南董家铁路监管作业场所投入运行，针对集装箱“一箱难求”的状况，试点“敞车监管”，用班列敞车代替集装箱实施全程运输，全年共试点 108 批次，货运量 6,500 吨。在济南章锦综合保税区和济南班列集结中心海关监管作业场所之间开展“区港通”业务试点，11 月 25 日，完成首批“区港通”出口转关货物属地全流程实际测试，出口企业铁路备货时间压缩三分之二。

支持指定监管场地建设，6 月和 10 月，滨州市阳信县进境肉类指定监管场地和潍坊港进境粮食指定监管场地相继获总署批复设立。8 月，济南机场北指廊海关集中作业场地投入使用，创新推进旅客行李物品智能化监管，实现出入境旅客“无感通关”。

【关区内陆港实现铁海联动】2021 年，济南海关自主开发“铁海 E 通”铁海联运信息系统并上线运行，实现跨关区物流数据交换，济南关区内陆港实现铁海联动。济南、淄博、滨州内陆港铁路海关监管作业场所与青岛黄岛港实现信息系统、作业数据、操作规范和作业机制“四个互联互通”，首次实现内陆港卡口对危险化学品的提前预警和前置拦截，填补监管空白、防范作业风险。全年，内陆港海关监管业务量批次、货值同比分别增长 112 倍和 73 倍。

【税收征管】2021 年，济南海关实现税收入库 382 亿元，同比增长 10.4%，其中关税入库 22.2 亿元、进口环节代征税入库 359.8 亿元。推动山东省出台全国首个省级关税保证保险风险补偿资金管理暂行办法，办理企业集团财务公司备案担保 8.3 亿元、关税保证保险担保 62.6 亿元，保持“零出险，零赔付”。推进 RCEP 落地实施，开展“FTA① 原产地管理提升年”活动，联合青岛海关、山东省贸易促进委员会成立全国首个省级原产地签证技术联盟。聚焦关区重点产业、重点行业，提报各类税政调研建议 253 项，其中 30 项被总署采纳，数量居全国海关第一位，14 项被国务院关税税则委员会及有关政策主管部门采纳。牵头全国海关 H2018 减免税管理系统开发并首批推广应用，开展航材减免税货物快审模式试点。

【卫生检疫】2021 年，济南海关从严从紧做好疫情防控，在全国海关中率先开展 100% 旅客健康电子申报和电子流调，检疫出入境交通工具 3,457 架（艘）次，检疫出入境人员 54,546 人次，承接包机 12 架次、分流航班 6 架次，检出新冠病毒核酸阳性 30 例、抗体阳性 54 例；坚持“人、物、环境同防”，对 3 批进口冷链食品进行预防性消毒监督和查验作业，对高风险非冷链集装箱货物采样 320 批次、采集样本 3,413 个，检出阳性 1 例。出入境监测体检数 35,549 人次，检出艾滋病等传染病 23 例。预防接种 18,219 人次。对 1,706 架（艘）次出入境交通工具开展卫生监督，对 69 家单位开展监督监管 323 次，检出不合格饮用水 6 批次。审批出入境特殊物品 1,956 批次，同比增长 2.9 倍。济南、潍坊保健中心实验室获得临床基因扩增检验实验室技术审核合格证等资质，获批开展新冠病毒核酸检测。

【口岸公共卫生核心能力提升】2021 年，济南海关风险预警能力提升，构建风险分析数

① 自由贸易区。

据模型，实现“实时监测评估、多点触发预警”；应急处置能力提升，完善各口岸常态化精准防控，实施“一口岸一方案”，制订实施分流航班、入境包机监管工作方案，济南海关关于进境种牛船舶突发危重症船员应急演练的纪实视频成功入围总署2021年度口岸疫情防控应急处置演练视频展演；口岸硬件支撑能力提升，聚焦应对重大疫情卫生检疫基础设施建设项目，购置设备358台（套），济南机场口岸新建120平方米的负压生物安全二级实验室、配备20间移动负压生物安全采样室；一线基础能力提升，举办加强安全防护、防止职业暴露感染、疫情防控安全防护暨重大传染病应对专项培训等10余期，新增入境人员采样资质35人、卫生监督员90人；安全防护能力提升，建立包含168项内容的口岸疫情防控和安全防护督查清单，建立常态化视频检查、反馈工作机制，实现每周对空港、海港口岸作业现场全覆盖；联防联控能力提升，加强与地方联防联控机制对接，严格按规定对入境人员实施转运、移交、通报相关信息，形成无缝闭环管理，积极推动落实海船船员“一检两证”工作。

【动植物检疫】2021年，济南海关严守国门生物安全，严把种质资源引进检疫关，全年共检疫监管进境种牛6.7万头，同比增长198%；检出二类动物疫病233种次，同比增长78%；进口种鸡19.6万羽，同比增长66%；截获有害生物98种次、外来物种91种次，依法处置1批检出有害生物的进境原木。检疫出口蘑菇菌棒9.8万吨；出口冬枣221.6万元，同比增长160.6%；出口苹果1.3亿元，同比增长8.9%；“保障进口种牛安全快速通关”入选全国海关“‘我为群众办实事’百佳项目”。

【食品检验检疫】2021年，济南海关检疫进出口食品228.9亿元，同比增长7.5%，其中，进口食品11.5亿元，同比下降10.2%，主要进口食品为乳品、调味料和粮食制品等；出口食品217.4亿元，同比增长8.4%。深入开展进口食品“国门守护”行动，实施监督抽检和风险监测1.4万项次，查获禁止进境及不合格进口食品110批；支持扩大优质乳品进口，进口乳制品5.3亿元、2.6万吨，同比分别增长47.8%和41.9%。支持潍坊国家农业开放发展综合试验区出口食品农产品116.8亿元，同比增长6.9%；出台10项举措应对技术性贸易壁垒，推动泰国修改保鲜果蔬新规、澳大利亚修改茶叶农药残留管控要求，惠及全国农产品出口近110亿元。

【商品检验】2021年，济南海关检验出口危险化学品34,771批，居全国海关第2位，检出不合格308批；检验进口危化品504批，检出不合格59批。检验进口棉花1,224批，检出不合格1,011批，帮助企业对外索赔565.5万美元。检验进口医疗器械535批，检出不合格14批。检验进口旧机电338批，检出不合格20批。检验进口原油、液化丙烷等428批，检出短重53批，帮助企业对外索赔210.7万美元，落实进口原油“先放后检”，为企业节约费用近5,000万元。调整进口棉花品质检验模式，每批棉花抽样和检验时间平均缩短20天。检验进口煤炭3批、9.1万吨。对26种初级钢铁产品和29种化肥产品实施出口检验，分别完成1,225批、89批。开展日用消费品、进口原油、出口危险品及包装风险监测179批，完成目录外抽查6批、国外通报调查6批、出口退运调查36批。

【企业管理和稽查】2021年，济南海关打击“洋垃圾”走私取得实效，进口固体废物及再生金属稽查专项行动查发案件5起。企业信用培育数量同比增长2倍，28家企业顺利通过AEO高级企业认证，认证通过率91%。树立“以查发问题为导向”的理念，推进稽查业务改革有序落地，启动稽查作业“网上电子审核”改革。开展跨境电商“断链刨根”、危险化学品“逃漏检”、特许权使用费、进口大豆等专项稽核查行动100余起，有效率50%以上，查发各类走私违规情事20余起，移交缉私6起。完成1.4万家企业注册信息核对，实现有进出口实绩的企业全覆盖。属地查检实地作业近9万批次，人均查检量居全国海关第1位。

【企业认证智慧培育系统建设推广】 2021年，济南海关建成全国海关首个企业认证智慧培育系统。运用数据管理技术，建立起“资料线上报、关员线上审、意见线上提、问题线上改”的智能化培育模式，企业“足不出户”即可接受海关信用培育，每年可节省企业成本数百万元，审核效率提升50%。系统实现了信用培育的系统化、标准化作业，远程审核、网上作业释放了人力资源，全流程“留痕迹、可追溯”防控了执法廉政风险，达到了提效能、防风险、便交互、强安全的目标。该系统获得总署自由贸易试验区创新监管举措备案，将嵌入全国海关信用管理系统推广应用。

【AEO孵化中心建成投入运行】 2021年，济南海关牵头打造的全国首个企业信用培育实训基地——AEO孵化中心在淄博建成投入运行。AEO孵化中心聚焦智能化、标准化、情景化、国际化的总体定位，通过数字影像多点触摸、人机互动、地幕系统等智能化呈现方式，实现AEO信用培育的沉浸式、情景化教学。AEO孵化中心对标企业实际需求，内容覆盖认证标准4大类、31个项目，帮助企业全面了解海关认证要求，进一步提高企业参与度和感知度，同时为认证人员提供培训实操平台，提升实战技巧和认证能力。

【自贸区和特殊区域管理】 2021年，济南海关支持中国（山东）自由贸易试验区创新发展，“基于5G物联网技术的保税展销辅助监管系统”“企业认证智慧培育系统”2项创新举措通过总署备案。“整车出口监管新模式”等5项改革经验入选山东省典型案例。推进综合保税区高质量发展，关区5个综合保税区进出口值1,195.8亿元，首次突破千亿元，在全国绩效评估中，潍坊综合保税区连续两年蝉联山东省第一。加工贸易年度进出口总值1,141.6亿元，同比增长39.1%；歌尔、蓝帆等4家集团所属10家企业参与全国首批企业集团加工贸易监管改革试点，加工贸易进出口值781.1亿元，同比增长64.7%。新获批保税仓库8家，在运行库达到25家，中化弘润石油储运（潍坊）公用型保税仓库发展成为全国单体最大的保税原油期货交割库。

【查缉走私】 2021年，济南海关深入开展“国门利剑2021”联合行动，刑事立案33起，行政立案283起，案值10.19亿元。大案、要案攻坚再创佳绩，搭建走私出口“两用物项”分析模型，向11个直属海关缉私局和12个省（区、市）公安禁毒部门移交线索刑事立案60起，专项行动被公安部列为禁毒目标案件，4起案件被总署缉私局一级挂牌管理，健全完善全员打私工作机制，海关部门查发移交线索占缉私刑事立案数量的54.5%，创历史新高。开展寄递渠道禁毒百日攻坚行动，查获大麻1.28千克、违禁药品1.4万粒。组织“国门勇士”缉枪专项行动，查缴枪支6支、散件20余件、铅弹1,000余枚。执法规范化建设稳步推进，全年无撤案和不起诉案件，刑事执法质量考评列全国海关第9位。推动重点、难点问题整治，支持东营市无害化处置走私冻品1,149吨，结合“打黑除恶”专项斗争铲除发生走私的非法码头6处。

【缉私行政执法质效专项提升行动】 2021年，济南海关制订缉私行政处罚案件办案常见问题操作指引、《行政处罚法》修订后直属海关应当关注的5个问题及示范文书，组织研讨会“以干代训”，开展优秀案卷案例评选，提高基层查办能力。前移指导服务职能，实施个案问题个别答复、重大问题集体研究和处罚决定书备案审查机制，利用案管系统巡查催办案件50余起，组织缉私行政执法检查，发现整改问题120个。办结积案2起，关区积案实现清零。全年关区共行政立案283起，同比增长75%；案值9.29亿元，同比增长42%；罚没缴库792万元，同比增长21%。全年无超期未结案件，保持复议无变更和报总署审批无变更。

【海关统计】2021年，济南海关强化统计监测预警分析，向总署报送各类报告和要情180余篇，参与撰写的3篇报告得到习近平总书记重要批示，其他中央领导批示5次。制订济南海关贯彻《“十四五”海关发展规划》的实施方案。推动构建关区“大政研”工作格局，全年牵头开展署级课题研究3项、参与署级课题5项、立项关级课题14项，课题研究参与度和覆盖面均达历史最好水平。严格数据质量安全管控，加强统计监督，发现、处理问题579起，移交立案查处20起。群众性理论研究蓬勃发展，8篇论文获得中国海关学会和天津分会奖项。

【政务管理】2021年，济南海关4个“三智”项目入选全国海关先行先试项目。加大各级媒体宣传力度，“央视频”发布实现“零突破”，摄影作品《背影》荣获“国门传播奖”一等奖。全年实现值班零差错、报总署零退文、失泄密行为零发生。1人获评全国海关机要保密工作劳动模范。

【财务及后勤保障】2021年，济南海关坚持落实过“紧日子”要求。争取总署和地方资金足额保障疫情防控工作；建立非法入境固体废物、罚没水生野生动物及其制品等涉案物品移交地方处置长效机制；全面实施国有企业改革三年行动，完成关区全民所有制企业公司制改革工作。

【督察内审】2021年，济南海关完成配合国家审计、总署专项审计任务。开展7个经济责任审计项目，强化审计整改责任落实，发挥审计监督效能。聚焦重大决策部署落实，完成督察项目51个。开展署级、关级内控前置审核25项，提出建议采纳数位居全国前十。深化HLS 2017内控平台推广应用，推进“科技控权”。

【科技发展】2021年，济南海关科技支撑坚强有力。信息系统可用率100%，“云桌面”关区全覆盖。保持网络安全“零事故”。推进“智慧旅检”，建立旅客“无感通关”模式。开发基于5G物联网技术的“链上自贸”项目。上线旅客通关远程审核辅助应用，整体通关效率提升20%。

科研水平持续提升。科研项目不断丰富，获总署科研项目立项5项，“口岸外来有害生物联合监测与预警防控研究应用”研发项目获山东省科技厅重点研发计划立项。科研成果丰硕，发表科研论文42篇，其中SCI科技论文2篇、国内核心期刊科技论文15篇，出版科技专著《动物源性食品中兽药残留检测实用手册》，获实用专利26项，“一种生物酶法综合加工橡子的工艺及所得产品的应用”获发明专利，“海关旅检场景中的行李隐蔽标记与识别系统”获软件著作权，“真菌毒素及其次级代谢物检测方法和防治技术的研究”获评总署科技成果评定三级成果。获科技发展部“全国科技活动周”荣誉表彰。

实验室检测能力持续增强。共有总署规划实验室21个，其中署级重点实验室2个、区域中心实验室2个、常规实验室17个，具备技术能力250类、4,556项，法检项目自检率提升至95%以上。检出检疫性昆虫大谷蠹，多次截获皇家大黑艳甲虫、台湾凤蝶等濒危物种，首次检测乌来青霉等植物有害病原物。

【移动“互联网+”提升精准服务能力】2021年，济南海关打造“通关e助”手机端应用，实现电子口岸业务随时办、随时问、随时学、随时查。开发上线“在线交流”“业务知识库”等应用，发布电子口岸等19个业务领域、736个知识点，“微课堂”发布31门课程，课程播放4,810次，推送各类信息352期、1,187篇，文章累计点击量35,705次。运用多媒体技术，开发情景式在线交互平台，提升电子口岸的服务体验，“微课堂”功能被导入山东国际贸易“单一窗口”地方特色应用。

【服务黄河流域生态保护和高质量发展】 2021 年，济南海关全力服务黄河流域生态保护和高质量发展。围绕黄河三角洲生态资源脆弱问题，从筑牢国门安全防线、推动政府履行特殊监管区域等管理主体责任、支持沿黄河大城市对外开放门户建设、加强技术性贸易措施交涉应对、助力特色产品进出口等 8 个方面，研究制定服务黄河流域生态保护和高质量发展重点举措。成立涵盖全部业务条线的 14 个工作专班，建立 5 项工作机制。

▲2021 年 4 月 7 日，济南海关开展促进黄河流域农食产品进出口专题调研

黄河流域农食产品技术性贸易措施研究中心获总署批准建设，印发黄河流域农食产品技术性贸易措施研究中心的建设实施方案。牵头区域“11+1”直属海关开展黄河流域农食产品国外技术性贸易措施影响调查，涵盖我国食品生产许可 28 个大类和动植物及其产品，共收到 11 个省（直辖市）1, 392 家企业的反馈，找准海关支持区域农产品应对国外技术性贸易壁垒的聚焦点和着力点。积极加大海关技术性贸易措施咨询服务力度，依托 WTO 技术性贸易壁垒（TBT）、卫生与植物卫生措施（SPS）开展通报评议、交涉应对、磋商协调，与商务、农业农村部门协同开展多双边贸易磋商，在经贸推介等方面提出系统性意见建议。黄河流域关际合作机制在济南海关召开 2 次座谈会，研究讨论落实海关服务黄河流域生态保护和高质量发展重点举措行动方案。

（撰稿人：于佳娣　王　冰　王　威　王开磊　王国庆　王垠昊　毛冠男　左新洋　刘玉祥　刘梦佳　孙　芮　孙晓晖　辛国辉　张　威　张启隆　赵　勃　赵明晓　赵新冬　禹石磊　蒋　洪　韩　涛　韩　魁　程圣哲）

郑州海关

【概况】郑州海关于1985年1月7日经国务院批准成立，是受总署直接领导的正厅级直属海关，1986年4月30日正式开关办理业务。管辖范围为河南省全境。隶属海关包括郑州机场海关、郑州车站海关、郑州邮局海关、金水海关、郑州新区海关、新郑海关、洛阳海关、南阳海关、安阳海关、商丘海关、周口海关、焦作海关、三门峡海关、新乡海关、信阳海关、鹤壁海关、许昌海关、平顶山海关、漯河海关、濮阳海关、开封海关、驻马店海关、济源海关，另设隶属海关单位郑州海关风险防控分局等。

2021年，郑州海关坚持以习近平新时代中国特色社会主义思想为指引，深入学习贯彻党的十九大和十九届历次全会精神，坚决贯彻党中央、国务院决策部署，认真落实总署工作要求，全面推进政治建关、改革强关、依法把关、科技兴关、从严治关建设，统筹推进口岸疫情防控和促进外贸稳增长，强化监管优化服务，各项工作取得新成效，实现关区“十四五”良好开局。年内，郑州海关监管进出口货物1,107.03万吨，同比增长12.21%；监管进出境飞机10,371架次、火车61,293节次，同比分别增长2.73%、45.96%；监管进出境货运航班9,952架次、货邮量54.52万吨，同比分别增长19.49%、20.79%。监管中欧班列（郑州）1,406班，承运集装箱12.53万标箱，货运量93.87万吨，同比分别增长32.27%、46.31%、48.61%。河南省外贸进出口值8,208.10亿元，同比增长22.90%，高于全国进出口增速1.50个百分点，外贸进出口总量一举跨过7,000亿元、8,000亿元两个台阶。严厉打击“洋垃圾”、枪支弹药、毒品、濒危动植物及其制品、“水客”、冻品等走私活动，查获入境固体废物2,196.30千克、象牙和红珊瑚等66件、9.60千克，侦办“水客”走私犯罪案件8起，案值2.54亿元。妥善应对三轮本土疫情和河南“7·20”特大暴雨灾害，全关齐力保安全、保运转、保通关。深化“放管服”改革，稳步推进全业务领域一体化、多元化税款担保、企业信用管理制度、属地查检和稽查、商品检验模式等多项业务改革，不断释放制度红利。深化与青岛海关等的合作，服务黄河流域生态保护和高质量发展。推进“三智”建设，开展中国—匈牙利“点对点”关际合作，“口岸卫生应急指挥平台”入选总署第一批先行先试项目。荣获河南省政府专文通报表扬，通过全国文明单位复核，创建省级卫生先进单位，获评“服务河南经济社会发展先进中央驻豫单位”、河南省平安建设优秀单位。

【党的建设】2021年，郑州海关走好践行“两个维护”第一方阵。学习贯彻习近平新时代中国特色社会主义思想。党委带头学，采取关领导领学、交流研讨、专家辅导等多种形式，关党委和党委理论中心组扩大集中学习46次；及时跟进学，通过“三会一课”和专题培训，强化“三级联学”，第一时间挂网学习习近平总书记重要讲话133篇次；持续深入学，实现党的十九届五中全会精神轮训关区全覆盖。推动习近平总书记重要指示批示精神落地生效，坚持“第一议题”制度，全年70项重点任务全部落实。

加强党建工作。“判、听、导、耐、常”（判断、倾听、引导、耐心、经常）思想政治工作法入选总署直属机关党委“书记项目”，机关党委、机关纪委获评河南省省直机关先进机关党委、先进机关纪委。深化“强基提质工程”，严格基层党组织书记述责述廉述党建评议考核，打造科级“四强”支部标兵17个。深化党建品牌创建，新获全国海关党建示范品牌1个，复核通过示范（培育）品牌5个。大力培树宣传先进典型，2个党组织、3名同志荣获河南省“两优一先”表彰。深入学党史，举办专题读书班、“学史·铸魂”红色讲坛、“郑关讲堂”。深刻悟思想，开展专题研讨106次，组织“1235”（1展1演、2讲2寻、3学3训、5评5实事）庆祝建党百年特色活动。着力办实事，两级党委362个“我为群众办实事”重点民生项目全部完成，3个案例入选全国海关“百佳项目”。坚持党建带团建，全面加强团青工作，成立青年理论学习小组，引导广大青年创优争先、岗位建功，所属郑州新区海关跨境电商一科被命名为第20届全国青年文明号。

深化清廉海关建设。强化管党治党，加强对“一把手”和领导班子监督。巡察办作为党委工作部门和政治部组成部门独立开展工作，党委第八派驻纪检组启用，各党委派驻纪检组作用有力发挥。深入开展“现场监管与外勤执法权力寻租”专项整治，同步建立完善机制32项。加快推进巡察全覆盖，紧扣“三个聚焦”，组织4轮对22个单位（部门）的巡察工作，发现问题154项，移交问题线索1件，巡察覆盖率从30%提升至76%。常态化开展警示教育，精准运用“四种形态”，强化执纪问责，党纪政纪处分3人。

推进政治机关建设。加强两级党委班子自身建设，修订党委工作规则和“三重一大”等制度，严格执行重大事项请示报告制度。从政治层面强化业务工作，梳理、防范化解风险隐患11项。全力配合总署巡视，制订整改“两方案、一清单”，开展“11+1”专项治理，统筹做好巡视、选人用人专项检查、专题民主生活会整改，完善制度、操作指引27项，严肃审慎开展责任分析追究，各项整改任务全部完成。深化模范机关创建，全面落实意识形态工作责任制，关区政治生态持续向好。

【法治建设】2021年，郑州海关通过党委会、党委中心组学习、形势分析及工作督查例会、全员专题培训等多种形式，深入学习宣传贯彻习近平法治思想。“八五”普法实现良好开局，《宪法》《民法典》《行政处罚法》等专题宣传扎实开展。落实法治政府建设要求，强化行政执法公示制度、执法全过程记录制度、重大执法决定法制审核制度，创建依法行政示范单位。完善关区制度规范体系，编制发布行政强制事项目录清单，启动权责清单编制。依法办理行政处罚案件，实施行政强制，开展行政检查，办理行政许可。郑州海关被中共河南省委全面依法治省委员会办公室、河南省法治政府建设领导小组办公室评为2021年度法治河南（法治政府）建设考核优秀单位。

【知识产权海关保护】2021年，郑州海关扎实开展“龙腾行动2021”“蓝网行动”“净网行动”等专项行动，联合地方公安机关办理侵权案件，与行业协会共同举办知识产权海关保护培训。全年共查发侵权货物、物品4,887批次，查扣相关侵权货物、物品。

【风险管理】2021年，郑州海关推进海关各领域风险一体化防控，建立河南省口岸安全风险联防联控工作机制，风险整体防控效能稳步提升。坚持风险整体防控与精准防控有机结合，持续提升关区业务风险防控整体效能。坚决贯彻落实重大决策部署，做好“洋垃圾”、濒危及野生动物走私等风险防控工作，共查获相关案件30起。参与总署全球疫情风险监测工作，完成境外疫情防控措施和输入风险研判信息报告124篇。

【税收征管】2021年，郑州海关坚持依法科学征管，稳步推进属地纳税人管理，引导企业合规自律申报，做好“双特”台账、纳税评估、差别化合规管理，提升税收风险防控能力。推进多元化税款担保改革，深化综合治税，加强非贸税收征管，推广行邮税征管应用系统。

【新冠肺炎疫情防控】2021年，郑州海关深入贯彻落实习近平总书记关于新冠肺炎疫情防控的重要讲话和指示批示精神，坚持“外防输入、内防反弹”总策略，全力抓好口岸疫情防控。指挥体系保持高效运转。坚持指挥部月例会与办公室周例会制度，第一时间学习落实总署疫情防控最新要求。统筹人力、物力、财力，抽调关区8批、181人次支援口岸一线。升级改造实验室，实现人、货样本分离检测。强化联防联控，参与省、市、口岸联席机制，严防境外疫情输入。口岸卫生检疫科学规范。加强疫情监测和研判预警，加强对德尔塔、奥密克戎变异毒株监测检测。完善人员移交、信息通报、病例追溯等机制，确保入境人员全流程闭环管理。坚持“多病共防”，坚持“人、物、环境同防”。做好进口冷链食品及高风险非冷链集装箱货物抽样检测和预防性消毒监督，并建立向地方预通报机制。严格入境客运航空器终末消毒监督和固体、液体废弃物处理监督，加强对“四类人员”的行李消毒监督，以及入境客运航空器终末消毒监督。安全防护严格有效，严格规范海关工作场所、医疗废弃物的消毒作业。加强对高风险岗位工作人员的封闭管理，同步跟进关心、关爱措施。从严顶格做好个人防护，加强人员培训和应急处置实战演练，保持高风险岗位人员疫苗接种全覆盖，推进全员接种加强针。落实安全防护监督制度，成立“挑毛病”专家组，开展“四不两直”检查，强化常态化监督，做到“打胜仗、零感染”。

【动植物检疫】2021年，郑州海关加强国门生物安全防控，严防非洲猪瘟、沙漠蝗等重大动植物疫情疫病传入传出，做好进境动植物检疫审批，加强检疫处理单位资质管理。严格进出境动物检疫，检出3种二类传染病。

▲2021年12月1日，郑州海关进境澳大利亚羊驼隔离检疫工作小组在河南郑州新澳进境动物隔离检疫场对进境羊驼进行鼻拭子样品采集工作

【食品检验检疫】2021年，郑州海关严格进出口食品检验检疫监管，加强风险监测和监督抽检，依法处置不合格食品65批次。顺利通过输美禽肉监管体系视频检查，配合做好巴拉圭、厄瓜多尔、秘鲁、委内瑞拉、乌拉圭、西班牙等6国食品的安全准入分析评估，参与境外输华冷链食品企业远程视频检查 20 次。

【商品检验】 2021 年，郑州海关完善进出口商品质量安全风险预警和快速反应监管体系，发挥智能手机一级风险监测点作用，新设 3 个二级风险监测点。强化重点敏感商品的检验监管，查发危险化学品及其包装不合格 61 批次，立案查处伪瞒报 1 起。

【监管业务】 2021 年，郑州海关聚焦“智慧海关”建设，推进口岸监管设备智能化建设，完成大型设备入网改造，深化智能审图应用，提高非侵入、非干扰式查验比例，全力提升口岸整体查发效能。加大反恐维稳和“扫黄打非”力度。开展安全生产“大学习、大排查、大整治、大督导”，推进专项整治三年行动走深走实。

【服务地方开放发展】 2021 年，郑州海关认真贯彻落实习近平总书记重要指示批示精神，抓住共建“一带一路”重要历史机遇，以推动“四路协同”（“陆、海、空、网”四条丝绸之路）发展为抓手，出台实施服务河南省“四路协同”“1+N”系列专项方案，助力河南省全面实施制度型开放战略，打造内陆开放新高地。支持推动中欧班列（郑州）集结中心示范工程建设及关区铁路“大监管区”建设，“铁路快通”模式在河南省全面落地推行，支持拓展“班列+保税”“班列+跨境电商”“班列+国际邮件”等业务，开通班列双向运邮。支持铁海联运发展，推动周口等内河港建设，助力河南省“通江达海”。支持郑州建设国际航空货运枢纽，支持郑州机场三期建设，推动郑州—卢森堡、郑州—阿姆斯特丹航线加入中欧“安智贸”试点计划，与匈牙利布达佩斯海关开展国际合作，助力海外货站建设，探索对进出口货物全链条的“智慧监管”和“嵌入式监管”，保障“7×24 小时”高效通关，实施机坪直提、“舱单分拨+智能卡口”等便利措施。2021 年，河南省与“一带一路”沿线国家和地区进出口值达 1,825.43 亿元，同比增长 16.41%。

落实“六稳”“六保”部署。开展“万人助万企”活动，培育新增 AEO 企业 12 家，落实“问题清零”机制，调研解决问题 202 项，强化监测预警和政策研究，完成署级课题 7 个。做好 RCEP 生效前准备工作，制订服务 RCEP 实施专项方案，积极开展政策宣讲，为 850 余家企业，2,900 人次开展线上、线下政策解读培训，牵头 4 个直属海关共同完成署级课题“RCEP 协定框架下我国电子信息产业链的发展态势研究——以苹果产业链为例”。用足用好减税降费措施，助推重大项目落地，郑州关区首次办理维修用航空器材减免税业务。优化疫苗等特殊物品检疫通关，大幅压缩审批时长，助力 2 家企业代工生产新冠病毒疫苗项目落地。创新监管模式，指导企业开展集团财务公司担保试点，推广企业集团加工贸易监管模式，平行进口汽车保税仓储业务测试成功，支持许昌市场采购贸易试点落地实施，推进三门峡探索进口铜精矿混矿业务试点，助力新业态发展。

【口岸营商环境】 2021 年，郑州海关深化“放管服”改革，分类推进 12 项行政审批制度改革，落实“双随机、一公开”监管要求。支持国际贸易“单一窗口”建设，在全国率先上线“技贸通”特色模块，全面启用“互联网+预约通关”系统，稳步推进“两步申报”“提前申报”“两段准入”，在申报环节向外贸企业提供精准的技术性贸易措施风险预警，持续压缩货物整体通关时间。2021 年，郑州海关进口货物整体通关时间较 2017 年压缩 66.21%，比全国平均水平快 0.99 小时；出口货物整体通关时间较 2017 年压缩 91.50%，比全国水平快 1.11 小时。

【企业管理和稽查】 2021 年，郑州海关有序推进属地查检和稽查改革，规范海关特殊监管区域和加工贸易手（账）册管理。年内，郑州关区共办结稽查作业148起，查发问题作业87起。

【查缉走私】2021年，郑州海关开展“国门利剑2021”专项行动，立案侦办刑事案件28起，案值8.83亿元，涉税1.95亿元，其中署级挂牌督办案件3起。办理行政案件229起，案值1.94亿元，涉税1,093万元。严打防疫物资、疫苗非法出境，办理行政案件2起。全年抓获走私犯罪人员36名，提请批准逮捕36人，移送审查起诉28人。联合其他直属海关打击玉石、人发、雪茄走私团伙，战果明显。联合地方公安机关开展打击冻品肉类、枪支、毒品、濒危动物及其制品专项行动。深入推进反走私综合治理工作，开展冻品、玉石、人发制品、香菇菌类等行业治理。

【政务管理】2021年，郑州海关深入贯彻《“十四五”海关发展规划》。高质量编制实施方案，明确任务举措35方面、提升工程15项、发展指标12个，在全国海关专题会议上获表扬。持续纠治形式主义、官僚主义。严密规范办文办会、机要保密和档案管理等事项，推进国家安全、信访维稳、政务信息、网站管理等工作，完成12360海关热线与地方热线归并。政务公开、新闻宣传取得积极成效，在央级媒体发稿16篇、省级媒体发稿420篇，首次参加总署“在线访谈”。2021年，郑州海关在总署办公厅依托第三方专业机构对42个直属海关政务公开评估中获评优秀，并获评河南省政府系统政务信息工作先进单位。

【财务及后勤保障】2021年，郑州海关科学编制预算，合理安排资金。统筹安排疫情防控资金，坚决保障口岸疫情防控“阻击战”和安全防护“攻坚战”。规范总署应急物资一级储备库（郑州库）管理。优化郑州海关各办公区布局，技术业务用房竣工启用，完成金水路办公区装修改造，有序推进河南“7·20”特大暴雨灾后危房拆除、修缮加固等工作，稳步推进新建隶属机构综合用房建设。做好事业单位所属企业脱钩工作，规范税费和涉案财物管理，建立非法入境固体废物、走私冻品归口地方处置机制。扎实推进“幸福郑关”建设，研究确定的8项民生实事全部得到较好落实。

【科技发展】2021年，郑州海关做好署级项目推广，推进智能审图联网和新旅通系统“卫生处置”模块应用。出台实施全面加强实验室建设指导意见，推进实验室优化整合，技术中心实验室顺利搬迁。加强科研攻关，获得署省立项2项，强化攻防演习，有力保障网络安全。

【督察内审】2021年，郑州海关落实国家审计整改工作任务，接受署级督察审计4项。优化巡察审计纪检联动机制，实施督察项目清单式管理，开展内部督察审计13项，发现并整改问题127项，提出审计建议21条。巩固内控长效机制，执法评估持续完善。

【队伍建设】2021年，郑州海关着力加强领导班子和干部队伍建设。选优配强各级领导班子。统筹加强年度考核、平时考核、专项考核，启动隶属海关绩效考核。举办培训班615个，学时、学分完成率100%。做好共青团、妇女联合会、学会和离退休干部工作。推进准军事化纪律部队建设。深化“党建+精神文明”创建，加强政风行风建设，“好差评”系统好评率100%。强化纪律作风养成，抓好岗位练兵、技能比武，2名同志入围全国海关商品检验工作“万人争先”线上练兵百强。

【定点帮扶】2021年，郑州海关深入学习贯彻习近平总书记关于巩固拓展脱贫攻坚成果同乡村振兴有效衔接的一系列重要讲话精神，发挥属地优势，实施“六个帮扶”，助力总署圆满完成鲁山县、卢氏县、民权县三个定点帮扶县（以下简称“三县”）对口帮扶任务。

组织实施帮扶，关领导带队调研16人次，出台服务大别山、太行革命老区加快振兴发展专项方案；组织所属商丘海关、三门峡海关、平顶山海关与派驻帮扶工作组结对共建，关区优秀基层党支部与派驻第一书记所在村基层党组织结对共建；完成署级课题“浅论乡村振兴的路径与载体——以海关定点帮扶的实践与探索为例”。实施产业帮扶，协调中国科学院郑州果树研究所对口指导鲁山县辛集乡葡萄种植，帮助增收；发挥三门峡海关国家果品与果蔬汁重点实验室技术优势，支持卢氏县出口果园基地产品检测，帮助该县出口食品、农产品；支持民权保税物流中心封关运营。此外，支持大别山革命老区振兴发展，结对帮扶信阳市罗山县，支持罗山县供港活猪、木质家具、茶叶等出口。实施消费帮扶，助力农户增收。实施健康帮扶，联合“三县”帮扶工作组，积极参与当地疫情防控工作，开展疫情防控知识宣传，改造乡村卫生室，捐赠口罩、消毒液、湿巾等疫情防护物资。实施文化、智力帮扶，组织普法讲师团赴民权县开展“送法下乡”，1名志愿者参加总署第十批支教扶贫，结对鲁山县董周乡第九小学“金秋支教”项目获评“2021年河南省优秀志愿服务项目”。

【跨境电商监管】2021年，郑州海关加大跨境电商监管制度创新力度，做好跨境电商正面监管、退货中心仓和海外仓建设等制度创新成果推广转化，率先在全国探索建立跨境电商零售进口药品监管制度，引导企业用好B2B政策扩大出口，推动河南省跨境电商进入物流全通道、贸易全方式、商品全品类、消费全体验、监管高效率的“四全一高”新阶段，朝着“买全球、卖全球”目标迈进。开展跨境电商进口走私“断链刨根”专项整治，办理全国首例判决的“跨境电商+传销”新型走私犯罪案件。

▲2021年11月，新郑海关关员协调解决“双11”期间跨境电商企业通关中遇到的问题

【综合保税区建设】2021年，郑州海关推动海关特殊监管区域与自由贸易试验区统筹发展，牵头制订中国（河南）自由贸易试验区监管服务体系2.0版升级方案，洛阳综合保税区通过正式验收，郑州经开综合保税区（二期）验收问题被有效解决，开封综合保税区加快建设，许昌保税物流中心（B型）封关运行。推动综合保税区高水平开放高质量发展，运行中的3个综合保税区（郑州新郑综合保税区、郑州经开综合保税区、南阳卧龙综合保税区）绩效评估稳中有进，其中新郑综合保税区位居全国第三、南阳卧龙综合保税区由C类晋级到B类。郑州新郑综合保税区自2011年封关运行以来，进出口总额实现“十连增”，2021年突破4,700亿元，占河南省外贸进出口的57.70%。

【“三智”国际合作】2021年，郑州海关认真落实习近平主席在中国—中东欧国家领导人峰会上的重要讲话精神，研究出台10项具体措施，积极参与“三智”国际合作。2021年4月，《郑州海关与匈牙利布达佩斯空港海关建立关际合作关系的可行性研究报告》顺利获得总署国际合作司的批复。5月18日，郑州海关参加总署与匈牙利税务和海关总局音频会议，与匈牙利布达佩斯空港海关就建立联络渠道、启动关际合作项目等事宜进行充分交流沟通，共同探索建立互信互利、紧密有效的跨境监管合作机制，提升双边贸易安全和通关便利化水平。

【河南“7·20”特大暴雨应急处置】2021年7月17日—7月23日，河南省遭遇历史罕见特大暴雨，发生严重洪涝灾害。7月17日—18日的降雨主要发生在豫北（焦作、新乡、鹤壁、安阳）；19日—20日暴雨中心南移至郑州，发生长历时特大暴雨；21日—22日暴雨中心再次北移，23日降雨逐渐减弱至结束。这场特大暴雨过程，从累计面雨量看，鹤壁最大，为589毫米；郑州次之，为534毫米。日最大点雨量出现在7月20日的郑州，为624.10毫米，接近郑州平均年降雨量（640.80毫米），特别是20日16时—17时，郑州小时最强点雨量201.90毫米，突破我国大陆气象观测记录历史极值。郑州城区内涝严重，大面积停电。郑州海关高度重视防汛工作，提前就关区防汛工作进行安排部署，及时发布雨情、汛情和灾害预警信息，提高干部职工的安全防范意识，细化完善相关救灾预案，预先开展重点区域大排查，提前做好物资储备等各项准备。降雨量最大的7月20日，郑州海关全体关党委委员24小时在岗值守，各单位负责人在岗值班，在关区范围内组建47个突击队，全关上下齐心协力抢险救灾，有力保安全、保运转、保通关。郑州海关密切关注海关特殊监管区域、监管场所防洪情况，连夜进行巡检排查，对发现的地磅进水、围网区域部分塌陷等情况及时上报相关信息，并开展抢修、处置，保证海关监管区域设施整体安全。针对通关现场因断电无法开展业务情况启动通关应急预案，针对企业紧急通关需求成立专门的应急保障小组，克服困难帮助企业办理通关手续。暴雨期间，郑州海关科学指挥、精准调度、严密组织，有力保障广大干部职工的生命安全，有效降低企业损失。

（撰稿人：任怀江　彭凌冬）

武汉海关

【概况】武汉海关前身为1862年设立的江汉关。中华人民共和国成立后，江汉关先后更名为汉口关、武汉关，1956年5月武汉关奉令撤销。1980年4月，武汉海关复关（正处级），1984年6月9日，经国务院批准升格为厅局级机构。武汉海关管辖范围为湖北全省，面积18.59万平方千米。现有隶属海关16个：武汉天河机场海关、武汉新港海关、武汉邮局海关、汉阳海关、武昌海关、汉口海关、襄阳海关、宜昌海关、黄石海关、十堰海关、荆州海关、荆门海关、鄂州海关、随州海关、恩施海关、仙桃海关。

2021年，武汉海关坚持以习近平新时代中国特色社会主义思想为指导，围绕总署党委“五关”建设要求，锚定“强监管、优服务、争第一、创一流”目标，精准施策，完成全年工作任务。全年监管进出口商品总值3,227.3亿元，同比增长25.5%。税收入库206.04亿元，同比增长23.5%。连续六届获评湖北省省直机关党建工作先进单位。

【党的建设】2021年，武汉海关持续推进政治建关，以党的创新理论武装头脑、指导实践、推动工作。出台新一届党委履职承诺和中共武汉海关委员会关于加强自身建设的意见，确立“强监管、优服务、争第一、创一流”目标，抓实“第一议题”制度，落实意识形态工作责任制，累计督办落实相关任务266项，研究部署重点工作185次，以实际成效捍卫“两个确立”、做到“两个维护”。

坚持以党建工程“强基提质”，大力实施“支部建堡垒”“党员强个体”“岗位出实绩”党建工程，全面实现“支部建在科上”，提炼形成“8E”“四办”“建听学补筑”等一批典型经验做法，培树6个集体获评“全国青年文明号”“湖北五一劳动奖”“工作突出的省驻村工作队”，4人获“湖北省脱贫攻坚先进个人”“湖北省岗位学雷锋标兵”等称号。复核认定全国海关党建品牌6个，复核确认往届省直机关“红旗党支部”3个，新获评“红旗党支部”2个，党建视频作品荣获第一届“新时代全国机关基层党建新成就”短视频作品征集展示活动“百优作品奖”。完成“我为群众办实事”项目清单1,017项，“‘守好’国门‘管好’家门”服务社区办实事项目入选总署“‘我为群众办实事’百佳项目”。

▲2021年10月14日，十堰海关开展“我为群众办实事”实践活动，助力“南水北调”中线水源区绿色发展

完善细化加强对各单位部门“一把手”与

领导班子监督的各项措施，制定党委委员落实全面从严治党责任季度例会制度。构建职能督查、单位自查、监察室和派驻纪检组巡查“三管齐下”疫情防控协同监督机制。开展公务用车专项监督，整改管理不规范、不到位问题。把“四种形态”贯穿监督执纪全过程，使用监督执纪“四种形态”处理47人次。

把巡视整改作为重要政治任务，针对总署巡视反馈问题，细化分解整改措施，明确责任领导、主办协办部门、完成时限，建立问题清单、任务清单和责任清单，制定整改措施138项。

关党委把巡察作为落实全面从严治党的重要抓手，按照巡察时间、巡察对象、巡察组组成等“三个不固定”和每轮巡察单独授权的“一次一授权”原则，采用一个巡察组巡察两个巡察对象的“一托二”形式，先后开展2轮覆盖10个机关处室、3个事业单位、5个隶属海关的常规巡察以及对2个隶属海关巡察“回头看”，巡察发现问题195个，向被巡察党组织提出意见建议67条，向其他职能部门提出意见建议21条。

【法治建设】2021年，武汉海关积极参与海关和地方有关领域立法，开展“强化基础、规范作业、提升效能”专项活动，查找关区基础工作中存在的制度缺失、管理缺位、运行缺漏等问题，清理各类制度性文件，研发上线业务规范性文件查询子系统，完成文件制度汇编。开展隶属海关行政复议答复书写作竞赛，全年未发生行政复议诉讼案件。深化“放管服”改革，参与总署权责清单编制工作，承担海关监管事项目录清单修订统稿工作，制订武汉海关权责清单编制工作方案，压减13项依申请和公共服务事项“承诺办理时限”。制定武汉海关有关法治宣传教育的第八个五年规划（2021—2025年），创新“一信一单”普法举措，制定武汉海关致广大企业和市民的普法公开信和海关工作人员外出执法落实普法责任的监督告知单，法规处获评2016—2020年全国普法工作先进单位，1人获评全国海关优秀公职律师。

【业务改革】2021年，武汉海关首次与湖北省商务厅建立优化营商环境工作机制，联合发布关于促进跨境贸易便利化的25条举措；搭建“企呼关应”信息沟通平台，完善通关业务应急处置机制，累计为企业解决“急难愁盼”问题1,898个。通过抓查验前准备、缩短检疫审批办理时间等手段，巩固提升通关时效成果，进、出口整体通关时间分别为48.8小时和1.1小时，同比分别压缩45.78%、48.6%，较2017年分别压缩83.07%、96.46%，大幅优于国务院关于“到2021年年底整体通关时间比2017年压缩一半”的目标要求。联合武汉市政府制定支持综合保税区发展的若干措施；出台支持中小企业发展10条措施、支持综合保税区发展20条措施，最大限度发挥综合效益；武汉东湖综合保税区首次跻身全国和中西部“双A类”综合保税区。提前适用政策首次被列入全国综合保税区入区项目案例，在全国复制推广。推动湖北省首次1年获批2个综合保税区（襄阳综合保税区、黄石棋盘洲综合保税区）。建设“双随机、一公开”监管信息平台，先后上线“免税商店的核查和实地检查”“报关单商品规范申报抽查”“口岸卫生许可单位的卫生监督”“海关监管作业场所（场地）巡查”等功能。武汉新港海关报送的“武汉海关打造‘日汉欧、日汉蒙’国际物流新通道”跨境贸易评价指标，入选湖北省优化营商环境第三批典型经验。“对印尼食品类别重金属砷限量的关注”英文议题首次被总署采用，列入WTO/SPS第80次会议的8个议题之一。

【风险管理】2021年，武汉海关坚持整体防控与精准防控结合推进风险管理工作。全年货运渠道布控查获禁止进口固体废物情事4起，货重266.75吨；布控查获涉国家一级保护（濒危）植物190件。非贸渠道查获安全准入情事2,105起，其中涉毒86起、涉枪爆管制器具28起、涉野生动植物5起、涉濒危物种及其制品92起、涉侵权857起。融入长三角一体化真空包装等高新技术货物布控查验协同机制，与11个航空口岸海关建立布控查验协同机制。

【税收征管】2021年，武汉海关坚持税收征管“量、质、效”并举，全年税收入库206.04亿元，同比增长23.5%，创历史新高。以属地纳税人管理为抓手，完成63家企业的属纳底账和“双特”价格台账，构建关区属地纳税人管理制度和评估体系。面向关区企业，开展RCEP专题培训宣传，为RCEP实施做好准备。对61家原产地高资信企业实施信用签证管理，助力企业享受协定关税优惠25.51亿元，同比增长42.04%；研究报送税政调研建议34条，1项被世界海关组织（WCO）采纳，2项被国务院关税税则委员会采纳，5项被总署采纳。牵头开展全国海关减免税“ERP联网申报+快速审核”管理模式改革，应用该模式完成全国首票减免税审核确认手续；创新归类涉税案件前置审核制度，案件处理时效加快；完善多元化税款担保体系，实现多种担保方式并行；实施减免税、验估作业集约改革，业务办理效率和执法统一性提升；开发应用“武关归类”微信公众号，发布各类数据信息28万条、税政宣传信息81篇。

【卫生检疫】2021年，武汉海关完成出入境人员监测体检23,240人次，同比上升83.0%，检出传染病67例。监管巴基斯坦医疗救助等重点入境包机9架次，监管检疫旅客892人。检出口岸新冠病毒核酸阳性病例468例。配合世界卫生组织专家组开展新冠肺炎病毒溯源；完成世界卫生组织消除疟疾认证评估工作，中国海关技术能力、制度措施和联防联控公共卫生体系获得世界卫生组织认可。

全年新冠病毒疫苗预防接种服务22,733人次，签发预防接种证书6,917份，同比分别上升33.1%和48.1%。特殊物品检疫审批2,453批次，同比增长219%；口岸卫生许可213批次，同比增长142%；捕获病媒生物3,529只，同比增长36.8%。采集进口高风险非冷链集装箱货物样本20,674个，实验室检测结果全部为阴性。关区各口岸隶属海关累计开展病媒生物监测561次，捕获鼠类1目1科2属2种2只，开展鼠类病原体检测2次，结果均为阴性；捕获蚊类1目2科5属8种3,438只；捕获蜚蠊1目2科3属3种89只。监督指导武汉天河机场海关完成食品安全抽检检测工作任务，抽样实验室检测226份样品，现场抽样快速检测210份样品，检出不合格产品2批次。应急处置演练12次，妥善处置突发事件3次。关区各通关口岸海关累计在岗封闭管理625人次。

【动植物检疫】2021年，武汉海关着力防范重大动植物疫情疫病传入传出，保障国门生物安全。全年办理进境动植物检疫审批92批次，进境粮食451万吨、种禽11万羽；截获外来植物有害生物120种、232次，其中检疫性有害生物17种、74次。在非贸渠道截获外来入侵物种67种次。办理出境动植物及其产品生产加工存放企业注册登记72家，出口水果16,872.9吨、供港澳活动物26,140只。监测动物疫病8,370种，监测各类实蝇19,942头，监测外来杂草73次，防除“加拿大一枝黄花”、长芒苋、豚草等检疫性杂草35种次；退运、销毁不合格进口动植物产品2批次。检疫监管进境粮食451万吨，创历史新高；出口竹木草制品货值7.48亿元，同比增长60.1%。规范检疫处理单位资质管理、检疫处理过程监管、后续督查等事项。

【食品检验检疫】 2021年，武汉海关抓好进口冷链食品常态化疫情防控，强化源头风险研判，开展境外企业整改评估，落实总署“熔断”机制，高频督导确保制度刚性执行，全年进口冷链工作总署“零通报”，两次国务院督查“零问题”。累计监管进出口食品及化妆品批次、货值同比分别增长9.35%、20.20%。实施进口食品“国门守护”行动，查获未获准入产品2批次，监管实施退货、销毁或改变用途建议的食品12批次。对7项输华食品实行准入评估，修订3份海关检验检疫和兽医卫生要求议定书。推动建立进口肉类“港区直通+抽样后即放行”监管模式改革。对出口鲜鸡蛋、进口冰鲜三文鱼等鲜活易腐食品实施附条件抽样后即放行改革。开展农产品产业链“补链”“强链”行动，助推湖北食用菌产业转型。

【商品检验】 2021年，武汉海关加强进出口危险化学品检验监管，明确三级主体责任，关党委与16个隶属海关主要负责人签订责任书，辖区172家生产企业签订安全承诺书。组织开展岗位资质培训考核，合格人数121人，通过率为73.8%。在总署商品检验领域“岗位练兵”中武汉海关进入团体八强、4人进入个人“百强”。上线进出口危险品检验监管辅助系统，对危险品生产企业“精准画像”。关区累计检验进出口危险化学品6,993批次，重量20.4万吨，货值4.5亿美元，检出进出口危险化学品及其包装不合格24批次，出口危险货物包装不合格102批次。创新“进口货物目的地检查新模式”获总署备案，被湖北省列为优化营商环境第一批典型经验复制推广。研究制定入境维修（再制造）旧机电、固体废物属性鉴别2项工作指引，修订完善医疗器械、危险化学品、出口危险货物包装使用鉴定3个操作指引。

【口岸监管】 2021年，武汉海关监管运输工具4,858架（艘）次，同比增长32.8%（其中监管飞机4,774架次，同比增长32.4%；船舶84艘次，同比增长58.5%）；查验进出口货物涉及报关单10,871票，进出口集装箱55万标箱，进出境邮件1,061.3万件，进出口快件147.8万票。开展“安全生产月”、《中华人民共和国安全生产法》宣传贯彻等专题活动，对8大重点领域开展3次集中排查整治，排查安全隐患237项并整改到位。武汉邮局海关查验科荣获全国“扫黄打非”先进集体称号。组织开展化学涉恐应急处置大型联合实战演练。支持湖北利用中欧班列扩大进口，指导增开7条线路，助力整车进口突破1,000台，推进水铁联运及过境业务发展，完成“日本—中国武汉—波兰、蒙古国”过境388标箱监管，指导“日本—泰州—武汉”境内续驶业务；加快推进武汉长江航运中心建设，新增“武汉港—韩国釜山港”江海直达航线。全面推广“船边直提”“抵港直装”模式，升级并推广应用水运物流辅助管理系统，实现各通关模式下物流全程智能化监管。深化智能审图和先期机检创新应用，开发武汉海关机检查验数据管理与应用系统。支持宜昌综合保税区开展跨境电商业务、东西湖引进京东平台，推动东湖综合保税区拓展“网购保税+线下自提”业务，试行全国通关一体化模式准入退出机制，推动宜昌三峡物流园市场采购试点首年贸易额突破2亿元。

▲2021 年 10 月 27 日，武汉新港海关关员监管“武汉港—韩国釜山港”直航首航

【海关统计】2021 年，武汉海关制订贯彻落实《“十四五”海关发展规划》实施方案，关党委成员牵头 9 个调研项目，涉及新能源汽车、光通信、显示屏产业链等外贸发展重点产业链监测研究，研究成果获省领导批示 10 次。牵头、协办署级课题 3 项，组织关级课题立项 20 个。牵头完成总署“油气用 PDC 钻头”和“主要半导体制造设备的腔体及其零部件”重点商品调研工作。围绕我国重点贸易伙伴、重要大宗商品和特色商品等开展贸易监测分析。依托报关单数据质量检控分析系统（CSD）和日报系统开展报关单数据检控 401 次。开展月度中国外贸出口先导指数调查、进口货物去向调查、跨境电商试点调查等专项统计调查。以共享协议、电话、邮箱等途径向地方政府、社会公众提供数据服务 116 次、数据咨询 200 余次。

【企业管理和稽查】2021 年，武汉海关新培育高级认证企业 41 家，关区高级认证企业总数达到 100 家。组织开展为进出口企业送“服务包”活动，联系企业 2,216 家次，调研 160 家次，解决问题 145 个。关区备案企业总数 26,226 家，其中新增 3,518 家。成立关区加工贸易集中作业中心，区外加工贸易进出口总值 584.40 亿元，同比增长 46.70%。综合保税区实际进出口货值 530.90 亿元，同比增长 58.74%；全年累计征税 20.91 亿元，同比增长 49.26%。保税监管场所实际进出口货值 198.68 亿元，同比增长 19.20%。企业集团加工贸易监管模式改革首家试点企业外发 307 批次，为企业节省保函手续费 31 万元。办结稽查作业 139 起，查发问题企业 91 家，1 条行业性稽查建议被总署采用，并在全国海关开展专项行动。推行海关稽查改革，实现关区稽查集约化，形成关区“1+4”（1 为武汉关区，4 为宜昌、襄阳、荆州、黄石关区）集约点模式。办结核查作业 678 起，查发问题作业 272 起。通过“智慧核查”新模式远程视频核查作业 68 起。进口货物目的地查检作业 8,053 批次，受理出口申报 79,801 批。

【查缉走私】2021 年，武汉海关围绕“中央关注、社会关切、群众关心”的突出走私问题，部署推进打击走私“国门利剑 2021”行动。全年刑事案件立案 39 起、同比增长 39.28%，案值 1.57 亿元、同比增长 131.19%，涉税 2,132.64 万元、同比增长 82.62%；行政案件立案 264 起、同比增长 43.48%，案值 9.29 亿元、同比增长 224.35%，涉税 398.25 万元、同比增长 57.71%。关区 16 个隶属海关首次实现办理“简快案件”全覆盖。

联合湖北省、武汉市烟草专卖局在湖北、广东、安徽等地开展“1·29”走私雪茄联合查缉行动，打掉 9 个涉嫌走私、非法经营团伙，抓获犯罪嫌疑人 17 人，现场查获涉嫌走私雪茄及其他烟草制品共计 32,300 支，案值 1,000 余万元，涉税约 550 余万元。开展打击“水客”走私专项行动，立案“水客”走私案件 12 起，查证案值 1,736 万元，涉税 408 万元。落实“断链刨根”专项行动，打击非法利用他人身份信息、通过跨境电商渠道伪报贸易方式走私，立案 1 起，案值 63.3 万元，涉税 13.31 万元。打击濒危物种及其制品走私，开展缉枪治爆专项行动，查获走私象牙等濒危物种及其制品 14 千克，枪支零部件 21 件、猎枪弹 20 发。打击“洋垃圾”走私，立案走私固体废物案件 2 起，查获固体废物 266 吨。打击冷链食品走私，立案走私冻品案件 1 起，查证走私冻品 269.42 吨。严打严防毒品走私，立案走私毒品案件 6 起，查获甲基苯丙胺片剂 21.25 克、咖啡因 6,884.72 克、各类精神药品和麻醉药品 3.25 克。打击淫秽色情书籍走私，立案走私淫秽漫画书籍案件 1 起，抓获犯罪嫌疑人 2 人，查获认定淫秽色情书画 3,494 本。

【政务管理】2021 年，武汉海关聚焦民生热点，谋划、部署实施“三大工程”（领导班子和队伍建设工程、业务建设工程、惠民利民工程）、“十件实事”（选优配强各级领导班子、建立并持续优化具有武汉海关特色的监管模式、推动解决干部群众长期期待解决而未解决的问题等）项目，细化分解任务 106 项，全程跟进，定期评估，销号结账，办结完成 104 项，完成率 98.1%（其余 2 项延至 2022 年继续推进落实）。落实中央八项规定及其实施细则精神，精文简会。设立“关长接待日”倾听干部职工意见建议，修订完善差旅费管理、公务接待等制度规定。

中央电视台、《人民日报》、湖北卫视等新闻媒体宣传报道武汉海关 1,360 余篇次。武汉海关召开或参加各类新闻发布会 8 次，举办“促进中部崛起　推动湖北高水平开放”主题在线访谈，访问量突破 33 万人次；开展“汉关钟声百年回荡　红色基因代代相传”红色直播，53.1 万人次观看。总署“海关发布”微信公众号、微博账号、抖音账号采用武汉海关稿件 102 篇次。

关党委在新冠肺炎疫情防控中靠前指挥、加强调度，9 次召开指挥部会议，确保内部防控落实到位。做到“应检尽检”“应接尽接”，强化“备战意识”，调整建立 214 人支援梯队。采取“四不两直”方式督查检查，整改问题隐患近 200 项。坚持“人、物、环境同防”，严格“三查三排一转运”，检出口岸新冠病毒核酸阳性 468 例、流感嗜血杆菌感染 1 例。

【财务及后勤保障】2021 年，武汉海关坚决落实过“紧日子”要求，持续深化预算绩效管理，不断优化资金支出结构。率先取得保证金单证电子化先期试点；扎实推进便民退库，退税业务办理时长压缩至 2 个工作日。将一批国内不予收兑的外币捐赠给湖北省博物馆用于公益事业。实现涉案冻品库存清零，提前做好冻品新冠病毒检测和消杀，最大限度减少疫病传播风险。建立“双无”固体废物移交地方归口处置机制。做好常态化疫情防控后勤保障，建立财务后勤保障工作联系机制，对防控物资实施归口管理。开展“智慧后勤”建设，推进智慧后勤平台中公车、食堂、安防、人力资源、绩效等模块的研发工作。

【科技发展】2021 年，武汉海关实施“科技兴关”战略，推进“智慧海关”建设。开发的远程作业支撑平台被总署自贸区和特殊区域发展司列为创新举措备案，入选总署“三智”早期收获项目，为中部地区海关唯一入选项目。做好新冠肺炎疫情防控安全技术保障，建设“码上通关”智慧旅检系统和部署远程电子流调系统，最大限度减少机场一线人员的职业暴露风险。全年投入仪器设备 17 台（套），专项资金 706 万元，新增检测 72 类、1,015 项，实验室检测能力进一步提升。移动 P2+实验室取得生物安全二级实验室备案，通过临床基因扩增实验室技术审核并投入使用，是湖北省首个取得检测资质的移动方舱实验室。审核推荐 2021 年度署级科研项目 12 项，获批 2 项，其中一项为总署“揭榜挂帅”项目。

【督察内审】2021 年，武汉海关围绕进口高风险货物风险监测和预防性消毒、进出口危险化学品监管、口岸疫情防控、促进跨境贸易便利化、打击“洋垃圾”和象牙等濒危物品进境等重点工作，跟踪督察22项，提出建议17条。以权力监督为重点，开展经济责任审计。以规范管理为导向，开展署级专项审计调研。加大内控平台应用，开展季度监控分析；开展属地查检指令未执行、易制毒化学品未提交进口许可证等专题业务分析。

【队伍建设】2021年，武汉海关把“信念坚定、为民服务、勤政务实、敢于担当、清正廉洁”的新时代好干部标准贯穿干部选用始终，优化处级领导班子，交流处科级领导干部，选拔执法一线科长担任隶属海关党委委员。修订量化考核工作方案，提高总署客观指标考核结果权重，强化考核结果运用。开展“找差距、查短板、防风险、抓整改”专项活动。2人获评全国海关“百名优秀执法一线科长”。全年累计奖励43个集体，175名个人。建立光荣退休仪式工作机制。实施“领导干部铸魂、一线科长助航、年轻干部筑基”三项行动，举办各类专业培训157期，其中开展口岸一线人员新冠肺炎疫情个人防护及采样技能培训67期。建设智慧教育培训中心，开发“领导干部讲坛”“每周一课及工作小技巧分享”等系列特色课程。实施专业技术类公务员分类管理，组建专业化兼职教师队伍，制定兼职教师管理办法，选聘12个专业领域的12名兼职教师。关区“业务人员共享库”入库总人数增至537人。

开展机构改革“回头看”，积极推进海关验估、减免税、加工贸易监管、稽查集约化作业等改革。对所属后勤管理中心、技术中心、湖北国际旅行卫生保健中心3家事业单位的人员编制进行结构性调整，并对其“三定”规定进行修订。细化制定贯彻落实总署关心爱护疫情防控一线人员的工作措施89项，共调配93人次支援疫情防控一线。

全面落实离退休干部政治待遇和生活待遇，坚持“管理全覆盖、服务不遗漏”理念，服务离退休干部。开展健康体检及慰问高龄、独居、生病住院、困难干部，向贫困地区、郑州灾区捐赠物资。离退休干部第三支部委员会获评“全省离退休干部示范党支部”荣誉称号。

（撰稿人：万　洋　王艺霏　王先正
申璐涵　白晓英　冯　然
刘才源　许克绍　杨　婷
李　艳　李晓勤　余　毅
宋晓明　张光发　范晓立
郑　红　赵　晨　赵吉金
凌小力　涂玲玲　韩昭纲
韩菊杰　曾晓俊　鄢海斌
熊永红　潘群慧）

长沙海关

【概况】长沙海关始建于1904年，1947年裁撤，1984年国务院批准恢复建设长沙海关，1985年9月5日对外开办业务。长沙海关管辖范围为湖南省全境，隶属海关包括长沙黄花机场海关、长沙邮局海关、星沙海关、株洲海关、韶山海关、衡阳海关、邵阳海关、岳阳海关、常德海关、张家界海关、益阳海关、郴州海关、永州海关、怀化海关、娄底海关、湘西海关。

2021年，长沙海关坚持以习近平新时代中国特色社会主义思想为指导，推进“五关”建设，开展“基层基础建设年”活动，党建工作、队伍管理、业务执法、运行保障基础更加牢固。推进政治机关建设，开展党史学习教育，纵深推进全面从严治党；落实“外防输入、内防反弹”总策略和“动态清零”总方针，实现“打胜仗、零感染”；完善风险防控机制，加强实际监管，严厉打击“洋垃圾”、象牙等走私行为；深化改革创新，推动自由贸易试验区29项创新举措落地实施；推动签署新一轮署省合作备忘录，出台服务湖南“三高四新”战略21项措施，湖南省进出口总值达5,988.5亿元。连续12年获评湖南省平安建设先进单位，10年保持“平安单位”称号，4年获评湖南省绩效考核优秀单位。

【党的建设】2021年，长沙海关坚持“第一议题”制度，把学习贯彻习近平总书记重要指示批示精神作为首要政治任务，建立政治、纪检、业务工作3个例会制度，按月召开形势分析及工作督查例会。推进模范机关建设，组织党委中心组学习16次，开办专题培训班、读书班9期，抓实支部集中学习研讨，引导党员干部忠诚捍卫“两个确立”、增强“四个意识”、坚定“四个自信”、做到“两个维护”。

2021年，长沙海关用好湖南红色资源，组织党史宣讲35场次，开展“我讲家乡党史故事”演讲比赛、党史知识竞赛等21项活动，15个微视频被“学习强国”平台、“海关影像”栏目刊载。开展“我为群众办实事”实践活动，16个重点项目、111条具体措施全部落地见效，6个项目获中央电视台《新闻联播》报道，1个项目入选总署“百佳项目”。开展红色关史研究，拍摄的《百年公馆》获“央视频”发布，首次与总署办公厅举办“红色传承 红色湘关”在线访谈，访问量128万余人次，提问量创栏目新高。

2021年，长沙海关深化基层党建“强基提质工程”，完成直属机关党委和机关纪委换届选举，召开党建工作推进会，举行基层党建品牌创建启动仪式，办公室党支部“每周一晒”、韶山海关党支部“韶山‘冲’”获评全国海关基层党建示范品牌，监察室党支部“纪先锋”、衡阳海关监管科党支部“雁阵”获评全国海关基层党建培育品牌。党支部由97个增加到120个，执法一线科室“支部建在科上”全覆盖。加强精神文明建设，总关机关通过湖南省文明标兵单位复查，衡阳、岳阳、常德、怀化海关被评为2020届湖南省文明标兵单位，益阳海关被评为2020届湖南省文明单位，永州海关报关大厅被评为第20届全国青年文明号。坚持党建带群建，先后获得全国工会职工书屋示范点、湖南省直单位工会工作先进单位、湖南省直“五型”示范团组织等荣誉。

2021年，长沙海关全力配合总署党委巡视工作，扎实做好巡视整改“后半篇文章”，开展6个专项治理，集中整改任务完成率100%，巡视巡察上下联动、挂图作战、开门整改等特色做法，得到总署巡视办推介。强化政治巡察，对22个部门、单位开展常规巡察。

2021年，长沙海关加强政治监督，制发监督意见书11份，查发并督促整改问题17个，推动党史学习教育、疫情防控等重大政治任务落到实处。制定实施党委加强自身建设、自觉接受监督16项措施，加强对隶属海关党委“一把手”和领导班子监督21项措施。聚焦“一把手”和领导班子监督，开展各类廉政谈话33人次，对履责不力的2个基层党组织、9名党员领导干部严肃问责。运用监督执纪“四种形态”，立案8件8人，给予纪律处分10人。运用31起违纪违法案例开展警示教育，一体推进“三不”机制建设的经验做法被总署推介。

【疫情防控】2021年，长沙海关落实“外防输入、内防反弹”总策略和“动态清零”总方针，召开统筹口岸疫情防控和促进外贸稳增长指挥部会议18次，制发工作方案和要点10份、发布操作和作业指引9个，组织开展风险评估378次。落实政府主导、多部门参与的联防联控工作机制，隶属长沙黄花机场海关与地方政府、机场等单位建立“五方四步三统一两确保一目标”工作法，实现入境航班监管中多部门协调。

2021年，长沙海关坚持“人、物、环境同防”，监管检疫出入境交通工具2,328架（艘）次，检疫人员2.43万人次，检出新冠病毒核酸阳性或移交确诊151例，检出疟疾2例（其中1例合并感染新冠肺炎）。强化新冠病毒变异株监测，检出印度变异毒株3株、英国变异毒株3株、奥密克戎毒株19株。规范开展进口冷链食品、进口高风险非冷链集装箱货物采样和预防性消毒监督、寄递渠道进境包裹预防性消毒监督等工作。

2021年，长沙海关成立由关长任组长的口岸疫情防控督导检查领导小组，设立4个常态化专项督查组，实地检查8个隶属海关。坚持关领导带队常态化参与口岸一线入境客运航班检疫监管，提出整改建议30余项。派驻纪检组采取视频监控、现场检查等方式，监督20余个隶属海关、事业单位疫情防控工作。开展新冠肺炎疫情防控工作人员安全防护专项考核并通报10期。

▲2021年7月8日，长沙黄花机场海关关员对入境航班实施检疫监管

2021年，长沙海关强化疫情内部防控，落实一线人员封闭管理，开展“四不两直”督导检查46次，确保规定动作100%完成。关心爱护疫情防控一线人员，出台细化措施48条，做好心理疏导和服务保障，加强正向激励，累计奖励9个集体、62名个人。

【法治建设】2021年，长沙海关承接并完成《海关法》修订等4个课题研究，依法办理行政复议案件1起，获评湖南省执法案卷评查优秀单位。推进制度“立改废”，成立制度审核专家小组，审议通过制度 51 项、规范性文件 2 项，修改政策措施 9 个，废止政策措施 2 个。开展“嵌入式”普法 2,000 余人次，上门普法 500 多次，获评湖南省“谁执法、谁普法”优秀单位。管好用好公职律师、法律顾问、兼职法制岗和制度审核小组成员 4 支法治力量，新增公职律师 7 名，1 人获评为全国海关优秀公职律师。

【风险管理】2021 年，长沙海关推进“两轮驱动”改革和安全准入风险防控，货运渠道查发固体废物 2 起 23.98 吨，涉濒危物种情事 3 起，侵权情事 11 起、涉及侵权货物近 9 万件，危险化学品逃检情事 1 起、涉及货值近 100 万元；非贸渠道查发毒品（包括麻醉药品和精神药品）19 起，濒危动植物及其产品 86 起，枪支及零件 4 起，淫秽物品 246 起，侵权物品 1,492 批次。

【税收征管】2021 年，长沙海关深化综合治税，坚持依法、科学征管，强化属地纳税人管理，关区入库税款 101.02 亿元。强化非贸领域税收征管，关区邮件征税率提高 14.9 个百分点，快件征税率提高 1.4 个百分点。用好用足国家税收优惠政策，为湖南省企业减免进口环节税 5.4 亿元，其中重大技术装备项下减免进口环节税 5.1 亿元。

2021 年，长沙海关加强税政调研，收集上报 82 项税政调研建议。其中报送的新增茶籽油子目，取消冷冻猪肉进口暂定税率，以及降低黄铁矿、可可豆、风电联轴器、婴儿服装进口暂定税率等 15 项税政调研建议获国务院关税税则委员会采纳。上述税政调研建议的实施，可为湖南风电设备、金属冶炼、畜牧养殖、农产品加工等行业降低进口成本和扩大出口，促进产业发展。

【卫生检疫】2021 年，长沙海关严格开展口岸食品安全监督抽检工作，对 2 家未按照要求建立进货台账的企业进行行政处罚。优化检疫审批流程，完成出入境特殊物品检疫审批 1,671 批次，货值约 40 亿元，发现不合格案例 5 起。提升口岸核心能力，完成 75 台长沙口岸应对重大疫情隔离留验和检测设备采购，启用移动 P2+实验室，上线“新旅通”卫生处置应用。推进口岸通关智能化建设，在全国海关率先完成健康申报审核机对“新旅通”系统的写入，提升通关效率。开展“12・1”世界艾滋病日、“4・26”全国疟疾日系列宣传活动 34 场次，推动传染病防控知识进现场、进社区、进学校、进企业。

【动植物检疫】2021 年，长沙海关出台进一步加强国门生物安全防控 15 项具体措施，筑牢国门生物安全第一道防线，截获有害生物 70 种类、288 种次，其中检疫性有害生物 9 种类、88 种次，非检疫性有害生物 61 种类、200 种次。开展“国门绿盾 2021”专项行动，非贸渠道截获各类种子种苗、活鱼等外来入侵物种 135 种次，其中 50 种属于《濒危野生动植物种国际贸易公约》附录Ⅱ物种。优化动植物产品出口检疫监管，支持湖南大通湖大闸蟹首次出口非洲肯尼亚、活鱼直运出口中国香港地区，麻阳冰糖橙首次出口菲律宾。与中国澳门地区市政署联合启动供澳活猪细菌抗生素耐药性调查研究二期项目，推动娄底湘村黑猪恢复供港。2021 年，长沙海关检验检疫进出境动植物及其产品 11,333 批次，同比增长 5.8%；安全稳定供港澳活猪 3.56 万头，同比增长 19.8%。

【进出口食品安全】2021 年，长沙海关落实食品安全“四个最严”要求，检验检疫进出境食品及化妆品 2.7 万批次，货值 85.9 亿元。开展进口食品“国门守护”行动，退运销毁不合格食品 22 批，对 79 批被境外通报不合格的出口食品进行核查，并通报涉及的 4 家企业、2 个地方政府。完成对 8 个非洲国家食品安全体系研究，助推非洲干辣椒首次输华，开展冈比亚输华花生、腰果等 7 项非洲输华食品的评估工作。推动在湖南高桥大市场开展以市场采购贸易方式出口预包装食品，于2021年12月31日获得总署进出口食品安全局批复同意，成为全国第3个获批开展此项业务的直属海关。

【商品检验】2021年，长沙海关优化进出口商品检验模式，加强风险预警和快速反应，累计检验进出境工业品5.9万批，同比增长4.3%，检出不合格品391批。严格进出口危险品安全监管，检验进出口危险品4.64万批、货值115亿元，检出不合格品349批，查处“高危低报”情事63起，检验监管出口烟花爆竹、打火机数量居全国海关第1位。突出以练代战、战练结合，设立进出口危险化学品检验监管实操示范培训基地，选派247名业务骨干参加总署2021年度“岗位练兵”和“技能比武”，全员参训率超过30%、总体考试通过率超过80%。组织拍摄出口打火机、烟花爆竹2个岗位练兵教学视频并被采用，实现长沙海关在总署“钉钉”App教学视频“零突破”，获评2021年度“岗位练兵”优秀组织奖。

【口岸监管】2021年，长沙海关加强安全生产风险隐患排查，推进口岸监管环节反恐怖工作，以满分获得湖南省安全工作考核优秀评级。推动上海港、北海港烟花爆竹出口通道相继恢复，支持“岳阳—香港”直航航线复航，开辟烟花爆竹直航新通道。加大“扫黄打非”现场监管查验力度，开展“龙腾行动2021”和“蓝网行动”知识产权保护专项行动，扣留侵权嫌疑商品1,386批次、8.4万件。启动“铁路进出境快速通关”“出口运抵直装”改革试点，支持郴州建设中欧班列站点，助力“湘粤非”铁海联运通道顺利首发，全年监管中欧班列1,071列。2021年，长沙海关监管货运量2,655.8万吨，同比增长1.2%；监管集装箱28.6万箱次，同比增长15.6%；监管运输工具4.7万辆（艘），同比增长65.1%；监管邮件、快递总数216.3万件，同比下降70.9%。

【自贸区和特殊区域管理】2021年，长沙海关推进中国（湖南）自由贸易试验区改革创新，全国首创“进口转关货物内河运费不计入完税价格”在岳阳城陵矶口岸落地实施。认真落实《国务院关于促进综合保税区高水平开放高质量发展的若干意见》，出台支持湖南省综合保税区高质量发展11条措施，启动综合保税区卡口优化管理改革试点，组织完成长沙黄花综合保税区、郴州综合保税区二期实地验收。2021年，湖南省综合保税区进出口总值1,328.1亿元，同比增长36.4%。

【海关统计】2021年，长沙海关制定实施贯彻落实《“十四五”海关发展规划》指导意见。立足“数据+研究”，编发统计分析文章225篇。立足“快、广、深”要求，开展多个外贸专题分析研究。加强统计数据质量评估检查。开展统计核查17批。开展各项统计调查项目24项，涉及关区企业224家（次），连续5年保持填报率和填报及时率100%。

【企业管理和稽查】2021年，长沙海关深化企业信用管理改革，加大高级认证企业培育力度，新增7家高级认证企业，累计达52家（含2家分支机构）。积极配合协助总署与乌干达、南非等国海关成功签署AEO互认协议。全面实施“多证合一”“证照分离”“注销便利化”等改革，实现企业海关备案、注销全程无纸化办理，2021年关区新增注册企业4,083家，实有备案企业达2.2万家。全面推广企业集团加工贸易监管改革，稳步推进边角料内销拍卖机制改革。对涉及特许权使用费、跨境电商、粮食加工等的商品和行业开展专项稽查，办结稽查作业120起，查发问题作业数82起。办结核查作业975起。

【查缉走私】2021年，长沙海关组织开展“蓝天行动2021”“护卫行动2021”专项行动，严厉打击“洋垃圾”、野生动物、象牙等濒危物种及其制品走私，查办“洋垃圾”走私案件

2起，查获废油20吨、废五金7.2吨；查办象牙等濒危物种及其制品走私案件1起，查获濒危物种50千克。侦办“水客”、离岛免税“套代购”走私案件12起，案值约700万元，涉税约70万元。严防严打防疫物资、疫苗非法出境，查办案件5起，查获涉案口罩155.98万个、红外测温仪1,668个。

2021年，长沙海关共侦办走私犯罪案件33起，案值3.86亿元，涉税1.14亿元，抓获犯罪嫌疑人56人，被总署缉私局列为挂牌督办案件2起；侦查终结刑事案件24起；移送检察机关审查起诉案件25起35人。行政立案319起，案值23.1亿元，涉税416万元，办结330起。

2021年，长沙海关贯彻落实总署党委加强打击走私工作“1+6”文件要求，强化业务领导和缉私保障，海关移交缉私部门立案侦办走私犯罪案件18起，占刑事立案总数的54.5%。推进反走私综合治理，率先在全国建立非法入境固体废物归口地方政府统一处置工作机制。

【总署与湖南省政府签署合作备忘录】2021年4月25日，总署署长倪岳峰和湖南省省长毛伟明在北京签署合作备忘录。该备忘录深入贯彻落实习近平总书记重要指示批示精神，明确了总署支持湖南省开放型经济高质量发展16个具体事项［包括支持湖南工程机械、轨道交通、航空航天、生物医药等先进制造业和战略性新兴产业发展，支持中国（湖南）自由贸易试验区海关制度创新，建设中非经贸深度合作先行区，增设海关特殊监管区域等开放平台及区港联动建设等］，进一步深化总署、湖南省在对外开放领域的协同合作，建设社会主义现代化海关，支持湖南省加快打造内陆地区改革开放高地，促进构建新发展格局。

【服务经济社会发展】2021年，长沙海关推广“提前申报”“两步申报”等通关模式，试点推行“区港联动”，在物流环节嵌入“两段准入”“船边直提”“抵港直装”“海关查验货主免到场”等便捷措施，提高通关便利化水平。2021年长沙关区进、出口整体通关时间分别为28.48小时、0.88小时。支持湖南省办好第二届中国—非洲经贸博览会，为来自31个国家和地区的335家参展商办理备案，创历史新高。出台助力乡村振兴促进农产品出口18项措施，助推湖南省出口农产品133.4亿元，同比增长29%。支持跨境电商出口业务发展，验放清单8,834万票，同比增长11.93%。探索开展市场采购全国通关一体化模式和“白名单”试点，监管市场采购货物12.73亿元，同比增长28.4%。2021年湖南省进出口5,988.5亿元，同比增长22.6%，进出口总值创历史新高。

▲2021年8月6日，株洲海关支持国产双层动车组首次出口欧洲

【政务管理】2021年，长沙海关坚决守住精文简会的硬杠杠，减少正式发文。规范机要保密管理，获评湖南省“十三五”时期保密工作先进单位，保密教育宣传片《阳光之下》获湖南省保密公益宣传片类特等奖，1名同志获评全国海关机要保密工作先进工作者。推行信息宣传工作达标管理和计分排名，信息工作在湖南省委、省政府考核中分列第4名和第3名，新闻宣传在全国海关考核中位居B序列第1名，中央电视台《新闻联播》首次单条刊播长沙海关报送的新闻。办理反馈6件湖南省人大

代表建议、9件湖南省政协提案，代表、委员满意度100%。完成12360海关热线归并。优化值班应急管理，实现隶属海关24小时值班室全覆盖。

【财务及后勤保障】2021年，长沙海关落实过“紧日子”要求，推进节约型机关建设，“三公”经费支出下降7.33%，差旅费下降16.37%。科学安排资金调度，集中财力优先保民生、重点保运转、精准保发展。长沙海关获评2020年度中央在湘预算单位预算管理先进单位，并在大会上作经验交流。深化平安海关建设，首次获评湖南省国家安全人民防线建设先进单位，成功创建湖南省无烟党政机关单位。

【科技发展】2021年，长沙海关成立科技委员会，设立13个专业技术委员会，推动科技创新“揭榜挂帅”机制，牵头完成“2项铝颜料国际标准修订”和“出口水稻种子中重要检疫性病害检测技术研究”等3个署级科研项目，提升湖南优势产业国际话语权。开发建设出口烟花爆竹辅助监管平台、送收样环节智能化监管系统，推动54项业务监管事项“进系统、留痕迹、可追溯”。创新实施实验室一体化运行机制，在全国海关实验室工作座谈会上作经验交流。

【督察内审】2021年，长沙海关聚焦重大决策部署，完成12个关级督察项目。强化审计监督，完成对5个隶属海关的内部审计。综合运用跟踪督察、联合督察、在线督察等方式，开展疫情防控督察。开展专项审计，对“重大决策落实”“强化监管优化服务”“执行中央八项规定”3个方面进行检查。建立内控应用成效、业务异常数据月度分析机制，筑牢内控“三道防线”。对5项署级、28项规章制度、信息化应用项目开展内控前置审核复核，提出复核意见35条。结合地方特色，对供港澳活猪、出口烟花爆竹、出口打火机3类传统业务海关监管情况开展执法评估，排查出13个风险点。

【队伍建设】2021年，长沙海关科学分析干部队伍结构，坚持正确选人用人导向，做好职务职级晋升工作，规范人事日常管理，完成关衔调整、新录用公务员、军转干部接收工作，完成专业技术类公务员任职资格首次评定。坚持创先争优、正向激励导向，对1个集体记三等功、29个集体记嘉奖，对17人记个人三等功、166人给予嘉奖。强化岗位资质人员实操培训，开展专题培训83期，全员培训学时、学分达标率100%。

（撰稿人：马　刚　邓思芸　刘　梁
刘　源　刘星星　孙小洁
苏　立　李　璇　李星洲
吴　超　邹　颖　罗　集
周　健　庞　蓉　庞德军
栗大为　衷　韬　黄　毅
龚幼玲　谢正文　蔡婧怡
黎中意）

广州海关

【概况】广州海关前身为1685年清政府设置的粤海关。1950年1月31日，粤海关改称“中华人民共和国广州海关”。管辖范围包括广州市（黄埔区、增城区除外）以及佛山市、肇庆市、韶关市、清远市、云浮市、河源市和深圳市大铲岛，关区面积约占广东省行政区域面积的50%。关区内有中国（广东）自由贸易试验区南沙片区和全国三大枢纽机场之一的广州白云国际机场、中国邮政三大国际互换局中业务量最大的广东航空邮件处理中心，以及全国唯一一个设在无居民海岛上的国家行政机构、水上缉私战场大铲海关。广州海关业务门类齐全，业务涵盖陆路、海运、内河小型船舶、空港、中欧班列、自由贸易试验区（含综合保税区）、邮递物品（含跨境电商、快件）及市场采购监管、商品检验、卫生检疫、动植物检验检疫等。

广州海关下设隶属海关单位22个，其中副厅级隶属海关单位3个，分别是广州白云机场海关、佛山海关、总署税收征管局（广州）；正处级隶属海关18个，分别是广州车站海关、广州邮局海关、广州会展中心海关、天河海关、越秀海关、海珠海关、荔湾海关、番禺海关、南沙海关、花都海关、从化海关、肇庆海关、韶关海关、清远海关、大铲海关、云浮海关、罗定海关、河源海关；另设正处级隶属海关单位广州海关风险防控分局。

2021年，广州海关以习近平新时代中国特色社会主义思想为指导，统筹推进口岸疫情防控和促进外贸稳增长，强化监管优化服务。关区税收入库620.25亿元，同比增长8%；总署税收征管局（广州）分管商品实征税款9,756.5亿元，同比增长31.1%，占全国海关税收的46.3%。深入开展党史学习教育，完成1,109个“我为群众办实事”项目，4个项目入围全国海关“百佳项目”，连续11年获评广州市政务服务标兵单位，全年获得省部级以上荣誉11项。

【党的建设】2021年，广州海关坚持以党建工作为统领，旗帜鲜明讲政治，推进党史学习教育走深走实，以党建引领各项工作高质量发展。设立广东省爱国主义教育基地粤海关博物馆和全国先进基层党组织大铲海关2个党性教育现场教学点，推出“百年初心　逐梦远航——广州海关庆祝中国共产党成立100周年专题展”。打造“初心堂”党建阵地，推动党员“学党史·守初心”常态化。拧紧政治建关的责任链条，建立两级党委和机关党委基层联系点制度，关党委委员不定期直接视频连线基层一线，检查重点工作落实情况。制定26条措施严格规范对“一把手”和领导班子监督，推动“两个责任”贯通联动、同向发力。择优选树49个“四强”支部，以点带面推动“支部建在科上”向“支部强在科上”转变。在实践中创新“3+4+N”联学共建机制，打造跨支部、跨部门、跨领域沟通交流的“党建联盟”，促进党建业务互融深融、基层党组织共同进步。持续深化品牌培树工程，创新“一支部一品牌一方法”管理制度，先后提炼支部工作法近百篇、创建基层党建品牌300多个，6个基层党组织被授予全国海关基层党建示范（培育）品牌，3个党建项目被省委组织部列入广东基层党建“书记项目”重点库，隶属的大铲海关被评为广东省省直机关模范机关创建标兵单位，“星火”青年理论提升学堂纳入总署基层党建“书记项目”试点。持续深化荣誉体系建设，年内获评各级各类荣誉176项，其中省部级以上荣誉11项。

【法治建设】2021年，广州海关制定落实《“十四五”海关发展规划》具体措施55项。制定“八五”法治宣传教育工作实施意见，制发2021年普法责任清单，明确任务92项；参与总署组织的直属海关权责清单编制试点工作，形成政务服务类直属海关权责清单（初稿）；统筹开展“美好生活　民法典相伴”、“8·8”海关法治宣传日、“12·4”宪法宣传周等大型主题活动6次；组织开展《中华人民共和国安全生产法》等7项新法新规重点解读，围绕13门法治重点课程进行授课。印制行政执法典型案例集，引导重点领域规范执法，开展“送法下基层”活动4次。年内收到行政复议案件8宗，审结7宗。办理行政诉讼案件7宗，审结4宗，继续保持“零败诉”。

开展“龙腾行动2021”“蓝网行动2021”“净网行动2021”“网剑行动”等知识产权保护专项行动，全年查扣侵权嫌疑货物5,509批次，查处侵权嫌疑货物655.79万件。贯彻全国深化“放管服”改革着力培育和激发市场主体活力电视电话会议精神，制定16项具体任务；开展各类文件合法性审查101件次。受理行政审批事项20,796宗，全部“零逾期”“零差评”。

【风险管理】2021年，广州海关抓好常态化疫情风险防控，撰写航班风险分析136篇；向专班推送2,313名滚动采样旅客名单，滚动采样检出127名新冠病毒核酸阳性人员。不断优化调整“水客”布控指令，布控查获超量、超额携带涉税情事274起。快件渠道布控查获毒品案19宗。纳入RCEP低风险参数报关单23万票，保障RCEP空运进口快件6小时通关时效要求有效落实。

搭建“云擎”数据模型640个，平台级全国应用16个，“云擎”授权管理和“云擎”应用建设得到加强。组建127人覆盖各业务领域的风险专家队伍，多渠道收集各业务部门和现场布控需求，开展风险联合研判169次。

【税收征管】2021年，广州海关税收入库620.25亿元，同比增长8%，其中关税入库119.97亿元、进口环节税入库500.27亿元。跨境电商征收税款26.46亿元，行邮各业务渠道征收税款约5.63亿元。

推动税收征管改革。制发涉及食品、化妆品、木浆和机电产品的归类、价格预裁定89份，涉及进口商品货值14.58亿元；关区425家企业备案关税保证保险1,065份，担保额度131亿元，率先试点“多主体联合担保制度”；167家企业参与汇总征税改革，共备案汇总征税担保226份，担保额度21亿元；对785家属地企业加强合规申报引导，为36家企业建立属地纳税人管理台账，建立“双特”价格台账11份，实施分类差别化服务。落实原产地优惠贸易安排，为关区企业获得税款优惠约98.82亿元，其中进口受惠货值673.87亿元，税款减让51.72亿元；签发各类出口货物原产地证书36.64万份，为企业获得境外税款减让约47.1亿元。扩大农食产品进口，推动自中东欧国家进口征税7.7亿元，货值约43.01亿元。

开展跨境电商税政调研，有关滑雪器材、游戏机等6项商品的建议被纳入财政部等8部委联合发布的2022年版《跨境电子商务零售进口商品清单调整表》。执行国家进口税收优惠政策，为航材减免项目、鼓励项目、科技创新项目等实际减免税款 1.63 亿元，同期为货值 30.04 亿元的种子种源、科技创新、航材减免相关进口货物办理减免税税款担保，参与 H2018 减免税管理子系统建设，规范减免税管理，简化流程、优化服务；承担加工贸易内销选择性征收关税政策试点及 2020 年暂免征收加工贸易货物内销缓税利息两项政策的全国实施监控分析。

标本兼治推进“源头治理、行业规范”，引入行业行情数据建立特色商品数据库，搭建智能化模型开展涉税风险排查；建立企业合规申报差错信息通报机制，研发企业合规申报差错信息数据模型，通报并由直属海关开展合规引导企业 1,980 家，涉及 40 个属地直属海关；推进商品识别码（化学物质登录号 CAS）的建设应用，提升企业规范申报水平，进口化学品的归类改单率从应用前的 0.4%下降到 0.31%。

【卫生检疫】 2021 年，广州海关坚持“人、物、环境同防”，动态更新口岸疫情防控工作指引和口岸防控技术方案，口岸入境人员中检出新冠病毒核酸阳性个案 3,096 例。升级疫情防控作业信息化管理系统，推进卫生检疫全流程智能化项目。

【动植物检疫】 2021 年，广州海关开展“国门绿盾 2021”行动，严防非洲猪瘟、高致病性禽流感、松材线虫、红火蚁等重大动植物疫情疫病传入和外来物种入侵。累计检疫监管进出境动植物及其产品共 53.8 万批，货值 631.7 亿元，同比分别增长 23.79%和 34.09%；共截获进境植物有害生物 663 种、17,531 种次，其中检疫性有害生物 62 种、2,533 种次；退回或销毁处理 78 批货物，检出不合格批次同比增长 13.04%；从非贸渠道截获外来物种 514 批次；累计对 10 批次食用动植物产品实施口岸新冠病毒核酸检测采样 228 个，结果均为阴性；对承载冷链食用动植物产品的 28 个集装箱实施口岸预防性消毒，涉及产品外包装 2.5 万多件。

【食品、化妆品检验检疫】 2021 年，广州海关累计申报进口食品及化妆品 6.1 万批、348 亿元，同比分别增长 31.4%、20%；出境食品及化妆品申报前监管 6 万批、173.7 亿元，同比分别增长 6.1%、16.9%。全年检验检疫供港澳食品及化妆品 27.3 万吨、59 亿元，同比分别增长 19.8%、16.1%；检疫监管供港澳活猪 9,433 批次、34.9 万头，供港澳市场全国占比 39.60%。实施进口食品及化妆品监督抽检和风险监测，通过不合格系统上报未予入境食品及化妆品计 313 批次，全部做退运或销毁处理。2021 年，广州海关进出口食品安全处被国务院食品安全委员会评为全国食品安全先进集体。

全年监管放行进境粮食 805.42 万吨、货值 176.92 亿元，同比分别增长 64.44%、99.08%。完成 929 头美国种猪、3,926 头智利种牛检疫监管任务，全国首次在进境种猪中检出猪圆环病毒Ⅱ型（PVC-2）阳性病例。

【商品检验】 2021 年，广州海关完善进出口商品质量安全风险预警监管体系建设，推进矿产品“先放后检”、第三方检验结果采信、进口大宗商品重量鉴定监管方式调整等改革。加强再生金属、危险化学品以及医疗器械等重点敏感商品检验监管，全年检验监管进口工业品 55.1 万批，货值 1,367 亿元，同比分别增长 15.3%、23%；抽检 7.3 万批，检出不合格品 6,009 批，检出率 8.2%。出口法检工业品 2.3 万批，货值 114.6 亿元；抽检 1.5 万批，检出不合格品 116 批，检出率 0.8%。检验监管进出口危险化学品及其包装 15,798 批，货值 43 亿美元，重量 625.2 万吨。检出不合格进出口危险化学品及其包装 3,399 批，货值 5,508.9 万美元，重量 41,287.2 吨，批次不合格检出率

21.5%。完成特殊物品出入境卫生检疫审批733票，同比增长14.35%；出口防疫物资送检201批，检出不合格率18.9%，同比增长8%。

【监管业务】2021年，广州海关监管进出口货运量7,375.5万吨，同比增长2.7%。其中，进口4,028.8万吨、出口3,346.7万吨，同比分别增长3.5%和1.7%；监管进出境邮递物品3,061.5万件，同比下降62.1%；进出境邮政快件3,925.4万件，同比下降14%；进出境快件业务总量2,939.3万票，同比增长8%；监管跨境电商进出口报关单及清单3.3亿票，商品总值1,538.1亿元，同比分别增长55.8%、71.2%。

2021年，广州海关构建全链条防控体系，切实防范固体废物夹藏和伪报走私风险。全年关区口岸监管现场查验进口再生金属报关单3.5万票，查获1,086票，查获率3.09%，退运784票，检出固体废物131票，坚决将“洋垃圾”拒于国门之外。开展关区安全生产隐患大排查，组织安全应急演练45次，妥善做好查获的83.5吨涉案烟花爆竹移交处置工作，有效排除口岸重大安全隐患。

严格落实口岸疫情防控各项措施，共对366票进口冷链食品采样作业、403票进口冷链食品预防性消毒处理监督作业情况进行监控检查。深化与地方反恐、环保等部门的协同合作，在口岸监管环节加大核生化有害因子监测力度，组织反恐应急演练20次，全年共监测发现核辐射有害因子（含放射性物质）188例，向总署报送典型案例28例，切实维护国门安全。

支持广州中欧班列业务发展，开辟“广州—二连浩特—敖德萨”“广州—霍尔果斯—杜伊斯堡”两条出口新线路。监管广州中欧班列128列，发运标箱12,768个，货值37.98亿元，同比分别增长15.32%、22.23%、18.17%。深化跨境电商个人额度前置审核服务，累计为天猫、京东等企业提供服务4,104.5万次。支持“跨境电商+直播”新模式，该模式下监管进口跨境电商清单177.8万票、商品总值5亿元。

【保税监管和自贸区】2021年，广州海关重点推出“信易AEO”“船舶联网核放”“保税贸易分拨中心仓模式”3项创新举措并报总署。截至2021年年底，广州海关累计推出53项自由贸易试验区创新举措，有36项被广东省政府纳入全省复制推广范围，其中“‘智慧海关’助力南沙通关大提速”入选中国（广东）自由贸易试验区2021年最佳案例；“仓储货物区内直转”“旅客通关指尖申报”被广东省政府列为（广东）自由贸易试验区第七批改革创新经验。

采用分类监管货物区内直转等创新方式，促进全球优品分拨中心、大湾区美酒美食分拨中心、大湾区文化保税创意中心、生物医药分拨中心等国际分拨业务集群发展。同时推出“跨境电商出口退货合包”等新模式，解决跨境电商退货难题，满足消费者多样化需求；全年广州关区跨境电商网购保税进出口值195.35亿元。在重点项目的带动下，关区内两个综合保税区（白云机场综合保税区、南沙综合保税区）进出口合计1,120.78亿元，同比增长41.89%，首次突破1,000亿元。

关区有24家企业参与企业集团加工贸易监管模式试点改革，试点企业加工贸易进出口值约544.78亿元，占关区加工贸易进出口值的20%。关区141家企业参与以企业自主自律为基础的“账册滚动核销+风险研判盘核”监管模式改革，惠及110家海关高级认证企业。

【海关统计】2021年，广州海关共审核报关单记录1,769.1万条，下发核查数据9,139条，涉及更正数据6,068条。积极开展统计监督，数据核查线索转交行政处罚 190 起，处罚金额 27.4 万元，涉及货值 2.8 亿；移交缉私立案 6 起，立案案值合计 14.1 亿元；向总署提交数据暂缓统计建议，涉及不实贸易企业 93 家，涉及金额 45.6 亿元。协助总署统计分析司撰写大宗商品价格变动、外资企业外贸变化情况等海关新闻发布材料 10 余份。参与撰写的分析研究报告被总署信息载体采用 37 篇。向广东省、广州市政府及相关部门报送专报 27 篇，获得省市领导批示 14 次。全年累计向关区内各部门单位提供统计服务 267 次，根据地方部门单位来函需求提供海关统计数据服务 20 次，受理并办结社会公众申请统计服务 80 次。

【企业管理和稽查】2021 年，广州关区备案报关单位 79,197 家，同比增长 10.53%。当年新增备案报关单位 11,932 家，备案增长率为 2.58%；共有 AEO 企业 814 家，其中新增 345 家。积极推行报关单位备案“多证合一”、企业注销“一网通办”以及广州市内跨关区“一窗通办”等业务，当年完成企业注销 4,378 家。办结稽查作业 632 宗，同比增长 9.72%，有效率 59.33%；办结核查作业 2,616 宗，同比增长 2.35%；核查移交缉私部门 27 宗，制发并采用核查建议书 103 份。办结涉检行政处罚案件 1,075 宗，涉案货值约 2.79 亿元，罚没收入 684.3 万元。

先后组织对关区近三年进口过固体废物的加工企业、再生金属进口企业进行专项稽查，共查发问题企业 56 家，涉及少征或漏征税款 1,624 万元；拓展非传统领域稽核查，实施“断链刨根”专项整治，完成 1,949 家跨境电商企业全覆盖验核，对 23 家高风险企业开展专项稽查行动，涉及税款 6,415.97 万元。

【查缉走私】2021 年，广州海关开展“国门利剑 2021”专项行动，查办各类案件 19,938 起，案值 255.8 亿元，涉税 25.9 亿元。具体情况见表 6-5。

表 6-5　2021 年广州海关缉私业务数据列表

项目	具体项目	数值	同比
总案件	立案数	19,938 起	-6.5%
	案值	255.8 亿元	-43.2%
	涉税	25.9 亿元	-45.4%
刑事案件	立案数	415 起	3.8%
	案值	131 亿元	-16.1%
	涉税	18 亿元	-13.1%
行政案件	立案数	19,523 起	-6.7%
	案值	124.8 亿元	-57.6%
	涉税	7.9 亿元	-70.5%

开展打击治理粤港澳海上跨境走私、“水客”走私、再生金属伪瞒报、“邮包会战”等专项行动。全年查办珠江口水上走私案件 1,505 起，总案值 31 亿元。分析研究“水客”漂移趋势，侦办“水客”类走私犯罪案件 133 起，案值 106 亿元，打掉团伙 142 个。查办“邮、快、跨”等渠道行政案件 1.9 万起，位列全国海关榜首。开展打击跨境电商进口走私“断链刨根”专项整治行动，核查跨境电商平台 694 家次，关停 66 家电商平台企业数据申报通道，累计约谈涉案企业 14 家，将 206 家企业列入高风险企业清单跟进处置，查发案件 1,746 宗，占全国海关比重达 88.8%；案值 30.5 亿元，占全国海关比重达 42%。开展 34 个“奋斗”号打私行动，侦办“邮、快、跨”、水上渠道“水客”走私等系列大案、要案，有 27 起刑事案件被列为总署挂牌督办案件。“奋斗 22”走私保健品案等 3 起案件获评全国海关 2021 年打击走私十大典型案例；“奋斗 04”打击跨境电商渠道“水客”走私奶粉案被总署列为民生领域打击走私典型案例。联合省、市

（区）各级打私办开展“海啸”“双门”“围城”“清湾”等水域整治专项行动，查获水上走私案件433起，查扣“大飞”等“三无”船舶以及走私冻品、高价值商品1批。联合公安部门、税务部门、人民银行侦办的“2021广州涉税1号”“会战2号”骗税骗补专案，相关单位及个人获评国家税务总局等4部门打击虚开骗税违法犯罪两年专项行动成绩突出集体和个人。

【政务管理】2021年，广州海关向总署报送各类政务信息858篇，向省、市领导以及相关部门报送专报、要报69期，向省、市报送信息140条次，获副部级以上领导批示51次；完成75项关区重点、亮点事项总结报送工作。全年督办关领导批示、关级会议议定事项1,491项，办结率97.1%。加强政策研究，累计撰写重要文稿100余篇。开展广州海关年鉴编纂和海关史研究工作，推进《广州海关志》编纂及口述史料抢救征集工作。协办全国、省、市人大建议及政协提案13件次，积极为地方经济社会发展建言献策。

对外发布新闻通稿600余篇，召开和参加新闻发布会、新闻通气会近20次，独立完成中央电视台《新闻联播》单条刊播2次。受理政府信息公开申请86件，其中关本级机关受理24件；跟进12360海关热线与12345政务便民热线归并工作，受理各类咨询11.3万次；畅通构建“信、访、网、电、邮”五位一体的信访受理体系，及时化解矛盾纠纷。

【财务及后勤保障】2021年，广州海关按照党政机关过“紧日子”要求，严控一般性支出，严控“三公”经费支出，其中因公出国（境）费用全年无支出，公务接待、公务用车运行维护、公务用车购置费用同比分别下降37.1%、3.85%、2.26%。开展关区涉案财物专项清理，共处置涉案财物约2万项。累计向地方移交海关查扣走私冻品9,241.85吨。

【科技发展】2021年，广州海关推进科技创新，推广旅客通关子系统卫生处置应用，配合总署完成卫生处置模块与总署旅客通关、新一代风控等系统的对接，以及电子流调系统的管理开发等工作。扩大新一代通关管理系统H2018 3.0版应用，完成3.0版运抵报文上传模块建设及应用，持续优化数据接收、入库、转发功能。开展智能审图信息化保障，组织完成关区行邮现场43台CT机智能审图针剂算法更新部署，完成机场旅检X光机、机场快件CT机智能审图濒危物种、检验检疫商品算法更新部署，完成汇聚服务器程序部署和集中审像应用更新。

【督察内审】2021年，广州海关对一线疫情防控措施落实情况开展常态化监督，发现查验操作不规范等问题7个。开展进出口危险化学品监管措施落实情况自查，发现专业装备配置、分类界定等方面问题6个。组织开展关级督察13项，发现问题及风险隐患33个，提出建议12条，制发督察意见建议书46份。指导各隶属海关自查发现问题57个，提出建议21条，完善管理制度11项。开展署级、关级内控前置审核项目29个，提出意见建议135条。开展关区“AEO企业便利化措施成效”“风险布控指令转化效率效能”“落实支持新业态发展措施”3个专题项目评估，提出改进措施和意见9条。健全完善对执法一线科室的5年轮审机制，开展科室管理审计39个，发现问题192个。

【队伍建设】2021年，广州海关优化调整领导班子，分梯次培养干部，年内交流处级领导干部37名。落实对“一把手”和领导班子的监督，统筹开展选人用人巡察检查。

坚持择优导向，制定高职级公务员管理办法，科学确定领导职务和职级兼任，1,297人次职级获得晋升。63名同志获颁扎根艰苦地区边关工作荣誉章，包揽该专项金质荣誉章。建立疫情防控封闭管理人员长效激励机制，首批专项奖励封闭管理人员29名，通报表扬366人。提升奖励工作科学性，全年奖励先进集体72个、先进个人1,017人次。做好离退休干部服务工作，用好地方养老惠老政策，积极协助80岁以上老同志办理“平安通”居家养老服务。开办“穗关金晖”微信公众号，运用新媒体手段加强离退休干部工作宣传。

完善分级分类培训体系，全年共完成一级培训57项，6.5万人次参训，干部参训率和学时、学分达标率均为100%。组织83名新关员参加初任培训、岗前培训，广州海关被总署评为初任培训优秀组织单位。全年开展卫生、动植物、食品、商品等检验检疫岗位资质培训8期，参训4,489人次，组织资质考试17场，通过考试共1,239人次，已认定并获得资质1,191人次。建立疫情防控滚动式、常态化培训机制，每月组织“第二梯队”人员实操技能培训，共751人次参训，全部考核过关；组织后备人员到白云机场海关跟班轮训10批、184人次，确保能随时出战。举办“穗关e课堂”45期，录制总署、关区线上课程114门，为各级培训提供有力保障。2021年，粤海关博物馆共承接现场教学参观121批、10,007人次，讲解服务队队长荣获“广东省百名优秀党史宣讲员”称号。

围绕疫情防控、打击“水客”走私等开展监督19项，发现并督促整改问题677个，制发监督意见书38份、风险提示单8份，推动完善制度机制15项。开展“现场监管与外勤执法权力寻租”专项整治，起底问题线索221条，排查廉政风险45个，推动制定整改（防控）措施171项，形成5个方面的长效工作机制。执纪审查全年立案10件10人，给予党纪政纪处分10人，深化运用“四种形态”，细化运用第一种形态的情形、方式，全关运用人次显著增加。深化警示教育，创设《穗关警示教育专刊》，编发4期涉及19起案例，召开全关警示教育大会通报10起关区历史典型案例。

【服务粤港澳大湾区建设】2021年，广州海关制定实施101项稳外贸政策措施，助推关区外贸稳中提质。关区7个地市进出口1.86万亿元，同比增长15.9%。聚焦“发展平台、物流通道、功能区域、产业企业”，梳理关区26个重点支持项目，推进服务粤港澳大湾区建设取得阶段性进展。

广州海关从物流通道、发展平台、重大项目等5个方面，制定实施25项促进高水平开放支持措施，支持南沙区培育建设国家进口贸易促进创新示范区。南沙区全年进口1,112.9亿元，同比增长8.9%，占广州市进口总值的24.7%。在南沙综合保税区落地实施整车保税存储、保税检测、全球维修等创新制度。出台“汇总征税”叠加“保税分拨”“分送集报”等政策，保障航材快速通关。为服务第130届广交会线上、线下融合举办而组建海关工作专班并成立7个专项工作组，对接广交会主办方6个方面的政策诉求，制定发布通关须知和18项便利措施。

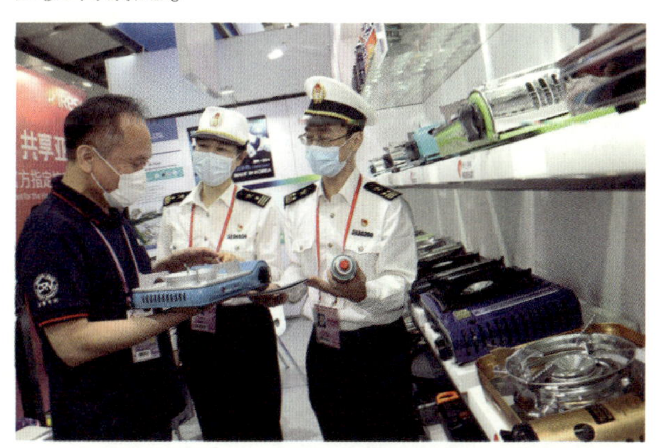

▲2021年10月15日，广州会展中心海关关员在广交会展馆内开展巡展监管

支持跨境电商持续快速发展。广州、佛山跨境电商综合试验区进出口额分别为743.3亿元、740.6亿元，同比增长58.4%、45.7%。2021年1月，南沙综合保税区建成国内首个跨境公共分拨中心。2021 年，白云机场空港跨境电商进出口 1,065 亿元，同比增长 1.1 倍，成为全国首个超千亿的跨境电商空港枢纽；南沙海关监管跨境电商进出口 357.5 亿元，同比增长 45.3%。促进市场采购健康稳定发展。推动广州、佛山商务部门对 181 家通报企业实施差别化处置，完善综合管理机制。配合地方政府将试点扩展到更多专业批发市场，广州花都试点集聚区已扩展至广州市区内的 5 家专业批发市场。2021 年，监管市场采购出口 2,565.1 亿元。助推生物医药产业快速增长。实施“一证多批”（同批保税存储药品凭一份药品通关单即可分批出区）创新做法，方便企业办理通关手续。深化“机场—生物岛”进口分拨流转模式，降低相关企业仓储和物流成本 20%。2021 年，广州关区生物医药产品进出口 275.8 亿元，同比增长 24.5%。

服务重大平台建设落地。全球人道主义应急仓库和枢纽项目顺利落地运作。从 2020 年 4 月项目临时仓开始运作至 2021 年年底，累计监管以保税仓储后出口的人道主义援助物资 1,089 票、13,310 万余件，输往厄瓜多尔、乌兹别克斯坦、哥伦比亚等 180 多个国家（地区）。钻石交易平台建设稳步推进。积极配合广东省、广州市向国务院争取广东钻石进出口贸易管理相关政策，完成广州钻石交易中心保税仓库审批。2021 年，关区钻石加工贸易进出口 640.9 亿元，同比增长 79.1%。国际科创中心建设逐步推进。“港澳药械通”政策试点顺利开展。2021 年，广州市高新技术产品出口 997.9 亿元，同比增长 28%。

支持国际物流通道进一步畅顺。南沙港与洋浦港等港口之间外贸同船运输业务常态化运作，南沙大湾区机场共享国际货运中心正式运作。2021 年，南沙净增外贸航线 21 条，国际分拨中心进出口 457.23 亿元，同比增长 8.9%。白云机场空运物流枢纽辐射带动作用明显。2021 年，经广州白云机场口岸进出口总值为 4,793.4 亿元。其中，出口 2,844.9 亿元，同比增长 48.1%；进口 1,948.4 亿元，同比增长 13.0%。支持拓宽邮路运输物流通道，持续推进“一点清关” “跨境快速通关”改革。2021 年，“一点清关”进境的港澳邮件共计 344.1 万件，占同期港澳进境邮件 90.2%。

▲2021 年 6 月 8 日，南沙海关关员对出口蔬菜基地进行监管

支持特色产业稳步发展。南沙综合保税区跨境公共分拨中心建成落地，首创出口退货新模式，实现多种形态货物合并打包、同柜配送出境。穗港赛马进出境稳步增长。对往返粤港马匹实施“一次审批、多次往返”检疫审批制度，“香港沙田马场—深圳湾口岸—广州从化马场”往返粤港的第二条生物安全通道跨境运输试运成功。2021 年，共监管进出境马匹 5,835 匹次，货值 14.52 亿美元，同比分别增长 32.8%、26.4%。粤港澳“菜篮子”保障稳定供应。取消 8 项港澳食品监管报告证明文件，实现肇庆集散基地蔬菜就地申报、直通香港。2021 年，经关区向港澳出口食品 42.76 亿元，同比增长 25.5%。“企业升级计划”成效明显。2021 年，成功培育高级认证企业 345 家，现有 AEO 企业 814 家。

【优化口岸营商环境】2021 年，广州海关“智能通关”改革被选为全国 15 项优化营商环境典型创新举措之一。广州市在国家发展改革委营商环境评估中被评为跨境贸易标杆城市，在广东省营商环境评估中排名第一。广州海关整体通关时间持续稳定在合理区间，2021 年 12 月进、出口整体通关时间分别为 16.35 小时、0.54 小时，较 2017 年分别压缩 80.38%、95.24%。

深入推广入境货物检验检疫证明电子证书信息查询和应用，全面推广原产地证书智能审核和自助打印；在全国率先启动高级认证企业线上自助打印报关单档案。推进多元化通关模式，进、出口“提前申报”率分别稳定在 50%、90% 以上，“两步申报”率稳定在 25% 左右，“两段准入”信息化监管已推广至所有口岸、所有企业，探索在大湾区内海关开展全业务领域一体化改革研究。扩大智能审图、远程监管等的适用范围，智能审图覆盖 345 个税号商品，远程监管推广至 15 个隶属海关，提升货物查验效率。实施粤港澳大湾区启运港退税政策，超过 120 个企业享受改革红利。

推进“湾区一港通”“组合港”物流模式改革，2021 年，以南沙新港为枢纽港的“湾区一港通”模式在珠江流域的广州、佛山、云浮、肇庆、中山等地市 10 个内河码头落地运作；支持关区顺德、高明、三水、肇庆等地码头与深圳蛇口港开展“组合港”项目合作。进口货物“船边直提”和出口货物“抵港直装”根据企业需求常态化开展，目前已从南沙新港拓展到云浮、佛山、清远等二类口岸，实现低风险货物船边“直提”“直装”，货物在港口“零停留”。推进多式联运发展，支持海铁联运、海公铁联运，实现海运和铁路的无缝衔接；支持空陆联运业务发展，充分发挥广州白云机场国际空运枢纽作用。

推进智慧口岸建设，在空港口岸启动车辆自助进出区作业模式，实现进出园区车辆 24 小时网上预约，货物凭二维码实现场所内自由流转。在关区 21 个海运口岸实现海关查验通知信息推送全覆盖，并率先应用至空运口岸，实现海关与场所、企业间查验通知信息推送及查验调箱信息的双向交互，增强查验时效的可预期性。主动将海关放行信息推送到“单一窗口”，并推动南沙自由贸易区码头、船代、货代、运输等企业系统与“单一窗口”对接，实现海关放行后企业无纸提货。优化政务业务办理，开发“指尖上的服务”，实现 9 大类海关业务板块、70 个业务事项掌上查询办理。

（撰稿人：万志红　王　畅　王汪宇
王钰婷　邓　青　邓兆常
左　逊　田传熙　刘思聪
江丹丹　许　慧　杨昌成
杨真真　李吟雪　佘长春
邵顺芹　林　昕　屈春艳
胡　涛　胡　鑫　秦　雯
郭建华　曾华隆　谢绮璐
熊伟杰　谭　萍）

深圳海关

【概况】深圳海关前身是九龙关，1887 年于香港设立。1949 年 10 月，经“护产起义”，九龙关总部机构由香港撤回深圳，1950 年更名为中华人民共和国九龙海关，1997 年 7 月 1 日更名为中华人民共和国深圳海关。目前，深圳海关管辖范围包括广东省深圳、惠州两市，海、陆、空、铁、邮监管业务齐全。

深圳海关下辖副厅级隶属海关 1 个，皇岗海关；以及正处级隶属海关单位 31 个，包括深圳宝安机场海关、深圳湾海关、罗湖海关、文锦渡海关、沙头角海关、蛇口海关、大鹏海关、莲塘海关、大铲湾海关、三门岛海关、西九龙站海关、深圳邮局海关、梅林海关、福强海关、沙湾海关、南头海关、福中海关、前海海关、同乐海关、布吉海关、笋岗海关、福田海关、梅沙海关、观澜海关、西沥海关、龙岗海关、坪山海关、惠州海关、惠州港海关、惠东海关、深圳海关风险防控分局。

2021 年，深圳海关以习近平新时代中国特色社会主义思想为指导，坚决做到“两个维护”，建立落实“第一议题”5 项配套机制。查扣侵权货物物品 9,938 批次、2,140 万件，案值 7,902.1 万元。作为全国海关“三智”首任专项联络工作组秘书处，培育成熟并落地运行“三智”项目 6 个，其中“5G 智能单兵”被列入中国海关第一批“三智”国际合作示范项目。筑牢检疫防线，坚持“人、物、环境同防”，建立两级疫情防控管控体系，严密境外、口岸、境内三道防线，全年检疫入境人员 375.7 万人次，检测进口高风险货物样本 16.4 万份，监督预防性消毒进口高风险货物 1.3 万批次，分别在进口水果、非冷链航空箱中检出全国海关首宗新冠病毒阳性样本。推广应用远程 5G 智能检疫系统对新冠病毒精准溯源，为全国海关首次；加强正面监管，以风险精准识别、动态防控为抓手，通过“制度+科技”，提升整体监管合力。全年监管进出口货运量 9.7 亿吨；监管进出境运输工具 574.8 万辆（艘、节、架）次；监管进出口贸易值 9 万亿元，征收税款 1,893.3 亿元；监管进出境快件 6,188.9 万件。保障国门生物安全，截获植物疫情 467 种，超 1.9 万次；检出未准入境进口食品、化妆品 326 批次。提升后续监管质量，“互联网+稽核查”在全国海关推广。服务发展促开放，着力于服务国内国际“双循环”，支持“双区”（粤港澳大湾区和深圳中国特色社会主义先行示范区）建设，优化营商环境，实施“暖企计划”和 AEO 高级认证企业“链式”信用培育，滚动推出 2 批 28 项“稳外贸稳外资”措施，使深圳外贸出口连续 29 年居内地城市首位。3 个全国首批技贸措施研究评议基地落户关区。支持“双区”建设多点突破，推动首批综合改革授权清单涉及海关职责事项落地，13 项措施纳入前海总体发展规划。前海“离港空运服务中心”辐射能力增强，“妈湾智慧港”开港，“湾区组合港”列入国家级创新试点改革项目，“湾区海铁通”实施，“湾区号”中欧班列运载货物超 10 万吨。推动物流一体化，深圳空港国际货邮吞吐量、海港集装箱吞吐量均创新高。出台28项促进跨境贸易便利化措施，口岸进、出口整体通关时间较2017年分别压缩80.6%、93.8%，助推深圳获评中国营商环境跨境贸易领域标杆城市。推进改革与法治，海关业务全面融合改革10项举措向全国海关推广，属地查检改革、加工贸易残次品销毁处置管理新模式率先落地。“两步申报”应用率居全国主要口岸首位，“两段准入”实现海运、空运全覆盖，C类快件纳入货物一体化通关改革。15项科技成果在首届海关科技成果评定中获奖。常态化推进“立改废释”，动态更新制度正面清单688项。建立全过程风险防控和实质性化解行政争议机制，诉讼案件总量下降64%，连续6年“零败诉”“零赔偿”。

年内，深圳海关所属蛇口海关获评全国五一劳动奖状，深圳邮局海关快邮件监管二科获评全国五一巾帼标兵岗，深圳湾海关旅检大厅综合处置岗、深圳宝安机场海关空港旅检入境行李物品监管岗获评第20届全国青年文明号，西九龙站海关获评2017—2020年度全国群众体育先进单位，深圳海关法规处获评全国“七五”普法先进集体，深圳海关行邮监管处获评全国“扫黄打非”先进集体。

【党的建设】2021年，深圳海关持续推进党建工作高质量发展。开展党史学习教育，结合庆祝中国共产党成立100周年，制定一揽子重点任务，举办多个“首场”特色“四史”学习研讨活动，创新开展“5个100”（讲好100个深关奋斗故事、培树100个身边学习榜样、打造100个融合式党建样板间、发展100个新党员、评选100件惠民实事）系列活动，关区885个重点民生项目全面落地，4个案例获评总署“百佳项目”。推进“强基提质工程”，建成深圳海关党群服务中心、深圳海关党群书吧（深圳市直机关青年读书会），出台深化融合式党建工作意见，推广42个融合案例，新评30个关级品牌、42个“四强”支部，推报47个集体和26名个人获国家、省、市各级表彰。细化对“一把手”和领导班子监督的66项具体落实措施，健全“1+4+6”廉政风险防控体系，探索跨关区廉政风险防控协作机制。搭建“1+5+2”巡察工作体系，探索开展“巡审联动”“交叉巡察”，在全国海关率先实现多部门线上协同整改、量化评估，年内开展4轮巡察，覆盖部门、单位16个，巡察5年全覆盖进度93.3%。

【监管业务】2021年，深圳海关持续深化监管流程改革，提升海关作业质效。开发“直提直装”业务线上办理模块，实现关区跨境车辆备案管理业务无纸化。推广智能审图改革，整体直放比例59.9%。开展跨境电商审单集约化改革，实现跨境电商清单审单、汇总报关单放行结关、简化申报与海外仓企业备案等“一站式”办理。推广5G智能检疫设备，实现无接触式检疫在口岸的全覆盖，正常货车司机检疫验放时间压缩至10秒以内，货运船舶和航空器登临检疫效率提升约30%，正常旅客检疫通关效率提升98%。升级5G智能单兵应用，实现对重点旅客、车辆等有效预警时间压缩至1秒以内。深化CT智能审图运用，单票寄递包裹平均作业耗时压缩至22秒。在全国海关中首创自由贸易试验区“互联网+行政处罚”移动办案新模式。构建“属地监管企业、口岸验证产品、风险联动协同”的出口检验检疫新监管模式，减少海关查检和企业逐批报检。探索“总担保+属地申报口岸验放”通关模式，节省科研机构减免税设备进口业务办理时间50%以上。开展海运卡口陆路化改革，待查货物等待时长平均缩短1天以上。集成创新“货物按状态分类监管政策”“先进区后报关”“分送集报”等监管制度，深圳市4个特殊监管区域进出口值逆势同比增长10.7%，占深圳外贸进出口总值逾两成，占广东省特殊监管区域进出口值逾七成。

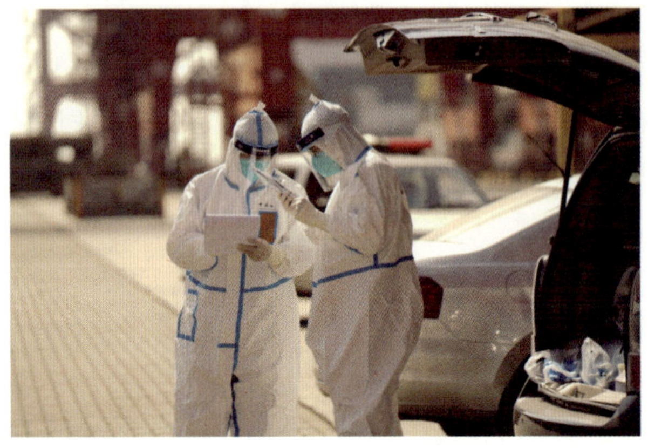

▲2021 年 12 月 12 日，蛇口海关关员在登临检疫前对船舶申报资料进行认真审核

【查缉走私】2021 年，深圳海关深入开展“国门利剑 2021”联合专项行动，侦办走私案件 460 起，案值 101.8 亿元，涉税 17.3 亿元。开展“国门利剑暨使命”大型查缉行动 30 次，打掉走私团伙近百个。查办走私行为案件 1,831 起，案值 6.3 亿元，涉税 1 亿元。查办违规案件 11,136 起，案值 83.7 亿元。开展打击“水客”及“水客货”专项行动。开展跨境电商“断链刨根”专项整治，查办跨境电商走私案件 63 宗，案值 1.5 亿元。封堵“洋垃圾”入境，货运渠道查获固体废物 119 宗，侦办案件 18 起，查证废塑料等固体废物 750 吨、污油水 1 万吨。侦办濒危物种及其制品走私案件 31 宗。严打文物走私，摧毁 1 个利用跨境电商走私文物的犯罪网络，查获文物 23 件（其中国家一级文物 1 件、二级文物 2 件）。侦办毒品走私案件 54 起，查获海运渠道走私 100 千克可卡因案和打击新型毒品走私“清邮”行动被评为 2021 年海关打击毒品走私十大典型案例。严打粤港澳跨境走私，查获高档手表、贵重金属等，案值约 3.2 亿元，涉税约 8,000 万元。创新“机动查验+先期机检”模式，查获货运司机夹藏夹带案件 432 宗。严打出口骗税、洗钱、电信诈骗、跨境赌博等走私关联犯罪，阻断 1 个威胁安保和疫情防控安全的通道。

【税收征管】2021 年，深圳海关征收税款净入库 1,893.3 亿元，同比增长 15.1%。开展新兴战略产业和市民关切消费品调研，21 项税则调整建议被国务院关税税则委员会采纳。落地“双特”台账制度，开展“预裁定+关税技术支持”，创新进口水果差别化管理，增强企业进出口合规性和可预期性。牵头研究提交 1 项海关估价指导案例纳入《WCO 海关估价纲要》。在全国海关首创关税保证保险“共保”模式，为各类市场主体提供担保 58.3 亿元。完善税收风险联防联控机制，在全国海关率先试点税款退库无纸化改革。参与总署 RCEP 谈判磋商任务，参与 RCEP 原产地管理信息化应用项目建设。

【政策研究与海关统计】2021 年，深圳海关发挥“统计+研究”优势，形成相关研究成果 464 篇；服务地方经济发展相关报告获广东省和深圳市领导批示 26 篇次。牵头 3 项、参与 15 项署级课题研究，开展 46 项关级课题研究。在全国海关率先制定贯彻落实《“十四五”海关发展规划》419 项细化措施。牵头全国海关贸易统计数据最终复核，率先开展数据质量“前、中、后”全流程控制体系建设。运用统计分析线索破获出口某品牌手机骗税等案件，案值 5.6 亿元，涉税 6,500 万元。4 个集体、5 名个人分别获评国家税务总局等 4 部委打击虚开骗税违法犯罪两年专项行动成绩突出集体和个人。

【卫生检疫】2021 年，深圳海关作为全国疫情监测工作组组长单位，统筹开展新冠肺炎疫情监测、风险评估和“多病共防”。建立“每月专评与突发疫情快评”评估机制，“一口岸一政策”制定防控指引 70 余份，编制 6 大场景 17 个卫生检疫岗位规范化管理手册。建立“7+5个100%”防控体系，严密口岸检疫防线，完成“两会”港澳代表入境等20余项重大活动保障。编写2版安全防护手册，面向全国海关开展安全防护培训。在全国海关首次应用自身测序平台，实现对新冠病毒的精准溯源。健全多部门协同应急处置机制，妥善处置19起聚集性疫情。在全国海关率先实行出入境特殊物品卫生检疫审批“换证直批”模式，率先试点特殊物品属地查检“并联作业”“视频+现场”“口岸+属地联动”等改革措施，降低属地实地查验频次30%以上。率先实施国境口岸公共场所卫生许可告知承诺制改革，在全国海关推广。建立疫苗出境全流程监管“1+1+4”服务模式，保障新冠疫苗批量生产并出口。

▲2021年4月16日凌晨3点，大鹏海关关员开展登临检疫工作

【动植物检疫】2021年，深圳海关筑牢口岸动植物检疫屏障，开展进境农产品境外企业视频检查工作，暂停6家企业输华资质。在全国海关首次从进口水果包装样本中检出新冠病毒核酸阳性。实施进境粮食靠泊检疫，压缩在港停留时间。全面推进“国门绿盾2021”专项行动，在全国海关率先查获涉嫌走私箭毒蛙、罂粟种子等刑事案件，截获外来物种194批次、136种，并且在全国海关首次截获原产南美洲的钟角蛙。做好“多病共防”，建立起“口岸+产地”跨直属关风险联动机制，巩固完善与地方兽医主管部门间的联防联控机制，开展突发事件排查56次，处置3起非洲猪瘟情事。在全国海关率先实行对来自动物疫区运输工具的非接触式登临检疫，作业时间压缩30%以上。截获有害生物469种，19,159次，其中检疫性有害生物53种，2,409次。检出非洲猪瘟病毒核酸阳性等不合格样品10个，水生动物、水果、粮食检出重金属、农残超标等不合格22个。监测调查发现有害生物219种，检疫性有害生物22种。

【进出口食品安全】2021年，深圳海关深化进口食品“国门守护”行动，完成进出口食品及化妆品安全监督抽检7,122个样品、12.4万项次，检出未准入境进口食品及化妆品326批次、1,756吨；抽样检测进口冷链食品新冠病毒核酸样品11.7万份。建成并完善全国海关首个进口冷链食品追溯预警系统，实现深圳地区海港口岸冰鲜及冷冻肉类、水产品无码追溯。设立肉类、大米等生活必需品进口检疫审批绿色通道，推动深圳盐田港进境肉类指定监管场地通过总署验收。面向企业开展出口食品技术辅导，关区鲜菇产品首次成功出口泰国及马来西亚。推动深圳华南国际工业原料城市场采购出口预包装食品试点工作。实施深圳海关出口食品“企业分类、产品分级、风险分层”一体化监管改革。

【商品检验】2021年，深圳海关加强进出口商品检验监管，打击“洋垃圾”入境，鉴定后判定固体废物181批次；开展固体废物初筛，74.1%的样品排除固体废物嫌疑快速放行。出台进出口危险化学品和危险货物检验监管细化措施17条，查发进出口不合格危化品478批次。完善进出口商品质量安全风险预警和快速反应监管体系，查发进出口不合格商品2,843批，对825批货物实施退运或销毁；查处进出口假冒伪劣商品案件15起，货物886.4万件，涉案货值1.3亿元。支持“港澳药械通”落地大湾区，实现“设备到库—安装调试—海关检验—投入使用”无缝衔接。出台6项改革措施，扩大“合格保证+符合性验证”监管模式覆盖面，为2.3万家高新技术企业进口的价值2.7亿元的设备和料件提高通关效率40%，“一企一策”为8个重大项目成套设备进口压缩通关时间50%。开展“质量安全监管链服务产业链”活动，引导企业做好质量安全风险管控和合规应对。研发上线2个“智慧商检”信息化系统。

【企业管理和稽核查】2021年，深圳海关启动“暖企计划”，推出7大类30项便利化措施清单，培育新增AEO高级认证企业63家，“暖企基地”项目获评总署“‘我为群众办实事’百佳项目”。推动中巴AEO国际互认于2022年1月1日正式实施。建立“深圳海关—总部经济企业—市政府”“属地海关—辖区企业—区政府”“企业—协调员—口岸”多层联动机制，打造“关企互动直播间”政策宣贯品牌，解决企业诉求237件，惠及企业6,382家。开展以“攻坚”系列为龙头的行业性专项稽查行动13个。完善分类核查业务模式，综合运用风险类核查和管理类核查2种核查方式，全年办结核查作业3,959起。推广“四关一局”联合办案模式，建立关警联合工作机制。

【科技发展】2021年，深圳海关构建“海关+科创”科技创新合作体系，与深圳市科技创新委员会签订合作备忘录，首次将海关科技创新需求纳入深圳市科技创新“十四五”规划，获得5项深圳市科技抗疫专项资金支持。推动科技兴关深圳海关“样板间”建设，开展5G智能单兵实战化应用；推出“视频一站通”，构建“身份验核+视频连线+后续监督”线上作业新模式，提高海关作业效率3倍以上。支持H2018投入应用，改造20余个关级系统；开发上线署级、关级“互联网+稽核查”项目，对接深圳、合肥共160余家企业。提升科技抗疫水平，研发5G远程智能检疫设备，非接触式完成测温、流调等检疫作业；研发“一人一档”程序，精准及时掌握全关员工到岗、核酸检测、应急处置等情况。升级改造2个新冠病毒检测实验室；筹建的3个国家检测重点实验室通过验收。

【法治建设】2021年，深圳海关出台“十四五”海关法治建设6方面38项措施。出台旅检渠道零星固体废物入境处置指引，打击“水客”行政诉讼案例入选广东省“护航大湾区”系列报道典型案例。出台规范性文件和业务制度管理办法，明确合法性审查“10要素+3表单”，健全重大业务改革方案及其配套制度文件的要素化、表单化机制。推进制度“立改废释”，动态更新正面清单688项。持续推行新冠肺炎疫情期间行政复议救济“一案一策”，实质性化解行政争议率81%，连续6年行政诉讼“零败诉”“零赔偿”。创新开展“实战类+普法类”模拟法庭和“深关说法”政策解读。制定“八五”普法46项法治宣传教育工作任务，联合深圳市司法局共同拍摄普法电视宣传节目及短视频，获评第三届广东省法治文化节普法新媒体精品，深圳海关法规处被中宣部、司法部、全国普法办评为“七五”普法全国先进单位。深圳海关法治宣传教育基地获评深圳市四星级法治宣传教育基地。对21项特区立法开展论证，1个典型案例获评“深圳市十大法治事件”。

【风险防控与运行管控】2021年，深圳海关在寄递渠道建立“联合研判工作站”，查发走私毒品、枪支配件等各类典型案件255宗。“风险+情报+现场”综合研判机制推广至关区全部口岸和属地海关，其中21个隶属海关已实现实体化运作，全年查获走私洋酒、农产品、汽车配件等合计案值14.7亿元，涉税2.2亿元。完善“口岸—属地”业务风险协同防控机制，建立重大查发情事信息动态通报机制，实现口岸与属地错位互补、协同防控。推进涉检（卫、动、食、商）领域一体化。联合全国27个直属海关查获毒品、涉枪等情事57起。建立完善“一二三四五”（一个运行管控指挥平台、“中心+隶属海关”两级协同管控、三项基础制度、“四位一体”管控机制、五种处置手段）运行管控体系，对业务运行流程、管理时效和规范操作开展实时、事中、过程管控。现场建立新冠肺炎疫情防控三级监控指挥机制，辅助决策指挥和应急处置108次，对监控发现的问题实时干预、每周通报。推动开发惠及全国的自动改船功能，首次实现报关单改配自动化。

【纪检监察】2021年，深圳海关细化对“一把手”和领导班子监督的具体措施，完善从严管理制度。开展“现场监管与外勤执法权力寻租”专项整治。创新事业单位纪检工作机制，发布监督指引12类、74项，各派驻纪检组发现并推动整改问题392个。依托“智慧纪检”构建更加完备的监督执纪中枢指挥体系。

【督察内审】2021年，深圳海关深化内控机制建设，着力于区域督察协作机制和“内控办+基层单位”的内控共建模式。开展重大决策部署督察项目5个，推动解决基层一线执行过程中的难点、堵点等问题。制定经济责任审计操作指引3个、质量管控机制3项，建立27个业务门类的审计案例库，完成经济责任审计项目15个。完善“指标池+两表”评估模式，清单式跟踪督促评估弱项指标。围绕改革措施、制度规范和信息化应用开展内控前置审核78项，保障重大政策措施落实到位。全面实施三级内部风险响应机制，推动隶属海关主动识别问题风险147项。

【档案服务】2021年，深圳海关推出档案无接触查询服务，系统档案查阅量同比增长40%，纸质档案查阅量同比增长15倍。深圳海关6篇红色档案故事获总署选编，3件疫情防控见证物被国家博物馆征集，4件疫情防控见证物被中国海关博物馆征集；深圳海关陈列馆被纳入海关系统红色档案资源。

【财务及后勤保障】2021年，深圳海关销毁走私冻品1,182.3吨。推动建立海关查获走私冻品、濒危动植物及其制品移交地方处置机制，移交走私冻品52.6吨、濒危动植物及其制品171票。清理规范涉企收费，在全国海关首启税款退库无纸化试点改革，惠及企业超1,200家。采取“三免一降”措施为企业减负103.6万元。

【队伍建设】2021年，深圳海关优化领导班子分析研判机制，持续推进年轻干部队伍建设“五项工程”（苗圃工程、启航工程、英才工程、领军工程、薪火工程），各级领导干部平均年龄稳中有降。落实“两项法规”。建立新冠肺炎疫情期间内部人员管理“五项机制”（全面采集信息机制、即时组织排查机制、明确管控措施机制、分类精准管理机制、强化监督检查机制），创设“一人一档”线上台账。组建3,887人的新冠肺炎疫情防控三级梯队，3,369人次参与闭环管理。针对新冠肺炎疫情防控一线工作人员，出台保护关心爱护49项措施。成立市直机关工委系统深圳海关“舒心驿站”示范点，依托驿站为深圳海关和深圳市126家市直单位提供心理咨询92人次，开展心理健康辅导讲座110场次。建立专业人才队伍建设体系，新增专业资质人员1,848人次，推荐发掘进入专业人才库913人次；招录新干部226人。推荐事业单位专业人才参加高级职称评审，新增副高级职称7人。创新开展岗位资质“结对共学共建”培训16期，400人次参训。建成4个覆盖口岸一线、后续监管重点业务领域的实训基地群。

【服务“双区”建设】2021年，深圳海关服务粤港澳大湾区和中国特色社会主义先行示范区建设，取得多点突破。参与深圳综合授权改革，推进首批授权事项清单中涉及海关职能的2项事项落地。支持前海深港现代服务业合作区、河套深港科技创新合作区2个重大平台建设。深度参与《前海深港现代服务业合作区总体发展规划》编制工作，提出13项支持项目被地方吸纳并上报国家审批。入驻河套深港科技创新合作区“e站通”综合服务中心并设置6个海关窗口，业务办理平均时间压缩50%。拓展“湾区组合港”航线至15条，项目被列入国务院首批营商环境创新试点改革项目、跨境贸易便利化专项行动复制推广项目、前海总体发展规划、深圳营造一流口岸任务清单。打造前海离港空运服务中心。创新启动“湾区海铁通”物流模式改革，打通海铁联运一体化物流监管链条，出口1,102标箱，货值1.8亿元。支持深圳“湾区号”“赣深欧”中欧班列运营，支持中老班列开通运行；中欧班列开行123列，货值31.9亿元。支持妈湾港建成大湾区首个5G绿色低碳智慧港，促进大湾区要素高效便捷流动。参与深圳市口岸“十四五”规划研究工作。协同推进皇岗口岸重建工作。解决深圳铁路口岸历史遗留问题，提出保留深圳铁路口岸、拓展延伸铁路口岸功能建议，协调促成国家口岸管理部门同意保留深圳铁路口岸。助力深圳坪山综合保税区通过联合验收组验收，成为深圳市第三个综合保税区。

【业务改革与制度创新】2021年，深圳海关深化海关制度创新和治理能力建设，在全国海关首次实施改革评估，编制关检业务全面融合改革成效的相关评估办法，10项措施获总署认可并在全国海关复制推广。稳步推进进口货物“两步申报”通关模式改革，2021年深圳海关进口整体通关时间较2017年压缩80.6%，应用“两步申报”的企业较2020年年底增加900余家，“两步申报”应用率提升。全面推广企业集团加工贸易监管模式，对纳入改革的企业集团适用“突破5个限制、免办3个手续、免交1个担保”等便利措施，为企业减免保证金（保函）约6.9亿元，节省物流、报关等费用580万元。在全国各直属海关率先落地属地查检业务改革，开展“一站式”进口属地查检模式探索和试点。探索“视频+实地”查检作业方式。深化应用“互联网+网上稽核查”监管模式，实地作业时间压缩80%以上。完善“单一窗口”功能，实现关区水运口岸海关查验通知信息、吊还柜信息通过“单一窗口”推送，承接深圳航空物流公共服务平台建设试点任务，完成“单一窗口”航空物流公共信息平台验证和开发。

（撰稿人：王　琦　王大凤　王开银
申辰辰　叶青青　朱琪琳
庄一成　杨　锐　李　威
李秋云　李诗雨　李绪明
张松峰　张震寰　张馨元
陈萍萍　林祺瑶　林静怡
罗伟权　庞　朝　郝　丁
凌　敏　陶　静　陶晓颖
梅　寒　梁小军　尉荃溪
喻景彬　曾颖达　谭　畅）

拱北海关

【概况】拱北海关的前身是清政府于光绪十三年三月（1887年4月）在澳门设立的拱北关，1950年1月正式更名为中华人民共和国拱北海关。1984年6月，经国务院批准升格为总署直属正厅局级海关。拱北海关现设在广东省珠海市，管辖范围为广东省珠海市和中山市。下设隶属海关单位13个，其中副厅级隶属海关1个，中山海关；正处级隶属海关单位12个，分别是高栏海关、湾仔海关、九洲海关、万山海关、闸口海关、港珠澳大桥海关、青茂海关、香洲海关、横琴海关、斗门海关、中山港海关、拱北海关风险防控分局。

2021年，拱北海关以习近平新时代中国特色社会主义思想为指导，认真落实全国海关工作会议、全国海关全面从严治党工作会议部署，统筹发展和安全，巩固拓展口岸疫情防控和促进外贸稳增长成效，深入推进“五关”建设，强化监管优化服务。年内，监管进出口货物1.44亿吨，同比下降6.94%；监管进出境运输工具420.27万辆（艘）次，同比增长64.73%；监管集装箱135.81万标箱，同比增长7.19%；申报进出口总值4,467.52亿元，同比增长8.70%；税收入库139.54亿元，同比增长21.18%。关区进、出口整体通关时间分别为4.53小时和0.63小时。

全面落实《横琴粤澳深度合作区建设总体方案》，统筹防范化解各类风险。高压打击“水客”走私，着力打团伙、挖幕后、破大案，推动“打防管控”一体化，有效遏制珠澳口岸“水客”走私势头。

2021年，拱北海关12360海关热线、拱北海关风险防控分局风险分析一科获评第20届“全国青年文明号”；拱北海关扶贫办、中山海关所在的联合帮扶工作组获评“2019—2020年广东省脱贫攻坚突出贡献集体”；闸口海关防疫处置工作组获评“广东省五一劳动奖状”；机关团总支获评2020—2021年度“广东省五四红旗团支部”；高栏海关综合业务科获评“广东省巾帼文明岗”；闸口海关监管四科党支部、港珠澳大桥海关监管三科党支部、拱北海关保健中心党支部通过全国海关党建示范品牌复核认定；横琴海关综合业务四科党支部获评全国海关党建示范品牌（新评选）；中山海关驻石岐办事处稽（核）查三科党支部、人事处党支部通过全国海关党建培育品牌复核认定；拱北海关（“党建视角下干部队伍政治能力建设实践路径研究——以打造基层支部书记能力提升工程为抓手强化支部政治功能”）获评全国海关“书记项目”试点单位；珠海国际旅行卫生保健中心主任技师汪海波获评全国工会职工书屋“阅读学习成才职工”；横琴缉私分局副科长冯书华获评广东省脱贫攻坚先进个人；中山海关科长范鹏程、港珠澳大桥海关副科长张程获评“2019—2020年广东省脱贫攻坚突出贡献个人”；关税处处长马晓青获评“广东省优秀工会工作者”；机关党委一级主任科员林丽璇获评广东工会新闻宣传和《南方工报》发行工作先进个人。

【党的建设】2021年，拱北海关坚持“第一议题”制度，把学习贯彻习近平新时代中国特色社会主义思想作为首要政治任务，研究落实习近平总书记重要指示批示精神、党中央决策部署137项，抓好服务横琴粤澳深度合作区建设等重大政治任务，守好意识形态安全“南大门”。开展署级课题“基层党建视角下干部队伍政治能力建设实践路径研究”，直属机关党委“书记项目”入选署级试点。开展党史学习教育，组织关区庆祝中国共产党成立100周年活动，推进“我为群众办实事”实践活动，固化2项长效机制，两级党委完成重点民生项目180项，解决问题1,000余个，3个项目入选总署“百佳项目”。

截至2021年年底，拱北海关共有各级基层党组织294个，党员3,368人。深化“强基提质工程”，6个支部获评全国海关党建品牌，2个支部获评珠海市直机关“全面进步全面过硬”示范点。打造党建教育实训中心，“寓无形于有形”工作法获评全国海关基层党建创新案例。开展“党旗在基层一线高高飘扬”活动，7人获评珠海市直机关优秀共产党员和优秀党务工作者。推进精神文明建设，2个集体获评全国青年文明号。巡察19个部门单位，巡察覆盖率81%，发现问题356个。发挥特约监督员作用，“好差评”系统好评率100%。1个机关部门、1个基层科室分别入选珠海市创建模范机关先进单位和模范窗口单位。

围绕“国之大者”开展政治监督17次，对16个隶属海关单位开展“一把手”和领导班子监督落实情况等专项监督检查。依规依纪依法查办案件，处置问题线索30件，立案18宗，处分9人，其中重处分5人。开展“现场监管与外勤执法权力寻租”专项整治和关区党风廉政形势教育活动，推动建章立制80项，制定风险防控措施222条。落实中央八项规定精神，正风肃纪，立案14宗14人。规范用好问责利器，问责2个党组织、5名党员领导干部。对违纪党员所在的10个党支部给予“红牌警告”，开展受党纪处分党员回访教育22次。

【队伍管理】2021年，拱北海关选人用人工作总体评价好评率和从严监督管理干部好评率保持较高水平。完成专业技术任职资格首次评定及公务员职级套转。对90个集体和1,073人次进行奖励，6人获扎根艰苦地区边关工作荣誉章。

打造“教学练战”一体化旅检业务全流程实训体系，上线32门微课程，推广36门“部门优课”，实训体系和1门精品课程分获党的十九大以来海关优秀教学成果评选一、二等奖。首次以全封闭形式自行开展初任培训，获评海关系统初任培训优秀组织单位。分级分类开展各类培训88项，1.51万人次参训，学时、学分完成率均为100%。组织4.52万人次通过新冠肺炎疫情防控线上线下培训考核，培养采样资质人员、安全防护监督员、突击队员和预备队员944人。

“七一”前夕走访慰问老党员、老干部、烈士遗属及生活困难、患重大疾病党员316人；79人获颁“光荣在党50年”纪念章。慰问困难伤病员工和老同志409人次。

【服务大湾区】2021年，拱北海关服务粤港澳大湾区建设，推进落实28项具体任务，研究制定关区落实《“十四五”海关发展规划》8方面89项措施。参与总署推进业务协调联动4个专项工作，推进“湾区一港通”“大湾区组合港”业务改革。支持澳门用好用足CEPA优惠政策，支持澳门经济适度多元发展。落实《横琴粤澳深度合作区建设总体方案》，完善组织架构，推进6个专项工作和45项任务。按照总署工作要求，开展横琴粤澳深度合作区监管制度及配套保障措施研究。参与关于横琴粤澳深度合作区条例的立法研究，起草海关对横琴粤澳深度合作区相关监管办法，配合做好横琴粤澳深度合作区“二线”基础设施及信息化建设项目研究、规划等工作。落实总署与香港海关、澳门海关签署的关于开展港珠澳大桥口岸合作互助项目的备忘录，深化拓展旅检“执法互助便捷通关”、珠港澳三地病媒生物联合监测和粤港、粤澳海关“跨境一锁”等合作成果。

落实“三智”理念，深化4项“三智”早期收获及先行先试项目成效，启动小车检查系统智能审图项目，探索开发异物识别和目标物检测两项功能。开发上线监管拓展应用辅助系统。试点应用“低温探测+智能审图”融合技术。加强贸易管制与技术性贸易措施相关工作，完成重点产品专项调研。对接粤澳双方口岸建设需求，依监管职能完善规划，依通关需求优化建设，助力完成青茂口岸验收与开通。

落实“六稳”“六保”部署，持续暖企稳企惠企，开展政策宣讲惠及企业近万家次，开展涉企调研3,200余家次，解决企业“急难愁盼”问题1,100余个。正式启动企业集团加工贸易监管改革试点，加工贸易实际进出口总值1,834.74亿元，同比增长7.66%。办结企业主动披露作业63起，对企业主动向海关报告其违反海关监管规定的行为并接受海关处理的，依法依规兑现从轻、减轻或不予行政处罚政策，减免滞纳金57.45万元。“两步申报”应用率稳定在50%左右，“两段准入”信息化监管报关单合计3,961票。优化出口原产地签证服务，自助打印原产地证书份数增长近八成。做好煤炭、天然气等大宗能源进口通关保障。

推动自由贸易试验区制度创新，“澳门动植物产品检测样品进境检验检疫模式创新”等2项制度获总署备案为自由贸易试验区创新举措，“进境暂存中转澳门食品检验检疫前推”纳入广东自由贸易试验区第五批制度创新案例，依托横琴毗邻澳门的区位优势以及相对成本优势，优化暂存中转澳门食品检验检疫手续，服务澳门民生发展，实现进境暂存肉类等食品逾千吨并分批进入澳门。督促珠海市、中山市政府推动海关特殊监管区域整合优化，全程跟进珠海高栏港综合保税区建设，协助完成海关特殊监管区域发展绩效评估，准予中山保税物流中心（B型）有效期延续3年。推动进口维修用航空器材免税政策落地，出台优化海关特殊监管区域、保税物流中心（B型）管理意见，关区海关特殊监管区域、保税物流中心（B型）一线进出口值244.33亿元，二线进出口值460.83亿元，同比分别增长16.79%、30.15%。

【口岸监管】2021年，拱北海关强化大数据支撑、信息情报整合和风险协调处置，深化口岸安全风险联合研判和协同处置。加强精准布控和物流监控，提升查验能力，严格进出口贸易禁限管控。与珠海市、中山市24个地方部门签订拱北关区口岸安全风险联合防控相关工作方案。推动跨渠道风险一体化防控，防范风险漂移。开展进境客车监管“雷霆”专项行动和打击跨境电商进口走私“断链刨根”专项整治行动。推广“7×24小时”“提吉还重”（24小时空集装箱提离）业务模式。继续支持澳门机动车入出横琴，优化澳门单牌机动车首次入境检查流程。实施粤澳海关“跨境一锁”快速通关模式，验放货物384批次。配合做好横琴粤澳深度合作区“一线”横琴口岸二期工程设计规划和粤澳联合一站式系统建设。建立港珠澳大桥核辐射监测集成系统，实现一站式联动拦截。推进关区联网集中审像工作，扩大集中审像工作范围，提高审像复核频次。支持引导重点企业开展跨境电商B2B出口贸易，配合做好跨境电商公共服务平台性能优化，缓解作业高峰期数据堵塞。实现快件、邮件、跨境电商业务单证的集约化审核。完善市场采购贸易监管，规范企业申报行为。加强口岸监管环节反恐维稳，开展反恐怖业务培训11次、反恐怖演练21次。开展口岸监管业务运行监控，开展视频监控检查并填制监控表单2,978份，发现问题579个。保障第十三届中国国际航空航天博览会等重大活动顺利举办。

全面实施报关单位备案制，备案企业增长10.51%。落实海关高级认证企业管理措施目录和海关AEO互认合作便利措施，新增高级认证企业12家。推进“多查合一”，开展重点领域专项稽核查行动10个，办结稽核查作业1,883起。联合市场监督管理部门对关区内32家企业开展核查领域联合抽查，整合、缩减检查项目，实现“一次抽查、全面体检、综合会诊、精准施策”，减轻企业负担。督促20家企业整改内部质量体系管理项目逾50个，促进企业自主管理能力提升。组织开展“龙腾行动2021”等知识产权保护专项执法行动7次，查扣进出口侵权嫌疑货物1,099批次、27.41万件，同比分别增长690.65%、101.54%。

【征税统计】2021年，拱北海关统筹开展综合治税，深化属地纳税人管理，完成全年税收预算目标。开发应用行邮物品资料库，成为关税条线首个在总署获准备案的自由贸易试验区创新举措。备案关税保证保险166份，涉及担保额度6亿元。实施以企业为单元的税款担保改革，办理担保备案878份，涉及税款4.59亿元。举办6场专题宣讲会，引导企业了解“十四五”进口税收优惠政策，全年办理退税7.19亿元。引导企业运用预裁定政策，签发归类预裁定决定书25份、价格预裁定决定书2份，实现关区价格预裁定“零突破”。签发出口原产地证书13.73万份，签证金额464.17亿元，同比分别增长5.61%、25.06%。开展税政调研，上报调研建议61项，其中13项获总署采纳，2项被国务院关税税则委员会采纳。

以统计分析研究成果服务宏观决策，编报外贸进出口专题、综合报告，其中62篇获总署采用，完成总署专项研究工作65次，参与完成6项署级研究课题。向珠海市、中山市政府部门报送稳外贸专题协调会参阅材料15份、专题分析28篇。牵头开展全国直属海关月度货运量和集装箱业务运行情况监测分析，协助总署统计分析司货物监管业务研究组和业务统计编辑工作组工作，牵头撰写12期海关主要业务指标的完成情况及分析报告，报送业务运行监测材料4篇。完成总署“中国外贸出口先导指数”等专项调查工作，围绕盐田港拥堵等外贸热点问题开展关区调研，调查调研企业1,090家次。推进关区统计数据质量综合管控机制建设，审核报关单记录580.90万条，编发各类统计监督22期，移交处置申报不实案件7宗。学习宣传贯彻《中华人民共和国数据安全法》，开展业务数据安全检查13次。

【查缉走私】2021年，拱北海关开展打击走私“国门利剑2021”行动，查办各类走私违法案件12,359起，案值84.18亿元，涉税12.69亿元。立案侦办刑事案件数量首次超过400起；行政案件11,954起，占全国海关侦办行政案件的15.76%。案值超千万元的刑事大要案33起，获批总署缉私局挂牌督办案件7起。其中立案查办“水客”走私案件8,997起，占全年查办各类案件数量的72.80%。持续打击粤港澳海上跨境走私，查获水上渠道案件45起，查扣“大飞”37艘，并成功侦破关区最大的一起单船走私冻品案件，查扣冻品1,500吨。查办“洋垃圾”案件17起。开展“护卫2021”专项行动，查办象牙等濒危动植物及其制品案件49起，“水客”团伙走私红珊瑚进境案获批总署缉私局一级挂牌督办案件；与珠海市公安局联手破获团伙走私天然牛黄案，查证走私天然牛黄800千克。查获毒品案件22起，与公安部门联合侦办的1起案件获批公安部毒品目标案件。侦办成品油走私案件42起。深化反走私综合治理，推动珠海市委政法委将打击治理“水客”走私工作纳入“平安珠海”建设考评体系。在粤澳执法合作框架下继续完善与珠海市公安局、澳门海关、澳门司法警察局的珠澳“两地四方”跨境执法联动机制，加强走私源头管控。

▲2021 年 8 月 25 日，闸口海关关员在拱北口岸旅检进境大厅开展打击“水客”违规走私活动

【检验检疫】2021 年，拱北海关筑牢国门生物安全屏障，强化口岸公共卫生核心能力建设。在青茂口岸复制推广珠澳跨境“合作查验、一次放行”旅客卫生检疫模式。完成特殊物品审批 418 件。坚持“多病共防”，检出乙型流感等传染病 15 例。持续开展病媒生物监测，截获输入性病媒生物 58 批次，其中多恩拉丁蠊和小异甲蠊为全国口岸首次截获。

检出非洲猪瘟等重大动物疫病 80 余次、检疫性有害生物 199 种次，截获外来入侵物种 848 批次。推动“支持澳门动植物产品送内地海关开展检测”惠澳措施落地，实施检疫监管动植物产品 93 批。与澳门市政署合作，探索实施供澳门食用水生动物“检疫前推、合作监管”模式。完成总署授权编报的《世界动物疫情信息》238 期，总署据此对 26 个国家和地区的动植物产品发布禁令公告、通知 31 份，解禁令公告、通知 2 份，警示通报 13 份。

检出不合格进出口食品、化妆品 1,346 批次。保障供港澳食品安全，制订供港澳水产品和蔬菜专项监测计划，开展出口动物源性食品非洲猪瘟、禽流感监测 1,166 批。实施“国门守护”行动，开展进出口食品、化妆品安全监督抽检和风险监测 2,007 个样品、23,967 项次。完成 14 项食品体系和准入研究，加快推动葡语系国家食品准入。

完善进出口商品质量安全监管体系，检出不合格商品 278 批次。严格落实危化品在口岸“批批验核+抽批检测”的检验监管要求，危化品检出不合格批次同比增加 29%。加强固体废物“影子商品”风险研判，整理分析全国海关查获的固体废物走私入境案例，结合关区业务特点，对高风险商品进行专项风险布控，加强涉嫌固体废物货物查验。重点加强危化品伪瞒报、固体废物“以废冒充再生原料”、旧机电“以旧充新”“逃检漏检”等涉及安全准入的风险布控。

【政务服务保障】2021 年，拱北海关做好庆祝中国共产党成立 100 周年等重大信息宣传工作，围绕“我为群众办实事”实践活动、港珠澳大桥开通三周年、青茂口岸开通、澳门回归 22 周年、打击“水客”走私等事件进行重点宣传策划，政务信息获上级领导批示 7 条次。以文辅政，提升公文质量。统筹做好文件收发、机要保密、档案管理、建议提案办理、外事管理等工作，督办落实重点工作 1,300 余项。健全内部防控措施体系，加强应急值守、信访维稳、便民服务等工作，妥善处置各类突发事件 400 余件。

深化大数据应用，建立分析模型，提升打击和拦截“水客”精准度，开发建设关务云，构筑政务服务“一站式”综合管理和服务平台。获署级科研项目立项 3 项，完成验收 6 项。加强实验室能力建设，主持发布国家标准 1 项，参与发布国际标准 2 项，加快推进国家濒危物种检测鉴定重点实验室建设。关区实验室法检项目自检率超过 98%。完成网络攻防演习、等级保护测评，保障电子口岸专网整体运行。

持续落实过“紧日子”要求，继续压减一般性支出、公务接待费、因公出国（境）费、公务用车运行维护费等支出。规范配置防疫物资16批次、486.36万件（套），筑牢疫情防控保障防线。规范政府采购，促进政府采购工作有序开展，提高财政资金使用效益。阶段性完成关区事业单位与所属企业脱钩工作。

【督察内审】2021年，拱北海关组织开展审计、督察、执法评估项目27个（署级项目7个、关级项目20个），查发问题193个，制发核查整改协调联系单（函）287份，提出建议180条，完善规章制度16项。配合署级审计1次，整改问题14个。开展9项经济责任审计，3项署级专项审计，1项署级专项审计调研，52项非执法领域事项审核把关。承担署级专题执法评估1项，开展关级专题执法评估3项。开展专项督察10项，整改问题45个。累计开发上线RPA（机器人流程自动化）“监控助手”150个，提示异常数据11,727条，“应用机器人流程自动化技术‘制度+科技’助力基层内部控制工作减负增效”项目入选总署“‘我为群众办实事’百佳项目”。自主开发内部控制清单管理系统，建立内控清单1,096条，覆盖执法、非执法领域247个业务环节。开展关级规章制度、科技项目内控前置审核43项，承办署级内控政研课题1个。加强监督贯通融合，与巡察、纪检共享成果文件102份，移交问题3个，向纪检部门推送风险数据2,746条。

【新冠肺炎疫情防控】2021年，拱北海关坚持“外防输入、内防反弹”总策略，坚持“人、物、环境同防”“多病共防”，一体防输入、防输出、戒拥堵，严防疫情叠加。落实各项疫情防控措施，强化联防联控联动，推动通关分类分流，扎紧防控闭环，排查处置高风险入境人员1.67万人次，检出新冠病毒核酸阳性21例、抗体阳性2例。推进旅客健康申报电子化，组织“百人行动”专项打击不如实健康申报行为，立案查处22宗。加强进口冷链食品和高风险非冷链集装箱货物检疫，监督实施预防性消毒。加强环境监测和卫生监督，督促口岸管理部门规范医疗废弃物处置。做好涉港、涉澳疫情防控，严密防范澳门“9·24”疫情风险。强化跨境货车司机和国际航行船舶船员管控。妥善处置“黄岩精神”“宇宙空间”号船舶入境检疫，实施伤病船员紧急入境检疫44次、78人。与珠海市卫生健康局签署口岸突发公共卫生事件应对合作协议。严密做好进出口食品农产品检验检疫和医疗物资、疫苗出口监管等工作。设置“绿色通道”快速验放新冠病毒疫苗出境，支持澳门疫情防控。珠海国际旅行卫生保健中心实验室通过进口商品新冠病毒核酸检测现场考评，成功建立新冠病毒靶向测序方法，实现对输入性新冠病毒进行基因测序、溯源和变异分析，在珠海首次检获新冠病毒德尔塔变异株。监察部门开展疫情防控专项监督5次。

▲2021年5月1日，港珠澳大桥海关青年突击队为旅客提供通关服务

【打击“水客”走私】2021年，拱北海关按照总署统一部署，成立专项行动领导小组，组织开展打击“水客”走私专项行动，出台打击治理“水客”走私长效机制。完善“监管—缉私—风险”协同机制，综合运用多种科技手段精准打击高风险旅客。查验行李物品 89.17 万票，同比增长 126.61%；旅检渠道查获各类案件 1.13 万宗，同比增长 34.52%。

与澳门海关建立风险联防联控机制，点对点接收澳门海关高风险旅客信息 6,768 人次。与澳门中联办下属中职协会签订合作备忘录，完成近 11 万赴澳劳务人员签订进出境旅客海关监管规定告知书。

与珠海市、中山市政府进行反走私综合治理合作，对“水货”揽、存、销全链条开展整治，协同珠海市公安局对“水客”走私进行多轮次打击。立案侦办各类“水客”走私犯罪案件 359 起，案值 69.49 亿元，打掉“水客”走私团伙 96 个，抓获犯罪嫌疑人 691 人。立案查办各类“水客”走私行为案件 8,638 起，开展清查整治 55 次，打掉走私窝点 80 个。向全国 30 个直属海关缉私局推送 345 条“水客”走私案件线索，据此刑事立案 179 起，案值 8.94 亿元。

（撰稿人：王天颖　许　青　余志国　陈进利　黄孝永　赖　梅）

汕头海关

【概况】汕头海关前身是潮海关。1950年2月，总署发布通令，潮海关更名为中华人民共和国汕头海关。1984年6月，国务院批准将汕头海关升格为正厅局级海关。管辖范围为广东省汕头、梅州、汕尾、潮州、揭阳等5个地级市和深汕特别合作区，面积约3.1万平方千米，陆地海岸线长1,215千米。下设隶属海关，包括潮汕机场海关、汕头港海关、广澳海关、澄海海关、龙湖海关、濠江海关、潮阳海关、梅州海关、汕尾海关（含驻陆丰办事处）、潮州海关、揭阳海关（含驻惠来办事处）、饶平海关、海城海关、普宁海关。

2021年，汕头海关以习近平新时代中国特色社会主义思想为指导，按照全国海关工作会议、全面从严治党工作会议部署，强化监管优化服务，巩固拓展口岸疫情防控和促进外贸稳增长成效，深化“五关”建设，提升制度创新和治理能力建设水平。坚决守牢外防输入关口，科学精准落实各项新冠肺炎疫情防控措施，全员实现“零感染”。落实稳外贸促增长工作部署，培育“三大增长极”，支持汕头综合保税区正式封关运作，支持梅州综合保税区成功通过国家验收。汕头关区进出口值202.79亿美元，同比增长43%；进出口货运量3,830.4万吨，同比增长28.5%；税收入库46.6亿元，同比增长31.8%。复制推广跨境电商B2B出口监管试点，B2B出口货值70亿元，关区市场采购出口金额突破13亿元。

2021年，汕头海关所属梅州海关青年突击队、潮汕机场海关旅检班组2个集体荣获第20届“全国青年文明号”；揭阳海关团支部荣获“全国五四红旗团支部”；潮汕机场海关旅检科荣获广东省“巾帼文明岗”；汕头港海关进口监管科荣获“广东省五一劳动奖状”；龙湖海关蔡英才获评广东省“优秀党务工作者”；团委胡璐平获评广东共青团整治软弱涣散基层组织三年行动“命脉工程”优秀工作者；广澳海关李睿获评“广东省优秀共青团员”；科技处黄翔子家庭获评全国最美家庭；办公室唐本坚获评2021年度“广东省国家安全人民防线建设贡献奖”；监管处陈少雄获评“2018—2020年度广东省安全生产工作先进个人”；办公室曹文洁、汕尾海关方小玲、揭阳海关魏少红获评全国海关机要保密工作劳动模范；法综处黄晓佳获评“全国海关优秀公职律师”。

【党的建设】2021年，汕头海关推动“两个维护”形成生动实践。开展党史学习教育集中轮训和“新时代、新奋斗、新胜利”十九届六中全会精神系列学习研讨，开展“百优庆华诞”系列庆祝活动，办好“学史·铸魂”红色讲坛，挖掘保护利用好关史陈列馆等海关红色资源，结集编印《百年征程——汕头海关红色记忆》《潮海关史事续考》，讲好汕关“红色故事”。全关形成办实事案例199个，其中打造“三联三优”模式为陶瓷出口注入强劲动能、以“三精、三创、三实”惠企纾困为企业实现“省事、省心、省时、省钱”2个项目入选全国海关“‘我为群众办实事’百佳项目”。开展清廉海关建设，推进粤东国门准军建设，开展“转变作风开新局”大讨论和全员大练兵大比武系列活动，集中整顿纪律作风问题，关区连续4年酒驾醉驾“零发生”。统筹开展“全领域创建、典型选树、示范提升”党建品牌创建提升行动，评选认定关区首批54个“四强”支部，5个党建品牌通过总署复核，入选全国海关基层党建创新案例1个，入选全国海关党支部书记“百问百答”1个，入选总署微党课展播2个。

【巡视巡察】2021年，汕头海关对照巡视整改“四个融入”要求，将巡视整改中长期规划措施细化成具体任务，依托责任落实、定期督办、评估监督、挂账销号4项工作机制，进一步做好巡视“后半篇文章”。首次在常规巡察基础上探索巡察“回头看”，巡察5年(2018—2022年)全覆盖率达到95%。强化巡察部门、纪检监察部门、组织人事部门的全流程联合跟进，构建巡察发现问题整改迭代更新、合力督导、限期销号的工作闭环。专题调研报告被总署巡视办评为“提高巡察发现问题能力”课题研究报告一等奖。

【纪检监察】2021年，汕头海关持续加强新冠肺炎疫情防控监督，制发关于汕头海关党委派驻纪检组新冠肺炎疫情防控监督近期工作的指引，推动从严从实落细落实好各项疫情防控措施。对隶属海关进行全覆盖监督检查，推动各级“一把手”和领导班子履行全面从严治党责任。发挥派驻纪检组监督作用，持续巩固巡视整改工作成效。开展“现场监管与外勤执法权力寻租”专项整治工作，结合关区实际创新增加“立行立改”阶段，自主梳理增加17项重点问题参考提纲，推动风险排查无盲区、无漏项。年内，党委纪检组受理和处置问题线索17件，其中转立案审查7件，制发纪律检查建议书5份。建立常态化“以案示警”机制，梳理汕头海关2012年以后查处的8起执法领域违纪违法典型案件并通报全关，提升惩治震慑和教育警醒效果。

【法治建设】2021年，汕头海关制定关区落实《“十四五”海关法治建设规划》重点任务措施57项，及时“立改废”制度47份。开展“海关人讲海关”专题法治宣传教育活动，成功举办关区首次“模拟法庭”活动。组建包含31名成员的汕头海关第二批普法讲师团，建立由7名公职律师和5名公职律师后备人员组成的关区首个民事法务团队，为关区基建项目、债务追偿等10余项民事法律事务提供法律支持。

【风险管理】2021年，汕头海关承担并顺利完成海关新一代风险作业子系统非贸模块邮递应用试运行专项工作任务，3个自主开发模型被总署业务专家组选为“云擎”平台级应用。建立风控部门与其他业务职能部门、隶属海关风险情报信息点对点联系机制，对业务异动情况及时预警、处置，2篇态势报告被总署风险管理司采用并转化为全国预警。协同粤东5市市场监管局等单位加大粤东地区严防离岛免税商品流入终端市场的监控力度，打击治理海南离岛免税“套代购”走私取得突破，工作成效和经验被总署风险管理司呈报署领导并在全国海关推介。

【税收征管】2021年，汕头海关全年税收入库46.56亿元，同比增长31.8%。签发原产地证书27,689份，为企业海外减税约9,700万美元。帮扶企业用好用足优惠政策，天然气政策性税款返还3.7亿元，创关区历史新高。为关区煤炭等重点税源企业办理税款担保超3亿元。向总署报送税政调研议题13项，参与全国重点税政调研议题3项，向税收征管局报送税收风险防控建议34条。全年完成251宗涉案货物计核税款工作。

【新冠肺炎疫情防控】2021年，总署指定汕头海关牵头编制《新型冠状病毒肺炎口岸防控技术方案（第八版）》和《口岸新型冠状病毒肺炎卫生检疫操作指南（第五版）》。参加制定2个全国海关卫生检疫行业标准（《国境口岸新型冠状病毒肺炎卫生检疫规程　第2部分：出入境人员检疫》《国境口岸新型冠状病毒肺炎卫生检疫规程　第3部分：样本采集》）。承接疫情风险研判任务，组织专班密切跟踪重点国家疫情形势。严格落实口岸“三查三排一转运”，确保入境人员全流程闭环管理。参与旅通卫生处置应用系统的业务测试和试点培训，完成系统功能完善任务书编写，关区8个口岸海关全部实现流调电子化作业。与关区各属地联防联控机制签署合作协议35份，健全完善口岸传染病例转运移交等闭环管理长效机制。优化口岸卫生检疫区域设置和污染控制，合理构建“三区两通道”，有效降低人员感染风险。优化更新安全防护自查督查机制及安全防护工作方案，采用“四不两直”等方式对关区6个海港口岸海关卫生检疫现场开展作业视频巡查全覆盖。坚持“人、物、环境同防”，制订进口高风险非冷链集装箱货物口岸环节新冠病毒检测和预防性消毒等工作方案。办理包括12个隶属海关和保健中心的可感染人类的高致病性病原微生物菌（毒）种或样本运输证，规范新冠病毒核酸样品包装、保存和运输机制。统一规范口岸医疗废弃物处置，指导监督各口岸运营单位与有处理资质单位签订处置协议8份。落实总署对一线人员实施“14+7+7”封闭管理工作要求，制订关区封闭管理工作方案，建立一线人员关心关爱长效机制，实现口岸疫情防控更严密、内部防控“零感染”。

▲2021年3月9日，广澳海关关员开展船舶登临检疫

【检验检疫】2021年，汕头海关检疫监管进出境船舶2,667艘次、飞机34架次、进出境人员4.59万人次，口岸发现有症状人员10例，检出病毒性肝炎病例1例。完成口岸食品快速检测、实验室安全抽检和国境口岸生活饮用水抽样监测检测累计467项次，检出不合格11项次。查获输入性病媒生物14批次，开展进出境特殊物品行政审批25单、进出口新冠病毒核酸检测试剂107批次，累计294.34万人份。

截获有害生物种类、种次同比增长66%、260%，首次监测到金鱼花潜隐类病毒。监控到有毒有害物质19项次，同比增长2倍。支持种质资源和粮食安全进口，首次检疫丹麦种猪1,668头，监管调运进境粮食97.6万吨。

检出食品、化妆品不合格21批。连续多次在输华燕麦中截获硬雀麦、不实野燕麦等22种次检疫性有害生物情事，为总署发布风险预警提供决策依据。首次完成关区跨境电商零售进口化妆品风险监测任务。

监管进口法检工业品货值385亿元，工业品质量不合格检出率4.4%。

【口岸监管】2021年，汕头海关严厉打击“水客”、象牙等濒危物种及其制品、“洋垃圾”等走私。坚决抓好安全生产工作，保持安全生产“零事故”。推进进出口货物“直提直装”试点，监管作业场所管理不断规范，新增海关监管作业场所6个。提升监管设备智能化水平，关区集装箱监管作业场所实现智能卡口全覆盖，关区机动查验和复查复验工作机制持续完善。

2021年，汕头海关进口货运量3,621.63万吨，同比增长29.6%；出口货运量208.77万吨，同比增长12.4%。进口集装箱206,319箱次，出口集装箱278,237箱次。进出境（港）船舶4,076艘次。水运登临检查992次。市场采购出口13.35亿元，出口报关单2,463份。跨境电商进口2,734.3万元，出口70.36亿元。

【口岸开放与发展】2021年，汕头关区有一类口岸7个，二类口岸4个，对台小额贸易点7个，海关特殊监管区域2个。

汕头海关加强关企对接，主动上门指导解决某炼化一体化项目建设问题46个，支持项目按计划推进建设。支持关区汕尾港口岸海丰港区、陆丰港区、潮州港扩建货运码头、汕头港口岸广澳港区二期码头、揭阳港惠来沿海港区广东粤电靖海发电公司专用码头顺利通过开放验收，汕头南澳前江、潮州饶平拓林2个对台小额贸易点获批第五批试行更开放管理措施点资格。

【自贸区和特殊区域管理】2021年，汕头海关推动汕头综合保税区通过验收并封关运作，梅州综合保税区正式通过验收。支持粤东首个“跨境电商+保税展示”和首个“退货中心仓”正式落地，加快推动增值税一般纳税人资格试点、“四自一简”、仓储分类监管等优惠政策措施逐项实施。支持汕尾市申建综合保税区工作，出台汕头海关支持汕尾市申建汕尾综合保税区相关工作方案。2021年，粤东地区综合保税区累计实现进出口总额173.1亿元，同比增长122.1%，占同期粤东地区进出口总额的11.5%。

【企业管理和稽查】2021年，汕头海关全年共办理新增备案企业872家，注销企业555家，关区备案报关单位总数达10,030家，特定资质备案企业865家。加快企业信用培育，关区高级认证企业增至52家，进出口值增长15.9%。落实企业集团加工贸易监管改革，试点企业在集团内以便捷方式办理保税料件外发加工、料件串换、货物自主存放等流转业务1,050票，节省物流、报关等费用50万元，企业加工贸易进出口值增至69.93亿元。落实内销便利化改革，落实“先销后税”“免收担保”等措施，加工贸易实际进出口总值162.13亿元，同比增长23.6%；办结稽查作业261个，办结核查作业505个。落实属地查检业务改革，加强关区属地查检管理工作，根据布控指令对进口货物实施现场检验检疫382批次，涉及货值11.28亿元；对出口货物实施现场检验检疫3,727批次，涉及货值9.64亿元。

【统计分析及政策研究】2021年，汕头海关采取日监控、周检控、月审核等措施加强数据质量管控，及时核实、处置数据质量问题，确保统计数据质量，全年共审核上报统计数据记录48.5万条。建立粤东外贸研究快速反应机制，开展“支持关区十大产业高质量发展”专题调研，《汕头海关扎实助力市场采购贸易健康发展》等业务改革课题研究成功转化落地推进。牵头署级课题1个、参与7个，参与总署统计分析司新闻发布会、全球贸易监测等常规工作13项，以及全国跨境电商数据审核等专项工作17项。牵头完成中国外贸出口先导指数样本企业情况等分析报告，全年分析报告获得总署办公厅采用17篇。

【查缉走私】2021年，汕头海关加强打击走私工作的组织领导和综合保障，持续保持高压严打态势，组织开展关区“国门利剑2021”、打击“水客”、海南离岛免税“套代购”走私等专项行动，全关立案349宗，案值24.39亿元，涉税5.51亿元，侦办总署缉私局一级挂牌督办案件3宗。开展打击涉税走私活动，查获“8·30”特大海产品走私案，系汕头关区历年来查获的最大一起走私案件。参加总署缉私局组织的三轮打击“水客”走私专项行动，创新云端协同、数据作战、线上合成作战等技战法，破获“9·14”“水客”走私大案。参与开展粤港澳海上跨境走私打击治理工作，联合开展“清港清湾”行动，严防海上走私活动向粤东水域漂移。开展“净边2021”“寄递渠道禁毒百日攻坚”等多轮次缉毒专项行动，严厉打击毒品走私。深化法治缉私建设，侦破一批重大案件。强化科技创新，智慧缉私科研课题通过总署科研项目立项，成为汕头海关首次承担的缉私专题署级科研项目。年内，汕头海关缉私部门荣立集体二等功1个、个人三等功18人次、个人嘉奖82人次。缉私司法鉴定团队荣获“全国公安机关成绩突出青年集体”；侦查二处获评“全国公安机关执法示范单位”；情报技术处党支部获评“全国海关缉私部门先进基层党组织、基层党建品牌”。

【政务管理】2021年，汕头海关在各级媒体刊发新闻稿1,362篇次。政务公开工作被总署办公厅评为优秀等次。落实节假日三级值带班制度，值班应急“零失误”。组织创作保密公益视频作品成为全国148件入围公众投票环节的作品之一，3篇“海关档案故事”稿件入选总署专辑。

【财务管理】2021年，汕头海关坚决落实过“紧日子”要求，全关用水、用电、公车油耗同比分别下降15%、5%和10%。政府采购项目节约率3.46%。向广东省林业厅下属野生动物监测救护中心移交查获的濒危动物制品157件。

【科技发展】2021年，汕头海关依托各类安全工具、策略构筑“网络边界—主机—应用”纵深防御体系，涉密信息系统顺利通过海关系统安全保密风险评估，关区重大网络安全事件保持“零发生”。开发建设“综合行政管理平台”9个功能模块。推进全关应用系统账号授权清理，实现全关在用的署关级系统（模块）授权“一本账”全流程管理。实验室全年完成新冠病毒核酸检测样品4万多份次，新开检项目1,300多项。科研项目获批总署立项主持2项、参与10项，获批成果登记6项，获专利授权10项，2个参与项目分别获海关科技成果评定二、三级成果，获地方市级立项科研项目1个。

【督察内审】2021年，汕头海关贯彻落实总署专项审计（调研）项目，开展重大决策部署贯彻情况专项审计，自查问题7个，提出建设性意见5条。开展实验室建设专项审计调研，自查问题3个，提出建设性意见2条。开展专项督察7项，提出督察建议19条；开展专项执法评估6项，提出建议26个。推动隶属海关开展自主督察61项，提出整改措施和督察建议共149条，完善规章制度13项。组织开展关区审计自查自纠2次。开展工会管理等审计监督。完成经济责任审计项目5个，提出审计建议10个，整改率达100%。承办署级审计280个问题内控分析和评价工作。

【队伍管理】2021年，汕头海关实施“新征程专家人才启航计划”，培养专家骨干、青年人才20名。精简科级机构12个，公开招聘事业单位人员31人。建立新冠肺炎疫情防控人员调配应急工作机制，抽调26人次支援口岸一线。党委委员多次通过视频连线、实地走访等方式慰问一线人员。分级分类施训，共举办关级培训班71个，培训关警员11,673人次，15个课件入选相关署级课程。首次举办“青年党校”培训班，加强对年轻干部的培训培养。建设“卫生检疫业务实操培训点”，组织实操培训演练，提高一线卫生检疫人员实战水平。

【离退休干部管理】2021年，汕头海关举办“百年风华　同心同唱”红歌活动，为88

名老党员颁发“光荣在党50年”纪念章。开展“我看建党百年新成就”等系列访谈31场，700多人参与。成立汕头市老干部（老年）大学汕头海关分校并开班。“银发人才”录制6期学悟党史课程上线“钉钉”App。以邮票、奖状等老物件制作4期忆学党史微党课。

【外事合作】2021年，汕头海关举行全关性“三智”国际合作政策研究征文活动，积极参与总署国际合作司“打造在国际上最具竞争力的海关监管体制机制”“全球海关智能化”等政研工作。“综合行政管理平台建设”被纳入总署“三智”先行先试项目。依托中国玩具产品技术性贸易措施研究评议基地，开展出口玩具质量安全风险监测，为企业提供信息咨询服务，“玩具技术性贸易措施关键创新技术及对策研究”获得2021年度海关科技成果评定二级成果。通过WTO技术性贸易壁垒（TBT）、卫生与植物卫生措施（SPS）国家通报咨询点提出评议意见5次、函询1次和特别贸易关注1次。制定3项《输“一带一路”沿线国家产品安全项目检验指南　纺织品》检验检疫行业标准。

【业务改革与发展】2021年，汕头海关开发运用“汕头海关通关时间监控”模块，提升压缩整体通关时间信息化管理水平，关区进、出口整体通关时间持续得到压缩。参照粤港澳大湾区组合港模式，提升“汕头广澳—深圳蛇口”物流通关速度，关区主要港口聚货能力提升23.8%。升级优先机检、优化查验、优质服务3项措施，完善职能部门、口岸海关、属地海关工作机制，助力潮州陶瓷出口同比增长32.9%。落实“三智”合作理念，推广“港澳船舶进境信息互通项目”，每年可为企业节约成本320万元。优化检验检疫流程，支持关区肉类产品供港供澳。创新开发内外贸经营监管场所集装箱位置信息与卡口柜号信息对碰放行功能，进出卡口平均时间由3分钟降至10秒。

【供港澳产品监管】2021年，汕头海关立足粤东食品农产品发展实际，主动作为，服务地方行业、企业。严格执行总署年度进出口食品安全监督抽检和风险监测计划，加强养殖源头控制工作，加大风险分析和防控力度，开展对种植蔬菜基地土壤、灌溉用水抽样检测，确保关区供港澳食品农产品安全卫生。建立企业联络员制度，实施“一基地一政策”服务举措，推行“公司+基地+标准化”监管模式，采取“一企一品一策”精准帮扶措施，指导农食产品企业按检疫要求做好疫病监测、病虫害防治及有毒有害物质控制等工作，帮扶企业提升产品质量安全水平。优化出口备案申请流程，支持企业获得供港澳产品资质。对供港澳食品农产品设置“绿色通道”，提供24小时预约报检、预约监装等通关服务，随报随检，快速检测，快速出证，确保快速通关。新增供港澳水生动物养殖场（中转场）9家，新增注册供港澳活猪饲养场2家，培育粤港澳大湾区“菜篮子”认定基地100个。2021年，经汕头海关检验检疫监管供港澳食品42,035吨，16.92亿元，同比分别增长16.6%、21%。其中冰鲜猪肉4,340吨，1.52亿元，同比分别增长430%和200%；水产品6,522吨，5.37亿元，同比分别增长31%和45%；蔬菜2,791吨，0.37亿元，同比分别增长43%和52.6%；供港澳活水生动物4,784.6吨，4.24亿元，同比分别增长680%、1,277%；供港澳活猪4.81万头，同比增长41.5%。关区首次出口卤味狮头鹅制品436千克。

【“7·18”走私毒品案】2020年4月24日，汕头海关所属龙湖海关发现一宗申报为“保健品”的国际邮包存在异常，经鉴定为国家管制精神药品地西泮50罐5万片。汕头海关成立专案组刑事立案并展开侦查。2020年7月18日，按照公安部“净边2020”专项行动要求和总署缉私局统一部署，汕头海关缉私部门在汕头市公安局的协助下，在汕头成功破获一起邮递渠道毒品走私大案（“7·18”走私毒品案），打掉以陈某棉为首的走私贩卖国家管制精神药品的犯罪团伙，现场抓获犯罪嫌疑人、涉案人员共17人，查扣涉嫌走私地西泮、芬特明等国家管制精神药品和各类处方药品。

经查证，从2020年开始，陈某棉为牟取非法利益，逃避海关监管，明知地西泮、芬特明等药品系国家禁止进境的管制精神药品，仍利用其国外工作经历的便利，联系境外卖家大量购买地西泮、芬特明等精神药品，伙同陈某贤、陈某鹏等人，先后多次通过伪报品名、瞒报物品、附带假处方、使用假名字和非实名制电话收货的方式将上述精神药品邮寄走私进境。之后再自行配药并以“泰国DC减肥药”的名义通过网络对外销售。2020年4月至7月间，陈某棉伙同他人走私进口上述精神药品6批次共计9个包裹，其中地西泮9.9万片、芬特明4,280片。

2021年7月6日，汕头市中级人民法院对该案作出有罪判决。该案的成功侦破和最终判决，取得良好的社会效果，被评为海关打击毒品走私十大典型案例。

【“8·30”特大海产品走私案】汕头海关成立专案组，全力侦办“8·30”特大海产品走私案。2020年12月30日至2021年1月1日，汕头海关在总署缉私局指挥和广东分署缉私局协调下，联合昆明、南宁、拱北、广州等地海关及云南、广西、广东等地公安机关在3省10地同时开展查缉行动，现场抓获以区某为首的犯罪嫌疑人24人，摧毁走私团伙12个，查扣涉案鱼胶、海参等货物43吨，冻结涉案资金640万元，一举摧毁走私犯罪网络。

经查，2017年至2020年间，中国香港区氏团伙，在香港揽收林某、陈某等300余家内地货主在境外采购的鱼胶、海参等海产品后，通过海运至越南、缅甸，联系中越边境、中缅边境的张某、罗某等团伙，利用国家给予边民免税的优惠政策，伪报成越南自产的货物在广西免税走私进口，再转运至广州集中，通过国内物流分批交付货主。同时，区某团伙还将部分海产品通过快艇偷运方式，从香港走私至广州。共组织走私鱼胶、海参等海产品3,309吨，案值113亿元，涉税26亿元。

▲2021年1月4日，汕头海关缉私局查获“8·30”特大海产品走私案展示

该案被总署缉私局列为一级挂牌督办案件和“2021年度打击走私十大典型案例”。

（撰稿人：马庆红　方湃儿　刘　波　刘宏喜　刘奕玲　刘耿耿　纪丽纯　杨东鹏　肖泽帆　吴锦波　邹长燕　张　丹　张林聪　陈　岚　陈昊昱　陈泽宇　林春贵　林银梅　姜恩重　姚文绚　钱程伟　蔡　燕　蔡雪妍）

黄埔海关

【概况】黄埔海关前身系清政府于康熙二十四年（1685 年）在广东设置的粤海关黄埔挂号口。1950 年 10 月黄埔支关正式设立，隶属广州海关；1952 年 9 月黄埔支关更名为黄埔分关；1980 年 7 月黄埔分关更名为黄埔海关，直属总署领导；1988 年 8 月升格为副厅级单位；2000 年 11 月升格为正厅级单位。黄埔海关关区范围为广州市黄埔区、增城区，以及东莞市。下设 14 个正处级隶属海关单位：黄埔老港海关、黄埔新港海关、穗东海关、东江口海关、萝岗海关、增城海关、东莞海关、新沙海关、常平海关、太平海关、凤岗海关、东莞长安海关、沙田海关、黄埔海关风险防控分局。

2021 年，黄埔海关以习近平新时代中国特色社会主义思想为指导，全面落实总署党委部署要求，不断深化“五关”建设，持续推进“六个强化”，朝着“走在前列”奋斗目标稳步前进。夯实依法履职制度基础，推动行政争议实质性化解，构建普法宣传新格局，推进法治海关建设。从严从实做好常态化新冠肺炎疫情防控，筑牢口岸检疫防线。全面履行监管职责，监管进出境运输工具 13.9 万辆次，监管货运量 9,239 万吨，货值 1.78 万亿元，同比增长 16.9%；税收入库 1,274.05 亿元。

筑牢国门生物安全屏障，推进“国门绿盾 2021”行动，截获有害生物种类、数量位居全国海关前列。组织开展打击“洋垃圾”、象牙等濒危野生动植物及其制品走私、“水客”走私、粤港澳海上跨境走私等专项行动，黄埔海关缉私局获评联合国“亚洲环境执法奖”。

积极服务全面开放，持续落实“六稳”“六保”部署，帮助企业缓解进口粮食滞港、海运集装箱“一箱难求”、汽车缺芯等“急难愁盼”问题。推进“三智”与共建“一带一路”高质量发展有机结合，支持开通中老、中越国际货运班列线路，服务粤港澳大湾区建设。促进跨境贸易便利化，深化“两步申报”“两段准入”等重点改革，推进海关全业务领域一体化。落实减税降费政策，深化“放管服”改革，助力构建新发展格局。全年 35 个集体和个人获得省部级以上表彰。

【党的建设】2021 年，黄埔海关始终把政治建设摆在首位。坚持“第一议题”制度，建立健全传达学习、工作落实、督促检查、结果报告闭环链条，以实际行动践行“两个维护”。学习宣传贯彻党的十九届六中全会精神，强化思想武装，落实意识形态工作责任制。开展党史学习教育，完成 3 个阶段 27 项任务、635 项“我为群众办实事”重点项目，3 个项目被总署评为“百佳项目”。全年对 22 个下属单位党组织开展巡察，实现十九大以来巡察监督全覆盖。

扎实推进模范机关创建，开展“基层党建高质量发展年”行动，巩固深化“强基提质工程”。开展“书记项目”署级试点，设立广州片、东莞片党建实训中心及各隶属海关党建实训点，实施“七个一”重点任务（创建一批党建工作室、搭建一批党建品牌交流提升平台、推广一批融合党建经验做法、实施一批党性教育体验项目、评选一批优秀组织生活案例、打造一批特色主题党日活动、推出一批精品党课），常态抓好94个“基层支部联系点”，组织支部书记全员培训考核持证上岗。培育评选86个“四强”支部、57个党建品牌，编发80个党建创新案例。坚持党建带群建，发挥工青妇等群团组织桥梁纽带作用，获评“全国群众体育先进单位”。履行定点帮扶责任，扎实推进乡村振兴工作。

纵深推进全面从严治党。完成39项全面从严治党年度重点任务，细化落实25项加强对“一把手”和领导班子监督措施。严格贯彻落实中央八项规定及其实施细则精神，开展监督24次，驰而不息纠治“四风”。开展“现场监管与外勤执法权力寻租”专项整治，针对112个廉政风险点制订防控措施318项，建立健全制度规范157项。深化打私反腐“一案双查”，健全“反围猎”工作机制，组织处科级领导干部开展“双谈话”1,806人次。

【队伍管理】2021年，黄埔海关以上率下，加强党委班子建设。严守党的政治纪律和政治规矩，严肃党内政治生活。坚持民主集中制，严格落实“三重一大”决策制度。坚持党管干部原则，将政治标准放在首位，树立正确选人用人导向，配齐配强各级领导班子，领导干部年龄结构进一步优化。组织开展队伍建设专项调研，推动建立人力资源动态评估调配机制，完善“三位一体”考核体系，全面实施基层科室绩效考核。加强分级分类培训，全年共举办培训6,583期，培训11.8万人次，12个业务实训教学点实现从建好到用好的转变。在总署党的十九大以来海关优秀教学成果评选中，4项优秀教学成果获评二等奖。注重专业资质人员培育，新增专业资质人员924人次，“一专多能”人才库逐步搭建。实施“科长能力提升工程”，加强执法一线科长培养使用，评选首届“十佳执法一线科长”。给予97个集体和529名干部奖励，受奖个人来自基层占比80.91%。离退休干部管理服务工作受到中组部等部门表彰，1名干部获评“全国先进老干部工作者”荣誉称号，1名干部获国务院“全国食品安全先进个人”荣誉称号。推进政务服务“好差评”活动，好评率100%。常态化开展明察暗访、视频检查、现场督察，深化酒驾醉驾整治，加强“八小时外”监督管理。强化重点监督，抓实个人有关事项报告工作，如实报告率100%。

【新冠肺炎疫情防控】2021年，黄埔海关坚持“外防输入、内防反弹”总策略，筑牢“外防输入”第一道防线。落实“人、物、环境同防”“多病共防”，重点做好国际航行船舶、来往港澳小型船舶船员等新冠肺炎疫情防控工作。落实进口冷链食品、进口高风险非冷链集装箱货物监测检测和口岸预防性消毒监督工作；同步做好其他传染病防控，防范疫情叠加风险，监测体检检出传染病病例63例。加强与地方联系配合，紧密对接地方联防联控机制，妥善处置新冠病毒核酸阳性人员及货物。落实特殊物品监管要求，抓好新冠病毒疫苗出口监管，审批实现“零超时、零差评”。

做好安全防护和人力保障，实现“打胜仗、零感染”。实施高风险岗位人员“14+7+7”封闭管理，制订“重点岗位人员集中居住期间规定动作清单”，开发“集中封闭管理人员信息管理”小程序，将新冠肺炎疫情防护要求细化落实到位。探索“模块式建组、成建制支援、矩阵式管理”的闭环管理新模式，制订黄埔海关业务应急预备梯队建设相关工作方案，成立339人的应急预备梯队，组织20批185人次支援防疫一线。建立保护关心爱护疫情防控一线人员长效机制，细化制订 18 条落实措施。优化疫情防控专项考核，制订防范境外疫情输入专项考核指标 110 项，切实发挥考核“指挥棒”作用。开展“加强疫情防控安全防护月”活动，组织 3 期理论考试和口岸一线隶属海关技能比武。

从严从紧抓好疫情内部防控工作。动态调整疫情内部防控措施，落实“日报告、零报告”“应检尽检”要求和全员台账管理，加强人员出差出行审批。根据国内疫情变化情况，开展内部全员紧急排查 61 次，排查 36.61 万人次，组织内部人员开展新冠病毒核酸检测 12.10 万人次。常态化开展专项督导检查，组织编制个人安全防护提醒“小闹钟” 201 期。

【口岸监管】2021 年，黄埔海关落实总体国家安全观，严密监管链条，聚焦国门安全风险，加强关联性分析，健全一体化风险防控机制，提升风险防控精准度。深化安全生产联防联控机制，强化危化品全链条监管，查发危化品“伪瞒报、逃漏检”情事 62 起，货值 636.7 万美元。查获非法进口固体废物 31 票，686.2 吨。关区三级监控指挥中心全面实体化运作，监管作业场所、运输工具、货物“三位一体”智慧物流监控体系初步建立，实现正常货物无感通关、异常货物实时拦截和预警。智能审图共制得枪械及管制刀具等图像 7,239 幅，利用智能审图功能查获固体废物、防疫物资等 72 票。推进跨境电商“断链刨根”专项行动，验核电商企业 66 家、平台企业 24 家，化解“集零为整”“三单造假”等风险。打击侵犯知识产权违法行为，扣留涉嫌侵权商品 1,461 批次，182.73 万件。

【检验检疫】2021 年，黄埔海关维护国门生物安全，开展“国门绿盾 2021”行动，严防外来物种入侵，截获进境植物有害生物 998 种，3.76 万次，全国口岸首次检出入侵杂草三叉针茅。严防非洲猪瘟、高致病性禽流感等重大动植物疫情疫病传入，退回、销毁不合格农产品 5 批次。落实“四个最严”要求，开展进口食品“国门守护”行动，严格处置问题产品，检验检疫进口食品、化妆品 2.1 万批次，货值 317.2 亿元。退运、销毁未获准入境食品、化妆品 198 批次，同比增长 153.8%。严把进出口商品质量安全关，查获禁止入境旧机电情事 8 起，退运、销毁不合格进口汽车 55 辆，退运、处置不合格进口煤炭 5 批，22.97 万吨。

【查缉走私】2021 年，黄埔海关保持打击走私高压态势，刑事立案 340 宗，案值 161.76 亿元；行政立案 2,084 宗，案值 81.65 亿元。开展打击“水客”走私专项行动，立案 29 起，案值 1.24 亿元；“蓝天行动 2021”专项行动刑事立案 8 宗，查证走私固体废物 5,793 吨。严厉打击濒危野生动植物及其制品走私，完成“1・17”国际特大走私象牙系列案后续追逃工作，侦办走私禁止进口木材案 37 宗。开展“国门利剑 2021”专项行动，查证走私冻品、废旧金属、二手挖掘机等一批重大走私案件。建立“缉私指导、风险抓总、职能牵头、现场承接”全员打私工作机制。加强与地方政府及有关部门的联系配合，参与“清港清湾”行动，查扣红油 523 吨、涉案船舶 58 艘；查获无合法来源香烟 1,927 万支。

【改革创新】2021 年，黄埔海关深化改革创新，推进全业务领域一体化，“两步申报”应用比例提升至 31.7%。“两段准入”在汽车等重点商品领域拓展应用。推动检查异常处置功能模块试点运行。稳步推进进口“船边直提”、出口“抵港直装”试点，惠及进出口货物 861 万吨。践行“三智”理念，推进海运智能大通关改革，“关港企”一体联动不断深化，进口提箱时间缩短至2小时。推进加工贸易及保税监管改革，支持加工贸易创新发展。扩大“以企业为单元”加工贸易监管改革覆盖面，2,160家企业参与改革，试点企业加工贸易进出口总值关区占比超70%。推进企业集团加工贸易监管改革，共有6家牵头企业、10家成员企业参与，集团企业加工贸易进出口总值469亿元，免收保证金4.1亿元。税收征管改革持续深化。推动属地监管与口岸监管联动协同；坚持“由企及物”，推进属地企业“精准画像”；组织实施属地查检业务集约化，推动与稽核查作业叠加、结果互认。“互联网+证单”“互联网+实验室”上线运行，线上办理业务覆盖面进一步扩大。

【优化服务】2021年，黄埔海关全面优化服务，助力构建新发展格局。全面落实减税降费政策，减免企业主动披露滞纳金600余万元。落实RCEP生效实施前准备工作，推进原产地智能审核签证模式改革、原产地证书自助打印等便利化服务措施落地，推动原产地签证质量提升。深化“放管服”改革，推进“证照分离”“注销便利化”。截至12月底，黄埔海关共有备案报关单位5.2万家，同比增长9.4%，办理企业备案作业7,147宗、变更作业7,758宗、注销作业2,695宗。支持内销便利化，延长内销申报时间、免收缓税利息和内销集中征税担保。推广加工贸易边角料网上拍卖，共有3,787家加工贸易企业注册网上拍卖。主动服务粤港澳大湾区建设，“东莞—香港国际空港中心”“大湾区组合港”“湾区一港通”等项目试点运行。服务共建“一带一路”高质量发展，支持开通中老、中越国际货运班列线路，助力畅通国际物流大通道。全年监管国际班列182班次，货运量10.41万吨，同比分别增长37.88%、15.82%，关区企业对“一带一路”沿线国家（地区）进出口货值3,970.83亿元，同比增长18%。支持综合保税区业态多元化发展，多项“保税+”新型业务落地。健全新业态协同监管机制，促进跨境电商、市场采购健康发展。市场采购贸易出口累计放行11.66万票，报关单累计货值约559.7亿元。

▲2021年4月29日，黄埔新港海关关员保障首列“广州港—阿拉山口—波兰”海铁联运中欧班列开行

优化口岸营商环境，落实促进跨境贸易便利化专项行动25项措施。支持企业“包船出海”破解海运出口难题，累计服务44艘次船舶共3.6万TEU重柜“出海”，纾解湾区企业“一箱难求”“一仓难求”困境。助力1.03万辆芯片短缺汽车通关，节省企业成本1,124万元。推行指定矿产品“先放后检”监管模式改革，为企业节省费用929万元。帮助企业应对技术性贸易壁垒，深入推进AEO认证工作，全年共对91家企业开展认证作业，新增高级认证企业36家。

【服务大湾区建设】2021年，黄埔海关主动服务粤港澳大湾区建设，推进粤港澳大湾区跨境物流一体化。以海运24小时智能通关模式为基础，推进海运智能大通关改革，构建“三位一体”海关智慧物流监控体系，创新“厂港联动”“场港一体”模式；扩大进口“船边直提”、出口“抵港直装”范围；推进“组合港”“一港通”模式。推进车检场转型升级，叠加属地查检、新业态监管、保税监管等业务，助力打造商贸综合服务平台。支持广州东部公铁联运枢纽项目，依托增城西站开通中欧班列，推动广州港开通“海运+班列”海铁联运中欧班列，助力东莞石龙、常平拓展中欧班列进出口双向运营。截至12月底，关区设有石龙、常平、黄埔、增城4个中欧班列站点。支持“东莞—香港国际空港中心”建设。推动供港蔬菜产业发展，完善供港蔬菜智慧监管应用，实现对种植基地、生产加工企业全链条溯源闭环管理，监管出口供港蔬菜40万吨。

【支持综合保税区发展】2021年，黄埔海关支持综合保税区业态多元化发展，助力保税租赁、保税研发、保税维修、保税加工和进口汽车保税存储等“保税+”新型业务落地，一线进出区货值1,002.32亿元，同比增长54.35%。黄埔综合保税区封关运作，深化区港联动，推动广东省首个进口汽车保税存储项目落户，打造有色金属大宗散货集散中心，推进仓储货物按状态分类监管、区内企业保税货物与非保税货物库内直转等便利措施，提升货物流转效能。全年黄埔综合保税区进出区货值167.46亿元，同比增长55.3%。发挥虎门港综合保税区区位优势，打造“盐田东莞组合港”，支持“东莞—香港国际空港中心”建设，把香港机场货运站出口集拼、安检、打板，以及进口入区理货、拆板等部分业务移至虎门港综合保税区办理。12月15日，首票航空货物顺利在东莞虎门港综合保税区完成验放、打板后，经东莞港海运离境至香港机场通关。全年虎门港综合保税口进出区货值640.58亿元，同比增长90.9%。

【助力大宗商品进口】2021年，黄埔海关支持大宗商品进口，全力保障国家能源、粮食等供给安全。促进贸易便利化，加快进口煤炭抽取样、实验室检测、查验等全链条通关速度，采取“一企一策”“一船一策”“专人专岗”等措施，缩短煤炭进口通关时间，监管煤炭进口2,416万吨，同比增长47%。优化通关与检疫模式，提升粮食进口通关效率，成立工作专班，出台支持粮食进口11项措施，引导企业提高物流效率，会同相关部门快速解决进口粮食滞港问题。全年验放进口粮食2,001.98万吨，货值504.61亿元，同比分别增长17.83%和34.63%，获评“广东省粮食和物资储备工作先进集体”。其他主要大宗商品进口货值均实现增长，进口铜材货值316亿元，同比增长16%；进口钢材货值137亿元，同比增长6%；进口铝材货值91亿元，同比增长47%。

【促进汽车进出口】2021年，黄埔海关全力保障进出口汽车顺畅通关，助力外贸促稳提质。优化进口汽车通关流程，将查验作业嵌入卸船和检测等环节，实施“顺势”监管，压缩进口汽车整体通关时间约10小时。妥善处置“缺芯”车辆通关问题，保障产业链、供应链稳定。成立风险评估小组，“一企一策”研究制订差异化监管方案，在监管有效的基础上及时验放，节约汽车滞报、仓储等费用1,100余万元。做好进口汽车协同监管，发挥综合保税区优势，助推整车进口从“落地征税”向“保税+仓储”复合发展。全年，共监管进口汽车30.1万辆，同比增长3.9%，货值160.9亿美元，同比增长14.1%；监管出口汽车7.5万辆，同比增长104.2%。

▲2021年6月30日，新沙海关关员对进口车辆进行查验

【政务管理】2021年，黄埔海关重点督办党委会议定事项、形势分析及工作督查例会议定事项和关区重点工作任务等共234件。制订持续解决形式主义问题为基层减负16条具体工作措施，推进精文简会。编发新闻稿件244篇次，主流媒体采用863篇次。编发各类政务信息载体816期，获得总署采用政务信息245篇次。落实政务公开工作标准化、规范化要求，修订印发政府信息公开审查规程，编写基层政务公开标准目录。12360海关热线人工接听3.73万次，答复准确率100%。全年发布新媒体解读获总署采用112篇。做好机要保密、档案管理工作，2件抗击新冠肺炎疫情档案资料被国家博物馆正式收藏。

【财务及后勤保障】2021年，黄埔海关坚持系统观念，落实过“紧日子”要求，做好财务后勤服务保障工作。构建新海关预算保障机制，推进预算绩效管理。保障新冠肺炎疫情防控，加强疫情防控物资储备，足量配发疫情防护物资和防护装备。优化采购管理流程，提高采购质效，全年采购资金节约率8.53%。推进减税降费，开展专项检查，查发社会企业打着海关旗号收费情事1起。牵头开发并试点运行海关新版涉案财物管理系统和智能仓储管理系统。推进后勤改革，规范物业管理，提高服务质量。物业管理费同比下降26%，物业零星维修费压缩20.1%，水电等公用支出同比下降13%。

【科技发展】2021年，黄埔海关全面整合优化信息化应用，业务科技一体化更为紧密。推进“海运智能大通关改革”等改革任务配套信息化建设8项。提升科研攻关和成果转化水平，完成署级科研项目5项，获得总署立项4项，参与省部级科研项目10项，发表综述论文17篇，中文核心期刊论文6篇，获实用新型专利5项，申请发明专利11项，参与SN标准制定1项。科学配置实验室仪器设备，运用“科技+”实现抽取样送检工作“全流程、进系统、可追溯”，推动实验室资质能力扩项，全年新增技术能力258项，法检项目自检率提升至80.1%。移动“P2+实验室”投入应用，病原检测方法增加110种。持续提升数据信息服务效能，“运维+”服务创新模式顺利落地。

【督察内审】2021年，黄埔海关紧盯党中央国务院重大决策部署落实情况，开展优化口岸营商环境、筑牢国门安全防线、改革措施落地见效、资金使用安全等专门监督27项，查找影响政策执行的梗阻问题，剖析问题成因，推动重大决策部署落地落实落细。加强对隶属海关“一把手”监督，构建审计标准化作业流程，完成经济责任审计项目7个。深化内控机制建设，健全业务运行监控闭环管理工作机制，推动问题治理向完善制度、常态自控和长效机制转化。加强内控前置审核，对66项改革措施、规章制度和信息化应用项目提出完善内控措施建议187条。完善关区内控节点体系，结合关区重点工作和业务风险研判，部署新增关级内控节点40个。HLS 2017内控平台授权683人，科技控权能力得到提升。

（撰稿人：苏　峥　杨为林　李长亮
肖双红　岳文钊　孟春龙
袁　峰）

江门海关

【概况】江门海关前身是1904年设置的江门关。1950年2月，江门海关正式设立，2006年升格为正厅局级直属海关。江门海关关区范围为广东省江门市、阳江市2个地级市，下设隶属海关，包括外海海关、高沙海关、新会海关、鹤山海关、开平海关、台山海关、恩平海关、阳江海关。

2021年，江门海关坚持以习近平新时代中国特色社会主义思想为指导，按照总署党委工作部署，统筹发展和安全，强化监管优化服务，巩固拓展口岸新冠肺炎疫情防控和促进外贸稳增长成效，推进江门海关高质量发展，实现“十四五”良好开局。坚持政治建关引领发展，党史学习教育、口岸新冠肺炎疫情防控、促外贸稳增长、打击走私、精神文明建设等工作成效明显。坚持改革强关促进发展，探索推进检验检疫证书集中审核等7个重点领域和重点业务环节一体化改革取得成效。坚持依法把关规范发展，严密筑牢口岸疫情防线，查获毒品、违禁品和侵权物品等多批，破获濒危物种及其制品走私、“水客”走私、成品油走私等系列大要案，监管货运量1,931.8万吨，税收入库55.59亿元。坚持科技兴关加快发展，建成智慧物流监管平台、移动PCR实验室等先进监管、实验设施，科技应用效能提升，检验检测能力增强。坚持从严治关保障发展，党风廉政建设和反腐败斗争持续推进，精神文明建设不断深化，新增“全国优秀党务工作者”“全国巾帼建功标兵”“广东省先进基层党组织”等省部级以上荣誉12项，政治生态风清气正、队伍心齐劲足。

【党的建设】2021年，江门海关坚持党对海关工作的全面领导，弘扬伟大建党精神，深刻领会“两个确立”的决定性意义，增强“四个意识”、坚定“四个自信”、做到“两个维护”。推动全关各级党组织和广大党员干部树牢政治机关意识。坚持“第一议题”制度，形成“学习领会、研究措施、贯彻落实、督查反馈”的闭环，围绕关区重点工作任务，分析研究落实措施。

把党史学习教育融入日常、抓在经常。依托关区“红色侨资源”，挖掘红色江关故事，获总署采编《海关红色档案故事》4篇。开展“我为群众办实事”实践活动，两级党委完成309项重点民生项目，“党员先锋情暖夕阳红，送医送学服务送上门”实事项目入选全国海关“百佳项目”，各基层党组织解决实际问题515件，相关工作成效和特色做法获“学习强国”学习平台、《中国国门时报》等宣传173篇次。开展“学党史、颂党恩、庆华诞”“十个一百”系列活动，“百个党史故事”宣讲、“百篇学习文章”征集、“百首颂党歌曲”传唱等10项专题活动贯穿全年，为29名退休党员颁发“光荣在党50年”纪念章。江门海关方冬宏被评为“全国优秀党务工作者”，新会海关综合业务一科党支部获评“广东省先进基层党组织”。

健全两级党委工作规则、“三重一大”决策等制度，制订加强对“一把手”和领导班子成员监督措施。制订深化“强基提质工程”措施，持续抓好“四强”支部建设。江门海关政工办党支部“海关党性教育基地”、新会海关综合业务一科党支部“把关服务先锋队”获评全国海关党建示范品牌，外海海关跨境电商监管科党支部“‘廉而有为’五廉工作法”、阳江海关查检科党支部“漠阳猎鹰——争当国门安全先锋”获评全国海关党建培育品牌，实施对基层党组织书记全覆盖轮训的“头雁工程”入选总署“书记项目”。

统筹落实中央巡视、总署党委巡视同步整改措施，开展巡视整改专项检查13次。对关区12个单位部门开展巡察监督，建立起纪检监察、巡察、督察“三察联动”机制。

加强廉政纪律教育和警示教育，严肃查处违纪情事，强化权力运行监督，深化“一案双查”，一体推进“三不”机制建设。开展“现场监管与外勤执法权力寻租”专项整治，深入开展风险排查，解决企业反映问题25个。深化“清廉江关”品牌建设，征集推送廉政作品134件。开展违纪违法案件整改落实情况“回头看”，全面提升警示教育质效。

【新冠肺炎疫情防控】2021年，江门海关坚持“外防输入、内防反弹”总策略，落实各项防控措施，检疫进出境船舶5,805艘次，出入境船员4.99万人次，检出新冠病毒核酸阳性人员移交地方后全部确诊且无一漏检。坚持“人、物、环境同防”，开展进口冷链食品目的地事中环节、进口高风险非冷链集装箱货物检测和预防性消毒监督。坚持“多病共防”，同步严防埃博拉、拉沙热等传染病疫情叠加。加强疫情防控人员梯队建设，划片区组织73人参与入境卫生检疫，实行集中封闭管理。

▲2021年12月17日，阳江海关关员对国际航行船舶开展登临检疫

落实安全防护措施，制定完善个人防护、登轮作业和消毒作业等7个指引，建立安全防护专家组和三级安全防护监督员队伍，开展“岗前检查、工作巡查、全程督查”安全防护监督。建立口岸疫情防控监督管理同向、同点、同频、同时发力的“四同”工作机制。组建“挑毛病”专班，对口岸一线登临检疫、进口高风险非冷链商品采样、疫情内部防控、实验室操作安全防护工作持续开展监督检查。

持续落实“网格化”管理机制，坚持“日报告、零报告”，落实每日健康打卡、排查机制，从严管控干部职工出差出行、来访人员管理、会议培训、公共区域管理、疫情监测排查、应急处置等，保持全关干部职工及家属“零感染”。

【促进外贸稳增长】2021年，江门海关服务粤港澳大湾区、深圳建设中国特色社会主义先行示范区，以及横琴粤澳深度合作区、前海深港现代服务业合作区建设。试点“船边直提”“抵港直装”监管模式。参与构建粤港澳大湾区“菜篮子”供应体系和绿色生态农业发展平台的规划建设，助力乡村振兴，托稳粤港澳大湾区“菜篮子”。关区73家企业被认定为“广东省农产品出口示范基地”“粤港澳大湾区‘菜篮子’生产基地”。帮扶特色产业、种业发展，保障特色农食产品保持安全稳定有效供应，支持共建广东省鳗鱼现代农业产业园。支持打造“新会柑果”出口标准化种植基地。指导建成指定进境日本锦鲤隔离场。推动建立检疫处理场所，支持竹木草制品出口。

▲2021 年 11 月 23 日，台山海关关员到出口活鳗注册登记中转场实施现场检疫

优化口岸营商环境，细化落实稳外贸稳外资措施 77 项，持续压缩整体通关时间，落实减税降费工作。落实进口铁矿依申请实施检验、“先放后检”等改革措施，推广税费电子支付、原产地证自助打印等电子化模式。完成 RCEP 实施准备工作，推动与中东欧国家的贸易安全和通关便利化进程，支持企业通过中欧班列出口同比增长 65.1%，对“一带一路”沿线国家（地区）贸易量同比增长 31.4%。支持江门高新港码头对外开放和阳西电厂码头临时开放。支持珠西物流中心建设，设立江门北站铁路类海关监管作业场所。支持大宗商品监管中心建设，指导江门高新港、新会港、台山公益港 3 个码头开展 B 类原木指定监管场地验收，监管进口原木、木薯干 4 万吨。支持江门跨境电商综试区建设。促进保税物流业务发展，支持保税物流中心（B 型）高质量运作。复制推广自由贸易试验区创新制度，推进贸易便利化，进一步降低企业经营成本。支持配合地方开展综合保税区申建研究工作。

【法治建设】2021 年，江门海关深化“放管服”改革，探索“行政审批窗口自助办理”，海关涉企经营许可事项“证照分离”改革实现关区全覆盖。健全制度规范，制订落实“强化法治意识”措施 23 条，清理内部规章制度 47 个。落实“谁执法谁普法”，健全学法普法机制。上线应用“江门海关智慧制度平台”，加强培训推广，辅助关警员查询、学习和执行制度。法规处获评“2016—2020 年全国普法工作先进单位”，2 名公职律师分别获评“广东省优秀律师”“全国海关优秀公职律师”称号。

【风险管理】2021 年，江门海关承担全国海关“云擎”系统管理工作，构建 9 个“云擎”模型，协助发布平台级模型 392 个，推动大数据在全国海关税收风险防控、风险监控等业务领域的应用。落实“两轮驱动”改革，构建以供应链为单元的风险防控模式，提高风险处置效能。全年查获“洋垃圾”、濒危动植物及其制品、涉检验检疫等各类安全准入（出）情事 3,424 起。

【税收征管】2021 年，江门海关税收入库 55.59 亿元，同比增长 25.4%，签发优惠贸易协定原产地证书 4.22 万份。减免税审核确认货值 1,081.33 万美元，减免税款 642.71 万元。开展税政调研，报送“增加 3D 打印机列目”等建议。深化税收征管方式改革，自报自缴率为 85%，电子支付率为 92.8%，推进属地纳税人管理，实施以企业为单元的税款担保改革。落实粤港澳大湾区启运港退税政策，办理 127 家出口企业启运港退税业务，办理 8 家船舶运输企业在广东省内海关启运港退税备案。

【卫生检疫】2021 年，江门海关实施口岸卫生监督及食品安全监管年度计划，截获输入性病媒生物 42,447 只。持续推动口岸核心能力建设，加强口岸公共卫生安全联合治理。加强口岸传染病防治相关知识宣传，开展“4·15 全民国家安全教育日”“4·26 全国疟疾日”“12·1世界艾滋病日”等系列宣传活动。

【动植物检疫】2021年，江门海关加强国门生物安全把关，落实高致病性禽流感等重大动物疫病监测各项措施，保障供港澳活猪、供港活鸡苗安全供应。开展“国门绿盾2021”行动，截获植物种子61批、76.35千克，同比分别增长117.86%、92.74%；邮递渠道查获3头活体昆虫长戟犀金龟。加强进境粮食安全管控，协同监管进境粮食跨关区调运。

【进出口食品安全和商品检验】2021年，江门海关落实食品安全“四个最严”要求，严把进出口商品质量安全关，推进“国门守护”行动，检出不合格进出口食品批次同比增长54%。加强法定检验商品以外进出口商品抽查检验，检出不合格率同比增长39%。严格进出口危险品及其包装检验，检出不合格批次同比增长220%。推进进出口商品质量安全风险预警监管体系建设，引入全国大数据外脑机构，实现摩托车、五金刀剪和纸质印刷品风险信息全球监测。

【监管业务】2021年，江门海关严密口岸一线监管，严格进出口贸易禁限管理，查获毒品3.9千克。打击跨境赌博，查获快件渠道伪报进境银行密码器2件。开展打击跨境电商进口走私“断链刨根”专项整治，查获邮递渠道走私名牌服装、箱包等奢侈品154件。开展“龙腾行动2021”和粤港澳海关系列联合执法行动，打击假冒侵权行为，查获涉嫌侵权货物及物品5.68万件，其中查获的“依申请保护饼干生产线专利权案”入选《2021年中国海关保护知识产权典型案例》。学习宣传贯彻《中华人民共和国安全生产法》，开展安全生产专项整治三年行动及“安全生产月”等专项行动，加强安全风险隐患排查整改，开展口岸监管环节应急处突培训、演练201次。

【业务改革】2021年，江门海关落实总署改革部署，加强关区业务改革发展规划，制订业务改革发展工作计划。探索开展检验检疫、风险防控、加工贸易等7个重点领域和重点业务环节一体化改革，实现检验检疫证书、出口原产地证书集约化审核，优化加工贸易、快件集中审核，构建风险一体化防控机制。落实通关申报改革，关区“提前申报”“两步申报”“两段准入”报关单比例稳步提升。

【海关统计】2021年，江门海关发挥统计服务职能作用，强化外贸动态监测和调查研究，对接落实《“十四五”海关发展规划》，建立分析研究人才库，根据“数据+研究”要求牵头完成署级课题2个，参与5个。夯实统计基础，贸易统计连续15年“零差错”，数据管理工作保持“零事故”，出口先导指数调查填报率和及时率保持100%。

【企业管理与稽查】2021年，江门海关落实稽查改革，转变稽查工作理念和工作方式，提升稽核查质量，办结稽查作业202个，办结核查作业946个。推广企业集团加工贸易监管模式，办理料件调拨32批，便利流转保税料件货值1.11亿元。免办内销征税手续而减轻税负815.60万元。落实信用管理制度改革，开展海关新信用制度政策解读和宣传，协调解决30多家企业近100个问题，关区AEO高级认证企业数同比增加150%。

【查缉走私】2021年，江门海关开展“国门利剑2021”联合专项行动，严厉打击“洋垃圾”、濒危动植物及其制品、“水客”等走私、全年刑事立案52宗，案值3.2亿元；行政立案253宗，案值2.65亿元，其中破获濒危动植物走私刑事案件1宗、“水客”走私大案1起，侦办总署缉私局挂牌督办案件3起。深化合成作战机制，海关移交一般行政案件数同比增长115.6%，行政处罚简单、简易案件数同比增长22.1%。

【政务管理】2021年，江门海关持续精文简会，正式、非正式发文及关级会议大幅压减。向总署报送信息和被采编量大幅提升，各类媒体宣传报道江门海关各项工作情况 1,028 篇次，同比增长 49%。加强应急值守，组织各类应急演练 70 场次。机要保密和档案管理进一步规范，数字档案室建设稳步推进。

【财务及后勤保障】2021 年，江门海关规范财务管理，健全预算管理、节约资源等 11 项制度，制订落实过“紧日子”10 条措施。推进节约型机关创建，全关用水、用电、用油同比分别下降 3.66%、2.59%和 1.22%。完成事业单位岗位分类设置等基础工作。推进基建项目，完成保健中心改造项目。建立非法入境冻品、固体废物移交地方处置机制，累计移交处置查获冻品 5 批次 3,212.08 吨。

【科技发展】2021 年，江门海关推进智慧海关建设，实现关区 H986 集中审像、CT 机智能审图全覆盖，完善“智审辅助+人工决策”作业模式。优化实验室布局与规划，集中优势资源集约发展，加强实验室能力建设，法定项目自检率大幅提升；实现微生物领域法定项目检测全覆盖，新冠病毒核酸检测能力进一步提升。建成移动 PCR 实验室，新建 2 个分子生物学实验室。加强科研创新，获总署科研立项 1 项，获广东省乡村振兴战略专项资金项目 1 项、江门市科研项目立项 6 项，获得发明专利授权 2 项、实用新型专利授权 7 项。

【督察内审】2021 年，江门海关开展重大决策部署跟踪督察，一体推进督察审计监督，统筹开展口岸卫生检疫、数据管理和网络安全管理措施落实情况等 5 个督察项目以及 3 个经济责任审计、重大基建项目造价跟踪审计。深化“一审多果”“一果多用”模式，统筹开展专项督察，权力运行监督进一步加强。参与总署进口粮食监管政策措施落实情况专题执法评估，开展关区特色商品专题执法评估，完善内控评价机制，制订内控节点岗位落实清单。

【队伍建设】2021 年，江门海关深化干部工作“五大体系”建设，对接落实“十四五”海关领导班子建设规划，严把选人用人“政治关”，规范开展干部提拔、调整交流、职级晋升等工作。健全优秀年轻干部选育管用机制，加强执法一线科长队伍建设，一线科长职位配备率 100%。全关 108 人获得专业技术类公务员任职资格，岗位练兵和技能比武获全国海关优秀组织奖，261 人获新增岗位资质。加强离退休干部管理，成立离退休干部党委，设立江门市老干部大学首家机关分校——江门海关分校。擦亮“全国文明单位”荣誉称号，坚持“党建引领、创建深化”思路，深化文明创建、志愿服务、岗位建功活动，支持参与全国文明城市创建，新增省部级以上荣誉 12 项。

（撰稿人：邓皓中　任文红　刘　洋　刘卫东　杨　琨　何青平　张文斌　张金桃　张颖怡　陈慧燕　罗　旋　孟胜男　赵淑华　胡晨烨　贺　进　袁庚申　曾墨环　黎杰麟　魏　伟）

湛江海关

【概况】湛江海关前身是1936年设置的雷州关（直属海关总税务司署），1950年正式更名为湛江海关，2006年升格为正厅级机构。关区范围为广东省湛江市、茂名市。下设隶属海关包括湛江机场海关、霞山海关、东海岛海关、海东新区海关、徐闻海关、霞海海关、廉江海关、茂名海关。

2021年，湛江海关以习近平新时代中国特色社会主义思想为指导，按照总署党委工作部署，强化政治机关意识，强化监管优化服务，巩固拓展口岸疫情防控和促进外贸稳增长成效，深入推进政治建关、改革强关、依法把关、科技兴关、从严治关。扎实开展党史学习教育，2个项目（“湛江海关以关警联学共建为抓手，助推打击治理海南离岛免税‘套代购’走私工作取得新成效”项目、“提质加速　抢‘鲜’上市——湛江海关助力粤西水产业高质量发展”项目）获评总署“‘我为群众办实事’百佳项目”。毫不松懈加强常态化新冠肺炎疫情防控，筑牢口岸检疫防线。强化正面监管，抓细抓实安全生产监管工作，提升应对传统安全和非传统安全的防控能力。全年，监管进出口货运量首次突破1亿吨，缉私立案1,145起，案值37.76亿元。促进外贸稳增长，“一企一策”服务重大项目建设发展，助力我国自营勘探开发的首个1,500米超深水大气田“深海一号”顺利投产；“一业一策”精准帮扶特色产业发展，14种特色食品农产品实现首次出口。年内，湛江海关所属海东新区海关综合业务一科获得“全国青年文明号”称号，所属霞山海关综合业务二科获得广东省“巾帼文明岗”称号，湛江海关技术中心食品实验室获得“广东省青年文明号标兵号”称号。

【党的建设】2021年，湛江海关每月在形势分析及工作督查例会上通报贯彻落实中央领导指示批示情况，安排专门议题研究布置疫情防控、安全生产等工作；召开关党委会、组织党委理论学习中心组专题学习，强化理解领悟、实践运用。严厉打击“洋垃圾”进境，查发122.24吨固体废物并退运出境。深入开展重点地区象牙走私问题专项整治，成功劝导1名“7·5”特大象牙走私系列案犯罪嫌疑人投案。推进“三智”建设，成立工作专班，制定14条具体落实措施。推进党史学习教育，开展“百堂党课讲党史”活动，集中展播“微党课”34期，组织重温入党誓词、摄影书画展、红歌传唱等群众性主题活动。开展“我为群众办实事”实践活动，推动140项民生项目落地生效，湛江海关获评湛江市“我为群众办实事”十佳示范单位。深化“强基提质工程”，推进基层党支部标准化、规范化建设，湛江海关党委书记与湛江市委书记牵头开展关地党建联学共建。霞山海关监管二科党支部、东海岛海关综合业务科党支部被授予“全国海关党建示范品牌”，湛江机场海关旅检二科党支部、霞海海关综合保税区监管科党支部被授予“全国海关党建培育品牌”。细化总署党委巡视长期整改任务，完成6项整改任务、30项推进计划，巡察15个部门、单位党组织，在全国海关率先开展“跨关区”交叉巡察试点。推进“现场监管与外勤执法权力寻租”专项整治，持续强化廉政风险排查，明确45项整改措施，均已整改完毕。加强对“一把手”和领导班子监督，细化制订23方面70项具体任务。开展监督执纪问责，对55起案件开展打私反腐“一案双查”；运用“四种形态”批评教育帮助60人次、处分处理2人次。保持酒驾醉驾“零发生”。

【法治建设】2021年，湛江海关印发推进“十四五”时期海关法治建设的相关意见。参与总署立法工作，提出立法意见19条，配合总署政策法规司制订依法严厉打击海南离岛免税“套代购”走私违规行为的相关指导意见。编写关于湛江海关打击海南离岛免税“套代购”走私违规行为的法律指引，合法性审查内部管理制度37个，完善执法依据查询系统，收录法律法规、关区制度572个。组建“湛江海关普法讲师团”，开展普法宣传59次、法律“六进”（进机关、进乡村、进社区、进学校、进企业、进单位）活动100余次，“湛江海关水运口岸新冠肺炎疫情防控普法”获评广东省“谁执法谁普法”优秀普法项目。落实执法人员“持证上岗”制度。

【风险管理】2021年，湛江海关加强安全准入风险防控，严厉打击涉固体废物、涉侵权、涉毒、涉濒危、涉税等走私违法行为，强化布控指令运行监控，着力精准布控、提升布控查获率。通过“云擎”发布专业领域数据模型60余个，加强风险预警处置，提高开源性信息情报的过滤、筛选、归类效率。通过风险分析精准移交线索，刑事立案50起，行政立案45起，快件渠道布控查发毒品、外来有害生物等安全准入风险3,864起。开展口岸安全风险联防联控，查发进口矿产品逃税、出口家具企业虚开发票骗取退税刑事案件2起。

【税收征管】2021年，湛江海关推行以企业为单元的税款担保改革，规范关税保证保险管理。推广电子支付、汇总征税等征管便利措施，电子支付率和汇总征税率分别达94.39%和24.84%，同比分别增长1.36%和15.86%。完成属地纳税人管理结构搭建，建立29份属地纳税人底账。落实原产地税收优惠政策，优惠贸易协定项下享惠进口货值99.83亿元，减让税款5.08亿元，签发出口原产地证书21,450份，签证金额14.51亿美元。开展税政调研，提交对石脑油、天然砂、镍铁、机制砂等的税政调研报告。做好实施RCEP准备工作，针对水产、小家电、家具等本地特色商品开展政策专题研究，进行各类宣讲20余次，实施首日即签发首批RCEP原产地证书。全年，湛江海关税收入库259.81亿元，同比增长33.1%。

【卫生检疫】2021年，湛江海关坚持“外防输入、内防反弹”总策略不放松，坚持“动态清零”总方针不动摇，落实“三查三排一转运”7个100%，检出新冠病毒核酸阳性或移交新冠肺炎确诊病例44例。对国际航行船舶“一船一研判”“一船一排查”，实施“一卡一单”（如实填报健康申明卡和阅知海关普法宣传单）。强化联防联控，做到无缝对接、闭环管理、信息共享，移交地方专班1,696人次。建立关党委委员常态化视频督导检查机制，成立联合监控检查工作专班、安全防护“挑毛病”专家组，实施“四不两直”监督检查。坚持“多病共防”，严防埃博拉、鼠疫、黄热病等重大烈性传染病传入，防止疫情叠加。非必要不出差、不出行，坚持不聚餐、不聚会、不聚集，落实科学佩戴口罩、保持社交距离、注意个人卫生防疫“三件套”，坚持“绿码”上岗和上下班“两点一线”，持续推进新冠病毒疫苗接种，做到应接尽接、应快尽快，督促干部职工与共同居住人共同落实好新冠肺炎疫情防控要求。坚持党建引领和激励关爱，先后成立 59 个封闭管理人员临时党支部，发动党员干部践行“我为防控到位献计策”“我为防控缺位挑毛病”，收集建议 619 条，细化 59 项关心关爱措施。发展在疫情防控一线等工作岗位表现突出、符合条件的 15 名同志入党。

▲2021 年 7 月 22 日，茂名海关关员登轮进行预防性消毒

【动植物检疫】2021 年，湛江海关加强重大动植物疫情疫病全链条防控，查验来自疫区船舶 748 艘次，封存来自非洲猪瘟疫区的猪肉及其制品 417 批、67.03 吨，截获植物有害生物 271 种、4,417 种次，其中检疫性有害生物 16 种、483 种次。加强国门生物安全监测和安全风险监控，布控监测点 160 个。开展“国门绿盾 2021”行动，在非贸渠道截获外来物种 27 种、75 种次。规范对检疫处理单位的监督管理，依申请注销 5 家检疫处理单位资质。开展国门生物安全教育，与中国热带农业科学院南亚热带作物研究所建成“国门生物安全宣传教育”示范基地。帮扶 31 家进境亲虾指定隔离检疫场进行规范建设，引进种虾 137 批次、16.74 万尾。保障供港澳活动物安全稳定供应，推动 23 家出口企业获得“广东省农产品出口示范基地”称号。

【食品检验检疫】2021 年，湛江海关按照食品安全“四个最严”要求，检出进出口不合格食品 70 批。加大境外通报核查力度，关区出口食品被境外通报批次同比下降 84.21%。推动完成冷链查验平台改造和 2 个进口冷链食品集中消毒监管仓建设，监督口岸环节预防性消毒货物 2.88 万吨、外包装 233.47 万件。约谈提醒 4 家未规范申报进口商，书面警示和约谈提醒 10 家检出新冠病毒核酸阳性 2 次以上的进口商。全年累计完成 19.09 万个样本采样检测工作。

【商品检验】2021 年，湛江海关实施进出口商品质量安全风险预警，推进进口液化石油气一级风险监测点高效运作，对全国进口液化石油气质量安全数据进行评估分析。完成对 162 批煤炭、348 批原油、610 批铁矿的质量环保项目监测。加大对危险化学品、大宗矿产品、再生金属原料、进口设备等重点敏感商品的检验监管力度，落实强制性技术法规要求，检出 2 批铁矿外来夹杂物需处理、4 批进口设备不合格、12 批进出口危险品及其包装不合格。推行危险化学品“批批验核+抽批检测”检验监管模式改革，进口硫黄改革后采用“验核”方式，海关放行时间压缩到 1 小时。推进进口铁矿品质检验监管方式优化改革，推行“依企业申请”实施品质检验，为企业节省仓储、物流成本约 2,470 万元。

【监管业务】2021 年，湛江海关完善二、三级监控指挥中心建设，总署在线率考核保持优秀等级。推进智能审图技术应用和口岸环节监管查缉，开展联合机动查验 10 次，货运渠道退运违规进境石斛 9.40 吨，查获低报价格进口快件 17 票，查获冰毒 251.92 克、大麻

320.40克、精神类药品294.98克。推进跨境电商“断链刨根”专项整治，撤销40家问题企业资质。开展“龙腾行动2021”，立案查扣涉嫌侵权小家电3,836件。支持粤西口岸建设开放，湛江港徐闻港区、大唐雷州电厂码头、中科合资广东炼化一体化项目配套码头获批对外开放，支持茂名港广港码头进境粮食指定监管场地建设。支持进口粮食快速通关，年内关区共进口粮食371.43万吨，同比增长22.33%。推动湛江水产品技术贸易研究评议基地重签共建协议并开展实体化运作，对13家企业开展技术贸易措施影响调查。助力徐闻鲜菠萝以B2B模式“走出去”，运用“跨境电商”叠加“转关模式”，帮扶企业打通“湛江—友谊关—越南”跨境电商西南陆路出口新通道。

【海关统计】 2021年，湛江海关加强统计监测预警，13篇监测预警信息被总署采用。向广东省委省政府报送专报15期，向湛江、茂名两市报送专报25期。做好《“十四五”海关发展规划》对接实施工作，制订贯彻落实《“十四五”海关发展规划》的相关实施方案和7方面37项任务清单。抓好统计数据质量管理，复核报关单记录25.1万条，审核业务统计指标记录3.3万条。开展出口先导指数、进口货物使用去向、跨境电商统计调查等17期总署专项统计调查工作，填报率和及时率均为100%。2021年，湛江市外贸进出口总值544.48亿元，同比增长22.03%；茂名市外贸进出口总值229.37亿元，同比增长15.03%。

【企业管理和稽查】 2021年，湛江海关推动信用管理改革，推进AEO信用培育，启动“企业信用培育扬帆计划”，制订“一地一库”培育规划，开展“一企一策”精准培育，重点对28家龙头特色企业与新兴业态企业实施AEO培育，新增AEO高级认证企业9家。推动稽核查改革落地生效，加大涉检、涉税领域稽查力度，持续开展危险化学品、进口冷链食品等属地查检业务督导。办结稽查作业72起，办结核查作业222起。探索“整合优化两仓功能”改革试点，启动首个企业集团加工贸易监管改革，促进参与改革企业集团内保税料件及设备的自由流转。支持湛江港实现多个品种、不同原产国铁矿石保税简单加工业务的创新开展，2021年完成保税原料矿进口606万吨，货值61.2亿元，同比分别增长11.24%和69.15%。

【查缉走私】 2021年，湛江海关缉私立案1,145起、同比增长121.47%，案值37.76亿元、同比增长3.46%，其中刑事立案106起，行政立案1,039起。对海关业务部门查发刑事案件指标进行量化分解，加强关警整体联动，缉私部门立案221起，同比增长1.13倍，其中刑事立案59起。开展“国门利剑2021”暨“湛蓝2021”专项行动，在快件渠道查获4起走私毒品进口案；联合地方公安组织开展“6·18”打击枪支、弹药走私行动，查获涉嫌走私进口的电动水弹枪、高压气枪等；打掉4个走私冻品团伙，查证涉案冻品约8,000吨，案值约4亿元；立案侦办“7·5”走私进口稀释沥青案件，查证涉案稀释沥青共60.28万吨，偷逃税款1.12亿元；组织开展“湛蓝2021-10”专项行动，查扣利用B型保税物流中心伪报贸易方式走私进口开心果150余吨，抓获犯罪嫌疑人17名。持续加大反走私综合治理力度，徐闻县角尾乡获评广东省反走私综合治理示范点。

【政务管理】 2021年，湛江海关加强应急值班值守和信息报送，报送口岸一线检出新冠病毒核酸阳性病例等值班信息15条。抓实督办工作，建立关领导调研事项跟踪督办机制，制发交办单33份，督促195项交办事项落实。解决形式主义问题，为基层减负。召开新闻发布会3场，总署信息载体采用湛江海关信息新闻数量同比增长15.43%，各类新闻载体采编量同比增长39.11%。完成湛江海关12360海关热线归并工作，全年受理各类咨询3,236条，热线微博入选“全国十大海关微博”。

【财务及后勤保障】2021年，湛江海关统筹各类财力资源，重点保障疫情防控、民生工程等。推进事业单位所属企业脱钩，全面停止事业单位所属企业进出境检疫处理业务。实行预算和绩效一体化管理。建立防疫物资储备库，改造调顺港区海关业务办理窗口。推进第二技术业务用房、徐闻海关海安大院防护海堤等工程建设。完成老旧生活区水管、电路、路面等改造工作。推广掌上后勤服务平台App应用，实现节约配餐、预约服务和网上支付。

【科技发展】2021年，湛江海关实验室检测技术能力稳步提高，完成扩项715项，认可项目总数达到3,905项，检测能力覆盖51个领域。茂名海关卫生检疫实验室和关区首个移动PCR实验室成功取得P2实验室备案和新冠病毒核酸检测资质，关区核酸检测能力从250人份/天提升到800人份/天。推进国家海洋生物、精细化工检测重点实验室建设，《基于质谱探针技术的进出口食品中羰基类霉菌毒素的高灵敏度分析技术研究》和《进口稀释沥青检测、鉴别及环境风险研究》2项获总署立项署级科研项目，《水生动物病原体高通量快速检测方法及环境监管体系的研究》《基于人工智能技术的出入境环节有害生物现场识别自动化方法研究》等5个署级科研项目通过验收，获得省部级科技奖项2项、社会科技奖项3项。建设海关业务数据安全防护体系，湛江海关连续3年在总署科技发展司“安全运行保障能力”考核中获得满分。

【督察内审】2021年，湛江海关完善内控节点岗位清单制管理，建立内控机制常态化监督检查制度。聚焦国家重大决策部署落实，开展4个重点项目跟踪督察，发现问题20个，提出完善工作建议13条。开展2021年度总署专项审计、海关实验室建设专项审计等审计项目8个，提出25个方面的审计建议。开展2019年以来审计发现问题整改“回头看”，深入研究分析难点问题，堵塞管理漏洞和风险点75个，完善制度7项。

【队伍管理】2021年，湛江海关2名优秀执法一线科长被总署评为2021年度“百名优秀执法一线科长”。对口岸一线高风险岗位工作人员实施封闭管理，纳入封闭管理人员233人，累计602人次。推进事业单位改革，印发事业单位岗位设置管理的相关工作方案，开展事业单位人员职称评审、专业技术岗位聘任工作。117名专业技术类公务员通过任职资格评定，优化14个部门单位机构职责。组织处级干部集中轮训，组织99期各类培训班，678人次取得一线岗位资质。推广“师傅带徒弟”新型学徒培训法，表彰“湛关好师徒”15对。奖励集体50个、个人386人次。推进养老保险改革，用心用情用力做好离退休干部工作。

【推进业务改革】2021年，湛江海关行政审批事项全部实现“零接触”网上办理。推进“两步申报”“两段准入”“提前申报”改革。推进“抵港直装”“船边直提”试点，为企业节省物流成本超2,000万元。推广进口铁矿、原油“先放后检”模式，进口铁矿平均放行时间缩短至2天，进口原油平均放行时间缩短至5小时，为企业节省仓储、物流成本2.79亿元。参与海关行业标准修制订，组织申报规范标准45项，22项申报项目列入总署年度行标修制订计划。

【服务国家发展战略】2021年，湛江海关发挥关区地处粤港澳大湾区、海南自贸港、北部湾城市群等国家战略辐射交汇区的优势，主动服务国家发展战略，与海口海关签署合作备忘录，推动湛江与海南相向而行。支持粤西与粤港澳大湾区港口联动，起草关于广州海关与湛江海关“组合港”监管的联系配合办法，推动湛江港集装箱外贸内支线进出口双向运作，支持湛江市、茂名市融入粤港澳大湾区建设。深化与重庆海关、贵阳海关合作，推动湛江参与西部陆海新通道建设，指导企业货物通过一体化和转关两种通关模式经湛江港进出口，开拓“一带一路”沿线国家（地区）市场。2021年，西部陆海新通道沿线企业经湛江口岸进出口货值251.10亿元，同比增长81.72%。推动湛江综合保税区完成基础及监管设施建设，按期申请验收。支持湛江市、茂名市纳入广东自由贸易试验区扩区新片区。

▲2021年8月26日，东海岛海关监管广东湛江首批3,000吨乙烯顺利出口

【打击“套代购”走私】2021年，湛江海关主要负责人与湛江市、茂名市党政主要负责人召开专题会议3次，到徐闻港、雷州火车站等地开展实地督导调研6次，部署推进打击治理海南离岛免税“套代购”走私工作。注重数据监控和风险研判，构建“整体性风险监控”“行动性风险分析”“案件调查取证”等3大类20个风险模型，对高额现金支付、红眼班轮等风险开展精准分析研判。在徐闻港挂牌成立现场警务室，组建前线指挥部，建立“轮战”机制，每批次抽调40名关警员到徐闻开展常态化驻点巡查防控，全年安排关警员290余人次参加“轮战”。密切与海口海关协同配合，推进一体化防控和联合打击，召开专项推进会2次，建立联合专班共同研判走私线索，开展联合集中收网行动3次。在徐闻港、徐闻火车站等地联合组织普法宣传进校园、进社区、进镇村、进港口（车站）、进企业、进旅行社的“六进”活动，开展“千村万民”承诺活动，开展快递行业专项检查整治，推进徐闻港反走私综合治理示范点建设。2021年，组织13轮集中收网行动，立案547起，案值2.45亿元，涉税4,375.90万元，打掉走私团伙49个。

（撰稿人：马淑娟　毕崇刚　李兆颖　陈成桥　胡健活　谭莉华）

南宁海关

【概况】 南宁海关成立于1951年10月9日，关区范围为广西壮族自治区（以下简称“广西自治区”）全境，面积23.76万平方千米。关区点多、线长、面广，海岸线长1,629千米，陆路边境线长696.125千米，直达港澳内河长600千米。下辖南宁吴圩机场海关、南宁邮局海关、邕州海关、北海海关、钦州海关、钦州港海关、防城海关、东兴海关、峒中海关、爱店海关、友谊关海关、凭祥海关、水口海关、硕龙海关、龙邦海关、平孟海关、贺州海关、梧州海关、桂林海关、玉林海关、贵港海关、柳州海关、河池海关23个正处级隶属海关和风险防控分局。

2021年，南宁海关以习近平新时代中国特色社会主义思想为指导，牢固树立系统观念，强化政治机关建设，促进业务队伍提质增效，形成业务管理和队伍管理同步发展、相互促进的良性循环，严格落实进口冷链食品口岸环节新冠肺炎疫情监测检测及预防性消毒监督等工作。

全年，监管进出口货物15,913万吨，进出口总值8,539亿元，同比分别增长14.1%、34.6%；监管进出境运输工具135万辆（艘、架）次，同比增长135.1%。入库税收403.04亿元，同比增长53.12%，创历史新高。加工贸易进出口1,140亿元，同比增长21.5%。立案查办各类走私违法犯罪案件4,827起，案值102.46亿元，涉税6.67亿元，其中侦办“GN”系列走私大要案25起，案值42.32亿元，涉税5.06亿元。

【政治建设】 2021年，南宁海关坚持高站位推进政治建设，坚定、坚决践行“两个维护”。深入学习贯彻习近平新时代中国特色社会主义思想。党委带头加强政治理论学习，持续在学懂弄通做实上下功夫，推动广大党员干部在学思用贯通、知信行合一上得到新的提高。认真落实“第一议题”制度，讲政治、见行动，坚决迅速、持续有力贯彻落实习近平总书记重要指示批示精神。全年立案查办野生动物、濒危物种及其制品案件57起，案值7.31亿元；立案查办“洋垃圾”案件18起，涉案固体废物1,110.81吨。大力支持乡村振兴，促进边疆民族地区繁荣稳定，定点帮扶工作连续3年获评广西自治区最高考核等次“好”。口岸新冠肺炎疫情防控有力有效，认真落实“外防输入、内防反弹”总策略，严格执行口岸疫情防控制度，细化关区防疫实施方案，统筹推进口岸防控、个人安全防护、人员调配保障等工作，织密织牢“水陆空”立体防控网。关区广大干部职工弘扬伟大抗疫精神，舍小家为大家，奋战在抗疫一线，用绝对忠诚和专业执法，坚决守牢外防输入关口。党史学习教育扎实开展。推动各级党组织和广大党员认真落实习近平总书记“七一”重要讲话精神，深入学习贯彻党的十九届六中全会精神，把党史学习教育同学习贯彻习近平新时代中国特色社会主义思想贯通起来，做到学史明理、学史增信、学史崇德、学史力行。组织6期400余名党员赴湘江战役遗址现场教学，开展各类红色主题教育153次。“十大惠企利民工程”“10+N”民生工程扎实推进，2个案例获评总署“‘我为群众办实事’百佳项目”。全力配合总署常规巡视。积极配合总署党委第七巡视组对南宁海关党委常规巡视工作，把巡视整改作为重要的政治任务，常态长效抓好中央巡视、总署巡视任务整改工作。扎实推进巡察工作。年内对6个隶属海关开展常规巡察，根据总署党委巡视组要求，开展巡视巡察上下联动，对4个单位开展疫情防控和涉案财物管理专项巡察以及巡视巡察“回头看”，巡察覆盖率达91%。

2021年，南宁海关完成迎接国家审计工作。聚焦党中央、国务院重大决策部署开展系列督察，发现并整改问题180个，整改率达到100%。建成“老唐督审大数据监控分析处置工作室”，形成“培养专家、信息共享、风险排查、反馈预警”机制。应用大数据开展审前分析，压缩三分之一的现场审计时间，完成11个关级经济责任审计和4个专项审计（调研）项目，查发问题171个，所涉金额近1亿元。优化关区内控机制建设，实现所有隶属海关科室内控节点岗位落实清单全覆盖。综合运用“数据+分析+指标+调研”方法，完成关区3个及署级1个评估项目，配合完成署级执法评估项目调研5次。

【党的建设】2021年，南宁海关落实“党建质量提升年”工作要求，推进党建高质量发展统筹考核，并入选全国海关“书记项目”试点。深化“强基提质工程”建设，建立常态化检视机制，综合运用“智慧党建”平台，提升党建整体规范化水平。打造党员工作室114个，评选工作室示范点36个，促进党建与业务融合发展。获评全国海关党建品牌5个，首次有关区基层支部获评“自治区先进基层党组织”，实现省级以上“两优一先”零的突破。开展“基层书记组长谈责任”视频访谈活动，开设“清风讲堂”，编撰原创廉政故事集《清镜》。党建高质量发展统筹考核列入全国海关“书记项目”试点。党建工作经验视频获评中央和国家机关工委“新时代优秀短视频作品奖”。获评“区直机关首批创建模范机关示范单位”。

持续强化“两个责任”，制订党委、机关党委、党支部3张清单，建立巡察、人事、监察“三支笔”联动政治画像机制，建成“党委纪检组+监察室+党委派驻纪检组”的监督执纪问责工作机构，深化应用“两横两纵”党风廉政建设责任制考评，制订南宁海关党委纪检组加强对“一把手”和领导班子监督工作的相关指引，推动关区运用“第一种形态”155人次。开展清廉文化建设、廉政警示教育、“明纪法、知敬畏、守底线”专题警示教育活动。建立派驻监督工作月报直报党委制度，强化特约监督员等外部监督，形成全覆盖、无禁区、无死角的监督体系。保持惩腐高压态势，加大案件查办力度。扎实开展“现场监管与外勤执法权力寻租”专项整治，建立“围猎”警示名单信息互通机制，开展边境地区领导干部配偶、子女及其配偶从业情况专项整治。持续用好“一案双查”，探索与地方纪委监委建立线索“双向移”工作新模式。

【队伍建设】2021年，南宁海关全面加强高素质干部队伍建设。注重在执法一线、抗疫一线、改革攻坚一线培养锻炼干部，选人用人重实干重实绩的导向更加鲜明牢固。科学调配人力资源，开展机关遴选、机关与基层“双向轮岗”、内陆海关与边境海关“换防式”干部交流。实施“136人才团队工程”，探索创新“1+N”专业人才团队培养模式。顺利完成2021年公务员招录53人、事业单位招聘工作人员7人。深入开展专项治理，完成对13个隶属海关党委开展专项检查、对5个隶属海关开展选人用人监督检查，开展违规兼职（任职）、裸官、违规因私出国（境）等情况摸底和规范整改工作。开展全员资质培训考核，关区获得一线执法岗位资质的人员占比94.5%。年内积极选派各类专家参加全国海关岗位练兵技能比武。连续3年在广西自治区精神文明建设专项考核中获“一等奖”，连续3年在区直机关培训班上做精神文明建设经验交流。获评建关以来首个广西自治区“道德模范”，新获评4项全国级荣誉、31项广西自治区级荣誉。

南宁海关离退休干部党建标准化、规范化建设取得较好成绩，得到广西自治区老干局充分肯定。在广西全区老干党建工作会议上，南宁海关做了关于突出“三个抓手”推进离退休干部党支部标准化、规范化建设的经验交流发言。“银发人才库”获得广西自治区离退休干部党建工作创新案例。“智慧银海”应用平台打通了老同志与现代信息技术的堵点，提升了精准服务能力。

【服务广西外贸发展】2021年，南宁海关促进广西外贸实现较快增长。落实“六稳”“六保”部署，出台促进广西外贸高质量发展12项措施和助推广西抢抓RCEP机遇12项措施。支持广西特色产业发展，推动保税混油、保税混矿两项新业务成为外贸新增长点，服务先进装备制造企业做优做强，帮扶螺蛳粉、六堡茶等优质产品“走出去”。促进边民互市贸易健康规范发展，推动边民互市贸易进口商品落地加工。全年，广西外贸进出口5,930.6亿元，同比增长21.8%。其中，边民互市贸易进出口419.7亿元，同比增长48.3%。广西自由贸易试验区共有海关注册企业2,460家，累计实现进出口1,895.2亿元，同比增长21.1%，占同期广西外贸进出口总值的32%。广西加工贸易及保税物流进出口保持快速增长，全年保税物流进出口1,420亿元，同比增长44.8%，拉动同期广西外贸增长9个百分点。推进西部陆海新通道建设，推进“智慧湾”系统互联互通，上线铁路快速通关作业模式，支持钦州港开展出口集装箱货物转关至海南洋浦港离境的内外贸集装箱同船运输业务，促进广西融入海南自由贸易港建设。创新西江流域大宗建筑物料监管模式，支持北海出口烟花的港外查验监管，保障烟花出口通道畅通。

【法治建设】2021年，南宁海关统筹推进关区制度建设，全年制修订内部管理制度25项，对制度进行100%审查。推进行政审批制度改革，通过实行“不见面办理”便民措施，实现100%网上办理，持续保持“零超时”“零差评”。建成广西首个边境口岸法治宣传教育基地，并获评“自治区法治宣传教育基地”。强化知识产权海关保护，并实现新突破。全年关区共查办侵权案件1,991起，查获侵权货物20.2万件、同比增长2倍，案值1,407万元、同比增长2.5倍。南宁海关法规处获评“2016—2020年全国普法工作先进单位”。

【业务改革】2021年，南宁海关深化“五项创新”改革成果应用显成效。“两步申报”进口报关单45,893票，应用率37.27%；推动海运、公路口岸进出口货物“提前申报”模式应用率超9成；“两段准入”完成1,204票，同比净增长；“两轮驱动”持续深化应用；“两区优化”中“四自一简”全面部署，特殊区域融入“两步申报”“两段准入”等措施落地实施。助力开放平台建设取得成效。深化陆海新通道“13+2”海关协作，推进“西部陆海新通道区域海关‘陆海通’互联互通信息系统”立项。支持南宁国际铁路港封关运营，保障全国首趟“铁路快通”中越班列顺利开通。参与建立广西综合保税区综合治理体系，配合起草、完善综合保税区高质量发展三年行动计划，推动钦州综合保税区封关运营、梧州综合保税区获国务院批复建设。支持防城港国际医学开放试验区建设。推动龙邦公路口岸获批扩大开放，北海港、钦州港口岸等5个泊位对外开放完成验收。

【自贸区和特殊区域管理】2021年，南宁海关围绕11项年度创新任务重点推进自贸制度创新。年内上报创新举措4项，获批备案1项，合计5项获总署批复备案。24项海关改革试点经验和最佳实践案例入选两批广西自治区级自贸创新成果，占比28.6%。

【风险管理】2021年，南宁海关风险防控效能不断提升。在坚决打击濒危野生动植物及其制品、“洋垃圾”“水客”等走私方面持续用力，货运渠道查获濒危物种7起1.5吨，精准布控查发固体废物16起1,888.73吨。探索构建非贸一体化防控体系，通过布控查发移交互市、邮件、快件等领域缉私立案案件137起，是2020年的17倍。在全国海关中首批建成风险情报工作站（南宁），立案5起，涉及案值7.6亿元，涉嫌偷逃税款2,600万元，辅助“打团伙、破大案、除链条”取得良好成效。创建10项大数据模型，推进大数据建模和大数据综合应用，各业务领域职能监控、作业管理、分析研判的智能化、精准化水平明显提升。

【关税征管】2021年，南宁海关综合治税水平稳步提升，关区入库税收403.04亿元，首次突破400亿元大关。关区自报自缴率达99.3%，较2020年提高11.2个百分点。在全国范围内率先成立“RCEP南宁研究室”，组织开展“RCEP进千企”系列活动，《RCEP框架下对广西汽车产业的有关思考》在全国海关系统专题征文评比中荣获二等奖。推动关税领域稳外贸稳外资惠企措施的贯彻落实，全年关区累计接受申报享受协定税率的进口货值累计62.95亿美元，关税优惠金额48.43亿元；共计办理增值税先征后返3.46亿元，同比增长7.1%，办理时间比规定时间缩短74.3%，有效缓解企业资金压力。

【卫生检疫及疫情防控】2021年，南宁海关口岸疫情防控落实“外防输入、内防反弹”总策略，严格执行口岸新冠肺炎疫情防控措施，全面细化关区防疫实施方案，统筹推进口岸疫情防控、个人安全防护、人员调配保障等工作，织密织牢“水陆空”立体防控网。全年共检出新冠病毒核酸阳性案例534例。“多病共防”工作实现突破。口岸核心能力建设稳步提高。平孟、东兴、凭祥3个口岸均以90分以上佳绩完成核心能力建设复核督查。

【动植食检验检疫】2021年，南宁海关严防新冠肺炎疫情通过冷链环节输入，严格落实进口冷链食品口岸环节新冠病毒监测检测及预防性消毒监督等工作。加强国家生物安全风险防范和治理体系建设，构建边境海关“123”智慧动植物检疫监管体系，关区共截获有害生物46,285种次，同比增长26%。推行进境粮食“两段准入”模式改革，关区共监管进口粮食1,302万吨，同比增长31.9%，通关效率同比提升30.77%。创新“边民互市贸易进境水果分层查验”监管模式改革。关区进口水果245万吨，随机查验进境越南新鲜水果11,339批次，查验比例同比降低50%，通关效率同比提升40%。推行供港澳活猪监管改革，保障广西活猪安全稳定供港澳。服务进口国外优良种质资源，推进畜牧种业振兴，共检疫监管进口种牛3批次16,852头、种猪1批次1,200头，创历史新高。

【商品检验】2021年，南宁海关组织对683批次的化矿产品、危险货物、儿童用品、跨境电商等重点敏感进出口商品实施风险监测，获总署商品检验司采用不合格案例11例。建设危险品标签智能识别模型，全年关区检验进出口危险化学品3,168票，1,576.1万吨，76.43亿美元，其中检出不合格289票。研发X射线荧光光谱仪，有力打击“洋垃圾”入境，关区进行固体废物鉴别205批，鉴别为固体废物的共23批，1,295.7吨。打造全国铜精矿“保税混矿”样板项目，自2021年试点以来共混矿19批，23.95万吨，为企业减少成本约3,000万元。建设“进口法检矿产品全流程监控预警项目”，查检全流程放行时间环比压缩27%。研发无人机智能水尺集中研判系统，指导开发矿产品全自动取制样系统。全年企业依据海关出具的“重量证书”成功索赔179起，涉及索赔金额2,999.55万美元。南宁海关荣获总署商检领域“万人争先”线上练兵优秀组织奖，3人入选总署商检领域“万人争先”线上练兵“百强选手”。

【口岸监管】2021年，南宁海关监管效能持续强化。创新互市智能审图应用，打造海港和边境2个口岸物流智能管控“样板间”，优化拓展互市2.0系统功能，监管智能化水平有效提升。监管作业场所建设管理更加规范。全年共监管进出口货物1.59亿吨、货值8,539亿元，同比分别增长14.1%、34.6%；监管进出境运输工具135万辆（艘、架）次，同比增长135.1%。全面落实总体国家安全观。毫不放松抓好口岸疫情防控，进境旅客电子化健康申报率100%。强化进出口食品全链条监管，严格处置问题企业，协助总署暂停20家境外食品生产企业输华资质。加强烟花爆竹、危化品等重点敏感商品检验监管。推动安全生产三年整治攻坚，完成涉危监管作业场所的堆场、储罐退出工作，超期滞留危险品实现清零。查获核辐射超标事件130起，获评广西核应急先进集体。

【统计分析及政策研究】2021年，南宁海关编报分析研究报告278篇，出台关于贯彻落实《“十四五”海关发展规划》的实施意见，编制“中国—东盟贸易指数”并在第18届中国—东盟博览会期间首次发布。牵头2项、参与7项署级课题，创历史新高。全年编发《学习快报》29期、《南关政研参考》45期、《东盟专报》21期。全年审核统计数据354万条，制发统计监督27期，开展统计调查19次，统计核查53次，关区统计数据及时性和完整性均达100%。创新“云查询”统计服务模式和手段，反馈社会公众统计服务同比增长142.3%，办理政府部门统计服务需求同比增长128.6%，政策研究及统计工作水平不断提升。

【企业管理和稽查】2021年，南宁海关推动稽核查、查检业务改革和专项行动任务实施，全面推广企业集团加工贸易监管模式改革，试点“保税加工+”模式，促进广西加工贸易和保税物流进出口双破千亿元大关，分别达到1,140亿元和1,420亿元，同比分别增长21.5%、44.8%；推广“多证合一”，依托网上办理提升企业备案服务效能，加大“经认证的经营者”（AEO）认证培育力度，新增高级认证企业9家。

【查缉走私】2021年，南宁海关打击走私战果突出。开展打击走私“国门利剑2021”联合行动，严打各类走私违法犯罪，全年立案4,827起，同比增长61.55%，创历史新高。共侦办总署挂牌管理案件21起，2起大要案侦办经验被列入“国门利剑2021”典型案例战法。全年海关查发查办案件数量同比增长57.49%。协同广西各地各部门深入推进反走私综合治理，打击整治活牛、濒危物种、“大飞”等突出走私问题，有力遏制走私势头。

▲2021 年 12 月 20 日，南宁海关缉私局在打击中越边境濒危物种走私专项行动中查获的羚羊角

【边民互市】2021 年，南宁海关全力推进边民互市高质量发展。提升边民互市规范化管理水平，升级完善互市 2.0 系统中的 40 多项功能，推动广西智慧互市平台上线应用并与南宁海关互市 2.0 系统对接，坚持“负面清单”管理，在浦寨、弄尧研发上线“慧眼智控”系统。2021 年关区边民互市贸易进出口 419.7 亿元，同比增长 48.3%。深化边民互市贸易落地加工改革，2021 年进口互市落地加工商品 12 万吨，价值 45 亿元，同比分别增长 13%和 1.5 倍，运输成本同比减少 60%，惠及边民 56.3 万人次，边民收入同比增加 3 倍。坚持以“边民为主、边境为主、落地加工为主”推进多种运输方式进口互市商品，共有92票互市商品通过海运方式进口，货运量 2,352 吨，货值 5,576.7 万元，主要商品为泰国白带鱼、缅甸白带鱼、印度尼西亚鱿鱼等。

▲2021 年 12 月 24 日，东兴海关关员在腰果落地加工企业开展调研指导

【国际合作】2021 年，南宁海关突出“三智”建设，立足广西地处中国与东盟合作前沿的优势，打造全国海关系统面向东盟国际合作重要海关，在总署指导下具体承建并运维的中国—东盟 SPS 合作信息网项目入选全国海关“三智”国际合作示范项目和全国海关“我为群众办实事”百佳项目，成为中国—东盟 SPS 领域“智享联通”的权威平台。

【政务管理】2021 年，南宁海关信息宣传、政务公开、值班应急、档案综合管理等工作更加规范。12360 海关热线满意率、海关政务服务“好差评”系统好评率均达到 100%。建成融媒体中心，新闻舆论工作实现“一体策划、一次采集、多元生成、多渠道传播”。全年在中央媒体及省级重要媒体刊播新闻稿件 490 条，其中，中央级纸媒及电视台等主流媒体采用 300 篇次。新媒体内容发布数量过 1,000 篇（条），点击量过 1,000 万次。建设档案资源“数据库”，建成数字档案示范性实体查阅场所，实现总关全宗和检验检疫机关全宗室藏传统载体永久、30 年（长期）期限档案数据化管理比例达 35%以上。

【科技发展】2021 年，南宁海关完成新版中国—东盟 SPS 合作信息网站、南宁海关东盟官方检验检疫证书核查系统等信息化系统的建设、推广应用。推进关级信息系统整合集成，开展同一系统多个应用的技术整合，实现“多个应用、一个地址、一次登录”。自主开发上线新冠肺炎疫情“人、物、环境同防”发现问题登记小程序。完成南宁海关危险品技术中心改革，推进实验室改革。全年主持完成制修订国家标准 3 项、海关技术规范标准 1 项、地方标准 5 项，获得国际专利 1 项、国家知识产权局授权专利 8 项。

【后勤保障】2021 年，南宁海关建立“岗位职责、管理制度、风险防控”三位一体后勤制度体系，促进岗位设置、人员配备、工作流程、制度体系的深度融合与相互促进。多措施加强节约型机关建设，节能降耗工作成效显著，厉行节约过“紧日子”成效凸显。年内用水量同比下降 60.90%，用汽油量同比下降 51.20%，完成关区民生项目 68 个。

（撰稿人：吴江华　谢清达）

海口海关

【概况】海口海关的前身为琼州海关，于1876年4月1日设立。1950年6月1日中华人民共和国海口海关成立，1984年6月9日升格为正厅局级海关。海口海关关区范围为海南省全境，下设副厅级隶属海关1个：洋浦经济开发区海关；正处级隶属海关单位11个：海口美兰机场海关、海口港海关、椰城海关、三亚海关、八所海关、洋浦港海关、博鳌机场海关、文昌海关、马村港海关、三沙海关和海口海关风险防控分局。

2021年，海口海关践行总署党委“政治建关、改革强关、依法把关、科技兴关、从严治关”总体要求，全力支持海南自由贸易港建设，助力打造对外开放新高地。全年监管外贸进出口货值1,476.80亿元，同比增长57.70%，其中出口货值332.60亿元，同比增长20.10%；进口货值1,144.20亿元，同比增长73.60%。税收入库78.20亿元。

年内，海口海关获评“七五”普法全国先进单位、海南省直机关纪检工作先进集体、2020年度全省政务信息工作先进单位；保密办获评全国海关机要保密工作先进集体；洋浦经济开发区海关属地查验处获评全国食品安全工作先进集体；海口港海关综合业务科、椰城海关审批办获评第20届全国青年文明号；海口美兰机场海关、椰城海关、文昌海关、马村港海关、三沙海关获评海南省文明单位；椰城海关畅丹家庭获第三届海南省文明家庭；办公室、监管处获评海南省首届中国国际消费品博览会工作表现突出的集体；海口港海关团支部荣获2020年度海南省五四红旗团支部；洋浦经济开发区海关监管处获评海南省三八红旗集体；洋浦港海关监管一科获2019—2020年度海南省平安建设先进集体；陈小燕获全国海关机要保密工作劳动模范；刘微获海南省优秀党务工作者；肖修宏获海南省脱贫攻坚先进个人；符颖敏、许翠云获首届中国国际消费品博览会工作表现突出个人；林柏荣获2020年度全省政务信息工作先进个人；李东获全国食品安全工作先进个人；黎文获海南省三八红旗手标兵；高健获海南省三八红旗手；温云斌获第四届海南省“人民满意的公务员”称号；李伟获2019—2020年度海南省平安建设先进个人。

【基层党建】2021年，海口海关建立党委委员分管领域党建工作例会、基层党建工作预警提醒机制、“政治生日+”主题党日3项制度，实现26个党建品牌与帮扶支部“结对子”。“强基提质工程”进一步深化，开展“四强支部回头看、我为支部献一策”活动，推动党支部全部达标。开展严纪律树形象以优良作风庆祝建党100周年活动，创新“双随机”内务督察机制，政务服务5星好评率100%。开展“三亮三比”活动，10个支部通过复核获评全国海关基层党建示品牌、海南省直机关“标准化党支部示范点”，获2021年海南省直机关党建工作综合考核优秀等次。运用结对帮扶、产业帮扶、教育帮扶等形式，实现脱贫攻坚与乡村振兴有序衔接，海口海关机关党委（政工办）、八所海关、峨沟村驻村工作队获海南省脱贫攻坚先进集体，脱贫攻坚工作连续3年获评“好”等次。年内，海口海关在基层党建领域获评省直机关“椰树杯”党建创新引领工作创优大赛第1名。办公室党支部、统计处党支部、洋浦经济开发区海关监管联合党支部、海口美兰机场海关旅检四科党支部、三亚海关综合业务科党支部、隔检中心党支部被授予“2020—2021年度省直机关先进基层党组织”称号；张寅等8名同志被授予“2020—2021年度省直机关优秀共产党员”称号；黄磊等5名同志被授予“2020—2021年度省直机关优秀党务工作者”称号。

【党史学习教育】2021年，海口海关以上率下学党史、悟思想，将第一时间学习贯彻习近平总书记“七一”讲话、党的十九届六中全会等重要讲话和会议精神作为首要政治任务，开展党委理论学习中心组学习25次。举办专题读书班、红色教育基地实地教学，实施青年理论学习提升工程，开展“百名书记讲党课、百名党员讲党史”等系列活动2,000余场次。聚焦难点办实事、开新局，党委班子开展“三聚焦、三走进”调研115余次，建立重点民生项目49个，各级党组织建立并完成办实事项目591个。海口海关3个项目入选总署“百佳项目”。

【党风廉政】2021年，海口海关持续压紧压实管党治党政治责任，细化党委、关区2个层面的84项任务，修订“三重一大”决策制度和党委议事清单，出台加强对“一把手”和领导班子监督的60项措施、深入治理违反中央八项规定精神突出问题的46条措施。出台“一案双查”实施细则。协同推进总署党委巡视中长期整改与巡察整改，围绕重大决策部署贯彻落实情况开展督察、督查和审计，构建多方联动新格局。年内，问责履行全面从严治党主体责任不力的隶属海关党委班子1个、成员3人。开展“现场监管与外勤执法权力寻租”专项整治，党委班子深入12个基层单位、业务现场监管点及进出口企业开展调研座谈，建立3张“任务清单”，排查247个关键岗位和394个风险点。重点关注免税品监管衍生廉政风险，全面排查2012年以来问题线索，组织981人开展违规事项申报。

【法治建设】2021年，海口海关参与《中华人民共和国海南自由贸易港法》《海南省反走私暂行条例》《海南自由贸易港免税购物失信惩戒若干规定》《海南自由贸易港知识产权保护条例》等10余部海南自由贸易港专题政策的立法工作，多轮次提出修改意见并得到采纳，为法律制度建设贡献海关智慧。深入落实“证照分离”改革部署，取消行政许可事项4项，实施告知承诺制1项，优化审批服务10项。3宗行政诉讼案件保持“零败诉”。

【风险管理】2021年，海口海关组建自由贸易港海关风险防控等5个专班，创建“云擎”监控模型24个。强化风险分析转后续处置效能，转稽核查建议74条，同比增长3.6倍，其中稽核查后移交缉私立案5家。配合海南省初步建立离岛免税商品溯源体系，自8月1日起率先对香化品、酒水和手机等3大类免税商品开展溯源管理，12月10日实现离岛免税商品溯源管理全覆盖。坚持实施“日监控+周上报+月汇报”工作制度，设置40余个监控指标，有效分析识别离岛免税“套代购”走私风险，刑事立案29宗。依托省政务信息共享交换平台，实现旅行团信息、健康码信息、高等院校在校学生信息、铁路和空港进出岛部分信息、支付信息等外部数据共享。

【税收征管】2021年，海口海关推进以企业为单元的税款担保改革，自12月1日起实施以企业为单元的税款担保改革，取消担保用途分类，实现一份担保可以同时在全国用于多项税款担保业务。研究制定属地纳税人管理相关实施方案、属地纳税人管理实施细则“双特”价格台账管理实施细则。截至 2021 年年底，海口海关已完成“30 家属地企业+30 家报关企业”底账填报管理；配合开展行邮税征管应用系统试点工作。发挥首批试点海关作用，对纳入系统应用的离岛免税统计板块充分进行测试，组织关区人员授权、线上培训、开通电子签章系统及相关授权等系统上线试点工作。全年税收入库 78.19 亿元，同比增长 22.61%，其中关税 6.55 亿元，同比增长 3.64%，进口环节税 71.64 亿元，同比增长 24.70%。

【卫生检疫】2021 年，海口海关坚持新冠肺炎疫情“外防输入、内防反弹”总策略，落实“三查三排一转运”“7 个 100%”等措施。坚持“人、物、环境同防”，科学实施进口冷链食品、高风险非冷链集装箱货物检测和预防性消毒，采样检测均为阴性。建立“培训考核、监督管理、自查督查”工作体系和 211 人的疫情防控骨干队伍，组建“挑毛病”专家组开展常态化督查和“四不两直”检查，强化联防联控压实“四方责任”，使新冠肺炎疫情防控和应急处置能力明显提升。全年在口岸检出新冠病毒阳性 26 例，实现“打胜仗、零感染”。

【动植物检疫】2021 年，海口海关深入推进口岸动植检能力提升工程。参与总署承担的联合国开发计划署（UNDP）全球环境基金“减少外来入侵物种对中国具有全球重要意义的农业生物多样性和农业生态系统威胁的综合防控体系建设项目（GEF-IAS）”和世界银行全球“全健康”海南示范项目，推动海南省建立境外动植物疫情联防联控工作机制。保障阿联酋赠送的首批 1,500 株椰枣苗顺利引进，此系中国首次从阿联酋引进椰枣苗。全年共截获有害生物 118 种类，753 种次，同比分别增长 11.32%和 8.82%；其中检疫性有害生物 34 批次，15 种类，62 种次，同比分别增长 88.89%、50%和 148%。首次截获光胸断眼天牛等 4 种检疫性有害生物，连续在进境原木中检出松材线虫、长林小蠹等重大检疫性有害生物并严格实施熏蒸处理，筑牢国门生物安全防线。

【食品检验检疫】2021 年，海口海关严守进出口食品商品质量安全底线，严格审核输华食品准入资质、境外生产企业注册资质和食品进出口商备案资质，实施重点产品风险监测 1,113 批，检出不合格食品、化妆品 163 批次。

【商品检验】2021 年，海口海关加强重点敏感商品检验监管，全面禁止固体废物进口，处置 1 批次 42.60 吨废旧锂电池，销毁 1 批通过旧复印机夹带的压力容器，退运 1 批次 2 个品牌“非磨尖丝部分刷毛合格率”安全项目不合格牙刷。进出口商品风险预警和快速反应能力提升，依托一级风险监测点开展风险监测 50 批次。

【监管业务】2021 年，海口海关全面落实安全生产专项整治三年行动部署要求，全年未发生安全事故。深化口岸物流查验业务改革，全面推广应用“先期机检”模式，将海关监管嵌入口岸物流运转过程中，减少集装箱在口岸的流转环节，单辆车平均过机时间缩减至 5 分钟。推动二级监控指挥中心实体化运作。推进“主动披露”制度和“互联网+稽核查”模式，开展核查作业“企业自查结果认可模式”试点。加强知识产权海关保护工作，完成总署“龙腾”“蓝网”“净网”行动任务，在货运、寄递渠道查获侵权案件 48 宗，查获侵权商品 1,956 件，案值约 264 万元，较上一年度分别增长 11 倍、51 倍和 88 倍。

全年监管进出口货运量 3,526.44 万吨，同比减少 5.70%。其中，进口货运量 2,915.98 万吨，同比减少 5.94%；出口货运量 610.46 万吨，同比减少 4.53%。进出口监管货值 304.56 亿美元，同比增长 38.44%。其中，进口监管货值

234.34 亿美元，同比增长 46.23%；出口监管货值 70.22 亿美元，同比增长 17.56%。

【离岛免税商品监管】 2021 年，海口海关指导开发离岛免税监管系统移动应用端，实现旅客购物情况现场实时查询，为正面监管“防回流”和“套代购”专项打击提供技术支持。全面配置人证验核提货装置，投入使用自驾车提货车辆自动识别系统，探索离岛免税商品在途智能轨迹监管。升级海南离岛旅客免税购物海关监管系统，实现邮寄送达和岛内居民返岛提取功能。全年共监管海南离岛免税购物金额 495 亿元，购物人数 672 万人次，购物件数 7,045 万件，人均购物金额 7,368 元，同比分别增长 80%、49.80%、107%、20.20%。其中，化妆品、手表、首饰的销售额位居前三。

【海关统计】 2021 年，海口海关参与全球贸易监测分析中心（广东）工作，每月、每季度梳理全国自由贸易试验区、自由贸易港政策情况，密切跟踪提出建议，为总署宏观经济分析提供参考。聚焦海南自由贸易港开放开发大局，结合海南产业特点分析海南外贸发展中的特点及问题，获海南省委省政府采用 35 篇次。创新政策研究机制，组建关区政策研究人才库，首批选拔入库 313 人。承办署级课题 10 项，其中牵头 3 项、参与 7 项，数量超过近 10 年总和。

【海南自由贸易港建设】 2021 年，海口海关参与国务院发展研究中心、部委工作专班来琼调研。配合推动建立总署、海南省双方会商机制并开展 4 次会商。推进全岛封关运作准备工作，成立全岛封关运作专班，明确工作方案，细化任务清单。配合总署出台海南自由贸易港口岸布局方案、海关监管框架方案，配合编写自由贸易港海关监管机构编制需求。配合地方政府开展口岸规划项目可研报告编制，推动建立琼粤桂反走私联防联控机制，配合建设 64 个非设关地综合执法点，积极推动自由贸易港海关智慧监管平台等项目建设，初步完成自由贸易港海关特色权责清单编制。支持原辅料、交通工具及游艇、自用生产设备等“零关税”政策落地实施，自政策实施至 2021 年年底共监管“零关税”货物 58.80 亿元，办理减免税款 10.60 亿元。推动海南省建设完善洋浦公共信息服务平台，支持洋浦保税港区“一线”放开、“二线”管住先行先试政策制度全面实施，并扩大试点至海口综合保税区、海口空港综合保税区，加工增值政策和“径予放行”制度均在承接试点海关特殊监管区域实现首单落地。全年内销加工增值 30% 以上货物 6.19 亿元，免税 4,986.5 万元。

年内，洋浦保税港区、海口综合保税区进出口 644.70 亿元，同比增长 1.50 倍，占全省进出口总值的 43.70%，对全省外贸增长的贡献率达到 71.60%。洋浦保税港区规划调整通过验收。海口空港综合保税区、三亚市保税物流中心（B 型）获批设立并通过验收。畅通博鳌乐城国际医疗旅游先行区特许药械供应链，先行区进口特许药械品种突破 200 例，成为国际先进药械进入中国的“主渠道”。支持全球动植物种质资源引进中转基地建设，国家（三亚）隔检中心（一期）项目主体封顶，监管引进大豆、玉米等种质资源开展科研攻关，服务种业振兴重大战略。保障首届中国国际消费品博览会在

▲2021 年 5 月 3 日，海口港海关关员在海南国际会展中心监管首届消博会进境展品

海南顺利举办。累计办理首届中国国际消费品博览会56批次展品的参展进境通关手续，总重46.29吨，总价值约7,396万元。

深化改革创新，将“船边直提、抵港直装”改革由洋浦港口岸成功推广至海口港口岸。推进“两步申报”“两段准入”等“五项创新”通关改革，实现海南全岛“两步申报”口岸、商品、业务流程全覆盖。联合海南省商务厅印发优化海南口岸营商环境行动计划，出台支持跨境贸易便利化措施15条，简化进出口环节监管证件，实现进出口环节精简率达52.3%。

开展海关监管制度集成创新，3项举措入选海南自由贸易港制度创新案例，1项获海南省制度创新奖三等奖，1项被纳入商务部等20部门推进海南自由贸易港贸易自由化便利化举措，支持洋浦打造海南自由贸易港“样板间”的典型做法得到国务院第八次大督查通报表扬。贯彻“六稳”“六保”部署，落实总署“问题清零”要求，连续两年开展政策巡回宣讲。开展“我为群众办实事”——海南自由贸易港海关政策“走进重点市县、重点园区、重点企业”巡回宣讲活动，为市县、园区、企业“送策上门”，惠及自由贸易港重点企业600余家，受众近2,000人次。

【查缉走私】2021年，海口海关围绕中央关注、社会关切、群众关心的突出走私问题开展打击行动，推进打击“水客”走私、“国门绿盾2021”、严防严打成品油走私、新一轮禁毒三年大会战等专项行动20余个，成功侦办走私种用椰子、成品油、毒品等一批典型案件，打击离岛免税“套代购”和木材走私2个案件入选总署2021年打击走私十大典型案例。先后开展13轮打击治理海南离岛免税“套代购”走私专项行动，打掉65个团伙。推进“蓝天”“护卫”专项行动，查办3宗进口固体废物走私案，立案侦办案值4.28亿元的走私刺猬紫檀系列案件。打击跨境电商进口走私“断链刨根”专项整治行动成效明显，打掉犯罪团伙3个，案值1.94亿元。全年刑事立案98宗，同比增长27.30%，其中一级挂牌督办案件3宗；行政立案305宗，同比增长301%。3宗案件被总署列为一级挂牌督办案件，罚没收入同比增长4.39倍。

【政务管理】2021年，海口海关发挥政务综合部门参谋助手、综合协调、服务保障等职能作用，提高“三办三服务”水平，对政务工作实施科学化、规范化、精细化管理，便民服务体系持续完善，建议提案办理办结率和信访工作办结率均为100%。展示海关支持海南自由贸易港建设的生动实践，中央电视台《新闻联播》播报海口海关工作6次，《人民日报》刊发稿件20篇。共办理总署、海南省及关内各项督查件400余件，按期完成率100%。牵头处置国务院“互联网+督查”平台转办线索1件。连续4年在海南省省直单位绩效考核中取得综合得分“优秀”等次。

【财务及后勤保障】2021年，海口海关全面落实过“紧日子”要求，集中财力优先保障民生、重点改革任务，国有企业公司制改革和事业单位所属企业脱钩顺利完成。

【科技发展】2021年，海口海关完成岛内居民日用消费品免税购物海关监管和数据交换平台等开发，创新应用通信运营商视频监控云平台接入模式。实验室技术保障能力实现新提高，技术中心新增资质认可检测参数1,100项，扩大监测方法160个。科研攻关取得新突破，申报的5项海关技术规范制修订计划获批立项，获批国家重点科研项目1项、省部级科研项目6项，同比分别增长100%和345%。

【督察内审】2021年，海口海关组织编写130余万字的工作手册汇编，将关区983个内控节点全部列入手册中，以制度化规范化制约监督权力运行。推进督察项目清单式管理，应用内控节点指标体系开展检查355次，完成专项成果34个。

【队伍建设】2021年，海口海关开展“责任强化年”活动，优化调整6个处级、31个科级机构职责，实施洋浦经济开发区海关、洋浦港海关“一体化运作”。开展“业务执法一线岗位技能强化行动”，建立教、学、练、战一体化实训体系，组织干部培训7,000余人次，评选出10个优秀科室、20名“标兵”及“多面手”。出台执法一线科长行为规范。完成事业单位岗位设置，获得发明专利1项、实用新型专利2项，主持制定国家标准1项，核心刊物发表论文6篇。建立新关员师徒带教长效机制，推动“育苗工程”落地落实。实施“暖心聚力工程”，开展“迎新春”“三八节”等主题活动，以及网球、徒步等群众性文体活动。组建青年突击队、志愿服务队开展志愿帮扶。开通心理服务咨询热线，加强一线防疫人员关心关爱。

【海南自由贸易港交通工具及游艇“零关税”政策落地实施】2021年1月5日，总署发布《海南自由贸易港交通工具及游艇“零关税”政策海关实施办法（试行）》的公告，自公布之日起施行。1月29日，首票“零关税”帆船在海口海关所属三亚海关申报进口，货值550万元，减免税款约190万元，标志着交通工具及游艇“零关税”政策在海南自由贸易港顺利落地。4月23日，洋浦港海关监管放行一艘货值约5,198万元的船舶，免征税款1,204万元。5月19日，海口港海关监管放行一辆货值22.7万元的汽车，免征税款约8.4万元。8月10日，海口港海关监管放行一架货值401.8万元的直升机，减免税款61.3万元，标志着海南自由贸易港交通工具及游艇“零关税”进口商品实现海陆空全覆盖。

▲2021年1月29日，三亚海关关员对首艘“零关税”进口游艇进行查验

【海南自由贸易港原辅料“零关税”政策实现业务类型全覆盖】2021年1月13日，海口海关所属海口美兰机场海关受理1项进境维修飞机定检服务航材替换业务。这是海南自由贸易港原辅料“零关税”政策实施后首票用于维修从境外进入境内并复运出境飞机的“零关税”原辅料，标志着自2020年12月1日起实施的海南自由贸易港用于生产自用、以“两头在外”模式进行生产加工、以“两头在外”模式进行服务贸易、用于航空器船舶维修等4种“零关税”原辅料业务类型全部落地开展。

【海南自由贸易港首票“零关税”自用生产设备通关放行】2021年3月23日，海口海关所属文昌海关通关放行一个货值358万元的压缩式低温理疗箱，减免税款约83万元，标志着自用生产设备“零关税”政策在海南自由贸易港顺利落地实施，同时标志着海南自由贸易港“零关税”早期收获阶段第三张“零关税”商品清单落地实施。

【海口空港综合保税区获批设立并通过验收】2021年5月4日，国务院正式批复海南省人民政府、海关总署，同意设立海口空港综合保税区。这是继洋浦保税港区、海口综合保税区后，海南省第3个海关特殊监管区域，也是海南第2个综合保税区。海口空港综合保税区位于海口市江东新区临空经济区，规划面积0.44平方千米，毗邻海口美兰国际机场。结合临港区位优势和现有产业基础，海口空港综合保税区聚焦航空产业，重点发展飞机维修、保税航材物流产业，兼顾发展航空租赁、航空培训，并适时拓展保税加工、跨境电商等业务。12月2日，总署等国家8部门组成的联合验收组同意海口空港综合保税区通过验收。

（撰稿人：王　威　王　敏　卢　江　许晓君　杨　巽　李　坚　李云昌　吴阳奎　张　健　陈文竹　林　慧　林柏荣　房　晶　赵　瀛　黄　磊　韩　彬　裘孙佳　廖逸婷　潘　韬）

重庆海关

【概况】重庆海关于1980年5月经国务院批准设立，是受总署直接领导的正厅级直属海关，关区范围为重庆市。下设正处级隶属海关11个：重庆江北机场海关、重庆港海关、重庆邮局海关、两路寸滩海关、两江海关、西永海关、渝州海关、永川海关、涪陵海关、万州海关、黔江海关，另设正处级隶属单位重庆海关风险防控分局。

2021年，重庆海关以习近平新时代中国特色社会主义思想为指导，贯彻落实全国海关工作会议和全国海关全面从严治党工作会议精神，深化“五关”建设，扎实推进党史学习教育，严格落实“外防输入、内防反弹”要求，做好常态化疫情防控。认真落实成渝地区双城经济圈建设国家战略，携同成都海关推出“关银一KEY通”川渝一体化模式并获总署备案，被总署评为“‘我为群众办实事’百佳项目”。承接总署“关铁通”项目实施，与乌鲁木齐海关签订合作备忘录，合力帮助提高中欧班列集结中心的产业集聚效能。深化中新（新加坡）关际合作，推动形成重庆—新加坡物流数据互联互通的“数字边境”，入选全国8个“三智”落地示范项目，并作为4个典型案例之一入选APEC互联互通案例。贯彻落实总署党委“制度+科技”工作部署，牵头做好进境农产品预检工作模式改革。牵头15个直属海关共同签署合作备忘录，构建共同支持西部陆海新通道建设合作机制，深化区域海关范围内全业务领域一体化改革，推动西部陆海新通道增线扩能。创新“保税+暂时进出境”业务模式。推动高端奢侈品首次在西部地区保税进境展示交流活动顺利完成。持续优化口岸营商环境，助推重庆市在2021年中国营商环境评价中“跨境贸易指标”提升超60个百分点，跻身全国80个参评城市前10名。全面推广“提前申报”，非布控查验货物抵达口岸后即可放行提离。深化“两步申报”通关模式改革。2021年，重庆市外贸进出口总值8,000.6亿元，同比增长22.8%。开展“让党中央放心、让人民群众满意的模范机关”创建工作，获重庆市直“模范机关”荣誉称号。

【党的建设】2021年，重庆海关把学习贯彻习近平新时代中国特色社会主义思想作为首要任务，将党史学习教育作为重要政治任务，制订年度中心组学习计划，突出“专题学研+跟进学习+实践教学”，组织开展庆祝建党100周年“八个一”系列活动；配套制定“一清单三计划”。

▲2021年5月26日，重庆海关党员干部参观“百年大党　风华正茂”党史专题展

召开形势分析及工作督查例会12次，严格落实“第一议题”制度，专项研究口岸疫情防控、优化口岸营商环境等议题，立项督办议定事项105个。强化政治机关建设专项教育行动。严厉打击进口“洋垃圾”、濒危物种及其制品、“水客”等走私违法活动，开展“国门利剑2021”联合专项行动，刑事立案侦办“水客”走私案件15起；行政立案调查涉及固体废物案件1起；行政立案查办涉及濒危物种及其制品案件7起；打击治理跨境赌博和电信网络诈骗，相关工作经验被总署作为典型在全国海关通报推广。落实关区安全生产专项整治三年行动。推进关区150余项“我为群众办实事”重点民生项目，推动学用转化落地见效，积极回应和解决企业与群众关切的突出问题。按照“支部建在科上”要求，推进各隶属海关党组织设置调整完善，2021年新成立隶属海关党总支6个、党支部82个，实现隶属海关单位凡有正式党员3人以上的科室均单独成立党支部，关区党组织总数达到124个。设立重庆海关技术中心党委，推动机关职能部门设立党小组57个。组织开展合格支部“回头看”，推动关区党支部标准化建设基本达标；组织关区17个“四强”支部开展动态调整和“回头看”自查评估，保留9个党支部“四强”支部称号，向总署成功申报保留2个“全国海关基层党建示范品牌”和2个“全国海关基层党建培育品牌”。开展年度“两优一先”评选，关区139名优秀共产党员、39名优秀党务工作者、25个先进基层党组织获得表彰；2021年6月，推荐3名党员获评“重庆市直机关优秀共产党员”、1名党务工作者获评“重庆市直机关优秀党务工作者”；推荐1个基层党组织获评“重庆市先进基层党组织”。落实总署党委对重庆海关常规巡视和巡视“回头看”整改要求，推动关区执法水平和治理能力的提升。强化自身建设，及时修订有关“三重一大”决策制度的实施办法，以及重庆海关党委的议事清单。充分利用庆祝建党100周年重要节点，协调推进强化政治纪律和政治规矩、打赢意识形态领域攻坚战以及“五个一”系列工作。制订进一步推进清廉海关建设的16条措施和持续解决形式主义问题为基层减负的15条措施，推进“现场监管和外勤执法权力寻租”专项整治，梳理廉政风险80项，建立健全制度机制126项，推动制订防控措施163个。管住管好“关键少数”，加强对“一把手”和领导班子监督，制订、细化措施55项。2021年分两轮对17个部门单位开展常规巡察及巡察“回头看”。探索重大决策部署审计全覆盖，融合督察、审计、内控等职能职责，开展集约化监督检查，创新和推广“内控专员建在科上”，健全完善“年初总量谋划、季度滚动考核、年度拉通算账”的定期通报机制。加强日常监督，拓展“六廉”教育外延，创新“党史中的纪律”线上专栏、“书记晒廉”视频访谈、典型案例“十问十答”、职务犯罪案件宣判旁听等多种教育形式，常态推送节假日“廉政提醒日历”。构建“日常+专项+回头看”的廉政监督系统，综合运用“四种形态”，特别是第一种形态，持续纠治干部配偶、子女及其配偶违规从业行为，大力清理违规经商兼职等问题。

【法治建设】2021年，重庆海关开展党委理论学习中心组定期学法活动，共学习法律法规、党内法规5次。专题研究修订《海关法》，形成风险管理制度改革专题、稽核查制度改革专题等7个落实重大业务改革成果的修法专题研究报告。参与起草《“十四五”海关法治建设规划》。参与《中华人民共和国海关经核准出口商管理办法》《中华人民共和国海关综合保税区管理办法》等4部规章立法审查，参加《国家限制进口机电产品进口零件、部件构成整机主要特征的确定原则和审批、征税的试行规定》等2部规章立法后评估。结合防范外来物种入侵、规范行政处罚程序等重点工作，出台7项执法领域相关制度。全年受理行政复议案件2件。制定第八个五年（2021—2025年）时期海关法治宣传教育工作的任务分解表和2021年度普法责任清单。承办2021年度总署“美好生活民法典相伴”专题宣传活动。组织开展“宪法宣传周”“8·8”海关法治宣传日、国家安全、全民反诈等专题普法宣传活动。联合重庆市商务部门开展跨境贸易便利化相关政策法规主题宣贯，惠及企业200余家。依托总署微信公众号、重庆海关微信公众号等新媒体平台，发布12篇解读《中华人民共和国海关办理行政处罚案件程序规定》等海关政策法规的文章。

【自贸区和特殊区域管理】2021年，重庆海关助力综合保税区实现外贸进出口5,492.68亿元，同比增长21.5%。依托综合保税区，发挥重庆作为国家加工贸易梯度转移重点承接地的优势，积极承接国内国际产业转移，吸引一批世界级笔记本电脑龙头企业落户重庆，形成“5+6+1000”，即“以区内的五大品牌商、六大代工厂，带动区外一千家零部件厂商集聚发展”的电子信息产业链集群。在推动制造业提质升级的同时，积极引导培育贸易新业态，跨境电商网购保税进口、保税展示交易、保税航材包修、文化保税等新业态落地发展，全年重庆跨境电商零售进口清单业务量3,545万单，货值65.4亿元。落实总署统筹疫情防控和外贸稳增长要求，出台支持企业复工复产、促进外贸稳增长的11条措施和支持综合保税区发展的8项具体措施，配合重庆市政府出台支持中小企业共渡难关的20条政策措施，推动出台加贸企业用工保障方案，建立重点企业名单和“一帮一”工作机制。推动地方政府建立综合保税区入区项目协调机制，围绕重庆现有4个综合保税区的定位和特点，选择适合产业做好招商引资工作，实现综合保税区错位发展。两路寸滩综合保税区侧重打造新业态，逐渐发展形成“保税+”跨境电商、展示交易、整车进口、飞机租赁、专业市场、研发维修等新业态；西永综合保税区承接笔记本电脑等电子产业转移，年产笔记本电脑超5,000万台，成为全球主要笔记本电脑生产基地；江津综合保税区联通西部陆海新通道和中欧班列，融入全球供应链保障体系，为重庆深度融入“一带一路”建设注入新动力；涪陵综合保税区契合当地医药、钢铁板材产业发展需要，引进医药原料、钢铁板坯进口项目落户。推行“保税+暂时进出境”业务模式，成功推动国际高端消费品在西部地区首次开展保税展示展销，实现进出境货值5.98亿元。

【风险管理】2021年，重庆海关利用“云擎”系统开展扩线分析，上报总署风险管理司风险情报专报1篇和风险情报快报2篇，通过精准布控，查获禁止入境物品。试点“属地—口岸”跨关区查验协作机制，加强异常异动风险信息采集，涉及跨关区风险特征的，及时向总署提起全国风险预警建议，同时强化总署发布全国风险预警在本关区的转化，提升风险预警的及时性、针对性和指向性。年内，向总署风险管理司提起全国风险预警建议共5条，被总署采用并在全国发布4条，关区内发布风险预警共19条。全年累计对1,200余条布控规则开展效能评估，推动优化调整60余条，提升布控精度。利用“云擎”系统，在分析决策、风险布控、现场执法、后续监管、内控管理等方面取得进步。利用“云擎”系统建模350余个，关区共享模型112个，向总署推荐并获批发布全国平台级模型10个。

【税收征管】2021年，重庆海关推广汇总征税、关税保证保险等措施，年汇总征税率为35.75%，同比增长7.76个百分点；备案重庆属地企业关税保证保险单18份，涉及担保额度近2亿元。落实暂定税率调整政策、优惠贸易协定、减免税政策等国家税收政策。持续推广海关预裁定等税收便利化措施，优先办理高级认证企业的预裁定申请，签发预裁定决定书共计 47 份。深入推进属地纳税人管理，选取关区税收排名前 30 位的属地企业及报关企业纳入首批属地纳税人管理，实施“一企一策”差别化管理服务。完成综合治税工作目标，全年税收入库同比增长 26.76%。积极参与总署多项课题研究工作，参与署级课题研究 1 项，牵头司级课题研究 1 项，参与课题研究 7 项。首次承接总署关税征管司 2 个系统业务功能开发、3 个系统业务功能测试。自主开发属地纳税人管理系统，搭建 27 个数据分析模块，实现属地企业在全国申报纳税汇总展示。

【检验检疫】2021 年，重庆海关实行“重点航班关领导监督指挥、常规航班总关指定处级领导监督指挥、所有航班现场带班处级领导监督指挥”的全时段指挥机制，全年检疫出入境人员 6.4 万余人次，口岸检出新冠病毒阳性 55 例，其他传染病 12 例；法定传染病监测 1.4 万余人次，检出传染病 89 例。推动重庆口岸进口高风险非冷链集装箱货物的新冠病毒抽样检测和预防性消毒工作，组织采样 21,498 个，检出 2 例新冠病毒核酸阳性案例。建立健全冷链食品监管组织领导、复盘检查、应急响应、联防联控、固定防护 5 项机制，做好进口冷链食品监管，年内进口冷链食品 372 批，对 139 批进口冷链食品进行口岸预防性消毒监督。妥善处置种猪隔离检疫场周边突发一类动物疫病。年内共截获有害生物、动物疫病 211 批次、411 种次，首次在出口柠檬中检出柑橘大实蝇。退运/销毁转基因菜籽油等不合格农产品 499 吨。截获的苹果瘿蚊、青鳉鱼等外来物种和活体动植物同比增长 8.7 倍。联合重庆市 5 部门出台农产品出口示范基地认定管理办法，关区出口农产品基地达到 76 个，其中新增果园 8 个，新增备案面积 7,400 亩，向泰国、俄罗斯等国家和地区推荐出口水果果园 25 家次。助力忠县“爱媛 38”首次出口欧美市场、全国首批 1,100 株中山杉种苗出口越南，农产品出口同比增长 38%。建立“四个优化”保障机制，帮助扩大肉类、乳品等重点民生商品的进口，对来自印度尼西亚、马来西亚等 22 个国家的进口肉类、水产品、乳制品、中药材等签发进境动植物源性食品检疫审批许可证。支持豆腐乳、菊芋汁和化妆品焕肤水等 21 个产品实现首次出口，新增出口国家和地区 32 个。持续加强实验室质量体系建设，保持 CNAS 认可及资质认定的有效状态，扩大重庆海关技术中心对 9 大类 74 种食品 2,854 种项目的检测能力，顺利通过 CMA、CNAS“二合一”扩项评审，食品领域新扩项目 150 个。年内，共计检验进出口商品 8,956 批，检出不合格 793 批；检验危险化学品 2,835 批、8.56 万吨，实施危险货物包装性能检验 483 批，使用鉴定 2,730 批，未发生口岸危险货物安全事故；检验监管进口汽车 1,136 批，货值 42.7 亿元，数量同比增长 44.6%；检验进口再生铝合金 26 批，货值 333.1 万美元。

【监管业务】2021 年，重庆海关开展跨境电商“断链刨根”专项整治行动，盘库核查电商账册 24 册；查获虚假交易类清单 233 票；开展专项稽查和贸易调查，查发问题涉及货值 442.51 万元；刑事立案 1 起、行政立案 3 起。建立重大查获绩效考核机制。搭建行邮快跨等非贸领域查发信息交流共享平台和濒危物种查发黑名单库，在此基础上借助风险分析和智能化查验设施，以及 H986、CT 机等科技设备，严格落实查验要求，不断提升实际监管能力。首次查发境外 POS（销售终端）机以及虚拟货币设备，在寄递渠道查获虚拟币矿机、银行密码器、电话卡等涉跨境赌博物品 22 批次。非贸渠道查获毒品、枪爆物品、象牙等濒危物种及其制品等 371 起。助力重庆打造内陆国际物流枢纽，从东西南北4个方向、以铁公水空4种方式帮助重庆提升开放通道能级和辐射水平。全年累计监管跨境公路班车3,180车次，总货值超19.26亿元，同比分别增长28%、56%，推动中欧班列（重庆）开行2,470列；继续推广水运进口转关“离港确认”，提升“沪渝直达快线”在水运转关运输中的占比，累计到发1,192班次，装载27.7万标箱。监管货运量773.4万吨，货值1,034.2亿美元，同比分别增长7.6%和27.9%；结关报关单超90.9万份。监管进出境快件210.3万件（票）、邮递物品420.7万件。

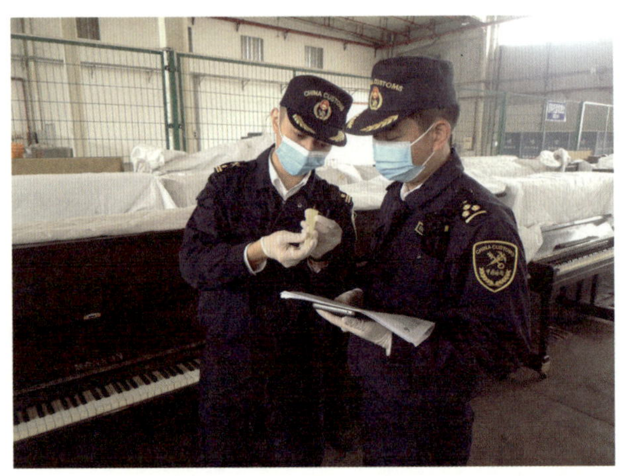

▲2021年4月30日，重庆港海关关员在货运渠道查获象牙制品

【海关统计】2021年，重庆海关发挥“数据+研究”优势，靠前服务领导决策。持续加强外贸监测预警工作，形成相关研究成果111篇次，同比增加68.2%，总署采用18篇次。参与撰写总署有关外贸情况分析报告。向重庆市政府报送呈阅件20余篇次，获得市领导批示5次。落实总署要求发挥统计调查“直通车”“信息源”作用，完成总署年度重点调查15次，处理企业异常问题22起，调查调研及时率、准确率、吻合度等调查考核指标100%合格。参加总署跨境电商全业态统计试点调查集中工作，首次参加总署全国出口先导指数调查报告撰写工作。年内累计审核上报关区业务数据34万余条，累计审核上报关区报关单记录256万条，核实更正报关单数据700余条，查处申报不实影响统计类“两简”案件80起，实现统计监督关区重大查处7起。承接全国中欧班列业务数据审核工作，发现201亿元业务数据错误。完成3个新立项应用系统业务数据安全前置审核，审批“三专”场所使用200余次，探索数据安全分类分级管理。有效满足地方行政机关、企事业单位和个人对海关统计数据的个性化需求，对外开展海关统计数据服务114批次，提供数据表上百个、数据200余万条。贯彻落实总署《“十四五”海关发展规划》要求，制订实施方案。开展课题研究，牵头署级课题1项，参与署级课题5项，组织开展关级课题研究28项。

【企业管理和稽查】2021年，重庆海关与重庆市商务委员会、经济和信息化委员会、农业委员会等部门建立重庆市重点企业名单共享机制，针对63家国家和地方重点扶持企业、30家与“一带一路”沿线国家（地区）有贸易往来企业、18家产业链供应链龙头企业进行AEO培育，2021年重庆海关高级认证企业共计77家，同比增长16.7%。对6家企业开展进口固体废物和再生金属专项稽查，首次查发进境“洋垃圾”情事，涉及固体废物22.2吨。组织开展进境大豆后续监管专项核查行动。打击跨境电商进口走私违法活动。验核企业574家，对186家电商企业开展注册信息核对。开展价格、归类等核查作业6起，受理主动披露作业49起。继续推动落实“放管服”改革，推进报关企业“许可”改“备案”改革，并且由两江海关集中受理改为各隶属海关就近分散受理，企业办结时间缩短90%以上。与重庆市市场监管局等部门加强合作，推动“多报合一”“多证合一”“注销便利化”等改革落地。推动资质管理工作，2021年重庆关区共有报关单位15,714家（进出口货物收发货人15,549

家，同比增长 10.38%；报关企业 162 家，同比增长 21.6%），特定资质企业 1,065 家，同比增长 17.38%。办结稽查作业 98 起；建立“专人审核+联合研判”作业机制，受理主动披露作业 49 起。

【查缉走私】2021 年，重庆海关围绕“中央关注、社会关切、群众关心”的突出走私问题，推进“蓝天 2021”“国门利剑 2021”“护卫 2021”等系列打私专项行动。刑事立案侦办各类走私犯罪案件 29 起，同比增长 7.4%。行政立案查办各类走私违规案件 375 起，案值 11.49 亿元，同比分别增长 81.2%、382.6%，其中 1 起被总署缉私局列为一级挂牌督办案件。开展“寄递渠道禁毒百日攻坚行动”，侦办涉毒刑事案件 4 起，行政立案 33 起。首次查处走私淫秽物品犯罪案件，首次查获新型毒品 LSD“邮票”和易制毒化学品麻黄碱针剂，侦办关区首起通过行邮非贸渠道低报价格走私涉税商品案件。

【政务管理】2021 年，在重庆海关制发各类文件中，纳入总署考核范围的文件数量达标。顺利通过海关系统涉密信息系统风险评估检查。自主研发“重庆海关督查督办”微信小程序，提升督办效率。进行绩效考核优化改革，提升关区运行效能。做好人大建议、政协提案办理，办结率 100%，主办件办理满意率为 100%。上报信息被总署办公厅采用 310 篇次，重庆市委、市政府采用 160 余篇。年内，各级媒体共刊发重庆海关相关新闻 700 余篇次，重庆海关发布推送新媒体稿件共 80 余期、170 余篇，总署 12360 海关热线新媒体采用稿件 28 篇。完成 12360 海关热线与重庆市 12345 热线归并，共接听咨询电话 1.2 万余次。年内，重庆海关网站发布各类信息 1,378 条，同比增长 10%。受理依申请公开办理件 9 件，答复办结率 100%。对 2020 年以来的信访件进行梳理，做好信访诉求件的办理。构建全关区 24 小时应急值守体系，落实全年“7×24 小时”值班工作要求和节假日三级值班制度，建立重大节假日和季度值班通报机制。全面修订各专项工作应急预案，建立预警、应急响应和处置的快速反应机制。

【财务及后勤保障】2021 年，重庆海关落实过“紧日子”要求，按照“优先保民生，重点保运转，精准保发展”的原则，压缩公用经费支出、严控一般性支出，公用经费预算同比缩减。强化国有资产管理，建立固定资产定期集中报废制度，按要求分级审批、合规报废。坚持开展年度资产盘点，确保账实相符、账账相符。进一步规范政府采购管理，采购资金节约率 5.52%；改进后勤保障机制，变更后勤服务合同的签约主体和结算模式，委托服务改为据实结算。

【科技发展】2021 年，重庆海关搭建智能审图信息化平台，实现夹藏、危险品、核辐射、生物制剂等多个门类的智能识别。构建“智慧卫检”“智慧闸机”“智慧作业”的三位一体智能化国境卫生检疫体系，实现风险旅客智能识别、异常旅客智能预警、常规旅客智能快放。参加公安部组织的“护网 2021”网络安全攻防实战演习，开展社会工程学攻防演练。审议立项关级信息化应用项目 7 项。推动口岸移动 P2+实验室改造，通过验收后投入使用，日核酸检测能力新增 800 人份。推进重庆海关技术中心场地改造，进一步优化实验室环境布局。提升实验室检测能力，累计检测新冠病毒样本 10 万余份。组织技术机构开展猪肉粉中 β-受体激动剂和新冠病毒检测等能力验证 56 次。指导技术机构通过 CNAS 评审、CATL 复评审。重庆海关技术中心获得 10 大类新增检测资质和 539 项检测参数扩项，累计获得 52 大类检测能力和 9,443 项检测参数，法检任务自检率保持在 98%以上。与中国海关科学技术研究中心签订合作备忘录，“1+X”合作模式首站落户重庆海关，不断加强合作，并联合开展牛结节性皮肤病能力验证工作，持续推进世界动物卫生组织参考实验室建设。与重庆市食品药品检验检测研究院、西南大学联合共建国家市场监管重点实验室（调味品监管技术）并获批。加入成渝地区双城经济圈食品安全检验检测机构联盟，与攀西钒钛检验检测院签署战略合作协议。加强科研管理，年内获批署市级科研项目 7 项，获省部级科技进步奖三等奖 2 项，获海关科技成果三级成果 1 项。自主立项科研项目 20 项，验收通过（2020—2021 年）关级项目 22 项。2021 年 5 月，在重庆市科技活动周主会场开设海关科普专场，吸引参与互动体验观众超 6,000 人次。承接 7 场次地方政府组织的高校、科研院所科普研学活动，有效扩大海关科普受众。2021 年 12 月，重庆海关获全国科技活动周荣誉证书。

【督察内审】2021 年，重庆海关先后开展进出口危险化学品监管措施落实情况等 5 个督察项目。统筹职能检查项目，对内实行督察、评估和审计项目“三合一”的监督新方式。围绕“推动重大决策部署贯彻落实、强化监管优化服务、贯彻执行中央八项规定及其实施细则精神”三方面开展风险排查，积极配合国家和总署完成审计工作。首次组织内部审计统计调查，完成总署实验室建设专项审计调研，开展企业脱钩和产权转让专项审计。建立健全落实内控主体责任等 4 项工作机制，健全完善“年初总量谋划、季度滚动考核、年度拉通算账”的通报机制。推广“内控专员建在科上”，实现内控科室全涵盖和全无缝衔接，完善部门联络员督办协调、内控专员具体落实的模式，实行不达标通报和严格考核机制。加大内控节点绩效指导和复核，强化内控日常监督，促进基层抓好内控质量。内控节点及专项成果报送效率和质量大幅提升，被总署采用的内控信息、专项成果数量同比增长 1.84 倍、2.12 倍。参与总署级有关综合保税区落实优化保税监管措施的专题评估，组织相关直属海关开展问卷调查工作。参与进出口食品安全监管、稳外贸稳外资等 4 个署级评估项目。

【队伍建设】2021 年，重庆海关全面落实加强执法一线科长队伍建设的 22 条措施，在干部选拔、职级晋升、评功评奖方面向执法一线科长倾斜。在 2020 年度副高级职称评审工作中，经总署评审，7 人获副高级职称，其中工程系列 3 人、农业系列 3 人、卫生系列 1 人。打造“岗位能手”品牌，评选关区 3 个业务领域岗位能手 10 人。分级分类开展重点项目和专项业务技能培训，采取“主课堂+分课堂”的方式，完成党的十九届五中全会精神、党史学习教育等重要集中轮训及专题培训，涉及全体处级干部、基层科级党务干部。开展党建工作专题培训，确定重点调研课题 2 项。继续推行“职能部门现场带班+现场关员跟班学习”双向培训模式。组织开展渝关云课堂 11 期。组织任职培训、入职培训、晋衔培训，新增 8 类岗位资质人员 110 人次。开展集中调训 20 期，网上授课 26 期，专题讲座 29 期，实操实景培训 28 期。累计上门为离退休干部服务 298 人次，走访慰问 534 人次。

（撰稿人：王简瑜　孔凡义　宁　悟
刘子熙　刘远强　李　菁
肖宝林　吴剑锋　余海波
张　桐　陆慧慧　罗文爽
赵倩颖　施汉琼　郭维家
蒋　浩　曾　谛　廖　佳）

成都海关

【概况】 1981年11月，重庆海关派出工作组对成都至香港首次直航包机进行监管。1982年1月，重庆海关驻成都办事处成立，标志着成都开始有了固定的海关机构。1984年2月，总署决定成都办事处改为重庆海关成都分关，同年10月1日，成都分关正式对外办公。1985年2月，重庆海关成都分关改称为成都海关，仍隶属于重庆海关。1989年7月，总署批准成都海关升格为副厅（局）级直属海关，管辖范围为川西、川北地区。1997年重庆成为直辖市后，成都海关的管辖范围调整为四川省全境。2000年12月，总署决定成都海关升格为正厅（局）级机构。下设正处级隶属海关18个：成都双流机场海关、成都邮局海关、青白江海关、锦城海关、天府新区海关、绵阳海关、自贡海关、攀枝花海关、泸州海关、德阳海关、广元海关、遂宁海关、内江海关、乐山海关、宜宾海关、南充海关、达州海关、广安海关。

2021年，成都海关深化政治建关、改革强关、依法把关、科技兴关、从严治关，统筹推进口岸疫情防控和促进外贸稳增长。抓好口岸新冠肺炎疫情防控。采取严厉措施禁止“洋垃”圾入境，严打象牙等濒危动植物及其制品走私、“水客”走私。落实“六稳”“六保”部署，助力四川省实现货物贸易进出口总值9,513.6亿元，同比增长17.6%。青白江海关党总支被中共中央评为“全国先进基层党组织”，动植物和食品检验检疫处获评“全国食品安全工作先进集体”，技术中心获评“‘十三五’全民科学素质工作先进集体”，成都邮局海关获评全国“扫黄打非”先进集体，技术中心动检实验室获评“全国巾帼文明岗”，成都双流机场海关团支部获评“全国五四红旗团支部”，成都双流机场海关监管一科、成都双流机场海关综合业务科获评第20届“全国青年文明号”。获评全国文明单位4个、省级最佳文明单位1个、省级文明单位3个。

【党的建设】 2021年，成都海关把学习宣传贯彻习近平新时代中国特色社会主义思想作为重大政治任务和长期战略任务，坚决贯彻落实习近平总书记重要指示批示精神，坚决走好践行“两个维护”第一方阵。开展党史学习教育和“我为群众办实事”实践活动，关党委委员带头开展调研195次，各部门单位累计征集意见建议597条，实施办实事项目715个，解决实际问题674个，收到锦旗（感谢信）98面（封）。开展庆祝中国共产党成立100周年系列活动，举办“永远跟党走”主题党日活动，为23名老党员代表颁发“光荣在党50年”纪念章，评选表彰“两优一先”个人48名、集体30个，走访慰问老党员、烈士遗属和生活困难党员48名。深化“强基提质工程”，评定“四强”支部29个，评选“党员先锋岗”122个，动态调整关级党建示范品牌9个、培育品牌11个。1个全国海关基层党建示范品牌、3个培育品牌通过总署复核，2个支部工作创新案例入选全国海关支部书记“百问百答”。开展“让党中央放心、让人民群众满意的模范机关”创建，评选表彰第一批模范机关标兵单位2个（机关党委、自贸处）、先进单位2个（办公室、动植物和食品检验检疫处）。实施青年理论学习提升工程，组织成立33个青年理论学习小组，推进“一小组一学习品牌”创建工作。推进巡视巡察上下联动，组织10个巡察组分两轮对15个部门单位开展巡察，组建6个检查组对2021年第一轮巡察整改情况开展“回头看”。开展“现场监管与外勤执法权力寻租”专项整治，健全完善制度机制165项。

【风险管理】2021年，成都海关坚持风险整体防控与精准防控有机结合，强化风险信息情报搜集和发布。强化风险预警，强化大数据应用，探索建立成都海关风险防控信息大数据库，加强口岸风险联合防控。

【法治建设】2021年，成都海关持续推进法治建设，强化业务制度性文件和改革创新举措的合法性审查。开展普法宣传，擦亮“蓉关法苑”微信普法品牌，开展“蓉关普法进行时”、《民法典》有奖知识竞答等普法活动，制作的打击濒危动植物走私犯罪普法视频《“象”往的生活》，荣获2021年川渝法治微视频微电影大赛普法作品优秀奖。

【监管业务】2021年，成都海关加强口岸监管，全年办结进出口报关单117.2万份，同比增长15.7%，监管进出口货值8,030.1亿元，同比增长10%，监管进出口货运量700.2万吨，同比增长3.5%。做好入境客运航空器终末消毒监督工作，监督完成入境客运航空器终末消毒756架次。强化跨境电商监管，开展打击跨境电商进口走私“断链刨根”专项整治行动，立案侦查跨境电商渠道走私案件2起。推进市场采购全国通关一体化，支持四川省以“市场采购+各市州生产基地”的方式扩大市场采购贸易辐射面，全年监管市场采购贸易出口货物270.1亿元，同比增长4.6倍。推进安全生产专项整治三年行动，做好场所（场地）巡查模块上线应用及监管作业场所（场地）巡查日常管理。支持成都天府国际机场国际货运区监管作业场所及指定监管场地规划建设，推动成都天府国际机场获批设立进境水果、冰鲜水产品、食用水生动物指定监管场地，支持成都铁路场站进境粮食指定监管场地保留资质并增加进口粮食品种。以智能审图算法分类部署试点为契机，探索实施分类部署、分线加载的智能审图作业模式，强化海关口岸监管环节反恐。在“龙腾行动2021”框架内，部署开展寄递渠道知识产权保护“蓝网行动2021”、出口转运货物知识产权保护“净网行动2021”，启动知识产权保护措施517批次，实际扣留侵权货物516批次，查获侵权货物19.69万件。

▲2021年4月21日，成都双流机场海关关员开展入境航班登临检疫

【卫生检疫】2021年，成都海关按照总署统一部署，严格落实“三查三排一转运”等口岸检疫措施，从严实施健康申明卡核验、两道测温、采样检测、信息通报和移交处置，抓好口岸疫情防控，检疫监管进出境人员29.2万人次，检测入境人员新冠病毒鼻咽混合拭子样本8.5万份。开展拉沙热、埃博拉等重大传染病筛查，疟疾、登革热等虫媒传染病检测，流感、艾滋病等传染病监测。办理进出境特殊物品行政审批1,370件，同比增长6.45%。推进“政府主导、关地协同、闭环管理”的特殊物品监管模式，支持地方开发成都进出境特殊物品属地监管信息化系统，对进出境特殊物品6大风险环节、15个关键点进行属地管理，助力生物医药产业发展。

【动植物和食品检验检疫】2021年，成都海关强化进出境动植物检疫监管和进出口食品安全监管，切实维护国门生物安全，牢牢守住国门食品安全防线。严格进口冷链食品、高风险非冷链集装箱货物新冠肺炎疫情防控，监测高风险非冷链进口货物新冠病毒样本3.9万个，指导完成预防性消毒处理货物23.2万件、集装箱（器）2,544个。强化进出境动物检疫，全国首次从入境航班旅客携带的德国生产的猪肉制品中检出非洲猪瘟病毒核酸阳性；检疫监管自美国、丹麦、英国进境种猪4批，检出猪传染性胸膜肺炎、蓝耳病、圆环病毒等3种二类传染病并扑杀85头病猪；全国首次从英国进口种猪中检出人畜共患病猪戊型肝炎病毒抗体阳性675例。强化进出境植物检疫，开展外来入侵物种口岸防控和“国门绿盾2021”行动，截获进境植物有害生物1,936种次，非贸渠道截获外来入侵物种131种次，监测到红火蚁1次，监测到加拿大一枝黄花等杂草55科155属224种，关区首次从来自美国的入境货物木质包装中截获检疫性有害生物松材线虫。推进海关事业单位所属检疫除害处理单位脱钩工作，核准7家检疫除害处理单位，确保口岸消毒处理工作平稳过渡和有效衔接。强化食品检验检疫，实施进口食品“国门守护”行动，开展进口肉制品、水产品、乳制品等专项核查，以出口水产品、肉类、调味品等高风险食品为重点，组织开展230家食品生产经营企业、种植养殖基地核查，对10家境外通报不合格的出口食品生产企业进行核查，形成事前事中事后全覆盖的监管闭合链条。监督抽检及风险监测进口食品样品362个、5,698项次，检出不合格50批次；监督抽检及风险监测出口食品样品547个、3,476项次，检出不合格11批次；关区全年未发生系统性、区域性进出口食品安全事件。受总署进出口食品安全局委托，开展总署相关培训教材专项集中工作，积极推动进出口食品安全新规贯彻实施。

【商品检验】2021年，成都海关严格进出口重点敏感商品和防疫物资检验监管，接受进出口法定检验商品申报93,477批，对12,749批进口法定检验商品实施检验，检出不合格247批；对4,587批出口法定检验商品实施检验，抽检率48.48%，检出不合格32批。严格进出口危险品及其包装检验监管，检验进出口危险化学品4,014批，检出不合格45批；实施出口危险货物包装性能检验1,493批，检出不合格8批；实施出口危险货物包装使用鉴定3,270批，检出不合格56批。深化成渝地区双城经济圈（成都）和2个进出口商品质量安全风险一级监测点建设，完善进出口商品质量安全风险预警和快速反应监管体系。

【企业管理和稽查】2021年，成都海关按照全国海关信用管理制度改革部署，重新认定原失信企业（存量）信用等级，150家企业不再适用失信企业管理。创新优化“信用培育+认证”工作模式，采取“联合宣讲+一企一育”方式，对国家和地方政府重点扶持企业、产业链供应链龙头企业、海关特殊监管区域内企业提供上门跟踪服务，新增AEO高级认证企业8家（累计达到43家）。落实报关企业注册登记备案和出口食品生产企业备案2项审批改备案改革要求，完成通用资质备案4,040家、特定资质备案415家（成都海关备案企业累计27,386家）。推荐四川省优势特色食品企业对外注册30家次，指导2家企业通过国外官方检查，18家企业获得国外注册资格，涉及蜂产品、肠衣和水产品，其中蜂产品首次获得沙特阿拉伯注册资格。强化稽核查工作，完成稽查作业104家，完成核查作业734起，查发244项。开展涉检领域高风险企业专项稽查实践，完成25家涉检问题企业的稽查，其中23家已移交检验检疫部门处置。

【税收征管】2021年，成都海关坚持依法科学征管，全年关税和进口环节税净入库189亿元，同比增长5.8%。深化税收征管改革，推广汇总征税，开展以企业为单元的税收担保改革，实现一保多用、全国通用，持续释放改革红利。深化中欧班列运费分段结算估价管理改革，对班列回程进口货物实现境内运费扣减，帮助企业降本增效。落实进口税收优惠政策，推广减免税审核确认无纸化、原产地证书自助打印、智能审核便利化措施，全力做好RCEP实施准备工作。强化税收风险防控，实施属地纳税人管理，从源头上引导企业守法自律。

【查缉走私】2021年，成都海关将打私工作纳入整体工作一体谋划、一体推进、一体落实，扎实开展“国门利剑2021”专项行动，持续保持打击走私高压态势，缉私部门刑事立案46起，案值4,292.43万元，涉税629万元，同比分别上升48%、下降79%、下降89%；结案移诉23起，移送起诉38人，同比分别下降18%、上升8%。行政立案298起（含“两简”案件178起），案值10.10亿元，同比分别下降15%、上升45%；结案265起，案值9.89亿元，同比分别下降45%、下降80%。深入落实打击走私工作“1+6”项制度。

【海关统计】2021年，成都海关强化政策研究职能，提升数据分析水平，改革创新海关统计，加强业务数据管理。围绕促进四川省高质量发展、高水平开放开展课题研究，加强对综合保税区高质量发展、碳关税对外贸影响、“一带一路”建设、中欧班列、成渝地区双城经济圈建设等课题的研究，完成总署、省政府、总署研究中心课题7个。首次对关级课题实施分类管理，确立关领导领衔的重点课题、需要攻克的指定课题，以及各部门单位结合自身实际申报的课题，确立5个重点课题、8个指定课题、27个申报课题。强化贸易分析研究，持续跟踪供应链、产业链变化情况，加强对重点行业、重点商品、新兴贸易业态的监测预警分析，参与总署各项调研和专班工作，向总署提交监测预警分析报告100余篇，为省委省政府辅助决策提供统计分析专报13篇。

【“一带一路”建设】2021年，成都海关推动中欧班列（成渝）高质量发展，助力四川省打造国际航空门户枢纽，进一步畅通国际物流大通道，更好融入“一带一路”建设。2021年四川省对“一带一路”沿线国家和地区进出口值2,956.4亿元，同比增长20.4%，拉动同期四川省外贸增长6.2个百分点。支持成都、重庆两地中欧班列统一品牌、统一名称运营，在成都国际铁路港开展“进口直提”试点，支持中欧班列开展内外贸货物混编运输，推进中欧班列“快速通关”模式扩大试点和双向运行，支持开辟10个全新境外站点，全年监管中欧班列（成渝）2,258列。支持成都双流国际机场新增国际航线和进出境全货机境内续驶段混载业务，全年验放货运航班5,330架次，航空运力得到提升。开展进口货物“船边直提”业务试点，支持泸州港、宜宾港利用长江黄金水道，高效连接“一带一路”建设。

▲2021 年 1 月 7 日，青白江海关关员查验中欧班列（成渝）出口货物

【成渝地区双城经济圈建设】2021 年，成都海关落实《成渝地区双城经济圈建设规划纲要》和海关支持举措，全力支持成渝地区双城经济圈建设。自 2020 年 6 月两地海关签署合作备忘录以来，建立起三级常态化协作机制。推动双方职能部门、隶属海关实地互访、相互交流，签署合作备忘录（协议）12 个，在口岸疫情防控、优化营商环境、自贸创新、监管通关、检验检疫、稽核查执法及风险防控等领域开展广泛交流合作。联合重庆海关、建设银行创新“关银一 KEY 通”川渝一体化模式，在全国首次实现“电子口岸卡”业务跨关区办理，通过“四川+重庆”跨关区业务就近办、“海关+银行”跨窗口业务多点办、“政务+金融”跨领域业务一站办，满足企业就近办理业务以及一站式办理“电子口岸入网+线上金融”业务的需求，川渝两地新入网企业 2,113 家，办理制卡、变更、解锁、延期等业务 6,875 次。

【自贸区和特殊区域管理】2021 年，成都海关支持四川省自由贸易试验区、综合保税区、保税物流中心协同发展，提升对外开放平台能级。推进自由贸易试验区制度创新，“中欧班列运费分段结算估价管理改革”入选全国第四批自由贸易试验区“最佳实践案例”。指导地方政府完善成都天府国际机场综合保税区申建材料，推动绵阳综合保税区、宜宾综合保税区、泸州综合保税区、成都国际铁路港综合保税区和南充保税物流中心（B 型）封关运作，宜宾港保税物流中心、泸州港保税物流中心、成都铁路保税物流中心（B 型）全部完成注销。深化综合保税区增值税一般纳税人资格试点，累计为企业办理出口退税近 3 亿元。在成都高新综合保税区开展“同企跨片”微改革，实现同一企业的保税货物在综合保税区不同区块间自由流转，试点企业费用降低 90%，全流程通关时长缩短 80%；协调四川省药品监督管理局创新监管模式，实现综合保税区内生产药品内销零的突破。2021 年，成都高新综合保税区实现进出口值 5,819.04 亿元，同比增长 6.0%，占四川省外贸进出口值的 61.2%，进出口值在全国 144 个有进出口实绩的综合保税区中排名第一。成都高新综合保税区、绵阳综合保税区参加 2020 年度全国综合保税区发展绩效评估，在 134 个参评的海关特殊监管区域中，分别位居第 2 位、第 98 位，评估分类分别为 A 类、B 类。

【口岸营商环境】2021 年，成都海关深化“放管服”改革，推进跨境贸易便利化，优化口岸营商环境。2021 年 12 月，进出口整体通关时间分别为 44.48 小时和 0.50 小时，较 2017 年分别压缩 63.24%和 86.49%，圆满完成国务院确定的目标任务。深化涉企经营许可事项“证照分离”改革，优化行政审批服务，办理“证照分离”事项 604 件、行政审批事项 1,889 件，继续保持成都海关审批服务“零超时”“零差评”纪录。统筹推进“提前申报”“两步申报”“两段准入”等业务改革，全年应用“两步申报”报关单 5.7 万份，占可适用“两步申报”的进口报关单总量的 20.2%；应用“提前申报”报关单49.8万份，在报关单总量中的应用率为55.77%，其中进口应用率为11.72%、出口应用率为76.25%。

【政务管理】2021年，成都海关围绕《“十四五”海关发展规划》，制订实施方案，确定20项重点工程，分解40项重点任务。立项督办习近平总书记关于打击象牙等濒危物种及其制品走私、严禁“洋垃圾”入境、统计分析研究和党史学习教育等批示指示41项次、疫情防控58项。强化信息宣传，中央、总署、省市主流媒体首发成都海关新闻稿件1,432条次。落实精文简会要求，强化保密管理，严格档案管理。受理并办结依申请公开事项22项、依法依规公开事项20项、不予公开事项1项，申请人对答复事项均无异议。强化国际合作，成都海关与波兰罗兹海关在新冠肺炎疫情期间往来信函作为新冠肺炎疫情防控见证物，经中国海关博物馆推荐，被中国国家博物馆永久收藏。办理四川省人大十三届四次会议代表建议6项、四川省政协十二届四次会议提案13项。

【财务及后勤保障】2021年，成都海关聚焦改革目标，统筹财力资源，优化支出结构，健全财务保障和管理机制，用心用情做好后勤保障。加强与四川省林业和草原局、四川省水产局、四川省文物局、财政部四川监管局等部门联系配合，向主管部门移交濒危动植物及其制品2批次、文物2批次；组织实施公开拍卖11场次；销毁处置保健品、化妆品、医疗器械等物品6批次；向四川省博物院捐赠银行不予兑换的外币。推进国企改革三年行动。

【科技发展】2021年，成都海关深入实施科技兴关战略，深化智慧海关建设，提升科技创新水平和科技管理效能。完善成都空港口岸卫生检疫信息化管理系统，深化新旅通系统卫生处置模块运用，加快智能审图算法模型优化，推进物流监控综合管理平台申报互联网化，构建多服务数据交换平台。深化国际贸易“单一窗口”应用，上线地方特色应用3项，主要业务应用率持续保持100%。强化实验室安全管理，开展25次安全隐患排查。加强实验室能力建设，实验室获得资质认定和认可的项目达11,126项，增加369项，新增毒品检测等项目，检测领域不断拓展，自检率达98%。总署进口固体废物属性鉴定常规实验室（成都）正式建成，成都海关濒危物种鉴定实验室已有10余个濒危物种及其制品鉴定项目通过资质认定。加快实验室仪器设备资源整合，统筹调配500余台（套）设备，提高使用绩效。加强科研攻关，获批总署科研项目3项、地方科研项目8项，承担地方新冠肺炎科研攻关应急项目2项，成都市科研项目立项实现“零突破”。

【督察内审】2021年，成都海关充分发挥督查审计作用，开展署级督察项目2个，对进境高风险货物风险监测、进口冷链食品预防性消毒措施落实情况和进出口危险化学品监管措施落实情况开展督察，发现存在问题7个，均已推动整改完成。开展加强数据管理和网络安全管理措施落实情况、加强口岸监管管理措施落实情况、加强特殊通道报关单管理等督察项目，发现存在问题7个，均已督促整改完毕。完成对5个隶属海关、事业单位主要负责人经济责任审计和1项专项审计，查发问题51个。协助完成署级专题执法评估项目1个，完成成都海关专题执法评估项目3个。

【队伍建设】2021年，成都海关全面落实新时代党的组织路线，有序推进干部队伍建设，优化处科级领导干部配置。落实激励关爱措施，表彰奖励集体55个次、奖励个人312人次。严格领导干部日常监督，开展15批次54人的领导干部个人有关事项报告抽查核实工作。强化教育培训，组织开展网络培训6,109人次，组织参加各类资质考试、岗位练兵、技能比武476人次，开展机场口岸疫情防控一线实战轮训人员岗前培训60人次。加强兼职教师队伍建设，聘任兼职教师50名。

（撰稿人：丁娅菲　龙　华　卢　冬
申文敏　吕　昂　江海平
阳佳作　孙茂坤　杨　静
杨　磊　李国良　沈　岸
张　汉　陈筱璐　林　魏
赵　立　段建萍　袁　莎
袁跃新　黄　菊　龚　燕
谢　佳　谢文燕）

贵阳海关

【概况】贵阳海关于1984年9月成立（正处级），1995年6月升格为副厅（局）级海关，2002年4月升格为正厅（局）级海关。管辖范围为贵州省全境，承担关区征税、监管、缉私、出入境检验检疫、统计等工作职责。下设9个正处级隶属海关：贵阳龙洞堡机场海关、筑城海关、贵安新区海关、六盘水海关、凯里海关、毕节海关、兴义海关、遵义海关、铜仁海关。

2021年，贵阳海关以习近平新时代中国特色社会主义思想为指导，扎实推进“五关”建设，聚焦强化监管优化服务，主动融入地方发展大局，统筹口岸疫情防控和促进外贸稳增长，推进落实《海关总署　贵州省人民政府合作备忘录》。年内，贵州省进出口总值654.20亿元，同比增长19.70%；贵阳海关实现税收入库6.92亿元，同比增长32.31%。支持贵州省中欧班列稳定开行，探索开通中欧班列转关直通业务模式，2021年11月贵州首发中欧班列开行。在贵州省年度综合考核评比和服务高质量发展改革创新项目中连续4年获得一等奖，平安贵州建设考核连续3年获得一等奖；《RCEP对贵州外贸产业影响分析研究》课题在2021年度贵州省委全面深化改革重大调研课题评选中获得三等奖。

年内，扎实开展党史学习教育，深入推进模范机关创建，大力培树基层党建示范品牌，贵阳海关人事教育处党支部获评省直机关星级党支部、示范党支部，遵义海关获评贵州省脱贫攻坚先进集体。狄兆全同志获评“全省优秀共产党员”，刘伟同志获评“全国优秀共青团干部”。

【党的建设】2021年，贵阳海关党委始终把“两个维护”作为最高政治原则和根本政治任务，始终把政治建设摆在首位，坚持旗帜鲜明讲政治，坚持把学习贯彻习近平总书记重要指示批示精神作为首要政治任务，专题学习贯彻党的十九届六中全会精神。深化党建“强基提质工程”，制定2021—2025年相关规划，着力推动贵阳海关党的建设高质量发展；指导执法一线科室成立14个新党支部，33个党支部标准化、规范化建设全部验收达标。扎实开展党史学习教育，制订系列工作方案7个，部署并完成3个阶段54项重点工作；高质量完成132项“我为群众办实事”重点民生项目；深入开展乡村振兴“双联双促”活动21次，捐助帮扶物资9批次，捐助40万元帮扶资金发展特色产业。开展好庆祝建党100周年系列活

▲2021年7月1日，贵阳海关举行庆祝建党100周年系列活动

动，组织海关西南文化协作区党史知识竞赛和红色故事汇展演，为 14 名退休老党员颁发“光荣在党 50 年”纪念章。

加强党风廉政建设，组织开展警示教育 3 次，覆盖全体关警员，对违纪案件进行个案剖析，以案为鉴，教育广大党员干部警钟长鸣、时刻自省。推进巡视巡察上下联动，紧盯巡视整改中长期规划，持续抓好整改任务落实，防止问题反弹回潮；组建 4 个巡察组，完成对 12 个部门单位领导班子的常规巡察，发现问题 83 个，提出整改意见及相关建议 67 条，关区巡察覆盖率 77%，隶属海关覆盖率达到 100%。严格监督执纪问责，对关区各级“一把手”和领导班子成员开展约谈 20 余人次；狠抓疫情防控常态化监督，发现问题 97 个并督促完成整改；开展关区“现场监管与外勤执法权力寻租”专项整治工作，查找廉政风险点 47 个；全年下发监督建议书 7 份、监督提醒函 13 份，上报监督分析报告 12 篇。

【法治建设】2021 年，贵阳海关从制度建设、规范执法、深入普法、强化保障等方面推进法治建设工作。制度先行，组织修订 7 项制度、新增 13 项制度；派员参加《海关法》修订专班；制定行政审批事项审查工作细则，进一步规范行政审批工作；参与行政应诉第四协作区行政处罚专题交流。深入普法，制订第八个五年（2021—2025 年）时期法治宣传教育工作相关计划；严格落实“谁执法谁普法”普法责任制，突出普法重点，在“4・26”“8・8”“12・4”等时间节点开展主题普法宣传活动；开设线上普法栏目“黔关云普法”；2021 年 12 月，被评为 2016—2020 年贵州省普法工作先进单位。强化保障，制定贯彻落实党政主要负责人履行推进法治建设第一责任人职责规定相关实施办法。加强法治人才培养，新增公职律师 2 名。

【风险管理】2021 年，贵阳海关深入贯彻落实总体国家安全观，围绕落实习近平总书记重要指示批示精神，开展安全准入风险防控。针对打击濒危物种及其制品、“洋垃圾”、涉黄、涉意识形态、涉枪支、涉毒、危险化学品等走私，开展风险分析和风险布控，查获情事同比增长 13.80 倍；开展打击雪茄走私专项行动，移交立案 3 起。建立固体废物影子商品、邮递业务专项、虚假贸易监控、危险化学品监控等各种模型 20 余个，运用模型分析抓取高风险信息并转化 100 余条布控规则，协助总署 3 个风险防控分局开展情报拦截和分析工作并取得实效。联合国家安全部门开展阻源行动，查发有害出版物 200 余件。

【税收征管】2021 年，贵阳海关以属地纳税人管理为抓手，强化综合治税。全年税收入库 6.92 亿元，同比增长 32.31%。加强估价管理、强化审价作业规范性监控，共制发审价作业文书 99 份，同比增长 4 倍，审价作业规范度 100%，连续两年在海关系统排名第 1 位。全年共审核进境邮件 5.67 万件，征税率 36.30%，在海关系统排名第 13 位。

落实减免税政策，促进政策红利释放。落实鼓励项目、科技创新等税收优惠政策，大力支持高校、科研院所、重大技术装备企业、新兴产业切实享受减免税政策红利。积极开展税政调研，上报税政建议，助力企业减负增效。完成 14 次缉私案件税款计核工作，涉及货值 7,361 万元，同比增长 38 倍，计核税款 1,182 万元，同比增长 42 倍。审批减免滞纳金 10.90 万元。

加强涉税风险分析，强化税收风险防控。深入推进原产地改革，助力贵州省企业享惠，对全省 150 余家外贸企业进行 2 次 RCEP 专题培训，实现省内重点企业全覆盖；全年共签发各类原产地证书 6,321 份，同比增长 6.80%，涉及货值 11.16 亿美元，同比增长 44.4%。审核优惠贸易协定安排项下进口货值 6.54 亿元，同比增长 30%，企业享受税款减让 5,562.60 万元、同比增长 84%。

【检验检疫】2021 年，贵阳海关认真履行检验检疫职能职责，全力筑牢国门安全防线。

筑牢口岸卫生检疫防线。严格落实“三查三排一转运”“7 个 100%”等卫生检疫措施，严格做好入境客运航空器终末消毒监督，检疫出入境航班 38 架次。圆满完成塞尔维亚、波兰、匈牙利、爱尔兰、巴布亚新几内亚、印度尼西亚等 6 国重要外事包机出入境监管和保障工作。顺利完成圭亚那归国劳务人员包机检疫监管任务，为中国采取“一廊两站”模式接回境外滞留人员贡献了贵州方案。

强化进出口商品检验监管。进出口商品质量检出不合格 28 批，不合格检出率较 2020 年增长 66.70%。持续防范固体废物借道再制造入境，查获处置夹带压力容器进口旧机电产品 1 批。持续关注邮递渠道入境货物，配合处置在邮递渠道查获禁止寄递危险化学品 1 起。扎实开展产地检验，对危险货物及其包装实施 100%产地检验。做好对涉及出口化肥的 29 个 10 位海关商品编号增设海关监管条件“B”的相关商品的检验监管，对出口产品硝酸铵按照“化肥+危化品”检测项目进行检验监管，并联系国家级进出口商品质量安全风险评估中心（上海）增加 1 条固有风险项目（GB/T 2945—2017 规定的游离水质量分数）。

守护国门生物安全。开展“国门绿盾 2021”行动，强化外来物种入侵、濒危物种及其制品风险分析和研究，切实防范有害生物输入风险，在贵州省 180 个监测点开展检疫性实蝇监测，诱捕鉴定实蝇样本 40,700 头，未监测到检疫性实蝇。制订相关工作实施方案，通过非贸易渠道截获外来物种 20 批次。组织开展国门生物安全宣传教育活动 11 场，发放《生物安全法》解读、国门生物安全倡议书、常见危害性较大的外来入侵生物名录、《中华人民共和国禁止携带、邮寄进境的动植物及其产品名录》等宣传资料 3,000 余份，参与人数超过 3,000 人。

【监管业务】2021 年，贵阳海关狠抓重点业务监管，推动新业务落地，不断提升工作效能。监管进出境运输工具（飞机）38 架次；监管进出口货物 285.68 万吨，同比增长 41.60%；强化特殊物品监管，完成自 2018 年机构改革以来首次入境 B 级特殊物品监管。加强知识产权海关保护，组织开展“龙腾行动 2021”，查获侵权商品 174 件，加强跨关区执法合作，在货运渠道跨关区查获 2 批次 8,054 件侵权商品。推动贵州省“9610”“9710”“9810”跨境电商模式首单相继落地，跨境电商业务出口模式全部落地。

▲2021 年 11 月 4 日，贵阳龙洞堡机场海关关员全力保障多彩航空有限公司引进飞机顺利通关

2021 年，贵州省 3 个综合保税区（贵阳综合保税区、贵安综合保税区、遵义综合保税区）进出口总额 114.70 亿元，同比增长 54.40%。在 2021 年总署牵头组织的 2020 年度全国综合保税区发展绩效评估工作中，按全国排名分类，贵阳综合保税区排 127 位，评估分类为 C 类；贵安综合保税区排名 124 位，评估分类为 C 类；遵义综合保税区排名 114 位，评估分类为 B 类。复制推广分类仓储、保税维修、跨境电商零售进口退货中心仓等 47 项自由贸易试验区创新制度。贵阳海关会同贵州省发展改革委、省财政厅、省自然资源厅、省商务厅、省税务局、省市场监管局分别于 2021 年 6 月 2 日和 7 月 1 日完成了对贵安综合保税区和贵阳综合保税区整改项目的验收，并将验收情况呈报总署。

优化口岸营商环境，服务市场主体。大力推广“提前申报”，进出口提前申报率分别为 55.43%、78.28%；推行口岸作业单证电子化流转，推进实施两用物项和技术进出口许可证申领、适用货物及技术通关无纸化业务。“单一窗口”主要申报业务应用率达到 100%。2021 年贵阳海关进口、出口货物整体通关时间分别为 9.62 小时、0.56 小时，较 2017 年分别压缩 89.16%、92.88%。

【海关统计】2021 年，贵阳海关立足做好统计调查、加强数据质量管控、分析政研等 3 方面工作，充分发挥统计分析辅助决策作用。完成外贸企业进口商品去向情况调研、2021 年上半年跨境电商统计调查、2021 年上半年跨境电商重点监测企业统计调查、2021 年上半年跨境电商地区统计调查、2020 年进口货物使用去向调查工作情况调研等专项统计调查任务。全年贵阳海关主要数据统计情况见表 6-6。紧盯宏观热点问题，开展对铁矿砂、肥料等重点商品的研究工作，成果被总署内刊采用。针对贵州省特殊商品开展分析研判，分析报告获得贵州省领导批示。全年撰写统计分析报告 25 篇，获省委省政府采用 10 篇，总署内刊采用 2 篇。对重点出口商品开展统计调研，形成调研报告 4 篇。积极参与总署统计分析司相关贸易监测日报和简报的编写工作，全年编写日报 6 篇，复核 8 篇；编写简报 1 篇，复核 1 篇。

表 6-6　2021 年贵阳海关主要数据统计情况一览表

项目		2021 年	同比（%）
进出口货运量	合计（万吨）	286	41.60
	进口	282	42.12
	出口	4	11.38
进出口贸易总值	合计（万美元）	1,012,403	27.98
	进口	258,426	53.46
	水路运输	123,815	98.37
	铁路运输	807	388.21
	公路运输	53,290	-9.04
	航空运输	80,241	70.82
	邮件运输	270	43.20
	其他运输	3	-94.46
	出口	753,977	21.09
	水路运输	424,108	49.36
	铁路运输	3,487	-52.26
	公路运输	230,773	8.13
	航空运输	83,110	-3.60
	邮件运输	457	44.95
	其他运输	12,041	-61.72
税收	实际入库税收（万元）	69,224	32.47
	入库关税	8,207	26.63
	入库进口环节税	61,017	33.30

【企业管理和稽查】2021 年，贵阳海关不断深化“放管服”改革，充分发挥职能管理作用，全面提升关区企业管理、稽查、加工贸易业务水平。

办理报关单位备案登记 618 家，企业变更 291 家，企业注销 336 家。2021 年“多证合一”备案企业数同比增长 80%，“多报合一”报送企业数同比增长 13.91%。备案首家出口水产品养殖场，新增出口食品生产企业 106 家，出口食品原料种植、养殖基地备案 56 家，供港澳蔬菜种植基地备案 14 家，进口食品境内进口商备案 14 家。为 53 家企业开展信用培育，顺利认证通过关区第一家贸易型高级认证企业。认真落实各项政策措施，支持加工贸易梯度转移，坚持创新驱动和产业升级，支持综合保税区跨境电商保税进口、保税维修、粮食加工等新业态发展，全年加工贸易进出口总值115.60亿元，同比增长53.90%，占同期贵州省进出口总值的17.70%；保税物流进出口总值54.20亿元，同比增长94.40%，占同期贵州省进出口总值的6.40%。

认真贯彻落实习近平总书记关于禁止“洋垃圾”入境的重要指示批示精神，组织开展进口固体废物企业专项稽查行动，对1家涉嫌存在固体废物风险的企业开展专项稽查；对出口含濒危物种成分吉他的企业开展行业性贸易调查，对其中3家高风险企业开展专项稽查；针对涉及固体废物、濒危物种、大宗散货、飞机租赁和特许权使用费等企业开展专项稽查。办结稽查作业18起，查发问题10起，其中涉及主动披露6起。办结核查作业199起，查发问题145起。

【查缉走私】2021年，贵阳海关保持打击走私高压态势。部署开展“国门利剑2021”联合专项行动，立案查办案件46起，其中刑事立案8起、行政立案38起，办理协查案件55起，为庆祝中国共产党成立100周年营造和谐稳定的社会环境。严密防范象牙等濒危物种及其制品走私，查获象牙制品11件，查获濒危愈创木制品6个。打击“水客”走私，破获1起利用“水客”走私普通货物案件。打击涉恐涉枪涉毒走私活动，首次查获新型毒品LSD“邮票”10张，查获疑似仿真枪支1支、水弹枪44支及零配件一批、仿真气动力手枪3支及零配件一批。打击重点商品走私，破获利用国际邮寄渠道走私雪茄香烟案件3起，侦办走私苹果手机案件1起。探索内陆缉私工作模式，深入推进与公安、国安、邮政等部门执法资源合作，开展“1+N”执法合作，建立协作机制，提升多维作战水平；深化反走私综合治理，推动平安贵州建设，构建“打、防、管、控”治理体系，建立海关查获走私冻品由地方归口处置工作机制。

【政务管理】2021年，贵阳海关以高标准、严要求、零疏漏抓实政务管理工作。制订清廉海关建设任务分解表，持续落实精文简会各项措施，为基层减负赋能；上报各类政务信息110篇次，获采85篇次；总署新闻宣传计分平台采用153篇次，外贸案例首次获中央电视台《新闻联播》采用。对贵阳海关全体关警员共计679人开展社交媒体保密自查，未发生泄密违规情事；销毁2016—2021年待销毁涉密设备（载体）。多渠道主动公开信息共计836条，发布图文信息共计262条，发布各类政策解读14条；受理信访举报及各类问题线索反映8件，办结率和满意率达100%；办理答复人大建议3件和政协提案4件，满意率达100%；完成2020年度共1,440件文书档案的归档整理工作。“讲好海关红色档案故事”主题征文被总署采用1篇次。

【财务及后勤保障】2021年，贵阳海关完善管理机制，规范财务管理，提高财政资金使用效能，充分发挥财务职能作用，做好后勤保障。两税收入合计6.92亿元，同比增长32.50%，关税入库同比增加26.60%，增值税入库同比增长32.70%。依法依规开展脱钩企业清理工作，于2021年10月27日完成注销工作。启动贵阳海关遵义路办公区保健中心业务技术用房、遵义路办公区消防安防—供水供电、贵阳龙洞堡机场T3拆迁还建3个项目的改造建设。

【科技发展】2021年，贵阳海关围绕推进重点项目建设，不断提升科技支撑水平。完成贵阳龙洞堡机场智慧航空口岸T3航站楼项目预验收和智慧口岸大数据项目初验收，首次实现总署旅检、卫生处置相关增量业务数据落地，首次实现个人申报接口调用。全年完成8

个政务及业务系统的分布式部署运行，完成重要业务系统升级50余次。推进资源整合，优化整改监控指挥中心机房。深化健康申报移动端和健康码应用，推动智慧卫生检疫系统整合升级，全面推广旅客通关子系统卫生处置应用。首次通过信息化手段实现财务经费报销、合同审批等业务办理，提升工作效率。完成2021年度国产化终端替换工作。

通过CNAS认可扩项（扩地点）现场评审和CMA线上评审，关区实验室获认可检测能力达到3,400项。开发应用新版海关实验室管理系统，精准支撑实验室法检和市场业务开展，有效提升实验室运行效能。高质量完成项目研究任务，组织5项总署科研项目通过验收；参加各领域能力验证和质评55项；申报科研项目4项，承担国家级项目1项、省部级项目2项，完成总署项目1项，在各类核心期刊发表论文9篇。

【督察内审】2021年，贵阳海关严格落实总署各项督察审计任务，从严从细抓好内部管控。全年开展督察审计项目15项，关级审计项目数量同比增长67%，督审监督覆盖关区工作的各方面，累计查发问题153个，切实发挥督审服务保障作用。

对重大政策措施落实情况持续开展跟踪督察，服务关区中心工作大局。全年共开展督察项目6个，发现问题34个，提出建议20条，督察任务完成率100%，协助基层单位解决问题和困难3个，发现问题已全部完成整改。开展总署专项审计“百日自查”，发现问题19个，提出建议6条，同步向总署反映建议7条。分5批次对27个项目开展工程结算审核。

开展内控前置审核27项，其中署级项目11项，提出意见建议91条。编制2021年内部风险重点评估事项清单，运用清单及时排查问题7项。组织开展危险化学品监管状况和综合保税区运行状况等专题执法评估，为各级领导决策提供参考。运用“云擎”系统拓宽数据来源，构建评估指标6个。

【队伍建设】2021年，贵阳海关完善机制建设，突出关心关爱，从细从实加强队伍建设。制修订事业单位领导人员选拔任用工作的实施细则等8项制度，并为进一步建立完善保护关心爱护疫情防控一线人员长效机制提出了20条措施。完成34名专业技术类公务员任职资格评定、29名专业技术类公务员职级套改、事业单位人员岗位聘任及合同签订；推荐5名事业单位人员获评副高级职称。举办贵阳海关处级干部学习贯彻党的十九届五中全会精神暨党史学习教育专题培训班，共119人参训，覆盖率100%；开展各类培训共30余期，培训1,000余人次，满意率达95.83%；组织人员参加商检条线岗位练兵和技能比武，王娟、刘康书2人在总署“万人比武”中荣登“百强”名单。

全面加强离退休干部党的建设，始终把“让党委放心、让老同志满意”作为离退休干部工作的出发点和落脚点，充分发挥老同志文化养老作用，统筹推进退休人员常态化疫情防控工作。创建退休党员第一党支部“‘党建驿站’放光彩，夕阳党建别样红”党建品牌，推动离退休干部党支部标准化、规范化建设；开展庆祝建党100周年系列主题活动3次，走访慰问退休老党员和困难党员100余人次，组织老同志讲好党史、讲好海关史、弘扬中国精神、传播中国好声音。

【红色黔关建设】2021年，贵阳海关不断深化党史学习教育，充分运用贵州省宝贵红色资源，赓续红色血脉，引导全体党员干部准确把握党的历史发展主题主线、主流本质，全面推进红色黔关建设。贵阳海关党委理论学习中心组围绕“学党史、走红路”主题，沿着红军在贵州的革命足迹，跨越近1,400千米，先后赴黎平会议、猴场会议、遵义会议、苟坝会议旧址和林口镇革命遗址开展党史学习教育，感悟红军长征在贵州期间书写的彪炳史册、光耀千秋的伟大篇章。赴遵义会议会址、“中国天眼”科普基地、脱贫攻坚成就展览馆等开展体验式学习教育和主题实践活动，开展“沉浸式”党课20余次。利用红色教育资源拍摄《筑牢“三座桥”　打造“风雨桥”战斗堡垒》《一歌一诗献给党——遵义海关热烈庆祝中国共产党成立100周年》《百年奋斗路　忠诚守国门》等微视频29部。举办“追寻红色足迹”摄影展，征集红色薪火、红色传承、红色印记等红色主题摄影作品39幅，在贵阳海关公共区域进行集中展览。开展“奋斗百年路，启航新征程——讲好海关红色档案故事”征文活动，4名党员干部驻村扶贫事迹入选“海关档案故事100篇”。举办诵读红色经典文学、交流书法技艺等系列活动，组织开展“学党史回望来时路，铸信仰走好新征程”主题党日活动56次，唱响红色文化主旋律，教育引导党员干部听党话、感党恩、跟党走。

（撰稿人：王晓刚　吕　玥　刘　熹
刘帅奇　孙　伟　李　舒
李　蕾　李东乾　李雪梅
犹　珩　张弋夫　张冰雪
张宗利　陈　沛　陈　洁
范宝强　罗天林　罗榕睿
孟鸿洲　赵旭菲　段　晖
秦海鸥　郭志峰　黄极限
蒋　虹　谢　南）

昆明海关

【概况】1889—1942 年，云南的海关分为蒙自、思茅、腾越 3 个独立关。1942 年 2 月 4 日，蒙自、腾越两关合并，改称昆明关，腾越关更名为腾冲分关。同年 5 月，思茅关降格为分关，与腾冲分关同时划归昆明关领导。1980 年 2 月 9 日，昆明关升格为正局级机构，同年 8 月 1 日改称昆明海关，管辖范围为云南省全境（总面积 39.41 万平方千米，边境线长 4,061 千米），是一个以陆路货物监管为主、业务门类齐全的海关。

昆明海关下设隶属海关 30 个，包括昆明长水机场海关、昆明邮局海关、滇中海关、瑞丽海关、畹町海关、芒市海关、盈江海关、章凤海关、腾冲海关、大理海关、怒江海关、丽江海关、香格里拉海关、孟定海关、南伞海关、沧源海关、西双版纳海关、打洛海关、勐腊海关、思茅海关、勐康海关、孟连海关、河口海关、蒙自海关、金水河海关、天保海关、都龙海关、田蓬海关、曲靖海关、玉溪海关；另设隶属海关单位昆明海关风险防控分局。

2021 年，昆明海关贯彻落实全国海关工作会议及全面从严治党工作会议精神，扎实推进政治建关、改革强关、依法把关、科技兴关、从严治关，统筹推动口岸疫情防控和促进外贸稳增长工作。监管进出口货物 3,766 万吨、运输工具 342 万辆次，检疫出入境人员 222 万人次，实现两税入库 84.2 亿元，同比增长 9.11%，减免税款 22.98 亿元，查扣侵权商品 23 万余件，截获检疫性有害生物 41 种、2,518 次。

▲2021 年 11 月 27 日，勐腊海关关员监管中老铁路出口货物

2021 年，昆明海关获省部级及以上荣誉表彰情况如下：中共中央、国务院授予郑重同志“全国脱贫攻坚先进个人”称号，国务院食品安全委员会授予昆明海关进出口食品安全处“全国食品安全工作先进集体”称号，共青团中央授予昆明长水机场海关团支部“全国五四红旗团支部”称号，共青团中央授予杨帆“全国优秀共青团员”称号，中央宣传部、中央文明办、全国妇联授予张静家庭“全国最美家庭”称号，中共云南省委授予陈静“优秀党务工作者”称号，中共云南省委授予昆明长水机场海关旅检一科党支部“先进基层党组织”称号。

【党的建设】2021 年，昆明海关坚持以习近平新时代中国特色社会主义思想为指导，以党的政治建设为统领，加强政治机关建设，深化“强基提质工程”，着力破解党建难题，持续推进党建工作高质量发展。

坚持理论学习，加强政治机关建设。通过坚持“第一议题”制度、深化文明单位、模范机关建设，开展庆祝建党100周年系列活动等，坚定践行“两个维护”，结合党史学习教育，聚焦强化政治意识，夯实“学史明理、学史增信、学史崇德、学史力行”的思想根基。顺利完成2021年度民主生活会、组织生活会、民主评议党员及党史学习教育专题组织生活会任务。

开展党史学习教育，隆重庆祝建党100周年。聚焦主题主线，开展“学史·铸魂”“党史我学我讲”等一系列特色活动，广大党员干部经受了全面深刻的政治教育、思想淬炼和精神洗礼。3个典型案例入选总署“‘我为群众办实事’百佳项目”。组织演讲比赛、优秀微党课展播等，集中展示文创作品近150件。

深化“强基提质工程”，着力破解党建难题。制订“一要点三清单”，加强思想动态分析，接续抓好党组织书记抓基层党建考核工作，落实党员领导干部双重组织生活制度，强化意识形态工作责任制。7名关党委委员带头联系基层，实现支部结对全覆盖。评定关区基层党建品牌32个，5个入选全国海关党建品牌，2个党支部创新事例在全国海关推广；共表彰68名优秀共产党员、50名优秀党务工作者、29个先进基层党组织；完成年度党员发展任务；慰问党员、烈士和因公殉职干部家属，加强党内关怀。1人获评“全国脱贫攻坚先进个人”。

【队伍建设】2021年，昆明海关加大选拔任用干部力度，选优配强各级领导班子。完成关区专业技术类公务员首次专业任职资格评定及职级套转工作。优化机构编制配置，贯彻落实激励关爱措施。结合疫情防控、口岸开放等业务工作实际，对机关处室、隶属海关职能、编制和人员进行调整，加强公务员与事业单位之间的岗位交流；向总署推荐副高级职称评选人员3人；选拔4名科长到中心城市海关任职；向总署推荐先进集体1个，先进个人3名；为21个集体记三等功，给予40个集体嘉奖；76人荣立三等功；6个隶属海关列入省级文明单位公示，9个隶属海关通过省级文明单位复核。严格执行领导干部个人有关事项报告制度，完成关区300名领导干部相关报告表的填报工作，认真做好查核认定。严格执行干部选拔任用有关制度，未出现程序不规范、突击提拔、带病提拔、超职数、超规格配备干部等违纪违规情况。开展违规投资企业及在企业兼职问题专项整改工作，完成关区范围内行政编制人员及事业单位管理五六级领导干部共1,769人的专项核查工作。

【离退休干部管理】2021年，昆明海关加强政治思想建设和老党员日常教育管理，严格落实组织生活制度，共召开支委会86次，组织主题党日活动102次，支部书记、老党员讲党课14次，集中学习186场（次）。老干部机关党委第一党支部被评为“2020年昆明海关基层党建培育品牌”、先进基层党支部、“四强”支部。22名老党员获表彰，48名老党员荣获“光荣在党50年”纪念章。

通过“智慧银海”平台、支部微信群，全面了解掌握情况，共为老干部办实事解难事103件。改造扩建200余平方米的老干部学习活动阵地，建成3个老干部活动室，实现党建活动阵地昆明地区全辐射。

【巡视巡察】2021年，昆明海关创新巡察模式，推动横向贯通融合，提升巡察覆盖率。通过试点划片巡察和“一托二”巡察，探索互鉴巡察形式，在党建、内控、作风等方面进行类比，提升查找问题的效率。紧扣“三个聚焦”，完成4轮常规、专项巡察，覆盖率达到78%。总结梳理10类22个共性问题，通过党建述职评议考核推动整改。完善人事、政工、监察、巡察4支力量联系配合机制，明确配合事项，形成监督合力。建立后台专家队伍，共17人，指导巡察工作。发现问题370个，提出整改建议120条，移交问题线索3件。

【纪检监察】2021年，昆明海关开展工作谈话152人次、诫勉谈话4人次，参会监督801次，调研走访1,149人次，制发监督建议书12份；对3,148名干部提拔和表彰奖励进行廉政意见回复；建成关区电子廉政档案。落实全面从严治党工作会议55项重点工作任务。制订监督责任清单；狠抓警示教育工作，逐级签订杜绝酒驾醉驾承诺书；完成处级领导干部配偶、子女及其配偶从业情况自查抽查情况核实；起底复核2012年以来的信访举报、问题线索，查找解决遗留问题。推动“现场监管与外勤执法权力寻租”专项整治工作，聚焦廉政风险点，结合自查、总署检查组反馈问题，制定方案，推进整改。持续推进正风肃纪，开展落实中央八项规定精神情况监督检查3轮、节前廉政提醒2,168人次；开展明察暗访、专项检查275次；深化“组地关”协作配合机制，走访地方纪委监委30余次。

【督察内审】2021年，昆明海关针对老挝屠宰用肉牛进口、高风险货物风险监测、市场采购贸易等工作开展专项督察；组织开展迎审自查自纠，发现内控等执法领域问题108个，推动89个问题完成整改；提升海关内控与监督子系统（HLS 2017平台）整体应用成效，发布系统应用情况通报，加大处置审核力度。187个需求事项纳入平台管理，科技束权和服务保障水平进一步提高；参与署级内控前置审核6项，关级内控前置审核11项；建立固体废物处置逐月跟踪问效机制。

【口岸监管】2021年，昆明海关全程参与中老铁路口岸开放及建设工作，服务保障磨憨铁路口岸于2021年11月18日通过国家验收，助力中老铁路顺利开通运营；完成磨憨铁路口岸监管作业场所注册登记；完成与铁路部门系统对接；制订旅客通关作业流程；推动铁路口岸H986完成安装并通过验收。自2021年12月3日中老铁路开通运营以来，昆明海关共监管中老国际货物列车98列，进出口货物4.06万吨，总货值4.79亿元。通过联网集中审像共审核图像71,504幅，查获案件228起，查获案件数同比增长约2.5倍。

▲2021年11月12日，勐腊海关关员在磨憨铁路口岸开展通关监管工作

规范市场采购贸易，优化海关监管，推动永生花、蔬菜等云南特色产品以市场采购贸易方式出口；推动市场采购“单一窗口”对接，指导昆明新螺蛳湾市场采购监管作业场所建成使用，并完成注册登记；监管市场采购贸易出口报关单7,074票，货值48.47亿元。推进旅客行李物品智能化监管创新，开展旅客人脸信息采集及智能化联网，完成昆明长水机场先期机检试点项目建设，单个航班旅客通关时间由45分钟缩短至20分钟，通关效率提高55.56%。开展打击治理跨境赌博工作，查获超量携带人民币案24起、涉案金额342万元；查获赌博工具走私案件3起。顺利完成联合国《生物多样性公约》第15次缔约方大会第一阶段会议保障任务，派员进驻会场，组织反恐演练，做好参展商品、参会人员及行李物品、进出境运输工具检疫查验工作。

【口岸、通道管理】2021年，昆明海关积极推动口岸和通道建设。磨憨铁路口岸如期开通运行，勐康公路口岸扩大开放顺利通过验收，田蓬公路口岸基础设施建设基本完成，关累港水运口岸规划建设有序推进，金水河口岸扩大开放获批。推动昆明中欧班列枢纽节点申建和昆明王家营铁路场站建设，推进清水河口岸监管场所集约化建设。落实通道分类管理要求，对40条驻点、预约监管通道提出分类处置意见。

【业务改革】 2021年，昆明海关结合实际创新改革，推进“两步申报”“两段准入”“提前申报”改革，修订进出口货物提前申报的操作指引，形成转场商品清单和附条件提离负面商品清单，关区“提前申报”应用率达75%，“两步申报”应用率达40%。优化公路运输通关模式，突出“智能卡口”“智慧引导”等科技运用，推动“运抵直通”改革，支持“水公铁联运”。建立改革推进小组和H2018系统应用小组，向总署相关司局反映实际问题，提出解决方案，防范伴生风险，制发问题联系单15份。完善业务执行岗位设置，规范一线岗位配置，修订业务执行岗位配置规范和岗位清单，明确岗位权限。业务运行监控指挥方面，组建口岸运行监控专班，开展监控检查，督促现场整改问题53项；建立健全二、三级立体业务运行监控体系，构建高效协同配合机制；全覆盖、多层次展示关情关貌和工作成绩。

【自贸区和特殊区域管理】 2021年，昆明海关开展监管制度创新，“互联网+边民互市贸易监管模式”通过总署备案；积极宣贯综合保税区管理办法；促成“委内加工”、进境粮食保税加工、保税展示交易、保税租赁、替代种植项下橡胶保税监管等一批特色业务落地；完成红河综合保税区土地核减验收工作，全省综合保税区企业实现进出口223.3亿元，同比增长25.9%。推动开放平台联动升级，参与云南省自由贸易试验区34项改革任务，复制推广61项改革试点经验；协同成都、重庆等海关完善一体化通关协作方案；推进跨境电商B2B业务全模式运行，推进B2B出口一体化通关，持续推进国际快件、跨境电商监管场所“两场合一”，完成6家海外仓企业的备案及系统维护，实现“9810”海外仓业务通关，跨境电商4种监管模式在关区全部落地实施。加强电子口岸平台与海关外网信息化建设应用，与云南省建立“两级保障”运维体系，全力推动中国（云南）国际贸易“单一窗口”应用服务；开展政策宣传与企业培训，与云南省政府共同举办“单一窗口”系统操作培训；开展“单一窗口”宣传活动，打造服务品牌；推进云南省跨境电商公共服务平台升级完善，实现业务申报数据的互联互通。

【法治建设】 2021年，昆明海关不断健全制度、规范体系，参与总署“十四五”法治建设规划，以及立法后评估工作；制定内部工作制度法制审核办法，清理行政处罚制度。深化“放管服”改革，推进落实取消行政许可2项和证明事项告知承诺制；完成关区首次行政执法年报。提升行政复议监督效能，梳理2014年以来复议诉讼案件存在的问题；通报关区典型案例8起；组织公职律师培训、观摩现场庭审3次；加强应诉工作专业指导。普法工作成效明显，制订第八个五年（2021—2025年）期间有关普法的意见，制订普法责任清单，普法31部；推动关区普法讲师团赴基层海关开展“点菜式”普法；开展集中普法12次；利用“学习强国”学习平台等开展普法宣传13期。

【关税征管】 2021年，昆明海关两税入库84.2亿元，同比增长9.11%，完成全年税收预算目标；对30家属地主要税源企业建立企业底账并开展评估，按照“一企一策”制定差别化税收管理措施。落实减税降费工作部署，减征税款50.07亿元；办理优惠贸易协定项下减让税款 17.51 亿元，同比增长 73.02%；签发出口原产地证书 7.2 万份，同比增长 17%。为 70 家企业备案关税保证保险保单 320 份，担保金额 10.56 亿元，同比增长 41.81%，节约通关时间约 8,000 小时；推进海关预裁定工作，签发归类预裁定决定 58 份，同比增长 4.8 倍。下发归类、价格监控处置单 61 份，缉私立案 39 起，案值 1.8 亿元；强化玉石毛料税收风险防控工作。

【卫生检疫】2021 年，昆明海关完善疫情防控指挥体系，实体化运作统筹口岸疫情防控和促进外贸稳增长工作指挥部办公室，跟踪落实指挥部工作部署，下发指导性文件 20 余份。设立应急物资储备分库，实施点对点就近支援模式，购置防控物资 386 万余件（套）。研发部署 152 台实现 6 种语言语音交互申报的智能健康自助申报终端，覆盖 29 个业务现场、超过 108 万人次使用，实现健康电子申报记录长期存证和重点人员有效追溯，该项目已列入总署先行先试项目。紧盯“作业必须规范”“防护必须到位”，从严落实安全防护，制订以更高标准更严要求坚决做好安全防护工作的 12 条工作措施，全面梳理安全防护问题清单，操作流程、个人防护、医废处置严谨规范。推动消除疟疾认证评估工作，深入开展防治疟疾知识宣传、口岸检疫查验、发热人员筛查及疑似病例移交等工作，2021 年 5 月顺利通过世界卫生组织消除疟疾认证现场评估。确保口岸公共卫生安全，制订口岸卫生监督和食品安全抽检工作方案，持续推进“双随机、一公开”监管工作，完善分级监督抽检制度。

【食品检验检疫】2021 年，昆明海关严防疫情通过冷链食品输入风险，驻点参与云南省疫情防控指挥部工作；开展境外食品源头管控，对 60 家境外食品生产企业开展远程视频检查，协助总署完成老挝 3 种新鲜豆类产品准入，推动缅甸广天仙子列入有传统贸易输华中药材目录，完成老挝鸡血藤、土茯苓等 2 种中药材风险分析；完成 13 家境外输华水产品企业评估工作；强化不合格食品处置，完成进出口食品、化妆品安全抽检及风险监测 2,747 个样品，检出不合格进出口食品 29 批次。支持云菜、云茶出口，支持提升云菜质量和云茶身价，出口蔬菜不合格率下降 40%，茶叶出口单价上升 20.5%。参与制订林下中药材三七的检验规程，填补了该项目无出口合格评定依据的空白，助推山区精准脱贫。提高进出口食品安全监管效能，规范进口食品经营企业申报、验核，以及进口检验检疫工作；梳理边民互市进口食品监管清单，删除未获准入商品 1,325 项；规范综合保税区进出口食品检验检疫监督管理工作，明确跨境电商食品检疫要求。

【商品检验】2021 年，昆明海关加强出口防疫物资检验监管，监管出口防疫物资 1,976 批次，货值 2.66 亿元，查获非法出口防疫物资案件 14 起。加强进出口危险化学品检验监管，137 人通过进出口危险货物及其包装检验资质培训考核，10 人通过出口打火机检验考核。成立危险品检验监管工作领导小组，压紧压实各级危险品检验监管责任，未发生安全问题；检验进出口危险化学品 4,353 批次，检验出口危险品包装 1,525 批次。加强进口再生金属资源检验监管，检验进口再生金属原料 49 批次 1,480.82 吨，货值 1,405.12 万元，检出 2 批固体废物 53.72 吨。加强进出口商品质量安全风险监测，发挥署、关风险监测点作用，完成相关专项报告。推进检验监管模式改革，对锰矿、铁矿等进口矿产品实施“先放后检”监管模式，对进口管输原油采用“分批验放、集中申报”“先放后检”监管模式，进口矿产品 3,163 批、原油 916.12 万吨、天然气 304.36 万吨。

【动植物检疫】2021 年，昆明海关加强国门安全生物监测，设置监测点，开展实蝇、林木害虫、红火蚁等监测工作，在河口口岸首次发现红火蚁。严格进出境动植物检疫管理，从进境植物及其产品中截获检疫性有害生物41种2,518种次。加强口岸非洲猪瘟等疫病防控，严格按照检疫议定书及法律法规要求开展隔离检疫工作，加大防控力度。严格外来入侵物种口岸防控，开展打击非法引进外来物种和种子苗木“国门绿盾2021”专项行动。推进生物多样性保护工作，召开国门生物安全新闻发布会，开展“4·15”《生物安全法》宣传。做好促外贸稳增长工作，办结出境动植物及其产品生产、加工、存放单位注册登记行政审批570件。完成新建种猪隔离检疫场考核验收和供港活羊中转场探访检查工作。促成签订新的中泰进出口水果过境第三国检验检疫要求的相关议定书，新增河口、天保、磨憨等口岸为泰国水果经第三国输华入境口岸；完成老挝输华水果风险分析报告，促成老挝百香果、柑橘属水果获准输华。

【海关统计】2021年，昆明海关建立了业务形势分析研判暨风险协防机制，分析研判业务数据异动、重要改革推进落实情况，实现部门间风险信息共享，提出20余项关区重点业务决策参考数据，辅助决策作用增强。夯实统计基础工作，结合“严规范、堵漏洞、消隐患”专项整治行动，对现行制度、文件、要求进行梳理，对照29项业务制度规范列明10项任务清单，查找出12项风险隐患并督办整改。加强政策研究工作，开展《海关保护生物多样性实践研究》署级课题研究，参与总署中间产品出口研究，向总署报送宏观经济分析报告4篇、对外投资变化及产能跨境转移研究报告12篇、统计分析报告23篇。

【风险管理】2021年，昆明海关不断拓展风险防控覆盖面，以风险管理为主线的“中心—现场”运行模式在邮递物品、跨境电商、边民互市、海关特殊监管区域等业务领域基本实现，风险防控在关区货运、非贸等各业务领域监管链条中作业中枢作用初步显现。主动与业务部门建立并运用好联合研判机制，共同开展分析、研判和处置工作，筑牢口岸防线；强化内部控制，推进货运渠道风险布控规范化建设，进一步提高解控、指令中止等作业规范性。优化完善边民互市贸易风险防控工作，联合相关部门加快推进关区边民互市系统升级改造，持续完善风险防控相关功能建设，为关区边民互市风险防控工作做好基础保障。加大情报信息收集力度，发布风险信息。依托“云擎”系统，围绕重点口岸、主要行业、企业和商品情况，发布数据分析、监控和统计模型。

【企业管理和稽查】2021年，昆明海关全面落实国家禁止进口固体废物新政策，对22家企业开展风险研判，对8家企业开展专项稽查；通过组建AEO认证人员专家库、提高信用培育力度，推动AEO认证，高级认证企业数量较2020年增长超过10%；加强对企业信用等级的动态监控，及时调整23家企业信用等级；通过“多证合一”“一网注销”等途径便利企业注册注销，新增报关单位2,503家、注销报关单位723家；紧盯涉税涉检重点领域，办结稽查作业134起；试点加工贸易集中审核作业模式，核销完成率均为100%；创新核查监管方式，完成核查作业249起；制订推进属地查检的相关工作方案，优化进口货物布控指令作业流程；开展跨境电商进口走私“断链刨根”专项整治工作，对156家企业开展资质复核。

【查缉走私】2021年，昆明海关以“蓝天2021”“国门利剑2021”专项行动为主线，组织开展21个专项行动。办理走私“洋垃圾”入境案件11起，截获各类固体废物63.14吨；查获珍稀动物及其制品550.1千克；查获走私冻品案件42起，查获走私冻品205.45吨；缴获毒品102千克、制毒物品4.6吨、向特定国家出口的易制毒化学品 3,495.14 吨。

【政务管理】2021 年，昆明海关建立健全“贯彻落实习近平新时代中国特色社会主义思想、习近平总书记重要指示批示精神、党中央国务院重大决策部署”政治理论学习手册和重大部署落实台账，形成部署、落实、检查的闭环链条，保证重点工作任务按时完成。会务接待、理论研究、政务公开、保密管理等各项工作平稳运行。印发规范性文件 11 项，进一步厘清关区涉密网络安全管理职责。完成 1,000 余卷、1.9 万余件纸质档案整理及数字化，并移交总署档案馆。扎实推进历史档案资料解密工作，完成 1949—1999 年间 2,000 余份永久文书档案解密工作。围绕各类重点工作落实开展督查督办 118 项。组建信息外宣专兼职队伍，获总署采用信息 125 条；发布新闻稿 456 篇，在中央电视台、《人民日报》等媒体刊发 2,000 余篇；建立三级值班报告机制，电话抽查 237 次。进一步加强与缅、老、越、泰海关和各级外事部门的互助和沟通。

【财务管理】2021 年，昆明海关推动地方政府出台有关非法入境固体废物处理的指导意见，完成 6,485.37 吨库存固体废物处置。关区冻品保持“零库存”。解决转隶干部购房补贴等历史遗留问题。关区 9 家企业完成所有制改革，事业单位所属企业脱钩、培疗机构清理等工作稳步推进。

【科技发展】2021 年，昆明海关实验室检测能力快速提升，8 个 P2 实验室全部通过验收，具备新冠病毒核酸检测资质的实验室增加至 17 个，日均检测能力达 1.05 万份。加强科技支撑保障，VR 实训项目投入运行；部署应用“健康申报核查、红外测温、自动验放”三位一体的陆路口岸驾驶员智慧验放系统，降低接触风险；新增摄像头 153 个，升级完善实验室视频系统，开展多轮应急演练；监控指挥和视频会议等重要信息网络平台稳定运行。强化科技服务基层成效，完成玉溪、曲靖海关综合业务楼信息化补充建设；开发启用新通讯录、软件资料库、应用助手、工资单和干部之家等 5 个海关易服务定制化模块；研发应用“配件耗材申购”内控平台模块，缩短申购周期；上线“智慧大楼”管理模块，实现办公区“集中统一、互联互通”规范管理。科研管理更加规范，3 个科研项目获总署立项、3 个科研项目通过总署集中验收，完成 2021 年度 5 个海关科技成果评定申报。

（撰稿人：马　佳　马紫鋆　王　婉
王　然　王　蓉　王　慰
王在学　车义元　冉　楠
付齐林　乔　晶　刘　芳
刘　亮　刘　璇　刘怡堂
汤　海　杨立律　杨幼林
杨娅婷　李　凤　李　锐
李文丽　李明辉　李娇娇
李霁雪　何剑鑫　宋　凌
张　玲　张　靖　张成军
张娅丽　陈秋岑　金苴永真
周　麟　郑　重　赵　华
胡月雯　袁　冰　袁　寒
聂　又　奚云红　陶体昌
商　睿　彭海涛　熊　清）

拉萨海关

【概况】拉萨海关前身是中华人民共和国对外贸易部海关总署驻拉萨办事处，1961 年 8 月，西藏自治区筹委会决定成立外贸局，海关总署驻拉萨办事处并入外贸局，改称西藏外贸局海关管理处。1974 年 9 月，正式设立拉萨海关。1984 年 6 月，拉萨海关升格为正局级机构。下设隶属海关：拉萨贡嘎机场海关、八廓海关、聂拉木海关、吉隆海关、普兰海关、亚东海关、日喀则海关、狮泉河海关、林芝海关。

2021 年，拉萨海关认真贯彻落实全国海关工作会议及全面从严治党工作会议精神，强化政治建设，走好“第一方阵”，聚焦履职尽责，提升监管效能，推进改革创新，服务开放发展。全年征收税款 2.06 亿元；助力西藏自治区首家企业通过海关 AEO 认证；全力保障综合保税区验收前期准备工作；全年西藏对外贸易进出口总值 40.16 亿元。关区 2 个单位获评西藏自治区文明单位，3 个单位复核认定为西藏自治区文明单位；截至 2021 年，关区共有 5 个全国文明单位，实现文明单位全覆盖。关区 1 个单位获评“西藏自治区抗击新冠肺炎疫情先进集体”，1 个单位获评“全区脱贫攻坚先进集体”，1 个单位获评“西藏自治区巾帼文明岗称号”，1 个单位获评“西藏自治区级青年之家”，14 人获省部级以上荣誉。

【党的建设】2021 年，拉萨海关坚持把学懂弄通做实习近平新时代中国特色社会主义思想作为首要政治任务，坚持把学习领会、贯彻落实习近平总书记重要指示批示精神作为“第一议题”，引导全体党员坚定捍卫“两个确立”，做到“两个维护”，把讲政治的要求始终体现到忠诚履职、把好国门的具体实践中。组织“第一议题”、党委理论学习中心组学习 50 余次。开展党史学习教育和“政治标准要更高、党性要求要更严、组织纪律性要更强”专题教育，举办处级干部读书班、支部读书会、青年读书沙龙，党委中心组读书班和青年理论学习小组被区直机关工委评为示范班、示范点。以“学史・铸魂”为主线，坚持用党的历史讲好政治，深挖用好高原海关红色资源，拍摄《雪山不语　大爱无疆》《唱支山歌给党听》微视频，编排《一封家书》情景剧。讲好高原边关红色故事，西藏自治区内 70 余家单位近千人次前来关史馆开展沉浸式教学。狠抓巡视整改任务落地，坚持“五个导向”（政治导向、责任导向、问题导向、结果导向、系统导向）原则，创新建立“4 台账+2 登记表+1 清单+1 日志”的台账管理制度。将巡视反馈问题整改工作纳入关区巡察重要内容，针对普遍性深层次问题，组织开展违禁品监管、准军事纪律规范、公车使用管理 3 个专项整治。开展了对 11 个单位部门的常规巡察和 2 个单位部门的巡察“回头看”，提前 1 年完成本轮巡察全覆盖。开展关区政治生态分析和对党委班子成员履职尽责、廉洁自律情况分析，党委各派驻纪检组组长与驻地单位班子成员开展廉政工作谈话 41 人次。推进模范机关创建，评选

"四强"支部树立标杆，深挖党建品牌，4个品牌获评全国海关基层党建示范（培育）品牌，实现"一支部一品牌一特色"。

【法治建设】2021年，拉萨海关印发《拉萨海关关于2021年法治工作要点》，明确工作重点和任务目标；同时根据《"十四五"海关发展规划》《"十四五"海关法治建设规划》，拟订相关实施方案。落实总署关于2021年法治宣传教育工作要求，组织"8·8海关法治宣传日"等线下宣传活动，开展"疫情防控+法治同行"等线上答题活动，参与人数600余人次，覆盖率75%。举办新修订《行政处罚法》、宪法专题讲座。派出关区公职律师轮值工作10人次；组织召开拉萨海关2021年第一次案件审理委员会；组织完成拉萨关区拉萨、成都方面法律顾问合同续签事宜；组织完成2021年度关区"三项制度"监督检查。参与总署、西藏自治区相关立法征求意见工作。

【风险管理】2021年，拉萨海关持续抓实常态化口岸疫情风险防控。加大疫情信息收集、分析力度，撰写疫情风险分析报告，发布疫情防控风险预警。防范疫情叠加风险，严格落实总署要求，加强对疫病疫情的关注度，严格防范埃博拉、拉沙热、中东呼吸综合征等其他疫病疫情输入风险。结合关区特殊交货方式，对"倒装（甩挂）"交货模式下的进出境运输工具采样检测进行分析研判。结合实际开展濒危动植物及其制品、野生动物及其制品和"洋垃圾"风险防控工作。落实"蓝天2020"和"国门利剑"行动。加载涉濒危动植物布控规则和涉"洋垃圾"布控规则，查获涉濒危动植物及其制品9起。推动口岸安全风险联合防控工作。围绕建党100周年、西藏和平解放70周年等重大节庆活动，严格落实总署相关专项行动要求。开展后续风险管理，提升风险处置类稽核查指令有效率，人工分析专项稽核查结案企业数4家，实现税款应收尽收。加强风险信息采集和涉检风险分析，提高涉检人工分析查获水平。

【税收征管】2021年，拉萨海关共征收税款2.06亿元，同比增长23.18%。其中，关税7,298.94万元，同比增长24.36%；进口环节税13,253.03万元，同比增长22.54%。关区税款净入库2.03亿元（不含返税及退税数据），同比增长23.03%。关区"自报自缴"报关单832票，自报自缴率为83.28%；新一代电子支付税单1,812票，新一代电子支付率为100%；采用汇总征税方式申报报关单714票，汇总征税率为71.47%。深化属地纳税人管理工作；完善关区属地纳税企业底账，建立"双特"价格台账，对重点外贸企业开展纳税遵从度评估；组织专人对关区应税报关单开展专项复核，进一步引导企业提高规范申报率。全年共制发"征免税确认通知书"409份，同比增长60.39%，征免性质主要为航空公司进口飞机、航材减免、高等学校。关区非贸渠道共开具税单587票，同比增长42.13%。因疫情原因，关区陆路口岸和航空口岸旅检渠道暂无人员进出，进境物品零征收。

【检验检疫】2021年，拉萨海关开展常态化外来有害生物监测和境外疫情信息收集研判。开展实蝇、沙漠蝗和红火蚁等监测工作，出动监测1,914人次，在监测捕获实蝇中，经送检确定3种7头为海关在吉隆口岸首次发现。加强境外动植物检疫舆情信息收集、分析和预警工作，下发"非洲猪瘟"疫情等5份疫情警示通报。检验监管进出口食品农产品155批次，动植物及其产品47批次。开展打击非法引进外来物种和种子苗木"国门绿盾2021"行动，通过寄递渠道截获进境植物植株1批次，并做销毁处理。落实重大动植物疫情疫病传入防控，组织指导开展动物疫情应急演练7次，提高口岸应对突发重大动物疫情的应急处置和实战能力。构建西藏进出口食品安全协作体系，与西藏自治区市场监督管理局建立进出口食品安全质量监管协作机制。关注社会热点，开展进出口食品安全检查等行动7次，强化进出口食品安全监管，开展进出口食品安全宣传，保障进出口食品安全。助力青稞、茶叶等西藏优质特色食品实现出口“零突破”。84人分别取得进出口危险货物及其包装检验监管、出口烟花爆竹检验监管、出口打火机检验监管岗位资质；危险货物及其包装检验资质人员已实现隶属海关全覆盖。通过“教、学、练、赛”一体化的方式，组织关区71名关员参加总署开展的“万人争先”线上练兵。所属吉隆海关查获3起伪瞒报危险化学品及危险货物。进出口危险化学品及其包装检验工作规程、出口医用氧检验监管工作指引，进一步规范关区危险货物及其包装检验监管工作；多次上门走访西藏医用氧生产企业等，及时答复企业业务咨询；“一对一”指导隶属海关开展检验监管工作，完成3批共41.2吨45.8万元援助出口尼泊尔医用氧的检验监管工作，完成4批共1,500吨货值355.72万元出口尿素的检验监管工作。

【监管业务】2021年，拉萨海关严格落实“客停货通”“点对点、零接触”交货模式和“三个100%”检疫监管要求，隶属聂拉木海关日均监管甩挂车辆由年初的3台次、6个集装箱增加到13台次、26个集装箱；隶属吉隆海关日均监管倒装车辆由5台次增加到9台次。对“一带一路”沿线国家和地区进出口总值19.82亿元，同比增长38.4%。配合西藏自治区口岸办按程序报批口岸货运通道临时关闭或恢复开通事宜。开展“龙腾行动2021”知识产权保护专项行动，查获出口环节涉嫌侵犯知识产权货物4.8万件（个）、价值174.1万元，同比分别增长6.4倍、3倍。采取“产地检验、口岸查验放行”模式，完成首批化肥出口通关。根据疫情形势发展变化，动态调整口岸疫情防控监管措施，通过实地、视频监控系统加强检查。

【海关统计】2021年，西藏自治区对外贸易进出口总值40.16亿元，同比增长88.3%。其中，出口22.52亿元，同比增长74.1%；进口17.64亿元，同比增长1.1倍；贸易顺差4.88亿元。（见表6-7）

表6-7　2021年西藏自治区外贸总值表

项目	金额（亿元）	同比（%）
进出口总值	40.16	88.3
其中：出口	22.52	74.1
进口	17.64	110.2

2021年，西藏自治区有进出口实绩的企业104家，同比增加21家。民营企业进出口25.68亿元，同比增长40.3%；国有企业进出口14.03亿元，同比增长8.1倍；中外合资企业进出口0.43亿元。一般贸易和边境小额贸易进出口总值分别为22.55亿元和17.22亿元，同比分别增长1.0倍和78.1%。从商品结构看，进口高新技术产品14.88亿元，消费品1.68亿元，医药品1.63亿元；出口服装8.42亿元，机电产品5.40亿元，农产品0.77亿元。从各地市情况看，拉萨市进出口36.17亿元，同比增长1.3倍，其中，拉萨经济开发区23.29亿元，同比增长2.2倍；日喀则市和那曲市贸易规模均在亿元以上，贸易值分别为1.73亿元和1.48亿元；昌都市4,607万元，同比增长28.8%；山南市2,344万元，同比增长35.4%；林芝市672万元，同比增长1.7倍；阿里地区142万元，同比增长2.3倍。

【企业管理和服务地方】2021年，拉萨海关深化“放管服”改革，以“海关行政审批网上办理平台”与国务院办公厅相关平台对接为契机，按规定对“报关企业注册登记”等3项行政审批实施备案管理。推进税收征管改革，采取“智能审核+自助打印”方式打印首张原产地证书。形成同地方部门的常态化联系工作机制，扩大“多证合一”覆盖面和应用率，进一步降低企业制度交易成本。培育西藏首家AEO海关高级认证企业，并帮助申请地方配套普惠性政策奖励。会同总署企业管理和稽查司首次联合推出汉藏双语AEO认证宣传资料，实现海关信用管理汉藏双语政策宣传涉藏省区全覆盖。继续开展AEO海关高级认证企业培育，配合总署推动中尼AEO互认工作进程。开展“我为群众办实事”“万百千（‘走万里、访百企、解千难’稳外贸促增长）2021”专项行动，通过“一对一”政策解读、“手把手”实操指导等方式有效解决企业问题123个。发挥海关技术管理优势，为西藏“水、茶、乳、蜜、菌”等特色产业、“地球第三极”品牌提供实验室检测支持、企业注册管理和信息服务。开通设置农副产品、疫情防控物资绿色通道，保证重点产品出口时效。持续推进尼泊尔饲草准入工作，推动“百万亩草场梯级支持计划”。

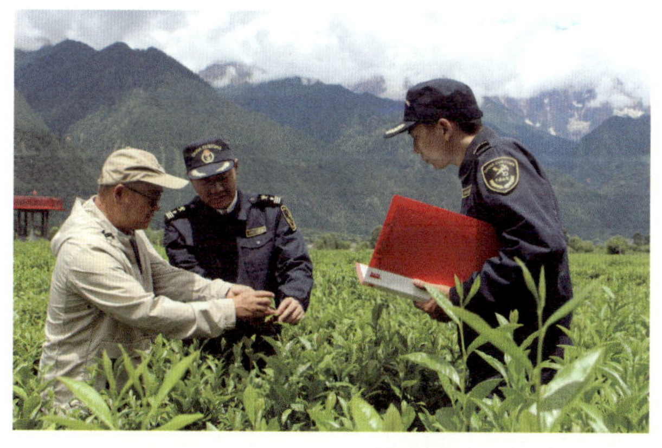

▲2021年7月27日，林芝海关派员赴易贡茶场开展出口食品原料种植园实地检查

【查缉走私】2021年，拉萨海关缉私局推动区内打私办成立工作，进一步健全打私机构设置，组织召开2021年西藏自治区打击走私综合治理座谈会。开展“国门利剑2021”“蓝天2021”等专项行动，查办走私犯罪案件3起，查获黄金10千克、冬虫夏草2.27千克、高鼻羚羊角1.3千克、象牙制品0.795千克。查办走私违法一般案件13起，同比增长5.5倍，案值584.29万元，没收违法所得67.12万元。查办快速办理案件7起，同比上升40%。牢固树立总体国家安全观，切实发挥打私工作在维护西藏稳定方面的作用，始终把打击涉枪涉爆涉毒走私作为维护社会治安大局稳定、推进平安西藏建设的重要举措。完成建党100周年和西藏自治区和平解放70周年大庆安保维稳工作。打击整治危害人民生命财产安全的固体废物、冻品等有害物质走私，满足人民群众对安全食品、清洁空气、绿色家园的期待。组织开展“健康人生　绿色无毒”的反走私进校园、“打击濒危物种走私，保护生物多样性”进商场等集中宣传月活动，通过张贴海报、发布微博等形式，组织开展形式多样的打私宣传教育活动。

【政务管理】2021年，拉萨海关严格落实精文简会要求，关区发文数量较2020年压减31.48%。向西藏自治区党委、政府报送信息144篇，获评“政务信息报送工作先进集体”。2条视频被中央电视台采用，3条视频画面被西藏电视台采用。1篇报道在新华网海外版刊登并被10余家国内外媒体转载。《“云端国门”——亚东海关》被《海关档案故事》收录。执行12360海关服务热线“7×24小时”人工服务运行受理机制；拉萨海关门户网站新增模块2项、栏目4个，及时高效协调解决群众反映问题2件。

【财务及后勤保障】2021年，拉萨海关做好关区疫情防控资金及物资保障，配合地方疫情防控工作。完善关区物资储备体系，因地制宜，建立拉萨、日喀则、狮泉河三点物资储备仓库。落实过“紧日子”要求，加强资产管理，充分利用现有资产，不断提高资产利用率。全年全关完成涉案财物处置42批；落实总署查获走私冻品及非法入境固体废物归口处置移交工作，与西藏自治区政府建立走私冻品及固体废物归口处置移交机制。建立健全财务管理制度，年内修订完善采购管理、基本建设管理相关制度，切实防范非执法领域廉政风险。

【科技发展】2021 年，拉萨海关先后组织 3 批科技人员实地开展跟班作业，征求关级问题已全部解决。赴基层海关开展科技工作调研，加强与内地海关的沟通交流，提出推动“三智”建设的主要举措。发挥科技支撑保障作用，获批主持 1 项，参与 4 项，主持地方科研（制标）项目 4 项。完成拉萨海关移动办公软件认证试点应用、现有视频监控平台优化、集中审像和智能审图系统升级；推进拉萨综合保税区海关信息系统建设；发挥前台设备运维服务能效，受理响应服务 1, 315 单，满意度达 100%；完成业务办公系统升级更新 148 次。推进实验室建设管理。落实安全监督职责，加大检查力度，持续开展每日巡查，筑牢实验室安全“防火墙”；优化关区实验室规划布局，完善“重点、区域、常规”三级架构和口岸专项实验室体系；推进实验室能力建设；关区两中心实验室实现检测项目新增扩项 60 项，同比提升 13. 76%。

【督察内审】2021 年，拉萨海关配合完成署级审计及审计问题整改落实工作。成立拉萨海关审计问题整改工作小组，推进整改落实工作，按期上报执行总署审计整改工作情况报告。聚焦非执法领域重点事项和关键环节，完成 2 个事业单位主要负责人的经济责任审计。推进督察项目清单式管理，统筹完成跟踪督察任务 4 项。深化内控机制建设，组织召开“2021 年拉萨海关内控工作领导小组”专题会议，强化各层级内控组织领导，压实内控主体责任。定期通报“海关内部控制与监督子系统”（HLS 2017）应用绩效，邀请黄埔海关内控专家以远程视频方式开展内控培训，提升关区整体内控意识和能力。配合完成署级综合保税区落实优化保税监管措施执法评估任务，完成关级减免税政策落实情况执法评估任务。

【队伍建设】2021 年，拉萨海关突出理论武装，做好干部思想铸魂，通过“线上读书班”“青年党校”等载体，组织理论专题培训 23 期次，培训 1, 692 人次；组织“高原 e 课堂”培训 28 期，2, 326 人次参训；组织海关业务自主专题培训 39 期，606 人次参训。持续落实“五大体系”建设部署，突出政治标准和实干实绩导向，紧扣高原海关发展需要，选优配强各级领导班子，打造一支忠诚、干净、担当的高素质专业化干部队伍。统筹关区人力资源，开展轮战 11 批次，选派 56 名干部赴口岸一线支援疫情防控工作，有效充实一线人员力量，保障一线人员轮休和休假。招录医学背景人员充实干部队伍力量。注重精准分类量化考核，参照直属海关领导班子客观考核指标，制订拉萨海关季度及年度量化考核指标，并结合工作推进进行评分，发现问题及时督促整改，关区工作质量进一步提升。稳步推进、巩固拓展脱贫攻坚成果与乡村振兴有效衔接等各项工作，选派 12 名驻村干部参加驻村工作。

【西藏首个海关特殊监管区域】拉萨综合保税区于 2020 年 4 月 27 日经国务院批准设立。2021 年，拉萨海关稳步推动拉萨综合保税区各项工作开展，牵头组织开展对拉萨综合保税区预验收工作。多次上门服务、实地指导，开展国务院关于促进综合保税区高水平开放高质量发展 21 条措施等政策宣讲。前往内地考察学习综合保税区预验收工作流程、监管查验基础设施建设等相关经验。主动衔接综合保税区基础设施建设，指导拉萨综合保税区筹委会按照综合保税区基础和监管设施标准建设海关监管设施、海关办公配套设施、专业技术用房及隔离围网、车辆和人员进出的专用通道、卡口、查验场地、监管仓库、检验检疫处理场所和设施，并对监控系统、信息化管理系统进行安装调试，做好预验收前的各项准备工作。2021 年 1 月 25 日，拉萨综合保税区通过预验收。3 月 31 日，拉萨海关与拉萨市人民政府通过视频方式向总署自贸区和特殊区域发展司汇报拉萨综合保税区预验收工作情况。

【口岸疫情防控】2021 年，拉萨海关严格落实口岸疫情防控闭环，同步推进“人、物、环境同防”“多病共防”，严格口岸卫生检疫，积极推动口岸检疫消杀合规化。监管检疫吉隆、樟木口岸单向出口货物倒装车辆、甩挂车辆、进出境集装箱，对中方司机、甩挂作业人员实施健康监测，签发“国际旅行健康证明书”。严格口岸卫生监督工作，完成年度口岸食品安全抽检计划和口岸卫生监督工作计划。完成口岸卫生监督员资质考评及备案工作，67 人取得“口岸卫生监督员”资质证书。针对尼泊尔新冠肺炎疫情蔓延、医疗物资短缺尤其是医用氧告急情况，第一时间梳理完善关区危化品监管通关流程措施，确保 41.2 吨医用氧顺利出口，监管验放对尼出口防疫物资。

▲2021 年 5 月 22 日，聂拉木海关关员验放援尼物资

（撰稿人：王　柯　王　琦　王顺芝　旦巴江措　白玛央宗　兰　晓　刘　通　杨　飞　李　刚　李俊英　李新灵　宋　亮　林　琳　周灵霞　参木决　胡德戎　袁金涛　唐　利　唐林桥　康　玲　琼　达　彭洪娥　辜红卫　熊官清　德　吉）

西安海关

【概况】西安海关于 1984 年 5 月 1 日经国务院批准成立，管辖范围为陕西省全境，包括西安市、铜川市、宝鸡市、咸阳市、渭南市、延安市、汉中市、榆林市、安康市、商洛市等 10 个地级市，面积 20. 56 万平方千米。下设 10 个正处级隶属海关：西安咸阳机场海关、西安车站海关、西安邮局海关、关中海关、宝鸡海关、榆林海关、延安海关、渭南海关、汉中海关、商洛海关。另设正处级隶属海关单位西安海关风险防控分局。

2021 年，西安海关坚持以习近平新时代中国特色社会主义思想为指导，深入推进政治建关、改革强关、依法把关、科技兴关、从严治关，统筹口岸疫情防控和促进外贸稳增长，强化监管优化服务。年内，陕西省进出口总值 4, 757. 75 亿元，较 2020 年增长 25. 9%。精神文明建设稳步推进，西安咸阳机场海关团支部获评“全国五四红旗团支部”，宝鸡海关获评第 20 届“全国青年文明号”。

【党的建设】2021 年，西安海关党委全面落实新时代党的建设总要求，以党的政治建设为统领，以推进党建高质量发展为主线，持续推进准军事化海关纪律部队建设，落实全面从严治党各项任务，为建设社会主义现代化西安海关提供坚强政治保证。一是坚持“第一议题”制度，学习贯彻习近平新时代中国特色社会主义思想。利用党委会、形势分析及工作督查例会、理论中心组学习等多种形式，一体学习贯彻、一体推进落实，召开党委会 50 次、形势分析及工作督查例会 12 次、理论中心组学习 10 次，学习贯彻习近平总书记重要讲话和重要指示批示精神 177 篇次，举办 4 期处级干部党的十九届五中全会精神暨党史学习教育集中轮训班和为期 5 天的党的十九届六中全会精神专题学习班，邀请专家授课 7 次，推动党员干部深刻领会“两个确立”的决定性意义，增强“四个意识”、坚定“四个自信”、做到“两个维护”，牢记“国之大者”。二是强化政治机关建设，以实际行动走好“两个维护”第一方阵。打击“洋垃圾”、象牙虎骨等濒危物种及其制品走私，打好“蓝天保卫战”“秦岭保卫战”，查获象牙制品 976. 53 克、穿山甲鳞片 100. 50 千克、活体珊瑚 423 株；开展乡村振兴帮扶工作，选派 1 名驻村第一书记和 2 名工作专班人员，帮助脱贫村发展特色产业、解决民生难题、夯实致富基础；落实巡视整改，2019 年总署党委巡视西安海关党委提出的 63 项整改任务全部完成。三是党建引领成效突出。西安海关设基层党组织 90 个（其中机关党委 1 个、党总支 9 个、党支部 80 个），党员 712 人（其中在职党员 528 人、离退休党员 184 人），通过巩固深化“强基提质工程”，推动“四强”支部和“五星级”党支部建设，西安咸阳机场海关综合业务科党支部、西安海关风险防控分局党支部复核通过总署党建示范品牌，关中海关第四党支部、咸阳机场海关旅检一科党支部、榆林海关党支部复核通过总署党建培育品牌；优化基层党组织设置，基层一线实现“支部建在科上”全覆盖。四是打造清廉海关。发挥纪律监督和派驻监督作用，常规巡察8个单位、专项巡察8个部门，发挥巡察“利剑”作用，强化“不敢腐”的震慑；开展“现场监管与外勤执法权力寻租”专项整治，推动制修订规章制度31项、建立工作机制10项、完善作业流程3项，264项整改措施全部落实，扎紧“不能腐”的笼子；深化日常廉政教育，组织开展“十个一”廉政警示教育系列活动，增强“不想腐”的自觉。

【党史学习教育】2021年，西安海关抓住4个重点，扎实开展党史学习教育。一是突出“细安排”，制订工作方案、重点任务清单，细化14个方面61项任务。明确责任领导、主办部门和完成时限，层层压实责任，动态补充完善；成立2个党史学习教育巡回指导组，巡回督导，确保各单位高标准、高质量完成各项任务，提升工作成效、打造特色亮点。二是突出“深入学”，丰富学习形式。围绕4本指定教材和4本参考资料，组织专题读书班4次，邀请专家授课辅导，党委书记带头领学并重点发言，党委委员结合实际做发言、谈体会；各部门单位通过理论中心组学习、党支部“三会一课”、主题党日等形式开展读书班230次、专题学习186次；全方位、多层次开展宣讲，组织“学史·铸魂”红色讲坛、“百年党史大家讲”等活动，党员干部轮流讲党史故事、诵读红色经典，组织宣讲报告300余次。三是突出“氛围浓”，注重经验交流。开展“红色点亮初心”活动，组织全关各级党组织开展体验式党史学习教育46批次，开展“学党史·祭英烈”活动，各基层党组织就近就便赴烈士陵园、公墓祭奠英烈30批次；打造122米“党史知识宣传长廊”，回顾党的百年奋斗历程；编发党史学习教育工作简报94期，宣传党史学习教育中的好经验、好做法。四是突出“办实事”，着力成果转化。党委班子成员带头赴基层调研30余次，各基层党组织调研109次，聚焦国门安全工程、便民利企工程、暖心聚力工程，制订“我为群众办实事”实践活动两级党委重点项目165项、落实措施514条，倒排时间、挂账销号，各部门单位及隶属海关为群众办实事解难题220件，各类媒体宣传报道西安海关“我为群众办实事”情况177篇（次）；探索建立业务问题收集反馈、机关直接服务基层等2个长效机制。

【风险管理】2021年，西安海关聚焦主责主业，始终将国门安全风险防控作为工作的重中之重。深入推进打击走私“国门利剑”、禁止“洋垃圾”入境“蓝天”、邮递渠道安全准入风险防控“清邮”、打击跨境电商进口走私“断链刨根”等专项行动，强化风险信息搜集分析。构建关区风险统一防控机制，实现业务领域、业务渠道、业务流程全覆盖。研究探索大数据平台应用，建立“云擎”大数据模型29个，发布平台级中欧班列大数据模型4个。针对非贸易渠道重点安全准入查发进行快速响应，建立风险防控、缉私情报信息交换共享机制，移交后续稽查及缉私立案59起。强化口岸安全风险防控合力，建立健全口岸安全联合防控工作制度。

【税收征管】2021年，西安海关完成征收税款87.07亿元，其中关税21.63亿元、进口环节代征税65.44亿元，同比增长17.50%，与全国总体增长水平基本持平，创西安关区历史新高。一是深入推进税收征管改革。开展关税保证保险担保业务77份，担保额度7.96亿元；汇总征税企业175家，征收税款40.60亿元，同比增长14.30%；分期纳税项目运行平稳，分4期缴纳税款5.27亿元；属地纳税人管理全面落地，对西安关区前30位税源企业进行深入分析，建立重点税源企业底账和特殊关系、特许权使用费“双特”台账，开展纳税遵从度评估，实施差别化合规管理服务。二是完善税收风险防控体系。定期开展税单、担保管理监控核查，参考审计成果对 18 项具体业务门类开展自查；开展特许权使用费、非贸价格参数等风险研判，加载 10 余条非贸价格风险参数；完成税收风险报送 128 条，同名异号商品处置 163 种。三是开展原产地政策宣传。做好停止对输欧盟成员等 32 国（地区）货物签发普惠制原产地证书政策宣传；开展 RCEP 政策宣讲，为 400 余家企业开展专题培训；完成原产地管理系统上线升级；签发原产地证书 1.85 万份，签证金额 16.18 亿美元，企业享受税收优惠约 3.73 亿元。

【卫生检疫】2021 年，西安海关坚持“外防输入、内防反弹”总策略，筑牢夯实疫情防控思想认识、口岸检疫、监督监管、安全防护、应急处置、防控保障、内部管控等“七道防线”。主要领导亲自部署、坐镇指挥，党委委员深入一线、现场督导，各级党组织履职尽责、勇挑重担，召开统筹口岸疫情防控和促进外贸稳增长工作指挥部会议 27 次、内部防控应急处置指挥部会议 20 次、专题会议 59 次，研究部署疫情防控工作。强化“人、物、环境同防”，严格落实入境人员“三查三排一转运”，建立从国门到集中隔离点（定点医院）全链条闭环管理，口岸体温监测 10.53 万人次，检出新冠肺炎确诊病例（含无症状感染者）459 例。检测进境冷链食品和高风险非冷链集装箱货物核酸样本 1.95 万个，监督开展集装箱预防性消毒 637 个、货物外包装预防性消毒 8.15 万件，实施进境航班布控与终末消毒监督 135 架次。开展安全防护工作，建立“培训考核、监督管理、自查督查”三位一体的安全防护体系，健全现场“岗前检查、工作巡查、全程督查”和“双人作业、互相监督”安全防护监督制度，从严顶格做好一线人员安全防护配备，开展个人防护培训考核。提升应急处置能力，建立三级联动应急指挥体系，制“一线、预备、应急”三级梯队运行机制，开展桌面推演、应急处置演练。强化疫情防控保障，充实专业人员到一线口岸，多方争取疫情防控资金支持。严格内部管控，始终坚持最严的聚集性活动管控、最严的人员管理、最严的值班值守、最严的疫苗接种，采取果断坚决措施有力应对陕西省本土新冠肺炎疫情。2021 年 12 月西安全市实施封闭管理，西安海关全关上下连续 28 天坚守岗位，食宿在办公场所，实现工作“不断链”、全员“零感染”。

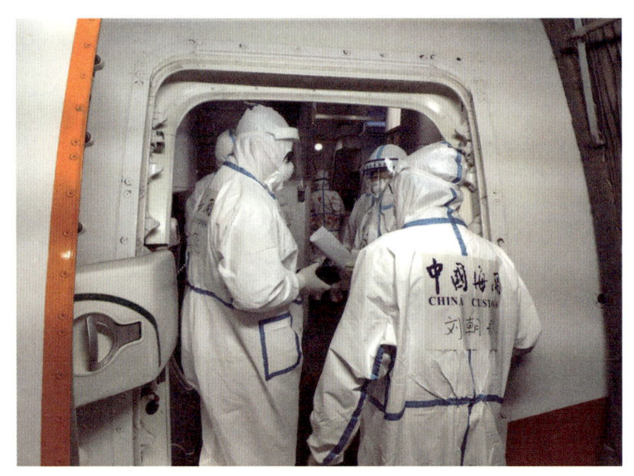

▲2021 年 2 月 8 日，西安咸阳机场海关关员对进境航班实施登临检疫

【动植物检疫】2021 年，西安海关贯彻落实习近平生态文明思想、总体国家安全观和“筑牢口岸检疫防线”“当好秦岭生态卫士”等重要指示批示精神，严格进出境动植物及其产品检疫监管。指导建成陕西省首个进境种羊隔离检疫场，许可进境奶山羊 2,500 头，支持优质种质资源引进，监管进境种猪 531 头、种鸡 1.10 万羽、种苗 4.30 万株。监管保障 3,149 头活牛供应港澳市场，数量居全国第一。开展国门生物安全风险监测体系建设，设置检疫监测点 515 个。参与出版《陕西地区重点关注的进出境植物检疫性有害生物图谱》。严防非洲猪瘟、高致病性禽流感、沙漠蝗、松材线虫等重大动植物疫情疫病传入，截获检疫性有害生物 3 种 30 种次，一般性有害生物 47 种

242种次。开展“国门绿盾2021”行动，截获非贸易渠道禁止入境动植物及其产品232批，截获外来入侵物种62种81种次。注册出境水果包装厂和水果果园达503个、35万亩，监管出口水果9.02万吨、7.24亿元。

【食品商品检验】2021年，西安海关强化进出口食品、商品检验监管，确保质量安全。落实“四个最严”要求，监督抽检进出口食品482批，检测项目7,130项次；风险监测供港蔬菜10批，检测项目2,450项次，合格率100%。完善进出口商品质量安全风险预警和快速反应监管体系，推动陕西省政府召开陕西省完善进出口商品质量安全风险预警和快速反应监管体系工作会议。压紧压实进出口危险化学品和危险货物检验监管责任，检验进出口危险品3,302批，检出不合格86批。开展进出口商品质量安全风险监测49批、跨境电商进口消费品风险监测10批，检出不合格7批。

【监管业务】2021年，西安海关深入推进全业务领域一体化改革，持续落实监管制度改革。一是推进加工贸易监管改革。开展集中审核作业，加工贸易业务实现全流程无纸化、无接触在线办理；开展企业集团加工贸易监管模式改革，8家企业保税货物实现跨关区自由调拨、自主申报、自主存放；推动陕西省首单加工贸易边角废料内销网上公开拍卖顺利落槌。二是口岸正面监管精准有效。助力第十四届全国运动会和第十一届残运会暨第八届特奥会精彩举办，组织口岸监管环节涉恐突发事件实战演练，周密做好人员出入境卫生检疫、重要来宾礼遇通关等保障；推进安全生产专项整治三年行动，开展海关监管作业场所（场地）“双随机、一公开”巡查；开展打击跨境电商进口走私“断链刨根”专项行动，风险摸排备案企业450家，查获涉嫌伪报跨境电商货物1起，“清邮”专项行动首次查获新型毒品LSD“邮票”30片、麻古6,624.88克、冰毒5.95克等；开展知识产权海关保护“龙腾行动2021”，查获侵权嫌疑货物2.60万件、170.10万元，同比分别增长38.90倍、100.60倍。三是转变企业管理理念。推进后续监管改革，制订实施“百家企业信用培育”计划，2021年陕西省高级认证企业数量同比增长67%，达到40家；聚焦转变稽查理念、提升稽查效能，开展稽核查作业347起。四是持续优化口岸营商环境。深化“放管服”改革，进出口环节需验核监管证件由86种减少到41种，报关单位全国通办、全程网办、注销便利化等措施全面落地，不断激发外贸市场主体活力，2021年新增注册进出口企业1,715家；开展通关便利化改革，扩大“两步申报”“两段准入”应用范围，推动将陕西纳入首批国际贸易“单一窗口”航空物流公共信息平台建设试点省份，“单一窗口”主要业务应用率保持100%。2021年12月出口通关1.13小时、进口通关34.34小时，较2017年分别压缩82.31%和62.08%。

【海关特殊监管区域管理】2021年，西安海关落实落细国务院促进综合保税区高水平开放高质量发展21项任务，按照总署党委10项具体要求细化措施18项，推动综合保税区建设加工制造、研发设计、物流分拨、检测维修、销售服务“五大中心”。推广“四自一简”政策，区内企业自主备案、合理自定核销周期、自主核报、自主补缴税款，简化境内入区的不涉及出口关税、贸易管制证件、退税且不纳入海关统计的货物物品的进出区监管模式。2021年陕西省综合保税区增至7个，位列中西部省份第一、全国第六。其中，西安综合保税区是西北第一个封关运营和规模最大，也是陕西省业务种类最丰富、新型业务形态最集中的综合保税区；西安关中综合保税区和高新综合保税区聚集两家全球半导体制造龙头企业及100余家上下游配套服务企业，形成较大规模的半导体产业集群，是陕西省进出口值最大的两个综合保税区；西安航空基地综合保税区是以航空制造产业为主的综合保税区；陕西西咸空港综合保税区是临空型综合保税区；宝鸡综合保税区是陕西省唯一的地级市综合保税区；陕西杨凌综合保税区（在建）是全国唯一以农业为特色的综合保税区。2021 年，全省综合保税区新增企业 155 家，同比增长 76.40%，进出口值 3,238.40 亿元，同比增长 25.10%。同时，开展自由贸易试验区改革试点经验推广复制，陕西省具备开展条件及涉及海关业务领域的 29 项任务全部落地。西安海关推出 6 项制度改革创新成功案例，“舱单归并新模式”在全国复制推广，“行邮税移动支付”在陕西省复制推广，“集成电路设计企业检测研发全程保税监管模式”获评陕西省最佳创新实践案例，“中欧班列散装粮食运输”监管创新案例被收入创新案例集锦，“互联网+进口快件派送跟踪”和“加工贸易云核报辅助系统”创新举措通过总署备案。

【支持陕西省深度融入“一带一路”建设大格局】2021 年，西安海关推动陆、海、天、网“四位一体”互联互通，助力陕西省深度融入“一带一路”建设大格局。一是支持外贸企业不断开辟拓展“一带一路”沿线市场。2021 年陕西省对“一带一路”沿线国家和地区进出口总值 810.20 亿元，同比增长 28.20%，占陕西省进出口总值的 17%。二是支持中欧班列（西安）集结中心建设。2021 年 9 月，在总署支持下，推动“铁路进出境快速通关”业务率先在西安落地，班列通关时效较 2017 年提升 70%，依托整车进口口岸及海关指定监管场地（场所）丰富班列回程货源，2021 年进出口整车 2.56 万辆，货值 64.90 亿元，中欧班列（“长安号”）开行 3,841 列，核心指标居全国前列。三是助力陕西省融入西部陆海新通道建设。保障陕西省首列西部陆海新通道班列（榆林—海防）开行，促进与东盟的贸易往来，2021 年陕西省对东盟进出口总值 465.40 亿元，同比增长 14.70%。四是支持打造空中丝绸之路。保障莫斯科—西安—阿拉木图第五航权全货运航线首航，年内监管进出境全货运航班 2,816 架次、货运量 7.40 万吨，同比分别增长 34.80%、35.60%。推动保税航油业务全面开展，监管保税航油进口 28 批次、4.67 万吨。五是支持陕西省打造跨境电商网上丝绸之路。开展跨境电商 B2B 出口监管试点，推行“跨境电商+海外仓”业务监管模式，管理跨境电商备案企业 420 家、备案运行海外仓 17 个。

▲2021 年 9 月 10 日，“铁路进出境快速通关”业务率先落地中欧班列（西安）集结中心

【查缉走私】2021 年，西安海关缉私局深化反走私综合治理，推动陕西省政府召开打击走私综合治理领导小组会议。开展“国门利剑 2021”专项行动，刑事立案 33 起、案值 1.34 亿元、涉税 4,658.60 万元，同比分别增长 10%、2.36 倍、6.59 倍；行政立案 111 起，同比下降 15.90%，案值 7.18 亿元，同比增长 5.30%，涉税 1,050 万元，同比增长 3.33 倍。侦办“水客”走私普通货物物品案 6 起，涉嫌偷逃税款 122 万元。侦办涉疫物资违法犯罪案件 1 起、妨害国境卫生检疫案件 1 起，对 1 名妨害国境卫生检疫人员采取强制措施。侦办重点涉税商品雪茄走私案件 7 起，案值 5,546.20 万元、涉税 3,031.20 万元，抓获犯罪嫌疑人 7

名、捣毁窝点3个、查扣涉嫌走私雪茄6,000余支，其中“8·06”集中行动为总署缉私局一级挂牌督办案件，案值3亿元、涉税1.62亿元。开展“国门勇士2021”专项行动，查获仿真气手枪零配件60余件，集中销毁走私毒品16.65千克。

【政务及后勤保障】2021年，西安海关统筹推进关区法律规范体系、法治实施体系、法治监督体系等机制建设，提升政务运行效能，规范财务管理，发挥督察内审作用，推动政务及后勤保障工作平稳有序发展。一是持续推进制度“立改废”。完善制度17项、废止3项，推进依法行政，严格落实“三项制度”，健全执法风险提示机制，开展法治宣传教育宣讲27次，建立48人的法治骨干队伍。二是提高政务运行效能。压减公文数量10%以上，“线上开会”占比超过40%，12360海关热线与地方12345热线合并；政务督查33项，荣获陕西省政务督查工作先进单位称号；明确保密责任和监督检查机制，无失泄密情事发生；档案管理规范有序，实现2020年前档案电子数字化保存；规范应急值班三级带班及重大、紧急情况和突发事件报告制度。三是加强政策分析研究。西安海关稿件获总署内刊采用5篇，报送陕西省委省政府31篇、获省级领导批示9次，对外召开新闻发布会4次，主流媒体正面报道西安海关工作600余篇（次）。四是全面加强预算管理。规范涉案财物管理，与陕西省生态环境厅建立非法入境固体废物移交处理工作机制，关区涉案财物连续3年“零库存”。五是深化内部督察审计。聚焦贯彻落实重大决策部署、强化监管优化服务、贯彻执行中央八项规定及其实施细则精神等三方面，开展跟踪督察项目6个，对6个隶属海关开展常规审计，对3个部门、1个事业单位开展专项审计；针对重点领域和关键岗位开展内控评价，建立覆盖17个业务领域的907个内控节点，“新海廉”平台处置异常数据2,749条。

【科技发展】2021年，西安海关坚持科技赋能，推进智慧海关建设，科技支撑作用更加明显。配备信息化前台设备193台，上线运行H2018通关管理子系统3.0版等37个署级系统，信息化基础资源不断优化。强化信息系统安全管理，清理各类型域账号630个，举办网络安全宣传周活动。科研项目获总署立项1项，申报省级项目2项，总署科技成果登记4项，通过专利申请1项，1项研究成果获评陕西省科技进步二等奖。完成海关技术规范标准制修订2项。新建口岸P2+实验室投入运营，实验室新增仪器设备109套、价值865万元，新增检测项目77项、能力验证56项，新版实验室管理系统顺利上线，实验室管理水平持续提升。

【队伍建设】2021年，西安海关坚持正确选人用人导向，干部人事工作平稳有序。加强专业技术人才队伍建设，3人获得副高级职称、3人获得中级职称，完成64名专业技术类公务员任职资格评定、37名非领导职务专业技术类公务员职级套转。

（撰稿人：刘义平　刘晶晶　张学斌　郑文欣）

兰州海关

【概况】兰州海关于1989年9月28日经国务院批准设立，最初为副厅级海关，2006年9月18日升格为正厅级海关。管辖范围为甘肃省全境。下设隶属海关7个：兰州中川机场海关、金城海关、敦煌机场海关、天水海关、酒泉海关、平凉海关和金昌海关。

2021年，兰州海关坚持以习近平新时代中国特色社会主义思想为指导，深化“五关”建设。坚持“外防输入、内防反弹”总策略，做好疫情防控工作。融入“一带一路”建设，服务甘肃外贸发展和对外开放。保持打击走私高压态势，严厉打击“洋垃圾”、象牙等濒危物种及其制品、防疫物资、涉枪涉毒走私。强化业务建设，提升监管水平，依法把关能力显著增强。将风险管理理念贯穿监管全过程，坚持深化改革，创新服务理念，全力促进外贸高质量发展。

2021年，跨境电商B2B出口、跨境电商出口海外仓两种业务模式在关区首次开展；保障首批平行进口车顺利通关，实现甘肃省整车进口业务“零突破”；方舱实验室管理制度在海关系统内得到推广，检测能力不断增强；服务甘肃特色外繁制种产业发展，菜豆晕疫病菌为全国口岸首次检出，有效保障国门生物安全；11种特色农产品实现首次出口，助力甘肃特色农产品出口范围持续扩大。

【党的建设】2021年，兰州海关围绕基层党建、纪检监察、巡视巡察上下联动和发挥群团力量，做好党建工作。推进基层党建工作。制订基层党支部建设标准化工作规范，各党支部、党员在疫情防控等急难险重工作中发挥战斗堡垒和先锋模范作用；开展干部职工思想动态调查，梳理15条意见建议，制订措施解决问题；建立“书记项目”35个；兰州海关所属金昌海关办公室与综合业务科联合党支部获评“全省标准化先进党支部”，兰州海关所属金城海关稽核科与保税监管科联合党支部通过全国海关党建示范品牌复核，兰州海关所属天水海关综合业务科党支部、兰州海关所属金昌海关办公室与综合业务科联合党支部通过全国海关党建培育品牌复核。加强纪检监察。开展“现场监管与外勤执法权力寻租”专项整治，排查重点关注岗位33个、廉政风险18条，落实针对性防控措施155条；探索纪检与审计监督贯通融合，聚焦专项审计发现的8个重点问题，对13个单位、部门开展跟进监督，以12条措施推动问题整改“清零”；充分运用“四种形态”监督执纪，关党委直接运用第一种形态13人次，运用第二种形态3人次，运用第三种形态1人次。推动巡视巡察上下联动。开展2次巡视整改“回头看”，落实巡视整改任务120项；对14个职能部门和1个事业单位开展政治巡察，巡察覆盖率达到92%。群团及离退休工作取得成效。机关工会完成换届选举，建立心理疏导热线，关心关爱疫情防控一线干部职工，落实工会会员普惠福利；机关团委开展共青团“学党史、强信念、跟党走”学习教育，发挥各级年轻干部学习研究小组作用；新成立2个团支部，壮大党的后备军力量；组织重阳节敬老活动，重点帮扶困难、患病、独居等老同志31人次；10名老党员获“光荣在党50年”纪念章。

【党史学习教育】2021年，兰州海关围绕学史明理、学史增信、学史崇德、学史力行，开展党史学习教育。推动全方位党史学习。创新开展“读一本党史书籍”“讲一段党史故事”“看一部党史电影”活动，举办“学史·铸魂”红色讲坛70次，各级党组织开展专题研讨186次，各隶属海关结合辖区特色打造“党史我来讲、四史微课堂”“青年关员讲党课”等栏目，形成“人人上讲台，周周有主题”的生动局面；举办党史知识“每日自测”“每周一测”“擂台赛”等系列活动，在海关文化建设西北协作区党史知识竞赛中获二等奖；发挥甘肃红色资源优势，各党支部赴哈达铺、腊子口等红色教育基地开展现场教育39次。推进“我为群众办实事”实践活动。开展3批“‘我为群众办实事’十佳项目”评选，评选出“十佳项目”27项，其中“推动天水跨境电商业务实现‘零突破’”入围总署“‘我为群众办实事’百佳项目”；采取关党委带队实地调研、设置关领导接待日、开通合理化建议邮箱等措施，征集到的82条意见和43项措施全部整改到位。

【法治建设】2021年，兰州海关以加强依法行政和抓好普法教育推动关区法治建设。坚持依法行政。制订相关制度管理办法，优化制度审核机制；建立“兰州海关行政执法规范指导平台”，构建三级制度体系，新建、修订制度及作业指导书119份；参与总署权责清单编制试点，梳理10项权责事项；开展“三项制度”推进落实情况“回头看”，编制行政执法目录清单，涉及项目315项，开展重大执法决定法制审核20次；优化关区行政审批流程，落实“证照分离”业务改革，修订完善行政审批服务指南；加强行政复议、行政应诉工作，办理行政复议案件1起，未引发后续行政诉讼。注重法治宣传教育。将普法工作融入海关执法全过程，围绕专题普法宣传活动，累计举办集中宣传21场次，发放图书资料1,500余册，组织普法参观活动1次，组织网上法治知识答题230人次；在《甘肃日报》《兰州日报》等媒体发表法治宣传稿件8篇；组织《习近平法治思想概论》《民法典》《行政处罚法》等法治专题讲座10场，参训并通过在线考试人员706人次。

【风险管理】2021年，兰州海关以防范化解各业务领域风险为目标，开展风险管理工作。加强检验检疫领域风险防控深度融合，采集上报安全准入领域风险信息26条，对4起涉及知识产权布控查发情事做出不予出口处置；转化布控、预警等风险处置12条；加强事前风险预警，向业务现场发布风险预警提示72次，总署采用兰州海关全国风险预警提示建议2篇、风险信息6篇、处置专项线索1条；加强后续监管联动，风险、稽查协同开展涉税风险专项分析，形成有效稽查指令14条；加强风险联合防控，参与西部陆海新通道区域海关及黄河流域海关专项风险研判4次，协同处置风险情报线索4条。

【税收征管】2021年，兰州海关以防控税收风险和强化税政服务为抓手，推进税收征管工作。深化综合治税。推进属地纳税人管理落实，完成29家纳税企业和20家报关企业底账信息采集；强化税收征管日常监控，关区税收入库及时率、担保处置率、汇率和税率适用准确率均为100%；开展归类、减免税等数据排查，纠错24起，退税18.7万元；公式定价延续性征税9,838.1万元，同比增加1.8倍；处置验估指令报关单824票，处置及时率100%。加强税政调研。提高石墨电极、超细铁粉出口退税率等6项税则调整建议通过全国海关税政调研第五片区和总署税收征管局审核，降低高纯镍锭出口关税税率等 3 项建议被总署采纳。推进汇总征税等担保改革。进出口企业应用担保税款金额共计 14.6 亿元，占同期入库税额的 80%，其中企业集团财务公司担保 11.8 亿元，节省企业成本逾百万元。落实国家税收优惠政策。制发征免税确认通知书 90 份；开展 RCEP 政策宣传，签发各类原产地证书 4,340 份，签证金额 3.4 亿美元，帮助企业享惠约 912 万美元。兰州海关 2021 年度征税数据见表 6-8 和表 6-9。

表 6-8　兰州海关 2021 年度税收入库情况统计表

项目	金额（万元）	同比（%）
税收入库合计	181,906	8.4
关税	2,175	69.12
进口环节税	179,731	7.95

表 6-9　兰州海关 2021 年度主要税源商品应税进口情况统计表

商品名称	税款	关税	增值税	同比
铜矿砂及其精矿	10.22 亿元	0.0	10.22 亿元	-4.22%
镍矿砂及其精矿	2.24 亿元	0.0	2.24 亿元	-21.95%
钴湿法冶炼中间产品	1.96 亿元	0.0	1.96 亿元	28.95%
铜锍	3,573.57 万元	0.0	3,573.57 万元	净增长
高含硫镍粒	3,037.25 万元	84 万元	2,953.25 万元	—
锌矿砂及其精矿	2,966.81 万元	0.0	2,966.81 万元	-38%
镍湿法冶炼中间产品	2,772.81 万元	0.0	2,772.81 万元	4.16 倍
原油	2,505.1 万元	0.0	2,505.1 万元	14.18 倍
全自动集成电路焊线机	2,322.23 万元	0.0	2,322.23 万元	—
球团矿	2,092.78 万元	0.0	2,092.78 万元	—

【监管业务】2021 年，兰州海关将风险管理理念贯穿监管全过程，围绕主责主业做好各项监管工作。深化业务改革。“两步申报”应用率 49.45%，同比增长 11 倍；货物贸易进口科学随机布控实现全覆盖，货运渠道人工查获率稳步提升；完成进出口货物整体通关时间压缩任务，关区进、出口整体通关时间比 2017 年分别压缩 65.17%、99.84%。规范口岸监管工作。开展 2021 年“安全生产月”和“安全生产万里行”活动，做好 6 个海关监管作业场所及 6 个海关指定监管场地的安全生产集中整治；推广运用新一代海关查验管理系统，扩大业务现场查验无纸化覆盖范围；推动旅检“先期机检”项目落地，提升口岸监管智能化水平。融入“一带一路”建设。跟进保障“天马号”等国际货运班列顺利发运，推动“中吉乌”多式联运海关监管新模式落地；监管国际货运班列 22 列，货运量 1.7 万吨，货值 3.1 亿元，同比分别增长 10 倍、6 倍、38 倍；服务黄河流域生态保护和高质量发展，细化 28 个方面 195 项具体措施。落实保税监管。支持镍矿砂及其精矿、针状沥青焦等开展加工贸易，以及阴极铜等深加工结转业务发展；推动保税航煤业务拓展，保税航煤出口 3.66 万吨，同比增长 266%。推动综合保税区高质量发展。细化出台抽样即放、内销便利化、废物出区等 3 条便利化措施，与省商务厅、新区管委会成立综合保税区发展绩效评估推进工作小组，8 次

组织开展综合保税区政策宣讲，对重点企业、重点项目开展一对一指导服务，推动木材“委托加工”业务落地。兰州海关2021年度监管数据见表6-10、表6-11和表6-12。

表6-10　甘肃省2021年度对外贸易进出口总值情况统计表

项目	金额（亿元）	同比（%）
进出口总值	490.9	28.4
进口总值	394	32.7
出口总值	96.9	13.2

表6-11　兰州海关2021年度监管进出口情况统计表

项目	数量	同比（%）
进出口货运总量	123.9万吨	11.8
进口货运量	122.8万吨	11.1
出口货运量	1.1万吨	288.8
监管运输工具（直航航班）	72架次	-73.1
出入境人员	2,106人次	-94.7

表6-12　兰州新区综合保税区2021年度进出口情况统计表

项目	金额（亿元）	同比（%）
进出口总值	77.2	141
进口总值	67.8	163.5
出口总值	9.4	49.2

【跨境电商新突破】2021年，兰州海关推动跨境电商B2B、跨境电商出口海外仓两种业务模式在关区落地。全面复制推广跨境电商B2B出口监管试点改革业务，2021年8月10日，经兰州海关所属天水海关检疫合格、通关放行，1.3吨“秦安蜜桃”通过跨境电商B2B模式顺利通关，这是甘肃、青海、宁夏三省（区）首单跨境电商B2B直接出口货物，标志着甘肃省跨境电商B2B试点业务实现“零突破”。12月10日，一批产自甘肃省天水市境内的鲜苹果，通过陆运方式经西藏吉隆口岸直接发往尼泊尔海外仓，这是甘肃省首票跨境电商出口海外仓业务，标志着甘肃省特色产品出口继跨境电商直接出口后，再添新通道。

▲2021年8月10日，天水海关关员对首单跨境电商B2B直接出口货物进行监管

【整车进口】2021年，兰州海关支持整车指定口岸发展，探索“综合保税区保税+整车口岸通关”模式完成整车进口。2021年12月16日，一批进口整车自德国杜伊斯堡起运，搭乘中欧班列从阿拉山口入境运至兰州陆港落地清关，这是甘肃省首批进口整车，结束了甘肃省整车进口必须从沿海口岸转运的历史。

【企业管理与稽查】2021年，兰州海关服务与监管并举，开展企业管理与稽查工作。帮扶培育企业发展。落实企业信用管理制度改革，将14家失信企业调整为注册登记和备案企业；开展企管条线、社会层面、重点企业等全方位多层面的政策解读和宣传，召开政策宣讲座谈会3次，涵盖关区全部原一般认证企业和信用培育重点企业；实施企业备案管理全程网办，审查时间由20个工作日缩减为当日；推进AEO培育、认证工作，开展企业信用培育22家，新增高级认证企业1家，推动《海关认证企业管理措施目录》落地实施，细化出台6类45条通关便利化措施；支持关区特色农产品出口，新增出境农产品种植养殖基地15家、出口食品生产企业注册备案28家，帮扶45家出口水果包装厂、46家备案果园取得国外注册资质，首家供港冷冻禽肉企业获得对外推荐资质，3家供港澳活牛育肥场通过香港食环署符合性审查；开展多层级知识产权海关保护联合宣传执法，培塑重点企业由2家增为3家。加强稽核查工作。坚持以查发为导向，大力推进稽查业务改革，开展特许权使用费、转移定价、加工贸易、商品归类和跨境电商“断链刨根”等5个稽查专项行动，开启稽查作业18起，查发问题13起，移交缉私部门处置3起，涉及货值约1,575.4万元；办结核查作业664起，同比增长1.8倍，发现问题移交相关部门处理作业202起；开发上线网上核查系统，年内利用该系统完成核查作业230余个，开展定期管理类核查531起，查发148起；与甘肃省市场监督管理局建立联合抽查工作机制，开展联合抽查作业1起。

【查缉走私】 2021年，兰州海关推动关区防控、监管、打击一体化打私体系建设，保持打击走私高压态势。年内，刑事案件立案2起，案值993.14万元，涉税724.38万元，移送审查起诉案件3起7人；行政案件立案11起，案值1,729.65万元，涉税330.58万元，查获关区首起特许权使用费违规案件。

【卫生检疫】 2021年，兰州海关围绕口岸卫生监督、卫生检疫管理、生物安全和疾病监测，开展卫生检疫工作。建设“一线、预备、应急”三级梯队，充实口岸疫情防控人员储备；组建安全防护监督员队伍，提高口岸一线人员安全防护能力；按照“一机一策”“一机一方案”，针对性开展9架次入境客运航空器卫生检疫；强化口岸卫生监督，实现关区42家口岸卫生许可单位卫生监督抽检、食品安全抽检全覆盖；推进检疫管理，做好出入境特殊物品卫生检疫审批管理，年内共开展特殊物品卫生检疫审批10批次；在关区内1个边境口岸（未开放）和2个航空口岸开展病媒生物监测，在马鬃山边境口岸（未开放）持续4年的病媒生物监测中首次发现病媒生物新纪录种蜱种（舒氏扇头蜱）1种；开展传染病监测，在出入境人员的监测体检中检出病毒性肝炎2例；在“全国疟疾日”“世界艾滋病日”等传染病防治宣传重要节点，累计向进出境旅客派发宣传材料1万余份。

【动植物检疫】 2021年，兰州海关聚焦促进甘肃省农业产业发展，开展进出境动植物检疫工作。完成2,804头进境种用动物口岸查验和隔离检疫工作，检出二类动物疫病5种类45种次；完成关区供港澳活牛、蔬菜、水果、饲料和动物源性食品疫情疫病监测和安全风险物质监控任务；参与世界动物卫生组织国际标准及国内标准的制修订、世界动物卫生组织法典评议、海关官方兽医管理办法起草专项工作，参与《进出境动植物检疫法》及其实施条例的修订工作。年内共检验检疫动植物及其产品5,772批，货值2.72亿美元。

【食品检验检疫】 2021年，兰州海关严格落实习近平总书记“四个最严”要求，加强进出口食品安全监督管理。支持特色产业发展，实现敦煌蜜瓜、平凉枸杞汁、天水蜂蜜、临夏鲟鱼、武威核桃、冬虫夏草、沙棘籽油、鲜切花、牛肉面、盐渍菜、香菇等11个特色农产品首次出口；依托中欧班列，支持扩大哈萨克斯坦油籽类产品转关进口；加强进口冷链食品监管，成立进口冷链食品业务条线安全防护监督员队伍，组织模拟实战演练2次，开展人员防护和应急处置专题培训3期。年内共检验检疫进出口食品2,613批，货值1.35亿美元。未发生进出口食品安全事故，出口食品国外通报为零。

【商品检验】2021 年，兰州海关聚焦“安全卫生健康环保”要求，加强重点敏感工业品检验。强化危险化学品及其包装检验监管，针对出口危险品及危包企业，创新开展综合评估、延伸检测和周期性监管；强化进口大宗矿产品检验监管，进一步规范进口矿产品检验监管流程，对地方政府及企业提出的进口陆运铜精矿目的地检验检疫等诉求进行调研论证；强化进出口商品风险管理，开展童车、玩具、仿真饰品、服装及塑料食品接触材料等商检领域质量安全风险监测。年内共检验监管进出口商品 1,738 批，货值 9.23 亿美元，无针对涉及国计民生的进口大宗重点商品的出证索赔。

【疫情防控】2021 年，兰州海关持续抓好新冠肺炎疫情防控工作。结合实际进一步优化检疫作业流程，创新实施健康申报审核、第一道体温监测、登记分流岗位“三岗合一”监管模式，一线作业人员、通关时间同步压缩三分之一，防控措施更加精准完善。坚持以问题为导向开展风险排查，针对中川机场硬件设施存在的 3 方面 8 个问题，推动地方政府全部整改到位。购置移动 P2+实验室配套设备 23 台(套)，制订的实验室管理制度在系统内得到推广。检疫监管入境人员 2,073 人，检出新冠病毒核酸阳性 115 例，检出率 6.35%，检测能力大幅提升至 400 人次/日。坚持“人、物、环境同防”，严防疫情通过冷链渠道输入。完善内部防控机制，迅速有效应对甘肃省本土疫情，成立志愿服务队支持地方联防联控工作，发布调整内部防控措施等相关通知文件 11 份，组织人员排查 62,000 余人次，实现“打胜仗、零感染”目标。

【外繁制种】2021 年，兰州海关加强进境原种和出口种子检疫监管，保障甘肃省外繁制种产业健康发展。甘肃省河西走廊地区是全国最大的蔬菜、花卉外繁制种基地，外繁制种面积达 7 万多亩。经过近 40 年的发展，外繁制种产业已经成为甘肃省，特别是河西走廊地区重要的特色支柱产业。兰州海关强化监管，从进境原种，到种子苗期、生长期监管，再到出口种子，建立起全链条检疫监管体系，严防外来有害生物随进境原种传入。同时优化服务，帮助企业解决原种进口难问题，指导企业应对技术性贸易措施，提升全国唯一外繁种子检疫国家重点实验室的检测能力，优化通关流程，提高通关便利化水平，支持外繁制种产业可持续发展。年内，在口岸检疫中检出检疫性有害生物 6 种类 10 种次，其中菜豆晕疫病菌为全国口岸首次检出；检疫监管出境种子 2,574 批，货值 1.3 亿美元，涉及蔬菜、瓜类、花卉、油料、玉米等 5 大类品种。

【政策研究】2021 年，兰州海关立足关区业务发展实际，做好政策研究工作。开展课题研究。参与 4 项署级课题，组织开展 8 项专题政策研究和 23 项一般关级课题研究；参与撰写并完成有关“十三五”期间黄河流域外贸进出口的专项报告 3 篇；报送甘肃省专题研究报告 6 篇，获省领导批示 9 次。加强技术性贸易措施应对。参与总署《实施动植物卫生检疫措施协定》评议 5 次，对“台澎金马”番茄褐色皱纹果病毒的评议意见获总署采纳；开展 7 类产品、68 家企业年度国外技术性贸易措施影响调查，对 144 家农食产品企业开展国外技术性贸易措施影响专项调查；对中国植物种子进口和海运集装箱运力运价开展 2 项专项分析。

【政务管理】2021 年，兰州海关聚焦“服务领导、服务基层、服务群众”，做好政务管理工作。召开新闻发布会 6 次，对外提供新闻通稿 120 余篇；举办总署门户网站在线访谈活动，在线访问量达 188 万余次；关区新闻素材在中央电视台刊播新闻 11 条，《人民日报》、新华网、中新网、央广网等中央媒体刊发稿件 30 余篇，在甘肃省市级媒体刊播 300 余篇；新闻宣传积分 C 类海关排名第 3；12360 海关热线总署抽查合格率 100%；严格执行中央八项规定精神，精简发文数量。

【财务管理】2021 年，兰州海关落实过“紧日子”要求，统筹财务支出，进一步提升财务保障能力。年内预算收入 2.05 亿元，支出 1.75 亿元；制订过“紧日子”10 条措施，加强节约节能管理；坚持资产修旧利废、调剂共享；实施绩效管理，对绩效目标完成和预算执行进度实行“双监控”；开展关区涉企收费专项清理，坚决迅速完成所属企业与海关行政权力相关业务脱钩；开展资产管理、项目支出规划编报、节能管理等培训，提升业务能力；与甘肃省生态环境厅联合下发“双无”固体废物移交处置方案；推进闲置房地产处置工作。

【科技发展】2021 年，兰州海关围绕信息化建设、实验室管理和科研管理，提升科技支撑服务水平。加强信息化建设，参加公安部组织的“护网行动”，全面完成“庆祝建党 100 周年”海关网络安全保障工作；升级海关网络域控制器，建立关区网络资源台账；推进“互联网+监管”署级项目，完成 4 个场所 6 台 X 光机联网运行。加强实验室管理，撤销天水海关食品实验室、平凉海关食品实验室和金昌海关植物检疫实验室等 3 个常规实验室，对实验室开展生物安全和化学品安全检查 11 次，完成海关实验室管理系统（v2.0 版）部署运行。加强科研管理，参与国家级科研项目 1 项、省部级科研项目 2 项；3 项署级立项项目通过结题验收。

【督察内审】2021 年，兰州海关发挥督审职能，保障各项工作开展。聚焦党中央、国务院重大决策部署，制订 27 项督审重点任务，开展 5 个专项督察，完成 15 项问题的整改；对 5 个隶属海关、事业单位主要领导干部开展经济责任审计；现场监标 13 次，引入社会中介对 2 个基建工程项目开展全过程跟踪审计；完善 26 个业务领域 1,189 个内控节点，覆盖全部执法和非执法业务领域；HLS 2017 平台人均使用天数 134 天，异常数据处置有效数 644 条。

【队伍建设】2021 年，兰州海关围绕干部人事、教育培训、内务规范、精神文明建设、乡村振兴工作，全面加强干部队伍建设。提升干部人事工作水平。完善年度考核、平时考核和专项考核“三位一体”考核机制，有效实施绩效考核评价制度；优化班子结构，选优配强内设部门、隶属海关、事业单位领导班子；落实专业技术类公务员分类改革，完成 32 名专业技术类公务员任职资格评定、职级套转和晋升；推动职务职级并行，充分调动各层次、各条线、各岗位人员的积极性；制订干部遴选、交流办法，调整、交流岗位 16 人次；落实执法一线科长队伍建设措施，充实 2 名执法一线科长担任隶属海关党委委员，1 名执法一线科长被总署评为“百名优秀执法一线科长”；健全完善及时奖励工作机制，对表现突出的 2 个集体、15 名个人予以嘉奖。做好教育培训工作。举办处级干部党的十九届五中全会精神暨党史学习教育专题集中调训班 2 期，网上专题班 8 期，集中授课 47 期，外聘专家授课 15 人次，处级以上领导干部上台讲课 130 人次，关区干部职工应训尽训，学时学分达标率均为 100%。注重队伍日常养成。制订有关加强准军事化纪律部队建设的实施方案，开展内务规范强化月活动；年内开展工作纪律视频检查 40 次、实地检查 12 次，队伍面貌显著提升。推动精神文明建设。开展全省民族团结进步示范单位和无烟党政机关创建工作，被评为甘肃省第二批省级无烟党政机关；推动关史室建设，完成文体活动室和图书室改造项目；推进机关文化建设，组织文艺展演等庆祝建党100周年系列活动。推动乡村振兴。重新选派8名第一书记，调整3名队员，充实驻村帮扶力量；为帮扶村捐赠物资2.6万件；倡议干部职工消费扶贫20余万元。

（撰稿人：李艳麟　张　博　张天慧　张雪韬）

西宁海关

【概况】 西宁海关于1998年10月8日经国务院批准设立，为正厅级直属海关。管辖范围为青海省全境，承担关区征税、监管、缉私、出入境检验检疫、统计等工作职责。下设隶属海关3个：西宁曹家堡机场海关、西海海关、格尔木海关。

2021年，西宁海关坚持以习近平新时代中国特色社会主义思想为指导，全面深化“五关”建设，巩固拓展口岸疫情防控和促外贸稳增长成果，着力推动青藏高原生态保护和高质量发展。深入开展党史学习教育，在“我为群众办实事”活动中，“海关进农牧区”“破解金属锂出口难题”入选总署“百佳项目”。毫不放松抓好疫情防控，建立关区三级梯队，组织技术专家持续完善口岸检验检疫、联防联控等机制。保持打击走私高压态势，持续筑牢国门安全防线，加大外来物种入侵风险分析布控力度。聚焦开放平台建设，成功助力青藏高原首个综合保税区——西宁综合保税区正式封关运行，优化口岸营商环境，服务外贸稳增长。帮扶特色产品扩大出口，年内高原特色农产品出口2.4亿元，同比增长54.7%。全省外贸进出口同比增长36.4%。落实总署稽查改革要求，实现核查补税、涉检领域问题查发、办理侵犯知识产权案件“零突破”。国门生物安全展示馆获评西北地区首个省级党支部组织生活共享阵地。获评“全国文明单位”，连续获评“青海省文明单位标兵”，所属西宁曹家堡机场海关、西海海关、格尔木海关均获评“高原青年文明号”。

【党的建设】 深化“党委班子及时学、党委中心组深入学、基层党支部普遍学”的“三学”机制，重点抓好习近平总书记“七一”重要讲话和党的十九届六中全会精神的学习贯彻。以党的政治建设为统领，建立“问卷调查+上下联动+定期研判+跟踪督办”的党委意识形态工作机制。坚持打造“红色体验、情景再现、经典分享、知识竞赛、专题研讨、精品党日、联学联建、新媒传送”等八位一体的“党史学习教育矩阵”，“海关进农牧区”“破解金属锂出口难题”2个项目入选总署“百佳项目”。通过“一支部一品牌一特色”创建活动，不断提升“三会一课”质量，关区23个党支部均达到合格党支部标准，总署党委授予全国海关党建示范品牌1个、培育品牌2个；完成关区首批“四强”支部命名。2021年，所属西海海关业务一科党支部获评“青海省直属机关先进基层党组织”，2名同志分别获评“青海省直属机关优秀共产党员”“青海省直属机关优秀党务工作者”。2021年7月5日，副署长孙玉宁参加西宁曹家堡机场海关旅检科党支部主题党日活动，对旅检科党支部工作予以充分肯定。狠抓党风廉政建设和作风建设，落实中央八项规定及其实施细则精神，深化拓展为基层减负、过“紧日子”等工作，完善作风建设长效机制。深化准军事化纪律部队建设，整肃关容风纪。坚持常态化巡视整改，巡视整改38项问题已整改并持续推进，再落实的12项问题已完成整改。大力开展精神文明创建活动，确保再次成功获评“青海省文明单位标兵”。

【队伍管理】2021年，西宁海关以干部工作五大体系建设为抓手，践行新时代党的组织路线，注重在日常工作和疫情防控、乡村振兴等急难险重任务中考察干部的政治表现，注重培养选拔优秀年轻干部。选拔执法一线科长担任隶属海关党委委员1人次，1人获评全国海关“百名优秀执法一线科长”。推动海关专业技术类公务员改革工作，有效形成关区专业技术类公务员队伍的职务职级、年龄结构和性别构成的合理分布。制订人才队伍建设发展规划，1人入选2021年度青海省“昆仑英才”行动计划。

紧盯干部监督关键环节，开展干部能上能下1人次，运用第一种形态开展提醒谈话6人次。切实做好精准化培训工作，年内人均总学时达624.73小时、人均总学分达238.66，分期分批开展疫情防控、危险化学品及其包装检验监管等各类业务实操培训6期，确保参训人员全部通过考试。用心做好离退休干部工作，将落实政治待遇作为老干部工作的基础，落实“四必访”制度，组织离退休干部参加总署举办的“我看建党百年新成就”系列活动，关区2名老干部作品被总署采纳。

【法治建设】2021年，西宁海关深入学习贯彻落实习近平法治思想，务实进取、开拓创新，坚持在法治轨道上推进海关制度创新和治理能力建设，规范行政执法权力运行，强化法治监督，增强普法实效，充分发挥法治服务保障作用，法治工作取得了新成效。通过合法性审核、党委集体讨论形式，印发制度文件29项。落实党政主要负责人履行推进法治建设第一责任人职责规定，涉及法治建设的全局性、方向性问题2次成为月度形势分析与督查工作例会的重点议题。参与总署立法制修订、立法后评估、立法调研工作，提出的意见建议被总署政策法规司吸纳2条。坚持协同推进“证照分离”改革新政、行政审批改革和优化营商环境，年内共落实14项改革新政，其中取消审批1项、审批改备案2项、告知承诺1项、优化准入服务10项。“七五”普法工作圆满收官，法规处和1名同志分别被评为青海省“七五”普法先进集体和先进个人。

【口岸疫情防控】自2020年1月29日10时青海省唯一对外开放口岸——西宁曹家堡机场口岸停航后，西宁海关坚持“航班停备战不停”方针，进一步规范口岸疫情防控工作，不断优化常态化疫情防控机制和措施，保障指挥体系高效运转，确保规定动作100%落实到位。下发通知类文件14份，制订更新应急预案和工作方案10份，发放海关工作人员安全防护工作手册3版，建立完善疫情防控三级梯队，落实关区干部职工新冠病毒疫苗接种工作，织密织牢疫情防控安全网。有针对性地开展培训演练，开展流调溯源等专题培训8期、累计培训554人次，联合青海省卫健委等9个部门开展“西宁海关2021年度口岸新冠肺炎疫情防控应急处置联合演练”。成立“挑毛病”专家组，通过实地走访、调取监控、调阅台账资料、现场应知应会提问等方式，共开展各类督导检查14次，为下一步科学、规范和高效做好口岸新冠肺炎疫情防控处置工作打下坚实基础。

【优化口岸营商环境】2021年，西宁海关制订落实“放管服”改革细化措施清单及任务分解表，从“持续简政放权，确保放出活力、放出创造力”等3个方面，结合省情企情制订12项举措优化口岸营商环境。制订有关深化“证照分离”改革的实施方案，落实总署14项改革新政，取消审批1项、审批改备案2项、告知承诺1项、优化准入服务10项，进境动植物检疫审批时间由原来的20个工作日缩短到3

个工作日。开展核查领域采信第三方出具报告制度改革试点，在企业监管等级综合评分较高的前提下，核查人员可免于实地核查，核查时间缩短为半天。将出口商品生产企业的检查纳入联合抽查事项清单。将四级信用等级优化为“高级认证企业”“认证企业”和“失信企业”三个级别，助力青海百通高纯材料开发有限公司顺利通过 AEO 现场评审。

【“海关进农牧区”专项调研活动】2021 年，西宁海关贯彻落实习近平总书记考察青海重要讲话精神，围绕农牧区特色产业发展，完善“海关进农牧区”活动调研方案，制订“一州一策、一企一案”帮扶措施，成立 5 个课题组，深入海西、海南、果洛、玉树、黄南、海北 6 个州，集中开展 15 项课题调研，累计调研 21 家企业，收集、解决、反馈 23 个问题。“海关进农牧区”专项调研坚持问题导向，注重成果转化，着力疏通农牧区进出口堵点。2021 年青海省 8 个市州均开展进出口业务，除黄南、果洛州外，其他市州外贸均为增长态势，海北州外贸实现“零突破”。将唐卡的出口退税率从 0% 提高到 13% 的建议被总署关税征管司采纳。

【青海对外开放平台建设】2021 年，西宁海关深刻把握“一带一路”倡议重大机遇，聚焦助力高水平对外开放平台建设，主动融入国内外有效市场链，稳步促进地方特色经济发展。2021 年 12 月 20 日，西宁综合保税区通过总署等 8 个部委的正式验收，2022 年 1 月 16 日封关运营，成为青藏高原首个综合保税区。推进青海曹家堡保税物流中心（B 型）及跨境电商发展，助力保税物流中心实现出口业务“零突破”，2021 年出口货值 2,679 万元。

【青海特色产品出口】2021 年，西宁海关持续推动高原特色农产品扩大出口，促进地方农林牧渔产业发展，推动出口产品“源头达标”。青海农产品出口货值 2.4 亿元，同比增长 54.7%。其中，冷冻虹鳟鱼出口 1 亿元，同比增长 6.2 倍；冬虫夏草出口 6,998 万元，同比增长 48%；山羊绒出口 704 万元，同比增长 48%；党参出口 433 万元，同比增长 2.1 倍。实施“提前申报”“第三方采信”等措施，服务出口金属锂、锂电池等企业实现外贸大幅提高，金属锂出口同比增长 105.7 倍，地毯类商品出口同比增长 31.7%。

▲2021 年 7 月 14 日，西海海关关员走访青海圣源地毯集团有限公司开展深入调研

【卫生检疫】2021 年，西宁海关深入贯彻落实习近平总书记“建立智慧化预警多点触发机制，健全多渠道监测预警机制”重要指示精神，做好沙特等 6 国疫情风险监测的同时，强化对越南、泰国等通航国家的疫情监测，完成沙特等 6 国新冠肺炎疫情研判报告 365 期。做好国境口岸病媒生物监测工作，捕获淡色库蚊 1 只、蜚蠊 33 只。继续以口岸公共卫生核心能力建设为抓手，进一步夯实机场口岸公共卫生基础设施和应急响应能力建设。

【动植物检疫】2021 年，西宁海关优化出境动植物及其产品注册登记程序，年内新增出口农产品注册登记企业 2 家，累计达 17 家；进境动植物检疫审批时间由原来的 20 个工作日缩短到 5 个工作日；完成 1,200 吨进口俄罗斯燕麦和 300 吨进口哈萨克斯坦小麦的后续检疫监管工作；规范进口虹鳟鱼发眼卵隔离场设置，完成 8 批次 1,300 万粒虹鳟鱼发眼卵隔离检疫监管等工作；贯彻落实总署2020年第99号公告要求，帮助一家饲料企业免于注册成功出口韩国。做好进境集装箱、木质包装检疫查检工作，共检疫查验木质包装17批次，截获一般性有害生物35种次。充分利用省级专项支农资金开展青海出口枸杞质量安全体系及品牌建设，帮助16家枸杞出口企业向市场监管部门申请使用“柴达木枸杞”农产品地理标志；打造出口枸杞质量监测平台和政策网上服务系统。建成首个保护青藏高原生物安全的宣教平台暨西宁海关国门生物安全科普宣传馆。

【食品检验检疫】2021年，西宁海关对关区蜂产品、枸杞干果、羊肉、冷冻虹鳟鱼等4种出口食品54个样品实施风险监测，检测111项次，合格率100%。关区进出口食品未发生任何安全事故，出口食品国外通报为零。加强进口冷链食品监管，制订并完善进口冷链食品工作方案、应急预案，组织开展关区进口冷链食品模拟实战演练1次，组织开展人员防护和应急处置专题培训2期。新增备案进口肉类收货人9家，备案资质审批时间缩短为3个工作日。

【商品检验】2021年，西宁海关强化进出口商品质量安全检验监管，抽查检验进出口商品95批，检出不合格9批次；入境旧机电不合格检出率100%，退运销毁率50%，实现固体废物零进口；开展风险监测2次，共监测32批次商品，检出不合格4批次；检验出口危险品41批次1,591吨，货值847.2万美元，出口危险货物包装使用鉴定31批24,320件，检出不合格危险货物1批800件。

【口岸监管】2021年，西宁海关深入开展安全风险隐患排查治理，推进问题隐患和制度措施“两个清单”动态调整及细化落地，业务和非业务领域8个条线、22个问题隐患得到有效整改。紧紧围绕建党100周年重要时间节点，强化海关口岸监管环节反恐及“扫黄打非”相关工作，开展口岸应急处置机制建设、核生化爆监测、联防联控落实情况的监控检查，开展关区核辐射突发事件应急处置演练。做好对进口高风险非冷链集装箱及装载货物采样和预防性消毒处理的监督工作，协同口岸各部门做好联防联控。

【查缉走私】2021年，西宁海关以深入开展“国门利剑2021”联合专项行动为核心，依法严厉打击“洋垃圾”、象牙等濒危物种及其制品、“水客”、涉枪涉毒等走私违法犯罪。年内刑事立案2起，立案侦办青海省首起走私香烟案，案值27.99万元，涉嫌偷逃税16.85万元；侦办涉嫌走私武器弹药案1起，抓获犯罪嫌疑人1人，查获制式枪支1支。推动反走私综合治理进一步深化，组织召开青海省打击走私综合治理联席会议成员单位联络员会议。与市场监督管理、生态环境部门及中石油、中石化签署备忘录，明确海关执法过程中查获的走私冻品、非法入境固体废物、走私成品油移交处置主管单位、移交处置程序，以及相关部门职责。牵头拟定关于打击冻肉走私工作的若干措施，经青海省政府批准由西宁海关等4部门联合印发，强化走私冻肉打击和流通销售监管。

【压缩通关时间】2021年，西宁海关成立西宁海关压缩通关时间工作专班，制订进一步压缩通关时间的实施方案，压紧压实工作责任。2021年12月，西宁海关进口整体通关时间28.18小时，较2017年12月压缩86.76%，较2020年12月压缩34.28%；2021年12月，西宁海关出口整体通关时间0.01小时，较2017年12月压缩99.93%，进出口整体通关时间均完成较2017年压缩50%的目标。

【知识产权海关保护】2021年，西宁海关制订2021年知识产权保护专项行动的有关方案，全面部署关区知识产权保护专项行动“龙腾行动2021”。持续加强与青海省知识产权局的交流合作，增强知识产权保护工作的针对性。在进出口环节查获侵犯知识产权商品案件

1起，实现关区查办侵权案件“零突破”，依法没收所有侵权货物手提包9,083个，并对违法企业处以罚款20,637元。

【风险管理】2021年，西宁海关进口可实施查验报关单16票，查验4票，查获1票。累计向各业务现场提出企业核查建议6条。向总署风险管理司报送“提请关注沙棘类产品伪瞒报骗取出口退税的提示告知类预警建议”和“提请关注枸杞籽油归类错误存在骗取出口退税风险的预警建议”2个全国预警信息，均被采用。

【关税征管】2021年，西宁海关开展税收形势研判，完成总署税收指导任务，实际入库税收4,135.8万元，其中关税388.1万元、进口环节税3,747.7万元。主动服务国家开放大局，深入挖掘税收潜力，持续深化综合治税。完成关区首例行邮物品（香烟）走私案件税款计核工作。开展RCEP等自由贸易协定宣传，共签发各类原产地证书539份、同比增长70%，签证金额5,816万美元、同比增长143.4%，其中出口至RCEP成员方的货物签发原产地证书229份、货值1,898.7万美元。

【统计分析及政策研究】2021年，西宁海关全面筑牢关区业务统计数据安全防线，落实海关业务数据导出层级审批制度，加大对外提供统计服务审核把关力度，全面梳理和评估与青海省商务厅等8家单位签订的数据交换事项，确保海关数据安全可控。按照结合青海优势和资源加快“四地”建设的重大要求，制定相关政策文件。立项关级课题15项，刊发文章3次，向地方政府撰写专报4篇，较好地发挥了海关服务地方经济发展的作用。

【企业管理和稽查】2021年，西宁海关以信用管理为引领，持续推进“放管服”改革，年内办理企业注册登记245家次。核准出口食品生产企业备案28家，应用“一网通办”注销企业44家，完成企业信用等级调整26家，培育认证AEO企业1家。深度参与社会信用体系建设，持续落实联合奖惩举措。推进“智慧企管”，办理特殊资质9家次、对外推荐6家次、进口食品化妆品进口商备案12家次。开展首起稽查改革后的径行稽查，并移交缉私局行政立案。年内开展稽查作业7起，其中专项稽查4起、常规稽查3起，稽查查发问题4起，实现涉检领域问题查发“零突破”。年内开展核查作业76起，同比增长8.57%，查发28起，实现核查补税“零突破”。完成核查领域采信第三方出具报告制度改革试点工作，开展部门间联合抽查2次。

▲2021年7月27日，西海海关关员在青海青藏蜜蜂良种养殖场开展企业核查

【政务管理】2021年，西宁海关严守精文简会硬杠杠，发文数量、会议数量实现双减。应对处置“5·22”玛多地震，第一时间激活值班系统，核实各办公点情况，及时组织开展实地检查。进一步规范12360海关热线工作，与西宁市12345热线连通。编制修订基本公开目录，梳理应当主动公开的海关政府信息等10类33项内容，提升主动公开标准化、规范化水平。开展保密自查自评工作，共计自查非涉密计算机156台，均未发现违规情事。整理文书档案资料202盒3,018件，实物档案42件，照片档案147件。多维传播海关声音，推动青海出口特色产品再上中央电视台。

【科技发展】2021年，西宁海关完成网络攻防演习及庆祝建党100周年网络安全保障工作。开展技术人员跟班作业，共梳理出信息系统功能不完善、整合不充分、客户端故障等“堵点、痛点、难点”问题94条，汇总形成署级问题11条，解决关级问题48条，取得了良好效果。完成移动P2+实验室接收、安装调试和评审工作，助力保健中心尽快恢复新冠病毒核酸检测能力。

【督察内审】2021年，西宁海关深化领导干部经济责任审计，完成对西宁曹家堡机场海关、西海海关、西宁海关技术中心主要负责同志任中经济责任审计。对推动重大决策部署贯彻落实情况、强化监管优化服务情况、贯彻执行中央八项规定及其实施细则落实情况开展专项审计。强化内控前置审核的规范性、严密性和科学性，加强内部源头防控，防范“三大风险”。推动内控节点岗位清单制管理，强化内控节点应用成效，进一步提升依法行政和规范化管理水平。开展隶属海关内控评价工作，确定评价指标。

【财务管理】2021年，西宁海关树牢过“紧日子”思想，集中财力优先做好“三保”工作，强化绩效管理，完成2020年项目支出绩效自评工作，实现100%全覆盖；开展艰苦地区边关生活设施保障能力全面提升专项工作，基础建设得到进一步加强；完成格尔木海关职工周转房项目建设，暖心工程效果明显；稳步推进财关库银横向联网运行，便利企业缴税，增强企业对改革的获得感；根据疫情防控形势，动态调整物资储备目录，持续完善应急物资储备库建设；开展长期未处置涉案财物专项清理工作，向青海省公安厅森林警察总队移交象牙制品29.585千克、穿山甲甲片26.26千克、虎皮（残缺）1张、虎皮（整张）1张、狮骨狮牙112块。

【技术中心】2021年，西宁海关完成关区动物检疫实验室建设，补齐动物检疫技术短板。完成科研项目验收3项，其中1项为技术中心主持的总署科技项目，1项为参与的科技部NQI项目，1项为青海省生态环境监测中心技术服务科技项目。制定枸杞和青稞米2项食品安全地方标准。发挥公共服务平台作用，完成法检任务、政府委托、企业及个人委托共计6,782批次23,348项。

【青海国际旅行卫生保健中心】2021年，西宁海关共开展新冠病毒核酸检测80,271人次，采集口岸集装箱货物样本45个、地方市场冷链物品样本24个，检测结果均为阴性。开展出境人员体检334人次、入境人员体检162人次，预防接种178人次，出具国际旅行健康证481份、预防接种证书312份、艾滋病证明47份，共计开展健康体检3,990人次。

【后勤管理中心】2021年，西宁海关加强对各办公区的安全检查，组织关警员开展消防安全培训及逃生、灭火演练，确保落实各项安全措施。开展无烟机关创建工作，探索无烟机关建设的长效机制。开展荒山绿化活动，种植山杏、圆柏、丁香500余株。

【数据分中心】2021年，西宁海关会同建设银行开通“关银一KEY通”业务网点1个，办理“关银一KEY通”电子口岸入网业务88笔。为进出口企业免费提供电子口岸安全认证设备。国际贸易“单一窗口”主要申报业务应用率达到100%。

（撰稿人：马　伟　马雪峰　方志玮　田秀伟　朱真真　安　宁　许　炜　李　茹　吴　冰　吴妍雯　吴晓云　汪成源　张永清　张红元　陈京明　苟廷涛　周　洁　赵晨皓　郝　璟　段宵宵　郭　锐　郭庆斌　唐　磊　曹利华　梁　莉　逯仲甫　褚维辉　滕　蕾　魏玉海）

银川海关

【概况】银川海关前身为兰州海关驻银川办事处，成立于1992年3月14日，1997年10月21日总署同意银川海关开关，正式对外办理海关业务，为正厅级直属海关。管辖范围为宁夏回族自治区（以下简称“宁夏自治区”）全境，承担关区征税、监管、缉私、出入境检验检疫、统计等工作职责。下设正处级隶属海关4个：银川河东机场海关、兴庆海关、石嘴山海关、中卫海关。

2021年，银川海关坚持以习近平新时代中国特色社会主义思想为指导，统筹口岸疫情防控和促进外贸稳增长，推动各项事业发展。积极落实海关服务黄河流域生态保护和高质量发展工作举措，与区域海关和沿线海关建立跨关区全方位合作机制。紧贴企业合理诉求，形成14项重点民生项目清单，制订48项便企利民措施。大力宣介RCEP政策，年内签发出口至RCEP成员原产地证书1,755份，签证金额2.15亿美元。年内办理减免税货值5,787.56万美元，减免税款3,494.95万元，办理原产地证书签证金额9.97亿美元，切实为企业减负增效。强化对宁夏自治区外贸统计分析和监测预警，为宁夏自治区宏观决策做好服务。年内，关区监管货运总值6.3亿美元，同比增长102.3%，监管货运量10.9万吨。2021年宁夏自治区进出口贸易值214亿元，同比增长73.4%，增速排名全国第2位。银川海关机关被评为区直机关首批模范机关达标单位。

【党的建设】银川海关通过党委会、党史学习教育领导小组会等形式，深化组织领导，定期听取汇报、研究工作。关党委班子成员累计到所在支部、分管部门或联系单位调研指导党史学习教育30余次，通过讲党课、作宣讲，启发干部职工“办实事、开新局”的思路。两级党委均制订了“我为群众办实事”实践活动重点民生项目清单，其中关党委清单共涉及15个重点项目、50条具体措施。聚焦“三项工程”，扎扎实实解决一批群众最急最忧最盼的问题，“多措并举破解枸杞出口壁垒”入选总署“‘我为群众办实事’百佳项目”。

落实两级党委全面从严治党清单。关党委专题听取党委委员落实主体责任情况汇报，开展隶属海关党委书记述责述廉述党建并对隶属海关党委落实全面从严治党主体责任情况进行监督检查，督导“关键少数”履行好主体责任。指导机关纪委进一步健全完善工作制度，定期研究安排相关工作，充分发挥其应有的作用。组织制定有关运用监督执纪第一种形态的实施细则，对审批程序、组织实施等环节进行细化，指导隶属海关党委和党的部门常态化运用监督执纪第一种形态。把加强对“一把手”和领导班子监督的措施分解为64项任务，清单式推进工作落实。年内共对关区8个党组织开展巡察，巡察全覆盖完成率达到100%，发现各类问题75个，为推动关区全面从严治党工作提供有力支撑。

树立大抓基层的导向，开展关区基层党建品牌评选和交流展示活动，以点带面深入推动党建品牌创建，扩大带动示范效应。在入境包机检疫查验、党员干部下沉社区等工作中，注重发挥支部战斗堡垒作用，让党旗在抗疫一线高高飘扬。强化关区事业单位党的建设，做到党建与业务同谋划、同推进、同落实。持续深化精神文明创建，常态化开展“爱国卫生日”、文明交通、社区帮扶等志愿服务活动，继续保持全国文明单位荣誉，获评宁夏自治区精神文明建设工作先进集体、宁夏自治区无烟党政机关。

推动“现场监管与外勤执法权力寻租”专项整治与正风肃纪反腐综合治理贯通协同，全面起底问题线索，研究制订整改措施 24 项，督促制修订制度 9 项。开展警示教育周活动，用身边事教育身边人。制订业务部门、隶属海关“三个清单”，拓展深化“制度+科技”反腐应用，推动专项整治成果长效化。持续做好疫情防控专项监督，多措并举深化违规吃喝隐形变异问题专项整治，坚决杜绝酒驾醉驾。年内开展署级关级督察项目 6 个，整改各类审计发现问题 22 个，充分发挥内控监督预警作用。

【自身建设】2021 年，银川海关将党委全面从严治党任务细化为 8 项 81 条，层层明晰、逐级压紧。制订对“一把手”和领导班子监督的任务清单，把监督措施分解为 64 项任务，清单式推进落实。印发有关运用监督执纪第一种形态的实施细则，完善问责工作制度规范。着力加强班子自身建设，修订完善并贯彻落实“三重一大”决策制度实施办法和党委议事清单。逐级签订意识形态责任书，坚决铸牢中华民族共同体意识。持续深化“强基提质工程”，对关区符合条件的基层党组织重新调整设立，举办支部品牌经验交流会，每半年开展支部“互观互检”，“支部设在科上”正在向“支部强在科上”转变，3 个党支部顺利通过总署党建示范品牌和培育品牌复核。充分发挥党员先锋模范作用，党旗在口岸疫情防控、下沉社区志愿服务、乡村振兴的一线高高飘扬。

【监管业务】2021 年，银川海关积极落实海关服务黄河流域生态保护和高质量发展工作举措。强化对宁夏外贸统计分析和监测预警。大力宣介 RCEP，年内签发原产地证书 5,994 份，签证金额 9.97 亿美元。积极推广关税保证保险，担保税款 3,597.5 万元。落实国家税收优惠政策，为企业减免税款 3,494.95 万元。年内，关区监管货运总值 6.3 亿美元、同比增长 102.3%，监管货运量 10.9 万吨。2021 年，宁夏贸易进出口总值 214 亿元，同比增长 73.4%，增速排名全国第 2 位。

取消报关企业注册登记和进出口商品检验鉴定业务行政审批事项，将报关单位备案全面纳入“多证合一”改革。持续巩固压缩整体通关时间成效，年内关区进出口整体通关时间分别为 10.59 小时、0.67 小时，分别居全国第 8 位、第 14 位。加强企业信用培育，指导关区 4 家企业通过高级认证。就银川综合保税区高质量发展和绩效评估事项多次专题向宁夏自治区建言献策，邀请海关专家进行政策解读。积极复制推广跨境电商 B2B 出口监管试点，完成 2 家跨境电商场所审批和 2 个海外仓备案，跨境电商网购保税业务顺利开展。年内，银川综合保税区进出口总值 45.1 亿元，同比增长 6.7 倍，高于全国综合保税区平均水平。报送的风

▲2021 年 3 月 25 日，银川海关综合二处顺利验收银川综合保税区跨境电商综合监管中心

力发电机组用高速联轴器和酿酒用橡木桶进口税率调整建议被国务院关税税则委员会采纳，两项税率降幅均超过50%。全程指导宁夏首家种牛进口隔离场顺利通过验收获得资质，支持引进优质种质资源。

【进出口商品检验】 完成进口危险化学品、进口旧机电、棉花、医疗器械、食品加工设备以及入境验证7类产品统计分析工作并报送总署，对其余31种未发生业务的产品进行零报告。报送进口棉花检验监管模式改革成效，征集报送隶属海关检验监管过程中发现的不合格案例2例。

【卫生检疫】 2021年，银川海关统筹推进常态化口岸疫情防控，强化“人、物、环境同防”，根据疫情变化及时制修订各类防控预案方案和操作指引。严格规范入境客运航空器终末消毒监督工作，督促各监管场所运营企业落实疫情防控责任。严格疫情内部防控管理，不折不扣落实集中封闭管理要求。成立常态化疫情防控专项督查工作和安全防护工作领导小组，开展每月自查、每季度全面督查检查。年内共开展口岸“人防+物防”监控检查238次，整改问题29个，坚决把规定动作做到位，把好外防输入关。年内共检疫监管出入境包机2架次、出入境人员408人，圆满完成“西部·联合—2021”演习监管保障任务。口岸移动方舱PCR实验室获得新冠病毒核酸检测资质。

【动植物检疫】 2021年，银川海关强化动植物疫情疫病防控，严密防范非洲猪瘟、高致病性禽流感、牛结节性皮肤病等重大疫情疫病传入。组织开展检疫性实蝇、红火蚁、外来杂草等口岸外来有害生物和供港活牛疫情疫病监测工作，年内监管供港活牛726头、货值1,698.41万元，同比分别增长51%和58%。加强进境粮食监管，密切与口岸海关的协调配合，做好农产品风险监测。年内完成进出口种子病毒检测共181批次575项，检测出黄瓜花叶病毒。加大危险货物及其包装检验监管岗位资质培训考核力度，确保执法能力过硬、监管到位。开展进口紫苜蓿、玉米、向日葵和番茄等种子调入7批次43吨。

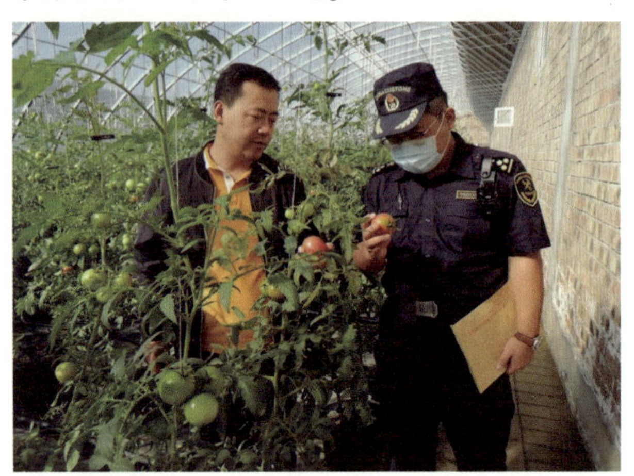

▲2021年10月11日，中卫海关开展出口食品原料种植场核查

【查缉走私】 2021年，银川海关破获了关区近年来最大的一起象牙及其制品走私案件，查获亚洲象幼象象牙2根、象牙制品56件，共计1.11千克。深入开展“国门利剑2021”等专项行动，年内刑事案件立案数同比增长200%。研判全国涉枪行动性线索320条，同比增长533%，枪支查获数量同比增长248%。派员参与并成功侦破关区近年来最大一起出口骗税案件，案值约15亿元，涉税约3亿元，得到国家四部委打击虚开骗税领导小组办公室的肯定。

【执法评估】 2021年，银川海关秉持“小关也要大作为”理念，在署级执法评估项目中积极作为。积极参与总署驻天津特派员办事处牵头的海关进出口食品安全监管情况专题评估，按照项目分工，以“问卷调查+大数据分析”方式完成全国问卷调查工作。问卷调查工作全面了解基层海关进出口食品安全监管的实际工作做法和进出口食品企业的真实感受，找实海关在食品安全监管工作中存在的5个问题和风险。问卷分析报告与总体评估报告一起上报后受到多位署领导批示，总署驻天津特派员办事处专门来函表扬银川海关在署级评估工作中的优秀表现。

【督察内审】2021 年，银川海关配合完成国家审计项目 1 个、总署专项审计 1 个，开展关级经济责任审计项目 3 个；开展署级重大决策部署督察项目 2 个，关级督察项目 3 个；制订 2021 年度督察项目清单，共计 13 项；开展内控前置审核工作 4 项，提出建议 22 条。

【税收征管】2021 年，银川海关开展打击跨境电商进口走私“断链刨根”专项整治行动，年内监管国际快件 9.42 万件、货值 2,810.38 万元，查获禁止入境类物品 3 批次，首次在快件渠道查获花粉。加强监管智能化应用，制订智能审图推广应用工作方案，智能审图应用提升至 87.4%。安全准入查获中，风险布控占比 60%。加快推进稽查业务改革，迅速开展不经事先通知的专项稽查作业，查发漏缴税款情事 1 起，涉及货值约 43.63 万元。首次开展涉检稽查作业 2 起，并查发 1 起。开展进口固体废物加工企业专项稽查行动。清理海关备案僵尸企业 230 家。年内办理核查作业 316 起，查发 188 起。每季度常态化开展安全生产检查，督促企业规范运营。

强化税收征管水平，年内累计税收入库 2.29 万元，超额完成 2.1 亿元税收入库目标。参与税政调研工作，年内共向关税征管司报送调整建议 4 条，被国务院关税税则委员会采纳并调降税率 2 条。推进属地纳税人管理，完成 30 家重点税源企业、6 家报关企业底账设立，4 家“双特”企业台账设立。完善税收风险防控制度，进一步提升非贸税收征管管理效能，年内 B 类快件征税率 11.27%，每百元征税 2.88 元，票均税款 76.19 元。持续释放原产地证书优惠政策红利，年内共签发各类原产地证书 5,994 份，涉及出口货物价值 9.97 亿美元。增值税一般纳税人资格试点政策初显成效，综合保税区 6 家企业获试点资格。简化进出区、便利货物流转等政策惠及企业 36 家，大幅减少了企业的通关成本、时间成本和运行成本，提升了海关监管效能，助力综合保税区发展。主动配合开展 2020 年度综合保税区绩效评估工作，为宁夏自治区商务厅提供绩效考核政策解读服务，敦促宁夏自治区商务厅、银川综合保税区管委会及时提交资料、完善内容，多次与自贸区和特殊区域发展司沟通对接，跟进评估进展、跟踪评估结果。

【法治建设】2021 年，银川海关制定“十四五”法治建设规划，以及第八个五年（2021—2025 年）时期法治宣传教育工作实施方案。实施常态化制度“立改废”，年内制修订制度 16 项、废止制度 5 项。深化“三项制度”建设成效，有效规范行政执法行为。深入推进“谁执法谁普法”责任制落实，制订两级普法责任清单，法治宣传的针对性和实效性进一步增强。

【科技管理】2021 年，银川海关完成 HB2012 政务平台、H4A 系统托管上云和邮件系统国产化上云试点，信息系统运行稳定，国产化替代工作稳步推进，科技应用保障作用有效发挥。宁夏国际旅行卫生保健中心年内开展体检 7,893 人次，新冠病毒核酸检测 23.3 万人次，预防接种 3,282 人次，成功申请 2022 年度国家卫健委临床检验中心室间质量评价计划。银川海关技术中心通过 CNAS 和 CMA 认可项目达 5,150 项，被农业农村部评定为“全国名特优新农产品营养品质评价鉴定技术机构”。中国电子口岸银川数据分中心“云验收”助力“关银一 KEY 通”代理口岸业务落地。

【政务管理】2021 年，银川海关全面加强应急保障能力，共计投入防疫资金 443.29 万元，累计调拨分发防护物资 154 批次 9.67 万件。多方筹措资金保障发展，年内共获批中央财政追加各类预算资金 982.3 万元，地方各级财政核拨资金946.7万元，取得事业收入2,175.61万元。严格落实过“紧日子”要求，办公经费下降21.8万元，审减资金88万余元。大力推进预算执行，关区预算执行率达到99.96%。有序推进所属企业改革。与地方建立走私固体废物、冻品归口处置工作机制，严格管理并及时处理涉案财物。

工会顺利换届改选，用心用情做好老干部工作，落实职级序列津补贴调整和疫情防控临时性补助，及时传递传导组织的关心关爱。

加强和改进调研工作。完善关党委班子加强和改进调查研究工作机制，从制度层面改进调研工作。班子成员严格落实基层联系点制度，结合各自分管领域，深入了解基层出现的新情况、新问题，适时开展调研成果交流，切实提升调研的科学性、针对性、实效性。建立健全“我为群众办实事”长效机制。

加强内外联系协调和统筹安排，圆满完成署领导来宁调研保障任务。加大信息和新闻宣传挖掘报送力度，1人获评宁夏自治区优秀信息员，47篇新闻稿件在“学习强国”学习平台、央视新闻、央广网、《中国日报》等国家媒体发布，用情用力讲好海关故事。档案管理、机要保密顺利通过总署和宁夏自治区各项检查验收，1人获评全国海关保密先进工作者。按期完成12360海关热线与宁夏自治区12345热线归并，进一步拓宽海关热线服务平台渠道。

持续整治形式主义突出问题，将基层减负作为重点，创新建立发文负面清单、基层业务数据报送动态监测等4项机制，对精文简会、统筹督检考核、精减基层数据报送、整治指尖上的形式主义等进行动态监测、定期通报、及时提醒，清理取消近一半的工作群，切实破除形式主义顽瘴痼疾，增强基层的获得感。在隶属海关开展特权思想和特权现象问题等4个专项整治“回头看”。组织“公文质量提升年”活动，以小切口推动作风转变取得实际效果。以务实举措制止餐饮浪费，节水节电，厉行勤俭节约。

【队伍建设】2021年，银川海关对领导干部队伍按照不同职务层级，从年龄、学历、工作资历等多个角度进行全面分析，形成对不同层级、不同类别干部结构动态掌握，做好中远期干部培养和使用规划，增强领导干部队伍建设工作的系统性和规划性，同时学习、利用“五看”“十问”等方式，考准考实干部政治表现，探索通过对政治理论学习、履行职责、完成重大任务以及日常工作生活多层面纪实、评价等方式，识别干部政治忠诚、政治担当、政治能力、政治自律等，建立政治素质表现档案，形成能够切实反映干部政治素质的体系架构，为选准选优配强领导干部提供有力依据。

成立党委人才工作领导小组，不断完善人才培养、评价、流动和激励等机制。综合运用三类考核，及时对表现突出的12个集体和78人进行表彰奖励。分级分类组织开展全员“四大模块”培训，队伍能力素质进一步提升。建立科以下青年人才库，填补关区30岁以下执法一线科长空缺。加强专业技术岗位人才队伍建设，落实专业技术类公务员职务与职级并行制度。

【技术性贸易措施应对工作】2021年，银川海关积极开展技术性贸易措施应对工作。经银川海关积极反映，总署多次与欧盟交涉，2021年6月欧盟解除了对中国枸杞实施的加严检验措施，该工作被列为2021年宁夏自治区枸杞产业高质量发展“取得重大突破的六项工作”之一。下沉宁夏枸杞主产地，开展约200个批次的质量研究和8万项次的分析检测。深入葡萄酒和清洁能源企业开展税政调研，报送的风力发电机组用高速联轴器和酿酒用橡木桶进口税率调整建议，在总署支持下，被国务院关税税则委员会采纳，两项税率降幅均超过

50%。持续加强国家葡萄及葡萄酒重点实验室建设，为葡萄酒等食品检测提供技术支撑，年内宁夏葡萄酒出口 5.5 万升，同比增长 145.4%，货值 642 万元，同比增长 141.9%。

按照“依法检验、公正客观、结果准确、服务规范”的方针，坚持以提高检测质量为核心，以重点实验室建设为突破口，建立健全实验室质量管理和技术保障体系，针对重点进出口产品和检测市场的需求，深入实施检测项目攻关，拓展检测范围、提升检测效率。在食品、化妆品、饮用水、硅铁产品、动植物检疫等领域有计划、有步骤地开展能力建设工作。2018 年以来，开展能力验证 100 余次，集中开展 10 余次扩项和复评审工作。检测能力由 2017 年认可项目 2,545 项发展到 2021 年的 5,150 项，检测参数增长了一倍。技术能力覆盖枸杞、农产品、葡萄酒、商品检测鉴定、动植物检疫、食品、化妆品、水、土壤等 42 个领域，其中食品类检测能力在宁夏自治区排名第 1 位，并稳居西部地区前列。

【技术中心工作】 2021 年，银川海关技术中心被农业农村部评定为“全国名特优新农产品营养品质评价鉴定技术机构”，并属宁夏地区唯一一家全国名特优新农产品营养品质评价鉴定技术机构。2018—2021 年，银川海关技术中心获批行业标准 4 项，完成国家重大科学仪器设备开发专项项目 1 项，申请发明专利 6 项。承担宁夏自治区科技攻关项目 1 项、总署应急检测技术研究项目 1 项，完成宁夏自治区技术研发项目 2 项，积极参加标准协同验证 5 项。

【表彰奖励】 2021 年，银川海关发挥“青字号”志愿服务主题活动优秀项目品牌带动作用，开展“青春心向党 · 建功新时代”主题宣教实践活动，青年文明号单位银川河东机场海关旅检三科以“青春心向党　奋进一百年”为主题，走进贺兰县第一小学为 3,000 余名师生讲解海关职责和国门生物安全知识，为学校捐赠科普读物、童话故事、学习文具等 200 余件。注重往届青年文明号科室巩固，加大新青年文明号科室培育培养，2021 年 9 月兴庆海关业务一科获批“全国青年文明号”荣誉称号，切实把“青字号”品牌做大做强。积极参与区直机关工委“在党旗引领下——我身边的战疫模范”事迹宣讲会，推介海关战疫故事，发现身边典型，培育身边榜样，弘扬清风正气。

2021 年，银川海关相继被评为宁夏自治区精神文明建设工作先进集体、首批区直模范机关达标单位、宁夏自治区首批无烟党政机关，机关党委由三星级直接跃升至五星级（宁夏自治区党组织星级评定最高等级）；1 个科室荣获“全国青年文明号”，1 名驻村扶贫队员被表彰为宁夏自治区脱贫攻坚先进个人，2 名同志和 1 个党支部荣获宁夏自治区区直机关“两优一先”表彰。在宁夏自治区模范机关观摩交流会上，银川海关作为首批模范机关达标单位、唯一中央驻宁单位进行大会现场交流发言，持续提升海关的社会形象。

【优质种质引进】 2021 年，银川海关支持引进国外优质种质资源，全程指导宁夏首家种牛进口隔离场顺利通过验收获得资质，指导关区企业首次进口 500 吨苜蓿草。加强检疫监管，顺利完成关区首次进口美国苜蓿草检疫查验工作。通过二级监控指挥中心和实地两种方式，开展外来有害生物及病媒风险监测、培训指导工作，并针对疑似有害生物进行取样鉴定。严格按照总署布控指令要求完成进口苜蓿草的出区检疫查验工作，为宁夏后续进口苜蓿草检疫监管工作提供了基础数据，积累了经验。

（撰稿人：马　龙　王东海　朱玉香　汤寿武　杨　姣　李　婧　吴　晖　张晓东　林　立　虎媛媛　胡诗瑶　柳丽娟　聂　祯）

乌鲁木齐海关

【概况】乌鲁木齐海关始建于1944年，时称“新疆关”。1950年3月9日，中华人民共和国海关总署发布通令，将“新疆关”更名为“中华人民共和国迪化关”。1954年2月13日，总署电令“迪化关”更名为“乌鲁木齐关”。1981年8月1日，正式称为“中华人民共和国乌鲁木齐海关”。1984年9月，经国务院批准为正局级海关。下设21个隶属海关：喀什海关、乌鲁木齐地窝堡机场海关、乌鲁木齐邮局海关、乌昌海关、红其拉甫海关、卡拉苏海关、伊尔克什坦海关、吐尔尕特海关、都拉塔海关、霍尔果斯海关、霍尔果斯国际边境合作中心海关、伊宁海关、阿拉山口海关、塔城海关、吉木乃海关、阿勒泰海关、哈密海关、石河子海关、库尔勒海关、阿克苏海关、和田海关。管辖范围为新疆维吾尔自治区（以下简称“新疆自治区”）全境，是全国监管区域最大的直属海关，监管区域点多线长，辖区总面积166.49万平方千米，边境线长5,700多千米，与周边8个国家接壤。

2021年，乌鲁木齐海关坚持以习近平新时代中国特色社会主义思想为指导，全面推进政治建关、改革强关、依法把关、科技兴关、从严治关，扎实做好“强政治、抓安全、保稳定、促发展、重统筹、求提升”等各项工作，全力以赴维护国门安全，毫不松懈筑牢疫情防线，融入大局服务经济发展，夯实“双基”提升工作质效，关区队伍建设呈现新面貌，各项工作保持良好发展势头。

【党的建设】2021年，乌鲁木齐海关深入推进政治机关建设，坚定坚决走好践行“两个维护”第一方阵。深化落实“第一议题”制度。围绕习近平总书记“七一”重要讲话和党的十九届六中全会精神等重点内容，组织15次中心组学习。紧扣习近平总书记对海关工作、新疆工作的重要指示要求，聚焦口岸疫情防控、打击象牙等濒危物种及其制品走私、禁止“洋垃圾”入境、“三智”合作等重点工作，建立123项督办事项，按时办结率为100%。从严抓好意识形态工作，将意识形态工作与法治教育、警示教育、反恐教育以及文化润疆相结合，加强反奸防谍，强化“三反”教育，旗帜鲜明地向“三股势力”“两面人”发声亮剑。持续深入抓好巡视整改及巡察监督，总署党委第九巡视组反馈的问题全部整改完成。完成2项署级专项审计、7项关级督察项目以及9名主要领导干部的经济责任审计。探索实施巡察与督察内审“巡审联动”，对6个隶属海关施行“一次进驻、并行开展、联动合作”，较以往巡审分别进驻节省人力43%，压缩现场核查时间50%。

深入开展党史学习教育，推动党史学习教育走深走实。组织开展“书记讲堂”“我为群众办实事”成果展和“我身边的榜样”演绎活动，5个党课视频入选新疆自治区“100强党课作品”、1个微党课视频被总署评为优秀作品。围绕建党100周年开展系列庆祝活动，举办“红色故事会”暨合唱比赛，开展书画摄影作品展和专题征文活动，2部红色文艺作品获得新疆自治区一等奖。深入开展“我为群众办实事”实践活动，建立两级实践台账、四类项目清单，解决了监管场所设立、农产品供港输澳、积压货物疏港等一系列民生领域“急难愁盼”问题。“助推新疆农业开放型经济提质增效”“推动中欧班列换挡提速”“优化换防式交流”等3个项目获评总署“‘我为群众办实事’百佳项目”。

▲2021年6月20日，乌鲁木齐海关举办庆祝中国共产党成立100周年“红色故事会”暨合唱比赛

坚持做实基层党建出战斗力、做强基层党建出竞争力、做细基层党建出凝聚力，高质量推动党建工作。制修订机关党委议事规则、机关纪委议事规则等8项工作制度，编印党建标准化手册，推行党建“一本账”管理模式，进一步提升党建标准化和规范化水平。健全完善党委委员基层党支部联系点制度，探索建立机关党委委员对口帮扶相对后进支部制度。深入推进“四强”支部建设，实行“按比例升降、分层次评比”动态管理，评出“四强”（A类）党支部50个。深入开展“一支部一品牌”建设，创新开展优秀党建品牌展示，4个党建品牌被评为全国海关党建示范品牌，2个党建品牌被评为全国海关党建培育品牌。

巩固深化“不敢腐、不能腐、不想腐”长效机制，持续释放执纪必严、违纪必究的强烈信号。构建完善党委主体责任、纪检组监督责任、党委书记第一责任、班子成员“一岗双责”的“四责协同”机制。常态化实施党风廉政教育“五个一”措施，深化运用监督执纪“四种形态”。深入推进“现场监管与外勤执法权力寻租”专项整治，深化打私反腐“一案双查”，严肃进行廉政风险大排查、大起底。

【新冠肺炎疫情防控】 2021年，乌鲁木齐海关将疫情防控作为重要政治任务，毫不松懈抓好“外防输入、内防反弹”，有力筑牢疫情防控屏障。精准科学实施口岸疫情防控，紧盯“人、物、环境”，结合关区实际明确“六抓”“十到位”的工作方法和要求，动态梳理风险隐患。从严顶格抓好个人安全防护各项工作，落实“四个必须”“五件套”“六个不”等各项要求，健全“培训考核、监督管理、自查督查”三位一体安全防护体系，实施“岗前检查、工作巡查、全程督查”和“双人作业、互相监督”工作机制。落实新冠病毒疫苗“应接尽接”要求。制订疫情防控督导工作方案，成立专项督导组，保持对重点口岸、重点环节高密度督导。实行“关区指挥部每周研判、党委委员每周视频调度、‘挑毛病’专家组每日专项检查”的监督检查机制，以“四不两直”强化监督检查实效。组织开展应急演练30余次，全面压紧压实疫情防控工作责任。疫情防控工作基础扎实、严谨规范，受到国务院联防联控专项工作组肯定。

【风险管理】 2021年，乌鲁木齐海关聚焦重点风险，以“清邮行动”“断链刨根”等专项行动为抓手，扎实推进贸易渠道和非贸渠道风险一体化防控。在贸易渠道布控查获735票，通过人工分析布控，成功查获“9·10”走私固体废物案。在邮递、出口跨境电商以及进口跨境电商网购保税模式业务渠道分别布控查获1,618票、1,598单、9单。加快推进海关风险情报工作站建设，加强大数据在风险防控中的实战应用，年内使用“云擎”系统开发模型66个。

【检验检疫】 2021年，乌鲁木齐海关深化落实总体国家安全观，持续加大口岸检验检疫工作力度。加强疫情风险分析评估，制发新冠肺炎疫情风险研判报告。参与开展总署“一带一路”建设重点口岸病媒生物专项监测。严守国门生物安全，深入开展“国门绿盾2021”等专项行动，严防重大动植物疫情疫病传入传出，在涉案物品中检出口蹄疫，截获进境有害生物133种1.33万种次。强化对进境动植物及其产品的安全风险监控，检出非法转基因进口货物0.72万吨。落实食品安全“四个最严”要求，截获并退运未获准入食品3批，检出不合格进口食品21批。配合总署开展食品准入前风险评估，拟制、审核哈萨克斯坦豌豆、兵豆检验检疫议定书，推动乌兹别克斯坦沙枣干、李子干获得输华准入。深入开展进口矿产品、再生原料等高风险商品的信息收集、态势掌控和专业研判，收集风险信息328条，排查高风险信息9条，查获固体废物5批次，同比增长400%。持续加强商品检验监管，检出不合格进口工业品21批、货值5,479.07万元。

【口岸监管】2021年，乌鲁木齐海关持续对全疆口岸所有进境运输工具、货物、物品常态化实施100%机检查验，深化集中审像、智能审图应用，严防危险物品非法进出境。深入开展“龙腾行动”，查获侵犯知识产权案件147起、案值333.85万元，同比分别增长1.41倍、1.89倍。作为总署试点单位，在全国首批推行5个隶属海关三级监控指挥中心的实体化运行。紧盯敏感时间节点、重点工作事项，扎实做好北京冬奥会、冬残奥会相关监管通关保障工作。

【稽核查工作】2021年，乌鲁木齐海关深入推进稽查改革，查发率较改革前大幅提高。深入开展打击“洋垃圾”入境专项稽查作业，对12家进口固体废物企业实施稽核查作业；对1家进口再生金属企业开展稽查作业。年内共办结稽查作业93起。持续强化核查工作，深化核查结果应用，核查作业按时办结率和执法人员随机选取率均为100%。深入开展“双随机、一公开”联合抽查，与新疆自治区和新疆生产建设兵团市场监管部门联合完成对51家企业的抽查作业，查发并规范整改企业17家。

【打击走私】2021年，乌鲁木齐海关深入学习贯彻习近平总书记关于打击走私工作的重要指示批示精神，组织开展“国门利剑2021”“蓝天”“护卫”等专项行动，连续破获大案要案。其中，“3·13”走私高鼻羚羊角案，追缴高鼻羚羊角2,530根，是新疆近年来数量、案值最大的一起濒危物种走私案件；“剿猎2021-1”打击“水客”走私专项行动、“2021A”打击玉石走私系列案件、“9·10”走私固体废物案等取得丰硕战果，形成了有力震慑，取得了良好的社会效应。

【税收征管和海关统计】2021年，乌鲁木齐海关进一步推进税收征管改革，切实提升综合治税效能。全面落实减税降费政策，减免税总额672.11万元。深入推广原产地证书自助打印、快速申办等业务，签发原产地证书5,538份、签证金额5.91亿美元，累计帮助企业在境外享受关税优惠1.13亿元。集团财务公司担保改革实现“零突破”。年内关区实征税款132.86亿元，同比增长4.70%。

强化分析研究，提升数据分析水平，完善业务数据管理。紧紧围绕总署党委关于分析研究工作“快、广、深”的部署要求，推动“数据+分析”向“数据+分析+研究”转变。针对棉花、锂电池原料、铁矿砂、煤炭等重点商品，深入开展专题分析研究。开展业务数据安全检查“回头看”，进一步规范对内、对外提供数据的审批程序，优化完善数据应用和保护机制。牵头完成2021年度署级课题“国家能源安全新战略背景下跨境管输能源分析研究”。

【服务发展】2021年，乌鲁木齐海关深入落实“六稳”“六保”工作任务，聚焦保供稳链不断优化监管通关模式，动态完善新冠肺炎疫情背景下甩挂、吊装、空中陆桥等运输方式，保障西向国际物流大通道高效畅通。年内监管进出口货运量6,221.17万吨，同比增长3.29%；监管中欧班列12,210列，同比增长21.50%，监管列数位居全国首位；全国首票“铁路快通”在疆落地。2021年，新疆外贸进出口1,569.06亿元，同比增长5.78%。紧紧围绕新疆开放发展战略部署，研究制订支持新疆“三农”工作的10方面25项举措、综合保税区“一区一策”指导意见、促进乌鲁木齐国际陆港区高质量发展5方面36条工作举措，以及支持塔城重点开发开放试验区的系列务实举措。推动构建“传统贸易+跨境电商”一体发展，跨境电商“9710”“9810”模式先后在疆落地实施。霍尔果斯综合保税区通过正式验收，喀什综合保税区获批建设全疆首个进境水果、肉类、冰鲜水产品、食用水生动物综合性指定监管场地，乌鲁木齐综合保税区建成全疆首家保税展示交易中心，阿拉山口综合保税区创新实施“区港联动”。

▲2021年10月22日，霍尔果斯海关关员克服寒冷雨雪天气，保障中欧班列高效开行

深化改革创新，发挥各类改革叠加效应，不断提升企业对海关改革的获得感。巩固压缩进出口整体通关时间成果，年内关区口岸进口货物整体通关时间为30.28小时，较2017年12月压缩66.52%，比同期全国平均水平快6.36小时；出口货物整体通关时间为0.37小时，较2017年12月压缩85.98%，比同期全国平均水平快1.37小时。强化企业信用管理和信用培育，新注册备案企业1,272家，高级认证企业增加至31家，实现外贸综合服务企业AEO认证“零突破”。争取进口食品检疫审批权限下放，新增921项终审权限，审批时间压缩70%以上。推动实现“关银一KEY通”覆盖全疆各地州。

【“三智”建设】2021年，乌鲁木齐海关深入践行“三智”合作理念，“中哈贸易安全与便利智能监管合作项目”被总署列为8个国际合作示范项目之一。研究制订“三智”专项工作方案，明确23方面重点工作，建立“一名领导、一个专班、一套方案、一抓到底”的工作机制。组织开展中亚动植物检疫监管体系比较研究，承办中亚国家动植物检疫技术国际交流网络培训班，组织开展面向乌兹别克斯坦动植物检疫机关、实验室、研究机构的交流培训，进一步密切规则标准层面的互认合作。持续巩固与哈萨克斯坦、吉尔吉斯斯坦、塔吉克斯坦等中亚国家“三国五线”农副产品快速通关“绿色通道”运行格局，保障葡萄、核桃、驼奶粉等特色农副产品扩大对欧洲、东南亚等市场的出口，完成997头进口法国种猪检疫监管。发挥边境海关国际合作优势，保障新疆自治区顺利举行9场中哈、中吉、中塔口岸疫情联防联控视频会议，组织开展边境海关会谈2次、会晤30次，在疫情防控协作、保障口岸畅通、应急物资通关、大型援外设备通行等方面取得了积极的合作成果。

【政务管理】2021年，乌鲁木齐海关深入贯彻落实习近平总书记提出的“五个坚持”要求，不断提升“三办三服务”水平。修订“一总八分”应急预案，研究制订分类处理信访诉求清单、突发事件应急管理暂行办法实施细则等制度规定，进一步健全完善办公综合制度体系。深入推进为基层减负，实行发文配额机制以及会议提前报批报备机制。持续提升12360海关热线服务质量。完成100万字的《新疆通志·海关志》的编纂工作。完成807卷4,890件文件档案的电子化管理及移交入库，1篇档案故事入选海关系统红色档案故事选编。加大新闻宣传力度，在《中国国门时报》、新疆新闻联播等省部级以上媒体发稿511篇（条），其中中央级媒体227篇（条），在中央电视台《新闻联播》刊播单条新闻2条，连续3年被评为新疆自治区信息宣传先进单位。编制贯彻落实《“十四五”海关发展规划》的相关实施意见及科技、法治、人才队伍等专项规划，构建形成“1+N”规划体系。创新打造“点靓边关”政研平台，为广大干部职工提供交流研讨、成果展示、资源共享的载体。5篇学会征文在中国海关学会获奖，获奖数量位居全国各直属海关之首，创历年最佳成绩。

【科技发展】2021年，乌鲁木齐海关深入推进业务科技一体化发展，不断提高科技供给质量和支撑保障水平。制修订实验室管理实施细则等7项科技管理制度，关区科技工作制度基础进一步健全。强化信息化项目规范管理，建立关级信息化应用项目年度预申报机制和审批机制。顺利推进H2018新一代通关管理系统、RCEP原产地管理等系统的部署升级和推广应用，在全国率先完成新铁路运输工具、铁路舱单数据落地，上线试运行监管设备信息化管理平台，关区全部监管设备实现信息化管理。加强疫情防控检测技术支撑。加大科技创新能力建设力度，申报获批总署科研项目5项、新疆自治区科研项目8项，20项在研科研项目按计划推进；2项科技成果分获新疆自治区科学技术奖一、二等奖，1项科技成果获得总署三级成果，6项科研项目通过验收并完成成果登记。

【财务及后勤保障】2021年，乌鲁木齐海关深入落实总署党委支持艰苦地区边关的22条保障措施，边关综合保障能力得到显著提升。坚持各方面保障向一线倾斜、向民生聚焦，基层预算安排占关区整体75%。阅览室、医疗室等“五小”工程实现隶属海关全覆盖，边关职工宿舍楼及食堂维修改造等民生项目顺利竣工。加强口岸民生装备设备配备，为口岸边关配发太阳能光伏发电设备、制氧机、净化水设备。研究制订提升保障能力的相关工作方案，可行性研究报告获得总署批复。深入推进国企改革和关区事业单位所属企业脱钩，完成清产核资、资产评估及相关审计工作。围绕业务交流、党建共建、改革发展及民生保障等方面，与广州海关、克拉玛依市及清华同方等签订合作协议，构建良好的内外部发展环境。

【队伍建设】2021年，乌鲁木齐海关秉持“严管与厚爱结合、激励与约束并重”的理念，健全选育管用全链条机制，推动边关干部队伍良性循环和可持续发展。制修定干部调动管理办法、职级公务员管理实施细则等11项规章制度。推进专业技术类公务员分类改革，开展3次任职资格评定推荐工作。优化事业单位管理机制，完成机构转隶后事业单位首次岗位设置。组织开展全方位干部调研，为干部选拔任用奠定基础。针对机构改革后队伍结构、任职经历上的新情况、新特点，组建3个调研组对近年来换防式交流工作成效和干部职工意见进行调研分析，进一步明确换防式交流“七项原则”，年内开展换防式交流87人。优化调整关区职级晋升工作口径，用好职级政策。突出基层导向和实绩导向，遴选29名干部到机关和在乌海关单位。

强化教育培训，不断提升干部职工履职能力。举办线上、线下各类培训58期，参训8,783人次，关区取得8类业务资质人员数量达到2,038人次。推动实训基地建设，建成乌昌海关集装箱查验实训点、乌鲁木齐地窝堡机场海关旅检查验实训点2个业务实操基地。强化兼职教师管理，组建112名（署级5人）兼职教师的师资库。建立“关校合作”机制，与上海海关学院、新疆自治区党校、石河子大学、新疆大学等加强沟通协调，师资保障力量进一步充实。10个优秀课程入选总署执法一线科长等培训班次。在商检领域“万人争先”线上练兵中入围全国海关八强。

落实老干部政治待遇和生活待遇保障，落实“一人一策”机制，用心用情做好老干部管理保障工作。创建“桑榆映金徽”党建品牌，组织1,200余人次参加活动，3幅书画作品和1篇征文被总署离退休干部局刊发收录，37名党员获得“光荣在党50年”纪念章。

【文化润关工程】2021年，乌鲁木齐海关启动文化润关工程，深化海关准军事化纪律部队建设，大力传承和弘扬以“四特”精神为代表的边关红色精神文化，以优秀文化引领正气、激励士气，增强关区干部职工的职业认同、集体认同、价值认同和文化认同。优化完善“两红”（红其拉甫、红山嘴）党性教育基地网上VR展厅，推动红其拉甫海关水布浪沟党性教育基地成功申建为新疆自治区级爱国主义教育基地。建成以“党旗映天山”为主题的党员之家。年内共有31个集体、24名个人获得全国普法工作先进单位、全国群众体育先进单位、全国工人先锋号等各类省部级以上荣誉。

【乡村振兴和“访惠聚”】2021年，乌鲁木齐海关扎实开展“访民情、惠民生、聚民心”驻村工作、“民族团结一家亲”活动，按照“四个不摘”要求，持续巩固拓展脱贫攻坚成果同乡村振兴有效衔接。选优配强驻村干部，树立“一队驻村、全关帮扶”的工作导向，在和田、喀什、阿克苏等驻村点推广实施订单农业、高原旅游等20个乡村振兴帮扶项目，持续加强科普大篷车科技下乡等实用技能培训，引导自主创业，推广以工代振，创响高原牦牛、雪菊、青稞、黑枸杞等特色农副产品品牌，促进农牧民持续增收。复制推广海关改革经验，创新实施“一站式服务大厅”、在线智慧平台、“最多跑一次”、太阳能路灯等便民举措，不断提升对口帮扶村的乡村治理水平。优化完善“民族团结一家亲”和民族团结联谊活动运行机制，“线上+线下”常态化开展“石榴花开一家亲”活动，结合“我为群众办实事”实践活动，帮助农牧民解决“急难愁盼”问题。共有8个集体、16名个人获得省部级以上民族团结荣誉表彰。

（撰稿人：丁诗玉　王均祥　孙　涛
党晓明　崔盛杰）

第七篇

直属企事业单位、社会团体

全国海关教育培训中心

【概况】全国海关教育培训中心（以下简称“教培中心”）是总署直属事业单位（正局级），参照《中华人民共和国公务员法》管理，1998年成立。教培中心受总署委托制订并组织实施全国海关教育培训年度计划，组织实施海关系统涉外培训计划，组织指导全国海关教材、课程、兼职教师队伍建设，承担海关教育培训网络信息化建设、管理工作，承担全国海关题库建设和考试测评管理工作，组织、协调和指导海关行政执法资格考试工作，配合落实海关公务员考录面试题本编制工作等。

2021年，教培中心发挥“线上+线下”培训优势，构筑完善提升海关干部教育培训体系，推动教育培训高质量发展。全年共举办各类培训班111期，40.4万人次参训。举办海关e课堂17期，21.5万人次现场参训。在线举办涉外培训项目14期，925人参加。上线网络课程256种、369.5学时供自主选学。组织命制、更新、审定专题学习试题2,351题。

【集中轮训】2021年，教培中心配合总署人事教育司、总署政工办完成学习贯彻党的十九届五中全会精神暨党史学习教育轮训。轮训坚持把学习贯彻习近平新时代中国特色社会主义思想作为首要任务和重中之重，组织干部重点学习习近平总书记重要讲话精神、五中全会的重大意义、《中共中央关于制定国民经济和社会发展第十四个五年规划和二〇三五年远景目标的建议》的精神实质与核心要义等。同时，组织干部认真学习习近平总书记在党史学习教育动员大会上的重要讲话精神，并按新民主主义革命时期、社会主义革命和建设时期、改革开放新时期、党的十八大以来的历史系统设置党史学习教育相关课程。共举办集中调训班10期、视频远程同步培训2期，1,100多人参训，做到应训尽训。

【领导干部培训】2021年，教培中心落实《公务员培训规定》有关要求，举办新任职司局级领导干部、新任职正处级领导干部网上培训班。培训班以学习习近平新时代中国特色社会主义思想为首要任务，设置学习习近平新时代中国特色社会主义思想概论、总体国家安全观、习近平新时代中国特色社会主义思想蕴含的马克思主义方法论，以及学习贯彻党的十九届六中全会精神暨《中共中央关于党的百年奋斗重大成就和历史经验的决议》总体解读、提升海关领导干部应急处突能力等课程。培训突出政治性，学习习近平新时代中国特色社会主义思想和政治能力2个教学单元的学时占总学时的78%。

年内，教培中心落实关于“十四五”海关干部教育培训相关规划的要求，以学习《“十四五”海关发展规划》为重点，举办司局级干部专业化能力提升网上培训班1期，重点安排解读《“十四五”海关发展规划》以及口岸发展、法治建设、大数据海关应用、科技发展、干部教育培训等配套规划的网络课程，由主持或参与规划起草的总署国家口岸管理办公室、政策法规司、风险管理司、统计分析司、科技发展司、人事教育司等负责同志进行授课解读，全面、系统、详细地阐释有关规划制订的历史背景、重大意义、指导方针、主要内容和工作要求等，为全体海关司局级干部准确理解海关“十四五”规划核心要义、切实履职尽责、落实各项工作目标奠定更加坚实的思想基础、理论基础和实践基础。全国海关司局级干部590人参训。

【年轻干部培训】2021年，教培中心在总署党校举办2期海关中青年处级领导干部进修班（总第18、19期），总学时均为480学时，共83人参训。按照中央党校教学指导计划要求，培训班把学习习近平新时代中国特色社会主义思想作为首要任务，突出理论学习、党性修养和海关特色，其中理论课程和党性教育单元共计336个学时，占比70%。培训班强化理论学习，采用讲授式、案例式、访谈式和体验式教学，举办了学员讲坛、集中研讨、读书会、联学共建等专题学习活动；加强党性修养和党性锻炼，结合党史学习教育、支部活动、“三会一课”、全国优秀党务工作者“云访谈”等，将党性教育贯穿于教学全过程；理论联系实际，聚焦解决企业在办理海关业务中的“急难愁盼”问题等，安排学员与总署企业管理和稽查司、黄埔海关、上海海关学院各院系及东莞外商投资企业协会在线开展联学共建活动，帮助企业答疑解惑；从严规范管理，强化作风养成，坚持日考勤、周分析、月总结的纪检监督流程，每周组织开展队列训练，培塑准军事化纪律作风。

【初任培训】2021年，教培中心首次以全程网络培训方式顺利完成新录用公务员初任培训，做到教学统一、培训灵活、监督到位。统一引进学习习近平新时代中国特色社会主义思想和政治能力录播课程，确保师资和内容的权威性与高质量。承训单位根据教学要求遴选直播课程师资，签署“课堂政治纪律承诺书”，严格审核授课内容；施训期间，提前公布日程安排，严肃计划执行。各学员所在单位因地制宜，采取集中封闭、集中不封闭、居家学习等不同方式组织学员参训。承训单位创新培训形式，开展“云研讨”、队列训练“云教学”“云会操”和学习生活“云分享”，组织线上演讲比赛、党史知识竞赛、红歌传唱，利用VR技术参观红色教育基地等，激发学员学习主动性、积极性。教培中心开展4次抽查抽测，随机选择41名居家学习学员“一对一”交流；会同12家单位共同开展培训成效评估。承训单位通过课前提醒、课后随堂测试等方式，加强日常监督与考核。学员所在单位通过每日点名、通报、知识回顾等方式，及时跟进学员学习情况，保证学习效果。

【执法一线科长培训】2021年，教培中心为落实总署党委关于加强执法一线科长培训的有关要求，举办执法一线科长网上培训班3期，来自全国各海关单位基层一线承担风险防控、税收征管、综合业务、监管查验、企业管理、稽核查、加工贸易、统计、卫生检疫、动植物检疫、进出口食品安全管理、商品检验、技术、法规、涉案财物管理等职责的科长（党支部书记）共5,687人参训。培训内容突出学习习近平新时代中国特色社会主义思想，聚焦抓党建、抓管理能力等要求，安排党史学习教育、党建与业务深度融合、执法实务和提升应急处突能力等课程。教培中心首次开设执法一线科长基础班、技术班和涉案财物班，进一步提高培训针对性。为拓展执法一线科长工作视野，教培中心首次在培训中内嵌外教课程，与荷兰海关开展现场执法经验在线学习交流。

【艰苦边远地区海关关员培训】2021年，教培中心为落实总署党委关于加强边关干部队伍建设的有关要求，面向呼和浩特、满洲里、大连、长春、哈尔滨、武汉、长沙、广州、南宁、贵阳、拉萨、兰州、西宁和乌鲁木齐等海关，在总署广州教育培训中心、中国海关管理干部学院各举办边关业务骨干培训班1期，培训设置总体国家安全观、习近平生态文明思想、党的十九届五中全会精神总体解读等课程，74人参训。

为落实海关扎根艰苦地区边关工作荣誉表彰相关试行实施办法要求，教培中心在总署党校举办边关金质奖章培训班2期、银质奖章培训班1期，培训设置学习领会习近平总书记关于新时代党的建设总要求、基层干部执行力与精细化管理、积极心理学与心理调适等课程，共98人参训。

【涉外培训】2021年，教培中心围绕服务国家外交外贸大局，以服务“一带一路”建设为重点，会同中东欧国家、澜湄国家以及俄罗斯、新加坡、荷兰等国家的海关和世界海关组织（WCO）、联合国统计分析司等机构举办14期网上培训班，共计212名中国海关关员在线参训，713名国（境）外官员在线参加学习研讨。

其中，会同总署企业管理和稽查司举办“中东欧国家海关AEO网上研讨班”，16名中东欧国家海关官员在线参加。会同总署动植物检疫司举办“口蹄疫无疫官方认可培训”和“马属动物疫病实验室检测技术培训”2个网上培训班，140名中亚区域经济合作成员方官员在线参加。积极回应澜湄国家海关培训需求，举办“动物疫病管理”“传染病跨境传播防控能力建设”“通关便利化”“海关政策联通”等培训班，来自澜湄国家海关的384名官员在线参加。与俄罗斯海关首次以线上形式联合举办“中国海关关员俄语能力提升网上培训班”和“俄罗斯边境隶属海关关长网上培训班”，共19人参加。举办“新加坡自贸港（区）海关监管网上专题培训班”，邀请新加坡官员线上授课研讨，中方39人参加，进一步深化了与新加坡海关在自由贸易园区建设领域的交流合作。指导实施7个由国家国际发展合作署立项的“一带一路”沿线国家和地区援外培训项目，385人参加。举办“一带一路”业务骨干高级英语强化班，35人参训，为海关服务国家外交战略储备外语人才。

【海关e课堂】2021年，教培中心举办海关e课堂专题培训17期，21.5万人次现场参训，40.1万人次在线延伸学习。年内，教培中心首次在革命历史纪念场所开展情景式教学，举办“海关e课堂——党史学习教育”专题培训5期，把学习习近平总书记“七一”重要讲话精神作为首要任务、主题主线，把习近平总书记在革命历史纪念场所发表的一系列重要讲话精神作为必修内容。组织人员到上海、嘉兴、井冈山、延安、西柏坡等地取景拍摄，邀请8位从事党的历史研究、宣传、教育工作的专家，在中共一大会址、嘉兴南湖红船、井冈山黄洋界保卫战、延安八路军总部、西柏坡中央军委作战室等革命旧址，结合史料文献，通过“历史+现实”“情景+案例”的情景式教学，沉浸式讲解党的历史，把红色故事讲活，身临其境学习领会习近平总书记重要讲话精神，感悟伟大建党精神的深刻内涵和时代价值。同时，安排革命历史纪念场所所在地的上海、杭州、南昌、西安、石家庄海关5位基层海关党支部书记交流学习习近平总书记“七一”重要讲话精神的感悟体会，介绍立足本职工作学党史、悟思想、办实事、开新局方面的典型做法，分享在创建“服务+X”“四省服务站”“井冈红”“塞上红驼”“一马当先”等基层党建品牌中的探索实践。创新的教学授课方式受到广大学员欢迎，全国海关共10.5万人次参训。

▲2021 年 7 月 16—30 日，教培中心举办“海关 e 课堂——党史学习教育”专题培训 5 期，赴上海中共一大会址、嘉兴南湖、井冈山、延安、西柏坡革命历史纪念场所开展体验式教学

【兼职教师培训】 2021 年，教培中心开展海关兼职教师教学能力提升网络培训，上线网络专题课程 15 门、23 学时，组织全国海关兼职教师及教育培训工作者学习习近平总书记关于干部教育培训工作的重要论述，针对授课教师教学设计、授课技巧、语言表达等方面进行指导，安排海关院校及直属海关等系统内专家讲授现代教育技术应用、案例教学方法、课堂教学管控等课程，同时邀请国家开放大学和北京广播电视台专家讲授成人学习基本理论和提升语言表达技巧等课程，提升全国海关兼职教师教学能力水平。

【课程建设】 2021 年，教培中心完善课程开发和更新机制，采取制作、引进、遴选等多种方式，开展学习习近平新时代中国特色社会主义思想海关特色课程建设，保障党史学习教育和新冠肺炎疫情防控、业务改革、岗位资质、练兵比武等课程资源供给。年内共上线课程 256 种、369.5 学时，满足自主选学需要。其中，自主制作的海关课程占上线课程的 81%。推进课程分类管理，探索按培训内容、培训对象等不同角度设计专题培训，共新增、更新 38 个专题，并试点推行全员普及、业务基础、业务进阶等课程分级设置。

【教材建设】 2021 年，教培中心结合新冠肺炎疫情防控要求，按照编审分开、两次评审的要求，采用通信评审、集中评审、相关司局复审相结合的方式，完成中国海关博物馆主编《峥嵘岁月忆海关》和昆明海关主编《忠诚赤胆照边关》2 本国门风采系列教材和 8 种配套音频课程建设。其中，《峥嵘岁月忆海关》讲述了大革命时期、土地革命时期、解放战争时期、中华人民共和国成立前后，在中国共产党的领导下，一代又一代海关人参加省港大罢工、建立苏区税关、开展抗日救亡、护关护产迎接解放、创建人民海关的红色历史。《忠诚赤胆照边关》讲述了西南边陲“全国文明单位”孟连海关的 70 年建设发展历程，集中展现了孟连海关独特的红色文化、坚守文化、清廉文化、家园文化和“在坚守中奉献、在奉献中作为”的边关精神。制作上线广州海关主编《大铲雄关》电子教材及 5 种音频课程，共计 6.5 学时。

【优秀教学成果评选】 2021 年，教培中心组织开展党的十九大以来海关优秀教学成果推荐评选工作，紧扣海关工作实际，突出实践性和创新性，共评选确定《新时代如何当好基层党支部书记》等 31 项海关干部教育培训成果［其中精品课程 19 项（见表 7-1）、优秀教学研究成果 6 项（见表 7-2）、优秀教学管理成果 6 项（见表 7-3）］、《对接海关，对标国际，高质量培养海关高素质人才的改革与创新》等 20 项海关高等教育成果（见表 7-4）（其中优秀教学成果 4 项、一流本科课程 4 项、优秀教材 2 项、“课程思政”示范项目 4 项、实验实训教学中心与基地 4 项、优秀教学案例 2 项）为党的十九大以来海关优秀教学成果。

党的十九大以来海关优秀教学成果获奖名单

一、海关干部教育培训类

（一）精品课程

表 7-1　海关干部教育培训精品课程

序号	奖项	成果名称	主要完成单位	主要完成人
1	特等奖	新时代如何当好基层党支部书记	南京海关	李　琰
2	特等奖	执守世界之巅	拉萨海关	郭　雄
3	特等奖	海关辐射探测概述	中国海关管理干部学院	战　俭
4	一等奖	海关业务统计及分析方法	总署统计分析司	张　洁
5	一等奖	坚守宪法自信，提升法治思维和依法办事能力	总署政策法规司	朱端时
6	一等奖	进境动物检疫监管	兰州海关	袁文泽
7	一等奖	大数据思维和海关应用	总署风险管理司	高凤荣
8	一等奖	感悟初心使命　弘扬建党精神：中共一大、二大会址沉浸式党性教育现场教学课程	上海海关学院	董　强 程海东
9	一等奖	进出口危险货物及其包装检验	南京海关	汪　蓉 郭　亮
10	二等奖	出口备案食品生产企业核查 VR 实训	黄埔海关	王　静 江银娣
11	二等奖	进出境水生动物检疫监管	黄埔海关	万　鹏
12	二等奖	讲好长城故事　弘扬民族精神——长城精神现场教学	中国海关管理干部学院	韩　松 杨小龙
13	二等奖	进出境植物检疫原理及国际规则	总署动植物检疫司 福州海关	张晓燕
14	二等奖	品读海关家书，赓续家国情怀	上海海关学院	潘坤坤 张诗丰
15	二等奖	新型冠状病毒采送样和实验室检测技术系列课程	广州海关	师永霞
16	二等奖	海关执法中的法治思维	拱北海关	欧阳曦
17	二等奖	海关基层党组织操作实务与创新	大连海关	张　羲
18	二等奖	弘扬“红船精神”建设“重要窗口”	杭州海关	赵　丹
19	二等奖	海关进出口原产地管理	湛江海关	黄娟娟

（二）优秀教学研究成果

表 7–2　海关干部教育培训优秀教学研究成果

序号	奖项	成果名称	主要完成单位	主要完成人
1	特等奖	新海关干部教育培训实训模式研究	南京海关	戴云徽
2	一等奖	新海关执法一线科长培训研究	中国海关管理干部学院 总署人事教育司	刘　辉
3	一等奖	学习贯彻落实习近平新时代中国特色社会主义思想海关特色课程建设研究	上海海关学院	李纳新
4	二等奖	干部教育学学科设立之探讨	中国海关管理干部学院	李　亮
5	二等奖	黄埔海关业务实训教学系列教材	黄埔海关	张　瑞
6	二等奖	慧眼识线虫——口岸检疫线虫图鉴	宁波海关	顾建锋

（三）优秀教学管理成果

表 7–3　海关干部教育培训优秀教学管理成果

序号	奖项	成果名称	主要完成单位	主要完成人
1	特等奖	以质量为核心的初任培训教学与管理体系构建与实施	中国海关管理干部学院	孙其龙
2	一等奖	拱北海关旅检业务全流程实训体系	拱北海关	于　彬
3	一等奖	南京海关后续监管实训体系	南京海关	马红兰
4	二等奖	黄埔海关党建实训中心	黄埔海关	沈方操
5	二等奖	海关培训者培训项目设计与实施全案	上海海关学院	辛宪民
6	二等奖	全国海关执法一线科长培训示范班教学设计	中国海关管理干部学院	王　颖

二、海关高等教育类

表 7–4　海关高等教育成果

成果类别	序号	奖项	成果名称	主要完成人
优秀教学成果（综合）	1	特等奖	对接海关，对标国际，高质量培养海关高素质人才的改革与创新	丛玉豪
	2	一等奖	贯彻新文科理念，创新海关管理专业应用型人才培养模式	黄胜强
	3	二等奖	新时代“一德四能”关务人才培养体系构建与实践	孙　浩
	4	二等奖	关校融合、校企协同、国际合作，海关法特色精英化人才培养模式	万曙春
一流本科课程	1	不分等第	物流管理	孙　浩
	2		高等数学	龚　毅
	3		国际贸易实务	匡增杰
	4		关贸律师实务	娄万锁
优秀教材	1	不分等第	海关估价（第二版）	林　弘
	2		关税制度案例分析	钟昌元

续表

成果类别	序号	奖项	成果名称	主要完成人
“课程思政”示范项目	1	不分等第	笔译Ⅱ（汉译英）	胡兴文
	2		海关管理概论	丁　敏
	3		高等数学	赵振刚
	4		《艺术鉴赏》之海派文化的传承	钱　明
实验实训教学中心与基地	1	不分等第	上海海关实习基地	陈振海
	2		一流引领　智慧升级　实践强基——海关管理专业实验教学示范中心建设	侯彩虹
	3		海关国门安全虚拟仿真实验教学中心	黄丙志
	4		上海海关学院税务专业学位研究生　上海外高桥保税区海关实践基地	李九领
优秀教学案例	1	不分等第	进口关税完税价格争议案例	钟昌元 李九领 毛道根
	2		套约对贸易安全与便利的影响	胡　蓉

注：海关高等教育类推荐单位均为上海海关学院。

【支教工作】2021 年，教培中心组织第十批、第十一批共 16 人次支教志愿者赴河南省鲁山、卢氏两县山区学校开展支教工作，承担音体美等课程教学任务。其间，志愿者们成立临时党小组，发挥党员先锋模范作用，紧密结合党史学习教育开展教育教学，开展“庆祝建党 100 周年”特色教学及捐赠帮扶工作。

【考试管理】2021 年，教培中心充分发挥考试测评管理职能，扎实做好各类考试测评工作。举办习近平新时代中国特色社会主义思想专题学习测试，全国海关共计 2.8 万人参加。开展党史学习教育每周线上自测 38 期，全国海关共计 29.7 万人次参加。配合组织“党在我心中”全国海关党史知识竞赛，全国海关共计 6.7 万人参加。配合组织商检领域“万人争先”线上岗位练兵，全国海关共计 1.4 万人参加。配合开展“现场监管与外勤执法权力寻租”专项整治纪法教育测试，全国海关共计 6.6 万人参加。配合开展全国海关巡视巡察干部专题学习在线考试、安全知识网上有奖竞答等考试测试。

【题库建设】2021 年，教培中心完善题库建设，深化以考促学，发布学习习近平新时代中国特色社会主义思想、习近平法治思想、党的十九届五中全会精神、党史学习教育测试题 1,414 题。审核商品检验岗位练兵题库、动植物检疫岗位资质系列学习考试题库 937 题。配合开展海关公务员考试录用面试题本和接收安置军转干部面试题本编制工作。

【教育培训信息化建设】2021 年，教培中心按照“一个管理核心、多个应用支撑、内网外网错位、数据互联互通”的总体建设思路，推进海关干部教育培训信息化建设。优化升级“钉钉”App，基本实现实体培训班、网上培训班、线上课自学、考试测试、问卷评估等重要功能模块的内外循环。开发建设教育培训管理系统，实现与用户管理系统、“钉钉”App、在线考试子系统、队伍建设综合管理平台的互联互通。完成全国海关考试测评题库系统软件更新。

（撰稿人：任　洁　孙路路　杨彬彬　陈　哲　陈国强　胡小明　高　莉）

海关总署物资装备采购中心

【概况】1999年4月，海关总署物资装备供应中心批复成立，是中央国家机关成立的首家部门集中采购机构。2005年10月，更名为海关总署物资装备采购中心（以下简称“采购中心”）。2008年2月，中编办批复调整采购中心为财政补助事业单位。2008年5月，人力资源和社会保障部批准参照《中华人民共和国公务员法》管理。

2021年，采购中心贯彻落实总署“政治建关、改革强关、依法把关、科技兴关、从严治关”总体要求，坚持党建引领发展，强化政治机关建设，以“为民办实事”抓实党史学习教育“落脚点”，发挥“阳光讲坛”党建载体作用。树立质效意识和服务意识，依法依规抓好海关系统集中采购执行，参与指导各海关单位政府采购业务执行，加大海关系统政府采购实操培训。制订海关政府采购制度和规范指引，实施海关政府采购业务流程再造和机构职能调整，建立“制度+机制+科技+管理”四位一体内部监督制约机制，实现采购项目、评审、监督“三分离”，“三高一低”（废标率高、质疑率高、投诉率高、采购成功率低）问题初步得到解决。以信息化推进政府采购规范化，涵盖海关政府采购业务全流程的海关智慧政采综合管理平台（以下简称“智慧政采平台”）建成试运行，提高海关政府采购工作透明度，降低企业投标成本。

▲2021年9月2日，采购中心党支部举办第33期“阳光讲坛”——“以案说法”专题讲座

【党的建设】2021年，采购中心加强党的政治建设，强化正风肃纪，走好践行“两个维护”第一方阵。

年内，采购中心统筹推进政治机关专项教育活动和“学查改”专项工作。树立政治机关意识，每周工作例会学习贯彻习近平总书记重要讲话和重要指示批示精神。落实争创“四强”支部要求，制订采购中心党支部深化“阳光政采”党建品牌建设意见，调整各党小组名称及党员组成，规范党小组会议记录和学习记录，举办“阳光讲坛”活动，党员干部人人上讲台。开展党史学习教育，“我为群众办实事”3个方面18项清单全部完成。严肃民主集中制，落实民主生活会制度，抓实落细“三会一课”。推进全面从严治党，制订任务分解表。排查海关政府采购风险隐患，形成各直属海关单位部门集中采购目录内项目采购情况调研报告。丰富政府采购业务监督制约方式，将党风廉政建设融入便利化采购全流程，对竞争充分的新冠肺炎防疫物资，采取综合比选方式，引入基层用户决定采购品牌、多家供应商集中竞价等措施，采购质优价廉的防疫物资，有效防范廉政风险。组织规范政府采购招标评审职责、任务、流程，制订评审操作手册，做到“全处一张表、现场一张嘴、评审一把尺”，高质量完成评审工作。组织将“四种形态”运用情况纳入议事清单，专项书面分析。针对苗头性倾向性问题，运用“第一种形态”开展批评教育。推进廉政文化建设，邀请中央纪委专家授课，构建党员干部常态化廉政警示教育长效机制。

【政府采购】2021 年，采购中心坚持依法采购，推进政府采购改革，规范海关政府采购工作。

实施政府采购。2021 年，采购中心树立三种意识（法治政府意识、执法部门意识、依法履职意识），深化“放管服”改革，上线试运行智慧政采平台，开展电子招评标活动，“让数据多跑路，让企业少跑腿”。落实国务院“清理拖欠民营企业中小企业账款”工作部署，清退到期履约保证金、保函，无拖欠行为发生。协助采购人发挥主体责任，实现“应采尽采，精采细采”，发挥服务保障大局作用，年内共组织采购项目 254 个。

重点项目采购。2021 年，采购中心完成首台（套）设备采购项目 10 个、“信改工程”采购项目 11 个、应急防疫物资采购项目 10 个，采购防疫物资 53.2 万件、制服装备采购品目 47 个等重点采购项目。其中，做好防疫物资应急采购，根据疫情防控需要用好便利化政策，接到冬奥会防疫物资采购任务 20 天内，第一批物资就送达北京、石家庄海关。严格把控供货质量，推动海关一次性防护服（夏季款）等产品优化升级，增加配备胸兜（携带执法记录仪）、裤兜（携带执法 pad）和夜间反光条，获得海关防疫一线关员好评。强化重大采购项目管理，配合总署口岸监管司对全国海关 H986 等大型监管设备运维情况摸底调研，针对新冠肺炎疫情原因口岸关闭导致设备停用情况签订补充合同，降低运维成本。配合总署财务司、总署科技发展司开展采购进口化验设备论证工作，争取财政部支持，为海关配备高端化验仪器设备提供政策支持。协调总署缉私局、总署财务司推进 40 米级缉私艇建造项目，加强下水调试、设备调试、预验收等重要环节现场督导，确保当年顺利验收，并立即投入专项行动。召开疫苗集中采购工作座谈会，为基层用户和供应商搭建沟通平台，为疫苗集中采购工作打下良好基础。

▲2021 年 12 月 7 日，采购中心组织海关缉私艇验收

规范政府采购。2021 年，采购中心制修订采购中心相关工作规则、公开招标与非公开招标相关作业规范、采购文件编制模板等规章制度，持续规范海关政府采购。围绕采购任务单审批、采购文件编制、评审、合同签订及履约等 4 个环节，印发涉及 33 项 135 个影响因子的关于海关政府采购禁止性事项的清单，为海关政府采购活动设立不可触碰的“高压线”。规范政商现实交往边界，制发采购中心工作人员与供应商交往相关守则，并对外公布全文，主动接受社会监督。开展海关政府采购标准化建设，制发开评标主持词模板。集中解决评审现场专家手机统一收取问题。落实财政部评审过程录音录像要求。建立每周采购项目台账。开展评审专家劳务费银行转账改革，有效管控资金风险、管理风险和廉政风险。推行海关政府采购意向公开，便于企业提前了解采购信息。采取纪律宣讲、规则明示、合规提醒、依法核对等方式，严格政府采购招标评审现场管理，规范政府采购行为。

解决“三高一低”问题。2021 年，采购中心针对“三高一低”降低海关政府采购质效等问题，形成提高海关政府采购质效实施意见。新成立监督管理处年内合规性审查修改完善采购项目 18 例，解决复杂问题 2 个。全年无仲裁和诉讼案件发生，“三高一低”问题初步得到解决。

政府采购指导。采购中心制订“为供应商营造公平竞争环境、为基层海关提供优质服务、为提升中心整体工作水平多办实事”3 个方面 18 条“项目清单”，年内全部完成。协调为长春海关隶属延吉海关配发援助边关应急发电设备。制作专题培训课件，服务基层海关政府采购业务实操培训需要。加大对各海关单位防疫物资履约验收指导，确保防疫物资质量符合行业技术标准和防疫工作要求。组织解决国际运输费用，把援助物资新冠病毒检测试剂直接配送至海关防疫非洲哨点。加大对合同签订督导力度，定期收集合同签订情况，及时提醒加快进度完成合同签订。升级优化现有海关政府采购信息化平台，畅通向各海关单位推送供应商投标文件和反馈供应商履约情况渠道。组织为 11 个直属海关集中办理追加采购进口产品审批手续，涉及进口设备 31 台。服务各海关单位装备设备需要，年内接受委托采购任务 22 个。

【业务改革】基于对政府采购内部监督制约机制的风险分析，以“分事行权、分岗设权、分级授权”为主线，班子成员牵头到有关部委采购中心和直属海关调研 11 次，撰写调研报告 4 篇。开展健全制度、再造流程、建设平台、加强管理等工作，“制度+机制+科技+管理”四位一体的海关政府内部监督制约机制逐步建立。

以健全制度为重点，推进采购过程规范化。明确制度建设目标，加快建章立制。梳理和评估采购中心政府采购执行和监管中存在的风险，明确标准化工作要求和防控措施，结合政府采购深化改革，开展内部制度建设“废改立”，重点针对干部管理和规范采购活动补齐制度短板，制定、修订涉及采购中心相关工作规则等内容的制度共 23 项，废止 7 项。提高制度执行力，促进依法采购。从采购任务单审批、采购文件编制、评审、合同签订及履约等 4 个环节制订关于海关政府采购禁止性事项的清单，落实优化政府采购营商环境政策措施，从制度机制层面压缩自由裁量权。组织政府采购政策法规学习研讨，增加系统内政府采购专业人员调研频次，增强对政府采购法律法规的理解力和执行力。制订采购中心工作人员与供应商交往相关守则，严守“五项规矩”，严禁“五条红线”，并在互联网公布，接受社会监督。

以调整业务流程为抓手，完善内部控制机制。建立业务运行新机制。按照分段管理的内部控制思路，改造业务流程，实现“项目、评审、监督”三分离。建立内部监督检查和质量评价机制。加强采购项目事前事中事后管理。坚持采购项目全过程监管和评价，完善采购项目质量控制手段，成立由法律、财务、业务骨干组成的采购业务风险研判专家小组，对疑难问题进行分析研判。

以科技信息化建设为导向，完善内控管理手段。运用科技手段全面管控采购实施行为。建设智慧政采平台，通过信息化实现全部采购行为“进系统、标准化、留痕迹、可追溯”，大力压缩自由裁量空间。强化政府采购制度执行的科技约束。加强需求编制阶段管理，实现采购需求快速检索、评分标准自动校核，减少人工错误，防范违规立项风险，提升需求编制合规性。固化采购文件模板，最大限度减少人为干预。将采购规则内置于内控监督管理模块，通过对采购文件智能识别，对采购文件中“不合法规、不合逻辑、不合情理”的条款自动识别，自动预警。

以加强管理为手段，促进干部队伍健康发展。开展干部交流轮岗，加强中心干部队伍综合分析研判，制订科学的干部交流总体规划，加强与人事部门沟通，开展干部内部轮岗、外部交流等，促进干部能进能出、合理流动，努力做到人岗相适、人尽其才，激发队伍活力和工作热情。加强干部培训，举办36期“阳光讲坛”，工作人员100%上讲台，在交流和研讨中提升政治素养和业务能力。采取“请进来、走出去”方式，大力开展业务政策研究，培养一专多能干部，打造掌握法律、了解规则、熟悉程序的专业化采购队伍。加强党风廉政建设，开展警示教育6次，营造“不敢腐、不能腐、不想腐”风清气正环境。

【智慧政采平台】采购中心针对信息化平台建设步伐迟缓问题，完成与业务流程再造相适应、涵盖采购全流程的智慧政采平台开发建设，现已上线试运行。该项工作列入总署党委清廉海关建设文件实施，同步纳入政工办优化提升“制度+科技”效能专项工作试点。

2019年，智慧政采平台正式立项。2020年12月，智慧政采平台完成项目建设招标。2021年12月，智慧政采平台建设完成并上线试运行。智慧政采平台包括“政府电子招标系统”“政府采购网上商城”“数据分析系统”3个子系统、131个二级功能模块，建立“采购管理平台”“供应商管理平台”“供应商投标工具”“评审工具”两平台两工具，全面支撑采购人、采购中心、供应商、评审专家多角色、多单位用户采购业务办理，实现招标文件在线编制、公告发布，供应商在线加密投标，评审专家电子评标业务环节一体化管理。针对采购需求管理、招标管理、投标管理、开标管理、评标管理、定标管理、异常管理等实现全流程业务在线办理。

智慧政采平台通过数字化应用赋能采购业务管理标准化、模块化，覆盖广东分署、天津特派办、上海特派办、各直属海关、院校、总署各部门、各在京直属企事业单位，注册供应商达到258个，采购业务管理流程实现采购人单位三级审批、采购中心业务管理多级审核、采购中心合规性审查等标准化制度支撑，支撑采购管理全流程业务“进系统、标准化、留痕迹、可追溯”，实现“五个转变”（转变采购任务单填报要求，采购需求管理精细化；转变采购文件编制方式，连接项目立项与项目执行全过程数字化管理；转变供应商投标方式，线下投标线上化，交互过程无纸化；转变专家评审方式，基于信息化评标工具，高效、全面评审，降低评审风险；转变档案管理模式，拓展档案电子化管理范围，逐步实现全部数字化档案管理）、“五个优化”（优化系统操作，提升用户体验；优化关键指标，提升系统监督控制能力；优化业务流程，提升业务处理效率；优化交付方式，提升节点交接能力；优化节点控制，提升节点自动识别能力，减少人工判断）。

智慧政采平台上线试运行以来，基于“敏捷迭代、持续优化、急用先行、稳定运行”原则，对正式运行过程中各类业务流程、数据项完整性、监督管理要求等业务需要快速响应，完成系统更新8次，优化任务138项，目前运行稳定，全面支撑采购管理业务。同时，新冠肺炎疫情期间智慧政采平台有效支撑“不见面投标”“在线开标”，全面提升海关采购业务标准化管理能力。

（撰稿人：郑成鑫）

全国海关信息中心
（全国海关电子通关中心）

【概况】全国海关信息中心（全国海关电子通关中心，以下简称“信息中心”）是总署直属事业单位，前身是成立于1986年的全国海关电子计算中心和海关通讯网络指挥中心，是国家部委中较早成立的专门从事信息化建设的单位之一。1999年全国海关电子计算中心与海关通讯网络指挥中心合并组建为全国海关信息中心，2008年加挂“全国海关电子通关中心”牌子，2010年全国海关电子通关中心批准参照《中华人民共和国公务员法》管理，2014年信息中心被划入公益一类事业单位，2019年总署审议通过信息中心职能配置、内设机构和人员编制规定。信息中心主要承担海关信息化基础设施建设与运维、应用项目建设与运维、网络信息安全管理、大数据治理及应用等工作。

2021年，信息中心以习近平新时代中国特色社会主义思想为指导，贯彻总署党委决策部署，保障海关信息系统安全稳定运行，做好口岸疫情防控、RCEP项目、支持海南自由贸易港信息化建设、信息化改造工程项目、智能审图等重大信息化项目建设，加强网络安全和数据安全防护，提升大数据治理和应用效能，为服务维护国门安全和促进高水平对外开放、支撑全国海关“十四五”良好开局提供强有力的信息化支撑。

【党史学习教育】2021年，信息中心党委把党史学习教育作为重大政治任务，成立党史学习教育领导小组，制订实施方案。党委班子率先垂范，带头开展学习、讲好专题党课、读好规定书目。围绕“学党史、悟思想”，党委会专题学习研讨46次，党委理论中心组学习5次，举办专题读书班2次，组织参观中国共产党历史展览馆，参加央视“时代楷模发布厅”现场录制，举办“七一勋章”获得者先进事迹暨“两优一先”先进事迹座谈会，开展“党员过集体政治生日”“我想对党说”“党员讲党史故事”等活动。围绕“办实事、开新局”，深入推进“我为群众办实事”实践活动，协助总署科技发展司对“查验单兵设备VPN（虚拟专用网络）连接不稳定”等122个问题提出解决意见。赴深圳海关跟班作业解决应用系统使用问题27个，36项清单任务全部完成。建立“服务基层海关、助力员工忠诚履职、推动员工成长成才志愿服务”长效机制。

信息中心以党史学习教育为载体，助推党建业务深度融合，总结提炼形成党建创新工作案例——“督导式职业素养训练+复盘分析会推动党建与业务深度融合”，荣获中央和国家机关工委第三届党建创新成果展示交流活动“十佳百优”案例，被总署政治部确定为第一批全国海关基层党建创新案例向全国海关推广。代表总署参加全国广播体操云比赛，荣获国家机关专区打卡赛团体赛、视频赛团体赛一等奖。聚力推进“四强”支部建设，14个党支部形成具有自身特色的支部工作品牌，建立支部工作园地，厚植“一支部一品牌一园地”宣传氛围。丰富党建宣教手段，提倡利用“学习强国”“支部工作”以及“钉钉”App开展不同形式的自学互学活动，依托公众号推送线上学习教育内容57期，在策划和动员的过程中促进全员对党建与业务深度融合的深刻理解、有效实践。

▲2021年7月24日，信息中心党委组织参观“不忘初心　牢记使命——中国共产党历史展览”

【新冠肺炎疫情防控】2021年，信息中心始终坚持“疫情就是命令，防控就是责任”，全员上下拧成一股绳，在口岸疫情防控技术支撑保障、内部防控措施抓严抓实上始终高站位、零松懈。做好口岸疫情防控技术支撑保障。上线部署支撑系统，完成疫情防控数据上报系统40余个功能开发上线，提升疫情信息上报、汇总、分析便捷度。应急完成新一代风控作业系统高风险航班紧急布控功能开发上线，实现对承载高风险旅客航空器的自动布控。抓严抓实疫情内部防控。信息中心落实总署疫情防控各项要求、措施，修订印发疫情防控工作方案、应急处置预案、防控指南等措施办法13份，确保规定动作100%落实到位。严格执行出差出行人员管理、来访人员管理等防疫措施，迅速准确做好疫情风险排查，全年共计风险排查50余次，排查3万多人次，排查出122人次。严密精心组织“日报告、零报告”、疫苗接种、核酸检测工作。严格落实防疫“三件套”（戴口罩、社交距离、个人卫生）要求，做好通风消杀、物资保障、防疫宣传等疫情防控日常工作。

【重大专项任务保障】2021年，信息中心把庆祝建党100周年海关网络安全保障工作作为重中之重，统筹组织实施其他重大及专项任务保障，成立工作专班，完善方案预案，组织演习演练，确保海关信息系统运行平稳。开展安全自查、渗透测试等工作，提升网络安保级别，关键岗位“7×24小时”值班值守，圆满完成建党100周年、党的十九届六中全会、全国两会等敏感时期海关网络安全和信息系统运行保障任务。着眼北京冬奥会、冬残奥会海关信息系统网络安全保障实际，组建专业队伍，制订专项方案，细化实化41项具体工作任务，按计划完成风险排查整改和应急预案演练等21项任务。“双11”电商促销期间，信息中心海关信息系统保障业务量持续处于高位，跨境电商通关管理系统处理清单峰值达7.3万票/分钟。

▲2021年6月29日，总署科技司赴信息中心调研庆祝建党100周年海关网络安全保障情况

【信息系统运维】2021年，信息中心深入落实信息系统准入准出管理，参与集中式运行管理平台建设，强化事前风险防范、事中调度处置、事后分析总结，优化故障管理、服务请求等运维工作流程，做好全国海关骨干网及总署核心节点运行维护工作。开展应用配置优化工作。完成在线运行署级应用系统配置信息维护和特征码编制，实现应用系统底账动态管理。完善信息系统应用异常态势感知模型。通关系统故障主动发现率提升至84%，将H2018通关管理系统纳入业务态势感知并新增13个监控点，基于业务态势感知的运行监控提前发现故障45个。畅通系统运维保障渠道。推广运管平台、一键报障工具、海关易服务、热线电话及热线邮箱等“五种服务请求”提交渠道，全年服务请求52,140个，异常业务数据处理5,378个。开展重点系统高可用改造和优化升级。实现H2010核心数据库CPU平均值由55%降至30%、H2018通关管理系统核心数据库性能提升3.2倍、跨境电商系统数据库异地复制无延时、海关门户网站文件集群故障10秒内可转移恢复等性能提升。开展新一代核心系统容灾建设工作。完成H2018通关管理系统等10个应用系统异地全新容灾部署、新老快件通关等7个应用系统重新部署、新一代风险作业等9个应用系统异地容灾切换测试。持续做好故障调度优化工作，海关信息系统全年未发生重大故障。坚持“997”工作模式，全年保障重大汇报展示17场、音视频单兵查验1,147次，为总署机关提供技术支持15,459次。完成原检双活机房下线设备再利用。344台设备实现再利用。

【信息化项目建设】2021年，信息中心立足国家改革发展大局和海关科技发展实际需求，深刻理解“三智”合作理念，扭住需求设计、技术实现、应用推广、循环迭代重点环节，完成RCEP等涉国家重大改革发展信息化项目建设，持续发挥提升海关监管效能技术支撑保障作用。开展RCEP原产地管理信息系统建设。快速迭代研发3个大版本更新，迁移、转换企业备案数据150多万条，预审、产品数据近105万条，联网核查签证数据5,000余万条，符合RCEP原产地规则生效实施的各项要求，签证数量日均达4万票以上。开展海南自由贸易港信息化建设。优化完善海南“零关税”生产设备及交通工具系统、海南“零关税”原辅料管理系统功能，保障海南“零关税”相关政策顺利落地实施，对海南自由贸易港海关智慧监管平台项目总体设计与项目建议书提出审核意见36条。组织完成HB2018办公系统国产化适配并上线、全国海关业务网邮件系统切换、信息海关日报系统国产数据库改造，以及基础设施云、桌面云和高斯数据库基础环境及相关系统支撑平台建设等工作。开展H2018通关管理系统3.0版切换。完成任务书59批次，实现与进境粮食检验检疫管理等应用系统互联互通，成功将e-CIQ主干系统的审单、涉检指令、拟证出证等业务融入通关系统，支撑报关单、集报清单等通关项目业务改革，实现H2018通关管理系统3.0版在海关所有业务现场全面应用。开展署级信息化应用项目建设。完善风险作业、舱单、监管场所管理、邮件通关、边民互市贸易等系统功能，完成办公综合、人事管理、智慧财务、检验检疫等项目建设。开展“智慧缉私”相关应用项目建设。完成缉私执法办案系统（刑事）、缉私大数据资源池、水上缉私指挥管理应用和缉私资金追踪流向分析应用建设。

【网络数据安全】2021年，信息中心落实总体国家安全观，以高标准安全保障海关改革发展，通过技术引入、体系升级、制度完善，以及应用系统安全功能改造，海关网络安全和数据安全防护得到加强。参加专项演习活动。在部委单位中名列第一梯队（前15名），取得历史最好成绩。开展网络安全手段建设。开展网络安全等级保护测评及密码应用安全性评估工作，完成14个三级系统的网络安全等级保护测评和9个三级系统密码应用安全性评估，完成6个检验检疫系统等保定级备案及测评工作，符合《中华人民共和国网络安全法》和国家公安机关要求。开展互联网网站系统优化与防护，引入“机器人防火墙”技术，日均拦截异常访问请求数700余万次，提升海关门户网站安全性。开展旧海关安全认证系统向新系统切换。完成通关无纸化、新快件等61个业务应用子系统切换，所有系统安全稳定运行。开展数据安全技术防护体系建设。引入数据库加密、动态脱敏、网络防泄漏等3类安全产品，制订应用项目（系统）数据安全分级防护相关技术规范。每季度开展大数据平台审计工作，及时对发现问题进行整改，通过举办《中华人民共和国数据安全法》专题培训和网上答题活动等方式强化全员安全意识。开展网络基础环境建设。完成总署互联网外事视频会议网络环境建设、中俄侵权商品信息交换网络传输通信建设、总署对外接入局域网云平台网络建设和总署业务网客户端准入部署，进一步提高海关信息系统的安全性、稳定性和拓展性。

【大数据治理和应用】2021年，信息中心加强大数据攻关成果推广应用和优化迭代，升级完善数据治理平台，配合智能审图长效机制建设，推动海关各业务领域大数据技术研究和应用需求落地，数据治理工作得到多部委通报表扬。完成智能审图信息化平台（一期）建设。迭代研发3个大版本，实现从图样采集、初标、图样数据下载到算法迭代优化的闭环管理，保障25个直属海关上传H986图像13,725张、CT图像1,014张。推进大数据池建设和大数据治理。做好数据采集入池，海关大数据池累计数据表13,669张，同比增长9.15%。做好大数据治理，将常用数据分析逻辑固化为数据中台主题表共享使用，推动数据全面融合。推进海关大数据中台建设。累计开发数据任务5,589个，创建数据底盘表4,963张，在攻关模型中使用比例超85%。“云擎”新增授权6,335张数据表，同比增加近1倍，“海廉”活跃用户数由3,000个增至7,100个，同比增长137%。深度参与模型优化迭代工作。参与“洋垃圾”等11个模型优化迭代，对空运货物等8个模型优化迭代40次，支持实现“提升模型查获率超过20%，扩大模型试点至全面实战化应用”的目标。推广新版数据抽取分发子系统。协调北京等12个海关完成系统部署，累计分发数据5.7亿条，数据从抽取到直属海关入库总延时缩短至30分钟以内，基本满足各关数据使用需要。配合开展大数据应用及研究。协助总署关税征管司、统计分析司、缉私局完成税收分析、贸易专题、缉私情报等分析报告39篇，参与总署科技发展司、风险管理司5个重点业务领域图谱框架及4个专项图谱构建。

【信息化技术支撑】2021年，信息中心坚持目标导向、问题导向，在现有框架下寻求适应总集成等重点工作的新发展理念，健全工作机制，优化工作组织形式，开展好需求分析设计、架构设计、机构管控等工作，全面推广应用云平台和测试云平台，优化升级海关统一门户技术平台，提升基层关员用户体验和获得感。开展国家科研项目申报工作。申报科技部“揭榜挂帅”项目“海关税收征管与风险甄别防控技术研究及应用示范”并获通过，编写项目实施方案和项目指南，组织开展后续研究工作。发挥总集成把关作用。编发信息中心署级项目实施过程管理工作方案、督办工作方案。首次参与H2018通关管理系统工程验收准备工作，审核验收材料。引入标准化的需求分析方法，协助2021年署级项目形成完整的业务需求。编写《2021署级项目实施总体架构设计方案》，指导和规范项目实施，完成47个项目的技术合规性检查、17个专项技术方案评审，提高项目设计与建设质量。加强科技创新与研究工作。获科技成果奖7项，其中一等奖2项、二等奖1项、三等奖4项。完成署级课题研究

1个、新技术课题研究8个，其中5个新技术课题研究成果已在项目开发、数据安全、运行维护工作落地应用。加快海关应用云和测试云推广。逐步将海关核心系统应用迁移到应用云平台运行，基于应用云平台处理报关单占比95%，逐步发挥“大平台、微服务、薄应用”成效。研发网项目全部应用海关新一代测试云，初步实现项目和团队开发过程的标准化、自动化，在H2018通关管理系统3.0版、RCEP项目中通过深度应用测试云，达成测试人员减员提效的绩效目标。提升系统质量把关能力。全年测试应用系统28个，设计测试用例35,031个（同比增长79.79%），上线前缺陷排除率99.65%。

（撰稿人：刘真权　张铁柱）

海关总署机关服务中心

【概况】海关总署机关服务中心（以下简称“服务中心”）成立于1995年，为总署正局级直属事业单位，对外以“海关总署机关服务局”开展工作，主要承担总署机关本级的安全保卫、防灾减灾、环境卫生、节能减排、物业管理、设备维护、食堂管理、医疗保健、固定资产、房产管理、办公用品、服装发放、公车管理、会议服务、签证服务等后勤服务保障工作。

2021年，服务中心强化总署机关后勤服务保障，先后被授予首都文明单位、全国文明单位，连续5年获评中央国家机关“平安建设目标管理”考核优秀单位，率先挂牌“节约型机关”，顺利通过“北京市控烟示范单位”创建考核。

【总署机关新冠肺炎疫情防控】2021年，服务中心履行新冠肺炎疫情防控“四方责任”（属地责任、部门责任、单位责任、个人责任），完善制度机制措施，从严自查检查督查，实现全年机关新冠肺炎疫情“零感染”。密切关注年内疫情多点散发、局部暴发情况和新病株特征，动态梳理国务院、北京市联防联控机制和防疫部门通知要求，会同总署办公厅及时调整优化总署机关防疫举措，编发成册，做好落实情况台账。加强与属地防疫部门工作联系，完善应急预案，组织三针疫苗接种。细化宿舍管理、会议服务、公务用车保障以及服务外包人员一体化管理等疫情防控管理措施。健全防疫物资“采、储、发”保障措施。根据疫情变化情况及时调整人车进出、环境消杀、就餐方式。从严执行来访审批、“健康码”“行程码”和返岗核酸证明核验，以及环境检测消杀、台账登记等措施，做到入署人员日日查，后勤人员“一张大名单”重点查，有效应对国内突发疫情对总署机关的影响。年内，深入开展疫情防控督查12次，传导压力，查漏补缺，闭环防控。完成北京市防疫部门开展的远程监督、现场督导、网上巡查等相关工作70余次。

【总署机关安全生产】2021年，服务中心贯彻落实习近平总书记有关安全生产重要论述，压实安全工作主体责任，严密安防措施，强化安全宣传教育，实现总署机关全年安全生产“零事故”。建党百年庆祝活动、全国两会以及十九届六中全会期间，认真组织拉网式大排查，全面排查化解安防、消防等风险隐患。督促总署机关各部门单位认真贯彻落实“安全责任书”，督促总署机关服务外包单位严格执行“安全协议书”、施工安全备案制度，层层压实安全领导责任、安全员责任、安全生产和施工责任、问题隐患报告和应急处理责任。坚持完善人员管理“查健康、查性格、查思想、查作风”的“四查”工作法，细化人、车、油、气、火、电等10方面管控措施。强化食堂操作间、信息机房、药品库房、车辆充电区等重点部位管控力度。条块整治电动车入署充电、动火动焊设备、室内吸烟等高风险隐患。深入开展用电、用气、控烟等专项整治及其“回头看”工作。组织驻总署机关武警处突分队、安保应急小组和微型消防站常态化拉练预演。深化“智慧安保”模块应用，把总署机关各部门单位安全员、服务中心保洁保安、物业、会服及驻总署机关武警维护到模块平台，提升工作协同水平。统筹抓好总署在京直属企事业单位、交流干部宿舍、平房基地安全工作联防联控。认真学习贯彻《中华人民共和国安全生产法》，开展“安全生产月”、“5·12”防灾减灾、“11·9”消防宣传活动，组织总署机关全员观看《生命重于泰山》警示教育片。组织地下空间应急疏散演练。邀请中国蓝田救援队来署授课。组织总署机关1,600人次参加线上安全知识竞答。总署机关“一警六员”（社区公安民警和中央在京单位执勤武警，各街道、乡镇政府、村委会基层工作人员，安全生产巡查员，物业服务企业职员，保安员，消防安全重点单位及餐饮、娱乐等火灾高风险场所职员，微型消防站、义务消防队和社会志愿力量等多种形式消防队员）200余人经培训，全部获得合格证书。综合运用宣传培训、应急预演、竞答考核、安全文化走廊建设，构建机关“环绕式”安全教育格局。持续完善与内保、交管、消防、武警、属地派出所和周边支援警力的联系配合机制。

【服务总署机关干部职工】2021年，服务中心以践行“五心”（真心、用心、细心、贴心、暖心）服务理念为抓手，系统优化总署机关后勤服务工作。进一步提升总署机关“5133”服务热线接诉即办能力，全年办理服务需求581项，办结率99%。加强新冠肺炎疫情下总署机关食堂服务能力建设，抓好服务外包单位在原材料采买、菜品制作、防疫检查、安全培训等关键环节的监督管理。丰富传统节日外卖品类，一揽子做好留京过年人员服务保障。稳步推进食堂服务外包招标采购。规范和加强新冠肺炎疫情期间门诊和药品服务保障，有序开展职工年度体检和专项体检，“一对一”提供体检报告解读服务。在总署机关加装2台除颤仪并做好使用培训，加强院前急救保障。完善与总署国际合作司沟通机制，全面梳理优化证照和签证办理流程，及时印发护照和港澳通行证办理指南，克服新冠肺炎疫情影响，保障相关团组出行。

【保障总署机关运行】2021年，服务中心在办公环境、资产管理、物业运维、公务出行、住宿及会议保障、所属企业管理上强化工作落实，确保总署机关高效有序运行。组建专班对总署机关开展家具及办公环境拉网式巡检维修。对接首都规划委对总署机关办公用房进行精准测绘。对接国管局完成总署机关办公区地下空间勘测、改造方案设计、工程招标等工作。强化司勤队伍管理，开展应急处置培训，落实车辆检修制度，提高车辆完好率和出勤率。发挥总署机关交通安全办公室职责，建立健全管理台账，组织严禁酒驾醉驾、礼让斑马线等主题教育。统筹加强新冠肺炎疫情期间总署机关防疫指挥值班用房住宿保障。完善总署机关交流干部宿舍物品配备、设备设施维护、安全演练和调配使用，通过智慧后勤微信报修模块，实现交流干部宿舍随报随修。

【总署机关粮食节约】2021年，服务中心认真落实《中华人民共和国反食品浪费法》《粮食节约行动方案》，优化总署机关食堂服务工作标准及操作规范，完善食堂节约监督制度机制，认真组织宣传教育和厨余垃圾源头减量工作。总署机关食堂项目通过ISO 9001（质量管理体系）、ISO 22000（食品安全管理体系）两大管理体系认证，建立从食材选买到食品制作、从就餐管理到厨余垃圾处理全流程工作监管机制，通过信息化实时分析掌握人员就餐规律，强化精确供应。设立粮食节约督导员，常态化开展“光盘行动”主题活动，开设服务网

“反对粮食浪费”专栏，厨余垃圾同比减少20.6%。当年10月，总署机关节约粮食工作得到中央文明办联合检查组充分肯定。

▲2021年4月27日，总署机关食堂开展“致：节约粮食可爱的你”节约粮食宣传活动

【节约型机关建设】2021年，服务中心落实政府过“紧日子”工作要求，修订财务管理、项目采购、小型工程建设、公务卡管理细则等5项规定。动态监控、及时均衡预算执行，切实提高安保物业、就餐医疗、疫情防控等民生项目效益。切实抓好服务采购、工程项目等大额资金使用、采购需求调研、采购计划审核、市场比价、监理验收，择优选定审计公司。通过合同条款压实审计公司责任，当年采购项目经费平均核减率为7.6%。按照评价指标建立健全目标管理、机构制度、绿色办公、垃圾分类、宣传教育5项节约型机关建设机制。对照中央行政事业单位资产管理绩效评价指标的相关体系，完善资产管理制度能力建设机制、资产管理效果评价机制和资产管理规范化操作机制，提高服务中心资产配置计划执行率。

【总署机关智慧后勤建设】截至2021年年底，服务中心基本完成了“一库”（总署机关后勤基础数据库）、“两平台”（海关业务管理网应用平台和移动应用平台）、“五功能”（服务管理功能、信宣功能、评价功能、激励功能、辅助决策功能）、“N系统”（智慧管理、智慧服务、智慧生活、智慧楼宇等）的总署机关智慧后勤建设任务，助推线上、线下服务融合、资源整合、管理聚合，大幅提升总署机关干部职工满意度和后勤服务保障工作质效，为总署机关后勤服务工作高质量发展奠定坚实基础。

（撰稿人：贺连花）

中国电子口岸数据中心

【概况】中国电子口岸数据中心（以下简称“数据中心”）于2001年5月经中央编办批复成立，是总署直属的公益二类事业单位。数据中心是海关业务的技术保障支撑部门，是海关科技的“国家队”，主要职责为执行国家口岸管理办公室下达的项目开发、推广应用任务，承担中国电子口岸、中国国际贸易“单一窗口”、海关外网及相关政务业务服务类项目的建设运维，承担总署12360海关热线及新媒体咨询服务等。截至2021年年底，数据中心共有内设机构11个，在42个直属海关所在地设立数据分中心，对其实施业务指导。数据中心曾荣获“中央国家机关基层服务型党组织”十大品牌，“全国三八红旗集体”“全国青年文明号”“中央和国家机关五一劳动奖状”“中央和国家机关五四红旗团委”“中央国家机关最具活力团组织”“全国海关十佳学雷锋志愿服务组织”“首都文明单位”“中央和国家机关五四红旗团支部”等荣誉称号。

2021年，数据中心不断拓展应用、强化运维、优化服务，在服务国家重大战略、优化口岸营商环境等方面发挥积极作用。扎实开展党史学习教育活动，深入推进全面从严治党，强化基层党组织建设，促进党建业务深度融合。抓好新冠肺炎疫情防控，助力筑牢口岸疫情防线。落实重大信息化建设任务，指导、支持宁波海关完成中国—中东欧国家海关信息中心网站上线部署，完成RCEP原产地管理信息化建设任务，实现全部38种监管证件“一窗申报”。系统稳定性创历史新高，核心系统可用率达到99.993%，专网骨干网络可用率达到100%，保障通关业务平稳有序开展。

【党建业务融合】2021年，数据中心坚持政治统领，强化政治机关建设，学习贯彻习近平总书记重要讲话和重要指示批示精神36次，以实际行动做到“两个维护”。发挥党委示范带动作用，组织党委理论学习中心组学习6次，强化理论武装。以党史学习教育活动为重点，把为群众办实事的政治标准和政治要求融入业务发展中，推进党建和业务深度融合、相互促进。对照总署党委“我为群众办实事”重点民生项目清单，以便民利企为着力点，设立“我为群众办实事”项目21个，明确具体措施39项。班子成员带队到10余个省、市、自治区的数据分中心、地方电子口岸公司和重点企业调研，现场帮助解决困难问题。在“海关科技人员跟班作业活动”中，收集并解决海关移动应用平台相关问题12项。通过组织研发人员到客服一线接听企业电话、召开专题会对服务工单开展“解剖麻雀式”分析，深入挖掘企业在信息化系统使用中的痛点、难点，实施系统优化措施104条。组织研发力量集中攻关，解决企业资质数据内外网不一致影响通关效率、税务部门无法查询部分报关单底账数据影响出口退税、原产地系统操作烦琐等一批技术复杂度高、协调难度大、长期困扰企业的突出问题。建立与全国海关信息中心定期协商机制，及时沟通解决系统运维过程中的突出问题。建立内部研发、运维、客服跨部门例会制度，跟踪解决企业问题，推动系统不断优化。完善对企服务机制，丰富热线知识库，拓展在线智能客服、专业微信群等多种服务渠道。建立企业问题台账，一口督办、跟踪清零。通过综合施策，电子口岸 95198 热线话务量同比下降 25%以上，运维服务工单数压减 50%以上，工单处理平均时长同比压减 30%以上，企业获得感明显提升。

【中国国际贸易“单一窗口”标准版深化】2021 年，数据中心完成中国国际贸易“单一窗口”标准版（简称“单一窗口”标准版）监管证件“一窗申报”、检验检疫对外服务整合升级、航空物流公共信息平台试点等系统功能拓展，全面开展应用优化、性能优化等工作，提升系统性能和用户体验。2021 年 12 月，过境运输监管系统上线。截至 2021 年年底，“单一窗口”标准版已实现与生态环境部、交通运输部、商务部等 25 个部门的“总对总”系统对接和信息共享，建成上线货物申报、舱单申报、运输工具申报、许可证件申领、原产地证书申领等 19 大类基本服务功能，提供服务事项 781 项，服务覆盖水运、空运、公路、铁路等各类口岸，以及自由贸易试验区、跨境电商综试区等各类区域，惠及生产、贸易、仓储、物流、电商、金融等各类企业，基本满足国际贸易“一站式”“全链路”业务办理需求。注册用户达 317 万，日均申报业务量 1,400 万票，成为企业面对口岸管理相关部门的主要接入服务平台，其中货物、舱单和船舶申报等主要申报业务应用率已达 100%。通过“单一窗口”实现通关作业无纸化率接近 100%。“单一窗口”标准版于 2017 年启动建设并于同年上线运行，数据中心是承建单位，该平台在中央层面依托中国电子口岸平台，以“总对总”方式与各口岸管理和国际贸易相关部门系统对接，实现信息数据互换共享，开展国际合作对接。

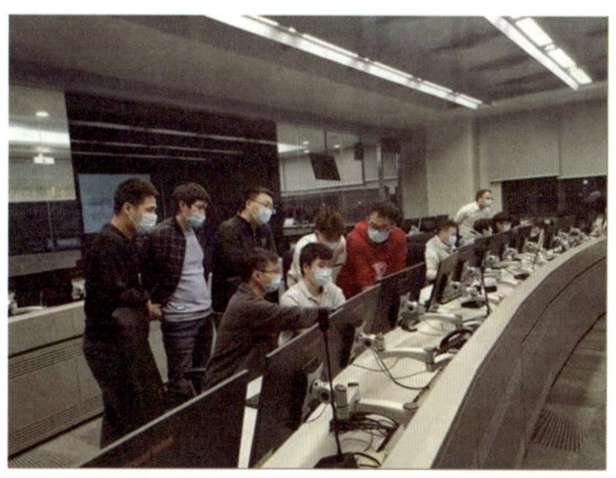

▲2021 年 12 月 29 日，数据中心单一窗口应用部货物申报组在运行监控大厅进行过境运输监管系统的上线发布工作

【“互联网+海关”一体化网上办事平台建设】2021 年，数据中心持续提升“互联网+海关”一体化网上办事平台（以下简称“互联网+海关”一体化平台）的在线政务服务能力和用户体验，开发优化功能 20 余项，并根据国家标准完成适老化与无障碍改造。新增“保税账册”5 项政务服务事项纳入海关政务服务“好差评”系统，推动海关政务服务评价“应上尽上”，海关工作人员可通过“好差评”系统及时准确了解企业和群众对海关政务服务的感受和诉求，接受社会监督，及时发现海关政务服务中的堵点、难点。配合国家政务服务平台开展数据精准授权共享试点，推进海关与地方政府政务数据有序共享。截至 2021 年年底，“互联网+海关”一体化平台对外提供服务事项 112 项、“我要查”服务 24 项、公共服务 7 项，全年访问量 2,724 万次。“互联网+海关”一体化平台于 2017 年启动建设，2019 年由数据中心承建，同年实现与国家政务服务平台全面对接，融入全国一体化“互联网+政务服务”体系。

【网络与信息安全】2021 年，数据中心持续全面加强数据安全管理。加强数据安全教育，组织多层次学习《中华人民共和国数据安全法》，提升全员数据安全意识。制定数据中心数据安全相关管理办法，完善数据安全防护体系。强化日常管理，定期开展安全审计，加强系统隐患排查，强化风险意识。每月定期开展网络安全检查。

【热线服务】 2021年，数据中心持续做好总署12360海关热线服务和电子口岸95198热线服务，全年服务用户113.6万次，完成年度客户服务工作目标。受理热线电话66万个，智能在线客服机器人解答问题42.7万个，在线人工座席服务用户4.9万位。受理海关门户网站“业务咨询”1,499条，总署12360海关热线转办工单772件。收到用户表扬电话24个、表扬邮件2封、锦旗1面。

【口岸新冠肺炎疫情防控应用支持】 2021年，数据中心发挥信息化支撑保障作用，为口岸新冠肺炎疫情防控提供技术支持。7月19日，完成第八版“健康申明卡”在“互联网+海关”一体化平台及“掌上海关”App上线，服务海关旅检现场疫情监管。8月，持续落实《海关总署对检出新冠病毒核酸阳性的进口冷链食品境外生产企业实施紧急预防性措施的公告》，在“单一窗口”标准版强化进口冷链食品熔断拦截，防范新冠肺炎疫情通过进口冷链食品输入风险。

【重点时期网络安全保障】 2021年，数据中心按照总署统一部署，制订重点时期网络安全保障方案，强化安全监测预警和应急处置，有效防范网络安全风险，圆满完成庆祝中国共产党成立100周年、党的十九届六中全会等重要时期网络安全保障任务。开展安全检查应急预案演练，成立现场保障工作组，系统、网络、安全等关键岗位人员“7×24小时”现场值班，及时处置各类安全运行事件。

【中国—中东欧国家海关信息中心网站部署上线】 2021年，数据中心落实“三智”服务理念，指导、支持宁波海关建设中国—中东欧国家海关信息中心网站，项目（一期）于2021年4月27日正式上线运行。中国—中东欧国家海关信息中心网站是全面贯彻落实习近平主席在中国—中东欧国家领导人峰会上重要讲话精神的有力举措，为深化中国与中东欧国家合作、密切中国海关与中东欧国家海关之间的联系、促进海关间法律法规及政策措施的沟通交流提供平台。该网站由宁波海关建设实施，数据中心作为第二实施单位和运行单位，负责贯彻落实总署信息化项目管理要求，指导宁波海关开展项目研发、组织项目验收。履行运行单位职责，完成环境搭建并组织做好项目上线后的日常运维工作。

【RCEP原产地管理相关应用上线】 2021年，数据中心根据总署统一部署，开展RCEP原产地管理相关应用建设。截至2021年年底，原产地证书申领、通关享惠申报、证书联网核查、享惠受阻协调等服务已上线，企业可通过“单一窗口”标准版完成RCEP相关原产地申报、通关享惠等全流程申报，为2022年1月1日RCEP正式生效提供信息化支撑。

【监管证件“一窗申报”】 2021年，数据中心与工业和信息化部、自然资源部、生态环境部、农业农村部、商务部等13个证件主管部门实现对接，在“单一窗口”标准版实现“赴境外加工光盘进口备案证明”“进口兽药通关单”等18种证件在线申请和自助打印。12月6日，“特殊医学用途配方食品注册证书”申请系统、“保健食品注册证书或保健食品备案凭证”申请系统、“婴幼儿配方乳粉产品配方注册证书”申请系统在“单一窗口”标准版正式上线，至此38种监管证件全部实现通过“单一窗口”标准版的“一窗申报”，企业可登录“单一窗口”标准版一站办理所需监管证件申请手续。

【“进出境邮包查询”服务】 2021年，数据中心便民利企类项目“进出境邮包查询”服务深入推进，针对个人进出境邮包业务咨询量快速增长、占用大量热线服务资源的情况，通过在“互联网+海关”门户网站、“单一窗口”标准版门户网站、“掌上海关”App、“掌上海关”微信小程序优化进出境邮包状态显示、增加行邮税率自助查询功能、增加进出境邮包常见问题及答复链接、发布政策宣传及解读推文，并通过短信向电话咨询用户推送常见问题等措施，全面优化信息系统应用及客户服务，提升用户体验。2021 年 3 月至 8 月，“进出境邮包查询”服务点击量达 152.4 万次，“行邮税率查询”功能点击量达 7.96 万次。12360 海关热线进出境邮包咨询月均话务量环比下降 27.8%。该项目入选海关“‘我为群众办实事’百佳项目”。

【“掌上海关”移动应用拓展】2021 年，数据中心深入挖掘“掌上海关”App 和微信小程序亮点功能，优化用户注册登录流程，上线全文智能化检索、进出境邮包常见问题查询及“老年人服务专区”等功能，提升用户体验及移动应用开发规范化和标准化。截至 2021 年年底，“掌上海关”App 提供服务功能 115 项，总用户突破 50 万，同比增长近 2 倍，新增及优化功能 55 项；“掌上海关”微信小程序提供功能 38 项，总用户达 36.1 万人，同比增长 2.6 倍，新增及优化功能 28 项。

【“关银一 KEY 通”合作】2021 年，数据中心持续推进“关银一 KEY 通”合作，为进出口企业办理电子口岸卡提供便利。年内，合作制卡代理点范围进一步扩大，全国制卡服务网点由 84 个增加至 348 个，长沙、乌鲁木齐等 9 个数据分中心实现制卡服务网点在地级行政区全覆盖；合作银行范围进一步扩大，交通银行、中国工商银行、中国银行合作共建陆续开展。截至 2021 年年底，共为新入电子口岸平台企业免费配发共享盾 35 万余个。

【金融保险服务拓展】2021 年，数据中心持续深入推进“单一窗口”标准版金融保险服务，深化“外贸+金融”创新服务模式。新增对接浦发银行、华夏银行、中信银行、广发银行、宁波银行 5 家试点机构，新增信用证及托收代收等结算功能，新增跨境担保贷款、进口押汇、信用证项下押汇、商业发票融资等融资创新功能，完成金融保险服务与金融机构认证体系互认和渠道融合研究攻关。截至 2021 年年底，金融保险服务累计对接试点机构 17 家、试点企业 23.9 万家，办理国际结算 21.1 万笔 397 亿美元、融资贷款合同 1.4 万笔 371 亿人民币、出口信用保险 20.2 万份。

【航空物流公共信息平台试点】2021 年，数据中心深入推进航空物流公共信息平台建设试点，促进“通关+物流”协同服务。制订发布国际贸易“单一窗口”航空物流公共服务及接口标准和国际贸易“单一窗口”航空物流公共信息平台试点建设指南（试行版），为地方平台建设提供接口标准、基础支撑、公共服务。完成与深圳、厦门等试点地区地方平台对接，以及与南方航空、海南航空、顺丰航空 3 家航空公司技术对接。该平台由国家口岸管理办公室会同民航局、总署共同推进，依托“单一窗口”标准版统一身份认证、数据交换、运行维护体系，实现与航空公司、货运代理人、地面代理人等航空物流产业链验证主体互联互通，实现航空货运相关单证无纸化，实现航空货物“通关+物流”状态全程可视化跟踪，有利于促进航空跨境物流信息化和便利化。

【12360 海关热线与地方 12345 热线归并】2021 年，数据中心按照总署制订的 12360 海关服务热线与地方 12345 热线归并工作的相关方案，配合全国 42 个直属海关完成 12360 海关热线与地方 12345 热线归并工作。2021 年 6 月底，完成署级知识库（统一版）并下发全国各

直属海关。2021 年 10 月底，完成 12360 海关热线对接本地 12345 热线语音话务系统改造，实现热线话务转接，提前 2 个月完成工作目标。

【技术架构升级】2021 年，数据中心持续开展应用架构升级，对电子口岸 QuickPass（以下简称“QP”）预录入系统中的加工贸易、电子账册等 22 个子系统进行改造，并于 11 月 1 日完成旧版项目下线。QP 预录入系统全面终止运行，标志着数据中心所有前端应用系统全部统一到以“微服务”为代表的新一代技术架构，可以兼容主流的操作系统和浏览器，能够有效提升响应效率、降低运维压力、改善用户体验。

（撰稿人：马　玲　马宇建　王　欣
王　铮　邢　云　闫　磊
苏丹丹　李　静　吴　雷
宋秦原　张　勇　陈彩霞
周　勇　甄宝龙　翟传伟）

海关总署研究中心

【概况】海关总署研究中心（以下简称“研究中心”）主要承担海关综合性发展规划研究，海关宏观管理政策、重大业务制度及业务改革研究，优化海关监管和服务研究，与海关工作相关的国家宏观经济和对外贸易形势研究等工作。

2021 年，研究中心锚定海关特色智库建设目标，强化系统思维，开展系统观念指引下的开放监管能力研究，跟踪前瞻性、战略性问题，培育并逐步形成特色鲜明的研究领域，取得多项研究成果。《以规则为基础的多边贸易体制起源和发展方向》获得商务部“2020—2021 年度商务发展研究成果奖”报告类优秀奖。另外，应国务院发展研究中心信息中心邀请，年内研究中心正式成为中国智库网协办单位。

【系统科学研究】2021 年，研究中心运用系统观念作为海关政策研究的基础性思想和工作方法，会同中共中央党校（国家行政学院）专家，跟踪系统科学前沿进展，围绕逻辑斯蒂模型、罗伦兹方程、幂次律公式、复杂网络模型、回声模型 5 个经典模型进行深入研究，并就防范外来生物物种入侵、打击冻品走私、跨境电商平台合规监管等海关业务，以及城市科创潜力、人民币汇率稳定等问题组织开展系统观念指引下的开放监管能力研究。年内，研究中心组织青年理论学习小组进行十余次研讨，形成《关于沙漠蝗灾的动力学分析》《规模法则公式在城市科创潜力场景中的应用》等相关报告材料。

▲2021 年 6 月 28 日，研究中心青年理论学习小组开展系统观念指引下的开放监管能力研究讨论活动

【宏观经济和对外贸易形势研究】2021 年，研究中心聚焦利益攸关国、贸易伙伴国、投资对象国经济政策动态与贸易形势开展研究。重点研究《全面与进步跨太平洋伙伴关系协定》（Comprehensive and Progressive Agreement for Trans-Pacific Partnership，CPTPP）和《美国—墨西哥—加拿大协定》（United States-Mexico-Canada Agreement，USMCA）的最新进展，美国拜登政府 1.9 万亿美元纾困法案及美国赤字货币化、通货膨胀等对我国货物贸易出口和外贸高质量发展的影响，以及做大中美经贸合作“蛋糕”、培育中国制造在美国市场领跑实力的思路和举措。编译《贸易战使美国 GDP 损失 0.1%》《脱钩：全球化何去何从》等报告。

【新冠肺炎疫情形势下国际贸易走势研究】2021 年，研究中心围绕新冠肺炎疫情形势下国际贸易走势、特点变化，对与宏观经济相关的重点议题开展研究分析，重点研究了国际大宗商品价格走势、周边国家（地区）新冠肺炎疫情影响“两高产品”（高耗能、高排放产品）出口、货物贸易顺差与外汇储备规模的关系等议题，形成《关于国际大宗商品价格上涨会否造成输入性通货膨胀的探讨》《周边国家（地区）疫情对制造业及货物贸易的影响分析》《关于制定绿色低碳产品进出口货物目录的研究与思考》等报告，编译《关于G20贸易措施的报告》。在2020年开展的新冠肺炎疫情背景下外贸走势研究基础上，就全年国际贸易走势和特点，分析我国外贸每季度发展的动态变化，完成《有韧性更需有后劲——后疫情时代货物贸易动态变化观察》《关注后疫情时代货物贸易动态变化　搞好跨周期政策设计》等报告。

【贸易高质量发展研究】2021年，研究中心持续推进贸易高质量发展研究，包括《贸易高质量发展：大国经验和中国选择》课题研究，通过对美国贸易保护主义政策的起源和发展进行探讨，分析美国贸易政策的特点。分析我国与德国在人均制造业增加值、中高技术制造业竞争力等重要指标上的差距，研究“德国制造”的崛起之路。总结日本战后三个阶段出口迅速恢复、稳步增长和高速发展的经验，包括准确把握国际政治经济变局、借机发展壮大自身产业力量、灵活调整出口商品结构适应国际市场需求，以及充分发挥综合商社的强大功能等，并探讨对我国实现贸易高质量发展的启示。研究提出从历史、实践和理论维度上科学把握贸易高质量发展内涵，从以国际循环提升国内大循环的效率和水平来看，提高国际市场份额和贸易增加值，确保供应链安全和韧性，掌握贸易规则话语权是贸易高质量发展的主要内涵。

【供应链安全研究】2021年，研究中心开展供应链安全研究，重点研究美国《2021年战略竞争法案》（Strategic Competition Act of 2021）和《无尽前沿法案》（Endless Frontier Act）对我国贸易发展的影响，以及生物医药产业在全球科技竞争和我国产业链升级背景下的供应链安全问题，提出我国打造安全稳定生物医药产业供应链的意见建议。编译《美国供应链脆弱性分析》白皮书和《美国政府针对四类产品供应链百日评估报告》等研究报告。

【高水平自贸区网络研究】2021年，研究中心开展RCEP框架下通关便利化研究，分析借鉴新加坡贸易便利化特点，提出进一步促进跨境贸易便利化的措施建议。开展RCEP框架下技术性贸易措施研究，分析我国与RCEP其他缔约方货物贸易竞争性和互补性，研究我国出口增长潜力、RCEP文本有关技术性贸易措施的规定等，提出海关加强相关工作的建议。研究RCEP对中日贸易关系的影响，分析新冠肺炎疫情影响下中日韩三国供应链重组的问题，从海关促进跨境贸易便利化等方面提出对策建议。

【综合保税区服务构建新发展格局研究】2021年，研究中心会同上海、南京、郑州、成都、重庆等直属海关，赴上海松江综合保税区、苏州高新技术产业开发区综合保税区、成都高新综合保税区等调研，总结《国务院关于促进综合保税区高水平开放高质量发展的若干

▲2021年3月24日，研究中心开展《发挥综合保税区高水平开放平台作用　服务构建新发展格局》课题调研

意见》落实成效，围绕构建新发展格局，提炼基层实践探索，参考借鉴国际经验，研究提出综合保税区创新发展思路及措施建议，形成《发挥综合保税区高水平开放平台作用　服务构建新发展格局》等研究报告。

【AEO国际互认研究】2021年，研究中心会同总署企业管理和稽查司，结合新冠肺炎疫情背景下海关推进供应链安全便利的政策和实践，开展信息调研，研究推进AEO国际互认对于保障供应链稳定畅通所起到的重要作用。针对完善《全球贸易安全与便利标准框架》，开展了国际海关AEO互认合作等议题的研究工作。与青岛、厦门等直属海关合作研究“一带一路”沿线国家和地区、欧盟、美国、日本、韩国等国家和地区AEO制度，与我国海关AEO制度进行对比分析，开展《AEO制度理论与实践》书籍的编撰工作。年内，与海关企业管理业务专家合作，以课题组形式在《中国海关》杂志开设“AEO观察”专栏，按月度呈现AEO研究成果。

【海关风险管理研究】2021年，研究中心以总体国家安全观为指导，运用系统观念分析海关风险防控机制改革历程、发展现状和面对的新挑战，研究美国海关、澳大利亚海关、新加坡海关及荷兰海关风险管理的主要机制和特点，梳理国外海关风险管理的机构职责和管理流程，研究海关知识产权边境措施的问题与对策，总结风险管理的主要经验，提出优化海关风险防控机制的对策建议。

【自由贸易港研究】2021年，研究中心在前期海南自由贸易港相关研究的基础上，持续跟踪自由贸易港最新政策进度，开展海关支持海南自由贸易港发展研究。重点研究自由贸易港“一线”（根据《海南自由贸易港建设总体方案》，在海南自由贸易港与中华人民共和国关境外其他国家和地区之间设立“一线”）进（出）境环节安全准入（出）监管及全球动植物种质资源引进中转基地建设情况，赴海南实地调研，分析海南自由贸易港安全准入海关监管的主要问题，完成推进海南全面深化改革开放领导小组办公室组织的海南自由贸易港全岛封关运作准备工作研讨会的相关材料，提出关于做好海南自由贸易港封关运作准备工作的相关建议。

【SPS协定相关研究】2021年，研究中心会同总署动植物检疫司进行SPS协定相关研究，并完成相关研究报告。开展对进境动物隔离场的地理信息分析，实地调研北京顺义动物隔离场，对疑似点进行现场勘验，修改完成了该隔离场选址风险的评估报告并制作范本。初步完成了全国52家动物隔离场的地理信息系统（Geographic Information System，GIS）风险分析报告，并制作隔离场周边疑似风险点实地验证取证作业指引。组织海关系统内专家研究美国高致病性蓝耳病新变种传入风险、引进种猪造成的美国猪繁殖与呼吸综合征病毒新变种传入风险等。

【边境后措施研究】边境后措施主要包括补贴、劳工、环境规制等。随着区域贸易协定的内容与世界贸易组织（WTO）改革的议题越来越聚焦于边境后措施，边境后措施的规制主导着国际经贸规则重构的方向。因此，研究边境后措施对于把握规则主动权、建设高标准自由贸易区以及实现更高水平对外开放具有重要意义。2021年，研究中心聚焦边境后措施，就边境后议题的由来及发展动向、边境后措施的重要意义、推动制度型开放提升国际话语权的策略，以及深化结构性改革推动高质量发展的建议等问题进行研究。会同对外经济贸易大学整理美欧日三方联合声明、《美国—墨西哥—加拿大协定》（USMCA）、《全面与进步跨太平洋伙伴关系协定》（CPTPP）和日本与欧盟经济伙伴关系协定（Economic Partnership Agreement，EPA）等区域贸易安排以及美欧提出的世界贸易组织（WTO）改革方案中的边境后措施，从知识产权、技术性贸易措施以及中小企业等方面出发，就完善我国边境后措施提出相关建议，完成相关研究报告。

【世界贸易组织（WTO）改革研究】2021年，研究中心牵头负责2021年总署署级课题《世界贸易组织改革研究》，与杭州海关、江门海关合作，深入研究世界贸易组织（WTO）发展态势和最新发展动向以及改革中海关重点关注问题，就世界贸易组织（WTO）改革面临的新形势、世界贸易组织（WTO）改革的重点和方向进行分析，在完善海关归类制度、强化电子商务领域海关监管风险管理、加强贸易标准领域的国际监管合作、加强对边境后措施问题的研究等方面提出政策建议。

【第三方评估】2021年，研究中心开展了与海关工作相关的重大政策出台前的第三方评估工作。受总署自贸区和特殊区域发展司委托，完成对《海南自由贸易港海关监管框架方案》的第三方评估报告并报送中央全面深化改革委员会办公室。受国家口岸管理办公室的委托，完成对《关于进一步深化跨境贸易便利化改革优化口岸营商环境的通知》的政策评估报告并报送国务院办公厅。

【智库合作】2021年，研究中心拓展智库合作渠道，提升研究工作的质量和水平。争取中共中央党校（国家行政学院）的指导和支持，应邀参与国务院发展研究中心组织的智库合作和相关调研，主动加强与中国社会科学院亚太与全球战略研究院的合作，与国家部委智库和高校开展合作研究，进一步提高研究工作的成效。年内，研究中心应邀参加2021年中国国际服务贸易交易会服务贸易开放发展新趋势高峰论坛，研究中心主任万中心应邀围绕货物贸易和服务贸易融合发展做专题发言。通过开展智库交流合作，进一步提升研究中心作为海关特色智库的显示度和影响力。

（撰稿人：李　童　邵冠华）

中国海关博物馆

【概况】中国海关博物馆（以下简称“博物馆”）位于北京市东城区建国门内大街2号，是总署直属的国家级行业博物馆，公益一类事业单位。博物馆的主要职责包括：承担征集、典藏、陈列反映海关历史和建设成就的文物工作，开展海关文物鉴定、整理和研究；举办海关陈列展览；承担海关行业知识、海关历史文化宣讲传播，为全国海关关警员提供行业发展教育；承担海关系统博物馆、关史馆、陈列室等业务指导。

2002年4月，总署决定筹建博物馆，2012年11月21日，中央编办批准设立。

2014年3月30日，博物馆面向社会开放。有博物馆大楼及“海关902”艇陈列用房两座建筑，建筑面积共约3.9万平方米，其中博物馆大楼约3.3万平方米，展区及库房约1万平方米。博物馆基本陈列包括千秋古关、近代海关、新中国海关3个部分，另有“海关902”艇专题展。博物馆曾荣获2014年度全国博物馆十大陈列展览精品奖，是全国、中央国家机关、北京市和北京市东城区爱国主义教育示范基地，是北京市中小学生校外大课堂资源单位，是北京博物馆学会常务理事单位，是中国博物馆协会、国际博物馆协会、国际海关博物馆协会会员单位。开馆以来，累计接待线下观众85万余人次，其中外展观众近70万人次。

2021年，博物馆落实新冠肺炎疫情防控要求，实施闭馆。采取“云展览”“云社教”“云课堂”等线上方式开展工作，发挥社会教育功能，全年线上观众参与量2,800万余人次。全年定向征集藏品60余件（套）。截至2021年年底，馆藏藏品31,773件，其中珍贵文物（不含自然类）1,499件（一级文物23件、二级文物143件、三级文物1,333件）。

【安全管理】2021年，博物馆统筹抓好新冠肺炎疫情防控和安全运维，全年实现人员、场馆、文物安全“零事故”。坚持人与环境同防同管理，全年实施“闭馆”，定期对展库区、办公区空间实施消杀，坚持同一标准将保安、保洁等服务外包人员纳入统一管理。抓好《中华人民共和国安全生产法》学习贯彻，强化警示教育，全年组织消防知识讲座、实操演练8次，提高队伍安全意识和应急处置能力。落实场馆巡查、设备维护等措施，开展电动自行车以及防火、防汛等专项排查，消除隐患。

【发展规划】2021年，博物馆强化顶层设计，组织编制中国海关博物馆2021—2025年发展的相关规划。规划共分4个部分，分析了文博行业当前和未来一段时期的发展背景与形势，进一步明确了中国海关博物馆的发展定位、理念、目标及策略，分年度细化了重点任务和保障措施。明确发展愿景为收藏展示海关文物的中心、研究传播海关历史文化的阵地、普及海关知识的窗口、开展爱国主义教育和海关职业素质教育的基地、开展博物馆同业及国际海关间文化交流合作的平台。明确发展目标是创建国家一级博物馆。明确发展宗旨为立足海关、开门办馆、融入社会、服务人民。

【海关百物特展】2021 年 6 月 22 日，“风卷红旗关权归——庆祝中国共产党百年华诞海关百物特展”开幕。展览包括“关权浮沉：海关源起与主权丧失”“逆流勇进：中国共产党领导华员争取海关主权”“红关探索：中国共产党领导建设红色海关的实践”“雄鸡唱白：完全彻底收回海关主权”4 个部分，通过 150 件（套）文物、240 多张图片资料，回顾了百年来中国海关主权的盛衰沉浮，展示了中国共产党领导人民从争取海关主权到建设人民海关的奋斗历程。展览被列入总署党委理论学习中心组（扩大）学习内容，入选中宣部、国家文物局“庆祝中国共产党成立 100 周年精品展览”“弘扬社会主义核心价值观主题展览”目录。博物馆依托该展览，开展多次专题直播活动，累计线上观众参与量 80 余万人次。

▲2021 年 6 月，博物馆举办“风卷红旗关权归——庆祝中国共产党百年华诞海关百物特展”

【国门生物安全展】2021 年 4 月 15 日，博物馆联合总署动植物检疫司举办“国门生物安全展之动植物检疫篇”临时展览。展览汇集来自全国海关的 93 件标本、27 张图片，集中展示了近年来海关开展国门生物安全保护工作的成果，向社会普及生物安全相关知识，庆祝《生物安全法》施行。结合该展览，当天举办“《生物安全法》施行”系列主题活动，16 家媒体同步直播，线上观众参与量 230 余万人次。

▲2021 年 4 月 15 日，博物馆举办“国门生物安全之动植物检疫篇”临时展览暨系列主题活动

【社教宣传】2021 年，博物馆探索新冠肺炎疫情常态化防控形势下社教工作模式，以线上方式为主，不断拓宽宣传渠道。增设人民网新媒体账号，与《人民日报》《北京日报》《北京青年报》等媒体及腾讯公益等建立合作机制，抓住重要时间节点及社会热点，推出“关博小剧场”“海关 902 艇探秘”“传染病防治”等系列视频内容，扩大社会影响力。全年发稿 531 篇，开展直播活动 6 场，线上观众参与量 2,800 余万人次。

【送课进校】2021 年，博物馆对标中小学课标，结合海关业务，打造“禁毒小卫士”“国门安全教育”等系列特色社教课程。与北京市东城区委宣传部、团区委联合推进“东城共青团庆祝建党 100 周年红色共建行动”推广项目，与北京学生活动管理中心合作开展“国门安全进校园”未来公民教育活动，与北京市融媒体中心“京华丹心”合作开展“流动的爱国主义教育基地”巡展活动。在确保防疫安全的基础上，赴北京市 19 所学校开展相关教育活动 159 场，接待师生 25,000 余人次。

【讲解员队伍建设】2021 年，博物馆采取以赛促练方式，努力提高一线讲解员服务水平，打造社会教育品牌。入围北京市爱国主义教育基地奖励扶持单位。选派两名讲解员分别参加“庆祝中国共产党成立100周年全国博物馆讲解大赛”、全国海关科普讲解比赛，分别荣获二等奖和第一名。

【藏品征集】2021年，博物馆面向全国海关，以定向征集方式征集藏品60余件（套），以其他方式征集物品近300件（套）。分两批开展海关可移动红色资源定向征集，收到6个直属海关报送的30余件（套）物品资料。开展海关新冠肺炎疫情防控见证物定向征集，收到包括全国口岸首次检出、包机检疫、首次邮轮突发公共卫生事件应急处置等重要事件相关原始资料30余件（套）100余件。

【藏品管理】2021年，博物馆牵头编制关于国有可移动文物收藏单位藏品管理内控规范的推荐性国家标准。完成40件（套）纸制品熏蒸保养。协助海关系统仿制藏品4件（套），提供照片等数据资料8项。对“风卷红旗关权归——庆祝中国共产党百年华诞海关百物特展”中的任命状、鸳鸯刀等12件（套）实物进行仿制，充实馆藏。

【红色资源保护利用】2021年，博物馆牵头编制全国海关红色资源保护与利用相关规划，与总署政工办组成联合调研组，赴上海、厦门、青岛、南昌等8个关区，调研摸底海关红色资源情况20余处。联合总署政工办制作《峥嵘岁月系关魂》专题片、编印《镌刻在国门上的忠诚》，供全国海关开展党史学习教育使用。编印《海关革命文物册（壹）》，参与红色资源抢救性征集工作。

【史料编研】2021年，博物馆落实总署海关史研究工作领导小组会议精神，在馆内成立海关史研究工作专班，参与海关口述史料抢救征集工作。编撰出版《关博萃珍》，编印《检史回眸》专刊。协助拍摄制作《中国海关》纪录片，审核、修改脚本，提供图片、视频等资料近200份。撰写海关公务员初任培训教材“海关史”章节部分。牵头编撰“国门风采”系列教材《峥嵘岁月忆海关》，录制“海关文物见证中国共产党党史百年”课程，制作“海关史”系列微课堂教程，上传“钉钉”App供全国海关关警员学习使用。利用“钉钉”App搭建全国海关“关史陈列室业务交流”平台，于1月15日、11月16日分别召开业务交流线上会议，开展业务指导。

（撰稿人：孙晋勇）

中国海关传媒中心

【概况】中国海关传媒中心（以下简称“传媒中心”）于2020年年初挂牌成立，是全国海关系统党的宣传主阵地和唯一的专业新闻宣传机构，为自收自支的公益二类事业单位。传媒中心主办的传统媒体包括《中国国门时报》《中国海关》《中国口岸科学技术》《海关总署文告》《金钥匙》；新媒体包括“中国海关”强国号、“中国海关传媒”头条号和抖音号等共18个。传媒中心内设12个部门。

2021年，传媒中心发挥海关系统党的宣传舆论主阵地、意识形态主阵地作用，宣传习近平新时代中国特色社会主义思想，介绍党和国家对外开放方针政策，开展海关政策解读、业务指导，展现了中国海关的工作成效、队伍形象和精神风貌，现已形成集“一报、一网、一品牌、四期刊、头部平台媒体、多种新媒体矩阵”于一身的传播架构。《中国国门时报》全年累计出版246期、1,400版、1.2万篇文章、840多万字；各类杂志出版42期、368.2万字；各类新媒体刊文2.9万条、5,398万字。新媒体累计总浏览量达22.9亿，单篇阅读量达1,000万以上的文章9篇，100万以上的文章107篇，10万以上的文章637篇，各媒体累积粉丝人数逾465万人。新闻评论《让地摊经济向阳生长》获得“第33届中国经济新闻奖”新闻评论类二等奖。融合报道微博话题“国门生物安全一起守护”，抖音话题“国门安全dou关心”获得“第33届中国经济新闻奖”融合报道类二等奖。论文《新媒体时代副刊增强互动性的重要作用——以中国国门时报副刊为例》获得第十届全国报纸副刊论文优秀作品二等奖。在中央和国家机关“党在我心中”青年党史知识竞赛活动中，24名同志得到总署机关表彰奖励，2名同志入选总署代表队参加总决赛，为总署夺得季军做出贡献。

【政治统领宣传工作】2021年，传媒中心强化阵地意识，坚持党管宣传、党管意识形态、党管媒体原则，《中国国门时报》累计报道习近平总书记重要讲话及重大活动31次，在各报刊显著位置摘录并刊登习近平总书记重要讲话288段；《中国国门时报》开设“深入学习贯彻习近平新时代中国特色社会主义思想”专栏，报道海关系统的学习收获、深刻认识、实践效果和经验总结，刊发理论文章120篇；各媒体刊载全国海关贯彻落实习近平总书记重要指示批示精神相关报道419篇、107.8万字；新媒体相关阅读量147.8万。传媒中心把传媒发展工作放到社会主义现代化海关建设的大局中谋划，把总署党委部署的工作作为宣传重点。在党的十九届六中全会胜利召开后，传媒中心邀请中央党校教授解读全会精神，组织专题学习研讨活动，及时报道总署和全国海关迅速学习贯彻情况，各媒体累计刊发相关报道238篇、62.6万字；组织采编人员将党的十九届六中全会通过的《中共中央关于党的百年奋斗重大成就和历史经验的决议》中相关历史问题的标准进行归纳，保证海关媒体刊发正确。

【党史学习教育和庆祝中国共产党成立100周年重大宣传报道活动】 2021年，在党史学习教育和庆祝中国共产党成立100周年重大报道中，《中国国门时报》开设“传承红色基因”“红色足迹”等栏目，刊发红色关史专版85个，发文550余篇、120余万字，红色海关报道引起社会关注，受到中宣部通报表扬，其中，以“党领导下的人民海关”为主题，在6月30日和7月1日分别推出《奋斗百年路　启航新征程》特刊，近6万字、16个版面，全面展现了党领导下的海关史。《金钥匙》制作专刊，发表文章21篇、6万余字，其中，红色海关主题文章11篇、2万余字。《中国海关》刊登原创文章《中国共产党收回海关主权的斗争》，被部分海关基层党支部作为学习素材。《中国口岸科学技术》开展“奋斗百年路科技征文”活动，开设专栏，择优刊发。“中国海关”强国号自2月起陆续推出“中国海关红色档案故事”“红色直播”等栏目和专题，其中“党领导下的人民海关”专题报道被学习强国平台首页推荐，并纳入平台宣传专报，获中宣部通报表扬。各媒体持续做好全国海关学习贯彻习近平总书记“七一”重要讲话精神报道，刊发“中国共产党人精神谱系”专栏文章91篇，刊发全国海关开展党史学习教育报道2, 344篇、476. 2万字，新媒体相关阅读量达850. 7万。

【战“疫”报道】 2021年，传媒中心推出海关《战“疫”日志》第二辑，开设固定专栏，累计刊发海关战“疫”报道355篇（条），营造了良好的舆论氛围。《金钥匙》通过微信公众号协助总署政工办开展“青春心向党——我在抗疫第一线”100个新冠肺炎疫情故事接力活动；《中国国门时报》刊登战“疫”人物报道36篇、“疫情小贴士”50余篇。

海关《战“疫”日志》第二辑与此前出版的海关《战“疫”日志》第一辑一脉相承，在表现形式上保持了紧密一致，在内容编排上做出了进一步优化，集中记录和展现了全国海关工作人员坚守职责、奋勇战“疫”的精彩瞬间、感人故事、英雄事迹，弘扬正气、鼓舞士气，获得了全国海关系统干部职工的好评。

▲2021年出版的《战“疫”日志》第二辑封面

【两会报道】 2021年，传媒中心首次尝试“中央厨房”式供稿，各媒体转换生产形式和传播方式做融合报道。《中国国门时报》刊发两会报道64篇。“中国海关”强国号和“中国海关传媒”抖音号、头条号开设“两会海关之声”等专栏，策划“两会我来问海关”问题征集活动，推出“海关巾帼”系列报道，围绕我国与“一带一路”沿线国家和地区外贸增长、助力乡村振兴等新闻热点，推送融媒体报道49篇，其中，抖音号“一句话”文案，紧贴政府工作报告、两会热点、海关热点和民生关切话题，共推送5条视频，阅读量达33. 1万。

【海关重点工作报道】 2021年，传媒中心各媒体重点做好全国海关工作会议、全国海关全面从严治党工作会议等海关工作会议报道，完成总署党委学习贯彻党的十九届六中全会精神、署领导赴各省（自治区、直辖市）和北京冬奥会调研等报道。持续关注“三智”建设，开设“推动‘三智’建设　开展‘三智’合作”专栏。围绕强化监管优化服务、口岸疫情防控、促进跨境贸易便利化专项行动、高压严打走私、优化口岸营商环境、“单一窗口”建设效果、深化“放管服”改革、维护国门生物安全、加强知识产权海关保护、RCEP 实施准备、加快 AEO 互认合作、关税减免、海关智能审图、冬奥会等大型展会赛事监管通关保障、总署外贸统计数据发布和新闻通气会、总署年度工作亮点盘点等海关重点工作，以文、图、视频等多种形式，通过新媒体矩阵与传统媒体实现联动，进行了全面、深入的报道，在内容和阐发形式上做出了创新。

【期刊建设】2021 年，传媒中心各期刊编辑部基于自身定位深耕海关政策解读、业务指导，发挥连接海关系统内外的桥梁和纽带作用，读者数量呈稳步上升趋势。《中国海关》“通关实务”版块累计刊登 179 篇政策解读及业务指导文章，同比增长逾 25%。《中国口岸科学技术》展示海关系统内外科技创新学术成果，编辑部成员广泛走访科研院所、知名院士及科学家、中介机构，加入中国科学技术期刊编辑学会；全年累计出版 12 期，刊发论文 177 篇，其中国家级、署级、省部级课题类论文 89 篇，占比 50%，38 篇论文被学术界引用 41 次，325 篇论文被下载 1.6 万次。《海关总署文告》实施专题化战略，每期以专题形式深度解读海关法规，选取典型案例，直达企业痛点，共出版“国门生物安全”“RCEP 原产地规则”等 8 个专题。《金钥匙》聚焦海关基层党建，加强海关文化建设，讲好海关故事，进一步满足广大关警员日益增长的审美和文化需求。

【课题及研究】2021 年，传媒中心依托自身宣传职能，探索开放研究空间，基于海关已施行政策的背景、目的、内涵、意义、效果、反馈，以及日常管理工作中出现的新变化，深挖海关新闻宣传条线与新时代宣传背景下的共通性，结合海关新闻宣传工作自身特点，承接并完成了署级课题及研究工作，有效提升了海关新闻宣传工作的深入性、针对性、参考性，以及海关新闻舆论引导力。承接署级课题《智媒时代海关传播能力建设》并顺利结题，从理念、内容、技术等多个方面开展智媒体时代提升海关传播力的探索和实践研究。完成总署办公厅委托的专题调查研究报告 11 个，内容包括海南离岛免税新政、基层海关治理效能、中东欧国家输华农产品等。

【海关媒体智慧生产传播及舆情监测引导管控系统（一期）建设】2021 年，海关媒体智慧生产传播及舆情监测引导管控系统（一期）经总署科技发展司立项，于 8 月进入实施阶段。该系统可有效整合现有海关系统所有传播介质和端口，发挥传媒中心“一报四刊”、中国国门网及客户端、海关传媒、各期刊微信公众号等资源优势，增强海关政务信息、民生话题、热点新闻等传播的权威性、时效性和关注度。

【采编发系统上线】2021 年 9 月，传媒中心采编发系统正式上线，截至 2021 年年底，累计注册供稿账号 317 个，供稿量超过 6,000 篇。该系统包括全媒体供稿、采编和发布三大功能平台。全媒体供稿平台面向包括但不限于全国海关系统、相关部委、各高校和科研机构、相关社会机构，以及企业、个人。全媒体采编平台全力保障传媒中心各媒体单位的编辑和审核工作，是社会联系海关的重要信息入口，也是海关新闻宣传阵地的“数据库”和“发动机”，有利于提升中国海关传媒品牌价值，为社会主义现代化海关建设提供良好的舆论环境。全媒体发布平台承担内容统一发布的功能，包括发布权限管理、发布内容管理、数据管理等。

【中国国门网平台搭建】2021年，中国国门网完成技术平台搭建和试运行压力测试工作，该网站内容围绕促外贸稳增长，开展海关政策、资讯、数据等深度解读和交流互动，打造为跨境者创造共识的网络互动服务平台。根据《国企改革三年行动方案（2020—2022年）》指导精神，以及总署对企事业单位的相关管理制度，参照新华社、《人民日报》、学习强国等官媒的普遍做法，传媒中心报经总署批准，申请注册国门网（北京）传媒有限责任公司，全面负责网站上线运营工作。中国国门网经营范围主要包括互联网新闻信息服务、组织文化艺术交流活动、产品设计、软件开发、发布广告、网络文化经营、图文设计制作等。中国国门网改变了传统媒体经营思路，服务用户对接市场——对内推进融合，以项目制推动合作落地；对外整合渠道，深度服务外贸头部企业；根据市场需求，量身打造“政务+新闻+商务+服务”解决方案，现已投入运营。

【媒介经营】2021年，传媒中心立足服务海关系统，开拓系统外市场，走多元化发展之路。与多家企业开展广告合作，合作领域和合作伙伴更加广泛。探索新媒体广告盈利模式，通过“中国海关传媒”头条号、抖音号、各杂志公众号等传播矩阵进行图文推送、视频推送等形式的广告发布。截至2021年年底，已服务十余家企业，有效丰富了经营手段，拓展了新经营模式。与华为、力鸿检验集团等多家企业、机构签署战略合作协议并开展商业合作，对外发展格局不断优化。打造《海关总署文告》政策解读会品牌，年内分别与高校、大型企业、地方政府联合举办多场政策解读会，在扩大传媒中心社会影响力的同时，开创了新的盈利模式。期刊征订小程序实现扫码订阅，委托期刊代销商拓展发行渠道，《中国国门时报》《中国海关》《中国口岸科学技术》《海关总署文告》等报刊发行量稳中有升。

（撰稿人：宋欣馨）

海关总署国际检验检疫标准与技术法规研究中心

【概况】2021年，海关总署国际检验检疫标准与技术法规研究中心（中华人民共和国WTO/TBT国家通报咨询中心、中华人民共和国WTO/SPS国家通报咨询中心，以下简称“标法中心”）聚焦主责主业，开展WTO技术性贸易壁垒（TBT）、卫生与植物卫生措施（SPS）通报、咨询、评议和预警工作，推进技术性贸易措施影响调查及海关行政互助协查工作，进一步开展技术性贸易措施信息化平台建设工作，开展技术性贸易措施宣传、培训和帮扶企业工作，提供高标准技术支撑与业务保障。制订标法中心落实中央《建议》和国家“十四五”《规划纲要》重点任务分工方案。参加第五届中国—中东欧国家海关检验检疫合作对话会，参与动植物卫生与食品安全工作组讨论，商讨工作组议事规则，研究建立检验检疫联络咨询点。对RCEP协定中15个国家开展了标准化制修订动态跟踪，收集主要信息近1,000条。承担APEC FSCF中方联合秘书处工作，组织召开第八届FSCF大会。落实总署权责清单，制订技术性贸易措施通报、咨询和评议三项工作管理办法。

▲2021年5月22日至29日，标法中心参加亚太经合组织第八届食品安全合作论坛（FSCF）大会及系列会议会后合影

【通报发送与接收】2021年，标法中心通过世界贸易组织（WTO）在线报送系统向世界贸易组织（WTO）发出中国通报共计181件，同比增长1.7%。其中，TBT协定通报126件（含3项补遗通报），包括国家市场监督管理总局116项、国家药品监督管理局7项、海关总署1项、工业和信息化部1项、交通运输部1项；SPS协定通报55件，包括国家卫健委有关食品安全国家标准48项、农业农村部有关食品中农药残留最大残留限量标准、修改《农业转基因生物安全评价管理办法》的决定3项、海关总署关于《暂停进口原产自澳大利亚6个州的原木的警示通报》《进口番茄和辣椒属种子番茄褐色皱果病毒的植物检疫要求》等4项措施。年内，标法中心共接收、翻译国外TBT/SPS通报5,610件，同比增长5.8%。其中，TBT协定通报3,840件，SPS协定通报1,770件。均及时向有关政府部门及行业协会、商会进行分发。

【国内外咨询受理】2021年，标法中心继续承担技术性贸易壁垒（TBT）措施和卫生与植物卫生措施（SPS）的全文、相关法律法规文件、措施中的具体规定、技术性问题以及相关数据等方面内容的询问和答复活动。年内，共受理国内外咨询 301 件，同比增长 4.5%。其中，TBT 措施方面共接收并答复国内相关机构咨询 23 次，接收并答复印度、蒙古国、肯尼亚等 16 个国家和地区咨询 123 次。SPS 方面共接收并答复国内咨询 138 次，接收并答复马来西亚、印度、韩国等国家和地区咨询 17 次。

【TBT 协定评议】2021 年，标法中心依据 TBT 协定的原则和条款开展 TBT 协定评议工作，即对其他世界贸易组织（WTO）成员通报的技术性贸易措施的必要性、合理性、科学性以及是否对贸易造成不必要障碍等方面提出意见和建议，表达关注和诉求。共组织对美国、欧盟、英国等 65 个世界贸易组织（WTO）成员的 502 件通报评议，发出评议意见 104 件，收到评议回复 36 件。促使国外措施制定方明确合格评定方式、评分细则、标识规范，对法国《电子电气设备可维修指数法规草案》提出 35 条意见，促使法方采纳 15 条，明确了企业重点关注的合格评定方式、评分细则、可维修指数图像标识规范，有利于我国产品出口法国。促使国外措施制定方取消或降低不利于我方产品出口增加成本的限制性技术指标要求，对美国《无人机远程识别法规草案》提出 18 条意见，促使美方采纳 5 条并对 3 条做出解释说明，将监测精度由 20 英尺扩大到 150 英尺、允许用全球导航卫星系统（GNSS）替代气压计进行高度测量、取消无人机起飞前和飞行过程中强制联网要求、取消仅能内置远程识别模块的限制、允许使用外置广播模块等。推动国外措施制定方采用国际标准或国际通行做法，对越南《国家 5G 无线通信终端设备技术法规草案》提出 3 条意见，3 条全部采纳，成功推动越南部分测试要求与国际通行做法保持一致并澄清部分场景测试要求，助力我国企业发挥 5G 技术优势、促进规则统一，降低越南新兴市场准入难度。推动国外措施制定方延长过渡期，对欧盟《化学品分类、标签和包装法规草案》，成功推动欧盟明确提供 18 个月过渡期，为我国相关企业调整生产、研发材料、保障出口市场份额争取了宝贵时间。

【SPS 协定评议】2021 年，标法中心依据 SPS 协定的原则和条款开展 SPS 协定评议工作，即对其他世界贸易组织（WTO）成员通报的技术性贸易措施的必要性、合理性、科学性以及是否对贸易造成不必要障碍等方面提出意见和建议，表达关注和诉求。共组织对韩国、越南、日本等 22 个世界贸易组织（WTO）成员的 284 件通报评议，发出评议意见 126 件，收到评议回复 49 件。英国采纳中国要求其履行透明度义务的评议意见，提供了英国检疫性有害生物清单等文件。韩国采纳中国意见，对于其将罗非鱼湖病毒和十足目虹彩病毒列为韩国水生生物疾病控制法案的指定疫病，韩国将不再对除了带头或带壳冷冻虾外的其他冷冻或熟制水生产品进行检疫。中国针对澳大利亚有关《澳大利亚进口播种用伞形花科作物种子的进口条件审议草案》提出的评议意见，成功促成澳大利亚重新评估报告草案中的有害生物，决定不对中方提出的 7 种检疫性有害生物采取措施。中国对澳大利亚关于吡虫啉在茶叶中限量的 SPS 通报评议取得明显成效，促成澳大利亚就茶叶中农残限量标准对中国开放协调窗口，并按照中方建议修订吡虫啉在茶叶中的限量，将中方限量列入澳大利亚农药残留限量提案。

【技贸预警】2021 年，标法中心充分利用自身职能特点，对世界贸易组织（WTO）各成员所发布的通报措施等规章进行收集整理并加以研判，在进行分析后向我国企业发布预警信息，避免企业出口因技术性贸易措施壁垒而导致利益受损。年内，通过 12360 海关热线、海关发布平台发布预警信息 66 篇，《国门时报》

经贸预警专栏发布预警信息 48 期、593 条，《技术性贸易措施导刊》刊发各类技贸稿件 956 篇，技术性贸易措施综合服务平台发布信息 60, 970 条，其中发布国外扣留召回我国产品预警信息 3, 051 条，点击量近 600 万次。编报植物疫情及植检政策信息日报 250 期、周报 50 期、信息 1, 694 条，动物检疫政策动态日报 86 期、信息 900 余条，动植物检疫政策动态周报 46 期、信息 2, 000 余条，食品安全日报 250 期新冠肺炎疫情信息日报 271 期。

【技贸调查】 2021 年，标法中心在全国范围内组织了 2020 年度国外技术性贸易措施对中国出口企业影响调查工作。调查采用双层复合不等比例抽样法在全国范围内随机抽取 5, 000 家出口企业，通过指导上述样本企业网上填答调查问卷，最终回收有效问卷 5, 000 份，回收率为 100%。经统计分析后，调查结果显示，2020 年中国有 16. 4%的出口企业遭受到国外技术性贸易措施的影响，较 2019 年下降 3. 28 个百分点，直接损失总额 1, 520. 11 亿元，同比增加 119. 64%；企业因国外技术性贸易措施而新增加的成本为 526. 93 亿元，同比增加 227%。同时，还组织对中药材产品、毛织产品、木及木制品和输欧食品开展了重点专项调查，以及泰国、越南和菲律宾 3 个“一带一路”沿线国家的技术性贸易措施对我国出口企业影响调查，编写《国外技术性贸易措施对中国重点产品出口影响研究报告》《“一带一路”沿线国家和地区暨东盟技术性贸易措施对我国出口企业影响研究报告》。

【行政互助协查】 2021 年，标法中心接收来自欧盟、俄罗斯、哈萨克斯坦等 35 个国家（地区）协查请求 515 件 2, 482 票，同比减少 5%。欧盟 17 个成员发来协查 179 件 932 票，占总票数的 38%。“一带一路”沿线 26 个国家和地区发来协查 453 件 2, 042 票，占总票数的 82%。协查票数前五的国家分别为：哈萨克斯坦 36 件 713 票、俄罗斯 194 件 467 票、法国 2 件 243 票、匈牙利 27 件 204 票、波兰 25 件 106 票，占总票数的 70%；已办理 35 个国家和地区请求 370 件 1, 445 票，占总票数的 58%。对不符合技术要求的 145 件 1, 037 票退回处理。对外提出协查请求 3 件 3 票，涉及西班牙 1 件 1 票，南非 2 件 2 票，已全部收到回复。协查货物覆盖范围广、种类多样，涵盖轻纺、机电、化矿、食品及食品接触材料、儿童用品等产品。先后接收意大利、匈牙利、伊朗、印度、斯洛伐克、波兰对于我方复函后后续调查取得的数据反馈。俄罗斯因我方的调查反馈先后发来 5 件感谢致函。哈萨克斯坦对我方给予证件伪造事实的答复致函感谢。通过与各国（地区）海关之间开展行政互助协查，对打击走私、维护公平的贸易秩序、促进贸易便利化、彰显我国负责任大国海关重信守诺良好形象发挥着重要作用。

【评议基地建设】 标法中心作为专门从事技术性贸易措施评议与应对的机构，多年来一直致力于技术性贸易措施研究评议基地建设。2021 年，标法中心作为技术性贸易措施研究评议基地的组织建设与管理部门，在先前建立 37 个技术性贸易措施研究评议基地的经验基础上，进一步梳理工作规程，起草制定相关管理办法。批准深圳海关建设无人机、医疗器械、化工产品评议基地。组织对新申请的 7 个评议基地进行评审，其中 3 个申请已通过评审。

【宣传培训】 2021 年，标法中心联合中国机电产品进出口商会、深圳海关，组织开展欧盟《市场监管和产品合规条例》企业视频培训会，重点围绕具体实施细则、企业合规要点等向相关企业进行讲解和交流；组织东风汽车集团有限公司、珠海格力电器股份有限公司、比亚迪股份有限公司、长虹集团等全国近 200 家企业和机构代表交流发言。通过培训，企业了解到合理地利用技术性贸易措施手段，对企业出口避险意义重大。同时，企业也了解到，标法中心作为世界贸易组织（WTO）在中国的两个咨询点，是技术性贸易措施专业研究机构，是为企业通过世界贸易组织（WTO）合法手段维护自身权益的官方媒介。年内，标法中心收到美的、格力等多家企业的反馈，寻求标法中心通过对企业出口国所发布的通报措施进行评议的手段来维护其合法权益。

【技术支撑】 2021 年，标法中心处理欧盟非食品类消费品快速警报中国系统（RAPEX-CHINA 系统）通报 883 件，撰写通报案例调查反馈报告 2 件，采集欧盟食品和饲料类快速预警系统（RASFF）通报信息 263 件，下载欧盟 RAPEX 周报 51 期。跟踪美国、加拿大等 14 个国家（地区）的消费品召回通报信息 1,021 条。开展 CPTPP 条款研究，参与中国—以色列、中国—挪威自由贸易协定谈判，参加金砖国家经贸联络组视频会议。开展中国消费品法律法规与标准信息研究，完成分类目录编制，将 133 项法律法规、640 项标准、619 项标准核心指标整理录入数据库。参与《海关法》《进出口食品安全管理办法》《进口食品境外生产企业注册管理规定》等系列海关法律法规的制修订、翻译及研究工作。开展进出口食品化妆品监督抽检、风险监测等相关数据的统计工作。开展产品准入风险评估、有害生物风险分析，审核或形成报告 30 份，起草输华产品议定书 9 份。开展数据维护和审查，有害生物检疫信息平台全年新增有害生物 14,839 种，同比增长 74%，总数据量达 115 万余条；维护进口产品准入规则 4,080 条；核查进口机动车 VIN 备案入库 975,402 辆。组织标准审查 10 次，共审查标准 178 项；完成 3 批次共 208 项标准报批审核。开展国内外动物疫病检测方法标准研究，收集检测标准文本 545 项。

（撰稿人：王建东）

中国海关科学技术研究中心

【概况】中国海关科学技术研究中心（以下简称“海科中心”）是由原北京海关技术中心更名成立，2021年3月16日正式挂牌运行，成为总署所属正局级事业单位。按照“科学研究高地、技术创新基地、人才培育阵地”的目标和定位，海科中心以“基础建设年”为主线，加强队伍建设，完善各项工作机制，为总署各司局提供技术支持。牵头构建1+X合作实验室，成立进出境濒危物种鉴定实验室联盟。截至2021年年底，在编人员152人、合同制人员74人，其中4名专家享受国务院政府津贴，正高二级6名，高级职称占64%；具有硕士以上学历人员占69%，博士及以上人员达27%；涵盖医学、公共卫生、动物医学、植物学、食品科学、工业自动化等20多个学科领域。

【海科中心挂牌】2021年3月16日，海科中心正式挂牌。定位是围绕社会主义现代化海关全业务领域，着重解决实际工作中带有全局性、综合性、前瞻性、关键性、基础性的科技问题。目的是打造科研引领、集约抓总、技术仲裁的国家级科研机构，为履行海关职能提供更加强有力的技术支撑。主要职责是开展海关系统科学技术研究，促进海关事业发展，开展海关系统全局性、基础性、关键性科学技术研究及海关标准化体系建设研究，承担海关系统专业基准实验室建设技术工作，为争议性检验鉴定结果复核、仲裁及重大或突发事件应急提供技术支持，同时为北京海关提供相关技术服务。

内设17个机构，其中5个管理部门、4个技术保障部门，以及包括科技战略与生物安全研究所、卫生检疫研究所、动物检疫研究所、植物检疫研究所、食品安全研究所、工业与消费品安全研究所、通关监管技术研究所、技术装备研究所在内的8个专业研究所。

海科中心具有8个国家检测重点实验室：国家禽流感检测重点实验室、国家疯牛病检测重点实验室、国家羊绒及制品检测重点实验室、国家信息技术设备检测重点实验室、国家玩具检测重点实验室、国家食品安全检测重点实验室、国家植物繁殖材料检疫重点实验室、国家医学媒介生物监测重点实验室。总署区域和常规实验室共6个，北京市重点实验室1个。实验室具备中国合格评定国家认可委员会（CNAS）-检测实验室、CNAS-能力验证提供者、CNAS-生物安全二级实验室、中国计量认证（CMA）-检测实验室、新型冠状病毒核酸检测实验室、首批批复的食品复检机构检测实验室等6类检测资质，是中国强制性产品认证指定实验室、中国能力验证联盟副理事长单位，是韩国国外公认检测机构、法国干邑酒鉴定机构。

海科中心已获取CNAS和CMA二合一检测资质的参数共6,445项，包含动物检疫、植物检疫、疯牛病检疫、纺织品、玩具及轻工产品、食品及化妆品、生物媒介、餐饮及公共卫生、机电产品等296个子领域。

【科研工作】2021年，海科中心成功主持或参与申报“十四五”国家级项目《现场快速全自动封闭式核酸扩增分析系统》等10项、北京市及其他省部级项目3项、《进口动物源性食品中潜在有害物质的筛查与鉴定》等总署揭榜挂帅项目3项，《食用粉状混合物归类化验关键技术研究》等总署科研课题10项，立项国家标准1项、《龟鳖目动物物种鉴定技术规范》等海关技术规范16项。

年内，《植物检疫领域能力验证、测量审核和标准样品关键技术及推广应用》《食品及功能性食品中活性物质快速识别及风险筛查技术研究与应用》获中国检验检测学会奖一等奖，《水产品中重要有害微生物检控关键技术》获得海洋工程科学技术奖二等奖，《液相色谱法同时分离测定8种人参皂甙的分析方法》《米黑根毛霉源固定化脂肪酶水解法测定海洋鱼油脂肪酸的位置分布》获中国出入境检验检疫协会优秀论文奖一等奖。参与完成《PCR仪质量控制指南》《测量设备期间核查方法指南及实例》专著。发表《浅析我国植物检疫领域标准样品研究现状》等论文50篇，其中SCI论文2篇。获得专利授权7项，其中《一种玉米褪绿斑驳病毒的脱毒方法》《一种绝对定量检测总霍乱弧菌与致病性霍乱弧菌的试剂盒及检测方法》发明专利2项、实用新型专利5项。发布《仙人掌粉蚧检疫鉴定方法》等行业标准15项、《纺织品总铅含量标准样品》等国家标准样品6项。

【冬奥会口岸快速通关智能监管技术及装备】海科中心承担了海关系统唯一一项冬奥会国家重点研发计划项目“冬奥会口岸快速通关智能监管技术及装备”。项目针对冬奥会入境人流密集、货物量大且散、口岸快速智慧通关要求高的特点，建立口岸传染病风险预警研判信息平台，开发60余种冬季高发传染病快速检测方法。其中，手持式病原体分子检测系统可在50分钟内完成对新冠肺炎病毒等病原物单样品的快速检测。开发大型车辆、集装箱和行李智能机检审图系统，可对多种违禁品进行智能风险筛查。针对核生化爆风险因子，开发核辐射精确识别和移动式监测设备，开发化学危险品痕量气味嗅探仪，集成研制巡检机器人，提升风险现场识别能力。设计卫生检疫风险消除、风险隔离、应急处置、人员防护等10余种处置新装备，有效增强现场安全风险处置能力。建立集成应用方案，系统协同项目成果落地应用。其中，4种试剂盒和9套装备项目在首都机场口岸应用，部分防疫消杀装备在北京赛区的国家速滑馆、国家体育馆、冰立方、首钢大跳台、冬奥村以及延庆赛区的5个场所进行应用。

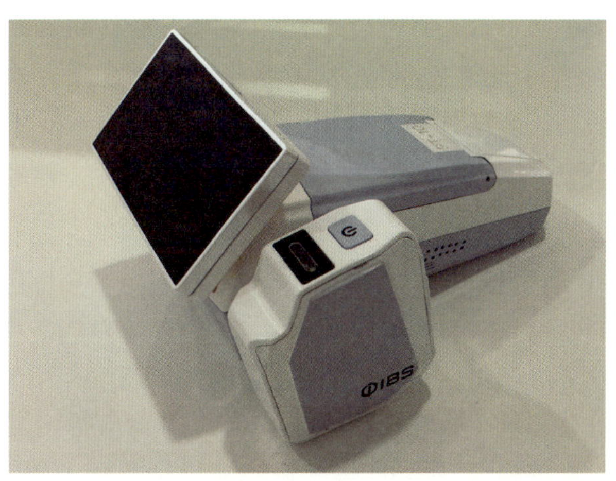

▲2021年，海科中心研发的手持式核酸一体化全自动检测分析系统，可在50分钟内实现新冠病毒核酸现场检测

▲2021年，海科中心研发的雾化消毒机器人，在海关监管库进行消毒作业

【三个自主品牌技术平台】“海科中心国产仪器设备验证与综合评价认证平台”承担系统“首台套”工作，累计完成仪器设备验证41台套。“数据中心检测服务平台”是海关系统唯一具备数据中心第三方检测服务的机构，累计服务全国各地数据中心100余家。“能力验证提供者平台”认可范围涵盖动物检疫、植物检疫、医学媒介生物、微生物检测、纺织品检测、玩具检测领域，是国内覆盖专业类别最广的能力验证提供者之一，并建立了一支专业门类齐全、人员结构层次合理的高素质能力验证专家队伍，年内服务实验室达1,736家（次）。

【实验室建设】2021年，海科中心通过能力验证提供者资质扩项评审，认可能力达到26类产品、129个项目参数。制订并稳步推进检测项目五年扩项计划。组织6个领域能力验证、测量审核共172项，服务实验室1,689家（次）。参加国际、国内能力验证43项，测量审核8项。

全年检测法检样品30.7万个，同比上升788%，委托检验样品6.12万个，同比上升122%。检出一、二类动物疫病5批次，重大人兽共患病1批次。在全国口岸首次检出暂定名为红辣椒轻斑驳的病毒和外来物种迅捷箭蚁。在北京口岸首次检出台湾扁锹、藏深山锹甲等5种有害生物，首次检出8种外来物种。

在基础设施建设中，为新冠病毒核酸检测实验室配置移动P2+实验方舱及急需检测仪器设备，有效地改善了核酸检测实验室条件。增加并改造中心实验办公场所面积近2,500平方米，以满足科研及实验工作需要。

牵头构建1+X合作实验室建设，制订建设方案、管理办法、考核指标等制度文件，与重庆海关技术中心建立了首个合作实验室——海科中心牛结节性皮肤病研究室，并在科研立项、能力验证、人员交流及市场开拓等方面有效运行。“1”指海科中心，“X”指各海关系统专业领域优势实验室。1+X模式通过整合优势科技资源和创新要素，打造门类齐全、特色鲜明的一流科研创新平台，建立管理体系完备、机制运行良好、创新水平一流、应急能力突出的合作实验室模式。

成立进出境濒危物种鉴定实验室联盟。为贯彻落实习近平总书记关于严厉打击象牙等濒危物种及其制品走私的重要指示批示精神，提升海关系统实验室对象牙等濒危物种及其制品鉴定能力，牵头南京海关、杭州海关、南宁海关、成都海关、东北林业大学、中国科学院动物研究所、中国科学院植物研究所等28家单位成立进出境濒危物种鉴定实验室联盟，旨在组织开展濒危物种鉴定技术研究，开发新的检测手段，不断提升海关执法技术水平。定期开展实验室能力验证、技术培训等活动，提出相关行业标准、国家标准和科研项目立项建议，培养一批濒危物种鉴定业务专家。将联盟建设成为濒危物种保护技术创新、共享和人才培养的基地，为濒危物种保护、打击走私提供有力的技术保障。

年内，成员单位增加至39家，在西伯利亚鲟鱼鉴定研究中，会同南宁海关、昆明海关专家，建立双重荧光PCR结合特异性微卫星PCR鉴定方法，可在24小时内得出结果，满足了口岸出口鲟鱼快速、准确的检测需求。

【技术支持】2021年，海科中心为总署有关司局提供多项技术支持。多次牵头或者派员参与对外技术谈判和研讨交流，其中牵头系统内专家先后与巴西开展5次疯牛病技术磋商，完成《巴西疯牛病防控体系风险评估报告》。3次派员为“一带一路”沿线国家和地区及澜湄国家兽医授课。参加设备招标、项目评审、成果评定等工作50余次。

承担总署相关司局21项委托任务，牵头编写国门安全治理能力提升专项建议书。完成多份动植物检疫领域风险评估报告。编制全球传染病疫情信息日报365期、月报12期。承担冬奥会举办前和举办期间境外新冠肺炎疫情输入风险评估和口岸突发公共卫生事件风险评估工作。推进承办的UNDP合作项目，在联合国《生物多样性公约》缔约方大会第十五次会议上，宣传海关系统防范外来生物入侵工作。承担总署“国家级进出口商品质量安全风险评估中心（北京）”任务，编制进出口商品质量安全信息8期。

承担总署行标委食品行业标准分委员会秘书处、总署卫生检疫司流调专家组秘书处、总署动植物检疫司国门生物安全监测计划秘书处、外来物种普查秘书处、口岸初筛秘书处等工作。

【人才建设】2021年，海科中心引进11名专业领域急需人员，招录3名应届毕业生，补充到卫生检疫、监管、装备等较为薄弱甚至空白的部门和研究所，逐步建立人才梯队。建立了工程、农业两个系列中级职称评审委员会，开展职称评审推荐工作。成立了海科中心学术委员会。梳理系统内外各领域专家信息，聘请黄庆林、梁成珠等6名专家，组建专家顾问队伍。

【交流合作】2021年，海科中心与总署相关司局、大专院校、科研院所、高新技术企业开展交流座谈50余次，与中国科学院微生物研究所、北京化工大学、北京服装学院、西南大学、深圳华大生命科学研究院、总署物资装备采购中心等18家系统内外单位签订战略合作协议，制订管理办法，并派专人负责推进项目落实，在做好技术储备的基础上，形成战略合力。

（撰稿人：张淑义）

上海海关学院

【概况】上海海关学院位于上海市浦东新区，占地面积521亩。下设苏州分校，位于江苏省苏州市，占地133亩。2021年设立上海海关学院临港国际校区，占地12亩。截至2021年12月31日，学校有在编教职工287人，在校学生2,847人。学校现任校长丛玉豪。

学校前身为创建于1953年的上海海关学校，历经上海海关专科学校（1980年）、上海海关高等专科学校（1996年）的更名和发展后，2007年经教育部批准设立上海海关学院。世界海关组织（WCO）亚太培训中心和中共海关总署党校先后在上海海关学院挂牌成立，对应承担涉外培训交流、海关系统干部培训教育工作。

学校始终坚持社会主义办学方向，全面贯彻党的教育方针，落实立德树人根本任务，扎根中国大地、对标海关行业需求，围绕“人才强校、关校合作、国际化”三大发展战略，坚持立地顶天、依特做特、以特促强，走特色办学的内涵发展之路。学校以建设海关特色鲜明、服务国家战略、具有国际影响力的一流高等学府为目标，坚持改革创新，推进开放融合，为建设新时代中国特色社会主义新海关贡献力量。

学校秉持“致知、力行、慎独、忠诚”的校训，凸显以“爱国明志、开放博学”为内涵的大学精神，落实“三全育人”机制，将综合素质教育、准军事化管理贯穿于人才培养全过程。学校主动对接海关服务国家战略和地方社会经济发展对人才培养的需要，深化教育综合改革，加快学科专业建设，创新人才培养模式，推进与海关的融合，努力培养符合海关事业和经济社会发展需要的应用型、复合型、涉外型的高素质人才。

学校现设有海关与公共管理学院、海关与公共经济学院、工商管理与关务学院、海关法律系、海关外语系、公共教学部、马克思主义学院、检验检疫技术交流部8个院（系、部）；设置海关管理、海关检验检疫安全、行政管理、物流管理、审计学、国际商务、税收学、经济统计学、法学、英语本科专业，设有公共管理、税务、国际商务、翻译等4个硕士专业学位点，分属管理学、经济学、法学、文学等学科门类。

除了上述8个二级学院（系、部），学校内设16个职能部门。

【政治建设】2021年，学校深入学习贯彻习近平总书记关于海关和教育工作的重要论述、关于高校思想政治工作重要讲话精神，坚持和完善党委领导下的校长负责制，加强党对学校事业的全面领导，擘画“十四五”发展蓝图，以高质量党建引领保障学校事业高质量发展。加强思想理论武装，学校党委坚持党委会议、形势分析及工作督查会“第一议题”制度，增强“四个意识”、坚定“四个自信”、做到“两个维护”；加强课程思政建设，打造“国门中国”系列品牌课程，党政主要负责同志坚持带头为学生讲授思想政治理论课，学校累计立项建设26项校级课程思政项目，其中4项获批总署示范项目。开展党史学习教育，学校通过多种形式组织全校师生参加党史学习教育活动，举办3期处科级领导干部党史学习教育培训班，开展全员网上专题培训和中国共产党人伟大精神谱系读书活动，成立师生党史学习宣讲团，打造4门党史课程；开展红色海关研究，组织撰写《红色征程——中国共产党领导下的海关革命斗争史》；开展“我为群众办实事”实践活动，立项“我为群众办实事”项目69项，其中1项获评总署“百佳项目”、2项入选上海市教卫党委系统重点项目。举办建党百年系列活动，组织“马克思主义传播在中国——文献中的百年党建”红色专题图片展、建党百年书画作品展、“红色海关”专题展等特色展览活动，组织老中青三代党员共话党史、校史，开展“百名学生党员，讲建党百年故事”活动；组织全校师生集中收看庆祝中国共产党成立100周年大会，召开庆祝中国共产党成立100周年主题活动暨“两优一先”表彰大会，评选表彰校级优秀共产党员、优秀党务工作者、先进基层党组织。深化“强基提质”工程，学校党委成立党的建设工作领导小组，年内召开5次党建专题研究部署会议，深化“四强”支部建设，3个党支部分别获评总署党建示范品牌、上海市教卫党委系统先进基层党组织和上海市教卫党委系统示范党支部，

▲2021年11月8日，上海海关学院慰问第四届进博会志愿者

推进全面从严治党，学校党委召开2021年全面从严治党工作会议，深入落实“四责协同”机制；接受总署党委常规巡视，扎实推进巡视整改，取得阶段性成效；支持学校纪委履行监督责任，查处违规违纪案件。

【招生工作】2021年，学校在全国31个省（市、区）招录本科生703人。其中，海关管理、海关检验检疫安全两个专业实行提前批次招生，录取新生528人，其他专业分别在本科一批、本科二批、各类专项、内高班等批次招生175人。硕士研究生招生90人。

【教育教学】2021年，学校获批海关检验检疫安全本科新专业，获批国际商务、翻译硕士两个专业学位授权点，被纳入上海市博士授予单位培育建设名单以及上海市博士后流动站建设筹备单位名单。年内学校有3门课程获批上海市市级重点课程立项，8门课程被认定为省部级一流课程。截至2021年年底，共有国家级一流课程1门，省部级一流课程12门，省部级重点课程27门，省部级课程思政示范项目4项、示范性全英课程5门、示范性虚拟仿真实验教学项目1项、示范性虚拟仿真实验课程1门。学校成功获批3项教育部新文科研究与改革实践项目；20项教学成果获批为党的十九大以来海关高等教育优秀教学成果。

【人才培养】2021年，学校全面启动“专业招生、特色分流、分段培养”的海关专业人才培养新模式改革探索，按照海关类专业进行大类招生，后续按照特色分流，分段培养，力求为社会主义现代化海关提供“一专多能”“多专多能”的创新型、高素质的管理人才和业务骨干。加强对学生的思想引领，学校利用易班、青莲湖畔等新媒体平台开展校园文化集汇活动、举办海关先进人物报告会等，构建线上、线下相结合的思政教育阵地；学生话剧《关魂》第二季《怒海雄关》连续获得上海大学生文化创意作品展示活动喜剧类一等奖、上

海市大学生话剧节优秀演出团队奖。落实“精品社团”养成行动，截至2021年年底，学校有志愿公益类、学术科技类、思想政治类、体育活动类学生社团21个，其中海思宣讲团加入上海市高校理论社团联盟，形成富有海关特色的思政品牌社团；关魂青年团队荣获“上海市青年五四奖章集体”；学校组织学生社团参加2021年全国第六届大学生艺术展演、第六届“汇创青春”上海大学生文化创意作品展示等活动，分获各类奖项10项。搭建科创育人平台。年内，学校学生在各项科创竞赛中共荣获28项荣誉，其中，在“挑战杯”全国大学生创业计划竞赛中获全国铜奖1项，在“挑战杯”全国大学生课外学术科技作品竞赛中获上海市一等奖1项，在“工商银行杯”全国大学生金融科技创新大赛中获全国一等奖1项、上海市特等奖1项等。扎实做好稳就业保就业工作，截至2021年8月27日（教育部要求上报时间），学校2021届毕业生就业率为90.05%。

▲2021年6月18日，上海海关学院举行2021届毕业典礼暨学位授予仪式

【科研工作】2021年，学校获批科研项目中，国家级资助项目1项，省部级项目14项；横向项目总数同比增长244%，创总量新高。学校教师发表SSCI、SCI、EI论文共计10篇；CSSCI、WCJ论文共计10篇，其中B类及以上学术论文2篇；公开发表普刊论文总计90篇；出版专（译）著17部，同比增长70%。省部级、一级学会获奖9项，被录用咨询报告（海关编译参考、领导参阅）4篇。学校依托海关与经贸研究院，以青年博士为主要力量，组建海关学科、海关国门安全、国际贸易规则与海关开放监管3个跨学科研究团队，完成多个课题项目研究，助推海关智库建设。学校组织教师参加中国海关学会总会、中国国际贸易学会征文活动，举办“‘一带一路’背景下数字经济发展与智慧海关建设”“中国入世二十年与海关改革发展”等重大学术研讨会。

【师资队伍建设】2021年，学校引进高层次人才1人、青年博士15人。截至2021年12月31日，学校拥有专任教师163人，其中教授19人、副教授49人，具有高级专业技术职务教师的比例为42%。具有博士学位教师100人、硕士学位教师53人，具有研究生学历教师的比例为94%。加强对教师的思想教育，学校组织专任教师、辅导员参加“国情教育”“师德师风建设”“习近平总书记教育重要论述讲义使用”等各类专题培训，教师参与率99%以上。落实青年博士教学科研扶持计划，学校为青年教师配备导师13人，科研启动费立项15项。完善本科教学教师激励计划，以综合考量、量化考核、优绩优效为导向，激发教师队伍活力。加强与地方的沟通联系，学校干部培养首次被纳入上海市教卫系统干部培养体系。

【党校与培训】2021年，中共海关总署党校坚持政治立校、特色办校、基础建校、从严治校的党校办学思路，发挥干部教育主渠道作用，全年举办各类培训班次41期，培训学员3,945人次，其中党校主体班次9期，培训学员954人次。党校突出主业主课，把学习贯彻习近平新时代中国特色社会主义思想作为党校教学的首要任务和中心内容，2021年党校主体班次党的理论教育和党性教育课程占总课时的83%。党校开展培训教学和干部教育规律研究，举办习近平新时代中国特色社会主义思想读书报告会，研读指定书目，开展集体学习和交流研讨，邀请党校专家点评，教学成果被《光明日报》、人民网、“学习强国”学习平台、署内信息快报等媒体多次报道。中共海关总署党校的办学经验在中央党校中央和国家机关分校召开的2021年春季学期教学工作会议上做交流发言分享；在中央和国家机关党校主办的《党校工作通讯》上发表教学经验介绍文章4篇。

【交流与合作】2021年，学校坚持开放办学，实施国际化发展战略，依托世界海关组织（WCO）亚太培训中心，打造中国海关国际能力建设的重要基地，积极履行国际义务。年内，学校与乌兹别克斯坦海关学院、阿塞拜疆海关学院2所国外高校签署合作备忘录；举办“发展中国家海关贸易便利化研修班”“发展中国家海关管理研修班”等8个涉外培训项目，共382人参训；45名留学生参与学分互认项目，选拔33名学生参与线上交换生项目；获批商务部援外项目11项，创历史新高；成功申报上海市科学技术委员会（上海市外国专家局）引智项目1项，国家外国专家局高端引智项目2项，这是学校第一次参与上海市和国家外国专家引智项目申报并竞争获得立项；与世界500强企业DHL空运服务（上海）有限公司签署合作协议。在学校海关管理本科专业获得世界海关组织（WCO）批准通过PICARD（海关学术研究与发展伙伴关系）认证之后，2021年，学校向世界海关组织（WCO）能力建设司递交MPA（公共管理硕士）项目PICARD认证申请，并于2022年年初正式获批PICARD标准认证资质，成为目前国内和全球唯一一所本硕教育阶段均获得世界海关组织（WCO）教学资源和专业认证的高等院校。

【教学设施与综合保障】2021年，学校办学条件进一步改善，二期建筑维修改造、临港国际校区维修改造等重大项目获得总署批复。特别是临港国际校区的设立，将有效缓解学校办学资源紧张的局面，也将加快学校国际化办学步伐，支撑学校“十四五”事业发展。学校按照教育部普通高等学校设置标准，建有现代化的教学楼、图书馆和智慧校园网，教室均具备多媒体授课条件；建有海关通关模拟实验室、“互联网+海关”仿真模拟实验室等17个实验场所；建有数码阅览室、视听室、文娱活动综合楼、网球场、游泳馆、体育馆等配套设施，为学生、培训学员营造良好的学习和生活环境。年内，学校将计算中心改造项目列为“十四五”智慧校园建设重要内容，新建计算中心依据国家B级机房标准设计与建设，遵循等级保护2.0要求，已完成装饰装修系统、供配电系统、空调系统、机柜及冷通道系统、综合布线系统、新风及排烟系统、动环及安防系统、消防系统、KVM（键盘、显示器、鼠标）系统、监控室系统十大建设内容；完成智慧教室建设项目，包含4间智慧教室、1个公共学习空间、5间标准化考场、1间考务中心、1间保密值班室以及必要的监控区域，均已交付使用，智慧校园建设稳步推进。学校全年累计采购纸本中外文图书8,626种、16,410册，全馆实体馆藏总量77.5万册，订阅国内外纸质报纸期刊815份，另有电子图书273.4万册、电子期刊7.2万种、电子学位论文631.6万篇；加强海关大型文献、学术典籍、特藏和数据库建设，加大海关史研究的资料建设与保障力度；与校外单位图书馆、图书情报行业文献保障联盟等建立资源共享机制。

（撰稿人：王丽莎　孙　莉　杜婷婷
杨　军　李　明　李　楠
张雪凤　张嘉伦　范云欢
金舒莺　蒋书怀　曾祥霖
蔡丽丽）

中国海关管理干部学院

【概况】中国海关管理干部学院是总署直属的厅局级事业单位（公益二类），主要职责包括：受总署委托开展习近平新时代中国特色社会主义思想教育培训、党的基本理论教育培训、党性教育培训、专业化能力培训和知识培训，突出专业化能力培训；承接海关基础理论研究、业务改革热点难点问题研究和海关干部教育培训规律研究；参与海关系统教材的编写审定工作，协助进行题库建设等工作；承担海关总署监管技术研究中心工作；承担中国海关防辐射探测培训中心工作；开拓学院对外交流和合作渠道，开展学术交流、国际交流合作等。

海关总署监管技术研究中心和中国海关防辐射探测培训中心设在中国海关管理干部学院。海关总署监管技术研究中心设立于2004年，作为总署口岸监管司的一个非常设机构，由原海关总署秦皇岛培训学校管理，业务上接受总署口岸监管司指导。中国海关防辐射探测培训中心设立于2012年，主要职责是加强中国海关对核及放射性材料的探测和识别能力，推动中美双方在打击恐怖主义方面的合作。

中国海关管理干部学院设院长、党委书记1名，副院长4名、党委副书记1名、纪委书记1名。

2021年，中国海关管理干部学院重点抓好政治建设、基础工作和改革创新，整体工作有所突破。

▲2021年5月25日，中国海关管理干部学院教师赴五峰山开展现场教学特色课程开发

坚持党建引领，推动“政治院校”建设。贯彻落实全面从严治党主体责任，把政治纪律和政治规矩挺在前面。确立以党建为引领，党委、行政和纪委工作同谋划、同部署、同推进、同考核工作模式；围绕学史明理、学史增信、学史崇德、学史力行，开展党史学习教育，共组织中心组学习6次、党委班子成员讲党课5次；推进“我为群众办实事”实践活动，建立党委重点民生项目清单，临时活动场所安置等10项重点民生项目全部落实到位；加强基层党组织建设，按季度制订支部工作指引，将“第一议题”制度向党支部层面延伸，成立学院党的建设工作领导小组，实现党建工作队伍人员专业化。制订学院廉政风险点及监督制约措施，排查廉政风险点，开展风险联防联控工作；开展汇报交流、讲座学习、政策警示等活动，打造文明清廉校园，做好党风廉政建设和反腐败工作。

改革创新，提升教育培训与人员管理质效。组织教育培训思想大讨论系列论坛和专题调研，编制“十四五”事业发展规划，在全院范围内凝聚发展共识、汇聚发展合力。探索疫情常态化形势下教育培训新模式，成立网络教育培训中心，逐步形成具有本院特色的网络培训模式。2021 年全年完成线上、线下培训班共 55 期，培训 15,746 人次，119,266 人天。做好海关干部教育培训阵地建设，确立马克思主义理论、国家安全学、法学 3 个一级学科，以及党建、干部教育学、跨境核安全管理等 6 个专业方向；加强国际合作交流，获准成立全球第一个设在联合国国际原子能机构成员方海关部门的国际原子能机构协作中心。制订涉及干部队伍专业建设、专业技术岗位评聘等系列人才管理规定，新获评副高级职称教师 1 人、评定中级职称教师 3 人。鼓励教职工外出实践锻炼、开展交流访学，将荣誉激励贯穿于教职工职业生涯全过程和重要节点。

抓好基础，增强综合保障能力。不断提升科技信息保障能力，建设智慧校园。丰富图书馆藏结构，打造跨境核安全特色图书馆藏体系。开源节流，强化财务及预算执行管理，做好北戴河新区项目资金保障。海关总署监管技术研究中心项目建设顺利推进，北区主体工程封顶，南区土方回填 30%。开展学院东校区建筑物安全性检测和抗震性检测。

【政治建设】2021 年，中国海关管理干部学院落实“第一议题”制度，全年共组织学习研究各类讲话、文件 32 次、78 篇；加强各部门协同配合，推动党建、业务深度融合；开展党史学习教育和庆祝建党 100 周年系列活动，在“我为群众办实事”实践活动中，10 项重点民生项目全部予以落实。

年内，中国海关管理干部学院发挥党委理论学习中心组领学促学作用，提高集体学习研讨质量效果，组织开展中心组学习 7 次。各党支部结合自身队伍、业务实际，加强党建品牌创建力度，教育培训处党支部被评为全国海关基层党建示范品牌，海关监管技术研究处党支部被评为全国海关基层党建培育品牌。

年内，中国海关管理干部学院接受总署党委政治巡视，制订“两方案一清单”，针对巡视反馈的 4 个方面、38 项主要问题，研究制订 97 项具体整改措施，86 项立行立改措施已全部落实到位，11 项中长期措施提前完成 2 项。接受总署审计工作“回头看”，按照要求完成审计整改各项工作。

年内，中国海关管理干部学院对巡视、选人用人及部分审计问题相关责任人员共 15 人次进行通报批评、谈话提醒。组织学习总署党委、驻署纪检监察组关于加强对“一把手”和领导班子监督工作的有关文件精神，结合自身特点，制订落实措施。

【教育培训】2021 年，中国海关管理干部学院对标海关需求，结合实际，打造马克思主义理论、国家安全学、法学 3 个一级学科，以及干部教育学、党建、海关监管理论和技术、跨境核安全管理、海关法、海关缉私 6 个专业方向，制订学科带头人遴选办法，完成 3 名学科带头人、4 名专业带头人遴选及聘任工作。

年内，中国海关管理干部学院共完成线上、线下培训班共 55 期，培训 15,746 人次，119,266 人天。将学习贯彻习近平新时代中国特色社会主义思想作为教育培训的首要政治任务，按照“进教材、进课堂、进头脑”的要求，在主体班次中安排相应课程，其他培训班次中体现思政功能。

年内，中国海关管理干部学院探索线上培训新模式，首次承办线上初任培训。承接艰苦边远海关业务骨干培训班、党的十九届五中全会精神暨党史学习教育专题轮训。承办执法一线科长培训、关衔晋升培训、任职培训等各项培训任务。全国反走私综合治理和调查研究中心秦皇岛分中心承办“中国反走私大讲堂”培训。

【教学成果】2021 年，中国海关管理干部学院成立教学委员会，制订教学委员会章程，对教学工作进行决策、监督、指导，成立新一届学术委员会，评议学科专业带头人选、课题立项结项等工作。参与总署开展的关于党的十九大以来海关优秀教学成果评选，精品课程《海关辐射探测概述》、教学管理成果《以质量为核心的初任培训教学与管理体系构建与实施》荣获特等奖，教学研究成果《新海关执法一线科长培训研究》荣获一等奖，精品课程《讲好长城故事　弘扬民族精神——长城精神现场教学》、教学研究成果《干部教育学学科设立之探讨》、教学管理成果《全国海关执法一线科长培训示范班教学设计》荣获二等奖。

年内，中国海关管理干部学院发挥考试测评研究中心和网络教育培训中心作用，完成考试系统 4 个题库的建设与更新工作，更新试题 192 题；完成总署委托的“党史音视频题库”“初任培训执法能力考试题库”“初任培训执法能力考试组卷”等 3 类题库建设，命题 432 道，协助教培中心完成海关执法资格考试和党史题库建设；完成 3 个海关单位委托的考试命题工作。

【科学研究】2021 年，中国海关管理干部学院围绕学科专业建设、教学质量评估、海关国际交流合作、产学研一体化实现路径、智库建设等学院“十四五”时期重点问题，以建设“海关特色，国际先进，国内一流的干部学院”为总体目标，开展教育培训思想大讨论系列论坛和专题调研，编制“十四五”事业发展规划，在全院范围内凝聚发展共识、汇聚发展合力。

年内，“社会主义现代化海关干部队伍能力建设研究”“中美技贸措施机制对比研究”“基于中子活化分析的危险化学品和检测技术”和“海关货物现场智能化安全筛查和查检辅助机器人设计与实现”4 项课题被总署立为署级课题。

年内，中国海关管理干部学院立项省级课题 5 项，市级课题 14 项，院级课题 17 项。结项课题中有 5 项获得秦皇岛市第十届社会科学成果奖。

【教育资源整合】2021 年，中国海关管理干部学院建立不占编制的网络教育培训中心、国际合作交流与教育培训中心、海关监管技术设备研发检测实验室、全国反走私综合治理和调查研究中心秦皇岛分中心 4 个中心。成立学院教育培训工作领导小组，协调 3 个教育培训建制部门和 4 个中心的关系，整合教育培训资源，做好网络培训、援外培训、缉私领域理论研究及实训、产学研一体化。

同时加强科研平台搭建，与教培中心联合举办“构筑完善提升海关干部教育培训体系”征文活动，以此为主题形成院刊专刊，增进教育培训工作经验交流，扩大院刊影响力。

【行业标准制定】2021 年，中国海关管理干部学院牵头组织开展大型集装箱检查设备、CT 设备、X 光机和毫米波人体检查设备 4 类重点监管装备的海关行业标准编制工作，4 类标准共 12 项已顺利通过总署专家审定，并以公告形式发布。

【援外培训】2021 年，中国海关管理干部学院承办世界海关组织（WCO）首次在中国举办的战略贸易管制执法培训班，密切学院与世界海关组织（WCO）的联系。派员参加中俄防范核材料及其他放射性物质非法贩运工作组会议，圆满承办俄罗斯边境隶属海关关长网上培训班。

【产学研一体化平台建设】2021 年，中国海关管理干部学院建立海关监管技术设备研发检测实验室，筹备开展各类监管技术设备鉴定、校验、校准和认定工作。与中国检验检疫科学研究院和上海市计量测试技术研究院开展合作，开拓产学研合作渠道。

【对外合作交流】2021 年 10 月，中国海关管理干部学院与国际原子能机构签署协议，指定中国海关辐射探测培训中心为“国际原子能机构核安保一线官员能力建设协作中心”。该中心致力于核探测技术在贸易安全与便利化方面的深层次应用，这也是全球第一个设立在成员方海关部门的国际原子能机构协作中心。

为进一步加强全国反走私综合治理和调查研究中心建设，充分利用中国海关管理干部学院科研优势、人才优势，统筹各方资源力量，提升反走私综合治理理论研究、业务培训能力，全国打击走私综合治理办公室决定在中国海关管理干部学院成立全国反走私综合治理和调查研究中心秦皇岛分中心。2021 年 9 月，全国反走私综合治理和调查研究中心秦皇岛分中心在学院正式揭牌成立。

2021 年 12 月，总署国际合作司正式批复，同意中国海关管理干部学院与荷兰海关谈签《中国海关管理干部学院与荷兰王国海关局关于海关实训的合作协议》，并根据该协议开展培训、学术研究和技术交流等方面的合作。

年内，中国海关管理干部学院与燕山大学、中国检验检疫科学研究院、秦皇岛市委党校、河北建材职业技术学院等单位签订合作备忘录，加强学术交流、学科专业建设、培训资源以及科技信息等方面的共建共享，逐渐融入企业、行业生态圈；加入中国高等教育学会引进国外智力工作分会、全国检验检测认证职业教育集团，参加 PICARD 年会，融入院校生态圈。

【队伍建设】2021 年，中国海关管理干部学院制定建设高素质专业化干部队伍实施意见（试行），把握注重政治标准、注重责任担当、注重工作实绩的用人导向。

年内，中国海关管理干部学院出台学院高层次人才引进政策，鼓励教职工外出实践锻炼、攻读博硕士学位、开展交流访学。1 名教师取得副高级职称，3 名教师取得中级职称，另新聘任 14 名专业技术人员。

年内，中国海关管理干部学院制定荣誉体系建设管理办法，将荣誉激励贯穿于教职工职业生涯发展全过程及重要节点，设计中国海关管理干部学院荣誉奖章及工作纪念章，在教师节向在校工作满 10 年、20 年、30 年的教职工颁发奖章。为 2 名同志举行光荣退休仪式。

年内，中国海关管理干部学院成立工会妇女委员会，工会获得“秦皇岛市模范职工之家”“秦皇岛市级职工书屋”荣誉称号，团总支（青联）获得“秦皇岛市五四红旗团委”荣誉称号。规范离退休支部建设，为离退休人员颁发学院荣誉章，加强对高龄、独居等重点人群帮扶力度，做好离退休服务保障。

【综合保障】2021 年，中国海关管理干部学院将新冠肺炎疫情防控作为一项政治任务，落实内部防控主体责任，统筹新冠肺炎疫情防控和安全生产，进行教职工出差出行审批，加强内部管理和来访人员管控，做到教职员工、参训学员“零感染”。

年内，中国海关管理干部学院开展智慧校园 1.0 优化改造，完成对教务、培训、后勤、门户网站、协同办公、科研管理系统升级和系统安全加固，实现培训流程闭环管理；对智慧校园 2.0 建设开展调研、梳理、总结和分析，开始对信息化平台进行总体设计。调整图书馆藏结构，打造跨境核安全特色图书馆藏体系。

年内，中国海关管理干部学院海关总署监管技术研究中心项目开工建设并推进顺利，截至 2021 年 12 月 31 日，北区主体工程封顶，南区土方回填 30%。

（撰稿人：单婷婷　郭　伟）

中国海关出版社有限公司

【概况】中国海关出版社成立于2000年6月，2010年由事业单位转为企业，2019年完成公司制改制，更名为中国海关出版社有限公司（以下简称“海关出版社”），是总署主管主办的唯一一家国有文化企业。

2021年，海关出版社深入学习习近平总书记对党的建设和国有企业改革发展做出的一系列重要指示批示精神，落实总署党委工作部署，坚持选题管理、“三审三校”、重大选题备案等制度，落实意识形态工作责任制，注重出版专业人才培养和图书生产能力建设，加大对外交流与合作，拓展产品方向。海关出版社紧扣高质量主题，用心用情用力做好出版工作，实现社会效益和经济效益相统一，确保国有资产保值增值，发挥专业优势，讲好中国故事，传播海关声音。

【党建工作】2021年，海关出版社党委推进党史学习教育求实、务实、扎实开展，第一时间传达学习习近平总书记在党史学习教育动员大会上的重要讲话、“七一”重要讲话精神，学习习近平《论中国共产党历史》等指定书目，党委书记、党委委员为党员干部讲党课。全年累计组织8次党委扩大会、党委理论学习中心组（扩大）学习和读书班、专题学习班，开展集中学习研讨，交流心得体会；联合总署人事教育司等党支部，开展党史学习教育专题知识竞赛；组织开展建党百年主题征文活动；组织参观中国共产党历史展览馆、香山革命纪念馆、北大红楼、中国人民抗日战争纪念馆等。通过不断创新学习形式，将自学、宣讲、座谈、竞赛和实地调研等方式有机结合，有效推动党史学习教育走深走实。海关出版社党委下设2个党支部，每个党支部各由3个党小组组成，基层党组织坚持“三会一课”制度，把支部党员大会、支部委员会议和党小组会作为落实支部工作的重要抓手。年内，2个党支部共组织召开党员大会17次，支委会19次，专题学习讨论会9次，专题组织生活会4次，支部委员分别讲党课。聚焦“四强”支部创建，逐步推进党支部工作标准化，逐步形成具有国有文化企业特色的支部工作法。2个党支部分别以打造“红星堡垒”“书香海韵”党建品牌为抓手，以党建引领业务为目标，创新党支部活动载体，探索建立线上、线下相结合的方式，抓好落实，积累经验，为支部各项工作的顺利开展提供坚强的组织保障，实现党建工作和业务工作相融互促。

▲2021年2月8日，海关出版社召开年度工作会议暨全面从严治党工作会议

【国家出版基金项目获批】2021年，海关出版社策划的“‘一带一路’及主要贸易国家和地区知识产权海关保护制度研究丛书”获批国家出版基金资助项目。该丛书（第一批）共5册，分别为《美国知识产权海关保护制度研究》《欧盟知识产权海关保护制度研究》《俄罗斯知识产权海关保护制度研究》《新加坡知识产权海关保护制度研究》《日本知识产权海关保护制度研究》。作者团队包括国内法学及知识产权领域权威专家学者、海关知识产权专家、国内外知识产权代理机构的专业律师和法律顾问等。丛书以“一带一路”及主要贸易国家和地区的知识产权海关保护制度为主线，从理论角度研究了目标国家和地区知识产权立法的制度理念、内在机制，从实践角度分析了目标国家和地区的知识产权立法规则、保护实践，结合执法实务及典型案例进行解读和实证分析，与中国海关知识产权保护的各方面进行比较，厘清知识产权海关保护国际合作和竞争的思路。丛书对比分析中国和国外知识产权海关保护制度，有助于提高对中国海关及知识产权边境保护的系统、全面的认知，稳步推进中国与相关国家和地区政策和法规的互联互通，务实推动更大范围、更高水平、更深层次的区域合作。

【海关专业图书出版】2021年，海关出版社立足海关出版、发掘内容优势，努力形成自己的品牌和专业特色，陆续出版《中国海关报关实用手册（2021）》《打击濒危野生动植物及其制品走私执法指南》等几十种业务类图书。贯彻总体国家安全观，启动“守卫国门生物安全”出版工程，联合全国海关动植物检疫系统业务专家共同编写“守卫国门生物安全”系列丛书，介绍中国进出境动植物贸易中存在的主要生物安全风险，以及相应的风险管理措施；围绕2021年海关税收重点工作，出版了服务进出口企业及海关一线执法人员的“海关眼”进出口商品归类系列、验估指引等实务图书；紧密关注海南自由贸易港的建设，配合总署做好自由贸易试验区海关监管制度集成创新和复制推广工作的宣传，策划出版《中国自由贸易试验区（港）海关监管制度创新实务》。海关出版社深入推进与世界贸易组织（WTO）、世界海关组织（WCO）、剑桥大学出版社、世界银行等多家国际机构的版权合作，2021年引进出版《WTO估价协定指南》《货物放行时间测算指南》《贸易便利化协定技术措施分析》《集装箱港口绩效指数》等多本专业图书供海关及进出口企业读者参考学习。

【海关红色图书出版】2021年是中国共产党成立100周年，海关出版社始终把内容建设放在第一位，深刻阐释伟大建党精神，集中优势资源打造合时应势、特色鲜明的海关红色出版物。策划《红色征程——中国共产党领导下的海关革命斗争史》，为中国共产党建党100周年献礼。该书按照中国共产党领导海关革命斗争的历史发展脉络，较全面地介绍了建党初期在中国共产党领导和感召下收回海关主权的斗争，记述中华人民共和国成立之前各革命根据地海关的建立与发展和中国共产党在国民党统治区及沦陷区海关的地下斗争，叙述解放战争胜利推进中党对全国海关的接管和中华人民共和国成立后党对旧海关的改造。配合总署办公厅选取总署档案馆馆藏的近代海关内部进步刊物《关声》中具有代表性的100篇文章编辑成《关声》一书，作为海关系统党史学习教育重要参考资料。该书记录了海关关员工作生活动态、反对帝国主义统治、要求关税自主、呼吁华洋待遇平等、抗日救国、迎接解放等内容。

【畅销图书打造】2021年，海关出版社在深挖海关专业出版的基础上，拓展畅销图书出版。为深入贯彻习近平生态文明思想，宣传海关打击濒危物种及其制品走私、保护生物多样性，策划了《中国野生动物》《大象来了》等书。《中国野生动物》一书是与中国林业出版社联合出版，收录极具代表性的野生动物精美照片，展现“更快、更高、更强——更团结”的奥林匹克精神同“人与自然和谐共生”理念的完美结合。该书在“学习强国”学习平台“北京冬奥会和冬残奥会”栏目中进行了专题宣传推介。为响应习近平总书记在《生物多样性公约》第十五次缔约方大会领导人峰会上有关“前段时间，云南大象的北上及返回之旅，让我们看到了中国保护野生动物的成果”的重要讲话精神，海关出版社主动联系协调中国木偶艺术剧院，策划出版木偶剧《大象来了》同名中英文版图书。《大象来了》根据2021年云南亚洲象群“北移南归”事件艺术加工而来，生动地讲述了由15头大象组成的亚洲象群，在向北出发又回归的旅程中发生的有趣故事，展现了人与自然和谐共生的美好画面。该书采用中英双语，共有6章，每章讲述一个主题故事。

【《中国近代海关史》出版】2021年，海关出版社与人民出版社合作出版《中国近代海关史》，该书是中国近代海关史研究领域的开拓之作，也是迄今出版的唯一一部中国近代海关通史性的专著。《中国近代海关史》以中国近代海关为研究对象，对外籍税务司海关制度的酝酿、建立至在中国国土上最后消失的全过程，以及其对近代中国的广泛影响进行了系统论述和全面分析。近代中国海关是根据中外不平等条约关于海关行政和关税问题的有关规定而设立的，是西方列强奴役和掠夺中国人民的工具。中国人民为收回海关主权，进行了艰苦卓绝的斗争，直到中国共产党登上历史舞台，旧中国海关被西方列强把控的局面才得以改变。《中国近代海关史》的出版是海关出版社按照总署深入推进海关史研究工作部署，全面深入参与海关史研究出版工作的开端，同时也是海关出版社迈出与大社、强社合作的第一步，并依托新华书店总店平台优势，通过“线上+线下”方式，开展全方位、多角度的推广工作，发挥其在海关文化建设工作中的宣传阵地作用。该书已被人民网、新华网、光明日报新媒体等主流平台宣传报道，并获评由《精品阅读》杂志社主办、中国出版协会指导的2021年“精品阅读年度好书”奖。全年，海关出版社陆续出版精品图书。

▲2021年，海关出版社出版的精品图书和推出的“全民阅读　书香海关　学习书吧”项目

【对外开放合作】2021年，海关出版社拓展对外开放合作，与公安部金盾影视中心合作，策划联合出品反映海关打击走私、讴歌缉私民警无私奉献的影视剧项目。为落实习近平总书记对职业教育工作做出的重要指示精神，按照学校专业人才培养方案和关务与外贸服务行业指导委员会制订的新课标，与人民教育出版社共同策划新关务教材。与中信出版集团合作，挖掘具有海关行业特点的优势资源，策划立足海关、面向大众、具有社会影响的图书项目，比如关于濒危野生动物、国门食品安全等系列专业科普图书，关于对外贸易、宏观经济趋势的版权引进图书，以及兼顾边关特色、区域特色、民族特色的人文地理风貌图书等。在发行领域积极开展对外合作探索，与中国出版集团新华书店总店达成战略合作伙伴关系，在产品营销与宣传、非图书类商品开发、国际化阅读推广、教材类产品营销等方面进行深度合作，实现内容、渠道、平台、经营、管理等方面的深度融合，培育新的业务增长点，构建出版和传播新模式。

【数字信息化服务】2021 年，海关出版社为总署办公厅、卫生检疫司、口岸监管司等 9 个总署业务司局提供数字信息化服务，获得良好口碑。持续做好“筑牢口岸检疫防线”等公众号的新媒体运维，第一时间发布国务院联防联控机制发布会与海关工作相关内容，直面抗疫严峻形势，积极承担抗疫宣传任务。不断完善数字产品矩阵，对“海关研库”“海关学库”“海关数库”等系统进行全面升级，持续为主营业务提供按需查询和音视频等立体化增值服务。独立策划制作“近代海关历史故事”系列音频，上线后在喜马拉雅 App 获得历史频道“月度优质主播”认证。参与总署署级课题项目，与厦门海关共同申报《海关卫生检疫常用英语场景会话手册及教学视频编制》署级课题并获批。

海关出版社持续进行旧海关刊载中国近代史料数据库的资源更新和功能迭代，这是海关出版社自主研发的第一个以近代海关史料为主体的数字产品，该产品集史料原始资源、研究机构和作者、研究成果等多项内容为一体，为近代海关史研究提供了丰富的数字资源。截至 2021 年年底，共收录近代海关史料的 86,588 份在线资料，总字数约 2.5 亿字。

【中国海关数字图书馆】2021 年，海关出版社持续更新中国海关数字图书馆，该平台面向全国海关系统提供数字资源，以海关期刊资源为主体，辅以电子书、音视频等其他资源。截至 2021 年年底，该平台独家海关数字资源约 7,000 万字，共收录期刊资源 1,033 期，包括自建刊以来的《人民海关》《中国海关》《海关研究》《海关统计分析与研究》《海关监管实务与研究》等 5 种期刊；结合建党 100 周年，特设“党建专题”，将所有期刊中与党建相关的 408 篇文章单独成库。

【“全民阅读　书香海关　学习书吧”项目】2021 年，海关出版社研发推出“全民阅读　书香海关　学习书吧”项目（以下简称“学习书吧”），该项目实体是一套基于物联网技术的创新型文化服务设施，实现了自助借阅的创新式融媒体服务理念，打造线上、线下一体化阅读服务，为用户提供融合纸质图书与电子书于一体的便捷智慧阅读服务。“学习书吧”采用智能识别技术，突破时间、空间限制，实时盘点书籍状况、记录借阅情况。用户只需通过微信扫码、在线注册，30 秒即可完成现场借阅，所有点位通借通还。每个服务点可支持传统书籍约 200 册、精品电子图书 3 万册、20 万分钟音视频资源；传统资源可按需更新，数字资源也可不断丰富。“学习书吧”项目不断加强海关出版社与各级海关单位的沟通联系和产品推广合作，推进与地方综合保税区、管理委员会、大型企业等开展合作的尝试。该项目克服因新冠肺炎疫情影响而无法到达现场等多种困难，2021 年全年完成近百个点位的部署，并做好各点位的后续运维服务。通过持续调研、走访，并将成品拆解、研究，制订了更为成熟的生产制造方案，进一步提升质量、节约成本、扩大利润。作为信息化、现代化的新阅读工具，“学习书吧”以用户需求为目标，逐步充实融媒体资源，持续对产品进行迭代升级，改善用户体验，在丰富海关干部职工业余文化生活的同时，助力海关文化建设，打造“双效统一”的新引擎。

【配合开展海关政策宣传工作】2021 年，海关出版社发挥平台作用，配合做好海关政策宣传工作，优化营商环境，彰显国有企业担当。主办第十二届中国自贸区和海关特殊监管区域建设及产业发展论坛，围绕“助力‘双循环’、探索新发展”主题，探讨不同形式、不同区位的特殊监管区域的发展机会和创新路径；主办智能监管科技创新系列活动，全方位介绍“智能审图”的创新技术，交流一线使用场景的先进经验，促进智能检查作业模式创新应用，全面提升一线监管效能；协办总署食品安全周主题活动，进一步宣传和普及进口食品安全知识以及口岸食品卫生安全知识，营造食品安全社会共治的良好氛围；圆满完成进博会、广交会等配套活动，为海关政策宣传搭建重要平台。

（撰稿人：王嘉雨　邓　纯　史　娜
刘　冬　孙晓敏　宋　旸
林　楠　赵　宇　赵晓栋
胡　明　夏淑婷）

中国海关学会

【概况】中国海关学会成立于1985年6月，是总署领导下研究海关理论与实践问题的学术团体，是海关事业的重要组成部分，是由从事海关学术理论研究和海关工作的个人及相关单位自愿结成的全国性、学术性、非营利性社会组织。中国海关学会接受业务主管单位总署和社团登记管理机关民政部的业务指导和监督管理，会址设在北京市。学会经费依靠承接政府购买服务获得。

中国海关学会的业务范围包括研究中国海关管理的理论和实践问题，以及海关监管技术问题，探讨建设中国特色社会主义新海关的内容和规律；研究中国海关的历史经验，为政府有关部门的政策、法规制定提供建议；研究国际海关组织及其公约，探讨外国海关的法律体系和管理经验，开展对外学术交流；依照有关规定编辑、出版会刊及有关书籍和资料集。

中国海关学会于2019年4月23日召开第七次会员代表大会，选举产生了第七届理事会。大会选举常务理事36人，理事121人。中国海关学会下设3个业务部门，在全国有47个会员单位。

2021年3月召开理事会议，向全国海关各基层学会部署2021年工作要点。7月14日召开党支部组织生活会。7月和12月组织两次专题党日活动，拜谒西山无名烈士墓，参观李大钊纪念馆，缅怀先烈，赓续红色传统，每位党员深受启迪和教育。

【第七届第二次常务理事（扩大）会议】2021年4月21日至22日，中国海关学会第七届第二次常务理事（扩大）会议在广州召开。会长李国传达2021年全国海关工作会议精神，并做学会工作报告，总结回顾换届以来本届学会主要工作，研究部署2021年全年和今后一个时期的学会工作。会议要求学会工作必须坚持旗帜鲜明讲政治，确保海关群众性理论研究的正确方向；聚焦海关工作重点和难点，努力提高群众性理论研究水平；加强交流互动，充分调动广大学会会员参与理论研究的积极性；加强学会自身建设，为组织开展好群众性理论研究工作提供坚实保障。其间，会长李国到广州市南沙区调研海港发展、跨境电商海关监管等情况。中国海关学会常务理事和特邀理事63人参会。

▲2021年4月21日至22日，中国海关学会第七届第二次常务理事（扩大）会议在广州召开

【秘书长工作会议】2021年9月23日、10

月21日，中国海关学会在九江海关和黄山海关，分南北两个片区召开基层学会秘书长工作会议。副会长刘春光、黄颂平（兼秘书长）、田壮、朱峰出席会议，传达总署海关史研究总体方案精神，部署落实海关通志续写工作；通报课题研究情况和《海关研究》的组稿、编审工作情况，提出改进工作意见；对各基层海关学会的采编、稿件质量情况以及存在的问题进行梳理，提出改进工作意见和建议。

【征文活动】 2021年，中国海关学会以“海关在总体国家安全观中的历史使命与责任担当”为题，组织开展主题征文活动。全国海关共上报征文5,290篇，专家评审委员会评出60篇入选和优秀征文。学会编印《海关在总体国家安全观中的历史使命与责任担当》入选和优秀论文集2,400册，发送总署各司局及各直属海关单位。

2021年2月，中国海关学会和总署政工办联合发文，组织开展“庆祝中国共产党建党100周年”专题征文活动。共征集各种文体文章2,164篇，评选出60篇优秀论文，编印《庆祝中国共产党建党100周年征文集》，向海关系统发行800册。在征文集的编辑中，着重选取反映史实、重要事件、典型人物的纪实性文章，为今后的海关史研究留存了宝贵资料。

中国海关学会还协助总署风险管理司开展“海关风险管理高质量发展”专项课题研究征文活动，共征集论文300余篇，其中80篇论文汇编成集。

【续修《中国海关通志》】 2021年，中国海关学会按照总署关于开展新中国海关史研究工作部署，与总署关史办紧密配合，制订了《中国通关通志》续写工作方案，做好续修《中国海关通志》筹备工作。

【编辑出版会刊《海关研究》】 2021年，中国海关学会编辑出版《海关研究》6期，每期发行9,000册，年内在海关系统内共发行54,000册。以红色海关历史为研究重点，与总署关史办合作编印首期《海关研究》（海关史专刊）9,000册。建立海关史研究成果交流平台。

【海关年度科技成果备案登记】 2021年，中国海关学会对年内海关系统上报的330项科技成果进行备案登记，编发2020年度海关科技登记成果摘要汇编，参与总署科技发展司的科技项目验收相关工作。

（撰稿人：黄颂平　彭宝珍　董　艳）

中国进出境生物安全研究会

【概况】 中国进出境生物安全研究会（以下简称“研究会”）是经国务院批准，由总署主管的全国性、非营利性社会团体。2016 年 8 月，中国检验检疫科学研究院、国家质检总局国际检验检疫标准与技术法规研究中心、中国科学院动物研究所等单位共同发起成立研究会。2017 年 4 月 20 日，研究会获得民政部批准注册。国家机构改革以后，2019 年 7 月，研究会主管单位由国家质检总局变更为总署；同年 8 月，总署印发《关于明确中国进出境生物安全研究会管理事项的通知》，明确由标法中心对研究会进行管理。作为目前国内唯一以进出境生物安全为主要工作内容的研究性社团组织，研究会肩负着搭建进出境生物安全决策智库平台、生物安全领域科研资源引导整合平台、国内外生物安全研究领域交流合作平台、国门生物安全科普宣传平台的重要使命，职责涵盖学术交流、理论研究、国际合作、科普教育、专业培训、咨询服务等。截至 2021 年年底，研究会拥有单位会员 41 家、个人会员 183 名，汇集多位院士，以及国内生物安全领域的专业机构、高校和权威专家学者。

2021 年，研究会统筹推进各项工作平稳有序开展，严格履行学术交流、理论研究、国际合作、科普教育、专业培训和咨询服务等 6 项职责，充分发挥社团组织优势，加强《生物安全法》宣传贯彻，强化国门生物安全理论研究，推进国门安全教育进校园，配合总署卫生检疫司向国家生物安全协调小组推荐专家人选，协助直属海关策划建设国门生物安全展厅，同时在探索推动国门生物安全科学技术发展、加强海关系统国门生物安全学术队伍建设等方面做了大量工作，为海关守好国门生物安全防线做出贡献。

【《生物安全法》宣传贯彻】 2021 年 4 月 9 日，研究会邀请系统内外专家、学者 60 余人召开《生物安全法》宣传贯彻座谈会，就当前中国生物安全热点问题和开展《生物安全法》宣传贯彻活动进行研讨交流。总署卫生检疫司、动植物检疫司有关领导参加座谈会，并分别从加强生物安全风险防控和治理体系建设、提升生物安全治理能力、进一步开展《生物安全法》的科普教育等方面提出建议和要求。中国农业大学、北京市农林科学院北京畜牧兽医研究所、中国农业科学院哈尔滨兽医研究所等理事专家，就《生物安全法》在高校中的宣传贯彻、生物技术研究开发与应用、动物病原微生物生物安全问题和生物安全研究领域科研项目等方面进行交流发言。4 月 15 日，研究会参与总署动植物检疫司在中国海关博物馆举办的“国门生物安全展”，以线上、线下相结合的方式组织会员参观展览，推动营造“人人关注国门生物安全，人人守护国门生物安全”的良好社会共治氛围。参加北京市东城区政府、北京学生管理中心、海关博物馆联合开展的“国门安全进校园”未来公民教育活动，发挥研究会专业优势，大力宣传《生物安全法》，多形式科普国门生物安全知识，引导在校学生树立正确的国家安全观。同月，研究会联合厦门海关围绕公众对国门生物安全的关注热点，开展4期“国门生物安全”线上主题有奖竞答活动，竞答题目涵盖《生物安全法》、入境人员检疫、特殊物品出入境检疫、动植物及其产品出入境检疫等方面。该活动吸引了全国近万人参加，共有87人获奖，进一步提高了社会公众对维护国门生物安全的认知度和参与度。

▲2021年4月15日，研究会参加《生物安全法》系列主题宣贯活动

【《口岸卫生控制》编辑出版】《口岸卫生控制》创刊于1996年，是国家级综合类期刊。该杂志内容涵盖口岸突发公共卫生事件处置、疫病预防与控制、国内外疫情信息、国门生物安全新技术及新方法研究等，是海关国门生物安全学术交流的重要平台。2021年，研究会与天津海关所属天津国际旅行卫生保健中心加强合作，联合出版发行《口岸卫生控制》，共同推进国门生物安全研究。年内，累计编辑出版《口岸卫生控制》10期，刊发国门生物安全研究论文63篇。利用《口岸卫生控制》这一平台，围绕“国门生物安全”主题，面向全社会开展征文活动、面向国门生物安全领域的专家学者开展约稿活动。截至2021年12月20日，研究会共收到投稿230篇、收集整理论文248篇，整理出版《口岸卫生控制——国门生物安全专刊》《口岸卫生控制——宣贯生物安全法专刊》（上下册）和《国门生物安全研究文集》（上册）。这3期专刊和研究文集汇集了《生物安全法》解读、防范和应对国门生物安全风险的经验做法等方面内容，为推动中国构建和完善国门生物安全体系提供了有益参考。

【国门生物安全系列图书编写】2021年7月，研究会把编撰《国门生物安全宣传册》作为贯彻落实总署“全民国家安全教育日”系列宣传活动的重要抓手和重大举措，组织海关系统内外生物安全领域的专家进行多轮深入研讨，确定《国门生物安全宣传册》基本框架和计划发放途径。该宣传册主要包括出入境人员卫生检疫、防范外来物种入侵、宣贯《生物安全法》、基层海关一线工作等内容。9月，受总署办公厅委托，研究会汇总分析当前全国基础教育领域中的国门安全教育素材，开发建设国门安全教育网络素材库，并按照国门安全教育读本知识架构，编写国门安全教育小学阶段知识图谱。开发建设网络素材库是国门安全教育的一项基础性工程，目的是打造一个安全、稳定、可持续的网络空间，为国门安全教育网络素材的长期使用和维护打下基础。12月14日，研究会与清华大学出版社联合召开《国门生物安全丛书之卫生检疫篇》编撰研讨会，双方就相关事宜进行深入探讨，在丛书的定位、内容范围、体例格式等方面达成共识，为该丛书的顺利编写和出版奠定了基础。年内，研究会与上海海关学院、上海海关合作，配合完成“国门生物安全”系列培训讲座大纲和《国门生物安全导论》教材大纲的编撰。“国门生物安全”系列培训讲座大纲主要内容涵盖与国门安全及国门生物安全密切相关的年代及其背景和事件、传统与非传统国门安全及国门生物安全之特点及其查缉和防控措施、怎样统筹传统与非传统国门安全及国门生物安全等；《国门生物安全导论》教材大纲主要内容涵盖国门生物安全基本概念、历史沿革、管理机构、法规标准、监测预警、防控体系、能力支撑、服务产业、社会共治、全球治理、典型案例等。

【国门安全教育“娃娃工程”】2021 年，研究会分 2 期（春季学期、秋季学期），分别在北京市汇文第一小学、北京市海淀区民族小学开展国门安全教育校本课程和综合实践课程试点教学暨国门安全教育“娃娃工程”活动。该活动组织国门安全教育领域专家进校园，举办国门安全教育校本课程专家授课，组织学生参加国门安全综合教育实践活动，运用通俗易懂、活泼生动的多媒体讲解、普及口岸疫情防控、国际旅行卫生健康、身边的外来有害生物、打击濒危动植物走私等国门生物安全知识，共计 64 课时。同时，研究会广泛征集这 2 所学校师生对国门安全教育校本课程和综合实践课程试点教学的意见建议，并邀请学校教育专家对国门安全教育人才进行授课技巧指导和经验交流。

【理论课题研究】2021 年，研究会利用自身优势，探索理论课题研究，年内共完成政研课题 4 项，为总署及各海关单位提供技术支撑。受总署动植物检疫司委托，开展农作物种质资源进口用途和风险管理现状课题研究，对全国农作物种质资源进口用途和风险管理现状进行调研，形成相关研究报告，为总署动植物检疫司提供参考。受总署进出口食品安全局委托，开展进口中药材风险评估及管理措施研究，在研究中广泛收集进口中药材来源国的有害生物信息，形成进口中药材潜在危险性有害生物清单；组织检疫风险评估，对进口中药材可能携带的有害生物进行严格评估，形成重点关注的有害生物清单；结合进口中药材用途和状态、进口中药材发生的检疫性风险等信息，从 3 个方面提出 14 条意见建议报总署进出口食品安全局。通过收集、整理全球范围内生物安全态势、主要贸易国家和地区检疫查验政策，结合中国口岸疫情截获情况，分析评估外来有害生物入侵风险，开展进出境生物安全查验政策专题研究，形成专题研究报告，为进一步优化中国口岸查验机制提供理论支撑。就主要贸易国家和地区的生物安全法律法规开展国际比较研究，梳理分析海关系统涉及生物安全的法定职责、管理手段和现状需求，并形成专题研究报告；收集欧、美、日等国（地区）进出境特殊物品管理法律法规、技术标准等制度性规范，对其中有代表性的规范文件进行整理，并翻译汇编成册。

【《海关总署文告》编纂】2021 年，研究会加大对《海关总署文告》的供稿力度，协助推出《国门生物安全》专题 2 期（上下册）。该 2 期杂志从检疫准入、指定口岸、检疫查验、隔离检疫、禁限管理和延伸阅读等 6 大方面，详细介绍了国门生物安全涉及动植物检疫的内容，梳理归纳近年来海关发布的与国门生物安全密切相关的业务公告，同时邀请全国知名专家就生物安全与海关检疫工作进行深度解读。该 2 期杂志共收录动物疫病预警/解禁公告 63 篇，其他动物及动物产品检疫准入类公告 15 篇，进口（冷冻）水果检疫准入公告 43 篇，进口粮食/植物源饲料检疫准入公告 39 篇，其他植物及植物产品检疫准入公告 26 篇，检疫准入类名单清单 6 篇，国门生物安全深度解读 11 篇，国门生物安全热点问题 23 个，方便读者一站式掌握“国门生物安全”涉及动植物检疫的相关内容。

【研究会第一届理事会第三次会议】2021 年 4 月 9 日，研究会在北京召开第一届理事会第三次会议，总署卫生检疫司、动植物检疫司有关领导，研究会理事，行业专家学者等60余人以线上、线下相结合的方式参会。会议听取研究会2020年度工作报告，研究2021年重点工作以及《生物安全法》系列宣贯活动方案。

▲2021年4月9日，研究会召开第一届理事会第三次会议

【微信公众号改版】2021年，研究会对“中国进出境生物安全研究会”微信公众号进行改版升级，增加“党史学习教育专题”“动态”“视频宣传”等专栏。“党史学习教育专题”专栏，聚焦党中央关于开展党史学习教育的重要精神和决策部署，展现党史学习教育进展情况和典型经验；“动态”专栏，围绕总署工作安排、研究会重大活动和国门生物安全热点问题，开展系列报道和科普宣传；“视频宣传”专栏，重点宣传总署“国门安全教育”系列视频、“国门生物安全”科普类视频等。在“国门安全教育日”宣传期间，联合开展“国门生物安全”有奖问答活动。

（撰稿人：张跃彬）

第八篇

人物荣誉

2021 年海关系统获评全国“两优一先”表彰集体和个人名单

全国先进基层党组织

额济纳海关党总支
厦门机场海关机关党委
青白江海关党总支

全国优秀党务工作者

方冬宏

2021 年海关系统获评省部级“两优一先”表彰集体和个人名单

一、优秀共产党员（7 名）

韩　磊　总署办公厅综合处副处长

刘伟彬　总署卫生检疫司检疫管理处处长

李占青　北京海关所属首都机场海关旅检一处旅检三科科长

刘　川（女）　合肥海关所属合肥新桥机场海关党委书记、关长

狄兆全　贵阳海关退休干部

季碧云（女）　兰州海关所属兰州中川机场海关卫生监督科四级主办

匡增杰　上海海关学院工商管理与关务学院党支部副书记、副院长

二、优秀党务工作者（15 名）

王　军　总署口岸监管司司长

谢圣礼　天津海关所属天津滨海机场海关人事政工科科长

郭家骏（达斡尔族）　满洲里海关机关党委（政工办）组织科副科长、二级主任科员

赵文斌　上海海关政治部副主任、机关党委（政工办）主任、一级调研员

甘乐平　南昌海关政治部副主任、机关党委专职副书记、政工办主任、机关纪委书记

李文莉（女）　青岛海关政治部副主任、机关党委（政工办）主任，一级调研员

段亚丽（女）　郑州海关政治部副主任、机关党委（政工办）主任、机关党委专职副书记

罗国炎　武汉海关政治部副主任、机关党委（政工办）主任、二级巡视员、机关党委专职副书记

钟汉莎（女）　广州海关所属大铲海关党委书记、关长

陈慧敏（女）　深圳海关所属深圳湾海关旅检二科党支部书记、科长

蔡英才　汕头海关所属龙湖海关人事政工监察科党支部书记，一级主办

刘　微（女）　海口海关所属海口美兰机场海关党委委员、卫生监督科党支部书记、科长

陈　静（女）　昆明海关所属西双版纳海关人事政工科科长

卓玛措（女，藏族）　西宁海关所属西海海关党委书记、关长

郭姝兰（女）　乌鲁木齐海关所属阿拉山口海关办公室党支部书记、主任

三、先进基层党组织（14 个）

总署人事教育司党支部

大连海关所属大连周水子机场海关机关党委

长春海关所属长春兴隆海关综保现场党支部

哈尔滨海关所属漠河海关党总支

杭州海关所属杭州萧山机场海关机关党委

宁波海关所属宁波机场海关机关党委

福州海关所属福州长乐机场海关机关党委

郑州海关所属新郑海关党总支

黄埔海关所属黄埔新港海关集中审像科党支部

江门海关所属新会海关综合业务一科党支部

南宁海关所属南宁吴圩机场海关监管二科党支部

重庆海关所属两路寸滩海关第一党支部

昆明海关所属昆明长水机场海关旅检一科党支部

西安海关所属西安咸阳机场海关党总支

全国海关首次荣获“光荣在党50年”纪念章名单

总署机关（123名）

施凤珍　王渔海　秦民表　侯真喜
张作村　靳晨光　雷国平　梁聚云
孙正龄　郭清路　赵晓航　赵福地
赵中民　盛云良　王国栋　张华民
唐　洪　梁民权　李春先　徐同功
潘伟平　王淑琴　杨晓渝　王玉庆
秦　林　龚　俊　陈富荣　陈金斗
孟宪起　李祖铨　叶万定　赵凤凯
胡勇华　段秀兰　陈柳兴　袁玲霞
康秀玲　杨明英　张庆海　江鲁鲁
刘同泰　吴荣华　高泷湧　陶景明
冯玉茹　王香礼　于炳生　尉守德
袁增春　樊建华　沈玉章　曹承毅
赵秀英　李春生　李世荣　甄成寿
姚春福　于庚申　黄慕让　刘文芳
张孝蓁　赵德新　姜德耀　郭新元
朱家庆　张仲毅　纪文亭　田润之
赵光华　王久安　杨国勋　王瑞林
甄　朴　吴乃文　郭汝斌　李克农
赵　荣　孙松璞　牟新生　陈淑贞
张虞生　吴　新　孟宪菁　边福荣
毛素梅　周　刚　夏德海　宋焕民
毛志遐　孔庆伟　李桂霞　王玉儒
邹善肇　杨学文　崔国良　刘顺经
崇冬立　肖占军　寇信福　邓炳章
罗勤跃　郭孝恩　高　健　白恩德
翟宝善　孟昭仟　张宝仁　张世广
崔砚林　韩雪松　韩玉生　张宏武
吕文增　许智明　魏荣海　陈景崑
闻　述　耿进京　柴中秋　侯锦航
金宝妹　陈宝霖　景建国

广东分署（14名）

钱海林　史宏鑫　周德成　周新初
赵东晨　项颂永　张枝会　王乃楹
张祥海　张财坤　罗国庆　祝　平
黄智怒　陈湛权

上海特派办（2名）

姚艳茹　樊德才

北京海关（102名）

杜士英　刘淑卿　高金聪　薛斌山
李鸣琴　朱宝贵　王春莲　王振坤
刘立芳　张　坤　张育森　孙素珍
左桐岐　张治民　张瑞岩　珊　丹
洪　泽　田玉荣　高玉花　马淑荣
林振康　朱克璧　孙民富　张玉霞
于计宣　李延兴　李增光　王俊海
李文普　史淑芳　贾玉善　杨凤桐
刘运忠　魏仲田　杨树芳　姚金岭
王振发　茹水泉　耿秉晋　黄福娣
李竹平　葛清造　刘申茹　贝亚男
龚玉罗　付德珩　王均银　夏金伶
甄广霄　蔡美扬　刘志富　王贵增
李福琛　张文元　冯志文　邹胜利
李忠民　王连生　宋世林　周嗣乾
唐建国　沈顺娣　王继军　刘建军

孙树清 张忠祥 董金海 刘家樑
高建华 李德山 张传欣 单建华
王楚平 张砚甲 王忠栋 都平发
孙方勇 武国栋 王平江 陈春丽
张自强 杨贺喜 徐永利 武国成
刘广生 郝景奎 杨立元 王 永
李庆祝 杨焕章 卜长安 陈秀凤
刘春荣 唐德高 唐树山 王 伟
吴凤荣 武春茹 张英林 郑国勇
周起春 邹卫鹰

天津海关（96 名）

李继筠 付增慧 付海林 张格诚
赵玉卿 曲俊龄 王逸樵 张华明
王善义 季长文 张鹤奎 王德成
董景仙 赵国智 郭化龙 王尚武
孟繁傑 胡翰池 曹锦华 顾殿银
王士栋 贾昱健 李文兰 陈宝光
张炳臣 张继存 谷振兴 葛庆余
牛万顺 刘承刚 王文正 胡堂秀
史景山 路忠玉 贾 富 高金贵
邢雅芬 赵金堡 韩玉林 赵桂芬
卢月英 张春起 刘福珍 李德晋
徐 智 张树德 李广荣 赵鸿忠
曹寿江 王宝来 张洪顺 颜廷义
王福忠 张慎举 李耀奎 夏春祥
吴士浩 游平元 李胜利 刘存珠
邢宝亮 王金荣 单卫国 陈永恒
陈连才 王敬德 李书印 靳 素
刘占军 杨德安 刘宝玉 张曰祯
王文璐 李 伟 孟繁森 杨国环
徐天海 田宝凤 张 启 李韧华
朱志秀 陈占成 边瑞林 胡玉舫
刘家有 刘德宝 杨桂兰 孙宝华
田克智 陈东建 周宝珠 李 顺
单安民 孙传贤 乔占奎 马长生

石家庄海关（64 名）

张 光 戴宝荣 杨玉芬 姚振英
祖庆生 董翠巧 谢智方 郭秀一
林 红 刘树田 李卫洪 崔先明
刘立群 鲍玉芬 刘福昌 胡梦林
刘锁臣 李传慧 张建华 马振祥
吕保庭 李 洪 赵士平 高占来
全革军 付铁林 丁志朝 王志明
靳国英 高东泰 姚随群 陶文茹
刘文义 孙亚民 施殿英 李双桥
刘秉信 杨 志 吴纪昌 陆一生
杨绍仑 周建华 陈希伏 乔树和
白起鹏 李学文 龚谏升 龙家瑞
邢万友 包玉太 徐从林 李占林
张亚忠 孟庆凡 杨子成 李宝玉
庞俊义 李英杰 田宇良 聂庆余
单秀林 王振均 刘会章 梁国志

太原海关（20 名）

张秀文 葛玉生 马长河 倪福安
谭世霞 张文义 高培成 李祝九
董 青 崔春变 曹兰成 任俊山
刘 镕 毛春清 侯 仪 贾金发
芦玉贵 李德友 苏三焕 孙发贵

呼和浩特海关（23 名）

马昭庆 闫 林 单豪勇 王鑫山
关喜年 刘永胜 邬喜财 张培金
陈汉皋 李书良 夏臣安 汪运甫
潘 峰 陈凤枝 段步升 何 钧
冀生跃 张国元 王文华 王文京
李瑞英 王 栋 杨东升

满洲里海关（11 名）

孟庆海 李玉兰 石连启 刁魁显
王德钧 姜 义 袁锡生 刘向群
刘永春 曹福江 汪殿清

大连海关（221 名）

于秉信 李佩伟 刘京生 曹锁连
于长德 于 成 姜新庆 鞠风启
李淑苓 赵凤山 韩 明 王佩国
陈明星 于泽维 王柏祥 董维强

于永杰 杨学信 王久成 汤天明
马雁田 吕功良 张德安 吕建军
王允恒 刘文忠 孙天义 张恒臣
卞庆富 苏廷俊 龚赞玉 刘盛山
张光彦 侯上原 张本臣 仲崇福
倪广田 姜玉万 鞠玉坤 张　麟
乔庆斌 程　焱 李曦之 赫崇顺
龚正惠 黄玉芝 刘恒吉 王云芳
刘玉福 赵元海 于洪国 丛盛芝
李明达 曹宝山 靳孝臣 孙吉慧
周其聚 耿润祥 林乐桐 徐洪良
王恩茂 毕淑兰 陈耀先 王寿山
王书发 赵连发 周　杰 陈淑霞
温柏贵 郑怀书 李登域 李金花
李宗惠 艾希君 陈建平 李明超
汪洪深 周淑华 张俊臣 姜春丽
郭新文 宋庆义 贾旭全 邹连福
汤红兵 王首才 李万春 郭莲君
朱汉泉 刘宝昌 李长忠 路春清
张继全 关百顺 孙玉文 高守传
钱　辉 王德富 崔宪杰 王　莹
杨景康 夏树彬 林迎春 郝秀芬
刘红宇 刘才厚 王学顺 于淑云
曲元明 丛武春 王立永 范细珍
王　利 刘立功 阎宝山 刘国仲
王文丰 周军良 刘福来 林克礼
赵玉琴 宋振芳 杜宜成 贺桂兰
程春梅 初奎发 梁　光 戴武威
刘剑挺 张希明 荣启山 钟维信
李文生 李维葆 郭登禄 吕景星
孙文启 王玉民 曲福敏 李维棣
徐永德 张金华 陆相玺 赵正军
石永录 崔武豪 邵秋菊 白广文
李吉彦 高殿斌 杜长财 王学海
王培安 杜书勤 刘吉良 丛祥云
宋树森 刘振华 范广新 王明仁
于大军 郭　峰 江　南 谭国忠

吴荣富 尹宪成 李伟杰 刘成和
谭兴礼 钟连滨 刘国政 凤葆文
卞洪信 姚家胜 宋成民 胡兆生
陈富旺 王洪兵 冷丛贵 姜锦龙
乔兴东 崔士平 李贵成 李宝臣
张圣哲 韩汝宣 郭圣阁 王占余
刘传海 汪润鸿 朱永贵 徐安军
于建国 蔡树海 蔡福生 张富波
马文玉 周玉保 胡德春 张雅安
于性跃 金日善 金汪基 高希林
黄丽萍 王振民 黄永贵 芦永利
冯　毅 李玉璠 戴如英 孙世全
郭学增 于虎勇 牛希贵 孙连家
那玉书 邹霖云 刘占山 李　涛
高振龙

沈阳海关（18名）

张均仁 吴　维 鄂育池 刘文会
任允禧 王福臣 边树志 王　林
刘义清 杜保康 赵长敏 丁令海
阚玉林 顾书成 石修建 李忠林
吴坤浦 高殿恒

长春海关（68名）

黄仕儒 徐永泉 李春玲 古凤鸣
杨培惕 秦保和 吕维栋 张玉清
李文国 于永清 郭长春 李　斌
梁洪仕 袁成忠 韩惠庆 宋熙茂
刘培森 邸学智 王开义 王　瑛
薛瑞民 王　野 蔡尚群 王佐英
段永志 李　贵 王世好 张春学
王希才 韩玉华 姜成葆 宦立才
马承祯 金学根 权在寿 朱英玉
金云凤 蔡明龙 苗树元 张向东
金龙洙 王　成 金松吉 徐福寿
崔道教 刘振彬 金东海 李德峰
董　成 董敬昌 颜家厚 王　祺
马春云 朴相周 牛福山 金龙云
李成林 隋志义 吴振学 赵尚义

蔡贞锡　崔钟仑　尹正和　赵本初
于　贵　崔恒利　李学忠　李德有

哈尔滨海关（21名）

徐凤有　闵春儒　杨长林　张春清
梁桂杰　王戈平　郑友芝　姜　兵
周炳江　周宪超　史维新　王　信
苏效堂　黄永生　刘占山　佟承刚
刘桂云　王馥英　赵兰华　宋智法
刘凤章

上海海关（227名）

汪　醒　陈大华　韩世明　邹惠康
刘　钧　陈帼培　武兴杰　杨延林
李文仁　吕华德　吕文涵　钟崇耀
何桂林　吴士良　谢玉和　曹恒礼
刘树湘　温国才　孙广义　董玉勤
刘明发　席益民　孙传昌　胡嘉勋
陆成祖　宋国柱　王生山　张有铭
周兆贤　张万安　吴朝臣　曾维虎
谢根生　余根深　杜圣余　陈祥伦
欧桂连　徐浩元　郑诚勇　颜兆安
黄国强　郭生夫　邱志山　奚志泉
徐忠民　何国新　陈甲清　戴永力
张华如　倪应生　王静康　邬华定
王鸿定　李照祥　唐贤成　黄　宇
朱柏里　杨永康　许惠根　张黎明
周有华　范仁勇　韩森源　洪梅英
袁纪亮　徐国富　蔡学森　江家荃
费润生　洪祥发　邬　维　杨志昌
丁勤海　沈承德　倪关林　王朝康
杨剑泉　吴立平　朱学章　顾协君
瞿新荣　朱明德　亢文卿　徐　敏
李振恒　刘松山　章华森　朱旺木
唐启发　陶自俊　张邦松　史幼乔
王德根　戴复兴　翁元宰　武维钧
蒋　锋　郑有凤　黄清河　周　鸣
龚建华　刘连胜　于向友　忻元达
麻巨有　孙春桃　刘希鸣　方水和
姚国平　吴沪丰　汪茂桦　崔康申
季岳生　许春龙　丁彩生　邰宏祖
林乃平　陆国华　王顺康　严　明
李妙根　吴顺兴　韦书洪　陈乾坤
王联群　陈福宝　朱顺维　周仁德
刘有靖　蔡国良　张月莲　李志信
徐庭辉　徐树成　曾玉光　林金云
章德鑫　林灿辉　陈余英　蔡颂蕙
王淑云　郑素华　王启华　刘伯全
周永炳　葛乃荣　吴成就　梁竞芳
郭有康　范良嘉　孟启珊　何秀兰
郝忠国　王志超　黄竟成　张鸣皋
孙岳兆　谢浩贤　张嘉庭　谢逸铣
黄必才　王淑英　周国耀　程都丽
钱祥甫　沈惠平　李顺国　吴克定
万达三　田汉万　李殿铭　万正华
华元坤　王锡云　冯郑州　焦　炬
倪瑞珉　薛亚贞　阎学兴　蔡森泉
周菊娣　应炳南　张金荣　季九如
卢德勇　龚圣权　陈君胜　孙向梅
沈永勤　杨阿妹　顾振全　王天威
濮德明　包天荣　宋甫生　田汝沛
张卫保　陈晓良　杨立国　刘勤忠
林明宝　顾汉英　刘广祥　王宝浩
瞿飞燕　殷金喜　陶耀明　朱金龙
徐秉康　康顺初　卢顺秀　侯志强
丁文德　于占君　李家信　王月波
孙　杰　夏昭明　孟庆生　王志毅
马成年　崔　铭　苏　群　官本信
唐美香　于人健　周忠明

南京海关（164名）

彭　坚　盛海曙　贾寿仁　李　成
高卫东　李怀刚　刘锡贵　马　汶
李雪芹　席保梅　周焕标　韩继祥
骆向荣　曾桂英　姜国秀　唐云鸿
李仰东　闵锦荣　胡岳生　辛水清
沈哲圣　王全国　刘德敏　陆国钧

蒋纯清　曹　军　谢爱国　逯炳钧
赵天仁　黄道用　项　芸　朱济龙
严吉高　王文义　胡瑞琴　胡凯军
曹长恒　覃都安　黄信忠　杨荣接
杨平华　龚美贤　张晓光　郭元同
柯灶富　徐玉龙　杭金光　曹阿义
尹耀文　吴　建　柳　州　杨典浩
汪建兴　付森根　袁锁玉　施云霞
张素珍　黄志达　唐文华　张荣林
陈志明　穆建德　包天福　何培涵
孙凤鸣　顾建明　吴佩明　王水英
孙爱敏　王尧生　王长华　许江华
金加珍　祝寿珍　蔡秀琴　郑利珍
许国清　李文龙　蒋水生　李德兰
吴秋萍　徐新南　朱荷英　夏岳良
顾桂芳　陈德明　杨志浩　陈叙昌
成兴岳　郁振祥　张义成　于建生
季达聪　范本康　宋洪征　张广舜
朱炳善　李海成　郭继森　缪中林
傅其铸　单渐陆　李国斗　李延洪
赵成德　苗林侠　经长仁　陶文路
陈惠兰　柏业贵　王士霞　汤　军
程同筹　项育其　顾洪所　袁文喜
曹　勇　李云娥　施志成　顾仁飞
杨玉兰　郁兴才　张玉兴　施全荣
瞿德胜　季味清　许岳兴　徐银才
倪建仁　李福才　李良宝　汤尚德
仇玉龙　王　俊　缪月珍　吴永炯
江乐水　王咸平　杨志明　吴熹初
何镜清　邵学涛　王焕地　王怀保
张守洪　缪琴华　周其林　詹士俊
丁延才　薛立祥　王　正　朱　磊
黄国铭　华怀林　孔令福　曹金泰
钱汉生　高振明　陈家勇　沈维兵
刘庆余　顾鸿翔　吴振海　陈玉珍

杭州海关（86名）

黄之川　吕益民　张午奋　陈宪枢
洪步云　吕蕴琳　王雪珍　陈美生
楼爱珍　刘　汉　邹志亮　袁西有
叶日辉　应长生　顾纪昌　申屠章银
仲　惠　赵岩九　刘永华　何家川
肖传炎　王维克　俞甫根　汪祥达
胡道银　查关祥　吴忠洲　王则光
何荣炎　郁雪林　田　斌　迟建华
王锦华　张荣生　胡在新　葛木生
吴敬有　杜宝增　张之臣　陈关根
胡奇夫　冯世鑫　沈荣洲　赵林妹
徐国华　张志南　李晓明　俞水林
陈惠良　吴周良　施金寿　范绍牛
周建华　郭和生　徐向群　何金明
李　贤　朱生华　周仰松　张　华
斯济生　许焕明　徐永考　任关炎
何文苗　陈宝生　黄弼亮　郭炳森
朱克仁　李焕英　张金鹏　叶祖德
陈大晶　丁洪玲　张学文　陈诗类
徐祥和　王鼎薇　徐河祥　张绍光
高瑞友　王西荣　周国强　徐志宽
陆汉耀　李献华

宁波海关（22名）

杨嘉福　汪绍荣　俞孝毛　滕万国
刘伟军　蒋泉森　金永檀　赵华强
戚中波　任与孝　梅永根　江仰天
葛余德　张文武　孔庆初　颜明刚
庞中联　李建民　林荣琛　程长征
尤明福　董柏年

合肥海关（31名）

苏锦铭　赵成友　孙麟昌　刘增若
张忠文　李光烈　潘秀珍　王正怀
陈正林　倪进文　尚乃璧　金振英
黄锦云　刘子清　罗志远　杨咸法
葛寿权　王有才　郑开季　刘希俊
梁树宝　师云保　韦诗明　刘贤新
傅　武　李　哲　诸葛瑞松　范宝玉
吴世平　曹琪林　马一方

福州海关（66名）

张恩生　姜荣富　王振长　郑玉珍
潘存哈　毕建榕　郑惠兴　刘孝平
廖元明　刘登举　李志轩　沈洪之
赖维平　陈成器　康玉宝　游瑞接
周亚发　黄光辉　谢桂良　陈炎生
李与天　王大捷　林荣彪　何心全
黄起石　石炎炎　杨庆衍　尹　斌
张妙寿　段东平　陈金生　何纪南
蔡水官　郑忠杰　王汉生　陆学忠
陈　军　高凤翱　汤福财　吴家法
陈宝钦　宋建辉　王国富　阮祥福
徐梅亭　谢春秀　陈景腾　林祥和
黄贞泉　徐敏学　林兴端　谢仁贵
王晋冀　黄中凯　林国清　王孝基
高福俤　郭礼钦　翁忠霖　胡金华
许炳同　洪松发　翁金湍　王光忠
高朝铭　张顺元

厦门海关（83名）

秦惠中　刘献文　唐庭喜　吴龙湖
曾文江　杨伯谦　陈金标　王嘉祥
潘斯镇　苏宜谦　王伟民　陈玉福
何永城　余长云　谢焜煌　张和悦
白文骞　吴睦邻　徐玉霖　王仗芳
刘玉功　张可朗　陈忠贤　林亚莲
廖国芳　陈朝地　洪军在　成茂芝
郑瑞芳　林溪河　朱龙发　谢建兴
戴佑初　陈俊杰　李振华　何锦英
郑家萍　谷豫闽　陈秀英　许明璋
林久利　陈如意　崔希英　朱远忠
李天生　袁丽月　南国琴　方金地
林昆阅　苏成春　陈秀治　陈嵩民
马绍先　林喜泉　陈彩蓉　肖聪如
冯杰锋　倪建忠　郑一杜　林清辉
吴绍炳　宋国聪　蔡才达　陈泉泽
雷庆传　张拾壹　苏耀明　陈孟历
樊力平　马启和　苏加旺　章大业
胡克雨　李　玉　郑秀榕　陈业庆
叶亚解　谢顺明　李金雨　荆卫国
郭法成　卢中津　王金杰

南昌海关（33名）

柳　州　宋汉敏　罗忠泽　邓　晓
黄　政　严文进　张文根　程远峰
张　轮　余昌益　郭　贞　胡四芽
喻焜铭　刘九胜　廖月华　秦瑞华
刘永胜　杨庆德　谢达亿　程安然
孙　根　孔祥川　蒋水生　吴周铎
张绪炎　汪兆荣　王贞凤　熊秉芽
魏业和　丁林泽　周战刚　丁嘉凌
张国琪

青岛海关（212名）

邹德祥　曲人光　刘风志　刘殿京
王增仁　鲍为民　淳于勇卫　张俊杰
俞伟利　王新国　牟文斗　姜宝卿
朱信亭　戴葆色　赵龙生　庞学修
孙志成　邱光全　阎其华　王秀美
王庆华　付万璞　王义之　尚恭平
吴振茂　成守信　徐书明　李延香
康殿龙　徐桂楠　孙秀琴　翟凡光
史锦章　张世金　杨丛昌　桑连峰
邹本玺　高厚玺　王淑妍　于喜昌
姜勤升　孙书平　韩永江　周尚玉
宋道江　朱启坤　徐兆田　薛振正
宫兆林　姜援鲜　王传禄　于开真
庞云章　夏元仁　王维忠　赵恒奎
李玉明　宗玉泰　朱世田　刘有月
鲁绪东　迟丰义　阎忠祥　董绍荷
乐存亮　王献国　于树模　陈洪才
魏绪来　李胜清　曲文学　潘春来
王殿玉　马鸣皋　张子荣　刘富田
尹衍山　邓洪照　司学明　刘贵俊
杨培广　申华强　刘加宾　孙　英
张　侃　吴立成　刘　藩　宋星汉
刘凤林　王梦吉　潘瑞高　谭世斌

杨灵春　董开贞　姜道忠　张保来
刘志军　唐　良　张维珉　张龙军
曹洪忠　薛立坚　王辉民　刘德茂
宋玉晓　姜桂本　冯春溪　周敬祥
王民伟　张朝刚　平　凡　黄祖梅
王鑫贤　施绍炎　陈广德　王棣华
陈可钦　秦孝华　周世刚　刘香梅
李武军　高玉琴　李盈田　林淑珍
刘其荣　邵华林　江玉英　胡正生
王钦伦　赵翠芳　张道林　李维有
王珂珍　吕学升　魏　华　任延堂
王鸿翎　于国明　张辉鹏　苏国民
江景渭　李玉梅　史衍臣　马永奎
赖征军　李　明　姜绍华　滕学松
戚传海　陈林海　于海之　夏桂芳
王起智　闫盛金　杨洪水　郭荣德
王永成　张清峰　曹桂理　刘玉治
陈汇书　倪　阳　段作允　张忠义
郭建礼　张隆江　杨景之　于书寿
刘永起　李举元　于惠英　王文学
王凤义　王隆俭　单德安　刘玉贤
隋申之　王乐真　孙殿全　宫恩书
王显明　张　勤　李振祥　包秀荣
冷　云　刘宗华　蔺玉娥　孙爱军
贾守忠　周绪达　张志辉　高维斌
吴世发　郭连美　程勤彦　张春生
尚京亮　聂承瑞　宋登杰　李　鲁
栾竹林　柳亚轩　鞠远礼　李忠民
张文早　王厚堂　庄子明　朱厚元
秦海银　袁洪福　王代远　杨清庆

济南海关（25 名）

王田忠　刘殿崑　刘树林　孙希金
赵玉栋　郝士献　牛家宝　王存胜
任福德　王善本　赵金山　张茂荣
宋建科　辛　安　刘　红　宋鹤卿
牟凤山　张新文　王立华　杨志礼
姜启军　刘克增　王黎民　崔洪九
张树发

郑州海关（33 名）

张　政　王子俊　王志远　屈振廷
魏顺卿　李　鉴　姜远炎　黄松高
苗松义　刘硕彦　秦　晋　李秀卿
黄国祥　马玉景　申国庆　刘　真
刘景轩　刘焕章　范喜昌　周延黎
靳宪荣　杨银昌　毋会林　方世强
王振坤　王铁山　张全成　韩明伦
王志明　刘子云　朱秀珍　王普军
李俊良

武汉海关（51 名）

张崇山　李世德　杨杰忠　陈贻忠
沈　英　李蔚屏　魏冬梅　尹淑明
陶福德　何绍权　徐子清　李海峰
王贤爱　周才钆　马荣信　周天华
荣　华　陈克礼　刘中秋　刘万方
邱格生　陈方才　王爱玲　张道恒
苏成义　王玉玲　蔡学军　詹重俭
程火安　纪洪国　郑道亭　罗捍东
刘　荣　汤传文　杨长胜　杨汉洲
吕传金　吴笑虹　谢模刚　喻细英
朱富山　聂华中　龚志东　王友才
刘德馨　余章荣　霍春生　任宗朝
刘方锡　邵益先　孙　萍

长沙海关（58 名）

于兆库　蒋天锡　李志华　梁吉全
邹保华　蔡晓东　陈雪凡　池廷浩
邓代余　段家琪　费文清　高宗良
郭皇林　何　钦　何署坤　侯芳艳
胡志强　黄俊武　孔国清　栗新政
刘爱兴　刘国来　刘时长　刘先端
刘新生　龙季逵　骆真义　马学照
彭洪初　彭惠珍　戚　常　沈克良
盛富奇　覃道超　谭功林　谭载德
汤赣源　汤世德　唐承育　万　云
王伯勋　王一问　吴伯忠　武久湘

肖延年　谢俊庭　袁　胜　张　明
张乃年　张石生　张志帆　赵志才
郑大源　周成才　周成村　周建勋
周庆国　邹高元

广州海关（244名）

黄建周　陆炳烁　苏学俊　谭文森
吴名泗　薛志敏　喻继东　李传凤
吴志满　徐泉南　徐新华　岳广云
张惠春　张世添　张　勇　柳杏松
于永宝　苏志荣　陈安亮　池结标
李成业　梁冬梅　刘建南　宋秀芳
王玉华　杨国光　张福林　赵建周
冯顶操　李百宁　梁合要　夏如宝
许成强　张连生　陈济群　初庆芸
杜兴国　何志卓　姜英央　焦建福
李树清　刘正昌　苏宗河　孙成发
吴淦业　杨万祥　杨雨明　张东明
周复创　朱始俊　段殿勋　李　栗
刘汉军　潘益光　庞志江　宋富成
王银龙　温凤爱　谢汉通　谢璋成
张建华　周玉琛　朱　行　朱守玲
张淑荣　罗淡贤　吴焕尧　杜　汉
黄凤英　江寿锡　刘卫强　马　骏
邱如光　袁炳辉　林洁冰　黄覃玉
李秀光　梁带胜　梁福胜　梁桂荣
梁汉骚　刘锦辉　罗增礼　苏达强
吴尧带　吴永禧　许鲁林　曾流兴
曾远顺　陈道群　陈贤明　冯锦基
简秋荣　芦穗民　魏高英　魏贺胜
徐廷禄　杨谭安　余　雄　詹益星
邹焕文　黄岳流　刘德田　周用庆
陈素清　陈雄辉　戴清香　刘日初
杨明君　杨毅泽　胡克文　黄春兴
简兴政　邝锡辉　梁　璐　罗梓元
徐超眉　张　浩　张培南　陈　偏
陈照伦　傅穗生　胡荣富　蒋昌达
李玉聪　刘仁春　龙启汉　陆标勤
潘新源　涂崇厚　文衍西　谢广福
许亮光　张惠聪　贝春香　曾利珍
刘冬初　黄允燎　江建谋　黎焯坚
李曙根　李秀英　林龙华　林奕豪
裴　坚　温顺莲　杨成彬　胡再义
黄典仲　黄金香　李惠林　李统智
李志晖　刘经来　刘卓新　莫雄伟
容世好　叶惠中　余国光　袁如其
郑石佳　陈清女　安保真　侯广亮
零寿贤　王建华　符秋桂　郭明珠
黄先娥　罗奕宏　莫正华　宋鲁湘
叶振新　余耀棠　陈爱民　陈国生
陈世忠　李立常　李　忠　林　秀
刘石生　钱成强　张抗美　周惠兴
邓进发　范永发　何　政　李秀杰
凌长奇　邱土金　沈耀华　詹火车
郑钦林　刘彝哲　周若秋　曾玉祥
何耀明　李耀达　李玉香　李振华
莫仁浩　沈仰林　杨　广　张秀娟
曾祥建　黄耀兰　廖博贤　刘湘霖
王葵笑　王玉华　张志惠　董如松
刘　生　刘西进　彭友英　戚焕南
吴凡龙　许钦远　陈泰钦　陈镇章
黄树发　谢玲珍　张敬清　康均荣
李明就　李雪英　李云志　唐邦才
杨乐端　姚万芬　余凤珍　张观鹏
郑造传　钟瑞继　韩志良　林松波
陈展开　江宗来　覃湘民　张神凤
劳健坤　石明花　李俊富　刘永华

深圳海关（195名）

滕英珠　姜成文　李　新　谢　能
顾金福　张球芳　何成金　曾　伟
周能炎　杨群凤　吴必祥　鲁桂宝
翁楚君　叶　岩　周福基　蒋彩菊
黎柱文　杨淑琪　伍荻腾　徐木尚
杨　侄　许　牛　朱励生　刘暖培
曹连勋　游明贤　唐棣添　梁观友

张安胜　邓李强　吴彬满　赖东葵
陈赐麟　周修民　潘　群　陈明琼
谢石安　张升平　吴宏麒　叶振声
李官德　伍澄辉　谢月麟　梁佛先
黄志青　徐玉红　蒋旺培　黄翠娥
张秉轩　钟　耿　叶碧茹　林水媛
王家林　周仁麟　张蔚冰　颜松喜
曾福增　赖桂财　刘　兆　骆　秀
杨进洪　邹新衡　陈道安　李文武
黎少权　黎明生　黄仲文　骆鸿贵
谢木和　袁林娣　张　南　李子生
谢满喜　刘桂花　郭福临　黄容胜
陶启勤　陈派安　蔡东如　李瑞兰
张焕宝　何玖妹　徐凤兰　谢运元
陈汉铨　赖木任　肖兆锋　沈荣光
谢汉才　陈　孟　邱　植　叶松强
张良才　汤伯金　邝鹏俊　黄汉林
蔡海新　罗富兴　朱宝民　刘振萍
谭灶莲　吴绍存　曾彩颜　廖凤仪
姚耀浦　赖映辉　曾伯前　杨学文
林魏龙　郭东桂　连樟松　张果先
陈松湧　许河清　吴荣昌　凌征荣
梁亚二　钟木松　刘　悦　吴石荫
徐惜创　苏文勇　黄照林　林炎盛
黄梓东　何锦芳　陈锦强　李松湘
周家林　黄木阳　农天朝　彭仕其
芦军红　陈玉明　庄秀兰　何肃英
陈光治　陈淦兴　刘元松　付烈华
滑吉庆　吴朝胜　陈春源　胡德林
温金桥　吴宝添　李锦弟　张柏龄
江树平　钟鉴棠　程木耀　李洪光
陈家和　黄镇银　杨凯峰　詹昭育
邱　镜　黄初吉　盘洪钦　刘大目
蒋子敬　杨旭雄　黄坤道　黄冠文
安晓平　张得照　陈流明　卢瑞彪
谢记和　冯积才　张宝泉　张　进
黄旭南　何润坤　孙　军　杨润兴
梁耀东　王　民　张名级　张汉刁
陈少珠　林　欢　黎相平　黎润笑
梁增标　刘华生　何权耀　黎英志
曾荣清　耿光培　赵林华　叶章明
胡玉华　巫振宏　杨绍宗

拱北海关（79 名）

郑世英　张　萍　鲁桂英　叶灼新
容　彬　李志宽　陈炳德　左铨良
欧流标　罗达民　周绪展　冼锦枝
陈举洪　李长旺　吴建成　黄容宽
甄喜达　高金荣　陆海珍　赵汝尧
刘翠省　林盛银　陈建英　余桂枝
严瑞计　尹志忠　毛亦行　吕水添
樊天智　陈见好　周卫民　周结敏
钟三发　朱汉荣　肖亮荣　蓝秋莲
马仕强　卢惠权　陈谷带　刘梅芳
翁新猷　高石森　梁草才　赖源茂
姚绍有　彭友可　刘　建　席申生
王　华　毛德林　罗焕书　谢昭炎
蔡锦海　陈庆发　王岳涛　麦润发
谢应城　张运岳　郑汉光　刘长林
林梓乐　贺润蒲　余镇光　谢专豪
胡玉良　谢映龙　陈香妹　谭群英
李承文　曾新洁　刘　浩　黄继新
廖传仙　陈庆宗　叶柏梁　张崧喜
江育泉　梁国炳　余权志

汕头海关（88 名）

卢元坤　李桂波　林建之　马启迪
刘凤枝　蔡玉茶　詹辉福　敖道祖
张国平　欧民强　黄锐松　刘慧谋
黄家潮　沈楚镇　邱俊平　周海均
杨国贤　吕　侯　杨位赖　蔡赠雄
黄光德　雒润洋　侯锦泉　陈顺佳
谢映波　陈乾林　马庆清　余昭惠
蔡美青　齐金明　卢育园　朱贞鹏
李瑞华　张金炉　林潮合　肖继顺
夏　绵　胡巧珍　郭明云　马兴城

李德浩　洪文清　许再贤　马炳兴
李统谋　林松春　朱禄泉　陈学儒
杨泗鹄　马庆利　苏秋庆　郭銮凤
韩静波　陈泗添　丁通发　张流波
李钦成　张宏鹏　王美庭　刘振镜
林汉泉　黄任新　郑娘金　蔡海洋
李映光　马木财　梁婉贞　蔡仲庭
金殷文　陈特茂　郑仕旺　李楚卿
林道传　郑儒芳　陈瑞良　郑娇娣
洪英杰　王睦山　叶裕松　杨　伟
肖崇裕　王传仁　张佩卿　李良忠
杨鹏威　李广寒　林学霖　徐玉香

黄埔海关（57 名）

谢俊强　袁鸣耀　刘煜煌　方才生
杨宏珍　徐林余　蔡秀芬　林长琦
王祖兴　何明雄　曾广彬　刘起河
何树宏　张力人　曹武基　杨素贞
李昌盛　黄自民　何志强　廖素萍
姚本雄　叶　玲　王素芳　宋兆华
周春起　胡俊如　吴林怀　郑普恩
刘瑞文　胡庆华　杨映隆　曾胜华
王立群　杨汉生　林本豪　邵全展
马鸣岐　王燕昌　吴义才　钟心楳
黄宏扬　夏雪春　李煜清　于殿轲
黎德林　邹佑才　吴晋平　钟伯添
江覃水　李尚明　彭寅邦　李学炎
武　刚　宋　浩　陈　恭　李淑英
张瑞昌

江门海关（29 名）

刘玉珍　陈慕珊　陈　荣　柯　鹏
谢景成　李成栋　周国祥　林钦耀
朱启炎　阮宠荣　李娇芳　陈立端
谭景锐　付丽兰　陈计松　陈玉排
黄庆顺　胡献金　徐正昌　陈玉超
叶芳猷　李广松　吴　昆　温良恒
余思明　敖梅操　陈伟均　卢锡存
曾新浩

湛江海关（40 名）

凌霄河　陈国巧　蔡恩葵　李明康
蔡洁贞　梁景明　符光辉　黄雄琼
李宗茂　吴秋南　钟成周　任木宏
占廷坚　李华春　张庆良　全国华
曾子春　黄华清　黄石钳　林大亮
王业礼　何辉锦　邓明操　黄阳稳
宋星飞　吴林辉　袁俊高　朱乔养
郑英武　李土生　蔡文通　张武军
陈显群　陈康权　李道杰　傅克春
王恒栋　孙太成　李春桂　肖文武

南宁海关（85 人）

杨　雳　黄胜来　刘启良　符东华
李裕东　李乃奇　古钊全　劳润荣
方善辉　黄文卿　农廉恒　廖端怀
包惠彪　欧　洋　李进杰　唐德凤
黄进光　肖建国　彭福庆　陈芝秀
李华兴　黄慈霖　杨义高　卢和新
杨　红　鲁乃光　庞名兴　龙家旺
陆祖业　梁观乾　张康养　卢宝璜
杨文质　游舟洋　黄夏隆　李德武
唐　青　郇常林　高金銮　严　秋
朱伟强　王凤才　宋肖带　王祥明
李海祥　陀振珪　黄宗贵　翁珍庶
陀有强　陈元懋　陶增全　宋家烈
苏祖明　蒙瑞辉　郭　秀　周金振
徐爱民　肖垂月　阎俊逵　莫元才
施富林　陈定雄　陈有余　韦大焕
赖耀业　毛茂兴　周德权　黄有礼
李　满　马永正　丁子英　陈　平
陈文轩　何臣生　傅昌桑　李祖贤
陈荣金　李锐兴　李海春　凌国治
黄　清　揭业齐　苏　卫　林家用
陈志兴

海口海关（45 名）

董秀芝　郭桂玉　黄启光　孙应信
杨居琬　王辉彩　黄耀坤　高耿好

张云清　涂阳纯　程作超　辜爱玉
钟齐昌　郭改月　卢成丰　符圣銮
韩　奋　吴开仲　谢起川　袁　蓉
杨吉辉　莫立健　陈其禄　符策栋
郭爱珍　吴有谋　黄奕通　潘孝益
陈张任　雷家炳　黄志增　谢晋泰
邢福虎　李守文　林连球　廖世民
陶芝益　黄健民　彭炳煌　李伟斌
唐珍华　孙积隆　林　明　程昌乐
陈伟凌

重庆海关（24 名）

王长贵　宋定明　陈敦礼　陈贵全
谢　勇　刘厚荣　孙朝良　安　强
任良安　杨治钦　唐清云　黄起鹏
王锡玉　任和贵　应宗树　简官成
周裕海　黄学武　王定德　陈宗义
秦传弟　邢永忠　胡开淑　王淑君

成都海关（24 名）

蔡德明　王志诚　阎淑华　马启芳
付启钦　刘国昌　周志贤　张明信
胡伯良　杨国民　宫福仁　田思富
谢才初　邓金明　冉浩明　王晓蒙
袁永成　张文超　赵文明　孟世明
李国富　王光林　叶自银　蔺学伦

贵阳海关（14 名）

李洪玺　赖百源　杨朝贵　穆仕循
伍玉祥　李忠尧　吴国华　杨光耀
李清有　申茂富　邹启兴　谢德杨
王维明　尹树兴

昆明海关（61 名）

李纪方　李子英　邱廷诏　任德富
沈寿华　魏东民　魏文卿　向德寿
杨增秀　袁妙莲　张立群　宋振民
龙其洲　潘为光　杨国志　白天祥
段开恒　田志辉　徐景云　朱家成
鞠远孝　李朝顺　王复信　易清木
曾大勇　曾德元　张　璠　陈迪安
黄　吉　裴　俊　徐玉玲　杨发芝
车福有　邓小英　何林森　李建华
李明亮　普官保　赵玉萍　白兆凤
丁传钧　李万元　孙根娣　薛荣昆
张惠东　赵泽钧　梁有为　李德宇
苏国兴　李　银　李光忠　王荣禄
刘山河　杨德贵　汪茂勇　张武华
杨感德　杨再明　车明显　杨应纲
张福山

拉萨海关（4 名）

张振英　格桑卓玛　罗家纯　拉巴顿珠

西安海关（28 名）

白衡斌　薛宗瑗　刘志斌　甘成沛
牛兴旺　张素质　张文焕　孙福昌
秦瑞云　尹凯峰　童素荣　李素兰
刘　云　田生成　马明全　梁喜民
杨金钟　王新平　陈怀宇　单海辰
孙立汉　许和平　范　耀　周凤琴
李国利　周兰英　张显荣　张　萍

兰州海关（11 名）

田泽民　赵南方　池竹泉　梁殿明
孙奉先　荣　升　王　鑫　鞠建华
李景文　丁国智　任六九

西宁海关（3 名）

王保仓　刘发财　惠铁军

银川海关（5 名）

张治国　徐忠孝　赵春华　李月利
杨茂盈

乌鲁木齐海关（37 名）

刘　英　师连功　魏学敏　张欣尧
卢文彬　徐成斋　郑明德　倪健正
杨学礼　刘敬华　周　详　段继昌
张德魁　何治国　阿不都拉·玉素音
陈恢胖　尹燕震　吕秀芳　赵清宁
冯兴才　颜锦圣　张廷俊　莫德红
郭大岩　王　君　袁业新　张安民
林玉文　于德润　丁正义　杨来法

姜炳恒　　曾　泉　　于秉德　　刁伯民
曾声俊　　吕能翔

上海海关学院（14名）

王培镇　　刘　毅　　顾广荣　　吴兆涛
梅雪美　　周雪梅　　曹金兴　　郑荣金
施恒玉　　黄松产　　陈德礼　　张庆华
邵铁民　　邓辉军

中国海关管理干部学院（5名）

杨虎成　　佟贺勤　　李亚琴　　杨金元
刘长祥

2021年国务院“授衔令”（二级关务监督及以上）

一、《国务院关于授予和晋升曹大海等607名同志海关关衔的命令》（国函〔2021〕24号）

（一）授予以下36名同志一级关务监督关衔

曹大海　张红　徐福华　王利兵
韩伟　孙志　高明炎　纪和平
孙远志　戴永华　曾玉成　廖炯锋
顾忠盈　俞一江　钱葵　董超
周力沛　娄传永　石勇　赵丰杰
徐明焕　朱子平　杨定国　廖衍
孟传金　朱国伟　伍小标　邓明辉
蔡文彪　徐自忠　王学玉　米玛次仁
陈茂盛　杨德春　王彦生　段晓东

（二）以下45名同志由二级关务监督关衔晋升为一级关务监督关衔

吕大良　党英杰　何晓睿　王延春
徐慧筠　刘健　贺业民　郑才明
纪应龙　赵激扬　杨艳斌　王玉民
余振京　胡天舒　王强　李振江
王荣军　孙仁宏　高瑞峰　蔡滨
钟海澄　张春中　王宏志　陆杨
孙晓天　刘玉柱　孙路明　黄迁明
孙荣燕　倪洪中　何培玲　于正中
赵光　叶超俊　周维颖　王学全
乔振峰　田新强　姜奎　许广安
王晶洸　栗晋斌　李菁　王新
杨泽军

（三）授予以下268名同志二级关务监督关衔

楼军文　周绍峰　戴雨　黄文清
种焱　关丽　曹永斌　黄健华
王希平　钱宏伟　王正　欧阳劲松
杨爱宏　张锡全　黄静　乔东生
汪涛　杨洁磊　杨得泉　于枫
徐思桥　魏红兵　黄庆林　吕强
米宝国　项弘　王美　吕彦明
刘宝珠　刘伯义　秦军　尹旭芳
刘艳华　张志强　林建辉　孟东升
段永生　洪伟中　宋福　赵占民
董卫国　于培文　刘东庆　翟文徐
石兵　骆江洪　张建国　杨玲
刘长健　秦成　黄放　刘苏
吕丽　沈泽训　徐美怿　宋文晓
王庄平　曹志军　滕少刚　张田桥
陶传良　李忠平　都兴盛　王可明
孙岩　贾睿　路非　杨光
朱星　李剑　马东升　富英群
何文亮　任罡　蒲民　忻源荣
俞秋蓉　李江海　宦成荣　李平
施锦龙　姚宝龙　韦锋　陈亨赐
袁晓华　陶卫忠　严继宁　李俊美
唐政　魏厚德　邵燕洪　虞跃
吴晓平　章晓氢　殷作为　刘强

林士森　杨建民　郑剑宁　钱显明
连策峰　俞卫中　陈明良　汪志凯
金红阳　诸　敏　沈国平　李华明
卢祥华　陈　烝　肖　武　江信健
李长顺　李　飞　汪其勇　连文钦
郑振洪　陈枝华　陈炳云　陈　默
李增华　刘金耀　张龙兴　佘建国
翁瑞泉　辛锡龙　熊焕昌　杨　坚
周　健　温志海　傅国栋　晏礼峰
陈高平　段振龙　王建平　矫丽珍
邵　柏　卢晓中　邓学农　张铁军
孙先同　乔华峰　史　琴　盖　光
商兰静　王兴雷　刘青固　丁金鹏
常福金　丛培忠　范海波　胡正明
田述军　范卫国　申锦辉　董　吉
王洪来　邢玉信　王谦滨　陈俊新
王　虎　黄　强　李　彬　孙明钊
王作来　王福文　李国村　郭云超
何　沛　李金甫　孙乐林　杜德庆
吴平芬　张德才　罗先俊　索光华
戴建平　相大鹏　张显光　李建华
蔡　纯　吴锦昌　陈永泰　熊启贵
陈永雄　徐启宣　陈　燕　殷继斌
王世晶　杨国斌　陈升毅　秦　毅
罗凌云　屈　娟　何瑞源　蔡正国
冯　涛　徐　波　林少聪　周俊平
张　红　胡命侨　陈毛羽　董全治
林焕钦　王　峻　徐少凡　吴新荣
章小敏　纪　强　郑少伟　黄潮辉
谢玉茹　钟帮奇　金伟成　江凤姣
陈健华　祁映清　陶理清　盛　刚
方鹏举　陈国杰　欧　安　汪　丰
云　俊　余　敏　李仕平　蔡荣金
阎广生　陈斌韬　陈业林　杨居亮
陈星恒　祁学慧　符瑞阳　张　斌
陈　华　王文燕　曲　炼　庞　敏
李　进　曹宗君　李大海　张蕴涵
温演庆　郭　静　傅　强　赵继全
郭建明　杨　洁　蒋小龙　张云坤
印志刚　吴加林　马双民　乐爱山
淮　莉　乔长安　冀秋君　尤新福
白　松　张海春　孙居宁　郝宝盛
顾　健　李　军　刘　戈
吐尔洪·麦麦提江

（四）以下 258 名同志由三级关务监督关衔晋升为二级关务监督关衔

王劲松　付绍滨　王　镝　覃　更
梁力民　王长杰　刘久兵　罗希华
张国利　陈卫国　袁胜强　辛古胜
芦晓明　邵卫东　于振河　钟伟钢
赵庆春　王毓征　祝　钢　杜春雷
王　毅　刘葆卿　金元发　张　迈
肖贵斌　赵　旭　戴伟辰　田宝明
郭凤英　张　杰　王兴怡　李志江
许凤仪　温永茂　张凤彦　刘宝东
高　音　郑德武　王　洋　袁金龙
杜建国　涂　斌　王　华　李辉林
郭恒昌　申新平　齐　溟　李晋生
孙晓东　韩　冰　邢　刚　金云弘
倪北光　许湘伟　张志宏　刘志德
李纪东　魏本生　赵海波　潘智东
董　波　赵城臣　刘永久　张　毅
朱建文　李　澜　周云霞　姜纯钢
李　豪　潘建良　张　磊　邢建国
黄恩培　方柏坚　郭炳志　罗来荣
张玉泉　宋晓泉　杨文龙　沈苏华
陈　平　马旭明　吴春雷　盛卓禾
兰　磊　王炽熊　张烨文　王明全

姚承光　王慕梅　许　勇　葛惠珍
陆　均　陈建治　林志雄　孙建国
黄　雄　高文潮　黄　健　江良荣
李朝兴　于晓明　魏娅娅　林朝阳
高建设　黄晓燕　陈启明　林文举
黄　榕　吴思达　邵　飞　庄立文
余银喜　黄优平　刘　元　赵　平
刘晓军　廖　健　李嫣红　孙加林
魏晓光　郑宇峰　徐崟善　魏培军
冯仲良　王　强　陈如江　孟建成
刘晓东　姜　建　初克基　马　林
黄　敏　郑建旭　程　航　刘丽宁
周永谋　刘汉鸣　罗国炎　李均华
袁昌海　王　剑　郭承志　冯锦羡
龚仁舜　安向东　崔　越　郝　玉
符　榜　林建平　何耀明　林　坚
巫东原　陈赤雁　冯维和　林　武
黄　朴　施宏图　陈　宁　陈文彤
何　锐　张伟华　李耀雄　曾宏光
彭　东　陈仲明　刘莉珍　吴纶冬
曾广雄　王国星　朱宏渊　林美旋
麦鸿毅　赵建如　张学东　萧海权
冯伟棠　田　涛　邓伟光　吴义荣
邱敬雄　林少青　林　斐　曾为新
马逸涛　林育生　乔　杰　吴静勇
杨文俊　朱海东　陈　丹　马照亮
郭增文　蔡红宇　杜　妍　张家珍
武　非　刘仁光　吴洪江　柯映红
钟宏文　陈啸坪　彭也澎　张　翀
潘英启　刘荣水　梁　卫　林　曦
李小娟　戴礼贤　韩承伟　梁小冬
何贵喜　王志雄　杨文靖　莫　丽
陈锦锋　唐俊民　何万青　曹铁军
龙　涛　陈　伟　刘维伦　黄　桦

丘俊强　冯裕劲　吴　腾　邢国忠
吴坤铭　罗子莲　刘　华　徐　丹
唐明江　徐多云　鲜学政　李维华
张筱平　侯文波　陶　毅　詹　柯
张竹梅　柯志强　曹传清　丁　瑞
朱家平　陈　强　师　轶　杨　勇
许明海　包利波　王　平　何　勇
黄程华　杜　玮　龙　军　郭　泉
王传杰　吕继新

二、《国务院关于授予和晋升陆春明等145名同志海关关衔的命令》（国函〔2021〕65号）

（一）授予以下12名同志一级关务监督关衔

陆春明　倪大航　侯金坡　曾庆财
施　健　王续刚　陈　宇　张冬冬
王洪兵　黄新民　林世峰　郭忠鹏

（二）以下9名同志由二级关务监督关衔晋升为一级关务监督关衔

周　刚　刘德旭　杨顺招　刘　旭
段青云　戴志成　陈　明　续效东
李世瑞

（三）授予以下76名同志二级关务监督关衔

许鸣界　张　滨　夏文阁　望　喆
王昭岩　李恒亮　杭小溪　苏　庆
张福中　李亚平　李　懿　邵明洋
姚家彪　韩德翠　李　强　肖文清
黄忠荣　张　炜　顾洪涛　周国梁
查利文　刘肖芳　陆建生　陈建良
刘学忠　蒋　迎　张敬友　陈忘名
赵金伟　赵　斌　朱金连　陈久春
黄　敏　艾　峰　刘秀芳　朱荣华
李建军　赵　建　李百胜　王维志
张　勇　王良华　徐鑫华　朱光耀
陈建松　徐贵业　于复坤　李晓晋

庄保才 王水明 余 斌 张 新
李德好 李寒松 王 振 陈昌骏
吴忠仁 王 虎 吴 宁 刘长坤
李本和 张宏强 盛胜军 刘建道
王象贤 田方团 邱 云 肖 鹏
王 松 夏福明 陈 海 姬永新
战 堆 贺文利 陈春生 杨晓林

（四）以下48名同志由三级关务监督关衔晋升为二级关务监督关衔

王大政 方 祥 黄涛华 孙 毅
宋 军 马银山 张宏伟 苗春雨
成占友 王树军 张志忠 毕可胜
李 峰 郑建萍 施 敏 黄晓芸
潘丽彬 张小琰 王坚亮 曹 鸣
朱 贤 王海鹰 胡克宏 李存勇
吴远航 万 强 韦 伟 黄在松
陈解平 顾克中 张宗琪 王坚军
郑绍金 刘良福 杨炳文 张 辉
张云翔 刘冬煌 林伟文 赵旭旻
柯晓榕 杨晓勇 郭小东 刘 锋
吴适祥 韦秉江 王宏翰 杨 飞

三、《国务院关于授予和晋升俞晓丹等209名同志海关关衔的命令》（国函〔2021〕117号）

（一）授予以下18名同志一级关务监督关衔

俞晓丹 张 鹰 王益愚 于群利
郭雪艳 郑慧敏 谢秋慧 白 莉
姜继远 车成利 蒋 原 林光龙
张秉龙 廖华东 杨述明 李永鸣
陈开茂 王仁俊

（二）以下26名同志由二级关务监督晋升为一级关务监督关衔

葛燕峰 赵增连 黄国华 谢 放
黎 明 吕文龙 尹鹏飞 石文来
潘楚雄 刘 卫 王 静 叶 建
陈海鸣 苏 铁 雷海涛 许 鑫
周 力 孙江功 王富晓 张纪英
杨良勇 谭 武 何继军 陈所庆
李 晋 龙承伟

（三）授予以下80名同志二级关务监督关衔

周小平 张继军 张 弘 杨春江
王永波 王培良 武为民 连庚寅
刘大天 张志坚 王继敏 欧阳昌俊
安治国 张 涛 张文明 闫国峰
王可为 彭金火 邵丽筠 董玉辉
于丽萍 周立军 刘 俭 杨 强
陈志飞 王忠宽 吕祥宝 牛清田
陈海峰 王慧峰 郭晓东 殷 波
周建平 宋海龙 王汉方 周健青
朱风华 张忠义 朱忠康 童存康
尹静浪 黄友洪 谢 杰 赵保才
葛军凯 云 国 陈 文 区奕澄
廖建华 黄育文 范万红 乐海洋
吴长坤 黄勇思 叶冬青 高乃科
廖应彬 万 华 赵 奇 张 文
陈永红 李志明 孙迎红 尹小春
严芝凌 侯 勇 左宇平 曹跃武
杨 昊 黄健琳 郭利民 李 先
李自飞 彭迎霞 闫护森 刘 悉
宋万民 张玺利 周科清 高小军

（四）以下85名同志由三级关务监督晋升为二级关务监督关衔

漆 灏 李伟雄 张树军 张 钰
何绮纹 回增杰 杨 涛 刘彬彬
王 伟 孙 晶 郭 宏 刘和永
孙亚军 初智强 潘 晶 孙 利
尹树生 刘晨业 王 旭 陈玉春
杨玉宇 梁丹虹 陆伟捷 戴从容

朱珏伟	张　宏	陈甸林	张　军
汪　茂	陈光明	沈建芳	陈玖伟
张美景	姜在奎	李庆霞	周首义
赵　轩	曹田广	徐玲娜	汤　浩
王晓晖	杨　琳	钟步江	陈节持
朱剑雄	严　敏	郑存强	杨兆锑
陈绿薇	林　青	冯庆坚	卢伟玲
陶志强	张明河	华忠良	何　坚
战洪志	何汝雄	陈　雷	邓伟民
梁　为	林　臻	陈志华	林文健
梁剑青	邢晓梅	曾　涛	陈健强
林斌华	邵　智	谈焕婷	邓子筠
刘向东	区焯文	关　海	李南彪
刘小为	梁汝新	王鲁川	丁跃芳
杨　滨	黄志勇	许志国	岳宏辰
关　勇			

四、《国务院关于授予王林同志海关副总监关衔的命令》（国函〔2021〕125号）

授予中央纪委国家监委驻海关总署纪检监察组组长王林海关副总监关衔。

2021年获得扎根艰苦地区边关工作金质奖章人员名录

为以下181名扎根艰苦地区边关工作累计时间满30年的同志颁发海关扎根艰苦地区边关工作金质荣誉章：

呼和浩特海关（10人）

黄 河　那 顺　萨出日勒图
张 新　张永宏　白长江　李 刚
达布希拉图　赵利斌　王臣成

满洲里海关（39人）

郑秋实　邱玉满　韩宗江　熊敏涛
田文智　袁智慧　高淑红　姬 刚
范伟强　孙宏伟　林 萍　郝艳伟
庞小松　刘丽雅　翟志刚　付贵明
赵天祥　马树利　韩 荣　车敬敏
任毅军　赵建革　侯雅文　孙源增
赵文利　葛英林　安志平　刘文杰
张亚柱　杨义强　崔鹏程　李魁伟
蔡岩松　索 德　崔红日　陈伯森
陈雪松　孟庆权　王 勇

大连海关（6人）

李英梅　王昕辉　郭建秋　庄 厉
祝 威　刘丽静

长春海关（12人）

于福奎　董凌志　刘 伟　沈恩斌
朱赞华　张志远　刘 著　金永哲
尹朝晖　席家文　车永杰　臧运红

哈尔滨海关（29人）

孙立军　甘长清　宋 洋　罗士坤
徐海忠　杨玉梅　田 萍　秦士勇
陶立新　吕文忠　王建志　张泓波
孟静芝　杨立君　叶剑波　张 勇
郑 杰　卜照春　李路之　许金成
朱传舵　何凯红　吕林友　李 倩
赵玉华　蒋成玉　王延禄　邓宏涛
宁 波

南宁海关（11人）

彭 丽　谭劲松　黄文广　陈世芳
黄海宁　陈君兮　叶 卫　许荣兵
杨月红　李世盟　李继明

昆明海关（35人）

张金全　张耀明　李志东　郝红川
毛 壹　范正良　尹丽丹　杨 云
周 洁　杨忠勇　姜定隆　帅云江
于海祥　兰永丰　陈光勇　杨应伟
杨 松　李积秦　苏丽虹　贾伟华
苏启旺　陈 宏　孙立园　杜洪彦
宋传宝　钏文军　黄晓灵　葛文芳
梁 虹　杨瑞清　杨丽麟　罗永林
李云安　尹惠东　杨 勇

拉萨海关（12人）

尼玛格桑　刘 威　朱志锋　姚鹤喜
白玛央宗　次仁桑珠　琪梅玉珍　马春兰

次仁卓嘎　次仁卓玛　扇卫林　赤列加措

西宁海关（1人）

肖建群

乌鲁木齐海关（26人）

邵洪东　杜　磊　祁　红　周治安
李晓东　蒋　艳　李志强　依拉木江·米吉提
李富山　邹　江　杨明艳　王力军
杨晓林　杨　丁　努尔麦麦提·胡吉
孙　军　张淇榕　萨吉旦木·霍加阿合麦提
崔新萍　陈舒方　李　东　章丽艳
唐朝晖　吕爱民　宋继军　莫善明

为广州海关所属大铲海关简汝泉等33名同志颁发海关扎根艰苦地区边关工作金质荣誉章。名单如下：

简汝泉　江思华　孔祥富　郑明发
梁炳辉　魏建民　张文镜　朱文生
陈逊胜　刘明俊　谢庆兆　粘红晨
朱月彬　李建军　李选青　黄扬安
卢汉乾　陈桂如　潘光生　岑　毅
陈永锋　谢亦文　卢湛雄　徐广荣
钱映生　罗伟标　李锦添　高炳辉
郑官爵　马建国　陈尚辉　何钜炜
樊光仔

第九篇

大事记

2021 年海关总署大事记

1 月

▲1 日　副署长张际文在署主持召开进口高风险非冷链集装箱货物口岸环节新冠病毒检测和预防性消毒工作电视电话会议。

▲4 日　副署长邹志武在京向全国人大常委会预算工委汇报 2020 年海关税收完成情况和 2021 年税收工作安排。

▲6 日　副署长、政治部主任胡伟在京参加全国宣传部长会议。

▲11—15 日　副署长张际文率国务院联防联控机制第十四督查组到云南开展 2021 年春节期间新冠肺炎疫情防控专项督查工作。

▲12 日　副署长孙玉宁在京参加国务院服务贸易发展部际联席会议。

▲14 日　总署在财政部组织的 2019 年度中央部门预算绩效管理工作考核中获得“优秀”等级，位列第 1 名。

▲15 日　广东揭阳港口岸扩大开放顺利通过海关总署会同交通运输部、国家移民管理局和中央军委联合参谋部组成的验收组验收。

▲17 日　副署长王令浚在京出席 2021 年对台工作会议。

▲19 日　署长倪岳峰在署主持召开 2021 年促进跨境贸易便利化专项行动部署会。

副署长邹志武在署主持召开“十四五”海关发展规划视频座谈会。

▲20 日　署长倪岳峰在京参加北京冬奥会和冬残奥会专题会议。

副署长王令浚在署通过视频方式会见蒙古国新任驻华大使巴德日勒。

▲26 日　署长倪岳峰在署通过视频方式会见法国农业和食品部部长朱利安·德诺尔芒迪。

副署长王令浚在京出席驻华海关专员联络机制年度总结交流会并致辞。

▲27 日　副署长、政治部主任胡伟在京参加全国组织部长会议。

▲28 日　2021 年全国海关工作会议以视频会议形式在北京召开。

2021 年全国海关全面从严治党工作会议以视频会议形式在北京召开。

▲29 日　署长倪岳峰与摩尔多瓦国家食品安全局局长弗拉迪斯拉夫·阔提奇交换签署《中华人民共和国海关总署与摩尔多瓦共和国国家食品安全局关于进出口食品安全合作的谅解备忘录》。

驻署纪检监察组组长陶治国出席 2021 年全国海关纪检监察工作会议并讲话。

2 月

▲1 日　副署长孙玉宁在署出席海南离岛免税风险防控专班视频工作会议并讲话。

▲3 日　署长倪岳峰在署通过视频方式会

见白俄罗斯新任驻华大使先科·尤里·阿列克谢叶维奇。

副署长邹志武在京参加全国人大财经委员会2021年预算初步审查会议。

世界海关组织第39届原产地技术委员会会议选举中国海关原产地专家、关税征管司丁楠继续担任下届委员会主席，任期为2021—2022年。

▲4日 中国海关与塞尔维亚海关正式签署《中华人民共和国政府和塞尔维亚共和国政府关于中华人民共和国海关总署企业信用管理制度与塞尔维亚共和国财政部海关署“经认证的经营者”制度互认的协定》。

▲5日 署长倪岳峰参加国务院副总理胡春华主持召开的国务院口岸工作部际联席会议并作工作报告。

▲7日 副署长、全国打私办主任胡伟在署出席全国海关缉私工作会议暨全国打私办主任会议并讲话。

▲8日 总署授权中国驻斯洛伐克大使孙立杰与斯洛伐克国家兽医食品总局局长约瑟夫·比雷什签署《中华人民共和国海关总署与斯洛伐克共和国兽医食品总局关于中国从斯洛伐克输入羊肉的检验检疫和兽医卫生要求议定书》。

副署长孙玉宁在署主持召开总署安全生产专项整治三年行动工作领导小组会议暨全国海关安全生产电视电话会议。

▲9日 署长倪岳峰在人民大会堂参加由国家主席习近平主持召开的中国—中东欧国家领导人视频峰会。总署与阿尔巴尼亚、保加利亚、波兰、捷克、斯洛伐克、塞尔维亚等6国对口部门签署了乳品等农食产品准入以及AEO互认等10份合作文件，海关多项成果被纳入峰会成果清单。

署长倪岳峰与阿尔巴尼亚共和国农业与农村发展部负责人签署《中华人民共和国海关总署与阿尔巴尼亚共和国农业和农村发展部关于阿尔巴尼亚共和国输华乳品检验检疫要求议定书》。

中国驻塞尔维亚大使陈波与塞尔维亚财政部海关署副署长马林科维奇正式签署《中华人民共和国政府和塞尔维亚共和国政府关于中华人民共和国海关总署企业信用管理制度与塞尔维亚共和国财政部海关署“经认证的经营者”制度互认的协定》。

▲12日 署长倪岳峰检查值班工作并慰问总署有关司局和部分直属海关、口岸现场的值班、执勤人员，要求认真做好节日期间值班应急工作，强化监管优化服务，毫不放松，加强口岸疫情防控和监管打私，保障进出境人员、货物通关顺畅。

▲15—16日 副署长孙玉宁在署参加世界海关组织《全球贸易安全与便利标准框架》（SAFE）审议工作会议并进行现场指导。

▲19日 海关大数据攻关模型优化迭代专项工作正式启动，涉及11个大数据攻关模型。

▲20日 总署党委书记、署长倪岳峰在京参加党史学习教育动员大会。

▲22—24日 世界海关组织第12届能力建设委员会推选驻欧盟使团海关处一秘李妍为世界海关组织能力建设委员会副主席。

▲23日 国家口岸管理办公室以视频形式召开2021年全国口岸办主任会议，总署党委委员、办公厅（国家口岸管理办公室）主任黄冠胜出席会议并讲话。

▲25日 署长倪岳峰在京参加全国脱贫攻坚总结表彰大会。

署长倪岳峰在署接见全国脱贫攻坚总结表彰大会海关系统参会代表。总署机关房季、天津海关周明陶、昆明海关郑重3名同志荣获全国脱贫攻坚先进个人并参加表彰大会。

署长倪岳峰与世界海关组织秘书长御厨邦雄互致信函。

副署长邹志武在署出席全国海关政策研究及统计工作会议并讲话。

副署长孙玉宁在署出席推进智能审图工作专题视频会议。

▲26日　驻署纪检监察组组长陶治国出席海关系统“现场监管与外勤执法权力寻租”专项整治工作动员部署视频会并讲话。

3月

▲2日　副署长张际文在京参加全国海关动植物检疫工作会议。

▲3日　副署长张际文在署出席2021年全国海关商品检验工作会议并讲话。

中国海关和智利海关正式签署《中华人民共和国海关总署和智利共和国海关署关于中国海关企业信用管理制度与智利海关“经认证的经营者”制度互认的安排》。

▲4日　副署长邹志武在署出席2021年全国海关综合业务工作会议并讲话。

▲7日　副署长王令浚参加全国政协十三届四次会议特邀澳门人士界别协商会议，听取澳门政协委员提案建议，就横琴粤澳深度合作区建设进行深入交流。

▲9日　副署长王令浚在署出席2021年全国海关科技工作会议并讲话。

▲11日　副署长王令浚在署会见中国驻博茨瓦纳候任大使王雪峰。

▲12日　副署长王令浚视频会见世界海关组织副秘书长里卡多·特维诺。

▲15日　全国海关党史学习教育动员会召开。

▲16日　署长倪岳峰，副署长、政治部主任胡伟，副署长王令浚为中国海关科学技术研究中心揭牌并出席座谈会。

▲17日　署长倪岳峰，副署长孙玉宁在京参加国务院宪法宣誓仪式。

副署长、政治部主任胡伟在上海海关学院出席全国海关学习贯彻党的十九届五中全会精神暨党史学习教育专题培训班开班仪式并讲话。

驻署纪检监察组组长陶治国在京出席中央纪委国家监委传达学习全国两会精神会议。

▲18日　署长倪岳峰与卢旺达驻华大使詹姆斯·基莫尼奥换文签署《中华人民共和国海关总署和卢旺达共和国农业和动物资源部关于卢旺达干辣椒输华检验检疫要求议定书》。

副署长张际文在署出席2021年全国海关进出口食品安全工作会议并讲话。

▲19日　总署党委委员、广东分署主任张广志在广州参加党史学习教育中央宣讲团宣讲报告会。

▲21日　四川成都天府国际机场作为成都航空口岸组成部分对外开放获国务院批准。

▲22日　副署长王令浚在署出席与中核集团战略合作备忘录签署仪式。

总署总工程师韩森在京参加国务院联防联控机制全国新冠病毒疫苗接种工作电视电话会议。

▲22—26日　副署长张际文在京参加省部级领导干部专题研讨班。

▲23日　总署党委委员、副署长、政治部主任胡伟在署出席全国海关党史学习教育总署

巡回指导组动员培训电视电话会议并讲话。

副署长邹志武在京参加全国农业种质资源普查部署电视电话会议。

云南勐康公路口岸扩大开放顺利通过海关总署会同外交部、国家移民管理局和中央军委国防动员部组成的验收组验收。

▲24 日 成立总署安全生产工作领导小组，副署长孙玉宁任组长。

▲24—25 日 总署党委委员、广东分署主任张广志在广州参加广东省委理论学习中心组暨全省省级、市厅级主要领导干部党史学习教育专题研讨班。

▲25 日 副署长王令浚在广州出席全国海关法治工作会议。

▲29 日 副署长王令浚在京参加全国人大常委会固体废物污染环境防治法执法检查组第一次全体会议。

▲30 日 署长倪岳峰在署主持召开总署支持海南全面深化改革开放工作领导小组全体会议。

总署机关获评 2020 年度中央国家机关平安建设目标管理考核优秀单位。

▲31 日 副署长邹志武在署主持召开“十四五”海关发展规划编制专题会。

总署党委委员、办公厅（国家口岸管理办公室）主任黄冠胜会见国务院办公厅电子政务办主任卢向东。

4 月

▲1 日 全国海关党史学习教育宣讲报告会暨总署党委理论学习中心组（扩大）学习会在京召开。

副署长张际文在京参加全国人大生物安全法实施座谈会。

▲1—2 日 副署长邹志武在青岛出席全国海关督察内审工作会议并讲话。

▲6 日 总署党委委员、办公厅（国家口岸管理办公室）主任黄冠胜在京参加十三届全国人大四次会议代表建议交办会。

▲7 日 副署长、政治部主任、总署党委巡视工作领导小组副组长胡伟，驻署纪检监察组组长、总署党委巡视工作领导小组副组长陶治国在上海海关学院苏州分校出席总署党委 2021 年第一轮巡视工作动员部署会议并讲话。

▲8 日 副署长王令浚在厦门出席 2021 年全国海关财务工作会议。

副署长邹志武在京参加全国打击治理电信网络新型违法犯罪工作电视电话会议。

副署长邹志武在署听取风险管理司关于入境涉检货物风险防控纳入“两轮驱动”改革工作方案汇报，并提出具体要求。

总署党委委员、办公厅（国家口岸管理办公室）主任黄冠胜在京参加国家打击治理跨境赌博领导小组会议。

▲9 日 副署长张际文赴中国有色集团就推动赞比亚境外疫情监测工作进行座谈交流。

▲12 日 署长倪岳峰与老挝农业与林业部部长佩·蓬皮帕交换签署《中华人民共和国海关总署与老挝人民民主共和国农林部关于老挝新鲜豆类输华检验检疫要求议定书》。

副署长张际文在京出席国务院新闻办公室新闻发布会，介绍海关强化监管优化服务，全力支持海南自由贸易港建设有关情况，并回答中外记者提问。

副署长张际文在京参加国务院安委会成员单位安全生产工作考核动员会。

▲14 日 广东湛江港口岸扩大开放徐闻港区和大唐雷州电厂码头获国务院批准。

▲15 日　副署长张际文出席“4·15”国门生物安全展开幕式。

▲16 日　副署长、国务院食品安全办副主任张际文在京参加全国食品安全工作先进集体和先进个人表彰电视电话会议。总署进出口食品安全工作领导小组工作组，以及全国海关 9 个进出口食品安全相关处室被评为全国食品安全先进集体，14 名同志被评为全国食品安全先进个人。

▲22 日　副署长邹志武在广州参加粤港澳大湾区建设领导小组专题会议。

▲23 日　副署长王令浚在署主持召开世界海关组织第二期行动部际联系会议。

副署长邹志武在广东分署主持召开海关服务粤港澳大湾区建设工作座谈会。

▲25 日　署长倪岳峰和湖南省省长毛伟明在京签署《海关总署湖南省人民政府合作备忘录》。

江苏连云港航空口岸扩大对外国籍飞机开放获国务院批准。

云南磨憨铁路口岸对外开放获国务院批准。

▲26 日　署长倪岳峰在京参加国务院第四次廉政工作会议。

总署党委委员、副署长、政治部主任胡伟在京出席中央和国家机关党史学习教育领导小组办公室负责同志座谈会。

副署长王令浚在宁波出席中国—中东欧国家海关信息中心揭牌暨网站上线仪式并致辞。

▲27 日　驻署纪检监察组组长陶治国在京参加中央纪委国家监委监督工作专题培训会。

副署长张际文在署出席全国海关卫生检疫工作会议。

总署总工程师韩森在京参加国务院残疾人工作委员会第四次全体会议。

▲28 日　副署长、政治部主任、总署党委巡视工作领导小组副组长胡伟，驻署纪检监察组组长、总署党委巡视工作领导小组副组长陶治国参加 2021 年全国巡视工作会议暨十九届中央第七轮巡视动员部署会。

海关系统 5 个集体、1 名个人荣获中华全国总工会表彰。深圳海关所属蛇口海关荣获全国五一劳动奖状，广东分署广东外贸质量监测工作组、青岛海关所属青岛大港海关旅检科、杭州海关所属温州海关综合技术服务中心、乌鲁木齐海关所属阿拉山口海关荣获全国工人先锋号；天津海关所属南开海关综合业务科王娜宁（女）荣获全国五一劳动奖章。

▲29 日　副署长、政治部主任、总署党委巡视工作领导小组副组长胡伟在署主持召开 2021 年全国海关巡察工作推进会。

总署党委委员、办公厅（国家口岸管理办公室）主任黄冠胜主持召开跨境贸易便利化专题视频会议。

▲30 日　副署长、政治部主任胡伟在京参加全国禁毒工作电视电话会议。

5 月

▲3 日　广西龙邦公路口岸扩大开放获国务院批准。

▲6 日　副署长孙玉宁在海口出席首届中国国际消费品博览会开幕式。

▲8 日　副署长张际文在京出席中国中化控股有限责任公司成立大会。

总署党委委员、广东分署主任张广志在广州参加广东全省贸易高质量发展大会。

▲10—28 日　总署圆满完成世界卫生组织独立评估专家组对中国消除疟疾认证评估工作

任务。

▲11日 总署党委委员、广东分署主任张广志参加广东省委《横琴粤澳深度合作区建设总体方案》学习会。

▲14日 国务院安全生产第九考核组对总署2020年度安全生产工作进行现场考核。

▲17—20日 副署长张际文带队赴湖北省开展粮食安全省长责任制考核。

▲19日 副署长王令浚在署通过视频方式会见伊朗经济事务与财政部副部长兼海关署署长马赫迪·米拉什里夫，共同签署《中华人民共和国海关总署和伊朗伊斯兰共和国海关署关于中国海关企业信用管理制度与伊朗海关“经认下的经营者”制度互认的安排》。

副署长孙玉宁在署出席2021年全国海关企业管理和稽查工作会议并讲话。

北京海关、上海海关、成都海关、乌鲁木齐海关4位优秀共产党员代表出席中共中央宣传部举行的中外记者见面会。

中国海关提交的“关于买方代缴特许权使用费的预提所得税”估价案例获世界海关组织大会审议通过，以“咨询性意见4.18”纳入《WCO海关估价纲要》，并成为世界海关组织指导性文件。

▲20日 副署长孙玉宁在同方威视技术股份有限公司密云研发基地开展海关智能审图专题调研，并主持召开智能审图工作例会。

总署党委委员、广东分署主任张广志在广州参加广东省科技创新大会。

总署党委委员、办公厅（国家口岸管理办公室）主任黄冠胜在京参加北京冬奥会外事组专题会。

▲21日 副署长邹志武在京参加2021年全国打击侵权假冒工作电视电话会议，并代表总署就知识产权海关保护工作情况作交流发言。

总署总检验师孙文康在上海参加第十届中国花卉博览会开幕式。

江苏南通港口岸扩大开放通州湾港区获国务院批准。

▲22日 总署总工程师韩森在京出席2021年全国科技活动周暨北京科技周启动式。

▲22—29日 总署成功举办第八届亚太经合组织食品安全合作论坛（FSCF）大会及系列活动。

▲24日 总署党委委员、广东分署主任张广志在广州参加广东省推进横琴粤澳深度合作区建设、全面深化前海深港现代服务业合作区改革开放动员大会。

▲24—28日 副署长王令浚在中国浦东干部学院参加省部级干部建设数字中国专题研讨班学习。

▲25日 副署长孙玉宁在署通过视频方式出席世界海关组织第五届全球AEO大会并致辞，与乌干达共和国税务署署长慕辛古兹签署《中乌海关关于“经认证的经营者”制度互认的安排》。

▲25—27日 第五届全球AEO大会在阿联酋迪拜以视频形式举行。世界海关组织正式宣布2023年由中国海关承办第六届全球AEO大会。

▲28日 驻署纪检监察组组长陶治国在京参加中央纪委国家监委加强纪检监察机关执纪执法权力运行内控机制建设调研座谈会。

驻署纪检监察组组长陶治国在京参加中央纪委国家监委机关党史学习教育专题党课报告会。

副署长张际文在署通过视频方式会见印尼

驻华大使周浩黎。

▲30日　总署党委委员、广东分署主任张广志在广州参加国务院联防联控机制综合组广东工作组见面会。

6月

▲1日　署长倪岳峰在京参加推动长三角一体化发展领导小组全体会议。

驻署纪检监察组组长陶治国在京参加中央纪委国家监委深化垂直管理单位纪检监察体制改革试点工作座谈交流会。

▲2—4日　副署长、全国打私办主任胡伟在海南分别主持召开离岛免税“套代购”走私风险防控署省座谈会、打击离岛免税“套代购”走私综合治理专题会和强化监管打击离岛免税“套代购”走私专题会。

▲6日　中国海关与南非海关通过换签形式正式签署《中华人民共和国海关总署和南非税务署关于中国海关企业信用管理制度与南非税务署“经认证的经营者”制度互认的安排》。

▲7日　副署长王令浚在宁波出席第五届中国—中东欧国家海关检验检疫合作对话会并发表主旨演讲。分别与斯洛文尼亚农林食品部部长约热·波德戈尔舍克、匈牙利农业部长纳吉·伊什特万通过视频方式“云签署”《关于中国从斯洛文尼亚输入禽肉的检验检疫和兽医卫生要求议定书》《关于匈牙利输华宠物食品的检疫和卫生要求议定书》。

▲8日　副署长王令浚在宁波参加第二届中国—中东欧国家博览会暨国际消费品博览会开幕式。

副署长孙玉宁在京参加全国人大宪法和法律委员会第164次全体会议，审议海南自由贸易港法草案。

▲9日　副署长孙玉宁在署主持召开全国海关口岸监管工作电视电话会议。

▲13日　副署长孙玉宁在署出席海关大数据攻关模型优化迭代工作汇报会。

▲17日　总署党委集体参观“风卷红旗关权归——庆祝中国共产党百年华诞海关百物特展”。

▲24日　署长倪岳峰与世界海关组织御厨邦雄秘书长签署《关于在中国设立WCO地区海关实验室的谅解备忘录》。

▲25日　副署长、全国打私办主任胡伟，副署长孙玉宁出席打击治理海南离岛免税“套代购”走私专项行动部署视频会。

▲27日　海南三亚港口岸扩大开放南山港区、清水湾港区和莺歌海港区获国务院批准。

▲28日　副署长王令浚通过视频方式与白俄罗斯共和国国家海关委员会副主席博利沙科夫、白俄罗斯共和国农业食品部副部长斯米尔金共同主持召开中白政府间合作委员会海关检验检疫合作分委会第一次会议。双方批准了《中白政府间合作委员会海关检验检疫合作分委会条例》，共同签署了《中白政府间合作委员会海关检验检疫合作分委会第一次会议纪要》《中华人民共和国海关总署和白俄罗斯国家海关委员会关于实施铁路集装箱运输安全保障和快速通关（“关铁通”）项目的议定书》。

总署党委委员、办公厅（国家口岸管理办公室）主任黄冠胜在京参加国务院推进政府职能转变和“放管服”改革协调小组专题会议。

▲29日　发布《海关总署关于调整中国—瑞士自贸协定项下原产地证书格式的公告》。

7月

▲1日　署长倪岳峰，署领导胡伟、王令

浚、邹志武、陶治国、张际文、孙玉宁在京参加庆祝建党100周年大会。

▲6日 副署长邹志武在济南参加推动黄河流域生态保护和高质量发展领导小组全体会议。

▲7日 副署长邹志武在济南主持召开海关服务黄河流域生态保护和高质量发展座谈会。

▲8日 总署党委委员、副署长、政治部主任胡伟在京出席中央和国家机关党的建设成就巡礼展开幕式。

▲9日 总署党委集体参观“不忘初心、牢记使命——中国共产党历史展览”。

总署党委委员、副署长、政治部主任胡伟在京出席贯彻落实习近平总书记中央和国家机关党的建设工作会议重要讲话精神交流座谈会。

▲13日 副署长王令浚和欧盟委员会卫生与食品安全总司总司长姗德拉·贾丽娜通过换文方式签署《中华人民共和国海关总署和欧盟委员会卫生与食品安全总司的谅解备忘录》。

副署长孙玉宁在京参加进博会组委会全体会议。

▲14日 副署长邹志武在京参加推动黄河流域生态保护和高质量发展领导小组办公室专题会议。

▲15日 总署党委委员、副署长、政治部主任胡伟在署主持召开全国海关党史学习教育推进会。

▲19日 署长倪岳峰与文莱初级资源与旅游部部长阿里交换签署《中华人民共和国海关总署与文莱达鲁萨兰国初级资源与旅游部关于文莱输华养殖水产品的检验检疫和兽医卫生要求议定书》。

党委书记、署长、巡视工作领导小组组长倪岳峰在署出席巡视工作领导小组会议。

副署长王令浚在京参加中国贸促会第六届全国委员会第一次会议。

▲26日 副署长王令浚在署会见中国驻坦桑尼亚候任大使陈明健。

《口岸公共卫生核心能力建设技术规范》通过国家标准化管理委员会审核并立项。

▲27日 署长倪岳峰与哈萨克斯坦农业部负责人签署《中华人民共和国海关总署与哈萨克斯坦共和国农业部关于哈萨克斯坦饲用大麦粉输华植物检疫要求议定书》，与乌兹别克斯坦国家植物检验检疫局负责人签署《中华人民共和国海关总署与乌兹别克斯坦共和国部长内阁下属国家植物检验检疫局关于乌兹别克斯坦柠檬输华植物检疫要求的议定书》。

▲28日 国际贸易“单一窗口”与国家政务服务平台实现合作对接。

▲29日 总署党委委员、办公厅（国家口岸管理办公室）主任黄冠胜出席国务院政策例行吹风会，介绍进一步深化跨境贸易便利化改革优化口岸营商环境有关情况，并回答记者提问。

▲30日 署长倪岳峰与比利时王国海关与消费税署署长万德瓦伦通过换文方式签署《中华人民共和国海关总署与比利时王国海关与消费税署关于加强供应链互联互通合作的谅解备忘录》。

副署长孙玉宁在署出席全国海关自贸区和特殊区域发展工作会议并讲话。

8月

▲1日 根据海关总署、海南省政府联合部署，8月1日起，海南自由贸易港对离岛免

税商品最小包装单元加贴溯源码，实现“一物一码”。

▲3日　广东汕尾港口岸扩大开放海丰港区和陆丰港区顺利通过海关总署会同交通运输部、国家移民管理局、中央军委联合参谋部组成的验收组验收。

▲6日　副署长王令浚以视频方式在中国—土耳其建交50周年经贸文化发展论坛开幕式致辞。

▲16日　署长倪岳峰在京通过换文方式分别与芬兰驻华大使肃海岚签署《中华人民共和国海关总署和芬兰共和国农林部关于芬兰输华鱼饲料检疫和卫生要求议定书》，与南非农业、土地改革和农村发展部部长安吉拉·索科·迪迪扎签署《中华人民共和国海关总署与南非共和国农业、土地改革和农村发展部关于南非柑橘输华植物检疫要求的议定书》。

▲24日　福建宁德港口岸扩大开放三都澳港区漳湾作业区获国务院批准。

▲25日　广东青茂口岸对外开放顺利通过海关总署会同国家移民管理局、国务院港澳办、中央军委国防动员部组成的验收组验收。

▲31日　国务院批准《国家“十四五”口岸发展规划》。

9月

▲1日　总署举办学习贯彻习近平总书记“七一”重要讲话精神读书班暨宣讲交流会。

总署党委委员、副署长、政治部主任胡伟在署主持召开全国海关党建工作专题培训动员部署会。

副署长王令浚出席“大地女神”第七期国际联合执法行动线上启动会。

义乌综合保税区（一期）顺利通过正式验收。

▲2日　副署长邹志武在署出席2021年海关传媒通联工作视频会议并讲话。

副署长张际文在京参加第四十八届南丁格尔奖颁奖大会。

副署长张际文在京参加中国国际服务贸易交易会全球服务贸易峰会。

黑龙江黑河公路口岸对外开放顺利通过海关总署会同外交部、国家移民管理局和中央军委国防动员部组成的验收组验收。

▲3日　副署长孙玉宁在署出席2021年全国海关风险管理工作会议并讲话。

▲7日　总署发布加强海关史研究工作的总体方案。

▲9日　副署长邹志武在京出席国务院新闻办新闻发布会，介绍海关强化监管优化服务，全力支持横琴粤澳深度合作区建设有关情况，并回答中外记者提问。

▲10日　副署长、政治部主任胡伟在署出席2021年海关新录用公务员初任培训结业视频会议。

总署总检验师孙文康在南宁参加第十八届中国—东盟博览会和中国—东盟商务与投资峰会开幕式。

▲13日　副署长王令浚与柬埔寨农林渔业部大臣翁萨坤以视频方式共同主持第七届中国—东盟动植物检疫和食品安全合作部长级会议。

副署长王令浚视频会见老挝农业与林业部部长佩·蓬皮帕并签署《中华人民共和国海关总署与老挝人民民主共和国农林部关于老挝鲜食百香果输华植物检疫要求的议定书》，视频会见泰国农业与合作社部部长查棱猜并签署《中华人民共和国海关总署和泰王国农业与合作社部关于中国和泰国进出口水果过境第三国检验检疫要求的议定书》。

▲15 日 署长倪岳峰与爱尔兰农业、食品和海事部部长查理·麦康纳洛格通过换文签署《中华人民共和国海关总署与爱尔兰共和国农业、食品和海事部关于中国从爱尔兰输入种猪的检疫和卫生条件议定书》《中华人民共和国海关总署与爱尔兰共和国农业、食品和海事部关于中国从爱尔兰输入绵羊肉的检验检疫和兽医卫生要求议定书》。

副署长孙玉宁与海南省副省长倪强在海口海关共同召开署省领导见面会和打击治理海南离岛免税“套代购”走私专项行动专题座谈会。

副署长孙玉宁出席在海口召开的免税商品经营企业座谈会。

▲17 日 副署长孙玉宁，总署党委委员、广东分署主任张广志在横琴参加横琴粤澳深度合作区管理机构揭牌仪式。

▲18 日 副署长王令浚在京参加全国人大常委会固体废物污染环境防治法执法检查组第二次全体会议。

▲21 日 署长倪岳峰与俄罗斯联邦兽医和植物卫生监督局局长丹尼维尔特通过换文签署《中华人民共和国海关总署和俄罗斯联邦兽医和植物卫生监督局关于中国从俄罗斯输入牛肉的检验检疫和兽医卫生要求议定书》。

▲22 日 内蒙古二连浩特航空口岸对外开放获国务院批准。

▲23 日 总署总检验师孙文康在长春参加第十三届中国—东北亚博览会开幕式暨第十一届东北亚合作高层论坛主论坛。

▲26 日 总署总检验师孙文康出席第二届中国—非洲经贸博览会开幕式暨中非经贸合作论坛。

▲27 日 署长倪岳峰、副署长胡伟在京参加中央人才工作会全体会议。

副署长王令浚与俄罗斯海关署副署长伊文以视频方式共同主持召开中俄总理定期会晤委员会海关合作分委会第十三次会议。

▲29 日 副署长邹志武在京参加今冬明春能源电力保供跨部门协调小组第一次全体会议。

10 月

▲8 日 副署长张际文在署主持召开国门生物安全专题会议。

▲9 日 署长倪岳峰在京参加纪念辛亥革命 110 周年大会。

副署长、政治部主任、总署党委巡视工作领导小组副组长胡伟，驻署纪检监察组组长、总署党委巡视工作领导小组副组长陶治国在上海海关学院苏州分校出席总署党委 2021 年第二轮巡视工作动员部署会议并讲话。

▲11 日 国际贸易“单一窗口”新增 1 种监管证件“一口受理”，上线《农业转基因生物安全证书（进口）》申领服务。

▲11—14 日 副署长张际文在昆明参加《生物多样性公约》缔约方大会第十五次会议。

▲12 日 副署长孙玉宁在京和国家安全部副部长董经纬就口岸安全风险合作举行会晤。

▲13 日 副署长孙玉宁在京召集外交部、国家发展改革委等 33 个口岸安全风险联合防控机制成员单位，召开口岸安全风险联合防控工作会议。

▲14 日 署长倪岳峰在广州参加第 130 届中国进出口商品交易会暨珠江国际贸易论坛开幕式。

副署长孙玉宁在京参加第二届联合国全球可持续交通大会开幕式。

▲21日　副署长邹志武在厦门出席加强海关统计工作专题会议并讲话。

▲22日　署长倪岳峰在济南参加深入推动黄河流域生态保护和高质量发展座谈会。

副署长王令浚以视频方式出席俄罗斯海关国际合作论坛开幕式并致辞。

▲25日　副署长张际文通过视频方式会见越南农业与农村发展部副部长陈青南，双方围绕两国农产品检疫准入和进出口食品安全等议题深入交换意见。

▲26日　总署联合中央广播电视总台共同制作的5集纪录片《中国海关》在上海开机。

▲29日　副署长邹志武在京参加国务院关税税则委员会第四次全体会议。

11月

▲1日　副署长王令浚在署与新西兰海关署副署长杰米·班福德以视频方式共同主持召开第四次“中新海关年度署级对话”，双方就推进《区域全面经济伙伴关系协定》实施、中新自由贸易协定升级落实、“经认证的经营者”互认、风险管理和缉私执法等各领域合作交换意见。

▲2日　副署长、政治部主任胡伟在京参加纪念中央革命根据地创建暨中华苏维埃共和国成立90周年座谈会。

▲4日　总署党委委员、办公厅（国家口岸管理办公室）主任黄冠胜与蒙古国口岸特别全权办公室主任拉青扎布以视频方式共同主持召开中蒙边境口岸管理合作委员会第四次会议。

▲4—5日　副署长孙玉宁在上海参加第四届进博会开幕式及高层论坛。

▲5日　为配合第四届中国进口博览会的召开，署长倪岳峰与古巴驻华大使佩雷拉交换签署《中华人民共和国海关总署与古巴共和国农业部关于古巴共和国输华养殖水产品的检验检疫和兽医卫生要求议定书》《中华人民共和国海关总署与古巴共和国农业部关于古巴输华野生水产品的检验检疫和兽医卫生要求议定书》。

署长倪岳峰与老挝农业与林业部部长佩·蓬皮帕交换签署《中华人民共和国海关总署与老挝人民民主共和国农业与林业部关于老挝柑橘类水果输华植物检疫要求的议定书》，该议定书作为第四届进博会的成果签署。

署长倪岳峰在京参加第八届全国道德模范评选表彰活动。

署长倪岳峰与智利农业部部长玛利亚·洪都拉珈换文签署《中华人民共和国海关总署与智利共和国农业部关于智利冷冻水果输华检验检疫要求的议定书》。

▲8—11日　总署党委书记、署长倪岳峰在京参加中共十九届六中全会。

▲9日　副署长孙玉宁在署出席全国海关稽查改革推进会议并讲话。

▲11日　副署长、政治部主任胡伟在署主持召开全国海关年鉴编纂部署工作会议并讲话。

▲12日　副署长王令浚与哈萨克斯坦财政部国家收入委员会主席阿腾巴耶夫以视频方式共同主持召开中哈合作委员会口岸和海关合作分委会第十一次会议，共同签署《中哈合作委员会口岸和海关合作分委会第十一次会议纪要》。

▲15日　中央组织部研究，王林同志任总

署党委委员，免去陶治国同志的总署党委委员职务。

▲16 日　副署长邹志武在京参加今冬明春保暖保供工作电视电话会议。

▲17 日　副署长孙玉宁在京参加司法部审议《关税法（草案）》部级会议。

▲18 日　中老边境磨憨铁路口岸对外开放通过海关总署会同外交部、国家移民管理局、国家铁路局等部门组成的验收组验收。

▲19 日　署长倪岳峰在京参加第三次“一带一路”建设座谈会。

副署长、政治部主任胡伟在京参加中国网络文明大会。

▲24 日　署长倪岳峰与印度尼西亚农业部长夏赫鲁·亚辛·林波交换签署《中华人民共和国海关总署与印度尼西亚共和国农业部关于印度尼西亚魔芋干片输华检验检疫要求议定书》。

▲25 日　总署党委举办理论学习中心组（扩大）学习暨党的十九届六中全会精神专题学习班。

署长倪岳峰与智利农业部部长玛利亚·洪都拉珈交换签署《中华人民共和国海关总署和智利共和国农业部关于中国从智利输入牛肉的检验检疫和兽医卫生要求议定书》《中华人民共和国海关总署和智利共和国农业部关于中国从智利输入绵羊和山羊肉的检验检疫和兽医卫生要求议定书》。

▲30 日　中俄海关签署《中华人民共和国海关总署和俄罗斯联邦海关署关于中俄对外贸易海关统计方法和信息合作的备忘录》。

署长倪岳峰与南非农业、土地改革和农村发展部部长安吉拉·索科·迪迪扎交换签署《中华人民共和国海关总署与南非共和国农业、土地改革和农村发展部关于南非鲜梨输华植物检疫要求的议定书》。

署长倪岳峰与卢旺达驻华大使詹姆斯·基莫尼奥交换签署《中华人民共和国海关总署与卢旺达共和国农业与动物资源部关于卢旺达甜叶菊输华植物检疫要求议定书》。

12 月

▲1 日　总署举办学习贯彻党的十九届六中全会精神宣讲报告会，中央宣讲团成员、中央党史和文献研究院副院长黄一兵作宣讲报告。

▲2 日　总署举办党委理论学习中心组（扩大）学习暨党的十九届六中全会精神专题学习班交流研讨。

绍兴综合保税区（一期）、安庆综合保税区、洛阳综合保税区、梅州综合保税区（一期）、海口空港综合保税区通过正式验收。

▲3 日　署长倪岳峰、副署长孙玉宁在京参加全国宗教工作会议。

中央机构编制委员会办公室发布批复同意整合海口海关所属洋浦经济开发区海关（副厅级）、洋浦港海关（正处级），设立洋浦海关（副厅级）；新设三亚机场海关（正处级）。

▲4 日　外交部部长助理吴江浩代表海关总署同柬埔寨外交与国际合作部国务秘书杜班雅在浙江安吉签署《中华人民共和国海关总署与柬埔寨王国农林渔业部关于动植物检验检疫和食品安全 2021—2022 年度合作安排》。

▲6 日　副署长、政治部主任胡伟，总署党委委员、办公厅（国家口岸管理办公室）主任黄冠胜出席中央和国家机关警示教育会。

副署长孙玉宁在京参加中国物流集团有限公司成立大会。

▲7 日　驻署纪检监察组组长王林主持召开全国海关纪检机构学习贯彻党的十九届六中全会精神专题会议。

▲8—10 日　署长倪岳峰在京参加中央经济工作会议。

▲9 日　国务院批复同意设立台州综合保税区。

▲10 日　署长倪岳峰在京参加推进海南全面深化改革开放领导小组全体会议。

▲13 日　副署长王令浚与法国农业和食品部部长朱利安·德诺曼迪共同签署《中法关于非洲猪瘟区域化管理合作的协议》。

▲14 日　副署长邹志武在京参加中央农村工作领导小组第 36 次专题会议。

▲15 日　国务院批准关闭广东佛山、肇庆铁路口岸。

▲19—20 日　署长倪岳峰到河南省卢氏县调研乡村振兴工作。

▲20 日　署长倪岳峰与津巴布韦土地、农业、渔业、水资源和农村发展部部长安克雄斯·仲伟·马苏卡交换签署《中华人民共和国海关总署与津巴布韦共和国土地、农业、渔业、水资源和农村发展部关于津巴布韦鲜食柑橘输华植物检疫要求的议定书》。

北京大兴国际机场、西宁综合保税区通过正式验收。

▲21 日　副署长邹志武在厦门出席厦门经济特区建设 40 周年庆祝大会。

副署长张际文在京参加全国老干部工作先进集体和先进个人表彰大会。南京海关离退办毕爱民、黄埔海关离退办曾萍分别被授予“全国优秀老干部工作者”和“全国先进老干部工作者”称号，毕爱民作为先进个人代表在表彰大会上发言。

▲22 日　副署长王令浚在南宁出席全国海关“三智”国际合作工作会议。

▲23 日　副署长邹志武在京参加推动长江经济带发展领导小组全体会议。

福建宁德港口岸三都澳港区漳湾作业区扩大开放顺利通过海关总署会同交通运输部、国家移民管理局和中央军委联合参谋部组成的验收组验收。

▲24 日　署长倪岳峰在北京调研，北京市委书记蔡奇会见倪岳峰一行。

总署党委委员、副署长、政治部主任胡伟在京出席党史学习教育总结会议。

全国哲学社会科学工作办公室批准“中国海关史”作为国家社会科学基金特别委托项目由总署办公厅承办。

▲25—26 日　副署长邹志武在京参加中央农村工作会议。

▲27 日　副署长孙玉宁在署主持召开打击跨境电商进口走私“断链刨根”专项整治行动总结会。

总署党委委员、办公厅（国家口岸管理办公室）主任黄冠胜在京参加全国政府秘书长和办公厅主任会。

▲28 日　副署长王令浚在京参加国务院推进政府职能转变和“放管服”改革协调小组专题会议。

全国海关 12 个单位被评为全国普法工作先进单位，9 名同志被评为全国普法工作先进个人，1 个单位被评为全国依法治理创建活动先进单位。

▲29 日　署长倪岳峰与新加坡驻华大使吕德耀交换签署《中华人民共和国海关总署和新加坡共和国关税局关于“单一窗口”互联互通联盟链的合作备忘录》。

重庆港口岸扩大开放果园港区通过海关总署会同交通运输部、国家移民管理局、中央军委联合参谋部组成的验收组验收。

▲31 日　总署召开全国海关党史学习教育总结会议。

第十篇

海关统计资料

进出口商品年度总值表

年度	人民币(亿元)			美元值(亿美元)		
	进出口	出口	进口	进出口	出口	进口
1981	735	368	368	440	220	220
1982	771	414	358	416	223	193
1983	860	438	422	436	222	214
1984	1,201	581	620	535	261	274
1985	2,067	809	1,258	696	274	423
1986	2,580	1,082	1,498	738	309	429
1987	3,084	1,470	1,614	827	394	432
1988	3,822	1,767	2,055	1,028	475	553
1989	4,156	1,956	2,200	1,117	525	591
1990	5,560	2,986	2,574	1,154	621	533
1991	7,226	3,827	3,399	1,356	718	638
1992	9,120	4,676	4,443	1,655	849	806
1993	11,271	5,285	5,986	1,957	917	1,040
1994	20,382	10,422	9,960	2,366	1,210	1,156
1995	23,500	12,452	11,048	2,809	1,488	1,321
1996	24,134	12,576	11,557	2,899	1,510	1,388
1997	26,967	15,161	11,807	3,252	1,828	1,424
1998	26,850	15,224	11,626	3,239	1,837	1,402
1999	29,896	16,160	13,736	3,606	1,949	1,657
2000	39,273	20,634	18,639	4,743	2,492	2,251
2001	42,184	22,024	20,159	5,097	2,661	2,436
2002	51,378	26,948	24,430	6,208	3,256	2,952
2003	70,483	36,288	34,196	8,510	4,382	4,128
2004	95,539	49,103	46,436	11,546	5,933	5,612
2005	116,922	62,648	54,274	14,219	7,620	6,600
2006	140,975	77,598	63,377	17,604	9,690	7,915

续表

年度	人民币(亿元)			美元值(亿美元)		
	进出口	出口	进口	进出口	出口	进口
2007	166,924	93,627	73,297	21,762	12,201	9,561
2008	179,921	100,395	79,527	25,633	14,307	11,326
2009	150,648	82,030	68,618	22,075	12,016	10,059
2010	201,722	107,023	94,700	29,740	15,778	13,962
2011	236,402	123,241	113,161	36,419	18,984	17,435
2012	244,160	129,359	114,801	38,671	20,487	18,184
2013	258,169	137,131	121,037	41,590	22,090	19,500
2014	264,242	143,884	120,358	43,015	23,423	19,592
2015	245,503	141,167	104,336	39,530	22,735	16,796
2016	243,386	138,419	104,967	36,856	20,976	15,879
2017	278,099	153,309	124,790	41,071	22,633	18,438
2018	305,010	164,129	140,881	46,224	24,867	21,357
2019	315,627	172,374	143,254	45,779	24,995	20,784
2020	322,215	179,279	142,936	46,559	25,900	20,660
2021	390,915	217,300	173,615	60,501	33,632	26,868

2021年进出口商品月度总值表

月份	进出口				出口				进口			
	人民币（亿元）	同比（%）	美元值（亿美元）	同比（%）	人民币（亿元）	同比（%）	美元值（亿美元）	同比（%）	人民币（亿元）	同比（%）	美元值（亿美元）	同比（%）
合计	390,915.3	21.3	60,500.7	29.9	217,300.0	21.2	33,632.2	29.9	173,615.3	21.5	26,868.5	30.1
2021年1月	30,448.6	18.1	4,656.0	26.3	17,245.9	16.4	2,636.3	24.6	13,202.7	20.2	2,019.7	28.7
2021年2月	24,299.9	57.9	3,739.8	67.9	13,302.7	139.2	2,046.4	154.6	10,997.1	11.9	1,693.4	18.9
2021年3月	30,310.9	24.4	4,697.7	34.5	15,528.1	20.5	2,407.4	30.4	14,782.8	28.7	2,290.3	39.1
2021年4月	31,563.9	26.9	4,860.7	37.3	17,097.4	22.0	2,634.5	32.1	14,466.5	33.1	2,226.3	44.1
2021年5月	31,473.8	27.2	4,840.4	37.8	17,140.5	17.9	2,636.2	27.7	14,333.2	40.5	2,204.3	52.2
2021年6月	32,956.4	22.1	5,119.6	34.4	18,095.5	20.0	2,810.1	32.0	14,860.9	24.7	2,309.4	37.3
2021年7月	32,653.2	11.4	5,086.7	23.1	18,116.5	7.9	2,822.7	19.2	14,536.7	16.2	2,264.1	28.3
2021年8月	34,193.7	18.6	5,287.3	28.4	19,006.0	15.6	2,939.7	25.4	15,187.7	22.5	2,347.6	32.4
2021年9月	35,183.4	14.9	5,424.8	22.8	19,800.5	19.7	3,052.8	27.9	15,382.9	9.3	2,372.0	16.7
2021年10月	33,252.1	17.4	5,143.1	23.9	19,366.9	20.1	2,995.8	26.8	13,885.2	14.0	2,147.3	20.0
2021年11月	37,069.6	20.2	5,778.7	25.7	20,838.9	16.3	3,248.0	21.7	16,230.7	25.6	2,530.7	31.4
2021年12月	37,509.9	16.7	5,865.7	20.3	21,760.8	17.2	3,402.4	20.8	15,749.1	16.2	2,463.3	19.6

2021 年进出口商品国别(地区)前 30 位总值表

进口原产国(地) 出口最终目的国(地)	进出口		出口		进口	
	人民币 (亿元)	同比 (%)	人民币 (亿元)	同比 (%)	人民币 (亿元)	同比 (%)
总计	390,915.3	21.3	217,300.0	21.2	173,615.3	21.5
美国	48,830.8	20.2	37,222.1	19.0	11,608.7	24.3
日本	24,015.6	9.4	10,719.5	8.5	13,296.1	10.1
韩国	23,404.9	18.4	9,615.5	23.5	13,789.4	15.1
中国香港	23,266.4	20.5	22,639.5	20.3	626.9	30.2
中国台湾	21,201.6	17.6	5,062.3	21.7	16,139.3	16.4
德国	15,194.1	14.4	7,441.7	23.8	7,752.5	6.7
越南	14,879.5	12.0	8,911.9	13.3	5,967.6	10.2
澳大利亚	14,860.7	25.3	4,290.2	15.9	10,570.5	29.5
马来西亚	11,431.0	25.7	5,083.1	30.6	6,347.9	22.1
巴西	10,567.5	26.6	3,464.2	43.4	7,103.3	19.8
中国	10,130.1	16.9	—	—	10,130.1	16.9
俄罗斯联邦	9,504.3	26.8	4,363.4	24.6	5,140.9	28.7
泰国	8,476.7	24.0	4,481.4	28.1	3,995.2	19.8
印度	8,120.6	33.9	6,301.6	36.6	1,819.0	25.1
印度尼西亚	8,046.7	48.1	3,919.0	38.1	4,127.8	59.1
荷兰	7,522.0	18.4	6,617.2	21.0	904.8	2.4
英国	7,282.3	13.8	5,623.0	12.0	1,659.2	20.4
新加坡	6,069.5	-1.8	3,561.3	-10.7	2,508.2	14.6
沙特阿拉伯	5,639.6	21.3	1,959.5	0.6	3,680.1	36.2
墨西哥	5,594.0	32.4	4,357.0	40.3	1,236.9	10.3
法国	5,495.0	19.2	2,967.8	15.9	2,527.2	23.4
菲律宾	5,302.5	25.2	3,703.1	27.8	1,599.4	19.7
加拿大	5,296.6	19.1	3,328.5	14.1	1,968.1	28.6
意大利	4,778.7	25.2	2,818.9	23.5	1,959.7	27.6

续表

进口原产国(地) 出口最终目的国(地)	进出口		出口		进口	
	人民币（亿元）	同比（%）	人民币（亿元）	同比（%）	人民币（亿元）	同比（%）
阿联酋	4,670.6	36.6	2,826.6	26.3	1,844.0	56.0
智利	4,257.1	35.9	1,698.7	60.1	2,558.4	23.5
南非	3,494.5	40.2	1,364.8	29.4	2,129.8	48.2
西班牙	3,129.0	19.2	2,334.4	22.4	794.6	10.6
瑞士	2,848.3	83.4	402.6	15.0	2,445.7	103.4
*亚太经济合作组织	249,037.8	19.8	134,478.6	19.7	114,559.2	20.0
*东南亚国家联盟	56,758.6	19.7	31,236.1	17.7	25,522.5	22.4
*欧洲联盟	53,503.5	19.0	33,479.5	23.6	20,024.0	12.1

注：1. 本表根据进出口总值排序，取前30位国别（地区），带*不参与排序。

2. 亚太经济合作组织包括：文莱、中国香港、印度尼西亚、日本、马来西亚、菲律宾、新加坡、韩国、泰国、越南、中华人民共和国、中国台湾、俄罗斯、智利、墨西哥、秘鲁、加拿大、美国、澳大利亚、新西兰、巴布亚新几内亚。

3. 东南亚国家联盟包括：文莱、缅甸、柬埔寨、印度尼西亚、老挝、马来西亚、菲律宾、新加坡、泰国、越南。

4. 欧洲联盟包括：比利时、丹麦、德国、法国、爱尔兰、意大利、卢森堡、荷兰、希腊、葡萄牙、西班牙、奥地利、芬兰、瑞典、塞浦路斯、匈牙利、马耳他、波兰、爱沙尼亚、拉脱维亚、立陶宛、斯洛文尼亚、捷克、斯洛伐克、保加利亚、罗马尼亚、克罗地亚27国。

2021 年进出口商品贸易方式总值表

贸易方式	进出口		出口		进口	
	人民币（亿元）	同比（%）	人民币（亿元）	同比（%）	人民币（亿元）	同比（%）
合计	390,915.3	21.3	217,300.0	21.2	173,615.3	21.5
一般贸易	240,765.2	24.7	132,418.0	24.4	108,347.2	24.9
国家间、国际组织无偿援助和赠送的物资	78.7	94.4	78.6	98.6	0.1	-85.0
其他捐赠物资	4.3	-91.8	4.2	-83.7	0.1	-99.4
来料加工装配贸易	11,100.6	11.1	5,176.5	10.4	5,924.1	11.7
进料加工贸易	73,876.9	11.1	48,199.8	9.8	25,677.0	13.7
寄售、代销贸易	4.5	518.6	4.0	448.3	0.5	98,779.0
边境小额贸易	2,518.7	1.6	2,066.4	7.6	452.2	-19.1
加工贸易进口设备	23.6	-18.2	—	—	23.6	-18.2
对外承包工程出口货物	823.4	12.5	823.4	12.5	—	—
租赁贸易	139.1	-17.4	26.4	131.6	112.7	-28.3
外商投资企业作为投资进口的设备、物品	131.2	-34.6	—	—	131.2	-34.6
出料加工贸易	25.5	-44.4	10.6	-49.6	14.9	-40.0
易货贸易	17.8	407.1	14.5	315.7	3.3	19,613.2
免税外汇商品	1.2	-62.7	—	—	1.2	-62.7
保税监管场所进出境货物	15,837.8	20.8	4,203.2	14.0	11,634.6	23.5
海关特殊监管区域物流货物	33,270.4	29.0	14,158.6	43.4	19,111.8	20.1
特殊监管区域进口设备	808.5	15.6	—	—	808.5	15.6
其他贸易	11,223.1	25.1	10,115.8	27.2	1,107.2	9.0
免税品	264.8	-3.0	—	—	264.8	-3.0

注：表中“—”代表无数据。

2021年进出口企业性质总值表

企业性质	进出口		出口		进口	
	人民币（亿元）	同比（%）	人民币（亿元）	同比（%）	人民币（亿元）	同比（%）
合计	390,915.3	21.3	217,300.0	21.2	173,615.3	21.5
国有企业	59,383.1	27.7	17,382.9	20.7	42,000.1	30.9
中外合作企业	690.6	-0.02	431.5	10.0	259.1	-13.2
中外合资企业	36,662.3	12.0	20,561.6	20.8	16,100.8	2.6
外商独资企业	102,904.4	13.0	53,485.2	13.6	49,419.2	12.4
集体企业	4,769.0	7.0	3,076.1	8.6	1,692.9	4.1
私营企业	185,080.2	27.3	121,764.3	25.6	63,315.9	30.5
个体工商户	128.7	5.0	116.1	8.0	12.6	-16.5
其他	1,296.9	3.8	482.2	-7.3	814.7	11.8

2021年进出口商品收发货人所在地总值表

收发货人所在地	进出口		出口		进口	
	人民币（亿元）	同比（%）	人民币（亿元）	同比（%）	人民币（亿元）	同比（%）
合计	390,915.3	21.3	217,300.0	21.2	173,615.3	21.5
北京市	30,431.2	30.5	6,122.6	31.3	24,308.6	30.3
天津市	8,566.9	16.3	3,876.1	26.1	4,690.8	9.3
河北省	5,415.1	21.5	3,029.7	20.2	2,385.4	23.2
山西省	2,231.2	48.3	1,365.9	56.3	865.2	37.3
内蒙古自治区	1,236.5	17.3	478.1	37.0	758.4	7.5
辽宁省	7,722.8	17.6	3,312.6	24.9	4,410.2	12.6
吉林省	1,505.0	17.4	353.5	21.5	1,151.5	16.1
黑龙江省	1,993.7	29.5	447.7	24.4	1,546.0	31.1
上海市	40,602.5	16.4	15,713.4	14.5	24,889.0	17.7
江苏省	52,108.3	17.1	32,529.4	18.6	19,578.9	14.7
浙江省	41,419.8	22.4	30,120.0	19.7	11,299.8	30.2
安徽省	6,914.5	26.8	4,094.3	29.5	2,820.2	23.1
福建省	18,433.0	30.7	10,812.1	27.6	7,620.9	35.5
江西省	4,979.8	23.7	3,671.7	25.8	1,308.1	18.2
山东省	29,315.9	32.5	17,561.7	34.6	11,754.2	29.4
河南省	8,202.0	22.8	5,022.0	23.2	3,179.9	22.1
湖北省	5,370.1	24.7	3,508.6	29.8	1,861.5	16.1
湖南省	5,967.8	22.2	4,210.3	27.4	1,757.5	11.2
广东省	82,680.6	16.7	50,525.7	16.2	32,154.9	17.4
广西壮族自治区	5,932.6	21.8	2,939.0	8.6	2,993.7	38.4
海南省	1,468.7	56.9	327.5	18.2	1,141.2	73.1
重庆市	8,000.1	22.8	5,167.7	23.4	2,832.4	21.8
四川省	9,517.4	17.7	5,708.6	22.7	3,808.8	10.9
贵州省	653.9	19.6	487.1	13.0	166.8	44.4

续表

收发货人所在地	进出口		出口		进口	
	人民币（亿元）	同比（%）	人民币（亿元）	同比（%）	人民币（亿元）	同比（%）
云南省	3,145.6	16.8	1,766.7	16.3	1,378.9	17.4
西藏自治区	40.2	88.3	22.5	74.1	17.6	110.2
陕西省	4,753.5	25.8	2,564.8	32.9	2,188.7	18.4
甘肃省	491.9	28.6	96.9	13.2	395.0	33.1
青海省	31.6	37.7	17.1	38.8	14.6	36.4
宁夏回族自治区	213.9	73.3	174.7	101.5	39.2	6.8
新疆维吾尔自治区	1,569.2	5.8	1,272.1	15.8	297.1	-22.9

2021 年进出口商品关别总值表

关别	进出口		出口		进口	
	人民币（亿元）	同比（%）	人民币（亿元）	同比（%）	人民币（亿元）	同比（%）
合计	390,915.3	21.3	217,300.0	21.2	173,615.3	21.5
北京海关	7,326.4	27.8	2,601.4	63.9	4,725.0	14.0
天津海关	16,635.9	25.4	8,317.6	36.2	8,318.2	16.2
石家庄海关	4,670.0	33.0	770.7	48.7	3,899.2	30.3
太原海关	591.2	143.0	196.6	349.2	394.5	97.8
满洲里海关	423.6	18.8	179.3	42.0	244.3	6.0
呼和浩特海关	774.0	25.8	213.5	43.5	560.5	20.1
沈阳海关	1,419.2	26.7	253.7	23.2	1,165.5	27.5
大连海关	8,979.6	16.7	3,747.9	18.3	5,231.7	15.6
长春海关	637.5	-0.3	115.2	28.2	522.3	-4.9
哈尔滨海关	1,429.4	33.1	193.8	33.8	1,235.6	33.0
上海海关	75,740.5	17.3	43,678.4	16.3	32,062.2	18.6
南京海关	32,896.2	20.0	16,186.6	24.2	16,709.6	16.1
杭州海关	12,407.3	34.8	6,813.3	29.4	5,594.0	41.9
宁波海关	20,523.8	23.7	14,630.1	20.4	5,893.6	32.5
合肥海关	3,203.3	19.2	1,192.5	14.9	2,010.8	21.9
福州海关	3,602.8	35.5	1,433.2	22.1	2,169.5	46.2
厦门海关	11,330.3	27.5	7,622.1	23.0	3,708.2	38.1
南昌海关	1,843.8	12.7	841.2	10.1	1,002.6	15.0
青岛海关	27,946.4	32.6	14,135.4	31.9	13,811.0	33.2
济南海关	5,182.0	28.8	2,688.2	40.0	2,493.8	18.5
郑州海关	7,348.1	23.2	4,372.0	24.1	2,976.2	21.8
武汉海关	3,226.9	25.5	1,732.1	36.3	1,494.8	14.9
长沙海关	1,858.1	-7.7	893.9	-16.5	964.3	2.3
广州海关	16,138.0	20.6	10,970.4	24.1	5,167.6	14.0
黄埔海关	17,848.3	16.9	8,602.5	23.5	9,245.9	11.4

续表

关别	进出口		出口		进口	
	人民币（亿元）	同比（%）	人民币（亿元）	同比（%）	人民币（亿元）	同比（%）
深圳海关	63,447.6	17.7	42,154.0	16.0	21,293.5	21.2
拱北海关	4,467.4	8.7	2,791.6	6.9	1,675.8	11.8
汕头海关	1,308.9	33.3	785.8	19.1	523.1	62.4
海口海关	1,263.8	19.2	269.2	9.8	994.6	22.0
湛江海关	2,466.2	55.0	296.3	36.6	2,169.9	57.9
江门海关	1,363.2	12.0	925.6	11.7	437.5	12.5
南宁海关	8,536.3	34.5	3,934.5	21.2	4,601.8	48.4
成都海关	7,954.6	10.3	4,464.9	14.3	3,489.7	5.7
重庆海关	6,636.8	20.8	4,356.7	22.9	2,280.2	16.9
贵阳海关	198.9	47.0	88.3	57.3	110.6	39.6
昆明海关	1,798.1	-3.0	791.1	-15.4	1,006.9	9.7
拉萨海关	41.5	131.9	27.1	86.1	14.4	334.0
西安海关	4,452.6	24.6	2,454.4	31.7	1,998.2	16.8
乌鲁木齐海关	2,764.0	17.7	1,536.4	30.8	1,227.6	4.5
兰州海关	192.1	55.0	14.0	99.9	178.0	52.3
银川海关	38.7	75.5	27.7	180.3	11.1	-9.4
西宁海关	2.0	-54.1	0.5	55.0	1.6	-62.4

2021年进出口商品运输方式总值表

运输方式	进出口		出口		进口	
	人民币（亿元）	同比（%）	人民币（亿元）	同比（%）	人民币（亿元）	同比（%）
合计	390,915.3	21.3	217,300.0	21.2	173,615.3	21.5
水路运输	239,513.2	22.4	141,641.2	22.0	97,872.0	22.9
铁路运输	6,594.3	23.2	4,439.0	23.1	2,155.3	23.3
公路运输	60,930.1	22.1	31,036.0	21.2	29,894.1	23.1
航空运输	76,785.9	15.6	36,310.6	14.3	40,475.4	16.7
邮件运输	346.4	-28.1	198.5	-38.3	147.9	-7.4
固定设施	342.8	2,751.1	15.3	45.2	327.5	21,928.5
旅客携带	0.0	-98.1	0.0	-100.0	0.0	-84.2
其他运输	6,402.6	46.9	3,659.4	92.8	2,743.2	11.5

2021年进出口商品类章总值表

商品类章	进出口		出口		进口	
	人民币（亿元）	同比（%）	人民币（亿元）	同比（%）	人民币（亿元）	同比（%）
总值	390,915.3	21.3	217,300.0	21.2	173,615.3	21.5
第一类 活动物；动物产品	4,662.5	2.3	972.6	-2.6	3,689.9	3.7
01章 活动物	97.2	13.8	36.2	-12.7	61.0	38.8
02章 肉及食用杂碎	2,098.5	-2.3	56.4	14.5	2,042.1	-2.7
03章 鱼、甲壳动物、软体动物及其他水生无脊椎动物	1,605.4	0.4	713.2	-3.8	892.2	4.1
04章 乳品；蛋品；天然蜂蜜；其他食用动物产品	667.1	22.6	40.2	0.5	626.9	24.3
05章 其他动物产品	194.4	8.2	126.6	-0.1	67.8	28.3
第二类 植物产品	8,506.9	23.6	1,819.4	-4.6	6,687.4	34.4
06章 活树及其他活植物；鳞茎、根及类似品；插花及装饰用簇叶	52.6	6.2	36.8	12.6	15.8	-6.1
07章 食用蔬菜、根及块茎	835.5	3.7	650.9	-2.9	184.6	36.2
08章 食用水果及坚果；甜瓜或柑橘属水果的果皮	1,438.9	8.6	409.3	-15.8	1,029.6	22.7
09章 咖啡、茶、马黛茶及调味香料	379.4	3.8	270.7	-3.4	108.7	27.2
10章 谷物	1,360.6	91.6	69.6	4.2	1,291.0	100.7
11章 制粉工业产品；麦芽；淀粉；菊粉；面筋	168.7	14.2	42.2	-12.3	126.5	27.0
12章 含油子仁及果实；杂项子仁及果实；工业用或药用植物；稻草、秸秆及饲料	4,078.4	22.9	190.9	-3.9	3,887.5	24.6
13章 虫胶；树胶、树脂及其他植物液、汁	166.3	19.4	136.1	19.9	30.2	17.4
14章 编结用植物材料；其他植物产品	26.5	34.0	13.0	19.6	13.5	51.6
第三类 动、植物油、脂及其分解产品；精制的食用油脂；动、植物蜡	1,185.2	34.8	152.8	52.6	1,032.4	32.6

续表1

商品类章	进出口		出口		进口	
	人民币（亿元）	同比（%）	人民币（亿元）	同比（%）	人民币（亿元）	同比（%）
15章 动、植物油、脂及其分解产品；精制的食用油脂；动、植物蜡	1,185.2	34.8	152.8	52.6	1,032.4	32.6
第四类 食品；饮料、酒及醋；烟草、烟草及烟草代用品的制品	4,485.9	9.7	2,383.1	10.5	2,102.8	8.8
16章 肉、鱼、甲壳动物、软体动物及其他水生无脊椎动物的制品	782.3	18.7	757.0	19.3	25.4	2.6
17章 糖及糖食	328.3	9.9	124.8	5.8	203.5	12.6
18章 可可及可可制品	95.7	24.6	28.2	24.8	67.5	24.6
19章 谷物、粮食粉、淀粉或乳的制品；糕饼点心	592.8	-8.4	151.5	8.7	441.3	-13.1
20章 蔬菜、水果、坚果或植物其他部分的制品	644.1	3.8	534.5	1.3	109.6	18.3
21章 杂项食品	681.4	9.0	368.6	16.5	312.7	1.3
22章 饮料、酒及醋	561.7	14.4	134.6	-4.2	427.1	21.9
23章 食品工业的残渣及废料；配制的动物饲料	659.6	23.3	238.1	17.4	421.5	27.0
24章 烟草、烟草及烟草代用品的制品	140.1	3.6	45.9	-15.0	94.2	16.0
第五类 矿产品	47,734.5	37.5	3,320.3	28.2	44,414.2	38.2
25章 盐；硫磺；泥土及石料；石膏料、石灰及水泥	878.3	27.1	250.7	16.7	627.5	31.8
26章 矿砂、矿渣及矿灰	17,915.6	37.0	294.0	118.8	17,621.6	36.1
27章 矿物燃料、矿物油及其蒸馏产品；沥青物质；矿物蜡	28,940.6	38.1	2,775.5	23.9	26,165.1	39.8
第六类 化学工业及其相关工业的产品	26,080.2	30.7	13,800.5	44.9	12,279.8	17.7
28章 无机化学品；贵金属、稀土金属、放射性元素及其同位素的有机及无机化合物	2,486.4	37.0	1,524.0	44.8	962.3	26.2
29章 有机化学品	9,224.1	29.7	5,333.8	35.1	3,890.3	23.0
30章 药品	5,193.7	55.8	2,490.1	173.0	2,703.5	11.6
31章 肥料	920.5	40.1	741.8	62.8	178.7	-11.3
32章 鞣料浸膏及染料浸膏；鞣酸及其衍生物；染料、颜料及其他色料；油漆及清漆；油灰及其他类似胶粘剂；墨水、油墨	1,065.2	21.6	674.8	24.4	390.4	17.0

续表2

商品类章	进出口		出口		进口	
	人民币（亿元）	同比（%）	人民币（亿元）	同比（%）	人民币（亿元）	同比（%）
33章 精油及香膏；芳香料制品及化妆盥洗品	1,967.0	10.7	406.4	12.9	1,560.7	10.2
34章 肥皂、有机表面活性剂、洗涤剂、润滑剂、人造蜡、调制蜡、光洁剂、蜡烛及类似品、塑型用膏、“牙科用蜡”及牙科用熟石膏制剂	859.1	20.6	378.7	4.0	480.3	37.9
35章 蛋白类物质；改性淀粉；胶；酶	585.3	15.3	277.8	17.6	307.5	13.3
36章 炸药；烟火制品；火柴；引火合金；易燃材料制品	64.4	13.1	57.1	13.0	7.3	13.7
37章 照相及电影用品	314.1	18.4	79.4	22.9	234.7	17.0
38章 杂项化学产品	3,400.6	19.7	1,836.6	19.5	1,564.0	19.9
第七类　塑料及其制品；橡胶及其制品	17,037.1	19.5	10,481.3	27.4	6,555.8	8.7
39章 塑料及其制品	13,823.1	19.3	8,469.9	27.0	5,353.2	8.9
40章 橡胶及其制品	3,214.0	20.2	2,011.3	29.0	1,202.6	7.9
第八类 生皮、皮革、毛皮及其制品；鞍具及挽具；旅行用品、手提包及类似品；动物肠线（蚕胶丝除外）制品	2,990.7	24.7	2,233.4	21.4	757.3	35.6
41章 生皮（毛皮除外）及皮革	308.8	32.6	64.3	44.4	244.5	29.8
42章 皮革制品；鞍具及挽具；旅行用品、手提包及类似容器；动物肠线（蚕胶丝除外）制品	2,444.2	28.5	1,992.6	27.0	451.6	35.7
43章 毛皮、人造毛皮及其制品	237.6	-9.6	176.5	-21.8	61.1	64.2
第九类 木及木制品；木炭；软木及软木制品；稻草、秸秆、针茅或其他编结材料制品；篮筐及柳条编结品	2,914.4	18.6	1,343.6	27.4	1,570.7	12.0
44章 木及木制品；木炭	2,769.0	18.5	1,202.6	28.2	1,566.4	11.9
45章 软木及软木制品	5.7	30.4	2.6	32.8	3.1	28.5
46章 稻草、秸秆、针茅或其他编结材料制品；篮筐及柳条编结品	139.7	20.5	138.4	20.5	1.3	13.1
第十类 木浆及其他纤维状纤维素浆；纸及纸板的废碎品；纸、纸板及其制品	3,883.6	10.2	1,855.2	9.3	2,028.4	10.9
47章 木浆及其他纤维状纤维素浆；纸及纸板的废碎品	1,317.1	12.0	12.2	53.3	1,304.9	11.7
48章 纸及纸板；纸浆、纸或纸板制品	2,131.8	9.1	1,561.4	7.9	570.4	12.4

续表3

商品类章	进出口		出口		进口	
	人民币（亿元）	同比（%）	人民币（亿元）	同比（%）	人民币（亿元）	同比（%）
49章 书籍、报纸、印刷图画及其他印刷品；手稿、打字稿及设计图纸	434.7	10.2	281.6	16.4	153.1	0.3
第十一类 纺织原料及纺织制品	21,983.7	2.2	19,690.4	1.1	2,293.3	13.0
50章 蚕丝	48.2	24.4	42.3	19.3	5.9	78.5
51章 羊毛、动物细毛或粗毛；马毛纱线及其机织物	331.7	24.6	124.9	16.7	206.7	30.0
52章 棉花	1,569.2	17.7	884.5	16.2	684.8	19.8
53章 其他植物纺织纤维；纸纱线及其机织物	155.5	30.4	89.4	41.4	66.1	17.9
54章 化学纤维长丝	1,831.4	29.7	1,652.8	31.3	178.6	16.7
55章 化学纤维短纤	952.6	17.7	836.1	20.0	116.5	3.4
56章 絮胎、毡呢及无纺织物；特种纱线；线、绳、索、缆及其制品	634.7	-5.2	540.2	-4.6	94.4	-8.2
57章 地毯及纺织材料的其他铺地制品	249.4	18.5	242.3	18.2	7.1	28.3
58章 特种机织物；簇绒织物；花边；装饰毯；装饰带；刺绣品	390.5	27.6	364.6	28.8	25.9	13.6
59章 浸渍、涂布、包覆或层压的纺织物；工业用纺织制品	708.3	25.1	600.7	29.2	107.6	6.1
60章 针织物及钩编织物	1,567.4	31.0	1,493.3	32.6	74.1	5.2
61章 针织或钩编的服装及衣着附件	5,887.2	29.3	5,585.2	29.6	302.0	24.2
62章 非针织或非钩编的服装及衣着附件	4,921.0	5.8	4,528.3	4.7	392.7	19.7
63章 其他纺织制成品；成套物品；旧衣着及旧纺织品；碎织物	2,736.7	-49.1	2,705.8	-48.8	30.9	-68.7
第十二类 鞋、帽、伞、杖、鞭及其零件；已加工的羽毛及其制品；人造花；人发制品	5,233.1	26.9	4,734.1	28.9	499.0	11.0
64章 鞋靴、护腿和类似品及其零件	3,757.1	23.1	3,338.7	26.5	418.4	1.1
65章 帽类及其零件	377.7	29.3	359.6	28.9	18.0	37.3
66章 雨伞、阳伞、手杖、鞭子、马鞭及其零件	197.0	18.2	196.3	18.2	0.7	15.8
67章 已加工羽毛、羽绒及其制品；人造花；人发制品	901.2	47.4	839.4	42.4	61.8	184.6

续表4

商品类章	进出口		出口		进口	
	人民币（亿元）	同比（%）	人民币（亿元）	同比（%）	人民币（亿元）	同比（%）
第十三类 石料、石膏、水泥、石棉、云母及类似材料的制品；陶瓷产品；玻璃及其制品	5, 253. 9	13. 2	4, 430. 5	14. 2	823. 4	7. 9
68 章 石料、石膏、水泥、石棉、云母及类似材料的制品	1, 053. 1	5. 3	906. 0	3. 7	147. 1	16. 1
69 章 陶瓷产品	2, 106. 2	15. 1	1, 983. 4	14. 2	122. 8	32. 1
70 章 玻璃及其制品	2, 094. 7	15. 6	1, 541. 1	21. 5	553. 5	1. 8
第十四类 天然或养殖珍珠、宝石或半宝石、贵金属、包贵金属及其制品；仿首饰；硬币	6, 891. 1	99. 2	1, 892. 9	49. 3	4, 998. 2	128. 1
71 章 天然或养殖珍珠、宝石或半宝石、贵金属、包贵金属及其制品；仿首饰；硬币	6, 891. 1	99. 2	1, 892. 9	49. 3	4, 998. 2	128. 1
第十五类　贱金属及其制品	27, 092. 7	32. 8	17, 074. 7	39. 9	10, 018. 0	22. 1
72 章 钢铁	7, 135. 0	46. 6	4, 322. 1	86. 9	2, 812. 9	10. 1
73 章 钢铁制品	6, 860. 2	23. 1	6, 171. 0	25. 4	689. 2	5. 2
74 章 铜及其制品	4, 946. 5	29. 8	676. 6	58. 5	4, 269. 8	26. 2
75 章 镍及其制品	584. 5	75. 4	32. 5	-14. 4	552. 0	86. 9
76 章 铝及其制品	3, 049. 0	34. 5	2, 242. 6	31. 7	806. 4	43. 0
78 章 铅及其制品	25. 1	121. 5	17. 7	502. 2	7. 4	-11. 7
79 章 锌及其制品	123. 3	-20. 1	14. 4	-14. 0	108. 9	-20. 9
80 章 锡及其制品	50. 5	35. 8	32. 2	267. 2	18. 4	-35. 4
81 章 其他贱金属、金属陶瓷及其制品	704. 0	65. 0	320. 4	69. 1	383. 6	61. 8
82 章 贱金属工具、器具、利口器、餐匙、餐叉及其零件	1, 723. 2	22. 7	1, 499. 0	26. 2	224. 2	3. 9
83 章 贱金属杂项制品	1, 891. 5	24. 4	1, 746. 4	25. 2	145. 1	15. 6
第十六类 机器、机械器具、电气设备及其零件；录音机及放声机、电视图像、声音的录制和重放设备及其零件、附件	151, 578. 5	15. 9	93, 436. 0	17. 5	58, 142. 4	13. 6
84 章 核反应堆、锅炉、机械器具及零件	50, 330. 5	15. 0	35, 379. 2	16. 1	14, 951. 3	12. 5
85 章 电机、电气设备及其零件；录音机及放声机、电视图像、声音的录制和重放设备及其零件、附件	101, 248. 0	16. 4	58, 056. 9	18. 3	43, 191. 1	13. 9

续表5

商品类章	进出口		出口		进口	
	人民币（亿元）	同比（%）	人民币（亿元）	同比（%）	人民币（亿元）	同比（%）
第十七类　车辆、航空器、船舶及有关运输设备	17,951.9	31.8	11,241.0	47.4	6,710.9	12.0
86章 铁道及电车道机车、车辆及其零件；铁道及电车道轨道固定装置及其零件、附件；各种机械（包括电动机械）交通信号设备	1,723.5	137.9	1,685.6	149.8	38.0	-23.6
87章 车辆及其零件、附件，但铁道及电车道车辆除外	13,347.0	28.3	7,755.7	47.1	5,591.3	9.0
88章 航空器、航天器及其零件	1,042.5	28.6	201.8	18.6	840.7	31.2
89章 船舶及浮动结构体	1,838.9	9.5	1,597.9	6.1	241.0	39.3
第十八类　光学、照相、电影、计量、检验、医疗或外科用仪器及设备、精密仪器及设备；钟表；乐器；上述物品的零件、附件	14,212.2	8.3	6,751.4	13.7	7,460.8	3.8
90章 光学、照相、电影、计量、检验、医疗或外科用仪器及设备、精密仪器及设备；上述物品的零件、附件	13,350.1	7.6	6,298.7	13.4	7,051.4	3.0
91章 钟表及其零件	674.0	20.5	301.5	20.0	372.5	20.9
92章 乐器及其零件、附件	188.2	16.9	151.3	16.0	36.9	20.9
第十九类 武器、弹药及其零件、附件	20.8	54.1	20.3	59.1	0.5	-32.9
93章 武器、弹药及其零件、附件	20.8	54.1	20.3	59.1	0.5	-32.9
第二十类　杂项制品	17,626.8	23.4	17,094.3	23.9	532.5	8.4
94章 家具；寝具、褥垫、弹簧床垫、软坐垫及类似的填充制品；未列名灯具及照明装置；发光标志、发光名牌及类似品；活动房屋	9,222.1	18.8	9,015.2	19.2	206.8	3.3
95章 玩具、游戏品、运动用品及其零件、附件	6,775.0	32.6	6,581.9	33.0	193.2	21.3
96章 杂项制品	1,629.7	15.6	1,497.2	17.1	132.5	0.7
第二十一类　艺术品、收藏品及古物	321.1	245.7	157.5	235.9	163.5	255.8
97章 艺术品、收藏品及古物	321.1	245.7	157.5	235.9	163.5	255.8
第二十二类　特殊交易品及未分类商品	3,268.5	31.8	2,414.5	40.0	854.0	13.1
98章 特殊交易品及未分类商品	3,113.3	27.9	2,259.3	34.5	854.0	13.1
99章 跨境电商B2B简化申报商品	155.2	243.3	155.2	243.3	—	—

缩略语

缩略语

12360海关热线：中国海关于2012年10月1日对外公布的社会公益服务号码，用于受理海关业务咨询。

AEO：经认证的经营者。在世界海关组织（WCO）制定的《全球贸易安全与便利标准框架》中将其定义为“以任何一种方式参与货物国际流通，并被海关当局认定符合世界海关组织或相应供应链安全标准的一方。”

CNAS：中国合格评定国家认可委员会。

H2018：新一代海关信息系统，是目前海关办理通关业务的主要应用系统。

HB：中国海关办公平台。

HLS 2017：海关内部控制与监督子系统。

IPPC：《国际植物保护公约》，是1951年联合国粮食农业组织通过的一个有关植物保护的多边国际协议，1952年生效。中国于2005年加入该公约。

LNG：液化天然气。

ODS：消耗臭氧层物质。

RCEP：《区域全面经济伙伴关系协定》。

SPS协定：卫生与植物卫生措施协定。

TBT协定：世界贸易组织（WTO）《技术性贸易壁垒协定》，由15个条款和3个附件组成。

“潮汕七日红”：1927年9月23—30日，南昌起义军进驻潮汕地区，并在此建立红色政权。

“安智贸”项目：全称中欧安全智能贸易航线试点计划，是全球第一个全面落实世界海关组织（WCO）《全球贸易安全与便利标准框架》的示范性项目，是通过中欧海关及海关与企业间合作，为实现对海运集装箱及箱内货物的全程监控，建立安全、便利、智能化的国际贸易运输链而实施的一个试点计划。

“单一窗口”：参与国际贸易和运输的各方，通过单一的平台提交标准化的信息和单证以满足相关法律法规及管理的要求。

“两单一书”工作法：监督工作任务提示单、监督工作问题清单、监督建议书。

“两优一先”：在党的系列中，指“优秀共产党员”“优秀党务工作者”和“先进基层党组织”；在团的系列中，指“优秀共青团员”“优秀共青团干部”和“先进基层团组织”。

“六查六核”工作法：“六查”即以晨会“助查”、场地“巡查”、科长“核查”、机动“复查”、视频“抽查”、内控“检查”为核心的查验科室业务管理工作法；“六核”即以单证“审核”、外观“验核”、实货“抽核”、数据“核算”、记录“核查”、资讯“核对”为主要内容的人工查验工作法。

“三智”：智慧海关、智能边境、智享联通。

“双区”：粤港澳大湾区和深圳中国特色社会主义先行示范区。

“四不两直”：不发通知、不打招呼、不听汇报、不用陪同接待，直奔基层、直插现场。

“四个全覆盖”：一线跟班作业、科室党建共建、领导干部“一对一”谈话、干部职工“面对面”交流全覆盖。

“四个最严”：最严厉处罚、最严肃问责、最严格监管、最严谨标准。

“四强”支部：政治功能强、支部班子强、党员队伍强、发挥作用强支部。

保密“两识”：保密知识、保密意识。

汇总征税：海关对进出口纳税义务人在一定时期内多次进出口货物应纳税款实施汇总计征。

“两步申报”：企业无须一次性提交全部申报信息及单证，第一步凭提单概要申报即可提货，第二步在规定时间内完成完整申报。

“两段准入”：将进口货物准予提离口岸监管作业场所视为口岸放行，以口岸放行为界，根据“是否允许货物入境”和“是否允许货物进入国内市场销售或使用”，分段实施“准许入境”“合格入市”监管。

两高：高污染、高能耗。

“两轮驱动”：通过研究制订抽查方案、改进抽样标准及方法、建立科学随机抽查决策机制，推动实现科学随机抽查对安全风险防控整体面上的驱动；通过优化人工分析作业流程，实现精细化管理、拓展信息来源，扩大风险分析视角、强化关联性分析能力，科学评定风险等级、建立“大数据+智能分析”模式，用好智能分析手段等措施，提升精准布控对安全风险防控关键点上的驱动。

两用物项和技术进出口许可证：商务部授权发证机关准予两用物项和技术进出口签发的许可证件。进口两用物项包括监控化学品、易制毒化学品和放射性同位素三大类。出口两用物项包括核、核两用品及相关技术、生物两用品及相关技术、监控化学品，有关化学品及相关技术，导弹及相关物项和技术，易制毒化学品等两用物项和技术。

六大纪律：政治纪律、组织纪律、廉洁纪律、群众纪律、工作纪律、生活纪律。

内控机制建设宣传“四个一”专项工作：通过“一本出版物、一部宣传片、一套节点库、一个宣讲团”，围绕“内控为什么、内控是什么、内控怎么办”，加强内控机制建设宣传力度，巩固内控机制建设成效。

水水中转：进出口货物办理转关运输的一种方式，水路运输到指定地点，换乘交通工具后，仍然通过水路运输方式运往下一个地点。

四自一简：综合保税区内企业自主备案、合理自定核销周期、自主核报、自主补缴税款，海关简化业务核准手续。

提前申报：在进出口货物的品名、规格、数量等已确定无误的情况下，经海关批准的企业可以在进口货物启运后、抵港前或出口货物运入海关监管场所前3日内，提前向海关办理报关手续，并按照海关的要求交验有关随附单证、进出口货物批准文件及其他需提供的证明文件。

一案双查：外查走私案件与内查违纪违法问题同步进行。

中欧班列：按照固定车次、线路等条件开行，往来于中国、欧洲及“一带一路”沿线各国（地区）的集装箱国际铁路联运班列。

附录

2021 年海关总署公告目录

·公告〔2021〕1 号　海关总署关于发布《海南自由贸易港交通工具及游艇“零关税”政策海关实施办法（试行）》的公告

·公告〔2021〕2 号　海关总署　农业农村部关于防止法国高致病性禽流感传入我国的公告

·公告〔2021〕3 号　海关总署关于保税物流中心统计办法的公告

·公告〔2021〕4 号　海关总署关于修订《海关监管作业场所（场地）设置规范》《海关监管作业场所（场地）监控摄像头设置规范》和《海关指定监管场地管理规范》的公告

·公告〔2021〕5 号　海关总署关于实施铁路进出境快速通关业务模式的公告

·公告〔2021〕6 号　海关总署　农业农村部关于防止塞内加尔高致病性禽流感传入我国的公告

·公告〔2021〕7 号　海关总署　农业农村部关于解除老挝部分地区口蹄疫疫情禁令的公告

·公告〔2021〕8 号　海关总署关于 2021 年自澳大利亚进口两类农产品触发水平数量的公告

·公告〔2021〕9 号　海关总署关于执行《鼓励外商投资产业目录（2020 年版）》有关问题的公告

·公告〔2021〕10 号　海关总署　农业农村部关于防止立陶宛高致病性禽流感传入我国的公告

·公告〔2021〕11 号　海关总署关于发布《北京 2022 年冬奥会和冬残奥会海关通关须知》的公告

·公告〔2021〕12 号　海关总署　农业农村部关于防止斯里兰卡牛结节性皮肤病传入我国的公告

·公告〔2021〕13 号　海关总署关于发布海南离岛旅客免税购物邮寄送达和返岛提取提货方式监管要求的公告

·公告〔2021〕14 号　海关总署关于进口老挝屠宰用肉牛检疫卫生要求的公告

·公告〔2021〕15 号　海关总署　农业农村部关于防止阿尔及利亚高致病性禽流感传入我国的公告

·公告〔2021〕16 号　海关总署关于《中华人民共和国海关进出口货物减免税管理办法》实施有关事项的公告

·公告〔2021〕17 号　海关总署关于进口塞尔维亚玉米植物检疫要求的公告

·公告〔2021〕18 号　海关总署关于进口阿尔巴尼亚乳品检验检疫要求的公告

·公告〔2021〕19 号　海关总署　农业农村部关于防止芬兰高致病性禽流感传入我国的公告

·公告〔2021〕20 号　海关总署　农业农村部关于防止爱沙尼亚高致病性禽流感传入我国的公告

·公告〔2021〕21 号　海关总署关于进口保加利亚烟叶植物检疫要求的公告

·公告〔2021〕22 号　海关总署关于进口塞尔维亚甜菜粕检验检疫要求的公告

·公告〔2021〕23 号　海关总署关于发布《海南自由贸易港自用生产设备“零关税”政策海关实施办法（试行）》的公告

·公告〔2021〕24 号　海关总署　农业农村部关于防止马来西亚非洲猪瘟传入我国的公告

·公告〔2021〕25 号　海关总署关于进口捷克配合饲料检疫和卫生要求的公告

·公告〔2021〕26 号　海关总署关于进口波兰饲用乳制品检疫和卫生要求的公告

·公告〔2021〕27 号　海关总署关于进口斯洛伐克羊肉检验检疫要求的公告

·公告〔2021〕28 号　海关总署关于进口阿尔巴尼亚蜂蜜检验检疫要求的公告

·公告〔2021〕29 号　海关总署　农业农村部关于防止毛里求斯口蹄疫传入我国的公告

·公告〔2021〕30 号　海关总署关于发布 2020 年度《国际卫生条例（2005）》口岸公共卫生核心能力达标情况的公告

·公告〔2021〕31 号　海关总署关于进口老挝新鲜豆类检验检疫要求的公告

·公告〔2021〕32 号　海关总署　农业农村部关于防止玻利维亚新城疫传入我国的公告

·公告〔2021〕33 号　海关总署关于进口保加利亚蜂蜜检验检疫要求的公告

·公告〔2021〕34 号　海关总署关于优惠贸易协定项下进出口货物报关单有关原产地栏目填制规范和申报事宜的公告

·公告〔2021〕35 号　海关总署　农业农村部关于防止马里高致病性禽流感传入我国的公告

·公告〔2021〕36 号　海关总署关于进口乌兹别克斯坦石榴植物检疫要求的公告

·公告〔2021〕37 号　海关总署关于开展 2020 年进口货物使用去向统计调查的公告

·公告〔2021〕38 号　海关总署关于进口智利马检疫卫生要求的公告

·公告〔2021〕39 号　海关总署关于调整必须实施检验的进出口商品目录的公告

·公告〔2021〕40 号　海关总署　农业农村部关于防止莱索托高致病性禽流感传入我国的公告

·公告〔2021〕41 号　海关总署关于发布《微剂量 X 射线海关查验设备 第 1 部分：通用技术要求》等 12 项海关行业标准的公告

·公告〔2021〕42 号　海关总署关于公布澳门 CEPA 项下修订的原产地标准的公告

·公告〔2021〕43 号　海关总署关于与泰国、毛里求斯互认自助打印优惠原产地证书的公告

·公告〔2021〕44 号　海关总署关于公式定价进口货物完税价格确定有关问题的公告

·公告〔2021〕45 号　海关总署关于发布《进口再生钢铁原料检验规程》等 76 项行业标准的公告

·公告〔2021〕46 号　海关总署关于修订明确海关监管作业场所行政许可事项的公告

·公告〔2021〕47 号　海关总署关于在全国海关复制推广跨境电子商务企业对企业出口监管试点的公告

·公告〔2021〕48 号　海关总署　农业农村部关于防止柬埔寨牛结节性皮肤病传入我国的公告

·公告〔2021〕49 号　海关总署关于调整中国—瑞士自贸协定项下原产地证书格式的公告

·公告〔2021〕50 号　海关总署关于实行进口乳品检测报告证明事项告知承诺制的公告

·公告〔2021〕51 号　海关总署关于实

施滞报金减免证明事项告知承诺制的公告

·公告〔2021〕52 号 海关总署关于出入境特殊物品卫生检疫审批有关事宜的公告

·公告〔2021〕53 号 海关总署关于进口卢旺达干辣椒检验检疫要求的公告

·公告〔2021〕54 号 海关总署关于发布《2021 年第四届中国国际进口博览会海关通关须知》和《海关支持 2021 年第四届中国国际进口博览会便利措施》的公告

·公告〔2021〕55 号 海关总署关于进口斯洛文尼亚禽肉检验检疫要求的公告

·公告〔2021〕56 号 海关总署关于对定居证明等证明事项实施告知承诺制的公告

·公告〔2021〕57 号 海关总署关于废止用于新型冠状病毒感染的肺炎疫情进口捐赠物资通关手续办理有关规定的公告

·公告〔2021〕58 号 海关总署 农业农村部关于防止老挝牛结节性皮肤病传入我国的公告

·公告〔2021〕59 号 海关总署关于进口文莱养殖水产品检验检疫要求的公告

·公告〔2021〕60 号 海关总署关于开展 2021 年法定检验商品以外进出口商品抽查检验工作的公告

·公告〔2021〕61 号 海关总署关于巴拿马共和国籍的应税船舶适用船舶吨税优惠税率的公告

·公告〔2021〕62 号 海关总署关于公布《奥林匹克标志专有权海关保护备案目录》的公告

·公告〔2021〕63 号 海关总署 农业农村部关于防止多米尼加非洲猪瘟传入我国的公告

·公告〔2021〕64 号 海关总署关于进口哈萨克斯坦饲用大麦粉植物检疫要求的公告

·公告〔2021〕65 号 海关总署关于进口乌兹别克斯坦李子干检验检疫要求的公告

·公告〔2021〕66 号 海关总署关于进口南非鲜食柑橘植物检疫要求的公告

·公告〔2021〕67 号 海关总署 农业农村部关于防止贝宁高致病性禽流感传入我国的公告

·公告〔2021〕70 号 海关总署关于全面推广跨境电子商务零售进口退货中心仓模式的公告

·公告〔2021〕71 号 海关总署 农业农村部关于防止博茨瓦纳高致病性禽流感传入我国的公告

·公告〔2021〕72 号 海关总署关于查办走私珍贵动物及其制品违法犯罪案件举报奖励工作事宜的公告

·公告〔2021〕73 号 海关总署关于不再对输欧亚经济联盟货物签发普惠制原产地证书的公告

·公告〔2021〕74 号 海关总署关于实施中国—智利海关“经认证的经营者”（AEO）互认的公告

·公告〔2021〕75 号 海关总署 农业农村部关于防止蒙古国牛结节性皮肤病传入我国的公告

·公告〔2021〕76 号 海关总署 农业农村部关于防止海地非洲猪瘟传入我国的公告

·公告〔2021〕77 号 海关总署 农业农村部关于禁止英国 30 月龄以下剔骨牛肉进口的公告

·公告〔2021〕78 号 海关总署关于发布 2022 年版《协调制度》修订目录中文版的公告

·公告〔2021〕79 号 海关总署关于明确进口黄金税收政策中黄金矿砂执行现行金精矿标准的公告

·公告〔2021〕80 号 海关总署关于全面推广企业集团加工贸易监管模式的公告

·公告〔2021〕81 号 海关总署关于调

整必须实施检验的进出口商品目录的公告

·公告〔2021〕82号　海关总署关于进口爱尔兰种猪检疫和卫生要求的公告

·公告〔2021〕83号　海关总署关于进口俄罗斯牛肉检验检疫要求的公告

·公告〔2021〕84号　海关总署关于不再对输欧盟成员国、英国、加拿大、土耳其、乌克兰和列支敦士登等国家货物签发普惠制原产地证书的公告

·公告〔2021〕85号　海关总署关于进口意大利牛肉检验检疫要求的公告

·公告〔2021〕86号　海关总署关于公布《中华人民共和国海关注册登记和备案企业信用管理办法》所涉及法律文书格式文本的公告

·公告〔2021〕87号　海关总署关于发布《出口食品生产企业申请境外注册管理办法》的公告

·公告〔2021〕88号　海关总署关于公布《海关高级认证企业标准》的公告

·公告〔2021〕89号　海关总署关于中泰进出口水果过境第三国检验检疫要求的公告

·公告〔2021〕90号　海关总署关于进口老挝鲜食百香果植物检疫要求的公告

·公告〔2021〕91号　海关总署关于防止番茄褐色皱果病毒随番茄和辣椒属种子传入的公告

·公告〔2021〕92号　海关总署关于进口古巴养殖水产品检验检疫要求的公告

·公告〔2021〕93号　海关总署关于进口古巴野生水产品检验检疫要求的公告

·公告〔2021〕94号　海关总署关于加强对来自动物疫区运输工具监督管理的公告

·公告〔2021〕95号　海关总署关于进口乌兹别克斯坦柠檬植物检疫要求的公告

·公告〔2021〕96号　海关总署关于进口中东欧国家冷冻水果检验检疫要求的公告

·公告〔2021〕97号　海关总署关于发布《进境种猪指定隔离检疫场建设规范》等83项行业标准的公告

·公告〔2021〕98号　海关总署关于进口波兰面粉检验检疫要求的公告

·公告〔2021〕99号　海关总署　农业农村部关于防止挪威高致病性禽流感传入我国的公告

·公告〔2021〕100号　海关总署关于深化海关税款担保改革的公告

·公告〔2021〕101号　海关总署关于授权直属海关开展部分进境动植物及其产品检疫审批事宜的公告

·公告〔2021〕102号　海关总署关于公布香港CEPA项下经修订的原产地标准的公告

·公告〔2021〕103号　海关总署关于《中华人民共和国进口食品境外生产企业注册管理规定》和《中华人民共和国进出口食品安全管理办法》实施相关事宜的公告

·公告〔2021〕104号　海关总署关于2022年中国海关统计数据公布时间的公告

·公告〔2021〕105号　海关总署关于实施《中华人民共和国海关经核准出口商管理办法》相关事项的公告

·公告〔2021〕106号　海关总署关于《区域全面经济伙伴关系协定》实施相关事项的公告

·公告〔2021〕107号　海关总署关于公布《中华人民共和国海关〈中华人民共和国政府和柬埔寨王国政府自由贸易协定〉项下进出口货物原产地管理办法》的公告

·公告〔2021〕108号　海关总署关于取消进口肉类收货人、进口化妆品境内收货人备案的公告

·公告〔2021〕109号　海关总署　农业农村部关于防止蒙古国西部5省口蹄疫传入我国的公告

·公告〔2021〕110 号　海关总署关于进口松材线虫发生国家松木植物检疫要求的公告

·公告〔2021〕111 号　海关总署关于关闭广东佛山、肇庆铁路口岸的公告

·公告〔2021〕112 号　海关总署关于废止 2006 年第 64 号公告的公告

·公告〔2021〕113 号　海关总署　市场监管总局关于报关单位备案全面纳入“多证合一”改革的公告

·公告〔2021〕114 号　海关总署关于明确进口乳品检验检疫有关要求的公告

·公告〔2021〕115 号　海关总署关于实施中国—巴西海关“经认证的经营者”（AEO）互认的公告

·公告〔2021〕116 号　海关总署关于推行过境运输申报无纸化的公告

·公告〔2021〕117 号　海关总署关于进口老挝柑橘植物检疫要求的公告

·公告〔2021〕118 号　海关总署关于新冠病毒检测试剂盒等疫情防控物资申报相关事项的公告

·公告〔2021〕119 号　海关总署关于执行 2022 年关税调整方案的公告

·公告〔2021〕120 号　海关总署关于扩大洋浦保税港区政策制度适用范围的公告

·公告〔2021〕121 号　海关总署关于 2022 年暂免征收加工贸易企业内销税款缓税利息的公告

·公告〔2021〕122 号　海关总署关于 2022 年度自新西兰进口有关农产品触发水平数量的公告

2021 年海关总署署长令目录

· 署令〔2021〕248 号　海关总署关于公布《中华人民共和国进口食品境外生产企业注册管理规定》的令

· 署令〔2021〕249 号　海关总署关于公布《中华人民共和国进出口食品安全管理办法》的令

· 署令〔2021〕250 号　海关总署关于公布《中华人民共和国海关办理行政处罚案件程序规定》的令

· 署令〔2021〕251 号　海关总署关于公布《中华人民共和国海关注册登记和备案企业信用管理办法》的令

· 署令〔2021〕252 号　海关总署关于公布《中华人民共和国海关进出口货物商品归类管理规定》的令

· 署令〔2021〕253 号　海关总署关于公布《中华人民共和国海关报关单位备案管理规定》的令

· 署令〔2021〕254 号　海关总署关于公布《中华人民共和国海关经核准出口商管理办法》的令

· 署令〔2021〕255 号　海关总署关于公布《中华人民共和国海关〈区域全面经济伙伴关系协定〉项下进出口货物原产地管理办法》的令

索引

说 明

1. 本索引中文标目按汉语拼音顺序排列，同音字按笔画数多少排列。首字母为阿拉伯数字的主题词，排列在本索引之首。

2. 索引名称后的阿拉伯数字表示内容所在的页码，拉丁字母 a、b 分别表示左、右栏。

3. 本年鉴的特载、专记、人物荣誉、大事记、海关统计资料、附录均未作索引。

1—9

A

B

C

F

G

H

J

K

L

M

N

P

Q

R

S

T

W

X

Y

Z

后记

后 记

古人云："述往事，思来者""欲知来，鉴诸往"。编纂年鉴不只是为了总结记录历史，更是为了"以史鉴今、资政育人"。

在总署党委的领导下，经过全国海关半年多的共同努力，首部《中国海关年鉴》即将付梓。这是海关系统贯彻落实习近平总书记关于修史修志、借鉴历史等重要指示批示精神的实际行动，是推动党史学习教育常态化、长效化的重要成果，是总结提炼中国海关为国把关、忠诚履职历史与现实经验的重要举措，有助于全国海关干部群众进一步领会"两个确立"的决定性意义，增强"四个意识"、坚定"四个自信"、做到"两个维护"。海关年鉴不仅为加强中国海关史研究和海关编志修史提供基础性工具书，而且为建设社会主义现代化海关提供强大的精神动力和史实支撑，是新时代讲好海关故事、展示海关精神风貌的重要窗口。

《中国海关年鉴》的编纂出版，始终坚持以习近平新时代中国特色社会主义思想为指导，坚持唯物史观和正确党史观，认真把好政治关、史实关、特色关、服务关。《中国海关年鉴（2022）》真实全面记录了全国海关2021年在贯彻落实党中央、国务院决策部署中取得的新业绩、新进展和新经验，客观反映新时代海关强化政治机关建设取得的成效，全景式展现海关人在服务国家战略、强化监管优化服务、统筹疫情防控和经济社会发展等方面的生动实践。

编纂出版《中国海关年鉴》，是当代海关人的神圣使命和历史责任，是凝聚历史智慧、丰富海关文化建设的一件大事。2021年8月，在党史学习教育活动推进过程中，总署党委审议通过《加强海关史研究工作总体方案》，成立海关史研究工作领导小组及其办公室，明确把编纂《中国海关年鉴》作为加强海关史研究的一项重要基础性工作。2021年11月，全国海关年鉴编纂工作正式启动，总署印发《〈中国海关年鉴〉编纂出版工作方案》，组建年鉴编纂委员会，在总署关史办设立年鉴编辑部，明确全国海关各单位、各部门编纂任务分工及工作进度要求。2022年3月，经海关年鉴编纂委员会审定，《中国海关年鉴（2022）》篇目大纲印发全国海关。此后，海关年鉴的编纂出版工作进入倒计时。

《中国海关年鉴》的编纂出版严格按照总署党委提出的"打造精品年鉴"要求，强化"精品意识"。从动员部署到各类培训、从撰稿到编审、从各章统稿到条目内容推敲、从体例编排到印刷版式设计等，每个环节无不凝聚着编纂委员会和编辑部所有人员的心血。总署领导和编委会委员带头做好年鉴编目大纲和文稿审定工作。总署各司局和各直属海关单位领导高度重视，如期高质量完成供稿任务。各单位撰稿人各尽其职，数易其稿，力求写出部门年鉴的深度，打造海关特色年鉴类目。编辑部全体人员精益求精，使海关年鉴做到编排有致、文字精炼、图文并茂、装帧大方，并实现海关年鉴数字化，增强可读性和实用性，提高海关年鉴的使用价值和社会效益。编纂海关年鉴是一项从无到有的创新工作，编辑部人员边实践边探索边总结，注重积累工作经验，形成《中国海关年鉴编纂指南》，为今后编纂工作奠定坚实基础，以期打造更多的海关精品年鉴。

《中国海关年鉴》的编纂出版在总署党委的坚强领导下，得到中国地方志指导小组办公室及全国各地方志办等单位领导和专家的悉心指导，得到全国海关各单位、各部门的支持配合，凝聚着编委会委员、编辑部人员和撰稿人的无私奉献，谨此一并表示衷心感谢！

《中国海关年鉴（2022）》为首部《中国海关年鉴》，涉及全国海关单位和部门，点多面广，编纂出版时间紧，工作繁重，存在疏漏和不足在所难免，期望在今后编纂工作中不断完善。

“中国海关史料丛书” 编委会